인문·사회과학의 새로운 연구방법론

내러티브학 탐구

인문·사회과학의 새로운 연구방법론

내러티브학 탐구

강 현 석 지음

한국문화사

　최근에 개별 학문들을 통합하려는 학문적 시도들이 다양하게 전개되고 있으며, 학문간 융·복합 연구가 활발하게 진행 중이다. 엄격하게 말하면 연구 형태나 학문간 통합에서 융·복합이라는 말은 사용하지 않는 용어이며, 신조어라고 볼 수 있다. 학문간 통합을 전문적으로 다루는 분야에서는 이러한 형태를 다른 용어로 부른다. 학제적 연구 혹은 간학문적 연구(interdisciplinary research), 다학문적(multidisciplinary) 연구, 교차학문적(cross-disciplinary) 연구, 초학문적(trans-disciplinary) 연구 등이 바로 그것이다. 현재 사용 중인 융·복합 연구는 다학문적 연구, 즉 여러 학문의 병렬적 통합의 수준에 와 있으며, 장차 간학문적, 교차, 초학문적 수준으로 나아가야 한다. 따라서 최근 융·복합 연구 변화에 나타난 경향은 학문 간의 통합을 보다 긴밀하게 해야 한다는 의지의 발로이며, 단순한 물리적 통합보다는 화학적 통합을 통하여 시너지 효과를 최대화하고자 하는 의지로 읽힌다. 이러한 노력들은 개별 학문들의 분과적 속성이 지나쳐 인간, 사회, 자연의 문제를 해결하는 데에 약효가 다한 것인가? 아니면 소위 부가가치의 창출이라는 미명하에 재화가 되는 시장을 개척하려는 심사에서 지적 노력을 포장하려고 하는 것인가? 어쨌든 개별 학문들의 융합적 시도가 이제 학문 공동체의 중요한 화두로 등장하고 있는 점은 분명한 사실로 보인다.

　그러나 개별 학문들은 자체의 문법과 논리에 맞추어가면서 스스로 세포분열 하듯이 심층적인 발전을 계속해나갈 것으로 생각된다. 학문적 인식론의 논의에 의하면 개별 학문들은 자족적인 지적 도구로 무장하여 분과적 발전을 멈추지는 않을 것이다. 어찌보면 학문의 분과적 발전과 융합적 통합 노력은 대립적 위치에 있기보다는 상호보완적 위치에 있다고 보아야 할지도 모르겠다. 왜냐하면 분과와 통합은 학문 발전의 동일한 현상을 서로 다르게 접근하는 것이기 때문이다.

　그럼에도 불구하고 본 연구는 최근의 학문적 추세에 진전된 논의를 추가하기 위하여 통합의 입장에서 논의를 전개하고자 한다. 통념적으로 인문학, 사회과학, 예술, 자연과학들은 통합이 가능할까? 이들 간의 관계는 어떻게 설정되어야 하는가? 본 연구의 출발에서 강하게 문제의식으로 작용한 것을 거칠게 표현해 보면 그것은 통념적인 인문사회과학의 연구방법론에 대한 변화의 모색이었다. 왜냐하면 기존의 탐구 방법들은 표면적으로는 대학의 전공이나 학문 구분에 따라 문제해결 방식이나 사유 체계에서 그 경계가 높으면서 닫혀있고, 인간 경험의 본질에 대한 심층적인 고민이 없어 보였다. 물론 형식적으로 보면 자연과학이라 하더라도 자연의 세계를 대상으로 하면서도 인간 삶의 문제와 유기적으로 관련될 수밖에 없기 때문에 인간의 삶과 경험의 본질에 주목할 필요가 있다. 이러한 근본적 문제의식으로부터 본 연구의 계기를 마련해 준 것은 내러티브 분야였다.

연구의 형태가 어떠하든 연구는 보편적으로 인간 경험(human experience)을 대상으로 한다. 인간 경험을 직접적으로 하지 않는, 물리적 자연의 세계를 대상으로 하는 경험과학(empirical science)이나 응용과학도 결국은 인간 경험의 구성 내지 해석과 관련되게 마련이다. 그렇다면 연구가 제대로 이루어지려면 인간 경험의 본질과 구조에 주목할 필요가 있다. 본 연구에서는 이 지점에서 연구의 필요성을 강하게 제기한다. 즉 인간 경험의 심층적 이해를 토대로 하여 여기에서 마무르지 않고 새로운 지식을 창출하고자 하는 것이다. 이 중심에 내러티브가 자리한다.

인간의 사회생활에 있어 내러티브는 가장 근본적인 생활 수단이다. 내러티브가 인간 생활에서 가지는 중요한 의미는 자연스러운 이야기 욕구를 통하여 우리의 삶과 행위를 이해할 수 있다는 것이다. 우리의 경험은 이야기의 형식을 필요로 한다. 경험이 이야기의 형식을 갖출 때라야 비로소 망각되지 않고 의미 있는 내용으로 구성되는 것이다. 즉 인간의 경험이 이야기 형식을 통해서 비로소 의미를 부여받게 된다는 점이다. 내러티브로서 이야기는 단순한 사건들 그 이상이며, 인간의 삶에서 특정 경험들은 이야기 상황으로 구성됨으로써 나름의 정당성과 의미를 부여받게 되는 것이다. 요컨대 인간의 삶은 이야기적 삶이며, 우리는 이야기를 통해서 인간의 경험을 이해할 수 있게 된다. 이야기를 통하여 우리는 인간의 삶과 행위를 이해할 수 있다.

이와 같이 내러티브는 인간이 경험을 가장 자연스럽고 손쉽게 이해하는 방식으로서 경험을 이야기하는 것이다. 즉 사람이 살아온, 살아가고 있는, 살아갈 이야기로서 경험을 이해하는 방식이다. 이런 점에서 Sarbin(1986)에 의하면 이야기는 세계와의 의사소통 코드이며, 인간의 행동을 이해하기 위한 근본적인 은유이다.

본 저서에서 파악한 바로는 지금까지는 내러티브에 대한 논의방식은 개별 학문의 수준에서는 어느 정도 많은 연구가 진행되고 있는 것으로 파악된다. 그러나 본 저서에서 주목한 것은 개별 학문 분야의 연구들이 내러티브의 총체적인 본질에 대한 심층적 논의가 본격적으로 이루어지지 못하고 있는 점이었으며, 더욱이 인간과학의 핵심적 부분들을 제대로 다루지 못하고 있는 실정이었다. 내러티브는 기존의 연구에서처럼 협소하게 다루어질 수 없는 중요한 문제를 포함하고 있으며, 학문 통합의 논거로서도 매우 중요하고 본질적인 측면을 지니고 있다.

본 저서를 작업하게 된 모티브는 크게 네 가지에서 출발하였다. 첫째는 근대의 과학적 이성에 바탕을 둔 지식관에 대한 반성으로서, 근대의 지식과 연계된 자연과학의 설명 모델은 인간의 삶의 세계에 일차적으로 주목하지 않는다는 점에 착안하였다. 둘째, 여러 학문 분야에서 새롭게 대두되고 있는 경향으로서, 인간 마음(mind)에 대한 연구 결과들을 종합적으로 통합해보고자 하는 의도이다. 즉, 인지과학과 그 대안에 대한 종합적 성찰로서 내러티브적 존재(Homo narraticus)인 인간의 경험에 주목한다. 장차 인간 경험을 탐구하는 학문의 연구방법론은 이제 내러티브에 주목해야 한다는 점이다. 셋째, Jerome Bruner와 Donald Polkinghorne의 내러티브적 앎에 대한 논의에 주목하였다. 브루너는 인간은 내러티브를 통하여 삶을 구성한다고 보았으며, 포킹혼은 인간은 내러티브 도식(narrative scheme)에 의해서 의미를 형성하는 존재로 보았다. 따라서 새로운 학문연구 방법론은 이제 인간 경험의 내러티브 도식에 의해 의미를 창안하고 삶을 영위하는 존재에 초점을 두어야 한다는 점이다. 넷째, 새로운 학문 연구방법론 정립의 전략으로 학제적 접근을 채택한다는 점이다. 예를 들어 문화구성주의, 문화심리학, 서사학, 이야기 해석학, 현상학, 경험주의 등에 대한 심층적 이해가 자리한다.

이러한 모티브에서 출발한 본 저서는 인문사회과학의 새로운 연구방법론을 시론적으로 모색하는 데에 초점을 두고 있다. 더 나아가서 내러티브 인식론에 근거하여 내러티브학을 시론적으로 정립해보고자 하였다.

본 연구에서는 표면적으로는 인문사회과학의 융합을 추구한다. 교육학, 문학, 언어학, 역사학, 심리학, 상담학, 의학, 간호학 등의 결합이다. 그러나 본질적으로는 내러티브를 기반으로 하여 인간의 문제를 해결하는 통합연구이다. 과거 통합연구는 여러 학문들이 병렬적으로 결합하여 최소한의 기여를 조합하는 방식이었다면 본 연구는 인간 경험의 내러티브 속성에 비추어 보다 긴밀하게 관련 학문들을 융합하고자 한다.

이러한 취지를 보다 구체적인 연구의 필요성으로 제시해보면 다음과 같다. **첫째,** 인문사회과학의 위기 극복과 발전을 위한 이론적 거점을 확보한다. **둘째,** 기존의 거대 담론에 의한 인문사회과학 체계의 인식론적 전환을 시도해본다. **셋째,** 인문사회과학의 통합적 발전을 위해서 내러티브의 학문적 체계화를 시도해 본다. **넷째,** '내러티브 학제적 연구'를 통해서 본격적인 인간과학의 새로운 장르를 시론적으로 개척해 본다. **다섯째,** '인간 삶의 내러티브 연구'를 통한 인문사회과학의 새로운 의제를 설정한다. **여섯째,** 『내러티브학』의 학문적 토대를 예비적으로 구축해 본다.

본 저서는 크게 서론을 제외하면 크게 7개 장으로 구성되어 있다. 각 장별 주요 내용을 간략하게 소개해보면 다음과 같다.

첫째, II장에서는 본 연구과 관련된 선행연구들을 크게 네 가지 측면, 즉 내러티브의 의미, 지향점, 국내외 연구 동향, 관련 학문 분야별 내러티브 연구 동향 중심으로 살펴보았다. ① 인문사회과학과 인간과학 이론의 국제적 동향에서는 역사학, 문학, 심리학, 교육학과 내러티브의 관련성을 주요 이론이나 학자별로 살펴보았다. 다음으로 ② 근대 이성 중심의 의미구성 방식에 대한 비판에서는 실증주의적 지식관의 문제를 논의하고, 내러티브적 앎의 방식이 등장하고 있음을 논의하였다. 이어서 ③ 의미 구성 방식에 대한 새로운 변화를 내러티브 인식론을 중심으로 그 가치와 중요성을 논의하였다. 내러티브 인식론은 기존의 주류 전통적인 인식론에 비하여 인간 삶의 주제를 보다 심층적으로 탐구할 수 있는 학문 분야에 적합한 것으로 논의하였다.

둘째, III장에서는 인문 사회과학의 역사를 살펴보고, 기존 설명방식에 문제를 비판하였다. 우선 ① 인문사회과학의 성립과 발전에서는 이 주제와 관련하여 인문사회과학이 보여준 총체적 방식을 설명하였으며, 그 다음으로는 인문학에서는 문학, 역사, 철학을, 사회과학에서는 사회학, 심리학, 교육학의 성립과 발전 과정을 살펴보았다. 그리고 기존 인문사회과학의 연구방법론을 총체적으로 살펴 본 뒤에 개별 학문 수준에서 별도로 살펴보았다. 그 결과 개별 학문 수준에서는 학문의 과학성, 체계성, 엄밀성을 확보하기 위한 노력들은 자체적으로 진행되어 왔으나 학문의 과학성, 체계성, 엄밀성의 의미를 협소하게 접근하고 있으며, 큰 틀이나 범위 안에서 통합적 노력은 소극적이라는 것을 알 수 있었다. 이어서 ② 인문사회과학 위기의 이유를 크게 학문 성격의 문제, 현장 실천과의 관계 설정, 학문 연구 방법 및 탐구 활동의 인식, 학문 분과주의, 학문 연구방법론의 쟁점 등으로 논의하였다. 특히 학문 분과주의 문제가 심각하였으며, 학문 성격의 문제에서는 인간 경험의 내러티브와 의미 구성의 문제가 소홀하게 취급되고 있음을 밝혔다. 다음으로는 ③ 인문사회과학의 설명방식을 비판하는 부분에서는 장상호의 교육인식론에 의한 비판, Bruner의 문화주의에 의한 비판 작업을 시도하였다. 특히 중립적 학문 방법론을 문화주의에 입각하여 비판하였으며, 분과적인 학문 방법론을 비판하였다. 마지막으로 ④ 내러티브 인식론의 입장과 출발점 부분은 본 연구의 논거로서 중요한 의미를 지닌다. 여기에서는 내러티브 인식론의 기저로서 세 가지 입장, 즉 브루너의 내러티브 인식론, Polkinghorne의 내러티브적 앎, Clandinin과 Connelly의 내러티브 탐구를 중심으로 그 특징을 논의하였다. 내러티브 인식론의 출발점에서는 주류 심리학의 중립적 객관주의 오류, 정보처리이론의 극복, 일상심리학의 가치 차원에서 논의하였다.

셋째, IV장에서는 내러티브 인식론에 의한 인간과학을 재구성하려고 시도하였다. 우선 ① 인간과학의 토대로서 문화심리학을 심층적으로 다루었다. 이 부분에서는 문화심리학이 가정하는 인간관, 지식관, 학문연구방법론, 이야기 심리학을 다루었다. 특히 문화심리학의 세부 갈래를 나누고 연구방법에서도 4가지 접근법을 살펴보았다. 학문연구방법론은 사회적 구성주의 문제와 관련이 있는 것으로 논의하였다. 다음으로는 전통적인 문화심리학의 주제에서 벗어나 브루너 식의 문화심리학에서 중요한 주제인 ② 내러티브 사고양식과 이야기 심리학을 살펴보았다. 여기에서는 인간과학의 중요한 두 가지 논거인 내러티브 사고양식과 이야기 심리학의 차원에서 인간과학의 주제를 재조명하였다. 이 논의를 보다 진척시켜서 ③ 인간과학의 체계로서 문화주의를 브루너의 이론에서 살펴보고 특히 문화주의에 입각하여 인간과학 구조론의 문제를 논의하였다. 그리고 구체적으로 문화심리학을 중심으로 인간과학의 연구방법론을 살펴보았으며, 그 한 사례로서 교육문화학을 논의하였다. 마지막으로 ④ 인문사회과학을 인간발달의 문화적 표현으로 접근하고자 하였다. 특히 본 연구에서 제안하는 새로운 인문사회과학이 기존의 학문들과 어떤 점에서 차별성을 보이는지를 살펴보았다. 특히 이 과정에서 일상심리의 중요성과 언어와 내러티브의 중요성, 인간과학의 해석주의 입장을 강조하였다. 이것은 인간심리의 해석적 경향, 과학과 인문학의 차이와 관계 속에서 새롭게 조명되었다.

넷째, V장에서는 새로운 인문사회과학의 가능성과 체계를 살펴보았다. ① 새로운 인문사회과학의 이론적 가능성에서는 가능성의 근거, 그 주요 개념과 원리를 제시하였다. 기본적 근거 내지 구도에서는 인간 존재의 영역이 지니는 특성, 인간 경험에 대한 기본 가정, 내러티브 관점의 기본 가정, 인간 존재와 내러티브의 관련성에 주목하여 논의하였다. 그리고 내용 지식관에서는 연구방법론의 측면에서 지식의 문제를 살펴보았으며, 내러티브학의 문제에서는 미래의 인간 탐구의 방향과 장차 인간과학의 주요 주제가 될 간주관성의 문제에 비추어 새로운 인문사회과학의 문제를 논의하였다. 다음으로 ② 인간과학과 내러티브적 앎의 이론적 해석 작업에서는 우선 내러티브적 앎의 성격과 그 이론적 위치를 논의하였으며, 여기에서 더 나아가서 내러티브적 앎에 비추어 인간과학을 재해석하였다. 특히 내러티브적 앎의 문제를 이해의 수단으로서 기능하는 내러티브와 실재가 내러티브적으로 구성된다는 점, 앎이 행함과 통합된다는 점에서 그 독특성을 논의하였다. 마지막으로 ③ 새로운 내러티브학이 적용되는 사례들을 교육 분야에서는 교과교육의 차원에서 특히 수업비평, 도덕교육, 인문사회과학 분야에서는 역사학의 차원에서, 자연과학 분야에서는 광의의 자연과학과 과학교육의 차원에서 살펴보았다.

다섯째, VI장에서는 내러티브학의 토대로서 개별 학문에서의 발전 방안을 살펴보았다. 여기에서는 V장의 적용 사례 부분을 심층적으로 발전시킨 부문이다. 먼저 ① 언어학, 문학 수준에서 내러티브와의 관련성을 살펴보았다. 언어학에서는 브루너의 내러티브(발화) 이론에 초점을 두어 스토리 담화로서의 성격에 주목하여 논의하였다. 문학에서는 Polkinghorne의 입장과 브루너가 제안하는 문학의 심리적 문제에 초점을 두었다. 특히 내러티브가 인간의 행동을 이해하고 설명하는 특별한 형태의 담화, 또한 인문학에서 인간의 경험과 행동을 연구할 때의 적절한 담화를 제공한다는 것을 보여 주었다. ② 역사학에서는 Polkinghorne이 Ricoeur의 주장, 즉 역사연구는 내러티브 형식에 의해 구축된 시간적 차원에 근거할 필요가 있다는 제안을 검토하면서 역사가 내러티브 담론이 되어야 함을 논의하고 있다. 사회과학에서는 특히 심리학의 차원에서 내러티브 심리학을 브루너의 입장을 옹호하면서 적극적으로 논의하고 있다. ③ 교육학에서는 내러티브적 존재로서의 인간 경험을 탐구하는 교육학에 주목하여 브루너의 내러티브와 Dewey의 경험이론에 초점을 두었다. 상담학에서는 보다 직접적으로 새로운 분야로서의 '내러티브 상담'과 포킹혼이 제안하는 조직 상담에서의 내러티브 가능성을 논의하고 그 기본 가정을 설명하였다. 이 대안적 분야는 기존의 상담학과는 독특한 차별성을 보인다는 점이 지적되었다. 마지막으로 ④ 의학과 간호학 분야에서는 내러티브 의학 내지 서사 의학을 설명하고 있다. 이것은 기존의 실증적 증거 기반의 과학적 의학(evidence-based medicine)에 대한 하나의 대안적 흐름으로서 가치를 지님을 밝혔다.

여섯째, VII장에서는 내러티브 인식론 중심의 신 인문사회과학을 제안하고 새로운 의제를 설정하였다. 내러티브학(narrative science)이라고 명명되는 새로운 통합 학문 분야는 새로운 인간 과학으로서 충분한 가치를 지닌다. 이 점을 논증하기 위하여 우선 ① 인간과학(Human Science)의 새로운 가능성을 논의하였다. 이를 위하여 크게 세 가지 문제를 탐구하였다. 내러티브의 도래로 인한 지식(관)의 변화를 논의하였고, 이에 연계한 학문 탐구론의 변화를 설명하였다. 이 논의의 연장선 상에서 최종적으로 내러티브와 인간학의 연계적 위상을 제시하였다. 특히 학문 탐구론의 변화에서는 우선 주류 실증주의 사회과학의 특징과 문제점을 제시한 후에 그 대안으로 설명적 내러티브 연구로 대표되는 포킹혼의 내러티브 연구, 클랜디닌과 코넬리의 Narrative Inquiry, Riessman의 narrative method, 브루너의 인간 탐구 문제를 논의하였다. 내러티브와 인간학에서는 문화심리학의 관점에서 새로운 인간 경험의 탐구 가능성을 제시하였다. 이러한 입장에서 보면 최근의 사회 특징으로 대변되는 ② 정보 시대에서의 인문사회과학의 성격과 주요 주제를 알아보는 것이 중요하다. 이 문제에서는 과학적 인지과학으로 대변되는 접근에서 인간 마음을 정보처리로 모형화하는 문제를 제시한 후에 그 대안으로 의미 구성에 주목하는 새로운 인간 이해방식의 중요성을 제시하였다. 그리고 내러티브와 정보시대의 디지털 방식이 접목되는 디지털 스토리텔링 토픽을 다루었다. 최종적으로 정보 시대의 의미 구성의 문제를 재조명하면서 인문사회과학의 주력 사항을 제안하였다. 다음으로는 ③ 학문 변화에 대비하여 미래 사회와 내러티브의 문제를 논의하였다. 여기에서는 브루너의 입장에서 바라보는 인간사회의 미래와 내러티브 역량의 문제에 주목하였다. 그리고 미래의 성인평생 학습 차원에서 내러티브 학습의 문제를 논의하고 새로운 인간 능력으로서 상상력과 창의성, 영재의 문제를 내러티브와 관련지어 논의하였다. 마지막으로 종국적인 논의의 결정체로서 ④ 새로운 장르로서 내러티브학을 시론적으로 창안해 보았다. 여기에는 새로운 내러티브학의 근거로서 내러티브 인식론을 논의하였으며, 내러티브학의 구조, 그 특징과 위상, 한계와 과제를 논의하였다. 내러티브 인식론에서는 실재의 내러티브적 구성의 문제, 해석적이고 구성주의적 인식론, 의미 구성을 추구하는 인간 발달과 마음의 문제를 중심으로 인식론의 문제를 재조명하였다. 내러티브학의 구조는 다양하게 표현되는 도식적 구조와, Schwab의 학문구조론에 입각한 내러티브학의 본체적 구조와 맥락적 구조를 제시하였다. 특히 내러티브 인식론에 기반하는 3중의 도식적 구조를 제안하였다. 그리고 이에 부합하는 내러티브학의 특징과 위상을 주로 내러티브 인식론과 인간 과학의 새로운 패러다임에 주목하여 논의하였다. 그 한계로는 협의의 서사학(narratology) 수준에 갇힐 가능성을, 과제로는 개별 학문의 단순한 병렬적 통합이 아닌 정합적인 융·복합 학문으로서의 새로운 인간 과학인 내러티브학의 정립이 시급하다는 점을 제안하고 있다.

본 저서를 집필하는 데에는 한국연구재단의 도움이 컸다. 본 연구는 2011년 한국연구재단의 인문저술 지원사업으로 이루어졌다. 당초 연구 제목은 "인문사회과학의 새로운 연구 방법론은 가능한가: 내러티브 인식론에 근거한 내러티브학의 정립"이었다. 당초 제목을 저서 출간의 형태로 다소간 수정하였다. 변경된 저서 제목으로는 **"인문사회과학의 새로운 연구방법론: 내러티브학 탐구"**로 정하였다. 그리고 독자 여러분들께 한 가지 더 양해를 구할 것이 있다. 그것은 본 저서가 3년에 걸쳐 진행되면서 1년차와 2년차의 이전 연구와의 연계성에 주목하다보니 내용들이 다소간 중첩되고 중복된다는 점이다. 이 점은 각 장의 주제를 매우 긴밀하게 관련시키고, 내용의 가독성을 높이기 위한 조치라는 점을 고백하는 바이다. 이 점은 저서의 집필 형편상 중언, 부언하는 것이 아니라 본 저서의 독특한 집필 방식에서 기인한다는 점을 독자 여러분이 감안해주기를 바라는 마음 간절하다.

본 저서는 인문사회과학의 개별 분과 학문을 전공하는 연구자나 통합에 관심을 갖고 있는 연구자들 모두에게 과제와 문제를 던져주는 공부거리로서의 역할을 할 것으로 예상한다. 모쪼록 현재의 학문연구방법론에 자그마한 자극제가 되어 인문사회과학의 연구방법론 확장에 작은 기여만이라도 할 수 있는 계기가 되었으면 하는 바람이다. 다시 한 번 본 저서를 출간할 수 있도록 지원을 해준 한국연구재단에 다시 한 번 감사의 인사를 드리는 바이다. 아울러 책을 멋지게 편집하고 출판해준 한국문화사 사장님과 편집부 직원들께 감사를 드린다.

저자 강현석 삼가 씀

IV. 내러티브 인식론에 의한 인간과학의 재구성

V. 신 인문사회과학의 가능성과 체계
  : 연구방법론적 측면

VIII. 결론 및 제언

I. 변화의 서막

1. 연구 목적과 연구 경향

가. 연구 목적

우리 사회 전반에 위기의 진단이 넘쳐나고 있다. 우리가 생활하는 삶의 실제 영역뿐만 아니라 삶의 경험을 추상화하고 이론화하는 영역에서도 인간의 행복과 인류의 미래와 관련하여 부정적이고 위기의 담론이 다양하게 생산되고 유포되고 있다. 인간이 수행하는 담론의 영역에서 위기와 부정적 비판의 실제(critical practice)는 생산적인 담론을 창안하기도 하지만, 언어의 홍수와 사고의 무정부를 초해할 가능성도 배제할 수 없다. 본 저서에서 수행할 담론의 프로젝트(discursive enterprise)는 희망의 언어로 새로운 장르를 구상해보는 것이다. 그런 점에서 최대한 긍정적이고 통합적인 입장에서 기존의 학문적 논의들을 점검해보고 이들을 반성적으로 성찰해보는 일에 초점을 두고자 한다. 그 초점의 고갱은 인간 경험의 내러티브적 이해에 있다.

무릇 학문이 인간 경험을 직·간접적으로 대상화하여 일정한 탐구방법으로 지식을 생산하고 체계화하지만, 정작 인간 경험을 심층적으로 연구하는 일은 점차 다기화(多機化) 되고 있다. 연구 활동이 복잡 다기화 되고 전문화되면서 학문 본령에 대한 고민은 그만큼 역설적으로 퇴색되고 있지는 않은 지 염려가 크다. 그리고 인간 경험을 보다 직접적으로 탐구하는 인문사회과학의 경우 자연과학의 모방을 학문적 전문화로 위장하면서 그 왜곡은 날로 심화되고 있다는 비판이 존재하고 있다. 하나의 전략으로서 혹은 방법론으로서 자연과학의 성과를 반성적으로 수용하는 일은 고려해볼 만하다. 다만, 학문의 성격과 논리, 혹은 역사를 잘못 이해하는 일은 통합이나 융합을 넘어서 심층적으로 고민해 볼 필요가 있다. 즉 인문사회과학의 전문화 혹은 체계화를 지향하는 길이 자연과학의 실증주의 논리를 수용하는 것 말고는 없는지, 혹은 이 양자의 학문을 대립적으로 파악하는 것이 건강한 자세인지, 학문의 융합(convergence)[1]을 무조건적으로 수용하는 것이 바람직한 것인지, 인문사회과학은 진정 위기인지, 위기라면 어떤 점에서 위기인지를 탐구해 볼 필요가 있다.

최근에 인문학 그리고 사회과학의 위기라는 담론이 무성하다. 담론적 실제(discursive practice)로서 그 위기는 구성된 측면이 강하다. 그 위기가 드러나는 현상으로서 사실이든지, 사회 문화적으로 구성되었든지 간에 이러한 논의와는 별도로 인문학과 사회과학의 위기는 분명 다른 분야의 학문 발전을 위해서는 개선되고 극복되어야 할 문제라고 볼 수 있다. 인문사회과학의 발전을 위해서 다양한 이론적 논의와 정책적 대안들이 무수하게 제안되고 있는 실정이다. 본 연구는 기존의 대안적 방식과는 차별적으로 인문사회과학의 발전을 위한 관건적 요소로서 인간의 '의미 구성 방식(modes of making meanings)'에 주목하고 그 대안적 패러다임을 구성하는 데 주목하고자 한다.

따라서 본 저서 집필의 모티브는 네 가지에서 출발한다. 이 네 가지 모티브를 간략하게 소개하면 다음과 같다.

첫째는 근대의 과학적 이성에 바탕을 둔 지식관, 고전적 인식론에 대한 반성에서 나온 것이다. 근대의 지식은 과학의 힘에서 나오며, 자연과학의 설명 모델에서 그 정당성을 찾는다. 과학의 설명 모델은 인간의 삶의 세계에 일차적으로 주목하지 않는다.

둘째, 인간의 새로운 의미 구성방식과 인간 마음(mind)에 대한 연구 결과이다. 인간은 내러티브적 존재(Homo narraticus)이다. 의미구성 방식으로서 내러티브는 인간 경험의 새로운 창안자이다. 인간 경험을 탐구하는 학문의 연구방법론은 이제 내러티브에 주목할 필요가 있다.

셋째, Jerome Bruner(1886; 1990; 1996; 2002)와 Donald Polkinghorne(1988)의 내러티브적 앎에 주목한다. 포킹혼에 따르면 인간은 내러티브 도식(narrative scheme)에 의해서 의미를 형성하는 존재이다. 인간 경험의 내러티브 도식에 의해 의미를 창안하고 삶을 영위하는 존재이다.

---

[1] 융합이라는 용어는 지식의 통합(integration)을 논하는 영역에서는 낯선 것이다. 사실 지식이나 내용을 연구하는 분야에서는 통합이라는 용어가 보다 적절하며, 융합(fusion)은 교육과정 조직 역사에서 1920-40년대 등장한 지식조직방식이다. 최근에 사용하는 융합(convergence) 용어는 다분히 상업적 의도를 지니고 있다.

넷째, 인간의 경험과 사고를 새로운 방식으로 접근하는 학문들의 통합적 수용을 통한 학제적 연구의 형식을 전략적으로 활용한다. 여기에는 문화구성주의, 문화심리학, 서사학, 이야기 해석학, 현상학, 경험주의 등에 대한 심층적 이해가 자리한다.

우리가 흔히 비판하는 근대 지식관의 문제와 관련한 사태의 인식은 그리 새로운 것이 아니다. 근대 과학적이고 이성적 지식관에 대한 대안적 모색은 진부하리만큼 무수한 논의가 진행되었고, 지금도 다양하게 진행 중이다. 거대 담론과 미시 담론의 갈등, 모더니즘과 포스트모더니즘의 관계, 구성주의의 논쟁, 다양한 사고양식의 갈등 등이 바로 그것이다. 이론적 지형의 형편이 이러한 만큼 본 연구에서는 기존의 연구와는 차별적으로 탈근대의 논의나 포스트구조주의 논의, 혹은 포스트포디즘이나 포스트 맑시스트와 같은 거대 서사에 의지하기 보다는 인간 의미구성의 미시적 측면에 초점을 두는 연구 전략을 선택한다. 이러한 선택은 기존의 도식적이고 형식적인 대안 탐색의 문제를 인식한 데서 오는 성찰적인(reflective) 결과이다.

무엇보다도 21세기 인문사회과학의 요체는 인간의 '의미 구성방식'에 대한 통합적 이해를 필요로 한다. 따라서 인문사회과학의 새로운 발전은 의미 구성방식에 대한 기존의 방식을 넘어서야 한다. 그 방향이나 차원에서 보다 더 적극적으로 모색될 필요가 있다. 인간의 의미 구성 방식에 대한 논의는 다양하게 전개되고 있다. 그 방식에 대한 분류의 범주에 따라 다양한 구분이 가능하지만, 보다 더 근본적인 방식에 대한 검토와 새로운 대안의 모색이 본격적으로 진행되지 못하였으며, 여러 학문들 간의 학제적 주제(interdisciplinary theme)로서도 다루어지지 못하였다. 이제 인문사회과학의 위기 극복을 외적인 요인에서 찾을 것이 아니라 인간 마음의 형성과 의미의 구성이라는 본질적인 문제에 주목하고 그 구체적인 기제를 규명하고, 그것에 토대하여 인문사회과학의 정체성을 확립하는 일이 매우 필요한 시점이다.

본 연구에서 주목하는 관점은 근대 과학적 이성이 초점으로 삼는 논리실증주의적 인식론을 넘어서는 '내러티브 인식론(narrative knowing or narrative epistemology)'이다. 내러티브 인식론은 그 동안 학계에서 주목을 하지 않은 분야이다. 인간 의미 구성의 미시적 측면에 주목한다는 점에서 그 동안의 여러 대안적 패러다임과는 독특한 차별성을 지닌다고 볼 수 있다.

내러티브 인식론은 내러티브 사고(mode of narrative thought)를 통한 앎의 양식이다. 그 동안 앎의 양식에는 과학적 분석이나 논리적 증명을 우선시하는 사고양식이 지배적이었다. 서구 지성사에서는 이러한 양식의 발전과 진보가 인류의 번영을 가져다준다고 인식하였다. 내러티브 인식론은 이와 같은 인식에 성찰적인 자세를 취한다. 그 이유는 그러한 사고양식만이 전부가 아니기 때문이다.

내러티브 인식론은 흔히 이야기적 지식(narrative knowledge)으로 불리기도 하지만, 그 본질은 내러티브의 속성에 있다. 내러티브(narrative)란 이야기다. 좀 더 구체적으로는 이후에 자세히 논의되겠지만, 내러티브는 하나 혹은 일련의 사건(events)에 질서를 부여한 담론 형식으로서 인간이 세계를 이해하고 구성하는 매개로 작용한다. 세계를 이해함에 있어, 인간은 세계를 자신과 분리할 수 있는 객관적 대상이 아니라 자신이 속해 있는 어떤 것으로 받아들이기 때문에 세계는 인간의 경험과 동시에 존재하게 된다. 그러므로 내러티브는 경험을 이해 가능한 형식으로 변형함으로써, 자신의 삶과 세계를 구성하고, 타자와 의미를 공유하도록 해 준다.

내러티브 인식론은 브루너의 내러티브 사고의 제안에서 유래한다. Jerome Bruner (1983; 1985; 1986; 1987; 1990b; 1996; 2000; 2002)는 인간의 사고양식을 패러다임적 사고양식(paradigmatic thought)과 내러티브 사고(narrative thought)로 구분하였다. 패러다임적 사고는 일반적으로 자연 세계의 사물을 다루며 형식적 논증과 관련되어 있다. 그러나 내러티브 사고는 인간 삶의 문제를 다루면서 그럴듯한 이야기 형태로 나타난다. 이러한 이야기를 만드는 마음의 인지적 작용이 내러티브 사고이다. 인간은 내러티브 사고를 통해서 자신의 삶과 자아를 구성해 나가며, 다른 사람의 삶과 행위를 이해할 수 있다. 이처럼 내러티브는 단순한 사건과 경험 그 이상으로서, 그 안에는 인간의 문화에서 가치 있고 의미 있는 것들이 담기게 된다. 이러한 점에서 내러티브 사고는 인간이 과거와 대화할 수 있는 소통의 끈이며, 미래를 투사하고 계획하는 현재의 창이기도 하다.

인간의 삶 속에서 내러티브는 매우 다양한 형태로 존재한다. 신문의 사건일지나 취재일지, 역사의 기록물들은 모두 내러티브에 속한다. 자서전과 전기, 소설과 논픽션도 모두 내러티브의 일종이다. 의사가 쓴 환자의 병상기록이나 과학자의 실험일지, 예술가의 공연일지도 모두 포함된다. 이런 식으로 나열한다면, 내러티브는 거의 모든 인간 활동에 대해 정보를 제공하는 하나의 양식이라고 할 수 있다(권영민, 1999).

이렇듯 내러티브의 표현물들이 다양하고 광범위하다는 것은, 곧 그것에 대한 교육적 배려가 필요함을 의미한다. 또한 내러티브를 접하는 차원을 넘어서, 적극적으로 표현하고 수용하면서 향유하는 차원으로 나아가야 함을 뜻한다. 그런 의미에서 내러티브는 삶의 세분화된 영역으로부터 문화 전체를 아우르는 개념이라고 할 수 있다(우한용, 2001).

이런 점을 수용한다면 인간 경험을 탐구하는 학문은 이제 새로운 방법으로 접근되어야 한다. 기존의 인문사회과학 연구 방법론을 비판적으로 반성해보고, 여기에 새로운 방식을 수용하여 인문사회과학을 바라보고자 한다. 그 핵심적 근거로 내러티브 인식론을 제안한다. 여기에 기초하여 새로운 학문 분야인 내러티브학(narratology or narrative science[2])을 정립하고자 한다.

나. 내러티브 연구 경향

지금까지 내러티브 혹은 서사 내지 서사학에 대한 논의가 전혀 없었던 것은 아니다. 기존의 내러티브에 대한 논의는 주로 개별 학문에서 다루어져 왔다. 특히 문학 분야에서 문학의 구조와 성격에 비추어 내러티브를 논의하여 왔다. 그리고 각종 서사 매체인 영화, 역사, 신화, 예술 분야 등에서도 다양한 논의를 전개하여 왔다. 요즈음에는 특히 역사학, 사회학, 교육학, 간호학, 상담학 등에서 활발하게 응용되고 있다. 더욱이 대중예술 분야, 즉 시, 소설, 영화, 만화, 희곡 등을 중심으로 하여 논의하는 경우가 매우 흔한 실정이다. 특히 대중서사학회[3]의 활동이나 한국서사학회[4]의 활동이 그 한 실례라고 볼 수 있다. 그리고 최근에는 교육 분야에서 '한국내러티브교육학회'가 2012년에 발족하였고, 내러티브 융·복합 연구가 시도되고 있는 실정이다.

본 연구는 인문사회과학의 위기를 극복하는 방안으로 내러티브 혹은 내러티브 인식론이라는 주제에 주목한다. 이제까지 내러티브 연구는 매우 협소하게 연구되어 오고 있다. 단지 이야기 혹은 이야기 구조, 그리고 서사의 수준에서 논의되는 방식을

---

2 내러티브학의 영어표기는 통상 narratology이나 본 연구에서 주목하는 것은 narrative science이다. narratology는 협소한 의미의 서사론 혹은 서사학으로 통용된다. 본 연구에서는 양자 용어를 혼용하나 인간의 의미 구성 방식에 초점을 두는 후자에 더 중점을 둔다.

3 대중서사학회는 문학과 영화, 연극, 드라마, 가요, 만화 등을 비롯한 제반 문화의 대중 서사 원리를 연구하고 그 성과를 보급하며, 회원 상호간의 학문적 발전과 유대 강화를 목적으로 설립된 학회(1993년 8월에 설립된 대중문학연구회를 2002년 8월에 대중서사학회로 확대 개편, www.daejung.or.kr)

4 2000년 12월에 창립, www.kornarrative.web.riss4u.net

탈피할 필요가 있다. 그 이유는 내러티브가 갖는 의미의 중요성과 심각성에 있기 때문이다. 그 중요성과 심각성은 내러티브가 인간과학(human science 혹은 인문사회과학)의 토대 형성, 즉 의미구성의 기제를 형성한다는 데에 있다. 더욱이 그것은 기존 앎의 방식, 혹은 인식론에 대한 새로운 도전을 의미한다.

다음은 내러티브를 인식하는 오늘날의 실정을 잘 대변해주고 있는 대목이라 할 수 있다(우한용, 2002).

> 오늘날 우리가 살고 있는 사회·문화적 현실의 두드러지는 특징 중의 하나는 이야기의 폭주 현상인 것처럼 보인다. 문학적 이야기를 포함해서 영화·텔레비전 드라마·연극·게임·애니메이션·광고이야기 등 이야기는 그야말로 우리 주변에 넘쳐흐르고 있다. 24시간 영화와 다큐멘터리를 방영하는 전문 케이블 채널만도 대 여섯 개를 헤아리게 되었다는 사실은 이 같은 현실을 한층 실감나게 해준다. 대중 서사의 대량 소비와 범람이 우리 삶의 내실 있는 실천에 과연 바람직한 현상인지 아닌지는 섣부르게 판단하기 어렵다. 분명한 것은 전자기계 문명의 눈부신 발전이 가져다 준 이 현실 속에 지금 우리가 살고 있다는 사실이다. 이러한 사실은 무엇을 시사하는가. 우리가 그 안에서 살고 있는 세계의 구조뿐만 아니라 우리 삶의 정체성의 구조를 인식하기 위해서도 이야기의 구조를 밝히지 않으면 안 된다는 사실을 시사한다. 서사학은 바로 이야기의 구조와 이야기가 작동하는 원리를 밝히고자 하는 학문이다. 궁극적으로 삶의 구조와 세계의 구조를 해명하는 문제와 그것들이 가지는 필연적인 관련성 때문에 서사학은 단순한 이야기의 학문 이상의 어떤 기획 — 폭넓고 야심 찬 인문학적 기획의 중심에 자리매김 된다. 물론 서사학은 우리가 개발하고 발전시킨 학문은 아니다. 그러나 우리의 사회와 문화를 진단하고 분석하는 데 유용한 도구라는 사실을 우리는 굳게 믿는다. 내러티브는 이야기의 현상을 집중적으로 조명하고 분석하는 것이 문학 연구와 문화 연구의 시급하면서도 당면한 과제라는 판단이다.

그러나 이러한 내러티브에 대한 논의방식은 개별 학문의 위치에서 자족적으로 진행되고 있는 추세이다. 사정이 이러하다 보니 내러티브의 총체적이고 포괄적인 본질에 대한 논의가 본격적으로 이루어지지 못하였으며, 인간과학의 핵심적 요소인 측면을 피상적으로 다루는 결과를 초래하고 있다. 내러티브는 협소하게 개별 학문에서 서사의 양식으로 포착할 수 없는 매우 중요하고 본질적인 측면이 존재한다. 그것은 바로 내러티브적 앎이다. 내러티브적 앎은 개별 학문에서 분과적(分科的)으로 충분히 논의할 수 없는 성질의 것이다. 일찍이 Donald Polkinghorne(1988)은 내러티브적 앎을 인문사회과학(human science)의 중요한 구성 기제로 제안한 바가 있다. 여기에서 인문사회과학의 새로운 패러다임을 읽어낼 수 있다.

본 연구(저서)에서도 내러티브를 서사나 이야기하기 이론이나 영상·매체, 소설, 문학과 관련지어 논의하는 것을 지양하며, 의미구성의 새로운 패러다임에 주목하여 인문사회과학의 성장 엔진(growth engine)으로 발전시키는 데 초점을 둔다. 따라서 우리가 지금까지 소박한 의미에서의 학제적 연구를 개별 학문을 관련짓는 연합적 성격(massive study)에서 보던 방식으로부터 과감히 탈피하여(물리적 변화가 아니라 화학적 변화를 지향하는) 본격적인 통합적 주제를 중심으로 하는 진정한 의미의 학제적 연구(interdisciplinary research)를 지향한다. 이런 점에서 내러티브에 대한 논의방식을 한 차원 격상시켜서 인문사회과학의 새로운 인식론 모색의 차원에서 연구의 전략을 삼고자 한다. 이러한 변화는 문학을 중심으로 하는 다양한 학문 장르와 연관되어 주로 서사 혹은 이야기의 의미로 국한되어 오던 방식을 극복하는 성격을 지닌다.

현재 많이 통용되는 내러티브에 대한 연구 경향에 대하여 서사학회의 창간사를 보면 대략적으로 다음과 같다(우한용, 2002: 5-6).

> 서사를 만들어가는 존재로서의 인간, 이야기를 빚으며 사는 인간, 이를 호모 나라토르(homo narrator) 또는 호모 히스토리쿠스(homo historicus)라 명명할 수 있을 것이다. 서사론이 인간의 삶과 연관될 수밖에 없는 것은 삶이라는 것이 시간의 흐름에 따라 이루어지는 하나의 서사이기 때문이다. 이를 우리는 사건이라고 한다. 인간이 태어나 살아간다는 것, 그리고 삶을 마감한다는 것은 그것 자체가 하나의 사건이다. 그리고 그 사건이 구체화되는 과정은 행동이다. 행동이 사건의 앞일 수도 있다. 그러나 행동이 인간의 의지를 개입하는 자발적이고 자각적인 특성을 가지고 있는 데 비해 사건은 자발성과 관계없이 하나의 존재로서 세계에 던져졌다는 사실, 그리하여 누군가와 연이 닿고 그래서 삶을 살아가게 된다는 사실을 포함하는 것으로는 사건이 보다 적절할 것이다. 서사 일반과 소설을 중심으로 전개되고 영화 서사가 추가된 서사론의 역사는 서사론에 관심이 있는 이들이라면 대개 알고 있는 사항이기도 하다. 그리고 서사를 철학적 측면에서 다룬 연구가 있었고, 이제는 서사와 윤리, 서사와 정신분석, 서사와 행동이론, 서사의 교육기능 등으로 연구 범위가 넓어지고 있다. 또한 서사와 매체의 연계는 위에서 본 바와 마찬가지로 필연적인 관계라 할 수밖에 없을 것이다.

그리고 서사와 관련된 학제적 연구에 대해서도 다음과 같이 진술하고 있다(우한용, 2002: 11-12).

기호학/텍스트학과 관련하여 서양의 서사 이론은 구조주의와 기호학이 연구방법의 주류를 이룰 선도적 역할을 해 왔다. 기호학의 전사에 해당하는 구조주의부터 논의를 해 나가는 것은 번거롭다. 여기서는 기호학으로 논의되는 핵심 사항만 언급하기로 한다. 서사를 기호학적으로 다루는 경우는 대부분 서사물(서사텍스트)에 중점을 두고 다룬 것이 이제까지의 전통이었다. 블라디미르 프로프에서 비롯되는 구조분석과 문화기호학에서 논의되는 서사의 분석은 그러한 전통을 잇는 것이다. 그런데 기호학의 범위가 넓어지면서 서사행위와 서사적 소통의 문제 등을 두루 다룰 수 있는 길을 열어놓고 있다. 텍스트 이론을 서사론과 접맥할 수 있는 방안은 텍스트 언어학이 생길 무렵부터 가능성이 점쳐져 왔다. 텍스트의 다양한 양상 가운데 서사 텍스트는 의미 구성체로서 거대 체계에 해당하는 것이라고 할 수 있다. 특히 언어 텍스트에 관심을 갖게 되는 경우 문장 이상의 텍스트를 다루는 화용론의 대상을 '이야기'라는 용어로 지칭하기도 한다. 이야기를 언어학에서 다루는 것은 기호론과 서사론의 제휴를 필연적으로 요청하게 된다. 서사와 제휴하여 학제적 연구를 수행할 수 있는 영역이 넓어지면 넓어질수록, 그러면 서사란 무엇인가 하는 물음이 다시 제기될 수 있다. 이러할 때 우리는 메타 서사론을 하나의 서사 영역으로 상정할 수 있을 것이다. 메타 차원에서 서사를 돌아보고 서사론을 반성적으로 모색하는 작업이 필요할 것이다.

철학에서 서사는 다면적으로 연계되어 있다. 서사와 철학의 문제를 본격적으로 제기하고 서사와 윤리의 문제를 추구한 예는 맥킨타이어에서 찾을 수 있다. 맥킨타이어는 『덕의 상실』에서 "어떤 사람의 삶에 있어서 덕의 통일성은 하나의 통일적 삶, 즉 하나의 전체로서 파악되고 평가될 수 있는 삶의 특성으로서만 이해될 수 있다"고 전제한다. 따라서 자아 개념은 탄생과 삶과 죽음을 결합시키는 이야기의 통일성(narrative unity) 속에 자신의 통일성의 기반을 두고 있는 것이 된다. 이러한 통일성 있는 자아 형성이 서사의 윤리적 가치라 할 수 있다. 사건의 철학을 논한 들뢰즈 같은 경우는 서사와 철학의 맞물리는 지점이 어디인지를 잘 보여주고 있다. 심리철학을 개척해 나가는 김재권 같은 학자는 수반의 철학에서 심리를 서사의 한 형태로 구성되는 것이라고 규정하는 입장을 취하고 있다. 서사는 철학에 대립되는 인간의 사유 영역이라는 것은 그리스 철학에서 그렇게 규정된 것이다. 그러나 로고스와 뮈토스가 그렇게 엄격히 구분되는 것인가, 인간의 서사 실천에서도 그 둘이 그렇게 구별되는가 하는 점은 그렇게 선명하지 않다. 따라서 철학과 서사의 결합은 매우 밀접한 연관을 가진 것으로, 가질 수 있는 것으로 파악할 수 있다.

다음 **역사학으로서** 역사학자들이나 역사 저술가들은 자신의 작업이 서사론에 해당한다는 점을 분명히 인식하고 있었다. 역사를 서술하는 정신에 주로 관심을 두고 역사 서술을 실천해 보였는데, 사마천의 『사기』에서처럼 역사를 서술하는 그 속에다 역사서술의 의미를 다져 놓기도 하였다. 거기서 이른바 사관(史觀)이란 것이 드러나는데, 역사를 바라보는 정신이 바르면 역사 서술은 진실을 전달할 수 있다고 본 입장이었다. 공자의 『춘추』도 그러한 정신이 나타나 있는 예이다. 그리고 후세의 역사학자들이 역사 서술의 문제를 본격적으로 다룸으로써 서사론의 방향을 개척했다고 할 수 있다. 역사학이 학문으로 부각되면서 역사 서술의 방법에 관심을 갖게 되었다. 랑케의 경우처럼 역사는 사실을 '그대로 제시하는 것'이라는 관점과 역사는 '해석의 대상'이라고 본 딜타이나 크로체의 관점을 거쳐 역사를 '과거와 현재의 대화'로 규정하는 카에 이르기까지 관점은 다양하게 전개되었다. 그리고 삶의 통합성을 역사 자체로 환원하려는 프랑스의 아날학파 같은 경우도 있고, 역사 서술에 문학의 양식개념을 도입한 헤이든 화이트 등도 서사론과 연관되는 방법을 제시하고 있다는 점에서 주목된다.

교육학에서 서사는 인간의 행동을 서술하되 관점과 의미화의 규칙이 적용된다. 따라서 서사에서는 인간행동의 전범을 발견할 수 있게 된다. 전범은 선인(善人)의 전범도 악인의 전범도 될 수 있다. 그리하여 이들은 동화(同化)와 감계(鑑戒)의 강력한 교육기능을 수행해 왔다. 종교적 서사의 많은 경우는 서사의 교육 작용에 유인된 것이라 할 수 있다. 그러한 점에서 서사는 교육 작용이 필요한 국면에서 자기 역할을 수행해 왔다. 그리고 이야기하기 활동 그 자체를 교육의 국면에서 활용가치를 지니는 것은 물론이다. 개념을 구체화하고, 사실을 설명하는 데 서사가 이용될 수 있으며, 학습자의 태도를 형성하는 데도 서사는 중요한 방법으로 동원될 수 있다. 브루너 같은 학자는 교육적 관점에서 서사의 중요성을 해명하고 있다. 또한 이야기 교육을 모색할 수도 있을 것인데, 이야기하는 주체는 자기형성의 과정적 주체로서 자아형성과 자기혁신을 부단히 시도하는 존재가 될 수 있는 것이다.

분명 이상의 진술은 현재 한국에서 진행되는 서사론, 혹은 서사 분야의 연구를 대체로 정확하게 묘사한 대목이다. 그런데, 이상의 진술은 주로 문학 혹은 문학연구자의 입장에서 바라본 현실이다. 왜냐하면 서사를 이야기나 스토리와 직·간접적으로 관련되는 장르들을 망라한 것으로 인식한 단면을 드러내기 때문이다. 물론 서사는 이야기를 소재로 한다. 그러나 본 연구에서는 그것을 넘어서는 인식론을 전제한다. 그런 점에서 현재의 한국 서사 연구를 공부하고 그것을 개선하여 보다 새로운 방식으로 창안, 개척하고자 한다. 이 점은 본 연구의 IV장 이후에서 보다 구체적으로 논의하고 있다.

2. 연구의 필요성

가. 연구의 학술적 필요성

본 연구에서는 앞서 논의된 경향을 비판적으로 수용하고, 협소하게 논의되어 오던 내러티브 문제를 탈피하여 그 연구의 초점을 인문사회과학의 '융합적 인식론'으로서 내러티브의 성격에 초점을 두고자 한다. 인문학이나 사회과학은 인간 삶의 다양한 이해방식을 토대로 해야 하며 인간 존재와 마음(mind)의 이해를 필요로 한다. 인문사회과학의 분과 학문들이나 관련 개별 학문들이 하나의 분과 학문으로서 성립한 이래로 그 연구 주제나 탐구방법들은 주로 논리과학적 패러다임에 경도되어 왔다는 주장이 설득력을 얻고 있다. 실증주의적 패러다임에 기초하여 대상을 인식하고, 탐구하고, 진위를 증명하는 것이 많은 부분에서 목격되고 있다. 인문사회과학의 학문적 이력이 편향되게 정조준해 온 논리 실증주의적 패러다임은 다른 렌즈와 보완될 필요가 있다. 그것은 내러티브적 인식론에 의하여 가능하다고 볼 수 있다. 본 연구는 실증주의적 인식론에 경도된 인문사회과학의 구조를 문제 삼는 데서 출발한다. 어느 한 방향으로 편향된 학문적 논의방식은 상이한 접근방식에 의해 상호보완 될 필요가 있다. 따라서 기존의 합리주의적이거나 실증주의적 문화에서 배제된 내러티브적 앎의 가치를 되살리고 그 중요성을 인식하는 일은 학문과 교육의 발전을 위해서도 매우 중요한 일이다.

따라서 향후 내러티브의 가치와 중요성을 재조명하고 실증주의적 인식론의 대안으로서 내러티브 인식론을 바탕으로 내러티브의 이론적 실제적 가능성을 구체화해 볼 필요가 있다. 이 작업에서 중요한 단초인 내러티브 인식론은 심리학의 인지혁명으로부터 그 단서를 제공받을 수 있다. 1950년대 후반부터 시작된 이른바 인지혁명(cognitive revolution)은 심리학 연구의 대 전환이자 시대정신이었다. 이는 심리학의 관심을 인간의 '행동'에서 '마음'으로 바꾸려는 단순히 심리학만의 문제가 아니고 여러 학문의 인식론적 패러다임을 전환하는 문제였다. 문화인류학, 언어학, 철학, 역사학, 그리고 법학 등 모든 학문 분야에 인지혁명 운동이 일어났다. 이 운동은 여러 학문 분야에 따라 관심과 방법은 다르게 진행되었을 지라도, 원인-결과의 환원주의 패러다임에서 벗어나려는 점에서 인식론적인 공통점이 있었다.

그러나 인지 혁명은 심리학의 초점을 행동에서 마음으로 바꾸었지만, 마음이 어떻게 작용하는지에 관해서는 합의를 이루지 못하였다. 오히려 인지 혁명 이후 마음의 작용에 관해 서로 극명하게 구분되는 두 가지 관점이 상호 대립하게 되었다. 즉, 인간의 마음은 컴퓨터처럼 기능한다는 소위 '컴퓨터적 관점'(computer metaphor)'과 문화를 마음의 핵심으로 상정하는 '문화심리학(cultural psychology)'이 그것이다. 전자는 인간의 마음을 컴퓨터로 비유하는 소위 '컴퓨터 은유'로서 이는 마음의 본질을 컴퓨터 장치에서 돌아가고 있는 프로그램으로 상정하는데, 이 관점은 컴퓨터에 의한 정보의 처리처럼, 투입된 정보를 마음이 어떻게 처리하는가에 관심을 갖는다. 한편 후자는 문화가 마음을 구성한다는 전제 위에 마음의 본질을 의미(meaning)의 구성(constructing)에 있다고 본다. 인지혁명을 초기에 주도한 Bruner(1990) 등은 '컴퓨터 은유'의 배경을 가진 정보처리이론이 인지심리학의 중심위치를 차지함으로써 인지 혁명의 본래 의도가 왜곡되었다고 비판한다. 그의 지적에 의하면, 마음에 대한 '컴퓨터 은유'에 의해 심리학의 관심이 의미의 구성으로부터 정보의 처리로 바뀌었다는 것이다.

문화심리학의 근거가 되는 내러티브 사고는 Bruner와 관련 학자들에 의해 처음으로 소개된 이래 여러 편의 논문과 저서(1985; 1986; 1987; 1996; 2002)에서 중요하게 다루어지고 있다. 내러티브 사고의 문제는 역사학, 문학, 심리학, 언어학의 핵심 문제와 밀접하게 연관되어 있으며 우리의 교육 문화는 보이지 않게 패러다임적 사고 중심으로 편향(偏向)되어 있다. 패러다임적 사고중심의 문제는 전통적으로 주체의 밖에 존재하는 객관적 실재만을 지식의 본질로 인식해 온 우리의 인식론적 기본 가정과 무관하지 않다.

이러한 문제의 해결 단서로서 최근에 인간과학(human science)에서 내러티브 인식론의 문제가 중요한 관심사로 제기되고 있는 것이다. 내러티브는 사건들의 계열과 사건들이 만들어 내는 이야기에 의해서 특징지어진다. 그런데 우리는 이야기를 설명하지 않으며 다만 이야기에 대해 다양한 해석을 할 따름이다. 과학적 이론이나 논증은 검증됨으로써 판단되지만 이야기는 '있음직한 가능성'에 의해 그 적절성이 판단된다. 이러한 이야기는 물리적 세계보다는 인간 '행위자'에 관한 것으로 인간의 의도적 행위에 초점을 둔다. 이러한 의도적 행위로 인해 인간의 행위는 예측 불가능하기 때문에 그 행위 발생의 이유에 대한 명확한 설명은 불가능하게 된다. 이것이 내러티브의 주요 특징을 이룬다.

Bruner는 이러한 내러티브 사고를 제안하면서(Bruner, 1985; 1986; 1987; 1996; 2002) 2가지의 사고양식을 전제한다. 이 사고양식은 인지기능이면서 동시에 인간의 경험을 조직하거나 현상을 구성하는 방식이다. 첫째, 논리적 진술문의 구조를 가지며 인과적 관계로 논리를 가지는 과학적 지식으로 볼 수 있는 패러다임적 사고양식(paradigmatic mode of thought)과 둘째, 서술된 이야기 구조를 가지며 임의성을 띠고 비논리적인 서술체인 내러티브적 사고양식(narrative mode of thought)이다. 이 2가지의 사고양식은 인간이 자신의 세계에 대한 경험을 서로 다른 문화적 풍토에서 다른 표현의 방식을 서로 다르게 발전시켜 왔다. 인간 행위를 특징짓는 것은 의도적 행위이며 이것을 다루는 내러티브적 사고는 인간 삶의 의미를 파악하는데 그 목적이 있다. 그것은 다수로 존재하고 인간 삶에 대한 내러티브적 이해는 원인적 존재를 상정하지 않는다. 독자의 관점에 따라 변화하며 그것에 기초한 심리적 실재(psychological reality)는 검증 불가능하며 우리의 마음속에 존재한다.

나. 연구의 구체적 필요성

앞에서 제시한 것처럼 본 연구는 인문사회과학의 위기를 방법론의 문제로 규정하고 새로운 연구방법론의 가능성을 모색해보는 것이다. 따라서 기존의 인문사회과학이 지니는 연구방법론의 문제들을 반성해보고 그 논의 속에서 가능한 새로운 방법론을 모색해보는 것이다. 그 가능성의 근거로 내러티브에 주목하고 내러티브 인식론으로 확장, 발전시켜서 연구방법론을 개척해보고자 한다. 결국 내러티브 인식론에 근거하여 '내러티브학(narrative science)'을 정립해보고자 하는 것이다.

이 과정에서 우리는 내러티브에 대한 보다 면밀하고도 체계적인 이해를 진행할 필요가 있다. 내러티브를 '이해'하는 일은 자연현상을 객관적으로 '설명'하는 일과는 다른 성격의 일이다. 이런 점에서 본 연구는 많은 난점이 도사리고 있다. 하지만 우리가 구체적으로 겨냥하는 것은 새로운 연구방법론의 가능성이므로 인문사회과학의 미래를 구성하는 일임에는 분명하다.

우리는 내러티브의 규칙과 장치에 따라 구성된 세계에서 대부분의 삶을 살고 있다. 실재는 내러티브로 구성될 수 있다. 인간 마음은 우리가 의미를 만들기 위해 사용하는 구성의 도구이다. 의미를 만드는 행위는 대화를 통해서 이루어진다. 여기에 이야기하기의 중요성이 있다. 이야기하기(story telling)로서의 내러티브 사고는 해석을 필요로 하며 거기에서 이야기 만들기가 가능해진다. 내러티브를 통한 의미 만들기 문제는 인문사화과학 인식론의 핵심이다. 사고양식으로서 내러티브를 통하여 기존의 패러다임적 사고양식에 의한 인문사회과학의 한계를 극복하고, 그 성장 엔진으로 인문사회학의 융합적 인식론을 설정하고, 그 토대와 심화 발전 방안을 구축할 시점에 이르렀다.

이상의 연구 목적과 학술적 필요성을 보다 더 구체적으로 집약해보면 다음과 같다.

첫째, 인문사회과학의 위기 극복과 발전을 위한 이론적 거점 확보
    - 인문사회과학의 위기 현상 진단

- 인문사회과학 위기의 이유
- 인문사회과학의 새로운 방법론 구축의 근거

둘째, 기존의 거대 담론에 의한 인문사회과학 체계의 인식론적 전환 시도
- 인문사회과학에 대한 기존 담론의 문제
- 인문사회과학의 설명 방식에 대한 비판
- 인문사회과학의 인식론 전환의 가능성 탐색

셋째, 인문사회과학의 통합적 발전을 위한 '내러티브의 학문적 체계화'
- 내러티브에 대한 체계적 이해
- 내러티브 인식론의 가능성
- 내러티브학의 가능성 모색

넷째, '내러티브 학제적 연구'를 통한 본격적인 인간과학의 새로운 장르 개척
- 내러티브 학제적 연구를 위한 기초 연구
- 인간과학의 역사와 내러티브 관련성 이해
- 새로운 장르로서 내러티브학의 위상 탐구

다섯째, '인간 삶의 내러티브 연구'를 통한 인문사회과학의 새로운 의제 설정
- 인문사회과학의 새로운 근거로서 내러티브 인식론의 체계화
- 내러티브 인식론에 근거한 인문사회과학의 방법론적 가능성 탐색
- 인문사회과학의 새로운 연구방법론의 구조

여섯째, 『내러티브학』의 본격적인 학문적 토대 구축
- 내러티브학의 구조: 본체적 구조와 맥락적 구조
- 새로운 학문 장르로서 내러티브학의 경계와 위상
- 기존 인문사회과학과의 관계
- 내러티브학의 한계와 도전
- 내러티브학의 미래

3. 연구의 내용 및 방법

가. 연구 내용

본 연구는 내러티브 인식론에 기초하여 기존 인문사회과학의 설명 방식을 비판하고 내러티브 중심적 인문사회과학의 성립가능성을 모색해 본다. 그리고 그 직접적인 재구성의 계기로 패러다임적 사고와 대비되는 내러티브적 사고를 이해하고 거기에

기초하여 인문사회과학의 발전 방향을 탐색해 본다. 우선 인문사회과학의 개별 학문들의 지배적 설명방식을 살펴보고 거기에 들어있는 오류를 살펴본다. 그리고 대안적인 설명 방식 중 내러티브 인식론을 중심으로 개별 학문들의 성격과 구성을 몇 가지 주제를 중심으로 분석하고자 한다.

그 핵심적 연구 주제는 다음과 같다.

첫째, 기존 인문 사회과학의 설명 방식과 양상
- 기존의 거대 담론과 패러다임적 사고방식에 경도된 인문사회과학의 설명방식을 객관적으로 드러내어, 그 구체적인 양상을 논의한다.

둘째, 논리 실증주의적 인문사회과학의 비판과 반성
- 지금까지 다양하게 논의되어 온 인문사회과학의 문제를 논리실증주의적 문제로 보고, 그 문제를 거대 담론에 의하지 않고 지금까지 관심을 받지 못하였던 내러티브의 관점에 의해 비판적으로 고찰한다.

셋째, 인지혁명으로서 내러티브 사고와 인식론
- 인간의 의미 구성 방식에서 인지 혁명을 몰고 온 내러티브 사고의 의미와 가치, 중요성 등을 알아보고, 그것이 전제하는 인식론을 논의하여, 인문사회과학의 발전적 주제로서 그 의의를 논의한다.

넷째, 내러티브 인식론에 의한 인문사회과학의 재구성
- 기존의 패러다임적 인문사회과학의 문제를 해명하고, 그에 기초한 인문사회과학의 재구성의 가능성과 실천 방안을 내러티브 인식론에 근거하여 고찰해본다.

다섯째, 인간과학으로서 인문사회과학의 성립 가능성
- 거대 담론과 근대 이성에 근거한 인문사회과학의 문제를 비판적으로 성찰하고, 그 폭넓은 발전 방안의 설정을 위해 하나의 인간과학(human science)으로서의 성립 가능성을 모색해본다.

여섯째, 내러티브 활용의 응용분야: 개척과 발전 방안
- 내러티브 인식론에 근거한 새로운 인문사회과학이 활용 가능한 응용 분야와 그 분야의 발전 방안을 논의해본다. 특히 내러티브와 관련된 개별 학문의 새로운 변화와 그 학문적 토대를 새롭게 설정하는 문제를 구체화한다.

이상의 주제를 탐구하면서 문화심리학, 인식론, 내러티브 사고양식의 측면에 제한하여 분석하기로 한다. 이 세 가지의 토대를 근거로 인문사회과학 이론의 체계를 분석, 설명하고자 한다. 이 작업은 문화주의(culturalism)에 근거한 인간과학 이론을 재구성해 보는 일이며 개별 학문 구성의 실제적 작업에 근거를 제공할 수 있는 기초를 마련하는 일이다.

　본 연구는 기존의 논리 실증주의적 패러다임에 의한 인문사회학의 설명방식을 반성하고 그 대안적 방법의 하나로 내러티브 인식론에 의한 인간과학의 설명 가능성을 탐색해보려는 시도이다. 그리고 거기에 기초하여 인간과학에 있어서 개별 학문들의 성격과 토대를 구명하고 그에 따른 핵심적 문제로서 인간과학의 새로운 의제(agenda)를 재구성하여 설정해본다. 내러티브 인식론에 의하면 인간과학은 문화연구(cultural studies)의 한 장르로서 이해될 수 있으며 개별 학문들의 핵심적 토대는 문화주의에 기초를 두는 것이 될 것이다.

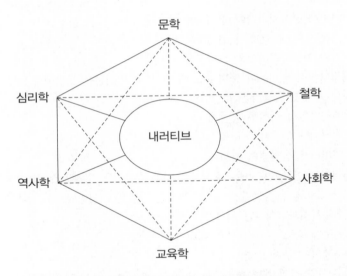

<그림> '내러티브'의 학제적 연구 범위

　이상의 그림은 본 연구에서 창안하려는 내러티브학(narrative science)의 토대로서 관련 학문 간의 연관성을 도식적으로 표현한 것이며, 이와 동시에 본 연구의 특징인 학제적 연구의 방향과 범위를 나타내고 있다. 또한 주요 연구 내용의 틀 또한 이 범위에서 구조화 될 것임을 시사해주는 것이다.

　이상의 연구 방향과 범위를 중심으로 진행한 본 연구의 주요 내용을 제시해보면 다음과 같다.

(1) 근대 이성중심의 의미 구성 방식에는 어떠한 특징과 문제가 있으며, 그것은 어떻게 극복될 수 있는가?
- 근대 이성중심의 의미 구성 방식의 특징
- 근대 이성중심의 의미 구성 방식의 문제점
- 근대 이성중심의 의미 구성 방식의 개선 방안

(2) 인문학과 사회과학을 인간과학으로 통합하는 데 중요한 기제는 무엇이며, 양자의 근본적 문제를 해결하는 기제로서 내러티브는 무엇인가?
- 인문학과 사회과학의 분과 문제
- 인간과학 통합의 주요 기제
- 내러티브의 개요

(3) 기존 인문사회과학은 어떤 사고양식, 앎의 형식을 전제하고 있으며, 그것으로 인한 문제는 무엇인가?
- 기존 인문사회과학이 전제하는 사고양식
- 기존 인문사회과학이 전제하는 앎의 형식
- 기존 인문사회과학의 문제점

(4) 패러다임적 인식론과 대비되는 내러티브적 인식론은 무엇이며, 인문학의 정체성 확립에 대한 가능성은 무엇인가?
- 패러다임적 인식론의 문제
- 내러티브 인식론의 구조
- 내러티브 인식론의 가능성

(5) 내러티브 인식론이 인문사회과학의 학문적 위기를 극복할 수 있는가? 그것이 가능하다면 어떻게 가능한가? 그 구체적인 방법은 무엇인가?
- 인문사회과학의 학문적 위기 극복 가능성
- 연구방법론으로서 새로운 내러티브 인식론
- 구체적인 구현 방안

(6) 인문사회과학의 개별 학문들을 내러티브에 비추어서 어떻게 재구성될 수 있을까?
- 내러티브 인식론에 근거한 인문학의 문제
- 내러티브 인식론에 근거한 사회과학의 문제
- 내러티브 인식론에 근거한 인간과학의 재구성

(7) 문화주의에 근거한 인문사회학의 성격과 의의는 어떻게 규정되며, 발전시킬 수 있을까?
- 내러티브 인식론과 문화주의
- 문화주의에 근거한 인문사회학의 성격과 의의
- 내러티브학의 구조와 발전 방안
- 내러티브학의 학문적 한계
- 내러티브학의 학문적 미래
- 종합과학으로서 내러티브의 방향

나. 연구 방법

이상의 주요 내용을 중심으로 본 저서를 집필하는 과정에서 연구내용의 성격에 따라 적정한 연구방법을 차별적으로 적용하였으며, 시도한 연구방법들은 다음과 같다.

첫째, 문헌연구이다. 문헌 연구를 통하여 여러 선행연구들을 조사하고, 관련 연구들을 리뷰하였다. 여기에는 이론 변화에 대한 역사적 연구(historical research), 관련 에세이나 레포트, 원고, 정기간행물 조사가 포함되었다. 그리고 연구 주제와 관련되는 개별 학문별 저작물 분석을 시도하였으며, 1차 자료와 2차 자료 등을 모두 포함시키고자 하였다.

둘째, 사례분석을 하였다. 여기에서는 주로 외국의 인문사회학 이론의 동향을 분석하였다. 이 부분은 6장에서 집중적으로 논의하였다. 그리고 문화연구 이론에 대한 국제적 비평, 내러티브 관련 개별 학문의 사례를 연구하였다.

셋째, 비교 분석 방법을 통하여 내러티브 관련 개별 학문의 동향이나 주요 주제, 이슈들을 비교, 연구하고자 하였다.

넷째, 전문가 회의와 연구 포럼을 운영하였다. 여기에는 참여 교수와 전문가 풀을 운영하면서 진행하였다. 이를 위해서 구체적으로 (1) 내러티브 전공 Saturday Group 운영(연구실 세미나 운영), (2) 내러티브 자료 모니터링 운영(내러티브 관련 학회와 연계하여 자료 모니터링, 관련 학자, 교수 인력 풀 활용 검토 협조), (3) 전문가 그룹 협조(내러티브 관련 이론과 응용 분야 협조(대학교 자체 융복합연구팀과 협조), 실제적 실행 그룹의 협조를 받았다.

본 연구의 주제인 내러티브학 저술의 의의와 가치를 크게 몇 가지 측면에서 제시해보면 다음과 같다.

첫째, 학문적 발전의 공헌도이다. 우선 인문사회과학의 새 패러다임을 모색하는 계기가 될 수 있다. 인문학 이론 패러다임을 포괄적으로 이해하고 실증주의적 인문사회학의 한계와 발전 방향을 모색하는 계기가 된다. 이와 동시에 인문사회학의 패러다임으로서 내러티브 인식론을 재발견 할 수 있는 토대 마련이 가능하다는 점이다. 인문사회학 이론의 문화권적 연구의 의미를 탐색해보고, 문화연구(cultural studies)와 인문사회학의 관계 설정해 볼 수 있는 기회가 될 수 있다. 마지막으로 학문과 교육을 이해하는 새로운 준거 틀을 확보할 수 있다. 왜냐하면 논리실증주의 학문 문화와 학교 현장의 교육내용관의 변화를 모색해보고, 패러다임적 문화에 경도된 지식공통체 문화의 개선 방향을 추출해 보는 기회가 될 것이기 때문이다.

둘째, 사회적 기여도 측면이다. 사회적으로 보면 패러다임적 문화에 경도된 대학과 사회문화의 개선 방향을 추출하는 데에 도움을 줄 수 있다. 동시에 한국 문화의 다층 구조를 탐색하고, 사회문화적 가치의 중요성을 인식하는 계기가 될 것이다. 그리고 문화 인력 양성을 통한 문화 컨텐츠 선진국 진입에 필요한 담론을 구성하고, 자아 정체성 교육으로 이상심리 증후군을 치료할 수 있는 전기를 마련하는 데에도 도움이 될 것으로 희망하고 있다. 또 최근에 강조되는 문화적 역량을 최대화 할 수 있는 인력을 확보하고, 양성하는 데에도 도움이 될 것이다.

셋째, 인력 양성 방안의 측면이다. 본 연구를 통하여 여러 전문가를 양성할 수 있을 것으로 기대하고 있다. 예를 들면, 내러티브 분야 전문가 모색, 내러티브 상담 인력 양성, 내러티브 문학치료사 양성, 이야기 치료사, 내러티브 교과서 저술가 양성, 학습 만화 디자이너 양성, 내러티브 역사 만화가 양성, 디지털 스토리텔링 산업, 스토리텔링 문화 인력 양성, 내러티브 문화 컨텐츠 인력 양성 등이다.

넷째, 대학교육(인문교육, 교양교육) 현장의 활용 방안 측면이다. 대학교육 문화의 변화에 긍정적으로 기여하고자 하는 마음 간절하다. 이를 위해서 제시 가능한 것으로는 교실 수업에서의 교수·학습방법상의 새로운 문화현상을 탐색하고, 한국 교육과정상의 문제 해결 기제 다변화, 협동학습과 상호작용적 교수법의 새로운 창안, 교육내용 선정의 보완(내러티브적 교육내용), 교양 교육과정의 재구조화 측면에서 가능 할 것으로 보고 있다. 특히 교재구성과 대중적이고 일상 교수법(folk pedagogy)의 도입, Syllabus의 재구성과 수업 장학 문화의 개선에 관심을 기울이고 싶다.

■ 참고문헌[5]

강현석(2003), 문화주의적 교육과정이론: Bruner의 내러티브 탐구. 전영국 외, 교육과학과 교과 교육의 실제. 85-105. 서울: 교육과학사.

고미숙(2002). 인간교육을 위한 서사적 대화모형 연구. *교육문제연구*, 16, 1-29

권영민(1999). 서사양식과 담론의 근대성. 서울: 서울대학교 출판부.

---

5 I장과 II장의 참고문헌은 중복으로 제시하고 있으니 독서를 위해 참고 바람.

김동식외 譯(1996). 우연성 아이러니 연대성. 서울: 민음사.

김동진(2003). 내러티브적 역사서술의 흐름. *청람사학* 7(한국교원대학교 청람사학회), 140-142.

김만희・김범기(2002). 내러티브 사고의 과학교육적 함의. *한국과학교육학회지*, 22(4). 851-861.

김한종(1994). 역사수업 도구로서 내러티브의 구성 형식과 원리. 사회과 교육학연구(3). 81-207.

김한종(1994). 역사학습에서의 상상적 이해. 서울대학교 박사학위논문.

김한종・이형효(2002). 비판적 역사읽기와 역사 쓰기, *역사교육* 81, 역사교육연구회.

문옥표 譯(1998). 문화의 해석. 서울: 까치글방.

서종택・한용환・우한용(2000). 내러티브. 한국서사학회.

염지숙(2002). 연구방법으로서의 내러티브 탐구. 교육인류학회 발표자료집.

우한용 외(2001). 사사교육론. 서울: 동아시아.

우한용(2002). 우리 시대, 왜 서사가 문제인가. 내러티브 창간호, 1-13. 서사학회.

유진우 외 譯(1997). 지의 논리. 서울: 도서출판 경당.

윤호병 외(1992). 후기구조주의. 서울: 고려원.

이미미(2000). 역사가의 사고 과정이 드러나는 서술의 특징과 교재 개발 방향. 서울대학교 석사학위논문.

이흔정(2003). 내러티브 교육과정 적용에 대한 연구. 고려대학교 박사학위논문.

이흔정(2004). Bruner의 내러티브 사고양식과 교육. *교육문제연구* 제 20집, 73-91.

이희재 譯(1996). 마음의 진화. 서울: 두산 동아.

임병권 외 譯(1997). 이야기하기의 이론: 소설과 영화의 문화 기호학. 서울: 한나래.

임병권(2001). 서사의 본질. 서울: 예림기획.

최소옥(2000). 내러티브를 통한 중학생의 역사 이해. 서울대학교 석사학위 논문.

최인자(2000). 서사문화와 문학교육론. 한국문화사.

한국서사학회(2000). *내러티브*, 창간호.

한승희(1997). 내러티브 사고양식의 교육적 의미. *교육과정연구*, 15(1), 400-423.

한승희(2002). 왜 내러티브인가. 한국교육인류학회 발표 자료집. 79-95.

Amsterdam, Anthony G., Bruner, Jerome S.(2000). *Minding the Law*. Harvard Univ. Press.

Bachmann-Medick, Doris(1996). *Literaturwissenschaft in Kulturwissenschaftlicher Absicht*, in: *Kultur als Text. Die Anthropologische Wende in der Literaturwissenschaft*, Doris Bachmann-Medick (Hrsg.), Frankfurt a. M.

Berg, Bruce L. Qualitative Research Methods for the Social Sciences. 1995. Boston, MA :Allyn and Bacon.

Bochner, Arthur P.(2001). Narrative's Virtues. *Qualitative Inquiry*, 7(2). 131-157.

Brockmeier, J. & Carbaugh, D.(2001). *Narrative and Identity; Studies in Autography, Self and Culture*. Amsterdam: John Benjamins Publishing.

Bruner, J. S. (1983). *In Search of Mind*. New York : Harper & Row Publishers.

Bruner, J. S.(1985). "Narrative and Paradigmatic Models of Thought", in Einer(ed.), *Learning and Teaching the Ways of Knowing* : NSSE., Chicago : Univ. of Chicago Press.

Bruner, J. S.(1986). *Actual Minds, Possible Worlds,* Cambridge, Mass. : Harvard Univ. Press.

Bruner, J. S.(1987). "Life as Narrative", *Social Research,* 54(1), 11-32.

Bruner, J. S.(1990a). Culture and Human Development : A New Look. *Human Development,* 33, 344-355.

Bruner, J. S.(1990b). *Acts of Meaning.* Cambridge, Mass. : Harvard Univ. Press.

Bruner, J. S.(1996). *The Culture of Education*. Cambridge, Mass. : Harvard Univ. Press.

Chinn, P. W. U.(2002). Asian and Pacific Islander Women Scientists and Engineers: A Narrative Exploration of Model Minority, Gender, and Racial Stereotypes, *Journal of Research in Science Teaching,* 39(4), 302-323.

Clandinin, D. J. & Connelly, F. M.(1986). On the narrative method, personal philosophy, and narrative units in the story of teaching. *Journal of Research in Science Teaching*, 23(4), 293-310.

Clandinin, D. J. & Connelly, F. M.(1987). Teachers' personal knowledge: What countss as 'personal' in studies of the personal. *Journal of Curriculum Studies.* 19(6), 269-232.

Clandinin, D. J. & Connelly, F. M.(1998). Stories to live by: Narrative understanding of school reform. *Curriculum Inquiry,* 28(2), 64-79.

Clandinin, D. J. & Connelly, F. M.(2000). *Narrative inquiry: Experience and story in qualitative research.* San Francisco: Jossey-Bass.

Clandinin, D. J. & Connelly, F. M.(2004). *Narrative inquiry: Experience and story in qualitative research.* San Francisco: Jossey-Bass.

Cole, A. L.(2001). Lives in context: the art of life history research. Altamira Press.

Conle, Carola.(1993). *Learning Culture and embracing contraries: Narrative inquiry through stories of acculturation.* University of Toronto.

Conle, Carola.(1997). Images of change in narrative inquiry. *Teachers and Teaching,* 3(2), 205-219.

Conle, Carola.(1999). Why Narrative? Which Narrative? Our Struggle with time and place in teacher education, *Curriculum Inquiry,* 29(1), 7-33.

Conle, Carola.(2003). An Anatomy of Narrative Curricular. *Educational Researcher.* 32(3), 3-15.

Crites, S.(1971). The narrative quality of experience. *Journal of American Academy of Religion*, 39(3). 391-411.

Czarniawska, B.(1997). *Narrating the Organization: Dramas of Institutional Identity.* Chicago: University of Chicago Press.

Denzin, N. & Lincoln, Y.(2000). *Handbook of Qualitative Research* (2nd Edition) London:

Sage Publication, Inc.

Denzin, Norman K.(1978). The Research Act: A Theortical Introduction to Sociological Methods. New York, NY: McGraw-Hill Book.

Doll, W. E. Jr.(1993), *A Post-Modern Perspective on Curriculum.* New York : Teachers College Press.

Douglas, Jack.(1985). Creative Interviewing. Berverly Hills: Sage Publication.

Eisner, E.(1985). Aesthetic mode of knowing. *Learning and Teaching the Ways of Knowing* : NSSE., Chicago: Univ. of Chicago Press.

Emerson, Robert M.(1983). Contemporary Field Research. Prospect Heights, Il: Waveland Press.

Geertz, Clifford(1983). *Dichte Beschreibung. Bemerkungen zu einer deutenden Theorie von Kultur*, in: ders., *Dichte Beschreibung. Beiträge zum Verstehen kultureller Systeme*, Frankfurt a. M.

Geertz, J.(1973). *The Interpretation of Cultures.* New York: Basic Books.

Goffman, Erving.(1959). The Presentation of Self in Everyday Life. New York, NY: Doubleday Anchor Books.

Gudmundstrottir, S.(1991). Story-maker, story-teller: Narrative structure in curriculum. *Journal of Curriculum Studies,* 23(3).

Hatch, J. A., Wisniewski, R.(1996). Life history and narrative. The Falmer Press.

Hinchman, Lewis P. and Hinchman, Sandra K.(2000). *Memory, Identity Community: The Ideal of Narrative in the Human Science.* SUNY Press.

Huber, Janice(2002). Narrative Inquiry: Toward Understanding Life's Artistry. *Curriculum Inquiry,* 32(2), 161-169.

Josselson, Ruthellen(1996). *Ethics and Process.: The Narrative Study of Lives.* SAGE Publication.

Josselson, Ruthellen, Lieblich, Amia(1995). *Interpreting Experience: The Narrative Study of Lives.* SAGE Publication.

Kuchenbuch, Thomas(1978). *Filmanalyse. Theorien, Modelle, Kritik,* Köln 1978.

Lieblich, Amia, Rivka Tuval-Mashiach, Tamar Zilber(1998). Narrative Research : Reading, Analysis, and Interpretation. Thousand Oaks: Sage Publication.

McEwan, Hunter and Egan, Kieran(1995). *Narrative in Teaching, Learning, and Research.* New York: Teachers College, Columbia University.

McKeown, B. M. & Worthy, J.(1995). "Giving a text Voice Improve student's understanding", *Reading Research Quarterly,* 30: 2.

McLuhan, Marshall(1994). *Understanding Media*, Massachusetts Institute of Technology, 1994

Morgan, David L.(1988). Focus Groups As Qualitative Research. Thousand Oaks: Sage Publication.

Nash, C.(1993). *Narrative in Culture.* London: Routledge.

Nicholson, K. & Conle, C.(1991). *Narrative reflection and curriculum.* AERA.

Oliver, K. L.(1998). A Journey into Narrative Analysis: A Methodology for Discovering Meanings. *Journal of Teaching in Physical Education,* 17. 244-259.

Olson, D.(1990). Possible Minds : Reflection on Bruner's Recent Writings on Mind and Self. *Human Development,* 33.

Polkinghorne, D.(1988). Narrative knowing and the human science. Albany: SUNY press.

Polkinghorne, D.(1995). Narrative configuration in Qualitative analysis. *Qualitative studies in education,* 8(1), 5-23.

Raninow, Paul(1995). *Repräsentationen sind soziale Tatsachen. Moderne und Postmoderne in der Anthropologie. Jenseits der Erkenntnistheorie,* in: *Kultur, soziale Praxis, Text. Die Krise der ethnographischen Repräsentation,* hrsg. v. Eberhard Berg u. Martin Fuchs, Frankfurt a. M.

Ricoeur, Paul.(1984). L'identite narrative. 김동윤(역)(1997). 서술의 정체성. 서울: 숲.

Riessman, C. K.(1993). Narrative Analysis. Thousand Oaks: Sage Publication.

Rossiter, Marsha(2002). Narrative and Stories in Adult Teaching and Learning. *ERIC Digest,* No, 241.

Sarbin, T. R.(1986). *Narrative Psychology: The storied nature of human conduct.* New York: prager.

Schnell, Ralf(2000). *Medienästhetik,* Stuttgart 2000.

Shweder, R. A.(1991). *Thinking Through Cultures : Expeditions in Cultural Psychology.* Cambridge, Mass. : Harvard Univ. Press.

Vygotsky, L.(1962). *Thought and Language.* Cambridge, Mass. : MIT Press.

Weiler, Kathleen and Middletown, Sue(2000). Narrative and Text: Women, Teachers and Oral History. *History of Education,* 29(3). 273-280.

Witherell, C. & Noddings, N.(1991). *Stories lives tell: Narrative and Dialogue in education.* New York: Teachers College Press.

Worth, Sarah E.(2004). Narrative Understanding and Understanding Narrative. *Contemporary Aesthetics,* 16(2). 23-38.

II. 선행연구와 인문사회과학 이론의 동향

1. 선행연구의 검토

가. 내러티브에 대한 다양한 의미에 대한 연구

최근 들어 인간과 사회의 문제를 탐구하는 학문 분야에서 내러티브(narrative)에 대한 관심이 증가하고 있다. 본래 내러티브나 '내러티브 탐구'의 시작은 Aristotle의 '시학'과 Augustine의 '참회록'으로 거슬러 올라가며, 특히 문학 분야에서 오랜 역사를 가지고 있다(Connelly & Clandinin, 1990). 내러티브가 인간의 경험에 기초를 두고 있을 뿐만 아니라, 인간 경험의 기본적인 구조를 이루고 있다는 특징으로 인해 내러티브는 교육학을 포함한 다른 학문 영역에서도 중요한 위치를 차지해오고 있으며, 다양한 방법으로 여러 분야에 적용되어 왔다. 문학뿐만 아니라 역사학, 언어학, 교육학(교과교육 포함), 문화인류학, 사회학, 간호학, 법학, 의학, 사회복지학 등 다양한 분야에서 내러티브의 가치에 주목하고 있다. 이 내러티브에 대한 관심의 증가는 일시적인 현상으로 보이지는 않는다. 왜냐하면 내러티브에 내재되어 있는 의미가 인간의 문제를 해명하는데 기존 방식과는 매우 다른 관점을 띠고 있으며, 그 관점이 지니는 타당성이 널리 인정받고 있기 때문이다. 학문 탐구를 매개로 하는 인간의 지성적 활동에서 이러한 내러티브 전회(narrative turn)는 인간을 총체적으로 이해하고자 하는 당연한 지적 변화라고 생각한다(강현석, 2007: 305).

우리 주위의 일상적 대화나 학문적 논의의 장에서 보면 아직도 내러티브를 단순히 '이야기' 혹은 '이야기하기'라고 이해되는 측면이 강하다. 내러티브를 보다 쉽게 전파하거나 친근하게 알리려는 취지에서 내러티브를 소박하게 이야기로 이해하는 것은

내러티브에 대한
관심의 증가

충분히 수긍이 가지만, 엄밀한 의미에서 보면 그것은 내러티브를 매우 협소하게 제한하는 우를 범할 가능성이 높다. 왜냐하면 내러티브는 단순히 이야기나 이야기하기 그 이상의 의미를 지니고 있기 때문이다. 그렇다고 하여 이야기 자체가 가치가 없다는 뜻은 아니다.

인간의 사회생활에 있어 이야기는 가장 근본적인 생활 수단이다. 내러티브가 인간 생활에서 가지는 중요한 의미는 자연스러운 이야기 욕구를 통하여 우리의 삶과 행위를 이해할 수 있다는 것이다. 우리의 경험은 이야기의 형식을 필요로 한다. 경험이 이야기의 형식을 갖출 때라야 비로소 망각되지 않고 의미 있는 내용으로 구성되는 것이다. 즉 인간의 경험이 이야기 형식을 통해서 비로소 의미를 부여받게 된다는 점이다. 내러티브로서 이야기는 단순한 사건들 그 이상이며, 인간의 삶에서 특정 경험들은 이야기 상황으로 구성됨으로써 나름의 정당성과 의미를 부여받게 되는 것이다. 요컨대 인간의 삶은 이야기적 삶이며, 우리는 이야기를 통해서 인간의 경험을 이해할 수 있게 된다. 이야기를 통하여 우리가 인간의 삶과 행위를 이해할 수 있다.

이와 같이 내러티브는 인간이 경험을 가장 자연스럽고 손쉽게 이해하는 방식으로서 경험을 이야기하는 것이다. 즉 사람이 살아온, 살아가고 있는, 살아갈 이야기로서 경험을 이해하는 방식이다. 이런 점에서 이야기는 세계와의 의사소통 코드이며, 인간의 행동을 이해하기 위한 근본적인 은유이다(Sarbin, 1986).

내러티브 관련 선행 연구를 분석해 보면, 국내·외에서도 연구들이 활발하게 이루어지고 있음을 알 수 있다. 도홍찬(2002), 정미진(2003), 이숙희(2004)는 내러티브의 도덕교육적 함의에 관한 연구에서 이야기는 인간의 삶과 도덕 경험을 이해할 수 있는 중요한 수단이 되는 것과 동시에, 우리의 도덕 경험을 매개하고 형성하는 것으로 보고 있다. 인간의 도덕 경험은 초월적이고 탈맥락화된 도덕적 규칙과 원리로 구성되는 것이 아니라, 일상생활의 인간관계와 사회·역사적 맥락 내에서 통용되는 이야기와 언어와 같은 도덕적 담론으로 이루어진다는 것이다.

김한종(1999), 최소옥(2000), 그리고 이미미(2000)는 역사 수업의 도구로서의 내러티브 연구를 통해 내러티브가 역사 인식이나 서술의 특징적인 한 가지 방식이며, 많은 역사 수업이 내러티브식으로 전개된다는 점에서 내러티브 이론은 역사 교육에서 매우 중요한 문제라는 점을 보여주었다. 이들 연구에서는 역사수업에서 나타나는 내러티브의 형식을 수업 소재, 전달 방식, 수업 내용, 역사 인식이라는 기능에 따라서 검토하고, 그 성격을 살펴보고 있다. 또한 이 연구는 역사교육에서 내러티브 이론에 대한 논의를 진전시키고 앞으로의 연구를 위한 바탕을 마련하고자 하였다.

내러티브와
과학교육

김만희 등(2002)은 내러티브 사고를 통한 과학교육적 함의를 살펴보면서, 내러티브는 내러티브 사고의 산물이며, 과학 활동은 대부분 내러티브 사고와 밀접한 관련을 맺고 있다고 보고 있다. 현대 과학은 실제로 직접적인 실험 관찰에 의한 발견보다는 추론에 의해 구성되고 만들어지는 측면이 더 강하며, 이러한 과학자 활동은 주로 개인 내 내러티브와 개인 간 내러티브 형태로 이루어지고 있다. 그렇기 때문에 과학 수업에서도 이러한 내러티브를 활용하여 살아 있는 과학 만들기 수업을 할 때 학생들이 실제에 가까운 지식을 습득할 수 있고, 나아가 개념 변화 및 과학적 세계관 형성이 가능하다고 보고 있다.

이 외에도 이영효(2003), 안정애(2003)는 현대 역사 서술의 새로운 패러다임이라고 할 수 있는 내러티브 역사학의 관점에서 현 교과서 서술이 지니는 문제점을 분석하고 내러티브 역사 서술 모형을 개발·제시하고 있다. 역사 학습에서 중요한 것은 완벽한 텍스트를 제시하여 수용하도록 하는 것보다는, 학생들로 하여금 주어진 텍스트를 역사적 맥락 속에서 이해하도록 하는 것이기 때문에 다양한 해석을 요구하는 여러 유형의 자료를 제시할 필요가 있고 이것이 모두 역사 해석의 중요한 근거가 될 수 있다는 점이다.

내러티브의
국외 동향

국외에서도 내러티브를 사용한 연구는 여러 학문 분야에 걸쳐 이루어져 왔다. 사회과학 분야의 경우, 심리학에서 Bruner(1986; 1990; 1996)가 내러티브 사고양식에 대해 논의하였으며, Sarbin(1986)도 이야기란 인간의 행동을 이해하기 위한 '근본적인 은유'라고 하였다. 인문학 분야에서는 Spence(1982)의 '내러티브 진리와 역사적 방법', Carr(1986)의 '시간, 내러티브, 역사,' Heilbrun(1988)의 '여성의 삶에 대한 글쓰기' 등에 대한 연구들이 있다. 교육학 분야에서는 Cole과 Knowles(1992), Clandinin & Connelly(1996; 2000), Connelly & Clandinin(1990), Elbaz(1991)등과 같은 학자들이 이야기를 교사 교육을 위한 연구 분야의 중심 요소로 다루어 왔다(이흔정, 2004). 그 외에도 종교학에서 Crites(1979), 조직 학습에서 Schön(1991), 여성학·역사학에서 Eisler(1987), 심리학·여성학에서 Gilligan(1991), 도덕발달·심리학에서 Tappan과 Brown(1989), 의학에서 Sacks(1973), 철학에서 Green(1995) 등의 연구가 있다(염지숙, 2003).

이와 같이 내러티브가 다양한 학문 영역에서 오랫동안 사용되어온 이유는 내러티 브가 우리 삶의 구조와 세상의 구조를 해석하고 밝히는 문제와 필연적으로 연관되어 있다는 사실 때문이다. 즉 내러티브는 삶의 문제에 관련된 여러 학문과 직결되어 있다.

내러티브에 대한
엄밀한 논의의
필요성

그런데 다양한 학문 분야에서의 내러티브에 대한 관심만큼이나 내러티브에 대한 정확한 의미나 그 가치에 대해서는 엄밀하게 논의되지 못하고 있다. 그저 단순하게 재미있는 이야기나 재미있게 이야기를 하는 행위 정도로 논의되고 있으며, 언어나 문 학 분야에서는 소설의 서사 구조 정도로 이해되고 있는 실정이다. 그리고 스토리와 내러티브를 단순 비교하거나 스토리텔링으로서 내러티브를 이해하는 경향이 강하다. 문제를 더욱 어렵게 만드는 것은 특정 학문 분야마다 내러티브에 대한 이해 양상과 정도가 상이하며 논의 구조가 다르다는 점이다. 내러티브가 인간 이해 방식으로서 본 격적으로 대두된 이유를 감안한다면 현재 진행되고 있는 내러티브에 대한 논의들은 일정 부분 엄밀하게 정리, 분석될 필요가 있다.

이하에서는 내러티브의 다양한 의미를 살펴보고, 내러티브의 핵심적 의미를 개략 적으로 살펴보고자 한다.

(1) 내러티브의 다양한 의미와 가치

인간이 사물이나 현상을 이해하는 데에는 다양한 앎의 방식이 존재한다. 최근에 들 어 인간 과학(human science)에서 내러티브적 앎(narrative knowing)에 대한 중요성이 강조되고 있다(Polkinghorne, 1988). 이것은 자연 현상을 설명하는 패러다임적 사고방 식이 인간의 문제를 이해하는 영역에까지 침투하면서 발생하는 여러 문제점에 대한 경종을 울리는 의미를 지니기도 한다. 더욱이 최근의 내러티브의 중요성에 대한 재인 식은 많은 학문 탐구 분야의 논의에서 다양하게 나타나고 있다. 문학, 언어학, 사회과 학, 철학, 과학사, 역사 등의 전문가들은 진실된 이야기, 즉 다른 학문에서 확립된 규 준적인 방법에 따른 이야기를 말하기 위해 부수적으로 수반되어야 하는 내러티브를 보여준다. 이제 여러 학문 분야에서도 내러티브에 대한 국내의 논의는 교사교육, 교육 과정 분야, 질적 연구방법에서 매우 역동적으로 진행되고 있다(한승희, 1997; 강현석, 1998; 한승희, 2002; 소경희, 2004; 강현석, 2005; 박민정, 2006). 특히 교육학 분야에 서 교사의 교수활동을 이해하고 보다 타당한 교사양성 교육과정과 수업 활동의 구성에서 내러티브의 중요성이 새롭게 인식되고 있다(Egan, 1986; Gudmundsdottir, 1995; Conle, 1999; 2003; 이흔정, 2004).

(가) 내러티브의 다양한 의미

① 이야기, 이야기하기로서 내러티브

내러티브의 가장 상식적인 의미는 이야기다. 내러티브란 서사체를 말하며 하나의 이야기, 즉 시간적 연쇄로 구성된 일련의 사건들을 의미한다. 이야기는 사건들로 구성되며 그 사건들은 특정의 계열(sequence)을 이루며 배열된다. 그러므로 내러티브는 사건들의 계열과 사건들이 만들어 내는 이야기에 의해서 특징지어진다. 즉 하나의 핵심 플롯을 중심으로 인물, 배경, 행위, 사건이 시작, 전개, 결말이라는 일정한 구성 형식에 따라 구조화된 일련의 이야기라고 볼 수 있다.

② 의미 구성 방식으로서 내러티브: 사고양식으로서 서사적 사고

내러티브는 단순히 이야기나 이야기하기의 의미를 넘어서서 이야기 '만들기'의 인지작용으로 보아야 한다. 그것은 의미 만들기의 도구이다. 결국 내러티브는 사고도구가 되는 셈이다. 즉 내러티브는 사고양식으로서 의미를 지닌다. 내러티브 사고(narrative mode of thought)는 서술된 이야기 구조를 가지며, 임의성을 띠고, 비논리적이며 서술체 형식을 지닌다. 이 양식은 인간의 삶의 문제를 주로 다루기 때문에 해석적, 주관적 속성을 띤다. 패러다임적 사고는 인과 관계의 입장에서 지식이나 의미를 발견하고자 하고, 내러티브 사고는 지식이나 의미는 발견되는 것이 아니라 구성되는 것으로 본다.

③ 경험 구조화(의미 구성의 틀), 소통 과정으로서 내러티브

사고양식으로서의 내러티브에는 일정 부분 인간 경험의 구조화 의미가 내재되어 있다. 즉 내러티브는 특정한 방식으로 경험을 구조화하는 것이며, 삶의 내용과 계속성에 형식을 부여하는 방식에서 경험을 구조화하는 것이다. 이와 같이 내러티브는 단순한 이야기나 사고양식으로서의 의미를 넘어서서 인간이 삶을 해석하는 데 있어서 사람이 경험하는 사건, 인물, 행위, 감정과 정서, 의도와 생각, 그리고 상황과 장면 등을 총체적으로 통합시켜주고 특정 경험이 이루어지는 맥락 속에 위치시켜주는 인식의 틀이라고 볼 수 있다(강현석, 2005: 92).

(나) 내러티브의 가치

이하에서는 내러티브로서 스토리가 지니는 가치를 몇 가지로 제시해본다(Lauritzen 과 Jaeger, 1997: 35-44).

기억의 수단   첫째, 기억하는데 도움을 준다. 내러티브는 기본적인 인간 활동이다. 내러티브는 간단하게 말하면 삶 자체와 같고, 국제적이고, 역사를 초월하여 보편적이고, 여러 문화에 걸쳐 있다. 즉 초역사적이고 초문화적인 것이다(Barthes, 1977: 79). 개인적으로 그리고 사회적으로 이야기를 말하는 개체인 인간은 이야기된 삶을 살아간다. 이야기는 인간 경험을 문자 사용 이전의 문화로 되돌리는 근본적인 구조이고, 현대적 의사소통의 기본적 모드로서 여전히 유지된다. 문자 사용 이전의 문화에서 이야기를 말하는 사람의 역할은 인류 공동체 기억과 문화를 영속시키는 것이었다. 이야기는 법률, 종교, 윤리, 미학과 의사소통하기 위한 수단을 제공했다. 정보를 담는 그릇으로서 이야기는 초기 문화에 복잡한 개념과 체계를 기억하는 충분한 방법을 제공했다.

초인지적 방법에서 이야기는 기억을 위한 구조를 제공한다. 이야기를 모른다는 것은 문자 그대로 길을 잃었다는 것이다. 이야기는 뇌가 쉽게 인지할 수 있고, 그 위에 특성을 쌓아 올릴 수 있는 패턴, 즉 정보에 대한 중요한 초인지적 조직자이다. 이야기 적으로 구조화되지 않은 정보는 기억 속에서 망각된다는 것을 보여주는 연구가 있다(Mandler, 1984). 어린이와 성인은 조직된 이야기 체계로부터 도움을 받을 수 있다.

삶과의 관련성   둘째, 삶과 유사하게 관련시키도록 해준다. 우리의 삶은 이야기이고, 우리 존재에 대한 살아 있는 이야기이다. 우리의 삶이나 일상사에 대해 우리가 만나는 사람에 대해 설명할 때, 우리는 이야기를 사용한다. 이런 점에서 이야기는 단순하고, 이해 가능한 구조에 기초하고 있기 때문에 학습자가 이해하기 쉽다. 이야기는 실제 문제를 해결하고 삶과 유사한 패턴을 형성하는 사실적이고 믿을만한 특성을 가지고 있다. 이런 유사한 동일성 때문에 이야기 구조는 어린이들이 해결책에 도달하는 갈등을 통해서 추진되는 특성을 확인할 수 있도록 해준다. 우리는 이야기 속 인물의 이야기를 우리의 이야기로 받아들인다. 이야기를 통해서 학습자들은 대리적으로 다른 삶을 경험할 수 있고, 그 과정에서 자신의 삶에 대한 이해와 인식을 발달시킨다.

우리는 다양한 사건들을 유의미한 경험으로 조직하기 위한 그릇으로서 마음의 이면에 이야기를 가지고 있기 때문에 우리는 삶을 이야기로 통합할 수 있다. 이야기는 사건에서 우리 자신을 발견하는 수단이 된다. 만약 그렇지 않으면 우리는 이야기를 통해 심리적인 의미를 전혀 갖지 못하게 된다(Hillman, 1979: 43).

셋째, 의미를 구성하게 해준다. 이야기는 학습자들에게 의미를 구성하기 위한 수단 의미구성의 도구
을 제공한다. 이야기는 우리가 의식적으로 혹은 암묵적으로 아는 것에 대해 말할 수
있도록 해주고, 우리의 실재를 개선하거나 재발견하도록 도와주며, 그렇게 함으로써
이야기를 훨씬 더 깊고 의미 있게 이해하게 된다. 이런 점에서 Bruner(1990)는 내러티
브 사고가 어린이를 인간 문화의 무대로 데려다 준다고 보고, 인간 경험에 일정한 패
턴과 지속성을 부여해주는 것은 이야기이므로 이야기는 학습을 위한 강력한 도구로
인식하였다. 특히 그는 "내러티브에 의해서 경험을 가르고 분절시키는 우리의 능력은
어린이의 놀이가 아니라 문화에서 삶의 많은 부분을 지배하는 의미를 구성하기 위한
도구이다"(1990: 97)라고 보았다.

내러티브는 또한 대화로서의 가치를 동시에 지닌다. 우리가 그 가치에 주목한다면
대화는 아이들과 동료들 간 또는 아이들과 성인들 간의 상호작용으로 아이들에게 그
들의 인지발달과 개념 획득을 위한 기제를 제공해주는 의미 구성의 핵심이 된다. 부
모와 아동 또는 교사와 아동간의 대화의 과정에서 상징체계가 매개하는 의미 구성의
문제는 결국 내러티브 사고의 핵심으로서 마음의 작용을 보여주는 마음의 본질이라
할 수 있다.

이야기는 우리에게 그저 단순한 임의적인 사태로 남아 있게 될지도 모르는 것에
질서를 부여하기 위한 틀을 제공한다. 이야기는 혼란스런 사건을 조직하고 선택하며,
다양한 사건들이 의미 있는 경험의 상태가 되는 방법을 분간할 수 있도록 해준다. 따
라서 학습자들로 하여금 떨어져 있는 독립된 사건이나 사실들을 서로 뜻이 통하고
의미가 있도록 서로 관련짓고 연결할 수 있도록 해준다. 내러티브란 끊임없이 우리의
삶을 채우고 있는 실재와 사건들이 지니는 의미를 형성해나가는 방식이며 동시에 그
의미를 파악하고 이해하는 방식이기도 하다. 충분하게 이해되는 분명한 이야기는 중
심 주제, 보편적 진리, 도덕적 결과에 기초하며, 이러한 개념 조직자는 텍스트 수용자
들이 텍스트에서 직접적이거나 간접적으로 표현된 주요 아이디어를 구성하는 것을
돕기 위한 방법으로 텍스트의 패턴을 정리한다. 이 점을 Egan은 "이야기는 내용을 의
미 있게 만들어 주는 가장 효율적인 도구이다. 또한 그 구조 속에 시간의 흐름, 논리
적 관계, 인과성의 개념을 구성함으로써 다른 개념을 소개하는 효과적인 방법이며 거
의 모든 교육과정 영역에 대한 개념을 명확하게 하기 위해 허구적 이야기의 잠재성이

평가절하 되거나 무시되어서는 안 된다"(1979: 120)는 것이다. 이런 점에서 이야기는 강력하고 의미 있는 방법으로 개념을 전달하는 힘을 가진다. 요컨대 이야기는 학습자에게 조직적인 구조를 제공해주며, 그것은 이야기가 의미를 만들기 때문이다.

유의미 학습 맥락 제공

넷째, 유의미한 맥락에서 학습을 촉진시켜 준다. 지난 과거 교육과정은 교과 내용들 사이에 관련성이 부족하고 쪼개진 무이마한 내용들로 채워진 잡동사니 교육과정(stuff curriculum)의 성격이 강하였다. 이런 교육과정 하에서는 부분들 사이의 관계성이 부족하기 때문에 교사나 학습자를 동기화시키는데 실패했다. 파편화된 수학이나 역사 교과서의 내용들이 그것이다. 내러티브는 이러한 내용들에 유의미한 맥락을 제공해 줄 수 있다. 내러티브 맥락은 탐구를 안내하고 한 영역에서 지식이 어떻게 사용되는지를 학습자들이 이해하기 시작할 수 있도록 심도 있는 연구로 안내한다(Pappas, Kiefer, & Levstik, 1995: 169; Lauritzen과 Jaeger, 1997: 39 재인용). 언어 교육자에게 맥락의 중요성은 문학 학습의 실제에서 잘 확인된다. 전체 언어 교육과정과 문학의 중심 연구는 지식과 학습 기능을 조정하기 위한 구조를 제공한다. 아마도 다른 어떤 학문보다도 언어 교육자는 학습 기회를 특징적인 인간 경험의 논리적 구조로 배열할 필요를 인식했다.

최근 들어 전체 학교 교육과정에 대한 보다 광범위한 시각은 분절되고 탈맥락적인 교육과정 설계에 크게 도전한다는 점이다. 유의미한 맥락에 대한 필요는 통합 교육과정의 최근 추세에서 중요한 이유가 된다. 교육과정 통합을 향한 움직임은 학습에 대한 전통적인 교과 영역 접근을 뛰어넘는 해결책을 제시했다. 수학, 과학, 언어, 사회과학, 미학적 추구 사이의 연결을 발견하는 것은 교육과정 재구성에서 중요한 것이 되었다. 맥락은 유의미하고 확실한 방법으로 다른 학문을 연결시키는 본질적 요소가 된다. 교육과정에 대한 전체적 시각은 인간이 학습과 지식을 조직하는 자연적인 방법으로서 인간 중심 이슈와 실제 세계를 보는 많은 사람들에 의해 공유된다.

개인차 고려

다섯째, 개인차를 조정할 수 있도록 해준다. 이야기는 학습자의 전 영역을 사로잡는 힘을 가지고 있다는 점에서 독특한 매력이 있다. 좋은 이야기는 모든 연령의 아이들에게 좋은 이야기이다. 다양한 능력과 배경을 가진 학생들이 교재로부터 그들이 만들어내는 의미와 해석에서도 다양하다는 것을 보여주지만 이야기는 학습자의 모든 배경으로부터 접근할 수 있기 때문에 이야기는 연령과 문화를 넘어서서 반향한다. 이런 점에서 이야기는 다양한 지적 수준과 발달 단계에서 접근할 수 있기 때문에 모든 사람들을 기쁘게 할 수 있다. 이야기는 학습자들이 어떤 사회적, 학문적, 발달적 수준에 있든지 그들의 이성을 확장하고, 가능성을 탐구하고 조사하도록 해준다.

여섯째, 공동체에 참여하는데 필요한 능력과 태도를 길러준다. 이야기는 공동체 의식에 공통의 판단 기준을 제공한다. 우리가 서로 공유하는 이야기를 가지고 있다면 우리는 다른 사람과 더 깊은 친밀감을 느끼게 된다. 만약 우리가 똑같은 이야기를 알고 있다면 우리는 책에 포함된 정보 이상을 공유한다. 이야기를 말하는 것이 개념적 정보의 의미를 구성하기 위해 정신적 이야기를 구성하기 위한 생물학적으로 주어진 인간의 성향에 근원을 두고 있음에도 불구하고 이야기는 우리가 다른 사람들과 함께 이야기를 교류함으로써 끊임없이 넓어지고 확장되는 공유된 세계로 들어가는 수단이 된다(Wells, 1986: 196). 공동체 형성의 도구

공동체는 공유된 이야기를 통해서 진실을 가르치고 경험의 기록을 조사하고 재조사하는 것을 통해 이해를 추구한다. 공동체를 연결하기 위한 이야기의 사용은 실제적 의미에서 강력하다. 즉, 이야기가 혼란의 의미로부터 공동체를 형성하는데 있어서 중요한 역할을 할 수 있다. 이야기는 모든 어린이들이 혼란 속에서 의미를 발견하기 위한 기회를 제공하고, 그들의 경험을 다른 사람과 연결짓고, 공동체의 한 부분이 되는 기회를 제공한다. 전체적으로 이야기의 힘에 참여하는 것이다. 이야기 때문에 우리의 개인적 존재는 중요해지는 법이다.

나. 선행연구들의 지향점에 의한 관계 분석

(1) 내러티브에 대한 긍정적 수용

① 앎의 방식으로서 내러티브에 의한 교수와 학습(한승희, 1997; 김만희 외, 2002; NSSE, 1986; 김한종, 1999, 이흔정, 2004)

② 내러티브 사고양식에 대한 이론적 탐구 - 한승희(1997; 2002), 강현석(1998), Bruner(1986; 1987; 1990), Polkinghorne(1988; 1995), Clandinin & Connelly(1987; 1998; 2000, Boyd, 2009).

③ 개별 학문의 적용(역사학, 교육학, 철학, 문학, 언어학 등)- 양호환 외(2005), 김한종(1994; 1999), 강현석(1999, 2004), 이진우(1997), 한용환(1999), 우한용(2001), 김신중(1993), 정선영 외(2009), Schnell, Ralf(2000)의 매체감성학(*Medienästhetik*) 연구.

④ 내러티브 인식론에 의한 인문과학의 정체성 모색- Polkinghorne(1988; 1995); Hinchman, L. P. and Hinchman, S. K.(2000), 이흔정(2004), 강현석·유제순 외(2011), 강현석·이자현 외(2011)

⑤ 내러티브와 관련하여 구술사의 핵심으로서 생애사 연구- Denzin(1989), Personal Narrative Group(1989), Maynes 등(2008)

(2) 내러티브 탐구(narrative inquiry)에 대한 비판적 재해석

① 인문사회과학에 대한 문화사, 미시사적 비판- 구술사의 질적 연구방법론(역사학에서의 생활사, 일상사적 접근, 역사인류학연구회), Maynes 등(2008)

② 인문사회과학에 대한 비판- 거대담론에 대한 미시사적 비판(1995), 구술 생애사 비판(1999)

③ 기존의 인문사회과학의 재해석과 해체- 탈구조주의자 접근(Doll, 1993; Cherryholmes(1988), Hinchman, L. P. and Hinchman, S. K.(2000) 등

④ 문화연구(cultural studies) 혹은 문화학의 비판적 수용- 영·미의 연구 그룹, 한국의 자생적 문화연구 경향, 독일의 Bachmann-Medick, Doris 연구(1996)와 Raninow, Paul의 연구(1995), 김성곤(2003)

(3) 연구진행의 기능적 준거

① 이론적 입장의 전개- Bruner(1985; 1986; 1990; 2006), Polkinghorne(내러티브 인식론의 전개, 1988; 1995), Riessman(내러티브 분석, 1993), Lieblich(내러티브 연구, 1998), 서사학회(내러티브 입장, 2002), 대중서사학회(내러티브 외연의 확장), 한승희(내러티브 연구, 1997), Clandinin과 Connelly(2000; 2004)

② 새로운 인문사회과학 이론 구성- 장상호(2000), 강현석(문화주의에 근거한 인간 발달론, 내러티브적 해석, 1998), 김성곤(2003), 이민용(2010), 이재호(2010)

③ 내러티브적 앎과 인간과학-Polkinghorne(1988; 1995), Clandinin & Connelly(1987; 1998; 2000, 강현석(2008))

다. 국내외 연구 동향 또는 연구 배경

첫째, 내러티브 인식론 연구(Clandinin과 Connelly, 2000; 2004, 강현석, 1997; 강현석·유제순, 2011; 강현석·이자현, 2011)

둘째, 브루너의 새로운 주제인 내러티브 연구(한승희, 2000; 강현석, 1998; 2007; 2009)

셋째, 과학철학적 관점에서 인간 의미구성 방식의 비판(장상호, 손민호, 정선미)

넷째, 내러티브 이론의 공과 집중분석(Human Development, 1990)

다섯째, 내러티브 연구(NSSE, 1985; Polkinghorne; Clandinin, Connelly 등; Hogan, 2003; 연세대학교, 2014)

여섯째, 문화주의 연구와 교육에서 질적 연구(최상진·김기범, 2011; Shweder, R. A., 1991; Polkinghorne; Clandinin, Connelly 등)

일곱째, 신 인간 과학 이론 정립 노력(Polkinghorne; Clandinin & Connelly; Greenfield, 1990; Presno, 1997)

라. 관련 학문 분야별 내러티브 연구 동향

(1) 내러티브 탐구의 역사

내러티브 탐구(narrative inquiry)의 시작은 Aristotle의 『시학』과 Augustine의 『참회록』으로 거슬러 올라가며, 특히 문학 분야에서 오랜 역사를 가지고 있다(Connelly & Clandinin, 1990). 내러티브가 인간의 경험에 기초를 두고 있을 뿐만 아니라, 인간 경험의 기본적인 구조를 이루고 있다는 특정으로 인해 내러티브는 교육학을 포함한 다른 학문 영역에서도 중요한 위치를 차지해 왔으며, 다양한 방법으로 여러 분야에 적용되어 왔다. 특히 문학, 역사학, 인류학, 연극, 영화, 미술, 신학, 철학, 심리학, 언어학, 교육학 등의 분야에서 내러티브학(narratology)이라는 용어가 쓰이고 있다 (Clandinin & Connelly, 1990) 내러티브 연구는 이제 문학연구가들이나 민속학자들만의 영역이 아니며, 인문 사회과학과 자연과학의 모든 분야에서 공유되는 지적 통찰의 근원이 되었다(Mitchell, 1981·염지숙, 1997: 57-58 재인용).

(2) 인문학 분야

언어학 분야를 포함하여 내러티브는 인문학 분야에서도 관심이 높아지고 있다. Spence(1982)의 '내러티브 진리와 역사적 방법(Narrative Truth and Historical Truth)', Carr(1986)의 '시간, 내러티브, 역사(Time, Narrative, and History)', Heilbrun(1988)의 '여성의 삶에 대한 글쓰기(Writing a Woman's Life)' 등에 대한 연구들이 있다.

서사와 관련하여 대표적인 연구물들을 살펴보면 다음과 같다. Gerald Prince(1982)의 「Narratology: The form and function of narrative」(최상규 역, 서사학이란 무엇인가, 1999), Steven Cohan과 Linda M. Shires(1988)의 「Telling Stories: A theoretical analysis of narrative fiction」(임병권·이호 공역, 이야기하기의 이론: 소설과 영화의 문화기호학, 1997), Robert Scholes와 Robert Kellogg(1966)의 「The nature of narrative」(임병권 역, 서사의 본질, 2001), Mieke Bal(1980)의 「Narratology: Introduction to the Theory of Narrative」(한용환·강덕화 공역, 서사란 무엇인가, 1999), Marie Maclean1988)의 「Narrative as performance: Baudelairean experiment」(임병권 역, 텍스트의 역학: 연행으로서 서사, 1997), H. Potter Abbott(2002)의 「The Cambridge Introduction to Narrative」(우찬제 외 공역, 서사학 강의: 이야기의 모든 것, 2008) 등이 있다.

(3) (영상) 매체학 분야

매체학 분야의 출발점은 단연 영상과학의 발전과 더불어 등장한 문학작품의 영화화와 구텐베르크 문자 혁명 이후 영상기호의 출현이다. 다시 말해 음성언어-문자언어-영상언어로의 발전은 인간의 의미구성 방식을 '차가운 미디어'에서 '뜨거운 미디어'로 진전을 거듭하였다고 볼 수 있다. 이제 인간의 의미 구성방식은 내러티브적 인식론을 기반으로 한 '보는 문화'의 양상을 띠고 있다. 여기에 관해서는 최근 인문학의 대안으로서 화두가 되었던 문화학이나 영화학 또는 매체학 영역에서 광범위하게 연구가 수행되고 있는 데, 그 중에서도 문학작품의 내러티브 구조와 영상기호학의 장면 기능을 하나의 통합점으로 본 H. Kreuzer(1975)와 매체는 내러티브의 전달이자 메시지라고 강조한 M. McLuhan(1994), 영화의 장면과 의미들을 연결하는 몽타주 형식을 크게 서사적 몽타주와 기술적 몽타주 등으로 분류한 Kuchenbuch(1978) 등을 들 수 있다.

(4) 사회과학분야

사회과학 분야의 경우, 심리학에서 Bruner(1986; 1990; 1996)가 내러티브적인 사고 양식에 대해 언급하였으며, Sarbin(1986)도 이야기란 인간의 행동을 이해하기 위한 '근본적인 은유(root metaphor)'라고 하였다. 그 외에도 Bateson(1994)의 '주변적 시각 (Peripheral Vision)', Denzin(1997)의 '해석적 민속지학(Interpretive Ethnography)', Polkinghorne(1998)의 내러티브적 앎과 인간과학(Narrative knowing and the Human science), Schafer(1992)의 삶을 다시 이야기하기(Retelling a Life), Coles(1989)의 이야기하기(Call of stories), Czarniawska(1997)의 조직을 이야기하기(Narrating the Organization)등이 있다(Clandinin & Connelly, 2000).

(5) 교육학 분야

교육학 분야에서는 Cole과 Knowles(1992), Clandinin과 Connelly(1992; 1995; 2000), Connelly와 Clandinin(1988; 1990), Elbaz(1991), Grossman(1987), Gudmundsottir(1991), Hollingswotth(1989), Richert(1990), Carter(1990)와 같은 학자들이 이야기를 교사 교육을 위한 연구 분야의 중심 요소로 다루어 왔다. 교육과 관련된 여성학의 분야에서도 내러티브는 중요한 위치를 차지해 왔다. 인간의 삶, 특히 교육적 실천과 연구에서 내러티브의 중요성과 영향력을 다룬 Witherell과 Noding(1991)으 삶의 이야기들 (Stories Lives Tell), 여성들과 주체성과 도덕성의 발달을 다룬 Gillian(1982)의 서로 다른 목소리들(In a Difference Voices), Belenky 등(1986)의 '여성들의 삶의 방식 (Women's Ways of knowing)', Noddings(1984)의 '돌봄(Caring)' 등은 교육학 분야에서 내러티브를 이해하는데 도움을 준다. 교육의 도덕적, 정신적 추구와 관련해서는 MacIntyre(1966; 1984)의 '내러티브 윤리 이론'과 Crites(1971; 1975; 1986)의 '내러티브에 대한 신학적 글쓰기' 등이 유용한 저서들이다(염지숙, 1997; 이흔정, 2003).

(6) 유아교육 분야

유아교육 분야에서는 유아들의 이야기 구성 능력과 내러티브 능력(narrative competence)에 대한 연구가 활발하다. 특히 Peter Baldock(2006)의 연구와 Astington(1993)의

「The Child's Discovery of the Mind」는 세상을 이해하는 수단으로서 내러티브에 대한 연구로 유명하다. 유아들이 초기부터 내러티브 능력을 개발시키고, 내레이터로서 훌륭한 역할을 수행한다는 것이다. 특히 Froebel, Montessori, Vygotsky 그리고 Piaget처럼 교육에 있어서 특히 유아기에 관심을 갖고 내러티브 능력 개발과의 관련성 연구가 활발하다.

(7) 심리학 분야

심리학 분야에서는 주도적으로 Sarbin의 연구가 핵심적이다. 일찍이 사빈은 「Narrative Psychology」라는 저서(1986)를 통해 크게 4가지 주제를 논의하고 있다. 과학적 이론에서 내러티브, narratory competence의 연구, 자기 내러티브의 플롯 구성, 자기 내러티브의 구성과 해체 등을 다루고 있다. 여기에서 특히 심리학을 위한 뿌리 메타포로서의 내러티브, 내러티브 형식과 심리과학의 구성, 휴리스틱 과정으로서 내러티브 사고를 논의하고 있다.

한편 Bruner를 심리학적으로 접근해서 본다면, 내러티브 사고를 제안한 점을 강조할 필요가 있다. 특히 문화심리학과 일상심리학(folk psychology)의 제안으로 유명하다. Greenwood는 「The future of folk psychology」라는 저서(1991)를 통하여 인간의 의도성과 인지과학의 문제를 다루고 있다. 특히 일상심리학과 과학적 심리학의 대비를 통하여 인간 행동의 설명을 논의하고 있다. Olson과 Torrance(1996)의 「Mode of thought: exploration in culture and cognition」에서 자아, 내러티브, 기억의 문제를, Bruner가 '사고의 프레임: 의미만들기 방식'을 Deanna Kuhn의 과학적 사고(scientific thinking)의 문제를 논의하고 있다. Astington이 Olson을 연구업적을 기리면서 「Minds in the Making」에서 인간 마음의 문제를 연구하였다. 여기에서 Anne McKeough가 이야기 구성과 이해가 어떻게 발달하는 지를 논의하면서 내러티브 발달 모형(model of narrative development)을 제안하고 있다.

그리고 문화심리학과 관련하여 Richard A. Shweder(1991)의 「Thinking through Cultures: Expedition in Cultural Psychology」(김의철·박영신 공역, 1997)는 문화심리학의 이해와 배경, 자아개념의 형성과 문화, 인간과 사회구성이론, 문화성격이론 등이 논의되고 있다.

2. 인문사회과학과 인간과학 이론의 국제적 동향

이하에서는 주요 인문사회과학 분야들이 내러티브와 어떠한 관련이 존재하는지를 Polkinghorne(1988)의 논의를 중심으로 살펴보기로 한다.

가. 역사와 내러티브적 설명

역사의 인과적 해석보다 내러티브적 설명을 처음으로 옹호한 언급은, 1965년에 『역사의 분석철학』을 쓴 Arthur Danto에 의해 분석철학의 체계에서 등장했다. 단토는 역사 서술 **담론**에 나오는 문장 조합을 분석하기 보다는 역사 기술에 사용된 문장들 (내러티브적 문장을 포함하여)의 종류를 분석할 목적으로 책을 썼다. 그는, "이야기하 기는 우리가 세계를 재현하는 기본 방식 중의 하나를 예시한다. 시작과 끝, 전환점과 절정을 묘사하는 언어는 재현 양식과 밀접히 연관되기 때문에 우리 자신의 삶에 대한 우리의 이미지도 매우 내러티브적임이 분명하다."고 했다. Danto는 우리가 과거 시제 동사를 사용해서 이야기체 문장으로 말할 때 일어나는 우리의 사고방식을 이해하고 자 했다. 그래서 현재 상태를 묘사하는 현재 시제 동사들만을 다루는 경험주의와 자 신의 관심을 구분했다. (Karl Popper) 앞선 연구와 마찬가지로) Danto가 이런 연구를 하게 된 이유는 헤겔과 맑스 등의 전통적인 역사철학(즉 역사의 미래 전개를 포함하 여 역사 전체를 파악했다고 주장하는)을 비판하기 위해서였다. Danto는 인간 행위에 서 비롯된 과거의 변화는 다양하게 묘사될 수 있으며, 이야기체 문장은 그렇게 사용 될 수 있는 서술 방식의 하나라고 주장했다. 이야기체 문장의 특징은, 별개의 시간에 일어난 적어도 두 개의 사건들을 언급하고, 후속 사건의 관점에 비추어 언급된 앞선 사건들을 묘사한다는 것이다. 이야기체 문장은 선행 사건들을 중요한 후속 사건들에 연계지음으로서 선행 사건들에 의미를 부여한다(Polkinghorne, 1988: 114-115).

이야기체 문장에 대한 Danto의 분석은 세 가지의 인식론적 함의를 지닌다. 첫째, 내러티브 문장에서 원인이라는 용어는 후속 사건이 선행 사건을 원인으로 변환시킨 다는 점에서 역설적이다. 둘째, 행위를 설명하는 것은 행위자의 의도라는 드레이의 합리적 설명에 반대하여, Danto는 역사에서 인과적 진술은 행위자가 인식하지 못했을 행동에 의미를 부여한다는 점을 지적한다. 다양한 개인행동을 총괄적 행동으로 조직

Danto의 역사에 대한 내러티브적 설명

Danto 입장의 인식론적 함의

하고 심지어 행위자 행동의 의도하지 않았던 결과의 중요성을 보여줄 수 있는 사람은 행위자가 아니라 역사가라는 것이다. 셋째, 이야기체 문장은 과거에만 관심을 보이며, 연역적-법칙적 설명양식에서 요구되는 설명과 예견 사이의 균형이 역사적 진술에서는 붕괴된다.

Danto는 연결 구조가 문장들을 하나의 이야기로 엮는 이야기 담론(narrative discourse)보다는 개별적인 이야기체 문장에 초점을 맞춘다. 그의 역사는 연대기, 즉 특정한 인과 관계에 대한 일련의 이야기체 문장들이지만 통일된 주제가 부족한 연대기와 유사하다. 그의 역사는, 문장들이 하나의 이야기로 묶여지는 플롯화 작업을 빠뜨렸다.

W. B. Gallie는 1964년에 쓴 『철학과 역사이해』라는 책에서 내러티브 담론 전체에 대한 구조적 묘사에 더 근접했다. 그는 내러티브를 역사가 허구적 문학과 공유하는 형식으로 보았다. 갈리에 의하면, 역사 연구결과는 이야기체로 보고되며, 대중에게 제시되는 역사탐구의 최종 산물은 역사적 과거가 구축되고 인식되는 방법이 아니라 이야기체 서술이라는 것이다. 역사에서 내러티브의 역할에 대한 앞선 논의들이 증거와 객관적 진리를 강조하는 역사와 허구의 차이를 강조하는데 매우 유의했던 반면, 갈리는 사람들이 "허구적 이야기를 읽는 것"과 같은 방식으로 역사 텍스트를 이해한다고 주장하면서 역사 내러티브와 허구적 내러티브 사이의 연속관계를 강조했다.

나. 문학과 내러티브

(1) 문학연구와 내러티브

내러티브가 인간의 행동을 이해하고 설명하는 특별한 형태의 담화, 또한 인문학에서 인간의 경험과 행동을 연구할 때의 적절한 담화를 제공한다. 여기에서는 표현수단으로서의 내러티브에 초점이 맞추어진다. 문학 이론가들은 주로 구전되고 기록된 소설의 내러티브를 고찰했다. 문학에서는 구조적 요소들이 강조된다. 구조적 요소는 내러티브 형태로 표현된 메시지를 통해 의미를 전달하는 과정에서 생겨나는 내러티브의 의미와 작가와 독자의 기능이다. 비록 문학 이론가들은 문학 표현으로서 내러티브에 접근하지만, 그들의 내러티브 형태와 의미에 대한 통찰력은 인간의 경험을 이해하고 연구하는 과정에서 나온 인문학에 의해 적용될 수 있다(Polkinghorne, 1988: 153).

문학 이론가들의 내러티브에 대한 관심은 지난 20년 동안 상당히 증가해왔고, 최근의 내러티브 연구에서 가장 깊게 관여하고 있는 분야로 옮겨갔다. 이 연구는 네 가지 측면으로 이동하고 있다. (1) 각각의 소설 작품이 지닌 문학으로서의 개별적 가치 연구, (2) Northrup Frye로부터 시작된 흐름인 보편적 주제에 관한 연구, (3) 프랑스 구조주의자들의 보편적 심층구조에 대한 연구, (4) 의사소통 모델(communication models)의 관점에서부터 나온 내러티브 형태의 연구가 그 네 가지다.

문학 이론가들에 의한 내러티브 연구가 단일한, 통합된 이론의 발전을 이끈 것은 아니다. 곧, 그것은 새로운 이론들이 생겨날 때 예전 이론들이 없어지는 "진보하는 과학"이 아니라, 새로운 이론들이 옛 것에 더해지는 누적적인 학문이다.

아주 최근까지 문학 이론가들은 내러티브의 다양한 측면에 초점을 맞추고 연구하고 있다. 곧, 줄거리, 심층구조, 작가 정신, 독자 등 그것이다. 1978년에 Seymour Chatman은 「이야기와 담론(Story and Discourse)」에서 "도서관은 '구체적 장르 연구'로 가득 차 있지만 일반 내러티브론에 대한 영문 서적은 몇 없다"라고 언급했다. 내러티브에 대한 초기 연구는 국가적 전통에 따라서 네 가지로 구분될 수 있다. (1) 특히 Propp와 Schlovsky에 의한 러시아 형식주의(Russian formalism), (2) 미국적 전통 (3) 프랑스 구조주의(French Structuralism) (4) Lammert, Stanzl, Schimid의 독일식 글쓰기가 그것이다. 하지만 1960년대부터, 이론가들은 자신의 국가적 문학 전통보다는 내러티브의 국제적 논의에 더 관여하기 시작한다. 동시에 그들은 다른 학문에서도 그 통찰력을 빌려오기 시작한다. 언어학, 인류학 그리고 인지 과학 등이 그 예로, 내러티브를 학제간(interdisciplinary)으로 확장한 범위로 만들었다. 문학 이론은 개별적 문학 작품의 해석에 대한 배타적 초점을 피했고, 내러티브적 표현에 의해 소통되는 이해와 진실의 유형에 대한 일반적 관심을 보여주기 시작했다.

(2) 수용이론

최근 비평가들은 쓰인 텍스트와의 상호작용으로 의미를 생산하는, 독자의 역할로서 참여하고 있다. 독자는 적합한 모티프를 서로 맞추고, 인물을 평가하며, 인과적 연관 관계를 찾는다. 수용 이론은 소통 모델에서 '시점'을 활용해 왔다. 그러나 그 초점은 내러티브적 메시지를 배출하는 송신자에서 텍스트를 이해하고 해석하는 수신자로

수용이론에서
해석적 과정

이동했다. 수용 이론의 관심은 바로 이 해석적 과정이다. 그러나 Iser가 볼 때, '해석'은 딜타이가 작가의 의미에 대한 감정 이입적 재경험이라 묘사했던 과정과는 달랐다. Iser는 '지시적 모델' (referential model) 곧, 독자들이 진실을 위해 텍스트의 결에서 숨겨진 진실을 찾아내는 방식을 비판하였다. 그는 해석의 결과보다는 과정에 더 많은 주의를 기울였다. 의미는 텍스트를 꼼꼼히 분석하거나, 텍스트 단서를 조합하여 발생하는 것은 아니다. 그것은 독자와 텍스트 사이에서 발생하는 상호작용 과정을 통하여 달성될 수 있다. 그리고 해석은 텍스트에 결정된 의미를 발견하는 것이 아니다. 오히려 의미가 창조되는 작업의 경험이라 하겠다(Polkinghorne, 1988: 200-201).

허구적 내러티브에 의한 의미 소통은, 야콥슨의 일반 소통적 모델의 관점에서 파악될 수 있다. 소통적 사건을 위해서는, 송신자와 수신자, 그리고 메시지의 전체 상호작용 구조 분석이 필요하다. 작가(송신자), 텍스트(메시지)를 추구한다면, 소설의 소통구조 이해에는 '함축된 독자' (the receiver)가 포함되어야 한다. 독자에 의해 생산된 인물 중의 하나는, 자신의 관심과 기대를 가지고 있는 미래 독자이다. 우리가 텍스트로부터 추론하는 의미는, 텍스트에 의해 제공된 독자(함축된 독자)와 현실 독자 사이의 창조적 긴장으로부터 나온다. 함축된 독자들과의 상호작용은 소설에 의해 창조된 의미 채널 중의 하나일 뿐이다. 의미는 인물들의 상호작용이나 작가가 독자에게 제시하는 명확한 진술로도 나타난다. 다만, 다양한 채널 중, 어떤 관점을 선택할 것인가는 독자의 임무이다.

내러티브 관련
문학연구의
움직임

지난 15년간 생산된 읽기 이론들은, 내러티브의 이해에 의미 있는 기여를 했다. 독자와 작가는 텍스트와 함께 재정립 되었다. 수용 이론은 텍스트 읽기는 매우 복잡한 과정이며, 독자들이 매번 독서 행위에서 지니는 관심과 경험들에 따라 달라질 수 있다는 점을 주장해 왔다. 독자가 내러티브에 접근할 때는, 전통에서의 이야기와 내러티브적으로 형상화된 자기 삶의 이해에, 자신의 경험을 끌어 들인다. 내러티브와 함께 경험은 자기 자신에 대한 이해를 넓힌다. 문학 연구는 일련의 내러티브 연구를 통해 움직여왔다. 이들은 전제된 스토리 라인이나 인간의 문제와 필요에 대한 역사적 응답에 관심을 가지고 있다. 보다 과학적인 접근을 추구하면서, 문학 연구는 가능한 모든 내러티브의 생성을 위한 내러티브 문법을 제시하고자 구조론적 언어학의 방법을 빌렸다. 최근 문학 이론은, 소통론의 모델을 선택하여, 연구의 궤적을 넓히고 있다. 여기에서는 텍스트의 구조에만 배타적 관심을 두지 않는다. 작가와 독자는, 창조된 내러티브 텍스트가 서로 다른 개인들에게 이해될 때 일어나는 소통적 사건 전체의 일부로 기능할 뿐이다.

다. 심리학과 내러티브

생애사로서 내러티브

1960년대 중반 이후 생애 연구에 대한 새로운 관심이 나타났다. William Runyan은 "생애사 및 정신분석적 자서전"이라는 책에서 이 기간 동안 이루어진 방대한 양의 문헌을 검토한 다음, 정상적인 성인의 성격 발전, 생애사와 정신병리학 그리고 전생애 발전과 같은 분야에서 수행되었다고 확인하고 있다. 그는 이러한 분야에서의 노력들은 "생애경로들이 여러 번에 걸쳐 그 사회적인 그리고 역사적인 세계와 함께 개인들의 상호작용에 의해서 어떻게 형성되는가를 연구하기 위한 공통적인 관심을 나눠가진다는 것을" 확인하고 있다. 러냔의 책은 이러한 관심의 결과를 조사하고 있으며 그 자체가 이 분야의 작업에 대한 공헌이다(Polkinghorne, 1988: 215-216).

심리학 분야에서 다양한 등장

인문과학분야 내에서 인생행로에 대한 관심은 특별히 성인 발달과 역사심리학 연구에 초점을 맞춤으로써 전생애 발달의 연구에서 나타났다. 성인발달연구에 대한 내러티브적 방법의 사용이 강조되고 있다. 역사심리학 연구는 두 가지 형태를 취해왔다. 즉 개인에 대한 연구인 정신분석적 자서전과 집단의 역사심리학 연구다. 이 두 가지 형식에서 인간에 대한 정신분석적 관점은 일종의 정설이 되었다. 역사심리학과 정신분석 사이의 결속은 개인 및 집단의 역사에서 일어나는 사건들을 해석하기 위하여 형식과학관은 다른 관점을 연구자들에게 제공해주었다. 심리학적 이해를 위해 내러티브의 중요성을 인식하는 또 다른 문헌은 인지연구의 개척자인 Bruner(1986)에 의한 '「Actual Minds, Possible Worlds(실제적인 정신들, 가능한 세계들)」'이다. 이 책에서 브루너는 언어와 내러티브의 기능에 초점을 맞추고, 내러티브는 두 가지 기본적인 지식의 형태 중 하나이며, 다른 하나는 형식과학의 모범이 되는 지식이라고 주장하고 있다.

생애 이야기에 대한 학문적 관심은 지속적으로 증가일로에 있다. 세계 제2차 대전 이전 수십 년 동안은 1950년대에 인문과학 분야가 엄격한 형식과학의 행동주의로 옮겨 감에 따라 폐기되었다. 이러한 문헌들에는 풍부한 자료가 담겨있는데, 인간 영역을 이해하기 위한 다양한 접근방법에 관심이 있는 학자들에 의하여 다시 탐구가 되고 있다. 내러티브적 앎의 과정에 대한 새로운 인식은 이러한 초기 문헌에 들어있는 통찰력에 대한 방법론적인 지원을 제공하고 있다.

그리고 이 외에 Theodore R. Sarbin의 내러티브 심리학 연구와 정체성 탐구, 인지혁명의 연구와 언어와 내러티브 연구, 유아의 내러티브 능력과 구조 등이 강조되고 있다.

라. 교육학과 내러티브

교육학의 전반적인 연구동향은 과거보다 상대적으로 실증주의 연구에서 많이 탈피하는 경향을 보이고 있다. 물론 전공 영역이나 주제에 따라 보다 심층적인 경험과학적 연구들이 진행되고는 있으나 전체적으로 보면 실증주의를 넘어서고자 하는 연구경향이 강한 편이다(박성희, 2011).

(1) 교육철학의 언어적 전회

교육의 변화와
내러티브

2000년 이후 교육계에서 내러티브에 대한 관심이 증가하고 있다. 이러한 경향은 비단 포스트모던 철학의 인간 이성과 합리주의 관점의 세계관에 대한 반성 때문만은 아니다. 즉 이러한 경향은 교육의 본래적 목적이었던 인간의 현실적 삶의 적용의 필요성 대한 교육계의 반성적 성찰의 결과로 발생한 것이다. 여기서 현실 적용성이란 결국 교육은 인간의 실제적인 삶의 경험을 통해 얻은 정보와 지혜를 다음 세대에 계승하기 위해 발생된 것이라는 교육의 최초 발생설과도 관련된다. 이에 내러티브에 대한 교육적 관심은 플라톤 이래로 심화되어 왔던 이론과 실제의 분리를 극복하기 위한 새로운 교육적 방안으로 각광받고 있다. 즉 내러티브는 학문적 이론과 현실적 실제 상황 사이에 연결고리를 만들어줌으로서 개별 학습자가 학교 교육을 통해 배운 것들을 실제적 삶 속에서 용용할 수 있게 만들어 주는 효과적인 방법으로 인식되면서 교육학계에서 활발하게 논의·도입되고 있다(박성희, 2011: 62).

이러한 관심은 포스트모더니즘의 등장 이후 변화된 패러다임이 교육계에 반영된 결과이다. 즉 교육학계에서는 학교 교육을 통해 학습자들이 얻게 되는 이론적 지식의 양적 습득의 문제를 넘어 교육을 통한 학습자의 질적 성장과 실제 학습자들의 삶과 밀접하게 관련된 관심을 가지게 되었다.

(2) Bruner와 Hirst의 반성적 성찰

주지하다시피 교육학에서의 패러다임의 전환으로 인해 1970년대 후반부터 교육학
계에서는 교육학이란 무엇이며, 또는 어떤 것을 어떻게 가르쳐야 하는가에 대한 문제
가 재논의 되고 있다. 논의의 결과, 교육철학과 교육 방법, 교육공학 등의 다양한 분
야에서 기존의 학설을 보완하거나 또는 뒤집는 반성적 연구 결과들이 나타났다. 이와
같은 반성적 성찰을 통해서 학문적 관점을 전환한 대표적인 학자로는 미국의 교육학
자 브루너와 영국의 교육학자 허스트를 들 수 있다

브루너는 교육학에서 인지를 매우 강조하며, 이러한 인지 발달은 수학이나 과학의
논리적 교과를 통해 배양할 수 있다는 주장을 펼치며 1960년대 세계 교육계의 방향을
주도하였다.

한편 이러한 교육철학에 대한 반성적 성찰은 영국의 교육철학자 허스트에 의해서
도 이루어 졌다. 허스트는 브루너와는 달리 인문교양교육을 강조하였지만 그 역시 이
성과 합리주의를 강조했던 학자로 유명하였다. 그러나 교육에서의 패러다임의 전환은
인간의 이성적 지식과 합리주의를 열렬히 옹호하였던 허스트 역시 기존의 자신의 교
육철학적 입장을 전면 쇄신하게 만들었다. 허스트는 1990년대 들어 자신의 기존 교육
철학에 대한 학문적 입장 철회를 선언하고 실제적 삶의 경험으로서의 교육으로 학문
적 입장을 전환하였다.

① 브루너의 반성적 성찰

브루너는 1950년대 중반부터 60년대에 이르기까지 교육에서 인간의 인지와 그것
을 발달시킬 도구 교과로 수학과 과학을 강조하며 미국의 교육개혁을 주도하였다. 그
러나 10여년이 지난 이후부터 그는 기존 그의 교육이론을 반성하며 새로운 연구로
돌아섰다. 그는 새로운 연구 결과 1990년 중반에 「The Culture of Education(교육의
문화)」를 출간하였고, 이 책에서 다음과 같이 당시 자신이 강조했던 교육적 관점에
대해 회고하고 있다.

> 내가 「교육의 과정」에 대해 처음으로 영감을 준 것은 바로 지속적으로 진행되어온 심리
> 학의 인지혁명이었다. 이것은 1950년대 말과 1960년대 초에 비교적 풍부한 토양 위에서
> 순탄하면서도 오히려 자족적으로 시작한 혁명이었다. 어째든 그 당시에 그 시기는 우리들

에게 최소한도 그렇게 보였다. 게다가 그 당시 어떠한 모든 내부적 관심사들에 우선하는 외부적 사건이 벌어졌는데, 그것은 냉전시대의 정치적 분위기였다. 그것은 이데올로기적이고 군사적 전쟁이었으며, 더 나아가 기술전쟁이었다. 거기에는 '지식간극'의 문제가 도사리고 있었으며, 우리의 학교체제가 오히려 그 지식간극의 문제를 발생시키고 있다는 비판을 받고 있었다. 이 끝없는 냉전시대에 우리의 학교는 소련을 기술적으로 어떻게 앞서 나갈 수 있을까? 이런 점에서 볼 때 그 당시 교육개혁 운동의 주요 초점이 과학과 수학이었다는 것은 그리 놀랄 일이 아니었다. 이러한 교과들은 새로운 인지심리학의 원리들을 적용하는 데 가장 잘 부합되는 것들이었다. 이러한 새로운 원리들의 지침에 따라 수학과 과학교육과정 개정이 활발하게 이루어졌다. 그 밖의 모든 것들은 당연한 것으로 취급되었다(Bruner, 1996; 강현석 · 이자현 공역, 2005: 18-19).

**내러티브
사고양식의 강조**

브루너는 구조주의 인지 이론과 나선형 교육과정 이론으로 세계 교육학계에 각광을 받았던 학자이다. 그런 그가 자신이 제기한 학설을 뒤집고 그것과 대조되는 새로운 학설을 제시하기는 쉽지 않았을 것이다. 하지만 그는 과감하게 자신의 기존 교육학설의 오류를 시인하였다. 그가 스스로의 오류로 지적한 결정적인 내용은 바로 인간의 사고를 너무 편협한 관점에서 바라보았다는 사실이다. 때문에 그는 이러한 오류를 바로 잡기 위해서 인간의 사고양식을 패러다임 사고와 내러티브 사고로 구분하고, 내러티브 사고의 중요성에 대해 역설하였다. 브루너가 내러티브 사고방식을 중시한 이유는 그것이 교육의 과정 속에서 외미 만들기에 효과적이기 때문이다.

**브루너의
교육입장의 변화**

브루너는 1960년 지식의 구조에 대한 체계적인 입장을 주장하였으며, 때문에 그의 이론을 합리적 구조주의의 틀 속에서 이해되어 온 경향이 강하다. 그로 인해 한국의 학자들 사이에서도 대부분 그의 이론을 그가 1950-60년대 하버드 대학교 재직시절 제안하였던 지식의 구조를 중심으로 그의 이론을 이해하는 경향이 강하다. 그러나 강현석(2006)에 의하면 부르너는 최근에 「교육의 문화」(1996)에서 문화주의(culturalism)의 전제하에 교육과정에 대한 새로운 입장을 제시하고 있다. 즉 그는 마음은 인간 문화 속에서 구성되고 실현된다(Bruner, 1996: 1; 강현석, 2006: 91)라고 말하며, 이에 대한 주요 근거로서 패러다임 사고에 대비되는 내러티브 사고양식에 대해서 이야기 하고 있다.

브루너가 주장하는 내러티브(narrative)란 서사체를 말하며 하나의 이야기, 즉 시간적 연쇄로 구성된 일련의 사건을 의미한다(강현석, 2006: 91). 이 때의 이야기는 사건들로 구성되고, 그 사건들은 특정의 계열을 이루며 배열된다. 때문에 내러티브는 사건들의 계열과 사건들이 만들어내는 이야기에 의해서 특징화된다. 그러나 이때 이야기의 특징은 설명되지 않는다. 이야기는 그것이 왜 그렇게 시작되고, 종결되는지에 대한 명료하고 검증 가능한 해답이 있는 것이 아니라 다만 그 이야기에 대한 다양한 해석이 존재할 뿐이기 때문이다. 브루너는 이것이 내러티브가 패러다임과 다른 점이라고 말한다.

즉 그는 과학적 이론이나 논증은 검증됨으로서 판단되지만, 이야기는 다만 '있음직한 가능성(강현석, 2006 : 91)'에 기반하여 그 적절성, 정당성이 판단되기 때문이라고 말한다. 그리고 이러한 내러티브는 물리적 세계에 대한 관찰에 적용되기 보다는 행위자로서의 인간, 인간의 의도적 행위를 파악하기 위한 곳에 초점을 둔다. 마음과 의지의 작용으로 발생하는 인간의 행위는 물리적 세계의 존재 방식과는 다르게 예측이 불가능하며, 그러한 행위의 발생 이유에 대한 명확한 설명 역시 불가능하다. 브루너에 의하면 내러티브의 탐구는 '원자화된 사실과 수의 데이터로 양화될 수 없는 인간적인 차원을 묘사하기 위한(강현석, 2006: 92)' 방법이 된다. 이러한 방법을 적용하는 이유는 인간과 인간의 행위는 양적으로 이해될 수 없고 질적 인식의 차원에서 이해될 수밖에 없기 때문이다.

강현석(2006)에 의하면 브루너가 제안한 내러티브 탐구를 위한 사고의 언어는 결국 Dewey의 경험의 개념과 밀접하게 관련되어 있다고 보았다(Clandinin & Connelly, 2000: 49-50; 강현석, 2006: 92, 재인용). 즉 듀이의 경험의 상황, 연속성, 상호작용의 의미를 가지고 내러티브 탐구의 전략을 구성해 보면 인간 경험은 개인적이며, 사회적인 의미를 지닌다. 또한 과거, 현재, 미래와 연관되며 특정한 공간에 관련되어 있다. 인간 경험의 이러한 일시적 우연성, 공간 구속적, 개인적이며 사회적인 것이 바로 내러티브를 구성하게 된다.

1950-60년대에 브루너가 주장하였던 지식의 구조주의적 입장과 수학과 과학 등의 논리적 분석적 교과에 대한 강조는 앞서 브루너가 밝힌 「교육의 문화」에서 충분히 반성되고 있다. 즉 브루너는 인간을 이해하기 위해서는 분석적 지식과 양적 탐구가 중요한 것이 아니라 내러티브 사고를 바탕으로 한 질적 탐구가 필요함을 인식하고 새로운 연구를 시작하고 있다. 브루너의 이와 같은 학문적 입장에 대한 반성적 성찰은 내러티브 교육과정에 대한 논의의 기초적 단서를 제공해 주고 있다. 아울러 브루너는 양적, 분석적, 과학적 사고에 대한 교육만이 중요한 것이 아니라 교육에서 정말 중요한 것은 인간에 대한 이해이며, 이를 이해하기 위해 질적 차원을 탐구해야 하고,

이러한 질적 차원의 탐구에 예술교과가 유의미한 시사점을 줄 수 있다고 보았다.

② 허스트의 반성적 성찰

나는 1960년대와 70년대 분석철학이 발달하는 동안 이루어진 교육 철학의 약동과 발전이 진정되고 난 후, 90년대 들어 교육의 개념 자체를 현저히 새롭게 해석하고, 더 적합하게 설명하도록 다시 고무하는 시대가 올 것이라고는 결코 생각하지 못하였다. 그러나 그러한 시대가 도래한 것이 분명한 사실인 것으로 생각하기에......... 거칠게 말해서, 나는 대부분의 교육 철학에서 교육의 주요 관심사가 지식에서 인간으로 변천하여 왔고, 더 나아가 이제 사회적 실제(Social Practice)로 옮아갈 시점이 되었음을 논의할 것이다(P. H. Hirst, 1991: 40; 김선보, 2006: 35 재인용)

허스트의 이전 학설은 인간을 구성하는 영역을 인지적, 정의적, 의지적 영역으로 구분하여 각 영역을 계발시키기 위한 최고의 합리적 지식이 있다고 보고 그러한 지식을 영역별로 구분하여 제시하였다. 그러나 최근 허스트는 인간을 구성하는 인지적, 정의적, 의지적 영역이 사실상은 분리되지 않는다고 지적한다. 즉 이러한 영역 구분은 단순한 개념상 구분일 뿐 실상의 인간에게서 이러한 세 가지 영역은 각각 분리, 구별되지 않으며 분리되어 나타나지도 않는다고 말한다.

자유교육과
공리주의 교육의
종합

김선보(2006)와 홍은숙(1999)에 의하면 허스트는 「교육, 지식, 그리고 사회적 실제」(1993)에서 이론적 합리성을 강조하는 자유교육과 인간의 욕구 혹은 욕망의 충족을 창조하는 공리주의 교육의 문제점을 인식하면서, 두 입장 간의 변증법적 통합을 이루는 사회적 실제를 강조하는 교육을 주창하였다. 즉 허스트는 자유교육은 인간의 보편적인 합리성과 이성을 강조하였지만, 주어진 인간의 욕구 혹은 욕망을 간과하는 경향이 있으며, 공리주의는 주어진 인간의 욕구 혹은 욕망의 충족을 강조하였지만 인간의 고등정신인 합리적 능력을 간과하는 경향이 있는 것으로 파악하였다. 때문에 현재의 교육은 이러한 양쪽의 문제 모두를 안고 있기 때문에 이를 보완하기 위해서는 변증법적으로 발전시킬 필요가 있다고 말한다.

자유교육의 문제

즉, 그는 자유교육에서는 이성과 합리성을 강조하기 때문에 모든 문제에서 이론적 이성이나 이론적 합리성만 강조하고 실천적 이성이나 실천적 합리성을 간과하는 우를 범하였다고 보았다. 그는 교육에서 강조하는 좋은 삶이라는 것은 이성과 합리성을 충분히 발휘하는 삶으로 보았다. 그리고 이때의 이성과 합리성은 경험과 육체를 넘어선 초월적인 개념이 아닌 실제로 살아가는 삶과 사회와 직접적으로 관계된 것이라고 보았으며, 때문에 교육에서 강조되어야 할 점 역시 초월적인 이성이나 이론적 합리성이 아닌 실천적 이성이나 개인적인 지식이 되어야 한다고 주장하였다.

그리고 그는 공리주의 교육에서 인간의 욕구와 욕망의 만족만을 최대한 강조하는 것은 개인의 심리적 욕구와 만족만을 일컫기 때문에 합리적 욕구나 사회적 욕구의 만족은 간과될 수밖에 없다고 보았다. 이에 허스트는 좋은 삶이 무엇인가를 결정하고 추구하는 데에는 여전히 이성의 역할을 간과할 수 없으며, 이때의 이성은 현재의 사회적 실제에 종사함으로써 획득될 수 있는 실천적인 이성이라고 보았다. 때문에 교육에서 추구해야할 가치는 단순히 순간적인 개인의 심리적 욕망의 충족이 아니다. 허스트에 의하면 교육은 한 사회 내에서의 인간의 전반적인 욕구를 장기적인 관점에서 최대한 만족시킬 수 있는 일로 볼 수 있다. 때문에 교육은 인간이 살며 종사하고 있는 사회적 실제에 입문하며 실제적인 삶을 사는데 요구되는 실천적 이성이나 판단력을 길러주는 부분에 관심을 두어야 한다.

공리주의 교육의 문제

김선보(2006)와 홍은숙(1999)에 의하면 이러한 허스트의 주장은 과거 지식의 형식을 주장할 때와는 다르게 변화된 모습이다. 허스트의 새로운 교육적 입장에 대해 김선보(2006)는 과거에 그가 치중하였던 교육받은 인간의 구체적인 특성을 드러내거나 교육에서 추구해야 할 특정의 인간상을 주장하기 보다는 학습자의 좋은 삶을 위해 그것을 구성하는 지배적이고 합리적인 사회적 실제에 대한 관심을 가지게 된 것이 변화의 주요한 내용이라고 보았다. 그리고 홍은숙(1999)과 김선보(2006)에 의하면 허스트의 이러한 견해는 결국 교육의 역할이란 한 사람의 욕구나 좋은 삶의 개념에 비추어 가장 잘 방어할 수 있는 사회적 실제를 선택하고 다양한 사회적 실재에 대해 비판적으로 반영할 수 있는 능력을 발달시키는 일, 즉 실천적 지식과 이성을 발달시키는 것이 된다.

허스트의 변화된 견해에 따르면 교과교육활동은 결국 기존의 공식화된 지식을 전수하여 이상적으로 설정된 인간상을 만드는 일이 아닌 실제적 삶을 살아가기 위한 다양한 사회적 실제에 기반을 둔 활동으로 전환되어야 함을 시사한다. 또한 그의 사회적 실제의 입문으로서 교육은 실천적 이성을 키워주기 위한 교육활동의 모습은 어떠해야 하는지를 우리에게 구체적으로 제시해주고 있다.

허스트의 입장 변화

(3) 교과교육에서의 적용 방안

내러티브 교육과정의 관점에서 교과교육론의 구성 방향을 크게 목적, 교재 구성, 교수-학습 방법, 평가의 문제에 국한하여 살펴보기로 한다.

① 교육과정 목적

최근의 교육 환경은 빠르게 변화하고 있다. 특히 인터넷과 컴퓨터, 영상 매체 등의 급속한 발달은 내러티브 사고의 교육 방향을 새롭게 제시해 줄 수 있다. 이러한 급격하고 불안정한 교육 환경 속에서 무엇보다도 필요한 것은 인간의 '주체성'과 '의미'의 회복이다(한승희, 2002; 이흔정, 2004). 여기에서는 이러한 인간의 주체성과 의미의 회복이라는 목적은 내러티브 사고를 강조함으로써 어느 정도 달성될 수 있으며, 내러티브 중심의 교과교육은 이러한 목적 달성에 기여해야 한다는 원칙적인 언급만을 하기로 하고 보다 구체적인 문제를 논의하고자 한다.

즉 이하에서는 보다 구체적으로 목표의 설정 문제를 논의한다(강현석, 2005). 내러티브 교육과정에서 달성해야 할 교육목표의 설정과 진술 방식은 다양하게 이루어질 수 있다는 점을 고려할 필요가 있다. 기존의 방식을 활용하거나 보다 급진적으로 변경시키는 방안이 가능하다. 이 경우 달성해야 할 목표의 내용 그 자체보다는 목표를 달성하는 방식과 그 달성 여부의 판단 양식이 문제이다. 우선 달성해야 할 목표로서 구조의 발견은 생성적 차원을 동시에 고려해야 하며, 학생 스스로 형성해 가는 발견의 감각을 길러 줄 필요가 있다. 그리고 교과 지식에 대한 내러티브적 해석 능력을 고려하여 목표가 설정될 필요가 있다. 이것은 교육목표 설정 시에 지식의 구조가 지니는 새로운 인식론적 성격과 그것이 내러티브적으로 해석될 수 있는 가능성을 충분히 고려해야 한다는 점을 의미한다.

내러티브 차원에서 보면 달성해야 할 내용으로 고려될 수 있는 것들로는 내러티브를 통한 자아 정체성의 형성과 자아 발견, 사건을 이야기로 만드는 능력, 의미 형성 능력의 배양, 학습자의 내러티브 지식을 생성하는 것, 내러티브적 앎의 방식과 내러티브 사고 능력 배양, 내러티브적 상상력의 개발 등이 설정될 수 있다. 이흔정(2004: 157-160)은 내러티브를 활용한 교육과정 목적에 다음과 같은 내용을 보다 구체적으로 제시하고 있다.

① 내러티브 사고를 활용한 교육과정을 통하여 자아를 발견할 수 있다.
② 내러티브 사고를 활용한 교육을 통해서 이해력을 높일 수 있는 수단의 하나로써 의미 형성에 도움을 줄 수 있다.
③ 내러티브 사고를 통한 교육은 기억력을 증진시킬 수 있다.
④ 내러티브 사고를 통한 교육은 한 사건에 대해 다양한 의미 부여로써 상상력을 높여 줄 수 있다.
⑤ 개인 내와 개인 간의 사건의 이야기로 전개되는 내러티브 교과 교육을 통해 학습공동체가 형성될 수 있다.

이러한 목적들은 내러티브 중심의 교과교육론에서 지향하고 강조되어야 할 내용들이지만, 이것들이 과연 내러티브 사고를 강조하는 경향에서만 도출되는 것인가 하는 문제는 별도의 논의가 이루어질 필요가 있다. 다만, 이러한 목적들이 내러티브 중심 교과교육론을 통하여 달성될 가능성이 높으며, 대응적인 사고양식과의 상호보완성도 고려할 필요가 있다.

② 교재 구성과 단원 재구성

내러티브 원리에서 보면 내러티브 사고와 관련되는 내용들이 선정되어 논리적인 지식과 보완될 필요가 있다. 교육내용은 실재를 내러티브적으로 구성하는 원리에 맞게 조직될 필요가 있다(Bruner, 1996). 우선 내용이 기계적이고 규칙적으로 전개되고 조직되는 방식이 아닌 인간적으로 적절한 시간(Ricoeur, 1984)에 맞게 조직되고, 의미가 서로 교섭되는 방식으로, 그리고 전체 이야기 구조 속에서 풍부하게 해석적으로 재구성되는 방식으로 조직될 필요가 있다. 이것은 하나의 중심 주제를 둘러싸고 일정한 구성 형식, 즉 시작-전개-반전-결말을 갖는 일련의 이야기를 의미한다(강현석, 2005: 100).

교재 구성의 문제를 해결하기 위해서는 Bruner가 제안한(1996: 11-12) 문화주의의 미시적 측면, 즉 의미 만들기, 구성주의, 상호작용, 자아정체감 등을 활용할 수 있다. 이 네 가지 기제는 교재 구성에서 교재 내용의 해석의 문제, 지식관의 문제, 교수의 문제, 교재활용의 문제에 구체적 실마리를 제공할 수 있다. 첫째, 특유의 개인 역사가 반영되는 의미해석과 문화의 표준적 방식이 나타나는 실재구성 방식은 교재구성과 관련하여 해석의 문제를 나타낸다. 국가수준에서 제시하고 있는 교재내용의 기준을 어떻게 처리하고 내용 학습에서 학습자의 이해 양상을 어느 수준, 어떤 방향으로 유도하는가 하는 점은 인간 사고의 해석적 의미 만들기 측면에서 단서를 얻을 수 있다. 둘째, 교재 내용에 대한 지식관 문제는 교과 성격, 교과 목표, 교과 지식의 성격과 한계에 비추어 지식 구성의 폭을 조절할 필요가 있다. 셋째, 교재는 교사와 학생의 교육의 과정을 매개하는 요소 중의 하나로서 교수학습의 관계와 그 과정은 교재 구성의 중요한 변인이 될 수 있다. 이런 점에서 간주관성을 토대로 의미교섭을 통해 상호 공동체를 형성해야 하는 교수 상황은 교재 구성에서 또 다른 측면이다. 넷째, 교재 학습을 통한 문화적 동질성과 자아 정체감 형성은 교재의 활용 측면에 그 구성 원리로서 관련된다. 객체화된 지식의 나열과 탈문화적 기준(content knowledge)의 제시는 오히려 자아 구성에 긍정적인 영향을 미치는 데에 한계가 있을 수 있다.

특히 교재구성의 지식관과 교수에 관한 측면에서 교재에 제시되는 완결의 지식과 "정답"보다는 해당 교과의 문제를 해결하는 과정에 강조를 두는 교실 수업을 강조하고 있다. 그리고 여기에는 도전적 질문을 제기하는 기술(art)과 그런 질문을 풍부하게 하는 기술, 훌륭한 질문을 생기 있게 유지하는 기술 등이 포함된다. 현 교과서의 자료들은 대부분 본문 서술과 같은 설명 텍스트이거나 본문 서술과의 유기적인 연관을 가지지 못하고 있는 것이다. 특히 단원 재구성과 수업 지도안의 수준에서는 Lauritzen과 Jaeger(1997)의 내러티브 모형, 즉 상황적 맥락 파악- 질문 구성- 목표 점검- 탐색-정리 단계와, 이것을 응용한 이흔정(2003)의 모형, 즉 얼개 짜기- 풀어내기- 되풀기-나누기- 새로 맺기 단계를 활용하여 단원과 수업 지도안을 새롭게 작성할 수 있을 것이다.

③ 구체적인 교수-학습 방법과 교사의 역할

교수-학습 방안으로서 이야기하기는 인간이 의사소통 수단으로서 언어에 의존하는 한 가장 자연스럽고도 보편적인 방법이라고 할 수 있다. 교육활동은 교재를 매개로 하여 교사와 학생들 사이의 이야기적 활동이 상호 복합적으로 일어나는 현상이기 때문이다. 교수-학습 방안으로 이야기하기는 실제적으로 다양한 방식으로 실시되고 있다.

내러티브식 수업의 구성 방안은 일반적으로 내러티브의 구조적 특징과 그것을 받아들이는 학습자에 대한 고려에 따라 달라진다. 따라서 내러티브의 구조를 결정하는 데 우선 문제가 되는 것은 어떤 이야기나 사건을 수업 내용의 소재로 삼을 것인가

하는 점이다. 교사들은 자기 나름의 기준에 의해 내러티브 구성에서 어떤 사건을 포함시킬 것인가를 결정한다. 고려해야 할 것은 내러티브의 구조나 거기에 내재되어 있는 의미에 대해 학생들이 이해할 수 있는 능력이다. 다음으로 수업의 전개 과정 중에 학생들이 수업 내용을 얼마나, 그리고 어떻게 인식하는가에 따라 교사는 전달 방식을 달리한다. 내러티브의 종류나 학생들의 발달 단계에 따라 내러티브식 수업을 진행하는 방식에 관해서는 Egan(1990)은 8세까지의 아동에게는 이야기 형식 모델(story form framework)을, 8-15세에는 낭만적 모델(romantic model)을 제안하고 있다. 그 외 여러 연구에서 다양한 방안들을 제안하고 있는 바, 도홍찬(1999)은 도덕과 지도방법으로서 내러티브 기법과 활용-도덕 경험 발표하기, 일지쓰기, 구두편지, 극적인 모험하기 등을 제안하고 있으며, 최인자(2001: 314-330)는 학습자의 서사 지식 생성을 위한 문제중심의 교수-학습 방법론을 제시하고 있다. 이를 위해 실제적(authentic) 문제를 제시하고, 모순적 자료를 논쟁적으로 제시하고, 학습자의 서사 지식 생성을 제안하고 있다. 그리고 보다 미시적인 수준에서는 플롯 중심의 교수요목 구성, 스토리를 통한 수업지도안의 구성(Doyle과 Holm, 1998)등이 요청된다.

이와 같은 내러티브 교수 학습 방법을 구체적인 수업 기법으로 활용할 수 있는 사례를 도홍찬(2002)이 제시한 도덕과의 경우를 재구성하여 제시해보면 다음과 같다.

첫째, 경험 이야기하기이다. 이야기 하기는 서로 맞물려 있는 일련의 의미들을 명확하게 말로 나타내는 행위이다. 학생들이 교과와 관련하여 일상생활 속에서 부딪치는 문제들이나 경험들을 다른 학생들 앞에서 이야기하게 하는 것이다. 이 방법은 주로 수업의 도입 부분에 시작하는 것이 좋다. 학생들에게 미리 과제를 내주어 평소에 준비를 해서 자기 순서 때 이야기 할 수 있도록 한다. 이야기 내용이나 시간을 가급적 지키도록 미리 환기시키는 것이 좋다. 둘째는 일지 혹은 글쓰기이다. 일지쓰기를 통해 우리 자신의 이야기를 듣는 것은 우리가 자신의 삶과 경험을 밝혀 주는 것과 동시에 우리 자신을 키워나가는 한 방법이다. 글을 통해서 작가는 타인을 느끼기 위해서 자신을 돌볼 수 있다. 셋째, 구두편지이다. 이것은 다른 사람들에게 하고 싶은 말을 녹음 테이프나 비디오 테이프에 녹음해 전달함으로써 자신의 개인적 느낌이나 경험을 감동적이고 효과적으로 전할 수 있을 뿐만 아니라, 그들이 자기와 어느 정도 공감할 수 있는지를 알 수 있게 해준다. 녹음 테이프나 비디오 테이프에 녹음해 전달하는 메시지는 인쇄 매체에 의한 편지가 전할 수 없는 더 강한 감동을 상대방에게 전할 수도

내러티브를
활용한 도덕과
수업 방안

있다(서울시교육연구원, 1998). 이 방법에서는 특히 교사의 정성과 시간 투자가 필요하다. 넷째, 이야기식 설교이다. 이것은 교사가 미리 교과 주제와 관련된 이야기를 가져와서 수업의 시작 부분에서 학생들의 흥미와 호기심 유도를 위한 방법으로 사용할 수 있다. 설교 방법에는 스토리의 진행(runnung), 스토리 보류(delaying), 스토리 유예(suspending), 스토리 전환(altering) 등 네 가지 유형이 있다.

이러한 교수-학습 방법을 활용하여 내러티브 중심의 수업을 할 경우에 수행하여야 할 교사의 역할을 간략하게 제시해보면 다음과 같다(이흔정, 2004: 157-160).

자아 발견 첫째, 내러티브 사고를 활용한 교육과정을 통하여 자아를 발견할 수 있도록 한다. 인간은 이야기를 만들어 가는 존재이다. 사건을 전개하고 형상화를 반복하는 과정에서 인간의 삶의 의미는 내러티브적으로 드러난다. 자아가 정체성을 형성해 가는 구체적인 과정은 자아와 타인과의 관계 속에서 이루어진다. 학습자들에게 텍스트를 주어진 대로 읽게 하는 것이 아니라, 재구성하면서 해석할 수 있도록 하여 자아를 발견할 수 있도록 해야 할 것이다. 이러한 이해와 재해석의 과정을 통하여 새로운 의미를 만들어 내는 것이다. 이러한 자아 정체성을 갖기 위한 방법에는 신화와 역사, 민담 등의 읽기 방법과 소설 읽기 등이 있다(Bruner, 1996).

이해력 제고 둘째, 의미 형성을 위한 도움을 제공함으로써 이해력을 높일 수 있도록 해야 한다. 이야기는 무질서한 사건들에 질서를 잡아주는 기능을 한다. 이야기는 다양한 요소들을 어떻게 의미 있는 경험으로 묶어야 할지에 대한 구분을 가능하게 함으로써 혼돈스런 사건들을 선택하고 조직화시켜 준다(이흔정, 2004). 잘 만들어진 이야기 속에 들어 있는 개념 조직자들은 교과목 속에 들어 있는 핵심 개념들을 구성하는데 도움을 준다. 이야기는 내용을 의미 있게 만들어 주는 가장 효과적인 도구이다. 특히 해석적 재구성과 이야기 구조의 파악을 통해 학습 경험을 효과적으로 조직해 줄 필요가 있다.

기억력 증진 셋째, 기억력을 증진시킬 수 있도록 해야 한다. 인간이 이야기를 듣는 것은 이야기를 들으면서 이미 갖고 있는 기존 정보나 정신 구조에, 새로 들어온 정보와 논리체계가 활발하게 상호 작용하는 과정이다. 따라서 이야기 속에 포함된 개념이나 지식들이 이야기 구조에 잘 녹아들어 있을 때에 이해나 기억이 용이하게 된다. 이처럼 인간이 이야기를 듣고 그것의 내용이나 순서, 인과관계 등을 이해하고 다시 표현해 내는 과정은 단순한 기억의 회상이 아니다. 그것은 그가 이미 전에 갖고 있던 인지구조 속에 새로운 이야기를 결합시켜 표현해내는 것이다(이흔정, 2004). 이렇게 내러티브 사고를 통해 기억력을 증진시키기 위해서는, 내러티브를 이용한 내용 구성이 해석적 구성이거나 순환적 회귀의 이야기 구조로 내용 조직이 짜여질 필요가 있다.

넷째, 한 사건에 대해 다양한 의미를 부여함으로써 상상력을 높여주는 역할을 해야 한다. 상상력은 인간의 경험, 지각, 촉각, 창조, 이해 등 모든 측면에서 중심 역할을 하는 역동적인 능력으로서 일종의 구조화 작용이라고 볼 수 있다. 교과 교육에서 학생들이 자신의 경험에서 의미를 추출하는 능력이 중시된다면, 교육과정을 결정할 때 어떤 표상 형식을 강조할 것인가 하는 문제는 매우 중요한 문제가 된다. 따라서 논리·과학적인 패러다임적 사고를 통한 인지능력의 확장과 동시에 내러티브 사고를 통한 의미의 재창조와 상상력의 향상도 교사는 중요하게 인식하고 있어야 한다. 상상력 계발

다섯째, 학습공동체를 형성할 수 있도록 다양한 노력을 해야 한다. 내러티브는 이야기를 말하는 사람으로부터 만들어지는 것이 아니라, 이야기를 하는 사람과 듣는 사람 사이에서 만들어지는 것이다. 따라서 상호소통이 중요하며, 공동의 학습이 긴요하다. 이야기를 구성하는 능력 중 가장 중요한 것은 이야기를 듣는 사람이 무엇을 요구하는가를 파악하고, 이를 근거로 이야기를 구성하는 능력이다. 학습을 상호작용적이고 간주관적인 관점으로 이해함으로써 의미 교섭이 가능한 학습공동체를 만들 수 있다. 이러한 학습공동체 속에서 교사의 역할도 지식의 전수자가 아닌 학습의 조력자로 또한 공동체 학습자의 일원으로 새로운 관점에서 학생을 인식할 수 있어야 한다. 학습공동체 형성

④ 평가

내러티브는 지식의 구조를 발견하는 데 도움을 줄 수 있다. 왜냐하면 우리가 사전에 습득한 정보나 사실들을 초월하는 보다 일반적이고 포괄적인 것을 이해할 수 있게 한다. 흔히 한 분야의 지식의 구조는 학습의 구조와 일치한다고 보고 있다. 한 교과목이 전문가가 사고하고 체계적인 지식의 구조로 조직되었을 때는 그렇지 않았을 경우보다 훨씬 학습에 능률을 주고 전이 효과도 크다는 것은 논의의 여지가 없다. 교육평가 활동은 이 두 구조 사이의 관계가 유기적으로 관련되어 있는지, 혹은 두 구조가 기대하는 행동 변화를 초래할 가능성을 향하여 서로 수렴되고 있는지에 관한 증거를 우리에게 제공해 줄 수 있다.

인간의 사고양식은 다양하다. 직관적 사고와 분석적 사고의 상보성은 중시되어야 하며, 패러다임적 사고와 내러티브 사고는 서로를 이해할 수 있는 수단으로서 가치를

지닌다. 또한 학생들이 배운 것을 표현하는 방법과 학생들이 사물을 대하는 양식은 다양할 수 있다. 즉 학생들이 배운 지식이나 이해가 표현되고, 머리에 축적되는 형태는 다양할 수 있다는 것이다. 교육과정에서 학생들에게 기대하는 사물에 대한 이해는 다양한 경로를 통해 습득된다. 그러므로 학생들이 어떤 상황을 이해하기 위해서는 그 상황을 설명하는 다양한 형태의 표현 방식에 접할 기회를 가져야 하고, 학생들이 알고 있는 것을 표현하는 방식 또한 하나로 제한되어서는 안된다(강현석, 2005). 그러나 요즘 학교 문화는 쓰인 글이나 말이 너무 강조되고 있다. 교육평가 활동은 이러한 제한적인 문제를 파악하고 다양한 표상형식과 인지 능력에 기초한 이야기 전개 능력의 평가가 권장될만하다.

3. 근대 이성 중심의 의미구성 방식에 대한 비판

가. 실증주의적 지식관의 문제

합리주의적
교육과정 경향

지금까지 우리의 담론이나 연구, 그리고 교육 분야에서는 주로 경험주의적이고 실증주의적 지식관이 크게 영향을 미쳐오고 있는 실정이다. 이러한 전통적 지식관에서는 주체의 밖에 존재하는 객관적인 실재만을 지식의 본질로 인식해 왔다. 대표적으로 교육분야에서 교육과정에 관한 사고를 지배해 온 Tyler의 교육과정은 행동과 그 위계로 특징지어지며, 교육내용을 단일한 객관적인 실재로 환원시켜 파악하려는 실증주의적 인식론을 보여준다. 이러한 입장의 교육과정에서는 논리적 진술문의 구조와 인과적 관계의 논리를 가지는 과학적 지식으로 볼 수 있는 패러다임적 사고양식의 내용들이 주로 등장해오고 있다. 대부분의 교과에 걸쳐서 경험적 지식, 논리적 증명과 분석, 합리적 사고양식, 과학적 이론, 논증과 검증된 지식 등이 학교교육과정의 주요 내용으로 선정되어 학생들에게 제시되고 있다. 이러한 경향을 패러다임적 교육과정 혹은 합리주의적 교육과정 체제라고 부를 수 있다.

합리주의적 교육과정 체제는 근대 이성에 바탕을 둔 지식관, 즉 근대적 패러다임을 전제로 하여 실증주의적 인식론을 기반으로 한다. 동시에 그것은 여러 다양한 모습을 띠고 있다. 주지주의적 합리주의, 자유교육의 전통, Eisner(1979)와 McNeil(1985)이 분류하는 학문적 합리주의 지향성, 본질주의와 신본질주의의 교육사조에 의한 교육과 정적 입장 등이 그것이다. 이러한 다양한 모습들이 전제하는 핵심적 특징은 '주지주 의적 합리주의'라고 볼 수 있다. 특히 주지주의 의미에는 교과 선택과정에서 이론적 학문 활동을 교과로 선택하는 것, 교과의 목적 설정 과정에서 활동의 명제적 요소를 강조하는 것, 교수과정에서 먼저 이론 및 규칙을 가르칠 것을 강조하는 등의 다의적 측면이 있으며(홍은숙, 1999: 13-38), 합리주의적 교육과정 체제는 이러한 점과 무관 하지 않다.

합리주의적 교육과정 체제의 장점과 문제점

따라서 지금까지 우리의 교육과정 체제는 이러한 합리주의적 체제에 편향되어 교 육내용이 선정 제시되고 있다. 이러한 방식은 나름대로 장점이 있다. 교과 선택과정에 서 이론적 학문 활동을 강조함으로써 이론적 이성을 구사하는 탐구활동을 강조하여 인간의 합리성을 개발하는 측면이 강조된 점, 활동의 명제적 요소를 강조하여 인지적 이해를 강조한 점, 교수활동에서 언어로 표현되는 이론적 명제나 방법적 규칙들을 우 선시 한다는 점 등이 바로 그것이다. 그러나 이러한 방식에도 많은 문제점이 있다. 어느 한 사고양식만을 강조하게 되어 교육과정의 문제에 심각한 위협이 될 수 있다. 인간이 세계를 이해하는 방식에는 패러다임적 사고양식만이 존재하는 것은 아니다. 이와는 상이한 사고양식이 존재한다. 그럼에도 불구하고 학교에서 선정되어 제시되는 편향적인 교육내용으로 인하여 학생들의 편향된 학습 문제와 사고양식으로 인해 공 교육의 위기에 부채질하고 있는 형국이 되고 있다. 이 문제의 핵심에는 합리주의적 교육내용으로 인한 학교의 편향된 합리주의적 교육문화가 자리하고 있다고 보아야 할 것이다. 합리주의적이고 패러다임적 교육문화는 학생들로 하여금 특정의 능력과 사고양식만을 강요할 가능성이 높으며, 인간의 다양한 삶의 차원을 폭넓게 경험하는 길을 차단할 가능성이 높다.

Oakeshott(1962)는 데카르트 이후 합리주의자들이 기법적 지식을 실제적 지식과 분리시켜서, 기법적 지식만이 권위를 지닌 유일한 지식인 것처럼 왜곡시켰다고 지적 하였다. 기법적 지식이란 글이나 수식으로 기록할 수 있는 지식이며, 암기할 수 있는 지식이다. 그러나 이러한 지식만 가지고는 과학뿐만 아니라 어떠한 실제 활동도 이루 어지지 않는다.

내러티브 기능성 탐구

그런데 근대교육의 가장 큰 문제는 기법적 지식을 기계적으로 암기하는 학습방식 에 있다. 내러티브의 라틴 어원을 살펴보면, 지식과 전문가 혹은 지식과 유능한 실천을 가깝게 연결한다는 의미를 가지고 있다(Gudmundsdottir, 1995: 24). 즉 내러티브는 실제 활동과 가장 가까운 형태의 지식을 학습자에게 전달할 수 있다는 의미를 내포하고 있는 것이다. 이는 교사의 내러티브가 실제적 지식에 중요한 위치를 차지하는 암묵적 차원의 지식 및 전문가의 정서까지 실어 나를 가능성을 암시한다. 그러므로 근대 합리주의의 영향권을 제외한다면 고대로부터 현재에 이르기까지 경험이나 지식을 직접 조직하고 전달하는 방법으로서 가장 자연스럽게 먼저 써온 것이 바로 이 내러티브 형식인 것이다. 따라서 학문 활동과 교과 교육 활동에서도 내러티브는 동일한 가능성을 가지고 있다는 점을 짐작할 수 있다.

나. 다양한 앎의 방식의 등장

최근에는 인간 지식과 사고양식의 다양성을 여러 학자들이 제기하고 있다. Harste(1994)의 다중적 앎의 방식이나 Eisner(1985a)의 앎의 방식에 대한 강조, Polkinghorne(1988)의 내러티브적 앎의 제안, Eisner의 제시양식과 반응양식의 다양성, 정보화 사회에서의 문자 언어의 탈피 등이 바로 그것이다. 인간의 지식은 하나의 형태, 하나의 앎의 방식, 하나의 의미 영역으로 통일되어 있지 않다. 여러 개의 다양하고 분명한 형태, 앎의 방식, 의미 영역으로 구분되어 있다. 그리고 각각 영역의 지식은 그 고유한 의미와 진리를 나타낸다. 즉, 세상에 대한 이해와 경험이 이루어지는 기본 방식을 제각기 갖고 있다.

패러다임적
교육체제의
인식론적 문제

이러한 점에서 볼 때 편향된 패러다임적 사고나 교육체제는 그 자체로서 편향된 인식론적인 문제를 안고 있으며, 동시에 다른 방식의 교육체제를 차별적으로 무시하고 배제해버리는 결과를 초래할 수도 있다. 이론적 지식이나 실증주의적 지식만을 강조하고 분석적이고 인과적인 사고양식만을 최우선시하는 교육내용의 관점은 이와는 상이한 교육과정 체제를 선택적으로 배제하여 학교 교육과정에서 누락시키거나 주변적인 것으로 규정하여 학생들의 접근을 최소화할 가능성이 크다고 볼 수 있다. 이와 관련하여 일찍이 Eisner(1979)는 배제된 것으로서의 영 교육과정(null curriculum)을 개념화했으며, 학교에서 소홀히 하거나 공식적으로 가르치지 않는 지식, 사고양식, 가치, 태도, 행동양식, 교과 등 학습자들이 아직 경험하지 못한 것의 가치를 환기시켰다. 즉 교육적 가치가 있는 데도 이러한 것들을 공식적 교육과정에서 의도적으로 배제시켜버린다면 학교교육의 가치와 의미가 왜곡될 수 있다고 경고하고 있다. 더욱이 배제의 의미와 양태에는 복합적인 측면, 즉 의도적으로 배제된 것, 우연적으로 배제된 것, 문화적으로 배제된 것 등이 있을 수 있어 그 문제는 더욱 복잡하다. 이러한 교육과정은 공식적 교육과정에서 중요하고 가치 있는 어떠한 교육내용이나 가치, 태도 등이 배제되고 있는지를 평가하는 데 중요한 단서를 제공해줄 수 있다는 점에서 가치가 있다.

더욱이 최근에는 교육과정 지식의 탈근대성에 대한 논의가 활발하며, 인간의 사고 양식이나 앎의 방식의 다양성이 중요한 문제로 등장하고 있다. 합리주의적 교육과정 체제에 가정된 패러다임적 사고양식의 문제는 근본적으로는 학교 교육의 문화에 관한 것이다. 우리의 학교 교육은 지나치게 패러다임적 사고로 편중되어 있다. 주체 외부에 존재하는 객관적 실재만을 지식의 본질로 인식해 온 전통적 지식관은 우리의 교육문화를 패러다임적 사고로 편향시킨 근본 원인이라고 할 수 있다. 패러다임적 사고 중심의 교육문화는 마음의 사용방식을 그야말로 패러다임적으로 강화시킨다. 이제 교육내용과 그에 작용하는 인식론적 입장은 새로운 변화를 요청한다고 볼 수 있다.

4. 의미 구성 방식에 대한 새로운 변화: 내러티브 인식론의 가치와 중요성

가. 기존 인식론에 대한 반성(장상호의 연구)

인식론이나 방법론과 관련하여 장상호(2000: 384; 721)는 다음과 같이 언급한 적이 있다.

인식론이나 방법론은 넓게 말한다면 학문적인 지식의 성격, 그 탐구와 형성, 그리고 평가기준에 관한 연구라고 할 수 있다(장상호, 2000). 인식에 대한 혹은 방법에 대한 인식은 가능하다. 그러나 첫 번째의 인식에 비해 두 번째의 인식, 즉 인식론과 방법론은 아직도 어느 수준에서 지체되어 있는 것이 사실이다. 두뇌가 그 자신에 대한 설명을 제대로 하지 못하듯이 우리는 매일 인식활동을 하고 놀라운 학문적 성과를 얻고 있음에도 불구하고 그 발전에 대한 설명에 있어서 매우 낮은 단계에 있다. 전통적인 인식론이나 방법론은 그 흐름의 전반적인 형태에 비해서 너무 지엽적이거나 부분적이거나 혹은 스스로의 언어의 한계 속에 갇혀 있다.

인식은 변화의 과정을 거치며 그것의 특수한 종류의 하나로서 인식론도 당연히 변화의 과정을 거친다. 인식론은 앎에 관한 앎으로서 인식의 자기성찰적 요소를 가지고 있다. 앎이란 무엇인가, 그것은 어떻게 형성되는가, 그리고 참된 앎과 거짓된 앎을 구분하는 기준은 무엇인가 등등 우리는 앎 자체에 대한 많은 의문을 가지고 있다. 그것 자체가 인식론이 아직도 발전할 소지가 많은 분야임을 말해준다. 인식론에 있어서 최종적인 해답이나 절대적 기준이 있을 수 없다. 다양한 학설들은 발전하는 인식론의 다양한 수준을 반영하고 있고, 우리는 오직 상대적인 것에 대한 성실한 연구를 통해서만 발전으로 향하는 길을 모색할 수 있다. 즉 우리는 인식 혹은 인식론에 있어서 특정한 하나의 관점에만 큰 비중을 두지 않고, 다양한 관점들을 초청하고 그들에게 보다 높은 수준의 인식 혹은 인식론으로 향하는 길이 있음을 보여주는 절차를 취해야 할 것이다.

고전 인식론의
문제 제기

어떤 것을 보다 발전된 인식론으로 등장시키려면 그것이 이전에 전통적으로 이루어진 철학적 인식론과 어떤 연관성을 갖는지를 먼저 규명하는 것이 순서이다. 우리가 제안하려는 교육적 인식론은 이전의 인식론과 다른 것이다. 그렇다면 그것이 새로운 탐구영역으로 성립되기 위해서는 먼저 근거가 제시되어야 할 것이다. 그 근거라는 것은 우선 현존하는 인식론이 봉착한 문제가 될 것이다. 내러티브 인식론은 전통적인 제반 인식론에서 제기된 난점과 문제를 새로운 방식으로 해결하는 연속선상에 있다. 이 때문에 여기에서는 우리의 내러티브 인식론을 제안하기에 앞서 고전 인식론의 문제, 그 기저가 되는 입장들을 종합적으로 살펴보고자 한다.

이제까지 철학적 인식론자들은 역사적으로 사실의 세계에서 일어났었고 현재 일어나고 있는 현상을 해명하기보다는 그것들을 철학적 취향에 맞도록 재구성하는 일을 주로 하였다. 이들은 인식의 과정에 포함된 복잡한 문제나 그들의 전문적 능력 밖의 주제는 생략하거나 혹은 선험적인 것으로 가정하여 넘어가는 편법을 취하였다. 그들의 논의는 결과만을 놓고 보면 너무도 그럴듯한 정합성을 갖추고 있다. 그것은 철학자로서 불가피하고 당연한 처리방식이 될지도 모른다. 그러나 그것이 아무리 논리적인 정합성을 갖는다고 하더라도 현실에 맞지 않는다면 하나의 헛된 가공에 불과할 것이다.

정초주의의 문제

그 중 오늘날 크게 문제되고 있는 것이 전통적 인식론이 가지고 있는 이른바 정초주의(foundationalism)이다. 지금까지 서양의 인식론은 대체로 절대적 확실성이나 절대적 오류 불가능성이라는 이념 아래 전개되어 왔다. 철학자들은 인식의 문제를 다룸에 있어서 처음부터 아르키메데스적인 기점을 전제하고 그것에 대립하는 불확실하고 회의적인 모든 요소들은 철학적 사유를 통해 개념적으로 배제해 나가면 종국에는 의심의 여지가 없이 확실한 인식의 체계를 이룩할 수 있을 것으로 생각하였다. 그들은 삶에서 직접적으로 나타나는 인식의 불확실성을 철학의 본령으로부터 축출하였다.

인식에 모종의 질서와 정초성을 찾고자 하는 노력의 저변에는 항상 그 궁극적 기반의 결여에서 나오는 허무주의, 무정부주의, 상대주의, 무질서, 혼돈, 그리고 혼란에 대한 불안이 자리 잡고 있었다. 그런 불안을 해소하고 절대적인 근거나 기반을 찾는 과정에서 정초주의자들은 세계는 우리의 인식과는 독립하여 미리 고정된 속성을 지니고 있다고 믿음으로써 인식의 토대를 찾아 왔다. 즉 세계의 속성들이 어떠한 인지활동 보다 먼저 확정되어 있는 것이다. 그리고 나서 그들은 그것을 있는 그대로 표상하고 재현하는 인식 활동을 가정한다. 그래서 그들에게 있어서 지닌 표상의 타당성을 판정할 수 있는 궁극적인 법정은 표상의 의미에 독립적으로 존재하는 세계이다. 이런 방식으로 그들은 실재와 완벽하게 대응하는 지식을 얻어내는 엄밀한 방법을 발견했다고 공언하고 그 주장과 이념에 반대하는 철학자를 상대주의자로 매도하였다.

기존 입장들의 문제

그 전형적인 예들이 인식론의 중심을 차지해 왔던 경험론, 합리론, 칸트의 인식론, 그리고 현상학과 분석철학 등이다. 그러나 이들이 가정했던 바는 점차 허물어지고 있다. 철학적 인식론이 철학자의 관심을 충족시키고는 있지만 이 현실적인 부적합함은 그 어느 역사적 사실에 비추어 보더라도 금방 드러난다. 그렇다면 그것은 인식론의 종말을 의미하는가? 결코 그렇지는 않다는 것이 우리의 결론이다. 이런 상황은 어느 분야에서나 흔히 찾아볼 수 있듯이 인식론이 다시 한 번 그 발전의 출구를 발견해야 하는 위기로 해석되어야 할 것이다. 인류 역사가 시작된 이래 인식활동은 언제나 줄기차게 진행되어 왔으며 그것에 대한 우열의 판단 역시 꾸준하게 진행되어 왔다는 것은 의심의 여지가 없다. 학문의 세계는 역사적으로 유례가 없는 발전을 구가하고 있다. 인식론은 이 부인할 수 없는 사실을 설명하는 데 당분간 좌초하고 있다고 보아야 한다.

기존 주류 철학의 인식론적 문제

우리는 그런 인식론의 발전적 과정을 전제하는 입장에 서서 정초주의를 떠난 새로운 인식론의 지평을 열 수 있는 길을 모색해야만 하는 것이다. 절대적인 진리를 판명할 수 있는 절차나 방법에 대한 기대를 버려야 한다고 할 때 우리는 정초주의자들이 그토록 금기시해 왔던 상대주의를 그 대안으로 떠올린다. 상대주의자들은 다른 이론과 비교하여 한 이론의 우위성을 명가할 수 있는 보편적이고 초시간적인 합리성의 기준은 존재하지 않는다고 주장한다. 한 과학이론을 평가하는 기준은 개인과 사회에 따라 변하며, 개인이나 집단이 무엇을 가치 있는 것으로 평가하느냐에 따라 달라진다는 것이다. 그들에 따르면, 이론의 우위성을 평가하는 기준은 개인과 사회에 모두 상대적이다. 그러나 이런 사실을 인정하는 것이 반드시 정초주의자들이 우려하는 것처럼 무정부적인 결과만을 가져오는 것은 아니다. 설사 지식이 절대적일 수는 없다고 하더라도 상대적인 우열을 판별하는 가능성조차 부인되는 것은 아니다. 우리는 그 평가기준의 상대적 우위를 인정하고 거기서 학문적 탐구의 바른 길을 찾는 현실적인 방안을 찾을 수도 있다.

만약 우리가 지식의 상대성을 인정한다면, 누가 어떤 자격을 가지고 이론의 우열을 판단할 것인가? 이 문제와 관련하여 전통적인 인식론에서 주장해 왔던 해답은 주체가 배제된 모종의 객관적인 절차였다. 이제까지 인식대상과 인식의 대응을 모두가 따질 수 있다는 신념이 하나의 확신으로 굳어져 왔다. 그러나 이런 가정은 더 이상 사실 자체에 부합하지 않다는 것이 분명해지고 있다. 알고 보면 우리에게는 실재에 곧바로 접촉할 길이 애초부터 차단되어 있다. 지금까지의 대응설적 가정을 받아들일 때 이 사실은 절망적인 증거가 될 것이다.

새로운 인식론의
모색

그러나 우리가 지식이라는 것을 좀 더 현실에 부합한 방식으로 규정할 수 있게 된다면 이것은 새로운 인식론의 출발을 의미한다. 만약 우리가 지식이라고 불러 왔던 것도 기실 실재에 대한 그림이 아니라 실재와 우리 자신의 상호작용의 한 양상이라고 보면 지식의 우위를 판단할 주체는 그 판단에 앞서 해당 지식들을 먼저 증득해야만 한다. 이것은 바로 지식의 판단에는 그것을 습득하거나 습득하도록 돕는 과정이 불가피하게 요구된다는 것을 의미한다.

이제 전통적인 인식론의 붕괴와 더불어 등장하고 있는 무정부적인 상대주의와 자의적인 주관주의에 대해서 우리가 가지고 있는 불안한 심정을 해소해 나갈 수 있게 된다. 그 해결의 단초는 마음에 대한 연구, 내러티브 사고양식, 변증법, 해석학, 문화심리학, 문화구성주의, 상식심리학 등으로 이미 상당 부분 시사되었다.

나. 고전적 인식론과 그 문제(장상호의 연구)

인식론은 멀리 기원전 5세기의 희랍에서부터 지식의 정의, 형성과정, 그리고 정당화와 관련된 제반 물음을 추구하는 과정에서 발전하였다. 그 이후 인식론의 중요한 과제는 어떻게 거짓 믿음의 가능성을 배제하느냐에 있었다. 그 가운데 여기서 검토하려는 정초주의의 입장은 그 논의의 발전과정에서 확실한 것을 찾을 수 없다거나 공인된 사상을 의문시하는 회의주의, 혹은 어떤 대상에 대한 하나 이상의 상반된 관점을 동시에 인정하는 상대주의와의 끊임없는 논변을 통해서 정립되어 왔다.

상대주의는 철학사적으로 "인간은 만물의 척도이다"라고 주장한 프로타고라스 인식론의 발전
(Protagoras)의 선언과 더불어 시작되었다. 이는 현실은 있는 그대로 인식될 수 없고, 오히려 인식하는 의식을 통해서만 인식될 수 있다는 것을 함축하는 최초의 선언이다. 이런 관점은 당시 소피스트들에 의해 널리 채택되었으며, 그들은 상대주의적 관점에 의해서 절대적 지식 혹은 진리를 부정하였다. 인식론은 이처럼 객관적인 진리를 부정하는 회의론과 혼란을 견제하면서 참된 지식을 얻고 또 평가할 수 있는 질서를 찾으려는 동기에서 점차 발전하였다. 서양 지성사의 주류를 형성하는 소크라테스, 플라톤, 아리스토텔레스 계열은 인식의 보편적 질서를 찾고자 하였다.

보편적 합리성과 객관성을 찾으려는 열망은 중세의 신학과 결부하여 극단의 형태 근대 인식론의
출현
에 이르게 된다. 4세기부터 15세기까지 약 천 년 간 기독교가 유럽의 사회적·문화적 세계는 물론 개인적인 삶을 지배하는 동안 인식의 분명한 기점은 신으로 확정되었다. 절대적 진리와 가치가 지배하는 형이상학적 독단과 신학적 세계관이 이전까지의 모든 회의론을 추방하였다. 인식에 대한 모든 평가가 자명한 기점에서 연역되어 나왔기 때문에 불확정성을 가정하는 학문은 정체될 수밖에 없었다. 믿음, 헌신, 기도, 선한 일, 그리고 하느님과 교회에 대한 사랑과 복종이 중요한 이 시대에는 희랍의 자유롭고 이성적이며 독립적인 철학은 더 이상 존속되기 어려웠다. 신학과 자연과학을 분리시키려는 베이컨(F Bacon: 1561-1627)과 근대철학의 대표자로 등장한 데카르트(R Descartes: 1596-1650)에 이르러서야 비로소 신학의 어두운 동굴을 빠져 나오려는 새로운 인식론적인 입장이 드러나게 되었다.

이들은 17세기에 출현한 근대 자연과학과 더불어 새로운 활로를 찾았다. 그 근간을 이루었던 입장이 합리론과 경험론이다. 이 모두는 신학적 확실성과 고대 희랍에서 기원한 학문적 탐구를 구분하려는 당시의 시대사조를 반영하고 있다. 다만 방법에 있어서 서로 이견이 있었다. 그러나 그들은 의견의 상대성을 벗어나서 결정적으로 확실한 지식을 구성한다는 취지에서는 서로 일치한다. 그런 입장은 데카르트에 이어 로크(J.

Rocke: 1632-1704), 칸트(I. Kant: 1724-1804)로 이어지는 근대 인식론의 전개과정에서 찾아볼 수 있다. 더 나아가 그런 정초주의적 이상은 오늘날에도 현상학과 분석철학 등에까지 이르고 있다. 그들에게 있어서 절대적이고 확실한 인식을 위협하는 요소의 등장은 언제나 인식론의 위기였다.

인식론의 발전과
비판

인식론은 그때 그때의 위기를 맞아 해체와 재정립의 과정을 거쳐 왔다. 인식론의 발전단계마다 이전의 인식론이 내포하고 있는 문제를 제기하고 더 확실한 지식을 보장할 수 있는 길을 모색하려는 시도가 있었다. 스콜라주의에 대한 데카르트와 로크의 경우에서 이 점을 확인할 수 있다. 칸트가 경험론과 합리론의 일면성을 공격한 경우에도 인식에 대한 정의 자체부터 포함하여 모든 것이 새로운 관점에서 재조정되었다. 그리고 이는 다시 헤겔(G. W. F. Hegel: 1770-1831)에 의해서 일면적인 것으로 부인되었다. 현대에 이르러서는 현상학자들과 분석철학자들이 이전의 철학적 지식과 인식론을 부정하고 새로운 길을 모색하고 있다. 그러나 그들의 주장 역시 해체에서 자유로운 것은 아니다. 이 모든 것이 더 나은 인식론으로 향하는 결정적인 단계로 우리에게 기억된다. 이런 발전은 이전의 인식론이 가지고 있는 잘못된 가정, 개념적 혼동, 혹은 실재에 대한 무의식적 곡해가 점차 드러남으로써 불가피하게 이루어진 것이다. 이처럼 이전의 인식론이 해체되고 새로운 것이 정립되는 과정을 거쳤기 때문에 상이한 인식론들 사이의 차이는 부분적인 것이 아니다. 그들이 서로 공유하는 개념은 사실상 없다고 해도 과언이 아니다. 각각의 개념은 그 체제 안의 맥락에서 규정된다. 이 때문에 하나의 새로운 인식론을 제안한다는 것은 이전의 것과 총체적으로 다른 것을 정립한다는 것을 의미한다. 인식론의 발전 역사에서 각 단계의 인식론은 그들 나름의 논리를 제시하고 있지만, 새로이 비판되어야 한다.

다. 마음에 대한 연구

Bruner가 제안하는 마음의 개념화 방식(1996)에 근거하여 반성적으로 검토해 본다(강현석, 2005).

(1) 정보 '처리' 모형: 컴퓨터 연산주의(computationalism)

인간의 마음을 컴퓨터에 비유하는 관점은 정보처리와 관계가 있다. 정보처리 이론이라는 것은 세계에 관해 정형의 부호화되고 분명한 정보가 컴퓨터 장치에 의해 어떻게 등록, 분류, 저장, 정리, 인출, 처리되는가 하는 이론이다. 이 관점에서는 세계의 상태를 지도화해주는 것으로 사전(事前)에 존재하는 규칙화된 코드와 관련하여 이미 정해지고 설정된 어떤 주어진 것으로서 정보를 취급한다. 이러한 관점이 전제하는 신념은 컴퓨터를 효과적으로 프로그램화하는 방법적 지식을 통하여 어떻게 하면 인간을 보다 효과적으로 가르칠 수 있는가에 관하여 무엇인가를 발견할 수 있어야 한다는 것이다. 예를 들어, 특히 의문이 나는 지식도 잘 정의가 된다면 컴퓨터는 학습자들이 지식의 체계를 습득하는데 큰 도움을 제공한다는 사실에는 거의 의문을 달지 않는다. 잘 프로그램화된 컴퓨터는 결국에는 "인간이 생산하기에는 부적합한 것"으로 볼 수 있는 과제들을 처리하는데 특별히 유용하다는 것이다. 왜냐하면 컴퓨터가 보다 신속하고 질서 정연하며, 기억하는데 덜 불규칙적이고 싫증이 나지 않기 때문이다. 그런데 앎의 과정은 이러한 관점, 즉 컴퓨터 관점이 허용하는 그러한 것 보다 종종 복잡하고 훨씬 더 애매한 것으로 가득 차있기 때문에 이 모형은 문제가 있다. 물론 우리가 사용하는 컴퓨터보다 우리가 잘하거나 혹은 못하는 것이 무엇인가를 물어보는 것이 우리 자신의 마음과 우리가 처해 있는 인간 상황을 풀어헤치는 일이다(Bruner, 1996: 2).

결국 인간의 마음을 컴퓨터로 비유하는 이른바 컴퓨터 모델은 마음을 컴퓨터에 내장된 프로그램으로 여긴다. 이 모델의 이상은 이른바 인공지능(Artificial Intelligence)으로 인간의 마음 역시 미리 규정된 규칙에 의해 통제 받는 인공지능처럼 설명된다. 그러나 인공지능은 컴퓨터 프로그램 자체의 특성으로 비롯한 근원적 문제점을 갖고 있다. 컴퓨터 프로그램의 규칙이나 연산은 정보가 투입되기 이전에 미리 규정되어야 하며 또 모호성과 애매성을 완전하게 배제해야 한다. 그리고 규칙과 연산은 동시에 일관성이 있어야 한다. 이는 이전의 결과로부터의 피드백에 따라 연산이 바뀔 수 있으며, 그 변화 또한 일관적이어야 하고 미리 규정된 체계에 의해 이루어져야 한다는 것을 의미한다. 요컨대, 컴퓨터 프로그램의 성패는 '명세적 정확성'과 '사전 명세성'을 확보할 수 있는가에 달려 있다(한승희, 2002: 81-82). 이것은 컴퓨터 모델의 강점인 동시에 약점이다. 컴퓨터는 프로그램의 규칙이나 연산이 정보를 분류하는 과정에서, 의미 적재된 모호한 내용과 상황 지향적인 형태의 내용을 다룰 수 없다.

컴퓨터주의의 목표는 잘 구조화된 정보의 흐름을 관리하는 모든 작용체제를 형식적으로 정련되게 재 기술(re-description)하는 데에 있다. 이 작업은 사전에 미리 예측할 수 있는 체계적 성과를 산출하는 방식으로 진행된다. 그러한 시스템의 하나가 인간 마음이다. 신중한 컴퓨터주의가 주장하는 것은 정보를 처리하는 모든 종류의 시스템은 투입물을 무엇으로 할 것인가를 통제하는 명세적 규칙 혹은 절차들에 의해 통제되어야 한다는 점이다. "실제 마음"은 그 동일한 인공지능 통칙(AI generalization) 즉, 코드화된 정보의 흐름을 처리하는 명세적인 규칙에 의해 통제되는 시스템에 의해 기술될 수 있다. 그러나 모든 정보시스템 내의 공통적인 규칙들은 복잡하고, 애매하고, 그리고 맥락에 민감하게 작용하는 의미 형성의 과정을 다루지 못한다. 이러한 의미형성의 과정은 매우 "애매모호하고", 메타포적인 범주시스템으로 구성되는데, 이것은 이해할 수 있는 성과를 산출할 수 있도록 투입을 분류하기 위해 명세적 범주를 사용하는 활동만큼이나 분명한 활동의 형태이다.

컴퓨터주의자들이 직면하는 난점은 컴퓨터의 조작에서 가능한 "규칙들"이나 연산의 종류에 내재해 있다. 우리가 알고 있는 것처럼, 그러한 규칙이나 연산들은 사전에 미리 명세화 되어야 하고, 애매함이 없이 분명하고, 정확해야 한다. 또한 그것들은 컴퓨터의 연산과정에서 서로 조화롭게 일관적이어야 한다. 즉, 연산과정이 직전 단계의 결과로부터 피드백을 통하여 변경될 수 있으며, 그러한 변경은 사전에 일관되게 배열된 체계성을 반드시 준수하면서 일어나야 한다. 컴퓨터 작용이나 연산의 규칙은 우연적으로 적용될 수도 있지만, 그렇다고 하여 사전에 예측불가능한 우연성을 처리할 수는 없다. 그래서 어느 인공지능의 프로그램에서 이러한 일은 성공적으로 일어날 수는 없는 것이다. 아무리 훌륭한 인공 지능 프로그램이라 하더라도 인간이 의도하는 일은 일어날 수가 없다. 인공지능 프로그램이 예측 불가능한 우연성을 모두 처리할 수는 없기 때문이다. 컴퓨터주의가 지니는 가장 심각한 한계는 정확하게 이러한 범주들이 지니는 명료성과 사전에 확정되어버리는 고정성에 있다(Bruner, 1996: 6; 강현석, 이자현 역, 2005).

컴퓨터주의자들의 문제점

(2) 마음의 '구성' 모형: 문화주의(culturalism)와 문화심리학

인간마음은 인간문화의 사용을 통해 구성되고, 인간 문화의 사용에서 실현된다. 마음은 문화 없이는 존재할 수 없다는 진화적 사실로 출발한다. 인간마음의 진화는 삶의 방식의 발달과 연계된다. 의미의 교섭가능성(소통가능성)을 보증해주는 것이 바로 의미의 문화적 조건과 상황이다. 학습과 사고는 늘 문화적 조건과 상황 속에서 진행되며 문화적 도구와 자원들을 활용하는 방식에 따라 달라진다. 이 모형에서는 인간이 문화공동체 속에서 의미를 어떻게 창조하고 변형하는가 하는 데에 전적으로 관심을 집중한다. 여기서 우리는 학교교실 실제의 "일상교수학"을 형성하고, 소크라테스식의 대화를 선호한다. 문화주의자들의 의미형성의 활동은 해석적이고, 애매하며, 특정 사건에 민감하고 사후에 구성된다. 인간의 전반적 문화계획은 이러한 의미의 해석학적 순환에 달려있다(강현석, 이자현 역, 2005).

이 모형은 마음은 문화가 없이는 존재할 수 없다는 사실에 기초하고 있다. 여기에서 "실재"는 문화공동체의 구성원들이 공유한 상징주의에 표현되며, 이러한 문화공동체 내에서의 기술적-사회적 삶의 방식은 그러한 상징주의에 의해 조직되고 구성된다. 그리고 인간의 마음은 실재가 그렇게 표현되는 곳에서의 삶의 방식의 발달과 연계되어 있다. 이 상징적 양식은 공동체에 의해 공유될 뿐만 아니라 보존되고, 정교화되며 후세에 전달된다. 이러한 전달과정을 통하여 문화의 정체성과 삶의 방식을 지속적으로 유지한다. 이런 점에서 문화는 개인을 초월한 '초유기체적' 성질을 가지고 있다. 구성 모형의 성격

그러나 문화는 개인의 마음 또한 형성한다. 문화의 개별적 표현은 '의미 만들기'에 내재되어 있으며, 의미 만들기는 특별한 경우에 상이한 환경에서 사물에 의미를 부여하는 것을 뜻한다. 의미 만들기는 "그것들이 무엇에 관한 것인가" 하는 문제를 알기 위하여 적절한 문화적 맥락에서 세상과 마주치는 것들을 위치시키는 것과 관련된다. 비록 의미가 "마음 속에" 있지만 의미의 기원과 중요성은 의미가 새로 만들어지는 문화 속에 있다. 의미의 교섭 가능성, 그리고 궁극적으로 의미의 소통가능성을 보증해주는 것이 바로 의미의 문화적 상황성(cultural situatedness of meaning)인 것이다. 그래서 문화는 비록 사람이 만든 것이지만, 사람의 마음이 작용하는 가능한 방식을 특징적으로 구성하고 형성해준다. 이 관점에서 보면 학습과 사고는 항상 문화적 상황과 조건 속에 놓여 있으며, 늘 문화적 도구와 자원들을 활용하는 방식에 따라 달라진다. 마음의 본질과 사용방식에 있어 나타나는 개인들 간의 차이조차 상이한 문화가 제공하는 다양한 기회로부터 기인한다. 이러한 다양한 기회들은 비록 정신이 작용하는 기능 방식에서 차이를 가져다주는 유일한 원천은 아니지만, 그 기회에 따라 마음의 사용방식은 얼마든지 달라진다고 볼 수가 있다. 마음과 문화

컴퓨터주의자들이 주장하는 정보처리와는 달리 문화주의자들이 강조하는 의미 형 의미 형성의 활동

성의 활동은 원칙상 해석적이며, 애매성으로 가득 차 있으며, 특정의 사건에 민감하며, 사후(事後)에 구성된다. 그 과정에서 "체계적으로 구조화되지 못한 절차들"은 그 성격상 충분하게 명세화가 가능한 규칙들이기보다는 오히려 "공리"에 가깝다고 볼 수 있다. 그러나 그렇다고 해서 그런 절차들이 원칙이 없는 것은 아니다. 그 절차들은 '해석학(hermeneutics)'과 같은 것이다. 그것의 전형적인 경우는 텍스트 해석에서 찾아 볼 수 있다. 부분과 전체에 대한 의미의 해석학적 순환의 경우가 그러하다. 텍스트의 해석에서 한 부분의 의미는 전체가 지니는 의미에 대한 종합에 달려 있으며, 다시 그 전체의 의미는 전체를 구성하는 부분들의 의미에 대한 우리의 판단에 기초를 두고 있다. 그러나 앞으로 우리가 많은 경우를 살펴보게 되겠지만, 인간의 전반적인 문화적 계획은 이러한 의미의 해석학적 순환에 달려있다. 그런데 이러한 "해석학적 순환방식"은 의미를 형성하는 활동과 과정의 중심에 놓여있다.

지금까지 논의한 인간 마음에 대한 두 가지 모형을 비교하여 제시해보면 다음과 같다.

<표 1> 마음의 두 가지 개념화 방식의 비교

구분	정보 '처리' 모형	마음의 '구성' 모형
지향점	· 정보처리(정보처리과정) · 구조화된 정보처리 방식	· 마음의 구성(의미만들기 과정) · 해석학적 의미 형성
기본 신념	· 컴퓨터 연산주의	· 문화주의/문화심리학
전제	· 사전에 예측가능한 성과	· 해석적 의미형성 활동과 간주관성
목표	· 코드화된 정보의 흐름을 처리하는 명세적인 규칙에 의해 통제되는 시스템에 의한 기술	· 복잡하고 맥락에 민감하게 작용하는 의미 형성과정의 해석
이상적 모델	· 인공 지능	· 문화 속의 마음
방법	· 일관적인 컴퓨터 연산 처리와 규칙의 적용 · 기술적인 조작을 통한 형식화	· 의미의 해석학적 순환 · 내러티브 해석
교수·학습의 관점	· 실증주의적 · 논리적/ 직선적/ 계열적	· 해석학적 · 역동적/순환적/회귀적
한계	· 인공지능 프로그램이 예측가능한 모든 우연성을 처리할 수는 없음	· 간주관성의 문제

이 두 가지 관점은 근본적으로 서로 다른 목적을 위해서 기능한다. 컴퓨터주의는 앞에서 언급한 것처럼, 잘 짜이고 정형화된 정보가 조직되고 사용되는 모든 방식에 관심을 가지며, 넓은 의미로 보면, 학문 간의 경계나 구분에 대한 인식도 없고, 심지어 인간이 하는 기능과 동물이 하는 기능 간에 구별을 두지도 않는다. 이와는 반대로, 문화주의 관점은 인간이 문화공동체에서 의미를 어떻게 창조하고 변형하는가 하는 데에 전적으로 관심을 집중하고 있다.

두 모형의
교육에 대한
접근 방식의 차이

그런데 이상의 컴퓨터주의와 문화주의가 교육에 접근하는 방법 역시 상이하다. 마음의 이론이 교육적으로 흥미가 있으려면 마음의 기능과 작용이 어느 정도 중요한 방식으로 어떻게 개선되고 변경될 수 있는가에 대한 어떤 일정한 세부 사항(최소한의 함의점)을 포함해야 한다(Bruner, 1996: 8-9). 교육적으로 흥미로운 마음에 관한 이론들은 마음이 효과적으로 작용하는데 필요한 "자원"에 관한 일종의 세부사항들을 포함한다. 이러한 세부사항들에는 정신적 "도구"와 같은 수단적 자원뿐만 아니라 효과적 조작에 필요한 상황이나 조건들이 포함된다. 필요한 자원과 상황조건에 대한 세부사항이 없다면, 마음의 이론은 전적으로 "내부에서 외부로(inside-out)" 차원의 성격을 지니며, 교육의 문제에 대해 제한적으로 적용될 수밖에 없을 것이다. 마음의 이론은 보다 더 "외부에서 내부로(outside-in)" 차원의 성격을 유지할 때만이 흥미로운 것이 되는데, 이 경우 마음을 효과적으로 사용할 수 있도록 하는데 요구되는 세계의 종류, 예를 들어 어떤 종류의 상징체계인가, 과거를 어떠한 방식으로 설명하는가, 어떠한 예술과 과학인가 하는 등등의 문제를 가리키면서 외부-내부적이 될 때 더욱 흥미 있는 이론이 된다고 볼 수 있는 것이다.

교육에 대한
컴퓨터주의의
접근

교육에 대한 컴퓨터주의의 접근은 기억 속에 세계에 관한 단편적 정보를 새겨 넣음으로써 세계를 마음 속으로 들여오는 방식을 취하고 있지만, 본질적으로는 내부에서 외부로의 경향성을 띤다. 이러한 방식은 우리가 앞에서 살펴 본 사전의 예를 든 것과 동일하며 "순람(look-up)"의 절차에 의존한다. 문화주의는 이보다 훨씬 외부에서 내부로의 성격을 지닌다. 비록 정신적 조작 그 자체에 관한 요건을 포함한다하더라도, 가령 연산가능성에 대한 형식적 요건만큼이나 구속적이지는 않다. 왜냐하면 교육에 대한 컴퓨터주의자의 접근은 사실 연산가능성에 관련되는 제약요인에 한정되어있기 때문이다. 즉, 마음에 제공되는 어떠한 보조물이라도 컴퓨터의 연산 장치에 의해 조작이 가능해야만 한다. 우선 교육에 대한 컴퓨터주의 접근 방식은 세 가지로 나타난다.

첫째, 학습(교수)이론을 컴퓨터처리가 가능한 형태로 재형식화하기, 둘째, 풍부한 프로토콜을 분석해서 컴퓨터이론에 적용하고 나서 그 과정이 어떻게 도움이 될 수 있는지를 해석하기, 셋째, 인간문제 해결을 위한 적응적 컴퓨터 처리방식(시스템)을 위한 만능이론(theory of everything)과 같은 규칙인 재기술(redescribe)이다.

이와는 대조적으로 문화주의자들은 매우 다른 방식으로 교육의 문제에 접근한다. 교육은 홀로 존재하는 섬이 아니라 문화라는 대륙의 한 부분이다. 거시적 측면에서 문화주의는 가치, 권리, 교환, 책임과 의무, 기회, 권력의 체제로서 문화를 탐구한다. 미시적 측면에서 문화는 문화 체제의 요구가 문화 속에서 행위해야 하는 사람들에게 어떻게 영향을 미치는가 하는 문제를 탐색한다. 미시적인 측면에서 볼 때, 문화주의는 각각의 인간들이, 얼마만큼의 자신의 희생과 비용으로, 어떤 기대되는 성과를 가지고 자신들을 그 체제에 적응시키는 "실재"와 의미를 어떻게 구성하는가 하는 문제에 관심을 집중한다. 문화주의는, 특히 의미를 형성하는 인간의 기능에 영향을 미치는 타고난 정신생물학적 구속요인과 관련되는 요인들을 당연하게 생각하고, 문화와 그 속에서 제도화된 교육 체제에 의해 그 요인들이 어떻게 처리되고 관리되는지를 고려한다. 인간이 다른 사람의 마음을 알게 되는 방법인 간주관성(intersubjectivity)과 관련 있다. 문화주의는 주관성(subjectivity)의 과학들 사이에서 중시된다. 문화심리학은 범위 내에서 주관성을 포함하고 실재의 구성을 가리키며 존재론적 의미에서의 실재 또한 포함한다. 인식론적 근거에 비추어보면 외적이거나 객관적인 실재는 마음의 속성과 마음이 의존하는 상징체계에 의해서만 알려질 수 있다.

그런데 교수-학습의 상황에서 어느 한 사람이 채택하는 인간의 마음에 관한 모형이 어떠한 종류의 것인가 하는 문제는 중요하다. 비교적 타당하다고 판단되는 마음의 구성 모형은 학교교실 실제의 "일상 교수학"을 형성한다. 연합과 습관형성의 힘과 동등한 것으로 간주되는 마음의 관점은 진정한 교수학으로서 "반복 연습"에 특권을 주지만, 필요한 진리의 본질에 대한 성찰과 대화를 위한 역량으로서 간주되는 마음의 관점은 소크라테스식의 대화를 선호한다.

라. 내러티브 사고에 대한 연구

어의적으로 보면 내러티브(narrative)란 서사체를 말하며 하나의 이야기, 즉 시간적 연쇄로 구성된 일련의 사건들을 의미한다. 이야기는 사건들로 구성되며 그 사건들은 내러티브의 의미 특정의 계열(sequence)을 이루며 배열된다. 그러므로 내러티브는 사건들의 계열과 사건들이 만들어 내는 이야기에 의해서 특징지어진다. 그런데 우리는 이야기를 설명하지 않으며 다만 이야기에 대해 다양한 해석을 할 따름이다. 과학적 이론이나 논증은 검증됨으로써 판단되지만 이야기는 '있음직한 가능성'에 의해 그 적절성이 판단된다. 이러한 이야기는 물리적 세계보다는 인간 '행위자'에 관한 것으로 인간의 의도적 행위에 초점을 둔다. 이러한 의도적 행위로 인해 인간의 행위는 예측 불가능하기 때문에 그 행위 발생의 이유에 대한 명확한 설명은 불가능하게 된다.

한승희(1997)는 내러티브를 하나의 이야기, 즉 시간적 연쇄로 이루어진 일련의 사건들이라고 해석하고, '서사체'와 가장 가깝다고 보았다. 사실 우리 문화에는 소설, 내러티브에 대한 종합적 의미 영화, 신화, 만화, 뉴스 등 많은 서사적 유형들이 있으며, 이들은 모두 만들어낸 이야기를 가지고 있다. 이러한 이야기는 인과 관계 및 의미를 나타내는 시간적 계열 속에서 배열된 사건, 인물, 상황 장면으로 구성된다. Polkinghorne(1988: 23)은 내러티브를 하나의 스토리를 만드는 과정, 그 스토리의 인지적 도식, 혹은 그 과정의 결과, 즉 소위 스토리(stories), 이야기(tales), 혹은 역사(histories)를 모두 지칭하는 것으로 보면서, 결국 이야기를 만드는 과정과 그 과정의 결과로 보고 있다. 특히 개인의 삶의 이야기는 자아 정체성과 관련되어 있다(1988: 151). Gudmundsdottir(1995)는 내러티브를 학문 영역에 관계없이 하나의 스토리를 구성하는 데 필요한 구조, 지식, 기술을 지칭하는 것이라고 보았다. 즉 하나 혹은 일련의 사건을 글이나 말의 형태로 전달하는 것, 또는 그러한 글이나 말을 의미하며, 그것은 특히 인식의 틀로서 기능한다(강현석·이자현, 2006). 즉 내러티브 사고는 인간이 삶을 해석하는 데 있어서 사람이 경험하는 사건, 인물, 행위, 감정과 정서, 의도와 생각, 그리고 상황과 장면 등을 총체적으로 통합시켜주고 특정 경험이 이루어지는 맥락 속에 위치시켜 주는 인식의 틀이라는 것이다.

한편, 내러티브 사고는 어의적으로 보면 내러티브를 만드는 마음의 인지적 작용이 브루너의 2가지 사고양식 며, 내러티브는 내러티브 사고의 산물이다. 내러티브는 여러 학문 분야에서 다양하게 논의되고 있지만 그 기본적인 의미는 이야기 혹은 이야기를 만드는 것이다. 내러티브 사고에서는 인간은 자신들의 경험을 이야기하려는 보편적 경향을 가정한다. 본 연구에서는 Bruner가 제시하는 패러다임적 사고양식과의 대비를 통해서 드러나는 의미에 주목하면서도 여러 학문 분야에서 제시하는 다양한 의미의 공통성도 동시에 고려한다.

사고양식의 대비

Bruner는 내러티브 사고에 대한 개념을 구체적으로 정의하지 않는다. 그는 패러다임적 사고와의 대비를 통해 그 특징을 설명하고 있다. 첫째, 논리적 진술문의 구조를 가지며 인과적 관계로 논리를 가지는 과학적 지식으로 볼 수 있는 패러다임적 사고양식(paradigmatic mode of thought)과 둘째, 서술된 이야기 구조를 가지며 임의성을 띠고 비논리적이 서술체인 내러티브적 사고양식(narrative mode of thought)이다. 이 두 가지의 사고양식은 인간이 자신의 세계에 대한 경험을 서로 다른 문화적 풍토에서 다른 표현의 방식을 서로 다르게 발전시켜 왔다. 인간 행위를 특징짓는 것은 의도적 행위이며 이것을 다루는 내러티브적 사고는 인간 삶의 의미를 파악하는데 그 목적이 있으며 다수로 존재하고 여기에서의 이해는 원인적 존재를 상정하지 않는다. 독자의 관점에 따라 변화하며 그것에 기초한 심리적 실재(psychological reality)는 검증 불가능하며 우리의 마음 속에 존재한다.

진전된 논의의 필요성

이러한 내러티브가 인문사회과학의 새로운 연구방법론의 핵심적인 근거로 작용한다는 점은 과연 무엇을 의미하는가. 의도적 행위의 주체자로서 인간이 만들어가는 이야기를 통해 인간과학의 현상을 조망하는 하나의 인식 틀로 해석해 볼 수 있다는 점이다. 즉 학문 탐구의 과정에서 의미구성 주체인 인간의 내러티브를 통해 탐구 현상이나 문제를 구성할 수 있다는 가능성을 의미한다. Bruner는 내러티브가 세계에 대한 우리의 경험과 지식을 조직하거나 서로간의 의사소통과 학습에 있어서 가장 보편적이면서도 자연스럽고 손쉬우며 강력한 형식 가운데 하나라고 보고 있다. 이러한 내러티브 사고의 보고는 문화이다. 내러티브 원천으로서 문화는 학문 탐구와 중요한 위치에 있게 된다. 이 점에서 학문 탐구나 학교교육은 분명히 문화가 젊은 세대를 그 표준적인 방식으로 안내하는 다양한 방식들 중에서 단지 그 일부분에 지나지 않지만 매우 중요한 역할을 한다. 사실 학교교육은 심지어 젊은 세대들을 공동체 생활의 요건으로 안내하는 문화의 다른 방식들과 대립적 관계에 있을 수도 있다. 변화하는 시대에 살고 있는 우리는 학교를 자발적으로 선택하는 사람들이나 어쩔 수 없이 학교에 다니는 사람들에게 학교가 무엇을 해줘야만 할 것인가 하는 문제, 혹은 그 문제와 관련하여 여타의 다른 여건과 상황 속에서 학교가 '할 수 있는 것'이 무엇인지에 관해 심도 있는 사고와 반성을 해야 할 필요가 있다.

(1) 새로운 인식론으로의 전환

과거 지식구조론은 이제 객관적 실재를 가정하는 실증주의 인식론을 넘어선다. 인식 주체와 독립적으로 존재하는 객관적 구조는 이제 내러티브 사고를 통하여 구성적 과정에 놓이게 되며, 동시에 그 인식론은 상호작용적이며, 해석학적 인식론으로 대치되어야 한다. 지식의 구조의 새로운 인식론의 특징은 구성주의적 사고, 경험의 인식론, 해석학적 사고로 요약될 수 있다. Goodman의 구성주의 입장에서 보면 우리가 세계라고 부르는 것은 인간 마음의 결과물이며, 그 마음이 지니는 상징적 절차가 세계를 구성하는 것이다(Bruner, 1986: 95). 경험의 인식론은 경험주의와 증명의 인식론을 극복하는 것이며, 증명의 인식론은 이제 상호작용적이며 대화적인 지식론으로 대체되어야 한다. 상호작용적 인식론은 내러티브 사고를 기초로 하며, 그 과정에서 실재가 내러티브 사고에 의해 구성될 수 있다.

실재가 내러티브에 의해 구성되는 데에는 인간 행위자의 의도성을 중심으로 의미가 해석학적으로 구성되면서 상호타협이 가능해야 한다. 해석학적 사고에서는 다양한 관점과 담론의 상황성에 기초하여 해석적 관점을 중요시하며, 인간조건에 대한 존재론적 사고보다는 세계구성의 이해 방법을 강조한다. 이를 통하여 상징적 문화의 체계 속에서 이루어지는 의미생성과 교섭이 해석학적 체계 속에서 구성된다는 것이다. 이와 관련하여 Doll(1993: 124-131)은 브루너의 지식의 구조를 표상적 인식론이라기보다는 생성적 인식론이며 해석학적 인식론으로, 증명론적 인식론이 아니라 경험적 인식론으로 볼 것을 요청하고 있다. 이 점에서 지식의 구조는 해석학적 체계 속에서 구성되는 의미 구성의 역동성을 함축하고 있다. 따라서 Bruner는 지식의 구조가 자체의 구조를 새로이 창조하면서 진화해 나가는 역동적 성질을 지니고 있기 때문에 구조의 중요성을 포기하지 않는다. 더욱이 구조는 내러티브 사고에 의해 재발견된다. 내러티브 사고양식에 의한 구조의 발생적 측면, 구성주의 인식론에 의한 지식구조의 적극적 창조 과정, 문화적 상황 속에서의 의미의 교섭과 구성 행위 등은 지식의 구조가 단일의 실재를 상정하고 있다는 순진한 실재론적 관점의 반영이라는 비판을 넘어선다(강현석, 1998: 119). 따라서 Bruner(1996 : 39)는 한 교과나 학문의 생성적 구조(generative structure)에 대한 의미, 즉 구조감을 학습자에게 주는 것이 중요하다는 점을 지속적으로 강조해오고 있다.

이상의 논의에서 보면 학문 탐구는 새로운 인식론에 의해 지식의 역동성이 강조될 필요가 있다. 지식의 구조는 그 자체가 생성적 지식이며, 지식 구조의 발견과정은 인지적이며, 생성적 과정이다. 또한 지식구성을 구성주의와 관련지어 보면 구조의 발견과정은 객관적인 증명의 과정이 아니라 지식 구성의 순환적 매개과정과 동일하다. 이런 점에서 지식의 구조는 발견적 속성과 생성적 속성을 동시에 지니고 있기 때문에 발견이냐 구성이냐 하는 논쟁은 무의미하다. 발견의 과정에도 구성적 속성이 내재해 있으며, 구성의 과정에도 발견의 속성이 내재해 있다고 볼 수 있다. 구조를 학습하는 과정은 발견과 구성의 연속선상의 어느 지점에 놓여 있다고 볼 수 있다. 그리고 경험의 인식론에서 본다면 지식의 발견보다는 창조가 중요하며, 지식의 능동적 측면을 주목할 필요가 있다.

(2) 연구방법에서의 탐구와 발견학습의 재구성

'구조'의
새로운 해석

지식의 구조는 학습자와 독립적인 객관적 실재이기보다는 학습자와 상호작용을 통하여 부단히 새롭게 구성되는 해석적인 체계 속에서의 생성적인 구조이다. 그러한 구조는 사회적 상호작용을 통하여 해석적인 구성의 과정에서 발견되는 동시에 창안되고 발명되는 것이다. 따라서 구조를 발견하는 학습은 학습자 외부에 존재하는 객관적인 실재를 단순히 찾아내는 일 그 이상을 포함한다. 여기에는 구조를 발견하는 활동뿐만 아니라 학습자의 해석적이고 구성적인 활동을 통하여 구조를 만들어내는 활동까지 포함된다. 이 과정에서 의미 구성의 과정이 중요하게 이루어지는데 이것은 인간이 그 자신과 그가 처해 있는 세상을 이해하기 위한 상징적 활동이다(Bruner, 1990). 이러한 활동 속에서 구조를 내면화하고 거기에서 출발하여 자신의 체험적 변화를 통하여 세계를 조망하고 구성한다고 볼 수 있다.

따라서 발견학습은 인지적 상호작용 과정으로서 이해될 필요가 있다(Bigge, 1999: 133-150). 비고츠키의 전통에 의하면 사회적(상황적) 구성주의에서 학습은 문화적으로 조직된 실제 활동들에의 공동참여이다. 따라서 지식 구성 영역에서의 의미의 교섭이 중요하다(Driscoll, 2000; 이차숙, 2001). 기본적으로 발견 행위는 인지적 성장에 대한 구성주의적 시각을 가정하고 있다. 인간의 인지적 성장은 단순히 어떤 지식을 가르쳐줌으로써가 아니라 문화적 수단에 익숙해지게 함으로써 스스로 발견적 과정들을 통하여 일어난다. 결국 지식의 구조라는 것이 발생적인 것이므로 당연히 알아야 되는 것보다 더 많이 알 수 있도록 해주는 방식으로 어떤 사실들을 학습자의 머리 속에 잘 조직하게 해준다는 것이다. 그리고 이러한 일은 반성과 숙고를 거쳐야 하며 학습자가 이미 알고 있는 것에 대해 곰곰이 생각하는 성찰적 사고를 요구한다(Bruner, 1996: 129).

그런데 브루너는 최근 학습에서 사회, 문화적인 측면들을 포함하는 방향으로 발견 학습 이론을 확대시켜가고 있다(1986; 1990; 1996). 이는 여러 가지 측면에서 비고츠 키의 사회 구성주의 이론과 맥을 같이 하고 있는데 발견학습의 극대화를 위하여 비계 설정(scaffolding)을 도입하고 있다. 이것은 학습이 사회적 상호작용과 인지적 노력을 통해서 얻어지는 것임을 시사하는 것이다. 이 점에서 볼 때 학습은 학습자 자신의 발 견을 통해 새롭게 의미를 구성하고 지식을 구조화해 나가는 과정으로서, 새로운 발견 과 의미 구성에 필요한 것들을 사회적 상호작용을 통하여 학습해나가는 것이라고 볼 수 있다(Bruner, 1996: 151-153).

다른 한편으로 보면, 발견학습은 사회적 구성주의의 체계보다는 내러티브 사고에 의해 보다 풍부하게 재구성될 수 있다. 이런 맥락에서 Bigge(1999, 142-144)는 최근 에 브루너의 학습에 관한 문제를 내러티브 중심의 과정으로 재구성하고 있다. 즉 학 습은 내러티브를 통하여 의미를 만들어 가는 과정, 즉 내러티브 발견법으로 볼 수 있 으며, 그 발견은 일상심리학의 맥락에서 작용한다. 일상심리학은 사회적 세계 속에서 의 경험과 지식, 상호작용과 관련된다. 이 관점에서 보면 인간 학습의 이유는 주어진 문화에 있으며, 그 문화 내에서의 의미를 위한 탐구 활동에 있다. 사람이 문화에 참여 함으로써 그 속에서 의미는 공적인 성격을 띠며, 공유되는 것이다. 일상심리학은 의미 구성과정에 관련된 상호적 과정이다. 따라서 발견학습은 내러티브 사고에 의한 의미 구성 과정인 동시에 문화 속에서의 해석적 구성의 과정이다.

이상의 내러티브적 발견과 해석적 체계에 의하면 발견학습은 더 이상 객관적인 구 조를 수동적으로 혼자 찾아내는 활동이 아니다. 이러한 점에서 브루너는 자신의 탐구 학습에 관한 초기의 생각이 불완전하다고 보고, 새롭게 탐구학습에 대하여 사회적 장 면에서 구성원들의 교섭과 공유에 의해 재창조되어 가는 과정이 강조될 필요가 있다 고 지적하였다.

이상의 탐구-발견학습에 대한 재구성 논의로부터 우선 지식의 역동성을 기초로 하

발견학습의
재구성

는 상호적 학습을 중시하는 설계가 이루어져야 할 필요가 있음을 알 수 있다. 브루너에게 있어서 학습은 단지 지식획득-변용-평가의 에피소드만을 의미하지는 않는다. 학습은 해석적 사고를 통한 의미형성의 과정이며, 그것은 구성주의적 과정인 동시에 교사-학생간의 상호작용적 과정을 말한다. 상호작용 과정에서 학생들간의 대화는 중요하며, 대화를 통해 언어에 의한 상호작용이 일어나며, 이 과정에서 의미의 교섭과 거래가 일어난다. 협동학습(collaborative learning)의 가치는 여기에 있다. 동시에 학습은 언어에 의한 상호작용 속에서 일어나지만 문화의 맥락에 놓여 있으며, 그 맥락 내에서 의미가 만들어지고 의미를 구성해내는 교육적 상호작용으로서의 내면화가 일어난다. 따라서 학습은 상호학습공동체이며 교실은 이 지점에 놓여 있다.

마. 내러티브의 본질성: Polkinghorne이 제안하는 내러티브적 앎의 방식

(1) 인간 존재와 내러티브

인간 존재에 대한 내러티브 이론에 의하면, 각 연구는 개인이 살고 경험하고 해석하는 것으로서의 존재에 주의를 기울이고 초점을 맞출 필요가 있다. 이러한 해석은 궁극적으로 의미의 질서뿐만 아니라 언어의 과정을 포함하게 되는데, 이때 의미의 질서는 언어와 상호작용하면서 언어에 물리적 및 유기체적 질서를 부여하는 것이다 (Polkinghorne, 1988: 125-126).

Heidegger는 인간 경험의 원형은 해석학적 의미성에 있다고 제안하였다. 내러티브는 해석학적 의미가 표현되는 일차적인 틀이다. 인문학을 실제로 수행하는 데에 정보를 제공해 줄 수 있는 인간 존재에 대한 이론은 인간 경험과 존재에 있어서 내러티브가 중심이 된다는 것을 분명히 보여주는 것이어야 할 것이다.

인문학들의 탐구 대상은 인간이며, 이러한 학문들이 각 주제에 관한 적절한 지식을 산출하기 위해서는 인간의 특성에 부응할 수 있는 지적 도구를 가져야만 한다. 계몽주의 시대에 형식과학의 발달은, 행동과 반응이 불변의 법칙에 의해 지배되는 사물들로 구성된 평면 위에 인간을 포함한 실재가 궁극적으로 위치한다는 생각에 기초하였다. 이러한 관점에서 보면, 인간의 존재는 여러 가지 사물들 중의 하나일 뿐이었다. 이것은 인간 존재의 본성은 일차적으로 영적이며, 자연의 법칙보다는 하나님과의 관계에 의해 지배된다는 계시적 생각을 뒤집는 것이었다. 그러나 인간 존재에 대한 계몽주의적 정의는 지나치게 환원주의적이다. 그것은 인간적 영역을 이해하기 위한 언어의 중요성을 간과하였다. 인문학들이 보다 설득력을 가지기 위해서는 인간 존재의 모든 단층들에 주의를 기울이는 이론을 발전시킬 필요가 있다.

인간의 삶과
내러티브

내러티브는 삶의 사건들이 일관성 있고 의미 있는 통합된 주제로 연결되는 표현 양식들 중의 하나이다. 하나의 관점에서 보면, 인간 존재는 하나의 삶으로 연결되는 일련의 지속적인 활동들의 연속이라고 볼 수 있다. 그러나 이러한 활동들은 여러 가지 분절된 시간에 따라 나누어진다. 분리된 사건으로 인식되는 짧은 기간의 활동들은 의식적 또는 무의식적 목적들의 결과로 이해된다. 즉, 그것들은 사고, 정서, 신체의 움직임과 같은 사건들을 포함한다. 다른 활동들은 개인적 시간의 장기적 기간에 해당하는 것으로 표시된다. 즉, 그것들은 아동에서 어른이 되기까지의 발달상의 변화를 포함한다.

인간 경험의 시간성은 (예컨대 50회 생일처럼) 자신의 고유한 삶에 따라 구획지어질뿐만 아니라 (1980년대와 같은) 역사의 장기간의 시간과 사회 진화 속에서의 자신의 위치에 따라 구획지어진다. 내러티브는 이러한 시간에 대한 다양한 경험을 보여주는 의미 생성 양식이다.

(2) 내러티브와 시간성

형식과학이나 계몽주의에 의해 주창된 실재에 대한 객관주의적 견해에 의하면 세계는 현재의 순간을 이루는 시간의 단면을 움직이는 무의미한 사물들이 가득 찬 공간으로 묘사되었다. 세계에 대한 원래의 인간 경험으로부터 객관적 시간과 공간을 추상화할 때, 세계는 실지 있는 모습 그대로 보다 정확하게 묘사될 수 있다고 생각되었던 것이다. 그리하여 원래의 인간 경험의 위계적 조직은 무너지고 형식논리학의 틀에 맞도록 재조직 되었으며, 인식되는 사물의 외형에서 의미가 배제되었다. Merleau-Ponty와 Heidegger에 의하면 원래의 인간 경험은 다층적이며, 해석학적으로 조직되며, 의미가 풍성하다. 이러한 원래의 경험을, 인간 경험과 분리하여 실재가 실지로 어떤 것인가라는 계몽주의적 관념을 창조하는 것으로 환원시키는 것은, 인간 경험에서 다양하고 풍부한 시간의 개념과 대비되는 극단적으로 빈약한 시간의 표상을 창출하였다 (Polkinghorne, 1988: 126-127).

(3) 행위와 내러티브

인간은 자신, 타인 그리고 세계를 의미 있게 이해하기 위해서 사회적으로 주어진 언어적 영역을 이용한다. 그 언어적 영역과 인간의 의미 질서는 해석학적 합리성에 따라 조직되며, 다양한 상호 작용 수준에 따라 정렬된다. 이를 기반으로 하여 인간은 그들이 무엇을 원하는지와, 자신이 원하는 것을 만족시키기 위해 무엇을 할 필요가 있는지를 결정한다. 우리는 우리 자신과 공동체의 과거에 대한 이야기들을 회상하며, 이것들은 행동과 결과가 어떻게 연결되는가에 대한 모델을 제공한다. 회상한 모델을 사용하여, 우리는 우리의 전략과 행동들을 계획하고 다른 행위자들의 의도를 해석한다. 내러티브는 인간 행동에 형태를 부여하고 인간 행동을 의미 있게 해주는 담화 구조이다. 계몽주의는 주체를 그의 신체 및 신체의 움직임과 분리시켰으며, 인식주체를 인식된 세계의 부분으로서가 아니라 관람자로 보았다. 형식 과학은 이러한 분리를 받아들였고, 결과적으로 인간 행동을 행위자 및 행위자의 결정이라는 용어로 설명하는 것은 그릇되다고 보았다. Martin Packer는 「미국의 심리학자」(*American Psychologist*)에 실린 최근 논문에서 "최근의 연구들은 심리학이 인간 행동의 구조와 조직을 연구하는 방법 면에서 부족하다는 사실을 지적해왔다."고 말했다(Polkinghorne, 1988: 135). 이와 관련하여 Polkinghorne이 제안하는 내러티브적 앎의 방식은 위의 문제와 관련된다.

바. 내러티브 지식: Lyotard의 이야기적 지식

이야기적 지식으로서 내러티브 지식은 이하 Lyotard의 논의(한혜정, 2006; 한혜정, 2007)를 중심으로 소개한다. Lyotard(1984)의 '이야기적 지식'(narrative knowledge)와 '과학적 지식'(scientific knowledge)의 구분과 설명은 하나의 유용한 틀을 제공한다. 그는 '과학적 지식은 지식의 전부가 아니며 그것은 이야기적 지식에 추가되어 그것과 갈등적이고 경쟁적인 관계에 있다'(Lyotard, 1984: 7)라고 주장하면서 지식이라고 하면 무조건 과학적 지식을 떠올리는 우리의 무의식을 경계한다. 또한 그는 과학적 지식과 이야기적 지식의 성격을 규정하는 데에 있어서도 이야기적 지식을 먼저 규정하고 그것에 비추어 과학적 지식을 규정하는 방식을 택한다. 말하자면 "과학적 지식의 성격은 이야기적 지식과의 대조를 통하여 명확하게 밝혀질 수 있다"(Lyotard,

1984: 18)는 것이다.

그에 의하면 본래 지식은 이야기적 지식을 가리키며 과학적 지식은 이야기적 지식의 변종일 뿐이다. 지식은 인지적 측면에서 어떤 현상이나 사람에 대하여 진리인 것을 말하고 그것대로 되어야 할 것을 말하는 지시적 진술로만 이루어진 것이 아니다. 지식은 그러한 진술을 포함하여 기술적, 규범적, 평가적 진술 등 온갖 진술들을 포함하며 그러한 다양한 형태의 진술을 '훌륭하게' 할 수 있는 능력, 그리고 그러한 다양한 진술들의 대상과 관련된 '훌륭한 수행'을 위하여 필요한 온갖 것이 구분될 수 없을 정도로 섞여 있는, '능력 신장의 수단들이 쭉 늘어서 있는 어떤 것이며 그것은 오로지 그것을 지닌 구체적인 한 인간을 통해서만 구현되어 나타나는"(Lyotard, 1984: 18-19) 것이다.

이러한 의미의 지식을 Lyotard가 '이야기적 지식'으로 부르는 것은 전통사회에서는 사회의 유지를 위하여 다음 세대에게 가르쳐야 할 것(지식)이 있다면 그것은 언제나 이야기의 형태로 전달되어 왔다는 사실에 착안한 것이다. 이야기 속에는 한 사회 속에서 한 개인이 태어나 살아가기 위하여 채득해야 할 모든 것이 한꺼번에 녹아 들어 있다. 물론 한 가지 이야기 속에 그 모든 것이 담겨 있다는 것이 아니라 아이가 자라는 동안 어른들로부터 듣는 수없이 많은 이야기들이 모두 그러한 기능을 하였다는 것이다. 이야기적 지식의 특징은 그것이 전달되는 과정을 통하여 더욱 잘 드러난다. Lyotard는 전통사회에서 구전되어 왔던 많은 이야기들이 다음과 같이 어느 전도 고정된 틀에 의거하여 시작되고 끝난다는 사실에 주목한다(한혜정, 2006 재인용).

예컨대, 카시아나와족의 한 이야기꾼은 언제나 다음과 같은 고정된 틀로 이야기를 시작한다. 여기에 …에 관환 이야기가 있습니다. 이것은 내가 항상 들어 왔던 이야기입니다. 나는 여러분에게 이 이야기를 들려주려고 합니다. 잘 들어주기를 바랍니다. 그리고 다시 다음과 같은 동일한 틀로 이야기를 끝맺는다. 여기에서 …의 이야기가 끝납니다. 여러분에게 이야기를 들려 준 사람은 …(카시아나와족의 이름)이며, 백인식으로는 …(스페인 혹은 포르투칼식 이름)입니다.

여기에서 다음과 같은 사실이 드러납니다. 그 이야기꾼은 자신이 그 이야기를 할 수 있는 자격이 있다는 것을 그 이전에 그것을 들어본 적이 있다는 사실에서 찾는다. 그러므로 듣는 사람들은 그것을 듣는 것만으로도 그 이야기에 대하여 그와 동일한 권위를 잠재적으로 부여받는다. 이야기는 옛날부터 전해져 내려오는 것이고(비록 말하는 사람의 독창성이 좀 가미되더라도) 앞으로도 영원히 전달될 것으로 생각된다(Lyotard, 1984: 20).

위의 인용이 드러내고자 하는 것은 이야기와 관련하여 그것을 전달하는 사람과 듣는 사람의 관계이다. 여기에서 이야기(지식)는 전달하는 사람의 것도, 전달받는 사람의 것도 아닌, 어느 누구의 것도 아니다. 그렇기 때문에 그것을 전달하는 사람의 권위는 그 사람이 그 이야기를 소유하고 있다는 데에서 나오는 것이 아니라 이야기가 과거에서부터 지금까지 전해져 내려왔다는 사실로부터 나온다. 따라서 그것을 듣는 사람은 단지 듣는 사람으로 수동적으로 고정되는 것이 아니라 앞으로 그것을 전달할 사람으로 잠재적으로 인정된다. 여기에서 지식, 지식 전달자, 학습자는 '유기적으로 평등한' 관계에 놓인다. 유기적으로 평등한 관계라는 것은 이야기를 전달하는 과정 속에서 전달하는 사람, 전달 받는 사람, 이야기의 주인공의 위치가 고정적이 아니라는 뜻이다. 이야기를 전달하는 사람은 과거에 그 이야기를 듣는 사람이었고, 이야기를 듣는 사람은 앞으로 그것을 전달할 위치에 있게 되며 그 양자는 모두 이야기를 전달하고 듣는 동안 그 이야기 속 주인공이 되기도 한다. 이러한 과정 속에서 이야기를 하는 사람이나 듣는 사람은 모두 어떻게 행동할지, 어떻게 말할지, 어떻게 들을지에 대한 지식을 습득하게 되며 이것을 통하여 사회 구성원들은 그 자신과 환경의 관계가 어떻게 규정되는지, 그 관계 속에서 어떻게 사는 것이 올바른 것인지를 자연적으로 알게 된다.

Lyotard는 이 점을 다음과 같이 수사학적으로 표현한다(한혜정, 2006 재인용).

> 이야기는 스스로 권위를 지닌다. 사람들은 어떤 의미에서 이야기를 현실화하는 것에 불과하다. 그들은 이야기를 하면서 이야기를 들으면서 이야기를 통해 스스로를 이야기하면서 사회제도 속에서 이야기의 게임을 하면서 이야기를 하는 사람, 듣는 사람, 그리고 이야기 주인공의 위치를 번갈아 바꿔가면서 이야기를 현실화한다(Lyotard, 1984: 23)

이러한 이야기의 전통에서 전달되는 지식은 지식과 삶이 일치된 지식이며, 지식의 내용과 전달방법이 일치된 지식이다. 또한 그것은 지식, 지식 전달자, 학습자가 각각 유기적으로 통합되어 있는 지식이다 즉, 이야기적 지식은 지식이 전달되고 그 지식이 적용되는 사태가 곧 삶의 과정이고 '그것이 하고 있는 일 그 자체로 스스로 정당화되는"(Lyotard, 1984: 23) 지식이다. 지식을 이러한 의미로 파악할 때 현재 과학적 지식과 관련하여 제기되는 여러 문제들, 즉 지식과 삶의 괴리 문제, 이론과 실제의 괴리문제, 지식의 정당화문제, 지식의 생산자와 소비자의 관계 문제, 연구와 교육의 괴리 문제, 지식의 소유권 분쟁 문제 등이 생기지 않는다. 지식과 관련된 이러한 문제들은 본래 지식에 내재해 있는 문제라기보다는 '비판과 배제'를 본질로 삼는 과학적 지식에 의하여 우연적으로 생긴 문제이다.

다른 한편, 내러티브 지식과 관련하여 Bruner와 Astington/Olson 간의 '설명과 해석'의 논쟁에 주목할 필요가 있다. 표층적 추론과 심층적 추론은 Bruner의 용어로 말하면 설명(explanation)과 '해석(interpretation)'에 각각 해당한다. Bruner는 설명과 해석 사이에는 서로 환원될 수 없는 차이가 존재한다고 말한다(Bruner, 1996: 101). 그에 의하면 그 차이는 문법의 규칙을 아는 것과 말을 잘 하는 것, 테니스 이론을 잘 아는 것과 테니스를 잘 치는 것의 차이에 해당한다. 설명은 문법의 규칙이나 테니스 이론과 같이 언어적 명제로 이루어진 이론과 관련되며, 해석은 말을 잘 하거나 테니스를 잘 치는 사람이 가지고 있을 것이라고 생각되는 "암묵적 가정"(Bruner, 1996: 105)과 관련된다. 그리하여 이론과 암묵적 가정이 다른 정도만큼 설명과 해석도 다르다는 것이다. 언어학자의 지식과 훌륭한 연사의 지식, 테니스 이론가의 지식과 테니스 선수의 지식은 확실히 다르다. 그러나 그렇다고 하여 훌륭한 연사나 테니스 선수의 지식을 해석해내는 과정이 과학적 설명의 과정과 그렇게 다른 것인지에 대해서는 의문의 여지가 있다(한혜정, 2007).

설명과 해석의 차이

Bruner는 해석과 설명이 다르다고 볼 수 있는 근거로서 "해석의 과정을 과학적으로 설명하는 것은 불가능하다"(Bruner, 1996: 101)는 점을 제시한다. 만약 해석의 과정이 과학적으로 설명될 수 있다면 그것은 과학적 설명의 대상이 될 수 있지만 그렇지 않기 때문에 해석은 설명과 다르다는 것이다. 이러한 Bruner의 견해에 반대하여 Janet Astington과 David Olson은 해석의 과정을 과학적으로 설명할 수 없다고 미리 전제한다는 것부터가 이미 과학이기를 포기하는 것이며, 다른 사람의 마음을 이해하는 아동의 능력이 어떻게 발달하는가와 관련된 최근 발달심리학의 연구 성과를 보더라도 해석의 과정에 대한 과학적 설명은 불가능하다는 Bruner의 생각은 잘못된 것이라고 주장한다(Bruner, 1996: 101).

Bruner에 의하면 '해석의 과정은 다른 사람의 마음을 이해하는 것이다"(Bruner, 1996: 100). 가장 완전한 의미에서 다른 사람의 마음을 이해한다는 것은 내 마음과 다른 사람의 마음이 일치되는 것, 즉 다른 사람의 마음을 내 마음으로 받아들이는 것을 의미한다. 교육적 상황에서 그것은 빈번하게 일어날 수 있다. 교사는 무엇인가를

Bruner의 해석의 과정

가르칠 때 학생의 마음의 상태를 고려하여 학생이 받아들이기에 알맞은 방식으로 조직하여 가르친다. 학생의 마음의 상태를 알고자 할 때 교사는 지적, 정의적 발달이론에 의존하거나 학생들에게 진단평가를 실시하거나 질문을 던져서 거기에 나타난 학생의 반응을 자료로 삼아 추론을 하고 그 추론에 입각하여 가르친다. 그 추론이 학생의 마음의 상태에 정확히 일치될 때 성공적인 교수와 학습이 이루어진다. 이때 학생의 마음에 대한 교사의 해석은 타당한 해석으로 생각된다. 교사의 해석이 타당하다는 것을 어떻게 알 수 있는가? 어디까지를 해석이라고 할 수 있는가? 교사의 마음과 학생의 마음이 일치하는 그 순간만 해석인가, 아니면 그 이전에 이루어지는 발달이론이나 학생의 반응에 대한 교사의 추론 과정도 해석인가? 만약 교사가 학생의 마음의 상태를 아무리 열심히 파악했다고 해도 마지막 순간 교수와 학습이 제대로 이루어지지 않는다면 그 경우는 학생의 마음에 대한 교사의 해석은 해석이라고 할 수 없는 것인가?

연구 상황에서
해석의 의미

　　연구 상황에 대해서도 이와 동일한 문제제기가 이루어질 수 있다. 질적 교육과정연구에서 연구자는 교사의 이야기를 가지고 그 안에 들어있는 교사의 마음을 해석해내어야 한다. 그것을 위하여 교사는 다양한 교사의 이야기를 가지고 이런 저런 추론을 한다. 교사의 마음과 정확히 일치되는 해석이 이루어질 때, 즉 연구자의 마음이 교사의 마음과 정확히 일치될 때 연구자의 해석은 타당성을 가진다. 이때 연구자의 해석이 교사의 마음에 대한 정확한 해석이라는 것을 어떻게 알 수 있으며 어떻게 보장할 수 있는가? 만약 연구자가 내린 해석이 교사의 마음에 대한 정확한 해석이 아닌 경우 그 이전에 수행된 연구자의 추론 과정은 아무런 의미를 가지지 못하는가?

　　이상의 논의는 해석에 두 수준을 상정할 필요성을 제기한다. 그것은 과정과 종착점이라는 두 수준이다. 종착점의 수준에서 볼 때 해석은 상대방의 마음에 대한 정확한 이해, 즉 상대방의 마음과의 정확한 일치를 가리킨다. 이러한 의미의 해석은 그것에 대한 언어적, 과학적 설명이 불가능하다. 그것은 언어에 담길 수 있는 형태로 존재하는 것이 아니라 언어를 비켜서 존재한다. 이것을 가리켜 '이심전심'으로 표현하기도 하지만 이것은 어디까지나 비유적인 표현일 뿐이다. 종착점으로서의 해석은 언어의 매개 없이 직접 마음과 마음의 주고받음이 일어나는 것이지만 그러한 수준에 도달하기 위해서 인간은 언어라는 매개를 통한 과정을 거칠 수밖에 없다. 일상적 상황에서 사람들은 상대방의 생각이나 마음이 무엇인가를 알기 위하여 상대방의 표정을 읽고 대화를 나눈다. 교육의 상황에서 교사는 학생들에게 질문을 던지고 그것에 대한 학생들의 반응을 살핀다. 연구의 상황에서 연구자는 교사의 이야기와 같은 언어적 매개에 의거한 추론을 통하여 교사의 마음을 이해한다. 이러한 언어적 매개에 의한 추론은 어느 순간 언어적 매개를 벗어나 마음과 마음이 직접 교섭하는 수준으로 비약한다. 그 비약이 언제 일어나는지, 어떻게 일어나는지는 어느 누구도 무엇으로도 확신할 수 없다.

이와 같이 해석을 종착점의 수준에서 보느냐, 아니면 과정의 수준에서 보느냐에 따라 해석과 설명은 다른가, 같은가에 대한 대답이 달라진다. 해석을 종착점 수준에서 보면 Bruner의 주장대로 해석과 설명은 다르다. 그러나 해석을 과정의 수준에서 보면 Astington과 Olson의 주장대로 그 양자는 다르지 않다. 해석과 설명의 관계에 대한 이러한 논의는 이야기적 지식과 과학적 지식의 관계에 그대로 적용될 수 있다. 이야기적 지식을 종착점의 수준에서 볼 때 그것은 과학적 지식과 엄연히 다른 것이다. 다음과 같은 Lyotard의 말은 종착점으로서의 이야기적 지식을 염두에 두는 말이다(한혜정, 2007 재인용).

해석의 수준과
이야기적 지식

> 지식은 지시적 진술들로만 이루어져 있는 것이 아니다. 그것은 어떻게 해야 하는가, '어떻게 살아야 하는가, 어떻게 들어야 하는가 등과 관련된 견해도 포함한다. 지식은 진리가 무엇인가를 결정하고 그것을 적용하는 것을 넘어서 효율성의 기준(기술적 능력), 정의와 행복의 기준(윤리적 지혜), 소리와 색깔에 대한 미학적 기준(청각, 시각적 감각)등에 부합하는 것이 무엇인지를 결정하고 적용하는 것까지 포함하는 일종의 능력이다. 이러한 식으로 이해할 때 지식은 누군가로 하여금 훌륭한 기술적 진술뿐만 아니라 훌륭한 규범적 진술, 훌륭한 평가적 진술 등 다양한 형태의 진술을 할 수 있도록 하는 것을 의미한다. 지식은 다른 종류의 진술을 모두 모두 배제하고 오로지 특정 종류의 진술, 예컨대 인지적 관점에서 하는 진술에만 관련된 능력이 아니다. 이와 반대로 지식은 다양한 종류의 대상, 즉 인식의 대상, 결정의 대상, 평가의 대상, 변형의 대상 등과 관련하여 '훌륭한' 수행을 하는 것을 의미한다. 여기에서 지식의 특징으로서 가장 중요한 특징 한 가지가 도출된다. 즉, 지식은 능력 신장의 수단이 확 늘어서 있는 것과 같으며 그것은 오로지 그것을 지닌 구체적인 한 인간을 통해서만 구현되어 나타난다(Lyotard, 1984: 18-19).

또한 다음과 같은 이야기적 지식에 대한 진술도 종착점으로서의 이야기적 지식에 대한 것이다.

> 이야기적 지식은 지식과 삶이 일치된 지식이며, 지식의 내용과 전달방법이 일치된 지식이다. 또한 그것은 지식, 지식전달자, 학습자가 각각 유기적으로 통합되어 있는 지식이다.

즉, 이야기적 지식은 지식이 전달되고 그 지식이 적용되는 사태가 곧 삶의 사태이고 그것이 하고 있는 일 그 자체로 스스로 정당화되는 지식이다(한혜정, 2006: 75-76).

이러한 종착점으로서의 이야기적 지식은 과학적 지식과 다른 것이지만 과정의 수준에서 파악되는 이야기적 지식은 과학적 지식과 다른 것이 아니다. 질적 연구에서 연구자가 교사의 이야기라는 언어적 매개물에 입각하여 이리저리 추론하여 '이야기'를 만드는 것은 과학적 추론의 과정과 본질상 다르지 않다. 물론 과정으로서의 이야기적 지식이 과학적 지식과 완전히 동일한 것은 아니다. 그 양자 사이에 차이가 있지만 그것은 '정도'의 차이에 불과하다는 뜻이다.

과학적 설명의 전통 속에서도 해석이 시도된 경우가 많았지만 그럼에도 불구하고 그러한 해석은 '자기의식적으로"(Bruner, 1996: 103) 이루어진 것이 아니기 때문에 진정한 의미의 해석이라고 할 수 없다는 Bruner의 말이 시사해주는 바와 같이, 과학적 지식에 의존하되 이야기적 지식에 대한 '자기의식적인' 지향이 동반되는 경우에만 진정한 의미의 질적 연구가 이루어질 수 있다.

과학적 지식과
이야기적 지식의
관계

이야기적 지식은 과학적 지식의 지향점 또는 기준이며 과학적 지식은 이야기적 지식으로 가는 '통로'이다. 과학적 설명과 이야기적 해석 사이에 환원할 수 없는 차이가 존재한다고 주장하는 Bruner도 어느 부분에서는 다음과 같이 말하기도 한다.

다양한 이야기들에 대하여 그것은 무엇에 대한 이야기인가, 어떻게 그렇게 되었을까, 그것은 어떻게 될 것인가 등을 엄밀히 따지는 것은 과학적 사고와 반대되는 것이 아니다. 과학적 설명은 이야기적 해석을 보조해주며 이야기적 해석은 과학적 설명을 보조해준다 (Bruner, 1996: 92).

위의 인용에서 과학적 설명이 이야기적 해석을 보조해준다는 것은 과학적 설명이 이야기적 해석으로 가는 통로가 된다는 의미이며, 이야기적 해석이 과학적 설명을 보조해준다는 것은 이야기적 해석이 과학적 설명의 기준이 된다는 의미로 이해될 수 있다. 교육과정을 이야기적 지식에 의거하여 구성한다고 해서 기존의 과학적 지식 중심의 합리주의적 교육과정을 배제하는 것은 아니다. 과학적 지식 중심의 합리주의적 교육과정 그 자체는 달라지는 것이 없을지도 모른다. 다만 그것은 이야기적 지식이라는 기준에 의거하여 검증받고 형식을 부여받을 수도 있다.

사. 문화심리학

(1) 문화심리학의 개념과 학문적 성격[1]

(가) 문화심리학의 등장배경

기존의 주류 심리학은 생물학적 인간을 연구 대상으로 삼았기 때문에 실생활과 유리되고 타학문과 단절되는 결과를 초래했다. 주류심리학(실험심리, 생리심리, 발달달심리학 등)의 관점은 인간은 타고난 것을 개발시키는 존재라는 것이다. 발달심리에서 주장하는 인간의 발달은 서열순차적 능선의 발현이며, 환경과 문화는 인간 발달에 부차적 기능을 한다고 간주하였다. 인간을 피동적인 존재로만 여기고 환원론적 방법을 사용, 법칙성의 발견에만 초점을 두었다. 사람의 심리는 저기에 있고, 인간은 저기에 있는 존재라는 결정론적 관점이 주류를 이루었다. 인지심리학도 인간을 내재적으로 가진 정보처리 방식에 따라 외계에서 들어오는 정보를 수동적으로만 처리하는 것으로 간주하고 가치, 동기, 의지가 결여된 행동을 강조했다.

이와 달리 문화심리학은 주류 심리학의 문제를 비판하며 1960년대의 인지혁명이 인간에 대한 적절한 이론을 발전시키는 데에 실패하였다는 자성의 목소리(Bruner, 1990)로 등장한다. 우리의 기대를 모았던 인지혁명은 극단적인 행동주의에 반대하여 심리학에 마음을 다시 가져오려는 시도였으나 놀라운 테크놀로지의 발전으로 오히려 심리학의 비인간화를 가져왔다는 것이다. 시초에 인류학, 언어학, 철학, 역사학 등의 인문 및 사회과학의 분야들과 합세하여 인간이 세상과 자신을 구성하고 의미를 부여하는 과정을 발견하고 기술하려는 목표를 가지고 출발하였으나 그 강조점이 곧 의미에서 정보로, 의미의 구성에서 정보의 처리로 옮겨지게 되었다. 이 체계 내에서는 믿음, 욕망, 의도, 이미 획득과 같은 의도적인 상태에서의 마음이 설 자리가 없었으며, 그 결과 심리학을 다른 인문과학들로부터 더욱 멀어지게 하였다.

1950년대에 행동주의에 대한 혁명으로 나타난 인지심리학도 그 본래의 연구 대상은 인간의 마음이었다. 즉 인지심리학은 생각하기(believing), 원하기(desiring), 의도하기(intending), 의미파악하기 등과 같은 의도적인 마음의 지향상태(intentional state), 상태로서의 마음을 심리학의 대상으로 다시 끌어들이는데 목표를 두고 생겨났다. 그

---

1 이 내용은 최상진·한규석(1998; 2000), 구자숙(1998)의 것을 재구성하여 인용하였음을 밝힌다.

러나 그 발전의 방향과 궤적은 본래의 목적과는 다르게 컴퓨터 모델로 기울어져 의미보다는 정보, 의미 구성보다는 정보처리과정을 연구의 대상으로 삼았으며, 컴퓨터 이론을 정보처리의 기저 메타포로 삼았다(Bruner, 1990: 1-10).

인지심리학에 대한
브루너의 비판

이러한 형태의 인지심리학에는 마음이 들어갈 자리가 없어지게 되어서 Bruner는 원래의 취지대로의 복귀를 지향한 역혁명(retro-revolution)이 필요하다고 주장한다. 이런 취지에서 Bruner는 이러한 인지심리학의 문제점을 직시하고 새롭게 문화심리학을 구성하고, 인간의 의미와 의미구성의 본질과 문화적 형성 과정을 문화심리학의 중앙에 위치시켰다. 이와 같은 문화심리학적 맥락에서 문화심리학을 창시를 주도한 Vygotsky(1978), Harre(1986), 그리고 Shweder(1991) 등도 인간의 마음을 기본 축으로 놓고 그러한 마음이 사회·문화 및 역사의 과정 속에서 어떻게 구성되는가를 문화심리학의 핵심 과제로 설정하고 있다.

전통심리학과
문화심리학

그리고 문화심리학의 혁명적 요소는 인간을 생물학적 존재라기보다는 문화적 구성체로 파악하고, 문화를 인간의 마음 형성을 포함한 인간성 구성 및 실현의 본질적 조건이며 필수적인 요소로 개념화하고 있다는 점이다. 전통심리학에서는 인간의 발달을 인간 내적 잠재성의 실현으로 보며, 여기서 문화는 잠재성의 실현에 대한 제약조건 또는 촉진조건으로 파악하지만, 문화심리학에서는 문화의 습득과 이용이 인간 발달의 근간이 되며, 더 나아가 인간을 생물학적 한계조건으로부터 해방시키는 기능을 갖는 것으로 파악하고 있다. 따라서 생물학적 조건은 다만 제약 또는 촉진 조건에 불과하다. 인간을 자동차에 비유하여 그 차이를 설명하면 차가 움직이는 것은 엔진이 있기(생물학적 입장) 때문이 아니라 운전자가 운전할 목적이 있으므로 움직인다고 보는 것이다(문화심리학적 입장). 엔진이 없는 차라면 운전하려고 들지 않았을 것이다(Bruner, 1990).

Greenfield(1999)에 따르면 문화심리학이라는 용어는 사회심리학편람 2판에 처음 등장하는 것으로 판단된다. 문화심리학의 발단은 Wundt의 민족심리학(volkepsychologie)으로까지 거슬러 올라가나 오늘날 문화심리학으로 새롭게 재구성되어 논의되는 것은 1970년대 이후의 일이다. 심리학을 창시한 Wundt는 최초로 심리학의 개념과 목적을 제안했다. 그는 두 개의 심리학을 제안했는데 그것은 문화를 연구하는 고등정신과정과 실험실 연구를 주로 하는 하위 정신과정의 두 가지였다. 그러나 감각도 문화에 의해 재조직될 수 있고, 이러한 재조직을 통해 형성된 것이 고등정신과정이다. 고등심리

연구과정은 folk psychology로 비실험적, 해석학적 방법으로 연구되며, 언어, 민속, 생활습관, 등을 분석한다. 이러한 초기 심리학이 미국으로 건너가면서 실용적인 미국문화 안에서는 실험심리학만이 발달하게 된다.

원어의 뜻은 민족심리학이며, 현대적 의미로는 문화·사회심리학이다. 공식적 심리학의 개념체제에서 벗어나 일반인의 심리학 그 자체를 일반인이 쓰는 용어를 사용해 체제화하려는 노력. 상식적인 심리학, 일반인의 심리학. 일반인이 가지는 지각 내용 및 과정에 작용하는 법칙이나 지각 내용 자체를 있는 그대로 파악하고 체제화하는 노력을 의미한다.

(나) 상식심리학으로서 문화심리학[2]

일상적으로 우리는 사람의 행동은 그들의 마음, 즉 그 사람이 갖고 있는 믿음, 바램 등과 같은 정신적 생각으로 인하여 일어난다고 생각한다. 예를 들어 친구가 열쇠를 찾기 위해서 책상 서랍을 뒤지고 있다면 우리는 그 친구가 열쇠가 책상 서랍에 있다고 믿고 있기 때문이라고 생각하며, 친구가 빨강 색 옷을 샀으면 그 친구가 예쁘게 보이고 싶고 또 빨강색이 자신에게 잘 어울린다고 생각했기 때문이라고 생각한다. 즉 사람들의 행동은 그들 자신의 마음, 예를 들어 믿음(belief), 바람(desire), 의도(intention)와 같은 마음 상태에서 기인하는 것으로 생각한다. 이처럼 우리 자신과 남들이 마음상태(mental state)를 갖고 있으며 이 마음상태가 행동을 결정한다는 것은 상식적으로 생각하면 너무나 당연한 것이어서 이를 상식심리학(commonsense psychological theory 또는 folk psychology)이라고 한다(Olson, Astington, & Harris, 1988).

이와 같이 상식심리학은 인간의 행동을 믿음이나 욕구 같은 지향적 심리 상태를 원인 삼아 설명하는 방식이다. 이를테면 철수가 민주당에 투표한 행동이 세금이 내렸으면 하는 바람과 민주당이 세금을 내릴 것이라는 믿음에 의해 야기되었다는 식의 설명, 또는 영희가 아이스크림을 먹지 않는 이유가 살찌고 싶지 않은 소망과 아이스크림이 살찌게 한다는 믿음 때문이라는 식의 설명이 바로 상식 심리학인 것이다.

이 같은 상식 심리학은 우리의 일상생활에 너무나 깊게 뿌리박고 있어서, 우리는 그것에 어떤 이론적 전제가 있다는 사실을 의식하지 못하고 있다. 하지만 모든 이론

상식심리학이란?

상식심리학의
특징과 전제

---

2 이 내용은 최상진·한규석(1998; 2000)의 것을 부분적으로 인용하였음을 밝힌다.

적 설명이 그러하듯 인간의 사고와 행동에 관한 상식적 설명의 배후에도 암묵적이나마 이론적 전제가 관여하고 있다. 포더에 따르면, 상식 심리학 배후에 깔려있는 전제는 크게 다음의 두 가지로 요약되어질 수 있다. 첫째로 상식 심리학은 믿음이나 바람 같은 지향적 심리 상태들이 의미론적 속성을 가지고 있다고 전제하고 있다. 두 번째 전제는, 심리 상태와 심리 상태 사이에 또 심리 상태와 행동 사이에 의사 결정 이론 (decision theory) 규칙이나 추론 규칙 같은 규칙들이 존재하고 있어서, 그런 규칙에 따라 한 심리 상태의 예화(tokening)가 다른 심리 상태나 행동의 예화를 유발하게 된다는 전제이다. 이점을 예를 들어 설명하면, 가령 철수가 점심 때 스파게티 먹기를 바라고, 또 이탈리아 식당에 가면 스파게티를 먹을 수 있다고 믿는다면, 철수는 다른 문제가 없는 한 점심 때 이탈리아 식당으로 가리라 예상된다.

행동은 주체적 경험에 관여되는 마음과 생각을 추론하거나 확인하는 외현적 단서의 하나로 취급된다. 연구대상으로서 심리현상을 개념화함에 있어서 연구자가 개념의 특성을 조작적으로 정의·구성하기보다는 그 현상에 대한 일반인의 표상과 이러한 현상 및 표상과 관련된 일반인의 경험양식을 일반인심리학(folk psychology)의 입장에서 분석하고 이를 기초로 하여 그 현상을 개념적으로 구성한다(Bruner, 1990).

요컨대 문화심리학은 바로 행동주의가 버렸던 마음을 오히려 설명되어야 할 '그 무엇으로' 관점을 반전시키고 있다. 마음을 배제한 심리학은 사람이 없는 심리학이며, 인간의 삶 그 자체, 예컨대 행복, 불행, 성공 등은 마음을 빼놓을 때 존재할 수도 구성할 수도 없는 것이다. 문화심리학에서 마음은 일반인이 살아가는데 관여되는 '삶의', '살아있는' 마음이며 동시에 심리학자가 아닌 일반인들이 구성한 일반인심리(folk psychology)를 의미한다.

(다) 정신과 문화의 관계

정신은 의도적인 인간을 지칭한다. 문화는 의도적인 세계를 지칭한다. 의도적인 인간과 의도적인 세계는 상호의존적이다. 상호의존적인 것은 의도적인 활동과 관습을 통해 변증법적으로 구성된다. 의도적인 활동과 관습은 의도적인 인간과 세계의 산물이며 그것들을 구성한다. 새로운 방식으로 문화에 대해 생각해 볼 때, 사회문화적인 환경이 의도적인 존재에 의해 구성되고 점유되며 사용되는 세계임을 우리 자신에게 반복해서 상기시키는 것이 중요하다(강현석, 2008).

정신과 문화는 서로 밀접하게 관련되어 있다. 사람과 정신적인 조직은 그 자체, 사회, 그리고 자연에 대한 개념에 의해 주로 가능하며 또한 주로 그들을 표현한다. 그렇지만 자기, 사회 그리고 자연에 대한 문화적 개념들을 이해하는 최선의 방법 중 하나는 의도적인 개인의 주관적 삶 속에서 문화적 개념들을 조직하고 기능하는 방식을 검토하는 것이다. 문화적으로 구성된 실재(의도적인 세계)와 실재를 구성하는 정신(의도적인 인간)이 계속적으로 상호작용하고, 서로의 정체성에 침투하며, 서로의 존재를 조건화한다(Shweder, 1990).

결국 문화심리학에서 문화와 마음 또는 심리 현상간의 관계는 비록 형태는 다르지만 내적, 질적으로 공존단위이며, 따라서 마음속에 문화가 있고, 문화 속에 마음이 있는 것으로 개념화한다. 여기서 문화는 마음과 마찬가지로 의도적 지향성을 가지며 따라서 문화와 마음은 변증법적으로 상호의 구축 및 변형에 기여한다. 문화와 마음간의 매개는 학자에 따라 약간의 차이를 보이지만 일반적으로 언어, 삶의 활동, 일반인의 상식심리(folk psychology), 사회제도 및 물적 구조 등이 중요한 매개개념 및 현상으로 설정하고 있다. 또한 이러한 매개체계들은 개인 심리적 과정보다는 집합적, 사회적 구성 속에서 구성된다는 점에서 사회적, 역사적 맥락성을 갖는다. 문화와 마음의
관계

한편, 현대적 의미의 문화심리학은 서로 다른 학문적 배경과 이론적 전통을 가진 학자들에 의하여 서로 독립적 맥락에서 거의 공시적으로 구성되었다. 심리학분야에서는 Gergen(1985)에 의한 역사-문화적 구성주의 심리학이 제안되고, Bruner(1990)는 문화심리학의 핵심 개념을 의미의 사회적 구성으로 삼고, 심리와 문화의 연결고리를 일반인심리학(folk psychology)으로 설정하였다. 즉 인간의 심리에 가장 중요한 현상과 개념은 의미이며, 문화는 의미 형성과 변형에 영향을 미치고, 문화가 인간심리에 영향을 미치는 과정과 매개는 일반인 심리학이라는 것이다. 문화가 인간의 심리에 대한 영향 또는 제약변수라기 보다는 인간 심리의 핵심구성물(constituents of psychology)이며, 사고 및 경험의 문법이다.

그렇다면 문화심리학에서 문화의 위치는 어떠한가. 첫째, 문화심리학에서 문화를 사람의 마음속에 내재하는 마음의 구성요소로 파악하여 심리학 이론 자체 내에 문화적 개념을 심리학적 개념으로 용해하여 이론 구성요소로 포함시킨다(Bruner, 1993; Jahoda, 1992). 문화를 심리 밖에 존재하는 외생변수로 보고 문화가 심리의 구성과 과정에 영향을 미치는 인과적 모델을 채택하는 입장과는 다르다. 문화심리학에서의
문화의 위치

둘째, 문화는 사람을 포함해서 세상을 알고 이해하고 구성하는 방식이며(Bruner, 1993: 516), 따라서 문화는 인간이 행하는 사고와 행위에 대하여 적절한 이유를 제공한다. 그래서 그 문화권의 사람들이 왜 또는 무슨 이유나 무슨 목적 또는 동기로 그러한 행동을 하는가를 문화를 살아가는 일반인들의 입장에서 떠내며 밝히고 설명하는 일에 관심을 둔다. 즉 문화를 살아가는 일반인들의 일반인심리학적 설명에 충실한 편이다. 이런 점에서 이러한 설명을 초월하여 존재하는 범문화적 보편성 심리기제를 찾아내고 이를 자연과학적 연구방식에 따라 검증하는 것이 아니다.

셋째, 문화적 마음의 내용과 사고의 과정을 문화적 삶의 맥락 속에서 있는 그대로 작용하는 바대로 떠내며 이를 체계화하고 해석한다.

넷째, 문화를 살아가는 일반인들의 주관적 설명, 해석, 귀결, 판단, 평가 등과 같은 일반인의 공유적 또는 공구성적 주관적 세계를 있는 그대로 떠내서 체계화하고 이론화한다. 공유적 또는 공구성적 주관적 세계를 추상화하여 객관적인 심리세계로 재구성하는 실증적이고 객관주의 연구를 지양한다.

문화심리학은 단순히 문화를 심리연구에 반영한다거나 문화를 심리학 이론 구성과 연구에 도입한다는 차원을 넘어서서 전통적인 심리학 일반에서 당연시되던 심리학의 기본 전제와 인식론과는 상충되는 대안적인 패러다임을 제안하고 있다(Bruner, 1990).

Bruner는 인간은 생물학적 존재이며 문화의 영향을 받는다는 전통적 과학의 시각에 문제가 있음을 지적하고 그 반대로 인간은 문화적 존재로서 생물학적 구속을 받는다고 주장한다. 즉 인간행위의 원인이 생물학적 소인에 있다는 시각은 잘못이다. 그 이유는 문화와 문화권에서 의미의 추구가 행위의 원인이 되기 때문이다. 즉 생물학은 원인이 아니라 행위의 구속조건에 불과하다.

최근까지 문화는 심리학 이론에서 상대적으로 주변적인 역할을 담당해왔다. 사회심리학자들이 문화가 사회적인 존재로서의 인간을 구성한다는 사실에 주목하면서 문화의 개념이 중요하게 다루어지고 있다. Bruner(1990)는 문화가 심리학에서 중심적인 개념이 되어야만 하는 이유로 세 가지를 들었다. 첫째, 인간이 문화에 참여하고 문화를 통해 자신의 정신 능력을 구현하므로 인간의 심리를 개인 혼자만을 기초로 하여 구성하는 것은 불가능하다는 점이다. 둘째, 개인의 심리는 문화에 젖어 들어 있으므로 심리학은 인간을 문화에 연결시키는 의미창출과 의미사용의 과정을 중심으로 하여 조직되어야 한다는 점이다. 셋째, 사람들은 민속심리학(folk psychology)을 사용하여 예측을 하고 서로를 평가하는 등의 일상적 활동을 하는데, 민속심리학이란 바로 인간을 움직이는 것이 무엇인가에 대한 문화의 설명이다.

우리가 자신과 타인들을 경험하는 것도 민속심리학적인 범주들임을 생각할 때 행동에 대한 설명에서 민속심리학과 문화를 제외시킨다는 것은 심리학이 설명해야 하는 바로 그 현상을 던져버리는 것과 같다. 이러한 문화적인 접근에서는 심리적인 과정과 구조들이 문화적인 의미와 관습들에 의하여 패턴화되며, 또한 의미와 관습들은 특정한 인간 사회라는 맥락을 떠나서는 아무런 의미를 가지지 않는다. Sheweder(1990)가 문화와 정신은 서로를 구성한다고 한 것은 바로 이런 의미에서이며, 문화심리학의 출발점은 바로 여기에서부터이다. 문화적인 관습과 의미들은 심리적 과정을 완성시키고 정보를 제공하며, 일단 형성된 심리적 과정들은 문화적 관습과 의미들을 변형시키고 생성한다. 다시 말해 심리적인 과정들은 각 개인이 다양한 문화적 세계에 적극적으로 참여한 결과로 형성되고 유지된다. 정신은 사회 문화적, 역사적으로 구성된 환경의 함수이다. 이렇게 발달된 심리적 과정들은 그 과정들이 유출된 문화적 체계를 유지하고 재생하는 역할을 한다(Bruner, 1990; Cole, 1991; Sheweder, 1990).

이상에서 몇 가지 측면에서 살펴 본 문화심리학이 추구하는 목표는 세 가지로 정리될 수 있다(구자숙, 1998). 첫째, 여러 가지 문화적인 의미들이나 관습들, 그리고 이들과 연관되어 있는 심리적인 구조나 과정들을 알아보는 것이다. 둘째, 문화적으로 형성된 사회성과 정신의 다양성 기저에 깔려있는 체계적인 원칙을 발견하기 위한 것이다. 셋째, 문화가 어떻게 심리적 과정들을 창출하고 지지하는지 그리고 어떻게 이러한 심리적인 경향성들이 반대로 문화적 체계를 지지하고 재생하고 때로는 변화시키는지를 밝힘으로써 정신과 문화가 서로를 구성하는 보편적인 과정을 기술하기 위한 것이다.

문화심리학의 목표

이와 유사하게 문화심리학의 주요 특징을 Cole(1996)은 다음과 같이 제시하고 있다. 첫째, 구체적 문화 맥락 속에서의 매개적 행위(mediated action)를 강조한다. 둘째, 역사적, 개체발생적, 미시발생적 분석 등을 활용하여 발생론적 방법(genetic method)을 추구한다. 셋째, 분석의 대상을 일상적인 사건에 둔다. 넷째, 문화심리학에서 마음은 집단상황에서 사람들 간에 매개된 활동을 통해 생겨나고 형성된다고 본다. 따라서 마음은 상호구성되고(co-constructed), 상호분산(distributed)된다. 다섯째, 개인은 개체의 자기발달 측면에서 볼 때 능동적 행위자(agent)가 되며, 사회적 상황맥락에서 볼 때 자의적으로 행동하는 존재가 아님을 가정한다. 여섯째, 인과관계, 자극-반응관계,

문화심리학의 특징

설명과학 보다는 활동 속에서 생겨나는 마음의 본질을 선호하고 우선하며, 설명보다는 해석에 초점을 둔다. 일곱째, 사회과학, 생물과학은 물론 인문학의 방법론을 사용한다.

궁극적으로 우리 일상생활의 모든 것들이 사회적 문화적 산물이며, 어떤 절대적인 현실(reality)이 아니라는 것을 인식하자는 것이고 자문화중심주의에서 벗어나서 다른 문화적인 현실들, 우리의 것과 다름없이 타당하고 의미있는 존재양식을 바라보고 문화적인 공감을 갖자는 것이다. 이러한 의미에서 문화심리학은 또한 다른 사람들을 통해서 생각하는 과정이다(Shewer, 1995). 다른 문화나 사람들을 통해 봄으로써 자신의 의식을 보다 잘 알고자 하는 것, 다른 사람들의 신념, 욕구, 관습들을 그들의 현실에서 이해함으로써 바로 알자는 것이기도 하다. 이것이 바로 Bruner(1990)가 말하는 열린 마음(open-mindness)이 의미하는 바일 것이다.

아. 문화구성주의

지식구조론에 대한 견해를 제시한 후, Bruner는 보다 확장되고 변화된 입장을 지속적으로 제시하여왔다(1983; 1986; 1990; 1996). 그 변화된 입장을 한마디로 '문화 구성주의'라고 부를 수 있다. 그의 구성주의에 대한 입장은 매우 포괄적이다. 이 입장에서 가장 핵심이 되는 것은 문화가 인간의 마음을 형성한다는 문화주의(culturalism)의 전제이다. 이 전제는 마음에 대한 정보처리 이론적 설명방식에 대한 반성이다. 문화주의에서 마음의 본질은 의미구성에 있으며, 마음을 형성한다는 것은 의미를 만든다는 일이다. 여기에서 의미 구성의 과정은 내러티브(narrative)를 통하여 세계 만들기(world-making)를 수행하는 일이며, 이 일은 세상의 실재를 구성하는 일이다. 그런데 내러티브 사고를 통한 의미 구성은 문화 속에서 이루어지며 인간의 역사를 반영하는 문화의 도구들을 통해 마음이 구성된다. 결국 문화 속에서 내러티브 사고를 통하여 실재를 구성하며 의미를 만들고 마음을 구성하는 것이다. 이러한 맥락에 비추어 보면 브루너의 문화 구성주의의 본질은 의미 구성의 문화심리학, 해석적 구성주의 인식론, 내러티브 사고로 이해될 수 있다(Bruner, 1996: 13-42).

문화구성주의의
9가지 원리 이 관점은 브루너(1996: 13-42)가 제시하고 있는 교육과정의 아홉 가지 원리(tenets)에 구체적으로 표현되고 있다. 그 중에서 가장 근본적인 것은 2장에서 제시한 것처럼 마음과 의미의 구성 문제를 다루는 문화심리학의 관점, 구성주의 인식론, 내러티브 사고, 그리고 교수-학습의 상호작용적 측면 등이다. 이것을 설계 근거 차원에서 그 관계를 그림으로 재구성하여 제시해보면 다음과 같다.

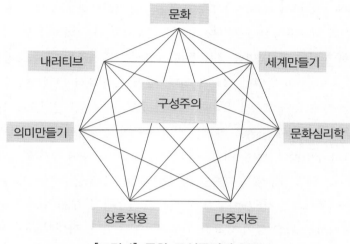

[그림 1] 문화 구성주의의 구조

이상의 그림을 보면 문화 구성주의는 크게 일곱 가지 차원으로 관련지어 설명될 수 있다. 이러한 맥락과 유사하게 Smith(2002)는 브루너의 문화 구성주의가 교육과정의 설계에서 활용될 수 있는 방향이나 지침을 다음과 같이 제시하고 있다. 첫째, 비계설정을 통하여 타인의 도움을 제공하는 일, 둘째 모든 교과는 독특하지만 서로 관련되는 구조를 지니고 있으며 그 구조는 인간 마음의 조작과 연관되어 있다는 점을 유의할 것, 셋째 언어사용을 통한 의미 교섭으로서 학습의 본질을 고려할 것, 넷째 마음의 사용에 의해 실재가 만들어지고 학습은 의미를 만드는 일과 관련되어 있기 때문에 설계는 이 점을 고려해야 한다는 점, 다섯째 교수-학습에서 내러티브와 사회적 대화는 중요한 역할을 하며, 대화와 의미 형성에서 내러티브가 중요한 본질이라는 것이다. 이러한 문화구성주의가 지니는 의미 구성의 측면에서 본다면 교육과정 설계 행위 자체가 해석적 의미 구성과정의 성격을 지니는 동시에 설계 방향도 해석적 구성의 과정을 지향해야 한다는 점을 알 수 있다.

문화구성주의에서 가장 핵심적인 것은 내러티브 인식론이다. 따라서 과거 지식구조론의 핵심적 아이디어를 내러티브 사고양식에 근거하여 해석함으로써 대체적인 설계의 방향을 설정할 수 있다. **첫째**, 지식의 구조의 문제에서는 구조의 생성적 본질과 의미 교섭을 통한 구성성을 고려하여 지식의 생성적 구조에 대한 의미(구조감)를 학습자에게 주는 것이 중요하다는 점이다. **둘째**, 교육내용과 관련하여 경험적 증명과 형식적 절차에 의존하는 패러다임적 교육내용은 내러티브적 해석에 의해 보완될 필요가 있다. 이와 관련하여 Bruner(1996: 42)가 제시하고 있는 내러티브 능력을 기르기 위한 방법, 즉 신화와 역사, 민담 등을 통해 정체성을 길러주는 것과 소설을 통해 상상력을 높이는 일 등이 반영될 필요가 있다. **셋째**, 나선형과 관련하여 인간 학습의 본질을 고려하여 학습의 흐름을 유의할 필요가 있다. '직관적' 설명으로 시작하여 생성적 힘이 길러질 때까지 순환을 하면서 점차 구조화된 설명으로 순환적으로 회귀한다는 점을 고려해야 한다. **넷째**, 내용구성의 측면에서는 교재에 제시되는 완결의 지식과 "정답"보다는 해당 교과의 문제를 해결하는 과정에 강조를 두어야 한다. 여기에서 도전적 질문을 제기하는 기술(art)과 그런 질문을 풍부하게 하는 기술, 훌륭한 질문을 생기 있게 유지하는 기술 등이 중요하게 고려되어야 한다. **다섯째**, 교수-학습에서는 간주관성을 토대로 한 의미교섭의 상호작용을 고려하며, 가르치고 배우는 상황을 상호 학습자의 공동체로 인식한다. 여기에서 비계설정이 활용되며 간주관적 교수법의 맥락에서 설계가 이루어져야 한다. 이것은 상호작용적 교수법(interactive pedagogy)의 근거가 된다.

우선 문화구성주의와 관련하여 문화심리학에서는 문화가 마음을 구성한다는 전제 하에 마음의 본질을 의미의 구성으로 보고 있다. 1950년대부터 시작된 이른바 '인지혁명'은 심리학의 초점을 행동에서 마음으로 바꾸었지만 그 과정에서 인간 마음이 어떻게 작용하는지에 관해서는 서로 상충하는 관점이 대립하였다. 마음이 컴퓨터처럼 기능한다는 컴퓨터 메타포에 의한 '연산주의(computation)'와 문화에 의한 마음의 형성을 상정하는 문화심리학(cultural psychology)이 바로 그것이다. 인간의 마음은 인간의 역사를 반영하는 문화의 도구를 통해 형성된다. 문화심리학도 일종의 문화 도구이다. 문화와 마음은 일상심리학 속에서 서로를 구성하며 의미를 만들어 나간다. 의미만들기 과정은 해석적 사고를 통하여 이루어진다. 문화와 무관한 인간 심리나 본성은 없기 때문에 인간은 문화에 참여함으로써 의미를 공적이게 하고 그 의미를 서로 공유할 수 있게 된다. 문화 속에서의 삶의 방식은 공유된 의미와 개념에 의존하는데, 이 과정에서 인간은 의미와 해석상의 차이점을 대화하고 협상하기 위해서 공유된 담론의 양식에 의존한다는 것이다. 그러므로 인간 마음은 인간의 신념이나 의도에 내재되어 있는 공유된 개념적 구조와 언어에 기원을 둔다. 그리고 마음은 문화가 반영된 것이므로 앎의 방식뿐만 아니라 문화의 가치방식에 참여함으로써 의미를 구성할 수 있다는 것이다.

둘째, 구성주의 인식론에서는 Goodman(1978)의 견해를 수용한다(Bruner, 1983: 93-105). 우리의 실재는 주어진 것이 아니라 만들어지는 것이다. 따라서 실재는 창안되는 것이다. 우리가 살고 있는 세계들은 상징적 구성으로 창안된 것이다. 그래서 실재의 본질은 인간 사고의 산물이며, 정신적 산물로서의 세계관은 다수의 실재를 인식하는 것이다. 우리가 세계관을 만들며 올바른 세계관이 세계를 만든다. 우리가 찾는 것을 우리가 만들어야 한다. 이와 같은 Goodman의 구성주의를 토대로 보면 인간의 정신적 활동이나 상징적 언어와 무관하게 선천적으로 존재하는 유일한 실세계는 없다. 지식은 절대적인 또는 선험적인 어떤 것에서 출발하는 것이 아니라 세계의 창조를 이루는 여러 종류의 구성들로부터 시작한다.

셋째로 브루너의 인식론은 내러티브 사고에서 보다 구체적으로 드러난다. 우리는 이야기를 통해 세계를 구성하며, 그 구성과정은 해석적이다. 우리는 이야기를 설명하지 않으며 다만 이야기에 대해 다양한 해석을 할 따름이다. 최근에 브루너는 내러티브 사고를 강조함으로써 자신의 인식론에서 변화를 보이고 있다. 이러한 자신의 인식론적 입장 변화에 중요한 단서를 제공하는 것은 그의 내러티브 사고양식의 강조에 있다. 1980년대 이래 그는 지식의 본질을 발견적 특성과 함께 생성적 특성을 가진 것으로 보고 있다. 즉 지식의 발견적 특성이 원인-결과를 다루는 패러다임적 사고에 기안한다면, 생성적 특징은 의미 구성을 중시하는 내러티브 사고와 밀접하게 관련된다는 것이다. 우리는 내러티브의 규칙과 장치에 따라 구성된 세계에서 대부분의 삶을 살고 있다. 실재는 내러티브로 구성될 수 있다. 인간 마음은 우리가 의미를 만들기 위해 사용하는 구성의 도구이다. 의미를 만드는 행위는 대화를 통해서 이루어진다. 내러티브 사고는 해석을 필요로 하며 거기에서 이야기 만들기가 가능해진다. 사고양식으로서 내러티브의 제안(Bruner, 1985)은 그의 인식론적 입장의 확장으로서 기존의 패러다임적 사고양식의 한계를 극복하기 위한 자신의 인식론적 지평의 확장이다.

구성주의 인식론

내러티브 사고 중심의 브루너 인식론

자. 해석학: Ricoeur의 이야기 해석학을 중심으로

리쾨르 사상의
개관

폴 리쾨르는 포스트모더니즘에 동조하지 않으면서도 주체 철학을 수정하려는 노력을 견지한 해석학자이다. 초기에 그는 마르셀, 무니에, 야스퍼스 같은 실존주의자들의 영향을 받았다. 또한 프로이트의 정신분석학과 레비스트로스의 구조주의에도 깊은 관심을 보였다. 그의 해석학은 이런 모든 대화의 과정이 녹아 이루어진 결정체이며, 모더니즘의 입장에서 모더니즘을 넘어서려는 노력이다. 그의 해석학은 하이데거의 존재론을 진지하게 논의하면서도 새로운 세계를 향한 상상력을 존재론 밖에서 찾으려하는 일종의 대화주의이며 절충주의다. 어린 시절 그에게 영향을 준 개신교는 그의 사상 전반에 큰 영향을 미쳤다. 악의 문제, 실존주의, 시간론, 파롤(parole) 중심의 언어철학과 서사론 등에 걸친 그의 사상은 성서적 세계관을 깔고 있다. '악의 상징'에서 보여주듯이, 뿌리 깊은 악과 바탕의 선함 사이에서 벌어지는 긴장이야말로 리쾨르 사상 전체를 꿰뚫는 인생관이요, 세계관이다. 그는 반성 철학과 현상학을 넘어 해석학과 서사론으로 가며, 인식론 중심의 철학을 넘어 존재론에 관심을 기울인다. 리쾨르의 해석학에서 '이해'의 문제란 곧 텍스트의 이해를 의미한다. 텍스트의 이해, 그것은 글에 들어있는 타인의 삶을 이해하며 자기를 이해하는 것이다. 또한 '상징'의 해석과정을 통해 주제 철학을 새롭게 규명하려 노력한다. 결론적으로 그의 철학은, 주체를 제한하면서도 주체를 인정하는, 악의 현실 속에서 긍정적인 세상을 꿈꾸는 세계관이라 할 수 있다.

이하의 이야기 해석학의 내용은 이민용의 논의를 중심으로 살펴보기로 한다(이민용, 2010).

① 이야기와 해석학

해석학의 등장

우리는 현실을 살면서 그것을 해석하고 이해할 필요를 느끼는 경우가 많다. 현실이 언제나 그 자체로 모습을 드러내는 것은 아니기 때문이다. 그래서 현실은 해석의 대상이 된다. 그런데 이렇게 현실을 해석하고 이해하는 것을 주목적으로 연구하는 것이 해석학이다. 주지하다시피 해석학은 원래 성서나 법률 서적, 고전 문헌을 제대로 해석하려는 성서학, 법학, 문헌학의 보조 기술로서 출발하였다. 그러다가 19세기 이후 F. Schleiermacher, W. Dilthey, H. G. Gadamer, M. Heidegger 등을 거치면서 해석학은 그 해석 대상의 영역을 텍스트를 넘어 현실로까지 넓혀왔다. 그런데 이렇게 현실을 해석하고 이해하는 데에는 이야기를 통한 접근이 유용할 수가 있다. 우리는 이야기를 통해 정보를 나누고 의사소통하며, 세상과 자신에 대해 더욱 깊이 이해할 수 있기 때문이다. 이러한 점에서 이야기 해석학 이론을 전개하는 리쾨르의 철학은 우리의 관심을 끈다. 그는 현실을 해석하고 이해하는 일에서도 언어와 상징, 이야기가 중요한 역할을 하고 있다는 사실에 주목한다. 그는 악의 상징(1960), 살아있는 은유(1975) 풍의 저서를 통해 상징과 은유의 역할에 주목하기도 하였다. 이 과정에서 이야기의 역할에 주목하였으며, "상징은 생각을 불러일으킨다."는 상징과 은유, 이야기 모두에 적용되는 핵심 주장이라고 할 수 있다.

이야기의 중요성

　이야기가 현실 해석과 이해에서 중요한 역할을 할 수 있는 이유는 우선 이야기가 지닌 현실과의 구조적 유사성에서 찾아볼 수 있다. 서사학에서 담화(discourse)와 함께, 이야기(narrative)의 양대 요소로 꼽히는 스토리(story)에는 인물·사건·배경(시간, 공간) 등의 핵심 요소가 있다. 이야기는 이런 면에서 삶의 구조와 비슷하다. 우리는 현실 속에서 자기 삶의 주인공으로서 살아간다. 자기 삶의 이야기에서 주인공 역할을 하면서 살아가는 것이다. 한편 이야기에는 이렇게 등장인물이 있을뿐만 아니라, 사건도 필수 요소다. 우리는 끊임없이 행동하고 살아가며 사건을 만들어간다. 이런 점에서 삶의 사건들은 이야기의 사건으로 전환될 수 있다. 그래서 삶은 비슷한 구조를 지닌 이야기를 통해 해석되고 효과적으로 이해될 수 있다.

　또한 이야기와 현실은 둘 다 시간 구조물이라는 점에서도 비슷하다. 우리는 태어나서 죽을 때까지 시간의 흐름 속에서 사건을 경험하며 성장하고 늙어간다. 어느 누구도 시간의 흐름 밖에서 존재할 수 없다. 그림, 조각, 건축과 달리 이야기 예술/기술도 시간의 흐름 속에서 존재한다. "이야기는 시간 모델의 본보기이다." 아리스토텔레스가 그의 시학에서 비극의 플롯에는 처음과 중간, 끝이 있어야 한다고 강조한 것도 시간 예술로서의 이야기 속성을 잘 말해주고 있는 유명한 말이다. 이렇게 시간을 매개로 이야기와 현실이 서로 유사한 구조를 공유하고 있기 때문에, 이야기는 현실을 해석하고 이해할 수 있는 통로가 될 수 있다. 그래서 "시간은 이야기 방식으로 진술되는 한에 있어서 인간의 시간이 되며, 반면에 이야기는 시간 경험의 특징들을 그리는 한에 있어서 의미를 갖는다. 이야기의 시간과 실제 시간이 서로를 비추고 있기 때문에 이야기와 실제 삶 사이에 '건강한 순환'이 존재한다고 할 수 있다. 그런데 이렇게 시간 구조물인 이야기를 통해 역시 시간 구조물인 현실을 잘 해석하고 이해할 수 있는 매커니즘은 구체적으로 무엇인가? "시간 안에서 늘 분열되는 현존재를 하나의 전체로 만드는 것은 무엇인가? 리쾨르는 인간의 '이야기할 수 있는 능력'이 바로 현존재에 통일성을 부여해줄 수 있는 가능성이라고 본다.

② 주체의 이야기 정체성

리쾨르는 우리가 이야기를 통해 현실을 해석하고 이해할 수 있으며, 우리 자신의 정체성과 생각을 정립할 수 있다고 주장한다. 그는 이 정체성을 시간성 및 이야기와 관련해서 다룬다. 그에 따르면 인간은 시간적 존재이다. 그러나 시간은 원래 추상적인 것이어서 그 자체로는 인식하기가 어렵다. 우리가 인식하는 시간은 그 속에서 일어나는 사건들을 통해서 체험된다. 그런데 이러한 시간 속 체험들의 세계는 그 자체로는 불협 화음의 세계다. 질서도 없고 그 속에서 일관된 의미도 찾기 힘들다. 그래서 이러한 시간 속의 체험들이 질서와 의미를 가지려면 이야기의 세계로 포섭되어야 한다. 이야기에는 시간의 순서에 질서를 부여하고 의미의 연결고리를 구성하는 힘이 있기 때문이다. 이야기의 "줄거리(plot) 덕분에 목표와 원인과 우연들은 전체척이고 완전한 어떤 행동이 갖는 시간적인 통일성 아래 규합된다.

주체의 정체성
확보

주체는 이야기를 통해 이러한 시간 체험을 자신의 경험으로 하고 자기 이해를 심화시키게 되면 자기 정체성을 확보하게 된다. 이것을 리쾨르는 이야기 정체성(narrative identity)이라고 한다. 그는 다음과 같이 말한다(이민용, 2010 재인용).

> "자기 이름으로 지칭된 행동의 주체를, 출생에서 죽음에 이르기까지 늘어나 있는 삶 전체에 걸쳐 동일한 사람이라고 간주할 수 있는 근거는 무엇인가? 대답은 이야기일 수밖에 없다. '누가?'라는 물음에 답한다는 것은, 한나 아렌트가 역설했듯이, 삶의 스토리를 이야기하는 것이다. 이야기된 스토리는 행동의 누구를 말해준다. '누구'의 정체성은 따라서 이야기 정체성이다. 이야기하는 행위의 도움 없이는 인격적 정체성의 문제는 사실상 해결책 없는 이율배반에 빠지고 만다.

리쾨르에게 개인의 자기 정체성은 동일성 정체성과 자기성 정체성으로 나뉜다. 전자가 성격처럼 시간 속에서 변하지 않은 채 동일하게 지속되는 것이라면, 후자는 다른 사람과의 약속을 지키는 것 같은 타자(他者)와의 관계 속에서만 유치되는 동일성이라고 할 수 있다. 간략히 말하면, 동일성은 시간 속에서 변하지 않는 지속성의 차원에서 수적 단일성을 의미한다. 그것은 칸트적 의미의 실체의 범주에 속한다. 반면에 자기성은 하이데거적 의미로 현존재이다.

자기 정체성의 성격

우리는 시간 속에서 변하지만 유사성의 연속과 그 기억으로 정체성의 동일성을 유지할 수 있다. 이것이 바로 자기성 정체성이라고 할 수 있다. 자기성 정체성은 시간성을 포함하고 유사성과 질서를 포함하기 때문에 이야기성을 포함한다. 리쾨르에게 동일성 정체성과 자기성 정체성은 이야기 정체성을 통해 통합된다. 리쾨르가 말하고자 하는 '자기'는 무시간적 실체로서의 형식적 주체가 아니라 역사성과 시간성을 포함하는 실존으로서의 자기이다. 이러한 '자기'는 리쾨르의 이야기 이론을 통하지 않고는 접근하기 어렵다. 인간 실존의 의미는 세계를 변화시키거나 지배하는 권력일 뿐만 아니라, 이야기 담론 속에서 기억되고 회상되는 능력, 잊혀지지 않게 되는 능력이기도 하다. 이야기성의 이러한 실존적, 역사적 합의들은 매우 멀리까지 미치는데, 그것들은 문화적 의미에서 그 과거와 그 '정체성' 속에서 보존되고 영속화되어야 할 것을 결정하기 때문이다." 그래서 이야기 정체성을 통해 우리는 자신에 대한 이해를 정립하고 행동할 수 있다. 그런데 이러한 이야기 정체성은 고정적인 것이 아니다. 시간의 흐름 속에서 달라질 여지가 있는 역동적인 정체성이다. 이러한 이야기 정체성이 성립할 수 있는 근거는 무엇인가? 그것은 이야기의 핵심요소인 뮈토스 덕분이다.

③ 뮈토스

뮈토스의 의미

뮈토스는 사건들의 체계적 배열을 의미하는 개념으로서 아리스토텔레스의 시학에 나오는 용어를 리쾨르가 수용한 것이다. 그리스어 뮈토스(muthos, mythos)는 이야기(narrative)의 줄거리(story), 플롯(plot), 줄거리 구성(emplotment)으로 표현되기도 한다. 이야기가 주체의 정체성 형성에 기여하고 시간 체험의 불협 화음을 이야기 체험 속에서 질서 있는 조화로운 세계로 만드는 데에 뮈토스가 큰 역할을 한다. 리쾨르는 이야기에서 상상력을 통해 세계에 질서를 부여하는 생산적인 창안의 기능을 하는 것이 뮈토스라고 말한다. 이야기의 뮈토스, 이것은 흩어져 있는 복합적인 사건들을 함께 파악하여 하나의 완전한 전체 스토리로 통합해낸다. 그리고 이로써 이야기 전반에 수반된 이해 가능한 의미를 체계화 한다. 이야기는 시간에 의존하는데, 이야기가 되려면 사건들이 있어야 하고 그 사건들이 연이어 일어나야 한다. 이 때 그 사건들에 질서를 부여하고 인과관계를 결하는 것이 뮈토스의 역할이다. 이야기는 플롯, 즉 뮈토스에 의존함으로써 인간적 의미 중에서 가장 풍요로운 담론의 형식이 된다.

이야기에는 뮈토스가 핵심 역할을 하고 있기 때문에 이야기는 그 내용들, 즉 사건들을 단순한 목록으로, 무질서한 집합으로 품고 있지 않다. 이야기는 사건들 간의 인과적 관계를 묘사하고 설명한다. 설명에 실패한 이야기는 제대로 된 이야기가 아니다. 설명하는 이야기가 정상적인 순수한 이야기이다. 그러면 뮈토스가 이야기 속에서 구체적으로 작동되는 메커니즘은 무엇인가?

④ 이야기 속에서 뮈토스의 작동 메커니즘: 세 겹의 미메시스

리쾨르는 이야기가 인간 행동의 미메시스(mimesis)를 통해 실현되는 것으로 보고, 이를 미메시스의 3단계로써 설명한다. 미메시스 역시 아리스토텔레스의 시학에 등장한 개념을 리쾨르가 수용한 것이다. 그가 보는 미메시스는 행동의 모방, 보다 정확히 얘기하면, 재현(representation)이다. 플라톤이 국가론 제 10권에서 예술추방론의 입장에서 얘기하는 단순 모방과는 다르다. 이야기는 미메시스를 통해 의미를 재구성하기 때문이다. 리쾨르의 이론에서 이야기는 세 겹의 미메시스로 이루어져 있다. 하나의 미메시스는 다른 두 개의 미메시스가 작동하지 않으면 아무 의미를 갖지 못한다. '미메시스 1'은 전(前)형상화(prefiguration), 즉 이야기를 구성하는 것에 대해 우리가 가지고 있는, 다시 말해서 읽을 때 텍스트에 우리가 가져오는 전(前)이해다. 여기서는 미메시스의 대상이 되는 행동의 뜻을 체험된 시간의 층위에서 풀어보고 이해하여 행동의 균열과 무의미를 극복하고 의미를 찾으려고 한다. 그래서 이를 통해 할 이야기가 생긴다. 그런데 이것은 할 이야기는 많지만 아직 말로 표현되지 않은, 이야기되기를 기다리는 이야기라고 할 수 있다.

'미메시스 2', 즉 형상화(configuration)는 '미메시스 1'에서 이해된 행동의 뜻을 줄거리로 꾸며 실제 이야기로 옮기는 과정이다. 현실을 재현하는 창조 행위의 과정인 것이다. 이 단계에서 형상화와 줄거리 구성, 즉 뮈토스는 일치한다. 여기서는 이야기되기 이전의 이야기와, 의미 있는 행동으로 체험된 시간에 질서와 형상을 부여하게 된다. 그래서 여기에는 불협 화음보다 화음이 우세하게 된다. 이야기의 시학적 구성에서 세 번째 단계는 '미메시스 3', 즉 재형상화(refiguration) 단계이다. 여기서 이루어지는 일은 이야기의 수용자가 이야기의 뜻을 해석해서 삶의 의미를 찾아가는 작업이

미메시스의 3단계

미메시스의 1단계

미메시스의
2단계
3단계

다. '미메시스 1'의 아직 이야기되지 않은, 앞으로 형상화 될 이야기는 '미메시스 2'의 이야기된 이야기를 거쳐, '미메시스 3' 단계에서 이야기 수용자가 속한 현실의 세계로 넘어간다. 여기서는 세계에 대한 새로운 관점을 이야기가 제공함으로써 우리의 세계 이해가 증진되게 된다.

리쾨르는 이렇게 미메시스를 세 겹으로 나눈다. '미메시스 1'은 선이해로서 이야기로 구성되기 이전의 현실에 대한 이해이고, '미메시스 2'는 세 겹의 미메시스 중에서 제일 중요한 것으로서 형상화를 의미한다. '미메시스 1'에서 '미메시스 2'로 전환될 수 있는 것은 뮈토스가 있기 때문이다. 여기서 뮈토스는 허구의 공간을 열고 문학작품의 문학성을 생산한다. 한편 미메시스로 표현된 이야기 텍스트는 미메시스 3을 통해 현실화된다. 그런데 이러한 "세 단계의 미메시스적 순환은 이야기에 의해, 선행하는 이야기의 끊임없는 수정과 그 결과인 재구성의 연쇄에서 유래한다는 점에서 이야기 정체성의 형성과정과 동일하다. 이야기 정체성은 이러한 해석학적 순환의 시학적 해결이라고 리쾨르는 말한다.

해석학적
순환으로서
이야기 정체성

⑤ 허구적 이야기와 역사 이야기

앞에서 이야기의 종류를 구분하고 민담, 동화, 소설 같은 허구적 이야기뿐만 아니라 현실의 실제 이야기도 언급하였다. 그런데 리쾨르가 이런 허구와 실제를 아우르는 이야기 이론을 전개해서 주목을 끈다. 여기서도 뮈토스가 연결고리를 하고 있다.

두 유형의 이야기
: 역사와 허구

리쾨르에게는 두 유형의 이야기가 있다. 역사와 허구가 그것이다. 서로 다름에도 불구하고 역사와 허구는 공통점이 있다. 둘 다 지시적 진리보다 인간의 진리를 보여준다. 그리고 역사와 허구가 이해되려면 둘 다 같은 종류의 '서사 능력'이 필요하다. 리쾨르는 역사와 허구가 공통점이 있을 뿐만 아니라, 삶에 대한 서사적 경험 속에서 상호 직조되어 있음을 증명하고자 한다.

역사는 이야기의 형식으로 이해된다는 것이 리쾨르의 테제이다. 역사적 이야기와 허구적 이야기는 단순히 그것들이 사건들의 목록에 불과한 것이 아니라는 공통점이 있다. 허구에서 '그 사람이 독약을 마셨다. 그 사람이 죽었다'는 이야기가 아니다. 하지만 '그 사람은 독약을 마셨다. 그러고는 죽었다'는 이야기이다. 그 사람의 죽음은 음독의 결과라는 것이 함축되어있기 때문이다. 이와 유사하게 역사에서 사건들의 목록은 단순한 연대기일 수 있다. 역사는 사건들 간의 인과적 관련성을 묘사하고 그 사건들을 설명한다.

　작가가 허구에서 이야기의 소재를 구하지만, 역사가는 사실에서 그 소재를 구한다는 차이점은 있지만, 양자는 나열된 사건들을 줄거리로 구성한다는 점에서 비슷하다. 역사가 이야기가 되려면 역사에서도 줄거리 구성이 마찬가지로 중요한 위치를 차지해야 하기 때문이다.

허구와 역사의
유사성

　리쾨르는 허구적 이야기와 역사적 이야기가 다른 점도 있지만 두 이야기가 뮈토스를 통해 의미를 재구성한다는 점에서 비슷하다고 본다. 그는 역사와 허구가 상호 직조되어 있다고 주장한다. 이것은 허구 이야기와 역사 이야기가 씨줄과 날줄이 되어 삶의 의미라는 직물을 함께 구성한다는 의미이다. "역사는 어떤 식으로든 시간을 재형상화 하고자 허구를 사용하고, 허구도 역시 같은 목적으로 역사를 사용한다. 역사는 허구에서 두 가지를 빌려 온다. 첫째, 허구는 (형상화의 층위에서 작동하는) 구성 기법을 사용한다. '역사의 글쓰기는 이야기의 전통으로 전수된 줄거리 구성 유형을 모방한다.' 하지만 둘째, 더 중요한 것은 역사가 재형상화의 층위에서도 뭔가를 끌어온다는 것이다. 그것은 리쾨르가 '역사적 상상력의 재현적 기능'이라고 부른 것이다. 허구가 역사 안에 직조되어 있다면 역사도 허구 안에 직조되어 있다. 허구적 이야기는 그것이 사건들을 마치 과거인 양 말하는 한 역사 이야기를 암시하고 있는 것이다. "이야기되는 비실재적 사건들이 독자에게 말을 건네는 이야기적 목소리로는 지나간 일들이라는 점에서 허구 이야기는 준역사적이다. 바로 이 점에서 허구 이야기들은 과거 사건들과 비슷하고 허구는 역사와 비슷하다.

⑥ 해석학적 순환

　리쾨르의 이야기 해석학은 해석학이다. 그래서 해석학의 핵심인 해석학적 순환 모델은 여기서도 작용한다. 그의 이야기 이론에서 이것은 크게 세 측면에서 이루어진다. 첫 번째 해석학적 순환은 시간성과 이야기성 사이의 것이다. 시간과 이야기는 해석학적 순환의 관계에 있다. "시간은 이야기 양태로 구성되는 한에서 인간의 시간이 되며, 이야기는 그것이 시간적 실존의 조건이 되는 한에서 그것의 충만한 의미에 도달한다. 두 번째 해석학적 순환은 세 겹의 미메시스 사이에서 이루어진다. '미메시스 1'에서 출발한 이것은 뮈토스(줄거리 구성)의 매개를 통해 '미메시스 2'로 나아가서 '미메시스 3'으로 진행되는데, 이것은 이야기를 접하고 난 후에 가지게 되는 세계이해라고 할 수 있다. 그런데 이것은 여전히 미메시스이다 지금 우리가 가지고 있는 세계 이해는 그 안에 이야기를 포함하고 있기 때문이다. 우리는 방금 원을 크게 한 바퀴 돌았다. 우리는 세계를 이해하기 위하여 우리의 세계 이해를 이야기로 가져왔다. 이것은 해석학적 순환이다. 왜냐하면 우리의 세계, 즉 독자의 세계만큼이나 텍스트의 세계를 받아들임으로써 우리의 이해가 늘었기 때문이다.

해석학적 순환은 또 이야기와 삶의 사이에서도 일어난다. 이야기는 인간행동의 미메시스이다. 이야기와 삶의 사이에는 건강한 해석학적 순환이 있다. 이야기는 삶을 모방하고 우리는 이야기를 통해 삶을 배운다. 그리고 이 순환 속에서 삶에 대한 이해는 고양된다. 이렇게 리쾨르는 이야기의 해석학에서 해석학적 순환을 다층적으로 발견하는데, 이것은 선순환 구조, 원으로 보고자 한다. 원이 돌때마다 같은 지점은 더 높은 차원으로 이동하고 그 결과 자기 이해를 통해 인간 이해에 도달하고자 한다.

■ 참고문헌3

강현석(1998). 지식구조론 이후 Bruner의 교육과정이론 탐구, 교육과정연구, 16(2), 105-128.
강현석(2003). 문화주의적 교육과정이론: Bruner의 내러티브 탐구, 전영국 외.『교육과학과 교과교육의 실제』, 서울: 교육과학사.
강현석(2004). 지식구조론의 재구성을 통한 교육과정 설계 원리의 구성, 교육과정연구, 22(2), 55-85.
강현석(2005). 합리주의적 교육과정 체제에서 배제된 내러티브 교육과정 가능성과 교과목 개발의 방향 탐색, 교육과정연구, 23(2), 83-115.
강현석(2006). 교과교육학의 새로운 패러다임: 교과학의 이론과 실제. 서울: 아카데미프레스.
강현석(2007). 교육학에서의 내러티브 가치와 교육적 상상력의 교육, 국어국문학, 146, 305-351.
강현석(2008). 다문화교육과정 설계에서 문화심리학의 적용가능성 탐색. 사회과 교육, 47(2), 23-57.
강현석(2008). Bruner의 내러티브 논의에 기초한 교육문화학의 장르에 관한 학제적 연구, 교육철학, 제 36집, 1-40.
강현석(2009). Bruner의 교육과정 이론에서 지식의 재해석: 지식의 구조와 내러티브,교육철학, 제 38집, 1-34.
강현석·김경수 공역(2010). 이야기 만들기: 법/문학/인간의 삶을 말하다, 서울: 교육과학사.

---

3 독자들의 이해를 위해 I장의 참고문헌과 중복 제시하니 참고 바람.

강현석·소경희·박창언·박민정·최윤경·이자현 공역(2007). 내러티브 교육과정의 이론과 실제, 서울: 학이당.

강현석·유동희·이자현·이대일(2005). 내러티브 활용을 통한 교과교육론 구성 방향의 탐색, 한국교원교육연구, 22(3), 215-241.

강현석·유제순 외 공역(2011). 인간 과학의 혁명: 마음, 문화, 그리고 교육. 서울: 아커데미프레스.

강현석·이영효·최인자·김소희·홍은숙·강웅경 공역(2009). 내러티브, 인문과학을 만나다, 서울: 학지사.

강현석·이자현 역(2005). 브루너 교육의 문화, 서울: 교육과학사.

강현석·이자현 외 공역(2011). 교육이론의 새지평: 마음과 세계를 융합하기. 파주: 교육과학사.

강현석·이자현(2006). 내러티브를 통한 교육과정 개발자로서 교사 전문성의 재개념화, 교육 과정연구, 24, 153-180.

강현석·이자현·유제순(2007). 영재교육에서 내러티브 사고양식의 가치 탐색, 영재와 영재 교육, 6(1), 95-126.

강현석·장사형·정정희·황윤세·조인숙 공역(2012). 내러티브 유아교육과정의 이론과 실제. 고양: 공동체.

강현석·정정희·김필성·전호재 공역(2014). 브루너, 유아교육이론의 새지평. 서울: (주)시그마프레스.

구자숙(1998). 문화심리학에 대한 사회심리학적 접근. **한국사회과학**. 20(1), 133-165.

김만희·김범기(2008). 내러티브 사고의 과학교육적 함의, 한국과학교육학회지, 22(4), 851-861.

김선보(2006). Liberal education과 Social practice에 관한 허스트의 견해 검토. 한국교원대학교 석사학위논문.

김성곤(2003). 문화연구와 인문학의 미래. 서울: 서울대학교출판부.

김의철·박영신 공역(1997).「문화와 사고」, 서울: 교육과학사.

김재춘·배지현(2009). 의미생성활동으로서의 스토리텔링의 교육적 함의, 초등교육연구, 22(1), 61-82.

김한식(2000). 리쾨르의 이야기론:「시간과 이야기」를 중심으로 중앙대학교 외국어문학연구소 '외국학연구', 제 4호.

김한종(1999). 역사수업 도구로서 내러티브의 구성형식과 원리, 사회과교육학연구, 3, 81-107.

남경태(2013). 이야기의 기원. 서울: 휴머니스트.

도홍찬(2002). 내러티브(narrative)의 도덕 교육적 함의,『BK21 두뇌한국21 인문사회분야 연 구모노그라프』, 서울대학교 아시아 태평양교육발전연구단.

박민정(2006). 내러티브란 무엇인가?: 이야기만들기, 의미구성, 커뮤니케이션의 해석학적 순환, 아시아교육연구, 7(4), 27-47.

박성희(2011). 미술교육에 있어서 내러티브 교육과정에 대한 이해와 적용 방안 연구. 한국교 원대학교 석사학위논문.

소경희(2004). 교사양성 교육과정에 있어서 '내러티브 탐구'의 함의, 교육학연구, 42(4), 189-211.

소경희·강현석·조덕주·박민정(2007). 내러티브 탐구: 교육에서의 질적 연구의 경험과 사례, 서울: 교육과학사, 2007.

안정애(2003). 내러티브를 활용한 국사 교과서 서술모형, 전남사학, 21, 115-148.

양호환 외(2005). 역사교육의 이론과 방법. 서울: 삼지원.

양호환(1998). 내러티브의 특성과 역사학습에서의 활용, 교육종합연구원 사회교육연구소. 사회과학교육, 제 2집, 21-35.

연세대학교 언어정보연구원 엮음(2014). 내러티브 연구의 현황과 전망. 서울: 도서출판 박이정.

염지숙(2003). 교육연구에서 내러티브 탐구의 개념, 절차, 그리고 딜레마, 교육인류학연구, 6(1), 119-140.

영한대사전, 시사영어사, 1991.

우찬제 외 공역(2008). 서사학 강의: 이야기의 모든 것. 서울: 문학과 지성사.

우한용(2004). 서사능력의 구조와 기능, 그리고 그 교육에 대한 이론적 탐구, 문학교육학, 13, 129-169.

유정완 외 역(1992). 포스트모던의 조건, 서울: 민음사.

이경섭(1984). 현대 교육과정연구. 서울: 교육과학사.

이규호(1998). 말의 힘, 서울: 좋은날.

이미미(2000). 역사가의 사고 과정이 드러나는 서술의 특징과 교재 개발 방향, 서울대학교 석사학위논문, 2000.

이민용(2009). 이야기와 스토리텔링의 치유적 기능, 독일언어문학, 제 43집, 225-242.

이민용(2010). 이야기 해석학과 이야기 치료. 헤세연구, 23, 249-273.

이민용(2014). 서사학의 서사 층위론으로 접근한 발달적 스토리텔링치료. 헤세연구, 31, 229-225.

이숙희(2004). 초등학교 도덕과 교육의 서사적 접근, 한국교원대학교 교육대학원 석사학위논문.

이영효(2003). 내러티브 양식의 역사서술체제 개발, 사회과교육, 42(4), 93-121.

이차숙(2001). Bruner의 발견적 교수학습이론. 전성연(편). *교수학습의 이론적 탐색*. 원미사.

이흔정(2003). 내러티브 교육과정 적용에 대한 연구, 고려대학교 박사학위논문.

이흔정(2004). 내러티브의 교육과정적 의미 탐색, 한국교육학연구, 10(1), 151-170.

임병권 역(1997). 텍스트의 역학: 연행으로서 서사. 서울: 한나래.

임병권 역(2001). 서사의 본질. 서울: 예림기획.

임병권·이호 역(1996). 이야기하기의 이론: 소설과 영화의 문화기호학, 서울: 한나래.

정미진(2003). 도덕교육방법으로서의 서사, 한국교원대학교 석사학위논문.

정선영·김한종·양호환·이영효(2009). 역사교육의 이해. 서울: 삼지원.

최상구 역(1999). 서사학이란 무엇인가. 서울: 예림기획.

최상진·한규석(1998). 심리학에서의 객관성, 보편성 및 사회성의 오류: 문화심리학의 도전. **한국심리학회지: 일반.** 17(1), 73-96.

최상진 · 한규석(2000). 문화심리학적 연구방법론. **한국심리학회지: 사회 및 성격**. 14(20, 123-144.

최소옥(2000). 내러티브를 통한 중학생의 역사 이해, 서울대학교 석사학위 논문.

최예정 · 김성룡(2005). 스토리텔링과 내러티브, 서울: 글누림.

최인자(2003). 모티프 중심의 서사적 사고력 교육, 국어교육학연구, 18집, 472-498.

한승희(1990). 교육내용 어떻게 볼 것인가? 한국교육. 17권. 143-163.

한승희(1997). 내러티브 사고양식의 교육적 의미, 교육과정연구, 15(1), 400-423.

한승희(2002). 마음, 의미, 그리고 교육. 한국교육학회 교육과정분과학회 발표자료.

한승희(2002). 왜 내러티브인가. 한국교육인류학회 발표 자료집. 79-95.

한용환 · 강덕화 공역(1999). 서사란 무엇인가. 서울: 문예출판사.

한혜정(2006). 교육과정연구의 질적 연구에서 자서전적 방법이 가지는 의의. 교육과정연구, 24(2), 71-86.

한혜정(2007). 과학적 지식과의 관계 속에서 파악되는 이야기적 지식의 의미. 교육과정연구, 25(1), 25-38.

홍은숙(1999). *지식과 교육*. 서울: 교육과학사.

홍은숙(2009). 교육의 개념. 서울: 교육과학사.

Ankersmit, F. R., Narrative Logic: A Semantic Analysis of the Historian's Language. Boston, MA: M. Nijhoff, 1983.

Astington, J. W., Minds in the Making: Essays in Honor of David R. Olson. MA: Blackwell Publishers. 2000.

Barthes, R., Introduction to the structural analysis of narratives. In R. Barthes(Ed.), Music, Image, Text. (S. Heath, Trans.). London: Fontana/Collins. 1977.

Bigge, M., & Shermis, S.(1999). *Learning Theories for Teachers(6th)*. New York: An Imprint of Addison Wesely Lonhman, Inc.

Boyd, B. (2009). On the origin of stories. N.Y.: Georges Borchardt, Ink.

Bruner, J. S., "Life as Narrative", Social Research, 54(1), 1987, 11-32.

Bruner, J. S., "Narrative and Paradigmatic Models of Thought", in Einer(ed.), Learning and Teaching the Ways of Knowing. NSSE., Chicago: Univ. of Chicago Press, 1985.

Bruner, J. S., Acts of meaning. Cambridge. MA: Harvard University Press, 1990.

Bruner, J. S., Actual Minds, Possible Worlds. Cambridge, Mass.: Harvard Univ. Press, 1986.

Bruner, J. S., Making Stories: Law, Literature, Life. New York: Farrar, Straus and Giroux, 2002.

Bruner, J. S., On Knowing: Essays for the Left hand. New York: Atheneum, 1962.

Bruner, J. S., The culture of education. Cambridge, Mass.: Harvard Univ. Press, 1996.

Bruner, J. S., The Process of Education. Cambridge, Mass. : Harvard Univ. Press, 1960.

Conle, Carola., An Anatomy of Narrative Curricular. Educational Researcher. 32(3), 3-15, 2003.

Conle, Carola., Why Narrative? Which Narrative? Our Struggle with time and place in teacher education, Curriculum Inquiry, 29(1), 7-33, 1999.

Connelly, F. M. & Clandinin, D. J., Stories of experience and narrative inquiry. Educational Researcher. 19(5), 2-14, 1990.

Doll, W. E. Jr., A Post-Modern Perspective on Curriculum. New York : Teachers College Press, 1993.

Doyle, W. & Carter, K., Narrative and learning to teach: implication for teacher-education curriculum. Journal of Curriculum Studies. 35(2), 129-137, 2003.

Driscoll, M., Psychology of Learning for Instruction(2nd). Allyn & Bacon., a Pearson Education Inc., 2000.

Egan, K., Educational development. New York: Oxford University Press, 1979.

Egan, K., Teaching as story telling. The University of Chicago Press, 1986.

Goodman, N., Ways of Worldmaking. Indianapolis : Hackett Pub., 1978.

Greenwood, J. D.(1991). The future of folk psychology. Cambridge: Cambridge University Press.

Grossman, P. L., Wilson, S. M. & Shulman, L. S., Teachers of substance: Subject matter knowledge for teaching. In M. C. Reynolds(ed.). Knowledge Base for the beginning teacher. Perganmon Press, 1989.

Gudmundstrottir, S., The Narrative Nature of Pedagogical Content Knowledge. In H. McEwan & K. Egan(Eds.) Narrative In Teaching, Learning, and Research. Teachers College Press, 24-38, 1995.

Hillman, J., A Note on Story. Parabola. 4, 43-45, 1979.

Hogan, P. C.(2003). The mind and its stories: Narrative Universals and human emotion. Cambridge Univ. Press.

Lauritzen, C. & Jaeger, M., Integrating learning through story: the narrative curriculum. New York: Delmar Publishers, 1997.

Levstik, L. S. & Pappas, C. C., New Directions For Studying Historical Understanding. Theory and Research in Social Education. 24(4), 1992.

MacIntyre, A., After Virtue: A Study in Moral Theory. Notre Dame, Ind.: University of Notre Dame Press, 1981.

Mandler, J., Stories, scripts, and scenes: Aspects of schema theory. Hillsdale, N.J: Erlbaum, 1984.

Maynes, M. J., Pierce, J., and Laslett, B.(2008). Telling stories: The use of persond narratives in the social science and history. London: Cornell Univ. Press.

McEwan, H. & Egan, K., (Eds.) Narrative In Teaching, Learning, and Research. Teachers College Press, 1995.

Mink, L. O., Narrative form as a cognitive instrument. In Canzrt, R. H. & Kozicki, H.(eds.). The writing of history. Chicago: University of Chicago Press, 1978.

Novak, M., "Story" and experience. In J. B. Wiggins(Ed.), Religion as story(pp. 175-200). Lanham, MD: University Press of America, 1975.

Oakeshott, M., Rationalism in Politics and Other Essays. Methuen, 1962.

Olson, D. R., Torrance, N., Mode of thought: exploration in culture and cognition. Cambridge: Cambridge University Press, 1996.

Olson, Margaret R., Conceptualizing narrative authority: Implications for teacher education. Teaching & Teacher Education, 11(2). 119-135, 1995.

Pappas, C. C., Kiefer, B. Z., & Levstik, L. S., An integrated language perspective in the elementary school: Theory into action(2nd ed.). White Plains, NY: Longman, 1995.

Polkinghorne, D. E., Narrative Knowing and Human Science. Albany: SUNY Press, 1988.

Rankin, J., What is narrative: Ricoeur, Bakhtin, and Process approach. Concrescence. The Australasian. Journal of Process Thought. 3, 1-12, 2002.

Ricoeur, P., What is a Text? In M. J. Valdes(ed.). A Ricoeur reader: Reflection and imagination. Toronto: University of Toronto Press, 1990.

Robinson, J. A. and Hawpe, L., "Narrative Thinking as a Heuristic Process", In Theodore R. Sarbin(Eds.) Narrative Psychology: The Storied Nature of Human Conduct. New York: Preger, 1986.

Sarbin, T. R., Narrative Psychology. New York: Praeger, 1986.

Schön, D. A., The reflective turn: Case studies in and on educational practice. New York: Teachers College Press, 1991.

Schwab, J. J.(1962). The concept of the structure of a discipline The Educational Record, 43(3), 202-214.

Shweder, R. A., Thinking Through Cultures : Expeditions in Cultural Psychology. Cambridge, Mass.: Harvard Univ. Press, 1991, 김의철(外)(譯), 「문화와 사고」, 교육과학사, 1997.

Wells, C. G., The meaning makers: The Children learning language and using language to learn. Portsmouth, NH: Heinemann, 1986.

White, H., "The Value of Narrativity in the Representation of Reality." In W.J.T. Mitchell(Ed.), On Narrative(pp. 1-23). Chicago: The University of Chicago Press, 1981.

III. 인문 사회과학의 역사 및 비판

본 장에서는 인문 사회과학이 학문적으로 성립해 온 과정을 개괄적으로 살펴보고, 인문사회과학의 위기와 문제점을 살펴보기로 한다. 특정 학문의 성립이나 발전과정을 알아보는 일은 난해한 일이지만, 그 과정의 성격이나 특징, 연구방법에 주목하여 검토해보며, 이 과정에서 인문사회과학의 설명방식을 비판해보고, 내러티브 인식론의 체계에 대해서 논의하고자 한다.

1. 인문사회과학의 발전 과정과 연구방법론

가. 인문사회과학의 발전 과정

(1) 총체적 설명

분과 학문은 학문계의 하위 영역으로서 사소하고 중요한 것들을 변별하는 특색 있는 개념 범주를 설정하여, 특정한 사실을 구성해내는 고유한 전통을 가진 탐구분야라고 할 수 있다. 분과 학문은 그것에 고유한 특정한 사실들을 규정한다. 이 경우 한 분야에서 중요하게 생각하는 변인들은 다른 분야의 변인들을 배제하는 방식으로 정의되기 때문에 각 분야의 것들은 중첩되지는 않는다. 즉 학문들은 분과 학문적으로 발전해왔다.

피닉스(P. H. Phneox)에 따르면, 하나의 학문이 홀로 서기 위해서는 연구영역의 사실·현상을 추상화시킨 개념과 그것들을 구조적으로 체계화시킨 이론이나 원리를 갖

분과 학문의
발전양상

고 있어야 할 뿐만 아니라, 끊임없이 새로운 개념, 원리를 창조 혹은 수정할 수 있는 생성력을 갖추어야 한다고 한다(Phenix, 1964). 여기서 말하는 생성력이란 즉 방법론을 가리킨다. 또, J. J. Schwab는 학문은 개념, 원리 등으로 구성되는 실질적 구조(substantive structure)와 방법·절차로 구성되는 구문적 구조(syntactical structure)로 이루어져 있다고 지적하고 있다(Schwab, 1964). 이들의 주장이 시사하듯이 한 학문이 독자적인 학문으로서의 지위를 확보하기 위해서는 관련 현상을 설명할 수 있는 개념과 원리를 가져야겠고, 그것들을 창조, 수정, 체계화할 수 있는 방법론을 갖추어야 한다는 건 너무나 당연한 일이다.

흔히 학문 구조론의 입장에서는 학문의 발정 과정을 학문의 구조 개념에 주목하여 설명한다. 유명한 교육학자들이 밝힌 구조의 정의들을 보면 다음과 같다(이경섭·강현석, 1999).

- 하나의 아이디어에 다른 아이디어들이 따르게 하는 지식의 관련성과 그의 파생을 야기하는 것(Bruner, 1966 , 115)
- 학문의 구조는 그 학문을 탐구하도록 만들어진 교과를 규정하고 그 교과의 탐구를 통제하는데 필요한 개념체들로 구성되어 있는 것(Elam, 1964 ; 36).
- 하나의 학문은 분석을 통한 유사성의 식별에 의해 가능해지는 개념의 종합적 구조임 (Phenix, 1962 ; 62).

이상의 인용문들을 살펴보면 핵심 개념들을 중심으로 학문의 구조를 정의하고 있음을 알 수 있다.

첫째 학문의 개념, 기법, 모형, 이론 등에 그 근거를 두고 있다. Phenix는 지식 및 이해의 단순화에 대해서 다음과 같이 언급하고 있다(이경섭·강현석, 1999).

모든 개념은 하나의 추상(abstraction), 즉 통칙 및 집단의 목적을 위해서 사상(事象)의 한 부류에 속해 있는 어떤 특징들을 뽑아낸 것이다. 이런 추상의 기능은 단순화하는 것 즉 사상에 속해 있는 어떤 속성들은 선택하고 어떤 다른 특징들을 무시함으로써 분석되지 않는 경험의 복잡성을 줄이는 것이다.

추상적 사고는 어렵고 복잡하다고 보통 가정한다. 이 가정은 추상이 무엇인가를 잘못 이해한 것에서 나타난다. …추상은 이해를 쉽게 하고 복잡한 것을 줄이는 것을 노리는 하나의 사고방식이다…

학문이란 보통 개념화한 것을 확대한 것에 불과하다. 그것은 하나의 개념적 체계로서 그것이 하는 일은 인지적 요소들의 큰 뭉치를 공통성을 띤 아이디어의 한 구조 속에 모으는 것이다. 즉 그 목적은 이해의 단순화에 있는 것이다. 이것은 학문들의 특징인 기법, 모형, 이론 등의 기능들인 것이다. 이러한 것들은 다양하고 분명히 상이한 경험의 요소들이 공통성을 띤 설명적이고 해석적인 체제하에 어떻게 포섭되느냐를 보여줌으로써 사고를 경제화한 것이다.

이래서 일반적인 가정과는 반대로 학문 속으로 깊이 나아 갈수록 지식은 더욱 더 복잡해지지 않게 된다. 만약 참된 학문이고 박식(薄識) 분야가 아니라면 더욱 나아갈수록 지식은 단순화된다. 예를 들면 물질 세계의 무한한 복잡성을 이해하도록 하는 물질의 원자 이론에 의해 주어지는 단순성이 얼마나 중요하고 자유로운 것인가! 코페르니쿠스는 항성(恒星)과 위성(衛星)의 명확한 운동을 얼마나 단순하게 이해하도록 만들었는가! 다윈은 생명체의 다양성을 얼마나 쉽게 이해하도록 만들었는가!(Orlosky & Smith, 1978 ; 83)

상기한 Phenix의 견해에 따르면 추상적인 기능을 지닌 모든 학문의 개념, 기법, 모형, 이론 등은 지식의 구조 및 학문의 구조론에 국한되는 문제가 아니라 모든 지식도 단순화할 수 있는 하나의 방안을 제안한 것으로 해석할 수 있는 것이다.

그러면 각 모 학문의 고유 특성은 어떤 것에서 유래할까. 그것은 다음과 같은 것에서 유래한다고 본다.

학문 고유 특성의 유래

학문의 탐구 대상, 그 분야 학자들이 주로 많이 활용하는 탐구의 절차, 방법 및 평가, 그 기본 개념, 원리, 법칙, 주제, 그 분야의 지식 체계, 탐구 목적, 사고 형식, 그 학문의 전통과 역사, 기본 가정 및 신념, 그리고 철학, 해결해야 할 과제, 강조되는 가치관, 접근하는 여러 관점 및 입장 등이 그것이다.

이상과 같은 것에서 유래한 여러 특성들은 타 학문과 비교해볼 때 유사성, 동일성보다 그 학문만이 지닌 고유한 특성을 많이 지니고 있으면서 그 학문의 독특한 발전에 크게 기여한다고 보아야할 것이다. 뿐만 아니라 이런 특성들은 그 학문 분야의 독특한 지식을 계속 생산해 낼 것이다.

개별적인 분과학문은 학습이 유례없는 방식으로 성취애낸 탐구분야의 하나이다. 이해를 겨냥한 대부분의 인간적인 노력은 실패한다. 극소수만이 성공하게 마련이며, 이러한 결실 있는 사고의 방식들만이 분과 학문으로 보존되고 발전된다. 개별적인 분과학문은 단순하게 말한다면, 이해의 성장이라는 목표와 관련하여 나름대로의 결실을 보여주는 분야라고 증명된 탐구의 한 가지 유형이다(Phenix, 1964: 316, 장상호, 2000: 12에서 재인용).

개별 학문의 성격

독특한 인식대상을 해명하는 체계를 구성하고 그것을 계속 수정하여 발전시켜 나가는데 성공하면, 그것은 하나의 분과학문으로서 인정을 받을 수 있다. 오늘날의 학문은 이러한 분과학문들의 집합체 이상의 것이 아니다. 각각의 것이 오랜 세월에 걸쳐서 성장하는 동안 방대하고 정교로운 지식들을 생산해내었다.

분과 학문에서
논리

탐구 영역이 무엇이든 간에, 과학 또는 체계적인 연구는 통상적인 언어를 그대로 사용하기보다는 그들을 다듬고 그들에 새로운 의미를 추가함으로써 자신의 독특한 어휘를 소유하게 된다. 분과 학문들은 자신의 분야에서 얻은 첨단의 지식을 그 수준에서 어떠한 정연한 논리 속에 추상화시키는 방법을 취한다. 그들은 자신이 발전해 온 과정을 생략하거나 부정하고, 마지막의 결과만을 택하는 방식을 취해왔다. 이들은 학문의 결과적인 산물, 그 중에서도 주로 언술화될 수 있는 것을 중시하고, 그것의 진위를 판정하거나 다양한 이론 가운데 우수한 것을 선택할 수 있는 모종의 보편적인 기준과 형식화된 절차를 찾는데 주로 집착해왔다(장상호, 2000: 12-13).

(2) 인문학

(가) 문학

문학의 역사나 발전 과정을 논하는 일은 매우 어려운 일이다. 영미 문학, 독일, 프랑스 문학, 제 3세계문학 등 모든 것을 포괄하여 논의하기에는 한계가 너무 크다. 따라서 이하에는 범위를 좁혀서 권영민(2005; 2009)의 한국의 문학사를 개관하기로 한다. 그것도 주요 주제어를 통하여 간략하게 살펴보기로 한다.

한국현대문학사의
구분

권영민에 따르면, 1895-1945년 사이의 한국현대문학사를 크게 여러 형태로 구분하여 제시하고 있다. 한국 근대 문학의 성립에서는 1. 국어국문운동과 근대 문학의 성립(한국 사회의 근대적 변혁, 국어국문운동과 국문체, 새로운 글쓰기로서의 문학), 2. 서사 양식의 확대와 분화(개화계몽 시대 서사 양식의 분화, 영웅 전기와 반식민주의적 성격, 풍자와 우화 그리고 현실 비판, 신소설의 서사 구조), 3. 개화계몽 시대의 시가 문학(시가 문학의 형태적 변혁, 가사 양식의 분화와 확대, 시조의 변화, 신시의 형식적 모색)을 논의하고 있다.

근대적 주체와 문학 양식의 발견에서는 1. 식민지 상황과 문학의 대응(일본의 식민지 문화 정책, 반식민운동과 민족의 자기 발견, 근대 문학의 전개), 2. 개인과 현실의 발견(근대소설의 형식과 그 전개, 단편소설 양식의 정립, 염상섭과 근대소설의 확립), 3. 민족 정서와 개성의 표현(시적 형식과 시 정신 추구, 민족 정서의 시적 발견), 근대적 극 문학의 성립(연희 형태의 변화, 희곡과 극 문학의 성립)에 대하여 논의하고 있다. 추가로 문학과 이념의 대립(문학·민족·계급, 계급소설과 리얼리즘의 성과, 시적 형상과 계급적 이념, 무산 계급과 연극운동), 문학의 정신과 기법의 전환(문학의 논리와 방법의 전환, 소설의 양식과 기법의 분화, 시 정신과 언어의 발견, 극 문학의 대중성과 사실주의적 성과)에 대하여 논의하고 있다.

사적 변화의 주제들

1945-2000 사이의 한국현대문학사는 한국의 해방과 민족 문학의 확립(민족 문학의 건설 방향, 현실과 이념의 갈등, 시 정신과 이데올로기의 충돌), 전후의 현실과 문학의 분열(잃어버린 문학의 시대, 서사적 공간과 황폐한 삶, 서정의 세계와 인식의 언어, 전후 상황의 극복과 지양), 산업화 과정과 문학의 사회적 확대(산업화 시대의 문학, 민족 문학의 논리와 실천, 사회 변동과 소설적 상상력의 대응, 시 정신과 일상성의 회복)에 대하여 논의하고 있다. 특히 사회 변동과 소설적 상상력의 대응에서는 다음과 같은 변화를 제시하고 있어 주목된다.

· 주제와 기법의 변주
· 소설적 기법과 산문 정신
· 사회 계층의 갈등 양상
· 분단 현실의 소설적 인식
· 여성적 시각과 여성주의의 확대
· 소설 양식의 확대
· 민속극의 현대적 반응

이상의 주제를 보면 한국에서의 문학의 사적 변화는 사회변화와 문화적 맥락, 독자의 심리와 마음과 관련된 것으로 충분히 해석이 가능한 부분이 많다고 보인다.

추가적으로 문학의 발전과 관련하여 장르에 대한 인식도 중요하다. 장르는 역사적이고 관습적인 개별적 장르의 차원에서만 이해될 것이 아니고 이러한 장르들을 포괄한 개념에 의해서도 이해되어야 한다. 하위 개념의 장르 또는 '장르종'이 있고, 상위 개념의 장르 또는 '장르류'라고 하는 것이 가능하다. 장르 문제에서 유의해야 할 일은 장르류의 개념을 정립하고 이것과 관련해서 장르종을 설명하는 것이다. 장르종의 연

장르류 개념 인식의 중요성

구가 각국 문학의 고유한 현상을 다루는 것이라면 장르류 연구 에서는 각국 문학의 고유한 현상에 국한되지 않는 일반 이론이 성립될 수 있다.

장르 구분의 이론

장르류의 개념은 동서고금의 문학에서 고통적인 것으로 존재할 가능성이 있다. 장르류를 구분하는 이론에는 실로 다양한 견해가 제기되어 있으나 그 중에서 특히 주목할 것은 서정, 서사, 희곡으로 나누는 3분법과 서정, 서사, 희곡, 교술로 나눈 4분법이다. 3분법과 4분법의 논쟁은 문학은 서정 서사 희곡으로 모두 포괄될 수 있는 가 아니면 이 세 장르류 외에 별도의 장르류가 하나 더 설정되어야 문학의 전폭을 포괄할 수 있는가 하는 데 있다. 구체적인 문제로 들어가면 교술시는 서정시의 한 종류인가 아니면 서정시와는 구별되는 별개의 부류인가, 또는 일기, 수필, 기행, 역사를 다룬 산문, 철학을 다룬 산문 같은 것은 문학의 범위에서 제외해야 마땅한가, 아니면 문학의 범위에 포함시켜야 할 것인가 하는데서 견해가 달라진다.

이와 함께 3분 또는 4분되는 장르류의 기본적인 성격차이를 어떻게 설명할 것인가 하는 것도 근본적인 문제이다. 이 문제는 규범적인 질서를 세워서 해결하거나 작품의 형식을 근거로 해서 해결할 수 없는 것이고, 인간의 정신활동이나 창조적 활동의 기본적인 구조를 찾아내서 논의하지 않을 수 없는 것이다. 3분 또는 4분 될 수밖에 없는 이유는 무엇인가 하는 문제도 중요시되어야 할 것이다.

대체적으로 문학의 발전을 시대별로 구분할 경우 고대, 중세, 근세, 근대, 현대문학으로도 논의도 가능하다. 시대적 변화에 따른 문학의 발전 과정과 전 세계적인 문학의 발전 과정에 대한 내용은 논의가 어려운 주제이다. 따라서 이 문제는 후반부의 연구방법론 분야에서 상세하게 논의하기로 한다.

(나) 역사

① 근대 역사학의 성립과 역사교육(정선영 외, 2009)

역사학의 흐름

19세기 이전의 역사학은 문학이나 철학과 그 성격이 명확히 구분되지 않았다. 역사는 사회의 상류계층이 취미로 읽거나, 지배계층이 교훈을 얻기 위하여 배우는 것이었다. 19세기에 접어들면서 과학적 담론과 문학적 담론이 명확히 구분되기 시작하면서 역사학의 과학적 위상에 대한 믿음이 확고해졌다. 이에 따라 역사학은 근대학문 중의 하나로 위치를 굳히게 되었다. 대학과 연구소에서 역사연구는 전문분야로 자리를 잡아

갔다. 이전과 마찬가지로 역사학은 시간 속의 구체적인 인간과 문화를 다루는 것이었지만, 방법론적으로 통제된 연구를 통해서 객관적 지식을 얻을 수 있으리라고 믿어졌다.

근대 역사학의 출발

흔히 근대 역사학의 시작을 랑케(Leopold von Ranke) 사학에서 찾고 있다. 랑케에 의하면 역사학의 임무는 과거의 사실을 있는 그대로 밝히는 것이라고 한다. "역사가는 자기 자신을 죽이고 과거가 본래 어떠한 상태로 있었는가를 밝히는 것을 지상과제로 삼아야 하며, 이 때 오직 역사적 사실들로 하여금 이야기하게 해야 한다."는 것이다. 역사연구란 사료에 남겨져 있는 역사적 사실들을 밝혀내는 것이었으며 사료비판과 분석은 역사연구의 주된 방법이었다. 랑케사학에서 역사연구에 이용되는 사료는 개인적 견해나 해석이 가미되지 않는 공적인 문헌사료였다. 따라서 역사연구의 주된 대상은 정치사나 외교사, 제도사와 같은 것이었으며, 역사서술은 역사적 사건을 일어난 순서대로 쓰는 이야기체의 형태를 띠었다. 랑케류의 역사학을 가리켜 문헌고증사학 또는 문헌사학이라고 부르는 이유도 여기에 있다.

역사교육에의 영향

근대 역사학의 성립은 역사교육에도 많은 영향을 주었다. 역사학은 이제 단순히 연구에 그치는 것이 아니라 이를 대중에 전달하는 것도 과제로 삼게 되었다. 역사는 중등학교의 공교육 체제가 갖추어지면서 교육과정의 주요 과목으로 자리를 잡았다. 역사교육의 목적은 종전 역사적 사실을 통해 교훈을 얻는 것으로부터 사실을 아는 것자체에 두어졌다. 나중에 일어난 사건과 먼저 일어난 사건의 일관된 관계, 즉, 역사적 인과관계가 역사서술의 중요한 원리가 되었으며 역사학습의 주된 대상이 되었다. 역사를 배우는 주요한 원천으로 사료의 가치를 인식시켰다는 점도 랑케사학이 역사교육에 끼친 중요한 영향이었다.

역사서술의 문제

그러나 사건사 중심의 역사서술은 이를 역사적 맥락 속에서 파악하게 함으로써 역사학습은 곧 역사적 사실을 암기하는 것이라는 인식을 가져오게 하였다. 근대 역사학에서는 교수학습방법으로 세미나가 널리 활용되었으나, 이는 역사를 보는 관점이나 역사적 사실의 의미에 관련된 토론이 아니라, 사료에 적혀있는 자구의 내용 자체를 정확히 밝혀내기 위한 수단이었다. 그리고 지나치게 공적 문헌사료 위주로 역사를 서술함으로써 역사를 연구하거나 학습하는데 다양한 자료를 활용하는데 제약을 주었다. 아울러 정치사 중심의 역사서술은 지배층 중심의 역사학습을 가져왔으며, 상대적으로 인간의 삶의 모습을 배우는 것을 어렵게 하였다.

② 20세기 새로운 역사학의 등장과 역사교육

근대적 역사관의 탈피

20세기에 접어들면서 역사학이나 역사연구는 랑케류의 근대적 역사관으로부터 탈피하기 시작하였다. 이는 크게 보아 이야기체, 사건 지향적 역사로부터 사회과학적 역사연구와 역사서술로 전환하는 것이라고 할 수 있다. 이러한 경향은 마르크스사학으로부터 프랑스의 아날(Annales) 사학에 이르기까지 다양한 방법적 이데올로기적 스펙트럼을 보였다. 그러나 전체적으로 보아 역사학은 실제로 존재하는 주제를 다루며, 그러한 주제가 역사가에 의해 기술된 설명과 일치한다는 관점을 가지는 것이었다. 이러한 관점에 의거한 연구들에서는 정치사 중심의 역사 연구에서 벗어나 경제, 사회, 문화 등 사회의 여러 분야와 긴밀한 관계를 가지면서 전체를 바라보려고 하였다. 이에 따라 개별적인 사건보다는 그것들과 연결된 '과정(process)', '구조(structure)'를 밝히는데 중점을 두었다. 한편, 이와 같은 새로운 역사 연구 동향은 당시의 사회경제적 요구를 반영하는 것이기도 하였다.

기존 역사학에 대한 다양한 비판 등장

1910년대 이후 역사학계에서는 기존의 역사학에 대한 비판이 본격화되었다. 랑케사학과 같은 전통적인 역사학은 과학적 논리가 결여되고 개념과 이론이 애매하다는 것이다. 또한 연구방법과 기술이 구태의연한 원시과학(proto-type science)에 머무르고 있다고 지적되었다. 이에 따라 문헌중심, 정치사 중심, 연대순 서술 중심의 랑케사학을 비판하고 다양한 자료를 활용하며 사회과학적 방법을 도입한 새로운 역사연구와 서술의 경향이 세계 곳곳에서 나타났다. 미국의 신사학(new history), 프랑스의 아날사학, 영국의 내미어(Namier) 사학, 독일의 사회구조사학 등이 그것이다. 이러한 연구들은 매우 다양한 성격, 자료의 활용, 연구방법을 가지고 있어서 그 특징을 일괄적으로 이야기하기는 어렵지만, 대체로 다음과 같은 공통적인 경향을 보여주고 있다.

첫째, 역사학의 목적을 우리 자신을 이해하고 당면 문제를 해결하며, 미래를 가르쳐주는데 기여하는 것이라고 보고 있다.
둘째, 역사연구는 전통적인 정치사, 외교사, 군사사에 국한되어서는 안 되며, 사상사를 포함한 더 넓은 영역에 걸쳐야 한다고 주장한다.
셋째, 역사해석에 인류학, 사회학 심리학 경제학 등 사회과학의 방법론과 개념을 이용하며, 공적문서 외에 개인이나 교회가 가진 자료, 유물이나 유적, 전통이나 관습 민담이나 전승에 이르기까지 다양한 자료를 활용한다.
넷째, 역사학의 임무를 시대착오나 사상, 제도의 불합리성을 규명하고 현재가 가지는 의미를 찾아주는데 두고 있다.

이들 역사학의 동향에 대해서는 여러 가지 우려의 목소리가 나왔다. 역사학이 인간의 행위를 다루는 것임에도 새로운 역사학은 너무 몰가치적이라는 비판을 받았다. 또한 지나친 전문화의 결과로 역사학의 대중성을 상실하는 결과를 초래할 수 있으며 사회과학자 상호간이나 사회과학자와 역사학자 사이의 교류가 미흡하다는 점도 지적되고 있다. 또한 이와 같은 역사연구를 위해서 필요한 사회과학적 지식의 습득이 쉽지 않다는 문제점도 있다.

사회과학적 연구방법 비판

역사연구에 사회과학적 방법을 도입하는 경향에 대해서도 비판이 제기되었다. 이들 비판에서 우선 문제로 삼고 있는 것은 과연 사회과학적 방법이라는 것이 존재하는가 하는 점이다. 여러 사회과학들 사이에는 개념이나 법칙의 체계에 대한 견해의 차이가 크며, 사회과학에서 일반적으로 인정되는 연구방법은 사실상 없다는 것이다. 사회과학과 역사학은 관심의 대상이 다르다는 점도 비판의 근거로 지적되고 있다. 사회과학은 일반적, 추상적, 공통적, 법칙적인 것에 관심이 있는 반면, 역사학은 특수성과 구체성, 개성적이고, 일회적인 것에 유의하여 역사적 행위자의 주의, 가치, 태도, 기질, 동기 등에 관심을 쏟는다. 이 때문에 같은 개념이라도 역사학에서는 시대에 따라 속성이 달라지거나, 사회과학과는 다른 의미로 사용되기도 한다는 것이다.

연구방법의 다양화

이러한 우려와 비판에도 제2차 세계대전 이후 역사학은 연구 범위를 더욱 확대하고, 방법을 다양화하였다. 계량사학, 심리사학, 신사회사 등 사회과학적 방법을 도입한 연구들이 행해지고, 신지성사, 여성사, 도시사 등 새로운 연구 분야가 개척되었다. 사회의 심층부에 존재하면서 역사를 변화시키는 근본적인 힘으로 작용하는 구조에 대한 파악이 더욱 강조되었다. 이러한 역사연구들은 전통사학이나 제2차 세계대전 이전의 역사학을 어느 정도 계승하면서도, 역사인식이나 해석의 새로운 관점을 제공하였다.

역사교육에 영향

20세기 역사학과 역사연구의 동향은 역사교육에도 일정한 영향을 주었다. 역사학습도 단순히 사실 하나 하나를 기억하는 것이 아니라, 역사 변화에 영향을 주는 사회적 구조를 파악하는 것이어야 한다는 목소리가 점차 높아졌다. 역사 변화의 원동력이나 사회구성원 간의 관계가 역사 학습을 통해 알아야 할 중요한 과제가 되었으며, 역사교육에서 지배층 중심의 역사가 아닌 민중사의 중요성이 부각되었다. 역사교육의 내용으로 사회경제사의 비중이 점차 높아졌으며, 역사학습에 이전보다 다양한 자료가 활용되었다.

그렇지만 이러한 사회과학적 역사학이 역사교육에 미친 부정적 영향도 적지 않다. 사회적 구조와 조건에 지나치게 매달려 역사적 사건에 영향을 주는 인간적 요소를 경시함으로써, 대중이나 학생들로 하여금 역사를 사회결정론적으로 인식하게 할 수 있다는 우려가 제기되었다. 사회의 구조라는 커다란 문제를 중심으로 역사를 서술함으로써 인간의 삶을 그려내는데 실패하였으며, 학생들이 역사를 배우게 되면 오히려 역사에 대해 흥미를 잃게 되는 모순을 낳았다. 또한 과학적 역사의 강조는 역사학을 기능적, 실용적 측면에서 바라보게 함으로써 과학과는 구분되는 역사학과 역사교육의 독자성에 대한 근거를 명확히 하지 못한 채, 학교교육에서 역사교과의 위상을 약화시키는 하나의 단서가 되기도 하였다.

③ 포스트모던적 역사인식과 역사교육

20세기 후반의 변화

20세기의 후반에 들어오면서 역사와 사회발전을 보는 시각이 변화하면서 역사학에서도 새로운 움직임들이 나타나고 있다. 이는 근대적 경제성장이 가져온 부정적 측면에 대한 인식과 유태인 대학살(Holocaust) 등에서 경험한 인간성에 대한 믿음의 상실이 가져온 결과였다. 이러한 역사적 상황은 문명화가 가져온 파괴와 근대적 과학관에 대한 비판을 본격화하게 하였다. 포스트모던적(postmodern) 시각이 사회 전반에 모습을 드러내게 된 것이다. 포스트모더니즘은 근대사회에서 형성된 인류사회의 발전에 대한 믿음을 부정한다. 애초 근대사회가 형성되기 시작하였을 때 대부분의 사람들은 지식의 축적과 과학 및 기술의 발전이 인류사회의 무한한 발전을 약속해 줄 것으로 생각하였다. 그러나 이러한 발전의 부작용이 점차 커져감에 따라 한편으로는 인류사회의 무한한 발전에 대한 회의론이 제기되고, 다른 한편으로는 사회발전의 기준을 새롭게 세우려는 움직임이 나타나고 있다.

포스트모던적 역사학

역사와 사회를 보는 시각도 달라졌으며, 역사학에서도 새로운 개념과 기준에 입각한 역사발전에 대한 논의가 활발해지고 있다. 포스트모던적 입장에 서있는 역사학자들에게는 서구사회의 발전에서 틀을 가져온 거대 담론이 종말을 고하고, 서구도 여러 문명의 하나라는 인식이 나타났다. 인류의 커다란 몫을 차지하면서도 그 동안 경시되어 왔던 소수인종의 역사나 페미니즘적 시각의 여성사도 역사서술에 포함시켰다. 또한 일상생활과 경험에 관심을 쏟았으며 이색적 문화도 연구의 대상이 되었다.

역사의 언어로의 전회

사회와 역사학에 대한 이러한 시각은 역사를 과학보다 문학에 가깝다는 인식을 가

겨왔다. 이른바 '언어로의 전회(linguistic turn)'가 이루어진 것이다. 이에 따라 언어학과 문학이론이 역사학에 도입되었는데 특히 텍스트 이외에는 아무 것도 없다는 언어학의 텍스트론은 커다란 영향을 주었다. 이에 따르면 역사연구는 의미를 얻어내려는 것이며 의미를 담고 있는 것은 '언어'이다. 즉, 언어는 단순히 현실사회를 반영하고 있는 것이 아니라, 현실에 의미를 부여하고 규정하는 것이다. 텍스트론의 입장에서 보면 역사적 담론은 언어적 허구로 발견이 아니라 발명이다. 따라서 역사연구와 이해에서 문제가 되는 것은 자료가 다루고 있는 역사적 사실의 배경을 이루는 사회적 맥락(context)이 아니라, 자료를 표현하고 있는 작품, 즉 언어로 이루어진 택스트 자체이다. 그런데 텍스트는 언어의 속성상 다양한 의미로 해석될 수 있으므로 독자는 의식적이건 무의식적이건 간에 자료에 일관되고 통일적인 의미를 부여하려는 저자의 의도를 염두에 두지 않는 '해체적 읽기'를 해야 한다는 것이다.

신문화사 또한 역사연구의 두드러진 경향으로 자리를 잡아가고 있다. 신문화사는 문화적 현상에 나타나 있는 역사적 의미를 해석함으로써, 문화를 역사연구의 중심 대상으로 삼고 있다. 신문화사에서는 문화현상에 내포되어 있는 의미를 과거와 현재의 대화 코드로 설정함으로써, 문화를 통해서 역사를 바라본다. 그런데 신문화사가 연구의 대상으로 삼고 있는 문화적 현상은 외형적으로 사회적 구조의 한 틀을 이루고 있거나 커다란 사회적 영향을 주는 사건이 아니라 넓은 의미의 문화, 즉 일상문화이다. 이전까지 역사연구에서 관심을 끌지 못했던 인간의 작은 생활 모습에 대한 미시사적 접근이 이루어지고 일상생활사가 역사연구의 대상으로 관심을 끌고 있는 것이다. 신문화사에서는 역사연구를 이들 일상 문화의 해명(explication), 즉 사회적 표현들의 의미를 재구성하는 것으로 보고 있다.

이러한 역사학의 동향은 역사교육에 상당한 시사점을 줄 수 있을 것으로 생각된다. 역사를 과거의 사실이 아니라 하나의 텍스트로 보아야 한다는 텍스트론은 교과서와 같은 교재에 담겨있는 역사적 사실에 대한 새로운 관점을 줄 수 있다. 역사수업에서는 학생들로 하여금 교과서와 같은 텍스트에 쓰여 있는 역사적 사실들을 그대로 받아들이는 것이 아니라, 자신의 입장에서 재해석하고, 그에 대해 의미를 부여하도록 하는 것이 필요하다.

신문화사의 관점을 받아들이면 거창한 역사적 구조가 아니라 구체적이고 상세한 역사적 사건이 역사교육의 소재가 되어야 할 것이다. 미시사와 일상생활사에 대한 관

신문화사의 경향

역사학의 동향과
역사교육

심은 역사학습의 소재와 자료를 다양하게 할 수 있다. 또한 이를 통해 민중사를 새로운 각도에서 접근할 수 있다. 종전의 사회경제사학에서 볼 수 있는 바와 같이 사회구조 속의 민중이나, 지배계급과 민중간의 갈등과 같은 이론적이고 연역적인 거창한 논의가 아니라, 구체적인 생활 모습을 통해 민중의 삶을 조망할 수 있다. 그러나 이와 같은 역사인식이나 역사연구가 아직까지 구체적으로 학교의 역사교육에 어떠한 모습으로 반영될 수 있을지는 확실하지 않다. 이는 앞으로 어떤 역사적 사실들이 반영되며 그것이 어떤 자료나 텍스트를 통해 학교 역사교육에 수용될 수 있을 것인지의 문제로, 좀 더 지켜보고 검토되어야 할 과제이다.

(다) 철학

① 철학과 종교 및 과학과의 관계(한국정신문화연구원, 1998)

근대 철학의 발생
근대 철학의 발생은 시대적 구분에 따르는 것이 아니다. 그 출현과 기틀 마련의 변천과정을 가리킨다. 데카르트는 참된 나의 인식을 얻는다는 철학적 목표를 세우고, 이것을 위하여 철학적 방법으로 회의를 수행한다. 그리고 이 회의를 통해서 자기의식을 정초한다. 그러나 이 자기의식의 확실성 및 정당성은 신을 통해 증명될 수밖에 없었다. 그래서 데카르트의 자기의식은 근대철학의 출현에만 머무른다.

칸트는 소위 코페르니쿠스적 전회를 통하여 인식 비판을 시도한다. 인식의 비판에서 인식의 객관적 타당성 및 실재성은 선험론적 연역을 통하여 보증되어야 했다. 이 과정에서 칸트는 자기의식을 근거로 이러한 연역의 정당성을 구한다. 데카르트의 자기의식은 신에게 의존하지만, 칸트의 자기의식은 인식의 최종 근거로서 홀로 선다. 바로 이러한 이유로 칸트의 자기의식은 근대철학의 기틀을 마련했다. 즉, 데카르트의 근대철학의 출현과 칸트의 근대철학의 기틀이라는 변천과정이 바로 근대 철학의 탄생이다(이재광, 2009).

반성적 비판으로서 철학
역사적으로 볼 때, 철학은 종교적이거나 도덕적인 믿음에 관한 반성적인 비판으로서 일어났다. 그리고 이러한 관심은 지속적으로 유지되어 왔다. 철학은 이해와 지적 탐구, 그리고 삶을 위한 지혜의 획득을 강조한다. 또, 철학의 목적은 종교와 달리 구원에 있지 않다. 그러나 인간은 자신과 세계에 대하여 철학적으로 탐구함으로써 지적으로 성숙해 가며, 이것은 종교적 확신을 구축해 나가는 데 도움을 준다.

철학과 과학의 관계
철학은 종교뿐만 아니라 과학과도 밀접한 관계가 있다. 과학과 철학은 둘 다 진리에 대한 정열에서 출발하며, 탐구적이고 반성적인 태도에 의하여 성립한다는 공통점이 있다. 과학은 어떤 특정 분야에 대한 참다운 지식을 제공해 준다. 예를 들연, 물리학은 소리나 빛, 열과 같은 물리적 현상을 연구하고, 사회학은 사회관계 및 조직에 나타나는 현상을 연구한다. 그런데, 철학은 이들 개별 과학처럼 경험의 특정 영역만을 대상으로 하지는 않는다. 철학은 개별 과학이 정립한 지식을 존중하며, 또 그러한 지식을 동원하여 더욱 근본적인 물음을 제기한다.

과학은 매우 실용적이다. 물리학자는 원자력을 가르쳐 주고, 생물학자는 지층에서 발견된 5만 년 전의 토마토 씨앗을 발아시켜 준다. 이에 대하여, 철학은 실용적인 연에서는 아무것도 가르쳐 주지 않는 것처럼 보이기도 한다. 그러나 철학은 개별 과학의 성과를 종합하여 전체적인 세계상을 구성하고, 개별 과학의 탐구에 기초를 제공하며, 개별 과학이 활용되어야 할 방향들을 제시한다.

철학과 과학은 서로의 탐구 방법, 기준을 접촉함으로써 새로워지며, 힌트를 얻거나 정당성이 입증된다. 철학은 과학적 이론의 근거를 비판하며, 과학은 철학적 주장의 의미를 실험 등을 통하여 확인하기도 한다. 흔히, 과학은 의심할 여지가 없는 발견이나 지식으로 구성되어 있는 반면에, 철학은 분명한 근거도 없고, 직관이나 상상에만 호소할 수 있는 공허한 관념들로 되어 있다고 하지만, 이는 잘못된 생각이다.

물론, 과학이 일정한 시공(時空)의 제약 안에서 관찰 가능한 것만을 그 대상으로 삼아 그것에 대한 지식을 일반화하려는 경향이 있음에 반하여, 철학은 관찰이 불가능한 초월적 세계에도 깊이 관여하는 것은 사실이다.

18세기의 뉴턴(Newton)의 물리학은 의심의 여지가 없는 진리로서 그 당시 널리 안정되었다. 칸트 철학의 많은 부분은, 뉴턴의 물리학이 영원불변의 진리라는 믿음에 근거하여 이루어졌다. 그러나 뉴턴 물리학의 가장 중요한 몇몇 기본 가정들은 20세기에 접어들면서 깨어졌다. 그리고 아인슈타인(Einstein)을 비롯한 여러 학자들의 예언과 같이, 20세기의 물리학도 미래에는 근본적인 변천을 겪게 될 것이다. 한편, 사변적인 철학자들도 그들의 견해를 뒷받침하기 위하여 과학자들이 사용한 방법을 이용하기도 한다. 이와 같이 철학과 과학은 서로 밀접한 관계를 가지고 있지만, 다음과 같은 점에서 구별된다.

첫째, 철학적 탐구는 과학의 기본적 가정이나 전제를 비판적으로 검토하기 때문에 과학보다 근본적인 것에 관심을 가진다고 할 수 있다.

철학과 과학의 차이

둘째, 때때로 과학적 발견은 인간의 행위에 관계를 가지기도 하며, 어떤 특정한 행위를 옹호하거나 정당화하는 데 사용되기도 한다. 그러나 과학자들은 과학적 탐구가 가지는 어떤 의미보다는 사실적 탐구에 주된 관심을 가지는 반면에, 철학자들은 그들의 사고에서 인간적이고 도덕적인 의미를 중시하는 경향을 가진다.

② 철학의 주요 분야(한국정신문화연구원, 1998)

형이상학과
인식론

전통적으로 철학의 주요 분야로 인식되어 온 것은 형이상학(形而上學), 인식론(認識論), 윤리학(倫理學)이다. 형이상학은 주로 존재 자체의 본성을 연구하는 것이다. 우리는 "참으로 존재하는 것은 무엇인가?", "우주의 본질은 무엇인가?", "신은 존재하는가?" 등의 물음을 던진다. 이러한 문제를 깊이 생각하며 해결하려는 철학의 분야를 우리는 형이상학이라 한다. 본래, 형이상학이란 말은 서양의 메타피지카의 역어로서, '물리학 다음의 학문' 혹은 '물리학을 넘어선 학문'이라는 어원을 가지고 있지만, 오늘날 널리 인정되는 '형이상학'은 실재의 본성에 대해서 탐구하는 학문을 의미한다. 본래 '형이상(形而上)'이라는 용어는 주역에서 만물의 근원으로서의 도가 소리, 냄새, 빛깔 등 일체의 감각 요소를 지니고 있지 않다는 뜻을 나타낸 것이다. 따라서 형이상학은 도를 탐구하는 학문인 도학(道學)이라고 할 수 있다. 그러나 메타피지카의 역어로서의 형이상학과 도학이 그 내용에 있어 동일하다고 할 수는 없다. 형이상학이 궁극적인 원리 혹은 존재에 관한 학문이라고 한다면, 인식론은 그것을 알려고 하는 인간의 욕구와 관련되어 나타나는 학문이다. 즉, 참다운 앎이란 무엇인가, 우리는 어떻게 알 수 있는가, 인간은 어디까지 알 수 있는가 등이 인식론에서 다루는 주요 물음들이다.

윤리학

형이상학이나 인식론 외에, 우리에게 보다 더 절실한 것은 "어떻게 살아야 하는가?"의 실천의 문제라 할 수 있다. 순간순간 엄숙한 선택과 결단에 의하여 영위되는 것이 우리의 인생이다. 따라서 무엇이 좋은지, 어느 것이 더 좋은지 판단하지 않으면 안 된다. 여기서 일반적인 선, 악, 옳고 그름, 행복 등의 문제가 계기된다. 우리의 행위에 있어서의 선을 탐구하는 것이 도덕 철학 혹은 윤리학이다. 형이상학, 인식론, 윤리학 이 세 가지가 전통적으로 철학의 세 주요 분야이다.

(3) 사회과학

(가) 사회학

① 사회학의 성격

사회학은 인간의 사회적 삶, 집단 그리고 사회에 대해 연구하는 학문인데, 개인적인 경험이라 생각한 것도 인간 삶의 '주어진' 측면으로는 생각될 수 없으며, 단지 더 넓은 사회적 영향력에 의해 모양이 결정되는 것이다. 이러한 영향력이야말로 사회학자들의 연구영역이다. 말하자면, 사회가 우리를 만드는 것과 우리가 스스로를 만드는 것과의 연계를 탐구하는 것이 사회학의 관심이다.

사회학은 인간사회와 그 사회 속의 개인들 간의 관계를 연구대상으로 삼는다. 사회학적 관점의 특이성은 인간의 사회적 행위를 사회집단내의 사회적 상호작용의 맥락에서 바라본다는 데에 있다. 사회학의 주안점은 개개인이 아니라 개인들 간의 사회적 상호작용 또는 상호작용하는 개인들의 집단에 있으며, 이러한 상호작용 혹은 집단은 사회 전체적인 조망을 필요로 하는데, 이러한 조망이 사회학적 고유의 관점에 해당한다. 이러한 사회학적 관점을 보유한 사람들은 "사회학적 상상력"을 보유하게 되어 이를 통해 그들의 시야가 넓어지고 개인과 사회와의 관련성도 견고하게 파악할 수 있게 된다.

현대사회는 기술의 급격한 발전, 인구 증가, 정보·지식의 팽창, 도시화의 진행등 '변화'의 소용돌이 속에서 그 속도가 늦추어지기보다는 더 빨라지고 있으며, 그 폭과 깊이 또한 인류역사의 다른 어느 시기보다도 넓고 깊다고 할 수 있다. 우리는 이러한 불확실성의 시대 속에서 살고 있기 때문에 보다 나은 앞날을 가져오기 위해서는 우리가 몸담고 있는 사회에 대해 보다 정확한 지식을 가질 필요가 있다. 한 개인이 문제의식을 가지고 사회를 들여다볼 때 자신과 자신을 둘러싼 환경을 인식하게 되고 그러한 것들이 만들어져 온 역사적 흐름과 전체구조를 파악함으로써 사회가 어떠한 원리에 의해 움직이고 있으며 어떻게 변화해 갈 것인지 가늠할 수 있게 되는 것이다. 이런 점에서 변화속의 현대사회를 살아나가는 우리들에게 있어 사회학은 반드시 다루어야 할 학문이라 할 수 있다.

사회학은 정치학, 경제학과 더불어 사회과학의 3대 기초과학의 하나로서 인간들이 영위하는 사회생활의 기본원리와 사회활동의 여러 방식을 연구하는 학문인 동시에 사회적인 조직이 지니는 질서와 변화의 참모습을 구조적으로, 역사적으로, 그리고 과학적으로 이해하려는 학문이다. 또한 우리 사회의 여러 사회적 쟁점이나 사회문제들에 대한 인과관계의 기제들을 밝히고, 대안의 제시를 통해 사회발전에 기여하고자 하는 실천지향적인 학문이기도 하다. 뿐만 아니라 사회학은 서로 다른 사회적 현상 사이의 복합적인 관계들과 사람들의 사회적 행도에서 나타나는 규칙성을 연구한다.

② 역사적 발전

사회학의 출발

사회학은 19세기 무렵 프랑스혁명과 산업혁명이라는 역사적 배경 속에서 정치적·경제적 변혁의 혼란을 수습하고 앞날을 예측하기 위해 하나의 독립과학으로 만들어진 것이다. 사회학이 발달하던 시기에 가장 주요 문제는 자본주의 경제와 그에 상응하는 부르주아 정치제도의 확립 그리고 새롭게 부각되기 시작한 노동자 문제였고 이는 부르주아 정치혁명의 급격한 전개를 통하여 전면적으로 제기되었다. 바로 이러한 맥락에서 흔히 사회학의 시조로 불리는 August Comte는 부르조아 혁명 발생 이후의 새로운 사회질서를 수립하는 데 대한 관심에서 그의 '합의'개념을 발전시켰다. 이에 앞서 생시몽(Saint-Simon)에도 주의를 기울일 필요가 있다. 그는 비판적-유토피아적 사회주의의 대표자로 프랑스 유물론과 맑스주의를 잇는 중요한 고리일 뿐만 아니라 무엇보다 맑스주의의 직접적 원천들 중의 하나이다. 그리고 자본주의 발전과정에서 무수히 드러나는 사회적 문제 곧 경쟁관계의 정치적·도덕적 혼란의 상태에 대해 뒤르껭은 사회학이 생존을 위해 투쟁하는 인간 유기체들을 통합하고 규제하는 공통적인 가치와 규범체계에 관심을 두어야 한다고 역설하였다. 또한 신칸트주의와 한계효용 학파의 영향을 막스 베버는 자본주의 발전이란 주제를 놓고 다른 각도에서 접근함으로써 부르조아 사회학의 세계를 정립하는데 기여하였다. 그리고 노동자 계층이 천재적인 과학자이자 혁명가이며 과학적 사회주의의 창시자인 맑스는 변증법적 유물론과 역사적 유물론을 창조했으며 노동자 계급이 정치경제학과 과학적 공산주의를 확립했다. 그의 철학은 인류의 철학사상과 사회이론적 사상에서 하나의 혁명을 이룩했다. 맑스, 베버, 뒤르껭은 고전사회학 이론에서 거대한 세 개의 봉우리를 이루게 된다. 오늘날 사회학은 이들 세 학자들의 작업을 되새김하면서 폭과 깊이를 더해가고 있다.

사회학의
주요 인물들

17세기에 들어서면서 사회학은 자연과학의 발달과 실증주의, 계몽주의 사상의 대두로 영향을 받는다. 특히 **꽁트(1798-1875)**는 산업혁명의 영향을 크게 받고, 계몽주의와 과학적 진보와 프랑스혁명에 큰 영향 받는다. 그는 진화론적 역사관을 통해 단선적으로 신학적→ 형이상학적→실증적 단계로 발전한다고 보고, 실증적 단계가 인간정신의 진화의 정점이라고 보았다. 생물학을 사회학과 비유하여 사회를 유기체로 보는 오류를 남긴다. 그러나 일반사회이론을 제창하였고, 계몽주의와 과학적 진보를 통해서 사회에 대한 일반론이 가능하다고 보았다. 즉 보편적, 법칙적 사회이론, 사회 유기체론을 정립하고자 하였다. 꽁트의
실증주의 사회학

베버(1864-1920)는 이해사회학을 주창한다. 사회적 행위에 대한 해석적 이해와 인과적인 설명을 하는 것이 사회학이라고 보았다. 해석학적 오류와 경험주의 오류를 피하기 위해 가치중립, 이념형(Ideal type)을 제시하고, 인간의 행위는 전통적, 정서적, 가치합리적, 목적합리적 행위로 개념화 된다고 하였다. 현대사회의 인간은 목적합리적 행위에 노출되어 있다는 것이다. 베버의
이해사회학

짐멜(1858-1918)은 사회의 현상학을 주창한다. 즉 미시사회학을 강조하였다. 사회학에서 사회적인 것으로 연구대상을 이동시켰다. 즉, 사회는 일정한 상호작용을 하는 개인들 간의 복합적 관계로 이루어진 네트워크라는 것이다. 이러한 여러 개인들의 상호작용(interaction), 사회화(Socialization)의 형식과 유형을 대상으로 한다. 즉 인간의 삶은 항상 '사회화된 존재'와 '사회화되지 않은 존재'의 긴장 속에서 영위 된다. 그리고 집단크기가 커지면 개인의 자유도 확대되나 단순한 이념에 의해 지배되기 쉽다. 그리고 문화의 비극이 존재하는데, 객관문화가 주관문화를 압도하는데, 형식들이 삶으로부터 점점 멀어지며, 인간이 생산한 문화가 개인의 주관성을 압도하기도 한다는 점이다. 짐멜의
미시사회학

미드(1863-1931)는 일상생활 사회학의 기원을 이루었다. 사회적인 것에 대한 관심을 가지나 전체를 개별적 요소보다 우선시함으로써 내적 성찰을 통해 세계를 재건하는 시도를 방지하고자 하였다. 언어를 중요시하며, 오늘날 성찰성을 강조하는 울리히 벡, 앤소니 기든스와 맞닿아 있으며, 재귀성이라는 나 자신을 성찰하는 것을 중요시한다. 특히 자아를 강조하는데, 자기 자신을 대상으로 삼을 수 있는 능력을 중요시한다. 여기에는 놀이단계→ 게임단계→ 일반화된 타자 단계(ME)로 발전한다. 상호작용의 장 속에서 사회적 행위를 통해 자아(ME)를 발현시키고 (I)가 그것을 수렴하는데, I와 ME와 사회적 행위의 관계를 중요시한다. 미드의
일상생활 사회학

파슨스(1902-1979)는 구조기능주의 시대를 열었다. 관념론과 유물론의 집합론자들과 개인주의자들의 한계를 넘어서려고 하였다. 규범과 노력을 중시하며, 조건과 수단의 관계에 주목하였다. A(적응-경제, 기업), G(목표-정치), I(통합-법률), L(잠재성, 유형유지-가치, 학교, 가정)을 주목하였다. 그 결과 체제 안정성을 중시하고 사회변동은 비정상적인 것으로 간주하였으며, 미국식 사회모델에 대한 이데올로기적 우월성을 증명하고자 하였다.

(나) 심리학

① 학문의 개요

여기에서는 심리학의 발전 과정을 역사적으로 살펴보기보다는 내러티브와 관련한 심리학의 최근 동향을 살펴보기로 한다(최상진, 2000; 최상진 · 김기범, 2011). 물론 심리학이 철학 영역에 속해 있다가 Wundt에 의해 실험심리학이 성립하면서 과학적 심리학으로 급속하게 발전을 거듭한다. 가장 원시적인 심리학은 능력심리학(facult psychology)으로서, 19세까지 인간 행동을 설명하는 데 큰 영향력을 발휘한다. 그러나 20세기에 들어오면서 행동주의 심리학의 등장과 Dewey의 비판으로 인해 그 타당성이 의심받게 된다. 그 이후 심리학은 행동주의, 형태주의 인지주의 등 다양한 입장에서 발전을 거듭한다. 그러나 이 과정에서 인간 행동의 과학적 설명, 객관주의에 경도되어 많은 한계를 드러낸다.

② 최근의 동향: 사회/문화심리학

그러나 최근에 모스코비치는 사회적 표상(social representation)의 개념을 통해 사람들이 나름대로 현실에 대해 해석하고 현실을 구성할 수 있는 능력을 가지고 있다고 했다. 여러 개념들은 특정 문화나 사회에서 구성된 개념이다. 따라서 심리학 자체는 바로 사회심리학(social psychology)을 지향해야 한다. 현장을 설명하기 위해 사용되었던 여러 개념들 자체가 바로 설명되어야 할 개념이다. Harre는 mentalism을 거부하는 입장에서 인간의 모든 행동이 'Mind'에서 나오는 것이 아니라 사회적 규칙에서 나온다고 주장했다. 그는 담론의 규칙은 사회적 규칙에서 나오므로 담론을 연구하면 인간심리를 파악할 수 있다고 했다. 모스코비치는 세계를 물질적, 화학적(자연과학)의 세계와 합의된 사회적(사회과학) 세계로 나누고 자연과학의 세계는 담론의 대상이 될 수 없으나 합의된 사회적 세계는 구성의 대상이 될 수 있다고 했다.

이러한 연구들에서 사회학과 심리학의 사회구성적 패러다임이 형성되었고 포스트모더니즘의 유행으로 보편주의(universalism)의 거부, 각각의 사회와 역사에 각각의 가치와 고유한 발전단계가 부여 되었다.

결국 심리 연구도 합의, 구성, 공유된 인식체계를 이루는 방향으로 나가야 한다. 문화비교심리학은 서구의 잣대에서 제 3세계를 재단하는 것이다. 문화심리학은 이러한 한계를 극복하고 그 문화 안에서 이론을 구성해 나가야 한다. 기존의 문화심리학은 인간의 생물학적 요소를 중심축으로 하고 문화를 부차적인 요소로 간주했으나 근래는 문화가 중심축으로 작용한다. 인간 심리를 곧 문화로, 문화는 인간의 안팎에서 작용하는 것으로 간주된다. 인간의 지각은 인간 속에 있는 문화를 지각할 수 없기 때문에 문화와 인간을 갈라놓았다.

기호론은 문화심리학을 뒷받침한다. 즉 인공적 표상은 실체를 대신해서 인간에게 작용한다. 의미(meaning)에는 어의적(lexical) 의미와 사회적 중요성의 의미의 두 가지가 있다. 사회적으로 구성된 의미는 문화가 부여한 의미이고 사람들 사이의 합의에 의해 만들어진 의미이다. 일상심리학(folk psychology)의 입장은 보통의 사람들이 담론을 통해 의미를 창조하고 문화를 구성한다는 것이다.

의미와 일상심리학

Bruner는 narration의 개념을 강조하고 있다. 모든 narration에는 주관과 객관이 혼재되어 있다. 사회과학뿐만 아니라 자연과학도 내러티브 규칙에 따라 구성된 것이다. 비고츠키는 mediation, 특히 언어에 관심을 가지고 언어의 기능을 세 가지, 즉 illocutionary, locutionary, discursive function으로 구분하고, 발화행위(speech action)를 강조했다. 발화 행위란 의도성이 가미된 발화행위를 말한다. 비고츠키는 인간 행위의 의도성에 주목했다. 즉 그는 행동주의의 행동(behavior)이 인간의 의도성을 간과하고 인간을 동물과 같은 반응의 객체로만 보는 것에 반대했다. 즉 인간은 사고를 통해 스스로 반성하고 변화되어 가는 주체(agency)로 반응의 객체이자 주체이다.

브루너와 비고츠키

(다) 교육학

교육학은 흔히 사변적(思辨的) 교육학, 비판적 교육학, 경험적 교육학(經驗的 敎育學)의 3가지가 있다고 지적되고 있다. 칸트나 헤르바르트 학파의 교육학이 사변적·철학적 교육학임은 의심할 여지가 없다. 비판적 교육학은 철학상의 비판론에 기

3가지 경향

III. 인문 사회과학의 역사 및 비판 | 125

초하는 것으로 철학적 교육학 또는 교육철학이라고 한다. 주로 실험심리학의 방법을 응용하여 교육의 사실을 조직적으로 관찰하고, 실험적으로 입증하여 객관적, 귀납적으로 교육의 이론을 세우려는 실험교육학은 라이와 모이만에 의해서 창시되었다. 모이만 자신이 인정하고 있는 바와 같이 실험교육학에는 한계가 있어, 그것은 교육의 목적, 학교의 제도 등에 대해서는 참여할 수가 없다. 그가 죽은 후 이 실험교육학 또는 경험적 교육학은 독일보다 오히려 미국에서 더 발달하였다. 그 선구자는 쏜다이크이지만 일종의 경험적 교육학은 듀이를 중심으로 한 이른바 진보주의교육 추진자들에 의해 조직되었다.

지금까지 교육발전에 끼친 영향으로 보아 이들의 교육학은 앞으로도 이 분야에 계속 큰 세력을 행사할 것이다. 미국의 교육철학은 독일과는 달리 대체로 사변적인 것이 아니고 교육의 원리, 교육의 과학 등과 동의어로 쓰이고 있다. 그러나 그 중에는 교육철학이라 칭하면서도 철학적 교육학에 속하는 것도 있다.

정신과학으로서 교육학

독일의 딜타이는 자연과학에 대립하는 정신과학의 자립을 내세워 교육학은 하나의 정신과학이어야 한다고 주장하면서 교육의 목적은 역사·사회적으로 조건화될 수밖에 없기 때문에 이 점에서 볼 때 보편타당한 교육학이란 성립되지 않음을 확인하였다. 그의 영향을 받은 케르셴슈타이너, 놀, 리트, 슈프랑거 등은 정신과학적 교육학의 성립을 위해 진력하였다.

학자들 간에는 일반적으로 교육학이라는 이름의 학문은 19세기의 헤르바르트에 의해서 시작된 것이라고 말해지고 있다. 그는 윤리학을 기초로 하여 교육목적론을 발전시키고, 심리학을 기초로 하여 교육방법론을 전개함으로써 교육학이 성립될 수 있다고 하였다. 그는 하나의 독립된 학문의 영역으로 교육학이라는 이름을 성립시켰고, 그 이름 하에서 학문적 영역의 새로운 출발을 가능하게 하였다(황정규 외, 1998).

① 철학의 영향

오늘에 와서 하나의 독립된 형태로 존재하는 거의 모든 학문들은 본래 철학에 융합되어 있었다. 오히려 고대 그리스 시대의 "철학"(Philosophia)은 학문을 전체적으로 포괄하는 것을 뜻하는 것이었다. 그러므로 모든 학문들을 포괄하는 것으로서의 고대의 철학은 오늘날 학문의 한 분야로서 존재하는 철학과 그 성격에 있어서 다르다고 보아야 한다. 그러나 수학과 물리학을 필두로 하여 개별 학문들이 철학으로부터 하나씩 분리해 가고 19세기에 이르러서는 사회과학의 여러 분야들까지도 각기 독립하기 시작하였지만, 교육학은 그 자체의 독립을 선언하지 못하고 철학 속에 가장 늦게까지 남아 있었다.

철학으로부터 가장 일찍이 분리된 것은 인간의 마음밖에 객관적으로 존재하는 세계를 설명한다고 믿어지는 수학, 천문학, 물리학, 생물학 등이었다. 물론, 현재에는 수학이 물리학 등과 같이 객관적으로 존재하는 세계를 설명하는 학문이라고 여겨지기보다는 형식적 사고의 법칙에 관한 학문이라고 믿어지고 있다. 이 단계에서만 해도 오늘의 사회과학과 인문과학에 속하는 많은 학문들이 철학 속에 남아 있었다. 그러나 인간에 관한, 특히 사회적 현상에 관한 설명도 자연과학과 같은 객관적 관찰에 의해서 얻어지는 증거에 기초하여야 한다는 소위 실증주의적 사고가 확산됨에 따라서 사회과학의 여러 분야들이 점차적인 독립을 추구하였고, 마침내는 심리학마저도 철학의 큰 집에서 독립할 것을 선언하기에 이르렀다.

교육이론은 심리학적 이론에 크게 의존하고 있었지만 여전히 철학과는 결별을 할 수가 없는 상황에 있었다. 그것은 교육학이 심리학에 못지않게 아직도 철학의 한 영역인 가치론이나 인식론과 같은 이론적 문제에서부터 자유로울 수가 없었기 때문이었다. 교육의 이상과 목적에 관한 이론적 접근은 가치철학적 탐구의 대상이므로 그것이 교육학의 과제로 남아 있는 한에서는 철학으로부터 분리하기가 어려운 상황에 있을 수밖에 없었다. 오늘날 하나의 독립된 학문이라고 공인된 상황에서도 그러한 가치 탐구의 문제는 여전히 교육학의 성격을 규명하는 일에 있어서 문제의 핵으로 남아 있다.

철학은 그것이 학문을 전체적으로 포괄하는 위치에 있을 때에도 그 자체가 추구하는 근본적인 질문의 형태가 있었다. 그것은, 참으로 존재하는 것, 즉 궁극적인 실재(實在)가 무엇이냐는 형이상학적 질문, 그것을 어떻게 알 수 있느냐는 인식론적 질문, 인간이 추구해야 할 궁극적 목적과 이와 더불어 실현시켜야 할 가치의 본질이 어떤 것이냐는 가치론적 질문, 그리고 그러한 형이상학적, 인식론적, 가치론적 설명을 모순 없이 정당화하고 일관성 있게 조직하는 사고의 법칙은 어떤 것인가라는 논리학적 질문 등이다.

참으로 존재하는 것이 무엇이냐는 형이상학적 질문은 교육이론에도 적지 않은 의미를 넘겨주었다. 예컨대, 그 궁극적 실재가 정신이냐 물질이냐에 따라서 인간의 본질

철학과 교육학

철학의
근본 질문

과 교육의 목적은 그 성격을 크게 달리하게 된다. 그리고 실재하는 바를 인간의 이성의 작용을 뜻하는 합리적 사고에 의존하여 알게 되느냐 아니면 감각 기관의 작용을 의미하는 경험적 관찰에 의존하여 알게 되느냐에 따라서 교육의 방법적 원리는 크게 달라진다. 그리고 또한 교육의 과정에서 이루어지는 모든 가치판단의 상황에 적용되는 기준은 궁극적으로 가치철학적 방법에 의하여 정당화되어야 한다. 또한 교육의 방법적 원리는 논리적 법칙에 역행하면서 실천될 수가 없다. 이와 같이 교육의 이론은 철학과 분리할 수 없는 관계에 놓이게 되었다.

현대 철학의
성격 변화　　그러나 현대에 와서 철학의 성격이 달리 이해되기 시작하였다. 철학적 사고의 성격과 과제에 관한 의견을 극단적으로 달리하는 여러 가지의 사조가 동시에 출현하였기 때문에 현대철학의 특정을 전체적으로 말하기는 어렵다. 그러나 전통적인 철학과 성격상의 대조적인 차이가 있다면 이런 것이다. 첫째는 사조에 따라서 정당화하는 근거는 다르지만 전통적인 형이상학적 질문을 의미 있게 수용하지 않으려고 하는 경향이 있으며, 극단적으로는 무의미하거나 해답이 불가능한 질문이라고 배격하기도 한다는 것이다. 둘째는 철학적 방법에 있어서는 사조에 따라서 엄청난 차이를 보이지만 대체적으로 철학을 지식의 체계라기보다는 탐구 혹은 이해의 과정으로 보려는 경향이 높다는 것이다. 즉, 철학이라는 학문은 탐구의 결과로 얻어진 지식의 내용과 그 체계로 인해서가 아니라 탐구의 방법적 원리의 특정으로 인해 "철학"이라고 불리게 된다는 것이다. 철학적 방법의 특징은, 사물을 관찰하면서 설명하는 과학적 방법과는 구별되는 것이며, 의미의 명료화나 현상의 해석이나 원리의 이해 등을 과제로 하며 이를 위한 사고와 논증의 방법을 별도로 가지고 있다는 것이다.

철학의 변화와
교육학　　철학의 이러한 성격상의 변화에 따라서 교육이론에서도 종래의 형이상학이나 철학적 이론체계에 의존하는 경향은 상당히 퇴조되어 버린 것이 사실이다. 그러나 교육의 이론은 철학의 이론과 여전히 밀접한 관련을 가지고 있다. 첫째로, 교육은 인간의 본질과 사회의 이념에 대한 이해를 바탕으로 설정된 가치를 추구하는 과정이므로, 교육학은 가치의 이론을 배제하거나 보류할 수 없는 학문이며 그러는 한에서는 근본적으로 철학과 완전한 결별을 선언할 수 없는 위치에 있다. 이러한 가치론적 문제는 정치학이나 경제학이나 사회학의 경우에도 마찬가지로 남아 있으나, 교육이론은 가치의 문제에 관한 한에서는 보다 직접적이고 근본적으로 철학적 이론과 연결되어 있다. 현대의 철학사조 중에서 실용주의, 현상학, 실존철학, 해석학, 마르크스주의 등이 교육에 관한 체계적인 이론을 제공하는 것은 바로 그러한 가치론적 이유 때문이라고 할 수 있다. 둘째로, 교육의 이론에는 그 자체의 언어와 논리에 관련된 문제가 있을 수 있으므로 학문의 논리적 성격과 조건에 관한 철학적 탐구와 분석의 결과는 항상 그러한 문제의 성격을 명료화하는 데 도움을 줄 수가 있다.

이와 같이 교육학은 철학에 의존하는 바가 크지만 철학의 한 영역이라고만 하기가 교육학의 차이성 어려운 것은 다른 학문에도 이와 못지않게 의존해 있기 때문이다. 교육학의 이론적 내용은 20세기에 이르러서 철학 이외에 심리학을 비롯하여 사회학, 인류학, 정치학, 그리고 행정학 등과 불가분의 관계를 맺고 있다. 한 학문이 다른 학문에 의존하는 것은 정도의 차이가 있기는 하지만 모든 학문에 공통적으로 있는 현상이기도 하다. 그러나 교육학은 이론적 언어와 실질적 내용에 있어서 타학문에 의존하는 정도가 다른 사회과학에 비하여 매우 높은 편이다. 이러한 의존도는 학문적 독립성에 회의를 품게 하지만 교육학은 교육의 제도와 활동이라는 탐구의 영역을 분명히 가지고 있어서 다른 어느 사회과학에 못지않게 그 대상을 명확히 하고 있다.

② 심리학의 영향(황정규 외, 1998)

철학에 못지않게 교육학에 이론적 기초를 제공하는 학문은 심리학이다. 그것은 교 심리학의 기본 관심 육학이 인간은 사물에 관하여 어떻게 학습하느냐의 문제를 중요한 탐구의 내용으로 다루고 있기 때문이다. 학습의 과정은 심리적-신체적 현상으로 설명될 수 있는 것이기 때문에 인간과 학습의 심리학적 설명은 바로 교육의 원리를 이해하는 데 있어서 불가결한 것일 수밖에 없다. 인간의 정신적-심리적 현상은 학습의 과정에서 어떤 작용을 하는가? 학습의 동기나 의욕은 어떻게 유발되는가? 학습의 과정에 있어서 개인에 따른 차이가 있는가? 그 개인차는 측정될 수 있는 것인가? 이러한 질문들에 대한 이론적인 답은 교육의 원리를 성립시키는 데 중요한 기초가 된다.

그리고 심리학은 학습의 과정 그 자체만이 아니라 학습에 관여된 인간의 성격과 특정에 관해서 이론적으로 설명하는 학문이다. 교육은 또한 인간의 성장을 돌보는 과정이므로 인간의 개체와 집단에 대한 심리학적 설명은 교육의 원리를 개발하는 데 있어서 기초가 된다. 교육의 대상인 특정한 개체 인간은 어떤 개성을 지니고 있는가? 인간의 태도와 감정, 정신적 능력과 신체적 기능, 정서와 사회성은 어떻게 발달하는가? 이러한 것에 관한 지식이 없이 인간을 교육한다는 것은 매우 원시적인 방법에 의하는 것이라고 할 수밖에 없다.

인간심리와 교육학

그리하여 역사적으로 볼 때 교육의 이론은 바로 인간의 심리에 관한 이론과 더불어 발달하였다. 그것은, 교육이론, 특히 고대의 교육이론이 인간의 심리적 과정을 관리하는 원리에 관한 것이었기 때문이라고 할 수 있다. 이러한 경향은 동서양의 모두에 공통된 것이다. 동양에서의 성(性)은 바로 인간의 심성을 말하는 것으로 교육의 표적이 되는 대상이다. 서양의 고대 철학자인 아리스토텔레스는 인간은 여러 가지의 능력을 가지고 생존하는 존재라고 보고 교육은 바로 합리적 사고의 원천이 되는 이성적 능력의 잠재력을 계발하는 과정이라고 생각하였다.

능력심리학의 발생

인간의 심리적 과정을 그것의 기능 혹은 능력으로 설명하려는 이론, 이를 흔히 '능력심리학'(faculty psychology)이라고 일컬어 왔고, 아리스토텔레스 이후에 수세기 동안 심리학적 이론의 전형으로 인정을 받아 왔다. 그것은 인간의 정신적-심리적 과정에 관한 최초의 심리학적 이론이었다. 아리스토텔레스의 능력심리학에 의하면, 인간의 영혼은 식물에게서도 볼 수 있는 유기체 유지의 능력, 만족과 쾌락을 지향하는 욕구 추구의 능력, 자극에 대하여 반응하는 감각의 능력, 신체적인 동작의 능력, 합리적인 사고와 추리를 전개하는 이성의 능력 등으로 구별되는 다섯 가지의 능력을 소유하고 있다는 것이다. 이러한 능력심리학은 중세기의 스콜라 철학자들과 가톨릭 교회의 교육원리, 그리고 르네상스 시대의 교육이론의 개발에 있어서 결정적인 이론적 기초로서 작용하였다.

능력심리학의 전개

인간의 마음이 어떤 종류의 능력을 소유하고 있느냐를 설명하는 방식에 있어서는 후대의 여러 이론에 따라서 달라졌지만, 능력심리학은 거의 19세기 후반에까지 그 기본적인 특징을 유지하였다. 즉, 인간의 마음은 여러 가지의 능력으로 구성되어 있고 그 능력을 도야 혹은 연마하는 것이 곧 교육이라는 것이다. 능력심리학적 교육이론가들은 어떤 능력, 예컨대 수학에 의해서 연마된 추리의 능력은 자동적으로 다른 상황에서 그 기능을 발휘하게 된다고 믿었다. 로크(J. Locke)는 수학을 가르치는 목적이 어려운 수학적 지식을 소유하게 하는 데 있는 것이 아니라, 수학을 배움으로써 추리의 습관이 형성되면 다른 지식의 영역으로 능력이 전이되어 발휘된다고 생각하였다. 이러한 능력심리학은 19세기의 말기에 이르러 실험심리학이 발달하면서 시행된 여러 가지의 심리적 실험에서 의문시되기 시작하였으며, 현대의 과학적 심리학에서는 별로 관심의 대상이 되지 못하고 있다.

심리학의 발달과정에서 19세기에 출현한 연합주의 이론(associationism)은 교육이론의 발달에 또한 큰 기여를 하였다. 헤르바르트의 "통각에 의한 학습"의 이론은 연합주의적 특징을 지니고 있다. 즉, 그것은 존재하는 모든 개체의 사물들은 각기 독립된 하나하나로서 존재하지만 이들은 여러 가지의 방식으로 서로 상호작용을 하며, 한 인간의 마음도 다른 마음과의 관계에 의하여 새로운 생각과 느낌을 발생시킨다는 믿음에 기초한 것이다. 그는 사람의 마음속에 이미 자리 잡고 있는 여러 가지의 관념이나 생각들이 서로 관련을 가짐으로써 새로운 관념이나 생각을 성립시키는 것을 "통각한다"(apperceive)고 말하고, 통각은 어떤 관념을 그 배경과 관련하여 명료하게 한다고 하였다. 헤르바르트가 심리학에 기초하여 교육의 방법론적 이론의 개발을 시도하고 교육학이 하나의 학문으로 성립될 수 있다고 생각한 것도 바로 이 통각의 방법으로 그 특징을 나타내고 있는 연합주의적 이론에 의한 것이었다.

연합주의 이론의 등장

이러한 연상주의적 심리학만 하더라도 인간의 심리적 과정에 대한 과학적 관찰의 방법에 의해서가 아니라 철학적 방법과 유사하게 내면적 성찰에 의하여 이론을 전개한 것이다. 그러나 19세기의 말엽에는 당시에 새롭게 전개된 진화론을 비롯하여 생물학적 사고의 결과가 인간의 심리적 현상을 설명하고 이해하는 데 영향을 주게 되자, 심리학은 새로운 양상을 띠게 되었고 교육이론에도 커다란 전환이 이루어졌다. 이 시기에 중요한 계기가 된 것은 Hall의 발달심리학적 연구이다. 그의 심리학은 당시의 교육자들에게 아동연구의 관심을 크게 자극하였고, 소위 "아동중심교육"의 원리를 체계화하는 이론적 기초를 제공하였다. 그리고 생물학적 이론은 James 등의 기능주의 심리학, 그리고 Dewey의 실험주의 교육론에도 결정적인 영향을 주었다. 현대적 교육심리학은 바로 이 시기에 출발하였다고 할 수 있다.

현대적 교육심리학의 출발

심리학은 20세기에 이르러 행동주의 심리학, 형태심리학, 정신분석학, 인지-발달심리학 등의 여러 가지의 형태로 있어 왔으나, 그 어느 것도 교육이론의 개발에 응용되지 않는 것이 없을 정도이다. 그리고 인간의 개인차에 관한 연구와 각종의 심리적 특정에 대한 측정 방법의 개발과 지능에 대한 연구는 교육의 방법적 원리의 연구에 지대한 영향을 주었다.

③ 사회학의 영향(황정규 외, 1998)

철학과 심리학에 비하면 사회학이 교육과 교육학의 발달에 영향을 미치기 시작한 것은 다소 늦은 편이다. 그것은 사회학 자체의 발달과 성격에 연유한 결과이기도 하다. 사회학이 하나의 독립된 개별학문으로 발달하기 시작한 것은 사회현상 혹은 사회문제에 대한 일종의 경험과학적 방법이 도입된 이후의 일이고 그 이전의 사회학적 연구는 대개 철학적 이론의 범주에 속한 것이었다. 비록 오늘의 관점에서 보면 성격상 사회학적 관심이라고 하더라도 당시로는 철학적 이론 속에 포함되어 있었다. 그러므로 개별과학으로서의 사회학이 성립되기 이전에는 교육에 대한 사회학적 분석이나 설명이 전혀 없었다고 말하기가 어렵다. 특히 공교육제도가 발달하고 학교와 지역사회의 관계에 관한 문제에 관심이 증대되면서부터 교육과 학교에 대한 분석과 설명이 사회학자들 사이에서 이루어지는 빈도가 잦아졌다.

교육의 사회학적
관심의 본격 등장

　　사회학적 관심의 대표적인 형태는 19세기의 말기에 프랑스의 사회학자인 뒤르껭(Emile Durkheim)이 이룩한 업적에서 찾아 볼 수 있다. 뒤르껭은 교육에 관한 활동을 크게 세 가지로 분류할 수 있다고 하였다. 첫째 교육에 관한 과학적 연구, 둘째 교육의 실제적 방법을 위한 교수학(pedagogy), 셋째 교육의 실천적 활동 등이 그것이다. 교육에 관한 이론은 앞의 두 가지 활동에 관한 것이다. 첫째의 교육에 관한 과학적인 연구란 교육제도와 교육활동 등을 포괄하는 교육현상에 대한 체계적인 이해 혹은 설명을 의미하는 것이며, 두 번째의 교수학은 교육의 실천과정에 직접적으로 혹은 간접적으로 적용하는 원리에 관한 것이다. 이렇게 보면 뒤르껭에 있어서 교육연구로는 크게 두 가지가 있는 셈이다. 전자는 다른 사회과학 예컨대 정치학, 경제학처럼 교육현상을 기술하고 설명하는 일을 주로 하는 연구이고, 다른 하나는 교육실천을 위한 구체적 지침과 원리를 제공하는 연구이다. 뒤르껭은 후자보다는 전자에 더 적극적인 관심을 가지고 있었다. 그는 교육이란 한 사회가 자체의 존속을 위한 조건을 의도적으로 재창조하는 수단이라고 보고 하나의 사회적 현상으로 주어져 있음을 중요하게 생각하였다.

뒤르껭의 입장과
중요성

　　뒤르껭의 이러한 관점은 교육학의 발달과정에서 매우 중요한 의미를 지닌다. 왜냐하면, 철학과 심리학의 영향을 받은 교육학적 관심은 대개 교육의 목적이 무엇이며, 어떻게 하면 교육을 잘 할 수 있느냐를 두고 생각하는 실천이론의 개발에 있었다. 예컨대, 가족구성원의 입장에서 오는 문제나 특징을 교육의 과정에서 어떻게 고려할 것인가, 교육의 효율성을 높이기 위하여 학교와 지역사회는 어떤 관계를 형성하고 있어야 하는 가 등과 같이 사회학적 지식을 교육원리의 개발에 활용하는 형태의 것이다.

그러나 뒤르껭의 교육학적 관심은 현재 이루어지고 있는 교육 혹은 과거에 이루어진 교육의 현상이나 제도 그대로의 성격과 특징을 과학적으로 설명하는 데 새로운 관심을 이끌어내었다. 말하자면, 사회학적 지식의 응용보다는 교육에 대한 사회학적 설명을 일차적인 과제로 삼는다는 것이다.

교육사회학의 창시

물론 사회학적 관심을 가지고 실천이론을 개발하는 데 헌신한 학자들도 적지 않다. 흔히 "교육사회학"의 창시자라고도 알려져 있는 H. Suzzalo가 그 대표적인 학자이다. 그는 1907년에 미국의 콜럼비아 대학에 "교육사회학"이라는 강좌를 처음으로 개설하였고, 1916년에는 이 대학에 교육사회학과를 창설한 바도 있다. 실천원리 중심의 관심은 1930대를 통하여도 여전하였으며 1950년대 중반까지도 그대로 유지되었다. 그러나 이미 1940년부터는 성격이 약간 바뀌면서 학자들의 관심이 다소 떨어지기 시작하였다. 그것은 지역사회학교 운동 또는 사회중심교육 운동의 영향을 받아 학교와 지역사회의 관계에 관한 연구가 새로운 관심영역으로 등장하면서부터의 일이다. 지역사회학교의 운동은 실천지향적 관심을 더 강하게 요구할 것임에도 불구하고, 오히려 당시 미국 사회학의 동향이었던 지역사회연구의 대세와 맞물려 교육에 대한 사회학적 관심은 지역사회의 구조와 성격을 분석하고 그 속에서의 학교의 기능을 밝히는 데로 기울어졌다.

교육적 사회학과 교육의 사회학

교육에 대한 사회학적 접근의 방식은 두 가지 경향, 즉 사회학적 지식을 응용하여 교육의 실천원리를 개발하려는 경향과 사회적 제도로서의 교육을 사회학적 방법에 의하여 설명하고 이해하려는 경향으로 전개된 셈이다. 전자를 "교육적 사회학"(educational sociology)이라고 한다면 후자를 "교육의 사회학"(sociology of education)이라고 명명할 수가 있고, 오늘의 교육사회학은 두 가지 형태로 존재한다. 대체적으로 말해서, 비록 그 근원에 있어서는 교육의 사회학이 뒤르껭으로부터 출발하여 역사적으로 더욱 오래된 것이라고 할 수 있으나, 교육사회학의 본격적인 전개는 오히려 교육적 사회학의 경향으로 발전하다가 1950년대 이후에 다시 교육의 사회학으로 학문적 관심의 전환을 보게 되었다고 말할 수 있다. 이러한 경향은 미국에서만 아니라 영국과 독일의 경우도 유사하게 나타난 현상이다.

미국의 연구동향

Brookover가 미국의 연구동향을 분석한 바에 따르면 70년대 중반까지 크게 세 가지로 나누어진다.

첫째는 2차 대전 직후의 경향으로, 주로 학생의 성적과 태도형성에 미치는 가족,

이웃, 사회의 영향을 규명하는 연구에 집중되었다. 사회심리학적 접근을 통하여 학생의 자아개념, 가치관, 세계관의 형성과정을 설명하는 연구가 많이 나왔다. 두 번째 경향은 50년대와 60년대 초에 걸쳐 각광을 받은 교육의 사회적 기능을 밝히는 연구들이었다. 발전교육. 즉 국가발전에 기여하는 교육의 기능을 전체적으로, 또는 경제적, 정치적, 사회적 발전으로 나누어 설명하는 연구가 대세를 이루었다. 세 번째 경향은 60년대에 걸쳐서 활발했던 사회조직체로서의 학교에 관한 연구이다. 학교 내의 인간관계, 역할, 사회적 풍토, 학교문화에 관하여 많은 연구가 이루어졌다. 학교의 관료체제의 성격을 밝히는 연구들도 이루어졌다. 브루크오버가 관찰한 이상의 미국 교육사회학의 동향은 사회학의 연구동향과 일치하는 것이다.

70년대 연구동향

교육사회학 연구의 동향은 70년대에 들어와서 또 한 차례 변화를 겪는다. 이 새로운 동향도 역시 사회학의 동향을 반영한 것이다. 종래의 교육사회학 연구를 "기능주의"라고 규정하고 새롭게 등장한 "갈등이론"이라는 것이 그것이다. 갈등이론은 종래의 교육사회학 연구들이 사회의 한 하위체제로서의 교육, 특히 학교의 순기능에만 지나치게 치중해 왔으며, 역기능에는 거의 주의를 기울이지 않았던 데에 대한 하나의 반성을 촉구한 것이다. 1960년대까지만 해도 교육은 자라나는 세대에 문화를 전수시켜주는 사회화의 기능과, 능력에 따라 가르쳐 적재적소에 배치하는 능력주의에 바탕을 둔 사회선발의 기능을 수행한다는 낙관적 믿음을 가지고 있었다. 교육은 가치로운 문화의 전수보다는 편협한 주장과 왜곡된 지식을 주입시키고, 능력을 근거로 한 선발보다는 사회 경제적 배경에 의하여 크게 좌우되는 학력의 불평등한 분배를 용인하고 있다는 것이다. 사회를 구성 집단 간의 경쟁과 갈등관계로서 설명하는 것이 정확하다고 보는 것이 곧 갈등이론이다.

신교육사회학의 출현

같은 시기에 일어난 또 하나의 경향이 이른바 "신교육사회학"(new sociology of education)의 출현이다. 갈등이론은 미국을 주된 무대로 하였다면 신교육사회학은 영국에서 전개된 것이다. 종래의 교육사회학이 주로 사회구조가 교육기회의 분배와 계급문화의 유지에 어떻게 작용하는가를 밝히는 구조기능주의적 접근에만 몰두해온 사실을 비판하면서, 신교육사회학은 학교내부의 교육과정, 수업진행, 그리고 교사와 학생의 관계 등에 관심을 기울였다.

나. 인문사회과학의 연구방법론

(1) 총체적 설명

방법론이란 단순한 기술적 차원에서 논의될 성질의 것이 아니다. 지금까지 전개된 사회과학의 방법론 논쟁들(가장 유명한 논쟁은 1961년 독일에서 시작된 실증주의(합리적 비판주의와 해석학적 입장 사이에 벌어진 논쟁을 들 수 있다.)은 사회과학의 철학, 목적, 방향, 원리 등의 문제들을 다루어왔다. 일반적으로 방법론 논쟁은 존재론적 차원, 인식론적 차원, 실용적 차원에서 이루어져 왔다고 볼 수 있다.

존재론적 차원에서의 논쟁은, 과학적 탐구의 결과 획득, 증명될 수 있는 대상의 존재 여부를 중심으로 전개된다. 형이상학과 구분되는 과학의 성립 조건 그 자체가 논의되는 차원이다. 사회과학연구의 경우에는 자연과학과 달리 증명, 확인될 수 있는 객관적 실체가 과연 존재하는가 라는 의문이 제기될 수 있기 때문에 이 차원의 논쟁이 일어난다.

세 가지 차원의 방법론적 논쟁

인식론적 차원의 논쟁은 과학적 탐구절차, 수준의 정당성을 중심으로 전개된다. 예컨대, 일반명제란 개별적인 사실·현상의 인과적 생성을 보편적 개념으로 설명하기 위한 가설이기 때문에 이런 가설을 어떤 절차를 거쳐 얻든 그렇게 중요한 것이 아니라는 포퍼(K. R. Popper)의 귀납 논리 비판 같은 것이 이 차원에서의 방법론 논의라고 볼 수 있다.

실용적 차원의 논쟁은 과학적 탐구 결과의 실제 응용 가능성 여부를 중심으로 이루어진다. 실증주의는 비판적이라기보다 현실 긍정적이고 건설적이라는 견해 같은 것이 이 차원에서 논의될 수 있다.

흔히는 방법론 논의의 차원을 다음과 같이 설정하기도 한다(九山高司, 1985; 권오정 외, 2003: 276 재인용)

(가) 논리학적 차원

과학적 지식의 논리적 근거를 주제로 하는 차원이다. 밀(J. S. Mill)은 과학적 발견의 방법이란 귀납 논리, 즉 관찰이나 실험에 의해 연구대상이 되는 사실이나 현상 간의 인과관계를 발견하기 위한 일련의 절차로 파악한다. 이에 대해 Popper는 앞에서 본 것처럼 과학의 방법에서 중요한 것은 발견이나 귀납 문제가 아니고, 어떤 계기에서 발견, 수립되었든 이론, 일반명제의 테스트(반증)과정이며, 이는 연역논리의 수순을 거친다고 본다. 이처럼 밀은 귀납적 "발견의 문맥"을 중시하고, 포퍼는 연역적 "정당화의 문맥"을 중시한다는 방법론상의 큰 이견을 노출시키고 있다. 다만, 둘 다 과학적 지식의 "논리적" 근거를 밝히려 한다는 점에서 같은 차원에서의 논쟁이라고 하겠다.

(나) 과학 인식론적 차원

과학의 현실 인식에 관한 형식 문제를 둘러싼 논의의 차원이다. 리케르트(H. Rickert)나 베버(M. Weber)에 따르면, 경험과학의 임무는 현실세계를 있는 그대로 남김없이 묘사, 재현시키는 데 있지 않으며, 무한히 다양한 내용을 갖는 현실 세계를 특정한 관점 밑에서 창출해낸 일정한 개념으로 단순화하는 데 있다. 특정한 관점에서 과학적으로 본질적인 것과 비본질적인 것을 구별하여 선택하는 원리, 즉 과학적인 개념화나 개념구성의 원리가 곧 과학 인식의 형식이라는 것이다. 이러한 논의는 자연과학과 사회과학의 차이를 밝히는 문제까지를 다루게 될 것이다.

(다) 인간 존재론적 차원

인간이 스스로의 세계를 인식하는 과정을 과학적 지식에 의거하는 과정으로 볼 것인가, 자신의 이성에 의해 자각해 가는 과정으로 볼 것인가라는 인식론적 차원의 논쟁이다. 예컨대, O. F. Bollnow 전통적인 인식론의 붕괴를 선언하면서, 현대의 새로운 인식론의 방향을 인간학적 시각(인간적 삶의 포괄적, 전체적 관련에 기초한 인식)과 해석학적 시각(이해된 세계로부터의 인식의 출발)에서 찾으려 하는데, 이는 사회과학과 인문학이 본질적으로 자연과학과 다르다는 입장을 밝히는 것이며, 전통적 실증주의가 갖는 인간, 사회 인식방법의 한계를 명백히 하는 데까지 발전되는 논의라고 볼 수 있다.

이상에서 본 것처럼, 방법론은 그 학문의 존재이유, 본질, 성격, 목적, 체계화의 원리, 연구 영역(대상) 등의 문제까지를 포함하여 논의된다.

(2) 인문학

(가) 문학

① 문학연구방법론

문학의 연구방법론에 견해는 학자마다 매우 다양하게 논의되고 있다. 김천혜(1975)에 의하면 여러 학자들이 분류하는 방법은 다음과 같다.

문학 연구방법론의 분류 방법

Jurgen Hauff 등은 실증주의적 방법, 해석학적 방법, 맑시즘적 방법, 형식-구조주의적 방법이 있고, M. Maren-Grisebach는 실증주의적 방법, 정신사적 방법, 현상학적 방법, 형태학적 방법, 실존적 방법, 사회학적 방법, 통계학적 방법으로 분류하고 있으며, Rene Wellek는 맑시즘적 방법, 정신분석학적 방법, 언어 및 문체론적 방법, 형식주의적 방법, 신화적 방법, 실존주의적 방법 등이 있다. Heinz Ludwig Arnold는 형식주의적 방법, New Criticism, 텍스트 해석 방법, 구조주의적 방법, 심리학적 방법, 사회학적 방법 등으로 분류하고 있다.

최근의 논의인 한용환(1993)에 따르면, 서구의 주요 이론을 크게 미국의 신비평, 신화-원형 비평, 현상학과 실존주의, 구조주의, 기호학, 마르크스주의, 문화사회학 등으로 구분하여 논의하고 있다.

한편, 문학연구방법론과 유관하게 사용되는 것 중에 문예사조라는 것이 존재한다. 문예사조란 특장 시기, 특정 사회의 범위에 하나의 공통적인 흐름으로 존재하는 문학에 대한 경향성을 말한다. 여기에는 고전주의, 낭만주의, 사실주의, 자연주의, 상징주의, 모더니즘(초현실주의, 다다이즘, 표현주의, 주지주의, 이미지즘) 등이 존재한다.

연구방법론의 특징과 문제

물론 이외에도 문학의 연구방법론에 대한 입장이나 관점의 차이에 대한 논의는 많을 것이다. 그러나 이상의 연구방법론에 대한 입장들을 보면 대체적으로 몇 가지 특징 혹은 문제를 지니고 있다.

첫째, 문학의 특성이나 고유성을 반영한 연구방법론은 매우 드물다는 점이다. 문학연구방법론은 문학의 구조나 특성, 고유성에 기반하여 이루어지는 것이 당연하다. 문학의 본질, 문학과 인간 본성의 관계, 문학을 매개로 하는 인간 심리의 문제, 사회와의 관련성 등이 연구방법론에 투영되어 고유하게 구성되어야 하지만, 기존의 관점이나 방식에는 그러한 고민이 크게 보이지 않는다.

둘째, 철학의 사조를 반영한 연구방법론이 대부분이라는 점이다. 철학이 모든 학문의 기초라는 점에 동의하기는 하지만 연구방법론에서는 문학의 특성이 중심이 되고, 문학의 사고로 연구방법론이 구성되어야 한다. 실증주의, 해석학, 실존주의, 구조주의, 현상학 등 모두 그 뿌리는 철학에 있는 것들이다. 문학의 고유성에 주목한 연구방법론 구성이 절실한 것이다. 즉 인간은 문학적 존재, 말하는 존재, 서사적 존재하는 점에 주목하여 연구방법론에 대한 논의가 전개되어야 한다.

셋째, 인간의 사고양식이나 존재 양식에 대한 논의가 결여되어 있다는 점이다. 연구행위가 무엇인가, 일차적으로는 그 학문 분야의 지식을 탐구하기 위하여 체계적인 탐구절차나 논리를 의미한다. 이러한 탐구 절차나 논리 속에는 그 학문 분양의 입장에서 바라보는 인간에 대한 사고방식, 존재의식에 스며들어 있어야 한다. 기존의 연구방법론에는 그러한 문제의식이 결여되어 있다.

② 인문학 연구의 새로운 장: 문화연구(김성곤, 2003)

문화연구(Cultural Studies)는 그 동안 고급문학 정전만을 중심으로 해서 이루어져 온 '문학연구'에 도전하여, 대중문학 텍스트와 대중문화 텍스트까지도 포함하는 보다 더 포괄적인 문학연구의 필요성을 주창하며 등장한 최근의 문예사조이다. 그런 의미에서 '문화연구'는 기본적으로 반모더니즘적이고, 반고급문화적이며, 반귀족주의적이라고 할 수 있다. 그리고 그것은 곧 '문화연구'가 60년대 이후 탈중심주의와 탈권위주의를 주창하며 문단과 학계에서 부상하기 시작한 일련의 진보주의적 및 대중주의적 움직임-예컨대 탈구조주의, 포스트모더니즘, 탈식민주의, 페미니즘, 해체이론, 다문화주의, 신역사주의, 문화적 유물론 등-과 비슷한 맥락에 위치하고 있다는 것을 의미한다(김성곤, 2003).

'문화연구'는 영국의 좌파 지식인들에 의해 시작되었고, 최근 급변하는 세계정세와 스스로의 경직된 도그마의 벽에 부딪친 맑시즘을 위해 새로운 돌파구를 제공해 주었다. 과연 '문화연구'의 강령인 "대중문화에 대한 새로운 조명"은 시의적절했고 맑시즘의 기본 정신과도 부합되는 것이었다. 그럼에도 불구하고 '문화연구'는 맑시즘의 한계를 초월해, 보다 더 포괄적인 시각과 안목으로 문학과 문화를 바라본다는 점에서 중산층과 지식인들까지도 포함하는 광범위한 독자층의 지지를 받게 되었다.

'문화연구'는 현대 영국 지성의 두 정신적 지주라고 할 수 있는 F. R. Leavis와

문화연구의 성격

Raymond Williams의 전통 가운데, 윌리엄스의 정신을 쫓는 학자들이 모여 만든 사조라고 할 수 있다. 고급문화의 옹호자였으며 문화의 특권을 인정했던 리비스와는 달리, 윌리엄스는 대중문화의 옹호자였으며 특권적 문학보다는 보편적 문화의 중요성을 주장했던 사람이다. 윌리엄스는 소수 특권층의 귀족문학을 인정하지 않고 대중문화를 사회발전의 기본으로 보려고 했으며, 그 과정에서 문학을 지배계급과 상류계층의 전유물로, 그리고 문화를 피지배계급과 중하류계층의 담론으로 파악했다. 그러나 윌리엄스의 한계는 그가 문학/문화라는 이분법적 구도를 설정한 후, 후자인 문화에만 특권을 부여함으로써, 결국 문학을 배제하는 또 하나의 이항대립을 설정했다는 점이다.

'문화연구'는 윌리엄스의 기본 정신을 따르되, 윌리엄스처럼 문학과 문화를 별개의 것으로 상정하지 않고 문학을 문화 속에 포함시켜 파악하려는 태도로부터 시작되었다. 바로 그 시점에서, '문화연구'는 윌리엄스와 더불어 Roland Barthes의 문화 기호학을 포용한다. 바르트는 모든 대중매체 속에 숨어 있는 기호를 찾아내어 당대의 문화를 읽어내는 데 누구보다도 예리하고 탁월한 통찰력을 가진 사람이었다. '문화연구'는 바르트의 그러한 판독력과 통찰력을 벌어 대중문화 속의 기호를 해독하고 당대의 문화적 특징을 파악하려고 한다. '문화연구'가 복합적인 시각과 전략을 갖게 되는 것은 바로 그 순간이다.

문화연구와
문화기호학

그러므로 '문화연구'는 문학 텍스트 속에서 당대의 문화를 읽고, 문화 속에서 문학 텍스트를 찾아낸다. 그리고 문학연구의 지평을 확대해, 그것을 보다 더 포괄적인 '문화연구'로 확장한다. '문화연구'가 그 동안 전통적인 문학연구에서는 제외되어 온 대중문화 텍스트들을 포함하고 포용하는 이유도 바로 거기에 있다. '문화연구'는 물론 문학 텍스트만을 다루는 것이 아니라, 영화, 비디오, 텔레비전, 음악, 그림, 광고, 팝송 같은 일상의 대중문화 텍스트들도 문화의 일부로 간주해 마치 문학 텍스트처럼 그것들을 분석하고 해석한다. '문화연구'가 편협한 고급 문학연구보다는 광범위한 '문화연구'에 더 많은 관심을 갖는 이유도 바로 거기에 있다.

문화연구의
광범위한 관심

그런 의미에서 '문화연구'는 최근 전통적인 문학연구의 영역에 코페르니쿠스적인 변화를 요구하고 있다. 예컨대 그것은 고급문학과 대중문학 사이의 갈등과 화해, 문학 정전의 문제, 교과과정 개편 문제, 영상매체의 효용성, 시청각 텍스트의 수용 등, 앞으로 철저히 논의되고 검증되어야만 하는 많은 문제들을 수반하고 있다.

(나) 역사 및 역사 서술(이영효, 2003)

① 역사 서술에 대한 변화

역사서술의 보편성 군림

20세기 역사서술은 '진리'와 '실제(reality)'를 권위의 무기로 삼아 이성과 표상의 담론을 추구해 왔다. 역사가들은 '단순한' 묘사보다 설명을 중시했고 내러티브를 평가절하 하였다. 역사서술의 보편성은 역사가를 독자 위에 군림하는 전지적 존재로 만들었다. 역사교재인 교과서도 소위 객관적 역사 서술을 지향하였고 설명적 텍스트(expository text) 양식을 따라 기술되었다. 일부 읽기 자료는 일기, 편지, 수필, 소설 등 다양한 서술 형식을 보이기도 하지만, 본문의 서술은 많은 양의 역사지식을 지나친 단순화와 설명의 비약으로 요약하고 있다. 이러한 글은 학생들에게 읽혀지지 않았고, 역사 서술을 통해 의도하였던 '역사적 설명'에도 실패함으로써 역사이해와 역사 사고의 양 영역에서 소기의 교육목적을 달성하지 못하고 있다(이영효, 2003: 94).

역사 설명의 문제

최근 연구결과에 의하면, 설명적 텍스트 형식의 교과서는 학생들에게 많은 정보를 제공해 줄지는 모르지만 텍스트에 대한 학생들의 적극적 개입을 이끌어내지 못하는 것으로 드러났다. 오히려 학생들은 '저자가 드러난 글'이나 이야기 형식의 텍스트에 대해 '읽기'를 시도하였다. 학생들은 비록 자기 나름의 역사적 시각과 입장을 논리적으로 구축하지는 못했지만, 저자의 의도를 파악하고 비판을 제기하거나 역사적 사건을 저자와 다른 의미로 해석하기도 하였다. 이는 읽기가 '대상'으로서의 텍스트 내용을 읽고 습득하는 것이 아니라, 텍스트를 기술한 주제 혹은 텍스트와 '대화'를 행하는 과정임을 보여준다(김한종·이영효, 2002).

내러티브의 부각

역사학계에서는 과학적 역사에 대한 비판과 함께 내러티브 혹은 스토리가 새롭게 부각되고 있다. 내러티브는 흔히 '하나의 중심 주제를 둘러싸고 인물, 배경, 행위, 사건의 시작, 전개, 반전, 결말 등 일정한 구성양식을 갖춘 일련의 이야기'를 의미한다. 또한 내러티브는 과거 사건을 계기적, 인과적으로 설명하고 그 사건에 의미를 부여하는 서술방식으로 알려져 있다. 하지만 각 학문영역에 따라 사용되는 내러티브의 개념에 차이가 있고, 그것을 구분 없이 차용함으로써 벌어지는 혼선도 있다. 내러티브는 역사 서술체제로서 뿐만 아니라 사고양식으로 주목받고 있는데, 그 역사 인식상의 기능에 대해서도 다른 견해가 대립하고 있다. 역사학습에서의 내러티브는 '양날을 가진 칼'로 평가되기도 한다(양호환, 1998).

② 내러티브의 부활

역사서술의
문학성

역사서술의 문학성은 동양과 서양 모두의 오래된 전통이다. 하지만 중국인들이 도덕적 교훈으로서의 역사를 더 중요하게 여긴 반면 고대 그리스인들의 세계관을 지배한 것은 역사가 아니라 신화였다. 중국에서의 정사의 전통은 역사해석의 정통성을 확보함으로써 정치적 지배를 정당하게 하는 것이었다. 이런 중국의 사학사 전통에서 소설과 같은 허구의 담론은 억압되거나 하찮게 경시되었다. 반면 서구는 문학이 역사보다 우월하며 소설적인 역사가 사실적인 역사보다 더 진실하다는 전통을 지니고 있었다. 서양의 고대 역사가들은 실제로 일어난 사실을 정확하게 알리고자 하면서도 문체와 수사를 통해 신화적 글쓰기를 병행하였다. 아리스토텔레스 이후 문학은 역사보다 더욱 철학적이며 보편적인 진리를 다루는 수준 높은 것으로 정의되었다(김기봉, 2003).

이후 서구 역사서술은 본질적으로 문학적인 전통에서 분리되지 않았다. 냉만주의 역사학에 이르러 내러티브, 상상력, 문학적 힘은 역사학의 도구였다. 역사는 영웅들의 이야기이자 '무수히 많은 전기의 정수'였다. 하지만 계몽주의 역사가들은 논리적, 분석적 사고에 의한 인과적 역사의 마력에 지배되어 '로망적 역사'를 경멸하였다. 볼테르는 '역사란 진실하게 설명된 사실의 명세서'라고 하면서, '진실은 역사가의 손에서 나오는 것이며 진실보다 더 중요한 것은 아무 것도 없다."고 하였다(White, 1991: 68). 19세 역사 내러티브에서 나레이터는 사건을 설명하는 특권을 가진 '보이지 않는' 리포터였다. 역사는 공정하고 객관적인 시간의 흐름에 자리 잡았고 역사가는 과거에 대한 전지적인 혹은 개요적인(synoptic) 입장을 견지하였다. 랑케는 엄격한 사료비판을 강조하면서 과거가 실제로 어떠하였는가를 증거와 사실들을 통해 기술하고자 하였다.

랑케의
역사서술 문제

그러나 랑케의 역사서술은 아날학파 역사가들에 의해 단순한 사건사와 연대기로 비난받았다. Braudel(1980: 11)은 "랑케가 소중히 여겼던 내러티브 역사는 단기간의 극적인 갈등과 위기로 구성된 정치사에 지나지 않으며 문학적 진술에 가까운 것"이라고 하였다. 아날학파는 이야기의 기능을 중시하는 내러티브식 역사를 사건사에 불과하다고 비판하면서, 구조사와 대립되는 개념으로 파악하였다. 그들은 사건을 역사의 표현으로 간주하였고 문제, 구조에 초점을 맞추면서 내러티브에서 멀어졌다. 특정한 개인이나 사건들 대신에 장기적인 추세, 기후, 인구 등에 대한 분석적 인과모델을 추구하였다. 구조사가들은 내러티브가 역사를 '드라마화'하고 '소설화'한다고 비난하였고, 전통적 내러티브가 사회경제 체계와 같이 단순한 이야기 논리로 수용할 수 없는 과거의 중요한 면들을 경시한다고 지적하였다. 즉 내러티브는 소설과 유사한 맹점, 즉 개인 인물의 성격과 의도에 따라 설명하는 속성을 지닌다는 것이다.

20세기의
역사의 도전

이처럼 20세기에는 사건과 인물 중심의 정치사, 고립된 현상들을 기술하는 역사에 대한 도전이 시작되었다. 역사가들은 특정하고 개별적인 것보다 일반적이고 보편적인 것, 그리고 양적인 모델을 사용한 분석적 비(非)내러티브(non-narrative)를 추구하기 시작했다. 역사학은 내러티브 역사로부터 문제 중심의 역사로 변해갔다. '역사'로부터 스토리를 없애는 것이 역사학을 과학으로 변형시키는 첫 단계였다. 역사가들은 독특한 사건과 경험을 묘사하는 대신에 연구대상을 개념화하여 명확한 분석을 하고 문제를 설명하고자 하였다. 역사는 공동체, 친족집단, 가족, 개인들에 의해 작동되는 복합적인 행동이라기보다는 모든 주관적 이해를 초월하여 사회적 관계를 지배하는 구조나 메커니즘으로 정의되었다.

스토리텔링으로서
역사

동시에 스토리텔링으로서의 역사 인식도 지속되었다. 니체는 역사가 일종의 예술 형식이 됨으로써 삶에 기여할 수 있으며 역사를 과학으로 변모시키려는 것은 삶에 활기를 없애는 것이라고 역설하였다. 콜링우드는 역사가를 스토리텔러로 정의하면서 파편적인 과거 사실들로부터 그럴듯한 스토리를 만들어내는 것, 즉 구성적 상상력(constructive imagination)이 역사가의 역량이라고 하였다. 크로체(Benedeto Croce, 1994: 44)는 "이야기가 없는 곳에는 역사도 없다. 역사가들은 '설명'하기 위해서 역사를 서술하지 않았다."고 하였다. 또 "역사는 형식이 아니라 내용이다. 역사는 법칙을 추구하지 않으며 개념을 구성하지도 않는다. 역사는 귀납법도 연역법도 사용하지 않는다. 그것은 표현형식이 아니라 이야기(narrative)를 지향한다. 역사는 보편성과 추상개념을 구성하는 것이 아니라, 직관을 전제로 한다."고 하였다. 즉 역사는 보편적이거나 일반적인 지식이 아니라 '특수성에 관한 지식이며, 개별적이며 구체적인 실제를 지각하는 것이다. 역사는 언제나 이야기라는 것이다(White, 1991, 439-513).

내러티브에 대한
최근 관심

최근 내러티브에 대한 새로운 관심은 곧 과학적 역사의 분석적 설명방식에 대한 점증하는 불신을 반영하고 있다. 구조사는 종종 환원주의 혹은 결정주의라고 비난받았다. 과학으로서의 역사는 인간주체의 역할보다 구조적 조건을 강조하였고, 역사는 대중으로부터 멀어졌다. 자연과학은 대중이 그 이론을 이해하지 못해도 실제적인 유용성에서 가치가 있다. 하지만 대중이 이해하지 못하는 역사학은 그 실제적 가치를 상실한다. 사실을 수집하고 증거를 검토하는 것은 과학적이다. 하지만 그 사건의 원인과 결과를 찾는 것은 그렇지 않다. 이제 역사가들은 세계를 총체성의 시각에서 파악하려는 거대서사가 아닌, 그리고 전통적인 19세기 모델과도 다른 방식으로 스토리를 이야기하고 있다. 평범한 과거 사람들의 행동 및 상징들을 강조하면서 상상, 성찰, 해석, 문학의 혼합물로서 역사를 기술한다. 스토리의 내러티브 구조는 역사적 사건과 과정을 묘사하고 설명하는 진정한(legitimate) 방식으로 주장된다. 스톤(Lawrence Stone, 1979)은 이를 '내러티브의 부활'이라고 하였다.

내러티브적 역사서술의 예를 들자면, 먼저 라뒤르(Emmanuel Le Roy Ladurie)의 『카니발(1979)』을 들 수 있다. 그는 16세기 말 한 작은 로마 마을에서 일어난 사건들을 다루지만, 사건 자체보다는 그 사건들이 드러내고 있는 문화에 주목하였다. 그는 전통적 구조를 파괴하고 새로운 것으로 대체하는 '창조적 사건'의 중요성을 지적했다. Callo Ginzburg 『치즈와 구더기(1980)』역시 독자가 저자의 사고와 추론을 따라가면서 그와 다른 견해를 가질 여지를 남기고 있다. Natalie Z. Davis의 『마르탱 게르의 귀향(1983)』은 프랑스 농민가족의 구조만이 아니라 농민들의 정서와 감정, 남편과 아내의 관계, 부모와 자식의 관계 등을 더 묘사하였다. Richard Price(1989)는 18세기 수리남(Surinam)에 대한 이야기를 4명의 다른 목소리로 전해준다. 흑인노예들, 네덜란드 행정가들, 모라비아교 선교사들, 그리고 역사가 자신의 목소리다. 이것은 과거와 현재, 교회와 국가, 흑인과 백인 사이의 견해 차이를 보여주고, 역사가의 견해 역시 전지적이거나 공정하지 않으며 여러 다른 목소리들 중의 하나임을 보여준다. 조나단 스팬서(Jonathan Spencer)는 중국 역사의 주된 인물이 아닌 평범한 개인들에 미친 외부 사건의 영향을 그리면서 그들의 감정을 예리하게 묘사했고, 그들의 개인적 경험을 통해 과거 시대의 본질을 보여주고자 하였다(Burke, 2001)

내러티브
역사서술

(다) 철학

① 한국에서의 철학하기

이제 철학은 심리학, 문학, 사회학처럼 타당하게 대접을 받기위해서는 문제들의 정확한 이해를 선결로 해야 한다(송영배, 1988). 여기에서 역사주의에서 출발하여, 초시간적 절대 진리를 주장하는 모든 형이상학(독단론)을 거부하고, 현재로부터 이질화된, 그러나 오늘의 우리의 의식세계를 상당히 규정하고 있는 과거(전통)와의 끊임없는 대화, 그것을 통하여 소외된 전통에 대한 새로운 이해의 지평을 말하는 철학적 해석학을 검토해 볼 필요가 있다. 길희성("해석학을 통해 본 동양철학의 연구")의 제안이 긍정적이다. 그러나 보다 중요한 것은 새로운 독특한 방법론의 개발에 있다기보다 우리가 지난 뿌리 깊은 태도를 바꾸는 데 있다(송영배, 1988).

독특하고 특정적인 한국적 요소를 발견하는 일에 있지 않다고 하는 김재권 교수의 주장("한국철학이란 가능한가?)과 통한다고 볼 수 있다. 지적인 영역에 있어서 편협한 국수주의를 낳지 말아야 하고, 우리의 시야와 관점을 왜곡시키는 연구방법론의 사용은 안 된다. 민족적, 역사적 한계를 넘어서 철학적 문제제기의 보편성에까지 나아가야 한다. 그리고 이명현 교수의 주장인 오늘에 문제되는 '산철학'의 창조에 있다. 이 교수는, 우리의 삶의 현장에서 밀려드는 문제들에 대하여 분명한 철학적 문제의식에서 내놓는 철학적 응답이 바로 오늘의 한국철학임을 말하였다.

② 철학적 문제의식과 연구방법론에 대한 반성

철학적
해석학에의한
문제의식

철학적 해석학에 비추어 딜타이에 의하면, 인간의 본질은 순수한 자기성찰에 의해서 파악되는 것이 아니라 역사적으로 형성되어온 역사적 산물이다(송영배, 1988). 따라서 과거는 현재와 시간적 차이가 있기 때문에, 과거는 우리에게 이질화된 소외성을 띨 수밖에 없다는 것이다. 우리는 우리의 내면에서 일어나는 체험을 통하여, 이런 과거의 전통을 추체험으로써, 이 소외된 과거를 이해할 수 있다고 한다. 또한 과거를 이해함에 있어서 가다머는 개별 연구자들의 현재적 의식은 이 소외된 과거와 끊임없는 대화를 시도하여 하나가 되어야 할 것을 말한다. 여기서 그는 특히 '현재의 의식'이 상당히 과거에 의해 규정·영향을 받고 있음을 지적하고 있다. 우리들의 현재의 의식적 행위나 사고 속에 무시되고 잊어버리기 쉬운 과거 전통으로부터의 선이해라는 중요한 부분을 강조하여 환기시켜 주고 있다. 이와 같이 철학적 해석학은 소외된 과거의 사상과 문화를 이해하는데 따르는 고정관념이나 편견·독단론 등을 배제시켜주는데 그 큰 의의가 있다. 이러한 해석학은 상이한 세계관이나 문제의식에서 출발했던 과거의 여러 철학체계들에 대하여 오해가 배제된 관조적 평가를 내려줄 수도 있을지 모른다. 그러나 문제는 여러 상이한 세계관들에 대한 무리 없는 이해의 노력은 이들의 가치를 상대화할 뿐만 아니라, 결국 그 어느 하나의 선택을 통한 행동(실천)에의 결단을 차단할 수밖에 없다는 점이다.

또한 비교철학 방법론에 관하여 여러 가지 관점을 제시하였다. 특정 철학이 우세하 철학적
다는 도식적 단순화에서 출발한다면 철학적 연구방법론은 취약할 수밖에 없다. 우리 핵석학자의
가 무엇을 연구할 때 일차적으로 중요한 것은 방법론이 아니라, 그 연구에 임하는 철 문제의식
학자의 문제의식이다. 역사란 절대이성의 자기실현의 과정이라고 보는 헤겔의 철학적
문제의식에서 헤겔변증법은 그 의미를 갖는 것이며, 또한 인간은 본래부터 자기소외
를 극복할 수 있는 이성적 힘이 있다고 보는 맑스의 철학적 문제의식에서 역사를 인
간의 혁명적 의지에 의한 모순극복의 필연적 과정으로 설명하는 유물변증법이 존재
하는 이유가 있는 것이다. 철학적 해석학은 이러한 독단적인 세계관을 거부한다. 중요
한 것들은 이런 세계관들에 대한 관조적인 정확한 이해라는 것이다. 이것이 바로 철
학적 해석학자들의 근본적인 철학적 문제의식이다.

우리의 오늘의 철학을 창조하기 위해서, 어느 하나의 철학적 방법론만이 절대적으
로 타당하다고 볼 수 없다. 중요한 것은 철학을 '하는' (창조하는) 사람의 철학적 문제
의식에서 그 방법론이 결정되기 때문이다.

③ 대중의 눈높이로서의 철학: 철학 상담(이진남, 2010)

2000년대 들어서서 자살, 가정불화, 실직 등 여러 가지 사회문제가 심각해지면서 철학의 성격
철학자들은 이러한 사회 문제 이면에 어떤 철학적 문제들과 고민들에 대하여 탐구하
기 시작하였다.

동양이건 서양이건 철학은 원래 최근 우리가 보는 모습과 같이 아카데믹하고 사변
적인 모습만 가진 학문이 아니었다. 철학은 하나의 분과학문이 아니라 학문 그 자체
였다. 소크라테스는 시장에서 만난 사람과 토론하면서 철학을 했고 공자도 제자들과
대화를 통해서 철학을 했다. 로마의 에피쿠로스나 스토아학파가 마음의 건강을 추구
할 때도, 동양에서 좌선을 통해 수양할 때도 철학은 사변적이기 보다는 실천적이었다.
이렇게 처음부터 아주 오랫동안 철학은 마음의 병을 고치고 마음의 건강을 유지하는
중차대한 임무를 기꺼이 수행해왔다.

그러나 근대 이후의 철학은 스스로를 상아탑에 가두고 끊임없는 자기 분열과 단식 철학의 문제점
을 통해 자신을 고갈시켜왔다. 급기야 철학은 1879년 빌헬름 분트가 심리실험실을 개
설함으로써 시작된 심리학에 오랜 고유 주제를 통째로 넘겨버렸다. 20세기 전반에 완
전히 철학에서 분가한 심리학은 이렇게 마음에 대한 탐구와 마음의 치료에 대해 독점

적 지위를 획득하게 되었다 심리학은 프로이트와 융, 스키너와 함께 경험적·임상적 발전을 거듭하게 된다. 반면 심리철학이라는 분야에서 철학자들이 여전히 연구해왔지만 이는 사변적인데 주로 초점이 맞춰져 있다는 한계가 있다.

철학상담의 출발

사실 심리학과 심리상담, 그리고 정신의학의 태동에 니체나 야스퍼스 같은 철학자들이 깊이 관여했음에도 불구하고 20세기 동안 주류 철학계에서는 철학의 치료적 효과에 대해 외면해왔다. 그러나 같은 시기 동안에 비약적으로 발전한 심리학과 심리상담분야는 그 이론적 한계를 극복하고자 끊임없이 철학의 문을 두드렸다. 1950년 대 이후 심리 상담계의 임상적·이론적 한계로 인해 나타난 철학에 대한 구애는 구체적으로 Viktor Frankl의 로고테라피((logotherapy), Albert Ellis 의 합리정서행동상담(Rational Emotive Behavior Therapy: REBT), 그리고 Aron Beck의 인지행동치료(Cognitive Behavioral Therapy) 등으로 나타났다. 그러나 이러한 심리 상담계의 자구책은 심리학의 영역에 머무는 한 궁극적으로 해결될 수 없다는 점이 드러났고 또 다른 해결책을 강구하게 된다. 이러한 분위기에서 생겨난 것이 바로 철학 상담이었다(이진남, 2010).

독일과 미국에서의 시도

1981년 독일의 Gerd Achenbach는 철학 상담소를 열고 임상을 시작했다. 이 때문에 많은 사람들은 아헨바흐를 최초의 철학 상담사라고 여긴다. 그러나 미국철학상담협회(American Philosophical Practitioners Association) 회장인 매리노프는 같은 시기 혹은 그 이전에 미국에서 Maurice Friedman, Pierre Grimes, Peter Koestenbaum, Matthew Lipman, J. Michael Russell 등이 이와 같은 활동을 전개하고 있었다고 말하고 있다." 이 외에도 철학 상담을 주제로 최초로 박사논문을 쓴 캐나다 철학 상담사 Peter Raabe도 있다.

독일에서는 아카데믹한 철학자들의 멸시와 구박에도 아헨바흐를 비롯한 많은 철학 상담가들의 노력으로 철학 상담이 대중화되어 갔고 국제철학실천협회가 세워져 현재 회장인 Thomas Gutknecht를 중심으로 유럽의 철학 상담운동이 전개되고 있다. 미국은 위에서 언급한 사람들을 중심으로 철학 상담협회가 만들어져서 철학 실천 운동을 전개하고 있고 또한 지금은 유럽을 제외한 다른 지역들에 철학 상담을 전파하는 전진기지 역할을 하고 있다.

한국에서의 철학상담의 시도

우리나라의 경우 철학 상담은 93년 김영진의 논문,「임상철학을 위하여」가 그 효시로 여겨진다. 김영진은 철학도 현실적이고 구체적이며 개별적인 철학적 문제들을 발견하고 처방하며 해결할 임상철학이 필요하다고 하면서 철학적 병을 진단하고 진단에 따라 적절한 치료와 처방을 하는 철학의 새로운 분야서 임상철학을 제시한다.

철학실천과 철학 상담이 유럽이나 미국, 캐나다에서도 혼용되고 있기는 하지만 대체적으로 철학 상담은 개인 상담을 위주로 사용되고 철학실천은 철학 상담을 포함한 (이론철학에 대비되는 개념으로서의) 철학적 실천을 의미하는 경우가 많다. 이에 반해 우리나라에서는 철학실천이라는 말보다는 철학 상담을 더 많이 사용하는 경향이 있다. 그리고 외국에서는 거의 사용하지 않는 철학치료, 철학치유, 임상철학이라는 말을 우리나라에서는 많이 사용한다. 그런데 이러한 세 용어들과 철학 상담은 거의 구분 없이 사용되는 경향이 있다. 철학 상담, 철학치료 철학교육, 철학카페라는 네 분야를 아우르는 철학적 실천 전체를 철학실천이라고 보고 있다. 철학상담은 오랫동안 철학 교육을 받은 철학 상담자가 내담자와 의논하여 내담자의 문제를 풀도록 도와주는 과정으로 개인상담(개인 철학 상담), 집단상담(집단철학토론), 전속상담(기업철학컨설팅)을 포함하는 직업적 활동이라고 볼 수 있다. 따라서 철학 상담은 '인생관, 세계관, 가치관과 관련된 인간의 모든 문제와 고민들을 내담자 스스로 풀어 나가도록 상담사가 도와주는 대화의 과정'으로 정의내릴 수 있다.

철학상담의 실천적 성격

이에 반해 철학치료는 '철학적 병'을 전제로 한다. 철학치료는 철학적 병을 진단, 처방, 치료하여 정신적 건강을 회복 혹은 유지하는 과정이다. 이는 둘로 나누어지는데 철학치유는 자기 자신의 철학적 병을 치료하고 정신적 건강을 유지하는 과정이고임상철학은 철학치료사가 다른 사람의 철학적 병을 진단, 처방, 치료해주는 과정이다. 철학교육은 철학실천의 한 분야로서 철학함에 초점을 맞추어 철학하는 기술을 가르치는 과정이다.

철학치료

(3) 사회과학

(가) 사회학

① 기능주의의 개요

서구사회에서 18세기 중반까지만 해도 개인주의에 기반을 둔 공리주의는 자본주의 사회의 지배적 사상으로서 손색이 없는 것처럼 인식되었다. 그러나 1789년의 프랑스 대혁명은 공리주의에 대한 반성의 계기를 마련하였다. 개인들 간의 자유경쟁이 간섭만 받지 않는다면 사회질서가 자동적으로 이루어질 것이라는 공리주의의 가정은 산업화와 도시화에 의해 야기되었던 격심한 사회변동을 몸소 경험한 프랑스 사상가들에 의해 의심받기 시작했던 것이다.

사회학에서 가장 널리 수용되는 이론 또는 인식 틀이 기능주의(functionalism)이다. 기능주의의 기원은 유기체모형이며 초기의 대표적 학자들로 Comte, Spencer, Durkheim을 들 수 있고 후기 학자들로 Parsons, Merton, Davis, Moore 그리고 Smelser가 손꼽힌다.

기능주의의 개관 기능주의의 개관을 살펴보면 기능주의에는 조금씩 다른 여러 학자의 이론들이 들어 있기 때문에 명칭도 다양하다. 그래서 기능이론 이외에도 구조기능이론(structural functional theory), 합의이론(consensus theory), 질서모형(order model), 평형모형(equilibrium model) 등으로 불리기도 한다. 기능주의는 사회학의 아버지로 불리 우는 Comte와 사회유기체설을 주장한 Spencer에 의하여 기초가 형성된 뒤에 뒤르껭, 이태리의 사회학자 V. Pareto, 인류학자 B. Malinowski 등에 의해 다양하게 발전되었다. 이러한 발전은 Talcott Parsons에 이르러 매우 포괄적인 사회학이론으로 정립되었다. 뒤르껭과 파슨스의 지적 전통은 Dreeben, D. Hargreaves 등의 연구로 이어졌으며, 1960년대 이후에는 기능이론에 토대를 둔 기술기능이론, 인간자본론, 근대화론 등이 하위이론으로 등장하였다. 기능이론에는 몇 가지 결점이 있었는데 그러한 근본적인 결점을 극복하고자 제기된 것으로 Alexander가 대표적인 인물이다. 이 때 신기능이론(neo-functionalism)이 등장하였다. 신기능주의는 사회기능의 분화를 사회유지와 발전의 입장에서 긍정적인 것으로 판단했던 기능주의와는 달리 분화된 구조가 더 효율적이라는 가정을 거부한다. 그리고 교육구조를 만드는데 있어 집단 간의 합의를 전제했던 기능주의와는 달리 집단 간의 갈등이 존재하고 있음을 인정한다. 신기능이론은 교육팽창을 생태학적 세계체제 이론의 관점에서 국제경쟁에 대한 각 사회의 적응과정으로 해석한다. 신기능주의의 이러한 설명방식은 세계화시대의 교육현상 설명에 유용할 것으로 보인다.

기능주의의 개념 기능주의의 3대 개념은 사회적 욕구 또는 기능적 전제조건, 부분, 그리고 평형상태라고 말할 수 있다. 사회적 욕구란 개인 차원의 동기와는 구별되는 것으로 이 개념에 의하면, 모든 사회가 유지 혹은 존속하려면 특정의 욕구, 예컨대 사회구성원들을 외부의 위협으로부터 보호하거나, 내부갈등을 해소시켜야 하며 생존에 필요한 재화를 생산해야 한다는 것이다. 렌스키는 사회의 기본 욕구를 방어, 소통, 생산, 분배, 성원대치, 사회통제와 같이 6가지로 제시한 바 있다. 부분이란 개념은 사회적 욕구를 충족시키기 위한 효과적이고 효율적인 방법과 관련된 것이다. 즉 사회는 다수의 상호연관적이고 상호의존적인 부분들로 구성되면서 동시에 각 부분들은 전체가 성공적인 기능을 발휘할 수 있도록 기여한다는 것이다. 전체와 부분 사이의 관계성을 규정하는 개념이 평형상태이다. 전체인 사회를 체계라고 부른다면 부분은 하위체계가 되는데 기능주의 학자들은 사회를 하위체제들의 통합으로 간주한다. 이 때 통합 상태 하의 체계들은 반복되는 특정 유형의 과정들에 의해 평형상태를 유지하게 된다는 것이다.

② 갈등주의와 다른 관점들

한편, 갈등이론은 K. Marx나 M. Webber 등의 이론과 사상에 그 지적 뿌리를 두고 있으나, 기능이론에 대한 도전과 비판적 관점은, 신마르크스주의(Neo-Marxism)자들에 의하여 활발하게 전개되었다. 그 이론적 발전은 R. Dahrendoef, C. W. Mills, L. A. Coser 등에 의하였다. 갈등이론가들은, 모든 사회집단은 그 구성요인의 각기 다른 목적과 이해관계를 가지고, 상호관계를 유지하는 것으로 보고 있다. 그리고 한 집단의 목표는 다른 집단의 목적에 일치되지 않는다고 믿으며, 이러한 갈등현상은 외면적으로는 조용하게 보일런지 모르나, 내면적으로는 활기찬 움직임을 가지며, 때로는 표면화되거나 폭력화되기도 한다고 보고 있다.

일반적 사회학 이론에 따르면 사회학 관점은 두 가지로 분류된다. 첫째, 기능주의(꽁트, 뒤르껭, 머튼, 파슨스 등), 마르크스주의 혹은 갈등론(마르크스 등), 상징적 상호작용론(미드 등)이며, 둘째는 균형론 혹은 합의론(기능주의), 해석학적 접근(상징적 상호작용론과 신교육사회학), 비판론 혹은 급진론(마르크스주의적 이론), 신교육사회학 등이다.

③ 문화사회학의 등장

최근에 등장하는 문화사회학은 Jeffrey Alexander와 Philip Smith에 의해서 강조되는 접근방법으로 사회현상을 설명하는데 경제나 정치 구조와 함께 문화구조를 중요한 요소로 보고 있다. 그들은 사회를 유지할 수 있도록 하는 제거할 수 없는 요소인 무의식적인 문화구조를 밝히는 것이 문화사회학의 역할이라고 주장한다. 이러한 무의식적인 문화구조를 밝히기 위해서 그들은 사회를 하나의 텍스트로 보면서 이러한 사회적 텍스트를 구성하는 코드와 서사(내러티브)에 관심을 가졌다. 문화사회학자들은 기존의 문화와 사회의 관계에 관심을 가지는 다양한 분과의 차별화를 시도하였다. 특별히 문화에 대한 독립변수로서의 역할을 간과하는 문화사회학(Sociology of Culture)과의 구분을 시도하였다. 문화사회학은 문화적인 활동이 만들어낸 생산물에 대하여 관심을 가진다고 한다면 문화사회학은 이러한 문화적 활동의 의미에 대해서 관심을 가진다고 할 수 있다. 피터슨(Richard Peterson)은 문화사회학은 문화적 활동이 가져온 시장 경제의 분석에 관심을 가지며 문화적 활동의 의미에 대해서는 관심이 없다고 주장한다. 이러한 측면에서 문화사회학은 사회학의 하나의 분과로서만 존재한다고 볼 수 있다. 문화사회학은 문화사회학을 인정하지만 문화적 활동이 가지는 의미에 더 관심을 가진다고 볼 수 있다(이필은, 2010).

문화사회학자들이 정의하는 문화의 개념은 Geertz의 설명에 기초한다. 그는 문화를 '공유하는 상징들과 의미 체계 또는 유형"이라 정리하였다. 문화는 '공유된'이라는 집단적인 특성을 지닌다. 그러나 문화가 단순하게 상징적이라는 의미만을 말하는 것은 아니다. 문화는 계속적으로 사람들에게 구체화(embodied)되고, 실천되고, 재생산된다는 것이다. 이러한 문화에 대한 이해를 기반으로 문화사회학자들은 문화적 생산물에 대한 비판적 매개변수를 간과하지 않으면서 문화의 집합성을 드러내려 시도한다. 그래서 문화사회학자들은 문화적 영역의 복잡성을 분류하기 위해 담론, 기술 민족학(ethnography), 면담 등을 체계적으로 분석한다.

그리고 문화사회학자들이 사용하는 내러티브는 이해를 가능케 하는 내적 구조를 가지고 있다고 할 수 있다. Margaret Jacob에 따르면 내러티브가 의미를 만들고 있는데 이는 사람들로 하여금 행동을 유발하게 하기 때문이다. 역사 연구에서 내러티브의 분석을 시도하는 문화사회학에서는 행위자가 성과 속이라는 이분법적인 틀을 사용하여 사건을 인지한다고 가정한다. 성과 속의 이분법적인 코드는 성과 속으로 구성된 코드를 말한다. 이 코드는 은유적 연쇄-유사성의 원리에 의해 구성된다. 유사성의 원리란 유사한 개념들끼리 모여서 하나의 체계를 구성한다는 말이다. 행위자들은 이 코드를 통해서 행위를 결정하게 된다. 알렉산더는 이러한 이원성의 대립이 모든 인류 사회의 본질적 특성임을 주장하면서, 이러한 대립을 통해서 사회의 현상과 변동을 설명할 수 있다고 생각한다. 물론 이러한 단순화된 이분법적인 사고를 통해서 사회를 분석하게 되면, 사회의 다양성을 드러내지 못한다고 지적하기도 한다. 그러나 이러한 코드의 사용은 일상사에서 관찰되기는 쉽지 않다. 그러나 일상이 아닌 사회가 혼란을 겪을 때, 이러한 코드는 분명하게 드러낸다.

Alexander 따르면 악은 코딩을 통해서 사건이 선이 되기도 하고 악이 될 수도 있다. 내러티브의 성격 그리고 행위자는 코딩을 통해서 사건을 인식하고 행위를 결정하게 된다. 따라서 문화 사회학은 이러한 코드, 내러티브, 의례, 상징에 관심을 가지게 된다. 코드는 성과 속에 대한 코딩이다. 이러한 코딩은 사건의 의미를 규정해내기 위해서 서사를 요구하게 된다. 그리고 서사(내러티브)는 플롯, 인물, 장르라는 구성요소를 지니며 개인과 집단은 자신들이 겪는 시간상의 변화 혹은 사건용 이야기를 통해 이해하도록 도와준다. 내러티브는 한 사건에 대해서 서로 대립되는 두 집단이 서로 다르게 인식을 하도록 한다. 이러한 사건은 상호 다른 내러티브를 통해서 그 사건을 이해하는 방식에 영향을 끼치면, 상호 대립된 공동체에 대한 이해나 평가에 영향을 미친다. 이러한 내러티브와 코딩은 사람들에게 인지적인 차원만이 아니라 감정적으로도 반응하도록 한다. 그리고 문화사회학에서 중요하게 다루고 있는 내러티브, 코딩, 상징, 의례 등은 공동체가 공유하는 성스러운 것을 위협하는 속에 대한 강한 반대적 감정을 갖도록 함으로써 성을 옹호하고 지키는 것에 대한 중요한 안전장치를 제공한다. 그리고 이러한 안전장치는 공동체의 안정과 통합을 이끌기 위하여 집단적인 폭력을 이끌고 이를 정당화하는 역할을 하게 된다.

사회과정이나 사회 변화에 관심을 가지고 분석하는 문화사회학적 접근을 역사 연구의 분석도구로 사용하는 것은 새로운 시도임에는 분명하다. 이러한 접근을 역사 연구에서 공동체의 집단적 행위나 정체성을 설명하는데 유용한 도구라 할 수 있다. 역사에 대한 문화사회화적 접근은 역사의 정치적, 경제적 해석을 존중하면서 문화적 요인을 함께 해석할 수 있는 틀을 제공한다고 할 수 있다.

(나) 심리학

① 패러다임 전환

인간의 행위에서 가장 중요한 것은 의미(meaning)이다. 즉 행위가 나에게 가지는 의미구성 존재 의미가 무엇인가? 의미란 결국 해석의 문제이다. 상황에 관한 해석, 타인에 관한 해석, 나에 관한 해석 등으로 의미란 인간만이 가진 것이다. 인간은 의미를 만드는 존재이다. 언어에는 사전적 의미와 실제적(practical) 의미가 있는데 기존 심리학은 실제적 의미를 배척하고 주관성을 경시했다. 그러나 문화심리학을 통해 의미를 중심으로 한 심리학을 구성해야 한다. 의미를 중심으로 한 심리학은 실증심리학의 한계를 넘어서야 한다. 실증심리학은 인과적 설명에 기초를 둔다. 인과적 설명에의 집착은 현실적 세상에 대한 해석을 간과하게 한다. 행동주의는 자극-반응 연구에만 집착해서 마음(mind)에서 멀어졌다. 행동주의는 인간의 구성조건을 부정하고 과학적 가치만을 추구하느라 사람이 없는 심리학을 만들었다. 그러나 오늘날 과학의 의미는 인문과학, 사회과학으로까지 확장되었다(최상진, 2000; 2011).

해석의 중요성   심리는 심리를 대상으로 해야지 행위를 대상으로 해서는 안 된다. 우리는 해석을 해석하는 복잡한 존재로 심리학의 우선적 목표는 이해가 되어야 한다. 인과적 설명은 예측에 목적을 둔다. 예측을 강조하는 것은 자연과학적 입장이다. 그러나 심리에 대한 이해는 곧 행동에 대한 이해로 이어지고, 실증주의에서도 마음은 영원한 화두로, 사고(thinking)가 곧 행동(behavior)이다. 사람에게는 해석이 행위로 이어지며 문화 안에서 의미화되지 않고 '해석'되지 않는 것은 없다. 즉 해석, 정의되지 않는 것은 문화 속에서 생존할 수 없다.

② 기존심리학 연구의 문제점

생물학적 인간을 연구대상으로 삼았기 때문에 실생활과 유리되고 타학문과 단절되는 결과를 초래했다. 주류 심리학(실험심리, 생리심리, 발달심리)의 관점은 인간은 타고난 것을 개발시키는 존재라는 것이다. 발달심리에서 주장하는 인간의 발달은 서열 순차적 능선의 발현이며, 환경과 문화는 인간발달에 부차적 기능을 한다고 간주했다. 인간을 피동적인 존재로만 여기고 환원론적 방법을 사용, 법칙성의 발견에만 초점을 두었다. 사람의 심리는 '저기'에 있고 인간은 '저기'에 있는 존재라는 결정론적 관점이 주류를 이루었다. 인지심리학도 인간을 내재적으로 가진 정보처리 방식에 따라 외계에서 들어오는 정보를 수동적으로만 처리하는 것으로 간주하고 가치, 동기, 의지가 결여된 행동을 강조했다. 심리학을 창시한 분트는 최초로 심리학의 개념과 목적을 제안했다. 그는 두 개의 심리학을 제안했는데 그것은 문화를 연구하는 고등정신과정과 실험실 연구를 주로 하는 하위정신과정의 두 가지였다. 그러나 감각도 문화에 의해 재조직될 수 있고 이러한 재조직을 통해 형성된 것이 고등정신과정이다. 고등심리연구과정은 일상심리학(folk psychology)으로 비실험적, 해석학적 방법으로 연구되며 언어, 민속, 생활습관 등을 분석한다. 이러한 초기 심리학이 미국으로 건너가면서 실용적인 미국문화 안에서는 실험심리학만이 발달하게 된다. 미국심리학의 많은 연구결과들은 구심점을 찾지 못한 채 낱낱으로 분산된 실정이다. 분트는 이러한 역사적 유물 속에 심리가 들어 있다고 생각했으며 인간의 심리는 이러한 역사, 언어적 유물 속에서 연구되어야 한다(최상진, 2000).

소련에서는 역사 문화성을 강조하는 심리학이 서구와 별도로 발달되었다. Luria, Leontive, Vygotsky는 이러한 심리학을 발전시킨 주역들로 이들은 Marx와 Angels의 영향을 받아 물질주의의 입장을 취하며, 계층과 문화가 심리에 미치는 영향을 강조했다. Marx는 사람이 사회를 바꾸고 사회가 사람을 바꾸며, 개인과 사회 환경은 구분, 단절된 것이 아니라 서로 영향을 주고받으며 전체 구조를 바꾸어 나간다는 입장에 선다.

역사문화성이
강조되는 심리학

비고츠키는 우리의 정신과정이 문화적 중재(mediation)인 언어를 통해 일어난다는 점을 특히 강조했다. 인간은 중재를 습득해서 한계를 극복해 나간다. 도구는 도구 자체가 아니라 인간의 한 부분이 되고 행위(action)는 도구와 인간이 접해지는 것이다. 행위는 대상 지향적, 목적 지향적, 의도 지향적이며 전통심리학은 연구의 편의상 환경과 인간을 분리했으나 이미 행위 속에는 문화적 의미가 함축되어 있다. Piaget도 사회적 측면이 인간심리에 끼치는 영향을 강조했으나 그 속에는 역사성이 결여된 채 즉시성만 들어있다. Vygotsky와 Piaget는 행위의 맥락을 무시했으므로 관념론적인 개인결정론에 귀결된다.

비고츠키의 입장

Leontive는 행위이론(action theory)을 통해 실제로 일어나는 행위인 활동(activity)을 강조했으며 이것은 실천적 · 사회적 활동(practical · social activity)로 발전했다. 실천적 측면은 긴급한 요구에 의해 일어나는 것이고, 사회적 측면은 타인과의 관련성, 함축성을 의미하는 것으로 인간이 단순 사유의 존재가 아니라 문제해결, 욕구충족을 지향하는 존재임을 나타낸다. 이 말 속에는 또한 기능주의적 의미가 함축되어 있는데 활동은 정신 내적, 외적인 기능성을 모두 강조한다.

행위이론

③ Bruner의 의미의 행위(acts of meaning)
Bruner는 Vygotsky를 계승하고 문화 인류학과 현대심리학을 취해서 통합했다.

Michael Cole은 최초로 문화심리학(cultural psychology)이란 용어를 사용했다. Bruner에 의하면 모든 사고와 행동자체가 곧 문화이다. 따라서 심리와 문화는 곧 동질적인 것이다. Rogoff는 문화, 사회적 맥락 속에서 사람들의 행위과정을 기술하는 것이 심리학이라고 주장하며 태도, 가치관이 행위를 이해하는 도구는 될 수 있어도 그것이 행위 자체는 아니라고 주장하며 분석의 단위를 행위(action)로 할 것을 주장했다.

㉮ 주류 심리학의 오류

학문이란 학자들이 구성한 세계이고 진리를 추구하는 방식이다. Bruner가 생각하는 인간을 연구하는 방식은 현대 실험심리학의 연구방법에 반하는 것이다. 인간의 의식을 연구하기 위해 현대 심리학자들은 자극과 반응간의 관계를 통해 인간의 감각을 연구하고자 하였다. 이러한 배경에는 과학, 특히 화학의 영향이 컸다. 화학의 환원주의적 관점을 택해 잘게 나누어진 원소를 연구하듯이 인간의 의식을 이루는 요소들을 찾고 그것들을 연구하는 것이 곧 인간 심리를 연구하는 것이라 생각했다. 그러나 이러한 연구들은 만족스러운 결과를 얻지 못해 행동주의가 출현하게 되었다. 행동주의자들은 의식을 Black Box로 보고 연구대상에서 제외시킨 채 행동만을 연구했다. 이러한 행동주의자들의 연구는 다시 사람의 마음이 없는 심리학으로 변질되었다. 즉, 사람과 동물을 하나의 가족(family)으로 보고 동물의 행동을 사람에게 적용시킬 수 있다는 가정에서 출발한 것이다. 이러한 행동주의에 반해 일어난 것이 인지혁명(cognitive revolution)으로 마음의 연구로 돌아가고자 하였다. 이러한 인지심리학은 오늘날 그 영역을 확대해서 인지과학이 되었다. 그러나 이러한 인지과학도 마음을 찾고자 하는 본래의 취지에서 벗어났다. 인지과학은 연구도구인 컴퓨터를 인간의 대치물로 보고 컴퓨터 연구를 통해 인간의식을 연구하고자 하였다. 그러나 컴퓨터의 정보처리가 인간의 의미창조와 같을 수는 없다. 인간은 컴퓨터와 달리 주체성(agency)이 있고 의도(intention)를 가지고 있다. 인지과학은 컴퓨터 때문에 여러 학문 분야에 영향을 끼쳤으나 결국 컴퓨터 때문에 마음을 찾지 못했다.

㉯ 일상심리(Folk Psychology)에서의 의미(meaning)

학문은 결국 사회적 요구에 따라 형성되는 것이다. 심리학은 여타의 사회과학과 보조를 맞출 수 없어 오늘날 학문적 고아가 되었다. 인간의 뇌 속에 장착된 하나의 장치를 찾고자 함으로써 인간과 문화를 단절시켰다. 그러나 인간의 마음은 사회, 문화와 결코 단절될 수 없는 것이다. 그것은 사회, 문화적 환경과 함께 변화한다. 마르크스와 앵겔스가 주장했듯이 인간은 사회문화에 따라 변하는 동시에 행위 주체(agent)로서 사회문화에 새롭게 반응한다. 의식에 내면화된 사회문화는 뫼비우스의 띠, 이면동체(異面同體)처럼 다시 사회문화에 반응한다. Bruner는 의미를 심리학의 중심개념으로 놓고 심리학을 인간이 외계활동과의 접촉을 통해 만들어낸 의미를 찾는 것으로 보았다. 이것은 비단 심리학에서만의 추세가 아니라 여타 학문에서도 새로운 관심으로 떠오르고 있는 주제이다. 예를 들어 기호학, 인지 언어학 등이 그것이다. 의미는 인간의 세상에 대한 해석인 것이다.

의미나 해석의 중요성

의미나 해석이 중요한 이유는 구성주의를 제안한 Goodman에 의해 설명된 바, 그는 인간이 인지, 지각하는 것이 다른 이유는 대상의 속성에 따라 다른 것이 아니라 사회, 문화적으로 구성된 인지자, 지각자의 해석의 틀, 도구에 따라 다른 것이다. 문화는 상징체계를 가지고 있으므로 구성할 수 있는 것이다. 인간은 문화 속에 던져져 그 문화의 상징체계를 습득하게 되고 그로 인해 해석의 틀을 가지게 된다. Geitge에 의하면 인간이 언어를 통해 구성할 수 없다면 인간은 작동되지 못한 동물이다. 문화에 의해서만 인간은 인간다워질 수 있고 정신적 힘(mental power)을 얻게 된다. 인간은 생리적 존재가 아니라 문화를 표현하는 존재이고 문화 없는 인간은 존재할 수 없다. 인간은 의미를 만들고 의미를 사용하는 존재로 조직화되어진다. 인간이 문화를 통해 의미를 사용하지 못한다면 인간 간의 의사소통은 불가능하다.

일상심리에서 문화와 의미

문화와 의미 간의 관계를 매개하는 것이 일상심리(folk psychology)[1]다. 일상심리는 인간의 삶에 대한 문화적 설명이며, 일반인이 세상을 해석하고 지각하는 방법이다. 일반인의 믿음은 곧 세상에의 현현이고 일반인이 구성한 의식이 곧 현실이 되는 것이다.

과학적 심리학(scientific psychology)은 일상심리의 비과학성을 공격하지만 과학적 방법으로 연구될 수 없는 것이 바로 일상심리의 특성이다. 일상심리는 마음(mind), 믿음(belief), 바람(desire), 의도(intention)를 다루고 개념은 느슨하고 엉성하며 의도성을 다루므로 객관적 검증이 불가능하다. 그것은 문화를 반영하고 그 속에 가치성을 내포하며 일반인이 나름대로 지식을 얻는 방법을 가지고 있다. 일상심리가 문화적 의미를 중시하는 까닭은 문화가 모든 규범과 제도를 함축하기 때문이다. 이 모든 문화적 의

---

1 문화인류학에서는 folk theory에 근거를 둔 민속심리라고도 한다.

미가 일상심리를 지원하고, 일상심리는 다시 문화를 지원한다.

일상심리에서
인간의 행위

일상심리는 문화와 강하게 연결되었고 문화사(cultural history)와 비슷해서 일반인의 마음속에 작동되고 살아 움직인다. 모든 사람은 의미를 공유하고, 그것을 삶의 현장에서 적용한다. 사람들이 행동하는 것보다 말하는 것이 중요한 것이다. 기존 심리학에서 연구한 행동은 목적성과 의도성이 배제된 것이다. 일상심리의 행위는 의도성과 목적성을 강조한다. 즉 행하는 것(do)만큼 말하는 것(say)이 중요한 것이다. 일반인들은 의도성의 유무에 민감하다. 그럼에도 행함만을 강조한 이유는 예언성을 찾기 위해서이고 말하는 것은 오류나(error)나 착각(illusion)으로 간주되었다. 행하는 것과 말하는 것은 분리될 수 없는 것이다. 말하는 것은 가치와 의미를 뜻한다. 이것들이 없다면 인간은 인간다워질 수 없다. 정신과 인간의 관계는 가치와 의미를 중심으로 구성된다. 문화는 마음을 만들고, 마음은 가치를 만든다.

㉰ 일상심리학의 내러티브

Bruner는 스키너에 대해 인간의 자유와 존엄성을 무시했다고 비판했다. 스키너의 행동주의는 객관주의와 실증주의에 몰입하기 위해 민주주의 가치를 부정하고 인간본성을 무시한 것이다. 과학적 심리학이 모든 진리는 하나의 관점이라는 것을 인정한다면 더욱 발전할 수 있다. 즉 심리학이 일반인의 일상심리학을 인정하게 될 때, 문화가 일반인의 자기만족적 상상이 아니라 함께 살아가는데 필요한 전제라는 것을 인정하고 다른 학문과의 연계를 찾는다면 심리학은 훨씬 발전할 수 있다.

일상심리에서
내러티브

문화나 일상심리학은 내러티브(narrative)로 표현된다. 내러티브는 문화를 전수하고 구성하는 것이다. 내러티브는 마치 변사처럼 그 모든 것을 이해시킨다. 즉 장면이나 상황을 이해시키고 맥락을 설명하며 인간의 의도나 마음을 이야기하고 그것을 그대로 읊는다. narration은 전지적 작가 시점을 거부하고, 이야기(talking about) 하며 사실과 진실을 혼재 시킨다. 내용이 사실이냐 거짓이냐는 중요하지 않으며 이야기의 구조에 맞게 의미 만드는 것(making sense)이 중요하다. 이러한 사건의 기술은 우리가 세상을 구성하고 생각하는 방법이다. 소설이나 과학은 다 같이 내러티브 형식을 취한다. 인간의 사고방식은 내러티브 형식을 취하는데, 그 말 뒤에는 항상 전제가 있다. 일상생활에서 일상성이 깨지는 순간에 내러티브가 발생한다. 내러티브는 일상성이 깨어지고 생겨난 변이(deviation)를 내러티브하게 만들고 기능적 자동화로 변수를 규범화시킨다.

사람들은 내러티브 틀(narrative frame)을 가지고 산다. 아리스토텔레스가 이야기한 모사란 세상에 대한 표상이다. 우리는 모사를 통해 세상을 이해한다. 모사 중에 가장 중요한 것이 비유와 은유이다. 우리는 마음에 대한 메타포가 풍부하다. 표상이나 모사는 하나의 세상에 대한 해석의 틀이다. 심정은 마음 상태에 대한 구성인데 이것은 내용이 아니라 형식인 것이다.

(다) 교육학

① 교육학의 성격

우리가 '교육'이라는 말을 일상적으로 사용할 때, 어떤 사람을 대상으로 하여 지식이나 기술을 가르친다거나 혹은 부모가 자식을 학교에 보낸다거나 하는 일올 머리에 떠올리게 된다. 이러한 일에 관해서 좀 더 체계적으로 생각해보고자 한다면, 우리는 다음과 같은 질문들을 제기해 볼 수가 있다. 어떤 내용(지식 혹은 기술)을 가르쳐야 하는지, 누구에게나 그것을 가르칠 필요가 있는지, 그것을 왜 가르쳐야 하는가? 그것을 가르치면 어떤 인간이 되는가? 어떻게 가르치는 것이 가장 능률적인가? 어떤 사람들이 그 가르치는 일올 맡아야 하는가? 그런 일을 사회적인 제도의 형태로 행한다면 어떤 기관들이 있어야 하는지, 그 기관은 누가 운영해야 하는가? 그 기관들의 설립과 운영에 대하여 국가는 어떤 일을 할 수 있는가? 그리고 역사적으로 어떤 교육이 있어 왔으며, 현실적으로 전개되고 있는 교육은 어떤 특징을 지닌 것인가? 여러 가지의 교육적 제도들은 인간의 삶 전체에 어떤 위치에 있었으며, 어떤 영향을 주어 왔는가? 이러한 질문들에 대하여는 천차만별의 대답들이 있을 수 있고, 그 각각의 대답들에게 정당화를 요구하면 장황한 이론들이 성립될 수가 있다. 교육학 혹은 교육이론의 대부분은 바로 이러한 질문들에 대한 여러 가지 종류의 대답들로 이루어져 있고, 그 이상의 어떤 것도 아니다(황정규 외, 1998)

② 교육학 관심의 몇 가지 차원(황정규 외, 1998)

인간은 언제부터인지는 몰라도 지식이나 기술을 가르치는 일올 해 오고 있었고, 교육을 전문적으로 담당하는 사회적 기관으로서의 학교가 오래 전부터 제도화되어 있었으며, 이러한 제도화된 교육에 대하여 국가는 국가로서 어떤 역할을 수행하여 왔다.

교육학에서는 앞에서 열거한 것과 같은 질문들을 체계적으로 제기하면서 그 답을 구하고자 한다. 그러나 우리가 그러한 질문들을 제기할 때 반드시 같은 동기 혹은 의도에 의하지는 않는다. 그 질문들이 이론적 관심을 가지고 제기하는 것이면 그 동기 혹은 의도는 적어도 다음 세 가지 중의 어느 하나이거나 아니면 복합적인 것이라고 할 수 있다.

㉮ 교육 본질의 규명

역사적으로 있어 온 교육의 활동이나 제도가 어떤 인간을 기고자 하였으며, 또한 그것은 어떤 성격의 사회적 제도인가를 체계적으로 이해하고 종합적으로 검토하여 교육의 본질을 원천적으로 다시 확인하기 위한 것이라고 할 수 있다.

㉯ 교목적의 실현

우리가 설정한 혹은 추구하는 교육의 목적을 실현하기 위하여 제도적 체제와 실천적 활동이 어떤 조건들을 충족시켜야 하는가를 체계적으로 밝히기 위한 것일 수가 있다.

㉰ 교육 제도의 이해

교육의 제도나 관행은 어떤 역사적·사회적 배경에 의하여 성립되었으며 인간의 삶에 어떤 영향을 주어 왔는가를 밝히고 어떤 문제를 안고 있으며 어떤 대안이 가능한 것인가를 탐색하기 위한 것이라고 할 수 있다.

교육을 연구하는 데는 이상적인 교육의 모습을 밝히려는 차원의 연구가 있고, 그것을 가장 효율적으로 실현하는 원리를 개발하는 차원의 것이 있으며, 역사적으로 있어 왔으며 현실적으로 존재하는 활동이나 제도가 어떤 것이냐의 이해에 관한 차원의 것이 있다. 이상적인 교육이 어떤 것인가? 어떻게 교육하는 것이 가장 효율성이 높은 교육인가? 실제로 사람들은 어떤 교육을 받고 있는가? 이런 질문들은 서로 관련된 질문일 수도 있으나 일차적으로 어느 것을 겨냥하느냐에 따라서 이론적 성격이나 체제가 다를 수가 있다. 물론 어느 질문도 다른 질문에 대한 대답과 함께 고찰하지 않으면 그 자체로서는 잘 대답될 수가 없는 그러한 질문들이기도 하다. 이 세 가지는 반드시 실질적으로 각기 완전한 별개의 것이라고 할 수는 없으나, 적어도 관심과 의도에 있어서 다르며 논리적으로 구별될 수 있는 특징을 지닌 서로 다른 차원의 것이다.

교육의 이상적 조건과 당위적 규칙을 추구하는 이론적 활동을 '규범적 교육학'이라고 하고, 교육의 효율성을 높이는 원리와 기술을 개발하는 연구를 '공학적 교육'라고 한다면, 현실적으로 전개되는 교육의 특정을 밝히는 데 주된 관심을 두고 있는 연구를 '설명적-비판적 교육학'이라고 각각 이름을 달리하여 구별할 수가 있다.

③ 규범적 교육학

현재 이루어지고 있는 교육이 어떤 것이든지 간에 그것의 현실적인 모습과는 상관 없이, 교육의 본질적 특성은 무엇이며 그것을 가장 능률적으로 실천하기 위한 이상적 원리는 어떤 것인가를 밝히려는 차원의 연구를 '규범적 교육학'이라고 한다. 우리는 (인간은) 교육을 왜 하는가? 인간의 어떤 활동을 교육이라고 한다면 그것은 당위적으로 어떤 조건을 만족시켜야 하는가, 교육활동의 능률성을 평가하는 기준은 무엇인가? 교육은 어떤 대상에게, 어떤 제도적 형태에 의해서 이루어져야 하는가? 어떤 것들이 교육에 대하여 역기능적 혹은 비교육적 요소인지를 식별할 수 있게 하는 기준은 무엇인가? 이러한 질문들은 교육의 본질적-당위적 조건에 관한 것이며, 항상 교육이 추구해야 할 가치를 제시하고 그 가치를 실현하는 원리를 밝히는 것을 기본적인 과제로 상정하고 있다.

규범적 교육학의 의미

이와 관련된 교육의 이론은 결과적으로 어떤 활동이나 제도적 형태를 '교육적이다' 혹은 '비교육적이다', 아니면 '더 교육적이다' 혹은 '덜 교육적이다' 라는 평가를 가능하게 하는, 즉 교육적 판단의 기준을 제공하게 된다. 학문적 관심은, 일차적으로 교육은 어떤 가치 혹은 가치체계를 어떤 원리에 의하여 실현시켜야 하는가에 있으므로, 교육학을 규범적인 차원에서 전개하는 셈이 된다.

규범적 교육학은 교육학의 가장 전통적인 형태이다. 고대 사회로부터 금세기 이전까지만 하더라도 교육의 이론은 대개 이러한 성격의 것이었다. 그래서 교육학은 흔히 객관적으로 존재하는 자연세계나 사회현상을 설명하는 설명과학의 일종이 아니라 가치를 추구하는 규범과학이라고 여겨 온 것도 바로 이러한 전통적 경향 때문이라고 할 수가 있다. 물론, 교육학적 관심은 현대에 이르러 다양해졌지만 아직도 규범적 교육학은 교육연구의 주종을 이루고 있으며, 다른 형태의 교육학도 궁극적으로는 직접

규범적 교육학의 확대

적으로나 간접적으로 이러한 규범적 교육학의 연구에 기여할 것으로 기대되고 있다. 그것은 공학적 연구나 설명적 연구도 규범적 연구에 여러 가지 모양으로 도움을 줄 수 있기 때문이기도 하며, 교육에 관한 모든 연구는 일차적 관심이 어디에 있든지 간에 궁극적으로는 좋은 교육을 하기 위한 노력으로 귀결되는 것이 당연하기 때문이기도 하다.

규범적 교육학의 영역

대체적으로 말해서 규범적 교육학은 크게 교육목적론과 교육방법론의 두 영역, 그리고 이 두 영역의 연구에 요구되는 기초연구의 영역으로 나누어진다. 일반적으로 기초연구는 철학, 사회학, 심리학 등의 응용분야로서 교육철학, 교육사회학, 교육심리학 등으로 각각 불리는 소 영역들을 포함한다. 이러한 기초연구의 영역이 따르는 것은 교육목적론과 교육방법론이 광범한 기초학문의 이론들을 응용하고 있기 때문이다.

교육목적론

교육목적론은 주로 교육을 왜 하느냐의 질문에 답하는 것이라고 생각할 수 있으나, 대체적으로 사람들을 어떤 인간이 되도록 길러야 하느냐를 밝히는 데 역점을 두게 된다. 여기서의 인간은 사회적 맥락 속에 있는 존재임을 전제로 하는 것이기 때문에, 교육의 목적은 개체 인간을 중심으로 생각하는 개인적인 목적과 사회적 맥락 속에서 생각하는 사회적 목적을 포함하는 것이 된다. 어느 쪽에 더 역점을 두며 서로 어떤 관계에 있는 것으로 보는가 하는 문제에는 인간관과 사회관의 다양한 형태를 반영하는 여러 가지의 이론이 있을 수 있다. 이러한 교육의 목적론은 교육받은 결과의 인간을 논하는 것이지만, 교육을 초월하여 인간은 본질적으로 어떤 존재이며, 이들이 살고 있는 세계로서의 사회적 조직, 특히 국가를 어떤 성격의 실체로 보느냐에 관련되어 있다. 그러므로 교육목적론은 인간과 사회의 본질에 관한 학문인 철학과 사회과학의 광범한 이론을 기초로 하게 된다.

교육방법론

교육방법론은, 넓은 의미로 이해될 때, 목적론에 관한 이론을 제외한 전부에 상당하는 것이다. 즉, 교육의 목적을 실현하는 데 요구되는 모든 수단적, 방법적 조건들을 통칭하여 교육방법론이라고 할 수 있다는 것이다. 어떤 집단을 대상으로 하여, 어떤 내용의 경험을 선정하여, 어떤 조직의 형태에서, 어떤 방법적 기술을 통원할 것이며, 이런 일들이 어떤 제도적 장치 하에서 이루어져야 하느냐 등의 전부가 넓은 의미의 교육방법론에서 다루어지는 문제이다.

그러나 좁은 의미의 교육방법론은 일반적으로 그러한 광역으로 규정하지 않고, 가르치고 배우는 과정의 방법적 원리에 국한시키는 것이 보통이다. 즉 주어진 내용과

제도적 여건 속에서 교육의 목적을 어떻게 타당성 있게 실현하고 구체적인 목표를 어떻게 능률적으로 달성하는가의 연구에 한정된 의미로 이해된다.

좁은 의미의 것을 두고 말한다면, 여러 현대적 사회과학이 발달하기 전에는 교육의 방법론적 원리를 개발할 때 주로 철학의 인식론과 심리학이 그 기초가 되었다. 인식론은 주로 객관적인 세계의 사물을 어떻게 알게 되며 그 확실성을 어떻게 보장하느냐에 관한 이론이므로 자연히 인간의 마음의 작용을 다루게 되고, 따라서 그것은 일종의 심리학적 설명을 포함하게 되었다. 이러한 심리학은 일반적으로 '내성적 (혹은 철학적) 심리학'이라고 일컬어져 왔고, 19세기까지의 교육방법론은 주로 거기에 의존해서 개발되었다. 그러나 현대에는 심리학이 철학으로부터 분리된 하나의 독립된 과학이 되고 심리적 과정에 관한 과학적 설명이 그 수준을 높이게 되면서 교육이론에 기여하는 정도도 점점 더 많아졌다. 그리하여 심리학의 이론은 교육방법론의 연구에 있어서 결정적으로 중요한 위치에 놓이게 되었다.

그러나 교육의 형태가 개인을 대상으로 하여 지식 혹은 기술을 지도하는 수준에 있는 것이 아니라 거대한 사회적 제도의 모습을 갖추어 가게 되자, 교육방법론적 관심도 거시적인 규모로 바뀌게 되었다. 또한 사회과학의 여러 분야가 발달함에 따라서 심리학만이 아니라, 사회학, 인류학, 통계학 등이 교육방법을 개발하는 기초로서 응용되기 시작하였다. 그리고 시청각적 기재들을 비롯한 여러 가지 형태의 공학적 원리와 기술의 발달도 또한 교육방법의 개발에 광범한 변화를 가져오게 되었다.

그러나 규범적 교육학이 안고 있는 난점이 있다. 그것은, 교육이 목적으로나 이상으로 추구하는 궁극적인 가치와 그 가치를 실현하는 데 수단적으로 요구되는 가치의 체계가 과연 객관적으로 성립될 수 있느냐의 가치철학적인 문제를 안고 있다는 것이다. 교육한다는 것은 인간을 교육한다는 것을 의미한다. 그러니만큼, 교육시켜서 어떤 인간을 길러야 하는가 하는 문제도 중요하지만 교육받을 인간을 어떤 인간으로 보느냐 하는 것도 교육의 목적을 논하는 일에 있어서 기본적인 것이다. 다시 말해서, 그것은 어떤 인간을 교육하여 어떤 인간으로 되었을 때 그 인간이 가치 있는 인간이 되는가의 질문이다. 그러나 이러한 가치의 질문에는 객관적으로 인식될 수 있는 대답이 가능하지 않다는 것이 현대적 가치철학의 여러 유형에서 볼 수 있는 공통된 주장이다.

이런 인간이 이상적이라거나, 저런 지식이 좋은 지식이라거나 하는 주장은 그것을 주장하는 사람의 주관적인 태도나 느낌의 표현에 불과하다고까지 극단적으로 말하는 이론도 있다. 물론, 가치의 객관적 인식의 가능성을 밝히려고 시도하고 또 그것을 주장하는 여러 가지의 이론도 있으나, 이런 이론들은 거의 대개가 엄격하고 체계적인 비판을 제대로 감당하지 못하고 있다. 그러나 많은 사람들은 가치의 객관적 인식이 가능하다는 것을 전제로 하면서, 그리고 그 전제를 정당화하는 일을 유보해 두고서 가치의 체계에 관한 여러 가지의 생각과 이론을 전개하기도 한다. 그것은, 비록 가치 판단의 성격과 기준에 관한 철학적 논쟁은 결론을 얻지 못하였다고 하더라도, 우리는 우리가 살고 있는 문화체제 혹은 도덕규범 속에 묵시적으로 바람직한 인간상을 공유하고 있기 때문이다. 어떤 지식을 소유해야 하고 어떤 능력을 갖추어야 하며 어떤 품성이 좋은 품성이며 어떤 삶을 사는 것이 참다운 삶이라는 것을 대개 한 문화권에서는, 완전히는 아니라고 하더라도, 상당한 정도로 일치하고 있기 때문에 한 국가의 교육이념도 성립시키고 제도와 정책을 발전시키며 여러 방법적인 원리를 개발하기도 한다.

④ 공학적 교육학

만약에 가치의 객관적 인식의 가능성이 의문시된다면, 엄격한 의미에서, 위에서 든 규범적 교육학의 가능성도 회의의 대상이 될 수밖에 없다. 비록 현실적으로 어떤 가치와 목표를 추구하는 교육의 제도나 활동은 있다고 하더라도, 하나의 보편적 가치의 체제를 요구받는 '(규범적) 교육학'이라는 학문이 성립하느냐의 문제가 있다. 가치의 객관적 인식의 가능성에 대한 회의로 인한 위험 부담을 경계하는 교육학자들 간에는, 가치의 문제를 교육이론에서 배제하거나 초월해 버리는 방법을 취하기도 한다. 말하자면, 교육에서 길러야 할, 가치 있는 인간의 특징들이 어떤 것이며, 교육적으로 이상적이라거나 가치 있다거나 하는 것의 판단의 기준은 어떤 것이냐의 논의는 가치철학적 해결을 볼 때까지 유보해 두자는 것이다. 그리고 교육학은 교육방법론에만 한정하는 것이 안전하며 그렇게 함으로써 교육학은 보다 과학적인 이론을 생산할 수 있게 된다는 것이다.

이러한 교육학, 즉 교육방법론만으로 교육학은 적어도 다음의 두 가지를 상정하고 있다. 하나는 인간은 능력, 성향, 습관, 태도, 행동 등에 있어서 변화하는 존재이며 이러한 변화를 지배하고 있는 법칙에 따라서 계획적으로 통제될 수 있다는 것이고, 다른 하나는 그러한 계획적 통제는 어떤 가치관에도 도구적으로 봉사할 수 있다는 것이다. 그 가치관의 객관적 정당화가 불가능하거나 매우 복잡하므로 가치의 문제는 논의의 대상에서 제외되고, 오히려 교육의 원리는 어떤 가치관에도 봉사하는 도구적-수단적 위치에 두게 된다. 그래서 교육은 어떤 가치관에 의하든지 간에 어떤 형태로 '주문된 인간형'으로 길러주는 방법적 원리의 학문이라는 것이다. 이러한 차원의 교육학은 교육에 있어서의 가치판단의 기준에 관련된 논의의 문제에서부터 완전히 자유롭고자 하며, 어떤 가치기준에 의하든지 간에 길러 주기로 주문된 인간을 가능한 한 차질 없이 길러주는, 즉 일종의 공학적 능률성을 높이는 원리를 개발한다는 의미에서 '공학적 교육학'이라고 부를 수 있다.

행동주의 심리학

행동주의 심리학은 학생이 기계의 도움으로 혼자서 학습할 수 있게 하는 수업 기계, 학습과제의 조직적인 구조와 절차에 따라서 학습의 능률성을 높이는 프로그램 학습, 학생의 문제행동을 체계적으로 교정하는 방법을 의미하는 행동수정 등의 원리를 개발하여 교육의 효율성을 높이고 목표 달성의 정확성을 기하는 데 크게 기여하였다. 그리고 교육의 과정에서 이루어지는 인간의 변화를 행동의 변화로 설명하면서, 수업과 학습의 효율성을 위주로 하여 체계적으로 조직하고 전개하는 교육방법적 원리를 개발하는 데 놀랄만한 성과를 거두었다. 그러나 그 이론적 근거가 대체적으로 동물의 실험 등을 포함한 행동의 기계론적 분석에서 유래한 것이라고 하여 때때로 비인간적이라는 비판을 받기도 한다.

공학적 교육학의 성격

대개 심리학에만 거의 전적으로 의존하는 교육이론의 많은 경우에, 그리고 교육의 제도나 체제의 능률성을 명가하는 모형의 개발에 관련된 교육행정학적 연구의 대부분은 이러한 공학적 교육학의 범주에 속하는 것이 보통이다. 이러한 공학적 교육학은 능률성을 가장 중요한 가치로 여기며 여러 가지의 교육관이나 사회적 요구에 대하여 하나의 도구로서 봉사하는 것을 그 특정으로 한다. 규범적 교육학과 마찬가지로 그 특정에 있어서 응용학문적 성격을 띠고 있다. 그것은 심리학이나 사회학 혹은 인류학, 때로는 여러 가지의 사회과학적 공학을 응용하여 교육의 효율성을 기하려고 하기 때문이다. 말하자면, 인간의 개인적-사회적 특성에 관한 여러 가지의 연구와 인간의 노력을 조직화하는 이론을 활용하여 교육의 목표를 효과적으로 달성하도록 하는 원리의 연구가 공학적 교육학이다.

공학적 교육학에서는, 교육을 통하여 기르고자 하는 이상적인 인간과 교육을 통하여 구현시키고자 하는 이상적인 사회에 관한 논의는 교육학적 관심 이외의 다른 차원에서 이루어져야 하는 성질의 것으로 전제한다. 교육의 이론은 인간의 변화를 계획적으로 통제하는 방법적 효율성을 높이는 데 그 중요성이 있는 것으로 여긴다. 이러한 방법적 효율성은 바로 교육의 힘이며 교육학의 과제라고 여긴다.

⑤ 설명적-비판적 교육학

규범적·공학적 교육학과의 차이

위에서 언급한 규범적 교육학은 교육을 통하여 추구하여야 활 가치를 규명하고 그것을 실현하기 위한 과정의 원리를 개발하는 것에 관한 것이라면, 공학적 교육학은 교육적 가치를 밝히려는 일에는 관심을 두지 않으나 어떤 과정에 의하든지 간에 설정된 가치의 실현을 위한 원리를 개발한다는 점에서는 규범적 교육학과 같은 특징을 지니고 있다. 이러한 교육학은 현재 이루어지고 있는 교육의 활동이나 제도에 대한 분석의 결과를 참고할 수는 있으나, 반드시 그래야 하는 것은 아니다. 왜냐하면, 그러한 교육학은 현실적으로 존재하는 교육의 활동이나 제도를 설명하거나 평가하는 일에 일차적인 관심을 두고 있는 것이 아니기 때문이다.

설명적·비판적 교육학의 과제와 위상

현재 이루어지고 있는 교육의 활동이나 제도가 어떤 역사적-사회적 배경에 의하여 성립된 것이며, 그것이 정치나 경제나 종교나 군사 동의 다른 사회적 활동이나 제도와 어떤 관련을 가지고 있으며, 다른 사회의 교육과는 어떤 특징에 있어서 서로 다른가 등에 일차적인 관심을 가지고 이를 밝히려는 활동으로서의 교육학을 "설명적-비판적 교육학"이라고 할 수 있다. 설명적-비판적 교육학은 어떤 교육이 참으로 이상적인 교육인가는 일차적 관심으로 삼지는 않으나, 기존하는 교육의 활동이나 제도의 특징을 설명하고 이해하고 평가하고 비판하는 일을 주된 연구의 과제로 삼고 있다. 현존하는 교육의 활동이나 제도를 비판하고 대안을 제시하는 일을 하기도 한다.

설명적-비판적 교육학은 전통적인 교육연구의 영역인 교육사, 비교교육학, 교육사회학 풍에서 흔히 볼 수 있는 이론들이다. 그러나 최근에 와서는 현행의 교육활동과 제도에 대한 분석이 활발해지고, 특히 신마르크스주의자들의 영향으로 인하여 자본주의 사회의 제도적 체제에 대한 분석과 비판이 본격화되면서 이러한 범주의 형태라고 분류할 수 있는 연구가 매우 왕성해진 것이 사실이다.

위에서 설명한 규범적 교육학과 공학적 교육학은 어떤 교육이 좋은 교육이며 어떻게 하면 교육을 잘 할 수 있는가에 주된 관심을 두고 있는 데 비하여, 설명적-비판적 교육학은 현재 이루어지고 있는 교육이 어떤 특징을 지니고 있는가를 밝히는 데 일차적인 관심을 두고 있다. 그리고 규범적 교육학과 공학적 교육학이 개발한 이론들은 일차적으로 교육에 전문적으로 종사하는 교육행정가나 교원들에게 공급되는 것이나, 설명적-비판적 교육학에서 개발된 이론들은 교육의 전문가들뿐만이 아니라 교육의 활동이나 제도에 대한 이해를 필요로 하는 일반의 대중이나 다른 사회과학도들에게도 공급되는 것이다. 규범적-공학적 교육학에서 개발된 교육이론은 '실천될 교육'에 관한 것, 즉 교육을 실천하는 원리이지만, 설명적-비판적 교육학에서의 교육이론은 '실천된 교육'에 관한 것, 즉 이미 이루어진 교육의 성격과 특징에 관한 기술, 설명, 분석, 혹은 비판이다.

설명적 · 비판적 교육학의 성격

규범적 교육학과 공학적 교육학은 철학, 심리학, 사회학, 인류학, 그리고 때로는 행정학이나 경제학이나 정치학 등의 이론을 기초로 하여 교육의 목적을 밝히고 그것을 실현하는 방법적 원리들을 연구하는 응용 학문적 특성을 지니고 있으나, 설명적-비판적 교육학은 그 자체로서 규범적 교육학이나 공학적 교육학에 대하여 기초 학문적 성격을 띠고 있으며 다른 학문의 응용을 필연적으로 전제하지는 않는다. 물론, 설명적-비판적 교육학도 철학, 사회학, 심리학, 행정학, 경제학, 정치학, 인류학, 역사학 등의 학문들과 밀접한 관련을 가지지만 기초와 응용의 관계가 아니라 서로 인접한 학문으로서의 관계를 가진다. 예컨대, 규범적-공학적 교육학에서는 행정학을 기초로 하여 교육행정의 원리를 개발하고자 한다. 그러나 설명적-비판적 교육학이 취학률의 변화에 관해서 연구한다면 이는 사회학이나 경제학 등과 같은 사회과학의 공통 관심의 주제일 수가 있다. 물론, 설명적-비판적 교육학도 필요에 따라서는 다른 학문들의 이론을 응용할 수가 있다. 예컨대, 교육의 제도나 조직 내에서의 정치적 관계를 분석하고자 한다면 그것은 때때로 정치학적 분석을 해야 할 상황에 있게 된다. 그러나 그러한 일들은 어떤 다른 학문에서도 있는 일이며 그것이 설명적-비판적 교육학을 성립시키기위한 필연적 조건은 아니다.

실증주의 · 반실증주의 교육학의 문제

실증주의적 경향이 지배적인 학문적 풍토에서 볼 수 있는 것이기는 하지만, 일반적으로 자연적-사회적 현상이나 사건을 설명하는 설명과학의 연구에서는 거기에 종사하는 연구자의 태도나 그 연구의 결과로 얻어지는 이론의 체제는 가치중립적인 것이기를 기대하는 경향이 있어 왔다. 즉, 교육적 현상의 객관적 설명에만 머무는 경향이 있었다. 그러나 교육의 활동이나 제도를 설명하는 일에 어떤 가치기준을 적용할 것인가 혹은 않을 것인가는 사회과학적 방법론에 대한 관점의 여하에 따라서 달라진다.

가치기준을 적용하지 않으면 설명적 연구에 그치게 되고, 가치기준을 적용하면 그 기준에 의하여 현실적 교육에 대한 비판적 연구가 있을 수 있다.

대체적으로 실증주의적 경향을 띤 교육학자들은 교육의 활동과 제도에 관한 연구에 있어서 자신이 취하는 문제의식이나 연구 과제의 선태에서는 자신의 관심, 취향, 혹은 가치관이 개입하는 것을 불가피한 사실로 이해하지만, 연구되는 대상에 대하여 어떤 형태의 가치 편견이 작용하거나 연구 과정에서 자신의 가치 주장이 개입되면 그 연구는 객관성을 잃은 것이라고 본다. 그러나 연구의 결과에 대한 해석과 그것에 기초한 대안의 제시 혹은 정책적 비판은 교육을 연구하는 사회과학도로서가 아니라, 정책의 비판자로서 취하는 행위로 여긴다.

그러나 반실증주의자들, 예컨대 마르크스주의자들은 이러한 실증주의적 방법은 공학적 교육학의 경우와 같이 지배 이데올로기(혹은 자본주의 이데올로기)에의 도구로서 봉사하는 한낱 수단에 불과한 것이라고 보고, 연구의 의도나 과정이나 결과가 현실적 교육의 활동과 제도를 부정적으로 비판하고 폭로하는 것을 사회과학적 연구의 본질적 모습이라고 주장하기도 한다. 실증주의자들은 사회적 사실로서의 교육에 대한 연구에 있어서 가치중립성을 방법론적 조건으로 내세우고 있으나, 반실증주의자들은 가치중립성은 사회과학적 연구에서 중요시하지 않을 뿐만 아니라 현실적 제도와 체제를 변증법적 대립의 관계에 두고 이데올로기 비판적인 성격을 띤 연구의 형태를 선호하고 있다. 반실증주의자들 중에는 교육학이란 본래 현실적 제도와 체제를 비판하는 일, 즉 비판적 이론으로서의 특정을 지닌다고 주장하는 사람들도 있다.

이상의 세 가지 교육학은 연구하는 목적과 관심의 차이로 인하여 구별되는 것이기 때문에 때로는 같은 연구의 활동이 세 가지의 모두에 해당되는 경우가 있을 수도 있다.

⑥ 교육내재율에 의한 교육학 구성(장상호, 2000)

인문·사회과학을 소재로 하는 교육에도 문제가 많다. 인문·사회교육은 세속적인 이데올로기를 어떻게 배제하느냐 하는 것이 중요한 관건이 될 것이다. 학교 안에는 이미 이데올로기적인 요소가 지배적이다(Apple, 1979; Giroux, 1981). 이 사실은 부정하기 어려운 현실로서 학교를 이해하는 중요한 요소가 될 수 있을 것이다. 학교를 장악하고 있는 세력이 자신의 지위를 유지하거나 정당화시키는 방식으로 젊은이들의 가치관을 조작하기 위해 학교생활을 설계한다는 것은 천진난만한 사람이 아니라면 누구나 인정하는 일이다. 그러나 그런 현상은 우리의 관점에서 볼 때 교육의 영역이 아니라 사회화의 영역에 속한다.

학문발전의
저해요소

인문·사회과학의 발전을 저해하는 요소는 이 분야가 지식과 이데올로기의 경계를 분명히 하고 있지 않다는 점이다. 특정한 사회 혹은 윤리적 가치체계를 정당화하기 위한 주장이나 이념의 복합체를 마치 학문적 지식인 양 위장하는 경우가 허다하다 기존의 사회질서와 타협하도록 유도하는 의도에서 만들어진 이데올로기일수록 그 주장의 내용이나 입장이 가질 수 있는 오류가능성을 배제하려는 치밀한 은폐가 도사리고 있다. 또한 위장된 이데올로기의 주입은 국가기구를 등에 업은 학교기관을 통해서 강요되거나 세뇌된다. 만약 그런 허점에 대한 자성과 학교와 같은 형식교육에 대한 이론적 비판을 확보할 수 있다면 사회과학의 발전이 자연과학에 비해 지체될 아무런 이유가 없다. 어떤 지식이건 오류가 있음을 겸허하게 시인하고 그 오류로부터 서로 배우고 가르칠 용기를 갖는다면 오늘날의 사회에 대한 학문적 이해는 자연과학에 못지않은 소득을 얻을 수 있을 것이다.

교육내재율의 등장

우리는 마지막으로 학교를 포함하는 모든 생활세계에서 교육과 관련하여 간과되고 있으나 매우 중요한 측면을 언급해야 할 것 같다. 그것은 교육을 통한 교육계의 확인과 검증의 과정이다. 이것을 제 2기 교육학은 교육을 소재로 하는 교육, 즉 메타교육의 측면에서 교육이 자율적으로 발전할 수 있는 내적 장치로 보고 있다. 나는 "교육은 결국 교육에 의해서 구제되어야 할 것(장상호, 1994)"으로 본다. 그 이유와 방법을 간략하게 요약하면 이렇다.

나는 참다운 교육은 그 고유한 실재와 가치를 스스로 입증한다고 믿는다. 교육은 마치 고상한 게임이나 취미와 같아서 한번 그 맛을 알게 되면 자주 그것을 하고 싶게 된다. 다시 말하자면 그것은 그 결과와 무관하게 우리의 삶에서 향유할 수 있는 활동이다. 모르면 배우고 알면 가르친다는 것은 인간으로서 너무도 당연한 권리이자 의무이다. 우리 선인들은 교육을 통해서 어떤 대가를 받으려고 하기보다는 내재적인 가치를 음미하면서 생활하였다. 예컨대 공자, 석가, 소크라테스는 교육적인 앎 자체를 즐겼고, 또 그것을 위해 다른 것들을 희생할 용의조차 보였다. 그러한 가치의 인식은 참된 교육이 진행될 때 가능해 진다.

어떤 세계이든 간에 그것의 실재가 창출되고 많은 사람들에게 입증되는 데에는 긴 시간의 경과가 필요하다. 우리가 교육을 방법론적으로 평가할 때 중요한 것은 특정한 순간의 교육이론이 아니라 오랜 시간에 걸친 교육 자체의 역사적 진화이다. 우리 선인들은 오랜 역사를 통해서 교육을 실천하면서 그것보다 더 나은 실천을 지향했을 것이고, 교육의 수도계적 품계를 확인할 수 있었을 것이다. 말하자면 수도계적인 품위를 향상시킨다는 관점에서 벗어나 교육적 활동 자체에 대한 평가를 할 수 있었을 것으로 본다. 교육은 이처럼 그것에 가담하는 주체가 교육의 고유 가치를 '충분한 이유들'로 체험하고 받아들일 때 비로소 온전하게 번창할 수 있다.

기존 교육(학)의 문제점 비판

그런데 국가기구를 등에 업은 학교제도가 전 세계에 갑자기 도입되면서 교육적 삶의 고유한 측면이 망실되었다. 그 속에서 이루어지는 생활은 명분상 교육과 연관된 것으로 되어 있지만 온갖 비리나 부정적인 요소를 가지고 있다. 바로 그 부정적인 경험들이 누적되면서 학교를 거친 일반 사람들의 교육에 대한 이미지가 오도되기에 이른 것이다. 이 점에서 학교는 잘못된 교육관을 재생하는 데 중요한 역할을 하고 있다. 이제 제 2기 교육학은 그 잘못된 생각을 바로 잡고 오랫동안 망각되고 망실된 교육을 우리의 삶에서 복권하고 증대시키는 데 한몫을 할 수 있기를 기대한다.

새로운 교육학 구축의 가능성

학교의 경험이 교육의 이미지에 준 상처는 깊고 그 기간 역시 길다. 그만큼 치유의 기간도 길어질 것이다. 앞에서 우리는 당대에는 인정을 받지 못했지만 교육을 통해서 그것을 체험한 후에 비로소 인정받는 경우를 예상했다. 교육은 많은 경우에 그것을 접하는 사람들에게 그에 합당한 감식능력을 요구한다. 일반인은 그들이 가진 부정적인 학교경험을 기준으로 교육을 보고 또 다른 사람의 교육을 판단할 것이다. 제 2기 교육학은 그런 교육관을 불식시키기를 원하며 그들이 참된 교육을 인식하고 경험함으로써 교육의 편에 서서 헌신하는 생활을 하도록 하는 확실한 방법으로서 메타교육의 중요성을 강조하지 않을 수 없다.

그 방법은 의외로 간명하다. 우리가 되도록 교육의 내재율에 충실한 생활을 하면서 그것의 가치를 감식할 수 있도록 서로 협조하는 것이다. 교육에 성공적으로 참여하거나 모범적인 교육을 보는 것은 참된 의미의 교육 자체를 강화한다. 우리는 참다운 교육을 하면서 한편으로 그것에 관해서 상구하고 다른 한편으로 후진에게 그것을 하화할 수 있다. 이런 방식으로 교육의 실재성과 그 나름의 품계가 확인되면 이제까지 교육을 단지 수단의 의미로만 부각시켜 왔던 우리생활의 폐습과 관례가 좀더 단기간에 교정되고 극복될 수 있을 것이다.

2. 인문사회과학 위기의 이유

가. 학문 성격의 문제

기존의 인문사회과학은 다음의 두 가지 문제를 크게 간과하고 있었다. 그것은 바로 인간 경험에서 내러티브가 차지하는 의미이고, 다른 하나는 인간 경험의 주요 특징으로서 의미 만들기의 문제이다(Polkinghorne, 1988). 장차 새로운 인문사회과학, 즉 인간과학으로서 내러티브학은 이 두 문제에 주목할 필요가 있다.

① 인간 경험과 내러티브

학문의 성격에 대한 논의는 매우 다양하게 이루어질 수 있다. 인문사회과학은 주로 인간 경험을 대상으로 한다. 따라서 우리는 인간 경험에 대하여 보다 심층적인 논의를 통해 보다 타당하게 인간 경험을 이해해야 한다.

인간 경험은 의미심장한 것이고, 인간의 행동은 이러한 의미로부터 생겨나고 이러한 의미를 통해 형성되면서 특징을 갖게 된다. 그래서 인간행동에 관한 연구는 인간의 경험을 형성하는 의미체계에 대한 탐구를 포함하지 않으면 안 된다. 최근에 경험과 내러티브의 문제가 강조되고 있다. 즉, 인간 경험이 유의미하게 만들어지는데 필수적이고도 주요한 형식인 내러티브에 대한 탐구가 각광을 받고 있다. 내러티브적 의미는 인간의 경험들을 시간적으로 유의미한 에피소드들로 조직하는 인지적 과정이다. 그것은 정신적 작용을 의미하는 인지적 과정이기 때문에, 내러티브적 의미는 직접적인 관찰이 가능한 "대상"이 아니다. 그러나 인간의 내러티브들의 창작물로 드러나는 개인들의 스토리나 역사들은 직접 관찰이 가능한 것이다. 이러한 내러티브의 예들에는 개인적이고 사회적인 역사, 신화, 우화, 소설 등이 포함되며, 우리 자신과 다른 사람의 행위를 설명하는 데 사용하는 일상의 스토리들이 포함된다(Polkinghorne, 1988).

내러티브는 인간이 매 순간 하는 경험과 개인적인 행위들에 대해 의미를 부여하는 수단을 제공하는 하나의 도식이라는 점이다. 내러티브적 의미는 삶에 대한 의도를 이해하는 데에 형식을 부여하고 매일 일상의 행위와 사건들을 에피소드의 단위로 통합하는 기능을 한다. 그것은 한 사람의 삶의 과거 사건들을 이해하고 미래 행위들을 계획하기 위한 틀을 제공한다. 그것은 인간 존재를 유의미한 것으로 만드는 일차적인

인간 경험의 성격

내러티브의 의미

도식이다. 그래서 인간 과학을 통한 인간 존재에 대한 연구는 일반적으로는 의미의 영역에, 특별하게는 내러티브적 의미에 초점을 둘 필요가 있다.

우리는 본격적으로 내러티브에 대한 탐색을 시작하기에 앞서, 인간 존재의 일반적인 특성을 기술하기 위해서 이 예비적인 준비가 필요하다. 즉, 다양한 실재의 종류들을 체계적으로 종합한 것으로서의 인간 존재를 검토하고, 이러한 실재들 중의 한 실재가 지니는 양상, 즉 의미의 영역이라고 볼 수 있는 내러티브적 의미를 확인한다. 그리고 나서 내러티브적 의미를 연구하는 데에 내재된 고유한 문제를 탐색하고, 내러티브적 의미의 특성에 비추어 볼 때, 해석학적인 방법이 내러티브를 이해하기 위한 가장 효과적인 도구를 제공한다는 점을 이해 할 필요가 있다.

인간 존재의 특성   인간 존재는 물질적, 유기적, 그리고 의미의 영역에 다양한 정도로 붙박여 있기 때문에, 그것은 그 자체 내에서 물질, 생물체, 그리고 의식이라는 실재의 세 가지 기본적 구조를 인간 안에 포함하고 있다. 비록 각 구조가 자신의 독특한 조직 구조 패턴에 따라서 작용하더라도, 상위 수준의 작용들과 보다 최근에 발전된 수준(예를 들어, 숙고적이고 반성적인 언어 사용을 포함하는 것)은 그 특유의 하위 수준의 조직에 의해 영향을 받는다. 비록 그것이 특유의 특성을 가지고 있더라도, 의미의 질서에 대한 발현은 유기체 복잡성의 발달, 삼위일체 뇌의 복합적 조직, 그리고 매우 분화된 (대뇌의) 신피질의 덩어리 조직에 좌우된다.

한편, 인간을 연구하는 학문에서 보면, 의식에 대한 연구는 심리학의 주요 과업이었다. 1870년대 과학으로서 출발한 이래로, 심리학적인 연구는 단일의 과학적인 방법이 모든 학문에 의해서 이용될 수 있다는 이상에 기초해오고 있다. 즉 모든 신뢰할 만한 지식은 정확하게 동일한 인식론상의 원리에 의해서 생성된다는 것이다. 이러한 원리들은 다음의 사항들을 필요로 한다: (a) 결론은 직접적으로 이용가능한 대중의 지각에 기초해야 한다. (b) 실험을 통해서 데이터가 만들어져야 한다. 즉 실험은 성격상 관찰 가능한 변화들을 만들어내기 위해 설계된다. 그리고 (c) 일반적인 법칙들도 변화하듯이 사물들이 변화하는 이유에 대해서 설명을 제공하는 일반적인 법칙들이 과학의 대상이 되어야 한다.

심리학 연구   첫 번째의 심리학적인 연구는 의식의 요소에 대해 이해하고자 시도한 Wilhelm Wundt의 공헌에 의한 것이다. 그의 업적은 Mendeleev의 주기율표 발표에 뒤이어 흥분된 상태의 분위기에서 이루어졌다. 의식을 화학적인 혼합물과 같이 생각한 Wundt

는 의식 역시 복잡한 경험들을 만들기 위해 결합된 요소들로 구성되어 있다고 생각하였다. 그의 연구는 통일된 과학과 일치하는 설계 원리를 활용하였다. 그는 그의 훈련된 피험자의 감각(시각, 청각, 그리고 촉각)에 자극을 제시하고, 그 다음에 그 피험자들에게 그 결과로서 따르는 정신적 요소와 작용을 상세하게 기술해보라고 하는 실험을 전개하였다. Wundt는 Mendeleev가 정신적 요소의 주기율표를 개발함으로써 화학에 대하여 수행했던 것을 똑같이 심리학에 대해서도 정신적 종합과 혼합의 원리를 포함하여 같은 일을 하고 싶어 하였다. Wundt의 연구 프로그램은 이미지가 없는 사고라는 개념에 의해서 효력이 약화되었다. 즉 모든 마음의 작용은 항상 자기 관찰이 직접적으로 가능한 것이 아니라는 것이다(Polkinghorne, 1988).

주류 심리학과 인지혁명

1920년대에서 1960년대까지 행동주의 시대동안, 주류 심리학은 의식을 연구하는 것을 포기하였고, 직접적으로 대중들이 지각이 가능한 것들에만 의식의 데이터를 제한하였다. 그러나 지난 30년 동안 인간의 학문에 있어 "혁명"의 전환이 있었다.[2] 즉 세계에 존재하는 대상이나 사물로서 인간에 대한 연구로부터 마음이나 의식에 대한 연구로의 초점의 변화가 있어왔다. 이러한 변화는 인간정신 능력들, 즉 지각하고, 기억하고, 유추하고, 그리고 수많 다른 것들이 인지라고 불리는 복잡한 체제로 조직화되었다. 인지과학에서 가장 잘 연구되어 온 토픽은 지각과 인식, 재생과 기억, 언어의 생산과 수용에서 인지적 활동의 역할이라고 볼 수 있다. 그러나 인간의 문제와 인지에 있어서 그것의 중심적인 역할에도 불구하고, 내러티브 구조의 역할은 단지 최근에 인지과학에서 연구가 진행되면서 주목을 받고 있는 실정이다.

컴퓨터 비유의 한계

요컨대, 인지과학은 세계의 대상들을 연구하기 위해 개발된 동일한 탐구 도구를 가지고 의식의 행위 연구에 접근하여 왔다. 컴퓨터가 인간의 반응을 자극하기 위하여 프로그램화 될 수 있기 때문에 인간의 마음은 컴퓨터 프로그램과 같이 작용해야 한다는 제안에 기초하여서 컴퓨터는 마음의 과정에 대한 모델로서 Wundt의 화학의 활용을 대체하여 왔다. 비록 의식을 컴퓨터에 비유하여 사용한 첫 번째 연구가 위대한 약속을 지키는 것으로 예고되었지만, 현재 이러한 접근 방법의 한계가 나타나기 시작하였다.[3]

---

2 "Revolutionary" Howard Gardner's term, in The Mind's New Science: A History of the Cognitive Revolution(New York: Basic Books, 1985).
3 Gardner.
　의식의 연구에 관한 최근의 몇몇 다른 접근법이 있다.; 예를 들면, 뇌파 검사가 이에 해당한다.

의미 영역의 특징

또 다른 하나는 의미 연구에 대한 것이다. 의미 연구에 내재한 난점들로 인해 그리고 적용가능성이 제한된 방법을 사용하는 것은 이러한 인간의 존재에 대한 범위를 탐구하는 데 있어서 인간 과학의 성공을 제한해 오고 있다. 그러나 의미에 대한 연구는 모든 탐구에 있어서 가장 기본적인 것이다. Husserl은 전체적 과학적 기획은 인간 의식의 지각적 작용과 의미 만들기 작용에 기초로 하고 있다는 점을 지적하고 있다. 우리의 존재와 행위에 대한 이해는 우리가 우리의 행위와 표현들을 지도하는 데 출발점이 되는 경험을 한 영역이나 삶을 산 영역을 만들어낸 구조에 대한 지식을 필요로 한다. 의미 영역에 대한 연구는 인간이 지식을 창안하는 방식에 대한 이해에 선행하며, 그래서 과학 자체의 작용을 특징짓는다. 의미 영역에 대한 연구는 특히 인간 경험을 설명하는 데 관련된 학문에 핵심적으로 중요한 것이다(Polkinghorne, 1988).

의미의 영역에 대한 이러한 특징들이 물리적인 영역의 특징과 다르기 때문에, 의미 영역에 대한 연구는 전통적으로 의식을 연구하는데 이용되어온 인간의 학문을 연구하는 방법들에서도 변화를 필요로 한다. 비록 이러한 앞선 연구 절차들이 수많은 맥락에서 매우 효과적이라고 입증되었지만, 그 연구 절차들은 의식의 연구에 적용했을 때, 유용성이 한정되었다. 인간의 학문은 모든 과학적인 지식이 단일하고 통일된 접근 방법을 통하여 개발될 수 있다는 이상을 공유하고 있다.

존재의 영역과 내러티브적 의미

그러나 모든 실재는 동일한 형태를 지니고 있다는 명제에 기초하고 있기도 하다. 대신에, 접근방법들은 모든 종류의 실재를 연구하도록 구체적으로 설계되어야 한다. 왜냐하면 지식에 대한 단일한 접근 방법의 사용은 하나의 실재의 측면을 또 다른 영역으로부터 도출된 통약불가한 범주들로 전환을 해 줄 필요가 있기 때문이다. 예컨대, 내러티브적 의미가 물질적 영역에서 대상의 기술로부터 도출된 범주로 바꾸고자 할 때, 내러티브 경험의 결정적이고 중요한 차원은, 그것이 포함하는 시간성의 경험을 포함하면서 상실되어버리고 만다. 게다가, 존재의 영역을 가로지르면서 전환하는 것

뇌파활동을 측정하기 위한 도구를 등록하고자 하는 변화들은 정신활동의 유형과 관련되어 있다. 게다가, 분할된 뇌연구는 외과적으로 심각한 뇌량을 지닌 환자들을 대상으로 연구해왔다. 이 연구프로그램은 뇌반구(우뇌,좌뇌)에 대한 의식적인 활동의 유형과 관련하여 시도해왔다. 폭넓은 관심과 최초의 흥미로운 시도임에도 불구하고 이는 의식의 구조와 내용을 이해함에 있어 가치의 한계를 입증하게 되었다. 의식을 연구하고자 했던 주류 연구 프로그램들은 통합과학운동의 인식론적 원리에 대한 책임을 유지해왔다. 최초의 성공 이후에도 이 프로그램들은 의식의 보다 복잡한 활동을 연구하고자 함에 따라 심각한 문제들에 직면해왔다.

은 복잡성이 축소되고 정보가 상실되어버린다. 예컨대, 내러티브의 복잡성이 유기적이거나 물질적인 영역에서 인식된 구조들이나 작용들로 감환 될 때처럼 말이다.

비록 물질적 영역이 절차를 양화하고 통계적 추정을 사용함으로써 가장 잘 연구될 수 있지만, 의미의 영역은 일상 언어에서 그것을 표현하는 질적인 뉘앙스를 통해서 가장 잘 포착된다. 역사와 문학 비평에 대한 학문은 언어로 그것의 표현을 통해 의미의 영역을 연구하는 절차와 방법들을 발전시켜왔다. 인간 학문은 의식 영역의 탐구를 위한 과학적인 모델에 있어서 물리과학보다는 역사나 문학과 같은 학문들에 천착할 필요가 있다.

의미의 생성에 대한 연구

의미의 생성에 대한 연구의 목적은 다양한 의미 체제의 구조와 형식에 대해서 분명하고 정확한 기술을 하는 것이다. 이러한 성과의 유형은 행동의 예언이나 통제를 위해 정보를 제공하는 것이 아니고; 대신에, 개인과 집단이 그들 자신의 행위들을 통제하고 힘을 증가시키는데 이용될 수 있는 지식의 한 종류를 제공한다. 이러한 일은 자기반성, 인터뷰, 그리고 인공물의 수집을 통한 이들 체제들의 표현에 대한 예시들을 수집하는 것을 통해서; 그리고 언어적인 분석의 체제적인 원리들과 해석학적인 기술을 사용함으로써 이러한 데이터로부터 결론을 도출하는 것을 통해서 달성할 수 있다.

정량화된 데이터를 기초로 한 연구로부터 이러한 종류의 접근 방법을 구분하기 위해서 혹자들은 우리가 언어적인 데이터를 이용하는 연구를 "research"라기 보다는 "inquiries", "studies", 혹은 "investigation" 이라고 부른다는 점을 제안해 왔다. "Re-search"는 보다 심층적인 이해를 하기 위하여 어떤 것에 대한 피상적인 관점을 넘어서는 체제적인 시도를 의미하며, 내가 기술해 온 탐구 모델은 이 준거를 충족시킨다(Polkinghorne, 1988).

나. 현장 실천과의 관계 설정

그리고 인문사회과학의 주요 위기로서 흔히 거론되는 것들로는 연구와 실천가는 이 괴리 문제를 지적하곤 한다. 우리는 인간을 탐구하는 학문 분야에서 실천가와 연구자들의 연구 작업에서 내러티브적 의미가 수행할 수 있는 역할을 검토해 볼 필요가 있다. 내러티브를 이해하는 것은 문화인류학자, 심리치료가, 카운슬러, 그리고 조직 내에서 의미 체계를 가지고 연구하는 증가하는 여러 연구 집단들에게 특히 중요한 일이다. 그런데 우리는 이론과 실천, 연구와 현장, 학자와 교육자, 전문가와 실천가, 양적연구와 질적연구, 설명과 해석, 분석과 종합 등을 분리하여 생각하는데 익숙하다. 이러한 분리적 사고방식에는 이론과 실천의 괴리 문제가 크게 자리하고 있다.

이러한 괴리를 Polkinghorne(1988: x-xii)은 다음과 같이 고백한 적이 있다.

실천가와 사회과학 연구의 자금 기관들에 의한 비판은 사회과학 연구의 방법론적인 가정의 적절성에 대한 질문을 제기한다. 비록 개인적으로는 사회과학 연구의 현재 방법에 의해 형성된 이론적 기여의 중요성을 옹호하지만, 자연과학으로부터 채택된 우리의 전통적인 연구 모델이 인간의 연구에 적용될 때에는 한계가 있음을 발견했다. 나는 인간 문제에 대한 해결이 자연과학 모델을 보다 정교하고 창의적인 적용을 개발시킴으로써 증진된다고 믿지는 않는다. 오히려 인간 존재의 유일한 특성에 대해 좀 더 특별히 민감한 추가적이고 보완적인 접근방법을 개발함으로써 증진된다고 본다.

사회과학연구가 인간의 각종 문제 해결에 유용한 답을 줄 수 있는가에 대한 역량에 대한 신뢰가 대체로 감소하고 있음에도 불구하고 심리치료사, 카운슬러, 조직 컨설턴트에게 도움을 요청하는 사람들은 지속적으로 증가하고 있다. 실천가들이 자신을 찾아온 의뢰인에게 도움이 되는 유용한 이해의 방식을 고안하고 개발해내고 있다는 가정 아래에 나는 실천 현장에서 그들이 어떤 종류의 지식을 사용하는지 조사하기 시작했다. 연구 전략의 개발은 학문의 영역이고 학문으로부터 나온 결과가 실천가에게 전달된다는 것은 상식이다. 나는 이 상식을 다른 방식으로 생각하여 실천가로부터 배울 수 있는 연구조사 방법이 무엇인지를 알아보기로 했다. 아마도 실천가들이 학자들보다는 더 나은 상식 인식론자라는 생각이 들었다고 할 수 있겠다.

내가 발견한 사실은 실천가들이 내러티브적 지식으로 일을 한다는 것이다. 그들이 관심 있어 하는 부분은 사람들의 '이야기'이다. 그들은 사례사(개인 기록)를 가지고 업무를 진행하며 의뢰인들이 왜 그런 방식으로 행동하는지에 대해 이해하기 위해서 내러티브 설명방식을 사용한다. 나는 다른 사람들도 나와 유사한 결론에 다다르고 있다는 사실에 고무되었다. 나는 내러티브 정보를 가지고 일하면서 심리분석 세션을 연구한 Donald Spence와 Roy Shafer의 연구와 마주하게 되었으며, 1985년 미국 심리학회 컨벤션에서 내러티브 방법에 관한 Jerome Bruner의 연설을 들었다. 캘리포니아 대학교에서 내러티브에 관한 세미나에서 만난 William Runyan은 사례 역사와 정신분석적 전기(자서전)에 대한 연구에 대해 나와 공유하였다. 가장 생산적은 토의는 노트르담 대학교의 심리학과장인 나의 친구 George Howard와의 대화였다. 임상실습을 위한 내러티브 이해의 함의에 대한 이야기로 꽤 오랜 시간을 보낸 이와 같은 다양한 만남들을 통해 이 책의 틀을 구성할 수 있었다. Theodore Sarbin과 Donald Michael은 개정을 제안하여 이 책이 완성되는데 중요한 개선점을 제공해주었다.

이상의 괴리 문제들은 개선되고 극복되어야 한다. 본 연구에서는 내러티브가 이 괴리를 극복해줄 것으로 믿고 있다.

인문사회과학 분야들의 실천은 다양한 규모의 집단들과 관련된다. 연구는 개인들, 내러티브의 가치 커플들, 가족들, 조직들, 그리고 크기와 복합성에 있어서 도회지부터 국제적 통합체에 이르는 정치적 단위들과 관계된다. 내러티브의 이해의 결과들은 이러한 다양한 인간 조직의 연구에 중요하다. 어떤 개인의 병력(病歷)과 인생 스토리, 결혼 스토리, 단체의 역사, 국가와 세계의 역사는 모두 인문 학과들의 주제이다. 내러티브적 이해의 명백한 응용을 위한 맥락을 정하기 위해서, 나는 내러티브에 관한 조사 결과들을 진전된 데까지 본 연구에서 요약할 것이다.

인간 존재는 현실의 다양한 질서들, 다시 말해서 물질적 현실, 유기적 현실, 그리고 인간 존재와 언어 우리가 의미라고 부르는 현실로써 구성되어 있다. 의미 질서에 관한 계몽주의적 관점은 의미 질서가 일차적으로 외부 현실의 재현인 관념들로써 구성되었다는 것이었다. 언어는 인식론상의 역할을 갖지 않는다. 즉 언어는 의미 영역의 부차적 구성요소였다. 관념들과 그것의 조합들은 정신 속에 존재하는 것으로 이해되었고, 언어는 관념의 복합체를 관리하는 기능을 하며 또한 타인과의 소통이 필요한 경우에 관념들을 전달하는 기능을 했다. 인식론상의 언어의 역할 배제는 경험주의와 현상학에서도 유지되었다. 두 입장의 차이는 의식이 순수 관념의 생성에서 수행하는 역할에 관한 것이다. 경험주의에서, 관념은 환경으로부터 피동적으로 수여된 것이다. 현상학에서, 초월적 자아가 나타난 관념의 생산에 능동적으로 관련된다. 언어는 의미의 부차적인 요소였다. 즉 언어는 의미의 생성에 전혀 개입되지 않는다.

우리가 주목하는 입장은 언어가 지식 생산에 있어 무구하고 투명하게 기능하는 것 내러티브 의미와 존재 이 아니며, 언어의 문법적, 수사적, 내러티브적 구조들이 의미 질서 속에 출현하는 주체와 객체를 구성한다. 즉 주체와 객체에 형태를 부여한다는 것이다. 언어적 형태들은 물리적 영역의 물질적 대상들과 똑같이 현실을 갖는다. 인간 존재에 대해서 언어적 형태들은 가장 중요한 것인데, 이러한 형태들이 물리적 영역과 문화적 영역으로부터의 정보를 여과하고 체계화하며 또한 이러한 정보를 인간 지식과 경험을 구성하는 의미로 변형하기 때문이다. 이러한 구성된 경험을 토대로 해서 우리는 우리 자신과 세계를 이해하며, 우리가 어떻게 행위 할 것인지에 관해 결정을 내리고 계획을 세운다.

다. 학문 연구 방법 및 탐구 활동에 대한 인식

무릇 모든 학문이 인간 존재의 문제를 대상으로 하면서도 인간의 문제를 심층적이면서 종합적으로 다루기보다는 개별적으로 접근하면서 문제의 본질을 포착하는데 실패하곤 한다. 더욱이 '연구와 실천 간의 분리'가 보다 심각한 문제를 야기하기도 한다. 그 결과 학문은 해명하고자 하는 문제의 본질을 구명하고 사회를 이해하는데 많은 난점을 발생시킨다. 이 과정에서 인간 존재의 본질을 이해하는 일이 필수적인 과제로 등장하게 된다. 장차 연구, 즉 인문사회과학은 인간 존재의 문제에 주목하는 인문사회과학이 새로운 렌즈로 어떻게 학문을 하는지를 보여주어야 한다.

연구와 실천 간의
진정한 반성

지금까지 인문사회과학은 대체적으로 말하여 주로 양적인 연구방법에 치중하였으며, 특히 대규모의 연구에서 더욱 그러하다. 그리고 연구와 실천 간의 분리에 대하여 보다 심각하게 고민을 하지 않는다. 그러다보니 연구자와 실천가 사이의 관계도 분열적이며, 진정한 실천가의 전문성에 대한 의미를 반성해보는 일에 인색하다.

우리들 모두는 대학에서 각 전공 분야의 연구를 하고 각 해당 분야에서 학생들을 가르치면서 우리의 생을 살아가고 있다. 학자로서 교사교육자로서 말이다. 내가 하는 공부가 과연 얼마나 현장에서 기능할 수 있을까? 이 과정에서 과연 우리는 학자로서 교육자로서 전문성을 담보하면서 제대로 가르치고 연구하고 있는지 상심하게 되는 경우가 종종 있다. 과연 학자로서 내가 생산해내는 지식이 과연 얼마나 실제성이 있는지, 교육학자 내지 교과교육학자로서 혹은 가르치는 사람으로서의 경계와 갈등의 문제 등등.. 우리가 제대로 학문을 하고 가르치고 있는 것인지 하는 문제는 우리를 늘 긴장하게 하고 상심하게 하고 곤혹스럽게 만드는 것들이다. 이러한 문제들을 조망해보는 데 이 책은 최소한의 도움을 제공해주고 있다. 특히 (Polkinghorne, 1988)이 밝히고 있는 것처럼 전문가의 전문성에 대한 반성, 연구와 실제를 통합시키는 문제에 대한 불안정, 사화과학 연구의 방법론적 가정에 대한 적절성의 문제, 보다 올바른 사화과학 연구 방법의 방향 등의 문제를 고민해보라고 권고하고 있다.

최근에 우리가 목도하는 사회과학 연구들의 빈약성, 혹은 방법론의 부적절성은 많은 실망을 안겨주고 있다. 아이러니하게도 인간의 각종 문제 해결에 유용한 답을 줄 수 있는 사회과학에 대한 신뢰가 감소하고 있음에도 불구하고 심리치료사, 카운슬러, 조직 컨설턴트에게 도움을 요청하는 사람들은 지속적으로 증가하고 있다는 점이다.

현장 교사들이 교사교육을 하는 대학의 교수들에게 실망을 하면서도 대학원에 진학하여 공부를 하고자 하는 혹은 도움을 받고자 하는 경우가 많다. 물론 여기에는 여러 가지 동기와 이유가 있을 수가 있다. 그럼에도 불구하고 실천가들이 자신을 찾아온 의뢰인에게 도움이 되는 유용한 이해의 방식을 고안하고 개발해내고 있다.

실천가와
내러티브 지식

실천 현장에서 그들은 다양한 종류의 지식을 사용하게 된다. 흔히 상식적으로 보면 연구 전략의 개발은 학문의 영역이고 학문으로부터 나온 결과가 실천가에게 전달된 다는 점이다. 그런데 이 상식을 다르게 보면 어떨까? 즉 실천가로부터 배울 수 있는 연구조사 방법이 무엇인지를 알아보는 것이다. 자세히 천착하다보면 실천가들이 학자 들보다는 더 나은 상식 인식론자라는 생각이 들 수도 있을 것이다.

이 과정에서 중요하게 발견할 수 있는 것은 실천가들이 내러티브적 지식으로 일을 한다는 것이다. 그들이 관심 있어 하는 부분은 사람들의 '이야기'이다. 그들은 다양한 개인들의 사례를 활용하면서 일을 해결해나가고 이 과정에서 의뢰인들이 왜 그런 방식으로 행동하는지에 대해 이해하기 위해서 '내러티브 설명방식'을 사용한다는 점이다.

우리가 주목할 것은 사람들이 세상을 이해하기 위해서 사용하는 내러티브라는 것이다. 우리가 실천가들이 사용하고 있는 지식의 종류로부터 배운 것도 이러한 것이다. 이러한 내러티브를 가지고 일 할 수 있는 연구 전략을 수립하는 것은 매우 중요한 일이다. 이러한 관점은 우리에게 익숙한 연구모델과 다른 부분은 있으나 인간에 대한 이해의 영역을 확장시켜 우리의 연구를 훨씬 더 성공적이고 유용한 것으로 만드는데 긴요한 것이다.

라. 학문 분과주의

학문 발전의 일반적인 방향은 전문화와 세분화의 길을 걸어왔다는 데에는 이론의 여지가 없다. 학문의 세분화와 전문화의 과정에서 긍정적인 측면도 많다. 그러나 학문 탐구의 궁극적인 목적이 인간의 이해와 행복한 사회의 창조에 있다면 현재 가속적으로 진행되는 학문 세분화의 길은 이러한 목적의 달성에 많은 한계가 있다는 비판이 존재하고 있다.

최근 분과주의의 폐해를 개선하는 전략으로 잡종의 개념이 회자되고 있다. '잡종 (hybrid)'이라는 개념은 최근 유행하는 통섭(統攝, consilience)보다 좀 더 다양한 지식

분야 사이의 상호작용에 적용할 수 있는 개념이다. 게다가 윌슨의 통섭이 강조하는 학문 사이의 위계질서나 환원주의를 전제하지 않기에, 다양한 분과학문과 지적 관심들 사이의 합종연횡을 강조하면서 훨씬 '민주적'인 방식의 학문적 융·복합을 지향한다. 특정 학문의 구속에서 벗어나 생산적인 학문의 소통과 상호이해를 추구하는 잡종적 태도가 복잡한 현대사회에 유용하다는 점을 강조해왔다(홍성욱, 2008).

학문분야의 분과적
성장과 그 이면　한국연구재단(구 학술진흥재단)의 2008년 통계에 따르면 한국에 존재하는 학문 분야는 약 4,230개다(2008년 1월 통계, 한국학술진흥재단). 학문 분야나 분과(分科)는 분화(分化)를 통해 전문화되고 제도화된다. 학문 분야의 분화를 통한 전문화는 탐구 영역 늘어나면서 독립된 연구 분과로 급속도로 심화, 발전되면서 일어나는 현상이다. 학문 분야의 제도화는 전문화된 연구 분과가 학회를 만들고 학회지를 창간하면서 개별 영역 고유의 사고, 논리, 언어 체계를 만들어 나가는 과정에서 이루어진다(천정환, 2008). 학문 분야의 전문화와 제도화는 다른 학문 분야와의 원활한 소통의 벽을 높이는 역기능적 결과를 가져온 장본인이다. 학문 분야의 전문화와 함께 확문 분야별 특유의 전문용어와 개별지식 체계도 발전하연서 다른 학문 분야와의 소통이 어려워진다. 이 같은 현상을 보여주는 대표적인 보기를 2007년 한겨레신문에 게재된 science지의 다음과 같은 지적을 들 수 있다. '과학 연구가 점점 더 세부 주제로 파고들고 약칭과 기호들이 어느 때보다 더 많이 쓰이면서 보고서와 연구논문의 전문적이고 난해한 언어를 관련 분야의 사람들조차 이해하기 힘들게 했다"(한겨레 신문, 2007년 4월 11일). 이처럼 학문 분야의 분화와 전문화를 통한 발전과 새로운 지식의 생성을 아는 사람만 알거나 자기 분야의 학자도 이해하기 어려운 언어와 사고, 논리와 접근 방법이 횡행하게 만들고 있다. 근대 이후 학문 발전은 곧 연구 분야별 분화와 전문화를 통한 새로운 지식의 창조를 통해 이루어져 왔다(유영만, 2009).

분화와 전문화의
발전　학문 분야의 분화와 전문화를 통해서 창조된 지식과 여기에 담겨져 있는 사고논리는 인접 분야의 사람들도 이해하기 어려운 신비의 영역으로 발전하게 된다. 이런 신비의 영역으로 발전하기 시작한 분과 학문은 분과 학문간 벽을 더 높이 쌓고 넘어서설 수 없는 경계선을 그으면서 더욱 더 독자적인 탐구체계와 논리를 구축해나간다. 결국은 전문 분야별 보통의 상식과 지식으로는 이해하기 어려운 '신비의 영역'은 전체 지식체계에 대한 종합적이고 직관적인 설명과 이해가 불가능한 '신앙의 영역'으로까지 승화, 발전되기도 한다(천정환, 2008). 학문의 분화와 전문화의 추구는 개별지식에 대한 깊이의 심화를 가져오며, 이는 결국 분과학문이 만들어 내는 지식에 대한 이해의 어려움은 물론 분과학문간 또는 인접 학문 간 소통의 부재를 발생시킨다. 결국 전문 지식은 더욱 전문화의 길로 심화, 발전되면서 동시에 다른 분야의 전문가는 자기 분야가 아닌 분야에 대한 전문적으로 문외한인 절름발이의 전문가를 대량 양산하는 악순환을 반복하고 있다. 한 우물을 파야 전문가가 될 수 있다는 말은 여전히 전문가가 되는 전제조건이다. 하지만 이제 한 우물을 파더라도 전후좌우를 둘러보고 파야 자기가 판 우물에 매몰되지 않는다. 학문 분야도 마찬가지다. 특정 학문 분야를 깊이 있게 파고들되, 인접 분야와의 관계성을 염두에 두고 파야 된다. 길게 파되 넓게 파기 시작해야 된다. 넓게 파면서 동시에 깊게 파고들어가야 깊게 파다가 막히거나 장애물에 직면하면 다른 길로 방향을 전환할 수 있는 가능성이 그만큼 높아질 수 있다.

현재 통용되는 지식의 구획들이 원래부터 존재했던 것은 아니다. 탐구영역 간 지식을 구분하기 위해 인공적인 칸막이를 쳐놓은 것에 불과했지만 이런 지식의 구획들이 이제는 넘어설 수 없는 벽을 만들고 건널 수 없는 경계를 만들게 되었다(장대익, 2009). 분과 학문간 벽이 높아지고 경계가 확연하게 구분되면서 창조되는 세분화, 전문화된 지식은 그 지식의 근원이 어디에서 유래된 것인지를 알기 어려를 정도로 파편화, 단절화되어 가고 있다. 분과학문이 늘어나면서 탄생하는 지식은 분과학문 내부뿐만 아니라 분과학문 간에도 그 출처는 물론 사용처도 알기 어려울 정도로 세분화되어 가고 있다(유영만, 2009). 통합적 안목을 잃고 끊임없이 세분화되는 전공의 전공을 하다 보니 자신의 전공이 유래된 모학문의 실체와 본질은 더욱 이해하기 어려운 사태와 국면으로 치닫고 있다 획일화, 구획화, 표준화된 지식으로는 상상력과 창의력이 지배하는 미래 사회에 대응할 수 없다는 절박한 인식의 반성이 일어나고 있다(김광웅, 2009a, 2009b; 이어령, 2006, 2009; 이인식, 2008; 장회익, 2009; 천정환, 2008; Horx, 2008). 칸막이에 갇힌 분과학문의 세분화, 파편화된 연구의 깊이로는 새로운 상상력과 창의력이 살지 못한다는 반성과 위기의식이 일어나면서 근대 이후 학문과 지식발전의 방향은 새로운 국면을 맞이하기 시작한다.

우리나라 경영학의 위기가 대부분의 경영학자와 컨설턴트들이 경영학이란 학문적 경계 안에 머물러 있으려는 안이한 태도로부터 기인한 것처럼(유정식, 2007), 모든 교육학 분과학문의 위기도 대부분의 교육학자들이 자신들의 학문적 경계에 머물러 있으려는 외골수적 사고방식에서 유래된다. 교육학이 교육현상을 설명하고 이해하기 위해서는 분화된 전문가적 시각과 관점의 융합이 필요하다. 교육현상을 종합적 교육이해와 처방을 기다리고 있다 교육현상을 교육학의 분과학문이 쓰고 있는 안경에 따라 다르게 보인다. 각자가 쓰고 있는 분과 학문적 개별지식의 안경으로 하나의 총체적 현상으로서의 교육현상을 진단하고 치료하는 데에는 한계와 문제점이 있음을 인식하고 교육학 분과학문 간 지식융합을 통한 통합적인 진단과 치료가 필요한 시점이다. 분과학문의 전문화 추세가 갖고 있는 한계와 문제점을 극복하기 위해 전체에서 분화, 전문화로 가는 방향과 정반대의 노선에서 이루어지는 노력이 필요하다.

융합과 통섭에 대한 관심 대두

　학문을 인문, 사회, 자연과학으로 나눠 사고하는 방식은 12세기 이후 서구에 대학이 등장해 지식 체계를 세분화하면서부터 생겼다. 작은 단위로 쪼개진 학문은 한층 정밀한 연구가 가능해졌지만, 학문간 소통에 문제를 만들었다. 인문학자는 자연과학 분야 전문용어를 알아들을 수 없고 자연과학자는 인문학적 지혜가 부족하다. 무섭게 발전하는 기술 속도에 맞춰 이 발전이 가져올 사회적 변화에 조언을 할 지식인은 거의 없다. 사회가 다시 학문 융합, 통섭에 관심을 두는 이유다.

　최근 융합학문에 대한 관심이 점증하고 있다. 이남인 교수는 융합학문의 포문을 열었던 Edward Wilson의 통섭 개념을 비판하며 국내 학제 간 연구에서 철학이 기여할 수 있는 방안을 제시한다. Wilson의 통섭은 '자연과학적 방법을 통해 인문학 및 사회과학을 자연과학으로 탈바꿈시키면서 전자를 후자와 봉합선 없이 연결시키려는 시도'다. Wilson은 이 개념을 도입하며 뉴턴의 물리학을 시발점으로 화학, 생물학, 경제학, 심리학 등 학문들이 철학으로부터 독립해나가면서 철학의 영역이 줄어들었다고 평가한다. 이 교수는 이에 반박하며 '독립해 나간 분과학문을 철학적으로 성찰하면서 새로운 철학의 분야가 하나씩 생겨났다'고 주장한다. 정치철학, 경제철학, 사회철학, 과학철학 등은 그 결과물이다. 또한 철학은 본성상 학제적 연구를 생명으로 하고 있기 때문에 학문융합 시대에 철학이 기여할 수 있는 분야가 있다고 말한다. 철학과 인접학문의 융합, 철학 사조들의 융합, 학문 융합에서 발생하는 갈등의 해결사 역할로서 철학적 사고를 이용하는 것 등이다.

　홍성욱(2008)은 자연과학자의 눈으로 통섭을 말한다. 요컨대 융합학문이 둘 이상의 학문을 단순히 합쳐서 연구하는 게 아니라 둘 이상의 학문이 소통하며 새로운 하나를 만들어야 한다는 주장이다. 홍 교수는 학문간 경계를 허무는 과정에서 통찰력이 생기고 융합의 효과를 나타낸다고 지적하며 이를 위해서는 다양한 사고 실험을 하고 자신의 분야 외에도 관심을 기울이며 인접 학문에서 재원을 가져와 연구하는 태도를 가져야 한다고 조언한다.

마. 학문 연구방법론의 쟁점: 사회학을 중심으로

사회학방법론의 핵심 쟁점은 존재론적 쟁점과 인식론적 쟁점, 그리고 가치론적 쟁점으로 요약된다. 지금까지의 사회학방법론 논쟁에서는 지배적인 조류가 사회학의 성립 초부터 가졌던 자연과학적 전통과 인문학적 전통 가운데, 지나치게 자연과학적 전통의 실증주의적 과학관에 경도됨으로써, 근래로 올수록 본래 의미의 인문학적 전통의 학문론으로서의 방법론 논쟁이 제대로 이루어지지 못했다.

물론 이것은 사회학이 출발할 때 독립 분과 학문으로서 과학이라는 지위를 획득하기 위한 노력에서 비롯되었다고 할 수 있는데, 사회학이 자연과학에 준하는 과학임을 입증하려는 초기 사회학자들의 노력이 사회학을 독립 분과 학문으로 성립시키고 발전시켰음에도 불구하고, 오늘날에 와서는 역설적이게도 그것이 바로 현대의 사회학이 직면한 위기 이유 가운데 하나가 되었다는 것이다.

왜냐하면, 사회학적 인식론 자체가 근대의 자연과학적 인식론에 뿌리를 두고 있다는 것을 염두에 둔다면, 사회학 역시 근대성의 위기라는 테두리를 벗어날 수 없다고 보이기 때문이다. 사회학방법론의 세 가지 쟁점을 통해 이러한 문제를 검토해 보기로 한다(김재범, 1997).

① 존재론적 쟁점

학문의 대상을 어떻게 볼 것인가의 문제와 관련되는 방법론상의 존재론적 쟁점은, 사회학에서는 결국 그 대상이 되고 주제가 되는 사회와 사회현상의 본질과 성격을 어떻게 보느냐 하는 논의가 된다. 존재론적 쟁점에서 대표적인 것은, 사회의 본질을 어떻게 볼 것인가 하는 사회실재론과 사회유명론의 대립이다. 사회실재론에서는 사회는 개인의 외부에 독자적 실재로 존재하면서, 개인에게 외적 구속력을 행사한다고 본다. 그리고 사회유명론에서는 사회는 개인을 떠나 실재하는 것이 아니라 상호작용하는 개인들의 총합일 뿐이라고 한다.

사회실재론의 입장을 취하는 E. Durkheim(1858~1917)은 사회학은 사회현상인

'사회적 사실(social facts)'을 연구 대상으로 삼는데, '사회적 사실이란 고정되어 있든 아니든 간에 개인에 대하여 외적 구속력을 행사할 수 있는 모든 형태의 행위 양식'이라고 한다. 그리고 그는 사회학방법의 첫째 규칙으로 '사회적 사실을 사물로 간주하라.'고 했다.

한편, G. Simmel(1858~1918)은 사회는 단지 개인들 간의 상호작용의 총합에 대한 명칭일 뿐이라고 하여 사회유명론의 입장을 취한다. 그는 명료하게 존재하는 것은 실제로 개별적인 인간들과 그들의 환경, 그리고 활동들뿐이라고 한다. 그리고 그는 사회 전체에 있어서 법칙도 존재하지 않는다고 한다.

그러나 짐멜을 포함하여 사회유명론적 입장이 사회학의 문제들을 모두 개인에게 환원시켜 심리적인 문제로 다루는 것은 아니다. 사회가 외재하는 것은 아니지만, 사회는 개인들의 상호작용 과정에서 상호 관계망을 통해 형성되고 재형성된다고 보며, 사회학은 바로 그러한 과정과 관계를 연구하는 것이라고 한다.

이러한 존재론적 입장의 차이가 인식론적 문제와 연결되면서 사회학에서는 여러 가지 방법론적 논쟁이 일어난다고 할 수 있다. 방법론적 개인주의와 방법론적 전체주의의 문제를 비롯하여, 주체와 객체, 개인과 사회, 행위와 구조, 미시와 거시의 문제 등 관점에 따라 다르게 표현되기는 하지만, 모두 존재론적 쟁점에서 파생되는 것이다.

존재론적 입장
대립의 근원

현대 사회학에서는 양자의 대립적 견해를 극복하려는 입장에서 거시적 관점과 미시적 관점을 연결, 통합하려는 시도들이 꾸준히 계속되고 있다. 그러나 이렇다 할 결론은 아직 없는 상태이다. 실증주의적 입장에서는 여전히 사회실재론의 입장을 취하며, 상징적 상호작용론과 현상학적 방법론 등은 사회유명론적 입장에 가깝다. 특히, 최근의 해체주의와 포스트모더니즘의 영향을 받은 사회학에서는 유명론적 입장이 두드러진다.

그런데 이러한 존재론적 입장의 대립을 초래한 근원은 바로 서구 근대 과학의 인식론이 가지는 이원론적이고 이분법적인 사고라고 할 수 있다. 다소 편차는 있지만 기존 사회학의 인식론은 서구 근대 과학의 인식론 일반이 가지는 인간/자연, 주체/객체라는 이원론적이고 이분법적인 사고에 토대를 두고 있는 것이다. 특히, 실재론적 입장이 두드러진 실증주의적 입장은 이러한 이분법적 사고가 더욱 뚜렷하다.

사회유명론에서는 개별화된 개인에 중점을 두어 따로 외부에 법칙을 가진 객체화된 사회를 상정하지 않음으로써 개인과 사회의 관계에 대한 이분법적 사고나 사회에 대한 객체적 인식은 부각되지 않는다. 그러나 사회유명론에서도 관찰자와 피관찰자가 나누어지며, 또 상호작용 과정과 사회관계를 대상화함으로써 여전히 이분법적인 사고를 벗어나지 못한다. 그리고 개별화된 개인의 주관성을 강조함으로써 상대주의적인 한계를 보인다.

② 인식론적 쟁점

인식론적 쟁점은 지식의 근거와 관련된 것으로, 학문의 성립 근거와 성격을 규정하는 것이 된다. 그러므로 이러한 인식론적 쟁점은 사회학의 정체성을 명료하게 하는 것으로, 방법론의 가장 핵심적인 쟁점이라고 할 수 있다. 앞에서 살펴본 존재론적 쟁점이 사회학의 대상이 되는 사회를 어떻게 볼 것인가 하는 문제라면, 인식론적 쟁점은 사회학의 학문적 성격과 관련되는 문제이다.

즉, 어떻게 획득된 지식을 사회학적 지식이라고 하며, 그 근거가 무엇이냐 하는 데 초점이 맞추어진다. 그러나 존재론적 입장과 인식론적 입장은 긴밀한 연관성을 갖는다. 사회학에서 인식론적 쟁점의 차이는 실증주의적 방법과 해석적 방법으로 포괄될 수 있는 반실증주의적 방법의 대립으로 볼 수 있는데, 대체로 실증주의적 방법은 사회실재론적 입장을, 해석적 방법은 사회유명론적 입장을 취한다.

전자는 경험과 관찰을, 후자는 감정 이입과 추체험을 통한 이해를 사회학적 지식의 획득 방법과 근거로 삼는다. 이렇게 지식의 획득 방법과 근거에 관한 입장 차이에서 출발하는 인식론적 쟁점은 지식의 보편성과 상대성의 문제로 나아간다. 실증주의적 입장은 경험(실험)과 관찰을 통해 획득되고 실증적으로 검증될 수 있는 지식을 과학적 지식이라고 하며, 그러한 지식을 보편적이고 객관적인 지식으로 일반화하려고 시도한다.

그러나 이들은 실증적으로 검증될 수 없거나 검증하기 어려운 지식은 과학에서 제외시켜 버림으로써, 스스로 보편성과 일반화의 여지를 깎아 버린다. 이들은 경험적으로 검증되고 양화된 '자료'만을 의미 있는 것으로 간주함으로써, '자료'를 현실로 보게 되어 오히려 비현실적인 경향을 갖게 된다.

즉, 실제로 의도했든 의도하지 않았든 검증될 수 없거나 양화하기 어려운 현실적인 인간의 사회적 삶의 많은 부분이 사회학의 고려에서 제외되어 버리는 결과를 낳는 것이다. 따라서 애초에 보편적인 합리성의 신화에 바탕을 두고 출발했던 실증주의는,

실증주의와
해석적 방법

그들의 목표를 달성하지 못한 채 전제적인 인과관계로 가정한 변인들에 설명을 귀속시키는 사회학적 환원주의적 경향을 가지게 된다. 문제는 여전히 지배적 주류가 실증주의적 경향성을 가지고 사회학의 과학성을 주장하며, 한편으로는 보편적인 합리성을 일정 부분 포기하고 다원주의를 수용하면서 이러한 한계를 합리화하고 있다는 것이다.

해석적 방법론에서는 실증주의에 반대하여 외현적 지식보다는 인간의 내적인 과정에 주목한다. 이들은 직관, 감정 이입, 추체험의 방법을 통해 행위자들의 행위 의미를 이해하고, 그것을 통해 사회현상을 설명한다. 그러나 해석적 방법에서의 사회학적 지식의 근거는 관찰자에 의해 주관적으로 의미가 부여되고 구성된 이해와 해석이라는 점에서 상대주의의 한계에 부딪친다.

한편, 맑시스트 사회학과 비판이론 진영에서는 유물론적 인식론의 입장을 취한다. 즉, 이들에게 사회학의 성립 근거가 되는 과학적 지식은 유물론적으로 규정된 지식이다. 강조의 차이는 있지만 이들은 기본적으로 인간의 지식은 물질적 토대인 사회적 조건에 의해 규정된 상부 구조로 파악한다. 이들의 인식론은 이러한 점에서 반영론적 경향을 가지며, 계급의식과 역사의식, 실천의 강조 등에서는 목적론적 경향도 보인다.

그리고 총체성을 강조하지만 그 총체성도 기본적으로 토대에 의해 규정된 총체성이다. 즉, 이들의 총체성은 동양사상에서처럼 우주, 자연, 인간을 하나의 원리로 파악하는 일원론적 총체성이 아니다. 이들은 기본적으로 물질/정신, 자연/인간, 토대/ 상부 구조라는 변증법적 정/반 관계의 대립, 모순에 의해 파악되는 이분법적 사고가 전제된 총체성이다.

인식론의 한계와
대안 모색 노력

이러한 사회학적 인식론의 한계를 비판하면서 대안을 모색하려는 시도는 꾸준히 이루어지고 있으나, 아직 그럴듯한 대안의 제시가 제대로 이루어지지 못하고 있다. 그 이유는 바로 기존 사회학이 가지고 있는 인식론적 전제에 대한 근본적 검토와 반성이 결여되어 있기 때문이 아닌가 생각된다. 즉, 현재 서구 사회학은 다양한 조류에도 불구하고 이성 중심의 합리주의적 사고가 안고 있는 이분법적인 세계관의 틀을 벗어나지 못하고 있다.

기존의 사회학은 인식론적으로는 어떤 입장을 취하든 간에 기본적으로는 서구의 합리주의와 경험주의의 틀을 벗어나지 못하고 있다. 즉, 베이컨이 자연을 대상으로 자연을 지배하는 것을 인식의 목적으로 삼고, 데카르트가 인식의 주체로서의 '나'를 연장 실체로서의 물체와 구별한 이후, 인간과 자연, 주체와 객체를 분리하는 이분법적 세계관이 서구 학문의 공통적인 인식 틀이 되었던 것이다.

과학적 지식의 보편성과 상대성의 문제도 결국 이러한 이분법적 세계관이 서구 근대의 지배적인 '합리적 인식' 방법의 배경이 되면서 더욱 불거졌다고 할 수 있다. 물론 서구 사회학에서도 해체주의와 포스트모더니즘을 수용하여 근대의 합리주의적 사고와 이원론적 사고를 비판하고, 거기에 토대를 둔 거대 담론인 일반 이론의 해체를 주장하며 '사회학 이론의 종말'을 선언하기도 한다.

그러나 해체주의나 포스트모더니즘은 그들이 해체주의 사고의 원천으로 즐겨 인용하는 니체나 하이데거의 핵심을 벗어난다. 즉, 니체의 근원적 니힐리즘을 통한 일체 가치의 전환과 영원회귀사상, 하이데거의 존재 해명이라는 본질적 문제는 간과한 채, 해체와 차이, 다양성만을 주장함으로써 '해체하고 있는 자'의 근원적 자기 반성과 성찰은 상실된다.

따라서 결국 이들은 유명론적 경향의 극단적인 상대주의로 귀결되며, 여전히 합리주의적 사고의 한계인 표상적 인식의 차원을 벗어나지 못한다. 이와 같이 볼 때, 오늘날 사회학의 정체성 위기라는 문제는 단순한 세부적인 방법론상의 문제가 아니라, 합리적 사고로 대표되는 서구 근대적 사고가 가지는 인식론과 세계관에서 파생되는 문제라고 할 수 있다. 따라서 기존 사회학의 인식론적 틀이 되는 합리주의의 표상적 차원의 인식을 그대로 지닌 채 대안을 모색한다면, 대안의 모색은 결코 성공할 수 없는 것이다.

인식론적 틀이나 인식론적 전제가 바로 한계가 되기 때문에, 위기의 극복과 대안의 모색은 기존의 인식론적 전제를 검토하고, 인식론적 전제의 차원을 근본적으로 전환하는 것이 되지 않으면 안 되는 것이다. 새로운 인식론을 바탕으로 사회학이 거듭나 새로운 사회학의 정체성을 확립할 때, 위기를 극복하는 대안이 마련될 수 있을 것이다. 바로 이 점에서 서구의 근대적 사고와는 다른 인식 차원을 보여 주는 선불교의 깨달음의 인식은 우리에게 많은 시사점을 제공해 줄 수 있는 것이다.

③ 가치론적 쟁점

가치론의 문제는 존재론과 인식론과 결부되어 학문의 목표와 실천, 실용성문제로 연결된다. 가치론적 쟁점은 인간의 이해관계가 관련된 사회현상을 사회학이 어떻게 접근하고 현실적 실천의 문제에서 어떤 입장을 취하는가의 문제로, 인간 사회가 규범성을 가지고 있다는 데서 비롯된다. 도덕이나 윤리, 규범에 대한 당위적 주장은 사회학의 근본 영역이 아니다.

그러나 실증주의적인 가치중립의 입장을 취하든, 맑스주의나 비판이론에서처럼 적극적 가치 판단과 이론과 실천의 융합을 꾀하든, 현실적인 사회학적 연구 활동이 그 출발점인 대상 선정에서부터 이러한 가치 판단과 관련된다는 것이 문제이다. 그러나 이러한 문제는 학문적 연구 활동의 시작에서 파생되는 것이라기보다는 더욱 근본적이고 본질적인 문제에서 비롯된다.

즉, 인간의 사회적 삶 자체가 윤리와 도덕, 가치의 문제, 나아가 인간이 발 딛고 사는 토대인 사회적 환경의 문제와 따로 분리될 수 없다는 엄연한 실존적 사실에서 비롯되는 것이다. 따라서 사회학을 '현실 과학'이라고 할 때, 그것은 사회학이 사회의 현실을 해명하는 것을 목표로 삼는다는 것을 지칭한다면, 여기서는 무엇이 '과학'이냐 하는 문제보다 무엇이 '현실'이냐 하는 문제가 더 중요하게 된다.

인식론적 쟁점에서 실증주의적 방법이 과학적 지식의 근거를 실증적으로 검증된 지식에 둘 때, 이것이 지식의 신뢰성에 초점이 맞추어진 것이라면, 무엇이 현실이냐의 문제는 사회학이 다루는 지식이 과연 현실을 얘기하는 것이냐 하는 지식의 타당성에 초점이 맞추어진다. 신뢰성이 외형적이고 양적인 측면과 더 관련된 것인 데 비해, 타당성은 내용과 질적인 측면에 더 관련된다는 점에서, 무엇이 현실적이냐의 문제에서는 신뢰성보다 타당성의 확보가 더욱 중요하게 된다.

총체론적인 학문관의 문제

왜냐하면, 그것은 바로 원래의 목표에 맞게 학문 활동이 이루어지느냐 하는 문제이기 때문이다. 이렇게 볼 때, 사회학의 정체성 위기의 문제는 형식논리적인 사회학의 '과학성'의 문제라기보다는 현실적인 사회적 삶에 어떻게, 얼마나 다가가느냐의 문제가 되는 것이다.

따라서 가치론적 쟁점이 되는 사회학의 목표와 유용성, 실천의 문제는 단순히 가치 판단의 문제에 그치는 것이 아니라, '무엇이 현실이냐?' 하는 존재론적 문제와 '어떻게 현실을 인식할 것인가?' 하는 인식론적 문제와 결부되는 총체적인 학문관의 문제가 된다. 사회학의 목표와 함께 가치론적 쟁점이 되는 것은 사회학의 유용성과 실천의 문제이다.

실증주의와 해석학적 입장을 취하는 주류 사회학은 대체로 존재(sein)와 당위(sollen), 즉 사실과 가치를 엄격히 구분한다. 이들은 사회학의 목표와 유용성, 그리고 실천을 사실의 규명으로 제한한다. 즉, 사회학적 실천과 사회적 실천을 구분하여, 사회학적 실천에서는 학자는 가치중립이어야 하며 사실의 규명만을 사회학자의 실천이라고 보고, 사회적 현실에서의 실천은 학자로서의 실천이 아니라 사회인으로서의 실천이라고 본다.

이에 비해 맑스주의와 비판이론에서는 이론과 실천을 결합하며, 적극적 가치 판단을 통해 사회학에서도 당파성을 견지할 것을 주장한다. 이들은 가치중립이 사실은 기득권자들의 현상 유지에 기여하는 이데올로기라고 비판한다.

3. 인문사회과학의 설명방식 비판

가. 장상호의 교육적 인식론에 의한 비판

우선 여기에서는 내러티브 인식론에 부합하는 방식으로 비판하기에 앞서 우리에게 잘 알려진 장상호(2000)의 교육적 인식론에 의한 비판을 간략하게 알아보고자 한다. 그에 의하면 기존의 인문·사회과학 역시 많은 문제를 지니고 있다는 것이다.

자연과학은 인과에 대한 설명, 그리고 그것의 객관성을 보장하는 실험과 관찰을 내세운다. 물론 이것은 많은 장점을 지니고 있다. 학문의 객관화, 전문화, 발전 속도를 빠르게 해준 면이 강하다. 그렇다고 하여 사회과학도 자연과학적 방법을 단순히 원용해서는 안 된다는 것이다. 즉, 인문·사회과학 분야가 전통적인 자연과학의 방법적 모형을 따른다고 해서 지금의 학문적인 정체성을 쉽게 타개할 수 있을 것 같지는 않다. 그렇다면 그 후진성은 어디에서 비롯하는 것인가? 그것은 인문·사회과학 분야가 그들의 방법적 고유성을 추구하는 과정에서 학문 자체와 그 인식대상의 차이를 간과한 데서 비롯하고 있다는 것이 장상호의 판단이다. <abbr>자연과학의 특성과 매력</abbr>

흔히 학문의 진리를 판명하는 가장 공정한 방법은 자연과학적인 객관주의였다. 인문·사회과학도들이 방법을 택할 때 그들은 자신들이 연구하는 대상도 자연과학적 사실과 다름이 없다는 입장을 취한다. 방법과 인식대상은 너무도 밀접하게 관련되어 있다. 어떻게 보느냐에 따라서 포착되는 인식대상의 양상이 변한다. 자연과학을 따르는 방법적 선택은 결국 인문·사회적 사실을 사물화시키는 방식으로 진행되었다. 가 <abbr>객관주의의 경도</abbr>

령 인간에게는 물리적인 측면이 있고 그만큼 자연과학적 방법이 그것을 해명하는 데 공헌할 수 있다. 그러나 우리 인간에게는 자연적 사실 이상의 것이 있고, 그것들은 단지 실증주의적 방법으로 이해될 수 없다는 점을 깨달아야 한다.

더 나아가 우리는 이제까지 자연과학자들이 주장해 왔던 이른바 객관적인 방법에 대한 신뢰가 따지고 보면 무근거한 것임을 충분히 지적해왔다. 그 근거 역시 자연과학과 그 탐구의 대상이 되는 자연현상의 차이를 지적함으로써 이루어졌다. 여기서 그 점을 다시 상론할 필요는 없을 것 같고, 다만 자연과 우리의 인식을 일대일로 대응시켜서 검증할 어떤 방도도 없다는 점을 상기하는 정도로 지나갈 수밖에 없다. 자연과학이 사회과학보다 더 분명한 발전을 이루고 있는 것은, 흔히 생각하듯이, 전자가 모종의 객관성을 보장하는 절차를 마련하고 있고 후자는 그렇지 못한 것에 있는 것이 결코 아니다. 우리는 문제의 근원을 이제 다른 곳에서 찾아야 한다.

기존 학문 방법론의 한계와 문제점 지적

인문·사회과학은 탐구대상의 속성이 자연적 사실과 다른 어떤 것이라는 점을 들어 이제까지 방법적 특수성을 주장해 왔다. 그렇다면 그 대상의 성질이 어떤 것이냐를 먼저 밝히고 그것에 대한 방법론을 논의하는 것이 올바른 절차이다. 이들 분야에는 대상의 특수성으로 인하여 자연과학적인 인과적 설명이 적용되기 어렵거나 부적절한 면이 있다. 그 점에서 자연과학의 인과적 모델과 인문·사회과학의 해석적 모델을 대비시키는 논의는 정당성을 갖는다. 그러나 인문·사회과학의 고유한 탐구대상을 찾는 과정에서 새로운 문제가 등장하게 되는데, 그것은 마치 자연과학에서 그래왔듯이 탐구 자체의 영역과 그 인식대상을 제대로 구분하지 못하는 것이다.

인문·사회과학의 방법론자들 가운데에는 과학의 특성과 그 인식 대상을 구분하지 않고 동일시하는 경향이 엿보인다. 예컨대, P. Winch(1958)는 사회과학의 독특한 방법론으로서 일상 언어의 분석을 든 바 있다. 그는 사회적 현상을 규칙의 체계로 보고 규칙을 파악하는 방법으로써 비트겐슈타인(1953)의 후기적 언어관, 즉 일상의 언어는 일종의 게임규칙으로서 사회구성원의 삶의 형식을 반영하고 있다는 생각을 원용하고자 한다. Winch에 따르면, 성공적인 사회학자는 연구하려는 사회의 이상적인 정보제공자가 그에게 알려주는 모든 상식과 통념들을 단순히 다시 습득하면 된다. 이런 방법론의 저변에는 사실상 사회과학적 지식과 사회적인 지식을 같은 것으로 보려는 의도가 전제되어 있다.

여기에 문제가 있다. 특정 사회의 상식을 습득하는 것이 사회과학적인 지식을 구성하는 방법이라면, 사회과학도가 별도로 존재할 이유가 어디에 있는가 하는 의문이 생긴다. 만약 특정한 사회의 상식을 이해하는 것이 사회과학의 임무라면 그 지식을 판정하는 기준은 사회적인 동의(social consensus)일 것이다. 사회구성원 대다수가 생각하고 있는 내용에 사회과학자의 지식이 일치하는 정도에 의해서 후자의 타당성을 판정해야 한다는 것이 그 방법의 특정이라고 할 수 있다. 만약 이러한 내규가 적용된다면 문화의 이질성에 따라 대중의 사회적인 동의도 다를 수밖에 없기 때문에 그 기준의 내용도 그때그때마다 바뀔 수밖에 없을 것이다. 그런 지식내용을 학문적인 지식이라고 할 수 있는가? 지역과 시간의 제약 속에 있는 서로 다른 사회공동체의 특수한 상식들을 집대성해서 무엇을 하겠다는 것인가? 특수한 시공적 맥락을 초월하는 보편적인 지식은 없는 것인가? 만약 대중이 피상적인 '허위의식' 에 사로 잡혀 있다면 그것을 견제할 인식체계는 어디에서 누가 마련할 것인가? 이런 제반 문제가 사회과학도의 심각한 반성의 대상이 되어야 할 것이다. 이런 점에서 원치와 같은 사회과학적 방법은 사회과학을 학문으로서 정립하는 것이 아니라 상식으로 환원시키는 오류를 범하고 있는 것으로 보인다.

우리는 인문·사회과학의 발전을 더디게 하는 원인이 방법의 차이에 있다기보다는 오히려 그런 문제의식에서 모색된 방법론이 인식대상과 학문적 인식 자체를 혼동하는 데서 비롯한다는 진단을 내릴 수 있을 것 같다. 사회구성원은 자신들이 살고 있는 세계를 당연한 것으로 받아들이도록 사회화된다. 그것이 성공적으로 이루어졌다고 할 때 그들은 인식의 면에서 상식과 특정한 이데올로기의 노예가 된다. 그 결과적 산물이 바로 사회적 지식이라고 할 수 있다 이것은 분명히 사회학적 지식과 구분되어야 할 성질의 것이다. 그럼에도 불구하고 Winch의 노선을 따르는 방법론자들은 그것들의 이질성을 확연하게 구획하지 않는다.

사회과학의 발전을 방해하는 것은 사회과학이 많은 경우 그 대상인 사회의 영향을 너무 직접적으로 받기 때문이다 사회적 사실 속에는 상식, 이데올로기, 교조 등과 같은 특수한 사회적 인식이 포함되어 있다. 그것들은 사회의 구성원들이 가지고 일상적 삶을 영위하고 있는 인식들로서 학문이 추구하는 진리탐구라는 범주와는 다른 관심과 기능에 의해서 형성되고 유지되고 파기된다. 그 때문에 만약 사회과학이 학문의 본령을 지키고자 한다면 그런 사회적 지식이 내면화되는 방식과는 다른 접근방식을 택해야만 한다. 그런데 그 양자를 혼동하는 경향은 자연과학 이것을 경계하고 초월하

방법론의 오류

려고 함으로써 얻은 반대의 효과를 가져왔다.

대체로 사회과학은 사회의 정치적, 경제적 제도의 변화에 훨씬 민감하게 연관되어 있다. 또한 그것은 전과학시대의 종교적, 철학적 이데올로기들과 더욱 명백하게 관되어 있다. 모든 사회는 자기의 고유한 현실관을 가지며, 대중적인 합의나 혹은 계급적인 이해관계를 중심으로 그것을 전체적인 진리라고 간주하고 기타의 모든 세계관을 오류라고 보는 경향이 있다. 이 때문에 혁신적인 사회사상이나 이론들이 이들과 상충하는 경우 기존세력의 저항을 받았으며, 결정적인 입증이 어려운 경우는 사회구성원들의 의식의 성숙을 기다려야 하거나 저항의 정도가 더욱 강해서 심지어 청치적인 혁명을 요청한 경우조차 있었다.

나. Bruner의 문화주의에 의한 비판

(1) 문화주의 특징과 중립성의 비판

학문 탐구와 교육 구성의 기초로서 문화와 인간발달의 측면은 중요한 역할을 수행해오고 있다. 보편적으로 문화와 인간발달의 문제는 교육과 학문 탐구 문제에 직접적 함의점을 갖는다. 그러나 과거 학문 탐구는 인간 내부의 단일의 근원적 본성을 심리적으로(문화를 매개로 하지 않은) 파악하고 보편적 인간발달의 원리에 기초한 사고방식으로 연구방법의 문제를 조망해왔다.

학문의 연구방법은 시·공간을 초월한 공통적이고 보편적인 인간발달의 원리에 근거해서는 안되며, Bruner의 문화주의에 토대할 때 타당하게 수행될 가능성이 높다. 여기에 Bruner의 문제의식과 그의 이론의 독특성이 놓여있다. 그 이론 구성의 토대로서 그는 문화심리학(cultural psychology)을 제안한다. 그의 문제의식은 연구방법의 기초로서 기존의 발달심리학과 심리이론들을 탈문화적으로 사유하는 방식과는 차이가 있다.

이하에서는 연구방법론의 토대로서 문화주의 입장을 살펴본다. 문화주의의 토대는 문화심리학으로서 여기에는 인간 발달과 마음의 구성 문제, 해석적이고 구성주의적 인식론의 문제, 내러티브 사고가 그 주요 차원을 구성한다. 이러한 문화심리학은 그가 제안하는 인간 연구의 적절한 언어이다. 따라서 타당하게 인간 연구가 수행되기 위한 방법론으로서 문화심리학은 심리학의 또 다른 하위유형이라기 보다는 심리학의 새로운 조망 방식이다. 그러므로 문화심리학의 본질을 파악하기 위해서는 인간 발달을 새롭게 보는 문제와 여기에서 파생되는 마음과 자아의 구성 문제를 이해해야 한다. 여기에 그 기제로서 지식 구성과 내러티브 사고의 문제가 놓여 있는 것이다. 이 문제들은 문화주의의 배경이면서 동시에 그 구성 요소로서 기능할 것이다. 따라서 이하에서는 문화심리학의 3가지 핵심적 요소로서 인간 발달의 문제, 인식론의 문제, 내러티브 사고양식의 문제를 논의한다.

첫 번째로, 인간발달의 문제는 지금까지 보편적으로 인간 내부의 세계를 실증과학적으로 규명하고 그 결과를 교육이나 학문 연구에 응용하려는 절차적 관심이 지배적 방식이 되고 있다. 인간심리의 제 측면에 대한 발달(단계)연구와 인간 마음의 내부 구조에 대한 과학적 규명은 그것이 지니는 과학적 설명력에 의해 교육이나 연구방법의 중요한 구성 원리의 위치를 유지하였다. 특히 인지과학 분야의 발달은 이러한 양상을 점차 강화해주고 있는 실정이다. 그러나 인간 마음은 보편적 인간구성으로 나타나지 않으며 인간 마음의 내부적 역동적 세계와 정신의 보편적 구조 규명에 심리적으로만 관심을 가져온 기존의 관심이 비판받기 시작하였다. Bruner는 이 비판의 근거로 문화심리학을 제안한다. 인간 발달과 마음의 구성에 대한 새로운 조망으로서 문화심리학은 인간 발달의 새로운 이해 방식을 요청한다.

인간발달의 문제

이와 관련하여 Bruner(1990a : 344-355)는 문화심리학에 대해서 다음과 같이 진술하고 있다 :

문화심리학의 개념

> "각 문화는 사람들이 어떻게 존재하는가, 그들은 어떻게, 그리고 왜 행위하는가, 그리고 문제를 어떻게 처리하고 해결하는가에 관하여 내러티브 형식으로 '일상심리학'을 만들어 낸다. 이 내러티브들은 전형적으로 사물의 규범적이고 표준적 상태를 묘사하고 …… 전형적으로 한 문화의 제도적 조직과 구조는 그 일상심리학을 승인하고 심지어 실행토록 하는 데 효율적으로 기능한다. 아동들은 어려서부터 그가 속한 문화의 일상심리학내에서 행위하기 위한 내러티브 형식을 숙달한다. …"

이와 같이 그는 문화심리학을 구체적으로 정의하고 있지 않으며 여러 경로를 통해 인간 마음의 구성과 문화와의 관계만을 설명하고 있다. 그리고 Bruner는 서로 상이한 문화를 비교하여 보편적이고 공통적 속성을 밝히려는 비교 문화심리학을 자민족 중심의 심리학과 동시에 경계한다. 그는 일상심리학(folk psychology)이라는 용어와 동의어로 문화심리학을 사용하면서 인지과학을 비판한다.

　　　　요컨대 문화와 인간 성장의 새로운 조망은 인지과학에서 일상심리학(혹은 민속심리학)으로의 전환을 요청한다. 전통적 실증주의 과학의 세 가지 특성, 즉 감환주의, 설명과 예언을 넘어서야 한다(1990b: xiii)고 주장하면서 문화심리학이 인간 발달의 토대로서 이해할 것을 지적하고 있다. 특히 이와 관련하여 그는 개인 심리 구성에 문화가 중요한 이유를 세 가지로 제시하고 있다(1990b: 12-15). 첫째, 문화의 구성적 역할과 관련하여 문화와 무관한 인간 심리, 본성은 없다는 것이다. 문화에의 참여를 통해 인간의 지력의 반성을 실현할 수 있다는 것이다. 둘째, 문화에 참여함으로써 의미가 공적이 되고 서로 공유할 수 있다는 점이다. 문화적으로 적응된 삶의 방식은 공유된 의미와 개념에 의존하고 의미와 해석상의 차이점을 대화하고 협상하기 위한 공유된 담론의 양식에 의존한다는 것이다. 셋째, 인간 마음은 인간의 의도적 상태 - 신념, 희망, 의도, 헌신 등에 스며든 공유된 개념적 구조와 언어에 기원을 두면서 문화가 반영된 것이므로 앎의 방식뿐만 아니라 문화의 가치방식에 참여함으로써 의미를 구성할 수 있다는 것이다. 여기에서 인간 발달과 마음의 구성에 작용하는 문화심리학의 중요성을 엿볼 수 있다.

　　　　Bruner의 일상심리학의 제안은 인간 조건의 연구에 대한 그의 신념을 표현한다. 인지 과학과 실증주의 사유방식의 한계를 비판하면서 인간 행위의 문화적 상황성에 기초한 문화의 도구로서 일상심리학을 강조하고 있다. 이러한 그의 입장은 과거 인지혁명이 핵심적 주제로서 의미 만들기를 포기하였고 대신에 정보처리와 컴퓨터적 인지(computation)를 선택한 것을 이유로 인지혁명을 비판(1990b: 1-32)하는데서 나온 것이다. 문화심리학은 자신과 타인 그리고 자신이 살고 있는 세계에 대한 관점을 조직함으로써 문화적으로 형성된 개념으로서 그것은 사람들의 사적인 의미뿐만 아니라 문화적 융합의 근본적 기초가 될 수 있다. 이런 점에서 우리는 일상심리학을 가지고 우리의 기관과 제도를 만들어 내고 그 역으로 제도적 변화에 따라 일상심리학을 구성한다. Bruner는 이 구성이 논리적 명제의 체계라기보다 내러티브와 이야기하기(storytelling)에서의 실천으로서 내러티브 문화의 구조에 의해 지원된다고 보고 있다(1990b: 137-138). 그러므로 그것은 문화의 도구가 되는 것이다.

　　　　이러한 문화의 도구로서 일상심리학은 첫째, 인간을 이해하기 위해서는 그의 경험과 행위가 그의 의도적 상태에 의해 어떻게 형성되는가를 이해하고 둘째, 이들 의도적 상태의 형태(form)는 문화의 상징적 체제에 참여함으로써만이 실현된다는 근거를 지니는 새로운 인지 혁명이다. 마음의 구성요인으로서 문화는 공적이고 상호 공동적 의미 획득을 가능하게 하고 인간의 의도적 상태를 해석 체제에 놓이게 함으로써 행위에 의미를 부여한다. 더욱이 모든 문화는 강력한 구성적 도구로서 일상심리학을 소유한다. 인간 발달은 이것을 지향한다. 이와 같이 인간 발달의 문제를 인간 마음과 의미의 문화적 구성 과정으로 조망하고 인간 발달의 이해도구로서 문화심리학을 제안함으로써 문화와 발달의 맥락적 관계를 분명히 제시해주고 있다. 그러므로 그는 인간 발달의 문화적 상황성을 중시하고 마음의 구성물로서 문화를 조망하고 있다. 이 속에서 마음은 특정한 문화 형태의 역사에서 특정 시간에 일어나는 구성물로 이해함으로써 컴퓨터적 인지과학을 통한 인간 내부 구조의 보편적 규명의 한계를 넘어서고 있다.

두 번째로, 이러한 그의 인간 발달론에는 마음의 구성뿐만 아니라 인식론의 문제가 인식론의 문제 내포되어 있다. 이 인식론은 일반적인 문화심리학의 가정이기 보다는 그가 제안하고 있는 문화심리학을 이해하기 위한 또 다른 차원으로서 여기에서는 해석적 관점과 구성주의적 시각이 그 핵심적 관심사가 된다. 이와 관련하여 Doll(1993: 118-131)은 Bruner의 인식론에 대한 사고를 포스트 모던적 관심으로 보면서 크게 해석학적 사고, 경험의 인식론, 구성주의적 사고로 보았다. 해석학적 사고는 Bruner가 언어의 해석학적 기능을 강조하고(1986: 125) 인간 조건에 대한 존재론적 사고보다는 세계구성을 이해하는 방법을 강조(198 : 46)하는 것에서 그 특징을 알 수 있다. Bruner 자신도 자신의 입장을 해석주의자 조망(interpretivist perspective)으로 보고 해석적 관점의 특징을 다양한 관점, 담론 의존적, 담론의 상황성 등 3가지로 제시하고 있다(Bruner, 1990b: 112-114). 그리고 경험의 인식론은 앎의 주체를 객체화하고 경험적이고 실증적 증명을 강조하는 증명의 인식론에 대한 극복이다. 다양한 시각, 개인적인 주관적 해석을 추구하지 않는 증명의 인식론이 상호 작용적이며 대화적인 지식론으로 대체되어야 한다는 것이다. 이러한 인식론에서는 지식의 발견보다는 창조를, 증명이 아닌 타협을 강조한다. 여기에서 지식의 능동적 측면을 알 수가 있다. 전자의 문제는 지식의 구조 문제에 관련하여 구조의 성격을 파악하는데 단서를 제공해주며 후자는 문화주의에 근거한 의미 만들기와 자아의 구성에 관련된 부분이다. 이와 관련하여 Bruner(1990b: 42)는 자아는 사회적 세계와 비교적 무관한 '내부의' 본질에서 성장하는 것이 아니라 모든 사람들이 불가피하게 관련되는 의미, 이미지, 그리고 사회적 유대 속에서의 경험에서 나온다고 보았다.

이와 같이 인식론에 관련된 자아 형성의 문제는 인간 문화의 상징적 체계 속에서 이루어지는 의미 생성과 타협이 해석학적 체계 속에서 구성된다는 것과 유관하다. 이런 점에서 Bruner(1990b: 138)는 우리가 구성하는 생활과 자아가 의미 구성 과정의 결과이며 자아는 머릿속에 잠겨 있는 고립된 의식이 아니라 사람 사이에 퍼뜨려져 있다는 것이다. 그래서 자아는 역사적 환경으로부터 형상을 부여받고 그 표현은 문화 속에서의 의미 만들기 과정 속에서 실현되는 것이다. 그래서 해석학적 사고와 경험의 인식론에서 우리가 알 수 있는 것은 인간 문화를 구성하는 상징적 세계의 관점에서 해석되지 않으면 그럴듯한 의미를 만들 수 없다는 것이다.

또한 지식의 능동적이고 적극적 측면과 관련되는 구성주의적 사고는 '지식의 구조'의 성격을 이해하는데도 중요한 단서 역할을 한다. 구성주의(constructivism) 문제와 관련하여서는 그는 N. Goodman의 견해를 수용한다(Bruner, 1983: 93-105) 우리가 살고 있는 세계들은 상징적 구성으로 창안 된 것이다. 구성주의를 실재론과 관념론의 대안으로 보는 Olson은 Goodman의 견해를 다음과 같이 제시하였다. :

"우리의 실재는 주어진 것이 아니라 만들어지는 것이다. 우리가 창안하는 모든 실재는 단지 어떤 'prior reality'의 변형에 불과하고 그것은 본질상 주어진 것이 아니고 앎의 주체에 의해 주어진 것으로 볼 수 있다. 그래서 순진한 실재론을 포기한다. 우리의 지식은 원칙상 지각적 활동과 개념적 활동을 통해 우리가 구성하는 세계에 국한되어 있다. 그래서 우리는 우리가 찾는 것을 우리가 만들어야 한다(we have to make what we find)"(Olson, 1990: 340).

이와 같이 Goodman의 구성주의를 토대로 보면 인간의 정신적 활동과 상징적 언어와 무관하게 선천적으로 존재하는 유일한 실세계는 없다. 우리가 세계라고 부르는 것은 상징적 과정이 세계를 구성한다는 점에서 어떤 정신의 산물이다. 이런 정신적 산물로서 세계관은 다수의 실재를 인식하는 것이며 서로 상충하는 참 세계관들은 같은 동일 세계 속에서는 동시에 참일 수가 없기 때문에 다수의 여러 세계가 존재해야 된다고 설명하는 것이다.

아울러 지식의 사회적 맥락의 측면에서는 사회적 세계에 근거를 두고 구성되는 지식의 성격에 그 강조점이 있다. 이것은 단지 지식 그 자체의 문제만이 아니라 실재, 의미, 자아를 구성하는 주체의 마음을 문화적 상황 속에서 어떻게 구성하며 인간 발달의 문제를 사회 역사적 텍스트에서 어떻게 형성하고 해석하는가의 문제와 관련이 있다. 이런 점에서 그가 제시하는 새로운 인식론은 지식의 문제뿐만 아니라 문화적 상황성 속에서 구성되는 실재, 의미, 자아와 총체적으로 연관되어 있다. 보다 중요한 것은 문화적 맥락 속에서 앎의 주체와 관련한 여러 가지의 측면을 모두 고려해야 하며 그 중심에는 문화가 인간 마음을 형성한다는 명제가 놓여있다는 그의 제안이다.

마지막으로 자신의 인식론적 입장 변화에 중요한 단서를 제공하는 것은 그의 내러티브 사고양식의 강조에 있다. 내러티브는 실재구성, 의미 만들기, 자아형성에 모두 관련되어 있으며 특히 의미 형성과 협상에서는 내러티브적 해석이 중요하다. 이러한 관련성은 의미는 대화를 통해서 만들어지고 이야기 양식은 해석을 필요로 한다는 내러티브의 가정에 그 근거를 두고 있다.

내러티브 사고
양식의 문제

(2) 중립적 학문 방법의 비판: 문화심리학, 일상심리학, 그리고 일상 교수학

인간 마음의
2가지 비유

소위 '정보처리이론'으로 대표되는 인지혁명 이후 지난 10년 간 인간 마음의 본질을 어떻게 이해하고 개념화할 것인가 하는 문제에 대하여 그 입장을 상이하게 전개해 오고 있는 근본적 변화들이 도처에서 포착되고 있다. 현 시점에서 이 변화들은 인간의 마음이 어떻게 작용하는가에 관한 두 가지 확연히 구분되는 개념화 방식에서 유래하는 것으로 볼 수 있다. 그 중 첫 번째 방식이 인간의 마음을 '컴퓨터 장치'로서 간주할 수 있다는 가정이었다. 이 가정이 완전히 새로운 아이디어는 아니지만 최근에 발달된 컴퓨터 과학에서 강력하게 재인식되고 있다. 다른 한 방식은 인간의 마음은 인간 '문화의 사용'을 통해 구성되고, 인간 문화의 사용에서 실현된다는 제안이었다. 이두 가지 견해는 인간 마음 자체의 본질과 마음이 어떻게 발달되는가에 대해 매우 상이한 개념화를 갖게 하였다. 각각의 관점은 그 지지자들로 하여금 마음이 어떻게 기능하고, 마음이 '교육'을 통해 어떻게 개선될 수 있는가에 관한 뚜렷하게 상이한 전략을 따르도록 하였다(Bruner, 1996: 1).

타인이 어떻게 사고하고, 어떤 의도와 목적을 가지고 행위하는지를 이해하는 문제는 교육학의 영역에서 중요한 시사를 던져준다. 교사가 학생을 가르치는 장면에서 학생의 마음을 이해하고, 학생이 교사의 마음을 이해하는 문제는 교수-학습의 맥락에 매우 실질적인 함의를 지닌다. 아동이 마음 및 정신 과정과 외부 세계와의 관계를 이해하는 현상을 가리켜 아동이 '마음의 이론(theory of mind)'을 획득한다고 말한다

(Astington & Gopnik, 1991). 그 이해의 과정에 대한 메커니즘이 상이하게 조망될 수는 있지만 이러한 마음의 이론은 교육과정이나 수업의 설계 문제에 대하여 매우 구체적인 단서를 제공해줄 수 있다. 그러나 지금까지 교육학의 맥락에서 마음의 이론 그 자체에 대한 논의나 교수적 상황에서의 적용은 대단히 제한적으로 진행되어 왔다고 볼 수 있다.

교육은 교사와 학생의 상호작용을 통해서 이루어진다. 이 상호작용의 과정에서 교사와 학생의 마음을 이해하는 문제, 보다 구체적으로는 교사와 학생의 사고과정을 이해하고 그것을 수업에 반영하는 문제는 중요하다. 왜냐하면 수업은 내용을 일방적으로 전달하는 문제가 아니기 때문이다. 과거의 교수-학습의 역사는 '대화'가 아닌 '전달' 모형에 입각한 방식이 우세를 차지하였다. 이제 인간 행동과 마음에 대한 다양한 학문적 연구 결과로 인해 교육과정이나 수업 설계는 인간 마음(사고)에 대한 새로운 변화에 주목할 시점에 놓여 있다.

교육 과정과 인간 발달론

이와 관련하여 최근에 Bruner(1990a)는 교육과정을 인간 발달의 문제로 보고, 인간 발달의 문제를 인간 마음과 의미의 문화적 구성 과정으로 조망하고, 인간 발달의 이해 도구로서 문화심리학을 제안한다. 특히 일상심리학(folk psychology)으로서 문화심리학을 사용하면서 인지과학을 비판한다. 요컨대 문화와 인간 성장의 새로운 조망은 인지과학에서 일상심리학으로의 전환을 요청한다. 즉 감환주의, 설명과 예언이라는 전통적 실증주의 과학의 특성을 극복하고(1990b: xiii) 문화심리학을 인간 발달의 토대로서 이해할 것을 지적하고 있다. 특히 문화 참여를 통해 인간 지력의 반성을 실현할 수 있으며, 의미가 공적이 되고 서로 공유할 수 있다는 점이다. 문화적으로 적응된 삶의 방식은 공유된 의미와 개념에 의존하고 의미와 해석상의 차이점을 대화하고 교섭하기 위한 공유된 담론의 양식에 의존한다는 것이다. 인간 마음은 인간의 의도적 상태- 신념, 희망, 의도, 헌신 등에 스며든 공유된 개념적 구조와 언어에 기원을 두면서 문화가 반영된 것이므로 앎의 방식뿐만 아니라 문화의 가치방식에 참여함으로써 의미를 구성할 수 있다는 것이다. 여기에서 인간 발달과 마음의 구성에 작용하는 문화심리학의 중요성을 엿볼 수 있다.

따라서 지금까지 인간 마음에 대한 실증 과학적 설명방식과 인지과학의 입장은 수정되어야 하며 인간 마음은 그 논리대로 보편적 인간구성으로 나타나지 않는다. 즉 인간 마음의 내부 세계와 정신의 보편적 구조를 심리적으로만 규명하는데 관심을 가져온 기존의 관심이 비판을 받기 시작하였다. 브루너는 이 비판의 근거로 문화심리학을 제안하는 것이다. 그것은 정신적 삶의 원리가 본래 고정되어 있고, 보편적이고, 추상적이고, 내적이라고 가정하지 않는다. 또한 순수 심리학적 법칙이 없는 것으로 보고 의도성을 가정한다. 정신은 의도적 인간을 지칭하며 문화는 의도적 세계를 지칭한다. 즉, 문화적으로 구성된 실재(의도적인 세계)와 실재를 구성하는 정신(의도적 인간)이 계속적으로 상호작용하고 서로의 정체성에 침투하며 서로의 존재를 조건화한다. 결국 문화와 정신이 서로를 구성한다는 의미이다(Shweder, 1991: 98-106).

일상교수학의 등장

이러한 일상심리학 혹은 문화심리학의 교육적 전환이 일상교수학(folk pedagogy)이다. 즉 일상심리학을 토대로 구성되는 교육 체계(pedagogical system)를 말한다. 브루너는 일상교수학을 통해 새로운 교육과정과 수업의 문제를 제안하고 있다. 인간의 성장은 세계 그 자체와 문화를 표상하는 개인적인 능력의 발현이다. 의미(meaning)는 인간의 세상에 대한 해석이다. 인간은 의미를 만들고 의미를 사용하는 존재로 조직화되어진다. 인간은 문화를 통해 의미를 구성하고 사용한다. 마음의 본질은 의미 만들기에 있다. 의미 만들기는 해석적 사고를 통해 이루어진다. 여기에서 문화와 의미 간의 관계를 매개하는 것이 일상심리학(folk psychology)이다. 그것은 인간의 삶에 대한 문화적 설명이며, 일반인이 세상을 해석하고 지각하는 방법이다. 따라서 일상심리학이 의미를 만들며, 그것은 문화와 강하게 연결되어 있다. 일상심리학은 문화를 반영하고 그 속에 가치를 내포하며 일반인이 나름대로 지식을 얻는 방법을 가지고 있다. 일상심리학은 문화가 모든 규범과 제도를 함축하고 있기 때문에 문화적 의미를 중시한다. 이 모든 문화적 의미가 일상심리학을 지원하고 일상심리학은 다시 문화를 지원한다. 그런 점에서 일상심리학은 문화의 도구이며(Bruner, 1990: 33-34), 문화심리학의 또 다른 표현이다. 이러한 일상심리학을 토대로 일상 교수학이 구성될 수 있다. 문화의 도구에는 여러 가지가 있다. 인간은 문화의 도구를 사용함으로써 발달한다.

교육 과정과 교수 학습

이러한 점을 인정한다면 상이한 문화 속에서 발생하는 교수의 다양한 방식들에 주목할 필요가 있는 셈이다. 또한 한 학습자에 대해 가지고 있는 교사의 생각이 교사가 어떠한 수업을 채택할 것인가 하는 문제를 구체화하는 데 치중할 필요가 있다. 이제 교수-학습에 대한 논의는 중립적인 기법적 논의에서 학습자의 마음을 고려하는 맥락적 논의로 전환할 필요가 있다. 학습자의 마음에 대해 주목하고, 학습자의 마음에 대한 일련의 신념을 바탕으로 전개되는 교수 현상을 조망할 필요가 있다. 지금까지 교육과정에서 교수이론은 실증주의적 사고방식에 편향되어 논의되고 있다. 브루너의 이러한 제안은 서구의 패러다임적 사고방식과 실증주의적 교수문화를 반성할 것을 요청하는 대목이라고 볼 수 있다. 교수(teaching)에 대한 혁신적 변화의 필요성은 이제 타인의 마음을 이해하고 설명하는 마음의 이론에 주목하는 교수에 초점을 둘 필요가 있다. 특히 교실 수업의 전개에서는 수업 참여자들 모두 언어에 의한 상호작용을 통해 의미를 교섭할 수 있다. 이것은 타인의 마음을 설명하고 이해할 수 있는 간주관적 능력에 의해 가능한 것이다. 이런 점에서 협동학습(collaborative learning)과 상호작용적 교수법(interactive pedagogy)의 가치를 찾을 수 있다. 이런 교수-학습은 경험론적 전통에 의한 서구의 전통적 교수법의 실패를 반성하는 Bruner(1996)의 사색에서 나온 것으로 간주관성의 가치를 강조한다는 점에서 타당한 것으로 받아들여지고 있다.

(3) 학문방법론 비판(김재범, 1997)

김재범(1997)에 따르면, 방법론은 학문과 이론의 전제가 되는 관점, 시각, 태도와 자세 등을 문제 삼는 것이다. 즉, 학문과 이론의 전제 자체를 문제 삼는다. 그러므로 방법론은 학문의 정체성을 분명히 하고, 끊임없는 성찰과 반성을 하게 함으로써 논의를 명료하게 하며, 그것을 통하여 학문 인식의 폭을 넓게 하는 것이다. 다시 말해서, 방법론은 존재의 문제, 인식의 근거와 한계의 문제, 학문의 목표와 가치, 실천의 문제를 끊임없이 되돌아보게 한다.

그것을 통해 학문이 학문이게끔 하는 것이 방법론이다. 구체적 문제를 다루는 것이 아니라, 구체적 문제를 다룰 때의 전제가 되는 관점과 태도를 문제 삼음으로써 문제에 대한 접근과 관찰을 무엇 때문에, 왜, 어떻게 하는지를 반조하게 하여, 학문 활동 자체가 바깥의 대상에 얽매여 소외된 활동이 되지 않도록 하는 것이다.

따라서 인문사회과학방법론의 존재론, 인식론, 가치론은 가장 넓은 의미에서 전제가 되는 태도, 자세, 관점을 낳는 '인식 자체'를 자장 중요시할 수밖에 없다. 방법론은 대상으로서 사회현상을 연구·분석하는 도구적·수단적 방법에 대한 논의가 아닌 것이다. 방법론은 인문사회과학이 연구하기 전의 전제와 가정을 문제 삼는다. 어떤 자세로 어떻게 인문사회과학을 (탐구)하는 데 임해야 하고 현상에 다가가야 하는지의 방법에 관한 논의이다.

그런데 앞에서 보았듯이, 인문사회과학(한정하여 사회학)방법론의 주류는 표상적 차원에서의 사회 인식과 지식의 근거와 한계, 목표와 실천을 문제 삼는다. 그리고 대부분이 사회학적 진리는 상대적인 것이라고 미리 전제한다. 상대적이고 점차적인 지식의 축적, 역사적·사회적 실천을 문제 삼아왔다. 나름대로 설정한 목표에 도달하기 위한 방법의 논쟁일 뿐이며, 또 목표에 대해서도 통일된 견해가 없다.

대체로 가치와 사실을 엄격히 구분하고, 주로 사회적 사실이라는 현상을 설명하는 데 치중해 왔던 사회학은, 현상에 대한 설명력이 약화되었을 뿐만 아니라 보다 근본적으로 사회학이 우리에게 무슨 소용이 있는가 하는 심각한 자기 정체성의 위기에 처해 있다. '역사와 철학의 샛길'에서 실천적 지향과 목표를 뚜렷이 가지고 출발했던 사회학이 오늘날에 와서 위기에 처하게 된 것은 무엇 때문인가?

무릇 모든 학문의 방법론적 위기는 근원적으로 사회학도 마찬가지이지만 지금까지 간과했던 자기 성찰, 나는 누구인가에 대한 근본적인 물음에서 그 원인을 찾게 해준다. 자신에 대한 올바른 인식이 결여되면 학문(탐구)하는 활동 자체가 자기 소외된 활동임을 반성하게 해준다. 인간과 삶에 대한 치열한 문제의식을 재고하도록 해준다.

앞에서 방법론의 쟁점을 검토하면서 보았듯이, 지금까지의 사회학을 위시하여 대부분의 인문사회과학은 표상적 차원의 인식에서 사회를 대상화하고, 대상에 대한 지식을 과학적 형식으로 한계 짓거나 대상화하였다. 또 인간의 삶을 다루면서도 인간 본성에 대한 근원적인 성찰과 학문(탐구)하는 학자의 자기 자신에 대한 성찰은 없이, 전제로 가정한 목표와 실천에만 매여 있었던 것이다.

대개의 경우 학문의 전제가 곧 학문의 한계이다. 전제를 하기 전에 먼저 나는 누구인가, 인간의 본성은 무엇인가를 물어야 한다. 방법론은 특정 학문 관현 현상을 탐구하기 전에 먼저 학문(탐구)하는 전제로서 자기 인식, 자기 성찰을 하는 자세와 방법을 문제 삼음으로써 시각이 고정되지 않도록 하는 것이며, 이를 통해 끊임없이 새로운 관점을 열어 가도록 하는 것이다.

사회학 연구에서 Max Weber는 "자료를 분석 대상으로 삼는 관점이 크게 바뀌어 새로운 관점으로 지금까지 전수해 온 과학적 작업을 수행하는 데 사용해 왔던 논리적 형식을 고칠 필요가 있다는 생각이 일어남으로써 과학이 원래 지녔던 업무의 본질에 대한 의구심이 일어날 때, 방법론적 논쟁은 중요한 역할을 담당하게 된다."고 한다. 그러나 새로운 관점을 열고, Thomas Kuhn이 말하는 것과 같은 기존 패러다임의 혁명적 변화가 일어나더라도, 그것이 근원적 자기 성찰이 없는 표상적 차원에서 이루어지는 것일 때는 여전히 인간과 자신의 문제는 그대로 남는다.

인문사회과학은 자연과학과는 달리 대상화할 수 없는 인간의 삶을 다루기 때문에 새로운 관점이 열리고 패러다임이 변화하더라도 인간과 그렇게 관점을 열고 변화시키는 자신에 대한 성찰이 없다면, 그것은 단순한 또 하나의 상대적인 관점을 제시하는 것 이상의 큰 의미는 없을 뿐더러, 이전의 문제를 해소하기보다는 또 새로운 문제를 파생시킬 수도 있기 때문이다. 내러티브 인식론은 바로 지금까지 인문사회과학이 간과했던 자기 성찰, 나는 누구인가 하는 문제가 얼마나 중요하고 근본적인 것인가를 되돌아보게 해준다. 상대적 지식이나 표상적 인식으로는 안 된다는 내러티브 인식론의 혁명적 성격은, 지금까지 거의 표상적 차원에 머물렀던 인문사회과학의 인식 차원이 근본적으로 전환되어야 함을 시사해 준다. 학문의 구체적 실천의 장인 사회 현실을 문제 삼는다고 그 인식에서 근원적인 성찰이 빠진다면, 올바로 문제를 삼을 수가 없다.

인문사회과학은 지금까지 철학을 원용하고 인용하면서 오히려 원래 철학이 가졌던 뜻도 잘 살리지 못하고, 구체적인 사회 현실도 제대로 해명하지 못했음을 솔직히 시인해야 한다. 물화된 상대적 설명으로만 그치고 궁극적인 인식, 앎, 진리 등에 스스로 등을 돌림으로써 학문 활동 자체가 소외된 노동으로 전락되어 버렸다는 비판이 존재한다(김재범, 1997)

그러므로 이제 표상적 차원의 근대적 사고를 전제와 가정으로 성립한 인문사회과학은, 전제 자체를 근본적으로 전환하여 새로운 자기 정체성을 재정립해야 한다. 자신의 인식은 표상적 차원에 있으면서 제한적 인식으로는 되는 것이 아니다. 인식의 차원이 근본적으로 전환되어 내러티브 존재 차원으로 전향할 때, 그것이 가능한 것이다. 결국 인문사회과학을 (탐구)하는 눈, 자신의 눈, 인식 자체가 표상에서 존재로, 근본적으로 전환되어야 한다.

4. 내러티브 인식론의 입장과 출발점

본래 내러티브 인식론은 여러 경로로 제안되고 있다. 우선 핵심적인 것은 Bruner의 입장(1986; 1990; 1996), Polkinghorne의 입장, 그리고 Clandinin과 Connelly(2000)의 내러티브에 대한 관점이다. 이하에서는 이 세 가지 입장과 그 인식론적 체계를 간략하게 살펴본다.

가. 기저로서의 3가지 입장

(1) Bruner의 내러티브 인식론

언어는 문화에서 중요한 역할을 한다. 언어가 물리적이고 생물학적인 세계의 이해를 위해서 기초가 되는 중요한 것이 된다면, 그것은 우리가 살아가고 있는 사회적인 세계에서 훨씬 더 진실한 것이 된다. 사회와 사회적인 삶의 "실재들"은 담화행위(speech acts)에서 표현되어지는 것처럼 대부분이 종종 언어적인 사용의 결과물(products)들이 된다. 일단 우리는 문화 그 자체가 그것에 참가하는 사람들에 의해 끊임없이 해석이 요구되는 애매한 텍스트를 포함한다는 관점을 견지한다. 그리고 사회적인 실재를 창조하는 데 있어서의 언어의 구성적인 역할은 실제적인 관심사가 된다(Bruner, 1986).

요컨대 의미로서의 사회적 실재에 대하여 중요하게 고려할 필요가 있다. 사람들 간의 교섭 속에서 우리는 사회적 개념의 의미를 찾을 수가 있다. 의미 혹은 실재란 머릿속에 머무는 것이 아니라 그러한 개념들의 의미에 대해 협상하고 논쟁하는 행위 속에 있는 것이다. 사회적 실재란 물리적인 것이 아니라 인간조건을 공유함으로써 우리가 성취하는 의미인 것이다. 이런 점에서 협상적이고 해석학적이며 상호교환적인 관점은 교육을 어떻게 수행할 것인가 하는 문제에 직접적인 암시를 제공해준다. 이런 맥락에서 문화의 성격과 교육의 역할을 고려할 필요가 있다.

Bruner에게 있어서는 인간을 이해하기 위한 근거로서의 문화적 시스템이 중요하다. 이 확신은 두 가지 주장들에 기초하고 있다. 첫째는 인간을 이해하기 위해서 그의 경험과 행동들이 어떻게 의도된 상황에 의해 형성되는지를 이해해야만 하고, 둘째는 이러한 의도된 상황의 형식(form)이 문화의 상징적인 시스템의 참가자를 통해 실현된다는 것을 이해해야만 한다. 문화는 마음의 구성물이다. 이 과정에서 인간 행위에 의미를 부여하고 생물학적 한계를 초월하도록 하는 문화를 중요하게 간주해야 한다. 문화는 "있는 그대로의" 생물학적 한계들을 초월하여 능가하도록 하는 독특한 "인공의 장치"를 구안한다. 이러한 과정에서 일상심리학이 출현하였다. 이것은 Bruner가 "문화

> 사회적 실재로서 의미

적인' 심리학이라고 불렀던 것이다. Bruner는 문화심리학을 "일상심리학(folk psychology)"이라고 이름 붙였다. 대체로 우리는 "일상적 사회과학(folk social science)" 이라는 용어에 친숙할 지도 모른다. 혹은 단순히 "상식(commom sense) 심리학"이라고 부를 지도 모른다.

문화와 일상심리 그런데 모든 문화는 일상심리학의 가장 강력한 구성 도구 중 하나이다. 이러한 일상심리학의 조직화의 원리로서 우리는 내러티브와 의미만들기에 주목할 필요가 있다. 우선 사회적 세계와의 교섭, 사회적 세계에 대한 지식, 사회적 세계에서의 경험을 사람들이 조직하는 시스템으로서의 "일상심리학"에 대해 정확히 알아야 할 필요가 있다. 문화심리학이나 일상심리학의 중요한 구성요소들의 일부분을 이해하는 것이 중요하다. 일상심리학의 조직화된 원리는 개념적인 것보다는 오히려 내러티브적이기 때문에, 우리는 내러티브의 성질을 고려해야할 것이고, 내러티브가 어떻게 경험을 조직하는지, "의미만들기"과정을 명백히 이해해야 한다.

(2) Polkinghorne의 내러티브적 앎(narrative knowing)

그 다음으로 Polkinghorne의 입장이다. Polkinghorne(1988)은 「Narrative Knowing and Human Science」에서 인간 존재의 영역과 의미의 관계에 대한 논의를 통하여 그의 인식론적 입장을 제시하고 있다.

경험과 내러티브 경험은 의미심장한 것이고, 인간의 행동은 이러한 의미로부터 생겨나고 이러한 의미를 통해 형성되면서 특징을 갖게 된다. 그래서 인간행동에 관한 연구는 인간의 경험을 형성하는 의미체계에 대한 탐구를 포함하지 않으면 안 된다. 내러티브는 인간경험이 유의미하게 만들어지는데 필수적이고도 주요한 형식이다. '내러티브 의미' 는 인간의 경험들을 시간적으로 유의미한 에피소드들로 조직하는 인지적 과정이다(Polkinghorne, 1988: 1-3).

인간 존재의 성격 인간은 물질의 영역(material realm), 유기체의(organic) 영역, 의미의(mental) 영역이 융합된 일종의 통합적인 존재이다. 비록 이러한 영역들이 인간 존재에서 결합되기 때문에 특별한 경향을 띠더라도, 각 영역들은 각자 자신의 고유한 속성을 간직한다. 인간 존재 내에서 그러한 유기적 조직은 그들이 단지 다른 삶의 형태로 살아가는 것처럼 작용하게 된다. 그러나 비록 의미의 영역이 물질적 영역과 유기적 영역 간의 상호작용으로 항상 결합되지만, 의미의 영역은 단지 특별한 종합, 즉 인간 존재 내에서만 존재하게 된다. 왜냐하면 내러티브는 의미영역의 작용들 가운데 하나이기 때문에, 이러한 영역에 대하여 구체적으로 알아보는 것은 내러티브를 이해하는데 도움이 될 것이다.

의미의 영역은 자연적인 사물이나 대상이 존재하는 것보다 상이한 형식으로 존재한다. 의미의 영역은 하나의 활동이지, 사물이 아니다. 우리 각자는 의미의 한 영역, 즉 우리 자신에게만 직접적으로 접근할 수 있다. 그것은 직접적인 공개적 관찰이 불가능하기 때문에, 의미의 범위는 우리 마음의 영역에서 자기 반성적인 재생이나 자기 성찰을 통해서 접근이 되어야 한다. 그러나 의미를 만들어내고 통합하는 활동은 인식의 외부에서 작용하는 것이며, 자기반성을 통해서 가능한 것은 단지 의미 만들기 과정의 성과이지 과정 그 자체는 아니다. `의미 영역`

의미의 영역의 일상적인 사용에서 언어는 사람들 사이의 의미를 전달할 수 있기 때문에, 의미에 대해서 다른 사람들의 영역에 관한 정보는 그들의 경험에 관해서 주어진 메시지를 통해서 수집될 수 있다. 언어의 구조 역시 의미의 영역에 대한 구조의 표시로 연구될 수 있다. 의미의 영역은 지각, 기억, 상상과 같은 다양한 표상 양식으로 나타나는 이미지와 아이디어들 간을 연결하는 통합된 앙상블이다. 그것은 추상, 의식, 통제의 다양한 수준들을 구성하는 층들 간의 상호작용을 하면서 복잡하게 작용한다. 그러한 복잡한 조직의 패턴은 응축과 치환을 통해서 조직 요소들 간에 서로 접어 넣고 요소들을 서로 연결하는데, 이러한 성격으로 인해 의미의 영역을 탐구하는데 많은 어려움이 존재한다. `의미 영역과 언어`

요컨대 내러티브는 인간이 매 순간 하는 경험과 개인적인 행위들에 대해 의미를 부여하는 수단이 되는 하나의 도식이라는 점이다. 내러티브 의미는 삶에 대한 의도를 이해하는 데에 형식을 부여하고 매일 일상의 행위와 사건들을 에피소드의 단위로 통합하는 기능을 한다. 그것은 한 사람의 삶에 대한 과거 사건들을 이해하고 미래 행위들을 계획하기 위한 틀을 제공한다. 그것은 인간 존재가 유의미하게 되는 수단이 되는 일차적인 도식이다. 그래서 인간 과학을 통한 인간 존재에 대한 연구는 일반적으로는 의미의 영역에, 특별하게는 내러티브 의미에 초점을 둘 필요가 있다. `내러티브의 중요성`

(3) Clandinin과 Connelly의 내러티브

경험과 내러티브

다음으로 Clandinin과 Connelly(2000; 소경희 외, 2007: 59-63)의 입장이다. 우리는 개개인의 삶에 대한 경험의 연속성과 일체성을 생각하려고 노력할 때 우리들의 연구 문제를 깨닫게 된다. 우리들의 교육적인 연구에 있어서 이러한 연구 문제는 결국 우리들을 내러티브에 끌어들이게 된다. 그러므로 우리는 인간 경험과 관계있는 사회 과학의 일체성을 곰곰이 성찰하기 시작하였다. 사회 과학자들에 있어서, 그리고 결과적으로 우리들에게 있어서, 경험은 하나의 핵심 용어이다. 교육과 교육 연구들은 경험의 한 형태이다. 우리들에게 있어서, 내러티브는 경험을 표현하고 이해하는 최선의 방법이다. 우리는 내러티브 사고가 경험의 중요한 형태이고 경험에 관한 글쓰기와 사고의 중요한 방법이기 때문에, 경험은 우리가 연구하는 것이고, 우리는 내러티브적으로 경험을 연구한다. 요컨대, 내러티브 사고는 내러티브 현상의 부분이다. 내러티브 방식은 내러티브 현상의 일부분 또는 한 측면이라고 할 수도 있다. 그러므로 내러티브는 사회과학의 현상과 방법이다.

그러나 이것이 내러티브에 우리를 끌어들인 논거는 아니다. 우리는 경험에 대한 내러티브적 관점을 지니고 시작하지 않았다. 우리는 교실 생활과 학교생활, 그리고 다른 교육 환경에서의 생활에 익숙해지게 되는 더욱 직관적인 방법을 수년간 논쟁해왔다. Bateson의 참여자들의 관찰과 같이, 내러티브는 우리와 우리의 연구 참여자들이 건전하고 생산적인 인간관계로 본 것을 묘사하기 위한 용어가 되었다. 내러티브의 통일성에 대해 연구한 MacIntyre의 것과 같은 이론적인 연구들은 우리에게 큰 영향을 끼쳤다. 왜냐하면 우리는 경험에 이름을 붙이고 그러한 명명 작업을 하면서 우리가 이미 진행한 연구를 확장시킬 수 있었기 때문이다.

Clandinin과 Connelly는 Geertz, Bateson, Czarniawska, Coles, Polkinghorne 등의 글에서 내러티브에 관한 자신들의 많은 실수들이 다른 학문 분야에서도 각양각색으로 발생한다는 것을 깨달았다. 그것들의 모든 복잡성에서 일어나는 현상을 중시하는 Geertz는 임기응변적이고 임시적인 인류학에 관한 내러티브 해석을 끊임없이 추진해오고 있다는 것에 의미를 부여한다. 「*After the fact*」에서 Geertz가 했던 것 이상으로, Bateson과 Coles는 더욱 일반적으로 삶의 의미를 부여하고 있다는 사실을 그들의 학문 분야에서 이해를 증진시키기 위하여 힘썼다. 그들은 또한 "우리가 그렇게 해왔기 때문에 경험이 먼저이고 다음에 내러티브" 라고 말한다. Czarniawska와 Polkinghorne은 다른 사람들보다 방법론자의 편의주의 감각을 지니고 있다. 그들은 삶과 내러티브가 연관성이 있다고 말하고 있는 것처럼 보인다. 왜냐하면 그러한 연관성이 실효성 있는 것으로 보이기 때문이다. 그들은 또한 내러티브가 그들의 학문분야에 경험을 끌어오는 것으로 보지만, 그들에 의하면 내러티브는 사전적인 것이기보다는 사후적이다.

요컨대 Clandinin과 Connelly(2000)는 내러티브 인식론에서 Dewey의 경험 개념에 내러티브 인식론 크게 의존한다. Dewey에게 있어서 교육, 경험, 그리고 삶은 복잡하게 뒤얽혀 있다. 교육을 연구한다는 것이 무엇을 의미하는가를 물었을 때, 가장 일반적인 의미에서 그 대답은 경험을 연구하는 것이다. Dewey에 따르면, 교육에 관한 연구는 삶에 관한 연구이다. 예를 들면 그것은 어떤 사물이나 본질에 대한 직관이나 통찰, 전례나 풍습, 관례, 메타포, 그리고 일상의 행동들에 관한 연구이다. 우리는 삶에 관한 사고로부터 교육에 대하여 배우며, 교육에 관한 사고로부터 삶에 대하여 배운다. 경험에 대한 이러한 관심과 교육을 경험으로서 생각하는 것은 교육자들이 학교에서 하고 있는 일의 일부이다.

결국 내러티브는 경험을 이해하는 방법이 된다. 우리의 내러티브에 대한 흥분과 관심은 우리의 관심에 그 기원을 두고 있다. 우리의 관점으로서 내러티브를 채택하면서, 우리는 경험이 무엇이고, 그것이 어떻게 연구되어 연구자들의 텍스트에 표현될 것인지를 생각해보는데 기초가 되는 타당한 판단 기준, 삶, 그리고 근거 등을 가질 것이다. 이러한 관점에서 보면, 경험은 사람이 살아가는 이야기다. 사람들은 이야기를 살아간다. 그리고 사람들은 이러한 이야기를 말하면서 그 이야기를 다시 재확인하고 수정하며, 새로운 이야기를 만들어낸다. 경험되고 말해진 이야기는 젊은이들이나 신진 연구자들과 같은 사람들을 포함하여 자신 및 다른 사람들을 교육시킨다(Clandinin and Connelly, 1994).

이상에서 살펴본 새로운 변화의 단서는 이른바 근대적 이성에 바탕을 둔 실증주의적 인식론에 대한 반성적 대안으로 논의되고 있는 생성적 인식론에서 찾아 볼 수 있다. 근대적 패러다임에서 인간 정신은 객관적 실체를 반영하는 표상적 존재로 이해되었다. 반면, 생성적 인식론에서 '마음'은 주어진 외부 진리를 받아들이는 표상적 존재로만 이해되지 않고, 스스로 변용과 창조를 해 나가는 생성적 존재로 이해된다. 따라서 교육에서 중요한 것은 '진리의 인식'이 아니라 스스로 지식을 생성해 나가는 '생생한 경험'이며, 교육과정은 학습자가 인간의 창조적인 조직능력과 재조직 능력을 발휘하는 데 주안점을 둔다.

문화주의의
중요성

이러한 인식론적 변화의 중심에는 문화주의(culturalism)가 있다. 문화주의는 인지혁명 이후 마음의 작용에 관해 서로 극명하게 구분되는 두 가지 관점, 즉 인간의 마음은 컴퓨터처럼 기능한다는 소위 '컴퓨터 관점'과 문화를 마음의 핵심으로 상정하는 문화심리학(cultural psychology)이라고 구분한 것 중에서 후자의 관심을 의미한다. 전자가 인간의 마음의 본질을 컴퓨터 장치에 비유하여 정보처리 프로그램의 작동으로 설명하는데 비해, 후자는 문화가 마음을 구성한다는 전제 위에 마음의 본질을 의미의 구성에 있다고 본다. 이제 정보처리이론으로 인해 왜곡된 인간 마음의 본질을 정보처리에서 의미의 구성으로 복귀하려는 것이다.

내러티브 인식론과
인간 마음

이처럼 Bruner의 내러티브 인식론은 마음을 보는 관점의 전환과 문화심리학의 제안으로 구체화될 수 있다. 우선 첫 번째 문제로 전통적으로 대상의 논리로 파악해 온 인간의 마음은 이제 새롭게 파악되어야 한다는 점이다(Bruner, 1987). 지금까지 존재론적 시각에서 마음의 실체를 파악하려는 오류에서 벗어나 이제는 마음이 어떻게 의미를 만드는지, 즉 마음에 의해 실재가 어떻게 만들어지는지의 문제에 관심을 가질 필요가 있다. 이제는 마음의 실체가 무엇인지보다는 마음은 어떻게 활동하는지의 문제가 관심의 초점이 되었다. 다음으로 인간 마음과 문화의 관계를 새롭게 보는 Bruner의 문화심리학의 문제이다. 즉 마음과 문화의 관계는 내러티브 사고로 볼 수 있다는 점이다. 뒤에서 상술하겠지만 내러티브는 실재의 구성, 의미 만들기, 자아형성에 모두 관련되어 있으며, 특히 의미 형성과 협상에서는 내러티브적 해석이 중요하다. 이러한 관련성은 의미는 대화를 통해서 만들어지고 이야기 양식은 해석을 필요로 한다는 내러티브의 가정에 그 근거를 두고 있다.

Doll의 입장

Doll(1993: 118-131)에 의하면 Bruner의 내러티브 인식론을 포스트모던적 관심으로 보면서 크게 세 가지 특징, 즉 해석학적 사고, 경험의 인식론, 구성주의적 사고로 보았다. 첫째, 해석학적 사고는 Bruner가 언어의 해석학적 기능을 강조하고(1986 : 125), 인간 조건에 대한 존재론적 사고보다는 세계구성을 이해하는 방법을 강조(1986 : 46)하는 것에서 그 특징을 알 수 있다. Bruner 자신도 자신의 입장을 해석주의자 관점으로 보고 있다(Bruner, 1990b: 112-114). 그리고 둘째, 경험의 인식론은 앎의 주체를 객체화하고 경험적이고 실증적 증명을 강조하는 증명의 인식론에 대한 극복이다. 다양한 시각, 개인적인 주관적 해석을 추구하지 않는 증명의 인식론은 상호작용적이며 대화적인 지식론으로 대체되어야 한다는 것이다. 이러한 인식론에서는 의미 만들기와 자아의 형성이 중요하며, 인간 문화를 구성하는 상징적 세계의 관점에서 그것들이 해석되지 않으면 그럴듯한 의미를 만들 수 없다. 셋째, 구성주의적 사고와 관련하여 Bruner(1983: 93-105)는 Goodman의 구성주의를 토대로 인간의 정신적 활동이나 상징적 언어와는 무관하게 선천적으로 존재하는 유일한 세계는 없다고 본다. 우리가 세계라고 부르는 것은 상징적 과정이 세계를 구성한다는 점에서 어떤 정신의 산물이다.

브루너의
새로운 인식론

　이러한 그의 입장은 단지 지식 그 자체의 문제만이 아니라 실재, 의미, 자아를 구성하는 주체의 마음을 문화적 상황 속에서 어떻게 구성하며 인간 발달의 문제를 사회 역사적 텍스트에서 어떻게 형성하고 해석하는가 하는 문제와 관련이 있다. 이런 점에서 그가 제시하는 새로운 인식론은 지식의 문제뿐만 아니라 문화적 상황성 속에서 구성되는 실재, 의미, 자아와 총체적으로 연관되어 있다. 내러티브를 사용함으로써 자아가 만들어진다는 것은 인식론적 시각에서 바라본 마음으로서 우리의 존재가 하나의 전개되는 이야기(의미)로 통합되는 것을 말한다. 내러티브를 흔히 '지어낸 이야기'라고 하는데, 곧 사실과 다른 허구의 세계를 의미한다. 내러티브는 이제까지 존재하지 않았던 새로운 세계를 만들어 낸다. 현실의 삶을 소재로 그것을 내러티브 사고의 상상력과 주관을 통해서 재구성하는 것이다. 그리고 그 현실의 세계에 대해 의미를 부여하는 것이다. 현실의 세계와 유사하면서 현실의 세계에서는 찾아 볼 수 없는 어떤 독특한 세계, 그것이 곧 허구의 세계이며 내러티브이다. 이제 내러티브는 단순한 이야기를 넘어서 삶의 근원적이고 포괄적인 이해자로 등장하였다(한승희, 2002: 94-95).

나. 내러티브 인식론의 기본 출발점

(1) 주류 심리학의 비판: 중립적 객관/실증주의의 문제

　내러티브 인식론은 주류 심리학의 비판에서 출발한다. 기존의 주류 심리학은 생물학적 인간을 연구 대상으로 삼았기 때문에 실생활과 유리되고 타학문과 단절되는 결과를 초래했다. 주류심리학(실험심리, 생리심리, 발달발심리학 등)의 관점은 인간은 타고난 것을 개발시키는 존재라는 것이다. 발달심리에서 주장하는 인간의 발달은 서열순차적 능선의 발현이며, 환경과 문화는 인간 발달에 부차적 기능을 한다고 간주하였다. 인간을 피동적인 존재로만 여기고 환원론적 방법 사용, 법칙성의 발견에만 초점을 두었다. 사람의 심리는 저기에 있고, 인간은 저기에 있는 존재라는 결정론적 관점이 주류를 이루었다. 인지심리학도 인간을 내재적으로 가진 정보처리 방식에 따라 외계에서 들어오는 정보를 수동적으로만 처리하는 것으로 간주하고 가치, 동기, 의지가 결여된 행동을 강조했다. 여기에서 지식은 인과성을 가정하는 객관물이다.

대안적 심리학과
인간 마음

대안적 심리학에서는 인간은 컴퓨터와 달리 의도를 지니는 주체성(agency)이 있다는 점이 강조되고 있다. 컴퓨터는 이미 정해진 프로그램에 따라 작동하지만, 인간은 행위의 능동적 주체자이다. 컴퓨터는 능동적이고 의도적인 마음을 형성하지 못하지만, 인간은 마음을 갖는다. 마음이 있다는 것은 의미를 구성한다는 것을 의미한다. 인지과학은 컴퓨터 때문에 마음을 찾지 못하였다. 컴퓨터의 정보처리보다는 의미 구성이 중요하다. 이 점이 내러티브 인식론에서 핵심적 명제이다. 이런 점에서 의미 구성과 내러티브의 관계는 동전의 앞뒷면 관계이다. 이 양자 간의 관계는 일상심리학에서 구체화된다. 일상심리학은 내러티브를 통해 의미를 구성하는 과정에 주목한다. 의도적인 목적을 가지고 의미를 구성해나가는 주체는 자신의 내러티브 속에서 해석과 설명을 통해 부단히 의미를 구성해간다. 여기에서 지식은 문화적 구성물이다.

인간의 마음은 사회, 문화와 결코 단절될 수 없는 것이다. 그것은 사회, 문화적 환경과 함께 변화한다. 인간은 사회문화에 따라 변하는 동시에 주체로서 사회문화에 새롭게 반응한다. Bruner는 의미를 심리학의 중심 개념으로 놓고 심리학을 인간이 외계 활동과 접촉을 통해 만들어낸 의미를 찾는 것으로 보았다. 따라서 의미는 인간의 세상에 대한 해석이다. 의미나 해석이 중요한 이유는 구성주의를 제안한 Goodman에 의해 설명된 바, 그는 인간이 인지, 지각하는 것이 다른 이유는 대상의 속성에 따라 다른 것이 아니라 사회, 문화적으로 구성된 인지자, 지각자의 해석의 틀, 도구에 따라 다른 것이다. 문화는 상징체계를 가지고 있으므로 구성할 수 있는 것이다. 인간은 문화 속에 던져져서 그 문화의 상징체계를 습득하게 되고 그로 인해 해석의 틀을 가지게 된다. 문화에 의해서만 인간은 인간다워질 수 있고, 정신력(mental power)를 얻게 된다. 인간은 생리적 존재가 아니라 문화를 표현하는 존재이고 문화 없는 인간은 존재할 수 없다. 인간은 의미를 만들고 의미를 사용하는 존재로 조직화된다. 인간이 문화를 통해 의미를 사용하지 못한다면 인간 간의 의사소통은 불가능하다.

(2) 정보처리이론의 극복과 문화주의의 지향

주류 심리학에서는 인간 마음을 컴퓨터에 비유한다. 그것은 정보처리이론으로 구현된다. 이것은 세계에 관한 분명한 정보가 컴퓨터 장치에 의해 어떻게 등록, 분류, 저장, 정리, 인출, 처리되는가에 관한 것이다. 학문 간의 경계에 대한 인식도 없고, 인간과 동물이 하는 기능 간에도 구별을 두지 않는다. 컴퓨터주의의 목표는 모든 작용체계를 형식적으로 정련되게 재기술하는 데에 있다. 이 작업은 미리 예측할 수 있는 체계적 성과를 산출하는 방식으로 진행된다. 그러한 시스템의 하나가 인간마음이다. 실제 마음은 동일한 인공지능 일반화(AI: 코드화된 정보의 흐름을 처리하는 명세적인 규칙에 의해 통제되는 시스템)에 의해 기술된다. 컴퓨터의 연산과정은 사전에 미리 명세화되고 분명하고 정확하고 일관적이어야 한다. 이런 범주들이 지니는 명료성과 고정성이 컴퓨터주의의 한계이다.

이와 달리 인간마음은 인간문화의 사용을 통해 구성되고, 인간 문화의 사용에서 실현된다. 마음은 문화가 없이는 존재할 수 없다는 진화적 사실로 출발한다. 인간마음의 진화는 삶의 방식의 발달과 연계된다. 의미의 교섭가능성(소통가능성)을 보증해주는 것이 바로 의미의 문화적 조건과 상황이다. 학습과 사고는 늘 문화적 조건과 상황 속에서 진행되며 문화적 도구와 자원들을 활용하는 방식에 따라 달라진다. 마음의 본질과 사용 방식에 있어 나타나는 개인들 간의 차이조차 상이한 문화가 제공하는 다양한 기회에 기인한다. 인간이 문화공동체 속에서 의미를 어떻게 창조하고 변형하는가 하는 데에 전적으로 관심을 집중한다. 여기서 우리는 학교교실 실제의 "일상교수학"을 형성하고, 소크라테스식의 대화를 선호한다. 문화주의자들의 의미형성의 활동은 해석적이고, 애매하며, 특정사건에 민감하고 사후에 구성된다. 인간의 전반적 문화계획은 이러한 의미의 해석학적 순환에 달려있다.

문화주의는, 특히 의미를 형성하는 인간의 기능에 영향을 미치는 타고난 정신생물학적 구속요인과 관련되는 요인들을 당연하게 생각하고, 문화와 그 속에서 제도화된 교육 체제에 의해 그 요인들이 어떻게 처리되고 관리되는지를 고려한다. 인간이 다른 사람의 마음을 알게 되는 방법인 간주관성(intersubjectivity)과 관련 있다. 문화주의는 주관성(subjectivity)의 과학들 사이에서 중시된다. 문화심리학은 범위 내에서 주관성을 포함하고 실재의 구성을 가리키며 존재론적 의미에서의 실재 또한 포함한다. 인식론적 근거에 비추어보면 외적이거나 객관적인 실재는 마음의 속성과 마음이 의존하는 상징체계에 의해서만 알려질 수 있다.

(3) 인지혁명으로서 일상심리학

일상심리와 문화
　　이러한 연장선상에서 Bruner가 제안하는 일상심리학(folk psychology)은 인간 조건의 연구에 대한 그의 신념을 표현한다. 인지 과학과 실증주의 사유방식의 한계를 비판하면서 인간 행위의 문화적 상황성에 기초한 문화의 도구로서 일상심리학을 강조하고 있다. 이러한 그의 입장은 과거 인지혁명이 핵심적 주제로서 의미 만들기를 포기하였고 대신에 정보처리와 컴퓨터적 인지(computation)를 선택한 것을 이유로 인지혁명을 비판(1990b: 1-32)하는 데서 나온 것이다. 문화심리학은 자신과 타인 그리고 자신이 살고 있는 세계에 대한 관점을 조직함으로써 문화적으로 형성된 개념으로서 그것은 사람들의 사적인 의미뿐만 아니라 문화적 융합의 근본적 기초가 될 수 있다. 이런 점에서 우리는 일상심리학을 가지고 우리의 기관과 제도를 만들어 내고 그 역으로 제도적 변화에 따라 일상심리학을 구성한다. Bruner는 이 구성이 논리적 명제의 체계라기보다 내러티브와 이야기하기(storytelling)에서의 실천으로서 내러티브 문화의 구조에 의해 지원된다고 보고 있다(1990b : 137-138). 그러므로 그것은 문화의 도구가 되는 것이다.

일상심리의 근거
　　이러한 문화의 도구로서 일상심리학은 두 가지 근거에서 새로운 인지혁명이다. 첫째, 인간을 이해하기 위해서는 그의 경험과 행위가 그의 의도적 상태에 의해 어떻게 형성되는가를 이해하고 둘째, 이들 의도적 상태의 형태(form)는 문화의 상징적 체제에 참여함으로써만 실현된다. 마음의 구성요인으로서 문화는 공적이고 상호 공동적 의미 획득을 가능하게 하고 인간의 의도적 상태를 해석 체제에 놓이게 함으로써 행위에 의미를 부여한다. 더욱이 모든 문화는 강력한 구성적 도구로서 민속심리학을 소유한다. 인간 발달은 이것을 지향한다. 이와 같이 인간 발달의 문제를 인간 마음과 의미의 문화적 구성 과정으로 조망하고 인간 발달의 이해도구로서 문화심리학을 제안함으로써 문화와 발달의 맥락적 관계를 분명히 제시해주고 있다. 그러므로 그는 인간 발달의 문화적 상황성을 중시하고 마음의 구성물로서 문화를 조망하고 있다. 이 속에서 마음은 특정한 문화 형태의 역사에서 특정 시간에 일어나는 구성물로 이해함으로써 컴퓨터적 인지과학을 통한 인간 내부 구조의 보편적 규명의 한계를 넘어서고 있다.

결국 문화심리학에서 다루려는 것은 문화적 경험을 통해 구성되고 축적되며, 이를 반영하는 심리 및 심리 현상이다(최상진·한규석, 2000: 127). 인간 심리의 문화적 특성은 인간의 문화-사회적 활동 속에서 복잡한 심리과정을 통해 자기 내에서 재구성되는 이차적 성질의 문화경험이며 문화의 이해이다. 따라서 문화심리학에서는 문화를 직접 연구하기보다는 사람이 문화를 심리적으로 경험하고 구성하는 방식과 내용에 대한 이해가 중요하다. 개인 또는 집단의 실제적 삶 속에서 일어나는 현상적 경험과 삶, 실천적 활동 속에서 구성되는 인간 심리의 문화적 측면을 연구하는 학문이다. 따라서 이 분야에서 관심을 갖는 심리의 영역은 의미, 동기, 의도성, 인간관, 자연관, 세계관을 포함하는 마음의 영역이다. 심리 속에 용해된 문화와 문화를 매개로 이어지는 심리적 삶 자체를 이해하고 설명하는 데에 있다. 세계와 자신을 구성하고 이해하는데 인간이 사용하는 상징적 활동에 초점을 둔다(Bruner, 1990).

■ 참고문헌

권영민(2009). 한국현대문학사. 서울: 민음사.

권오정·김영석(2003). 사회과교육학의 구조와 쟁점. 서울: 교육과학사.

김광웅 엮음(2011). 융합학문, 어디로 가고 있는가? 서울: 서울대학교출판문화원.

김광웅 외(2009). 우리는 미래에 무엇을 공부할 것인가: 창조 사회의 학문과 대학. 서울: 생각의 나무.

김기봉(2003). 역사의 문학화와 문학의 역사화. 역사와 문화, 6.

김성곤(2003). 문화연구와 인문학의 미래. 서울: 서울대학교출판부.

김재범(1997). 주역의 인식원리의 사회학방법론적 함의. 경북대박사학위논문.

김종호 역(1986). 사회과학의 논리: 실증주의 논쟁(아도르노와 포퍼의 논쟁). 대구: 이문출판사.

김진철 외(2000). 현대 사회과학의 패러다임 위기. 서울: 세계정치경제연구소.

김천혜(1975). 문학연구 방법론에 대한 고찰. 부산대학교논문집, 제 20집, 제59-77.

김한종·이영효(2003). 비판적 역사읽기와 역사쓰기. 역사교육, 81.

소경희(2004). 교사양성 교육과정에 있어서 내러티브 탐구의 함의. 한국교육학연구, 42(4), 189-211.

송영배(1988). 철학적 문제의식과 연구방법론. 철학과 현실. 305-311.

양호환(1998). 내러티브의 특성과 역사학습에서의 활용. 사회과학교육, 2. 서울대사회교육연구소.

유영만(2009). 교육 테크놀로지와 교육에서의 지식융합의 전망. 한국교육학회 추계학술대회 발표자료집(이화여대, 2009, 10.23-24).

유정식(2007). 경영, 과학에게 길을 묻다. 서울: 위즈덤하우스.

이경섭·강현석(1999). 교과구조에 있어서의 주요 쟁점. 교육학연구, 37(4), 123-149.

이영효(2003). 내러티브 양식의 역사서술체제 개발. 사회과교육, 42(4), 93-121.

이재광(2009). 근대철학의 발생에 관한 연구. 철학·사상·문화, 제 8호, 147-183.

이진남(2010). 철학상담의 어제와 오늘, 그리고 미래. 철학실천과 상담. 1, 121-148.

이필은(2010). 중세 적대적 유대 정서에 대한 문화사회학적 연구, 중앙사론, 32집, 337-370.

임지룡·김동환 공역(2012). 언어·마음·문화의 인지언어학적 탐색. 서울: 역락.

장상호(2000). 학문과 교육(하). 서울: 서울대학교출판부.

장회익(2009). 우리는 미래에 무엇을 공부할 것인가: 창조사회의 학문과 대학. 김광웅(편).
　　　서울: 생각의 나무.

정선영·김한종·양호환·이영효(2009). 역사교육의 이해. 서울: 삼지원.

천정환(2008). 대중지성의 시대: 새로운 지식문화사를 위하여. 서울: 푸른역사.

최상진(2000). 한국 문화심리학의 이론과 실제. 한국심리학회지, 6(3), 25-40.

최상진(2011). 문화심리학: 현대 한국인의 심리분석. 서울: 지식산업사.

최상진·김기범(2011). 문화심리학. 서울: 지식산업사.

최상진·한규석(2000). 문화심리학적 연구방법론. **한국심리학회지: 사회 및 성격**. 14(20, 123-144.

한국정신문화연구원(1998). 철학. 대한교과서주식회사.

한승희(2002). 왜 내러티브인가. 한국교육인류학회발표자료집. 79-95.

한용환(1993). 서구문학연구방법론의 수용과 그 한계, 한국문학연구, 16, 13-23.

홍성욱(2008). 홍성욱의 과학에세이. 신동아, 2008년 11월.

황정규·이돈희·김신일(1998). 교육학개론. 서울: 교육과학사.

Braudel, Fernand(1980, trans. by Sarah Matthews). The situation of history in 1950. In On
　　　History. Chicago.

Bruner, J. S. (1966), *On Knowing : Essays for the Left Hand,* New York : Harvard University
　　　Press.

Bruner, J. S.(1983). In search of mind. N.Y.: Harper&Row Publishers.

Bruner, J. S.(1990a). Culture and Human Development: A new look. Human Development,
　　　문화심리학의 특징 33, 344-355.

Bruner, J. S.(1990b). Acts of Meaning. Cambridge: Harvard Univ. Press.

Bruner, J. S.(1996). The culture of education. Cambridge: Havard Univ. Press.

BSCS(1964), *Material for Preparation of Inservice Teachers of Biology,* BSCS.

Burke, Peter(2001). History of events and the revival of narrative. In Roberts (ed.), The History
　　　and Narrative Reader. pp. 305-317.

Clandinin, J., & Connelly, M.(2000). Narrative inquiry: experience and story in qualitative
　　　research. San Francisco: Jossey-Bass.

Doll. W. E. Jr(1983). A Post Modern Perspective on Curriculum. N.Y.: Teachers College Press.

Elam, S. (1964), *Education and the Structure of Knowledge,* Chicago : Phi Delta Kappa。

Orlosky, D. E. and Smith, B. O. (1978), *Curriculum Development - Issues and Insights -,* Chicago : Rand McNally & Co.

Phenix, P. H.(1964). Realms of meaning. New York: McGraw-Hill.

Polkinghorne, D.(1988). Narrative knowing and the human science. Albany: SUNY Press.

Schwab, J.(1964). Education and the structure of knowledge. Chicago: PhiDelta Kappa.

Shweder, R. A.(1991). Thinking through cultures: expeditions in cultural psychology. Cambridge: Harvard Univ. Press.

White, Hayden(2001). Historical emplotment and the problem of truth. In Roberts (ed.), The History and Narrative Reader. pp. 375-389.

IV. 내러티브 인식론에 의한
인간과학의 재구성

지금까지는 인문사회과학의 역사와 기존의 설명방식을 비판적으로 살펴보았다. 이 장에서는 새로운 인간과학 재구성을 위한 토대로서 문화심리학, 이야기 심리학, 문화주의, 인문사회과학의 재해석 문제를 다루어보고자 한다. 이 문제들을 관통하는 핵심적인 토대는 내러티브 인식론으로부터 출발한다.

1. 인간과학의 토대로서 문화심리학

앞 장에서도 문화심리학은 인간의 마음과 사고, 문화와의 관계를 살펴보는 학문적 접근이라고 규정하였다. 이러한 접근은 인간의 마음이 문화 속에서 형성되고 발전해 간다는 명제 아래에 기존의 실증주의 심리학의 중요한 대안으로서 그 가치가 평가되고 있다.

Ⅱ장에서 이미 언급한 것처럼 문화심리학은 다음과 같은 입장을 취하고 있는 것으로 파악된다. 그 주요 특징을 제시하면 다음과 같다.

첫째, 문화심리학에서 문화를 사람의 마음 속에 내재하는 마음의 구성요소로 파악하여 심리학 이론 자체 내에 문화적 개념을 심리학적 개념으로 용해하여 이론 구성요소로 포함시킨다(Bruner, 1993; Jahoda, 1992). 문화를 심리 밖에 존재하는 외생변수로 보고 문화가 심리의 구성과 과정에 영향을 미치는 인과적 모델을 채택하는 입장과는 다르다. 이는 마음의 구성요소로 문화를 보는 입장이 강조되고 있다.

둘째, 문화는 사람을 포함해서 세상을 알고 이해하고 구성하는 방식이며(Bruner, 1993: 516), 따라서 문화는 인간이 행하는 사고와 행위에 대하여 적절한 이유를 제공한다. 그래서 그 문화권의 사람들이 왜 또는 무슨 이유나 무슨 목적 또는 동기로 그러한 행동을 하는가를 문화를 살아가는 일반인들의 입장에서 밝히고 설명하는 일에 관심을 둔다. 즉 문화를 살아가는 일반인들의 일상심리적(folk psychology) 설명에 초점을 둔다. 이런 점에서 이러한 설명을 초월하여 존재하는 범문화적 보편성 심리기제를 찾아내고 이를 자연과학적 연구방식에 따라 검증하는 것이 아니다. 그것은 일상심리학의 관점에서 인간의 사고와 행위의 이유를 설명하는 데에 초점을 둔다.

셋째, 문화적 마음의 내용과 사고의 과정을 문화적 삶의 맥락 속에서 있는 그대로 작용하는 바대로 이해하고 이를 체계화하고 해석한다. 인간 마음의 작용을 문화적 맥락 내에서 성찰하고 이해하고자 한다는 점이다.

넷째, 문화를 살아가는 일반인들의 주관적 설명, 해석, 귀결, 판단, 평가 등과 같은 일반인의 공유적 또는 간주관적 세계를 있는 그대로 이해하고 체계화하고 이론화한다. 공유적 또는 공구성적 주관적 세계를 추상화하여 객관적인 심리세계로 재구성하는 실증적이고 객관주의 연구를 지양한다. 따라서 간주관적 구성주의의 입장에서 인간 행위나 마음의 작용을 설명하고 이해하고자 한다.

이하에서는 이러한 문화심리학이 가정하는 인간관, 지식관, 학문연구방법론의 문제를 살펴보기로 한다.

가. 인간관: 인간 경험에 대한 문제

최우선적으로 문화심리학의 입장에서 인간은 문화적 존재로서 규정된다. 문화적 존재로서의 인간의 정신은 문화 속에서 구성된다. Bruner(1996)는 이를 문화주의 (culturalism)로 불렀다. 문화심리학, 즉 문화주의에서는 인간의 정신과 문화는 서로 밀접하게 관련되어 있다. 사람과 정신적인 조직은 그 자체, 사회, 그리고 자연에 대한 개념에 의해 주로 가능하며 또한 주로 그들을 표현한다. 그렇지만 자기, 사회 그리고 자연에 대한 문화적 개념들을 이해하는 최선의 방법 중 하나는 의도적인 개인의 주관적 삶 속에서 문화적 개념들을 조직하고 기능하는 방식을 검토하는 것이다. 문화적으로 구성된 실재(의도적인 세계)와 실재를 구성하는 정신(의도적인 인간)이 계속적으

문화적 존재로서
인간

로 상호작용하고, 서로의 정체성에 침투하며, 서로의 존재를 조건화한다(Shweder, 1990).

실재와 정신의 관계

인간이 사는 실재와 인간의 정신은 어떠한 관계인가? 인간의 정신은 의도를 담고 있다. 인간은 물리적 환경 속에 존재하는 대상이기 전에 특정 의도를 겨냥하는 존재이며 그 의도는 문화 속에서 구성된다. 문화는 인간의 의도가 구현된 세계이며, 정신 구성에 영향을 미친다. 인간이 사는 세계는 물리적 세계이기 전에 그 물리적 세계가 인간의 의도에 의해 구성되고 해석되는 세계이다. 따라서 인간의 사는 실재는 문화 속에서 존재하며 그 실재는 인간의 정신에 의해 구성된다. 이런 점에서 인간은 문화적 구성 존재이다.

인간 존재가 문화적 구성에 의해 보다 의미있게 드러난다면 그것은 인간의 경험이나 사고체계가 물리적 영역이 아니라 언어를 통한 의미를 중시하는 영역이기 때문이다. 이러한 입장에서 인간의 경험 문제를 심층적으로 이해하는 Polkinghorne(1988)은 인간 경험을 의미의 영역에서의 문제로 보고 있다.

경험과 내러티브적 의미

즉, 경험은 의미심장한 것이고, 인간의 행동은 이러한 의미로부터 생겨나고 이러한 의미를 통해 형성되면서 특징을 갖게 된다. 그래서 인간행동에 관한 연구는 인간의 경험을 형성하는 의미체계에 대한 탐구를 포함하지 않으면 안 된다. 이 입장에서는 인간 경험이 유의미하게 만들어지는데 필수적이고도 주요한 형식인 내러티브에 대한 탐구를 통해 가능하다는 점을 반영한다. 내러티브적 의미는 인간의 경험들을 시간적으로 유의미한 에피소드들로 조직하는 인지적 과정이다. 그것은 정신적 작용을 의미하는 인지적 과정이기 때문에, 내러티브적 의미는 직접적인 관찰이 가능한 "대상"이 아니다. 그러나 인간의 내러티브들의 창작물로 드러나는 개인들의 스토리나 역사들은 직접 관찰이 가능한 것이다. 이러한 내러티브의 예들에는 개인적이고 사회적인 역사, 신화, 우화, 소설 등이 포함되며, 우리 자신과 다른 사람의 행위를 설명하는 데 사용하는 일상의 스토리들이 포함된다.

이러한 입장은 인간은 생물학적 존재이며 문화의 영향을 받는다는 전통적 과학의 시각에 문제가 있음을 지적하고 그 반대로 인간은 문화적 존재로서 생물학적 구속을 받는다고 주장한 Bruner의 주장과 일맥상통한다. 즉 생물학적 소인은 인간행위의 구속조건은 되지만 인간 행위의 근본적 원인이라고 보기에는 무리가 있다. 그 이유는 우리가 사는 문화에서 행위의 원인으로 작용하는 것은 바로 의미의 추구이기 때문이다. 이런 점에서 보면 생물학은 원인이 아니라 행위의 구속조건에 불과하며, 의미추구가 인간 행위의 본질적 원인으로 작용하는 것이라고 볼 수 있다. 그리고 문화심리학에서 마음은 집단상황에서 사람들 간에 매개된 활동을 통해 생겨나고 형성된다고 본다. 따라서 마음은 상호구성 되고, 상호분산된다.

심리학에서
문화의 위치

따라서 문화심리학에서 인간 존재를 설명하기 위해서는 Bruner(1990; 1996)가 제안하는 입장에 주목할 필요가 있다. 즉, 문화가 심리학에서 중심적인 개념이 되어야만 하는 이유로 세 가지를 들었다. 첫째, 인간이 문화에 참여하고 문화를 통해 자신의 정신 능력을 구현하므로 인간의 심리를 개인 혼자만을 기초로 하여 구성하는 것은 불가능하다는 점이다. 이 점은 앞에서 논의한 문화적 존재로서의 인간 행위의 기본 전제이다.

둘째, 인간의 마음은 문화 속에서 의미를 구성하고 사용하는 기제를 중심으로 이해될 수 있다. 즉, 개인의 심리는 문화에 젖어 들어 있으므로 심리학은 인간을 문화에 연결시키는 의미창출과 의미사용의 과정을 중심으로 하여 조직되어야 한다는 점이다. 이 말은 인간 마음은 문화를 통한 의미구성의 기제를 통하여 이해되고 설명될 수 있다는 의미이다.

셋째, 인간관은 일상심리 속에서 이해되어야 한다는 점이다. 사람들은 일상심리 혹은 민속심리(folk psychology)를 사용하여 예측을 하고 서로를 평가하는 등의 일상적 활동을 하는데, 일상심리란 바로 인간을 움직이는 것이 무엇인가에 대한 문화적 설명이다.

나. 지식관: 내러티브 인식론과 내러티브 지식

앞에서 언급한 것처럼 문화심리학의 주요 학자인 Shweder(1984)는 근대적 의미의 인류학적 시도들을 계몽적 기획물이라고 비판하면서 근대 학문의 절대적 기준에 대하여 부정적인 시각을 피력하였다. 계몽주의적 사고의 핵심은 시간과 공간의 차이를 넘어서는 이성의 절대적 합리성에 대한 신념이며, 이러한 절대적 이성은 근대 학문의 과학성을 보장하는 방법으로 기능한다. 이 과학성은 보편적이며 객관적 지식의 성립 가능성에 대한 기초를 제공하며 진위를 판단하는 절대적 기준이 된다는 것이다. 문화심리학은 기본적으로 이러한 지식관을 부정하는 위치에 서게 된다.

Shweder의
문화심리학

　　문화심리학에서 전제하는 지식의 문제는 구성주의 인식론과 궤를 같이 한다. 여기에서는 '의미의 구성과 해석'의 문제가 중요한 주제가 된다. 즉, 지식은 경험의 구성과 재구성에 의한 것이다. 경험은 지속적이고 상호작용적이다. 개인으로서 우리는 각자 독특하고 독립된 존재이며, 우리 자신의 독특한 전기와 내러티브를 가진 지속적인 경험 속에 놓여 있으며 동시에 세계의 일부분으로서 경험을 공유하기 위한 상호작용적 관계 속에 놓여 있다. 이런 점에서 인간의 경험은 개인이 속한 사회문화적 맥락 속에서 이야기됨으로써 개인 경험 간의 의미 있는 관련이나 공유할 수 있는 함축적인 의미를 발견하게 된다.

　　최상진·김기범(2011), 김의철·박영신(1997), 김정운·한성열(1998), 강현석의 논의(1998)에 의하면 문화심리학의 지식관의 문제를 브루너의 문화주의의 측면에서 제시하고 있다. 그들에 의하면 문화심리학에는 인간 발달과 마음의 구성 문제, 해석적이고 구성주의적 인식론의 문제, 내러티브 사고가 그 주요 차원을 구성한다. 이러한 문화심리학은 그가 제안하는 인간 연구의 적절한 언어이다. 따라서 타당하게 인간 연구가 수행되기 위한 방법론으로서 문화심리학은 심리학의 또 다른 하위유형이라기 보다는 심리학의 새로운 조망 방식이다. 그러므로 문화심리학의 본질을 파악하기 위해서는 인간 발달을 새롭게 보는 문제와 여기에서 파생되는 마음과 자아의 구성 문제를 이해해야 한다. 여기에 그 기제로서 지식 구성과 내러티브 사고의 문제가 놓여 있는 것이다. 이 문제들은 문화주의의 배경이면서 동시에 그 구성 요소로서 기능할 것이다.

　　따라서 이하에서는 문화심리학의 3가지 핵심적 요소로서 인간 발달의 문제, 인식론의 문제, 내러티브 사고양식의 문제를 논의한다.

　　첫 번째로, 인간발달의 문제는 인간교육과 관련하여 그 교육 구성의 심리학적 기초로서 중요한 기능을 수행해오고 있다. 지금까지 보편적으로 인간 내부의 세계를 실증과학적으로 규명하고 그 결과를 교육 구성의 작업에 응용하려는 절차적 관심이 지배적 방식이 되고 있다. 인간심리의 제 측면에 대한 발달(단계)연구와 인간 마음의 내부 구조에 대한 과학적 규명은 그것이 지니는 과학적 설명력에 의해 교육 혹은 인간 개발의 중요한 구성 원리의 위치를 유지하였다. 특히 인지과학 분야의 발달은 이러한 양상을 점차 강화해주고 있는 실정이다. 그러나 인간 마음은 보편적 인간구성으로 나타나지 않으며 인간 마음의 내부적 역동적 세계와 정신의 보편적 구조 규명에 심리적으로만 관심을 가져온 기존의 관심이 비판받기 시작하였다. Bruner는 이 비판의 근거

로 문화심리학을 제안한다. 인간 발달과 마음의 구성에 대한 새로운 조망으로서 문화
심리학은 인간 발달의 새로운 이해 방식을 요청한다.

이와 관련하여 Bruner(1990a: 344-355)는 문화심리학에 대해서 다음과 같이 진술
하고 있다:

> "각 문화는 사람들이 어떻게 존재하는가, 그들은 어떻게, 그리고 왜 행위하는가, 그리고
> 문제를 어떻게 처리하고 해결하는가에 관하여 내러티브 형식으로 '일상심리'를 만들어 낸
> 다. 이 내러티브들은 전형적으로 사물의 규범적이고 표준적 상태를 묘사하고 …… 전형적
> 으로 한 문화의 제도적 조직과 구조는 그 일상심리를 승인하고 심지어 실행토록 하는데
> 효율적으로 기능한다. 아동들은 어려서부터 그가 속한 문화의 일상심리 내에서 행위하기
> 위한 내러티브 형식을 숙달한다. …"

이와 같이 그는 문화심리학을 구체적으로 정의하고 있지 않으며 여러 경로를 통해
인간 마음의 구성과 문화와의 관계만을 설명하고 있다. 흔히 문화심리학은 정신적 삶
의 원리가 본래 고정되어 있고, 보편적이고, 추상적이고, 내적이라고 가정하지 않으며
순수 심리학적 법칙이 없으며 의도성을 가정한다. 정신은 의도적 인간을 지칭하며 문
화는 의도적 세계를 지칭한다. 즉, 문화적으로 구성된 실재(의도적인 세계)와 실재를
구성하는 정신(의도적 인간)이 계속적으로 상호작용하고 서로의 정체성에 침투하며
서로의 존재를 조건화한다. 결국 문화와 정신이 서로를 구성한다는 의미이다
(Shweder, 1991: 98-106). 그리고 Bruner는 서로 상이한 문화를 비교하여 보편적이고
공통적 속성을 밝히려는 비교 문화심리학을 자민족 중심의 심리학과 동시에 경계한
다. 그는 일상심리(folk psychology)라는 용어와 동의어로 문화심리학을 사용하면서
인지과학을 비판한다.

요컨대 문화와 인간 성장의 새로운 조망은 인지과학에서 일상심리로의 전환을 요
청한다. 전통적 실증주의 과학의 3가지 특성 - 감환주의, 설명과 예언을 넘어서야 한
다(1990b : xiii)고 주장하면서 문화심리학이 인간 발달의 토대로서 이해할 것을 지적
하고 있다. 특히 이와 관련하여 그는 개인 심리 구성에 문화가 중요한 이유를 3가지로
제시하고 있다(1990b : 12-15). 첫째, 문화의 구성적 역할과 관련하여 문화와 무관한
인간 심리, 본성은 없다는 것이다. 문화에의 참여를 통해 인간의 지력의 반성을 실현
할 수 있다는 것이다. 둘째, 문화에 참여함으로써 의미가 공적이 되고 서로 공유할

문화심리학의
정의

문화의 중요성

수 있다는 점이다. 문화적으로 적응된 삶의 방식은 공유된 의미와 개념에 의존하고 의미와 해석상의 차이점을 대화하고 협상하기 위한 공유된 담론의 양식에 의존한다는 것이다. 셋째, 인간 마음은 인간의 의도적 상태 - 신념, 희망, 의도, 헌신 등에 스며든 공유된 개념적 구조와 언어에 기원을 두면서 문화가 반영된 것이므로 앎의 방식뿐만 아니라 문화의 가치방식에 참여함으로써 의미를 구성할 수 있다는 것이다. 여기에서 인간 발달과 마음의 구성에 작용하는 문화심리학의 중요성을 엿볼 수 있다.

Bruner의 제안

　　Bruner의 민속심리학 혹은 일상심리의 제안은 인간 조건의 연구에 대한 그의 신념을 표현한다. 인지 과학과 실증주의 사유방식의 한계를 비판하면서 인간 행위의 문화적 상황성에 기초한 문화의 도구로서 일상심리를 강조하고 있다. 이러한 그의 입장은 과거 인지혁명이 핵심적 주제로서 의미 만들기를 포기하였고 대신에 정보처리와 컴퓨터적 인지(computation)를 선택한 것을 이유로 인지혁명을 비판(1990b: 1-32)하는 데서 나온 것이다. 문화심리학은 자신과 타인 그리고 자신이 살고 있는 세계에 대한 관점을 조직함으로써 문화적으로 형성된 개념으로서 그것은 사람들의 사적인 의미뿐만 아니라 문화적 융합의 근본적 기초가 될 수 있다. 이런 점에서 우리는 일상심리를 가지고 우리의 기관과 제도를 만들어 내고 그 역으로 제도적 변화에 따라 일상심리를 구성한다. Bruner는 이 구성이 논리적 명제의 체계라기보다 내러티브와 이야기하기(storytelling)에서의 실천으로서 내러티브 문화의 구조에 의해 지원된다고 보고 있다(1990b: 137-138). 그러므로 그것은 문화의 도구가 되는 것이다.

일상심리의 위치와
중요성

　　이러한 문화의 도구로서 일상심리는 첫째, 인간을 이해하기 위해서는 그의 경험과 행위가 그의 의도적 상태에 의해 어떻게 형성되는가를 이해하고 둘째, 이들 의도적 상태의 형태(form)는 문화의 상징적 체제에 참여함으로써만 실현된다는 근거를 지니는 새로운 인지 혁명이다. 마음의 구성요인으로서 문화는 공적이고 상호 공동적 의미 획득을 가능하게 하고 인간의 의도적 상태를 해석 체제에 놓이게 함으로써 행위에 의미를 부여한다. 더욱이 모든 문화는 강력한 구성적 도구로서 일상심리를 소유한다. 인간 발달은 이것을 지향한다. 이와 같이 인간 발달의 문제를 인간 마음과 의미의 문화적 구성 과정으로 조망하고 인간 발달의 이해도구로서 문화심리학을 제안함으로써 문화와 발달의 맥락적 관계를 분명히 제시해주고 있다. 그러므로 그는 인간 발달의 문화적 상황성을 중시하고 마음의 구성물로서 문화를 조망하고 있다. 이 속에서 마음은 특정한 문화 형태의 역사에서 특정 시간에 일어나는 구성물로 이해함으로써 컴퓨터적 인지과학을 통한 인간 내부 구조의 보편적 규명의 한계를 넘어서고 있다.

두 번째로, 이러한 그의 인간 발달론에는 마음의 구성뿐만 아니라 인식론의 문제가 인식론의 문제 내포되어 있다. 이 인식론은 일반적인 문화심리학의 가정이기 보다는 그가 제안하고 있는 문화심리학을 이해하기 위한 또 다른 차원으로서 여기에서는 해석적 관점과 구성주의적 시각이 그 핵심적 관심사가 된다. 이와 관련하여 Doll(1993: 118-131)은 Bruner의 인식론에 대한 사고를 포스트 모던적 관심으로 보면서 크게 해석학적 사고, 경험의 인식론, 구성주의적 사고로 보았다. 해석학적 사고는 Bruner가 언어의 해석학적 기능을 강조하고(1986: 125) 인간 조건에 대한 존재론적 사고보다는 세계구성을 이해하는 방법을 강조(1986: 46)하는 것에서 그 특징을 알 수 있다. Bruner 자신도 자신의 입장을 해석주의자 조망(interpretivist perspective)으로 보고 해석적 관점의 특징을 다양한 관점, 담론 의존적, 담론의 상황성 등 3가지로 제시하고 있다(Bruner, 1990b: 112-114). 그리고 경험의 인식론은 앎의 주체를 객체화하고 경험적이고 실증적 증명을 강조하는 증명의 인식론에 대한 극복이다. 다양한 시각, 개인적인 주관적 해석을 추구하지 않는 증명의 인식론이 상호 작용적이며 대화적인 지식론으로 대체되어야 한다는 것이다. 이러한 인식론에서는 지식의 발견보다는 창조를, 증명이 아닌 타협을 강조한다. 여기에서 지식의 능동적 측면을 알 수가 있다. 전자의 문제는 지식의 구조 문제에 관련하여 구조의 성격을 파악하는데 단서를 제공해주며 후자는 문화주의에 근거한 의미 만들기와 자아의 구성에 관련된 부분이다. 이와 관련하여 Bruner(1990b: 42)는 자아는 사회적 세계와 비교적 무관한 '내부의' 본질에서 성장하는 것이 아니라 모든 사람들이 불가피하게 관련되는 의미, 이미지, 그리고 사회적 유대 속에서의 경험에서 나온다고 보았다.

이와 같이 인식론에 관련된 자아 형성의 문제는 인간 문화의 상징적 체계 속에서 이루어지는 의미 생성과 타협이 해석학적 체계 속에서 구성된다는 것과 유관하다. 이런 점에서 Bruner(1990b: 138)는 우리가 구성하는 생활과 자아가 의미 구성 과정의 결과이며 자아는 머릿속에 잠겨 있는 고립된 의식이 아니라 사람 사이에 퍼뜨려져 있다는 것이다. 그래서 자아는 역사적 환경으로부터 형상을 부여받고 그 표현은 문화 속에서의 의미 만들기 과정 속에서 실현되는 것이다. 그래서 해석학적 사고와 경험의 인식론에서 우리가 알 수 있는 것은 인간 문화를 구성하는 상징적 세계의 관점에서 해석되지 않으면 그럴듯한 의미를 만들 수 없다는 것이다.

　　또한 지식의 능동적이고 적극적 측면과 관련되는 구성주의적 사고는 '지식의 구조'의 성격을 이해하는데도 중요한 단서 역할을 한다. 구성주의(constructivism) 문제와 관련하여서는 그는 N. Goodman의 견해를 수용한다(Bruner, 1983: 93-105) 우리가 살고 있는 세계들은 상징적 구성으로 창안 된 것이다. 구성주의를 실재론과 관념론의 대안으로 보는 Olson은 Goodman의 견해를 다음과 같이 제시하였다:

"우리의 실재는 주어진 것이 아니라 만들어지는 것이다. 우리가 창안하는 모든 실재는 단지 어떤 'prior reality'의 변형에 불과하고 그것은 본질상 주어진 것이 아니고 앎의 주체에 의해 주어진 것으로 볼 수 있다. 그래서 순진한 실재론을 포기한다. 우리의 지식은 원칙상 지각적 활동과 개념적 활동을 통해 우리가 구성하는 세계에 국한되어 있다. 그래서 우리는 우리가 찾는 것을 우리가 만들어야 한다(we have to make what we find)"(Olson, 1990: 340).

　　이와 같이 Goodman의 구성주의를 토대로 보면 인간의 정신적 활동과 상징적 언어와 무관하게 선천적으로 존재하는 유일한 실세계는 없다. 우리가 세계라고 부르는 것은 상징적 과정이 세계를 구성한다는 점에서 어떤 정신의 산물이다. 이런 정신적 산물로서 세계관은 다수의 실재를 인식하는 것이며 서로 상충하는 참 세계관들은 같은 동일 세계 속에서는 동시에 참일 수가 없기 때문에 다수의 여러 세계가 존재해야 한다고 설명하는 것이다.

　　아울러 지식의 사회적 맥락의 측면에서는 사회적 세계에 근거를 두고 구성되는 지식의 성격에 그 강조점이 있다. 이것은 단지 지식 그 자체의 문제만이 아니라 실재, 의미, 자아를 구성하는 주체의 마음을 문화적 상황 속에서 어떻게 구성하며 인간 발달의 문제를 사회 역사적 맥락에서 어떻게 형성하고 해석하는가의 문제와 관련이 있다. 이런 점에서 그가 제시하는 새로운 인식론은 지식의 문제뿐만 아니라 문화적 상황성 속에서 구성되는 실재, 의미, 자아와 총체적으로 연관되어 있다. 보다 중요한 것은 문화적 맥락 속에서 앎의 주체와 관련한 여러 가지의 측면을 모두 고려해야 하며 그 중심에는 문화가 인간 마음을 형성한다는 명제가 놓여있다는 그의 제안이다.

　　마지막으로, 자신의 인식론적 입장 변화에 중요한 단서를 제공하는 것은 그의 내러티브 사고양식의 강조에 있다. 내러티브는 실재구성, 의미 만들기, 자아형성에 모두 관련되어 있으며 특히 의미 형성과 협상에서는 내러티브적 해석이 중요하다. 이러한 관련성은 의미는 대화를 통해서 만들어지고 이야기 양식은 해석을 필요로 한다는 내러티브의 가정에 그 근거를 두고 있다. 이 점은 이하 IV장 2절에서 논의된다.

다. 학문연구방법론: 문화심리학을 중심으로

(1) 문화심리학의 세부 갈래

문화심리학은 매우 포괄적인 분야이므로 어느 한 입장으로 정리가 매우 어려운 분야이다. 그러나 최상진·한규석(2000)은 이들 갈래를 크게 3가지로 정리하고 있다. 이하에서는 이들의 분류에 기초하여 그 입장을 소개, 논의하기로 한다.

① 문화생성론적 관점

외부의 문화가 인간 심리에 영향을 미치며 동시에 인간 심리 내부에 내재된 심리적 구성요소로 전화되는 과정은 크게 생성적 과정과 구성적 과정의 복합을 통해 이루어진다. 생성적 과정은 1920년대 구소련의 Vygotsky(1978)의 연구에 의해 주도되었고, 그의 접근을 이어받은 Leontiev(1981), Ratner(1997), Cole(1990), Wertsch(1985) 등에 의해 제안되고 발전된 러시아 역사-문화학파의 관심사이다. Vygotsky는 맑시즘의 영향을 많이 받았고 이를 심리학 연구에 적용하였기 때문에 그의 활동 초기에는 서구에 알려지지 않았으나, 1970년대에 들어서 새롭게 조명을 받고 있다(Wertsch, 1985). 이들 학파는 인간의 정신과정의 근원을 뇌에 두지 않고 사회에 두고 있다. 인간의 심리적 본성이 내재화된 사회관계의 합체이며, 이 합체가 개인에게 기능적 역할을 하고 있다고 본다. 따라서 심리학의 우선 과제는 어떻게 개인들의 반응이 집합적인 생활 형태로부터 부상하는가를 보이는 것이다. 이들은 인간의 활동(activity)이 외부세계와 인간의 마음을 중개하는 연결고리라고 보기 때문에 활동을 가장 중요한 연구주제로 삼고 있으며, 역사-사회적 틀 속에서 이루어지는 실천적 삶의 활동과정을 통해 얻어지는 실제 경험적 심리 형성의 과정을 밝히는 것에 주된 관심을 두고 있다. 이 점에서 생성적 과정은 문화심리의 원초적 발생 과정에 강조점을 둔다.

② 문화구성론적 관심

앞의 생성론적 측면에 대한 관심보다 문화심리의 구성적 측면에 관심을 지닌 학자들은 집단적 사회 과정 속에서 이루어지는 담론과 상호작용을 통해 이미 구성된 문화가 의미 체계, 신념 체계, 해석 체계, 가치 체계 등의 형태로 인간의 심리 속에 내재화되고 변모되는 과정에 초점을 둔다. 이러한 점에서 생활에서 중요한 것은 의도를 지닌 행위이며, 이 행위에 대한 소통과 해석이 된다. Harre(1999)와 같은 이들은 인간의 마음이 지닌 실체성을 부정하고 마음을 사적인 대화, 사적인 기호체계의 사용이자 또한 공적인 대화(둘 사이에 교류되는)라고 본다. 즉 내부의 것을 외부의 공적인 과정으로 만들고 독백에서와 마찬가지로 일반적인 대화에 나타나고 있는 현상이 마음이라는 담화심리학(discursive psychology)의 연구풍토를 전개하고 있다. 이들은 내러티브(narrative) 혹은 담론(discourse)의 구성과 소통을 심리학의 탐구대상으로 부각시키고, 인과론(causality)적인 인식론에 대한 대안으로 주체적(agentive) 인식론(Harre, 1999)에 바탕하여, 인간이 도구를 사용하고 규범과 준거에 따라 삶을 영위하는 존재로 자극에 대한 해석, 의미, 삶의 목표, 계획성을 중시함에 초점을 맞춘다. 이와 더불어 집단적 과정을 통해 문화가 심리의 구성요인으로 내재화되는 과정에 초점을 두고 있다는 점에서 문화심리의 사회구성적 과정에 강조점을 둔다. 따라서 이들의 연구는 인식론적으로 문화심리학과 공통이지만, 그 분석의 대상을 흔히 이야기하는 국가, 민족의 단위로서의 문화에 맞추어 문화비교에 관심을 두고 있기보다는 각 문화권내에서 심리학적 탐구를 재구성하려는 노력을 보이고 있다. 급진적 구성주의 입장을 취하고 있는 Gergen(1985, 1997)을 비롯하여, Harre & Gillet(1994), Potter(1996), Billig(1988), Edwards & Potter, 1992 등이 이러한 관심을 공유하고 있다.

③ 문화와 인지

생성적 관심과 구성적 관심을 지닌 학자들이 벌이는 문화심리학의 활동은 실험심리학계의 연구와는 거의 무관하게 벌어지고 있는 것이 현실정이다. 그러나 최근에 실험심리학계에서 활발히 문화심리학이 거론되고 있다. 이러한 관심의 뿌리는 Triandis가 주도한 비교문화심리학에 연원하고 있다. 이 분야는 인간의 심리가 보편적 원리로 설명될 수 있다는 인식론을 전제하고 있다. 이 분야에서 다루는 문화에 대한 관심은 문화 간 차이에 있다. 즉, 문화를 독립변수로 취하고 관심 있는 종속변수로서 심리현상에서의 차이를 설명한다. 그러나 서구와 미국을 중심으로 발달된 전통심리학의 개념이나 이론이 타문화권에서 타당하지 못하다는 연구결과가 상당한 정도로 축적되면서, 문화차이에 대한 발견들을 구성론적 인식론을 취하여 정리한 논문(Markus &

Kitayama, 1991)이 주요 학술지에 발표되면서 상당히 큰 변화가 나타났다. 이들은 서구 심리학의 핵심 개념 중 하나인 '자기(self)'가 동양인에게는 다른 형태로 구성될 수 있음을 보여주면서, 이와 관련된 정서, 동기, 인지의 영역에서 문화차이를 밝히는 연구의 장을 열어 놓았다.

이 분야의 연구의 중핵적 역할을 하는 미시건 대학의 Nisbett 교수를 중심으로 구성된 <문화와 인지> 연구팀들은 실험심리학의 틀 안에서 문화를 다루면서 문화를 모호한 타부개념에서 심리학적 개념으로 전환시켜 실증적 연구들을 수행하고 있다. 이들의 연구가 기존의 비교문화심리학적 연구들과 지니는 차이는 인식론적으로 보아서는 큰 차이가 없다. 변수의 양적인 측정을 중시한다는 점, 실증주의적 인식론을 취하고 있다는 점, 문화를 핵심적 독립변수로 취급한다는 점에서 비교문화심리학과 같은 입장이며, 문화구성론적 입장에서 문화의 차이를 질적인 차이로 인정하는 면에서는 보다 문화심리학적 입장을 취하고 있다. 그러나 이들의 연구가 주목을 받고 있는데 (Goode, 2000), 그 이유는 기존의 심리학이 취하고 있던 '인지과정은 문화보편적'이라는 가정이 잘못되었을 가능성을 던져주고 있기 때문이다. 즉, 한국인(혹은 일본인, 중국인)과 미국인들에게 잘 통제된 실험과제를 제시하여 사고과정을 분석하면, 동아시아인들은 총체적(holistic) 사고를, 미국인들은 분석적(analytic) 사고를 하는 차이를 보이는데, 이러한 차이로 모순되는 두 가지 사건들을 접해서, 동아시아인들은 두 가지 사건을 타협적으로 모두 받아들이는 반면에 미국인들은 둘 중의 하나를 받아들이는 차이를 보인다. 이러한 연구는 누구나 모순을 접했을 때 이를 해결하려든다는 것은 보편적이지만 해결의 인지과정 자체가 문화마다 다른 문화적 산물임을 보여주는 것으로써, 전통심리학의 중요한 가정(assumption)을 흔들고 있다(Choi, Nisbett, & Norenzayan, 1999; Peng & Nisbett, 1999). 이들 연구가 보이는 또 다른 중요한 특징은 이들이 문화를 단선적으로 파악하기 보다는 복합적인 구성체로 파악하려고 보이는 노력일 것이다.

(2) 문화심리학의 연구방법

연구방법은 연구 내용에 따라 달라질 수 있으며, 따라서 어떤 특정한 연구방법이 타당하냐 또는 적합하냐 하는 문제는 그 방법이 연구하려는 대상의 본질에 적합하게

문화와 인지 실험

접근하고 있느냐의 문제에 의해 평가되어야 한다(이정모, 1997). 문화심리학은 우선 연구의 대상 면에서 전통심리학과 차이가 있다. 이러한 차이는 방법론에서의 차이가 있을 수 있음을 함축하며, 동시에 전통심리학의 방법론적 인식론을 문화심리학의 방법론 평가에 그대로 적용할 수 없음을 의미한다.

문화심리학의 방법론을 소개와 제안의 형태로 제시해 보고자 한다. 그런데 문화심리학의 방법론 제시에 앞서 문화심리학의 존재론 및 인식론을 먼저 소개해보기로 한자. 그 이유는 어떤 연구방법을 사용하는 것이 적합한가의 문제는 연구대상의 본질에 대해 어떻게 개념화하느냐가 우선되는 문제이기 때문이다.

인식론적 특성: 마음 또는 심리가 행동으로 구현되며, 동시에 심리학은 감각기관을 통한 직접관찰이 가능한 행동을 연구대상으로 삼아야 한다는 전통심리학의 입장에서는 '외현적 행동'을 관찰(특히 실험관찰)을 통해 변수로 취하고 계량화하고 변수들 간의 인과적인 이론을 구축하는 데 주 관심을 둔다. 따라서 자연과학적 방법론의 기본적 인식론인 객관주의, 보편주의, 인과주의, 원자주의, 조작주의 등에 얼마나 충실한지의 정도를 따져 연구방법의 정밀성 정도를 판단한다. 그러나 행동보다는 개인의 주체적 경험과 주체적 경험의 문화적 구성성을 연구대상으로 삼는 문화심리학에서는 마음과 생각을 역사·사회·문화적 맥락에서 이해하고 기술하는데 주 관심을 둔다. 따라서 문화심리학의 연구대상은 인지과정이기 보다는 마음과 생각의 내용이 되며, 여기서 행동은 주체적 경험에 관여되는 마음과 생각을 추론하거나 확인하는 외현적 단서의 하나로 취급된다. 따라서 문화심리학의 방법론은 현상학적, 해석학적, 문화인류학적, 기호학적 접근의 특징인 주관주의, 문화·사회·역사적 구성주의, 현상적 경험주의, 해석주의의 인식론을 중요한 방법론적 틀로 도입하고 있다(Alasuutari, 1995).

이러한 방법론적 이해에 따라서 문화심리학에서는 계량적 연구방법보다는 질적인 연구방법을 우선시 한다(김정운·한성열, 1998; Ratner, 1997). 질적인 연구방법의 가치는 무엇보다도 이론의 구성과 생성에 있다. 이론화 작업은 현상에 관련된 단편적인 증거들을 엮어서 논리적이고 체계적이며 제한적으로 설명적인 틀을 구성하는 것이다. 이를 위해서는 개념들과 개념들 간의 관계를 다양한 각도와 관점에서 검토하는 것이 필수적이다. 자료로부터 이론이 구성되고 이 이론은 새로운 자료들에 의해서 타당성이 검증되는 순환적 과정이 여느 심리학의 연구에서와 마찬가지로 진행된다. 문화심리학적 질적 연구가 지닌 특성은 이론이 현실적 자료(양적 및 질적 자료)에 근거해서 구성되어 지고, 관련된 현상에 관한 새로운 자료들의 검토에 의해서 타당성이 검증된다. 이러한 면에서 최근에 논의가 활발해지고 있는 근거이론 (Strauss & Corbin, 1998) 적 접근이 잘 활용될 수 있다.

개념적 구성의 중요성

　　문화심리학은 연구의 대상으로서 심리현상을 개념화함에 있어서 연구자가 개념의 특성을 조작적으로 정의·구성하기보다는, 그 현상에 대한 일반인의 표상과 이러한 현상 및 표상과 관련된 일반인의 경험양식을 일상심리(folk psychology)의 입장에서 분석하고 이를 기초로 하여 그 현상을 개념적으로 구성한다(Bruner, 1990). 따라서 문화심리학에서는 전통심리학에서처럼 변인 간의 인과관계나 관계성 자체를 밝히는 일보다는, 먼저 연구의 대상 자체에 대한 성격 규명과 이를 기초로 한 현상의 개념화가 일차적인 과제가 되고 이 작업에 많은 노력을 투여하게 된다. 이러한 개념화 과정의 초기 단계에서는 일반인의 표상 내용과 경험 속성들을 일반인이 생각하고 느끼며 생각하는 바대로 일반인의 언어로 표출시키는 것이 필수적이며, 이를 위해 구조화된 질문지가 아닌 개방형 질문지(open ended)를 사용하는 것은 당연한 것이기도 하다. 이 과정에서는 일반인의 반응을 계량화하는 일보다는 그러한 반응이 무엇을 뜻하며, 그러한 반응의 배경에 깔려 있거나 숨어있는 심리적인 경험과 관여된 마음 및 생각을 읽어내는 것이 중요한 과제가 된다.

접근방법상의 특성

　　과학으로서의 전통심리학에 대한 비판에서 출발한 문화심리학의 패러다임은 앞에서 언급된 바와 같이 새로운 과학 패러다임인 '인간과학적 패러다임을 따르고 있다(최상진·한규석, 1998). Bruner(1990)는 '인간은 생물학적 존재이며 문화의 영향을 받는다"는 전통적 과학의 시각에 문제가 있음을 지적하고 반대로 인간은 문화적 존재로서 생물학적 구속을 받는다는 주장을 내세운다. 즉, 인간행위의 원인이 생물학적 소인에 있다는 시각은 잘못이다. 그 이유는 문화와 문화권에서 의미의 추구가 행위의 원인이 되기 때문이다. 즉, 생물학은 원인이 아니라 행위의 구속조건에 불과하다. 차가 움직이는 원인은 엔진이 있기 때문이 아니라 운전자가 목적을 갖고 운전대에 섰기 때문이라고 보는 것이다. 이러한 패러다임에서 전통심리학의 연구방법론을 조망해보면, 전통심리학의 연구방법론은 사람의 심리연구의 한 부분, 즉 심리의 요소적 현상에 대한 특정, 변수들의 인과적 영향관계를 구명하고자 하는 관심에서, 인과적, 결정론적, 원자적 접근법을 택하고 있는 것이다. 반대로 문화심리학적 접근 방법은 심리현상의 다른 부분, 즉 의도적, 목적론적, 사회문화적으로 작용하는 심리현상의 내용, 이의 생성, 소통의 과정에 관심을 갖고, 해석학적, 현상학적, 담론분석적 접근법을 택하고 있다. 비록 현재의 수준에서는 문화심리학의 내용이 고급수준의 자료를 생산해내는 데는 미치지 못한다고 할지라도 잘못된 방법을 사용하고 있다는 평가를 내릴 수는 없다.

대안적 방법의
개발

연구방법과 관련해서 문화심리학에서는 발달심리학, 사회심리학, 문화인류학 등에서 사용되어지던 기존의 방법을 전용해 왔다. 앞에서 언급된 바와 같이 문화심리학은 새롭게 구성되고 있는 학문이라는 점에서 자신들의 고유한 방법들을 개발할 충분한 시간을 갖지 못했다. 이러한 전용 현상은 오히려 자연스러운 것이라는 시각도 가질 수 있다. 왜냐하면 이미 발달된 타학문 분야에서 발전되어 온 방법을 문화심리학의 목적에 맞게 활용하는 것은 오히려 바람직한 현상이라고 생각되기 때문이다. 그러나 다른 한편 문화심리학에서 주장하는 것처럼, 문화심리학의 연구방법은 그 나라 사람들의 삶의 양식과 문화의 성격에 따라 다르게 주조되어야 한다거나(Greenfleld, 1999), 문화심리학은 전통심리학과는 달리 질적이며, 해석학적인 접근이나 현상학적 접근을 해야 한다(Ratner, 1997; Yang, 1999 등)는 입장에서 보면, 문화심리학은 기존의 전통심리학에서 사용해 오던 방법과는 다른 대안적 방법을 개발해야 한다.

문화심리학의
4가지 접근 방법

이하에서는 후자에 초점을 두고 지금까지 사용되어 온 기존의 문화심리학 연구방법과 더불어 최상진·한규석(2000)이 새롭게 제안하는 방법들을 동시에 제시해 보기로 한다. 제시의 편의상 문화심리학의 방법을 크게 1) 문화적 자극과 관련해서 일어나는 경험 및 해석을 분석하는 실험적 접근, 2) 문화적 심리현상에 대한 사회적 표상을 분석하는 접근, 3) 일상 언어에 대한 분석을 통해 문화심리의 구성형태와 내용을 분석하는 접근, 4) 사회적 삶 과정의 활동분석을 통한 문화심리 생성과정과 내용을 분석하는 접근으로 나누어 이에 해당되는 대표적 접근방법을 논의해 보기로 한다.

① 문화적 자극과 관련해서 일어나는 경험 및 해석을 분석하는 실험적 접근

문화심리학에서는 상황맥락과 마음의 작용을 관심 있게 보지만, 그렇다고 실험심리학에서 다루고 있는 자극과 반응을 못 다루는 것은 아니다. 그러나 자극과 반응의 본질을 규정하는 방식은 실험심리학의 그것과 큰 차이를 보인다. 문화심리학에서의 자극은 문화 속에 담겨져 절여지고 곰삭은 문화적 자극이다. 이러한 자극은 개인의

문화-일상적 삶 속에서 그 의미와 성격이 이미 부여된 자극이며, 동시에 이러한 자극과 관련된 감정, 신념 및 행위양식을 필요나 당위의 형태로 내장하고 있다. 그러나 실험심리학애서의 자극은 일반적으로 물리적 형태로 규정되거나 또는 심리적인 순수 단일 차원의 성격을 띤 자극으로 규정되고 조작된다. 이러한 실험심리학의 관점에서 보면 문화심리학에서의 자극은 문화적으로, 개인생활사적으로 오염되었고, 동시에 다양한 요소로 구성된 복합 자극어다. 이러한 차이는 문화심리학과 전통심리학이 지향하는 바가 다른 데서 비롯된 것이다. 문화심리학에서는 삶의 일상생활 속에서 일어나는 사건을 있는 그대로 통째로 다루는 것을 가치롭게 여기는 반면, 전통심리학에서는 이러한 사건을 심리적 차원으로 환원하여 단일 차원적 자극으로 재구성하는 방식을 지향한다. 같은 맥락에서 문화심리학에서는 일상적 삶의 상황 속에 위치된 상태에서의 자극의 의미와 기능에 대해 연구하는 것을 지향하거나 전통심리학에서는 자극을 상황과 분리하여 독립적으로 자극의 기능을 연구하는 것을 선호한다.

② 문화적 심리현상에 대한 사회적 표상을 분석하는 접근

사회적 표상(social representation)은 사람들이 세상사들을 파악하고 이해하는 (sense-making) 인식틀로서 그 사회 내에 공유되어 있어, 성원들 간의 소통을 촉진시키며, 집단의 경계를 구분해주는 인지적 지식체계이다(Moscovici, 1984). 실생활에서 실물성 경험으로 체험되는 문화현상에 대해서는 그 사회의 구성원들의 표상이 일관성 있으며, 공유성이 있고 문화심리 논리적으로 '그러하며 마땅한' 의미체계와 설명체계 등이 조직화된 형태를 보인다. 어떤 심리현상에 대한 사회적 표상이 바로 이러한 속성에 얼마나 가깝게 근접하고 있느냐에 따라 그 심리현상의 문화적 현저성, 보편성, 실물성, 체험성의 정도를 판단할 수 있다. 일반적으로 사회적 표상 연구의 초기 단계에서는 사회구성원들의 표상요소들을 총 망라하기 위한 질문이나, 연상자극제시 방법을 통해 사람들의 머릿속에 파편적으로 들어있는 문화심리적 경험요소, 인식요소, 감정요소, 동기요소 등을 발화 내지 외현화 시키는 것이 일반적이다. 이 과정에서 개별적 발화방식과 집단적 발화방식을 개별 또는 혼용해서 사용할 수 있으며, 그 자극은 언어형태로 제시된 자극보다는 실물이나 장면 형태와 같은 실물 자극일수록 더욱 바람직하다.

③ 일상 언어의 분석을 통해 문화심리의 구성형태와 내용을 분석하는 접근방법

Sabini와 Silver(1982)는 질투, 희롱, 분노와 같은 도덕 관련 정서에 대한 분석에서 전통적인 조작적 정의에 근거한 심리적 개념화를 통해 도덕현상을 단순화시키는 작업에서 출발했으나, 심리학자의 책상에서 이루어지는 개념화가 실제의 도덕현실을 부당하게 왜곡시킬 뿐만 아니라 도덕의 본질을 탈색시킨다는 점을 깨닫고 일상적 언어현상 속에서 도덕의 구성과 본질을 밝히는 방향으로 전환하였다. 이 당시만 해도 이러한 접근은 전통 심리학에서 비과학적이라는 이유로 이단시 해왔으며, 따라서 이들은 자신들의 연구를 논문이나 이론이 아닌 에세이라고 표현하였다. 그러나, 최근 들어 Harre 등(Edwards & Potter, 1992; Harre, 1994 등)에 의해 주장되고 있는 담화분석(discursive analysis), Bruner(1990) 등에 의해 제안된 내러티브 분석법(narrative analysis) 등은 물론 Wittgenstein의 언어심리학과 Moscovici(1984)에 의해 제안된 사회표상론적 접근에서는 일상의 언어가 심리의 구성을 반영하며, 아울러 심리적 현실을 만들어 낸다는 논리를 제시하고 있다. 심리학자들은 통상 언어현상을 분석할 때, 텍스트만을 가지고 이를 부호화하여 분류한다. 이는 발화내용이 완벽하게 의미하고자 하는 것을 보여준다는 동질표상적(isomorphic representation) 언어관을 반영한다. 그러나 주어진 텍스트에는 나타난 내용 이상의 것이 함축되어 있으므로 이 방법은 심각한 문제가 있다. 즉 의미가 제대로 파악되지 못한다. 왜냐하면, 텍스트는 자신이 지닌 의미의 편린적 표상물이며, 사회인지적 사건에 대한 사념과 사상의 네트워크를 함축하고 있기 때문이다. 문화심리학자들은 담화분석을 통하여 일상대화가 단지 말해지는 것 이상으로 문화적 신념과 지식체계를 담고 있음을 명백히 한다. 문화의 코드에 대한 이해가 중요하다.

④ 사회적 삶 과정의 활동분석을 통한 문화심리 생성과정과 내용을 분석하는 접근

문화심리학의 이론 구성에서 가장 큰 영향을 미친 학자는 러시아의 L. Vygotsky이다. 그는 인간의 심리가 문화와 문화적 과정을 매개로 하여 구성되는 것으로 보고 그 중에서도 언어의 매개과정을 강조하였다. 그러나 그 후계자인 Leontiev(1981)는 언어와 더불어 인간의 실천적 삶 속에서 일어나는 활동(activity)이 심리에 미치는 매개과정을 강조하였으며, 여기서 한 걸음 더 나아가 Ratner(1997)는 활동이 사회 제도 및 사회구조에 의해 어떻게 영향을 받는 가에 대한 이론을 제시하고 있다. 이들의 접근

을 통틀어 문화생성론적 혹은 활동중심적 문화심리학이라고 부를 수 있는 바, 여기에서는 마음이 역사-문화-사회 속에서 이루어지는 활동을 통해 생성된다는 입장을 취한다. 즉 "마음은 개인이 내부에 지니고 있는 것이 아니라, 주체와 문화적 산물, 환경과의 지속적인 상호작용에서 부상되는 것''(Cole & Engestrom, 1995)이다. 이들은 Shweder나 Geertz와 같은 인류학자들이 문화를 공유된 의미의 체계로 여기며, 관념적, 상징적, 추상적인 취급을 한다는 비판을 하며, 문화가 사람들의 활동으로 형성되는 것임을 강조한다(Ratner, 1997). 활동을 강조하는 Luria, Leontiev 등 러시아 심리학자들은 맑시즘의 영향을 받아 가장 중요한 활동이 생산 활동이고 생산 활동이 그에 맞는 지각, 정서, 동기, 무의식의 심리를 배태한다고 본다. Luria(1976)의 연구는 문화심리학적으로 두 가지 의미를 지닌다. 첫째는, 사람들이 종사하는 활동이 그에 부합하는 심리현상을 배태한다는 것이다. 그래서 두 가지 유형의 직업에 있는 사람들이 사물을 지각하는 양상과 같은 근본적인 지각 현상에서조차 차이를 보인다는 것은 문화를 이해함에 있어서 활동이 지닌 영향력을 부각시키며, 이에 대한 관심을 촉구한다. 두 번째는, 이 연구가 취한 방법이 지닌 의미이다. Luria는 사람들에게서 나타나는 색채지각이라는 현상을 관찰함에 있어서, 종속변수 위주의 관찰에서 벗어나, 실험과제를 일상에서 친숙한 수수께끼의 형태로 제시하며, 다양한 질문을 통하여("임상적 대화") 사람들의 인지, 지각과정을 파악하였다. 그 발견은 단순한 종속반응이 아니라 과제해결에 관련된 일련의 활동을 기록하였기 때문에 가능했던 것이다(Luria, 1976; Ratner, 1997: 162-3).

이러한 접근은 특히 심리학의 분석 대상을 탈맥락화된 개인의 심리적 속성에서, 사회적으로 구성되고 문화적으로 매개된 활동을 하고 있는 맥락 속의 개인으로 전환시키는 관점을 제시한 기여를 했다(Miller & Berry, 1999).

(3) 사회적 구성주의와 정체성

문화심리학의 관점에서 보면 내러티브 인식론이 지향하는 연구방법론은 사회적 구성주의의 입장과도 매우 밀접한 관련이 있다. 이런 점을 고려하여 내러티브에 전제되어 있는 사회적 구성주의 입장(김형숙, 2001)을 살펴보기로 한다. 이하의 입장은 지식의 구성과 관련한 전통적 구성주의 입장(인지적-사회문화적-급진적 구성주의 입장

사회적 구성주의 입장

등)과는 다르게 인간 경험과 자아 정체성에 초점을 두는 접근이라는 점에 초점이 있다. 그 이유는 내러티브와 관련한 인간 마음의 구성에 관심이 있기 때문이다.

인간 마음관 사회적 구성주의에 의하면 인간의 마음은 인간 내부 안에서 구성되는 것이 아니라 사회적 구성물의 결과라는 관점으로 인간의 마음에 대한 이해를 취하며 모든 지식은 사회적으로 구성된 지식이며 따라서 한 인간의 마음도 그가 속한 문화의 소산물이라는 시각을 가진다.[1] 따라서 한 개인의 자아 정체성은 그가 속한 사회와 문화 사회 언어적 관계의 산물인 것이다. 정석환에 의하면 인간은 사회적 환경 안에 태어나서 자라고 관계를 맺으며 자신의 정체성을 구성해 나가는 존재라는 말이다. 우리는 결코 진공 속에 백지와 같은 존재로 태어나는 것이 아니라 특정한 문화와 사회적 여건 속으로 태어나 특정한 방식으로 관계를 맺고 사는 법을 배워 나가는 사회적 존재들이라고 설명하고 있다.

인간의 삶과 문화공동체 인간의 판단과 자신에 대한 정체성의 확인도 철저히 그가 속한 문화 공동체, 좀더 엄격히 말하면 해석 공동체의 산물이며 따라서 인간의 삶과 그 정체성은 호두 속처럼 내부 안에 구성된 치밀한 내부의 심리 조직에 의해 구성되는 것이 아니라 다른 사람들과의 교류 가운데, 또한 타인들과의 차이점을 인식하는 차이의 인식 속에, 더 나아가 그가 속한 공동체의 내적 목적과의 끊임없는 교류의 결과물이라 말하는 것이 좋다고 정석환은 평가하고 있다. 사회적 구성주의는 관점주의의 입장을 취하는데 이는 객관주의에서 보는 사물에 대한 인식하는 것과 다르다. 객관주의자들은 "사물이 존재하는 방식으로 부르며 이해한다". 반면에 관점주의자들은 "자신이 본 방식대로 이해한다." 과학적 합리주의가 지배하는 사회 속에서의 인식의 기본 명제는 "보는 것이 믿는 것이다(Seeing is believing)"였다면, 사회적 구성주의의 시각에서는 "믿는 것이 곧 보는 것(Believing is seeing)"으로 대체된다 하겠다.[2]

자아정체성의 문제 사회적 구성 이론의 시각에서 인간의 자아 정체성을 파악했던 거겐(Kenneth Gergen)은 후기 현대 사회의 건강한 자아 정체성으로서 포화적 자아(saturated self)의 개념을 제시하고 있다. 그의 이론의 핵심 축은 기존의 전통적 현대 사회의 자아는 더 이상 후기 현대 사회에는 적절한 대응책이 되지 못한다는 것이다. 이에 대하여 정석환은

---

1 Craig Smith & David Nylund, Narrative Therapies with Children and Adolescents,(New York, The Guilford Press, 1997), 7-8. 정석환 "후기 현대 사회와 자아정체성의 문제", 4.에서 재인용.
2 Ibid.

후기 현대 사회는 주지하는 바와 같이 정보의 홍수, 만남의 다양성, 새로운 역할 모델들의 등장, 다양한 가치관의 목소리들, 다양한 선택의 기회 앞에 놓여 있는 새로운 환경에 우리가 노출되었다고 지적하고 있다. 이러한 변화된 현실 속에 가장 적극적이고 건강한 자아의 모습은 다양한 목소리를 수용할 줄 아는 다양성의 확보와 함께 자신의 모습을 상대화시키며 다양하게 변화시킬 수 있는 다양한 자기 정체성을 지니는 것이 후기 현대 사회의 필수적 요건이 된다고 언급하였다.

거겐의
자아정체성 논의

이러한 시대적 흐름에 맞춰 Gergen의 새 시대의 자아 정체성에 대한 입장은 다원화된 사회의 현상을 수용(흡수)하여 다양한 자아 정체성을 가질 것을 권하고 있다. 여기에 대하여 정석환은 이러한 Gergen의 자아 정체성에 대한 포스트 모던적 입장은 오늘날 후기 현대 사회가 안고 있는 문제를 근원에서부터 제기하고 있다는 점에서 우리에게 많은 시사점을 주고 있다고 하면서 후기 현대 사회에서 인간의 다양한 자아 정체성의 수용은 후기 현대 사회의 다원화된 사회 구성원의 평화로운 공존을 위해서도 필수적인 요건으로서 이를 수용하지 못할 경우 한 사회나 개인 혹은 집단은 다양성의 목소리와 서로 다름의 차이를 받아들이지 못하여 이를 차별화하고 극단적으로는 병리화(pathologizing)시킬 수 있는 위험에 빠지게 된다고 평가하고 있다.

이처럼 현대사회의 자아 정체성의 문제점은 MacIntyre의 비판이 잘 지적한 것과 같이 인간의 자아 정체성을 사회와 환경 및 타인으로부터 분리 시켜 한 개인 안의 내면의 문제로 환원시킨 점이었다.[3] 이 점에서 포스트모던적 이야기심리학자들은[4] 후기 현대사회의 변화된 생활양식에 창조적으로 적응해 갈 수 있는 새로운 자아 정체성을 제시하며 그 이름을 "프로티안 자아(the protean self)," "대화적 자아(the dialogical self)," 혹은 "이야기적 자아(narrative self)"라 명명하고 있다.

이상의 자아정체성과 관련한 사회적 구성주의는 인간 경험의 내러티브에 밀접하게 관련이 있는 것으로서, 대안적인 학문연구방법론의 큰 틀에서 활용 가능하다고 판단된다. 왜냐하면 인간 마음의 사회적 구성은 자아정체성을 핵심으로 하며, 이야기적 자아가 문화심리학의 핵심 주제이기도하기 때문이다.

---

3 Alasdair MacIntyre, "The Virtues, the Unity of a Human Life and the Concept of a Tradition," in his After(Noktre Dame: University of Notre Name Press,1981), 190-209. 정석환, Ibid.에서 재인용

4 후기 현대사회의 자아정체성에 대한 대안을 제시하고 있는 학자들은 아래와 같다. 브룬너(James Brunner), 허만스(Hubert J. M. Hermans), 켐펜(Harry J. G. Kempen), 룬(Rens J .P. van Loon), 리프턴(Robert J. Lifton)

라. 이야기 심리학

앞의 II, III장에서 지적하였듯이, 문화심리학은 전통심리학의 문제에 대한 대안적 성격을 지니지만, 그 본질은 특히 Bruner의 내러티브와 내러티브 인식론에 있다. 내러티브 인식론의 핵심은 이야기 심리학, 이야기적 자아로도 구체화 될 수 있다. 여기에서 이야기 심리학을 논의하는 이유는 이후에 논의할 내러티브 심리학(narrative psychology)과 긴밀하게 관련이 있기 때문이고 내러티브 인식론과의 상보성 때문이다. 이하에서 논의되는 이야기 심리학은 인간 발달과 정체성 형성의 관점에서 바라본 것으로서 교육적 차원이 강하다. 이런 점에서 이하에서는 김형숙(2001)의 논의에 기대어 McAdams의 이야기 심리학의 입장에서 그 내용을 소개하기로 한다.

(1) 삶의 이야기를 통한 마음(정체성)이론

① 이야기의 기원: 음조, 이미지, 주제

우리는 청소년기와 초기 성인기에 자아를 정의하는 인생이야기를 구성하기 시작한다고 McAdams는 Erickson에릭슨의 인간 발달 8단계를 수용하면서 에릭슨과 같은 입장을 취한다.[5] 인생 스토리의 기원은 유아기로 거슬러 올라가며 인생스토리를 만드는 과정은 중년기 이후에도 계속된다. 유아기와 아동기 때는 언젠가 구성하게 될 스토리를 위해 자료를 수집하고 청소년기에 우리가 누군지 자각하게 되었을 때 우리의 정체성을 만드는 가장 중요한 재료인 풍부한 경험을 만든다. 이러한 것들은 우리의 인생 스토리를 위한 자서전적인 자원이며 이러한 자원의 바탕 위에서 정체성이 형성된다. 따라서 유아기부터 중년기에 이르기까지 이야기의 구조를 살펴봄으로써 한 인간의 정체성이 어떻게 형성되는지를 살펴보기로 하자.

McAdams는 생후 2년 동안을 이야기 형성의 준비 기간으로서 자료를 수집하고 기억의 창고에 배열시키는 기간으로 한 인간의 성격과 삶의 방향성을 형성하는데 있어 너무도 중요한 시기가 되며, 후에 "내 삶의 이야기"를 만들어 가는 이야기 패턴의 형성에 잠재적 영향을 미치는 시기라고 보았다. J. Bowlby의 애착이론(Attachment)에 의하면 아기와 어머니와의 관계가 확고하게 애정 관계가 있을 때는 낙관적인 이야기

---

5 Dan p. McAdams, The Stories We Live By, 39.

음조를 형성하게 되며, 반대로 유아와 보호자와의 사이에 불안정한 애정 관계는 아기로 하여금 희망적이지 못한 음조를 형성시킨다고 한다.[6] McAdams는 이러한 이야기의 음조가 문학의 형태[7]인 희극적 이야기 음조(Comedy), 낭만적 이야기 음조(Romance), 비극적 이야기 음조(Tragedy), 역설적 이야기 음조(Irony)로 나타난다고 한다. 중요한 것은 이러한 이야기 음조는 이미 유아기 때의 경험의 질(보호자와의 관계의 질)에 의해 결정되기에 좀처럼 바꾸거나 고치기가 힘든 성질을 가지고 있다는 것이다. 그러므로 한 인간의 이야기를 듣고 그 사람을 이해하는 첫 요소로 이야기 음조의 파악은 필수적인 것이라고 주장한다.[8]

유아기에서 초기 아동기로 바뀌면서 스토리는 음조에서 이미지로 옮겨간다. 아이는 이 세상을 이미지를 통해 인식하며 각각의 이미지는 개인의 독특한 삶의 경험들을 바탕으로 한 의미 있는 체험들과 관련해 저장된다. 이 이미지 구성의 외부적 요소는 아이들의 경험의 세계인 가정, 교회, 학교, 문화적 여건들이며 이런 경험들은 아이들에게 내면화된 마음의 심상들로써 이야기의 음조와 함께 중요한 타인의 영향이 매우 크며, 이렇게 형성된 마음의 이미지들은 성인이 된 이후에도 성인의 아이덴터티 형성에 중요한 인자를 이룬다.[9] 이미지를 형성하는 또 다른 문화적 원천으로 종교가 있다.

학령기 아이들은 이야기 주제의 형성으로 이동한다. 힘의 주제가 아니면, 사랑의 주제를 선택하게 된다. 물론 이 둘을 종합하는 선택을 하게 되지만 어느 한쪽이 우세한 이야기의 주제가 형성되어 이 선택이 곧 행동의 한 패턴으로 자리잡으며 그 개인의 삶 속에 에너지와 방향설정 목적 등을 주는 중요한 이야기의 주제들의 동기를 형성한다.

6　D. P. McAdams, The Stories We Live By Personal Myths and the Making of the Self, (New York: William Morrow and Company, 1993), 39-48.
7　McAdams는 프라이(N. Frye)의 인간의 삶에 대한 4계절의 비유를 들어 설명한 문학 비평 이론과 비유를 인간 삶의 이야기 텍스트 분석에 도입하여 설명한다.
8　D. P. McAdams, 49-53.
9　McAdams에 따르면 아이들의 이미지 심상에는 세상과 삶에 대한 "건설적 이미지(신데렐라, 백설공주, 성서의 이야기)"와 "파괴적 이미지"(폭력과 술수의 이야기)로 크게 분류할 수 있다. 건설적 이미지가 우월하게 지배하면 긍정적 자아 형성에 큰 영향을 미치고, 성인이 된 후에 이야기 음조와 연관되어 긍정적이고 생산적인 이야기를 만들어 가는 동인이 되어진다. 반면에 파괴적 이미지는 그에 연관된 무의식적 자아에 부정적 영향을 미치게 되고 결과적으로 부정적 자아 이미지에 의한 부정적 야기의 표출로 드러나게 된다고 한다. Ibid., 53-65.

② 이야기의 주인공(Imago)

이야기 주제와 주인공들의 수집과정은 오랜 기간 그의 주변 환경과의 교류를 통해 형성해 온 삶의 자료들로 성취와 관계의 방식에 따라 조직된다고 할 수 있다. 그런데 이러한 성취와 관계에 관계된 동기부여 성향은, 이미지에서부터 주제에 이르기까지 자신의 관심을 이야기 속에 반영하기 시작하는 초등학교 때 즈음에 인간의 성격 속에 유착되기 시작해서 10대의 삶 속에서 가장 중심이 되는 정체성(identity)의 형성의 한 단면을 이룬다고 기술한다. 그에 의하면 개인의 이데올로기는 정체성을 형성하기 위한 구조(setting) 역할을 한다고 매카담스는 말한다.[10]

그에 의하면 이야기 속에서 각 사람의 삶의 이야기를 지배하는 주인공(characters)을 "imagos"라 부르는데 imago는 현대 삶의 변화를 수용하는데 있어서 이야기적 (narrative) 메커니즘을 제공한다. 인간의 삶에 있어서 중심이 되는 갈등이 원동력은 주인공(imago)들의 갈등과 상호작용에 따른 발현이라는 것이다.

이야기 주인공은 이야기 주제와 관련하여 선택하며 이러한 주인공들의 분석을 통해 한 인간의 삶의 여정과 그의 일상의 역할 속에 숨어있는 내면의 욕구들, 삶의 지향성에 대해 선명하게 읽어낼 수 있다고 그는 말한다. 물론 이 이야기 주인공들은 한 개인의 이야기가 지닌 독특한 삶의 특성과 사회-문화적 환경, 가치관 등을 반영하기도 한다. 동시에 이렇게 수집되어 온 이야기의 자료들은 후에 성인이 되어 자신만의 신화(personal myth)의 대본들을 만들어 갈 때 없어서는 아니 될 중요한 자료가 된다는 것이다. 성취 지향적이고 관계 지향적인 성향에 의해 만들어지는 인간의 삶의 주제와 주인공들의 유형 그리고 그 주인공들이 펼치는 이야기들의 주제는 중년기의 성숙성(generativity)에도 긴밀하게 연관되고 있음을 밝혀 그 시사하는 바가 크다.

---

10 McAdams에 의하면 이 시기의 청소년들은 삶의 정체성의 문제와 함께 삶의 가치관과 세계관의 물음을 던지며, 인생의 실존적 문제들에 대한 구체적인 답변으로서의 신조나 가치관 등 체계 있는 형이상학적 설명을 추구하는 경향을 지닌다. 이렇게 이 시기의 삶의 정체성 형성에 가치관 이나, 신앙, 신념의 체계, 문화와 사회적 환경 등이 큰 영향을 미치며 이 시기에 한 개인은 미래에 그의 삶의 이야기에 결정적 영향을 미칠 삶의 커다란 이야기의 사상적 뼈대를 구축하는 일에 노력을 기울이는 것이다. 또한 이 시기는 어린 아이 시절의 단순하고 자아 중심적 세계관에서 벗어나 현실과 세상을 보다 복잡하고 추상적으로 보게 되며 철학적이고 종교적인 인식의 특징을 가지게 된다고 말할 수 있다.

③ 성인의 이야기 만들기

사춘기를 벗어나 성인이 된 한 개인은 이제 자신이 사는 세계의 이야기의 주인공이 되는 신화의 저자들이 되어져 간다. 개인 신화란 기억된 과거, 인식하는 현재, 기대되는 미래에 대해 유형화되고 통합된 상상의 행위이다. 이러한 자신의 이야기 만들기를 통해 한 인간은 비로소 통전적인 자기 자신의 이해와 목적의 추구, 방향성의 확립에 보다 의식의 차원에서 명확한 자기 정체성을 가지게 되며, 이와 연관한 자신과 세계의 이해라는 의미의 세계를 구축할 수 있게 되는 것이다.

중년기까지 지속되는 정체성

McAdams는 정체성 이론에 대하여 이미 잘 알려진 Erickson의 정체성 이론과는 다르게 인간의 정체성 형성은 중년기까지 지속된다는 것을 주장한다. McAdams에 의하면 인간은 성인기를 통해 의식적, 무의식적으로 이야기를 진행시킨다고 한다. 신화가 발전해 간다라고 말하는 것은 정체성이 자라고 있다는 것과 청소년기에서 성인기를 거쳐 삶의 통합과 목적을 찾기 위해 진보해 나가고 있다는 것을 의미한다고 말한다. 이러한 점에서 McAdams는 인간의 삶과 정체성의 문제는 사춘기 시절에 끝을 맺는 것이 아니라, 성인기에 비로소 완성되는 열린 과제라고 하는 것이다. 그러므로 한 인간의 삶의 정체성 이해는 이처럼 성인기에 펼쳐지는 자기 자신의 이야기 속의 주인공 모습에 대한 발달심리학적 추적과 재구축을 통하여 이해할 수 있다고 한다. 20대 30대의 성인기의 이야기는 자신의 신화의 주인공이 되어져 가는 시기이지, 그 신화가 성숙된 이야기라고 말하기에는 이른감이 있다. 이처럼 성인이 되어 시작되고 진행이 되는 자신의 신화 만들기, 이야기 구축은 중년기에 가서 지금까지 만들어 온 자신의 이야기에 의미있는 종결(nice ending)을 위한 성숙성의 대본(generativity scrip)을 쓰는 일이며 비로소 "성숙 인격의 이야기 대본의 완성"과 함께 그 정점에 이르게 된다.

McAdams는 한 인간의 성숙한 이야기 완성과 건강성을 보려면, 그 인간의 중년기의 이야기까지 확대하여 이야기 분석을 해 보아야 한다고 주장한다. 비록 중년기의 시기에 이르지 않았다 하더라도 McAdams는 성인기 안에 발견되는 건강한 이야기의 공통된 특성으로는 이야기의 연속성(일관성), 개방성, 신뢰성, 구별(차별)성 화해의 속성과 통합성을 제시하고 있다.

이야기와 삶의 정체성

중년의 삶 속에 쓰이는 성숙성의 대본은 한 개인에게 있어 과거를 바탕으로 쓰이지만, 그러나 이 이야기는 과거의 회상을 위한 것이 아니라, 궁극적으로는 미래를 지향하는 삶의 지침서와도 같은 것이다. 이 이야기 속에는 지나간 세월을 살아온 중년의 삶에 대한 회고와 삶의 크고 작은 기억들 속에서 얻어진 삶의 상처와 훈장, 그리고 지혜들이 뼈대를 이루며 이제 남겨진 시간의 무대 속에 어떠한 삶의 이야기를 남기고 갈 것인가를 물으며, 그 물음에 응답하는 삶의 정체성의 과제 속에서 만들어져 가는 진행형의 이야기인 것이다.

정체성 형성과
문화적 동인

이와 같이 삶의 정체성의 이야기 형성 과정에는 여러 요인들이 함께 작용하고 있는데 그 중에서 의미가 있는 것은 문화적 동인이다. 인간은 사회, 문화적인 동물이며 동시에 인간의 삶의 이야기는 심리학적인 시각에서 보면 사회-문화적 조합물이라고 볼 수 있다. 두 번째는 의식적 요소로서 신념의 체계를 들 수 있다. 이는 한 개인이 지니고 있는 신앙이나 신념, 가치의 체계 등을 말한다. 그리고 여러 요소들이 한 개인의 삶의 주체적 삶과 인격 행위 속에 묻어 나오는 결과를 중년의 성숙성의 이야기 대본(generative narrative)이라 부른다. 이 성숙성의 이야기는 유한한 삶을 살고 있는 중년의 개인이 이 땅에서 만들어 가는 희망과 꿈의 이야기이며, 동시에 이 이야기 전개를 통해 한 인간은 중년의 시점을 위기나 전환의 시점으로서 사는 것이 아니라, 미래와 희망을 만들어 가는 의미 창조의 주체자로서 살아가는 것이다. 이 같은 점에서 볼 때 결국 인간은 자신의 내러티브 속에서 삶의 의미를 찾고, 과거의 내러티브나 신화를 통해 자기 정체성을 발견하며 보다 나은 삶의 이야기를 창출해 나가는 존재이다.

2. 내러티브 사고양식과 이야기 심리학

이 절에서는 새로운 인간과학을 재구성하기 위한 중요한 논거로서 두 가지 문제, 즉 내러티브 사고양식과 이야기 심리학에 대해서 논의하기로 한다. 전자는 인간 과학의 구성에서 인간 마음의 구성 논리를, 후자는 인간 마음의 해석 체계를 제공해주기 때문이다. 특히 내러티브 사고양식에서는 브루너의 구분 방식에 유의하고, 이야기 심리학에서는 인간 마음과 정체성 형성, 이야기적 자아의 문제와 관련지어 살펴보기로 한다.

가. 내러티브 사고양식과 인간과학

원래 내러티브 사고양식이라는 말은 Bruner의 인간 사고양식의 구분에서 유래한다. 내러티브는 단순히 이야기나 이야기하기의 의미를 넘어서서 이야기 만들기의 인지작용이다. 즉 내러티브는 사고양식으로서 의미를 지니다. 그런 점에서 내러티브의 구성은 의미를 생성하는 인식 과정을 포함한다. 이와 관련하여 Rankin(2002)은 내러티브를 사고 혹은 의식의 양식(mode of consciousness)으로 본다(박민정, 2006: 34에서 재인용).

내러티브
사고양식의 유래

보다 근본적으로 Bruner(1996)는 인간의 정신 활동이 두 가지 질적으로 서로 다른 사고 유형을 가진다고 주장하면서 인간의 사고양식을 패러다임적 사고와 내러티브 사고로 나누어 논하였다. 패러다임적 사고는 물리적 세계의 사물을 다루는 것으로 논리적이며 과학적 형태를 띠고, 내러티브 사고는 인간의 삶의 문제를 주로 다루기 때문에 해석적, 주관적 속성을 띤다. 패러다임적 사고는 인과 관계의 입장에서 지식이나 의미를 발견하고자 하고, 내러티브 사고는 지식이나 의미는 발견되는 것이 아니라 구성되는 것으로 본다.

두 가지 사고양식

김형숙(2001)의 설명에 의하면 심리학자인 Bruner는 인간의 사고양식이나 마음, 혹은 자아를 연구할 패러다임을 크게 두 가지 패턴으로 분류하고 있다. 하나는 논리적/명제적 패러다임과 다른 하나는 이야기적 패러다임이다. 논리적, 명제적 패러다임이(paradigmatic mode)란 한 인간의 자아 형성에 논리와 명제를 강조하는 합리성의 자아를 말하는 것으로 자신의 삶의 체험을 논리적 체계적으로 구성하는 시각으로 보는 패러다임을 말한다. 반면 이야기적 패러다임은 자신의 삶의 체험을 이야기로서 형성하는 시각을 말한다. 즉 논리적 명제적 체계를 가지고 삶의 체험을 설명하는 것이 아니라 이야기적 형태(narrative mode)로서 자신의 삶과 자아를 형성하는 것이다. 브루너의 설명에 의하면 서구의 심리학은 이제까지 서구의 합리주의적 전제 속에서 인간의 자아는 마치 논리의 기계처럼 내부 안에서 자신의 삶의 경험들을 논리적으로 체계적으로 형성해간다는 입장을 지녀왔는데 실제로 자아의 경험은 심리학자들이 기대하는 것 같이 논리적이지도 체계적이지도 않은 형태로 자신을 구축한다는 것이다. 오히려 자아는 자신의 체험을 이야기적 형태로 구성해 나간다는 것을 강조하고 있다. 브루너의 주장에 의하면 인간의 삶과 이야기는 떼려야 뗄 수 없는 불가분의 관계에 있다.

삶의 체험과
내러티브

Bruner(1996)는 내러티브 사고가 무엇을 의미하는지 어느 저서에서도 명확히 정의하지 않고 있지만 내러티브 사고의 특징을 다음과 같이 설명하였다.

첫째, 내러티브 시간은 시계로 잰 물리적 시간이 아니라 인간적으로 적절한 시간이며, 의미가 부여되는 시간의 구조를 지닌다. 둘째, 내러티브는 불변의 원리가 아닌 개별적 특수성을 다룬다. 셋째, 내러티브는 행위에 잠재된 의도적 상태의 이유를 찾으려 하며, 그 이유는 사물의 규범의 틀 속에서 판단되고 평가된다. 넷째, 내러티브를 이해하는 방식은 유일하지 않고, 해석학적 구성을 상정한다. 다섯째, 내러티브는 정통적 규범으로부터의 일탈을 함축한다. 여섯째, 내러티브는 철학이나 시적 용어처럼 지시의 모호성을 보인다. 일곱째, 내러티브의 추진력과 그 가치는 갈등을 불러일으키는 문제에 있다. 여덟째, 문화의 상호 교섭과 경쟁 속에 존재하는 내러티브는 본질적으로 절충 가능성을 갖는다. 아홉째, 내러티브는 계속적으로 확장하여 역사를 구성한다(133-147).

이상의 특성에 비추어 보면 내러티브는 자연 세계보다는 주로 인간 행위자의 문제 즉, 인간 행위자의 경험, 의도, 신념, 목적, 가치, 사람들 간의 관계 맥락, 상호 교류 등과 같은 삶의 문제를 주로 다루며 인간의 행위, 의도, 목적, 주관적 경험에 초점을 맞추고 있으므로 상황 맥락마다 달리 나타난다는 특징이 있다. 동시에 내러티브는 해석학적 작업으로 우리가 행한 경험에 대한 단순한 기술이 아니라 그 경험이 어떻게 해석될 수 있으며 어떠한 의미를 갖는가를 탐색하는 사고과정을 담고 있다.

특히 사건에 대한 정보를 단순히 나열하는 것(연대기)이 아니라 그 사건을 이해하는 데 적절하다고 판단되는 정보들을 선정하고 현재의 관심과 동기에 비추어 과거의 경험을 해석하고 재해석하면서 의미를 생성하는 인식 과정을 포함한다. 결국 내러티브는 일관성이나 관련성이 없어 보이는 과거의 사건들, 인물들, 행위들, 상황들을 서로 관련짓고, 조직화하고, 구조화하면서 질서와 형상을 부여하는 사고양식이다. 이런 점에서 Robinson과 Hawpe(1986: 112)는 내러티브는 과거의 사건들을 특정한 형태로 구조화하고 관련지으면서 서로 이질적으로 보이는 사건들을 나름대로 종합하면서 현실을 이해하려는 사고과정이라고 설명한다(박민정, 2006).

한편, 내러티브 사고양식의 핵심에는 인간은 자신들의 경험을 이야기하려는 보편적인 경향이 있다는 가정이 존재한다(강현석, 2007). 즉, 인간은 세상을 이해하고 세상에 대한 지식을 구성함에 있어서 이야기를 활용한다는 것이다. 이런 점에서 내러티브 사고는 우리가 우리의 삶을 이해하고 해석하고 전달함에 있어서 꼭 필요한 인지적 사고양식으로서 삶에 대한 의미를 만들기 위해 사용되는 의미 구성의 핵심적 도구이다. 우리의 교육 문화는 보이지 않게 패러다임적 사고 중심으로 편향되어 있다. 교육은 인간의 총체적 사고 활동이기 때문에 내러티브 사고는 패러다임 사고를 보완하고 교육의 균형을 회복시켜줄 수 있는 중요한 사고양식이다.

따라서 내러티브 사고는 인식론적 변화의 중요한 단서를 제공한다. Bruner(1996)에 의하면 지식의 본질은 발견적 특성을 가진 원인과 결과를 다루는 패러다임적 사고와 생성적 특성을 가진 의미구성을 중시하는 내러티브 사고로 이루어져 있다. 내러티브 사고는 실재구성, 의미만들기, 자아형성과 관련되는 것으로, 의미형성과 교섭에서는 내러티브적 해석이 중요하다. 즉, 의미는 대화를 통해 만들어지고 이야기 양식은 해석을 필요로 한다는 내러티브의 가정에 근거하고 있다.

내러티브 사고는 내러티브를 만드는 마음의 인지적 작용이며, 내러티브는 내러티브 사고의 산물이다. 내러티브 사고의 핵심은 내러티브를 통한 의미 만들기이다. 내러티브 사고를 설명하기 위한 내러티브의 성격은 다음과 같다(Bruner, 1996, 133-147; 강현석 · 이자현, 2005: 337-363).

① 내러티브의 시간은 시계로 잰 물리적 시간이 아니라 인간적으로 적절한 시간이며, 의미가 부여되는 시간의 구조를 지닌다.
② 내러티브는 불변의 원리가 아닌 개별적 특수성을 다룬다.
③ 내러티브는 행위에 잠재된 의도적 상태의 이유를 찾으려 하며, 그 이유는 사물의 규범의 틀 속에서 판단되고 평가된다.
④ 내러티브를 이해하는 방식은 유일하지 않고, 해석학적 구상을 상정한다.
⑤ 내러티브는 정통적 규범으로부터의 일탈을 함축한다.
⑥ 내러티브는 철학이나 시적 용어처럼 모호성을 보인다.
⑦ 내러티브의 추진력과 그 가치는 갈등을 불러일으키는 문제(상황)에 있다.
⑧ 문화의 상호 교섭과 경쟁 속에 존재하는 내러티브는 본질적으로 절충가능성을 갖는다.
⑨ 내러티브는 계속적으로 확장하여 역사를 구성한다.

내러티브의 9가지 성격

내러티브는 자연 세계보다는 주로 인간 행위자의 문제를 다루고 있다. 즉 인간 행위자의 의도, 신념, 목적, 가치 등과 관련된 삶의 문제를 다룬다. 내러티브에서 진실이라 원칙적으로 확실치 않다(강현석 · 유동희 · 이자현 · 이대일, 2005: 223).

Piaget의 발달심리학은 개인중심 구성주의로 선형적, 논리적, 수학적 지능만을 인정하였다. 이것은 인지적 구성주의라고도 불린다. 인지심리학에서는 문화를 배제한 채, 상황이나 문화와는 동떨어진 개인내의 발달에만 관심을 가졌다. 이러한 상황이나 문화를 개인의 발달을 저해하는 요소로 바라보기도 하였다. 지금까지 우리는 과학적인 방법과 합리적인 사고에 대한 방법들을 가르치는 데 교육학적인 노력을 기울여왔다. 하지만 우리는 내러티브의 규칙과 장치에 따라 구성된 세계에서 우리 삶의 대부분을 살아가고 있다. 교육은 내러티브 실재의 세계와 메타인지적 민감성이나 감수성을 창안하기 위하여 수행하는 것보다 훨씬 풍부한 기회들을 제공해야한다. 마음의 본질은 의미 만들기에 있다. 의미를 형성하는 메카니즘이 바로 내러티브이다.

인간과학이 주목해야 하는 사항

이상의 논의에 의하면 새로운 인간과학은 이야기적 존재로서의 인간 경험에 주목할 필요가 있다. 보다 구체적으로 다음의 사항에 주목해야 한다.

첫째, 인간은 이야기 속에서 살아가는 존재라는 점이다. 세계에 대한 우리의 경험과 지식을 조직하거나 구성하는 가장 자연스러운 방법은 이야기를 만드는 것이다. 이런 점에서 내러티브는 대화로서의 가치를 동시에 지닌다. 우리가 그 가치에 주목한다면 대화는 아이들과 동료들 간 또는 아이들과 성인들 간의 상호작용으로 아이들에게 그들의 인지발달과 개념 획득을 위한 기제를 제공해주는 의미 구성의 핵심이 된다.

둘째, 지식을 보는 관점의 새로운 변화를 가져다준다. 이 관점에서 지식은 사람들이 다른 사람과 자신들의 아이디어와 이야기를 공유하는 상황에서 개인적, 사회적으로 구성되고 재구성된다. 따라서 지식은 개인 내에 구체화된 것으로서, 개인은 개인적 사회적으로 구성된 상징적 형식들을 통해서 경험을 해석한다.

셋째, 실재가 내러티브 사고에 의해 구성될 수 있다. 이러한 실재관은 기존의 객관주의적 관점이나 경험주의적 관점을 넘어서는 것이다. 간주관적이고 해석적 입장에서 실재가 구성되고 창안되는 것이다.

나. 이야기 심리학과 인간과학

(1) 이야기적 자아

인간의 자아는 기존의 입장처럼 심리 내부의 고정적 자아가 아니다. 이야기를 통하여 자아가 구성되는 것이다. 정석환(1999)에 의하면 인간은 존재론적으로 이야기를 통해 삶을 배우고 자신의 삶을 표현하는 삶을 살아왔으며 인간은 자신의 삶의 존재가 일시적이고 유한한 존재라는 사실을 인식하는 순간부터 "시간"을 인식하는 순간부터 이야기의 구조로 삶을 이해하기 시작한다는 것이다. 즉 "시작-중간-끝"으로 이어지는 이야기의 구조로 인간의 유한성의 삶을 이해하기 시작한다는 것이다. 이처럼 이야기는 "우리를 설명해 주는" 은유와 상징이 된다는 것이다. 정석환은 우리는 타인의 조그만 행동 하나의 이해에도 이야기가 필수적이며 또한 우리는 "나는 누구인가?" 라는 질문 앞에서 자신의 삶을 이야기로 설명하는 모습을 발견하곤 한다고 설명했다. 우리가 자신의 삶을 이야기 할 수 없을 때, 우리는 우리 삶의 의미도 더 이상 작용하지 않고 있음을 느끼게 된다고 말할 수 있다.

자아정체성과
이야기

이처럼 우리들의 삶에서 이야기를 말하는 것은 우리 자신의 정체성에 대해 말하는 것이고 따라서 이야기는 인간의 전인 건강에 필수적인 요건을 이루며 이야기를 말할 수 없을 때 인간은 병들게 되고 우리의 이야기가 우리의 삶에서 역할을 할 수 없을 때 우리는 삶의 목적과 의미를 상실한다고 그는 언급한다.

건강한 사회는 건강한 이야기를 지니고 있으며 이를 통해 죄책감과 불안감으로부터 해방감을 얻게 된다고 정석환은 주장한다. 때문에 어느 민족, 어느 문화에나 그 공동체를 드러내 주고 하나로 묶어 주는 그들의 이야기가 있으며 이야기는 우리들의 삶의 모습을 가장 적절하게 드러내는 근원적 은유로서의 기능을 하고 있고 우리들의 삶의 모습은 우리가 말하는 우리 이야기의 거울 안에 가장 잘 드러나 있다는 것이다.

Rollo May에 의하면 이야기란 "우리의 내적 자아가 외부 세계 관련 속에서 빚어내는 자기 해석의 틀"이라 말한다.[11] 정석환의 주장에 의하면 우리는 이야기를 통해 우리 자신과 타인 그리고 이 세계와 관계성을 맺고 있는 인간이며 이러한 관계성을 벗어나 살 수 있는 인간은 없기 때문에 이야기하는 인간이란 관계성 안에 있는 인간이라고 한다. 이야기를 들어보면 그 사람의 관계성을 알 수 있고 그 사람의 삶의 의미 구조를 파악할 수 있으며 이야기는 인간의 삶에 틀과 의미를 제공해 주는 중요한 통로라는 것이다.

내러티브 심리학의
출발

이처럼 이야기가 인간의 삶을 설명해 주는 가장 근원적 은유(root metaphor)의 기능을 하고 있다는 점을 심리학적으로 적절히 활용하여 내러티브 심리학(narrative psychology)을 발전시킨 학자는 Sarbin이었다. 사빈의 주장에 의하면, 우리 인간들에

---

11 May, R. The Cry for Myth. (New York: Bantam Doubleday Dell Publishing Group Inc, 1991), 20. 정석환, "후기현대사회와 자아정체성의 문제" 재인용.

겐 이야기를 필요로 하는 욕구·이야기 욕구·가 존재한다는 것이다.[12] 정석환의 주장에 의하면 이러한 이야기 욕구는 프로이드의 리비도처럼 인간성 깊숙이 자리하는 본능과 같은 것이어서 모든 인간은 이 본능적 욕구에 자유로울 수 없으며 인간은 이야기하는 동물이라는 것이다. 때문에 인간의 삶에는 집단적으로나 개인적으로 다양한 이야기들이 존재하며 한 인간 안에 들어 있는 다양한 "나(Me)"의 가능성은 외부의 환경과 만나 이야기적으로(혹은 대화적으로) 자신을 형성해 나간다는 것이다. 이러한 다양한 "나(Me)"는 이야기를 말하는 해석의 주체로서의 "나(I)" 안에서 자신을 언제나 새롭게 인식하고 만들어 가는 능력을 지닌 개방성과 탄력성을 지닌 존재라는 것이 그의 주장이다.

James에 따르면 정상적 상황 속에서의 개인의 자아는(I) 시간의 변화에 따른 의식의 흐름 속에서 자신의 삶을 사건에 대응했던 나(Me)에 대한 일관된 해석의 연결로서 인식하며 자신의 정체성을 확립해간다. 그러나 James가 보는 인간의 자아 정체성은 "자신을 잃지 않으면서 자신을 넘어설 수 있는" 능력을 지닌 인간인 것이며 또한 여러 상황과의 교류를 통해 자신의 여러 가능성을 계발해 갈 수 있는 가능성의 존재인 것이다.

그러한 인간의 자아 정체성 형성에 대한 다양성과 상대성의 요소 강조와 현실의 구축자로서 그리고 해석자로서의 인간 주체적 자아에 대한 강조는 후기 현대 사회가 그리는 이상적 자아상과 그 흐름을 같이 한다고 보고 있다. 동시에 이러한 해석의 주체자로서의 후기 현대적 자아는 타인과 현실 세계의 환경과의 교류를 통해 자신을 끊임없이 구축해 가는 "관계적 자아(relational self)"인 것이다.

(2) 이야기로서의 삶

정석환(1999; 2013)에 의하면 누군가가 나의 삶에 대해 묻는다면 나는 나의 이야기를 말하게 될 것이다. 왜냐하면 나의 삶의 과거 현재 그리고 미래의 희망은 나의 이야기에 담겨 있기 때문이다. 그에게 나는 말할 것이다. 나의 지난 삶의 아픔과 기쁨에 대해, 현재의 느낌과 감정에 대해, 그리고 미래에 이루고 싶은 꿈과 희망에 대해 말하

---

12 Sarbin, T. R. The Narrative as a Root Metaphor for Psychology, ed [Narrative Psychology: The Storied Nature of Human Condition by] T. R. Sarbin (New York: Praeger, 1986), 3-21.

게 될 것이다. 이처럼 내 이야기 안에는 나의 삶이 담겨 있다. 나의 과거와 미래가 담겨 있다. 내가 살아온 삶의 자리들이 담겨있고 내가 속한 나의 이야기에 영향을 준 우리 문화, 사회-경제적 위치가 담겨져 있다.

나의 이야기 안에는 내가 살아온 삶의 궤적이 담겨있고 우리의 역사가 담겨져 있다. 나는 이 이야기와 더불어 살고 내 이야기는 나의 일부가 되어있다. 만약 내가 당신에 대해 알고자 원한다면 나는 다른 도리 없이 당신의 이야기를 들어야만 할 것이다. 때론 당신의 좌절된 꿈의 이야기에 함께 가슴 아파할 것이며, 때론 당신의 도전과 모험의 이야기에 함께 주먹을 불끈 쥘 것이다. 이처럼 우리들의 삶에는 언제나 이야기가 있다. 우리는 이야기의 세상에서 사는 것이다. 우리들의 삶에서 이야기를 뺀다면 마치 영화 속의 등장인물들에서 대사를 뺀 것처럼, 무성 영화를 변사의 설명 없이 보는 것처럼 무의미하고 건조한 삶이 될 것이다. <samp>삶 속의 이야기</samp>

이야기는 의미 없는 세상에 의미를 부여하는 기능을 지닌다. 이처럼 인간의 삶과 이야기는 떼려야 뗄 수 없는 불가분의 관계에 있다. 인간은 존재론적으로 이야기를 통해 삶을 배우고 자신의 삶을 표현하는 삶을 살아왔다. 인간은 자신의 삶의 존재가 일시적이고 유한한 존재라는 사실을 인식하는 순간부터 시간을 인식하는 순간부터 이야기의 구조로 삶을 이해하기 시작했다. 즉 시작-중간-끝으로 이어지는 이야기의 구조로 인간의 유한성의 삶을 이해하기 시작했다. 이처럼 이야기는 우리들의 삶을 설명해 주는 은유와 상징이 된다. 동시에 우리들의 삶에서 이야기를 말하는 것은 우리 자신의 정체성에 대해 말하는 것이고 따라서 이야기는 인간의 전인 건강에 필수적인 요건을 이룬다. 이야기를 말할 수 없을 때 민간은 병들게 되는 것이다. 우리의 이야기가 우리의 삶에서 역할을 할 수 없을 때 우리는 삶의 목적과 의미를 상실한다. 이때 우리는 이야기의 재구성을 필요로 하게 되는 것이다. 이것이 곧 이야기 심리학에서 이해하는 심리치료의 과정이며 상담의 과정인 것이다. <samp>이야기의 기능</samp>

어느 민족, 어느 문화에나 그 공동체를 드러내 주고 하나로 묶어 주는 그들의 이야기가 있다. 우리는 그것들을 신화라 말하고 그 대표적인 예가 그리스 신화들에서 볼 수 있다. 이처럼 이야기는 우리들의 삶의 모습을 가장 적절하게 드러내는 근원적 은유로서의 기능을 하고 있다. 우리들의 삶의 모습은 우리가 말하는 우리 이야기의 거울 안에 가장 잘 드러나 있다.

May에 의하면 이야기란 '우리의 내적 자아가 외부 세계와의 관련 속에서 빚어내는 자기 해석의 틀"이라 말한다. 우리는 이야기를 통해 우리 자신과 타인, 그리고 이 세계와 관계성을 맺고 있는 것이다. 이러한 관계성을 벗어나 살 수 있는 인간은 없다. 따라서 이야기하는 인간이란 관계성 안에 있는 인간이다.

이야기를 들어보면 그 사람의 관계성을 알 수 있다. 그 사람의 삶의 의미 구조를 파악할 수 있다. 이처럼 이야기는 인간의 삶에 틀과 의미를 제공해 주는 중요한 통로인 것이다.

정신치료와 이야기

따라서 정신치료의 과정에서 이야기의 활용은 필수적이라 하겠다. 치료자는 내담자의 이야기를 통해 내담자의 이야기 세계를 파악하고 그 이야기 세계가 그가 사는 현실의 세계와 어떠한 관계들을 맺고 있는지를 탐구해 본다. 이야기를 인간 삶의 근원적 은유로 설명한 Sarbin의 주장에 의하면 우리 인간들에게는 이야기를 필요로 하는 욕구-이야기 욕구-가 존재한다는 것이다. 이러한 이야기 욕구는 프로이드의 리비도처럼 인간성 깊숙이 자리하는 본능과 같은 것이어서 모든 인간은 이 본능적 욕구에 자유로울 수 없다. 인간은 이야기하는 동물(Homo Fabarns)인 것이다. 때문에 인간의 삶에는 집단적으로나 개인적으로 다양한 이야기들이 존재하는 것이다(정석환, 1999).

공동체와 이야기

1981년 미국의 Alasdair MacIntyre는 『After Virtue』라는 책에서 작금의 서구 문명을 비판하면서 오늘의 서구문화 특히 미국의 문화는 도덕적으로 혼돈에 빠져있는 상황인데 그 이유는 오늘의 서구인들이 그들의 삶을 설명해줄 공통의 이야기 기반을 상실했기 때문이라고 지적하고 있다. 과거의 서구 문화는 공통의 이야기 기반을 지니고 자신들의 삶을 설명해 왔다. 그 이야기는 기독교 문화의 전통 가운데서 그들의 삶을 설명해 주고, 어떠한 삶이 의미 있는 삶인가를 묵시적으로 드러내 주며 그 이야기의 참여자로 하여금 공동체 의식을 부여하는 기능을 지니고 있었다. 사람들은 의식하건 의식하지 않건 그 큰 이야기 속에서 자신의 삶을 계획하고 실행하며 그 안에서 자신의 삶의 의미를 설명해 보려는 노력들을 하며 살아왔던 것이다. 그러나 후기 현대 산업사회로 오면서 서구사회는 그들을 하나로 묶어주는 공동체의 이야기를 상실하고 동시에 그 안의 삶의 의미들을 상실하게 되었다.

(3) 이야기 의미 만들기- 시간, 구성, 원인 관계

이야기는 시간 안에서 발생하는 인간의 경험들과 인생을 이해하기 위한 자연스러운 방식이다. Pokinghorne은 이야기는 과거 사건들을 이해하고 미래의 사건들을 계획할 수 있도록 하는 뼈대(framework)를 제공한다고 설명하였다. Sarbin과 Polkinghorne은 줄거리는 이야기가 제공하는 구조라고 본다. 우리가 경험하는 사건들은 우리가 그것들을 범주화 하고 줄거리화 할 때 이해할 수 있다. 인간의 삶은 말하고 듣는 이야기로, 그리고 인간이 꿈꾸고 상상하고, 말하고 싶은 이야기로 서로 얽혀 있다. 이러한 이야기들은 일화적인 방식, 때로는 반의식적으로 그리고 독백적인 방식을 통해 우리 자신의 삶의 이야기로 재생산된다. 인간은 이야기 속에 묻혀 산다. 우리는 과거에 일어난 사건들에 대한 의미를 다시 이야기하고 재해석하며, 미래의 계획들의 결과들을 예상하기도 한다. 줄거리(plot)가 때로는 경험들을 이해할 수 있도록 하는 중요한 형식이다.

이야기의 줄거리를 알기 위해서는 이야기의 인과관계(casuality)의 이해가 필수적이다. 이야기를 조직화하기 위해서는 이야기 줄거리의 인과관계를 살펴보아야 한다. 이야기는 주인공, 장소, 사건들, 그리고 결과 같은 정보들의 범주화들 사이의 인과관계를 밝힌다. 이야기는 줄거리를 창적함으로써 그리고 "목적, 원인, 그리고 기획들이 전체나 완성된 행동의 시간적 일치 속에서 함께 일어나는 수단"을 통해 경험들을 종합하고 이해한다. 사실, 사건, 행동들의 연속성을 한데 묶고, 그것들을 시간과 장소에 놓음으로써 이야기는 사건들의 인과관계뿐만 아니라 인간의 행동을 이해할 수 있다. 이야기의 조직화

Gargen과 Gargen(1986)은 시간 관계성(temporal relationship)이 이야기의 인과관계와 긴밀한 연관성이 있음을 주장한다(허기한, 2008). 목적과 끝지점을 향한 줄거리는 왜 다음의 사건이 일어나는가를 이해할 수 있는 근거를 제공한다." 현재의 한 사건을 가지고 과거의 상황과의 인과관계를 생각하지 않으면 그 사건을 이해하기가 어렵다. 이야기의 시간적 순서는 경험뿐만 아니라 자아를 이해하도록 돕는다. Crites(1986)는 이야기는 과거, 현재, 그리고 미래를 자아와 연결시킴으로 자아에게 연속성의 의미를 제공한다고 본다. 과거의 자아는 우리가 그것을 회상하는 현재와 관련하여 이해된다. 한 개인에게 연속성의 의미를 제공하는 것은 이야기이다. Crites는 연속성(continuity)은 과거의 경험들을 서술함으로서 확립되며, 동시에 불연속성이란 과거시제로 그 이야기를 말하는 것을 의미한다고 말한다. Crites의 견해에 의하면, 우리는 상당히 다른 과거와의 관계 속에 있으며, 우리는 그것을 소유하며, 또한 우리는 미래를 기대한다. 과거와 한 개인이 과거의 자신의 모습을 개념화하는 것을 자세히 묘사될 수 있는 반 이야기의 가치

면에 미래는 약간은 허술한 시나리오 형태이다. 경험들의 시간성은 인과관계를 의미한다. 이야기는 시간의 연속성과 명백한 인과 관계성을 의미 있는 방식으로 조직하여 해석한다. 이야기는 경험에는 질서와 의미를 제공하고, 자아에게는 연속성을 제공한다.

(4) 이야기 종류 범주화하기

문화는 이야기들의 축적, 대본들의 도서관, 혹은 줄거리들의 창고다. Tomkins의 대본 이론은 이야기 종류들의 규정된 집합이라고 말한다. 글을 쓰는 사람의 문화를 무시한 채 이야기를 해석하는 것은 상황이해 없이 해석하는 것과 같다. 삶과 그것의 의미를 이해하기 위해서는 자료를 구성하는 문화를 반드시 알아야 한다.

줄거리의 분류   여러 종류의 줄거리 분류법이 제안되었다. Polkinghorne(1988)은 줄거리의 분류는 연구자의 관점 혹은 그의 학문분야를 반영하는 경향이 있다는 것에 관심을 가졌다. 문학 비평가 Fyre(1957)의 도식은 문학적 분류를 사용하여 전형적인 네 가지 종류의 줄거리 형식 혹은 "신화적인 원형(mythic archetypes)"을 제안했다. 이들 네 가지는 각각, 희극(comic), 낭만(romantic), 비극(tragic), 그리고 풍자(ironic)이다.

Fyre(l982)는 여러 차원에 따라 줄거리들을 범주화한다. 이런 차원에는 인생의 한 시기(seasons), 인생의 단계들, 그리고 힘의 관계들이 내포되어있다. 그리하여 희극의 줄거리는 봄철과 출생을 대표한다. 가끔 일시적인 반전과 함께 목적을 향한 진행이 있으며, 결론이 행복으로 끝난다. 힘(power)이라는 점에서 주인공은 다른 사람들과 비교될 수 있거나 혹은 정도 면에서 다른 사람들 보다는 위에 있을 수 있지만 환경위에는 있지 못한다. 낭만적인 줄거리는 여름과 젊음 혹은 초기 성년기를 의미한다. 탐색 혹은 모험이 행해지며 주인공은 다른 사람들 그리고 환경위에 있다. 비극적인 줄거리는 가을 혹은 후반 성년기를 나타낸다. 갑작스러운 추락, 재앙, 혹은 목적 상실이 일어나며 주인공의 힘의 관계는 상급자에서 하급자로 전환된다. 마지막으로 풍자적인 구성은 겨울과 죽음을 의미 한다. 사건들은 반복적인 혹은 반복적으로 일어나는 방식으로 주인공을 압도한다.

(5) 대본 이론(script theory)

Silvan Tomkins는 한 개인을 어린 시절부터 드라마를 쓰고, 감독하고, 주연하는 극작가로 보았다. 개인은 대본과 삶속에서 개별적인 장면들의 경험으로 안내하는 기본적인 규칙들을 가지고 있다. Tomkins는 이런 장면들을 분석의 기본적인 단위로 보았다. 장면은 특유한 인지-정서의 연속들이며, 무대, 등장인물, 그리고 줄거리들을 말한다. 가장 간단한 장면은 적어도 하나의 정서와 그 정서와 관련된 한 가지 대상을 포함한다. Tomkins는 대본과 줄거리를 구별한다. 인생의 줄거리는 삶을 살아갈 때 순서대로 발생하는 전체의 장면들이며, 대본은 그러한 장면들에 반응하고, 해석하고, 예상하기 위한 개인의 규칙들이다.

정서적으로 유사한 여러 장면들이 경험될 때, 그들은 하나의 대본으로 함께 모여진다. 대본이 형성되면 그 사람은 유형화된 방식으로 그 대본에 따라 행동하게 된다. Carlson(1981)이 말한 것처럼 처음에는 장면들이 대본을 결정한다. 시간이 지남에 따라 대본이 장면들을 결정하게 된다.

Tomkins는 한 장면에 대한 심리과정을 "정신의 확장(psychological magnification)"이라 불렀다. 이 과정은 하나의 장면이 다른 장면과 연관된다. Tomkins는 이 과정은 어린 시절 배고픔과 안전과 관련된 정서와 함께 시작된다고 주장했다. 정신적 확장은 "아날로그(analogs)"와 "변형(variants)"에 의해 발생한다. 아날로그는 정서적 유사성이 다른 장면들에서 탐지 될 때 형성된다. 이전의 장면과 연관된 정서는 현재의 장면과 관계된 새로운 정서에 의해 확대되며, 또한 반대 방식으로도 행해진다. 똑같은 종류의 정서를 충분히 일으키는 유사한 장면은 점점 더 비슷하게 만들어지며, 전체적인 장면들의 결합됨의 정도를 증대시킨다. 대조적으로, 변형은 정서적 차이점이 탐지되거나, 차별화 될 때 형성된다. Tomkins는 부정적인 정서들이 주를 이루는 장면들은 아날로그 형성에 의해 확대 되는 경향이 있으며, 반면에 긍정적인 정서가 주를 이루는 장면들은 종종 변형에 의해 확대된다고 보았다.

모든 장면들이 중요한 것은 아니다. 어떤 장면들은 일시적이며, 어떤 것은 다른 장면들과 연결되지 않는다. 다른 장면들은 습관적 혹은 자동적이 되며, 정서와 생각이 포함되어 있지 않다. 최고의 감정적으로 가득 찬 장면은 핵심(nuclear) 장면이다. 핵심 장면들은 소망들과 갈등을 강조하고, 개인들의 가장 급하고 해결되지 않은 문제들이 드러난다. 핵심 장면들은 매우 긍정에서 부정으로 바뀐다. 다른 학자들이 줄거리의 종류를 분류한 것처럼(Fyre, 1957; Sarbin, 1986), 일반적인 여러 개의 대본 종류를 설명했다.

정신적 확장

핵심 장면

(6) 이야기 구조(story structure)와 구성 요소(components)

무엇이 이야기를 구성하는가에 대한 보편적인 개념은 어린 시절에 획득된다(Stein & Trabasso, 1984: 113-158). 인간 발달 연구에 의하면 어린이들은 점차적으로 기본적인 이야기 유형에 대한 이해와 구조적으로 짜인 이야기를 적절하게 만들수 있는 능력을 획득한다고 본다(Sarbin, 1986: 67-90).

이야기 구성요소의
특징 McAdams는 삶의 이야기를 이해하는 데에 가장 유용한 이야기 구성 요소의 일곱 가지 특징들을 발견했다. 그것은 이야기 음조(narrative tone), 이야기 형상(imagery), 이야기 주제(theme), 이야기의 사상적 뼈대(ideological setting), 핵심 사건(nuclear episodes), 심상(imagoes), 그리고 결말(ending)이다.

이야기 음조 첫째는 이야기 음조(narrative tone)이다. 이야기 음조는 전체적인 이야기의 감정적 어조이다. 같은 환경에서 성장해도 성격이 차이가 있듯이 이 이야기의 음조는 사람마다 서로 다른 음조를 가지고 있다. McAdams는 이야기 음조의 기원을 유아기(0-2세) 때에 돌봄을 받은 경험의 질에 의해 형성된다고 본다(McAdams, 1993: 48).

많은 학자들이 이야기에서 되풀이되는 패턴들을 관찰하여 이야기의 패턴을 분류하여 도식화를 시도하였다. Frye는 그의 저서 『Anatomy of Criticism』에서 고전과 현대의 좋은 이야기를 구별하는 시도를 하였다. 그는 Aristotle의 시학으로부터 시작해서 가장 유명한 이야기들에서 줄거리(plot)의 공통성(commonality)을 연구하였다. 그 결과 나타난 Frye의 네 가지의 원형은 희극(comedy), 낭만(romance), 비극(tragedy), 그리고 풍자(irony)이다. 그의 주장에 의하면 이야기 음조에는 희극적(comedy), 낭만적(romance), 비극적(tragedy), 그리고 풍자적(irony) 이야기 음조가 있다. 정서적으로 부정적이고 비관적인 이야기는 비극적(Tragedy) 혹은 풍자적(Irony)이며, 반면에 정서적으로 긍정적이고 낙관적인 이야기는 희극적(Comedy)이고 낭만적(Romance)인 형식을 취한다. 낙관적인 이야기 음조는 어린 시절 부모와의 관계에서 안정적 애착을 경험함으로 형성되어진다. 부정적인 이야기 음조는 어린 시절에 아이가 자신이 소원한 것을 얻지 못하고 거듭해서 실패한 경우 형성된다.

이야기 형상 둘째는 이야기 형상(imagery)이다. 이야기 형상은 이야기를 독특하게 보이도록 하는 비유적인 언어이다. 형상은 은유, 미소, 그리고 이야기, 음향, 시각, 미각, 느낌 등 모든 감각적 표현들을 포함한다. 3세에서 6세까지의 아이들은 동화 속에 나오는 이야기 주인공들과 그들의 배역, 무대 등의 상상적 이미지들이 그들의 삶을 지배한다. 이 시기의 아이들은 외부적 경험의 세계인 가정, 교회, 학교, 문화적 영향을 통해서 자신의 "이미지(images)"를 만든다. 아이들은 이 세상을 그들이 경험한 이미지들과 상상속의 자아 이미지와 연관 지어 기억하고 해석한다. 아이들이 환경 속에서 어떠한 상징적 놀이를 하면서 자랐는가에 따라서 그 사람의 이미지를 형성하고 성인이 된 후에이야기 형성에 결정적인 중요한 역할을 한다고 말한다.

셋째는 이야기 주제(theme)이다. McAdams는 주제를 이야기 내에서 목적-지향적 이야기 주제
연속으로서 정의한다. 이야기 주제는 시간이 경과함에 따라 이야기 속에서 어떤 등장인물들을 원하며, 어떻게 그들의 목적을 추구할 것인가와 관련된 이야기의 단계이다. 여기에서는 인간의 동기를 권력지향(agency)과 관계지향(communion)으로 이원화하여 설명할 수 있다. 권력지향은 "관계"의 중요성 보다 "일"이나 "성취" 혹은 "가진것의 정도와 소유의 양"이 삶의 성공을 판단하는 중요한 요소로 등장한다. 관계지향은 개인이 자신을 다른 사람들 속에 융합시킴으로 개인을 상실하며 자기보다 더 큰것에 참여하여 따뜻하고 가까우며 친밀하고 사랑을 나누는 방식 속에 자신을 두려는노력이다. 앞서가는 지도자로서 보다 조용히 협조하는 구성원으로서 역할 하기를 선택하고 공동체의 화합과 조율에 보다 의미를 둔다.

넷째는 이야기의 사상적 뼈대(ideological setting)이다. 삶의 정체성의 문제들이 부 이야기의
사상적 뼈대
각되는데, 이러한 문제들은 곧 삶의 가치관과 세계관의 문제와 직결되는 물음이 된다. 이야기 심리학에서는 이 시기가 곧 한 인간이 자신만의 이야기 신화를 구축하는데없어서는 안 될 중요한 이야기의 사상적 뼈대를 형성하는 시기라고 설명한다.

다섯째는 핵심사건(nuclear episodes)이다. 인간의 삶 속에서 가장 중요한 사건들이나 장면들이 있다. 이러한 사건들이 청소년기와 성인 초기에 자기 자신에 대한 정체성을 형성해 가면서 자신의 과거의 중요한 장면들을 선택하여 재구성한다.

여섯 번째는 이야기의 이마고이다. 인간의 삶의 이야기를 주도하는 성격들을 이마 이야기의 이마고
고라고 부른다. 이마고의 개념은 우리의 정체성을 나타내는 인생 이야기의 캐릭터들로 기능하는 "이상화되고 의인화된 자아의 이미지들(idealized and personified images of self)을 지칭한다. 이마고는 개인화되고 이상화된 자기(self) 개념이다. 인간은 의식적으로 혹은 무의식적으로 자신의 삶의 이야기애서 주요 캐릭터들을 등장시킨다. 이러한 캐릭터들은 신화 속에서 마치 사람처럼 기능을 한다. 캐릭터들은 다소 과장된

형태로 나타난다. 즉 이상화되어 나타난다. 우리 삶의 이야기는 하나의 지배적인 이마고를 가지고 있거나 다수의 이마고를 가지고 있다. McAdams는 이마고 유형을 권력지향(agency)과 관계지향(communion)의 특성에 따라 분류했고, 이 두 가지가 이야기의 두 가지 중심 주제라고 생각한다.

이야기의 결말일곱 번째는 이야기의 결말이다. 좋은 이야기들은 모두 만족스런 결말을 갖게 된다. 현대의 성인들이 중년기를 지나갈 때 점차적으로 가지는 정체성의 과업(task)은 인생 속에서 삶의 일치, 목적, 그리고 방향을 확인하기 위해 인생 이야기의 시작과 중간을 함께 묶어 기대할만한 결말의 인생 이야기를 만드는 것이다. 매카덤스는 현대의 성인들은 이야기 속에서 그들로 하여금 상징적인 불멸(immorality), 생산적인 유산(legacy)과 같은 것을 얻게 하는 결말을 찾을 수도 있다고 본다.

삶의 의미 구성의
구조로서 내러티브이상에서 논의된 이야기 심리학은 기존의 인문학이나 사회과학을 조망하는 데에 있어서 인간 삶의 발달이나 자기 정체성 형성에서 내러티브의 중요성을 자각하게 해준다. Sarbin이 지적하듯이 인간 삶에서 내러티브는 의미를 구성하는 근본적인 구조가 되며, 자신의 삶을 이야기 형식으로 구성해내지 못하는 인간은 방황하게 된다. 즉, 경험의 의미를 형성하지 못하고, 타인과의 관계적 상황을 잘 다루지 못하게 된다. 이러한 점은 기존의 인문학이나 사회과학에서 주목하는 인간의 삶을 특정한 이론이나 이념, 이론, 양적 수치나 경험적 자료에 의해 설명하려는 방식에 대한 타당한 대안이 된다는 점에서 그 가치가 놓여 있다.

3. 인간과학의 체계로서 문화주의

가. Bruner의 문화주의 이론에서 문화주의의 의미

문화주의의 출발문화주의라는 용어는 브루너의 저작에서 발견된다. 브루너는 인간 마음을 설명하는 모델로 두 가지를 제시한다. 첫째, 기존의 모델로서 인간 마음을 컴퓨터 연산시스템으로 설명하는 정보처리 모형이다. 둘째는 인간 마음의 핵심 메커니즘을 의미 구성으로 보고 인간 마음이 문화 속에서 구성되고 발전된다는 점을 제시하고 있다. 이 두 번째의 입장을 문화주의(culturalism)라는 용어로 표현하고 있다.

새로운 인지혁명은 문화가 마음을 형성한다는 문화주의를 그 근거로 한다. 이것은 컴퓨터주의 극복과 문화주의 마음을 컴퓨터 장치로서 인식함으로써 컴퓨터 프로그램화의 효과적 방법과 지식을 통해 인간을 보다 효율적으로 가르칠 수 있는 방법에 관심을 갖는 컴퓨터적 관점의 극복 방안이다. 정보처리방식과 프로그램화된 컴퓨터의 작동 원리를 인간 마음을 이해하는 근거로 삼는 이 관점은 컴퓨터 과학의 발달에 의해 점차 강조되고 있으나 Bruner는 지양해야 할 사유 방식으로 보았다. 컴퓨터주의의 극복을 통해 마음은 인간 문화의 사용 속에서 제정되고 실현되며 문화를 제외하고는 마음이 존재할 수 없는 것이다. 마음의 존재는 의미 형성을 통해 가능하다. 따라서 이러한 문화주의는 문화적 공동체속에서 인간의 의미 창안과 변형 방식에 관심을 가지며 의미 형성 과정의 성격을 띤다. 그러므로 문화주의에서 의미형성 과정은 문화적 사업이다. 이런 점에서 문화를 통해 의미 탐구가 가능하고 세계를 조직하고 이해할 수 있는 것이다. 이 과정에서 인간은 진화하는 것이다. 문화주의와 1절에서 논의한 문화심리학의 세 가지 차원은 이 점을 강조한다.

문화주의 이론에서는 다음과 같은 세 가지의 문제에 주목하는데 첫째, 문화 속에서 문화주의 이론의 핵심 문제 형성되는 인간발달과 마음의 구성 문제, 둘째, 내러티브 사고양식을 매개로 하는 의미 형성의 문제, 셋째, 내러티브 사고에 의한 실재의 구성 문제인데 이러한 문제들은 인간 경험의 조직 방식에 대한 새로운 제안으로 볼 수 있다(강현석, 1998: 109). 그것은 문화심리학(cultural psychology)을 토대로 한다. 여기에는 인간 발달과 마음의 구성 문제, 해석적이고 구성주의적 인식론의 문제, 내러티브 사고가 그 주요 차원을 구성한다. 이러한 문화심리학은 심리학의 또 다른 하위 유형이 아니라 심리학의 새로운 조망 방식으로서 인간 연구 혹은 교육과정 연구의 적절한 언어이자 새로운 탐구방식을 의미한다. 따라서 타당하게 인간 연구를 수행하기 위한 방법론을 의미한다. 지금까지 인간 마음에 대한 실증 과학적 설명방식과 인지과학의 입장은 수정되어야 하며 인간 마음은 그 논리대로 보편적 인간구성으로 나타나지 않는다. 즉 인간 마음의 내부 세계와 정신의 보편적 구조를 규명하는데 심리적으로만 관심을 가져온 기존의 관심이 비판받기 시작하였다. 브루너는 이 비판의 근거로 문화심리학을 제안한다. 그것은 정신적 삶의 원리가 본래 고정되어 있고, 보편적이고, 추상적이고, 내적이라고 가정하지 않으며 순수 심리학적 법칙이 없으며 의도성을 가정한다. 정신은 의도적 인간을 지칭하며 문화는 의도적 세계를 지칭한다. 즉, 문화적으로 구성된 실재(의도적인 세계)와 실재를 구성하는 정신(의도적 인간)이 계속적으로 상호작용하고 서로의 정체성에 침투하며 서로의 존재를 조건화한다. 결국 문화와 정신이 서로를 구성한다는 의미이다 (Shweder, 1991: 98-106).

그러므로 문화심리학의 본질을 파악하기 위해서는 인간 발달을 새롭게 보는 문제와 여기에서 파생되는 마음과 자아의 구성 문제를 이해해야 한다. 여기에 그 기제로서 지식 구성과 내러티브 사고의 문제가 놓여 있는 것이다. 목하 우리의 관심은 새로운 인문사회과학 연구방식으로서 내러티브 탐구에 있지만 이것이 이러한 차원들과 연관되어 있다는 점을 주목할 필요가 있다.

문화심리학과 인문사회과학 연구

따라서 인문사회과학 연구의 새로운 탐구 양식은 이러한 문화심리학을 전제해야 한다. 인간학 연구는 인간 발달의 문화적 상황성을 중시하고 마음의 구성물로서 문화를 조망하고 있다. 이 속에서 마음은 특정한 문화 형태의 역사에서 특정 시간에 일어나는 구성물로 이해함으로써 컴퓨터 인지과학을 통한 인간 내부 구조의 보편적 규명의 한계를 넘어서야 한다. 또한 연구의 인식론 문제에서는 다양한 관점과 담론의 상황성을 특징으로 하는 해석적 관점, 증명의 인식론을 극복하는 경험의 인식론, 능동적이고 적극적인 지식의 구성의 문제가 들어 있다. 이런 점에서 인간학 연구의 새로운 인식론은 지식의 문제뿐만 아니라 문화적 상황성 속에서 구성되는 실재, 의미, 자아와 총체적으로 연관되어 있다. 그리고 그 중심에 내러티브 사고양식이 내축되어 있다. 그렇다면 인간학 연구에서 내러티브의 탐구는 어떠한 의미를 지니는가. 마음에 의한 의미 구성을 그 핵심으로 하는 내러티브 사고가 인간 마음의 본질이라면 인간과학에서 연구는 무슨 의미가 있는 것인가. 인간 마음을 인과관계의 방식으로 설명하는 존재론적 시각에서 벗어나 인식론적 관점에서 인간 마음을 이해할 때 인문사회과학 연구의 양상은 매우 상이하게 설명될 수 있다. 마음의 본질이 의미구성을 전제로 하는 내러티브적 사고에 있기 때문이다.

나. 문화구성주의에 입각한 인간과학의 구조론

새로운 인간과학은 문화주의에 기초하고 있다. 문화주의는 구성주의 시각에서 보면 문화구성주의 관점에 서 있다고 볼 수 있다. 앞에서도 언급하였듯이 문화구성주의는 이전 사회구성주의와 관련이 있으나 브루너의 이론에서 보면 문화구성주의로 개녕화 될 수 있다. 이러한 문화구성주의를 Ⅱ장에서 그림으로 제시한 것을 토대로 인간 과학의 구조를 응용하여 제시해보면 다음과 같다.

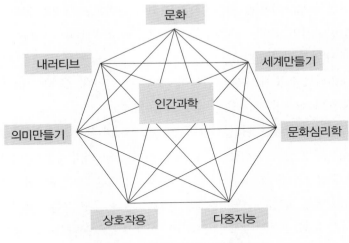

[그림 1] 새로운 인간과학의 구조

이 관점은 Bruner(1996: 13-42)가 제시하고 있는 교육과정의 아홉 가지 원리(tenets) 에 구체적으로 표현되고 있다. 그 중에서 가장 근본적인 것은 앞에서 제시한 것처럼 마음과 의미의 구성 문제를 다루는 문화심리학의 관점, 구성주의 인식론, 내러티브 사고, 그리고 교수-학습의 상호작용적 측면 등이다.

이상의 그림을 보면 문화구성주의에 입각한 새로운 인간과학은 크게 일곱 가지 차 원으로 관련지어 설명될 수 있다. 여기에 기초하여 새로운 인간과학이 주목해야 할 문제는 다음과 같다.

첫째, 문화가 인간의 마음을 구성한다는 점이다. 마음의 구성 도구는 문화이다. 문 화 속에서 우리 자신의 의미를 발견하고 실재에 대한 우리 자신의 시각을 만들어간다. 인간의 역사를 반영하는 문화 도구를 통해 마음이 형성된다. 마음은 문화를 표상하는 능력이다. 인간의 성장은 세계 그 자체와 문화를 표상하는 개인적 능력이다.

둘째, 마음의 본질은 의미 만들기에 있다는 점이다. 의미 만들기는 해석적 사고를 통하여 이루어진다. 일상심리학이 의미를 만든다. 일상심리학은 문화적으로 지향된 인지심리학으로서 문화심리학의 또 다른 표현이다.

셋째, 일상심리학은 문화의 도구라는 점이다. 문화의 도구에는 여러 가지가 있다. 인간은 문화의 도구를 사용함으로써 발달한다. 인간은 자신들의 지적 능력을 보여주는 다양한 방식을 가지고 있지만 거기에는 두 가지 기본적인 사고의 요소가 있다.

넷째, 다양한 사고양식에는 논리-과학적 사고와 내러티브 사고가 있다. 내러티브는 대화와 의미 만들기의 중요한 부분이다. 내러티브 사고를 통하여 이루어지는 의미 구성은 문화의 내면화 과정이다.

다섯째, 내러티브를 통해 세계를 만들어 나간다는 점이다. 실재는 내러티브에 의해 구성된다. 세계의 실재가 이야기에 의해 만들어진다.

여섯째, 따라서 세상에는 여러 가지 세계관이 존재한다는 점이다. 이러한 세계 속에서 문화 구성원들 간의 상호작용을 통해 의미 창조와 의미 교섭이 이루어진다. 더 나아가 지식 구성 영역에서 의미 교섭이 일어난다. 학습은 의미 구성과 교섭에 관련되어 있으며, 세상에는 발견되기를 기다리는 실재나 진리, 옳고 그름이 존재하지 않는다.

일곱째, 각자 문화 공동체내에서 협력하여 실재를 만들어나간다는 점이다. 따라서 학습은 문화 속에서 의미를 만들어 나가는 과정이다. 이 과정 속에서 내러티브가 중요한 역할을 한다. 언어 사용을 통한 의미교섭은 문화의 내면화 과정이며, 상호작용을 통하여 타인과 의미를 공유하게 되어 간주관적이 되어 간다. 성인은 학습자의 발달에 핵심적인 역할을 하는 데 문화 공동체 속에서 성인의 도움을 통하여 발달이 촉진될 수 있다.

다. 인간과학의 연구방법론: 문화심리학을 중심으로

(1) 문화심리학의 연구방법상의 특징[13]

문화심리학의 전개

Wundt는 문화심리학의 창시자로 불릴 수 있다. 그가 인간정신의 온전한 탐구를 위해 제시했던 두 가지 유형의 심리학에서 실험심리학은 지난 세기에 개화되었으나, 다른 유형의 심리학은 인접사회과학으로 넘어갔다가 최근에야 심리학자들의 관심으로 돌아왔으며, 문화심리학이라는 영역으로 자리를 잡아가고 있다. 이 분야는 전통심리학의 한계를 비판하여 왔지만, 이 비판은 잊혀졌던 인간정신의 중요한 부분을 연구대

---

13 이 내용은 최상진 · 한규석(1998; 2000), 구자숙(1998)의 것을 재구성하여 인용하였음을 밝힌다.

상으로 부각시키기 위한 것이지, 기존의 심리학을 대체하겠다는 것은 아니다. 필자들은 탐구대상의 성격이 다르고 인식론이 다르기 때문에 적절한 방법론도 다를 수밖에 없으며, 실험심리학의 정밀-조잡성 범주를 적용하여 문화심리학적 연구의 질을 평가하는 것은 잘못된 것임을 지적하였다. 이 분야에의 관심을 촉구했던 선각자로서 문화인류학자인 C. Geertz는 문화심리학과 관련하여 다음과 같이 주장하였다. "우리에게 필요하나 우리가 아직 갖고 있지 못한 연구방법은 경험의 의미와 구조를 사회구성원이 체험하고 이해하는 방식으로 기술하고, 분석하는 데 필요한 발전된 방법론이다. 이 점에서 문화심리학은 문화에 대한 과학적 현상학이다(Geertz, 1973: 364). Geertz의 이러한 주장은 오늘날 Vygotsky의 뒤를 이은 생성론적 문화심리학파, 문화의 소통과 구성 과정에 관심을 보이는 구성론적 문화심리학파, 그리고 <문화와 인자> 학파의 연구자들에 의해서 제시되고 있는 다양한 방법들을 배태시켰다. 여기에서는 실험심리학에서 전가의 보도라고 여기는 실험법이 어떻게 문화심리학의 방법으로 전환(transformation)될 수 있는지에 주목할 필요가 있다.

Wundt의 민족심리학에서 중시하는 자료는 신화, 관습, 언어 및 역사적 유물이다. 만약 Wundt가 오늘을 사는 사람이라면 그는 이러한 분석의 대상을 비디오나 오디오를 사용해 실험실 안에서 연구했을 것이다. 최근 들어, 디지털 카메라가 개발되면서 이제는 사회의 제현장과 사건의 실물 이미지를 그대로 실험실 안으로 가져올 수 있다. 문화심리학이 문화적, 심리적 현상에 내재하는 사건과 행동을 이해하고 설명하는 데 판심이 있는 한 이러한 문화적 사건과 행동을 준실물 형태로 실험실에서 재현하는 일은 말이나 글을 통해 그 현장을 설명하는 방식보다 훨씬 효과적일 것이다. 최근의 첨단 시청각 장비는 문화적 현상이 벌어지는 다양한 현장을 시간과 공간을 초월하여 재현할 수 있게 만들어 주고 있다. 한 개인이 장기간에 걸쳐 간헐적으로 그것도 비체계적으로 접하게 되는 다양한 현장을 실험실에서 조직적인 형태로 편집한 현장의 장면을 자극으로 사용하는 방법은 문화적 체험을 재현시키는데 아주 효과적인 방법이 될 수 있다.

이와 아울러 문화심리학 연구에서는 긴박한 현실에 대처하고 발동되고 작동하는 심리적 경험과 마음의 움직임을 당사자적 입장에서 떼어내는 것이 매우 중요하다(최상진, 1997: Choi, 1998). 이러한 입장은 곧 Ratner(1997)가 제시한 활동중심적 접근과 맥이 닿아 있다. 다행히 문화심리학 연구에서는 연구자가 그 문화의 내부인이 될 경

실험심리학

우 이러한 긴박한 대처현실 상황에서의 당사자적 자기 체험을 가질 수 있어서 문화심리적 사건에 대한 이해와 해석을 도출해 내는데 매우 유리한 입장에 설 수 있다. 그러나 이에는 문화적 내부인(insider)이 자신의 문화심리적 기본 틀에 얽매일 수 있다는 문제점도 있을 수 있다. 따라서 문화심리학 연구에서는 문화 내부자적 관찰과 이에 관여되는 연구자 자신의 당사자적 경험분석을 통한 해석 시각을 넘어서는 제 3자적 관찰자로서의 객관적 시각도 동시에 지녀야 한다. 이 점에서 문화심리학자는 주관적 접근과 객관적 접근의 두 가지 렌즈를 자유롭게 바꾸어 쓰듯이, 관점의 전환을 순환적으로 해가며, 현재 무슨 렌즈를 착용하고 있는가에 대한 자의식을 연구의 과정에서 항상 작동시켜야 한다(Edwards & Potter, 1999; Tobin 등, 1989 참조).

자문화 중심성

　　문화심리학 연구에서는 자기 문화가 아닌 다양한 문화와 이러한 타문화에서 이루어진 문화심리적 연구에 대한 폭넓은 지식을 자기문화 사람들의 심리연구에서 의식적 반조(返照)의 배경으로 삼으며, 동시에 이러한 반조를 통해 연구자 자신이 구성한 해석이나 설명방식이 어떤 문화권에 '대해서' 구성되어진 것인가를 끊임없이 반성해야 한다. 왜냐하면, 연구자들은 거의 습관적으로 어떠한 개념을 구성하는 과정에서 그 개념을 의미지우는 다른 관련 개념에 '대하는' 형태로 자신의 개념을 만들기 때문이다. 이와 같은 대표적인 예를 개인주의에 대응하는 집단주의(Triandis, 1995), 독립적 자기에 대응하는 상호의존적 자기의 이론(Markus & Kitayama, 1991)에서 볼 수 있다. 그러나 이러한 이론에 함축되기 쉬운 "다르다. 그러나 우리가 낫다"라는 문화우월적 상대주의, 혹은 자문화중심주의의 경향을 짚어보아야 한다. 이러한 자문화중심성은 비교문화심리학의 연구들에서 연구자들의 의도와 무관하게, 혹은 의도와는 전혀 다르게 작용할 가능성이 있다. 예를 들면, Triandis(1995)는 집단주의-개인주의 이론에서 역사의 추이는 개인주의로의 변화를 보이고 있음을, Markus(1999)는 고등교육을 받은 미국인들은 그렇지 않은 사람들 보다 독립적 자기상을 보이고 있음을 보여, 비록 이들이 의도한 바는 아니라지만 어떠한 쪽의 변화가 바람직한 것인지를 명백히 하고 있다.

문화 간의 비교 연구

　　문화의 연구에서 문화 간의 비교는 목표는 아니라 하더라도 자연적인 관심사이다. 비교문화심리학에서 문화비교는 문화현상의 단편적 비교에 머물러 있고, 비교의 준거를 제공하는 문화권의 자문화중심적 경향을 보이는 것은 당연한 귀결일 수 있다. 이에 반해서 문화심리학적 문화비교는 각 문화 내 에서 현상을 이해하고, 이런 이해를 바탕으로 문화를 서로 비교하는 관점을 취해야 한다(최수향, 1997). 이러한 비교는 마치 사과와 오렌지의 비교에 견줄 수 있을 것이다. 전자를 비교문화적(cross-cultural)이라 한다면, 후자를 문화심리학적 비교(comparative cultural studies)라고 할 수 있다. 문화심리학적 비교를 통해서 각 문화권에 공통적인 현상과 차이점이 부각되면서 문화 및 문화 간의 이해는 깊어질 것이다. 문화심리학적 비교를 통해서만이 비로소 문화공평한 문화비교가 가능하며 문화현상의 보편성과 특수성에 대한 이해가 가능하다고 본다. 전통적 과학 이론에 기초한 심리학의 한계와 문제점을 제기하는 것보다는 새롭게 인문사회과학 전반에 걸쳐 제기되고 있는 문화심리학 연구를 위한 새로운 틀의 모색과 더불어 인문학자, 사회과학자들이 보이고 있거나 전개할 수 있는 다양한 접근 방법에 대한 탐구가 중요하다. 앞으로, 이러한 다양한 접근들을 통한 인문사회과학 연구가 수행되어 문화심리학이 전통심리학과 대등한 위치에서 상생적으로 연구주제를 발굴하면서, 인간의 마음에 대한 온전한 학문을 구축해 나갈 수 있기를 기대해 본다.

라. 인간과학의 한 사례로서 교육문화학

(1) 교육문화학의 학제적 성격과 구조

교육문화학의 핵심적 문제는 문화심리학에서의 다양한 아이디어를 구현해보기 위한 일종의 검증 틀(test frame)의 역할을 하는 것이 바로 교육이라는 점이다. 이하에서는 교육문화학의 개념상의 문제, 그리고 학문적 구조를 간략하게 시론적으로 살펴보고자 한다.

① 용어 및 접근 상의 구분

교육문화학과 관련된 용어들은 다양하게 사용될 수 있다. 왜냐하면 교육문화학이 기초로 삼고 있는 배경 학문 혹은 기초 학문이 매우 다양하며, 그것들이 관련을 맺는 방식이 다양하기 때문이다.

우선 교육문화학을 교육문화심리학과 동일시하는 입장이다. 이것은 문화심리학의 입장을 강조하는 것으로서, 교육에 대한 문화심리학적 접근을 의미한다. 즉 문화심리학에 근거하여 교육의 문제를 조망하는 것이다. 이런 점에서 교육문화학은 문화심리

교육문화학의
용법

학의 교육에의 적용이며, '교육문화심리학'의 다른 표현이다. Bruner는 이점을 문화심리학의 검증 틀(test frame)로서 교육을 이해하였다. 이런 점에서 교육과 문화와의 관련을 보는 조용환(2001)과 정향진(2007)의 입장과는 다르다. 조용환은 양자를 독자적인 삶의 중요한 형식(forms of life)으로 보는 반면에, 정향진은 양자를 인류학적 관점, 즉 교육은 문화의 한 형식으로 보고 있다(강현석, 2008 재인용).

둘째, 문화연구(cultural studies)로서 교육연구를 의미한다. 연구 분야의 한 장르로서 문화연구를 교육에 적용하는 것으로서 교육을 매우 미시적이고도 거시적인 차원에서 문화연구의 방법으로 접근하는 것이다.

셋째, 교육을 종합적이고 역동적인 문화로서 사회적, 역사적 인문적 맥락에서 이해하는 것이다. 교육현상을 바로 문화현상으로 인식하고 교육의 문화적 맥락을 탐구하는 것으로 접근하는 것이다.

넷째, 문화로서의 교육에 대한 인식과 경험을 핵심으로 접근하는 방식이다. 교육현상과 활동을 이해하는 방식으로서 문화를 의미한다. 흔히 문화가 삶의 방식이라면 교육문화는 교육을 살아가는 방식을 의미한다.

교육문화학
의미의 다양성

일반적인 수준에서 말하면 교육문화학은 교육문화를 학문적으로 논의하는 분야, 즉 교육문화 연구에 대한 학문적 탐구 분야를 의미한다. 여기에는 교육을 문화연구의 시각으로 접근하는 것도 포함된다. Bruner의 관점에서 보면 Bruner가 보는 문화의 시각에서 교육을 보는 접근, 즉 Bruner의 문화주의에 근거한 교육의 이해방식을 의미하기도 한다. 여기에서 문화주의는 문화, 마음, 그리고 교육의 관련성을 얽어매는 구조이다. 그 구조에서 가장 핵심적인 것은 마음과 내러티브이다.

통념적 용법,
그 이상

그러나 이와는 다르게 통념적인 용법에 비추어 보면 교육문화학은 문화학이 교육의 학문적 기초라는 점을 가리킨다. 그 예로서 문화인류학적 접근으로 교육을 바라보는 교육인류학, 교육의 사회학적 접근을 의미하는 교육사회학 등이 바로 그것이다. 그러나 여기에서 교육문화학은 이와 같은 통념적 용법을 넘어선다. 즉 문화학의 접근으로 교육을 보는 것이 아니라 교육을 문화심리학적 접근으로 조망하는 것이다. 이 경우 교육문화학에서의 문화심리학은 단순히 문화를 심리연구에 반영한다거나 문화를 심리학 이론 구성과 연구에 도입한다는 차원을 넘어서서 전통적인 심리학 일반에서 당연시되던 심리학의 기본 전제와 인식론과는 상충되는 대안적인 패러다임을 제안하고 있다(Bruner, 1990).

② 교육문화학의 학제적 성격

교육문화학이 문화심리학을 기초로 한다고 볼 때 문화심리학의 기본적인 문제들을 구명하기 위해서는 학제적 성격을 띨 수밖에 없다는 점이 분명해진다. 문화심리학의 기본적인 질문들이란 크게 보면 네 가지로 요약해 볼 수 있다.

첫째, 의미 만들기와 의미 교섭에 관한 문제, 둘째, 자아의 구성과 행위 주체성(agency)의 의미 문제, 셋째, 상징적 기능의 습득에 관한 문제, 그리고 넷째, 모든 정신 활동의 문화적 "상황성(situatedness)", 즉 어떤 문화적 환경·입장·조건에 처하여 놓여 있는 상황적 맥락에 관한 질문들이다. 이러한 네 가지 문제만을 보더라도 교육문화학은 단일의 학문만으로 성립하기가 매우 어려운 분야라는 점을 알 수 있다. 왜냐하면 인간 마음에 그 형태와 폭 혹은 범위를 부여해주는 바로 그 문화적 환경과 그 자원들을 고려하지 않으면 정신 활동을 이해할 수 없기 때문이다. 학습, 기억, 말하기, 상상하기 등 이 모든 것들은 하나의 문화에 참여함으로써 가능해진다.

문화심리학의 기본적 질문

이런 점에서 본다면 교육문화학에서 구체적으로 교육적 차원은 학생의 문화적 학습(cultural learning)과 관련이 깊다. 즉 주로 문화가 아동들이 학교학습을 어떻게 하고 있는가 하는 방식에 영향을 어떻게 미치는가 하는 문제이다. 이 분야의 연구를 위해서는 다양한 연구들을 종합할 수 있다. 예를 들어, Vygotsky의 "문화역사적" 발달 이론과 Luria와의 문화인류학적 연구가 활용될 수 있다. 이 점과 관련하여 마음의 작용에서 언어와 문화의 역할에 관한 Piaget의 형식주의적인 입장과는 거리를 둘 필요가 있으며, 심층적인 문화심리학적 연구를 종합하는 것이 필요하다.

그러나 문화심리학의 문제, 즉 "마음속에 문화"에 대한 관심은 심리학의 그 어떤 학파에도 집착하지 않는다. 사실, 이것은 완전히 심리학을 초월한다. 그리고 오늘날 영장류 동물학자, 인류학자, 언어학자, Durkheim류의 사회학자들의 연구에 의존할 수 있다. 심지어 사람들이 독특한 정신을 어떻게 형성하는가 하는 문제에 몰두하는 Annales학파의 역사가 연구들에도 의존할 수 있다.

교육문화학은 특히 Carol Fleisher Feldman의 연구프로젝트로부터 많은 도움을 받을 수 있다. 그 주요 관심은 사고의 양식으로서 내러티브와 문화의 세계관의 표현으로서 내러티브에 관심을 갖는 것이다. 우리가 세계 속에서 주로 우리 자신들의 시각을 구성하는 것은 우리 자신의 내러티브를 통해서이다. 그리고 문화가 그 구성원들에게 정체성의 모델과 대리 행위자를 제공하는 것도 그것의 내러티브를 통해서이다. 내러티브의 중심성과 중요성을 이해하고 인식하는 것은 단 하나의 학문에서 나오는 것이 아니고 문학, 사회인류학, 언어학, 역사, 심리학, 심지어 컴퓨터 관련의 다수의 학문의 통합에서 나온다. 그리고 우리 자신의 내러티브 연구에서뿐만 아니라 일반적으로 교육연구에서도 삶의 사실로서 이러한 통합을 반드시 선택할 필요가 있다(Bruner, 1996).

③ 교육문화학의 학문적 성격

교육문화학의 가장 핵심적인 근거는 문화구성주의 관점이라고 볼 수 있다. 앞에서 논의한 내러티브 인식론, 문화구성주의, 내러티브에 근거한 교육의 방향을 종합적으로 고려해 본다면 다음의 몇 가지 핵심적인 차원에서 교육문화학의 구조를 제시해 볼 수 있다.

첫째, 교육문화학의 정의는 다음과 같다. 즉 문화 속에서 형성되는 인간의 사고와 지식 형성 과정에 주목하여 교육이 이루어지는 활동이나 현상을 문화심리학의 관점에서 탐구하는 학제적인 분야이다. 특히 이 분야에서는 인간의 마음, 지식, 그리고 문화 사이의 관계를 구명하는데 초점을 둔다. 예를 들어, 교사의 수업 현상이나 학교에서 진행되는 다양한 교육활동, 교육 주체들의 행동을 학교 문화 구성원들의 의도나 목적, 의미체계, 가치관, 사고방식에 비추어 간주관적으로 해석한다.

둘째, 교육문화학의 성격은 다중적이다. 우선 문화심리학의 교육적 검증의 틀인 동시에 문화로서의 교육에 대한 인식과 경험 탐구를 의미한다. 이 과정에서 교육에 대해 문화심리학적으로 접근하며, 내러티브 인식론에 근거하여 교육학을 재개념화 하는데 초점을 두기 때문에 문화의 도구로서 일상심리학에 의해 교육적 인식 구조를 탐구한다.

셋째, 교육문화학의 학문적 토대는 다양하다. 여기에는 내러티브, 문화심리학, 일상심리학, 문화연구, 문화인류학 등이 포함된다.

넷째, 타 분야와의 특성을 구분 짓는 데에는 다음의 몇 가지가 충분히 고려될 필요가 있다. 우선 지식, 마음, 그리고 문화와의 관련성을 내러티브 인식론적으로 접근할 필요가 있다. 그리고 내러티브 관점이 우선시되며, 내러티브 도구로서 일상심리학적 접근이 강조되어야 한다. 이 과정에서 교육의 문화에 대한 새로운 탐구 지형이 확인될 필요가 있으며, 문화구성주의에 입각한 인간 탐구가 전제될 필요가 있다는 점이다.

4. 인간발달의 문화적 표현으로서 인문사회과학

새로운 인문사회과학을 타당하게 구성하려면 두 가지 점을 유의할 필요가 있다 두 가지 유의사항
(Bruner, 1990: 58-59). 첫째는 인간을 이해하기 위해서 그의 경험과 행동들이 어떻게
의도된 상황(intentional states)에 의해 형성되는지를 이해해야만 하고, 둘째는 이러한
의도된 상황의 형식(form)이 문화의 상징적인 시스템의 참가자를 통해 오로지 실현된
다는 것을 이해해야만 한다. 더욱이, 우리 삶의 바로 그 형태(shape)는 ― 우리 마음속
에 품고 있는 자서전의 밑그림(draft)을 거칠고 영구적으로 변화시키는 것 ― 오로지
우리들의 해석의 문화적 시스템의 덕분에 우리 자신과 다른 사람들에게 이해될 수 있
다. 그러나 문화는 역시 마음의 구성이다. 이러한 문화의 현실화덕분에, 의미(meaning)
는 사적이고 자폐적인 것보다는 공적이고 공동 사회적인 형태를 취한다. 오로지 거래
적이고 교류적(transactional)인 마음의 모델을 고립된 개인주의로 대체해야 할 것이다.

Bruner가 제안한 관점은 인간본성을 고려하는 문화와 생물학의 전통적인 관계와는 문화와 생물학의 관계
반대되는 것이다. 그가 주장했다시피, 인간 행위와 경험을 직접적으로 관여하거나 형
성하는 것이 아니고, 보편적인 원인이나 이유로서 취급되는 것이 아닌 인간의 생물학
적인 유전의 특징이다. 오히려, 그것은 행위에 제한이나 구속을 강요하고 제한이나
구속의 효과들은 수정할 수 있는 것이다. 문화는 "있는 그대로의" 생물학적 한계들을
초월하여 능가하도록 하는 독특한 "인공의 장치"를 구안한다. 예를 들어 메모리능력
의 한계나 청각의 범위의 한계. 브루너가 제안했었던 반대의 견해는 인간 삶과 인간
마음을 형성하고, 해석적 시스템에서 근본적이고 의도적인 상황을 위치 지움으로써
행위에 의미를 부여하는 것은 생물학이 아니라, 문화라는 것이다. 그것은 문화의 상식
적인 시스템에서 고유한 패턴들을 부여함으로써 이것을 행하는 것이다. 그것의 언어
와 담화 양식, 논리적이고 내러티브적인 설명의 형태, 그리고 상호적으로 의존하는
공동사회의 삶의 패턴들. 더욱이, 신경과학자와 물리 인류학자들은 문화적인 요구사
항들과 기회들이 인간진화에서 신경특징을 선별하는데 있어 비평적인 역할을 한다는
그러한 관점에 점점 다가가고 있다. 신경해부 분야에서 Gerald Edelman에 의해, 물리
인류학 증거에 기초한 Vernon Reynolds에 의해, 영장류 동물의 진화 데이터에 관련
지어 Roger Lewin과 Nicholas에 의해 가장 최근에 지지받고 있는 관점이다.

가. 기존 입장과의 차이점

(1) 일상심리의 중요성

일상심리의 의미   일상심리(folk psychology)는 일반인의 심리를 말한다. 문화심리학에서의 마음은 일반인이 살아가는데 관여되는 '삶의' '살아있는' 마음이며, 동시에 전문가인 심리학자가 아닌 일반인이 구성한 일반심리를 의미한다. 새로운 인간과학에서는 일상심리가 중요한 도구가 된다.

이와 관련하여 Bruner의 언급을 살펴보면 다음과 같다(1990: 60).

> 내가 "문화적인" 심리학이라고 불렀던 것이 무엇인지에 관해 적나라하게 논쟁한 것이었다. 인지혁명의 초창기의 영향뿐만 아니라 한 세기 전 Dilthey가 정신과학(Geisteswissenschaften) 이라고 불렀던 프로그램까지 생각해낸 노력들이다. 여기에서, 우리는 문화심리학의 중요한 특징에 근본적으로 관심을 가질 것이다. 나는 그것을 "일상심리(folk psychology)"라고 이름 붙였다. 여러분은 "일상적인 사회과학(folk social science)" 이라는 용어로 나타내기를 더 좋아할지도 모를 일이다. 혹은 단순히 "상식적(commom sense)"이라고 부를 지도 모른다.

모든 문화는 일상심리학의 가장 강력한 구성 도구 중 하나로서, 인간이 어떻게 "움직이고 기능하는지(tick)", 우리와 다른 사람의 마음이 무엇과 같은지, 상황에 놓여진 우리의 행동이 무엇과 같다고 기대할 수 있는지, 삶의 가능한 양식들은 무엇인지, 우리가 자신을 타인들에게 어떻게 위탁하는지 등에 관한 다소 관련있고 표준적인 기술(description)들의 체계를 포함한다. 우리는 일찍이 우리가 획득한 바로 그 언어를 사용하는 것을, 그리고 공동생활에서 요구된 사람간의 거래를 수행하는 것을 학습했을 때, 문화에 관한 일상심리학에 대해 배웠던 것이다.

인간 과학의 토대로서 일상심리   새로운 인간과학의 토대를 분명히 하는 것이 중요하다. 우선 사회적 세계와의 교류, 사회적 세계에 대한 지식, 사회적 세계에서의 경험을 사람들이 조직하는 시스템으로서의 "일상심리"에 대해 내가 의미하고자 하는 것이 무엇인지를 설명하고 싶다. 문화심리학에서의 역할을 분명히 하기 위한 역사의 아이디어에 대해 말하고 싶은 것이 있다. 일상심리학의 중요한 구성요소들의 일부분을 다루고자 한다. 그리고 그것은 결국 인지시스템의 어떤 종류가 일상심리학인지를 내가 고려하도록 안내해줄 것이다. 일상심리의 조직화된 원리는 개념적인 것보다는 오히려 내러티브적이기 때문에, 나는 내러티브의 성질을 고려해야할 것이고, 내러티브가 확립되고 규범적인 기대들 사이에서 어떻게 만들어지며, 그러한 기대들로부터의 정신적인 일탈의 처리와 관리는 어떻게 되는지를 고려할 것이다. 보강해보면, 예를 들어 인간의 메모리를 사용함으로써, 우리는 내러티브가 어떻게 경험을 조직하는지에 대해 더욱 자세히 알 수 있을 것이다. 그리고 결국은, 전술한 것에 비추어서, "의미 만들기"과정을 명백히 하려고 한다.

일상심리가 문화심리학의 기초가 되어야만 한다는 것을 브루너가 주장한 이래로, 그의 마음속에 담아둔 것을 예증해 보이는 우리의 일상심리학의 주요 구성요소들의 예시를 "참여자 관찰자"로서 제시해보고자 한다. 단순한 **구성요소**(constituent)들이 있다: 즉, 그것들은 일상심리학이 존재하는 인간의 곤경(plights)에 대해 내러티브를 시작하는 초보적인 신념이나 가정(premise)들이다(1990, 65).

일상심리의 분명한 전제나 가정(premise)은, 예를 들어, 사람들이 신념과 욕망을 가지는 것이다: 우리는 세계가 어떠한 방식으로 조직된다고 **믿고 있다**. 그리고 어떤 사건들을 **원하고 있다**고 믿고 있다. 몇몇의 사건들은 다른 것들보다 **중요하다**고 믿고 있다. 우리는 사람들이 현재에 대한 신념뿐 아니라 과거와 미래에 관한 신념들을 가지고 있다고 믿는다.(혹은 알고 있다). 신념들이란 특별한 방식으로 생각해내는 시간과 관련하여 우리와 관련되는 것이다. 우리는 더욱이 우리의 신념들이 어떤 점에서는 일관적이라고 믿고, 사람들이 겉으로는 모순되는 사건들을 믿지 않거나 원하지 않을지도 모른다고 믿는다. 비록 일관성의 원리가 약간은 불명확할지라도 말이다. 실제로, 우리는 사람들의 신념과 욕망이 충분하게 일관적이고 "삶의 방식"이나 "공약, 헌신, 참여(commitments)"로 불릴만한 가치가 있는 것으로서 잘 조직된 것으로 믿고 있다. 그러한 일관성은 사람을 특징짓는 "기질이나 습성(dispositions)"으로 보인다: 성실한 아내, 헌신적인 아버지, 신의 있는 친구. 개성(personhood)은 그 자체로 일상심리학의 구성적인 개념이다. 그리고 Charles Taylor가 지적하였듯이, 그것은 선택적으로 기여되는 것이고, 종종 외집단에서 그것들은 억제된다. 일상심리학에서 구성적인 믿음들이 위반되었을 때만이 내러티브가 구성되는 것을 주의할 필요가 있다. 여기에서 일상심리학의 규범적인 지위나 성격에 대하여 주의할 필요가 있다. 단순히 어떻게 그 사건들이 있었는지가(how things are) 아니라 (종종 함축적으로) 그 사건들이 어떻게 있을 수밖에 없었는지에(how they should be) 관해 요약하고 있다. 사건들이 "당연히 존재하는 것이라면(as they should be)", 일상심리의 내러티브는 불필요한 것이다.

일상심리학의
가정

다음은 일상심리의 내러티브적 재구성에 대한 문제이다(1990, 66-67). 일상심리는 그 자신을 우리의 욕망과 신념의 표현을 수정하는 세상의 바깥쪽에 놓는다. 이러한 세상은 우리의 행위들이 위치해있는 맥락이고, 세상의 상황들은 우리의 욕망과 신념들을 위해 이성과 판단력을 제공할 지도 모른다. 그러나 우리는 욕망들이 우리를 맥락 속에서 의미를 발견하도록 이끌지도 모른다는 것을 역시 알고 있다. 그것은 특별한 것이지만 설명할 수 있는 것이다. 어떤 사람들은 걸어서 사하라 사막을 횡단하기를 좋아하고, 작은 보트를 타고 대서양을 건너기를 좋아한다. 세상의 지각되고 이해된 상황과 자신의 욕망들 사이의 이러한 상호 호혜적인 관계는 서로가 영향을 미치고, 일상심리학의 내러티브적인 구조를 알려주는 인간 행위에 대해 민감한 드라마티즘을 창조한다. 어떤 사람이 정말로 근거가 없는 행동을 하고, 세상을 고려하는데 실패한 방식으로 믿고, 바라고 행동하는 것으로 보였을 때, 만약 그가 능동적 자아로서 압도적인 상황이나 곤경을 감소하려고 할 때 내러티브적으로 재구성될 수가 없다면, 그는 일상심리적으로 비정상의 미친 사람으로 판단된다. 그것은 그러한 재구성을 효과적으로 하는 실제 삶이나 전체 소설에서 철저하고 면밀한 비판적인 시도를 가질지도 모른다. 그러나 일상심리는 그러한 재구성의 여지를 가진다. 일상심리에서 사람들은 신념의 형태를 가지고 있는 세계 지식을 가진다고 가정된다. 그리고 욕망이나 행위의 프로그램을 수행할 때 그러한 세계 지식을 사용한다고 가정된다.

(2) 언어와 내러티브의 중요성: 이야기 만들기

Bruner(2002: 91-98)에 의하면 내러티브는 단지 줄거리의 구조나 극적인 것이 아니다. 단지 "역사성"이나 통시성이 아니다. 그것은 또한 언어를 사용하는 한 방법이다. "가정법"의 논의에서 알 수 있듯이, 매일의 이야기를 차례대로 나열하는 것조차 내러티브는 그것의 효과성 즉 "문학성(literariness)"에 달려있다. 현저한 정도로, 내러티브는 은유, 환유, 제유, 함축, 그리고 기타 등등의 비유의 힘에 달려있다. 그런 것들이 없다면, 내러티브는 예외적인 것과 일상적인 것을 관련지을 수 있는 충분한 영역을 탐구하기 위해서, "가능성의 지평을 확장"하기 위한 힘을 잃어버리게 된다. 실제로, Ricoeur가 "실재(reality)의 은유"로서 모방(mimesis)을 이야기한 것을 회상하면 이해가 될 것이다. 더욱이, 내러티브는 구체적인 것이 되어야 한다. 일단 내러티브가 구체성을 획득한다면, 내러티브는 구체성을 수사적 비유(tropes)로 전환한다. 즉, 내러티브의 행위 주체자, 행위, 장면, 목적, 그리고 도구(그리고 문제거리)는 상징(emblem)으로 전환된다.

모든 그러한 "상징들(emblems)"이 공유하는 결정적인 특성은 상징들을 논리적인 제안으로부터 차이 나게 하는 것이다. 추론(inference)과 귀납(induction) 둘 다를 받아들이지 않고, 상징들은 그것들이 의미하는 바를 확립하기 위해 논리적인 절차를 저항한다. 우리가 말하는 것처럼, 그들은 해석되어야 한다.

여기에서 제시하는 해석(interpretation)은 역사적이거나 문학적이거나 혹은 사법적인 것이든 간에 항상 규범적인 것이다. 인간은 도덕적인 입장과 수사학적인 태도를 가지는 것 없이 이러한 이해에 대한 논의를 할 수 없을 것이다. 우리는 "진실과 유사한", 혹은 더 정확하게 "실물 그대로의 것", 있을법한 것으로 스토리를 해석한다. 우리가 생각하는 종류의 해석적인 의미는 맥락에 대해 은유적이고, 암시적이며, 매우 민감하다. 그러나 그것들은 문화와 그것의 내러티브화된 일상심리학의 일면이다. 금세기 초에, 영미철학은 전통적으로 "심리주의"라고 불렸던 것으로 거슬러 올라간다. 그것의 한 측면인 사고의 과정과 다른 측면인 "순수한 사고" 사이에는 혼란이 없었다. 전자는 그것의 철학적인 의미에서 의미의 범위에 대해서 전체적으로 무관하다: 그것은 주관적이고, 개인적이며, 맥락적으로 민감하고, 그리고 개성적인 반면에, 순수한 사고는 공적으로 공유되어진 명제(proposition)에 의해 체화되고 엄격하게 검토 받을 필요가 있는 것이다. 일찍이 영미의 철학자들은 중요한 철학적 문제를, 문장의 의미를 결정하기 위한 것으로써, 지시(reference)와 의미(sense)를 수립함으로써 수행하였다. 지시는 문장의 진실성을 위한 조건을 결정하는 함으로써, 의미는 그것과 관련된 다른 문장을 만들어냄으로써 수립된다. 진실성은 객관적이다. 일반적으로 의미(sense)는 특별하거나 개인적인 의미에 있어 독립적인 것이었다. 이러한 체제 하에, 의미는 철학적인 도구, 논리적인 분석의 형식적인 도구가 된다.

형식적인 논리 전통에서 탈맥락화된 문장은 어느 누구에 의해서도 아무데도 나타나지 않는다. 그러한 텍스트의 의미를 수립하는 것은 고도의 추상적인 형식적 조작을 포함한다. 많은 심리학자, 언어학자, 인류학자, 그리고 철학자들은 "검증"의 조건에서 의미가 의존하는 것은 의미에 대한 폭넓은 인간 개념에 놓여진다는 불평을 늘어놓았다고 Bruner(2002)는 해석하고 있다..

직접적으로 John Austin과 간접적으로 Wittgenstein에 의해 영감을 받은 언어행동 이론가들에 의해 지배되어옴으로써, 학생들의 마음은 지난 30년 동안 의사소통적인 맥락을 의미의 논의로 되돌려놓는 복원에 집중적으로 노력하였다. 발화(utterances)는 고전적 전통에서 탈맥락적이거나 지지되지 않는(unsponsored) 말투로 취급되었던 반면, 발화는 화자의 의사소통적인 의도를 표현하는 원리화된 방식으로 취급된다. 그리고 동일한 정신으로, 화자의 의미가 이해되거나 청자와 그것을 이해하도록 결정하는 것에 의해 "처리되는" 것을 물어볼 수 있다. 우리가 알고 있는 것과 마찬가지로, 이해력(uptake)은 의미의 서로 다른 의사소통적 유형을 위한 일련의 관습을 화자와 청자가 공유하는 것에 달려있다. 그리고 이러한 의미는 지시와 진실의 문제에 제한되지 않는다.

발화의 의미

발화(utterances)는 단순히 언급하는 것보다 더 많은 의도들을 포함한다. 상황적 발화(situated speech)에서 의미는 문화적이고 관습적이었다. 그리고 그것의 분석은 단지 직관적인 것이기 보다는 경험적으로 기초하여 원리가 되었다. 이러한 정신에서 Bruner(2002) 문화적 심리학, 인지적인 혁명을 새롭게 하는 중심적인 변화과정으로서 의미의 생성의 부활을 제안하였다. 그는 이러한 원리에 따른 "의미"의 개념이 문화를 제정하는 관습의 조직망으로 언어학적인 관습과 다시 관련된다고 생각한다.

의미에 관한 하나의 마지막 단어, 그것은 특히 전체를 형성하는 어떤 내러티브의 파악에 달려 있게 된다. 나는 문화적인 현상을 이해하는 것에 있어서, 사람들이 사건으로써 텍스트 문장으로써 세상을 다루지 않는다는 분명한 사실을 쫓아서 내러티브의 개념을 도입하였다. 따라서 Bruner는 우리가 구조와 더 큰 맥락의 일관성을 구체화할 수 있는 정도까지, 구체적인 의미를 창안하고 전달하는 정도에서 원칙적인 방식으로 의미와 의미 만들기를 해석할 수 있을 것이라고 생각하고 있다.

(3) 심리학과 문학의 전략적 거점

심리학은 사실의 세계이나 이제는 인간 마음의 해석적 구성으로 이해되어야 한다 (Bruner, 2002: 129-133). 문학은 가능의 세계에 초점을 둔다. 가능성은 이야기를 통하여 구성된다. 과거 과학의 세계에서는 심리학과 문학은 외면한 채로 인간을 이해하고자 하였다. 이제는 양자가 융합해야 한다.

한 가지 진실은 분명하다. 내러티브가 우리의 분명한 즐거움 중의 하나임에도 불구하고, 그것은 진지한 것이라는 점이다. 좋든 나쁘든, 내러티브는 우리가 인간의 열망과 그 흥망성쇠를 표현하기 위해 선택한 수단이며, 어쩌면 필수적인 수단일지도 모른다. 우리의 이야기는 또한 우리가 경험한 것에 어떤 구조, 강력한 리얼리티, 심지어는 철학적 입장까지도 부과한다. 이야기는 본래, 주인공이 환경에 매혹되지 않는 한 그는 자유롭다고 하는 것을 당연하게 여긴다. 그것은 또한 사람들이 이야기에 대해서 무엇을 기대하고 있는지 뿐만 아니라, 세계를 어떻게 보고 세계에 대해 무엇을 기대하고 있는지에 대해서 그들이 알고 있다고 하는 것도 당연하게 여긴다. 그렇게 해서 결국, 인생은 예술을 모방하게 된다기보다는 예술과 결합하게 된다. 삶이란, "평범한 사람들이 평범한 이유로 평범한 장소에서 평범한 일을 하는 것"이다. 그런 평범함에 대한 그럴듯한 파괴가 필요하게 되는 것은, 내러티브의 그 풍부한 힘(이를테면 사태를 어떻게 극복하고 순화하며, 이전의 친숙한 궤도로 되돌릴까 하는)을 유발하기 위해서이다.

내러티브는 인간이 무엇이며 세계는 어떠한가 하는 것에 대한 일반적인 신념을 취급하는, 하나의 심오한 민속 예술(folk art)이다. 그것은 위험에 처해 있는 것, 또는 위험하다고 믿어지는 것을 전문적으로 취급한다. 이야기 창작은 인간적 조건의 경이로움과 기묘함, 그리고 그 조건에 대한 우리의 불완전한 이해에 대처하기 위한 매체이다. 그것은 예기치 않은 것을 좀 덜 놀랍고, 덜 이상한 것으로 만든다. 즉, 내러티브는 예기치 않은 바를 길들이고, 그것에 일상성의 외피를 제공하는 것이다.

순화하는 것은 문화의 일관성을 유지하는 주요한 수단이다. 결국, 문화는 일상성이라고 하는 우리의 관념을 규정한다. 그러나 인간이 제멋대로 구는 것이라든가 사회적 통제의 불완전함을 가정하면, 예기치 않은 것이 항상 이긴다고 볼 수는 없다. 우리는 누군가를 속이고 유혹하며, 맹세한 대로 살지 못한다. 파괴와 일탈은 환영받지 않을지도 모르지만, 거의 예기치 않았던 것은 아니다. 어느 특정한 날 오후를 상정해봤을 때도, 포착하기 어려운 인간의 조건은 너무나 불확실하며, 인간의 의지는 너무나 감정에 이끌린다. 그래서 이야기는 포착하기 어려운 것을 취급한다. 이야기는 어떤 명백한 도덕적 일반성을 주장하는 게 아니라, 단지 암시만 할 뿐이다.

일상적인 것의 파괴는, 그것이 일단 내러티브 속으로 들어와 순화되면, "아, 옛날 그 이야기"와 같은 형식 속에서, 문화의 특징을 띠게 된다. 일단 어떤 장르나 낡은 직함으로 권위가 부여되면, 그것은 불운이라든가 우연한 실책, 또는 인간적 판단상의 해석이 가능한 위반이나 파괴로서 정당성을 갖추게 된다. 문화란 조화가 아니며, 재고 품 이야기도 아니다. 문화의 활력은 그 변증법에 놓여 있으며, 상극하는 견해들, 충돌 하는 내러티브를 절충할 필요성에 놓여 있다. 우리는 많은 이야기를 듣고, 그 이야기 들이 서로 상충할 때라도 그것을 자산으로 간주한다.

문화의 작동과
내러티브

인류의 문화는 그 어떤 것이라도, 그 본질에 있어서 공동의 삶에 대한 문제해결이 자, 그 경계 안에 살고 있는 사람들에 대한 위협이고 도전이다. 어떤 문화가 존속하려 면, 공동체적 삶에 내재하는 서로 충돌하는 이익들을 다루는 수단이 필요하다. 교환의 체계는 그 수단들 가운데 하나이다. 인간의 어떤 문화도 공동체적 삶에 내재하는 예 측 가능한 것과 예측 불가능한 것 사이의 불균형을 취급하는 수단 없이는 작동할 수 없다. 문화는 양립할 수 없는 욕망과 이해관계를 담아내는 수단을 발명하지 않으면 안 되는 것이다. 문화의 내러티브적 원천들, 즉 민담과 옛날이야기, 그리고 그것이 진 화한 문학과 심지어는 가십마저도 문화가 만들어내는 불평등을 관습화하고, 그럼으로 써 그 불균형과 양립불가능성을 담아내는 것이다.

(4) 인간과학에서 해석주의의 입장

① 내러티브 해석의 중요성(Bruner, 1990: 100)

새로운 인간과학의 중요한 특징은 "일상심리(folk psychology)"라고 볼 수 있다. 아 마도 "일상적 인간 과학(folk human science)"이 더 적절한 용어라고 여겨진다. 브루 너는 그의 저작(1990)에서 인간이 다른 사람과 서로 상호작용하는데 있어서 인간이 "정상적인" 인간 상태로부터의 일탈과 그 속에서 깨트리기 위해 내러티브 의미를 해 석하는 것과 반대되는 배경으로서 규준적이고 평범한 감각을 어떻게 형성하는지를 보여주고자 한다. 그러한 '내러티브 설명'은 협상을 촉진시킬 수 있고 분쟁의 대립적 인 혼란을 피할 수 있도록 하는 "삶과 같은" 방법에서 개인의 특질을 형성하는데 영 향을 미친다. 브루너는 "적절 조건(felicity conditions)"에 관심을 가지는 체계로서 문 화적 의미 만들기의 관점에 대한 사례를 제시했다. "적절 조건"은 "실재"에 대한 다양 한 해석을 설명하는 상황을 완화시킴으로써 해결될 수 있는 의미에서의 차이점에 의 한 상태이다.

내러티브 해석

내러티브 해석의 중재에 의한 의미를 협상하고 재협상하는 이러한 방법을 브루너는 강조한다. 의미 표현의 개체적, 문화적, 계통 발생학적 의미에서 인간 발달의 최고의 성취중의 하나로 평가한다. 물론 그것은 문화적으로 공동체의 축적된 내러티브 자원과 다양한 내러티브를 해결하고 찾아내기 위한 전통 뿐만 아니라 신화, 인간 기쁨의 상징 같은 해석적인 기술의 소중한 문화도구 상자로부터 많은 도움을 받았다. 그리고 그것은 개체 발생적으로 David Premark가 "마음의 이론"이라고 최초로 불렀던 인지적 능력인 같은 종의 바람과 희망을 발전시키고 인식하기 위한 최초의 인지적 능력을 가진 고등 영장류(심지어 인간 이전) 출현에 의한 진화에서 지지된다.

어린이들이 내러티브의 힘을 성취하는(혹은 인식하는) 능력은 문화적으로 규준적인 것을 나타낼 뿐만 아니라 내러티브에 포함될 수 있는 일탈을 설명하는 것이다. 이러한 기능을 성취하는 것은 단순히 정신적 성취가 아니라 어린이의 사회적 삶에 안정을 주는 사회적 실제(practice)를 성취하는 것이다. Levi-Strauss가 우리의 주목을 끌었던 잘 알려진 교환 체계와 연결된 사회적 안정성의 가장 강력한 형태 중의 한 가지는 모든 문화에 퍼져있는 다양한 제도적 책임, 도덕적 책임과 조화되는 해석을 만들고 인간의 다양성에 대한 이야기를 공유하려는 인간의 성향이다.

이야기와 인간의 성향

② 인간과학과 해석주의: 문화와 내러티브(1990, 130)

브루너가 새로운 인간과학에서 제안해 오고 있는 관점은 해석주의자(interpretivist)의 입장이다(1990: 130). 즉 인간 과학을 실천하는 사람들의 행동과 그들이 연구하는 사람들의 행동의 관점에서의 해석주의자이다. 무엇이 문화적 공동체를 만드는가 하는 것은 사람들의 인격과 세상살이가 어떠한지, 혹은 어떤 것이 가치로운 지에 관한 단지 공유된 신념들만은 아니라는 것이다. 문명(civility)의 획득을 보장하기 위해 일종의 의견일치가 있었다는 것이다. 그러나 문화의 정합성(coherence)이 중요한 것은 다양한 사회 내에서는 불가피한 서로 다른 실재에 대한 해석을 판결내리기 위해 해석적 절차들이 존재한다.

인간이 영원히 관심사에 관해 갈등을 겪고, 부수적인 원한, 파벌, 연합 그리고 변화하는 동맹을 경험한다. 그러나 이러한 파벌적 현상에 대해 흥미 있는 것은 그것들이 얼마나 많이 우리를 분리시키느냐가 아니라 그것들이 얼마나 종종 중립화되거나 용서되며 참아지느냐 하는 것이다. 놀라운 내러티브 재능을 가지고 있는 인간의 관점에서 보면, 평화유지의 주요한 형식들 중의 하나는 일상적인 삶 속에서 갈등이 임박한

내러티브의 목표

불화들로 둘러싸인 상황에서 정상을 참작하고, 드라마틱하게, 그리고 해명하는 인간 재능이다. 그러한 내러티브의 목표는 조화시키는 것도 아니고, 합법화시키는 것도 아니며, 용서하는 것조차 아니다. 오히려 설명(explicate)하는 것이다. 그리고 그러한 내러티브들에 관해 일상적으로 말하기에서 제공되는 설명들은 기술되어진 주인공에 대해 늘 용서하는 것은 아니다. 오히려, 늘 최상인 것은 나레이터이다. 그러나 어쨌든 간에, 내러티브화하는 것은 이러한 해프닝을 우리가 기본적 삶의 상태로 취급하는 일상성의 배경에 맞서서 파악할 수 있게 한다. 실행가능한 문화 속에 있는 것은 스토리들을 관련짓는 것과 관계되고, 비록 스토리들이 의견일치를 보이지 않을지라도 서로 연결된다.

내러티브와
문화적 삶   브루너(1990)는 내러티브 관점에서 경험을 표현하려는 우리의 능력이 단지 어린이들의 놀이만이 아니라, 문화 속에서의 삶의 대부분을 지배하고 있는 의미를 만들기 위한 수단이라는 것을 분명히 하고자 하였다. 법적인 해석의 과정을 문학적 해석에 비유하는 것은 그렇게 놀랄만한 일은 아니다. 그리고 법률학을 배우는 많은 학생들이 이런 관점에서 그와 동일한 견해를 가진다는 것 또한 사실이다. 규범성에 대한 우리의 감각은 내러티브 속에서 자라나지만, 위반과 예외성에 관한 우리의 감각은 내러티브 속에서 자라나지 않는다. 스토리들은 "실재"를 완화된 실재로 만든다. 어린이들은 그러한 정신면에서 자신들의 내러티브적 경험들을 시작하기위해 자연스레 환경에 기대는 경향을 보인다. 그리고 우리는 그들에게 그러한 기능들을 완전하게 하기 위해 모델과 절차적인 도구 상자(tool kits)를 준비시킨다. 그러한 기능들이 없다면, 우리는 사회적 삶이 생성하는 갈등과 모순을 결코 보장할 수 없을 것이다. 우리는 문화의 삶을 위해 적당하지 않을 수도 있다.

나. 특징과 시사점

(1) 인간 발달론의 문화적 표현으로서 인문사회과학

특정한 시기와 공간에서 구성되는 인간 발달이론은 단순히 인간 본성에 대한 중립적이고 과학적 진술일 수 없다. 그것은 특정 문화 속에서 구성되며 그 속에 사회적 실재를 부여한다. 이 점을 Bruner(1986 : 134)는 다음과 같이 지적한다.

"한 때 지배적인 우세한 문화로 수락되었던 인간 발달 이론들은 인간본성과 그것의 성장을 기술하는 것처럼 단순히 작동되지 않는다. 수용된 문화적 표현들로서 인간발달 이론들은 본질상 오히려 그 이론들이 해명하려고 추구하는 과정에 사회적 실재를 부여하고 그 이론들의 지지 하에 증명되고 있는 '사실들(facts)'에 사회적 실재를 부여한다."

이와 같이 문화적 표현으로서 발달이론을 이해하는 그는 발달 이론의 진리가 그것들이 응용되는 문화적 맥락에 상대적이라고 보았다. 그것은 그 특정 문화에 우세한 가치와의 일치 문제이다. 그들의 공정함과 옳음(their rightness)이 있다는 N. Goodman의 견해(1978)가 좋은 예가 될 수 있다.

인간 발달과 문화

인간 발달의 방식을 제공하는 인간 문화는 그 만큼의 발달하는 인간에 의해 문화가 진보되어 나간다. 인간 문화가 제공하는 발달의 방식은 인간 성장의 표준적 코스에 대한 처방들이다. 그래서 발달이론이 문화로부터 자유롭다라는 생각은 모순적일 수밖에 없는 것이다(Bruner, 1986 : 135-136). 그러므로 인간 발달 이론은 문화적 상황 속에서 구성되며 문화적 표현 그 자체인 것이다. 인간 발달론은 인간 마음의 조망에서 출발하며 마음이 문화에 의해 형성된다는 점을 전제한다. 더욱이 문화는 우리의 세계, 자아, 힘(power)을 구성하는 도구를 제공한다. 이 점을 받아들인다면 교육과정 이론은 마음의 본질에 관한 질문과 문화의 본질에 관한 질문의 교차점에 놓여야 한다. Bruner(1996 : 13)는 이 점을 분명히 하였으며 이와 관련하여 교육과정 이론 구성에 단서가 될 만한 심리 - 문화적 접근의 논조를 9가지로 제시하였다(1996 : 13-42). 그 중에서 첫째, 관점상의 특징, 둘째, 구성주의, 셋째, 상호작용적 특징은 교육과정 이론 구성에 핵심적 원리로서 기능할 수 있다.

관점상의 특징

우선, 관점상의 특징에서는 인간 사고가 해석적 의미 만들기 과정과 유관하다는 것이다. 그러므로 의미의 해석 속에는 특유의 개인 역사뿐만 아니라 실재구성에 대한 문화의 표준적 방식까지 내재되어 있다. 그래서 문화 속에서의 생활은 제도적 영향 하에서 사람들이 형성하는 세계에 대한 해석과 사적으로 형성한 세계에 대한 해석간의 상호작용인 것이다. 이런 점에서 특정한 시·공간에서의 교육과정 이론은 이러한 해석적 의미 만들기 과업이면서 동시에 문화적 표현의 실재로서 기능한다. 둘째, 구성주의 시각에서는 교육과정은 학생들에게 의미형성과 실재 구성의 도구들을 사용하도록 도와주는 것이어야 한다. 마지막으로, 상호 작용적 측면에서는 교사와 학생 모두는 상호 학습자의 공동체로서 이런 공동체 형성은 인간 문화의 본질임을 강조한다. 특히 교실 수업과 관련하여 간 주관적 교수법과 Vygotsky식의 도움(scaffolding)을 주고받는 상호학습자의 하위 공동체로서 교실을 인식하는 것이 그 중요한 구성 원리로서 기능할 수 있다. 이와 같이 문화적 표현으로서 교육과정 이론은 해석적 의미형성 과정, 구성주의와 상호 학습 공동체라는 근거에서 그 구성의 기초를 마련할 수 있다.

학문에 대한 심리-문화적 접근

그러므로 학문에 대한 심리 - 문화적 접근의 논리에 의한 인문사회과학의 구성은 문화적 표현으로서 인간 발달론을 구체화해 줄 수 있다. 그리고 문화적 표현은 의미의 협상적, 해석학적, 교섭적 과정에 의해 가능하며 이런 표현의 기제들은 인간 발달론에 유용한 원리를 제공해 준다(Bruner, 1986 : 122-125). 발달론의 토대로서 문화는 그 구성원들에 의해 해석되고 재교섭되므로 지속적인 재창조의 과정에 있다. 이런 점에서 문화는 의미를 협상하고 재협상하고 행위를 해명하고 재해석하기 위한 포럼(forum)으로 설명하고 있다(1986 : 123-124). 따라서 포럼은 발달의 맥락을 제공해준다. 그래서 인문사회과학은 가능한 세계를 탐구하는 방식으로 구성되어야 하며 이 기능을 수행하기 위한 주요 포럼 중의 하나일 수 있다. 문화의 지속적 재창조 과정의 참여자에게 역할을 부여하는 것은 교육과정 구성의 적극적 측면이다. 인문사회과학 이론은 문화의 이러한 측면을 인간 성장의 문제와 관련하여 그 토대를 구성해야 한다. 인문사회과학 이론 구성의 작업 역시 문화적 표현이며 그 작업의 주체 역시 그 정도의 마음을 구성한 상태에서 수행할 수밖에 없을 것이기 때문이다. 인문사회과학 이론의 탐구 행위와 이론 구성의 언어는 문화 창조의 언어이지 지식소비나 지식 습득의 언어가 아니다. 여기에 인문사회과학이론의 탐구와 구성의 중요성이 놓여 있는 것이다.

(2) 가능한 세계에 대한 관심의 부활

잘못된 구분의 문제

얼핏 보면 자연과학과 문학은 상반되는 성질을 지니고 있는 것으로 보인다. 과학과 인문학, 이것은 오래된 주제이고, 심지어는 진부한 주제이기도 하다. Bruner(1986: 91)에게 있어서는 양자가 대조적으로 과학은 비정하리만큼 객관적이고 인문학은 영원히 온화한 타당성을 보여주는 것은 아니다. 이러한 구분은 타당하지 못하다는 것이다.

한때 진부한 것으로 여겨졌던 주제들, 즉 철학에서 기술적 문제였던 구성주의, 의미에 관한 이론들, 과학적 개념이 지니는 위치가, 그 진부한 주제에 대한 관심을 되살렸다. 마음 자체가, 관련된 형태의 세계를 만들어 냄으로써, 과학적인 이론들, 역사적인 설명, 경험에 대한 비유적 표현들을 구성해 낸다고 가정한다면, 그 오래된 논의는 과학적 연구와 인문학적 연구의 결과물로부터 연구의 과정들 그 자체로 방향을 바꾸어 왔다. 과학적으로 증명할 수 있는 객관적인 지식체는, 부드럽고 가상적이며 주관적인 인문학의 결과들과, 단순히 더 이상 대치되지 않는다.

마음을 상이하게 사용하여 창조물이 만들어지듯, 과학과 인문학은 인간 마음이 교묘하게 꾸며낸 허구로 평가되고 있다. Milton의 "실락원"의 세계와 Newton의 원리원칙의 세계는 사람들의 마음에만 존재하는 것이 아니다. 그 각각은 문화라는 "객관적인 세계", 즉 Karl Popper가 말하는 제3세계에서 그 실체를 지닌다. 그 둘은 모두 현대적 양식의 논리적 의미에서 보면 가능한 세계들의 집합이다. 둘 중 어떠한 세계도 반증을 통해 다른 하나의 세계를 위협하지 않는다. 그리고 둘 중 어떠한 세계도 다른 하나의 세계로부터 도출되어지지도 않는다. 그래서 반증은 이런 체제 하에서 좀 더 흥미로운 과정이 된다. 우리는 명제가 참인지 거짓인지가 아니라, 어떠한 유형의 가능한 세계에서 그 명제가 참이 될 것인지를, 새롭고 좀 더 강력한 논리 양식으로 묻게 된다. 더욱이, 그 명제가 생각할 수 있는 모든 가능한 세계에서 진실로 입증될 수 있다면, 거의 확실히 그것은 그 세계로부터이기 보다는 언어의 본질로부터 도출된 진실이다. "총각은 결혼하지 않은 남자이다."라는 진술은 모든 가능한 세계들에서 사실이라는 의미에서 보면 그렇다.

Bruner(1986)는 마음의 결과물을 산출해 내는 방식들 중 일부 방식들, 그 방식을 어떻게 실제로 경험하게 되는지, 그리고 그 방식들을 과학, 문학, 역사 등과 같은 문화 속으로 어떻게 스며들게 하는 지에 대해 탐구할 것을 권장하고 강조한다. 즉, 인간의 조건을 평가하기 위해서는, 인간이 자신들의 세계들(자신들의 성들)을 구축하는 과정들의 산출물들에 대한 존재론적 위치를 정하기보다는, 자신들의 세계를 구축하는 방식들을 이해하는 것이 훨씬 더 중요하다는 강력한 사실을 규명하는 것이라는 점이다. 따라서 브루너의 존재론적 신념은, 가능한 세계와 현실 세계 사이의 대응 양상을 만들기 위해, 가능한 세계와 대비시킬 수 있는 "원래의" 현실이란 것은 존재하지 않는다는 것이다. 이것은 Nelson Goodman의 신념과도 관련이 있다.

(3) 인간 심리의 해석적 경향: 인간 조건에 관한 일상 이론(folk theory)

인간 심리의
해석적 경향

Bruner(1986: 94)는 인간 심리의 해석적인 경향을 놀람이라는 주제로 설명하고 있다. 놀람은 지력이 있는 학생들에게는 엄청나게 유용한 현상이다. 왜냐하면 그것은 사람들이 당연하게 여기는 것을 탐색하게 해 주기 때문이다. 그것은 전제에 대해 살펴볼 기회를 제공한다. 즉 놀람은 전제가 위반되었을 때 일어나는 반응인 것이다. 물론 전제는 당연하게 여겨지는 것, 즉 사실이 될 것이라고 예상되어지는 것이다. 우리의 중추 신경계는, 예상되는 세계와 예상되지 않는 세계를 다르게 취급하기 위해서, 감각들을 분화시키는 방식으로 진화되어온 것 같다. 예기치 않은 세계들(그러한 세계들이 뇌에 저장되어 있는 신경 "세계의 모형"에 어긋난다는 의미에서 예기치 않은 세계들)은, 소위 상행 망상 조직 즉 잘 정돈된 감각 신경과 나란히 놓여 있는 얽혀 있는 신경 섬유에 자극을 가함으로써 대뇌 피질에게 매우 자주 경고를 내린다. 이러한 망상 조직과 감각 신경은 위쪽에 위치한 뇌로 거슬러 올라가는 방식으로 작용한다. 그러나 이 방식은 이 내용을 너무나 정적으로 만들어 버린다. 신경계는, 말하자면 세계가 실제로 움직여 돌아가는 것보다 좀 더 빨리 돌아가는 그 세계의 모형을 저장한다고 말하는 편이 더 맞다. 우리에게 작용하는 것이, 기대치 즉 그 세계의 모형에서 예상되는 상태와 맞아 떨어진다면, 그것에 대한 우리의 관심은 시들해져서 다른 곳으로 관심을 돌리고, 심지어는 잠을 자러 갈지도 모른다. 투입시키는 것을 예상과 어긋나게 하라. 그러면 신경계는 바짝 경계를 하게 된다. 어떠한 투입이라도, 환경적으로 산출된 자극뿐만 아니라 신경계가 예측하고 있는 것과의 일치 또는 불일치에 따르는 특징들의 한 부분으로 간주되어짐에 틀림없다.

세계의 구성

우리가 예상에 의해 세계를 구성할 때, 일일이 열거할 수 없을 정도로 지각은 그 세계를 구성하는 수단이 된다는 의미를 지니기 때문이다. 더욱이, 복잡한 지각 과정들의 특징은, 지각된 것이 무엇이든지 간에 예상되는 것에 맞추려는 경향이다. 사실, 인간 인식자가 하는 일은 자극 입력으로부터 이끌어낼 수 있는 어떠한 단편이든 간에 받아들이는 것이다. 그리고 이런 단편들이 예상과 일치한다면, 자신들의 머릿속에 지니고 있는 그 모형으로부터 나머지 부분들을 읽어내는 것이다.

우리 머릿속에 저장되어 있으면서 우리가 지각하고 생각하고 말하는 것을 안내해 주는 그 모형들의 일반적인 특성들에 대해서, 우리는 흥미롭고도 간결하게 말할 수 있는가? 대체로 그 모형들의 일반적인 특성들은 다양하고, 풍성하고, 특정 지역에 한하고, 엄청나게 생성적인 것처럼 보인다. 그 모형들 중 일부 모형들은 원칙적으로 우리가 "우연히 마주쳐 온" 세계에 대한 저장된 지식에 기반을 두는 것 같다. 그러나 그러한 것들은 Newton의 만유인력 법칙과 같이, 추상적이고 포괄적인 것이 될 것이다. 그러한 모형들의 장점은, 그것들로 인해 우리가 세부적인 사항에는 최소한으로만 관심을 두고 상당히 많은 양을 머릿속에 기억할 수 있게 된다는 것이다. 이것은 우리가 "과학"이라고 부르는 창조 모형(세계를 만드는 형식들 중의 하나)의 더할 나위 없는 성취인 것이다.

그러나 브루너(1986)는 이 지점에서 이론과 비유를 설명하면서 이론의 과도성에 비유가 희생이 되는 것을 우려하고 있다. 형식적이며 논리적으로 일관성 있는 이론들 덕분에 비유들을 포기하게 되는 경우가 발생하게 된다는 점이다. 이론들은 정확하거나 유사한 용어들로 진술될 수 있는 것들이다. 비유 단계를 벗어난 형식적인 모형들은, 공유되어지고 공격을 조심스럽게 막아내어서, 그 모형들의 사용자들을 위한 삶의 방식들을 규정하게 된다. 이런 성취에 도움이 되었던 비유들은 대개 잊혀지거나, 아니면 그 비유들을 다시 살펴보는 것이 중요하다고 판단되면, 그것들은 과학의 일부분이 아니라 과학사의 한 부분으로 자리 잡게 된다.

비유의 중요성

일상생활 중에서 다른 사람들과 상호작용을 하는데 지침을 얻기 위해, 우리들은 우리 자신들의 모형들을 수립하고 우리 자신들의 세계들을 만든다. 갓난아기들과 그 아기들의 보호자들 사이에 이루어지는 초기 상호작용들은 포맷들, 즉 상대방이 서로 예측할 수 있는 활동 형태들로 시작한다. 그리고 상대방이 그렇게 행동하는 의도가 있다고 생각하고, 대개는 서로간의 행동과 말에 해석을 가미하게 된다. 이러한 포맷들은 명백히 이론 구속적이고 전제에 얽매여 있다. 왜냐하면 그 포맷들에 어긋나게 되면, 갓난아이는 놀라게 되어서 심지어는 빠르게 화를 내게 된다. 경험에 따르면, 우리의 모형들은 세분화되기도 하고 일반화되기도 한다. 우리는 사람들의 유형, 문제들의 유형, 인간 조건들의 유형에 대한 이론들을 계발한다. 이러한 "민속 이론들 혹은 일상 이론들(folk theories)"에 대한 범주들과 격언들은 직접적으로 검증되지는 않는다. 그것들은 거의 독창적이고, 우리가 성장하게 되는 문화의 민간 지혜들로부터 발생한다는 점이다.

일상 이론의 가치

앞에서 언급한 바와 같이, 인간의 조건에 관한 일상 이론들은 설화의 목적을 알려

해석주의적 심리

IV. 내러티브 인식론에 의한 인간과학의 재구성 | 277

주는 비유와 언어 속에 여전히 남아 있다. 그리고 우리가 가장 엄격한 과학적 방법들을 사용하여 마음속에 구성된 어떠한 이론들 못지않게, 이런 유형의 민속 설화도 "현실(실제)"에 관심을 가져왔다. 심리학에 대해 깊이 생각하는 많은 학생들은, 심리학의 적합한 구성을 위한 가장 풍요로운 자료 원천들 중의 하나는 바로 이러한 민속 이론들이라고 생각한다. 그러한 심리학은 물론 실증주의보다는 "해석주의"적이다. 그러한 심리학의 과제는, 해석 문화인류학자가 그 문화에 대한 설명적 문화 비평을 제공해 주는 것과 같은 정도로, 인간 "행동 이론들"에 대한 좀 더 풍요롭고 좀 더 추상적인 해석을 제공해 주는 것이다. 이것을 통해 직접적으로 우리는, 역사학자, 문학 비평가, 철학자, 문화 해석학자와 같은 인문학자의 활동들에 가까워질 수 있다. 그리고 물론 예술가 즉 시인, 소설 작가, 화가, 극작가, 작곡가들의 활동들에도 가까워질 수 있다.

예술가들은 평범한 것들과 관습적으로 정해진 것들을 비유적으로 변형시킴으로써 가능한 세계들을 창조해 낸다. 마치 Hamlet이 Kronberg 성에 살았었다는 것에 의해 그 성이 변형되어지듯이 말이다. 즉, 실재가 내러티브적으로 구성된다는 것이다. 신념과 이성만큼이나, 문화적으로 실재하는 것들은 새로운 의미를 지니게 된다. 그러므로 우리는 역사를 다시 생각하고, 역사의 암흑기와 부흥기를 재구성하게 된다.

(4) 과학과 인문학: 가설 생성의 공통점 추구

과학과 인문학의 기원

Bruner의 연구(1986: 102)에 따르면, 과학과 인문학은 어떤 하나의 기원을 가지고 출발하여 방법에 의해 서로 분기되는 것처럼 보이지만, 실은 공통된 기원에서 시작할지 모른다는 점이다. 그러나 그 두 가지는, 세계 만들기를 생각하는 마음속에서, 상이한 목표들을 지니며 서로 갈라지고 세분화된다. 과학은 인간의 의지와 약속에 걸쳐서도 불변하는 세계를 만들고자 시도한다. 그런 분위기는 사람들이 그런 세계에서 느끼는 따분함으로 인해 바뀌지 않으며 또한 바뀌어져서도 안 된다. 다른 한편으로, 관찰자의 위치와 견지에 따라 세계가 변화되기 때문에, 인문학자들은 세계를 원칙적으로 다룬다. 과학은, 과학을 이해하고자 하는 사람들의 생활환경이 변형되더라도 변하지 않는 사물들의 불변성과 관련된 "생활양식"이 존재하는 세계를 창조한다. 현대 물리학이 이런 세계란 매우 제약된 한계 내에서만 진실이 된다는 것을 입증함에도 말이다.

인문학에서는, 세계가 그 세계 안에서 살아가기 위한 필수 요건들을 반영하고 있다고 이해된다. 언어학에서 통용되는 말로 표현하면, 문학 작품이나 문학 비평은 문맥 민감성을 통해 보편성을 달성하고, 과학적 연구는 문맥 독립성을 통해 보편성을 획득한다.

지금까지 가설 형성이 한편으로는 귀납 과정으로, 다른 한편으로는 가설 연역적 방법의 과정으로 축소될 수 있는 것을 제외하고는 별 다른 설명이 없는 것이다. 과학을 엄격한 반증의 아이디어로만 설명하는 것은 유익하지 못하다는 것이다(Bruner, 1986). 사람들은 반증에 의해 설득되는 것이 아니라 가설을 만들어내는 동물이다. 모든 유형의 사람이 다 존재할 수 있다는 것이다. 또는 우리가 만나는 것들 모두를 실질적으로 수용할 수 있는 가설들을 만들어 낼 수 있다. 그것은 우리의 감각, 마음, 언어의 선택만으로도 우리가 만든 가설들이 올바르다고 받아들일 수 있는 용이성이 있기 때문이다. 우리는 단 한 번의 실증을 통해서도 특별한 신념을 가지게 된다.

만약 우리가 상상의 이야기(또는 드물게, 상상의 가설)를 감상하고 이해한다고 한다면, 우리는 "불신을 일시 중지"하여, 우리가 들은 내용을 당분간은 약정된 실재와 같은 추정적인 실재로써 인정해야만 한다. 하지만 결국에는, 과학 용어를 사용한 검증(즉 반증에 반하는 증명)이 요구된다. 그 대신, 인간 행동에 대한 설명 영역에 대해 우리가 곰곰이 생각해 보면, 그 영역에 대한 설명이 우리가 옳다고 생각하거나 옳다고 "느끼는" 어떤 견해에 상응된다고 할 수 있다. 전자인 과학은 외부 세계를 지향한다. 후자인 인문학은 그 세계를 향한 관점이 안쪽으로 향해져 있다. 그것들은 사실상 실재에 대한 매우 다른 2가지 형태의 환영이다. 그러나 Popper의 의미에서 보면, 그 2가지 각각의 "반증"이 완전히 그것들을 구분해 주지는 못한다(Bruner, 1986: 104).

오히려 Bruner(1986)는 구성되어진 세계, 예를 들면 소설, 설화, 역사, 문학 또는 문화 비평에 대한 관심을 강조한다. 사실상 인문학에는 암묵적으로 합의되어진 가설 양성, 즉 가설 생성에 대한 기교들이 있다. 인간이, 복합적인 관점들과 그러한 관점들의 필요 요건에 적합한 가능한 세계들을 양성해 내는 것은, 바로 가설 반증 과정에서라기보다는 가설 생성 과정에서이다.

현대 과학도, 가설 검증과 가설 생성에 관련되어지는 정도에 따라서, 그 과학은 인문학자들과 예술가들이 하는 활동들과 유사한 면을 가진다. 직관력이 우수한 과학자가 추상적인 산을 올라갈 때 사용하는 비유적인 버팀목을 점검해 보면, 많은 것을 알

과학의 통념 비판

과학과 인문학의 관계

구성된 세계에 대한 관심

게 된다. 그러나 그런 과학자는 난해한 비유들을 명백하지만 깨뜨려지기 쉬운 과학적 가설로 전환하는 것을 목적으로 삼는다. 그렇지 않으면 그런 과학자는 그 비유들을, 운 좋게 검증될 수도 있는 가설들을 생성하는, 검증 불가능한 원리들로 전환하고자 한다.

예술과 인문학

또한 예술과 인문학은, 과학자들의 감각을 통한 검증가능성에 의해서도 아니고, 인간의 폭 넓은 관점들에 걸쳐 두루 진실이 될 가설들을 추구함으로써도 아니라, 예술과 인문학 분야에서 생성되는 가설 유형들 내에서만 국한되어진다. 오히려 가설들은 인간들의 상이한 관점들에 적합해야 하며, 또한 가설들은 "상상이 가능한 경험에 딱 들어맞는다"고 인식되는 것이 목적이다. 즉 가설들은 있을 법해야 하는 것이다. 인간사를 이해하는 목적은 인간의 가능성 여부를 감지하는 것이다. 그러므로 역사에 대한 해석에 결론이라는 것은 없다. 그리고 역사가들에 의해서 뿐만 아니라 소설가들, 시인들, 극작가들, 심지어는 철학자들에 의해 이루어지는 해석에서도 마찬가지이다.

브루너의 입장과
새로운
인문사회과학의
방향

이상의 Bruner(1986; 1990; 1996)의 논의는 우리가 주목하는 새로운 인문사회과학의 방향에 중요한 시사를 던져주고 있다. 통념적으로 생각해 온 과학과 인문학의 관계가 이질적이거나 상반되기 보다는 가능한 세계를 창안하는 데에 필요한 가설들을 만들어낸다는 점에서 가치가 있다는 점이다. 이러한 관계는 가설 생성의 공통점을 추구한다는 점이며, 기존의 형식적인 인문학과 사회과학, 자연과학의 관계에서도 재조명해 볼 수 있는 중요한 의미를 던져주고 있다고 평가된다. 가능한 세계(possible world)에 대한 관심의 부활과 인간 심리에 대한 해석적 경향들이 새로운 인문사회과학의 방향으로서 재구성되어야 한다는 점을 주목할 필요가 있다.

■ 참고문헌

강현석(1998). 지식구조론 이후 Bruner의 교육과정이론 탐구, 교육과정연구, 16(2), 105-128.

강현석(2004). 지식구조론의 재구성을 통한 교육과정 설계 원리의 구성, 교육과정연구, 22(2), 55-85.

강현석(2007). 교육학에서의 내러티브 가치와 교육적 상상력의 교육, 국어국문학, 146, 305-351.

강현석(2008). Bruner의 내러티브 논의에 기초한 교육문화학의 장르에 관한 학제적 연구, 교육철학, 제 36집, 1-40.

강현석·유동희·이자현·이대일(2005). 내러티브 활용을 통한 교과교육론 구성 방향의 탐색, 한국교원교육연구, 22(3), 215-241.

강현석·유제순 외 공역(2011). 인간 과학의 혁명: 마음, 문화, 그리고 교육. 서울: 아커데미프레스

강현석·이자현 역(2005). 브루너 교육의 문화, 서울: 교육과학사.

구자숙(1998). 문화심리학에 대한 사회심리학적 접근. **한국사회과학.** 20(1), 133-165.

김정운·한성열(1998). 문화심리학 어떻게 할 것인가. 한국심리학회지: 일반. 17(1), 97-114.

김형숙(2001). 목회자 아내의 정체성 연구: 이야기심리학적 관점으로. 연세대학교 연합신학 대학원 석사학위논문.

박민정(2006). 내러티브란 무엇인가?: 이야기만들기, 의미구성, 커뮤니케이션의 해석학적 순환, 아시아교육연구, 7(4), 27-47.

우찬제·이소연·박상익·공성수 공역(2010). 서사학 강의. 서울: 문학과 지성사.

임병권 역(2001). 서사의 본질. 서울: 예림 기획.

정석환(1999). 이야기 심리학의 심리전기적 인간탐구방법론 연구. 신학논단, 제 26호. 7.

정석환(2013). 이야기 심리학 블로그

정향진(2007). **문화와 교육: 인류학적 관점.** 한국교육인류학회 99회 월례발표회.

조용환(2001). 문화와 교육의 갈들-상생 관계. **교육인류학연구,** 4(2). 1-27.

최상규 역(1999). 서사학이란 무엇인가. 서울: 예림기획.

최상진·김기범(2011). 문화심리학. 서울: 지식산업사.

최상진·한규석(1998). 심리학에서의 객관성, 보편성 및 사회성의 오류: 문화심리학의 도전. **한국심리학회지: 일반.** 17(1), 73-96.

최상진·한규석(2000). 문화심리학적 연구방법론. **한국심리학회지: 사회 및 성격.** 14(20, 123-144.

허기한(2008). 이야기 심리학적 질적 연구방법론에 대한 연구. 신학논단, 54집, 439-477.

Bruner, J. S. (1983). *In Search of Mind.* New York : Harper & Row Publishers.

Bruner, J. S., "Narrative and Paradigmatic Models of Thought", in Einer(ed.), Learning and Teaching the Ways of Knowing. NSSE., Chicago: Univ. of Chicago Press, 1985

Bruner, J. S., Actual Minds, Possible Worlds. Cambridge, Mass.: Harvard Univ. Press, 1986

Bruner, J. S.(1990a). Culture and Human Development : A New Look. *Human Development*, 33.

Bruner, J. S.(1990b). Acts of meaning. Cambridge. MA: Harvard University Press.

Bruner, J. S., The culture of education. Cambridge, Mass.: Harvard Univ. Press, 1996

Bruner, J. S., Making Stories: Law, Literature, Life. New York: Farrar, Straus and Giroux, 2002.

Cole, M.(1996). Cultural Psychology: A once and future discipline. Cambridge: Harvard University Press.

Doll, W. E. Jr.(1993). A Post-Modern Perspective on Curriculum. New York : Teachers College Press.

Harre, R.(1999). The rediscovery of the human mind: The discursive approach. Asian Journal of Social Psychology. 2(1), 43-62.

Jahoda, G.(1992). Foreword. In J. W. Berry, Y. H. Poortinga, M. H.Segall, & P. R. Dasen, Crosscultural psychology: Research and applications(pp. x-xii). Cambridge: Cambridge University Press.

Shweder, R. A., Thinking Through Cultures : Expeditions in Cultural Psychology. Cambridge, Mass.: Harvard Univ. Press, 1991, 김의철(外)(譯), 「문화와 사고」, 교육과학사, 1997.

V. 신 인문사회과학의 가능성과 체계
연구방법론적 측면

이 장에서는 새로운 인문사회과학의 가능성과 그 체계를 살펴보기로 한다. 내러티브 인식론에 의하여 인간과학을 재구성한 Ⅳ장의 논의를 바탕으로 하여 본 장에서는 새로운 분야의 가능성을 탐색해 보고자 한다. 이를 위하여 새로운 인문사회과학의 이론적 가능성, 내러티브적 앎에 의한 인간과학을 재해석하는 문제, 새로운 인문사회과학이 여러 분야에서 어떻게 관련되고 적용될 수 있는지를 살펴보기로 한다.

1. 이론적 가능성과 내용

가. 이론적 가능성의 구도

앞 장에서 논의한 신 인문사회과학의 이론적 가능성의 기본 구도를 가늠하기 위해서는 최우선적으로 두 가지 문제, 즉 인간의 문제와 내러티브 문제에 주목할 필요가 있다. 첫째, 인간의 문제에서는 인간 존재의 문제와 인간 경험의 문제에 초점을 두고 논의하며, 둘째, 내러티브 문제에서는 내러티브에 대한 기존 관점이나 가정을 살펴보도록 한다. 이하에서는 특히 이 문제와 관련하여 심층적으로 논의를 전개한 Polkinghorne(1983: 1988)의 입장을 중심으로 살펴보기로 한다. 이하에서는 인간의 존재는 객관적인 시간과 공간의 단계 안에 있을 뿐만 아니라 그것 밖에 있다는 말에 기초하였다. 해석학적으로 표현되는 인간 존재의 영역을 형식과학의 틀에 맞추기 위해서 분해하는 것은 인문학이 알고자 탐구하는 주제를 오해하는 것이고 왜곡시키는 것이다. 인간 존재는 언어적 환경 안에서 일어나며, 그것에 의해 형성된다. 이때 내러티브는 사람들이 그들의 삶의 의미 영역을 구성하고 그것을 의미 있는 것으로 이해하는 데 일차적인 형식이 되는 것이다.

(1) 인간 존재의 영역

II장과 III장에서도 언급하였듯이 인간 존재는 상이하게 조직된 실재의 영역들-물질적 영역, 유기적 영역, 그리고 정신적 영역-의 계층화된 체계로 이루어진다. 내러티브적 의미(narrative meaning)는 정신적 영역에서 이루어지는 과정의 하나이고, 의식의 요소들을 유의미한 에피소드로 조직하도록 기능한다. 이와 같이 상이한 종류의 실재가 있다는 생각은 단지 하나의 기본적인 실재, 즉 물질적인 실재가 존재한다고 보는 일반적인 상식과는 반대되는 것이며, 상이한 실재에 대한 생각은 체제이론에서 개발된 창발성(emergence)의 개념에 의해서 설명된다.[1] 그러므로 인간존재를 이해하기 위해서는 실재의 창발성 혹은 발현 이론에 대하여 알아야 하며, 실재와 관련하여 정신적 영역이 가장 잘 발전된 것이 어떻게 작용하는지를 알아야 한다. 인간 존재를 제대로 이해하기 위해서는 첫째로 창발성과 둘째로 의미의 영역을 살펴보아야 한다 (Polkinghorne, 1988: 1-6).

(가) 창발성 혹은 발현(Emergence)[2]

인간진화의 단계에 있어서 전적으로 새로운 실재의 수준이 출현한다. 이러한 새로운 수준의 규칙성은 자발적인 것으로, 즉 그것들은 덜 복잡한 영역의 현상을 설명하는 이론들과 법칙들에 근거하여 설명하지는 못한다.[3] 이러한 아이디어를 증명하기 위해 종종 이용되는 예시는 수소 원자와 산소 원자를 설명하는 데 이용되는 이론과 법칙들은 따로 분리해서 생각하면 그들의 결합(물)의 특징을 예측하거나 설명할 수 없

---

1 Peter Checkland, Systems Thinking, Systems Practice (New York: John Wiley & Sons, 1981), 74-82.
2 복잡계를 설명하는 이론 중의 하나로서 구성요소에는 없는 특성이나 행동이 자기조직화를 통해 상위계층(전체구조)에서 새로운 성질이 돌연히 출현하는 현상, 즉 창발적 출현
3 F. Jacob, The Logic of Living Systems (London: Allen Lane, 1974).

다는 것이다. 통합된 부분들은 그들이 독립적으로 작용할 때 보다 훨씬 상이하게 작용하고 이러한 차이는 그들의 특수한 조직, 구조, 그리고 구성의 특징들이 나타나는데 특수한 영향이 있다고 생각한다.

창발적 진화의 입장

이런 복잡성의 수준들이 자체의 새로운 조직적인 패턴으로 발생할 때, 세계(우주)에서 새롭고 혁신적인 능력들이 나타난다. 이전 수준들의 특징으로부터 이런 새로운 구조들을 예측하는 것은 불확실한 것처럼 보인다. 창발적 진화의 입장은 새로운 구조와 특성의 발전이 지속적인 과정이라는 점을 견지하며, 앞서 존재하였던 수준들의 조직 구조들이 부가적인 새로운 특징들을 만들어 내기 위한 보다 고차원의 조직으로 재결합된다는 점을 견지한다. 출현한 각 수준은 새로운 체제 내에 층들로 배열된 앞선 수준들을 자체 내부에 포함한다. 그것을 구성하고 있는 부분(요소)들에 잇달아서 이러한 새로운 수준이 일어나는 것은 그러한 부분들 자체 내에서 생길수도 있고, 그 다음으로 새로운 질서에 편입하기에 앞서서 그것들 속에 존재하지 않는 새로운 특성들에서 번갈아가며 생길수도 있다. 그래서 인간 영역에서 정신의 하위 조직은 유기적 하위조직에 영향을 받을 뿐만 아니라 영향을 주기도 한다.

비록 그러한 출현의 과정이 누가적이지만, 그것은 이전에 존재하였던 것보다 매우 상이한 새로운 조직에 의해서 유발되는 특성에 대한 구조적인 복잡성의 어떤 역치점에 도달한다. 인간 존재의 조직에 있어서 가장 두드러진 역치점은 물질(matter)에서 생물(life)로의 변이와 생물(life)에서 의식(consciousness)으로의 변이에서 나타난다. 생물체에서 일반적으로 반성적인 의식과 언어로 출현하는 인류의 창발은 내가 "의미의 질서(the order of meaning)"라고 부르게 될 실재의 유일한 수준을 야기하는 변화의 시초이다.

실재의 기본적 구조

인간 존재는 물질적, 유기적, 그리고 의미의 영역에 다양한 정도로 붙박여 있기 때문에, 그것은 그 자체 내에서 물질, 생물체, 그리고 의식이라는 실재의 세 가지 기본적 구조를 인간 안에 포함하고 있다. 비록 각 구조가 자신의 독특한 조직 구조 패턴에 따라서 작용하더라도, 상위 수준의 작용들과 보다 최근에 발전된 수준(예를 들어, 숙고적이고 반성적인 언어 사용을 포함하는 것)은 그 특유의 하위 수준의 조직에 의해 영향을 받는다. 비록 그것이 특유의 특성을 가지고 있더라도, 의미의 질서에 대한 발현은 유기체 복잡성의 발달, 삼위일체 뇌의 복합적 조직, 그리고 매우 분화된 (대뇌의) 신피질의 덩어리 조직에 좌우된다. 세 개의 대뇌 수준의 발달과 관련하여 반성적 의

식의 출현에 관해 글을 쓴 Jason Brown은 다음과 같이 진술하였다:

> 이러한 수준들은 결코 "분리된 뇌"가 아니라 오히려 인지를 연속적으로 보다 분화된 상태로 변형하도록 도움을 주면서, 하나씩 순차적으로 발달하는 폭넓게 분산된 시스템이다. 더욱이, 그러한 수준들은 다소 임의성을 띠고, 각 수준은 헤아릴 수 없지만 아마도 몇 개의 하위 조직으로 구성된다. 처음 수준에서 다음 수준으로 이루어지는 변형은 분명하지 않다. 왜냐하면 그 수준들 자체가 비연속적인 성취로서 발전하는 것인지 아니면 진화적인 변화의 연속체로 발전하는 것인지 알려져 있지 않기 때문이다.[4]

인간 존재 수준의 계층화

실재에 대한 물질적, 유기적, 그리고 의미의 구조들은 패턴화된 분류체계들과 관련된 인간 존재와 서로 연관되어 있다. 인간 영역에서 만들어 내는 것은 모두 이러한 부분들의 상호작용이지, 단지 인간 유기체에 새롭게 포함되는 의식이나 다른 특수한 부분들이 아니다. 하위 수준의 존재는 상위 수준의 존재를 위한 충분조건이 아니라 필요조건인 것이다: 그 수준들 사이의 관계는 하위 수준의 보조적인 것에서 상위 수준으로 단순한 패턴에 의해서 특징지어지는 것이 아니다. 그러한 계층 사이에는 수직적인 결합이 존재한다. 즉 상위수준이 하위수준에 맞게 조절하는 것처럼 하위 수준도 상위수준에 맞게 조절한다. 더욱이 다양한 수준에서 개발된 패턴들은 보다 높은 수준과 낮은 수준으로 전이해 갈 수도 있다. 예를 들어서, 원래 고차적 수준의 반성적 작용에 의해서 만들어지는 사고와 행동은 그 사람의 보다 낮은 층으로 침전되었다고 볼 수 있는 습관과 짝을 이룬다; 그리고 유전적으로 주어진 성향은 언어 이해와 의미 있는 해석의 구조라는 보다 높은 위계로 발전된다.

인간 고유의 능력

이러한 계층화는 개인들 내부의 정신 구조에만 국한되지는 않는다. 그것은 개인들이 연합하고 있는 사회 집단에서 문화적 규칙과 언어 조직의 질서로도 확장된다. 의식과 언어에 대해 지니는 인간 고유의 능력은 우리가 존재하는 환경의 특별한 층, 즉 문화와 의미를 만들어 왔다. 이 층은 상호적인 방식으로 각 개인들을 연결시켜주는 전통과 관습을 가지고 있다; 전통과 관습은 인간 상호작용과 집단의 프로젝트 달성을 촉진시켜주면서 사고와 사회적 행동들에 대한 자신들의 범주를 알리는 공통의 상징적 환경을 개인들에게 제공한다.

---

4 Jason Brown, Mind, Brain, and Consciousness: The Neuropsychology of Cognition (New York: Academic Press, 1977), 10-24.

마음의 영역에 대한 프로젝트들 중에 하나는 전인적 자아에 대한 지식이다. 그러한 마음의 영역은 자아의 유기적이고 물질적인 측면뿐만 아니라 정신적 측면으로도 주의를 돌리게 한다. 자(아)기 연구의 활동은 자기반성이라는 일상적이고 비형식적인 방식으로 수행될 수도 있고, 과학적인 방법에 따라 조직적이고 형식적인 방식으로 수행될 수도 있다. 예컨대, 인문 과학에 의해서 만들어지는 지식은 인간 자신의 특성을 이해하기 위해서 그 자체를 분화시킨 인간 영역의 한 부분을 체계적으로 진술한 것이다. 그러나 다양한 영역들은 조직의 특유한 체제에 의해서 특징지어지기 때문에, 인간 존재의 층에 대한 넓은 범위를 모두 망라할 수 있는 단일한 지식체는 존재하지 않는다.

인간 존재의
층에 대한 범위

(나) 의미의 영역

인간은 물질의 영역, 생물의 영역, 의미의 영역이 융합된 일종의 통합적인 존재이다. 비록 이러한 영역들이 인간 존재에서 결합되기 때문에 특별한 경향을 띠더라도, 각 영역들은 각자 자신의 고유한 속성을 간직한다. 인간 존재의 문제는 인간이 아닌 문제의 속성을 공유한다. 창문 밖으로 추락한 사람은 어떤 다른 물체가 창밖으로 던져진 만큼의 동일한 비율의 가속도를 낼 것이다. 인간 존재 내에서 그러한 유기적 조직은 그들이 단지 다른 삶의 형태로 살아가는 것처럼 작용하게 된다. 그러나 비록 의미의 영역이 물질적 영역과 유기적 영역 간의 상호작용으로 항상 결합되지만, 의미의 영역은 단지 특별한 종합, 즉 인간 존재 내에서만 존재하게 된다.

인간 존재와
의미의 영역

왜냐하면 내러티브는 의미영역의 작용들 가운데 하나이기 때문에, 이러한 영역에 대하여 구체적으로 알아보는 것은 내러티브를 이해하는 데 도움이 될 것이다. 첫째, 의미의 영역은 사물이나 실체(substance)가 아니라 활동이다. 예를 들어서, 집을 짓는 활동은 그 활동이 산출하는 집의 구조와는 다르고, 극본을 쓰는 활동은 산출되는 극본의 원고와는 다르다. 집짓기와 글을 쓰는 것은 수행(performance)이지 실체가 아니다; 집짓기나 글쓰기 활동들이 만들어 내는 인공물은 실체이다. 활동으로서 의미 영역은 명사의 형태라기보다 동사의 형태로 기술된다. 활동의 일차적 차원은 시간이다. 그리고 행위의 부분들이 일어나는 계열은 활동의 종류가 어떠한 것인지를 정의하는 데 결정적인 것이 될 수 있다. 의미 영역에 대한 철학적인 혼란의 상당 부분은 실체로서 그것을 규정하려는 시도들과 관련되어 있다.

활동으로서
의미의 영역

둘째, 의미의 영역 활동이 만들어 낸 산출물은 요소들의 명칭이자 요소들 간의 관계나 연결이다. 관련성을 확립하거나 인지하기 위해서 의미의 영역이 작용하는 요소들은 의식의 내용들이다. 의식의 내용들이 만들어 내는 생산은 유기적 영역의 일이다. 인간 존재는 유기적 영역을 포함하고, 이러한 영역의 다른 참여자들(예컨대, 개와 고양이)과 세상에 대한 지각적인 개방성을 공유한다. 우리의 감각 장치와 뇌 구조는 대상과 활동의 초보적인 경험을 제시한다. 의미 영역의 행위들은 이 지각(perception)에 다음의 것들을 포함하는 이러한 초보적인 지각들 간에 관련성과 연결에 대한 추가적인 존재를 추가한다: (a)하나의 지각은 다른 것과 동일하거나 동일하지 않다. (b)하나의 지각은 다른 것과 유사하거나 유사하지 않다. (c)하나의 지각은 다른 것의 사례이다. (d)하나의 지각은 다른 것을 나타낸다. (e)하나의 지각은 다른 것의 일부이다. (f)하나의 지각은 다른 것의 원인이다.[5] 의미가 지속적으로 만들어지는 과정에서, 이러한 다양한 종류의 관계는 어떤 것들 간의 연결을 구성하기 위해 결합된다.

"그것이 의미하는 바가 무엇인가?"라는 질문은 어떤 것이 그 밖의 것과 어떻게 관련되거나 연결되어 있는가라는 물음이다. 단어의 의미가 무엇인가를 묻는 물음은 그것이 나타내는 바가 무엇인가를 묻는 물음이다. 사건의 의미나 의의에 대해 묻는 것은 그것이 에피소드의 결론에 어떻게 기여를 하는가를 묻는 것이다. 그 사건들이 의미하는 것 사이의 관계나 관련성이 있다. 의미들은 다른 사람들과 연결된 것으로 단지 어떤 특정 경험을 기록하는 개인에 의해서 만들어지지 않는다. 문화는 언어의 체계를 유지시키고, 표시하는 소리와 그것들이 표시하는 사물이나 관념들 사이의 관계에 대한 지식을 다음 세대들에게 전달한다. 문화는 또한 그들의 미신, 신화, 역사, 이야기 속에서 전형적인 내러티브적 의미의 집합들을 유지한다. 문화의 한 일원으로 참여하기 위해서는 축적된 의미들의 광범위한 영역에 대한 일반적 지식이 필요하다. 의

---

5 이 목록은 의미라는 영역의 활동들의 관계를 종류별로 완전히 다 설명하기 위해 만들어진 것이 아니다. 지식이 경험의 요소(구체적인 감각 데이터, 지각, 감정)와 구조적 또는 관계적 요소로 구성되어 있다는 개념은 칸트로부터 기인하며 이것은 인지과학에서 자주 사용된다. 칸트가 주장하는 판단의 범주와 관계의 종류들은 아리스토텔레스의 논리에서 나타나는 그것을 그대로 따르고 있다. 칸트는 또한 관계에 대한 그의 생각이 선험적인 것이라고 주장했다. 나는 이러한 관계들에 대한 민감성이 결국 "구조화 된" 것이라고 주장하는 것은 아니다. 그것들은 언어의 구조를 통해 전해 내려온 문화유산의 일부일지도 모른다. 아주 기초적인 지각의 경험으로부터 관계들을 기록함으로써 의미를 생성해내는 과정은 전체적인 지각에 인지를 부여하는 전통적인 지각과정과 다르다. 게스탈트 심리학자인 Max Wertheimer, Wolfgang Kohler, and Kurt Koffka의 실험은 지각 전체(게스탈트)가 의식에 곧바로 알려줌을 증명해준다.

미의 문화적 축적은 고정되어 있는 것이 아니고 구성원들로부터 새로운 기여를 통해서 추가되고 사용의 결여로 인해 삭제된다.

요컨대, 내러티브적 의미는 마음의 정신적 영역을 통해서 만들어진 의미의 한 유형이다. 그것은 주로 인간에게 영향을 끼치는 인간 행위와 사건 모두를 통합시켜서 작용하고, 생명이 없는 사물들 사이의 관련성에서는 작용하지 않는다. 내러티브는 특별한 성과에 대하여 행위와 사건들이 만들어 내는 기여에 주목함으로써 그 의미를 창안해내고 그래서 이러한 부분들을 전체적인 에피소드 속으로 잘 배열하여 의미를 형성하게 한다.

내러티브적 의미

(다) 의미의 영역 연구에 대하여 직면한 5가지 문제

내러티브적 의미에 대한 연구의 목적은 그 특별한 종류의 의미를 만들어 내는 작용을 분명히 하고자 하는 것이고, 인간 존재를 이해하기 위해서 이러한 의미가 함축하고 있는 것을 도출해 내는 것이다. 연구자들은 전형적으로 인간 의식의 측면에 대한 탐구에서 5가지 문제 영역에 직면하게 된다.

(1) 앞에서 언급했듯이, 의미의 영역은 자연적인 사물이나 대상이 존재하는 것보다 상이한 형식으로 존재한다. 의미의 영역은 하나의 활동이지, 사물이 아니다. 그것은 인간 외적인 도구를 통해서 포착되지도 않고 붙잡을 수도 없으며 측정되지도 않는다. Robert Romanyshyn은 실재의 종류는 거울에서 반사된 것과 같은 것으로, 즉 그것은 우리의 의식에 잠깐 동안 스쳐 지나가는 흔적이나 조짐과 같은 것으로 오며, 마치 도깨비불 같이 나타나는 것이라고 제시하고 있다. 의미는 의식에 대한 초보적인 지각이 변하면서 지속적으로 재구성되고 있는 것이다. 우리에게 의미를 만드는 활동은 고정된 것이 아니며, 그래서 쉽게 파악되지도 않는다.

존재 형식의 상이성

(2) 우리 각자는 의미의 한 영역, 즉 우리 자신에게만 직접적으로 접근할 수 있다. 그것은 직접적인 공개적 관찰이 불가능하기 때문에, 의미의 범위는 우리 마음의 영역에서 자기 반성적인 재생이나 자기 성찰을 통해서 접근되어야 한다. 그러나 의미를 만들어내고 통합하는 활동은 인식의 외부에서 작용하는 것이며, 자기반성을 통해서 가능한 것은 단지 의미 만들기 과정의 성과이지 과정 그 자체는 아니다. 그 이상의 문제는 일상의 생활에서 우리는 보통 세상사를 바쁘게 살아가고 있으며, 의미는 단순히 우리의 행위나 말로 스스로 표현하고 있다는 점이다; 의미가 존재하는지 알아보기

접근가능성

위해서 우리는 의식적으로 의미의 영역 자체에 대한 의식의 초점을 바꿀 필요가 있다. 그러나 우리가 자기 반성적으로 의미의 영역에 초점을 맞출 때, 우리에게 이용 가능한 의미는 억압과 같은 다른 마음의 작용에 의해서 제한받을 가능성이 있다.

언어적 표현의 문제

(3) 의미 영역에 대하여 연구하기 위해서는 언어적인 데이터들을 사용할 필요가 있다. 의미 영역에 직접적으로 근접한 문제들은 그것의 언어적 표현에 대한 연구를 통해 부분적으로 극복될 수 있다. 의미의 영역의 일상적인 사용에서 언어는 사람들 사이의 의미를 전달할 수 있기 때문에, 의미에 대한 다른 사람들의 영역에 관한 정보는 그들의 경험에 관해서 주어진 메시지를 통해서 수집될 수 있다. 언어의 구조 역시 의미의 영역에 대한 구조의 표시로 연구될 수 있다.[6] 예컨대, 언어와 의미의 영역 둘 다는 위계구조와 중층구조를 가지고, 보다 복잡한 의미를 만들어 내는 것에서 단어와 개념과 같은 그들 자신의 창안물들을 이용할 수 있다. 그러나 연구자들에게는 의식에 관한 연구에서 데이터를 정량화하는 것보다 일차적으로 언어적 자료를 가지고 연구해야 할 필요성이 분석의 문제들을 제시하게 된다. 왜냐하면 언어적인 진술은 문맥에 민감하며, 독립적으로 다루어질 때 그들 정보 내용의 다수를 잃어버리기 때문이다.

해석학적 이해

(4) 언어적 데이터의 분석은 해석학적인 추론을 이용한다. 해석학적인 이해는 언어적 메시지의 의미 내용에 관한 결론을 이끌어내기 위해서 유추와 인지 패턴과 같은 과정들을 활용한다. 해석학적인 추론은 일상적인 경험에서 말이나 담화의 음파 혹은 종이에 쓰인 표시가 나타내는 바를 이해하기 위해서 이용된다. 해석학적인 추론은 확실하고 필요한 결론을 만들어 내지는 못하고, 정량화된 데이터를 취급하기 위하여 행동과학과 사회과학에서 이용 가능한 정교한 통계적 도구들은 단지 언어적 데이터를 취급하는 데 보조적으로 사용된다. 의식의 형세나 윤곽은 수학적인 구조 대신에 언어적인 구조와 보다 밀접하게 조화를 이루고 있기 때문에, 의식에 대한 연구 방법은 과학적으로 정확한 것이라고 말하기에 난점이 존재한다. 더욱이 연구방법은 인간 연구의 학문에 의해서 사용된 일상적 연구 형태의 전통 내에 있는 것도 아니다.

의미의 통합성

(5) 의미의 영역은 지각, 기억, 상상과 같은 다양한 표상 양식으로 나타나는 이미지와 아이디어들 사이를 연결하는 통합된 앙상블이다. 그것은 추상, 의식, 통제의 다양한 수준들을 구성하는 층들 간의 상호작용을 하면서 복잡하게 작용한다. 그러한 복잡한 조직의 패턴은 응축과 치환을 통해서 조직 요소들 간에 서로 접어 넣고 요소들을

---

6 Ray Jackendorf, Semantics and Cognition (Cambridge, Mass.: MIT Press, 1983)를 참조하시오.

서로 연결하는데, 이러한 성격으로 인해 의미의 영역을 탐구하는 데 많은 어려움이 존재한다.

이러한 문제 분야들은 의미 영역의 작용을 이해하기 위하여 어떤 시도에 직면하게 된다. 이러한 연유로, 비록 의미가 인간의 주요한 특징이지만, 그것은 인간을 연구하는 학문에 의해서 광범위하게 연구되어온 것은 아니다.

(2) 인간 경험에 대한 가정

이하에서는 Polkinghorne이 주장하는 인간 경험에 대한 전제 내지 가정을 살펴보기로 한다(Polkinghorne, 1988: 15-17).

(가) 세 가지 기본적인 가정

나는 내러티브를 주로 인지적인 도식으로서 접근할 것이지만, 단지 그것이 조직되어 작용하는 것을 묘사하는 것 이상에 관심이 있다. 오히려, 나는 인간이 경험하는 것에 대해 내러티브 도식이 공헌하는 바가 무엇인지 묻는 것으로까지 연구를 확대해 나간다. 이해의 기본적 구조들 중 하나로서의 내러티브는 특정한 방식으로 존재의 특성을 형성한다. (1장에서 설명한) 인간의 경험에 대해 정당하다고 추측할 세 가지 기본적인 가정이 있다; 나는 인간 존재에 대한 내러티브 의미의 기능에 대해 제안할 판단을 지지하기 위해 그것을 사용할 것이다.

(1) 인간의 경험은 비물질적인(정신적인) 의미와 사고의 개인적, 문화적 영역 속에 있다. 이 영역은 우리의 몸이라는 유기체와 연결되어 있고 그것으로부터 나타나지만, 그것은 몸 자체의 특성과는 질적으로 다른 특징을 가진다.[7] 의미의 영역은 고정되어 있지 않다: 그것은 자신에 대한 반성과 회상을 통해 수행되는 재형성 과정에 의해서 뿐만아니라, 계속적으로 형성되는 새로운 경험에 의해 확장된다. 이 영역은 개인적 존재 내에서만 묶여 있는 것이 아니다: 그것은 우리의 개인적 사고와 경험을 다른 사

인간 경험의
존재 방식

---

7 정신과 신체 사이의 관계에 관한 최근의 저서인 Paul M. Churchland의 Matter and Consciousness: A Contemporary Introduction to the Philosophy of Mind(Cambridge, Mass.: MIT Press, 1984)를 참고하라. 나는 데카르트 이후로 기계 속의 망령과 같은 서양 철학에 사로잡혀 온 이원론(두 가지 실재)을 지지하는 것도 아니고, 유물론으로 정신의 축소를 지지하는 것도 아니다. 나는 "발현된 특성"의 관점을 지지한다.

람과 의사소통하는 개인으로서의 우리 자신과, 다음으로 그들의 표현에 대한 청자와 관중으로서 참여하는 우리를 초월한다. 때때로 우리는 신체적으로 환경의 힘에 통제되지 못한 행동을 할 때(예를 들어, 의자에서 넘어질 때) 혹은 습관적인 반응을 할 때(잘 지내냐는 물음에, "좋아요"라고 대답할 때)에도 우리는 어떻게 행동할 것인지에 대해 숙고하고 결정하는 능력을 가지고 있다. 이 숙고의 과정은 의미와 사고의 영역에서 일어난다. 그것은 이전의 경험을 부활시키고 상상하여 가능성 있는 행동의 결과를 예상하는 대안적인 시나리오를 만든다. 따라서 인간의 반응은 경험에서부터 나아가는 것이지 단순하게 환경과의 중재되지 않은 반응이 아니다.

인간 경험의 구성　　(2) 인간의 경험은 개인이 조직하는 인지 도식과 개인의 감각 기제에 대한 환경의 영향 사이의 상호작용에 의해 만들어지는 것이다. 경험은 회상과 인식, 예상을 해석학적으로 연결하는 의미의 영역에 의해 만들어지는 통합된 산출물이다. 인지적 도식의 조직들은 다층적이고 언어적, 자연적 환경과의 상호작용을 통해서 수정될 수 있다. 어떤 특정한 인식을 가지기에 앞서, 이런 도식들은 개인이 부딪치는 내재적이거나 외부적인 환경을 조직하고 해석하는 데 활발하게 사용된다.[8] 대개, 그것들은 의식적인 인식 밖에서 작용하는 것으로서, 이미 구성된 의미 있는 경험들을 인식에 제공한다. 내러티브는 인지적 도식들 중 하나이다; 그것은 때때로 욕구와 목표의 성취에 대한 영향에 따라 인간의 행동들이 함께 연결되는 세계에 대한 인식을 나타낸다.[9]

인간 경험의 조직　　(3) 인간의 경험은 우리가 물질적인 영역에서 구성하는 것과 같은 모형에 따라 조직되지 않는다. 나는 인간 경험의 주요 조직 원리는 형식 논리의 증거를 구성하는 원리보다는 시적 의미를 구성하는 원리와 더 유사하다고 생각한다. 비슷하지만 정확하게 똑같지는 않은 경험들을 서로 연결하는 은유적인 과정을 사용하여 경험은 관련성을 만들고 경험 자체를 확대하는 동시에, 더 큰 전체와 관련하여 각 항목들이 차지하는 위치에 따라 그것들을 평가한다. 의미의 영역은 새로운 조직 형식들이 나타날 수

8　Kenneth J. Gergen의 "The Social Constructionist Movement in Modern Psychology," *American Psychologist* 40(1985): 266-275를 참조하라.

9　Paul Ricoeur의 *Time and Narrative* 1, trans. Kathleen McLaughlin과 David Pellauer(Chicago: University of Chicago Press, 1984), 53. Ricoeur는 내러티브가 인간의 행동에 대한 형상을 내러티브 형식으로 미리 나타낸다고 이해한다. 반대 입장에서는 내러티브는 반성적인 경험이다. 이 점에 대해서는 또한 Sarbin, 111에 있는 Johh A. Robinson과 Linda Hawpe의 'Narrative Thinking as a Heuristic Process'를 참조하라. 또한 내러티브와 경험의 관계에 관한 우수한 연구인 David Carr의 *Time, Narrative, and History*(Bloomington: Indiana University Press, 1986)를 참조하라.

있고 새로운 의미 체계들이 개발될 수 있는 개방된 시스템이다. 이런 설명은 구조주의적 문법학자들이 제안한 것과는 다르다. 그들의 주장에 의하면, 의미의 영역은 선험적이고 불변하는 형식에 따라 조직되는 것으로서, 이러한 형식들은 의미 영역의 기초가 되고 그 영역 안에서의 모든 가능한 의미의 결합을 만든다. 그런 관점은 또한 의미의 영역을 이원적 논리에 의해 조작되는 복잡한 컴퓨터에 의해 만들어지는 것처럼 설명하는 인지 과학자들에 의해 반대된다. 의미의 영역은 유연성이 매우 많아서, 그 과정은 자신이 부과한 한계 안에서 수행되도록 훈련될 수 있다. 예를 들어, 의미의 영역이 형식 논리학이나 수학의 규칙들을 따라야 한다는 결론을 내릴 수도 있다. 그러나 나는 이러한 형식적 과정은 의미 영역의 연결시키는 활동의 부차적이고 축소된 형태라고 생각한다. 내러티브가 경험을 의미 있게 만들고자 할 때, 내러티브는 원래 과정의 은유적이고 다의적인 측면에 의존한다.

(나) 내러티브 도식(Polkinghorne, 1988)

인지 심리학자인 Jerome Bruner는 내러티브 이해가 그 자체로 그가 "패러다임적" 유형이라고 부르는 논리-과학적 유형과 함께, 두 가지 기본적인 지능이나 인지적 기능의 유형 중 하나라고 주장한다. Bruner는 다음과 같이 주장한다.

> 경험을 배열하고, 실재를 구성하는 각기 다른 방식을 제공하는 두 가지 인지적인 기능 유형, 두 가지 사고의 유형이 있다. 두 가지(서로 보완적이지만)는 서로 약분할 수 없다....더욱이, 지식의 각 방식은 그 자체의 작동 원리와 범주를 가진다. 그들은 입증하는 방법에서 근본적으로 다르다.[10]

Bruner는 내러티브 절차가 어떻게 작동하는 지에 대해서 거의 모르며, 이것은 형식적 과학과 논리적 증명 활동에서 패러다임적 절차가 어떻게 사용되는지에 대해 우리가 자각하고 있는 광범위한 지식과 대조하여 빈약한 지식이라고 언급한다(Polkinghorne, 1988: 17-18). 두 과정은 다르게 기능하고, 각 유형은 사건들을 연결하기 위해 증명하는 다른 방법을 사용한다. 패러다임적 유형은 보편적인 진리를 추구하

---

10 Jerome Bruner, *Actual Minds, Possible Worlds*,(Cambridge, Mass.: Harvard University Press, 1986), 11.

는 반면에, 내러티브 유형은 사건들 사이의 특정한 연결을 찾는다. 담화 속에서 문장들의 연결과 관련되는 이런 유형의 관계들은 "담화로서의 내러티브" 아래의 영역에서 머무를 것이다. 내러티브의 특별한 주제는 "인간 의도의 변화"-즉, 인간 행동의 변화하는 방향과 목표이다.

내러티브 도식의 성격

　　내러티브의 조직적 도식은 인간의 행동을 이해하기 위해 특별한 중요성을 가진다. 사건들 속에서 의도와 방향을 나타내고 개별적인 인간의 삶을 전체로 이해할 수 있게 만드는 것이 도식이다. 우리는 자신과 다른 사람의 행동을 내러티브 틀 안에서 인식하고, 그것을 통해 계획된 행동의 노력들이 추구하는 목표를 성취할 수 있다는 것을 깨닫는다. 우리는 또한 이야기 속에서 상상의 인물(예를 들어, Snow White)을 사건(소설 속에서의 행동)에 연결하기 위해 내러티브 도식을 사용할 수 있다. 내러티브의 이해가 인간의 평범하고 일상적인 행동에 기초하고 있지만, 동물들(예; Goldilocks의 3마리 곰)과 초인(그리스의 신 제우스와 motion piciture 2001의 computer Hal과 같은)의 행동과 유사하게 계획될 수 있다.

내러티브 구조

　　내러티브 도식에 의한 관계를 기록하는 것은 일련의 사건들을 통일된 사건으로 배열하기 위한 내러티브의 힘으로부터 기인한다. 내러티브의 배열은 그들이 공헌하는 전체를 인식함으로써 개별 사건들을 이해할 수 있게 만든다. 배열 과정은 다양한 사건들을 시간적 측면에 따라 연결하여, 한 사건이 다른 사건에 미치는 영향을 구별함으로써 작동하고 인간의 삶이 시간적 형태가 되도록 이에 영향을 미치는 인간의 행동과 사건들을 통일되게 한다. 인식할 수 있는 지각적 형태를 만드는 제한된 수의 형태 조작이 있기 때문에, 통일성 있는 이야기를 만드는 제한된 수의 내러티브 구조가 있다. 내러티브로 만들어진 이야기 속에서 특정한 행동들은 에피소드들을 완성하는데 공헌하는 것으로써의 중요성을 가진다. 이런 의미에서, 내러티브는 최종의 결과가 알려진 후에 사건들의 의미를 회귀적으로 변경할 수 있다. 예를 들어, 휘발유가 떨어진 예의 의미는 그 후에 도와주기 위해 멈춘 사람이 있을 때 우정의 관점에서 이해할 수 있다. 특정한 사건들을 통일된 하나의 내러티브로 만드는 수단은 플롯이나 줄거리이다. 각 행동의 일부가 전체적인 경험에 공헌하는 것으로 보이는 것이 플롯이다. 예를 들자면, 플롯은 우정을 만드는 것이다.

　　요약하면, 내러티브는 사건들과 인간의 행동을 전체로 조직하는 의미구조이다. 그러므로 개별 행동과 사건들이 전체에 영향을 주는 것에 따라 의미가 있다.[11] 따라서 내러티브는 단순하게 사건들을 시간에 따른 장소에 따라 목록화하는 연대기와는 구별되어야 한다. 내러티브는 시간적 측면을 포함하는 행동의 기호화된 설명을 제공한다.

(다) 내러티브와 언어: 언어와 경험(Polkinghorne, 1988)

내러티브는 의미 영역의 문법 관계를 나타내는 과정들의 작용이다. 언어에 있어서 의미와 그것의 표현 사이의 상호적인 연결은 최근 서양 철학의 주요 문제이다. 이 부분에서는 의미-언어 문제와 관련하여 대안적인 관점을 검토하고, 내러티브는 언어가 의미의 순수한 반영이나 왜곡이라기보다는 표현이라는 관점에서 가장 잘 이해된다(Polkinghorne, 1988: 23-26).

인간의 삶은 단순하게 장르로 부호화된 생리적인 계획의 조직적 전개가 아니다.[12] 그것은 본질적으로 주어진 것과 환경 사이의 상호작용의 산물이다. 본성-교육의 문제는 특정한 특성과 관련하여 양쪽에 의한 공헌의 범위를 다룬다. 이 연구에서 흥미로운 질문은 내러티브 도식이 Chomsky의 문법 구조와 같이, 의식의 내적인 구조이거나 *haiku* 시와 같이 문화적 산물의 학습된 언어적 형식인가 하는 것이다. 두 번째 질문은 내러티브 형식이 인간의 실재에 대한 정확한 묘사인지 아니면 단지 우리의 존재를 반영하는 인위적인 구성인지 하는 것이다. 비록 이런 질문에 대해 명확한 답이 불가능하다고 하더라도, 우리는 언어적인 표현으로서 내러티브의 본질에 대한 분석을 통해 어떤 이해를 얻을 수 있다: 궁극적으로, 내러티브의 산물과 이해는 인간이 언어를 사용하기 위한 능력에 대한 기능(작용)이다.

언어와 내러티브 : 촘스키의 한계

전통적이고 경험적인 언어 모델은 언어를 인간의 감각 기관의 부속물로 묘사한다. 이 모델에서 세계는 파동의 유형이나 화학물질로 에너지를 방출하거나 반사한다. 상이한 감각들은 이런 에너지를 선별적으로 얻고, 뇌는 파동이나 화학물질을 감각적 이미지로 전환한다. 예를 들어, 눈은 반사된 빛의 파동의 일부를 수용하고 그 파동을 뇌의 일부로 보내는 전기적 자극으로 부호화하며 뇌에서 그 파동들은 시각적 이미지로 해독된다. 코는 공기로부터 다양한 화학물질을 수용하고, 이런 화학물질들은 뇌에

전통적 언어모델

---

11 단수로서 "내러티브"는 일반적인 내러티브 과정이나 형식을 가리키는데 사용되고, 복수로서 "내러티브"는 내용과 줄거리가 상이한 각각의 이야기들을 가리킨다.

12 최초로 인간 존재를 유전적 체계의 표현으로 이해한 관점으로, Edward O. Wilson의 Sociobiology: The New Synthesis(Cambridge, Mass.: Harvard University Press, 1975)를 참조하라.

서 후각적 이미지로 재구성된다. 데카르트가 *idees*라고 부른-이런 모든 이미지들은 세상에서 대상들의 "내적이고 영적인 속사"와 같이 이해된다. 이런 수동적인 모델은 최근에 사람이 찾고자 하는 이미지에 맞는 이미지를 만들어 낼 때까지 그 영역과 정확하게 맞는 것을 위치하게 하는데 관심을 가지게 함으로써, 조사하고 탐구하는 기능을 포함하도록 수정되었다. 인식할 수 있는 에너지 영역의 주요 부분은 끝나버리거나 의식 속으로 해독되지 않고 그래서 관심의 대상들은 선택되고 주의하게 된다.

경험적 모델에서 언어

인지된 이미지를 표현하는 언어는 인식 이후에 이런 전통적이고 경험적인 모델 속에 덧붙여진다. 언어는 기억 속에 효과적으로 저장되기 위해서 그가 인식한 것에 대해서 생각하거나 다른 사람들과 의사소통하기 위한 수단으로서 작용한다. 언어의 첫 번째 규칙은 사람의 인식 속에서 나타나는 이미지를 정확하게 묘사하는 것이다. 언어는 그 자신의 요소들을 부가해서는 안 되지만, 그것은 이미지에 대해 자세하고 제한된 의미를 제공해야 한다. 이상적으로, 각 단어는 실제적인 이미지나 마음 속의 아이디어와 관련하여 나타난다.

전통적인 언어의 개념

언어에 대한 이런 개념은 의식 속에서 이미지로의 변환을 겪는 세계가 내재적인 의미를 가지지 않고 단지 물체의 모습을 가지는 중심으로부터 반영된 에너지 유형을 가진다는 것을 전제한다. 실제적인 요소나 범주들은 없다. 우리가 이런 범주들을 나타내기 위해 일반적인 범주의 의미에서 생각하고 단어들을 사용할 때 그것은 우리가 세상의 특성을 묘사하는 것이 아니라 단지 정신적인 구성을 묘사하는 것으로 이해된다. 우리는 정신적으로 우리의 이미지를 종류별로 함께 모으고 이런 종류들을 더 고차원적인 단위로 모은다. 일반적인 아이디어들은 일차적인 인지적 아이디어로부터 구성되는 것으로 생각된다. 그리고 나서, 진실을 알기 위해 이런 사고의 라인을 따라가는 것은 일반적인 개념들이 실재 자체를 반영하는 그들의 구성요소 부분들로 분해될 것을 요구한다. 갈릴레오, 데카르트와 홉스 모두 실재에 대한 앎과 이해를 위해 필수요건으로써 이것을 "문제해결의-복합적인" 과정 -아이디어를 모으고 분해하는 것으로써의 사고-이라고 주장했다.

이런 경험적인 이해에서, 언어가 아이디어를 가지고 작업하고 그것들을 무리 짓는데 유용할 수 있다 하더라도, 사람들은 추론에서 파수꾼이 될 필요가 있고, 그것은 또한 이미지나 아이디어 자체로부터 오해되거나 관심이 사라진다. 단어들의 의미는 세계의 미지를 직접적이고 일관되게 언급하는 것과 같이 정의되어야 하고 그것을 통해 지시된 대상을 보도록 허용한다. 언어로부터 발산하는 주관성의 목적은 참된 실재로 다가가는 방법을 분명하게 하는 것이다.

언어는 실재를 속이는 힘을 가지고 있지만, 엄격하게 다듬어진 방식으로 사용된다면 그것은 실재가 정확하게 묘사되고 알려질 수 있는 명백한 매개물을 제공할 수 있을 것이다. 1920년대와 30년대 사이에 논리적 실증주의자들은 이런 명백한 언어를 개발하려고 시도했다. 그들이 의식 속에서 직접적으로 나타난 것처럼 현상이 관찰의 진술을 위한 언어를 제한함으로써 이런 연구자들은 실제의 세계 대상에 대한 정확한 묘사를 만들기를 희망한다. 논리 실증주의와 언어

1950년대 말과 1960년 초반까지, 정련된 언어는 외부적 실재를 명백하게 할 수 있다는 생각과, 관찰적인 진술문들은 분명하고, 언어 외적인 실재의 비개연적인 반영이 될 수 있다는 생각이 점차 공격을 받게 되었다. Ferdinand de Saussure의 언어 분석은 정련된 언어가 세계를 정확하게 반영할 수 있다는 개념을 약화시킨다. 그는 언어 연구 형식의 초점을 언어 체계가 의미에 공헌하는 방식에 대한 역사적 발달로부터 전환하였다.[13] 소쉬르에 의하면, 단어들 사이의 관계는 단어들이 의미하는 사물들 사이의 외재적 관계를 반영하지 않는다. 단어들은 오직 언어 체계에 내재적인 조직을 나타낸다. 언어가 그것의 아이디어를 분석하는 특정한 방식은 임의적이고, 다른 아이디어에 의해 결정되는 아이디어의 의미는 외부의 물체에 의해서라기보다는 언어 내에서 결정된다. 왜냐하면 다양한 언어 체계들은 상이한 방식으로 개념적 가능성들의 스펙트럼을 나누고, 언어의 범주적 표현은 물질 영역과는 분리되어 있어 외부의 표상으로부터 기인하지는 않는다. 소쉬르의 언어관의 문제

물질 영역을 표상하지 못하는 언어의 무능력에 관한 세 번째 이론은 Ludwig Wittgenstein의 연구에서 나타났다.[14] 그는 단어들의 의미는 사회적 구성물이고, 학습한 언어 게임의 일부이며 사회 공동체 구성원들이 서로를 이해하도록 하는 다음의 규칙들과 연결된다고 주장한다. 단어들은 세계의 묘사가 아니다. 그들은 마음속의 사적인 아이디어로부터가 아니라 사회적 실제로부터 기인한다. 따라서 그것이 그 자체로 묘사될 수 있는, 실재에 의한 중립적인 언어는 없다. 비트겐슈타인의 언어관의 문제

---

13 Ferdinand de Saussure, Course in General Linguistics, 1907-1911, ed. Charles Bally and Albert Sechehaye, , trans. Wade Baskin(New York: McGraw-Hill, 1966).
14 Ludwig Wittgenstein, Philosophical Investigations, 3rd. ed. trans. G.E.M. Anscombe(New York: Macmillan, 1968).

형식적 과학에서 이상적인 언어를 만들기 위해 시도했음에도 불구하고, 의미에 관한 이론에서 이런 발달의 결과는 언어의 범주와 객관적인 실재 사이에는 차이가 남아 있다는 것이다. 그러므로 우리는 언어 외적인 실재 그 자체를 아는 것을 깨뜨릴 방법이 없는 언어의 감옥에 잡혀있다. 이런 회의적인 결론은 Whorf의 입장을 만들어냈고, 경험은 실재라기보다는 언어의 인공물이다. Richard Rorty는 언어는 분명하지 않고 우리의 경험이 "자연의 거울"이 되는 것을 막기 때문에, 철학적 연구는 탐구를 궁극적인 진리와 대화 속에서의 참여가 이루어지도록 하는 것으로부터 멀어져야 한다고 주장한다. Rorty는 철학의 목적으로서 대화가 이루어지고, 지혜를 대화를 유지하기 위한 능력으로 보는 것은 사람이 실재를 정확하게 묘사할 수 있기를 희망하는 것이라기보다는 새로운 설명을 만드는 것으로 보았다.

(3) 내러티브 관점의 기본 가정

이하에서는 내러티브 관점의 기본 가정을 크게 세 가지 측면, 즉 경험의 유의미성, 경험의 지속성과 역사성 강조, 자아의 구성이라는 측면에서 살펴보고자 한다(박민정, 2013: 40-44).

우리는 이야기로 전달될 수 있는 삶을 살며 그러한 삶을 이야기하려는 본성을 갖고 있다. 삶에 대한 이야기를 하고 다시 이야기할 때 그러한 이야기의 조각들이 서로 연결된 전체적인 맥락 속에서 이야기 조각들을 연결하면서 조망하게 된다. 내러티브는 시간적인 순차와 경험적 사건들 간에 존재하는 인과관계를 고려하여 경험들을 배열하고 구조화하고, 사건, 사람, 행위, 감정, 상황 등의 총체적인 연결 속에서 경험의 의미를 탐색하며, 하나의 독자적 해석을 거부하고 다양한 해석의 가능성을 열어 놓는다. 이하에서는 이와 같은 내러티브 구성과정의 특성을 경험의 유의미성, 경험의 지속성과 역사성 강조, 자아의 구성이라는 측면에서 살펴볼 것이다.

(가) 경험의 유의미성

내러티브는 무슨 일이 일어났는지, 누가 그 경험세계에 있었는지, 왜 그렇게 행동했는지 등과 관련된 일련의 질문을 중심으로 구성된다. 즉 내러티브의 구성은 사건에 대한 정보를 단순히 나열하는 것이 아니라 그 사건을 이해하는데 적절하다고 생각되는 정보들을 선정하고 현재의 관심과 동기에 따라 그것들을 재해석하면서 의미를 생성하는 과정을 포함한다. 내러티브의 주요 역할은 어떤 사건이 먼저 일어나고 나중에 일어났는가를 밝히는 데 있는 것이 아니라 사건들 간에 존재하는 관련성과 그러한 연관성을 통하여 드러나는 의미구성에 있다.

경험의 의미는 그 경험 속에 붙박여 있는 것이 아니라 반성적으로 경험을 성찰하면서 생성되는 것이다. 내러티브를 구성하는 것은 일종의 해석학적 작업으로, 우리가 어떠한 경험을 했는가를 단순히 나열하는 것이 아니라 그 경험이 어떻게 해석될 수 있으며 어떠한 의미를 갖는가를 탐색하는 과정이다. 무질서하고 의미 없이 발생한 것처럼 보이는 일련의 개별적 사건들을 형상적 순서(configured sequence)에 따라 서로 연관 지으면서 이해 가능한 형태로 조직화하는 중심적 역할을 하는 것은 내러티브 플롯(plot)이다. 삶은 불연속적이고 예측 불가능한 파편적인 경험의 조각들로 이루어졌는데, 내러티브의 플롯은 중심으로 개별적인 경험들은 유기적 관련성 속에서 전체 이야기를 구성하는 일부가 되며, 각각의 경험은 전체적인 이야기의 맥락에 비추어 의미를 갖는다. Polkinghorne(1988)은 이를 다음과 같이 설명하고 있다.

플롯을 만드는 일은 일련의 사건들을 이야기로 전환하는 과정이다. 이야기는 사건들로 구성되는데 플롯은 일련의 사건들을 하나의 이야기로 구성한다. 하나의 사건은 한 번의 일회적인 발생으로 끝나는 것이 아니라 그 사건 앞에 발생했던 사건들과 그 이후에 일어날 사건들과의 관련성 속에 위치된다..... 플롯은 연대기적 구성과 비연대기적 구성의 두 차원을 모두 포함한다. 플롯은 이야기를 시간적 순서에 따라 구성한다는 점에서 사건들을 연대기적으로 구성한다고 볼 수 있다. 한편, 플롯은 흩어져 있는 사건들을 묶어서 하나의 이야기 속으로 형상화한다는 점에서 사건들을 비연대기적으로 구성한다고 말할 수 있다.

내러티브 관점은 삶의 의미는 단순히 발견되는 것이 아니라 구성되는 것이라는 점을 강조한다. 경험의 순간에는 그 일이 왜 일어났는지, 그것이 어떤 의미를 지니는지, 그 일이 자신의 삶에 어떤 변화를 가져왔는지 알지 못한다. 예컨대, 불행한 일을 겪고 있을 당시 우리는 더 나은 삶의 가능성을 보지 못하고 비탄에 빠져 좌절하게 된다. 그러나 그 경험의 순간이 지나고 반성적으로 그것을 성찰할 때 전체적인 삶의 맥락 속에서 그 경험의 의미를 반추한다. 고난과 고통이 결국 자아성장의 원천이었음을 깨닫게 되는 것이다. 요컨대, 내러티브의 구성은 일회적으로 끝나는 활동이 아니라, 지나간 경험을 다시 살고 그 경험을 반성적으로 새해석하고 재해석하면서 의미를 부여하는 활동을 반복한다. Clandinin과 Connelly(2002: 20; 박민정, 2013 재인용)는 이를 다음과 같이 설명한다.

> 내러티브의 구성에서 하나의 중요한 작업은 성장과 변화를 가능토록 했던 경험들을 이야기하고 또 이야기하기이다. 경험에 대한 내러티브의 구성은 삶에 대한 이야기 속에 거주하면서, 그것에 대해서 이야기하고 다시 이야기하면서, 그 이야기 속에 다시 거주하는 일 사이의 변증법적 관계를 통해서 이루어진다.

(나) 경험의 지속성과 계열성

Polkinghorne(1988)은 우리의 존재는 우리가 했던 것, 현재 하고 있는 것, 그리고 앞으로 하고자 하는 것을 포함하고 있으며, 각각의 순간은 우리를 구성하는 존재 전체의 부분이라고 말한다. 이는 과거의 삶의 경험은 현재 우리의 모습을 만들었고, 또한 현재의 삶은 미래의 모습의 기반이 된다는 의미다. 내러티브는 현재의 의미를 단지 현재의 모습 속에서만이 아니라, 과거, 현재, 미래의 통합적 관점에 비추어 이해한다. 즉, 내러티브를 통한 인간존재의 이해는 현재의 모습에만 한정되는 것이 아니라 인간존재의 전체, 즉, 과거, 현재, 미래의 모습에 대한 전체적인 고려 속에서 이루어진다. 내러티브 관점에서 볼 때, 현재는 그 당시로 끝나는 즉각적인 순간이 아니라 전체 생애의 일부로 존속한다. 이 점에서 Brockelman(1985: 28-29)의 시간관은 내러티브의 시간관과 일맥상통한다고 볼 수 있다.

> 현재의 '현재(now)'는, 실에 꿰어져 있는 일련의 구슬들처럼, 그 이전의 현재의 순간들과 그 이후에 올 현재의 순간들과 우연적으로 연결된 것이 아니다...... 현재를 이전의 또는 이후의 현재들과 무관하게 존재하는 순간들로 보아서는 안 된다. 우리가 몸으로 경험하는 구체적인 경험 상황을 고려해 볼 때 우리는 '현재'가 전반적인 생애에 걸쳐 있는 다양한 기간들의 연장을 의미한다는 것을 알 수 있다. ... 현재는 고립적이고 개별적인 순간이 아니라 보류된 과거와 기대되는 미래의 지평 속에서 이해되어야 한다.

내러티브를 구성하면서 우리는 파편적인 경험의 순간으로부터 한 걸음 물러나 과거, 현재, 미래의 시간적 연계 속에서 경험을 이해하며 불연속적인 경험 세계에 시간적 연속성(temporal continuity)을 제공한다. 내러티브를 구성할 때 실질적으로 경험은 이미 종결된 상대이다. 내러티브의 구성을 통하여 경험의 시작은 경험의 결말에 비추어 재구성되며 경험의 결말은 경험의 시작에 비추어 재구성된다. 우리는 과거의 경험을 이야기할 때 아무렇게나 이야기하는 것이 아니라 현재와 연결되도록 재구성하며, 불연속적 경험들에 잠정적인 연속성을 부여한다. 내러티브 관점에서 볼 때 과거의 경험을 성찰하는 것은 과거로부터 현재까지의 자신의 변화과정뿐만 아니라 미래의 잠재가능성이나 실현가능성을 타진하는 일이라고 할 수 있다. 요컨대, 내러티브는 시간적으로 전향-후향 운동을 반복하면서 경험의 의미를 반추한다. Crites(1986: 164-166)는 이를 다음과 같이 설명한다.

> (인간은) 과거를 망각하지 않고 회상하면서 자신의 모습을 새롭게 가꾸어 간다...... 과거에 대한 회상과 자백은 미래를 향한 것이다..... 과거에 대한 회상과 관련하여 내러티브가 갖는 예술적 차원은 현재 자신의 모습을 새로운 관점에서 이해한다는 점이다. 미래에 대한 투사와 관련하여 내러티브가 갖는 예술적 차원은 자아를 포함해서 과거의 경험들을 새로운 관점에서 이해하고 해석할 수 있는 무한한 가능성의 지평을 열어 놓는다는 점에 있다.

내러티브 관점은 과거의 또는 현재의 경험은 그 순간 일회적으로 끝나는 것이 아니라 인생의 긴 여정 속에서 지속적으로 해석되고 재해석된다는 사실을 강조한다. 한 인간의 종일한 경험에 대한 이야기도 언제나 동일한 내러티브를 구성하는 것이 아니라 시간의 흐름에 따른 인식의 변화 속에서 새로운 내러티브로 구성된다. 시간의 변증법적 운동 속에서 과거의 경험의 의미를 현재와 미래에 비추어 끊임없이 재구성하고 재해석하면서 우리는 인간의 삶에 대한 깊이 있는 해석에 도달한다.

(다) 자아의 구성

개인의 삶에 대한 이야기는 자아의 구성과 관련되어 있다(Polkinghorne, 1988). 내러티브는 단편적이고 일회적인 삶의 사건을 넘어 개인의 삶의 전체 이야기, 즉 삶의 전체 맥락 속에서 자아를 이해한다. 내러티브를 구성하면서 우리는 자신을 다른 사람에게 설명하게 되는데 이 과정에서 우리는 개인의 역사성 속에서 자아를 정교하게 표현한다. 내러티브의 구성을 통해서 우리는 다른 사람에게 자신을 설명하고 자신의 행위를 정당화시키기도 하지만 동시에 자신의 삶을 반성적으로 회고하고, 자신을 이해하게 되며, 자신의 모습을 수용하면서 보다 발전된 자아의 모습을 형성하게 된다. 내러티브적 자아란 자신의 삶의 경험을 이야기하면서 그리고 다른 사람의 이야기를 들으면서 인간과 세상을 바라보는 관점의 변화와 함께 끊임없이 구성되고 재구성되는 자아의 모습을 의미한다. 내러티브는 주관적이고 독단적인 관점에서 벗어나 타인이 해석하는 자아의 모습과 자아 속에 숨겨진 타자성을 고려하며 타인과의 관계망 속에서 자아를 바라보도록 한다. 자아의 관계적 개념화를 추구하는 내러티브적 자아관은 자아는 고정된 실체가 아니라 타자와의 관계를 통해서 끊임없이 새로운 모습으로 창출되는 것이다.

Flax(1990)는 심리치료사로서 자신이 했던 경험을 바탕으로 환자들이 임의적이고, 국부적이고, 빈약할지라도 일관된 자아의 모습을 형성하려고 노력한다는 사실을 발견하였다. 그녀는 자아의 해체 또는 분열을 주장하는 것은 자기 기만적인 소박한 생각이라고 비판하면서, 인간은 다양한 경험의 조각들에 내러티브적 일관성을 부여하면서 통일된 자아의 모습을 형성한다는 점을 강조한다.

삶의 이야기는 새로운 경험이 생기면 재구성되며, 동일한 경험도 관점에 따라 다른 이야기로 재구성되고, 같은 이야기도 맥락에 따라서 다르게 해석되므로, 내러티브를 통해 구성된 자아는 고정적 실체가 아니라 잠정적이고 일시적인 구성물로 수정과 편집이 가능하다. 이 점에서 Flax는 합리적이고 자율적인 주제, 통합된 자아에 대한 모더니즘의 가정에 도전하면서 구성, 해체, 재구성을 반복하는 자아의 구성 과정에 주목한다.

(4) 인간 존재와 내러티브

내러티브적 존재로서 인간은 언어를 통한 의미의 영역에서 이해될 필요가 있으며, 인간 존재와 내러티브의 관련성에 주목할 필요가 있다. 인간 존재에 대한 내러티브 이론에 의하면, 각 연구는 개인이 살고 경험하고 해석하는 것으로서의 존재에 주의를 기울이고 초점을 맞출 필요가 있다. 이러한 해석은 궁극적으로 의미의 질서뿐만 아니라 언어의 과정을 포함하게 되는데, 이때 의미의 질서는 언어와 상호작용하면서 언어에 물리적 및 유기체적 질서를 부여하는 것이다. 이를 위해서 인간 행위와 내러티브 문제, 인간의 내러티브적 행동, 내러티브로서의 자아에 대해 논의해보기로 한다 (강현석 외 역, 2009: 255).

(가) 행위와 내러티브

인간은 자신, 타인 그리고 세계를 의미 있게 이해하기 위해서 사회적으로 주어진 언어적 영역을 이용한다. 그 언어적 영역과 인간의 의미 질서는 해석학적 합리성에 따라 조직되며, 다양한 상호 작용 수준에 따라 정렬된다. 이를 기반으로 하여 인간은 그들이 무엇을 원하는지와, 자신이 원하는 것을 만족시키기 위해 무엇을 할 필요가 있는지를 결정한다. 우리는 우리 자신과 공동체의 과거에 대한 이야기들을 회상하며, 이것들은 행동과 결과가 어떻게 연결되는가에 대한 모델을 제공한다. 회상한 모델을 사용하여, 우리는 우리의 전략과 행동들을 계획하고 다른 행위자들의 의도를 해석한다. 내러티브는 인간 행동에 형태를 부여하고 인간 행동을 의미 있게 해주는 담화 구조이다.

인간 행위를 물리적인 신체 움직임으로 보는 입장이 있으나 인간행위를 설명하기 위하여 물리적인 원인모델을 사용하는 것은 전체적으로 평판이 나쁘다. 이에 대한 대안으로 제시된 것이 규칙에 의해 지배되는 것으로서의 행위 입장이다. 즉, 행위를 규칙에 따르는 활동으로 보는 것이다. 여기에는 세 가지 전통이 있다. (a) 행동은 수단-목적 합리성의 이상에 따라 구조화될 수 있다는 Max Weber의 입장, (b) 행동은 선천적이며, 논리적으로 조직된, 정태적인 일련의 규칙에 의해 인도된다는 구조주의자들의 입장, (c) 행동은 사회적으로 만들어진 규칙들을 따르는 것이라는 언어 게임의 입장 등이 그것이다. 이들 입장도 여러 제한점을 갖고 있는 것으로 드러나고 있다.

이러한 입장들을 넘어서서 본 연구에서 주장하는 입장은 내러티브적 입장이다. 즉, 행동은 내러티브적으로 이해된 기획들의 표현이라는 입장이 바로 그것이다.

(나) 내러티브적 행동(Polkinghorne, 1988)

내러티브 접근이 제안하는 인간 행동의 개념에 의하면, 행동은 존재의 표현이며 그것의 조직은 인간 경험의 내러티브적 조직을 보여준다. 행동한다는 것은 이야기를 쓰는 것과 같으며, 행동을 이해하는 것은 이야기의 해석을 하는 것과 같다(Polkinghorne, 1988: 290-297). 이러한 생각에는 신체 동작과 행위자로서의 개인 사이에 간격이 없다. 즉, 신체가 움직이도록 밀고 당기는 어떤 것을 설명할 필요가 없는 것이다. 그 대신 통합된 존재가 신체 동작을 통해 자신을 직접 표현하는 것이다. 원인의 개념은 물리적 원인으로부터 표현적 원인으로 완전히 변화된다. 표현적 원인은 책의 한 면에 있는 문자들이 독자들로 하여금 그 문자들의 의미를 이해하도록 "야기하는" 과정, 혹은 시의 단어들을 읽는 것이 독자들로 하여금 그것들이 무엇을 뜻하는지를 "듣도록" "야기하는" 과정과 연결된다. 인간의 행동은 신체를 가진 행위자의 의미 있는 진술들을 신체적으로 구성하는 것이며, 신체 동작은 표현하려는 의미에 의해 "야기된" 것이다.

인간 행동의 특성   인간 행동은, 신체적 동작 이상의 것으로서, 특정한 동작을 행위자의 행위로 포괄하는 인간 능력의 결과이며, 말하거나 쓰는 행위에서 상징적으로 재표현되거나 재연될 수 있는 것이다. 펜을 잡거나 악보를 그릴 때의 손의 신체적 동작, 혹은 다른 사람에게 말할 때 혀와 발성기관의 신체적 동작 등을, 유기체의 도르래와 울리는 소리라는 식의 기계적 움직임으로 설명하는 것은 이치에 맞지 않는다. 그것들은 표현을 하는 통합된 인간의 측면들인 것이다. 이와 비슷하게, 방을 가로질러 가거나 혹은 작은 물체를 보기 위하여 눈의 초점을 맞추는 것은 개인이 세계에 참여하는 것을 표현해준다.

앞에서 기술했던 것처럼, 내러티브는 사건들을 플롯으로 함께 연결시키는 것을 포함하며, 사건들이 이야기의 주제에 연결될 때 사건들에게 의미가 주어진다. 플롯은 사건들을 전체로 형성하며, 사건들은 단순히 연속되는 독립된 우발적 사건들로부터 전체 주제에 기여하는 의미 있는 사건들로 변형된다. 개별적 단어를 한 부분으로 하는 전체 문장이 이해될 때 개별적 단어의 의미와 기능이 분명해지는 것처럼, 개별적 사건을 한 부분으로 하는 전체 플롯을 알게 될 때 개별적 사건의 의미도 분명해진다. 일련의 사건들로부터 의미 있는 플롯을 만드는 것은 한 세트의 단어들로부터 의미 있는 문장을 만드는 일에 관계된 해석학적 추론 과정과 동일한 과정을 사용하기 때문에, 문장들로부터 나온 예들은 내러티브 과정에 유사할 뿐만 아니라 그 과정을 잘 설명한다.

문장의 의미 구성   문장의 의미는 그것을 구성하는 각각의 단어들에게 단순히 부과되는 것이 아니다. 오히려 단어들의 합성이 문장에게 특정한 의미를 주는 것이다. 동일한 단어들의 조합은 여러 개의 의미 있는 문장들을 만들 수 있다. 마찬가지로, 동일한 일련의 사건들도 다른 플롯들로 구성될 수 있으며, 이 경우 특정한 사건들의 의미가 달라진다. 그러나 일련의 단어들을 아무렇게나 해석하는 것이 허용되는 것은 아니며 오직 때때로만 여러 가지 해석들이 가능하듯이, 일련의 사건들도 오직 때때로만 다양한 방식으로 구성될 수 있다. 문장에서와 같이, 사건들이 의미 있는 전체 플롯을 만드는 데 기여하고자 한다면, 사건들의 시간적 순서는 중요하다. "생쥐가 고양이를 쫓아다녔다"와 "고양이가 생쥐를 쫓아다녔다"는 두 문장은 동일한 단어들로 구성되어 있으나 단어의 순서가 다르기 때문에 그 의미도 다르다. 게다가 일련의 단어들이 있다고 해서 의미 있는 문장을 만드는 것도 아니다. 예를 들어, "무색의 초록색 생각은 격분하여 잔다"는 문장은 문법적으로 정확하지만, 의미 있는 전체를 만들지 못한다는 것을 직관적으로 알 수 있다.

Ricoeur는 인간이 행동의 세계에 대한 능력 내지 전이해를 가진다고 믿는다. 이것은 어떤 단어군들이 의미 있는 문장을 만드는지를 알 수 있는 능력과 비슷하다. 문장이 주어질 때 이러한 능력은 어떤 종류의 조직이 말이 되는 문장을 만드는지, 어떤 단어들이 의미 있는 방식으로 연결될 수 있는지, 그리고 어떻게 순서가 이해에 영향을 미치는지 등을 알게 해준다. 의미 있는 플롯들을 인식하고 구성하기 위해서는 인간 행동을 구성하는 활동의 종류, 하나의 플롯으로 연결될 수 있게 하는 사건들의 종류, 그리고 사건들을 하나의 플롯으로 배열할 때 시간적 순서의 중요성 등에 대해서 위에 상응하는 이해가 필요한 것이다.

이 말은 플롯을 구성하는 일이 행동의 영역을 신체적 동작의 영역과 구분하는 인간의 능력에 의존한다는 뜻이다. 어떤 신체 동작이 인간의 행동인가를 아는 능력은 실제적 이해라고 불리며, 내러티브를 구성하고 이해하는 데에 기본적 단위를 제공한다. Ricoeur는 이러한 능력의 일부를 구성하는 여섯 가지 용어들을 제시한다. (1) 행동은 목표를 함의한다. 다시 말해서 행동은 결과를 성취하기 위해서 혹은 목적을 달성하기 위해서 수행된다. (2) 행동은 어떤 사람이 그것을 왜 했는지 혹은 하고 있는지를 설명하는 동기를 가리킨다. 이러한 설명은 어떻게 하나의 물리적 사건이 다른 사건을 야기하는지를 보여주기 위한 설명과 분명히 다르다. (3) 행동은 행위자에 의해 수행된다. 사람이 행위 하거나 행동의 수행자가 되며, 따라서 행동은 책임을 질 수 있는 사람의 작품이나 행위로 간주된다. (4) 행동은 닫힌 물리적 체계들로 구성된 상황에서 일어나며, 행위자는 그 행동이 일어나는 상황들이 앞으로 행해질 수 있는 일에 제한을 두거나 행동의 결과에 영향을 줄 우호적 혹은 비우호적 조건들에 한계를 설정한다는 것을 인식한다. (5) 행동은, 그것이 협력, 경쟁, 혹은 다툼 어느 것이든지 간에, 다른 사람들과 상호작용 하는 가운데 생긴다. 동료들은 행위의 성취를 도울 수도 있고 방해할 수도 있다. (6) 행위의 결과는 그의 운세와 기분에 변화를 가져올 수 있다. 요컨대 우리는 "무엇?", "왜?", "누가?", "어떻게?", "누구와?", 그리고 "누구에 반대해서?" 등의 질문들이 단순한 신체 동작에는 부적절하며 오직 인간의 행동과 관련해서만 적절히 던져질 수 있음을 깨달을 수 있다.

내러티브가 가능하기 위해서는 화자와 청자 편에서의 실제적인 이해와 더불어, "행위자", "목표", "수단", "성공", "실패" 등과 같은 용어들을 이해하고 사용하는 능력이 전제되어야 한다. 내러티브는 단순히 행동을 진술하는 것에다가 플롯의 구조를 추가한다. 내러티브 구성을 위한 규칙들은 행위 문장들을 어떻게 한 이야기의 전체적인 행위의 전개로 순서 매길지를 결정한다. 문장들을 순서적으로 연계하여 하나의 플롯으로 이해함으로써, 행위자, 그들의 행위, 그리고 그들의 고통은 보다 깊은 의미를 가지게 된다.

인간의 행동이 일어나는 것은 행동을 명료하게 기술하는 데 사용되는 상징적인 내러티브 형식을 가지고 있는 문화적 배경에서이다. 이러한 상징적 형식들은 공적 특성을 가지는 것으로서, 특정한 행위자를 개인적으로 이해하는 것이 아니다. 따라서 어떤 행위든지 그 행위가 이루어진 공동체에 어떤 의미를 가질 것인지를 알고 행하게 된다. 특정한 문화에 속한 행위자는 다른 사람 앞에서 머리를 숙이는 것이 공동체 안에서 참회를 표현하는 수단임을 알며, 그 공동체의 다른 사람들에 의해서도 참회의 표현으로 이해될 것임을 안다. 행동의 공동체적 의미는 그들에게 기본적인 "독해능력"을 준다. 예의, 관습, 그리고 다른 사회적 합의들 역시 행동이 도덕적 규범에 부합하는지에 비추어 행동을 평가하며, 어느 행동이 좋은지 혹은 나쁜지, 더 나은지 혹은 부족한지를 정의한다. 이야기를 말하는 사람들은 청중이 이야기 속의 행동에 대한 적절히 평가가 무엇인지를 이해하고 있을 것이라고 가정한다. Ricoeur에 의하면, "[내러티브에서] 아무리 적은 정도라도, 선과 악이 양 축이 되는 가치 위계의 기능으로서의 찬성 또는 반대를 하지 않는 행동은 없다." 이와 비슷하게, Aristotle은 이야기에서 주인공들의 윤리적 특질이 바로 청자의 감정적 반응, 예컨대 부당하게 불행을 경험하는 선한 인물에 대한 동정심을 불러일으킨다고 주장하였다.

행동에 대한 문장들을 이해하는 능력과 더불어, 행동에 대한 문화적으로 주어진 의미와 가치를 인식하는 능력에 추가하여, 내러티브는 인간의 시간성에 대한 청중의 이해를 전제한다. 시간은 현재 순간의 틈을 따라 지나가는 순간적인 지금들의 연속이라기보다는 다음과 같은 특성을 포함한다. (1) 행동 계획은 미래와 관계되며, 의도된 그리고 의도되지 않은 결과들과 관계된다. ⑵ 행동을 하는 동기는 과거로부터 물려받은 경험을 현재에 되살려내는 능력과 밀접하게 관련된다. ⑶ "나는 느낀다", "나는 고통을 겪는다", "나는 할 수 있다", 그리고 "나는 한다" 등과 같은 진술들은 현재에 대한 감각에 기여한다.

행동과
내러티브의 관계

내러티브는 인간 행동이 이해되고 의미 있게 만드는 해석학적 표현 양식이다. 행동 자체는 개인적 및 사회적 삶에 대한 살아 있는 내러티브적 표현이다. 일련의 일화들을 우리의 이야기의 부분으로 이해하는 능력은 우리가 원하는 목적을 향하여 움직이게 하는 행동에 참여하려는 우리 자신의 결정에 정보를 준다. 이야기되는 행동의 길이는 짧은 모험담으로부터, 우리의 출생과 죽음 사이의 시간, 혹은 인류의 모든 세대의 기간까지 폭넓게 걸쳐 있다. 내러티브를 시작과 중간과 결말을 가지고 있는 하나의 모험담이 되도록 연결된 일화들의 연속—혹은 문제를 제기하고 그것을 해결할 수 있는 행동을 이어서 하는 것—으로 정의하는 것은 이미 행동에 대한 우리의 일상적 이해에 포함된 것을 단순한 말로 기술하는 것이다.

행동과 내러티브 사이의 관계를 인식하는 것은 적어도 Aristotle 이후 서양 전통의 일부였다. 「시학」에서 Aristotle은 내러티브를 인간 행동의 모방 혹은 표현으로 정의하였다. 내러티브의 플롯은 정태적 구조가 아닌 종합적 작용 내지 구성으로서의 사건들의 조직이다. (Ricoeur는 사건들을 전체로 모아서 배열하여 형태를 만드는 적극적인 특성을 나타내기 위하여 "플롯 구성(emplotment)"이라는 용어를 사용하는 것을 선호한다.) 「시학」은 부분들 사이의 관계가 드러나도록 만드는 해석학적 활동이라고 볼 수 있는 내러티브의 구성에 관한 것이다.

플롯 구성과 의미

Aristotle은 플롯이 전체성과 완전성의 특징을 가진다고 생각하였다. "어떤 것이 시작과 중간과 끝을 가지면 그것은 전체이다"라고 그는 말했다. 시인은 시작을 밝히는데, 시작은 그 전에 아무 것도 일어나지 않은 시점이 아니라, 그 다음에 오는 것에 중요한 사건이 시작되는 시점을 가리킨다. 중간은 사건의 연속이며, 끝은 모험을 해결하는 데 기여하는 사건들의 연속이 완결되었다고 시인이 결심하는 곳이다. 플롯은 저자에 의해 결정된 적절한 규모를 가져야만 한다. 내러티브는 드라마와 같은 혹은 해석학적인 통일성을 창조하는 데 관심을 가지며, 일정 기간에 일어났던 모든 사건들을 단순히 기록하는 데 관심을 가지는 것이 아니다. 플롯 구성은 만들고 있는 이야기에 중요하게 공헌하는 사건들을 전체 사건들의 흐름으로부터 선별하는 데 관심을 가진다.

(다) 내러티브로서의 자아

이하에서 논의하는 자아는 전통적인 실체로서의 자아, 구성으로서의 자아와는 다른 입장에 서 있다. 자아 개념은 일생동안 겪게 되는 수많은 상호작용들로부터 통합된 것으로서, 어떤 특정 시점에서 보면 내면화된 역할, 지위, 규범, 가치 등의 내용은 모순이거나 상호 배타적이 될 수밖에 없다. 자아 개념은 때때로 모호하거나 통합되지 않으며, 자아 개념을 행동 지침이나 행위 기준으로 작용할 수 있도록 하는 힘은 분산될 수 있다. 일상생활의 주요 부분에 있어서 개인의 자아 개념은 무의식적으로, 그리고 언어 이전의 정서 내지 "느껴진" 성향 수준에서, 정립되고, 수정되고, 시행되는 것처럼 보인다. 인문학에서 이러한 감정과 성향을 의식을 수준으로 끌어올리고 그것들을 정확한 범주로 번역하려는 시도들은 문제에 부딪힌다. 그것들은 대부분 인지되지 못하고 수행되는 애매하고 일관성이 없는 것들을 명료한 것으로 바꾸려고 시도하는 것이다(Polkinghorne, 1988: 150; 강현석 외, 2009: 304).

존재와 내러티브
구성

게다가 자아 개념에 도달하기 위해 인문학에서 사용하는 도구들은 일반적으로 사물이나 물체들을 위치지우고 측정하기 위해서 형식 과학에서 고안한 전통적인 연구 장비들이다. 이와는 달리, 본 연구가 취하는 입장은, 우리는 우리의 개인적 정체성과 자아 개념을 내러티브적 구성을 사용하여 만들며, 우리의 존재를 하나의 전개되고 발전되는 이야기의 표현으로 이해함으로써 그것을 전체로 만든다는 것이다. 우리는 우리 이야기의 중간에 있으며, 그것이 어떻게 끝날지를 확신할 수 없다. 새로운 사건들이 우리의 삶에 추가됨에 따라 우리는 끊임없이 플롯을 개정해야만 한다. 그 경우 자아는 정태적인 것이나 실체가 아니라, 개인적 사건들을 이제까지 자신이 어떠했는지 뿐만이 아니라 앞으로 자신이 어떻게 될지 기대하는 것을 포함하는 역사적 통일체로 구성하는 것이 된다.

이야기로서 자아

이야기로서의 자아라는 접근은 실체의 형이상학으로부터 보다는 유기체적 삶에서 나타나는 변화에 초점을 맞추는 잠재가능성과 실현성의 형이상학으로부터 발전되었다. 이러한 관점에서 볼 때 개인의 정체성의 초점은 밑에 깔려 있는 실체의 동일성에 맞춰지는 것이 아니라, 개인의 삶에서 잠재적으로 가능한 것을 실현하는 과정에 맞춰지는 것이다. 강조점은 "내가 무엇인가?(What am I?)"에서 "내가 누구인가?(Who am I?)"로 변화된다. 이러한 "누구"는 개인의 행위에서 발견되며, 이러한 행위는 행위를 단순한 신체 동작과 구분하는 전이해와 능력에 의해 해석된다. 앞 절에서 기술된 바와 같이, 인간의 행위로서의 동작에 대한 전이해는 내러티브에 의해 변형되고 재형성된다. 내러티브는 행위를 이해하기 위하여 인간의 능력을 전제하며 그것을 필요로 한다. 자아정체성은 개인의 삶의 이야기에 연결되며, 행위를 통일된 플롯으로 결합시킨다.

Peter Strawson은 자아를 개인의 삶의 내러티브로 보는 입장을 옹호한다. 그는 "인간"이라는 개념은, 예컨대 물질적 혹은 정신적 속성들로 더 이상 환원될 수 없는, 논리적으로 원초적인 개념이라고 보았다. 일상 언어 사용에서 사람은 ―자기 자신과 타인 모두― 생활세계에서 기본적인 자료가 되는 것이다. 사람의 개념을 사용하는 데에 "의식의 상태나 경험을 그 자신에게 속하는 것으로 보는 것은 필요조건이며, 자신의 것이 아닌 의식의 상태나 경험은 다른 사람들에게 귀속시키거나 그렇게 할 준비가 되어 있어야만 한다." 개인이 가지고 있는 특별한 특성이나 "인물됨"에서 그 또는 그녀는 시공간에서 특별한 위치를 점유하며, 따라서 특정한 개인을 나타내는 개인의 특성과 관계의 네트워크를 개별화시키는 준거점을 제공한다. Strawson은 그의 "개체의 구성"을 이야기 속에서, 그리고 한 걸음 더 나아가 역사 속에서 개인의 위치를 강조하는 것으로 보았다. 그 결과 "여기", "지금", "나", 그리고 "당신" 등과 같은 단어들은 개인의 영역에 속할 뿐만 아니라, 개인 자신의 주관성을 넘어서 개성에 대한 간주관적이고 공적인 준거점을 제공한다.

스트로손의
자아 개념

자아의 경험은 내러티브의 사건들이 플롯에 의하여 하나의 통일된 이야기로 조직되는 것과 같은 방식으로 시간의 영역에 따라 조직된다. 자아를 보면, 인간 존재의 시간적 순서는 그 이야기가 출생으로 시작되어, 중간에는 삶의 에피소드들이 있고, 죽음으로 끝난다. 이러한 사건들을 일관되고 의미 있는 통일체로 묶으며, 각각의 에피소드들이 사람이라는 전체적인 형태를 만들어 나가도록 하는 데 맥락과 의미를 부여하는 것이 플롯이다. 각각의 인간 존재의 전체는 내러티브의 플롯에서 자세히 진술된다. 그것은 인생의 사건들에 대한 단순한 연대기적 목록 이상의 것이다. 그 경우 자아는 실체나 사물이라기보다는 의미를 가리킨다. 객관적 수준에서의 의미를 찾는 것은, 잉크가 인쇄한 단어의 의미를 찾기 위하여 종이 위 잉크의 실체를 조사하는 것과 유사한 잘못을 범하는 것이다.

자아의 경험과
내러티브

일반적인 자아의 플롯은 개인의 실제 역사로부터 확장될 가능성이 있는 상상력의 프로젝트들뿐만 아니라 개인이 자신을 표현하는 에피소드나 환경에 의해 결정된다. 플롯의 구성은 허구를 쓰는 작가보다는 역사가의 작품에 가깝다. 개인은 단순히 자기 자신이 선택한 이야기를 실제로 살지는 않는다. 자신의 플롯에서 의미 있는 것으로 수집될 필요가 있는 사건들은 우연한 사건들의 결과, 유기체적 혹은 사회적으로 주어진 것들, 그리고 개인의 동기뿐만 아니라 의도되지 않는 결과들이다.

자기 플롯과
유기체적 욕구

자기 플롯이 반드시 통합하는 하나의 사건은 인간 존재에서 유기체적으로 주어진 단층이다. 개인은 자연적 사건의 경과에 참여하고 환경에 변화를 가져오기 위하여, 물리적 환경과 상호작용하며 자신의 신체를 사용한다. 신체는 개인의 심리적 상태를 담아내며 정서적 반응을 통해 자신을 표현한다. 이러한 유기체적 단층은 정태적인 것으로 주어진 것이 아니다. 그것은 무력한 유아가 성장하여 어른이 되고, 시간이 흘러 신체가 퇴화하기까지, 역사적으로 변화하는 단층이다. 자신의 플롯은 유전적으로 만들어진 신체적 영역 및 개인의 특질뿐만 아니라, 유기체적으로 생겨난 욕구의 변화에 주의를 기울인다. 그것은 삶의 사건들이 생겨나는 사회적 문화적 배경과, 다른 사람들의 반응 및 요청에 주의를 기울인다. 부상과 질병, 많은 재산, 성공, 그리고 성취들, 그리고 패배와 실패들은 모두 전체 플롯과의 관련 속에서 의미를 가진다.

자신의 플롯에서 나타나는 행동하려는 일련의 성향과 경향들은 그가 특정하게 연기하려는 역할들을 보여준다. 플롯이 드라마 비유와 연결되기 때문에, 사회적 역할의 수행은 개인의 플롯 전개와 혼동될 수 있다. 무대 위의 배우가 마치 자신이 다른 사람인 것처럼 행동하고 자신을 청중에게 연극 중의 인물로 보이도록 역할 연기를 하는 것처럼, 사람들이 사는 사회적 배경들은 행위를 이끄는 수단이 될 수 있는 사전에 정해진 역할들을 제공한다. 사람들은 자신의 이야기들의 측면들을 허구적인 내러티브와 드라마로부터 빌려 오며, 인물들을 통해 질투의 깊이와 약속을 어기는 것의 결과들과 같은 관념들을 배운다.

삶과 플롯

Alasdair MacIntyre는 플롯과 인생 사이의 관계에 대하여 말했다: "분명히… 인간의 삶은 결정된 형태, 어떤 종류의 이야기의 형태를 가지고 있다. 시나 모험담들이 사람들에게 일어난 일들을 이야기하는 것에 그치지 않고, 그러한 내러티브 형식을 통해 시나 모험담들이 그것과 관련된 삶 속에 이미 존재하는 형식을 취하게 된다는 것이다." 문화들은 바로 그 구성원들이 자신을 형성하는 데 채택할 수 있는 특정한 유형의 플롯들을 제공하는 것이다. 이러한 플롯의 개요들은 신화나 동화들을 통해, 영웅담을 통해, 그리고 드라마 구성을 통해 문화 속에서 보존되고 전달된다. 북미 문화에서 보면 그것들은 영화, 텔레비전 드라마, 만화책, 그리고 소설들에 의해 전달되고 있다.

비록 삶의 플롯의 내용이 각각의 사람에게 독특하다고 할지라도, 그것은 일반적인 플롯의 개요의 특징들을 공유할 수 있다. 예를 들어 개인 삶의 이야기들은 선의와 순수성을 가진 사람이 많은 고통과 고난을 겪는 비극적 이야기의 개요에 따른 플롯으로, 혹은 어떤 사람이 대의명분을 위한 투쟁에 관련된다는 일반적인 영웅담에 따른 플롯으로 구성될 수 있다.

형상화된 자아와 이야기

어떤 사람을 다른 모든 사람들과 구별시키는 것은 발견뿐만 아니라 구성이다. 왜냐하면 개인의 이야기는 끝이 열려 있고 완결된 것이 아니기 때문이다. 내러티브의 과정 중에 있는 것으로서의 자아의 실현은 그가 미래에 어떠할지를 상상하고 이것이 그가 되기를 원하는 것인지를 판단하기 위하여, 과거에 그가 어떠했는지를 함께 엮어내는 것에 기여한다. 삶은 단순한 이야기책이 아니다: 삶은 사는 것이며, 이야기는 말하는 것이다. 삶의 이야기는 살아온 삶을 다시 기술하는 것이며 자아의 여러 측면을 통합하는 수단이다. 삶은 실체가 아니기 때문에, 그리고 삶은 잠재된 것을 현실태로 바꾸는 행위들로 구성되기 때문에, 삶에 대한 이야기는 편집되고 개작될 수 있는 것이다. 그것은 변화될 수 있다. Nietzsche 자신의 삶의 사건들로부터 자신이 만든 이야기는 도덕적 특질을 가지며 따라서 가치가 많고 적은지를 판단할 수 있다고 생각했다. Nietzsche에 의하면 자아는 항상 동일한 불변의 실체가 아니다. 오히려 자아는 되어지는 존재, 만들어지는 존재이다. 자아는 자신을 직접적으로 알지 못하며, 자기 해석의 표시와 상징들을 통해서 간접적으로만 자신을 알 수 있다. 그러한 자아는 형상화된 혹은 표상화된 자신이며, 자아가 존재가 될 수 있는 것은 자신이 스스로에게 부여한 형상화를 통해서이다.

Nietzsche의 삶의 모델은 문학이었으며, 그는 문학 작품이 만들어지는 방식으로 삶이 만들어져야 한다는 생각을 강조하였다. 그는 과거의 사건들이 변할 수는 없지만 그것들을 현재에 연결시키는 데 사용되는 내러티브는 바꿀 수 있으며, 이러한 방식으로 우리의 과거의 사건들조차도 행동들로, 즉 우리가 기꺼이 책임을 지고자 하는 사건들로 탈바꿈할 수 있는 것이다. 개인의 삶의 사건들은 여러 관점들을 가지고 읽을 수 있으며, 다양한 종류의 플롯에 따라 달라진다. 이야기에 대한 다른 이해들의 수는 제한되며, (어떤 문장에 대한 다른 이해들이 주어진 단어들에 부합되어야 하듯이) 주어진 사건들에 부합되어야 한다.

나. 주요 개념과 원리

(1) 주요 개념

(가) 내러티브[15]

내러티브의 의미나 개념에 대한 논의는 비교적 최근에 다양하게 이루어져 왔다. 내러티브에 대한 정의는 다양하다. 양호환(1998)은 사건과 경험을 연대기적 순서에 따라 조리 있는 이야기로 구성하는 역사서술 형태를 내러티브로 정의하며, 임병권(1997)은 스토리가 있는 모든 이야기를 내러티브로 보며, 조지형(1998)은 하나의 사건 혹은 일련의 사건에 대한 글이나 말로 된 담론을 내러티브로 일컫으며, 한승희(2006)는 시간적 흐름에 따라 순차적으로 일어난 일련의 사건들을 내러티브로 규정한다. Rankin(2002)은 이야기 혹은 결과물(product)로서의 내러티브, 사고양상으로서의 내러티브[16], 커뮤니케이션으로서의 내러티브를 구분하고 있다. 내러티브는 이야기와 의식의 양상 및 커뮤니케이션이 하나로 어우러진 활동이다. 따라서 이 세 가지 틀은 내러티브를 서로 다른 방식으로 정의한다기보다는 각기 강조점을 달리하여 내러티브의 개념을 설명하고 있는 것으로 보아야 한다. 이의 내용을 참고하여 최근에 박민정(2013: 33-40)은 내러티브의 의미를 크게 세 가지로 정리하여 제시한 바 있다. 여기에는 이야기 혹은 결과물로서의 내러티브, 사고양상으로서의 내러티브, 커뮤니케이션으로서의 내러티브가 포함된다.

그런데 내러티브를 이야기 또는 이야기의 산물로 이해하는 관점은 이야기라는 형식 자체가 의미작용을 일으킨다는 점을 간과함으로써 의미를 만들어내는 사고양상으로서의 내러티브의 역할을 설명하지 못한다. 이야기의 의미를 형식과 분리할 수 없으며, 의미를 소거한 형식 연구는 무의미한 지적 유희에 그칠 수 있다. 내러티브를 구성하는 사고과정에 대한 고려 없이 이야기의 형식적 구조나 이야기된 스토리의 구조를 분석하는 것에 초점을 두고 내러티브를 개념화하는 것은 내러티브의 개념을 협소한

---

15 이하는 강현석(2011) '역사교육논집'을 참고함
16 이 부분에서 Rankin은 의식의 양상(a mode of consciousness)으로서의 내러티브라는 용어를 사용했다. 필자가 보기에 의식의 양상보다는 사고의 양상으로 보는 것이 내러티브의 개념을 이해하는 데 더 쉬울 것 같아서 이 글에서는 의식의 양상 대신에 사고의 양상이라는 표현을 사용한다.

의미로 축소하는 것이다. 이런 연유로 사고양상로서 내러티브가 등장한다. 그렇지만, 내러티브를 사고의 양상, 인식도구로 보는 관점은 내러티브를 매개로 타인과의 커뮤니케이션을 통하여 새로운 의미를 생성해가는 과정을 간과하고 있다. 그래서 최종적으로 커뮤니케이션의 수단으로서 내러티브를 보는 방식이 타당성을 갖게 된다.

이와 관련하여 강현석(2011)은 크게 네 가지로 내러티브의 의미를 제안하고 있는데 그것은 다음과 같다.

① 이야기, 이야기하기로서 내러티브

내러티브의 가장 상식적인 의미는 이야기다. 내러티브는 인간이 '만들어내는' 일종의 이야기다. 세상에는 수많은 형식을 지닌 이야기가 존재한다. 예를 들어 시, 소설, 영화, 드라마, 역사, 신화, 전설 등 그리고 일상적 대화에서도 내러티브는 우리 주위에 편재되어 있다. 이러한 다양한 내러티브들은 시대와 장소, 사회·문화를 초월하여 존재한다. 사실, 내러티브는 인류 역사 자체와 동시에 시작되었다. 모든 인류는 저마다의 내러티브를 가지고 있다. 이런 점에서 이야기는 태고적부터 사용해 온 방법이며 전적으로 인간적인 방법이다. 그렇다고 모든 이야기가 내러티브는 아니다. 우리가 주목하는 이야기는 의사소통을 전제로 하는 단순 대화이기보다는 사건을 필수 요건으로 갖춘 서사적 형태의 경우이다. 따라서 이야기는 사건의 나열로 짜여진 언어적 구성물이다.[17] 특정 행동 주체가 어떤 의도와 목적을 가지고 특정 사건과 관련하여 행위하는 일련의 구성된 스토리다. 이런 점에서 Kenneth Burke는 이야기를 어떤 인지 가능한 상황(setting)에서 어떤 목적(goal)을 달성하기 위해 어떤 수단(means)을 사용해 행위(action)를 하는 행동 주체(agent)를 필요로 한다고 보았으며, 이야기를 추동시키는 것은 이 5가지 요소들 사이의 곤경(trouble)이라고 지적하였다.[18]

내러티브라는 단어는 라틴어 'gnarus(아는, 능숙한, 알려진)'와 'narro(말하다, 이야기하다)'에서 유래되었으며 어원적으로 말하자면 'narrator'는 '알고 있는 사람'으로 번역된다.. 따라서 내러티브는 알고 있는 사람(narrator)이 알고자 하는 사람(narratee)에게 어떤 것에 대하여 말하고 이야기하는 것이며, 앎의 문제와 관련되어 있다는 어원적 의미를 지니게 된다. 한편 내러티브의 사전적 의미를 살펴보면 내러티브는 '이

---

17 최예정·김성룡, 『스토리텔링과 내러티브』, 서울: 글누림, 2005, pp.61.
18 Bruner, J. S., *Making Stories: Law, Literature, Life.*(New York: Farrar, Straus and Giroux, 2002).

야기', '설화', '화술', '담화'로 번역되며 의미에 따라 'account(기술, 보고), chronicle (기록, 이야기), story(이야기, 설화), yarn(꾸며낸 이야기)' 등으로 사용된다. 따라서 내러티브의 어원적·사전적 의미를 통해서 볼 때 내러티브는 이야기뿐만 아니라 어떤 관계와 연결성을 가진 이야기를 말하는 것(storytelling)이라고 요약할 수 있다.

다른 방식으로 보면 내러티브란 서사체를 말하며 하나의 이야기, 즉 시간적 연쇄로 구성된 일련의 사건들을 의미한다. 이야기는 사건들로 구성되며 그 사건들은 특정의 계열(sequence)을 이루며 배열된다. 그러므로 내러티브는 사건들의 계열과 사건들이 만들어 내는 이야기에 의해서 특징지어진다. 즉 하나의 핵심 플롯을 중심으로 인물, 배경, 행위, 사건이 시작, 전개, 결말이라는 일정한 구성 형식에 따라 구조화된 일련의 이야기라고 볼 수 있다. 따라서 내러티브는 경험이 일어나는 맥락, 이야기의 주인공, 사건들의 인과관계를 드러내는 플롯이라는 구성 요소를 갖고 있다. 내러티브 플롯은 행위, 사건, 인물, 경험, 상황들을 시간적 배열(temporal configuration)에 따라 구성하는 장치로서 그 배열은 사건과 행위가 전개된 연대기적 순서를 의미하는 것이 아니라 플롯을 통해 구성된 것으로 보아야 한다. 이런 의미에서 확장해보면, 내러티브는 불규칙하고 예측 불가능한 실제 사건들을 일관성 있게 엮으려고 하는 상상적 발명으로 과거의 경험에 부과된 지적 장치라고 할 수 있다. 즉 내러티브는 실제 일어난 사건과 행위를 있는 그대로 표상하는 것이 아니라 마치 그러했던 것처럼 과거의 경험을 구성하고 재구성하는 재현의 기능을 하는 것이다. 따라서 내러티브는 과거 사건에 근거하지만 과거를 '재현'하는 것이 아니라 '허구적 재구성'이라고 할 수 있다. 과거 사건들은 그것들이 실제로 일어났기 때문에 실재하는 것이 아니라 그것이 기억되고 기술되었기 때문에 실재한다고 볼 수 있다(박민정, 2006).

이러한 이야기는 인간의 역사와 함께 한다고 볼 수 있다. 인간이 존재한 이후에 이야기도 존재한 것이기 때문이다. Barthes(1966)는 내러티브가 어느 장소, 어느 사회에서나 항상 있어왔기 때문에 내러티브 없이 인간은 결코 존재할 수 없다고까지 말한다. 즉, 인간은 개인적으로 사회적으로 이야기되는 삶을 살아가는 이야기하는 유기체이다. 인간이 내러티브적인 존재라는 사실은 다음의 두 가지 사실을 의미한다. 첫째, 인간은 자신이 스스로 이야기의 주체가 되어 자신의 이야기를 만들어 가는 존재이며, 둘째, 다른 사람의 이야기를 누군가에게 서술하는 존재라는 것이다. 즉, 이야기하기는 인간의 본성 중의 하나로 볼 수 있다(염지숙, 2003: 20).

한편, 임병권 외는 스토리가 있는 모든 이야기를 내러티브라고 정의하였다.[19] 한승희는 내러티브를 하나의 이야기, 즉 시간적 연쇄로 이루어진 일련의 사건들이라고 해석하고, '서사체'와 가장 가깝다고 보았다. 사실 우리 문화에는 소설, 영화, 신화, 만화, 뉴스 등 많은 서사적 유형들이 있으며, 이들은 모두 만들어낸 이야기를 가지고 있다. 이러한 이야기는 인과 관계 및 의미를 나타내는 시간적 계열 속에서 배열된 사건, 인물, 상황 장면으로 구성된다. Polkinghorne은 내러티브를 하나의 스토리를 만드는 과정, 그 스토리의 인지적 도식, 혹은 그 과정의 결과, 즉 소위 스토리(stories), 이야기(tales), 혹은 역사(histories)를 모두 지칭하는 것으로 보면서, 결국 이야기를 만드는 과정과 그 과정의 결과로 보고 있다. 특히 개인의 삶의 이야기는 자아 정체성과 관련되어 있다. Gudmundsdottir는 내러티브를 학문 영역에 관계없이 하나의 스토리를 구성하는 데 필요한 구조, 지식, 기술을 지칭하는 것이라고 보았다. 즉 하나 혹은 일련의 사건을 글이나 말의 형태로 전달하는 것, 또는 그러한 글이나 말을 의미한다.

이들의 견해를 종합해보면 대체적으로 내러티브를 구성하는 요소는 전달의 대상인 사건과 전달 방식의 두 부분으로 나누어진다. 여기서 전달 대상인 사건은 이야기(story)라고 불리는 내용의 국면이고, 그 전달 방식은 담론(discourse)이라고 하는 표현의 국면을 가리키는데, 이야기는 내러티브를 구성하는 사건, 인물, 환경 등이고 담론은 이야기를 말하고 표현·제시·나레이션하는 행위를 말한다. Conle 역시 Genette의 용법을 차용하여 첫째, 내러티브를 말하고 쓰는 담론을 의미하는 '내러티브' 혹은 내러티브 진술 둘째, 담론이나 진술의 대상이 되는 사건의 연속을 의미하는 '스토리' 셋째, 말하는 행위인 '나레이팅'으로 개념화하고 있다.

매우 기본적인 수준에서 말하자면, 이야기는 인과관계 및 의미를 나타내는 시간적 계열 속에 배열된 사건, 인물, 장면으로 구성된다. 그러므로 이야기는 사태가 어떻게 돌아가는지, 사건이 어떤 의미를 가지는지에 대한 정보를 가지고 있다. 그리고 이야기는 사건을 차례대로 열거하며, 흔히 인물이 무엇을 생각하고 있는지를 알고 있는 사람(명시적이고 암묵적인 관찰자나 나레이터)에 의해 가상의 독자에게 말해진다. 이야기는 청중의 느낌뿐만 아니라 이야기에 가정된 의도 및 동기에 대한 정보를 포함하고 있다. 마지막으로 이야기는 성격상 하나의 해석에 저항한다. 이야기는 여러 가지 패턴

---

19 임병권·이호 역, 『이야기하기의 이론: 소설과 영화의 문화기호학』, 서울: 한나래, 1996

을 가지고 있으며, 공식화된 표현보다는 해석 및 이해의 가능성을 확장시킬 수 있는 뉘앙스, 불확정성, 상호관련성을 가지고 있다.[20]

그런데 이러한 내러티브는 개인들이 지식을 구성하거나 재구성하는 과정에서 만들어지며, 사회적 경험과 타인과의 상호작용의 과정을 거쳐 이야기 형식으로 나타나며, 그것들이 개인의 의미를 구성하게 된다[21](Bruner, 1990). 내러티브는 단순히 말하기 혹은 교재에 등장하는 이야기들에만 국한되는 것이 아니라 개인의 경험으로부터 구성된 지식을 자신과 타인에게 표현하는 다양한 형식을 포함하지만[22], 교실 수업 장면에서는 내용의 의미를 해석하고 재해석하는 교사의 언어적 행동으로 볼 수도 있다. Bruner는 마음은 언어와 여러 상징체계와 같은 문화적 산물을 통한 중재를 거쳐 실재에 대한 그 의미를 구조화한다고 주장한다. 그리고 구체적으로 이런 문화적 산물들의 하나로서 내러티브의 아이디어에 초점을 둔다. 따라서 내러티브는 단순히 '이야기'를 의미하는 것이 아니라 하나의 담론 방법으로서 '이야기하기(storytelling)'라는 의미도 함께 가진다. 김재춘·배지현[23]은 스토리텔링의 의미를 의미생성 활동으로 보고, 이야기성, 맥락성과 상황의존성, 공감각성과 다감각성, 놀이성으로 그 기제를 논의하고 있다.

한편, 내러티브의 이야기적 구조를 파악하려는 학문 영역인 서사학(narratology)에서 구조주의 문학이론은 이야기의 구조, 즉 형식에 관심을 두고 내러티브 내용이나 의미보다는 내적 구조 파악에 주된 관심을 둔다(박민정, 2006). 다시 말하면 이야기 속에 전개되는 사건이 무엇인지, 그 사건의 계열에 따라 사건들이 어떻게 해결되는지를 파악하여 전체 플롯을 파악하고자 한다. 그리고 그 플롯을 통해 개별적 사건들이 연계되어 있는 방식을 이해하고자 한다. 이러한 서사학적 문학이론은 의미 소통 구조로서의 내러티브 기능을 충분히 인식하지 못한다. 그리고 내러티브를 이야기 혹은 이야기 구조로 이해 할 경우 이야기의 의미작용을 간과하여 의미를 만들어내는 사고양식으로서의 내러티브 역할을 설명하지 못한다. 즉 내러티브를 구성하는 사고과정에

---

20 Doyle, W. & Carter, K., "Narrative and learning to teach: implication for teacher-education curriculum", *Journal of Curriculum Studies,* 35(2), 2003, p.129-137.

21 Bruner, J. S., 앞의 책, 1990.

22 McEwan, H. & Egan, K. (Eds.), *Narrative In Teaching, Learning,* and Research.(Teachers College Press, 1995).

23 김재춘·배지현, 「의미생성활동으로서의 스토리텔링의 교육적 함의」, 『초등교육연구』, 22(1), 2009, 61-82.

대한 고려 없이 이야기의 형식적 구조 내지 스토리 구조를 분석하는 것은 내러티브 의미를 협소하게 축소시켜 버리는 잘못을 범하는 것이다.

② 의미 구성 방식으로서 내러티브: 사고양식으로서 서사적 사고

이제 내러티브는 앞에서 논의한 것처럼 단순히 이야기나 이야기하기의 의미를 넘어서서 이야기 '만들기'의 인지작용으로 보아야 한다. 그것은 의미 만들기의 도구이다. 결국 내러티브는 사고도구가 되는 셈이다. 즉 내러티브는 사고양식으로서 의미를 지닌다. 그런 점에서 내러티브의 구성은 의미를 생성하는 인식 과정을 포함한다. 이와 관련하여 Rankin(2002)은 내러티브를 사고 혹은 의식의 양식(mode of consciousness) 으로 본다(박민정, 2006: 347 재인용).

보다 근본적으로 Bruner는 인간의 정신 활동을 질적으로 서로 다른 두 가지 사고 유형, 즉 패러다임적 사고와 내러티브 사고로 나누었다.[24] 이 사고양식들은 인지기능 이면서 동시에 인간의 경험을 조직하거나 현상을 구성하는 방식이다. 패러다임적 사고(paradigmatic mode of thought)는 물리적 세계의 사물을 다루는 것으로 논리적이며 과학적 형태를 띠는데, 논리적 진술문의 구조를 가지며 인과적 관계로 논리를 가지는 과학적 지식으로 볼 수 있다. 반면, 내러티브 사고(narrative mode of thought)는 서술된 이야기 구조를 가지며, 임의성을 띠고, 비논리적이며 서술체 형식을 지닌다. 이 양식은 인간의 삶의 문제를 주로 다루기 때문에 해석적, 주관적 속성을 띤다. 패러다임적 사고는 인과 관계의 입장에서 지식이나 의미를 발견하고자 하고, 내러티브 사고는 지식이나 의미는 발견되는 것이 아니라 구성되는 것으로 본다. 이 두 가지의 사고양식은 인간이 자신의 세계에 대한 경험을 서로 다른 문화적 풍토에서 다른 표현의 방식을 서로 다르게 발전시켜 왔다. 그런데 우리는 이야기를 설명하지 않으며 다만 이야기에 대해 다양한 해석을 할 따름이다. 과학적 이론이나 논증은 검증됨으로써 판단되지만 이야기는 '있음직한 가능성'에 의해 그 적절성이 판단된다. 이러한 이야기는 물리적 세계보다는 인간 '행위자'에 관한 것으로 인간의 의도적 행위에 초점을 둔다. 이러한 의도적 행위로 인해 인간의 행위는 예측 불가능하기 때문에 그 행위 발생의

---

24 Bruner, J. S., "Narrative and Paradigmatic Models of Thought", in Einer(ed.), *Learning and Teaching the Ways of Knowing.* (NSSE., Chicago: Univ. of Chicago Press, 1985)
Bruner, J. S., *Actual Minds, Possible Worlds.* Cambridge, (Mass.: Harvard Univ. Press, 1986)
Bruner, J. S., "Life as Narrative", *Social Research*, 54(1), 1987

이유에 대한 명확한 설명은 불가능하게 된다. 이것이 내러티브의 주요 특징을 이룬다(강현석, 1998: 117).

특히 우리가 관심을 갖는 인간 행위를 특징짓는 것은 의도적 행위이다. 인간의 의도적 행위를 다루는 내러티브 사고는 인간 삶의 의미를 파악하는 데 그 목적이 있으며 그 의미는 다수로 존재한다. 여기에서 그 의미를 파악하는 이해의 행위에서는 원인이 되는 것이 반드시 존재한다고 가정하지는 않는다. 왜냐하면 내러티브가 플롯을 중심으로 관련된 사건의 시간적 전후관계를 진술하지만 그것이 반드시 인과관계로 서술되는 것은 아니기 때문이다. 그것은 독자의 관점에 따라 변화하며 그 관점에 기초한 심리적 실재(psychological reality)는 검증 불가능하며 우리의 마음속에 존재한다.

더 나아가 Bruner는 내러티브 사고의 특징을 다음과 같이 설명하고 있다. 첫째, 불변의 보편적인 원리가 아닌 개별적 특수성의 문제에 초점을 둔다. 둘째, 유일한 절대적인 이해 방식을 추구하기 보다는 해석학적 순환을 상정하는 이해방식을 채택한다. 셋째, 문화 속에서의 구성원들 간의 의미의 상호교섭과 절충 가능성을 통해 세계를 이해해 나간다. 즉 내러티브 사고는 개별적 특수성에 초점을 두면서 문화적 맥락 내에서 의미 교섭을 통해 해석학적 방식으로 의미를 구성해 나간다는 것이다. 이런 점에서 볼 때 내러티브는 자연 세계보다는 주로 인간 행위자의 문제 즉, 인간 행위자의 경험, 의도, 신념, 목적, 가치, 사람들 간의 관계 맥락, 상호 교류 등과 같은 삶의 문제를 주로 다루며 인간의 행위, 의도, 목적, 주관적 경험에 초점을 맞추고 있으므로 상황 맥락마다 달리 나타난다는 특징이 있다. 동시에 내러티브는 해석학적 작업으로 우리가 행한 경험에 대한 단순한 기술이 아니라 그 경험이 어떻게 해석될 수 있으며 어떠한 의미를 갖는가를 탐색하는 사고과정을 담고 있다.

특히 사건에 대한 정보를 단순히 나열하는 것(연대기)이 아니라 그 사건을 이해하는 데 적절하다고 판단되는 정보들을 선정하고 현재의 관심과 동기에 비추어 과거의 경험을 해석하고 재해석하면서 의미를 생성하는 인식 과정을 포함한다(박민정, 2006). 어떤 사건의 시간적 선후관계의 규명보다는 사건들 간에 존재하는 관련성과 그 관계 속에서 드러나는 의미구성이 중요하다. 결국 내러티브는 일관성이나 관련성이 없어 보이는 과거의 사건들, 인물들, 행위들, 상황들을 서로 관련짓고, 조직화하고, 구조화하면서 질서와 형상을 부여하는 사고양식이다. 이런 점에서 Robinson과 Hawpe는 내러티브를 과거의 사건들을 특정한 형태로 구조화하고 관련지으면서 서로 이질적으로 보이는 사건들을 나름대로 종합하면서 현실을 이해하려는 사고과정으로 설명한다.

이러한 내러티브 사고양식에서는 인간이 자신들의 경험을 이야기하려는 보편적인 경향을 지니고 있다고 가정한다. 즉 인간은 경험에 대해 내러티브적인 해석을 부과하려는 성향이 있다는 것이다. 즉 인간 경험을 과거-현재-미래의 시간성과 특정 맥락 속에서 이해하고 경험을 둘러싼 다른 요인들과 계속적으로 상호작용하는 것으로 이해하고자 한다. 인간 경험을 일정한 틀에 의존하는 형식주의적 사고와 환원주의적 사고를 통해 이해하려는 태도를 지양하려고 한다.[25] 따라서 내러티브 사고양식은 세계를 이해하고 그에 대한 지식을 구성하는 데 있어서 이를 이해하고 구성하는 사람들의 이야기(story)를 활용하는 방식이다. 여기서 이야기는 인간 인식의 근본적인 방식으로 간주된다.

③ 경험 구조화(의미 구성의 틀), 소통 과정으로서 내러티브

사고양식으로서의 내러티브에는 일정 부분 인간 경험의 구조화 의미가 내재되어 있다. 즉 내러티브는 특정한 방식으로 경험을 구조화하는 것이며, 삶의 내용과 계속성에 형식을 부여하는 방식에서 경험을 구조화하는 것이다. 이와 같이 내러티브는 단순한 이야기나 사고양식으로서의 의미를 넘어서서 인간이 삶을 해석하는 데 있어서 사람이 경험하는 사건, 인물, 행위, 감정과 정서, 의도와 생각, 그리고 상황과 장면 등을 총체적으로 통합시켜주고 특정 경험이 이루어지는 맥락 속에 위치시켜주는 인식의 틀이라고 볼 수 있다(강현석, 2005: 92). 이 점은 Bruner의 경험의 구조, Polkinghorne 의 인지도식과 상통하는 부분이다.

이런 점에서 Polkinghorne(1988)은 내러티브 도식(scheme)에 주목한다. 내러티브 도식을 통해 관계들을 파악하는 것은 일련의 사건들을 통일된 사건으로 배열하기 위한 내러티브의 힘으로부터 기인한다. 내러티브의 배열은 각 요소들이 속해 있는 전체를 파악함으로써 개별 사건들을 이해할 수 있게 만든다. 배열 과정은 다양한 사건들을 시간적 측면에 따라 연결하여, 한 사건이 다른 사건에 미치는 영향을 구별함으로써 작동하고 인간의 삶이 시간적 형태가 되도록 이에 영향을 미치는 인간의 행동과

---

25 소경희·강현석·조덕주·박민정, 『내러티브 탐구: 교육에서의 질적 연구의 경험과 사례』, 서울: 교육과학사, 2007

사건들을 통일되게 한다. 인식할 수 있는 지각적 형태를 만드는 형태 조작이 제한되어 있기 때문에, 통일성 있는 이야기를 만드는 데에는 내러티브 구조가 제한되어 있다. 내러티브로 만들어진 이야기 속에서 특정한 행동들은 에피소드들을 완성하는 데 공헌하는 것으로써의 중요성을 가진다. 이런 의미에서, 내러티브는 최종의 결과가 알려진 후에 사건들의 의미를 회귀적으로 변경할 수 있다. 특정한 사건들을 통일된 하나의 내러티브로 만드는 수단은 플롯이나 줄거리이다. 각 행동의 일부가 전체적인 경험에 관련되는 것으로 보이는 것이 플롯이다(Polkinghorne, 1998: 18).

이와 유사하게 White[26]는 내러티브를 어떤 사태나 사건을 알고 있는 사람이 알고자 하는 사람에게 하나 이상의 현실이나 허구의 사건을 보고하는 것으로 정의하고 있다. 그러나 단순하게 사건이나 실제의 변화를 말하는 것이 아니라 전체의 의미에 비추어 조정하고 해석하는 활동을 포함하며, 내러티브를 통해 이질적인 상황이나 사건을 하나의 의미로 구성하게 된다. 따라서 그것은 여러 일련의 사건에 질서와 통일성을 부여하면서 그 의미를 구성할 수 있도록 해준다. 그래서 내러티브로서의 스토리는 그것이 진실의 연대기든지 소설의 상상이든지 우리의 세계에 널리 퍼져 있으며, 세계에 대한 우리의 이해방식을 형성한다. 그것은 실재에 대한 우리의 기본적인 인상에 정보를 제공해주며, 우리의 삶에 구조를 부여해준다.

우리는 경험을 이야기적 형태로 구조화함으로써 삶을 반성적으로 성찰하고 의미를 만들어 낸다(박민정, 2006). 이 과정에서 우리는 무슨 일이 일어났는지, 누가 그 경험세계에 있었는지, 왜 그렇게 행동했는지 등 일련의 질문을 중심으로 내러티브를 구성하게 된다. 단편적 사건이나 경험을 나열하고 피상적으로 생각하는 것이 아니라 그 경험을 해석하고 재해석하면서 의미를 생성하는 것이 중요하다. 어떤 경험의 시간적 선후관계의 규명보다는 경험들 간에 존재하는 관련성과 그 관계 속에서 드러나는 의미구성이 중요하다. 경험의 의미는 경험을 반성적으로 성찰할 때 그 의미가 드러나는 법이다. 이런 점에서 Ricoeur는 내러티브를 세상에 대한 단순한 설명양식이 아니라 사건을 상징화하는 수단이라고 보았다.[27] 이와 같이 내러티브는 세상에 대한 우리의 경험과 지식을 이해 가능한 형태로 조직화하는 창조적 활동이라고 볼 수 있다.

---

26 White, H., "The Value of Narrativity in the Representation of Reality." In W.J.T. Mitchell(Ed.), *On Narrative*(pp. 1-23). (Chicago: The University of Chicago Press, 1981)

27 Ricoeur, P., "What is a Text?", In M. J. Valdes(ed.). *A Ricoeur reader: Reflection and imagination.* (Toronto: University of Toronto Press, 1990)

요컨대, 내러티브는 사건들과 인간의 경험을 전체로 조직하는 의미구조이다. 그러므로 개별 행동과 사건들이 전체에 영향을 주는 것에 따라 의미가 있다. 따라서 내러티브는 단순하게 사건들을 시간에 따른 장소에 따라 목록화하는 연대기와는 구별되어야 한다. 내러티브는 시간적 측면을 포함하는 행동의 기호화된 설명을 제공한다.

그런데 내러티브를 경험의 구조화 틀, 의미 구성의 문제로 볼 경우 이 과정에는 경험의 주체와 대상 간의 대화적 상호작용 과정이 개입되기 마련이다. 경험의 대상이 내러티브 텍스트가 된다. 그 텍스트가 세상이든지 문자적으로 표현된 텍스트이든지 간에 경험의 주체와 끊임없는 커뮤니케이션이 일어나게 된다. 따라서 내러티브는 소통의 과정을 의미하기도 한다. 좁게 보면 내러티브는 저자, 내러티브 작품, 청중(독자) 사이의 대화적 상호작용으로 이해되기도 한다. 청중이 내러티브 텍스트를 읽을 때 그 속의 이야기는 청중의 세계로 넘어 온다. 그러나 정작 하고 싶은 이야기가 청중에게 그대로 전달되는 것은 아니다. 자신의 내러티브에 비추어 나름대로 의미를 재해석하면서 자신의 의미를 찾아간다. 이 경우 이야기를 읽는 청중은 내러티브 작품을 하나의 독백으로 만나는 것이 아니라 자신의 경험에 비추어 이야기 속의 세상과 상호작용하면서 허구적 경험을 실제적 경험으로 변형시킨다.

따라서 내러티브를 읽는 것은 언어를 매개로 재현된 경험 세상을 단순히 경험하는 것이 아니라 내러티브 세상과 자신의 세상을 관계 맺는(해석학적 순환) 작업이 되는 셈이다. 이 소통의 과정을 통해 내러티브 의미가 작가의 의도를 그대로 답습함으로써 파악되는 것도 아니고, 청중의 자의성에 의해 구성되는 것도 아니다. 이 두 세계, 즉 내러티브 텍스트의 세계와 독자의 세계의 지평의 융합을 통해 생성된다. 이러한 관점은 타인의 의식과의 관계 망 속에서 구성되는 인식의 중요성을 강조한다. 이 점은 Bakhtin의 시각과 상통한다. 인간은 본인이 자신에 대해 갖고 있는 생각을 타인이 자신에 대해 갖고 있는 생각과 지속적으로 대화함으로써 온전한 자아를 형성, 발전시킬 수 있다고 본다. 이러한 내러티브를 통하여 자아가 건강할 수 있다.

④ 세계 만들기 방식: 내러티브 휴리스틱(heuristic)

이상의 경험의 구조화로서 내러티브는 삶의 내용에 형식을 부여해준다. 우리가 세계에 대하여 말한다는 것은 일어났던 것에 대한 단순한 기록으로서가 아니라 경험을 계속적으로 해석하고 재해석함으로써 세계(삶)를 만들어가는 것이다. 세계를 여하히 해석하고 만드느냐에 따라서 경험의 질이 달라진다.

　Goodman은 '과학 만들기'와 '내러티브 만들기' 둘 다 결국 세계를 만드는 예에 불과하다고 주장한다.[28] 이런 점에서 과학의 본질은 과학 만들기에 있으며, 그 과정은 내러티브에 의해 이루어진다. 자연과학이 실험에 근거를 두고 있으나, 실험에 종사하는 사람들이 그 실험의 의미에 관해 폭넓게 숙고하고 토론하는 과정을 거칠 때 비로소 과학적 성과물을 얻을 수 있게 된다(Heisenberg, 1969). 현대 과학은 흔히들 5%의 실험 관찰과 95%의 추론(speculation)으로 '만들어진다'고 한다. 이는 어떤 관찰 사례가 과학자의 정신 안에서 하나의 과학적 실재로 구성되기까지에는 실로 많은 형태의 내러티브의 도움을 받아야 한다는 의미로 해석할 수 있을 것이다(김만희·김범기, 2002). 그리고 이러한 절차를 과학 만들기(science making)라고 한다(Bruner, 1996: 126).

　과학 만들기 과정은 내러티브이다. 과학 만들기는 자연에 대한 장황한 가설과 그 가설들의 검증 및 수정 그리고 완전체를 만들어 가는 것으로 구성된다. 검증 가능한 가설을 만들어 가는 과정에서 우리는 아이디어와 놀 수 있고, 변이형을 만들어 내고, 풀 수 없다가도 열중해서 풀어 나가면 답을 찾을 수 있는 니트 퍼즐과 같은 것도 만들고, 골칫거리를 찾아내기도 한다.

　지난 백여 년 간 모든 과학사학자들이 지적했듯이, 과학자들은 자신이 정의한 자연에 맞는 추론 모델을 탐구하기 위하여 직관이나 스토리, 비유 등 모든 도움을 이용했다. 내러티브 사고는 패러다임 사고의 가설 검증 요구와는 달리 가설을 만들어 내는 가설 생성을 암시한다. 그리고 가설 생성이란 수많은 관점들과 가능한 세계를 만들어 내는 것을 의미한다. 패러다임 사고의 핵심은 가설검증에 있지만 가설 생성을 배제하지는 않는다. 많은 경우 과학적 활동은 어느 정도 예술가들이 하는 것과 같은 가설 생성의 특성을 보인다. 과학사에서 위대한 발견들이 과학자들의 직관적 사고와 은유적 계기를 통해 이루어진 사실은 잘 알려져 있다. Bruner(1996: 124-125)에 따르면 물리학의 상보성의 원리를 발견한 Bohr는 여기에 관련된 추론 과정에 필요한 바른 내러티브를 파악하고 있었기에 가능하였다고 한다.

　인문학과 예술의 내러티브 사고도 이런 종류의 가설들을 포함한다. 다만 검증가능성보다는 인간의 폭넓은 상상력에 부합하는 진실성을 탐색하는 의미이다. 내러티브

---

28 Goodman, N., *Ways of Worldmaking*. (Indianapolis: Hackett Pub., 1978)

사고에서 가설을 만들어 내는 것은 인간의 다른 수많은 관점들에 비추어 그 적절성을 추구하게 된다. 이 점은 뒤에서 논의되는 가추법(abduction)과도 관련된다.

지금까지 내러티브의 의미를 크게 네 가지 차원에서 살펴보았다. 요컨대, '내러티브'는 이야기 혹은 이야기를 만드는 것으로 이야기(내용)와 담론(표현)으로 구성되며, 그것은 내러티브 사고의 산물이다. '내러티브 사고'는 이러한 내러티브를 만드는 마음의 인지 작용이다. 결국 내러티브란 사건들의 계열과 사건들이 만들어 내는 이야기에 의해 특징지어진다. 실재는 내러티브적 사고에 의해 구성될 수 있다. 인간 마음은 우리가 의미를 만들기 위해 사용하는 구성의 도구이다. 의미를 만드는 행위는 대화를 통해서 이루어진다. 여기에 이야기하기의 중요성이 있다. 이야기하기(story telling)로서의 내러티브 사고는 해석을 필요로 하며 거기에서 이야기 만들기가 가능해지며, 인간 경험을 구조화하고 경험을 계속적으로 해석하면서 세계를 만들어가는 것이다. 이와 같이 내러티브는 이야기를 만들어 내는 사고양식이면서 동시에 우리의 지식을 조직하기 위한 구조이며, 세계 만들기 방식인 것이다.

(나) 내러티브적 존재로서 인간

인간 존재에 대한 내러티브 이론에 의하면, 인간 연구는 개인이 살고 경험하고 해석하는 것으로서의 존재에 주의를 기울이고 초점을 맞출 필요가 있다(Polkinghorne, 1988). 이러한 해석은 궁극적으로 의미의 질서뿐만 아니라 언어의 과정을 포함하게 되는데, 이때 의미의 질서는 언어와 상호작용하면서 언어에 물리적 및 유기체적 질서를 부여하는 것이다.

Heidegger는 인간 경험의 원형은 해석학적 의미성에 있다고 제안하였다. 내러티브는 해석학적 의미가 표현되는 일차적인 틀이다. 인문학을 실제로 수행하는 데에 정보를 제공해 줄 수 있는 인간 존재에 대한 이론은 인간 경험과 존재에 있어서 내러티브가 중심이 된다는 것을 분명히 보여주어야 한다. 인간 경험에서 나타나는 시간성의 수준에서 내러티브의 기능에 주목해야 한다. 그리고 인간 행동을 내러티브에 의한 시간적 순서에 의해 구성되는 것으로 이해할 필요가 있다. 또한 인간의 자아와 개인의 정체성을 내러티브의 측면에서 재개념화해야 한다. 인간 경험의 원형

Maurice Merleau-Ponty와 Stephan Strasser는 인간 존재는 물리적 영역의 객관적인 단계로부터 언어학적 표현의 단계로 확장되는 실재의 상호작용적 단층들로 구성되었 인간 존재의 구성

다고 주장하였다. 이러한 다양한 단층들을 통합하는 것은 표현하는 행위의 부분이며 언어적 특성에 따라 순서를 가지게 된다. 언어적 영역은 장소가 아니며, 일종의 활동이다. 그것은 존재의 의미를 창조하는 지속적인 과정으로서, 어떤 사람이 문장을 말하거나 시를 쓸 때 나타나는 의미의 창조 과정과 비슷하다. 따라서 인간이 된다는 것은 하나의 사물이 되는 것이 아니라, 일종의 의미생성 활동을 하는 것이다. 그것은 살을 붙이고 구체화하여 의미를 만드는 것, 즉 그것은 일차적으로 존재의 표현 양식이다 (Polkinghorne, 1988: 142-143).

내러티브는 삶의 사건들이 일관성 있고 의미 있는 통합된 주제로 연결되는 표현 양식들 중의 하나이다. 하나의 관점에서 보면, 인간 존재는 하나의 삶으로 연결되는 일련의 지속적인 활동들의 연속이라고 볼 수 있다. 그러나 이러한 활동들은 여러 가지 분절된 시간에 따라 나누어진다. 분리된 사건으로 인식되는 짧은 기간의 활동들은 의식적 또는 무의식적 목적들의 결과로 이해된다. 즉, 그것들은 사고, 정서, 신체의 움직임과 같은 사건들을 포함한다. 다른 활동들은 개인적 시간의 장기적 기간에 해당하는 것으로 표시된다. 즉, 그것들은 아동에서 어른이 되기까지의 발달상의 변화를 포함한다.

인간 경험의 시간성은 (예컨대 50회 생일처럼) 자신의 고유한 삶에 따라 구획지어질뿐만 아니라, (1980년대와 같은) 역사의 장기간의 시간과 사회 진화 속에서의 자신의 위치에 따라 구획지어진다. 내러티브는 이러한 시간에 대한 다양한 경험을 보여주는 의미 생성 양식이다.

내러티브 의미론(강현석, 2011)과 관련하여 Polkinghorne(1988)에 따르면, 경험은 유의미해야 하며, 인간 행동은 이런 유의미성으로부터 나오고 그 의미나 중요성에 의해 풍부해진다. 그래서 인간 행동의 연구는 인간 경험을 형성하는 의미 체계에 대한 탐구를 포함할 필요가 있다. 여기에 내러티브 탐구의 중요성이 놓여 있다. 내러티브는 인간 경험을 의미 있게 만드는 일차적인 형식이다. 내러티브 의미(narrative meaning) 는 인간 경험을 시간적으로 의미 있는 에피소드로 조직하는 인지 과정이다. 그것이 인지과정, 즉 정신적 작용이기 때문에 내러티브 의미는 직접적인 관찰로 볼 수 있는 대상이 아니다. 그러나 인간 내러티브를 창안하는 과정에서 나타나는 각 개인의 이야기와 역사는 직접적인 관찰로 가능하다. 이러한 내러티브의 예에는 우리가 우리 자신의 행위와 타인의 행위를 설명하기 위하여 사용하는 개인적이고 사회적인 이야기, 신화, 동화, 소설, 그리고 (우리가 우리 자신의 행위와 타인의 행위를 설명하기 위하여 사용하는) 일상의 이야기들이 포함된다.

내러티브 관점에 따르면, 인간 존재는 상이하게 조직된 실재의 세 가지 영역, 즉 물질적 영역, 유기적 영역, 정신적 영역들이 층화된 체계로 이루어져 있다. 따라서 인간 존재는 다양한 종류의 실재(reality)를 체계적으로 종합한 것으로서 물질, 삶, 의미가 융합되는 종합적인 존재이다. 이 경우 내러티브는 이런 실재들 중의 하나인 의미의 영역의 한 측면으로서 간주된다. 내러티브는 의미의 영역의 작용들 중의 하나이기 때문에 내러티브를 이해하기 위해서는 의미의 영역을 구체적으로 검토할 필요가 있다.

첫째, 의미의 영역은 사물이나 실체가 아니라 활동이다. 활동은 활동이 산출해내는 구조와는 다르다. 활동은 실체가 아니라 퍼포먼스이다. 퍼포먼스가 산출하는 인공물이 실체이다. 활동의 일차적 차원은 시간과 계열이다.

둘째, 의미 영역의 활동의 산물은 요소들의 명칭이고 요소들 간의 관련성과 관계이다. 관련성을 확립하거나 자각하기 위하여 의미의 영역이 작용하는 것은 의식의 내용이다. 의식의 내용의 산물은 유기체 영역의 일이다.

요컨대 내러티브 의미는 정신적 영역에 의해 산출된 의미의 한 형태이다. 그것은 주로 인간에 영향을 미치는 인간 행위와 사태를 연결시키는 작용을 한다. 내러티브는 행위와 사태가 특정한 성과를 만들고 그리고 나서 이 부분들이 전체 에피소드로 틀지어짐으로써 그 의미를 만들어 낸다. 그리고 내러티브 의미는 정신적 영역의 과정들 중의 하나이며, 의식의 요소들을 의미 있는 에피소드로 구성하고 조직해주는 기능을 한다. 의미의 영역에서는 해석학이 내러티브를 이해하기에 가장 적합한 도구를 제공해준다.

따라서 내러티브는 인간이 일상의 일시적인 경험과 개인적이고 사적인 행위에 의미를 부여하는 수단이 되는 도식(scheme)이다. 내러티브 의미는 삶에 대한 의도를 이해하는 데 일정한 형식을 제공해주고, 매일의 일상적인 행위와 사건들을 에피소드적인 단위로 통합시켜주는 기능을 한다. 따라서 그것은 우리 삶의 과거 사건을 이해하고 미래 행위를 계획하기 위한 틀(framework)을 제공한다. 그리고 내러티브는 인간 존재가 의미 있게 되는 데 수단이 되는 주요 도식이다. 이런 점에서 인간 과학을 통하여 인간을 연구하는 데에는 일반적으로는 의미의 영역에, 특히 내러티브 의미에 초점을 둘 필요가 있다.

이상에서 논의한 인식론의 문제에서 알 수 있는 것은 우선 첫 번째 문제로 전통적으로 대상의 논리로 파악해 온 인간의 마음이 이제 새롭게 파악되어야 한다는 점이다. 지금까지 존재론적 시각에서 마음의 실체를 파악하려는 오류에서 벗어나 이제는 마음이 어떻게 의미를 만드는지, 즉 마음에 의해 실재가 어떻게 만들어지는지의 문제에 관심을 가질 필요가 있다. 이제는 마음의 실체가 무엇인지보다는 마음은 어떻게 활동하는지의 문제가 관심이 초점이 되었다. 다음으로 인간 마음과 문화의 관계를 새롭게 보는 Bruner의 문화심리학과 Polkinghorne의 내러티브적 앎의 문제이다. 즉 마음과 문화의 관계는 내러티브 사고로 볼 수 있다는 점이다.

요컨대 내러티브 인식론은 실재의 구성, 의미 만들기, 자아형성에 모두 관련되어 있으며, 특히 의미 형성과 교섭에서는 내러티브적 해석이 중요하다. 이러한 관련성은 의미는 대화를 통해서 만들어지고 이야기 양식은 해석을 필요로 한다는 내러티브의 가정에 그 근거를 두고 있다. 따라서 내러티브 인식론은 지식 그 자체의 문제만이 아니라 실재, 의미, 자아를 구성하는 주체의 마음을 문화적 상황 속에서 어떻게 구성하며 인간 발달의 문제를 사회 역사적 텍스트에서 어떻게 형성하고 해석하는가 하는 문제와 관련이 있다. 이런 점에서 내러티브 인식론은 지식의 문제뿐만 아니라 문화적 상황성 속에서 구성되는 실재, 의미, 자아와 총체적으로 연관되어 있다. 내러티브를 사용함으로써 자아가 만들어진다는 것은 인식론적 시각에서 본 마음으로 우리의 존재가 하나의 전개되는 이야기(의미)로 통합되는 것을 말한다.

내러티브를 흔히 '지어낸 이야기'라고 하는데, 곧 사실과 다른 허구의 세계를 의미한다. 내러티브는 이제까지 존재하지 않았던 새로운 세계를 만들어 낸다. 현실의 삶을 소재로 그것을 내러티브 사고의 상상력과 주관을 통해서 재구성하는 것이다. 그리고 그 현실의 세계에 대해 의미를 부여하는 것이다. 현실의 세계와 유사하면서 현실의 세계에서는 찾아 볼 수 없는 어떤 독특한 세계, 그것이 곧 허구의 세계이며 내러티브이다. 이제 내러티브는 단순한 이야기를 넘어서 삶의 근원적이고 포괄적인 이해자로 인식되어야 한다.

(다) 내러티브 형성과 내러티브 능력 발달(Baldock, 2006)

내러티브 문법이 존재할 수 있다는 생각이 매력적이라는 것은 쉽게 알 수 있다(Baldock, 2006; 강현석 외 공역, 2012: 58-62). 언어는 개별적 문장들 그 이상의 것으로 구성되며, 언어에 대한 연구는 단일 문장들보다 더 넓은 범위의 단위들(units)을 고려해야만 한다. 보다 근본적인 문제는 내러티브 안에서 영원한 구조를 발견하고자 하는 시도와 세밀하게 구성된 그 어떤 내러티브가 갖추어야 할 내재적으로 연대기적 형식 간에는 모순이 있다는 것이다. Ricoeur(1985)는 Bremond, Barthes, 그리고 다른 사람들에 대한 예리한 분석에서, 내러티브에 대한 구조주의자 작가들이 가지는 본질적으로 받아들이기 어려운 목표들을 증명해 보이고 있다.

파블라와 쉬제의 3분

이야기의 형성과 관련하여 내러티브의 문법을 구성하거나 혹은 내재적인 논리를 발견하고자 하는 시도는 내러티브들이 연대기적 결과들에 대한 기술이라는 사실과 잘 들어맞지 않는다. 그 문제는 처음부터 제기되었다. Todorov는 20세기 초에 러시아 학자들에 의해 *fabula*(이야기의 소재가 되는 사건들)와 *syuzhet*(이러한 사건들이 차례대로 하나하나 열거되는 방식) 간에 가장 먼저 분명하게 만들어진 구분을 출발점으로 삼았다. 동유럽 출신으로서, 그는 이러한 일단의 이론들을 1965년에 출판된 책을 통하여 서구의 관심 영역으로 가져오는 데 도움을 준 중요한 인물이었다.

그 구분은 명백한 것처럼 보인다. 그 어떤 이야기도 서로 연관된 사건들의 계열을 묘사한 것이지만, 작가가 그것을 이야기하는 데에는 다른 방법을 사용할 수 있다. 내러티브는 1인칭이나 3인칭으로 이야기될 수 있으며, 원래의 사건들에 대한 편집된 채집(편지, 신문 기사 등)으로 여겨질 수 있는 것으로 구성될 수도 있다. 그것은 일어난 일에 대해 코멘트를 달거나 혹은 없이도 기술될 수 있다. 또한 그것은 행동에만 엄격히 제한하여 설명할 수도 잇고, 좀 더 광범위한 코멘트를 달 수도 있다. 그것은 가장 초기 사건을 가지고 시작해서 점차적으로 마지막 이야기로 전개해 나갈 수도 있고, 플롯을 간략히 요약하고 난 후 세부적인 사실들을 설명할 수도 있으며, 혹은 사건의 중간부터 시작하여 그 이후에 앞뒤로 일어난 사건들을 설명할 수도 있다.

*fabula*와 *syuzhet* 간의 구분은 일견 그럴 듯 해 보이지만, 실제에서 그 구분을 유지하는 것은 어려울 수 있다. 내러티브로 이야기된 것을 하나의 매개를 사용하여 다른 형태(가장 흔한 경우로 소설의 영화화)로 바꾸는 것은 제대로 성공하지 못할 가능성이 있다. 이야기하는 방법은 분명히 중요하다. 그러나 기술된 사건들은 충분히 고려되지 않을 수 있는 문법이나 논리를 확인하고자 시도한다는 점에서 구조의 한 중요한 부분을 제공한다.

이야기의 사이클

이야기의 구조를 기술하는 데 있어서 가장 일반적인 가정은 이야기의 시작과 중간,

그리고 끝이 있다는 것이다. 이야기는 반드시 모종의 클라이막스를 거쳐서 시작과 논리적으로 일관성이 있는 결말에 이르게 된다. 중간 부분은 시작에서부터 결말 상태에 이르기까지 변화의 과정이 설명되는 부분이다. Ricoeur(1985)는 내러티브 작품의 결말을 그 통일성(unity)의 시금석으로 보았다. Kerby(1991)는 하나의 대조되는 견해를 내어 놓았다. 그에게 있어, 결말(ending)은 하나의 문학적 장치일 뿐만 아니라 우리가 우리의 삶을 이해하고자 추구하는 근본적인 방법을 반영한다.

우리 삶과 내러티브

우리는 우리 삶의 부분들을 내러티브로 구성해낼 때 사건들을 창조하는 것이다. 내러티브는 우리들로 하여금 시간의 정상적인 흐름 밖으로 걸어 나가도록 한다. 시작과 결말이 이러한 방법으로 이루어진다는 사실은 독자나 청중들이 그 이야기가 실제적 삶이 아니라 다른 그 어떤 것이라는 사실을 이해하도록 돕기 위하여 그것으로 하여금 내러티브 그 자체의 구조에 있어서의 개막과 종결을 나타내는 데 덜 본질적이게 만든다.

경험의 기술로부터 보다 형식적인 스토리텔링으로의 이동이 중요하다. Fludernik(1996)는 소설이나 다른 잘 짜여진 이야기 형식에 뿐만 아니라 일상적인 담론에서 일어나는 것에도 기본적인 내러티브 이론이 필요하다고 주장했다. 그녀는 이것이 보다 '자연스러운' 내러톨로지를 제공할 것이라고 주장했다. 물론 '일상적' 대화는 종종 형식 문법 측면에서 볼 때 결점이 많은 발화들에 의해 특징지어진다. 마찬가지로 일상적인 대회에서 일어나는 경험에 대한 설명이나 혹은 그 어떤 인쇄된 담론에 대한 설명이라 할지라도 빈번하게 잘 구성된 플롯을 결여하고 있다. 따라서 그녀가 확립하고자 하는 자연스러운 내러티브학에서 플롯은 필연적인 역할을 가지지 못한다. 그녀의 책은 언어학과 심리학, 그리고 문학 비평가들 간에 새로운 만남의 장소를 제공하고 있다. 그러나 내러티브의 기초를 고찰하는 데 있어서, 그녀는 좀 더 인습적인 의미에서 내러티브가 갖는 유의미성을 과소평가하는 경향이 있다. 이야기들은 지속되는 존재로부터 요소들을 추출하고, 지속적인 흐름을 결여하고 있는 그 요소들에 형식을 제공함으로써 세상을 분석하고자 하는 시도들이다. 그것들은 과학적 이론들일 뿐만 아니라 또한 인위적인 이론들이다. 그것을 구성하고자 하는 우리의 충동이 그 이야기들이 발생되는 경험적 토대만큼이나 중요하다. 따라서 내러이션을 지배하는 '자연적' 대화는 그것들의 관점에서 볼 때 매우 중요한 주제들인 것이다.

내러티브 능력의
중요성

내러티브 능력은 이야기를 이해하고 만들어 내는 능력이다. 이 용어는 완전한 모습을 갖춘 모형이나 제공된 이론이라기보다는 기술이다. 내러티브 능력은 유년시절전체

기간과 그 이후에 걸쳐 발달하는 인지(cognition)의 다양한 양상 중의 하나이다. 이와 관련하여 Baldock(2006)은 여기에서 이 능력에서의 발달이나 진보(advances)가 2세-6세, 좀 더 구체적으로 3-4세에 이루어진다는 사실을 지적하고, 어떻게 이것이 발생하는지와 그것의 중요성을 제시하기 위해서 다양한 학술분야의 연구 자료와 논의를 활용하고 있다(Baldock, 2006; 강현석 외 공역, 2012: 112-114).

내러티브 능력에는 다섯 개의 주요 요소가 있는 것 같다:

- 연대순으로 구조화된 사건의 배열을 이해하고 구성하는 능력
- 시간의 흐름과 그것의 중요성을 이해하고 그것을 일상이나 주기의 반복 이상으로 보는 능력
- 내러티브 배열에서 작용하는 인과관계를 이해하는 능력: 많은 경우에 있어서 사건은 앞선 사건이 일어났기 때문에 발생한다
- 어떠한 내러티브든지 특정 견지에서 이야기된다는 것과 이야기 속의 다양한 등장인물은 사건이 전개되면서 당연히 서로 다른 관점을 가진다는 것을 이해하는 능력
- 특정 문화에서 내러티브에 부착된 관례를 사용하고 그러한 관례가 엄밀히 관례임을 인식하는 능력, 고로 다른 곳에서 다른 것이 있을 수도 있고 우리 자신의 문화에 있는 관례는 특정한 효과와 이해를 얻기 위해 다양한 방식에서 전복될 수 있다.

내러티브 능력의 요소

위의 네 개는 개인적인 심리(psychology), 마지막의 것은 다른 문화적인 영향과 관련되는 것으로 보일 수 있지만, Bruner와 많은 다른 심리학자들이 말한 것처럼, 개인의 인지 발달은 문화적 맥락에서 분리될 수 없다. 그것이 발생하려면 맥락이 필요하다.

(라) 내러티브 사고양식

강현석(2011)에 의하면, 내러티브 사고는 서술된 이야기 구조를 가지는 비논리적 서술체로서, 인간 삶의 의미를 파악하는 데 그 목적이 있다. 이 사고양식은 과학적 이론이나 논증을 중시하기보다는 '있음직한 가능성(verisimilitude)'이나 '그럴듯한(plausible)' 세계에 의해 그 적절성이 판단된다. 이야기 사고는 물리적 세계보다는 인간 '행위자'에 관한 것으로 인간의 의도적 행위에 초점을 두며, 이러한 의도적 행위로 인해 인간의 행위는 예측 불가능하기 때문에 그 행위 발생의 이유에 대한 명확한 설명은 불가능하게 된다. 이 과정에서 인간은 세상을 이해하고 세상에 대한 지식을 구성함에 있어서 이야기를 활용한다는 것이다. 이런 점에서 내러티브 사고는 우리가 우

리의 삶을 이해하고 해석하고 전달함에 있어서 꼭 필요한 인지적 사고양식으로서 삶에 대한 의미를 만들기 위해 사용되는 의미 구성의 핵심적 도구이다. 우리의 교육 문화는 보이지 않게 패러다임적 사고 중심으로 편향되어 있다. 교육은 인간의 총체적 사고 활동이기 때문에 내러티브 사고는 패러다임 사고를 보완하고 교육의 균형을 회복시켜줄 수 있는 중요한 사고양식이다.

이렇게 볼 때 내러티브 사고양식은 인간으로서 우리가 삶을 해석하는 데 있어서 하나의 틀로 기능한다. 그러므로 내러티브 구조에 따라서 생각하고 지각하고 상상하고 도덕적 결정을 한다. 다른 말로 하면 인간으로서 우리는 경험상의 사건, 사람, 행위, 감정 생각, 그리고 장면을 결합시키고 상호관련 지어주며 해당 맥락 속에 위치 지어주는 종합적인 틀을 엮어서 구성함으로써 우리의 삶을 해석하려는 경향을 지닌다. 이러한 종합적인 틀이 바로 내러티브이다. 그런데 내러티브가 주목하는 인간 행위를 특징짓는 것은 인간의 욕망, 희망, 신념, 지식, 의도, 헌신 등과 같은 의도적인 것이다. 따라서 인간의 행위는 예측할 수 없거나, 규범을 벗어난 상황에서 일어나기도 한다. 그리고 인간의 행위가 왜 일어나는지, 어떻게 일어나는지 정확히 설명한다는 것은 본질적으로 불가능하다. 따라서 우리는 내러티브의 규칙과 장치에 따라 구성된 세계에서 대부분의 삶을 살고 있다.

Bruner 역시 인간의 의사소통에서 가장 보편적이고 강력한 담화의 형태가 내러티브라고 보며, MacIntyre[29], Polkinghorne, Connelly & Clandinin도 자신들의 연구에서 내러티브가 인간의 경험을 이해하는데 중심이 된다고 지적한다. 왜냐하면 우리 모두는 우리의 삶을 내러티브로 살아가며, 내러티브의 입장에서 우리 삶을 이해하기 때문이다. Connelly & Clandinin은 교육을 개인적·사회적 이야기들을 구성하고 재구성하는, 즉 교사와 학습자가 자신의 이야기를 하고 상대방의 이야기를 들어주는 행위로본다. 교육 현장에서 일어나는 행위와 사건을 이러한 시각으로 볼 때, 교육 연구에서의 우리의 관심은 교사와 학생들의 삶의 경험에 있게 된다.

내러티브 사고는 교육의 문제, 특히 교육과정 문제와 직접적으로 연관되어 있기 때문에 매우 중요한 위치를 차지한다. 학교에서 아이들에게 무엇을 어떻게 가르칠 것인가의 문제는 아이들의 마음의 사용과 직접 관련된다. 무엇을 가르칠 것인가, 어떤 사

---

29 MacIntyre, A., *After Virtue: A Study in Moral Theory.* (Notre Dame, Ind.: University of Notre Dame Press, 1981)

고양식을 기를 것인가 등의 교육과정의 핵심 문제에서는 마음의 사용과 분리 할 수 없다. 두 가지 사고양식이 균형을 이루어야 한다.

앞에서 논의한 내러티브의 의미나 특성에 비추어 보면 내러티브는 몇 가지 중요한 측면이 있다.

첫째, 지식을 보는 관점의 새로운 변화를 가져다준다. 이 관점에서 지식은 사람들이 다른 사람과 자신들의 아이디어와 이야기를 공유하는 상황에서 개인적, 사회적으로 구성되고 재구성된다. 따라서 지식은 개인 내에 구체화된 것으로서, 개인은 개인적 사회적으로 구성된 상징적 형식들을 통해서 경험을 해석한다.

둘째, 실재가 내러티브 사고에 의해 구성될 수 있다. 특히 학교 교육에서 교사와 학생간의 상호작용적 관계, 교육과정의 전개와 운영, 교육 내용에 대한 취급 방식 등에 중요한 시사점을 제공할 수 있다. 학생들 각자에게 자신의 세계관 형성에 내러티브 능력을 길러주는 일은 교과과정 전개와 교육 목표 설정에 반영될 수 있을 것이다.

셋째, 협동학습의 중요성이다. 교실 수업의 전개에서는 수업 참여자들 모두 언어에 의한 상호 작용을 통해 의미의 거래를 할 수 있다. 이것은 타인의 마음을 설명하고 이해할 수 있는 간주관적 능력에 의해 가능할 수 있다. 이런 점에서 협동학습과 상호 작용적 교수법의 가치를 찾을 수 있다.

내러티브와 가추법

한편 내러티브 사고의 핵심을 줄거리 구성능력과 가설생성적 사고로 보는 입장 (Bruner)도 존재한다. 줄거리 구성 능력 혹은 이야기 구조 구성 능력은 사고력의 형성과 개발에 중요한 역할을 한다. 그리고 가설생성적 사고는 가설적 추론과 해석학적 내러티브 입장에 의해 확장될 필요가 있다. Bruner는 줄거리 구성 과정이 Peirce의 개연적 삼단논법인 추론, 곧 가설적 추론 혹은 가추법(abduction)으로 진행된다고 지적한 바 있다. 가추법은 어떤 사실로부터 전제를 추론하여 드러난 사실로부터 드러나지 않은 사실에 대한 개연성 있는 가설을 설명하는 사고방식이다. 연역법이 일반 전제로부터 특수 사실을 판단하고, 귀납법이 특수 사실들을 종합하여 규칙을 정립하는 것이라면, 가추법은 특수 사실을 보고 전제를 선택하여 사례를 추론한다. 가추법의 개연적 삼단논법을 요약하면 다음과 같다. ① 새로운 사실(surprising fact) C가 목격되었다(문제 확인 단계P). ② 가설 A가 진리라면, C는 당연히 참이다(문제해결을 위한 솔루션, 즉 가설 발견 단계). ③ 따라서 가설 A가 참인지 검증해봐야 한다(솔루션 검증단계). 즉 사실을 설명할 수 있는 가정을 배경 지식에서 선택, 혹은 창안하여 제시하는 것이다.

이러한 가추법은 사실, 행위의 의도나 목적을 가정하는 일상의 생활에서 흔히 사용하는 것이다. 하지만 의학이나 과학에서 가추법은 새로운 이론과 가설을 발견을 가능케 하는 창안의 사유 방식으로 논리성과 창의성을 겸비한, 다시 말해 창의적 과정을 논리적으로 해명할 수 있다는 점에서 주목을 받고 있다.[30] 이러한 줄거리 구성 능력에서 중요한 것은 의미 있는 전체를 구성할 수 있는 판단력이다. 이는 처음-중간-끝의 구조화된 전체 패턴 안에서 요소들 간의 관계를 고려하는 능력이다. 동일 사건이라 하더라도 어떠한 사건, 인물, 상황과 관계하며, 또 전체적인 흐름 속에서 어디에 위치하는가에 따라 의미는 달라진다.

(마) 내러티브 인식론: 실재의 내러티브 구성

실재는 소박한 물리적 세계관을 넘어서는 입장에서 이해될 필요가 있다. 즉, 실재는 내러티브적으로 구성된다는 것이다. 인간이 세계에 관한 이야기를 함으로써 즉, 실재(reality)를 해석하기 위한 내러티브 방식을 활용함으로써 세계의 의미를 파악하고 세계에 대하여 이해하는 것이 중요해진다. 경험주의(자)의 검증된 지식이나 합리주의(자)의 자명한 진리 그 어느 것도 보통 일반인들이 자신들의 경험의 의미를 이해하는 근거를 기술하지는 않는다. 의미의 구성은 어떤 이야기를 필요로 하는 문제들인 것이다. 아울러 이야기들은 인간의 만남에 관한 아이디어, 이야기의 주인공들이 서로를 이해하는지에 관한 가정들, 규범적인 표준에 관한 편견이나 선입견들을 필요로 한다. 이 순서의 문제는 누군가가 얘기한 것으로부터 그가 의도한 것으로, 그리고 그 경우가 무엇처럼 보이는 것으로부터 "실지로" 무엇인가 하는 것으로 우리로 하여금 성공적으로 이해할 수 있도록 해주는 것이다. 비록 과학적인 방법이 이러한 모든 것들에 대하여 거의 관련성이 없는 것 일지라도, 세계를 이해하는 유일한 길이 아니라는 사실은 틀림없다.

실재의 내러티브
구성의 방식

Bruner는 실재(reality)를 해석하기 위한 9가지 내러티브 방식을 다음과 같이 제공하고 있다(1996).

---

30 최인자, 「모티프 중심의 서사적 사고력 교육」, 『국어교육학연구』, 18집, 2003, p.481

1. 관련된 시간의 구조(*a structure of committed time*)

내러티브의 시간은 시계로 잰 물리적 시간이 아니라 인간적으로 적절한 시간이다. 내러티브적 시간은 내러티브에서 주인공이나 화자, 양자 모두에 의해서 의미의 중요성이 주어지는 "인간적으로 적절한 시간"이다.

2. 일반적인 특수 개별성(*generic particularity*)

내러티브는 불변의 원리가 아닌 특수한 개별성을 다룬다. 그것은 개별성 속에서 이상화된다. 특수 개별성은 내러티브를 현실화하여 실현하는 매개 수단이다. 특수한 내러티브들은 장르나 형식이 된다. 특별한 내러티브는 일반적인 것에 대한 변형이다. 의미를 가지는 내러티브들의 특성과 삽화는 내러티브 구조를 둘러싸고 있는 것들의 "기능"이다. 특수한 하나의 내러티브는 자체의 일반적인 기능에 의하여 이루어진다. 내러티브의 특수성이 바뀌거나 충족될 수 있는 것은 "기능 충전(function filling)"에 의한 것이다. 장르는 텍스트의 한 종류나 텍스트를 해석하는 하나의 방식으로 특성화된다. 장르는 텍스트 속에 존재한다. 텍스트의 줄거리와 내러티브 하는 방식 속에 존재한다. 내러티브 실재는 여러 장르로 전환되는 다양한 방식으로 읽힐 수 있다. 희극, 비극, 낭만, 풍자, 자서전, 등등. 하지만 작가들이 써 놓은 것들과 그것이 읽히는 것이 늘 같지는 않다. 장르들의 존재는 보편적이다. 장르란 인간 조건에 관하여 관찰하고 의사소통하는 양자에 대하여 문화적으로 전문화되고 특수화된 방식이다.

3. 행위들은 이유를 가진다(*Actions have reasons*)

내러티브는 행위에 잠재된 의도적 이유를 찾으려 한다. 그 이유는 사물의 규범 틀 속에서 판단되고 평가된다. 내러티브 행위는 의도적인 상태를 포함하고 함축한다. 내러티브는 원인(causes)이 아니라 이유(reasons)를 모색한다. 이유는 판단될 수 있으며, 사물들의 표준적인 도식에서 평가될 수 있다.

4. 해석학적 구성(*Hermeneutic composition*)

내러티브를 이해하는 방식은 유일하지 않고, 해석학적 구성을 상정한다. 내러티브에 추정되는 의미들은 원칙적으로 복합적이다. 이것은 유명한 "해석학적인 순환(hermeneutic circle)"을 창안해 낸다. 관찰 가능한 세계나 필요한 이유의 법칙에 비추어서가 아니라 대안적인 읽기에 의하여 하나의 텍스트를 읽는 진실을 정당화하려고 노력한다. 부분적 표현들의 읽기는 다른 것들의 읽기에 의존하며, 궁극적으로는 전체에 의존하는 것이다. 하나의 스토리 부분들이 지니는 의미가 전체적으로 그 스토리의 기능(機能)들이다. 전체적으로 그 스토리가 형성되기 위해서는 적절한 구성 부분들에 의존하기 때문에, 스토리 해석은 해석학적이다. 하나의 스토리의 부분들과 그 전체는 공존하도록 만들어져야 한다. 스토리가 우리의 흥미를 사로잡을 때, 내러티브의 해석학적 강제(compulsion)를 만든다. 모든 화자는 하나의 관점을 가지며, 우리는 그것에 질문할 수 있는 권리를 가진다.

5. 함축된 정전성(正典性)(Implied canonicity)

내러티브는 정통적 규범이나 정전으로부터의 일탈을 함축한다. 내러티브는 예상과는 반대로 진행되어야 하며, 규범적인 정전을 돌파하거나 Hayden White가 "적법성이나 합법성(legitimacy)"이라고 말한 것으로부터 벗어나야 한다. 배반한 아내의 내러티브, 부정한 남편, 강탈당한 바보, 등등. 그것들은 모두 독자에게 맞는 내러티브들의 자원들이다. 내러티브 실재는 기대되는 것, 합법적인 것, 습관적인 것에 우리를 연결시킨다. 그러므로 언어와 문학의 창안을 통한 내러티브는 "일상의 것들을 다시 낯설게 만듦"으로써 청중을 붙잡기 위하여 노력한다. 내러티브 실재를 해석하는 방식은 이야기하는 사람의 새로운 내러티브에 찬성하도록 만들어 준다.

6. 지시 대상의 애매(모호)성(Ambiguity of reference)

내러티브는 철학이나 시적 용어처럼 지시의 애매(모호)성을 보인다. 내러티브는 항상 질문에 개방적이다. 왜냐하면 내러티브 사실들은 내러티브의 기능들이기 때문이다. 내러티브의 사실주의는 문학 관습의 문제이다. 사람들은 항상 문장의 맥락에 있는 무엇인가를 가리키며, 그것을 가리키는 지시는 수평적으로 애매모호하게 된다.

7. 문제사건의 중심성(The centrality of trouble)

내러티브의 추진력과 가치는 갈등을 불러일으키는 문제(상황)에 있다. 내러티브 실재는 문제(상황)에 자리한다. 내러티브 문제의 형태는 역사적으로 문화적으로 단 한번에 끝나는 것이 아니다. 내러티브 문제의 형태는 시간과 상황, 환경을 표현한다. 그러므로 "동일한" 이야기들은 변화한다.

8. 고유의 교섭가능성(Inherent negotiability)

문화의 상호교섭과 경쟁 속에 존재하는 내러티브는 본질적으로 교섭이나 협상 가능성을 갖는다. 우리는 스토리의 본질적인 논쟁가능성을 수용한다. 그것은 문화적 교섭에서 내러티브를 실행가능하고 존립할 수 있도록 만드는 것이다. 당신은 당신의 내러티브를 하고, 나는 나의 내러티브를 하는 것이다.

9. 내러티브의 역사적 확장가능성(The historical extensibility of narrative)

내러티브는 계속적으로 확장하여 역사를 구성한다. 삶은 내러티브에 따라서 자급자족할 수 있는 하나의 스토리가 아니다. 삶은 잇따라서 전개되는 자족적인 스토리가 아니다. 여러 스토리들은 내러티브적으로 각각의 고유한 바탕에 존재한다. Ronald Dworkin은 법률에서의 판례는 지속된 내러티브와 동일하다고 제안한다. 우리는 과거에 일관성을 부과하며, 그것을 역사로 돌린다. 역사는 특수성으로 가득 차 있다.

이상에서 보는 바와 같이 "실재의 내러티브적 해석"은 상세히 분석하기 어려운 것이다. 우리는 내러티브의 바다에 살고 있다. 우리에게는 실재 내러티브 내용을 창안하는 능력이 있다. 이것에 관한 세 가지 고전적인 방법은 **대조, 대립, 메타인지**이다.

대조는 "동일한" 사상(事象)에 대해 대조적이지만 동등하게 타당한 설명을 듣는 것이다. 두 명의 관찰자가 동일한 일들을 어떻게 볼 수 있는지, 계속되는 상이한 내러티브들을 어떻게 구성할 수 있는지를 점검하는 것이다. 대조는 우리를 일깨운다. 소설가, 극작가, 영화제작자는 독자들의 "의식과 자각을 분발시키기" 위하여 "대조"를 활용한다.

대립은 실재 내러티브 설명의 결과와는 반대되는 것이다. 결국 대립은 상충하는 내러티브에 대하여 판결을 요구하지만 의식을 일으키는 것보다는 분노를 자극하는 것이다. 이것은 우리에게 메타인지를 가져다준다. 정신활동의 이러한 형태에서, 사고의 대상은 사고 그 자체이다. 그러나 메타인지는 사고가 조직되고 표현되는 것으로 보아 언어 코드로 돌릴 수 있다. 메타인지는 실재의 특성에 대한 존재론적인 논의에서 아는 방법에 관한 인식론상의 논의로 전환한다. 대조와 대립이 앎의 관련성에 관한 의식이나 자각을 일으키는 것인 반면에, 메타인지의 목표는 실재의 구성에 대하여 이해하는 대안적인 방법을 창안하는 것이다. 메타인지는 협상과 교섭이 합의를 가져다주는 데 실패할 때조차도 인간 사이에 존재하는 의미의 협상과 교섭을 위한 합당한 근거를 제공한다.

내러티브에 대한 논의는 인간 사회내의 의미의 협상에 관한 반영이 아니라 "스토리"에 대하여 분개하며 거절한 것에 관한 사례인 것이다. 내러티브가 있을 법한 모든 사례에 대해서 진리를 생산할 수는 없다. 진리를 발견한다는 것은 과학과 논리만의 특권이다. 우리는 과학적인 방법과 합리적인 사고에 대한 방법들을 가르치는 데 교육학적인 노력을 기울인다. 증명에 관련되는 것, 모순을 구성하는 것, 단순한 발언에 지나지 않는 것을 검증 가능한 명제로 어떻게 전환시키는지, 등등. 왜냐하면 이것들은 "과학에 따른 실재"를 창안하기 위한 방법들이기 때문이다. 하지만 우리는 내러티브의 규칙과 장치에 따라 구성된 세계에서 우리 삶의 대부분을 살고 있다. 교육은 실재 내러티브의 세계와 메타인지적 민감성이나 감수성을 창안하기 위하여 풍부한 기회들을 제공해야 한다.

(2) 원리

(가) 인간은 내러티브를 통하여 정체성을 형성한다

우리는 우리의 개인적 정체성과 자아 개념을 내러티브적 구성을 사용하여 만들며, 우리의 존재를 하나의 전개되고 발전되는 이야기의 표현으로 이해함으로써 그것을 전체로 만든다는 것이다. 우리는 우리 이야기의 중간에 있으며, 그것이 어떻게 끝날지를 확신할 수 없다. 새로운 사건들이 우리의 삶에 추가됨에 따라 우리는 끊임없이 플롯을 개정해야만 한다. 그 경우 자아는 정태적인 것이나 실체가 아니라, 개인적 사건들을 이제까지 자신이 어떠했는지 뿐만이 아니라 앞으로 자신이 어떻게 될지 기대하는 것을 포함하는 역사적 통일체로 구성하는 것이 된다.

(나) 인간은 내러티브를 통하여 의미를 구성한다

내러티브 관점에 따르면, 인간 존재는 상이하게 조직된 실재의 세 가지 영역, 즉 물질적 영역, 유기적 영역, 정신적 영역들이 층화된 체계로 이루어져 있다. 따라서 인간 존재는 다양한 종류의 실재(reality)를 체계적으로 종합한 것으로서 물질, 삶, 의미가 융합되는 종합적인 존재이다. 이 경우 내러티브는 이런 실재들 중의 하나인 의미의 영역의 한 측면으로서 간주된다. 내러티브는 의미의 영역의 작용들 중의 하나이기 때문에 내러티브를 이해하기 위해서는 의미의 영역을 구체적으로 검토할 필요가 있다.

첫째, 의미의 영역은 사물이나 실체가 아니라 활동이다. 활동은 활동이 산출해 내는 구조와는 다르다. 활동은 실체가 아니라 퍼포먼스이다. 퍼포먼스가 산출하는 인공물이 실체이다. 활동의 일차적 차원은 시간과 계열이다.

둘째, 의미 영역의 활동의 산물은 요소들의 명칭이고 요소들 간의 관련성과 관계이다. 관련성을 확립하거나 자각하기 위하여 의미의 영역이 작용하는 것은 의식의 내용이다. 의식의 내용의 산물은 유기체 영역의 일이다.

요컨대 내러티브 의미는 정신적 영역에 의해 산출된 의미의 한 형태이다. 그것은 주로 인간에 영향을 미치는 인간 행위와 사태를 연결시키는 작용을 한다. 내러티브는 행위와 사태가 특정한 성과를 만들고 그리고 나서 이 부분들이 전체 에피소드로 틀지워짐으로써 그 의미를 만들어 낸다. 그리고 내러티브 의미는 정신적 영역의 과정들 중의 하나이며, 의식의 요소들을 의미 있는 에피소드로 구성하고 조직해주는 기능을 한다. 의미의 영역에서는 해석학이 내러티브를 이해하기 위한 가장 적합한 도구를 제공해준다(Polkinghorne, 1988).

따라서 내러티브는 인간이 일상의 일시적인 경험과 개인적이고 사적인 행위에 의미를 부여하는 수단이 되는 도식(scheme)이다. 내러티브 의미는 삶에 대한 의도를 이해하는 데 일정한 형식을 제공해주고, 매일의 일상적인 행위와 사건들을 에피소드적인 단위로 통합시켜주는 기능을 한다. 따라서 그것은 우리 삶의 과거 사건을 이해하고 미래 행위를 계획하기 위한 틀(framework)을 제공한다. 그리고 내러티브는 인간 존재가 의미 있게 되는 데 수단이 되는 주요 도식이다. 이런 점에서 인간 과학을 통하여 인간을 연구하는 데에는 일반적으로는 의미의 영역에, 특히 내러티브 의미에 초점을 둘 필요가 있다.

(다) 내러티브로서 인간 경험이 주요 탐구 대상이다

Polkinghorne(1988)에 따르면, 경험은 유의미해야 하며, 인간 행동은 이런 유의미성으로부터 나오고 그 의미나 중요성에 의해 풍부해진다. 그래서 인간 행동의 연구는 인간 경험을 형성하는 의미 체계에 대한 탐구를 포함할 필요가 있다. 여기에 내러티브 탐구의 중요성이 놓여 있다. 내러티브는 인간 경험을 의미 있게 만드는 일차적인 형식이다. 내러티브 의미(narrative meaning)는 인간 경험을 시간적으로 의미 있는 에피소드로 조직하는 인지 과정이다. 그것이 인지과정, 즉 정신적 작용이기 때문에 내러티브 의미는 직접적인 관찰로 볼 수 있는 대상이 아니다. 그러나 인간 내러티브를 창안하는 과정에서 나타나는 각 개인의 이야기와 역사는 직접적인 관찰로 가능하다. 이러한 내러티브의 예에는 우리가 우리 자신의 행위와 타인의 행위를 설명하기 위하여 사용하는 개인적이고 사회적인 이야기, 신화, 동화, 소설, 그리고 (우리가 우리 자신의 행위와 타인의 행위를 설명하기 위하여 사용하는) 일상의 이야기들이 포함된다.

(라) 신학문과 연구방법은 내러티브 인식론을 통하여 성장한다

우선 첫 번째 문제로 전통적으로 대상의 논리로 파악해 온 인간의 마음이 이제 새롭게 파악되어야 한다는 점이다. 지금까지 존재론적 시각에서 마음의 실체를 파악하려는 오류에서 벗어나 이제는 마음이 어떻게 의미를 만드는지, 즉 마음에 의해 실재가 어떻게 만들어지는지의 문제에 관심을 가질 필요가 있다. 이제는 마음의 실체가 무엇인지보다는 마음은 어떻게 활동하는지의 문제가 관심이 초점이 되었다. 다음으로 인간 마음과 문화의 관계를 새롭게 보는 Bruner의 문화심리학과 Polkinghorne의 내러티브적 앎의 문제이다. 즉 마음과 문화의 관계는 내러티브 사고로 볼 수 있다는 점이다.

요컨대 내러티브 인식론은 실재의 구성, 의미 만들기, 자아형성에 모두 관련되어 있으며, 특히 의미 형성과 교섭에서는 내러티브적 해석이 중요하다. 이러한 관련성은 의미는 대화를 통해서 만들어지고 이야기 양식은 해석을 필요로 한다는 내러티브의 가정에 그 근거를 두고 있다. 따라서 내러티브 인식론은 지식 그 자체의 문제만이 아니라 실재, 의미, 자아를 구성하는 주체의 마음을 문화적 상황 속에서 어떻게 구성하며 인간 발달의 문제를 사회 역사적 텍스트에서 어떻게 형성하고 해석하는가 하는 문제와 관련이 있다. 이런 점에서 내러티브 인식론은 지식의 문제뿐만 아니라 문화적 상황성 속에서 구성되는 실재, 의미, 자아와 총체적으로 연관되어 있다. 내러티브를 사용함으로써 자아가 만들어진다는 것은 인식론적 시각에서 본 마음으로 우리의 존재가 하나의 전개되는 이야기(의미)로 통합되는 것을 말한다.

내러티브를 흔히 '지어낸 이야기'라고 하는데, 곧 사실과 다른 허구의 세계를 의미한다. 내러티브는 이제까지 존재하지 않았던 새로운 세계를 만들어 낸다. 현실의 삶을 소재로 그것을 내러티브 사고의 상상력과 주관을 통해서 재구성하는 것이다. 그리고 그 현실의 세계에 대해 의미를 부여하는 것이다. 현실의 세계와 유사하면서 현실의 세계에서는 찾아 볼 수 없는 어떤 독특한 세계, 그것이 곧 허구의 세계이며 내러티브이다. 이제 내러티브는 단순한 이야기를 넘어서 삶의 근원적이고 포괄적인 이해자로 인식되어야 한다.

(마) 신 연구방법론은 내러티브를 통하여 융복합적 연구를 지향한다

현행 인간의 문제를 다루는 연구나 학문들의 행태는 논리실증주의나 기술적 합리성(technical rationality)에 경도되어있다. 특히 사회과학 연구의 방법론적인 가정의 적절성에 대한 질문이 자주 제기된다. 사회과학 연구가 이러한 방법으로 중요한 이론적 기여를 하고는 있지만, 자연과학으로부터 채택된 우리의 전통적인 연구 모델이 인간의 연구에 적용될 때에는 한계가 있음을 알아야 한다. 이제는 인간 문제가 자연과학 모델을 보다 정교하고 창의적으로 적용한다고 해결될 성질의 것이 아니라는 점이 여러 학문 분야에서 드러나고 있다. 오히려 인간 존재의 유일한 특성에 대해 좀 더 특별히 민감하고 적절하게 고안된 새로운 접근방법을 개발함으로써 인간 문제의 해결이 증진된다고 본다.

인문사회과학연구나 자연과학연구가 인간의 각종 문제 해결에 유용한 답을 제공하기 위해서는 실천가들이 실천 현장에서 어떤 종류의 지식을 사용하는지 조사할 필요가 있다. 그 문제의 관건은 실천가들이 '내러티브적 지식으로 일을 한다' 는 것이다. 그들이 관심 있어 하는 부분은 사람들의 '이야기'이다. 그들은 사례사(개인 기록)를 가지고 업무를 진행하며 의뢰인들이 왜 그런 방식으로 행동하는지에 대해 이해하기 위해서 내러티브 설명방식을 사용한다.

다. 내러티브 지식관: 연구방법론의 측면

인간 존재는 현실의 다양한 질서들, 다시 말해서 물질적 현실, 유기적 현실, 그리고 우리가 의미라고 부르는 현실로써 구성되어 있다. 의미 질서에 관한 계몽주의적 관점은 의미 질서가 일차적으로 외부 현실의 재현인 관념들로써 구성되었다는 것이었다. 언어는 인식론상의 역할을 갖지 않는다. 즉 언어는 의미 영역의 부차적 구성요소였다. 관념들과 그것의 조합들은 정신 속에 존재하는 것으로 이해되었고, 언어는 관념의 복합체를 관리하는 기능을 하며 또한 타인과의 소통이 필요한 경우에 관념들을 전달하는 기능을 했다. 인식론상의 언어의 역할배제는 경험주의와 현상학에서도 유지되었다. 두 입장의 차이는 의식이 순수 관념의 생성에서 수행하는 역할에 관한 것이다. 경험주의에서, 관념은 환경으로부터 피동적으로 수여된 것이다. 현상학에서, 초월적 자아가 나타난 관념의 생산에 능동적으로 관련된다. 언어는 의미의 부차적인 요소였다. 즉 언어는 의미의 생성에 전혀 개입되지 않는다(Polkinghorne, 1988; 강현석 외, 2009: 317-318).

본 연구에서 취한 입장은 언어가 지식 생산에 있어 무구하고 투명하게 기능하는 것이 아니며, 언어의 문법적, 수사적, 내러티브적 구조들이 의미 질서 속에 출현하는 주체와 객체를 구성한다. 즉, 주체와 객체에 형태를 부여한다는 것이다. 언어적 형태들은 물리적 영역의 물질적 대상들과 똑같이 현실을 갖는다. 인간 존재에 대해서 언어적 형태들은 가장 중요한 것인데, 이러한 형태들이 물리적 영역과 문화적 영역으로부터의 정보를 여과하고 체계화하며 또한 이러한 정보를 인간 지식과 경험을 구성하는 의미로 변형하기 때문이다. 이러한 구성된 경험을 토대로 해서 우리는 우리 자신과 세계를 이해하며, 우리가 어떻게 행위 할 것인지에 관해 결정을 내리고 계획을 세운다.

인간 경험의
해석과 인문 과학 인문 과학을 위한 연구의 대상은 의식 속에 나타나거나 의식으로부터 숨겨진 인간 경험의 현실이다. 인간 경험은 언어적 산물의 형태에 따라 해석학적으로 체계화된다. 인간 과학의 한 기능은 인간 경험의 텍스트들을 읽거나 듣고, 그 다음에 해석하는 것이다. 이러한 학문분야들은 인간 경험의 예견과 통제를 초래하는 지식을 생산하지 않는다. 그 대신에, 이것들은 인간 존재의 이해를 깊게 하고 넓게 하는 지식을 생산한다. 경험의 텍스트에 관한 이러한 종류의 지식은 기술의 완전한 세트 a whole set of skills로부터 획득되는 것이고, 텍스트가 의미를 생성하고 운반하는 방식, 구조와 전형들이 표현의 부분들을 의미 있는 진술과 담론으로 체계화하는 방식, 변형 원칙들이 의미를 상이한 유형의 담론과 연관 짓는 방식의 인지와 같은 것이다. 인간 경험에 관한 지식은 해석적이거나 해석학적인 접근법의 사용을 요구하며, 이러한 접근법들은 역사학과 문예학 이론에서 사용된 기술(techniques)과 합리적 절차들과 유사하다(Polkinghorne, 1988).

경험 구조화와
내러티브 강현석(2011)에 의하면, Bruner는 내러티브가 세계에 대한 우리의 경험과 지식을 조직하거나 서로간의 의사소통과 학습에 있어서 가장 보편적이면서도 자연스럽고 손쉬우며 강력한 형식 가운데 하나라고 보고 있다. 내러티브는 우리가 의미를 만들기 위해 사용하는 구성의 도구이다. 실재는 내러티브로 구성될 수 있다. 의미를 만드는 내러티브 행위는 대화를 통해서 이루어지며, 내러티브 사고는 해석을 필요로 하는 동시에 해석학적 순환에 의해 이야기가 만들어진다. 인간은 이야기 속에서 살아간다. 세계에 대한 우리의 경험과 지식을 조직하거나 구성하는 가장 자연스러운 방법은 이야기를 만드는 것이다. 이야기를 말하는 것은 최초의 즉각적인 경험을 그대로 기술하는 것이 아니라, 특정한 방식으로 경험을 구조화하는 것이다. 결국 어떤 것에 대해 이야기함으로써 경험을 계속적으로 해석하고 재해석함으로써 우리의 삶이 만들어진다. 그것이 바로 우리의 교육과정이 된다. 따라서 삶이 해석적으로 구성되는 과정에서 경험의 구조화 양식으로 기능하는 내러티브는 우리가 만드는 교육과정이 되며, 그러한 만들어지는 교육과정이 바로 우리의 내러티브가 된다.

내러티브 지식관 지금까지 논의한 내러티브는 일정한 지식관을 전제한다. 기존의 지식에서 논의되는 패러다임적 관점은 실증주의 인식론에 토대를 두며, 소위 기술적 합리성의 정신을 계승한다. 그 기본적 성격은 합리주의적 관점을 노정한다. 따라서 패러다임적 관점에서 지식 구성은 가설로부터 시작하며, 원리, 명제, 이론들이 우리의 세계를 설명하는 데 사용된다. 이 과정에서 지식은 경험으로부터 추상화되며, 개인 경험의 맥락적인 상황으로부터 분리된 탈맥락적이고 객관적인 성격을 지니게 되어 결국 개별 인식자로부터 분리되는 것이다. 따라서 지식을 얻기 위해서는 개인의 경험이나 의견이 처해 있는 맥락적 상황을 초월해야 하며, 탈맥락화된 절대적이고 확실한 진리의 추구가 강조되는 것이다. 이러한 패러다임적 지식관에 따르면 교육을 위한 지식은 이미 객관적으로 정해져 있으며 이론의 형태로 구성된다. 그리고 이러한 이론은 교육하고자 하는 사람에게 전달 가능한 것으로 간주된다. 즉 패러다임적 지식관에서는 교육을 위한 지식기반으로서 교육자 개인의 주관적 인식이 고려될 여지가 없다.

그러나 내러티브 관점에서 지식은 사람들이 다른 사람과 자신들의 아이디어와 이야기를 공유하는 상황에서 개인적, 사회적으로 구성되고 재구성된다. 즉 지식은 개인 내에 구체화된 것으로서, 개인은 개인적 사회적으로 구성된 상징적 형식들을 통해서 경험을 해석한다. 따라서 패러다임적 관점에서의 지식은 개별 인식자의 경험과 맥락을 중시하는 내러티브 관점에 의해 보완될 필요가 있다.

내러티브 의미를 기초로 하는 지식의 관점은 인식자 주체의 경험과 반성을 중시한다는 점에서 기술적 합리성을 극복할 수 있는 대안의 중요한 근거가 된다. 인식에 대한 이러한 견해는 인식의 과정에 개방성과 융통성을 허용하며, 지식을 탐구 바깥에 있는 혹은 탐구 이면의 종착지로서가 아니라 탐구 그 자체로, 즉 탐구내의 목표로서 다루는 관점이라고 할 수 있다.[31] 결국 내러티브 관점에서 지식은 개인이 자신의 경험을 다른 사람과 이야기하는 가운데 형성되며 이는 지속적으로 재구성될 수 있다. 지식이 개별 인식자에 의해 구성되는 것이다. 이러한 지식은 인식 주체인 개인과 무관하게 존재하는 탈맥락적인 것이 아니라, 개인이 처한 상황이나 개인의 주관적인 인식에 의해 영향을 받는 맥락적 주관적인 것이라고 할 수 있다. 따라서 지식은 개인 내에 구체화된 것으로서 개인은 개인적 사회적으로 구성된 상징적 형식을 통해서 경험을 해석한다.

지식 구성과 내러티브

---

31 Olson, Margaret R., "Conceptualizing narrative authority: Implications for teacher education", *Teaching & Teacher Education, 11(2), 1995, p.*119-135.

이러한 지식관에서 인식자는 인식 대상으로부터 분리되지 않는다. 오히려 개인은 경험을 나타내기 위해 지식을 지속적으로 구성하고 재구성하는 인식 존재로 간주된다. 개인이 자기 경험의 권위적인 원천이 되는 것이다. 내러티브 관점에서는 모든 사람들이 이야기를 말할 수 있는 인식자이기 때문에 모든 목소리가 권위를 가진 자원이 된다. 그리고 개인의 내러티브 권위는 경험의 지속적이고 상호작용적인 성격을 통해서 형성되고 재구성된다. 즉 개인의 내러티브 권위는 경험을 통해서 성장하며, 모든 경험은 이전에 겪었던 경험으로부터 무엇인가를 취하고, 나중에 겪게 될 경험의 질에 영향을 준다는 점에서 지속성을 갖는다.

그러므로 이러한 내러티브 지식관에 따르면 교사의 교육과정 개발을 위한 지식은 객관적으로 존재하는 것이 아니라 교육과정 개발의 행위 속에서 형성된다. 즉 교육과정 개발을 위한 지식기반은 실제로 개발해보는 경험에 가담하고 있는 개인들이 자신들의 경험을 다른 사람과 공유하기 위해 구성하는 이야기 속에 있는 것이다. 이 점은 교육과정 개발에서 교사들의 교육 경험 및 그 경험에 대한 이야기에 관심을 가질 필요성에 있음을 시사하는 것이다.

_{내러티브와
지식관점의 변화} 이러한 맥락에서 내러티브는 우선 지식을 보는 관점에서 새로운 변화를 의미한다. 앞에서도 지적하였듯이 이 관점에서 지식은 개인적 사회적으로 재구성된다. 우리의 이야기는 특정 경험들로부터 말해지며 이 점에서 그것은 개인적 실천적 지식의 표현이라고 할 수 있다(소경희, 2004: 195). 따라서 지식은 개인 내에 구체화된 것으로서, 개인은 개인적 사회적으로 구성된 상징적 형식들을 통해서 경험을 해석한다. 결국 구조가 내러티브이고, 내러티브가 곧 구조이다. 결국 인식 주체 밖에 존재하는 객관적 실제에서 지식의 본질을 강구하는 것으로서 교사의 교육과정 전문성을 인식하고 확장하는 데는 많은 한계가 있다. 교사에게 요구되는 교육과정 전문성은 교사 지식의 본질에 기초해야 하는데, 그 지식의 범주에는 지식의 발견적 속성뿐만 아니라 생성적 속성도 고려할 필요가 있다. 최근에 강조되는 단위학교 교육과정의 창의적 편성이나 만들어 가는 교육과정의 문제, 교사에 의한 교육과정 재구성 등은 이러한 생성적 지식을 기초로 할 때 보다 타당하게 이루어질 수 있다.

라. 신 인문사회과학으로서의 내러티브학

(1) 미래의 인간 탐구

인문학들의 탐구 대상은 인간이며, 이러한 학문들이 각 주제에 관한 적절한 지식을 산출하기 위해서는 인간의 특성에 부응할 수 있는 지적 도구를 가져야만 한다(Bruner, 1996). 계몽주의 시대에 형식 과학의 발달은, 행동과 반응이 불변의 법칙에 의해 지배되는 사물들로 구성된 평면 위에 인간을 포함한 실재가 궁극적으로 위치한다는 생각에 기초하였다. 이러한 관점에서 보면, 인간의 존재는 여러 가지 사물들 중의 하나일 뿐이었다. 이것은 인간 존재의 본성은 일차적으로 영적이며, 자연의 법칙보다는 하나님과의 관계에 의해 지배된다는 계시적 생각을 뒤집는 것이었다. 그러나 인간 존재에 대한 계몽주의적 정의는 지나치게 환원주의적이다. 그것은 인간적 영역을 이해하기 위한 언어의 중요성을 간과하였다. 인문학들이 보다 설득력을 가지기 위해서는 인간 존재의 모든 단층들에 주의를 기울이는 이론을 발전시킬 필요가 있다(Polkinghorne, 1988: 256-257).

인문과학의 관점에서 조사연구를 논의하는 경우에 어려움들 중의 하나는 인식론과 관계된 다수의 개념들이 형식과학의 논리실증주의적 개정에 의해 기술적(technical) 의미들을 부여받았다는 점이다(Polkinghorne, 1988: 324). 예컨대 "원인(cause)", "타당성(validity)", "정당화(justification)", "설명(explanation)" 같은 개념들은 지식을 확실성 검증을 통과할 수 있는 어떤 것으로 제한하려는 노력의 일부로서 새롭게 정의되었다. 의미 영역과 그것의 언어적 구조의 양태를 이해할 목적으로 하는 조사연구를 위해서 조사기준이 효율적이려면, 지식의 산출에 관계된 개념의 기본적 정의가 교정되어야 한다. 보다 포괄적인 인문 과학의 임무 중의 하나는 교정된 개념들이 보다 개방적인 조사연구 모델 속에서 어떻게 응용되는지를 지적하는 것이다. 이제 인문 과학은 수학적이고 논리적인 확실성만을 추구할 수 없다. 그 대신에 인문 과학은 마찬가지로 신뢰할 만하고 그럴싸한 결과를 산출할 목적을 가져야 한다(Bruner. 1986).

내러티브에 관련된 인문과학의 조사는 조사연구의 목적이 (1) 개인과 그룹에 의해서 이미 지속된 내러티브를 기술하거나 (2) 어떤 것이 왜 일어났는지를 내러티브를 통해서 설명하는 것인지에 따라 구분될 수 있다. 첫 번째 종류의 내러티브는 **기술적 記述的**이다. 즉 그것의 목적은 이미, 시간적 사건들을 의미 있게 정돈하고 만들기 위

인간 존재의 본성과 학문 탐구

인문과학의 조사연구 분류

한 수단으로서 개인과 집단에 의해 사용된 내러티브적 설명들을 적절하게 묘사하는 것이다. 이러한 종류의 내러티브 조사연구의 평가를 위한 기준은 작동하고 있는 내러티브적 도식과의 관계에서 연구자의 서술의 정확성이다. 두 번째 종류의 조사는 설명적이다. 즉 그것의 목적은 인간 행위를 수반하는 어떤 상황이나 사건이 왜 일어났는지 그 "이유"를 분명하게 하는 내러티브적 설명을 구성하는 것이다. 구성된 내러티브적 설명은, 사건들이 조사 중에 있는 해프닝의 "원인이 된" 방식을 투명하게 만들기 위해, 사건들을 결합하고 정돈한다.

내러티브 설명   내러티브에 의한 설명은 "어떤 것이 다른 어떤 것 때문"이란 구조를 갖는다 (Polkinghorne, 1988: 346). 그것은 합리적 설명을 포함하는데, 여기에서는 개인이 뭔가를 한 것에 대해 지적하는 이유가 - 다시 말해서, 그나 그녀의 의도가- 행위 (performance)에 대한 자극으로 인정된다. 하나의 사건은 인간의 행위이지, 단순하게 물리적인 발생이 아니라는 것을 인지하기 위한, 사람들이 지닌 능력에서 이러한 유형의 설명이 도출된다. 다시 말하면, 이러한 설명은 사람들이 자연적 사건의 과정에 개입함으로써, 일련의 사건들을 움직이게 함으로써, 어떤 것을 발생하도록 할 수 있다는 것을 인지한다. 그것은 또한 목적론적 추론의 관념을 포함하는데, 여기에서 뭔가는 미리 생각된 목적을 성취하기 위해서 행해진다. "그가 왜 불어 강좌에 등록했을까?" "그는 불어 회화를 배우려고 했다." 그렇지만 아마도 그는 특히 그의 회사의 불어 지식이 요구되는 새로운 직책을 얻기 위해 불어 회화를 배우려 했을 것이다. Ricoeur는 목적론적 추론을 사용하는 설명을 "의도적 이해"라고 부르고, 실제적 추론(의도된 행위의 실제적 귀결의 지식)을 사용하는 설명을 "단일 인과적 전가"라고 부른다.

내러티브 연구   내러티브 연구의 결론들은 매우 빈번하게 "비형식적" 추론을 사용함으로써 방어된다. 연구자는 결론을 옹호하는 증거들을 제시하고, 결과들이 이에 의해서 도출된 그 추론을 제시하면서, 왜 대안적 결론들이 가능할 것 같지 않은지를 보여준다. 논증은 확실성(certainty)을 제시하지 않는다. 다시 말해서 그것은 개연성(likelihood)을 제시한다. 이러한 맥락에서, 하나의 논증은 그것이 강력하며 도전이나 공격에 저항할 능력을 갖고 있다면 유효한 것이다. 내러티브 연구는 확실성의 결론을 제시하지 않는데, 이러한 확실성이란 수학과 형식 논리의 폐쇄된 체계를 갖는 형식 과학의 이상 理想이다. 인간 존재의 언어적 현실의 중요성을 잊지 않음으로써, 내러티브 연구는 형식 체계와 그것의 특정한 유형의 엄밀함에 의해 제한되지 않는 영역에서 작동한다

(Polkinghorne, 1988; 강현석 외, 2009: 353).

내러티브 연구의 결과는 실제로 일어났던 것과 정확하게 일치한다고 주장할 수 없다. 다시 말해서, "진리"가 실제와 정확한 상응이거나 일치를 뜻한다고 하면, 이 결과는 "참"이 아니다. 의미 영역을 조사하는 연구는 도리어 핍진성(verisimilitude)이나, 진리나 사실의 외양을 갖는 결과를 목적으로 한다. Karl Popper는 정말 같음이 모든 지식의 한계이며, 우리는 기껏해야 진술의 진리성이 아닌 허위성만을 드러낼 수 있다고 제의했다. 내러티브 연구의 결론은 종결되지 않은 채로 남는다. 새로운 정보나 논증은 아마도 그 결론이 실수였다거나 다른 결론이 더 그럴 듯하다고 학자들을 확신하게 할 것이다. 게다가 서사 연구는 정말 같음의 검사로서 논리적이거나 수학적인 유효성 검사보다는 학자적 동의라는 이상을 사용한다.

"유의미성"의 개념도 또한 형식 과학에서, 변수들 사이에서 발견된 상관관계가 필시 무작위 표본추출의 우연에 기인하는 정도의 기술적인, 통계적인 정의를 가리키도록 재규정된다. 일반적인 용법에서 "유의미성"이란 용어는 의미 있음 또는 중요함이란 관념을 나타낸다. 그러나 동일한 단어가 광의와 협의의 개념 양쪽을 표시하는 데에 사용되기 때문에, 좀 더 제한된 기술적인 의미는 보편적 용법의 진의를 그것에게로 거둬들인다. 이렇게 해서 사람들은 빈번하게, 조사결과가 대개 모집단으로부터 표본 요소들을 우연적으로 뽑는 데서 비롯된다는 제한된 개념을 숙고하지도 않고, 통계적 유의미성을 조사결과가 중요하다는 것을 의미한다고 해석한다. 내러티브 연구에서 "유의미성"은 좀 더 일반적인 의미를 유지한다. 조사결과는 그것이 중요하면 유의미한 것이다. 챌린저 사고는 그릇된 의사결정 전략에 의해 초래되었다는 것을 발견한 것이 유의미하다고 할 것이다.

유의미성의 용어

"신뢰성"의 통상적인 의미는 신뢰할 수 있음을 의미한다. 누군가를 신뢰한다는 것은 그녀나 그가 요구받는 것을 할 것이라는 또는 그나 그녀가 말한 것은 신용할 수 있다는 완벽한 신뢰와 신용을 갖는다는 것이다. 계량적 연구의 맥락에서 사용되면서, "신뢰성"은 측정 도구의 일관성과 안정성을 언급한다. 신뢰할만한 도구는 변수 자체가 일정하면 지속적으로 동일한 수치를 낸다. 두 번째 측정에서 수치가 달라진다면, 그 차이는 단순히 "허술한" 도구의 인공물 때문이 아니라, 변수 내의 실제적 변화 때문이라는 것을 신뢰할 수 있다.

신뢰성의 통상적 의미와 내러티브 의미

내러티브 연구에서 신뢰성이란 통상적으로 데이터의 신뢰할 수 있음과 데이터 분

내러티브 연구에서 신뢰성의 의미

석의 엄격성에 관한 유효성을 언급한다. 현장 기록과 인터뷰 필사의 신뢰 가치성이 주목된다. Mishler는 테이프 녹음에서 필사된 텍스트가 되면서 야기되는 문제들을 회고했다. 그는 연구자들에게 지속적으로 원래의 녹음으로 돌아가고, 명백한 필사 규칙들과 이야기의 중단이나 상담, 또는 목소리 톤에 관한 코드를 포함하는 매우 구체적으로 정해진 표기시스템을 고안할 것을 권고한다. Mishler는 현재의 인터뷰 이론이 자극과 반응 모델에 기초하고 있음을 주목한다. 면접자의 질문들은 표준적인 탐색 자극으로 간주되고, 또한 응답에 있어 어떠한 변이도 인터뷰 모집단 속의 요인들로 추정될 수 있도록, 질문들이 하나의 상수로 남아 있을 것이 기대된다. Mishler는 인터뷰를 하는 것이 측정 가능한 응답을 유발시키는 불변의 자극이 아닌 하나의 담론으로 이해되는 것이 필요하다고 주장한다. 내러티브 연구에서 데이터 생성은 인터뷰가 주어지는 맥락과 순서에 의해 영향 받는다. 연구자는 데이터를 수집하는 동안에 자신의 변화를 경험하며, 인터뷰를 받은 사람들은 인터뷰를 한 사람들에게 영향을 준다. 지금껏 면접자는 스토리를 발생시키고 정보를 수집한다. 연구의 참여자들로부터의 정보의 자유로운 흐름을 확립하고 또한 얼마나 그것이 달성되었는지를 충분히 기술하는 것이 연구자의 책임성이다. 내러티브 연구는 형식적인 신뢰성 시험을 하지 않으며, 그 대신에 데이터의 신뢰 가치성의 승인을 불러일으키는 절차의 세부묘사에 의존한다.

미래 인간 탐구에서
두 가지 방법

　　　장차 미래의 인간 탐구는 문화화된 인간 마음에 대해 논평을 하면서 영장류에서부터 인간의 상징 작용의 변화에 접근하는 두 가지 방법에 주목할 필요가 있다(Bruner, 1996). 첫째, 임의적인 상징 기호를 통한 상징적인 관계를 파악하는 개인의 인간능력을 강조한다. 둘째, 더욱 교류적이고 상호 주관적이며, 인간이 어떤 문화에서 어떻게 같은 종의 생각과 의도, 정신 상태를 읽을 수 있는지에 강조점을 둔다. 그것은 상호적 기대가 얽혀 가는 조직망(공동사회를 살아가는 문화화된 인간의 특징)이 커져감으로써 더욱 더 촉진된다(Bruner, 1996; 강현석 외 공역, 2005: 440-443).

　　　심리학은 생물학적, 진화적, 개인 심리적, 문화적 통찰력들의 상호작용 및 인간 정신 작용의 본질을 파악하는 방법을 보여 준다. 제목에서 보다시피 심리학의 "다음 장"이란 말은 "상호 주관성"에 대한 것이다. 사람들이 다른 사람의 뇌리에 든 생각을 어떻게 알게 되고, 그것에 따라 어떻게 적응하는가에 대한 것이다. Bruner는 상호주관성을 문화심리학의 중심적인 주제로 보았다. 그러나 상호주관성은 영장류의 진화, 신경 기능의 작용, 정신의 작용 능력에 대한 참조 없이는 이해될 수 없다.

Bruner는 인간 본성과 인간 상태에 대한 연구에 있어 첫째, 정신 물리학에 대한 것을 논하고 있다. "현대판" 심리학은 물리학적 방법에 맞는 모델을 선택하였다. "고전적인" 정신 물리 심리학에는 "일상심리학"에 대한 부분이 없었다. 인간 본성에 대한 문화 이론은 문화가 어떻게 정의하고, 어린이들을 교육하며, 사람들 간의 상호 관계와 중요한 모든 문제들을 이끌어 가는지를 드러내준다. 사회생활의 일상적 행동들은 **모든 사람이 심리학자가 되고**, 다른 사람이 왜 그런 행동을 하는지에 대한 이론을 가지도록 만든다. 민족 심리학과 일상심리학은 다른 사람의 마음의 **기능과 작용 방식**에 대해 알아가는 데 중요한 역할을 한다. 인류생물학의 한계는 일상심리학과의 상호보완을 통해 해결될 수 있다. 영장류의 진화와 발전에 대한 연구에서도 인간 상호작용의 특징인 시선접촉에 대한 일반적 이론을 이해함으로써 도움을 받을 수 있다.

두 번째는 인류 종족 진화에 나타나는 문화의 역할에 대해 논하고 있다. 그것은 세상에 대한 인간의 반응에서 보이는 중재 작용으로써 문화의 발전과 관련 있다. 문화는 인간과 동물 세계 사이의 **단절**을 만들어 낸다. 인간 상태에 대한 진화 생물학으로부터 사실을 추정해내는 데 곤란을 겪는 것도 단절 때문이다. 인간의 생물학적 근원에 대한 참조 없이는 인간을 완전히 이해할 수 없듯이, 문화에 대한 참고 없이도 인간을 이해할 수 없다.

위에서 언급된 두 가지의 인간 본성과 인간 상태에 대한 연구로부터 인간의 진화에서 보이는 "문화적 전환(cultural turn)"을 특징짓고 있다. 거기에는 세 가지 조망이 놓여 있다. **첫 번째**가 「개인주의적 조망」이다. 문화는 모방이나 지시성을 초월하여 상징 관계를 파악하기 위한 인간의 상징적 능력에 근거한다. 문화는 공동 상징들을 공유하는 조직망이다. 우리는 자연뿐만 아니라 그런 조직망 속에서 살고 있다. 우리는 이런 공유 속에서 우리의 공동 사회를 만들어 간다. 인간의 문화적 진화에 대한 이런 개인주의적 조망은, 인간의 "의미 만들기"와 그것의 거래와 교섭이 문화적 전환의 핵심이 된다고 보고 있다. 사물이나 행위, 사건과 신호, 표시들에 의미를 부여함에 따라 우리는 환경에 적응해 간다. 의미는 우리의 인지와 사고 작용을 고취시킨다. 의미 만들기가 없었다면 언어도, 신화도, 예술도, 문화도 있을 수 없다.

인간 진화에서 문화적인 것에 대한 **두 번째** 조망은 「집단주의적이고 **교섭적이며 교류적 전환**」을 강조한다. 우리는 서로의 마음을 함께 할 뿐만 아니라 과거의 지식을 보존하는 초유기체적인 방법을 지니고 있다. 민담, 신화, 역사적 기록물, 문헌, 헌법,

정신물리학

문화의 역할

문화적 전환의
세 가지 조망

그리고 현재의 하드디스크 형태에 이르기까지 계속해서 지식을 제도화한다. 그것을 저장하면서 그 형태를 공동생활의 요구 사항에 맞추고 사전, 법전, 약전, 성경 등에 요구되는 형태로 짜 넣는다. 그래서 결국 마음이 문화를 만드는 동시에 문화 역시 마음을 창조한다. 문화는 마음이 어떻게 작용하고 기능하는가, 해결할 수 있는 문제가 무엇인가에 대해 제약을 가한다. 아주 원초적인 심리 작용까지도 개인별 신경 체계의 교란보다는 문화에 바탕을 둔 의미의 해석에 더욱 구속된다.

인간 진화에서 문화적인 것에 대한 **세 번째** 조망은 「행동이 어떻게 어디에 **놓여 있는지**를 알지 못하고서는 그 행동을 완전히 이해할 수 없다.」는 것이다. Clifford Geertz의 말을 옮기자면 지식과 행위는 항상 국소적이며, 특정한 조직망 내에 놓여 있다. 그것이 일어나는 상황으로부터 벗어나서는 생각이나 행위를 이해할 수 없다. 생물학과 문화는 모두 국소적으로 작동한다. 지금 여기, 당면하고 있는 "상황의 정의"에서, 목하 직면하고 있는 담론의 배경에서, 신경 체계의 내재적인 상태에서, 국소적이고, 특정 상황에 처해있는 상태에서 최종의 공통된 길을 찾아 낸다. 마음과 문화의 관계, 인간 활동의 공간적·상황적 본질이 의미하는 것에 대해 우리는 분명히 알아 둘 필요가 있다. 정신적이고 외현적인 문화적 배경에서 인간의 정신 작용이나 기능 방식은 문화적 도구에 의해 형성된다. 우리는 뛰어날 정도로 도구를 사용하고 도구를 만드는 종이며, 문화적으로 고안된 방식에 의지한다. 그러나 문화가 고유하고 독창적이기 때문에 심리적 보편성의 존재를 무시하는 것은 잘못된 것이다. 기본적인 정신 작용은 다른 작용들이 덧붙여지는 어떤 것이 아니다. 오히려, 그 자체적으로 통합성을 가지며 진화적, 문화적, 상황적 상호 작용을 반영하는 것으로 이해되어야 한다.

문화적 상황성의
중요성
　　모든 문화가 자격을 갖추기 위해서는 학교 및 다른 훈육적 수단을 통하여 생물학적 이차적 성향을 고양시키려고 노력해야 한다. 그것은 문화적 합일이며, 문화 내의 지배 계층의 견해를 반영하는 결정들이다. 어떤 수단을 통해서든지 일단 효력을 지니게 되면 이런 결정들이 '문화적 정책'이 된다. 하지만 정책의 목표는 시간이 지나면서 잊혀진다. 그것의 수행 자체가 목표가 된다. 습관이 동인(動因)이 된다. 그리고 습관적인 패턴이 다양한 수단과 전통적 방식을 통해 제도화된다. 문화정책의 결정은 예상치 못하거나 부족한 부분을 만들어 낸다. 이를 해결하기 위해 정책연구가 필요하다. 이것은 학습에 있어 "상황성"의 중요성을 언급하는 것이다.

(2) 간주관성의 도전

Bruner는 미래의 심리학이 생물학적인 면과 문화적인 면 모두를 주시해야 한다고 논하고 있다. 이것이 어떻게 상호 작용을 하는지 관심을 가지도록 요구한다. 생물학적 -사회학적-상황적 방법에 대해 논의하고 있으며 문화를 정신 속에 포함된 것으로 생각한다. 상황에 따라 문화적으로 한정된 행동 범위를 탐구하는 것과 서로에 대한 관련성 속에서 행동들을 추정하는 인간의 레퍼토리에 대한 이론들을 구축하고자 한다. 지금까지 계속되어온 심리학의 부가적 접근 방법, 환원주의적 방식과는 다르다. (Bruner, 1996; 강현석 외 공역, 2005: 443-447).

우리 인류에 나타난 간주관성의 출현을 계통발생학적, 개체발생학적으로 탐구해보고자 하는 것이 Bruner의 의도이다. 이런 탐구 과정 속에서 상호주관성이 인간 병리에 부딪힐 때 어떤 일이 일어나는지도 고려하고 있다. 방법론적 원칙상 (1) 문제시되는 현상의 체계적 본질, (2) 특정 배경에서 각 개인의 개체 발생적 성장, (3) 시간이 지남에 따른 문화적-역사적 변형, (4) 계통발생학적 역사(진화를 명확히 해주는 방법)로 이 주제에 대해 접근하고 있다. 이 네 가지 중 어느 하나를 통해서 상호주관성에 대한 발견을 해낸다면 그 나머지와 연관된 가설을 세울 수 있다.

다른 사람의 마음을 어떻게 알 수 있는가? 다른 사람의 마음 상태를 알아 내는 데 도움이 되기 위해서는 어떤 종류의 이론을 개발하거나 습득해야 하는가? 이런 추정·능력이 어떻게 발전되고 성숙되어 가는가? 그 진화적 기원은 무엇이며, 문화적 역사가 그것을 어떻게 형성시켜 왔는가?

1. 유아의 마음. 유아의 정신생활을 새롭게 바라보고자 한 후 새로운 유아 연구가 시작되었다. Colwyn Trevarthen이 그 중에서 제일 먼저 유아의 몸짓이나 목소리 패턴이 엄마와 상당히 일치한다는 의견을 제시하였다. Trevarthen은 스코틀랜드의 철학자 MacMurray에게서 "상호주관성"이란 용어를 빌려 왔다. 그 이후 아기와 엄마의 유대에 대한 연구를 하던 젊은 정신과 의사인 Daniel stern은 그것에 아기와 엄마의 동조라는 명칭을 붙였다. Scaife와 Bruner의 연구는 아기가 다른 사람이 무엇에 주의를 기울이는지를 어떻게 "알았는가?" 라는 의문에 중점을 둔 "상호 주의(joint attention)"라는 현상에 대한 연속적인 실험을 착수하였다. Moore와 Dunham이 편집한 공동 주의에 대한 최근의 연구 논문집에서 그 작업은 계속 되고 있다.

2. **아동기의 자폐성.** Kanner의 저서에 따르면 자폐성은 엄마와 아기 사이의 잘못된 상호 작용에 뿌리를 두고 있는 후천적 결함으로 논의되고 있다. 정상 아기와 달리 자신을 돌보는 사람과의 시선 접촉을 회피하는 자폐증이 있는 아기들은 다른 이가 가리키는 것이나 시선을 따르지 않고 자기만의 세계에서 살려고 한다. 특히 자폐증 환자는 언어 발달이 매우 뒤쳐지고, 언어전의 상호 작용 체재에 들어가지 못한다.

자폐증에 대한 예전의 개념을 완전히 바꾸어 놓은 것은 Hermelin과 Neil O'connor의 식견을 토대로 한 Beate Hermelin, Alan Leslie, Simon Baron-Cohen의 연구에 의한 것이었다. 그들은 자폐증의 근원을 마음 이론에 결함이 있거나 결여된 것으로 주장하였다. 자폐증 환자가 사회적 반응을 못하는 것은 어린 시절 엄마와 아기 사이의 상호작용의 어려움 때문이 아니라 이런 결함 때문이라는 것이다.

Bruner와 Carol Feldman은 자폐증 아이들이 내러티브나 스토리를 말하거나 이해하는데 결함이 있다는 것에 주목하였다. 내러티브를 이해하기 위해서는 주인공의 의도와 기대를 파악해야만 한다. 마음의 이론에서 결함이 생기게 만드는 것이 내러티브 이해력의 결여 때문인지, 그 반대인지는 지금 우리가 관여할 바가 아니다. 중요한 것은 내러티브를 파악하지 못한 채로 자폐증이 있는 아이는 그를 둘러싼 인간 세계에 대한 중요한 지식원(특히 인간의 욕망, 의도, 믿음, 갈등과 관계된 지식원)으로부터 멀어진다는 것이다. 우리는 내러티브를 통하여 문화의 본질적인 측면들이 어떻게 전수되는지에 대해 배우게 될 것이다.

3. **마음의 이론.** 정상적인 발육기의 아이가 지니는 다른 사람의 마음에 대한 이론에 대해 돌아가 보자. 피아제의 고전적 연구에서는 자라는 아이가 다른 사람을 통해서이기보다는 직접적인 실제 접촉을 통해서 세상에 대한 지식을 얻는다고 하였다. 이런 Piaget식의 연구에 대한 불만으로 마음의 이론에 대한 연구가 증가되었다. 우리는 직접적으로 이 곳 저 곳을 찔러 봐서가 아니라 다른 사람의 생각을 듣고서, 물리적 세상에 대해 훨씬 더 많은 것을 배운다.

4. **문화화된 침팬지. 침팬지가 인간의 관리를 많이 받으면 받을수록, 인간처럼 다뤄질 수록 더욱 더 인간과 같은** 방식으로 행동한다. Georgia 연구진은 어린 피그미 침팬지인 Kanzi에게 질문에 대답할 수 있도록 시각 상징 판을 사용하여 대화하는 방법을 가르쳤다. 뿐만 아니라 판 위의 상징물들을 이용하여 임의적인 시각적 표식에 대한 개념에 대해 더 확실히 파악하도록 가르쳤다. 사람의 손에서 키워지지 않았다면 피그미 침팬지는 야생에서든지 연구소에서든지 결코 그런 능력을 발휘하지 못할 것이다. Tomasello, Savage-Rumbaugh, Savage-Rumbaugh 그리고 Kruger의 최근 연구는 문화화가 사람처럼 취급되는 데 달려 있다는 것을 보여 준다. 어릴 때부터 Kanzi는 사람들과 같은 세상을 공유하고, 적극적인 협상을 통해서 대부분의 시간을 보내며 성장했다. 칸지는 일상의 생활에서 여러 대상에 주의를 기울이고, 방금 했던 행동을 반복하며 대상에 대해 정서를 가지도록 해 준 인간의 행동들을

배웠다. 야생의 원숭이에게는 이런 식으로 다루어 주는 사람이 없었다. 적극적인 교섭이나 협력은 간주관성에서 중요하다. 상호주관성은 목표뿐만 아니라 배경 지식에 관한 것이다. 우리가 인류 문화의 교화 효과에 대해 이야기할 때는 그것이 창출하는 서로 연결된 상호적 기대들을 염두에 두어야 한다.

위의 연구들은 인간에 가까운 정신/두뇌 복합체가 유전학적, 생물학적으로 결정되는 것이 아니라 양육에 따른 기회였음을 보여준다. Merlin Donald는 원숭이에서 인간으로의 이행은 두 가지 혁명적인 단계를 수반했다고 주장한다. 첫째는 행위를 모방할 수 있게 해주는 모방 지능을 부여받은 것이다. 두 번째는 언어를 배운다는 것이다. 언어가 가능케 한 것은 문화가 구축되는 모체인 상호 기대의 조직망 구축과 완성이다. 조직망은 의미 만들기가 인간 문화에서 적응이라는 강력한 기법이 될 수 있게 해준다. Bruner는 언어 생득설자도 아니고 그에 반대하는 사람도 아니다. 심리학이 인간 본성과 인간 조건을 이해하려 한다면 생물학과 문화의 미묘한 상호 작용을 이해하는 법을 배워야 한다. 문화는 생물학의 진화적 비결이다. 문화적 적응에 있어 인간의 상호 주관성이 얼마나 결정적인지 보여주고 있다. 문화적 세계가 자율적이더라도, 생물학적 한계와 생물학적으로 결정된 성향에 제약을 받는다. 그러므로 인간 연구의 딜레마는 생물학과 진화의 인과적 원리를 파악해야 하는 것뿐만 아니라 의미 만들기에 수반되는 해석적 작용에 비추어 이것을 이해해야 한다. 인간의 정신 활동과 마음의 기능 작용에 가하는 생물학적 제약을 배제한다는 것은 잘못된 것이다. 인간의 마음을 형성시키는 문화의 힘을 알고, 이 힘을 인간의 통제 하에 두어야한다. 심리학 연구는 두 가지 모두에 도움이 될 것이다.

2. 인간과학과 내러티브적 앎의 이론적 해석

가. 내러티브적 앎의 성격

강현석(2011)에 의하면, 인간이 사물이나 현상을 이해하는 데에는 다양한 앎의 방식이 존재한다. 최근에 들어 인간 과학(human science)에서 내러티브적 앎(narrative

knowing)에 대한 중요성이 강조되고 있다.[32] 이것은 자연 현상을 설명하는 패러다임
적 사고방식이 인간의 문제를 이해하는 영역에까지 침투하면서 발생하는 여러 문제
점에 대한 경종을 울리는 의미를 지니기도 한다. 더욱이 최근의 내러티브의 중요성에
대한 재인식은 많은 학문 탐구 분야의 논의에서 다양하게 나타나고 있다. 문학, 언어
학, 사회과학, 철학, 과학사, 역사 등의 전문가들은 진실된 이야기, 즉 다른 학문에서
확립된 규준적인 방법에 따른 이야기를 말하기 위해 부수적으로 수반되어야 하는 내
러티브를 보여준다. 이제 교과교육 분야에서도 내러티브에 대한 국내의 논의는 교사
교육, 교육과정 분야, 질적 연구방법에서 매우 역동적으로 진행되고 있다.[33] 특히 특
정 교과를 가르쳐야 하는 교사의 교수활동을 이해하고 보다 타당한 교사양성 교육과
정과 수업 활동의 구성에서 내러티브의 중요성이 새롭게 인식되고 있다.[34]

　　내러티브 전회로 출발한 새로운 변화의 중심에는 인식론의 변화가 자리하고 있다.
이른바 근대적 이성에 바탕을 둔 실증주의적 인식론에 대한 반성적 대안으로 논의되
고 있는 생성적 인식론이 그것이다. 근대적 패러다임에서 인간 정신은 객관적 실체를
반영하는 표상적 존재로 이해된 반면에 생성적 인식론에서 '마음'은 주어진 외부 진
리를 받아들이는 표상적 존재로만 이해되지 않고, 스스로 변용과 창조를 해 나가는

---

32 Polkinghorne, D. E., *Narrative Knowing and Human Science*.(Albany: SUNY Press, 1988).
33 내러티브에 대한 국내의 논의는 다음을 참고할 수 있다.
　　한승희, 「내러티브 사고양식의 교육적 의미」, 『교육과정연구』, 15(1), 1997, p.400-423.
　　강현석, 「지식구조론 이후 Bruner의 교육과정이론 탐구」, 『교육과정연구』, 16(2), 1998,
　　　　p.105-128.
　　한승희, 「왜 내러티브인가」, 한국교육인류학회 발표 자료집. 2002, p.79-95.
　　소경희, 「교사양성 교육과정에 있어서 '내러티브 탐구'의 함의」, 『교육학연구』, 42(4), 2004,
　　　　p.189-211.
　　강현석, 「합리주의적 교육과정 체제에서 배제된 내러티브 교육과정 가능성과 교과목 개발의
　　　　방향 탐색」, 『교육과정연구』, 23(2), 2005, p.83-115.
　　박민정, 「내러티브란 무엇인가?: 이야기만들기, 의미구성, 커뮤니케이션의 해석학적 순환」, 『아
　　　　시아교육연구』, 7(4), 2006, p.27-47.
34 이와 관련된 연구로는 다음과 같다.
　　Egan, K., *Teaching as story telling*.(The University of Chicago Press, 1986)
　　Gudmundsrottir, S., "The Narrative Nature of Pedagogical Content Knowledge", In H. McEwan
　　　　& K. Egan(Eds.) *Narrative In Teaching, Learning, and Research*.(Teachers College Press,
　　　　1995), pp.24-38.
　　Conle, Carola., "Why Narrative? Which Narrative? Our Struggle with time and place in teacher
　　　　education", *Curriculum Inquiry*, 29(1), 1999, p. 7-33.
　　Conle, Carola., "An Anatomy of Narrative Curricular", *Educational Researcher*. 32(3), 2003, p.3-15.
　　이흔정, 앞의 논문.

생성적 존재로 이해된다. 따라서 교육에서 중요한 것은 '진리의 인식'이 아니라 스스로 지식을 생성해 나가는 '생생한 경험'이며, 교육은 학습자가 인간의 창조적인 조직 능력과 재조직 능력을 발휘하는 데 주안점을 둔다.

이러한 인식론적 변화의 중심에 내러티브 인식론이 자리하고 있다. 내러티브 인식론은 직접적으로는 Bruner의 인간사고 양식의 구분에서 단서를 찾을 수 있으며, 그 간접적인 배경에는 심리학의 인지혁명으로부터 촉발된 인간 마음과 사고(앎)의 양식을 보는 관점의 전환에서 엿볼 수 있다. 이것은 Robinson과 Hawpe[35]의 내러티브 사고(narrative thinking)와 Polkinghorne의 내러티브적 앎, 그리고 Noddings의 대화의 가치에 주목하면서 발전을 보인다. 이러한 내러티브 인식론은 기본적으로 마음에 대한 Bruner의 아이디어에 기반을 두고 있으며, 그 중심 특징은 문화주의(culturalism)에 있다. 문화주의는 인지혁명 이후 마음의 작용에 관해 서로 극명하게 구분되는 두 가지 관점, 즉 인간의 마음은 컴퓨터처럼 기능한다고 보는 '컴퓨터 연산적 관점'과 마음이 문화 속에서 형성된다고 보는 '문화심리학(cultural psychology)' 관점으로 구분한 것 중에서 후자의 관점과 관련된다. 전자가 인간 마음의 본질을 컴퓨터 장치에 비유하여 '정보처리' 프로그램의 작동으로 설명하는 데 비해, 후자는 문화가 마음을 구성한다는 전제 위에 마음의 본질을 '의미 구성'에 있다고 본다. 이제 정보처리이론으로 인해 왜곡된 인간 마음의 본질을 **정보** '처리'에서 **의미**의 '구성'으로 복귀하려는 것이다.

이러한 내러티브 인식론은 내러티브 실재론을 전제한다. 인간은 실재를 해석하기 위하여 내러티브 방식을 활용함으로써 세계의 의미를 파악한다. Bruner는 내러티브 특성에 기초하여 실재가 내러티브적으로 구성되는 문제를 다음과 같이 아홉 가지로 제시하고 있다.[36]

① 내러티브의 시간은 시계로 잰 물리적 시간이 아니라 개별 인간마다 나름대로 의미가 상이한, 즉 특정 인간에게만 적절하고 의미가 부여되는 시간의 구조를 지닌다.
② 내러티브는 불변의 보편적인 원리가 아닌 개별적 특수성을 다룬다.
③ 내러티브에 포함되는 행위에는 이유가 있으며, 내러티브는 행위에 잠재된 의도적 상태의 이유를 찾으려 하며, 그 이유는 사물의 규범의 틀 속에서 판단되고 평가된다.

---

35 Robinson, J. A. and Hawpe, L., "Narrative Thinking as a Heuristic Process", In Theodore R. Sarbin(Eds.) *Narrative Psychology: The Storied Nature of Human Conduct.* (New York: Preger, 1986).
36 Bruner, J. S., *The culture of education.* Cambridge, Mass.: Harvard Univ. Press, 1996), pp.133-147. 강현석 · 이자현 역, 『브루너 교육의 문화』, 서울: 교육과학사, 2005, p.337-363

④ 내러티브를 이해하는 방식은 유일하지 않고, 해석학적 순환을 상정한다.
⑤ 내러티브는 정통적 규범으로부터의 일탈을 함축한다.
⑥ 내러티브는 철학이나 시적 용어처럼 지시의 모호성을 보인다.
⑦ 내러티브의 추진력과 그 가치는 갈등을 불러일으키는 문제(상황)에 있다.
⑧ 내러티브는 문화의 상호 교섭과 경쟁 속에서 절충이 가능하다.
⑨ 내러티브는 계속적으로 확장하여 역사를 구성한다.

이상에서 제시한 내러티브 구성의 특성에 비추어 보면 내러티브는 자연 세계보다
는 주로 인간 행위자의 문제를 다루고 있다. 즉 인간 행위자의 의도, 신념, 목적, 가치
등과 관련된 삶의 문제를 다룬다. 그리고 내러티브를 이해하는 방식은 유일하지 않으
며, 여러 관점의 해석이 가능하다. 그러나 내러티브의 구성 요소를 전체에 비추어 보
고, 동시에 요소들을 통하여 전체를 읽음으로써 이야기에 의미를 부여하게 된다. 내러
티브에서 진실이란 원칙적으로 확실치 않다. 내러티브는 논증 가능한 잘못된 생각을
포함하고 있을 때조차도 사실일 수 있고, 사실처럼 보일 수도 있다. 내러티브 진실의
속성은 내러티브를 구성하는 요소들을 검증하여 얻게 되는 참 여부와는 관계없이 불
변으로 남는다.[37]

내러티브 인식론은 본질적으로 해석적이고 구성주의적 인식론의 성격을 지닌다.
인간은 세계를 해석하는 데에 다양한 관점과 담론의 상황성에 영향을 받는다. 이 과
정에서 인간은 능동적이고 적극적으로 지식을 구성한다. 이러한 관점은 과거 증명의
인식론을 극복하는 경험의 인식론에 대한 강조이다. 이 인식론에서는 해석적이고 구
성적인 행위를 중요시 한다. 해석학적 사고는 Bruner가 언어의 해석학적 기능을 강조
하고, 인간 조건에 대한 존재론적 사고보다는 세계구성을 이해하는 방법을 강조하는
것에서 그 특징을 알 수 있다.[38] Bruner 자신도 자신의 입장을 해석주의자 조망
(interpretivist perspective)으로 보고 해석적 관점의 특징을 다양한 관점, 담론 의존적,
담론의 상황성 등 세 가지로 제시하고 있다[39]. 그리고 경험의 인식론은 앎의 주체를
객체화하고 경험적이고 실증적 증명을 강조하는 증명의 인식론에 대한 극복 방안이
다. 다양한 시각, 개인적인 주관적 해석을 추구하지 않는 증명의 인식론은 이제 상호

37 강현석 · 유동희 · 이자현 · 이대일, 「내러티브 활용을 통한 교과교육론 구성 방향의 탐색」, 『한
국교원교육연구』, 22(3), 2005, p.223
38 Bruner, J. S., *Actual Minds, Possible Worlds.* (Cambridge, Mass.: Harvard Univ. Press, 1996), pp.46
39 Bruner, J. S., *Acts of meaning.*(Cambridge. MA: Harvard University Press, 1990), pp.112-114.

작용적이며 대화적인 지식론으로 대체되어야 한다는 것이다.

이러한 인식론에서는 지식의 발견보다는 창조를, 증명이 아닌 상호교섭의 과정을 강조한다. 여기에서 지식의 능동적 측면을 알 수가 있다. 지식은 객관적으로 주어져 있는 것을 발견하는 것이기보다는 능동적 구성 과정을 통하여 새롭게 창안해내는 것이다. 교섭의 과정은 문화 속에 존재하는 인간 마음의 본질이며, 문화 도구를 통하여 의미를 만들고 거기에 기초하여 자아에 대한 이야기를 구성하는 것이다. 이와 관련하여 Bruner는 자아는 사회적 세계와 비교적 무관한 '내부의' 본질에서 성장하는 것이 아니라 모든 사람들이 불가피하게 관련되는 의미, 이미지, 그리고 사회적 유대 속에서의 경험에서 나온다고 보았다.

II, III, IV장에서도 지속적으로 지적하였듯이, Bruner는 인간 마음에 대하여 기존의 객관적인 실증주의적 방식을 비판한다. 그 근거로 문화심리학을 제안한다. 인간 발달과 마음의 구성에 대한 새로운 조망으로서 문화심리학은 인간 발달의 새로운 이해 방식을 요청한다. 각 문화는 사람들이 어떻게 존재하는가, 그들은 어떻게, 그리고 왜 행위하는가, 그리고 문제를 어떻게 처리하고 해결하는가에 관하여 내러티브 형식으로 '일상심리(folk psychology)'를 만들어 낸다. 이 내러티브들은 전형적으로 사물의 규범적이고 표준적 상태를 묘사하고, 전형적으로 한 문화의 제도적 조직과 구조는 그 일상심리학을 승인하고 심지어 실행토록 하는 데 효율적으로 기능한다. 아동들은 어려서부터 그가 속한 문화의 일상심리학 내에서 행위하기 위한 내러티브 형식을 숙달한다. 정신은 의도적 인간을 지칭하며 문화는 의도적 세계를 지칭한다. 즉, 문화적으로 구성된 실재(의도적인 세계)와 실재를 구성하는 정신(의도적 인간)이 계속적으로 상호작용하고 서로의 정체성에 침투하며 서로의 존재를 조건화한다. 결국 문화와 정신이 서로를 구성한다는 의미이다.[40]

(1) 이해수단으로서 내러티브

내러티브를 긍정적으로 바라보는 것도 있는데 이는 이성(reason)외에 다른 것—상상력의 실행—을 반영하기 때문이다. 지난 18세기 이래로 다양한 사상가들이 논리(이

---

40 Shweder, R. A, *Thinking Through Cultures: Expeditions in Cultural Psychology.*(Cambridge, Mass.: Harvard Univ. Press, 1991), pp.98-106. 김의철(外)(譯), 「문화와 사고」, 서울 : 교육과학사, 1997.

성)와 반대 의견을 가지고 고전주의에 반대하는 낭만주의를, 이성(the Apollonian)보다는 감성(the Dionysian)을 주장하였다. 논리(이성)가 감성으로 인해 전복되는 것 까지 보기 원하는 사람은 거의 없었다. 반면에 많은 사람들은 논리가 감정을 전복할 수도 있다고 두려워한다. 이 아이디어는 종종 인간의 의식은 처음에는 상당히 분리되어 있다고 추정되는 이 두 가지가 서로서로 균형을 이룰 때 잘 이루어진다고 주장한다. 감성과 상상에 대한 위상이 밝혀져야 한다. 이것은 허구적 이야기가 만들어내려고 애쓰는 것이다(Baldock, 2006).

Moffeett는 내러티브 형식에서 이성(reason)이 불충분한 경험의 묘사로부터 천천히 나타나는 것으로 이해한다. 다른 사람들은 객관성을 거스르는 허구적인 내러티브를 내던지는데 그들은 그것을 상상이 위협받는 이성 단독의 지배에 반하여 발전하는 하나의 맥락으로 본다.

이러한 두 가지 접근에 대한 대안은 Bruner의 연구(1986, 1990)에서 제공된다. 브루너는 많은 상황에서 '패러다임적' 사고로 적용하는 일반화를 만들기 위한 시도를 기술한다. 여것은 우리가 세계를 이해하고자 하는 시도에 필수적이다. 그러나 내러티브 사고 또한 중요하다. 그는 내러티브와 패러다임 사이에 있는 대립―하나가 다른 것을 대신함을 의미하거나 혹은 그 둘이 기껏해야 평형상태에 있어야만 하는 것―을 거부한다. 내러티브는 일반 규칙의 단순한 예로 몰아넣을 수 없는 사건의 독특한 배열을 기술하기 위해서 우리가 사용하는 수단이다. 우리는 발생한 것에 대한 그림(광경)을 구성하기 위해 많은 요인(그리고 그것과 관련시킬 수 있는 규칙)을 결합시켜야 한다. 또한 그 사건이 우리 스스로에게 무엇을 의미하는지 이해하려고 노력해야 한다. 이것은 개인적 경험이 될 수 있으나 우리가 메타 표상(metarepresentation)을 위해 지닌 도구는 우리 주변의 사회로부터 온다. 고로 경험을 이해하려는 시도는 항상 문화적인 차원을 가지고 있다. 이것은 예를 들면 우리가 사용하는 언어의 특질(idiosyncrasies)처럼 문화에 의해 우리가 판단됨을 의미하는 것은 아니다. 이런 유형의 단순한 판단은 사건들이 우리가 수립한 시험적 규칙과 종종 모순이 되기 때문에 발생하지 않는다. 이것은 이해란 것이 보통은 공유된 사고의 산물이며 우리가 복잡한 사건의 배열을 이해하고자 할 때 그 사고는 내러티브 형태를 갖게 된다.

Bruner의 접근은 감성적 차원뿐만 아니라 인지적 차원까지도 인정하는 내러티브에 자리를 내주는 장점을 가지고 있다. 그것은 내러티브를 패러다임과 반대되는 감정이나 환상의 영역으로 세우지 않았다. 그의 내러티브에 대한 아이디어는 아마도 패러다임적 사고의 전형인 자연과학에서 그리고 환상의 요소를 거부하는 내레이션의 유형인 역사의 기록에서 발생하는 것을 숙고함으로써 더욱 확대될 수 있다.

(2) 실재의 내러티브 구성

Bruner(1996)에 의하면, 실재는 내러티브에 의해 구성된다는 것이다. 즉, 내러티브적 실재가 구성된다는 점이다. 지성은 현실 속에서 이루어지는 실천의 미시문화를 반영한다. 과학자가 되기 위한 학습이 "과학을 학습"하는 것과는 동일하지 않다. 즉, 그것은 문화와 함께 조화를 이루는 "비합리적인" 의미 만들기에 수반되는 모든 것들을 가지고 문화를 학습하는 것이다. 이런 점에서 내러티브 해석이 그것이 만들어내는 실재에 형태를 주는 아홉 가지 방식들을 설명하는 데 있어서, 사고의 내러티브 형식이 무엇인지, 내러티브 "텍스트" 또는 담론이 무엇인지를 엄밀하게 구분하는 것은 사실상 불가능하다. 사고는 그것을 표현하고 결국은 그것에 형태를 부여해주는 언어로부터 분리될 수 없는 것처럼 각각은 서로에게 형태를 부여한다.

내러티브 시간은 Ricoeur가 언급하였듯이, 인간적으로 적절한 시간이다. 장르와 스토리들 간의 관계 혹은 장르와 하위 장르들 간의 관계를 비유하는 말로 장르라는 구멍도 그 수보다 많은 여러 하위 장르들이 드나들면서 양식화된다는 것이다. 주체적 행위는 선택을 미리 가정한다. 책임감은 선택을 수반한다. Charles Taylor가 말했듯이, "우리는 전체 텍스트에 대한 읽기를 성립시키기 위하여 노력하며, 이것을 위하여 우리는 텍스트의 부분적 표현들의 읽기에 호소한다. 아직도 우리는(표현들이 이해되거나 다른 표현들과의 관계 속에서 이해되지 않는 곳에서) 의미를 다루고 의미 있게 하는 것을 다루고 있기 때문에 부분적 표현들의 읽기는 다른 표현들의 읽기에 의존하며 궁극적으로는 전체에 의존하는 것이다.

모든 화자는 하나의 관점을 가지며, 그리고 우리는 그것에 질문할 수 있는 양도할 수 없는 권리를 가진다. 내러티브화된 실재들은 어디에나 존재하는 것이다(Bruner, 1996). 내러티브화된 실재들의 구성은 손쉬운 정밀검사나 조사에 쉽게 접근할 수 있을 만큼 너무나 습관적이고 무의식적인 것이다. 브루너의 비유에 의하면, 우리는 내러티브의 바다에 살고 있으며 물을 발견하는 마지막 존재가 될 물고기와도 같아서 우리 자신은 스토리 속에서 헤엄치는 것이 무엇과 같은지를 이해하는 어려움에 직면해있다. 그것은 우리들이 우리의 실재에 대한 내러티브적인 이야기체의 설명이나 평가를 창안하는 능력이 부족하다는 것은 아니다. 오히려 그것으로부터 멀리 떨어져있다. 우리는 지나치게 전문가인 셈이다. 오히려 우리의 문제는 고대로부터 존재해온 "마음잡기(prise de conscience)"문제를 성취하는 것이다. 그것은 우리가 습관적이고 자동적으로 매우 손쉽게 하는 것에 대한 자각이나 의식을 성취하는 것이다. http://user www.service.emory.edu/~pthoma4/index.htm

강현석 외(2005: 330)에 의하면, 내러티브 해석들이 구성한 실재에는 어떤 보편적인 것이 있는가? 나는 실제로는 보편적인 것이 있다는 것, 그리고 이러한 것들이 하나의 문화 내에서 이루어지는 삶에 있어서 본질적이란 사실을 본 장에서 논의하고자 한다. 나의 논점을 주장하기 위하여, "실재"에 대한 개념을 형성함에 있어서, 그와 같은 해석을 활용함으로써 얻은 것과 잃어버린 것에 관한 서두적 질문을 소개하기 위하여 내러티브 실재에 대한 아홉 가지 보편적인 실례를 말하고자 한다.

내러티브에 대한 논의는 인간 사회 내의 의미의 협상에 관한 반영이 아니라 "스토리"에 대하여 분개하며 거절한 것에 관한 사례인 것이다. 내러티브가 있을 법한 모든 사례에 대해서 진리를 생산할 수는 없다. 진리를 발견한다는 것은 과학과 논리만의 특권이다. 우리는 과학적인 방법과 합리적인 사고에 대한 방법들을 가르치는 데 교육학적인 노력을 기울인다. 증명에 관련되는 것, 모순을 구성하는 것, 단순한 발언에 지나지 않는 것을 검증 가능한 명제로 어떻게 전환시키는지, 등등. 왜냐하면 이것들은 "과학에 따른 실재"를 창안하기 위한 방법들이기 때문이다. 하지만 우리는 내러티브의 규칙과 장치에 따라 구성된 세계에서 우리 삶의 대부분을 살고 있다. 교육은 내러티브 실재의 세계와 메타인지적 민감성이나 감수성을 창안하기 위하여 수행하는 것보다 훨씬 풍부한 기회들을 제공해야 한다.

(3) 행함으로서의 앎: 활동의 문화심리학

Briner(1986)는 Sylvia Scribner의 사례를 통해 우리의 앎이 실제의 맥락에서 실천과 연관이 깊다는 점을 강조하고 있다. 그 사례를 통하여 우리는 우리가 하는 일이 우리가 세계라고 부르는 심리적 현실을 형성해 나갈 때 그것이 이루어지는 묘한 방식인 "직업변형"이라는 사고방식을 새롭게 창안해 낸 것으로 해석할 수 있게 된다.

마음(정신)이란 여러분이 흔히 사용하는 손과 연장 도구의 확장된 형태라는 점이며, 아울러 마음(정신)은 그러한 연장도구를 사용하는 데 대한 활동의 확장된 유형이라는 사실이다(Bruner, 1996). 문화구성원으로 존재하는 것과 관련된 상당수의 사람들은 여러분 주위의 "대상(things)"들이 요구하는 것을 수행하고 있다. 이러한 입장에서 Vygotsky의 아이디어는 유효하다. 즉, 손이나 지성 그 자체는 도움이 되지 못한다. 연장과 도구가 전체 대상을 완성시킨다는 것이다. 기능이라는 것을 친숙한 말로 달리 말하면 "습관적인"것이지만, 그것은 신비와 함께 빛날 만한 가치가 있는 것이다. 하나의 두뇌에 지능의 위치를 지정하는 것은 중대한 오류이다. 지능은 여러분이 갖고 있는 특정의 책, 사전 및 노트에도 존재하고 있고 여러분과 상호작용하는 친구들의 머릿속과 습관 속에도 있으며 심지어는 사회생활을 통해 주고받게 되는 모든 대상 속에도 존재한다.

이러한 앎에 대한 인식은 여러분이 공유하고 있는 공동체의 확장된 정보 속에서 그 공동체의 구성원으로 소속하는 여러분의 모습과도 관계가 있다. 분산된 지능을 형성하고 있는 정교한 "공유"이다. 이미지는 범주의 원형으로 존재할 뿐만 아니라, 내러티브에 있어서 정지된 행위 프레임으로 존재한다.

이런 점에서 강현석 외(2005: 380)는 주로 Scribner와의 대화를 통한 "일의 심리학(the psychology of work)"의 의미에 대하여 강조한다. 인간이 수행하는 일이나 노동의 의미를 '사회적이고 문화적인 실제에서 어떻게 이해할 수 있는가' 하는 문제이다. 그러한 맥락에서 우리의 앎의 성격과 의미를 논의할 필요가 있다는 점이다. Scribner가 브루너에게 말하고자 했던 바는, 우유 배달업자들의 제반 업무 요건이 그들의 문제 해결 과정, 사고방식 및 제반 문제를 공식화하는 방법을 형성하고 있다는 사실이다. 그녀는 이러한 활동을 Vygotsky식 인지 심리학의 확장된 유형으로 보고 있다. 정신이란 흔히 사용하는 손과 연장 도구의 확장된 형태이고, 그러한 연장도구를 사용하는 데 대한 활동의 확장된 유형이다.

수수께끼 그림 맞추기(rebus)는 글자보다는 물건(물체)이나 대상이 우리가 하는 일을 어떻게 지배하고 조절하는지를 보여준다. 이것은 사물로 어떤 것을 설명하고, 얘기하는 것 말고 **어떠한 것을 실행함으로써 이해하는 것**을 의미한다. 우리는 왜 그러한 일들을 수행해야 하는지를 규범적으로 설명하거나, 우리가 하는 일을 개념상으로 설명하기도 전에 그러한 일들을 수행하는 방법을 알고 있는 경우가 많다. 그것이 바로 Sylvia Scribner의 사례에서 시사하는 점이다. 즉, 노동이나 실천(praxis)이 문화의 원형을 어떤 식으로 제공하는지를 고려해볼 필요가 있다는 것이다.

Vygotsky의 "사고와 언어" 서두에 나타난 의미는 "손이나 지성 그 자체는 도움이 되지 못한다. 연장과 도구가 전체 대상을 완성시킨다."는 것이다. 연장과 도구는 뛰어난 "사고의 흐름"을 형성하는 데 있어서 단어와 똑같은 유형의 기능을 돕는다는 사실이다. 하지만 대상을 완성시키는 연장과 도구는 사고를 형성하는 어휘와 문법과 같은 유형에서 정신 형성에 대한 역할에 기여하지는 못한다. 그러한 연장과 도구들은 우리가 하는 일을 완수하기 전에 그 일을 정의하는 데 따른 해당 연장과 도구들을 설명하고 있는 것이다. 일반적으로 실천(praxis)이 법칙(nomos)보다 선행하고 있는 경우가 대부분이다. 기능이 행위를 전달하는 "이론"은 아닌 것이다. 기능이란 이론에서 파생된 대상이 아니라, 제반 대상을 다루는 방식이다. 기능이란 이론과 함께 향상될 수 있다. 이는 마치 우리가 스키의 안쪽과 바깥쪽 끝 부분에 대해서 알고 있더라도 스키 기능에 대한 해당 지식을 파악하기 전까지는 스키를 타는 기능은 향상되지 않는다는 사실과 같은 이치이다. 지식은 습관으로 이어질 때 비로소 도움이 된다.

기능의 비판적 관점의 두 가지 이유

기능에 대한 의미(가치)를 낮추어 보는 관점을 비판적으로 검토할 때 두 가지 이유가 존재한다. 인습화-관례화(conventionalization) 혹은 분산(distribution)라고 부르는 것이다. 이 두 가지는 문화를 광범위하게 함축하고 있다(Bruner, 1996).

인습화라는 것은 우리가 어떤 일을 능숙하게 수행할 경우 그 수행 방식이, 우리가 명백한 형태로 "알고 있는" 것들을 종종 뛰어넘는 문화와 친밀해지는 방식을 반영한다는 사실을 가리킨다. 그리고 그 수행 방식과 문화와의 친밀해지고 협력하는 형태는 일정하게 변하지 않는 문화적 상호의존성에 대하여 심층적 원천을 제공한다. 그런데 만약 이것이 없다면 문화는 이내 표류해 버리게 되는 것이다.

분산된 지능(distributed intelligence)이란 다음과 같다. 하나의 두뇌에 지능의 위치를 지정하는 것은 중대한 오류이다. 지능은 여러분이 갖고 있는 특정의 책, 사전 및 노트에도 존재하고 있고 여러분과 상호 작용을 하는 친구들의 머릿속과 습관 속에도 있으며 심지어는 사회생활을 통해 주고 받게 되는 모든 대상 속에도 존재한다.

이미 노벨상을 한번 수여 받은 사람의 연구실에서 여러분이 연구하고 있는 경우 그러한 사실만으로도 여러분이 노벨상을 받을 기회는 매우 높다. 그 이유는 여러분이 공유하고 있는 공동체의 확장된 정보 속에서 그 공동체의 구성원으로 소속하는 여러분의 모습과도 관계가 있기 때문이다. 분산된 지능을 형성하고 있는 것은 정교한 "공유(sharing)"이다. 하나의 공동체 구성원으로 소속하게 됨으로써, 여러분은 일련의 습관(관습)에 참여할 뿐만 아니라 지능을 사용하는 방법에도 참여하게 된다. 이러한 규칙이 노벨상의 영역에서만 유효하지는 않다. 우리는 관습을 공유한다. 개인의 차원을 초월하는 습관의 세계에서 관습의 공유는 깊숙이 자리 잡고 있다. 여기서 습관의 작용은 분산되어 있는 공동체에 따라서 달라진다. Bruner는 이러한 습관(관습)을 글자 맞추기 혹은 그림 맞추기의 연결 집합이라고 생각한다. 즉 관습은 실행함으로써 이해하는 대상들이다.

세 가지
표현 양식

일찍이 Bruner(1966)가 제안한 「인지적 성장에 대한 연구」에서 인간이 세계를 표현하는 방식은 세 가지이다. 첫째는 작동(enaction)에 의한 방법, 둘째는 영상(imagery)에 의한 방법, 셋째는 상징적(symbolic) 체계를 구성하는 방법이다. 여러분은 행위의 반복, 심상, 상징으로 세계를 표현하며, 성숙해 갈수록 시작점보다는 진보의 끝점을 더 선호한다. 그 당시 우리는 작동적 표현 양식에서 시작하여 영상적 표현 양식을 거쳐 상징적 표현 양식에 이르는 과정이 향상과 발전이라고 생각하였다. Bruner는 더 이상 그렇게 생각하지 않는다. 이것에 관해 브루너는 발달적 근거를 기초로 하지는 않지만, 표현 양식을 세 가지 유형으로 구분하는 것이 유용하다고 본다.

작동적(enactive) 표현 양식은 안내하고 지도하는 활동에 있어서 결정적인 요소이며, 숙련된 활동이다. 이는 수단-목적적이고 도구적인 구조를 세계에 부여하는 양식이고, **절차적** 양식이다. 작동적 표현양식을 통해 브루너가 말하려던 것은 정신적 문제 해결이 아니다. 문제 해결이 복합적 운동기능과 유사하다는 사실을 인정하는 것이다. 여기엔 "작업" 혹은 지시된 활동과 관련되어 있다.

영상적 표현 양식에 관한 이미지는 사상과 대상의 특수성을 포착할 뿐만 아니라, 사상의 부류(종류)에 대한 원형을 탄생시킨다. 영상적 표현 양식은 그러한 원형으로 역할하고 있다. 그러한 부류에 포함될 자격이 있는 여러 종류와 사례들을 서로 비교할 경우에 그 비교 대상들에 대하여 기준점을 제시하고 있다. 사고가 전형적 이미지와 유사하다는 점에서, 세계를 설명할 우리의 설명력은 선 개념적 구조(preconceptional structure)를 제시한다. 이러한 구조를 통해 우리는 세계 속에서 작용할 수 있는 것이다.

상징적 표현양식에서 우리가 완전한 이해를 얻는 것은 아니다. 그래서 브루너는 행위, 절차 및 문화심리학에 대한 초기 연구 대상으로 돌아가고자 한다. Cover의 주장에 따르면, 최초의 신전이 파괴된 후 유대인 거주지가 처음으로 발생한 때부터 추상적 개념이 발전되었다고 한다. 이 단계에서 공동체는 흩어지게 되었다. 한 때 법으로 존재했던 집단의 개념 작용은 하나의 생활 방식에서 정의, 공평 및 권리를 정의하는 법전(규범)으로 변모하였다. 또한, 숙련 행위는 보다 추상적인 지식으로 변형되었다.

그러나 그 이후에도 법은 행위와의 연계를 결코 포기하지 않았다. 제반 규칙과 절차로 형식화가 이루어졌음에도 불구하고, 그 이후에 발생한 법은 종래의 관습적인 행위와 분산 개념에 기원을 두고 있다. 현재 존재하는 특정 판례에 대한 판결 내용에 따르면, 법정은 과거에 존재했던 유사한 판례들에서 내려진 판결내용을 따르고 있다. 법은 연역적 원리에 구속되는 것이 아니라 판례에 구속된다. 판례란 과거에 수행된 모든 법적 사항, 과거의 판결 방법이다. 또한 우리는 그러한 판례들을 구체적인 행위의 예증을 통해 처리한다. 사람들의 습관으로 제반 활동 방법이 제도화될 때, 그러한 활동 방법들은 쉽게 변경되지 않는다. 제반 활동 방법은 우리의 문화에 대하여 때때로 상당히 요구되는 일관성을 제공한다.

문화심리학의 가치

브루너는 세계를 다루고 처리하는 행위와 관련된 양식들 중 가장 강력한 기법으로 묘사나 서술에 의한 방법을 제시한다. 인간의 행동은 결국 단어에 의한 개념 작용에 이르게 되는 데 바로 이 때, 인간의 행동은 절대적이며 시대를 초월한 방식으로 존재하지 않고 오히려 하나의 이야기(스토리)로 표현된다. 이는 취하였던 행동, 그에 따른 절차나 과정 및 기타 사항에 대한 이야기인 것이다. 법의 실행 혹은 의료 행위와 마찬가지로, 우유와 유제품 배달은 그러한 업무에 종사하는 사람들의 활동을 사실상 일으키게 하는 실행의 절차와 밀접한 관계가 있다. 이 복잡한 유형을 일의 심리학에 있어 중심적인 부분으로 간주해야 한다. 그것은 바로 활동의 문화심리학이다.

나. 내러티브적 앎의 이론적 위치

내러티브적 앎

강현석(2007)에 의하면, 내러티브적 앎은 실천적 지식으로서의 내러티브를 강조한다. 내러티브(narrative)의 기본적인 의미는 이야기 혹은 이야기를 만드는 것이다. 따라서 내러티브에서 인간은 자신의 경험을 '이야기' 하려는, 즉 정보와 경험에 내러티브 해석을 부여하려는 보편적 경향을 가지고 있다고 가정한다. 매우 기본적인 수준에서 보면 '이야기는 인과관계 및 의미를 나타내는 시간적 계열 속에 배열된 사건, 인물, 장면으로 이루어진다'(Carter, 1993: 6). 그래서 이야기는 사물이나 사태가 어떻게 작용하고 돌아가는지 그리고 사건이 어떤 의미를 지니고 있는지에 대한 정보를 전달한다. 그러나 내러티브는 다양하게 정의되고 있다. 이야기를 만드는 과정과 그 결과로 보는 Polkinghorne(1988: 23), 하나의 스토리를 구성하는 데 필요한 구조, 지식, 기술을 지칭하는 것으로 보는 Gudmundsdottir(1995), 내러티브(담론), 스토리(담론의 대상), 나레이팅(말하는 행위)으로 보는 Conle(2003) 등이 있다. 특히 "의미 만들기"의 한 형식(Polkinghorne, 1988: 36)으로 보는 입장에 유의할 필요가 있다.

내러티브의
종합적 의미

이들의 견해를 종합해보면 내러티브는 인간이 삶을 해석하는 데 있어서 사람이 경험하는 사건, 인물, 행위, 감정과 정서, 의도와 생각, 그리고 상황과 장면 등을 총체적으로 통합시켜주고 특정 경험이 이루어지는 맥락 속에 위치시켜주는 인식의 틀이라고 볼 수 있다(강현석, 2005: 92).

개인적 · 실천적
지식과 내러티브

이러한 내러티브에 의하면 지식은 개인의 경험을 통해 구성된다는 것이다. 내러티브를 통한 실천적 지식의 구성은 그동안 학계에서 '개인적 지식'의 문제로 다양한 논의가 이루어져 왔다. 개인적 지식이란 개인이 갖는 의미에 보다 초점을 두고 의미 구성의 다양성과 능동성을 강조하는 것으로 Clandinin과 Connelly, Elbaz 등에 의하여 정교화된 개념이다(조덕주, 2003: 56-57). 특히 Elbaz(1983)에 따르면 행위자(교사)들은 자신들이 가르치는 일의 모습을 결정하고 방향을 짓기 위해 적극적으로 사용하는 복잡하고 실제적으로 지향된 일련의 이해 체계를 가지고 있다는 것이다. 그는 이 지식을 '실천적 지식'이라고 명명하였고 이와 유사하게 Connelly와 Clandinin도 이 지식을 개인의 모든 의식적, 무의식적 경험에 영향을 받아 형성되고, 행동으로 표현되는 신념체라고 보았다. 지식은 마음에 있는 것이 아니라 몸에 있는 것이며 우리의 실제 속에서 드러나고 발견되는 것이며, 행위자(교사)의 이야기 속에는 이러한 의미에서의 지식이 고스란히 들어 있다고 말한다. 특히 그들은 행위자의 이야기가 드러내는 이러한 지식을 가리켜 '개인적 · 실천적 지식'이라고 부른다. 이런 점에서 Clandinin(1992: 125)은 '내러티브적으로 구성된 지식'으로서 개인적 · 실천적 지식을 강조한다. 요컨대 실천가의 개인적 지식은 행위자로서의 경험에 토대를 두고 있다. 따라서 실천가의 개인적 지식의 의미는 행위 당사자 경험을 중심으로 이해되어야 한다.

특히 Clandinin과 Connelly(1991: 130)에 의하면 개인적 · 실천적 지식은 우리의 경험으로부터 나온다. 경험은 정서적이고 도덕적이며 심미적 차원을 가진다. 따라서 우리 경험의 내러티브를 구성하는 우리의 개인적·실천적 지식은 정서적이고 도덕적이며 심미적인 것이다. 요컨대 경험으로부터 개인적·실천적 지식이 구성되며 그 구성된 지식을 통해 우리의 경험이 풍부해지며, 그 과정에서 경험의 내러티브가 중요한 기제로 작용한다. 따라서 내러티브는 경험인 동시에 지식이 된다. 이런 점에서 인간의 내러티브적 이해는 학교와 인간 경험의 사적 역사 내에 내장되어 있는 개인의 개인적 역사와 함께 인식된다. 내러티브 조망 내의 핵심적인 구인들은 세 가지, 즉 이미지 (image)의 의미, 내러티브 통일성(narrative unity), 개인의 삶에서의 개인적 철학과 리듬이다. 이상의 세 가지 개념들은 인간 경험에 대한 내러티브적인 개인적 지식 조망을 표현하는 것이다. 결국 이것들은 인간 경험에서 사람의 개인적 지식을 이해하는 방식을 제공한다. 사람들이 개인적 경험을 이야기하고 저술함으로써 스스로 지식을 구성해 나간다. Connelly와 Clandinin(1994: 158)은 사람들이 자신들이 이야기를 말하고 쓰는 것뿐만 아니라 더 나아가 이야기를 다시 말하고, 다시 쓰는 과정을 경험하도록 요청하고 있다. 내러티브는 담론의 언어적인 작용 속에서 그 모습을 뚜렷하게 하기 때문에 인간 자신의 행위 혹은 타인의 행위에 대한 담론에 주의를 기울일 필요가 있다. 담론을 통하여 의사소통된 독특한 의미의 층(strata)에 주목할 필요가 있다 (Polkinghorne, 1988: 11). 이것은 Lyotard가 말하는 이야기적 지식(narrative knowledge)과 의미상과 일치한다(한혜정, 2006: 77). 이야기는 스스로 권위를 지닌다. 사람들은 어떤 의미에서 이야기를 현실화하는 것에 불과하다는 것이다.

내러티브 지식구성 이들의 공통점은 개인이 자신의 지식 체계나 틀을 가지고 세계를 구성하는 것이 중요하다는 점을 알 수 있다. 이러한 세계의 구성에서 가장 중요하게 작용하는 것이 내러티브이다. 요컨대 내러티브는 실천적 지식을 형성해가는 과정에 중요한 메커니즘이다. 즉 내러티브는 실천적 지식의 원천인 동시에, 실천적 지식의 내용이 되며, 실천적 지식을 사용하는 과정에 총체적으로 관여한다. 왜냐하면 내러티브에서 지식은 사람들이 다른 사람과 자신들의 아이디어와 이야기를 공유하는 상황에서 개인적·사회적으로 구성되고 재구성되기 때문이다. 우리의 내러티브는 우리가 행하는 특정 경험들로부터 말해지기 때문에 그것은 개인적·실천적 지식의 표현이라고 할 수 있다. 이러한 지식은 사회·문화 역사적 맥락 내에서 구체화된다. 결국 개인적 실천적 지식은 다른 사람들과의 상호작용 속에서 형성되는 것이며 그것이 우리의 내러티브를 구성하는 것이 된다.

이상의 논의에서 알 수 있듯이 실천적 지식이란 인간 개개인이 가지고 있는 이론적 지식을, 그가 관여하는 실제 상황에 맞도록 자신의 가치관이나 신념을 바탕으로 종합하고 재구성한 지식이다. 이 지식은 개인적이고 암묵적인(tacit) 총체적 지식이므로 자신의 관심 행위에 근거로서 작용한다. 따라서 이러한 지식은 인간의 행위에 묻혀있게 되며, 이 지식의 적절한 구현을 통해 사람은 성장하게 된다. 이 과정에서 인간의 내러티브가 실천적 지식 형성에서 중요한 기제가 된다.

요컨대 인간의 실천적 지식은 사람들이 유목적인 활동을 수행하는 실천의 상황(현장, 맥락, 실제 등)에서 형성되는 것으로서 그 성격상 개인적인 성격을 띤다. 인간의 전인성(혹은 경험의 총체성)이 반영되어 특정 현장에서 구성되는(현장의 경험으로부터 학습되고, 검증되고, 개발되는) 지식이므로 여기에는 반드시 당사자의 (현장)경험에 대한 내러티브가 매개될 수밖에 없다. 따라서 인간의 자기 내러티브(self-narrative)가 이 지식을 구성하게 하는 토대가 된다. 이 점에서 인간의 실천적 지식은 경험에 주목하는 내러티브와 밀접한 관련을 맺게 된다. 왜냐하면 사람들이 스스로 구성한 실천적 지식은 인간 자신의 경험을 토대로 이루어진 것이며, 특히 경험의 반성과 재구성을 통하여 형성되고 이 과정에서 인간의 내러티브가 중요한 기제로서 작용하기 때문이다.

실천적 지식의 성격과 내러티브

개인적·실천적 지식은 인간의 목표 구현이나 실천에서 기초가 된다(Clandinin과 Connelly, 1991). 사람은 언제나 상황과 특정 공간, 시간성 속에서 존재하며 한 사람으로서 자신의 경험, 정신과 신체, 그리고 의도 속에서 이야기를 하고 다시 그 이야기를 구성하고 또한 이야기를 계속해서 구성, 재구성 할 때 한 자신만의 독특한 개인적·실천적 지식이 드러난다. 실천적 지식은 내러티브적으로 구성되며, 그것은 성찰의 과정을 통하여 자신의 삶을 이야기하고 다시 이야기함으로써 형성되고 그 과정에서 경험은 성장하는 것이다. 따라서 특정 상황에서 개인적·실천적 지식은 관심 현장에서의 자신의 지식, 즉 앎의 형성 과정에 초점을 두기 때문에 자신의 내러티브와 밀접하게 관련을 맺을 수밖에 없다. 결국 인간의 구체적 행위의 경험에 대하여 내러티브적으로 설명하는 것, 구체적 경험을 이야기하는 것은 의도와 목적을 구현하기 위한 자신이 지니는 개인적 실천적 지식의 구현을 의미한다. 따라서 내러티브 구현체로서 실천적 지식은 인간의 목적적 행위 구현에서 중요한 기제가 된다.

앞에서 논의된 내러티브의 관점에서 보면, 교사와 그 밖의 모든 사람들은 이야기된 삶을 살아가며(Bruner, 1985), 그러므로 내러티브 구조에 따라서 생각하고 지각하고 상상하고 도덕적 결정을 한다(Sarbin, 1986: 8). 이렇게 볼 때 내러티브는 인간으로서 우리가 우리의 삶을 해석하는 데 있어서 하나의 틀로 기능한다. 다른 말로 하면 인간으로서 우리는 경험상의 사건, 사람, 행위, 감정, 생각, 그리고 장면을 결합시키고 상호관련 지어주며 해당 맥락 속에 위치 지어주는 종합적인 틀을 엮어서 구성함으로써 우리의 삶을 해석하려는 경향을 지닌다. 이러한 종합적인 틀이 바로 내러티브이다.

이러한 내러티브 관점에서 지식은 개인이 자신의 경험을 다른 사람과 이야기하는 가운데 형성되며 이는 지속적으로 재구성될 수 있다. 지식은 맥락적이고 주관적인 것이라고 할 수 있다. 따라서 지식은 개인 내에 구체화된 것으로서 개인은 개인적 사회적으로 구성된 상징적 형식을 통해서 경험을 해석한다. 이러한 지식관에서 개인은 경험을 나타내기 위해 지식을 지속적으로 구성하고 재구성하는 인식 존재로 간주된다. 개인이 자기 경험의 권위적인 원천이 되는 것이다. 그러므로 내러티브 관점에서는 모든 사람들이 이야기를 말할 수 있는 인식자이기 때문에 모든 목소리가 권위를 가진 자원이 된다. 그리고 개인의 내러티브 권위는 경험의 지속적이고 상호작용적인 성격을 통해서 형성되고 재구성된다. 즉 개인의 내러티브 권위는 경험을 통해서 성장하며, 모든 경험은 이전에 겪었던 경험으로부터 무엇인가를 취하고, 나중에 겪게 될 경험의 질에 영향을 준다는 점에서 지속성을 갖는다(소경희, 2004: 195). 요컨대 내러티브 관점에서 지식은 개인적 사회적으로 재구성된다. 우리의 이야기는 특정 경험들로부터 말해지기 때문에 그것은 개인적 실천적 지식의 표현이라고 할 수 있다.

내러티브 관점에서 볼 때 지식은 우리 자신 및 다른 사람에게 설명하기 위해 우리 자신의 경험을 이야기할 때 구성되고 재구성된다. 즉 이 관점에서 지식은 사람들이 다른 사람과 자신들의 아이디어와 이야기를 공유하는 상황에서 개인적 사회적으로 구성되고 재구성된다. 우리의 이야기는 우리의 특정 경험들로부터 말해지며 이 점에서 그것은 개인적·실천적 지식이 표현이라고 할 수 있다. 이러한 개인적·실천적 지식은 사회-문화 역사적 맥락 내에서 구현되고 구체화된다. 즉 개인적·실천적 지식은 다른 사람들과의 상호작용 속에서 형성되는 것이다. 이런 관점에 기초해 보면 특정 대상에 대한 지식은 인간이 수행한 대상 관련 행위를 자신 및 타인에게 설명하기 위해 우리 자신의 대상 관련 경험을 이야기할 때 구성되고 재구성된다. 즉 특정 대상이나 주제 대하여 다른 사람과 자신들의 아이디어와 이야기를 공유하는 상황에서 개인적 사회적으로 구성된다. 사회적 상호작용 과정에서 동조(resonance)를 이끌어 낼 수 있다.

사람들은 자신들이 관심사에 대한 개인적 경험을 이야기하고 저술함으로써 스스로 지식을 구성해 나간다. 특정 행위의 경험에 대한 내러티브적 설명을 구성하는 것은 행위를 구현한 주체가 지니는 개인적 실천적 지식의 구현을 의미한다. 실천을 통하여 개인적 실천적 지식에 대한 우리의 내러티브를 말하고, 체험하고 다시 말하고 다시 체험함으로써 경험이 쌓이게 된다. 이 과정이 바로 경험의 성장이다. 사람들이 현장에서 행위를 구현해나가면서 겪게 되는 경험을 '이야기하고(telling)' 다시 이야기하고 (retelling) 하는 과정을 통하여 특정 행위의 '경험의 의미를 찾고(living)' 이를 토대로 '새로운 삶을 살아가게 되는(reliving)' 과정이다.

내러티브적 앎의 이론적 위치는 내러티브 인식론의 논의와 유관하다. 추갑식(2012)에 의하면 내러티브 인식론에는 몇 가지 특징을 가지고 있다.

내러티브
인식론의 특징

첫째, 내러티브 인식론은 서술된 이야기 구조를 가지며 임의성을 가지는 비논리적 서술체를 가리킨다(Bruner, 1985). 이것은 예측 불가능한 인간의 습성을 인간의 행위와 관련시켜 삶의 이야기로 만들어 낸다는 특징을 가진다. 따라서 내러티브 인식론은 이러한 내러티브적 사고에 기초한 것이며 실증주의적 인식론의 오류에서 벗어날 필요가 있다. 위와 같은 인식의 같은 맥락에서 본다면 우리 사회는 전근대적 사회에서 포스트모던 사회가 거쳐 오면서 객관적 실재를 지식의 본질로 보던 정초주의가 무너지고 실증주의적 인식론의 오류가 밝혀지고 있다. 이에 교육 현상의 다원성, 개방성, 불확실성을 인정하며 세상을 이해하고 해석하는 다양한 사고양식과 표상방식에 대한 관심이 확대된다. 따라서 학교에서 배우는 지식의 종류도 '이야기적 지식'과 '과학적 지식'으로 구분될 때 이야기적 지식의 우선성을 강조한다고 볼 수 있다.

둘째, 내러티브 인식론에서는 학습의 의미가 하나의 의미로 고정되어 있지 않다. 교육에서의 '발견' 혹은 '발견학습'의 의미가 패러다임적 인식에서는 객관적 실재의 발견으로 이해되었다. 그러나 실재가 객관적 단일 실재가 아닐 경우, '실재의 발견' 역시 객관적 실제의 파악이 아니라, 주어진 내용을 이해하려는 학생 개개인의 해석적이고 구성적 과정이 된다. 이러한 의미 구성의 과정은 인간이 그 자신과 처해 있는 세상을 이해하기 위한 상징적 내러티브 활동이 된다(Bruner, 1990; 강현석, 2005: 89 재인용).

패러다임적 사고에서 학습은 학생이 주어진 정보를 수동적으로 받아들이는 과정으로 이해된다. 그러나 내러티브적 인식에서 학습은 학생이 능동적으로 새롭게 의미를 구성하고 지식을 구조화해 나가는 발견의 과정이 된다. 이때 새로운 발견과 의미 구성에 필요한 것들은 사회적 상호작용을 통하여 학습하게 된다. 따라서 학습은 주어진 문화 속에서 내러티브를 통하여 의미를 만들어 가는 과정, 즉 내러티브 발견법으로 볼 수 있다.

셋째, 내러티브 인식론에서는 인간의 마음을 문화가 형성한다고 보고 있다. 이것은 인간의 마음을 컴퓨터처럼 정보를 처리하는 프로그램이 작동하는 것으로 보는 관점에서 벗어나 마음이 어떻게 의미를 만드는지, 마음에 의해 실재가 어떻게 만들어지는지, 마음이 어떻게 활동하는지에 관심을 가지는 등 마음을 새롭게 이해하고 있다. Bruner(1996; 강현석 외, 2005: 4)는 문화가 마음을 형성한다고 보는 '문화심리학(cultural psychology)'을 제안하며 이것은 교육이 벌어지고 있는 공간에서 학생들 각자가 가지는 마음과 문화의 관계가 실재의 구성, 의미 만들기, 자아형성 등에 필요하다고 보는 내러티브 인식으로 설명될 수 있을 것이다.

이러한 관점에서 보면 내러티브 인식론은 구성주의와 그 맥이 닿아 있다. 구성주의는 인간의 마음이 경험을 어떻게 처리하는지, 특히 지적 조직, 기억, 학습이 어떻게 이루어지는 지에 관심을 갖는다. 인간의 마음이 정보를 어떻게 조직하고, 재현하며, 회상하는지를 이해한다면 우리는 수업을 어떻게 인식할 것인지를 파악할 수 있을 것이다. 이를 통해서 학습자들이 정보를 마음이 정보를 처리하는 방식과 아주 근접한 방식으로 획득할 수 있도록 도움을 줄 수 있다.

행위 당사자는 자신이 경험하는 바의 의미를 스스로 구성함으로써 학습한다. 이는 얼핏 단순하고, 분명한 것처럼 보인다. 그러나 실제로는 아주 복잡하다. 에를 들어 학교교육의 경우 학생은 자신들에게 제시된 바를 그저, 어떤 순수한 형태로 받아들이지 않는다. 오히려 그것을 파악하려 하고, 이를 위해 그것을 다른 정보나 기존의 지적 조직과 연결시키려 한다. 이 과정에서 학습자가 이미 가지고 있는 마음의 틀이 변할 수 있고, 또 기존의 틀에 맞도록 새로운 정보를 수정할 수 있다. Piaget는 이런 과정을 가리켜 동화(assimilation)와 조절(accommodation)이라고 말했다. Piaget가 제시한 유명한 사례는, 대상의 영속성이라는 아이디어나 틀을 갖고 있지 않은 학생이다. 대상의 영속성이라는 아이디어가 없는 학생은 어떤 대상을 보이지 않게 감추어 버릴 때 그것이 사라지고 없는 것이라고 믿는다. 자기 눈앞에서 벌어진 일을 제대로 동화시킬 틀을 아직 갖고 있지 못한 어린 학생은 눈에 보이지 않는 대상은 실재하지 않는 것이라고 보는 틀에 맞추어 그의 경험을 조절한다.

구성주의는 어느 정도의 정확성이나 타당성은 정말 중요한 것이지만, 그것은 학생들이 의미를 부여하는 주체임을 신중하게 인정하면서 추구해야 한다는 것이다. 따라서 구성주의에서 지식은 새로운 정보, 새로운 경험, 새로운 자극은 학생들이 그것에 의미를 부여하는 것을 촉진하는 방식으로 제시되어야 한다.

위와 같은 관점은 이전의 인식은 인간의 자아를 아무 것도 의심하지 않으며, 외부의 기준과 정보만을 무감각하게 내면화하는 것으로 보고 있는 반면에 내러티브 인식에서 자아는 문화, 성별 등의 요인들이 특정 역사적 맥락 속에서 역동적으로 교차하는 다중적 경계에 위치하여 끊임없이 변화하는 존재로 볼 수 있다. 따라서 교육은 교사와 학생이 가지는 내러티브의 실체를 파악하여 스스로 성찰과 반성을 할 수 있는 기회를 제공해 줄 수 있다.

다. 내러티브적 앎에 의한 인간과학의 재해석

추갑식(2012)의 논의에 따르면, Bruner는 내러티브가 세계에 대한 우리의 경험과 지식을 조직하거나 서로 간의 의사소통과 학습에 있어서 가장 보편적이면서도 자연스럽고 손쉬우며 강력한 형식 가운데 하나라고 보고 있다. 내러티브는 우리가 의미를 만들기 위해 사용하는 구성의 도구이다. 실재는 내러티브로 구성될 수 있다. 의미를 만드는 내러티브 행위는 대화를 통해서 이루어지며, 내러티브 사고는 해석을 필요로 하는 동시에 해석학적 순환에 의해 이야기가 만들어진다. 인간은 이야기 속에서 살아간다. 세계에 대한 우리의 경험과 지식을 조직하거나 구성하는 가장 자연스러운 방법은 이야기를 만드는 것이다. 이야기를 말하는 것은 최초의 즉각적인 경험을 그대로 기술하는 것이 아니라, 특정한 방식으로 경험을 구조화하는 것이다. 결국 어떤 것에 대해 이야기함으로써 경험을 계속적으로 해석하고 재해석함으로써 우리의 삶이 만들어진다. 그것이 바로 우리의 교육과정이 된다. 따라서 삶이 해석적으로 구성되는 과정에서 경험의 구조화 양식으로 기능하는 내러티브는 우리가 만드는 교육과정이 되며, 그러한 만들어지는 교육과정이 바로 우리의 내러티브가 된다.

내러티브와
우리 삶의
교육과정

지금까지 논의한 내러티브는 일정한 지식관을 전제한다. 기존의 지식에서 논의되는 패러다임적 관점은 실증주의 인식론에 토대를 두며, 소위 기술적 합리성의 정신을 계승한다. 그 기본적 성격은 합리주의적 관점을 노정한다. 따라서 패러다임적 관점에서 지식 구성은 가설로부터 시작하며, 원리, 명제, 이론들이 우리의 세계를 설명하는 데 사용된다. 이 과정에서 지식은 경험으로부터 추상화되며, 개인 경험의 맥락적인 상황으로부터 분리된 탈맥락적이고 객관적인 성격을 지니게 되어 결국 개별 인식자로부터 분리되는 것이다. 따라서 지식을 얻기 위해서는 개인의 경험이나 의견이 처해 있는 맥락적 상황을 초월해야 하며, 탈맥락화된 절대적이고 확실한 진리의 추구가 강조되는 것이다. 이러한 패러다임적 지식관에 따르면 교육을 위한 지식은 이미 객관적으로 정해져 있으며 이론의 형태로 구성된다. 그리고 이러한 이론은 교육하고자 하는 사람에게 전달 가능한 것으로 간주된다. 즉 패러다임적 지식관에서는 교육을 위한 지식기반으로서 교육자 개인의 주관적 인식이 고려될 여지가 없다.

그러나 내러티브 관점에서 지식은 사람들이 다른 사람과 자신들의 아이디어와 이야기를 공유하는 상황에서 개인적, 사회적으로 구성되고 재구성된다. 즉 지식은 개인 내에 구체화된 것으로서, 개인은 개인적 사회적으로 구성된 상징적 형식들을 통해서 경험을 해석한다. 따라서 패러다임적 관점에서의 지식은 개별 인식자의 경험과 맥락을 중시하는 내러티브 관점에 의해 보완될 필요가 있다.

내러티브 의미를 기초로 하는 지식의 관점은 인식자 주체의 경험과 반성을 중시한다는 점에서 기술적 합리성을 극복할 수 있는 대안의 중요한 근거가 된다. 인식에 대한 이러한 견해는 인식의 과정에 개방성과 융통성을 허용하며, 지식을 탐구 바깥에 있는 혹은 탐구 이면의 종착지로서가 아니라 탐구 그 자체로, 즉 탐구내의 목표로서 다루는 관점이라고 할 수 있다.[41] 결국 내러티브 관점에서 지식은 개인이 자신의 경험을 다른 사람과 이야기하는 가운데 형성되며 이는 지속적으로 재구성될 수 있다. 지식이 개별 인식자에 의해 구성되는 것이다. 이러한 지식은 인식 주체인 개인과 무관하게 존재하는 탈맥락적인 것이 아니라, 개인이 처한 상황이나 개인의 주관적인 인식에 이해 영향을 받는 맥락적 주관적인 것이라고 할 수 있다. 따라서 지식은 개인 내에 구체화된 것으로서 개인은 개인적 사회적으로 구성된 상징적 형식을 통해서 경험을 해석한다.

---

41 Olson, Margaret R., "Conceptualizing narrative authority: Implications for teacher education", *Teaching & Teacher Education, 11(2), 1995, p.*119-135.

이러한 지식관에서 인식자는 인식 대상으로부터 분리되지 않는다. 오히려 개인은 경험을 나타내기 위해 지식을 지속적으로 구성하고 재구성하는 인식 존재로 간주된다. 개인이 자기 경험의 권위적인 원천이 되는 것이다. 내러티브 관점에서는 모든 사람들이 이야기를 말할 수 있는 인식자이기 때문에 모든 목소리가 권위를 가진 자원이된다. 그리고 개인의 내러티브 권위는 경험의 지속적이고 상호작용적인 성격을 통해서 형성되고 재구성된다. 즉 개인의 내러티브 권위는 경험을 통해서 성장하며, 모든 경험은 이전에 겪었던 경험으로부터 무엇인가를 취하고, 나중에 겪게 될 경험의 질에 영향을 준다는 점에서 지속성을 갖는다.

그러므로 이러한 내러티브 지식관에 따르면 교사의 교육과정 개발을 위한 지식은 객관적으로 존재하는 것이 아니라 교육과정 개발의 행위 속에서 형성된다. 즉 교육과정 개발을 위한 지식기반은 실제로 개발해보는 경험에 가담하고 있는 개인들이 자신들의 경험을 다른 사람과 공유하기 위해 구성하는 이야기 속에 있는 것이다. 이 점은 교육과정 개발에서 교사들의 교육 경험 및 그 경험에 대한 이야기에 관심을 가질 필요성에 있음을 시사하는 것이다.

내러티브 지식관과 교육과정 개발

이러한 맥락에서 내러티브는 교육과정 개발에서 중요한 가치를 지닐 수 있다. 우선 지식을 보는 관점에서 새로운 변화를 의미한다. 앞에서도 지적하였듯이 이 관점에서 지식은 개인적 사회적으로 재구성된다. 우리의 이야기는 특정 경험들로부터 말해지며 이 점에서 그것은 개인적 실천적 지식의 표현이라고 할 수 있다(소경희, 2004: 195). 따라서 지식은 개인 내에 구체화된 것으로서, 개인은 개인적 사회적으로 구성된 상징적 형식들을 통해서 경험을 해석한다. 결국 구조가 내러티브이고, 내러티브가 곧 구조이다. 결국 인식 주체 밖에 존재하는 객관적 실제에서 지식의 본질을 강구하는 것으로서 교사의 교육과정 전문성을 인식하고 확장하는 데는 많은 한계가 있다. 교사에게 요구되는 교육과정 전문성은 교사 지식의 본질에 기초해야 하는데, 그 지식의 범주에는 지식의 발견적 속성뿐만 아니라 생성적 속성도 고려할 필요가 있다. 최근에 강조되는 단위학교 교육과정의 창의적 편성이나 만들어 가는 교육과정의 문제, 교사에 의한 교육과정 재구성 등은 이러한 생성적 지식을 기초로 할 때 보다 타당하게 이루어질 수 있다.

교육과정개발에서 내러티브의 가치

이상의 내러티브 지식관이나 인식론의 논의에 기대어 인문과학의 문제를 살펴볼 필요가 있다. Polkinghorne(1988)은 인간이 세 영역, 즉 유물적 영역, 유기적 영역, 의미의 영역 속에 존재한다고 논의했다. 의미의 영역은 언어적 형식들에 따라 구조화되며, 인간 존재 속에 의미를 생성하기 위한 가장 중요한 형식들 중의 하나가 내러티브이다. 내러티브는 인간 존재의 시간적 차원을 수반하고 사건들을 하나의 통일체로 배열한다. 사건들은 내러티브의 주제나 관점과의 관계 속에서 의미 있게 된다. 내러티브는 사건들을 시작, 중반, 종결을 갖춘 총체로 체계화한다.

대부분의 인문 과학이 자연 과학을 -자연과학은 의미 영역 외부의 현실의 구조를 탐구하기 위해 발전되었다- 모델로 삼고 있음에도 불구하고, 몇몇 학문분야들은 내러티브적 형식을 통해 구성된 이해에 관련된다. 이러한 학문분야들, 예컨대 역사학, 문예학, 심리학의 특정한 분야들은 모든 인문 과목에서의 내러티브 조사연구의 모델을 제공할 수 있다(Polkinghorne, 1988: 369-370).

의미 영역의 중요성

인간의 이해를 위한 의미 영역의 중요성의 좀 더 올바른 평가는 인문 과학의 학자들에게 다른 종류의 훈련을 요구한다. 이러한 훈련은 언어적으로 구성된 현실의 구조와 관계에 관한 연구를 포함하는 것을 필요로 할 것이다. 또한 이것은 인문 과학의 새로운 규정을 요구할 것이다. 즉 인문 과학을 자연 과학으로 이해하는 대신에, 복합학문(multiple sciences)으로 생각할 필요가 있다. 이 학문의 탐구 대상, 즉 인간은 서로 관계되어 있긴 하지만, 상이한 방식으로 구성되어 있는 현실의 복합 층위 속에 존재한다. 인간에게 독특한 층위는 언어적으로 구성되어 있고, 인문 분과학문들은 언어적 자료들의 작업을 위한 연장들을 물리적 자료들을 위해 연마하는 것만큼 연마할 필요가 있다. 언어적 구조들을 통해 의미 영역으로부터 얻을 수 있는 지식은 물질적 영역과 유기적 영역들에서 얻을 수 있는 것과는 다른 종류의 것이다. 이러한 지식은 해석 기술技術을 통해서 발전되며, 의미의 기술記述로써 구성된다. 의미 영역에 관한 지식은 법칙을 망라하는 것으로 체계화되지 않으며, 미래의 언어적 사건들의 예견과 통제를 위한 정보를 제공하지 않는다.

삶의 내러티브 설명과 인문과학

내러티브 형식의 설명은 아직 초기 단계에 있다(Polkinghorne, 1988: 371). 그것은 조직적 구조 속에 시간적 차원을 포함하고 있기 때문에 "사실"을 범주화하는 형식적 구성과는 매우 다르다. 자아 이해를 위한 시간 질서의 중요성은 아직 명확하게 이해되지 않았다. 내러티브는 도처에 있는 것임에도 불구하고, 우리는 우리들의 경험을 생성하고 체계화하기 위한 내러티브의 중요성을 이제 겨우 인정하기 시작했다. 인간 경험을 구성하는 데에 있어, 다시 말해서 우리들 삶 속의 사건들에 의의를 부여하며 또 우리가 계획하는 행위들에 형식을 부여하는 데에 있어 내러티브의 역할의 인지는 인문 과학에서 최근에야 나타났다. 이러한 인지를 통해서 인문 과학은 의미 영역을 향하도록 방향을 고칠 수 있으며 미래의 연구조사를 위한 초점이 제공될 수 있다. 이 책의 주안점은 독자들에게 내러티브 이해의 시작을 제공하는 것이었는데, 그럼으로써 인간 삶에 관한 설명이 내러티브 구조의 인식을 포함하는 데까지 확장될 수 있도록 하기 위한 것이었다.

강현석 외(2005: 256)의 논의에 의하면, 내러티브적 앎에 기초하여 인간과학에서 중요한 문제인 설명과 해석의 문제를 재개념화 할 필요가 있다. 설명하기와 해석하기의 문제는 핵심적인 이슈로 전개되어오고 있기 때문이다. 그 이유는 이들의 차이점이 교실의 교수-학습 행위에 있어서 매우 중요하기 때문이다. 어린이들이 다른 사람들의 생각과 의도를 해석하는 법을 어떻게 배우는가에 대한 연구에서 설명하기와 해석하기의 차이점을 조사해 볼 수 있다. 다른 사람의 마음을 이해한다는 것은 해석적 과정의 가장 좋은 예이다. 교사가 학생들이 무슨 생각을 하는 지를 이해하는 것과 마찬가지로 학생이 교사가 무슨 생각을 하는지를 이해하는 것 또한 교실에서는 매우 중요하다. Bruner는 해석의 과정이 과학적으로 설명될 수 없다고 주장한다. 그런데 최근에 Astington과 Olson은 "우리 자신과 다른 사람들의 심리를 어떻게 이해하는지에 대한 인과적·설명적 접근방법과 해석적·해석학적 접근방법 간에 차이점이 있다고 주장하는 브루너의 견해"에 대해 반대하고 있다. 이들은 문화 혁명의 한 산물로서 해석과 설명이라는 문제에 대한 상당한 논쟁을 불러일으켰다.

해석적 관점이 견지하는 세 가지 특징을 고려해보면 다음과 같다. 첫째, 관점; 해석에 있어서 모든 진술은 그 진술이 이루어지는 관점과 상대적으로 관련이 있다. 둘째, 담화; 피험자가 말하는 것은 참여자가 질문자와 답변자의 관계를 어떻게 해석하느냐에 달려 있다. 다른 사람의 심리 또는 자신의 심리에 대해 말하는 것은 담화 의존적이다. 셋째, 맥락; 우리가 말하는 것은 그 담화의 상황성(맥락)에 달려있다. 다른 사람의 정신 상태를 추론한다는 것은 마음의 이론 이상의 것을 요구한다. 즉 문화 이론을 필요로 한다.

브루너에 의하면 해석적이라는 것이 반경험적이고, 반실험적이며, 반양적인 것을 암시하는 것은 아니다. 해석적이라는 것은 우리가 다른 사람이 말하는 것을 설명하기 전에 세 가지 관점(관점, 담화, 맥락)에 비추어 이해해야 한다는 것이다. 하지만 우리

설명과 해석

해석적 관점의 특징

의 설명이 이러한 해석적 가능성을 다 밝혀내지는 못한다. 브루너는 인과적 설명의 관점이 인간 세계의 여러 면을 예측하고 통제하는 데 효력이 있다는 것을 인정한다. 그러나 인과적 설명으로만 세상을 바라보는 것에 빠지지 않도록 주의를 주고 있다. 문제의 핵심은 해석과 설명이라는 두 과정이 필요하다는 것이다. 해석과 설명은 상호 계몽적이고 동일시 할 수 없는 것이다.

브루너는 설명하기와 해석하기 이 두 가지 앎의 방식이 분명히 다르지만 상호보완적이라고 믿고 있다. 그 차이점은 실질적으로 중요하지 않다고 보고 있다. 이러한 차이점이라는 것은 우리가 그것들을 인식론적으로 관련지으려고 할 때만 비로소 우리 눈앞에 차이가 크게 드러나 보인다. 어떻게 하면 해석과 설명이 같이 공존할 수 있을까? 우리는 이것을 고민해야 한다.

이상의 논의에 비추어 보면 새로운 인문사회과학은 내러티브적 앎, 즉 내러티브 인식론에 의해 재해석될 필요가 있다. 이 과정에서 내러티브 인식론의 핵심적 특징으로 내러티브를 인간 경험과 세계를 이해하는 수단으로서 바라볼 필요가 있다는 점, 세상의 본질인 실재가 내러티브적으로 구성이 이루어진다는 점, 우리의 활동인 실천 내지 앎이 일상심리를 통해 구성되며, 그것은 문화심리의 문제라는 점을 인식할 필요가 있다. 이런 점에서 보면, 우리가 주목해야 할 새로운 인문사회과학의 구성 작업 역시 문화적 행위이며, 우리의 삶의 내러티브 속에서 구성되는 일상심리를 통해 형성되는 문제라는 점을 알 수 있다.

3. 현장 적용 사례

이하에서는 새로운 인문사회과학의 가능성을 알아보기 위하여 현재 내러티브가 적용되고 있거나 장차 적용가능성이 어느 정도인지를 살펴보고자 한다. 주로 내러티브 인식론의 입장에서 기존 분과 학문들의 성격과 특징을 재해석하는 데에 초점을 두고자 한다. 이 과정에서 그 가능성과 현재의 상태를 점검하게 될 것이다. 첫째, 교과교육 분야에서는 수업비평과 도덕교육 측면에서 둘째, 인문사회과학에서는 역사학 측면에서 셋째, 자연과학 분야에서는 자연과학 일반과 과학교육 측면에서 그 사례들을 살펴보기로 한다.

가. 교육학(교과 교육) 분야의 사례

인간의 경험에서 사건의 흐름을 좌우하는 내러티브는 교과를 가르치는 수업활동에서 여러 가지 형태로 관계되어 있으면서 다양한 모습으로 나타난다. 이하에서는 수업의 소재, 수업 내용, 내용의 전달 수단, 인식 도구의 측면에서 그 관련성을 논의한다.

첫 번째, 수업 소재로서의 내러티브가 지니는 관련성이다. 이것은 내러티브가 특히 역사, 사회, 정치와 같은 교과 수업에서 풍부한 소재로서 많이 활용될 수 있다는 점을 말한다. 예를 들어 역사 수업에서 다루는 내러티브의 소재는 수업에 나오는 사실이나 인물과 관련된 이야기인 경우가 많다. 신화나 전설, 설화들이 역사 수업에서 가장 많이 활용되는 내러티브 소재라고 볼 수 있다. 이야기를 통해 학습자들의 흥미나 호기심을 자극하여 수업에 끌어들일 수 있을 것이다. 역사 자체가 시간의 흐름을 통한 이야기이므로, 학습자들의 흥미나 호기심을 자극하면서, 지적인 지식 또한 함께 획득할 수 있게 된다. 물론 여기에서 제시된 교과목 이외에도 여러 교과에서 수업의 소재로서 다양하게 활용될 수 있다.

수업 소재로서 내러티브

두 번째, 수업 내용으로서의 내러티브이다. 이것은 수업 소재로서 교사가 가지고 있는 수업 소재에 관한 내용 지식이 변형의 과정을 거쳐서 만들어지는 것이다. 따라서 수업내용으로서 내러티브는 교수 내용 지식의 성격을 가지고 있다. Grossman, Wilson & Shulman[42]은 내용지식을 교수 내용 지식으로 만드는 구성 요소로 네 가지 영역을 제시하고, 이를 다시 크게 교과내용지식의 영역과 교과내용에 대한 믿음이라는 두 가지 영역으로 구분하고 있다. 이러한 네 가지 구성 요소 중 수업 내용으로서 내러티브에 가장 커다란 영향을 주는 것은 가르치기 위한 교과내용지식 중의 내용지식과, 교과내용에 대한 믿음이다. 자세한 내용지식을 가지고 있는 것이 곧 수업내용으로 바뀌는 것이라고 할 수 있다. 여기에는 수업 소재로서 내러티브에 대한 교사 자신의 해석이 포함된다.

수업 내용으로서 내러티브

세 번째, 내용의 전달 수단이나 방식으로서의 내러티브는 모든 교과에서 가장 일반적으로 가장 흔하게 쓰이고 있다. 교사가 알고 있는 이야기의 내용은 내러티브를 통해 수업 내용으로 바뀌는 경우가 많다. 교사는 흔히 수업 내용을 전달하는 방식으로 내러

내용 전달 수단으로서 내러티브

---

42 Grossman, P. L., Wilson, S. M. & Shulman, L. S., "Teachers of substance: Subject matter knowledge for teaching", In M. C. Reynolds(ed.). *Knowledge Base for the beginning teacher*.(Pergamon Press, 1989).

티브라는 형식을 사용한다. 여기에서 내러티브는 교사가 알고 있는 이야기나 사건을 수업 내용으로 바꾸는 변형 도구(transformative instrument)의 기능을 한다. Gudmundsdottir에 의하면 교사가 알고 있는 이야기들은 내러티브를 통해 교수내용지식(pedagogical content knowledge)으로 변형된다. 즉, 교사의 담론으로서 내러티브는 이야기의 내용을 토대로 하여, 교사의 해석, 수업관 내지는 학생관, 또 이야기를 전달하는 교사의 기법 등이 혼합되어서 나타나는 산물이다. 그러므로 내러티브를 통해 나타난 이야기들은 교사에 의해 선택되거나 혹은 배제되고 변형되면서 새로운 의미가 부여된 이야기들로서, 학생들은 변형의 과정에 포함된 내러티브의 형식에 따라 이야기를 기억하거나 재미를 느끼기도 하고 그것의 의미를 해석하게 된다(Gudmundsdottir, 1995; 김한종, 1999).

교과 수업에서 이러한 형태의 내러티브는 보통 담론의 형태를 띠게 된다. 내러티브는 이야기의 시작으로부터 끝까지 하나의 통합적인 줄거리를 가지고 있다. 하지만 이야기의 방향이나 줄거리가 흘러가는 리듬은 교사가 이야기를 어떻게 변형시키느냐에 따라서 달라진다고 볼 수 있다. 각각의 이야기는 하나의 별개의 내러티브를 구성하고 있다. 시작에서 갈등이나 절정을 거친 뒤 끝이 나는 내러티브적 구조의 관점에서 보면 교사가 알고 있는 원래의 이야기는 형식상으로 불완전한 경우가 많다. 이것이 내러티브에 의한 전달의 과정을 거치면 완전하거나 강력한 이야기로 변형되는 것이다. 교사는 내러티브의 과정을 통해 이야기의 방향을 정하고, 목적과 초점을 명확히 한다.

인식도구로서
내러티브

네 번째로, 인식 도구로서의 내러티브이다. 내러티브는 그 속에 담겨있는 어떤 일련의 사건이나 현상들의 연속적인 상호관계를 이해할 수 있게 해주는 형식으로, 내러티브가 어떤 현상의 기본적인 인지도구가 될 수 있는 것은 경험의 흐름을 이해할 수 있게 해주기 때문이다. 내러티브 자체가 사건이나 현상들을 관계 짓는 다양한 방식을 내포하고 있다. 이러한 다양한 방식의 내적 관계의 총체를 하나의 단일한 전체로 나타내는 것이 곧 내러티브인 것이다.

이와 같이 위에서 제시한 내러티브는 다양한 형태로 교과 수업과 밀접하게 관계되어 있다. 학습자를 흥미와 호기심으로 교과 지식에 접근하게 할 수 있으며, 어떤 현상의 흐름을 이야기 형식으로 접근함으로써 해당 교과에 대한 이해력과 기억력을 높일 수도 있다. 이것은 실제 수업 현장과의 관련성과도 관계되어 있다. 학습자들이 교과를 이해하는 데 어려움을 느끼고 있는 것은 교과에서 표준적으로 나타내는 연구들이나 교과 지식들이 친숙하지 않거나, 너무 구조화되어 있기에 결과를 해석하는데 문제가 있는 것이다. 따라서 학습자들에게 익숙한 내러티브를 활용한다면 보다 쉽게 이해를 할 수 있는 것이다.

따라서 학습자들이 교과를 학습하는 데 있어 능동적으로 참여하기 위해서는 일단 학습 내용의 전달에서 교과 지식을 좀 더 쉽게 분명하게 이해할 수 있도록 그 의미 전달에 응집성을 가져야 한다. 한 교과의 내용을 수업을 마치고 난 다음에 학습자에 게 어떤 주어진 소단원의 내용을 직접 서술해 보게 함으로써 교과 내용이 전부인양 받아들이는 자세에서 벗어나 자기의 주관적 입장에서 교과의 서술 내용을 재구성하 여 볼 수 있다는 자세를 가지게 될 것이다. 또한, 학습자가 교과 지식을 얻는 데 있어 무조건 받아들이는 수용자가 아니라, 능동적인 참여자가 될 수 있는 많은 기회를 제 공해 줌으로써, 교과의 한 단원에서의 학습 목표가 어느 정도 달성되었는지를 측정하 여 학습자 스스로가 연구자의 태도를 배울 수 있게 한다.

교과교육에서 교육과정 편성과 운영상의 관점의 변화는 내러티브가 학생의 교과 이해를 촉진시킬 수 있는가 하는 문제로 이어지게 된다. 이러한 경향의 연구들은 내 러티브가 가지고 있는 인지 수단으로서의 기능 혹은 사고양식상의 특성을 발판으로 하여 교과에서 내러티브의 활용 방안을 모색하고 그 효과를 검토하고 있다. 앞에서도 살펴본 것처럼 내러티브 사고양식은 인간의 의도와 행동 또 그 과정을 묘사하며 주로 이야기, 드라마, 역사 서술에 적용되는 것으로 행위의 맥락 속에서 인간의 의도를 서 술한다. 따라서 맥락에 민감하게 작용하는 내러티브 사고양식은 하나의 기초적인 정 신 작용으로서 인간 의도의 경험과 내용을 조직한다. 이러한 내러티브를 독특한 사고 양식으로 구체화시키고, 교과 교육에 적용시키는 것은 장차 중요한 과제가 된다. 이러 한 방식은 특정 교과 학습에서 인지방식에 대한 새로운 접근의 가능성을 개척한다는 의의를 가지게 된다.

특히 역사 교육에서 내러티브의 논의를 구체화하고 있는 Levstik(1992)은 다양한 종류의 내러티브가 역사를 형성하거나 다른 역사가들의 이해 방식을 제시하는 데 중 요한 역할을 하기 때문에, 역사이해의 발달을 고려하는 데에 내러티브가 중요한 수단 을 제공한다고 주장하고 있다. 그녀의 다양한 연구 결과들로부터 내러티브 중심 교과 교육이 시사하는 것을 살펴보면 다음과 같이 네 가지 정도로 요약해 볼 수 있다.[43]

교과교육과
내러티브

---

43 양호환, 내러티브의 특성과 역사학습에서의 활용, 교육종합연구원 사회교육연구소『사회과학교육』, 제 2집, 1998, 30.

첫째, 내러티브는 학습자에게 친숙한 장르로 다가갈 수 있으며, 이를 통해 교과 내용에 쉽게 접근할 수 있게 될 것이다. 둘째, 내러티브는 다른 시대, 장소, 사건들에 대한 이해를 가능하게 할 것이다. 셋째, 내러티브는 경험을 이해하게 하는 해석의 한 형식으로서 구체적인 인간의 행위와 의도, 그리고 그 결과를 다룬다. 내러티브는 일반적인 것이 아닌 특수한 것을 취급하며 사실의 수집이나 사건의 연속만이 아닌 서술과 해석을 포함한다. 이것은 특정 교과 내용의 지식이 나오게 된 배경에서부터 접근할 수 있어, 높은 이해력을 얻을 수 있는 근거가 된다. 마지막으로 학습자들은 내러티브의 시간상 전후관계를 통해 일련의 사건이나 과정의 인과관계를 인식할 수 있게 된다는 점이 있다.

(1) 수업비평의 사례

교사의 실천적 지식으로서 내러티브에 의한 수업비평은 기본적으로 내러티브 인식론에 토대를 두고 있으며, 내러티브적으로 구성되는 실천적 지식을 핵심 기제로 한다. 따라서 수업비평의 기제는 내러티브와 실천적 지식의 본질에서 구성될 수 있다. 왜냐하면 내러티브 비평은 개인적 지식의 구현에 의존하기 때문이다. 따라서 세부적인 기제는 다음의 세 가지 측면, 첫째, 개인적 지식의 작동 개념(working concepts) 둘째, 내러티브 조망 내의 핵심적인 구인 셋째, 전경(landscape) 도식을 활용하는 것을 중심으로 다음과 같이 설정할 수 있다(강현석, 2007; 추갑식, 2012).

첫째, 개인적 지식의 작동 개념에는 구인(construct), 조망(perspectives), 개인적 지식, 전기적 내러티브가 있다(Connelly와 Clandinin, 1988: 14-17). Olson(1981)에 따르면, 구인은 교사와 학생의 행동에 관하여 사고하고, 평가하고, 분류하는 데 교사가 사용하는 기저 이론이다. Kelly(1955)는 구인을 개인이 자신의 경험 세계를 이해하고 해석하는 사고의 범주로 보았다. 다음은 조망으로서, Jenesick(1982)에 따르면 조망은 후속적인 행동에 대한 근거로서 작용하는 경험에 대한 반성적이고 사회적으로 도출된 해석이다. 이것은 신념, 의도, 해석, 그리고 행동을 통합한다. 따라서 조망은 교사가 경험을 합리적으로 의미 있게 하거나 해석하는 참조체제가 된다. Lampert(1985)에 따르면 개인적 지식은 교사 자신이 관심을 두는 것에 대한 지식이며, 이것은 학생이 원하는 것, 교육과정이 요구하는 것을 교사가 수행할 때에 사용된다. 마지막으로 전기적 내러티브이다. Berk(1980)에 따르면, 내러티브는 자신의 과거에 비추어 사람들의 사고와 행위를 이해하는 훈련된 방식이다.

둘째, 내러티브 조망 내의 핵심적인 구인이다. 내러티브 비평은 개인적 실천적 지식이 구현되는 과정을 반영하기 때문에 그 기제 역시 이러한 지식이 표현되는 과정을 준수할 필요가 있다. 그런 점에서 Clandinin과 Connelly(1991: 129-130)에 따르면 교육과정에 대한 내러티브적인 개인적 지식 조망을 표현하는 것으로 다음의 세 가지, 즉 이미지(image), 내러티브 통일성(narrative unity), 개인의 삶에서의 개인적 철학과 리듬을 제안하고 있다. 핵심적 구인

첫 번째로, 이미지(Clandinin, 1986)는 우리 경험 내에서의 어떤 것, 즉 사람으로서 우리 속에서 체화된 것이며, 우리의 실제와 행위 속에서 표현되고 생성되는 것으로 정의된다. 상황은 우리 경험의 내러티브로부터 우리의 이미지들을 불러 내며, 이 이미지들은 우리의 미래 행위를 안내하는 데 활용이 된다. 이미지는 현재와 유의미하게 연결된 경험적인 실을 수집하면서 과거에 닿는다. 그리고 상황이 이미지의 조망으로부터 기대되어질 때 의도적으로 미래에 도달하며 유의미하게 연결된 새로운 실을 만들어 낸다. 그래서 이미지는 우리 과거의 일부분이 되며, 현재에 우리가 행위하는 상황에 의해 불러일으켜지고, 우리 미래에 대한 길잡이가 된다. 이미지가 우리들 속에 체화 될 때 감정과 도덕성, 심미적인 것을 수반한다. 이미지

두 번째로, 내러티브 통일성(Connelly와 Clandinin, 1985)은 각 개인의 경험 내에서의 연속체로서 정의된다. 즉 경험은 사람에 대해 달성하는 통일성을 통해서 유의미하게 만들어진다. 통일성은 사람이 겪어왔던 모든 것 그리고 자신을 형성하도록 해준 전통의 특정 시간과 공간에 있는 특정 사람에서의 통일체를 의미한다. 이것을 Johnson(1984)은 다음과 같이 언급하고 있다: 내러티브 통일성

이 초점은 단지 교사의 지식뿐만 아니라 개인적 지식과 인간사, 개인의 과거 역사, 그리고 교사가 교실 경험으로 가지고 오는 모든 것 등을 구조화하는 이미지와 메타포를 검토하는 것과 관련된다. 즉 우리는 교실의 안팎에서 교사의 전반적인 세계에 대한 지배적인 이미지와 메타포를 검토할 필요가 있다(Clandinin과 Connelly, 1991: 130).

세 번째로, 개인적 철학은 사람이 교수 상황에서 자신에 관하여 사고하는 방식을 의미한다. 개인적 철학은 그 안에서 신념과 가치의 의미를 지닌다. 그것은 자신들의 개인적 철학과 리듬

경험적 내러티브 기원에 대한 가치와 신념을 표면적으로 나타내는 것 이면에 존재한다. 교사의 행위와 그리고 경험의 내러티브 형식으로 표현된 그 행위들을 교사 자신들이 탐구하는 것 속에 포함된 의미를 재구성하는 것을 가리킨다. 교수의 내러티브에서 리듬을 이해하는 것은 사람이 학교교육과 사회적 삶의 순환적인 시간 구조를 준수하는 방식에 대한 어떤 것을 이해하는 것이다.

이상의 세 가지 개념들은 교육과정에 대한 내러티브적인 개인적 지식 조망을 표현하는 것이다. 결국 이것들은 교육과정에서 사람의 개인적 지식을 이해하는 방식을 제공하는 것으로 수업비평의 기제로 활용할 수 있다. 교육과정에 대한 내러티브적 이해는 학교와 학교교육의 사회적 역사 내에 내장되어 있는 개인의 개인적 역사와 함께 인식된다.

내러티브 탐구의
전경 도식

셋째, 보다 최근에는 Clandinin과 Connelly(1999)가 '내러티브 탐구'에서 제안한 전경(landscape) 도식을 활용할 수 있다. 전경 도식이란 교사의 수업 경험에 관한 이야기들 그리고 이러한 이야기들이 연결된 경험의 내러티브들은 모두 개인적으로 볼 때에는 개인적인 삶을 반영하고 있으며 사회적으로는 교사가 살아온 주위 환경이나 맥락을 반영하고 있다. 교사들의 삶의 공간인 학교 안에서 이러한 맥락은 매우 복잡하게 구성되는데 이러한 맥락의 복잡성과 다양성을 포착하기 위해서 전경 도식을 활용할 수 있다. 전경이란 공간과 장소, 시간간의 관계성에 의해서 구성된 다양한 사람과 사물, 사건들로 가득 찬 내러티브가 작동되는 공간이다. 이러한 전경은 내러티브적으로 구성되기 때문에 우리가 전경 속으로 들어간다는 것은 이야기의 장소로 들어간다는 것을 의미한다.

내러티브 수업 비평의 초점은 수업 경험을 내러티브화 하는 데 있는데, 수업상황에서 특히 교사와 학생의 내러티브 통일성에 있다. 내러티브를 활용하고, 개발하고, 다시 만들고, 그리고 소개하면서 과거 경험의 풍부함이 앞당겨지는 것으로 이해되었고, 교수-학습 상황에서의 교사들과 학습자들의 개인적 지식을 신뢰하게 되는 것으로 파악되었다. 이런 관점에서 보면 교수-학습 상황이 성찰되고, 가치롭게 되고, 풍부해지기 위해서는 교수-학습 상황은 학습자의 내러티브 경험을 지속적으로 되돌릴 필요가 있다. 다방면의 체화된, 그리고 자서전적이고 역사적인 경험이 그러한 것처럼 이런 방식으로 얇은 교실에서 살아나게 되는 것이다. 이 과정에는 대화를 통한 의미 형성, 상호교섭, 해석학적 구성과 순환에 의한 이야기 구성, 즉 특정 이야기에 대해 누구나 자신의 관점을 말하며, 경쟁하는 이야기들을 우리의 관점에 따라 편리하게 수용할 수 있다는 점 등이 중시되어야 한다.

이상의 세 가지 측면의 기제가 작동되어 수행되는 내러티브 수업 비평은 다음의 원리를 참고 할 수 있다.

내러티브 수업 비평의 원리

첫째, 맥락의 원리이다. 수업비평은 맥락을 강조할 필요가 있다. 수업비평을 결과적 현상에 대하여 평면적·기계적으로 기술하기보다는 수업이 진행되고 이루어진 과정과 그 과정에 참여한 학생들이 그 속에서 생각하고 행동했던 모습을 주체적으로 역동적으로 보여주어야 한다. 둘째, 해석의 원리이다. 수업비평은 해석을 풍부하게 할 수 있도록 할 필요가 있다. 비평에서 중요한 것은 드러난 현상을 결과적으로 제시하여 수용하도록 하는 것보다는 수업자로 하여금 주어진 텍스트나 지식을 특정 맥락 속에서 이해하도록 하는 것이다. 수업자들에게 다양한 해석을 요구하는 여러 유형의 자료를 제시할 필요가 있다. 수업자들이 경험을 표현하는 방식은 다양한 모습으로 존재하며 그것들이 모두 해석의 근거로서 작용할 수가 있다. 셋째, 당사자 목소리의 원리이다. 비평은 자기 내러티브에 의해 목소리를 구성하는 것이 중요하다. 교사 자신의 실천적 지식이 구현된 생생한 스토리를 구성해내야 한다. 타인의 언어가 아닌 교사 자신의 논리와 어법, 에토스, 아우라(aura)가 반영된 내러티브를 살려내야 한다. 넷째, 내러티브 텍스트의 원리이다. 내러티브 텍스트는 소설, 드라마 등과 같이 이야기 형식으로 구성된 텍스트를 말한다. 내러티브 텍스트는 시작, 중간, 끝이 있으며, 플롯이 있고, 등장인물, 구조와 배경과 장면이 존재한다. 이 속에서 해석적 구성과 순환이 아우러진다. 비평 자체가 내러티브 구조를 띠어야 한다.

(2) 도덕교육의 사례

도덕교육은 최근에 내러티브를 가장 활발하게 채택하여 논의하고 있는 분야이다. 왜냐하면 도덕이나 윤리학 분야, 도덕교육 분야에서 가장 주목하는 것이 인간의 삶과 경험에서의 진정한 자기 성찰이므로 인간 내러티브와 불가분의 관계에 있기 때문이다. 특히 Ricoeur의 이야기 해석학을 중심으로 도덕교육이론을 논의하는 이재호(2010)의 경우 자아의 형성과 관련하여 내러티브 해석학의 문제를 논의하고 있고, 도홍찬의 경우는 직접적으로 한국 도덕교육의 현실에서 내러티브를 논의하고 있다. 이하에서는 후자의 도홍찬(2012)의 논의를 중심으로 도더교육의 문제를 조명해보고자 한다.

① 도덕교육에서 내러티브의 중요성과 가치

도홍찬(2012)의 논의에 의하면 우리 삶과 교육의 위기는 바로 내러티브의 위기라는 것이다. 우리 자신이 의미 있는 존재가 되고, 우리 공동체가 정의로운 사회가 되기 위해서는 좋은 삶이 무엇인지, 어떻게 우리들이 살아가야 하는지에 대한 내러티브가 있어야 하는데 작금은 그것이 부족하다. 좋은 삶에 대한 내러티브는 개인적 자유의 무한한 확장 속에도, 공동체의 내러티브를 그대로 답습하는 것 속에도 있지 않다. 자아의 무제한적인 확장에 근거한 성장 사회의 패러다임은 이제 지양해야 할 때이다. 그렇다면 자신을 비우면서도 자기 안에 유폐되지 않고 사회성을 실현하는 방법은 무엇일까. 삶을 왜곡하는 거짓된 사회성을 비판적으로 바라보며 새로운 비전을 구사할 수 있는 전략은 무엇일까. 결국 실종되고 왜곡된 견실한 내러티브를 회복하거나 새롭게 만들어 나갈 수밖에 없다. 그렇다면 교육자로서 학교에서 우리들은 무엇을 실천할 수 있을까. 이익을 위한 교육이 아니라 민주주의를 위한 교육, 한 국가의 시민으로서뿐만 아니라 세계 공동체의 일원으로서 소속감과 책임의식을 느끼는 교육, 그래서 궁지에 몰린 민주성과 인간성을 실현하기 위해서는 새로운 상상력이 필요하고 이를 위해서는 문학과 같은 내러티브의 실천이 학교 현장에서 관건이 된다.

문학이 제공하는 내러티브는 상상적 동일시를 통해서 타자를 이해하고 공감하는 원천이 될 수 있다. 우리들은 작중 인물과의 감정적 역할 채택을 통해서 다양한 사람들을 만나고 그러한 인물들이 구현하는 세계관을 통해서 다양한 이념과 가치관을 만날 수 있다. 그리고 인물이 갈등에 빠지고 그것을 헤쳐 나가는 과정을 통해서 세계의 복잡성을 이해하고, 현실 해결에 필요한 감각의 결을 정련시킬 수도 있을 것이다. 이렇게 타자로서 세계를 이해하고 공감하는 가운데 자연스럽게 정체성은 형성되어 갈 것이요, 이러한 정체성은 내러티브로서 타자의 질문에 응답하고 책임질 수 있는 정체성이고 나의 삶을 한 편의 이야기로 만들어가는 정체성이 될 것이다. 문학 내러티브는 문학시간이라는 협소한 교과목의 칸을 넘어서 다양한 교과에서 학습활동의 출발인 맥락으로 작용할 수 있어야 하고, 궁극적으로는 타자를 상상하고 공감할 수 있는 교과지식의 성격을 규정하는 이념이 될 수 있어야 할 것이다.[44]

"시간은 서술적 양태로 엮임으로써 인간의 시간이 되며, 이야기는 그것이 시간적

---

[44] "문학작품을 활용한 도덕과 수업방법 개선 방안"(도덕윤리과교육, 제29호, 2009, 12)과 박병춘 · 도홍찬, "도덕과의 문학적 접근"(한국도덕윤리과교육학회 연차학술발표대회, 2012. 8.10)를 참고

실존의 조건이 될 때 그 충만한 의미에 이른다."[45]라고 리쾨르가 말하고 있듯이, 야만의 시간을 인간의 시간으로 되돌리기 위해서 우리는 다시 내러티브로 돌아가지 않으면 안될 것이다. 그곳에서 우리는 잃어버린 타자의 얼굴을 기억해야 할 것이며, 그것이 곧 나의 얼굴이라는 것도 발견해야 할 것이다.

이와 같이 도홍찬(2012)은 학교교육의 위기와 문제점을 내러티브의 관점에서 진단하였다. 한국 사회와 그 구성원들이 자기 생존과 발전을 위해서 성공주의 내러티브를 구현하고 있으며, 학교 체제는 이와 공명하여 치열한 경쟁과 승리의 욕망을 학교 주체들에게 부여하였으며, 이를 지원하고 보장하는 구조로 재조직화되고 있음을 말하였다. 그리고 이러한 성공의 내러티브를 실현하기 위한 학교의 교육과정은 단선적 정보-지식의 흐름을 강조하기에 교사와 학생이 지식을 해석하고 의미를 공유하는 과정을 제대로 가질 수 없는 구조를 가질 수밖에 없음을 밝혔다. 이러한 문제들은 곧 내러티브의 가치나 의미가 왜곡되거나 제대로 구현되고 있지 않기에 발생하는 것이기에, 그 대응 방안은 내러티브를 사회와 학교 교육에 되살리는 일이어야 한다.

이와 관련하여 도홍찬은 도덕교육의 관점에서 내러티브의 의미와 가치가 개별 교과목과 어떻게 결합될 수 있는지를 보여주고 있다. 일단 두 가지 차원에서 내러티브와 도덕(과) 교육은 결합될 수 있다. 먼저 협의의 차원에서 도덕교육을 실현하는 효율적인 방법으로서 내러티브를 활용하는 것이다. 도덕교육은 도덕성의 성격과 그것의 실현 방법을 두고 여러 가지 접근법을 가지고 있다. 개별 도덕교육의 접근법에서 내러티브는 자신의 도덕교육을 완수하기 위한 효율적인 도구가 될 수 있다는 것이다. 이것은 주로 도덕과의 교수-학습 방법의 차원에서 내러티브가 일상적인 학습 자료로 활용된다는 점에서 드러난다.

하지만 이와는 다르게 광의 차원에서 가능한 방식, 즉 내러티브를 교육적 수단이 아니라, 도덕교육 자체를 내러티브의 원리에 맞게 재구조화하는 방법을 생각할 수도 있다. 이것은 도덕성의 성격과 도덕교육의 실현 방법을 새롭게 해석하는 것이다. 인지, 정서, 행위의 통합체로서 도덕성을 파악하고, 대상과의 대화적 관계를 통해서 배움을 실천하고 도덕적 정체성을 내러티브로서 파악하는 것이 바로 이러한 차원일 것이다. 이와 같은 맥락에서 도홍찬은 협의적 차원, 즉 내러티브가 제 도덕교육 방법론과 어떻게 결합되는지 하는 문제와 광의적 차원, 즉 내러티브의 의미와 가치가 통합

---

45 P. Ricoeur, 김한식·이경래 옮김, 『시간과 이야기1』 (서울:문학과지성사, 2008) 125쪽.

적 도덕성의 실현, 해석과 성찰의 과정으로서 도덕교육, 내러티브 도덕적 정체성에 있다는 점을 논의하고 있다. 이하에서는 협의의 차원에서는 이야기와 삶의 회복, 자기 이야기를 통한 도덕적 목소리 발견을, 광의의 차원에서는 의미의 해석과 성찰의 과정, 대화성의 실현에 국한하여 논의하기로 한다. 왜냐하면 이상의 주제들이 본 연구의 목적에 보다 적합하기 때문이다.

② 도덕교육적 실천으로서 내러티브: 협의의 차원
㉮ 미덕의 이야기와 삶의 의미 회복

전통적인 도덕교육 방법으로서 이야기가 선호되었다는 것은 동서고금을 통해서 알수 있다. 우리들은 흥부놀부 이야기를 통해서 형제 간의 우애와 선행의 가치를 자연스럽게 배울 수 있었다. 일찍이 공자, 예수, 석가는 자신의 가르침을 제자들에게 효과적으로 전달하기 위해서 다양한 예화를 들고 있음을 각 종교 경전에서 발견할 수 있다. 고대 그리스 사회에서 플라톤은 이상국가 실현을 위한 교육에 있어서 설화적 이야기(mythos)가 중요함을 깨닫고 좋은 이야기를 선별하여 청년들한테 가르칠 것을 설파하였다. 도덕교육이 종교교육과 분화되지 않았던 미국의 초기 인격교육에 있어서도 성서에 나오는 인물들의 영웅담과 미덕을 담은 '맥거피 독복(McGuffey Readers)'이 도덕교육의 훌륭한 교재로 활용되었다.[46] 오늘날 학교 도덕교과서에도 도덕적 예화가 항상 등장하며, 다양한 분야에서 도덕적 이야기는 삶의 지혜와 교훈을 주는 자료로 인용되고 있다. 이야기의 어떤 힘이 이것을 가능하게 하였고, 도덕교육은 어떻게 이것을 활용한 것일까.

이야기는 인간의 경험을 형상화하는 가장 유효한 매체이다. 무작위적인 경험은 인과적 관계를 가지고 이야기의 구조 속으로 포섭된다. 이렇게 경험이 서사화되는 과정은 곧 서사주체의 가치가 개입되는 의미화 과정이라고 볼 수 있다. 개인이나 공동체의 경험 중 도덕적 가치 판단이 개입되는 경험이 있을 수 있고, 이것이 서사화될 때 도덕적 이야기가 될 수 있다. 이러한 도덕적 이야기 속에는 인물이 도덕적 행위 선택에 있어서 가치 갈등을 일으킬 수도 있고, 자신의 목적을 실현되는 데 있어서 타인과 복잡한 관계에 들어갈 수도 있다. 도덕적 이야기도 다른 이야기의 구조와 같이 인과성(casuality), 갈등(conflict), 복잡성(complication), 인물(character)로 구성되기 때문이다. 우리들은 도덕적 이야기, 특히 문학과 같은 허구적 이야기를 접할 때 세 가지 영

---

46 정창우, 『도덕교육의 새로운 해법』 (서울: 교육과학사, 2006) 128쪽.

역에서 도덕성의 영향을 받는다고 한다.[47] 먼저 이야기 속 인물이 특정의 도덕적 선택이나 행동을 할 때, 그들이 따르는 도덕적 규칙의 영향을 받는다. 또한 우리는 이야기 속 도덕적 인물이 가지고 있는 미덕이나 도덕적 성격을 통해서 자극을 받는다. 마지막으로 그러한 이야기가 지향하는 모종의 이념적 가치관에 영향을 받을 수 있다. 좋은 이야기는 독자나 청자의 몰입이나 동화를 가져오기에 이중에서 가장 큰 영향력을 발휘하는 것은 인물이 가지고 있는 도덕적 미덕이나 세계관이라고 볼 수 있다. 그러한 인물과의 상상적 동일시를 통해서 우리들은 자연스럽게 도덕적 가치를 공유할 수 있으며 미덕을 체화할 수 있다는 것이다.

이렇게 도덕적 가치나 덕목을 이야기를 통해서 내재화하는 과정은 개인이 삶의 의미를 깨닫고 자신의 자아를 회복해가는 과정과 일맥상통한다. B. Bettelheim은 동화와 같은 옛이야기가 매력을 가지는 것은 아동들이 일찍이 경험하는 심리적 불안감을 해소하고 극복하는 수단이 되기 때문이라고 본다. 아동들은 '분리불안(separation anxiety)'이라는 관계의 단절에 대한 두려움을 심리적으로 가지고 있는데, 동화 속 이야기들은 비록 비현실적이지만 아동들의 이러한 존재의 불안과 갈등에 대한 효과적인 해결책을 제시해준다는 것이다.[48] 비슷한 맥락에서 오늘날 인격교육론자라고 할 수 있는 W. Kilpatrick은 삶의 의미를 깨닫게 하는 도덕교육을 역설한다. 그는 MacIntyre의 논지를 빌어 와서 학생들이 자신의 삶을 하나의 이야기로 구성하며, 이야기의 주인공으로서 삶의 의미와 목적을 깨닫고 실현하기를 원한다. 그에게 있어서 도덕성은 단순한 규칙의 준수가 아니라, 삶의 의미를 묻고 좋은 삶을 영위하는 것이며 이것은 훌륭한 이야기를 접할 때 가능한 것이다. 좋은 이야기를 통해서 우리들은 영웅들의 기개와 용기를 배울 수 있으며, 우리들 역시 작은 영웅으로서 삶의 미덕을 실천하며 살아갈 수 있다는 것이다.[49]

도덕적 이야기의 전달이 학습자를 조작의 대상으로 삼으며, 그 내용 역시 영웅 숭배의 위험성이 있다는 지적, 곧 도덕적 교화(indoctrination)는 도덕교육 방법으로 적절하지 않다는 주장이 있을 수 있다.[50] 하지만 이야기의 전달과 독자의 동화가 일방

---

47 A. Sheppard, 유호전 옮김, 『미학 개론』 (서울: 현대신서, 2001) 191-192쪽.
48 B. Bettelheim, 김옥순·주옥 옮김, 『옛이야기의 매력1』 (서울: 시공주니어, 1998) 13-36쪽.
49 W. Kilpatrick, Why Johnny can't Tell Right from Wrong (New York: Touchstone, 1993) pp.190-205.
50 A. Kohn, "How Not to Teach Values- A Critical Look at Character Education" Phi Delta Kappa February 1997. p. 437.

향적으로 이루어지기보다는 의미의 해석과정을 통해서 이루어진다는 측면에서, 그리고 학습 과정에서 대화와 토론이 감정이나 가치의 경도를 제어할 수 있다는 측면에서 도덕적 이야기가 가진 매력은 도덕교육의 장에서 지속적으로 영향을 끼칠 것이다.

　　㉯ 자기 이야기를 통한 도덕적 목소리의 발견

　　타자의 내러티브를 듣거나 이해하는 과정에서 지식이나 가치, 감정을 수용하거나, 새로운 인지구조를 형성해 나갈 수 있다. 그렇다면 주체가 자신의 이야기를 하고 표현하는 과정에는 어떠한 작용이 일어나는 것일까. 경험의 서사화 과정에는 주체의 의미화 작용, 가치충동이 개입된다고 말하였다. 주체는 기억 작용에 의해서 특정의 경험을 망각하거나 왜곡하여 기억할 수도 있다. 또한 자신의 의도와 지향에 따라서 특정 경험을 배치하거나 제외시키기도 한다. 이러한 서사 전략을 통해서 주체는 자신의 가치관을 형성하며, 자신의 존재성을 구현해나간다고 파악할 수 있다.

　　인간이 자신의 도덕경험을 표현하도록 허용할 때 두 가지 의미 있는 작용이 일어난다고 본다.[51] 첫째, 이야기를 구성하고 말하는 것은 반드시 특정한 도덕적 관점에 기초한 도덕적 가치의 개입을 필요로 하기에, 개인이 그러한 관점의 저자가 됨을 요구한다. 따라서 도덕적 이야기를 말하는 것은 저자의식이 표현되는 기회를 제공해준다. 둘째, 도덕적 이야기를 말하는 것은 이야기되는 경험에 대한 숙고를 하게 만들기에 자신의 경험으로부터 더 많은 것을 배우게 한다. 이것은 단순히 사건들을 나열하고 묘사하는 것 이상으로 자신의 사고, 감정, 행위에 대한 권위와 책임감을 떠맡음으로 가능하게 된다. 이것은 도덕교육에서 보편타당한 도덕적 원리나 규범(가령 '정의'의 원리나 '배려'의 도덕성)을 제시하려는 것이 아니라 다양한 도덕적 원리나 규범의 경합을 인정하고, 도덕주체 자신의 고유한 도덕적 목소리를 발견하려는 전략이다. Kohlberg의 도덕성이 남성 중심의 도덕적 목소리라면 C. Gilligan의 도덕성은 여성주의적 도덕의 목소리이다. 이러한 각각의 도덕적 목소리들은 선험적으로 주어지는 것이 아니라 사회 문화적 맥락 속에서 구성되는 것이며, 도덕주체는 언어와 같은 사회적 매개 수단을 통해서 이러한 도덕성을 자신의 것으로 만든다는 것이다.[52]

---

51 Tappan, M. & Brown, L., "Stories told and lessons learned: Toward a narrative approach to moral development and moral education" Havard Educational Review 59. 1989. pp. 192-193.

52 M. Tappan, "Moral functioning as mediated action" Journal of moral education March 2006. in his website, http://www.colby.edu/directorym_cs/mbtappan/ p. 3.

자신의 고유한 도덕적 목소리를 발견하고 도덕적 관점을 정립해 나가기 위해서는 외적인 강제나 권위의 방법이 아닌, 도덕주체의 자발적인 수용과 자기 전유가 필요하다. '권위적인 담론'은 다만 전달될 뿐이지 주체의 적극적인 의미 형성을 촉발시키지는 못한다. 반면에 '내적인 설득의 담론'은 주체의 적극적인 참여를 통한 동화와 내적 승인 과정을 거치는 창조적이고 생산적인 담론이다.[53] 들려주고, 문자화된 이야기는 주체의 적극적인 참여가 동반되지 않으면 이러한 권위적인 담론으로 의미 작용을 만들어 내지 못할 수 있다. 자기가 스스로 말하게 하는 것은 주체의 자발적인 의미 생산을 자극하기 위한 방법이다. 말하기 위해서는 생각해야 한다. 말하는 의도에 따라서 사건을 배치해야 하고, 상대방이 이해할 수 있도록 의미를 조직해야 한다. 이러한 과정을 통해서 주체는 자신을 스스로 형성해 나가는 것이다.

자기 이야기의 저자가 되고, 주인공이 됨으로써 책임감을 가지고 세계에 나아간다는 것은 우리의 세계가 다양한 이야기로 직조된다는 것을 뜻한다. 수많은 나의 이야기들이 공명하고 협주하는 가운데 공동체의 이야기는 큰 이야기로 만들어지는 것이다. 또한 나의 작은 이야기는 이러한 공동체적 이야기 자원을 배경으로 활성화될 수 있다. 학생들은 세계의 다양한 도덕적 목소리들을 대면할 수 있어야 하며, 그러한 목소리들을 자신의 목소리로 변형시켜나가는 능력을 키워야 할 것이다. 자기 이야기가 일생 동안 그치지 않는 것과 같이, 도덕적 관점은 부단한 수정과 변경을 통해서 보다 원숙한 지위에 도달할 수 있어야 할 것이다.

③ 내러티브적 실천으로서 도덕교육: 광의의 차원
㉮ 의미의 해석과 성찰로서 도덕교육

인간의 경험이 서사화되기 위해서는 경험에 대한 해석과 성찰의 과정이 동반되어야 한다. 내러티브는 시간의 계열을 따른다. 시간의 간격 속에서 경험은 내러티브가 됨으로써 의미를 가진다. 하지만 그러한 의미는 자명하게 드러나는 것이 아니라 서사주체의 의도와 욕구에 따라서 새롭게 해석되는 것들이다. 같은 경험이라도 서사주체에 따라서 다르게 의미화된다. 박정희 시대를 같이 경험한 사람들이 그것을 기억하고 이야기하는 것을 보라. 박정희와 그 시대에 대한 평가가 극단을 오가지 않는가. 개인의 일상적 경험 역시 그것이 어떻게 서사화되느냐에 따라서 의미의 진폭은 커진다.

---

53 M. Bakhtin, 전승희 외 옮김, 『장편소설과 민중언어』(서울: 창작과 비평사, 1988) 161-167쪽.

따라서 내러티브의 구성 자체가 해석의 산물로서 이루어짐을 알 수 있다. 또한 타인의 내러티브를 이해하는 작업 역시 해석의 과정이 개입된다. 내러티브로 표방된 사건을 그것이 발생한 맥락에 근거하여 의미를 추정해 나갈 수 있어야 한다. 서사주체가 그러한 경험을 조직하는 데 있어서 부여한 의미망을 내적 논리에 따라서 파악한다는 것이다. 하지만 이러한 노력이 객관적 의미의 실체를 파악할 수 있다는 것은 아니다. 의미는 불확정한 상태로 항상 열려 있다. 서사주체가 이야기를 통해서 모든 의미를 확정하지는 않는다는 것이다. 의미의 빈 여백은 그것과 소통하는 타인들이 채워 나가는 것이다. 서사주체와의 공감적 동일시를 통해서, 나의 비슷한 경험을 그것에 대입해 보는 것을 통해서 의미의 융합과 공유가 일어난다는 것이다. 따라서 내러티브의 생산과 소통은 의미의 해석학적 작업과 궤를 같이하는 것이다.

도덕적 원리나 규칙, 가치나 덕목 역시 해석학적 노력을 통할 때 그 의미가 힘을 가지고 충만해질 수 있다. 추상화된 원리나 규칙이 현실에 적용되기 위해서는 도덕적 맥락의 복잡성을 이해해야 하고 그러한 원리나 규칙이 내포하고 있는 현실적 의미를 해석할 수 있어야 한다. 가치나 덕목 역시 고립된 도덕 주체가 소유한 실체적 지식이 아니라 현실의 도덕적 삶에서 체득하게 된 지혜와 태도의 응집물이라고 볼 수 있다. 도덕경험이 서사화된 내러티브를 통한 도덕교육은 그것이 함유하고 있는 도덕적 의미망을 해석학적으로 파악할 수 있어야 한다. 서사주체가 형성한 도덕적 의미망과 독자가 삶의 문맥에서 가지고 있는 도덕적 관점이 상호 결합될 때, 새로운 의미의 지평이 열릴 수 있다는 것이다. 이러한 해석 작업이 없이는 도덕적 가르침은 '생기 없는 관념(inert ideas)'[54]로 전락할 것이다.

서사화 과정과 교육적 소통에서 발생하는 해석작업은 주체의 성찰성과 밀접한 연관성을 가진다. 성찰은 거리두기이다. 서사주체가 경험과의 거리두기를 통해서 서사화가 이루어지며, 해석주체 역시 자신의 경험을 상대화시킬 때 서사주체의 경험의 의미망을 따라잡을 수 있다. 이러한 성찰은 인지 주체의 추상적 사고 능력에 의해서 이루어지기보다는 인간이 존재하는 구체적인 문화에 대한 자각에서 연유하는 인간의 조건에 대한 통찰에서 비롯된다고 봐야 하겠다. 그리고 이러한 인간 조건의 복합성은 인간의 행위가 형상화되는 내러티브 형식을 통해서 효과적으로 알려질 수 있는 것이다.[55] 이러한 성찰성은 도덕적 경험의 복잡성을 이해하고 새로운 자아를 구축하는 데

---

54 A. Whitehead, 오영환 옮김, 『교육의 목적』 (서울: 궁리, 2006) 36쪽.

있어서도 관건이 된다. 추상적 사고를 통한 도덕적 원리의 기계적 현실 적용이 아니라 도덕적 현실의 복합성과 인간 조건의 한계 상황을 감지하면서 지각적으로 균형있는 상태에 도달해야 한다는 것이다. 그리고 이러한 성찰성은 자기 경험을 합리화하고 미화하는 허위적이고 자기 동일적 정체성을 구축하는 것이 아니라, 자기와의 거리두기를 통한 '비동일성의 서사' 방법을 구현하는 것이라고 볼 수 있다.[56] 도덕적 정체성이란 이러한 자아와 세계, 자기 내부의 거리감을 끊임없이 유지하는 가운데 만들어지는 것이라고 하겠다.

㉯ 대화성의 실현으로서 도덕교육

내러티브의 형성과 소통은 타자를 전제한다. 본질적으로 자기 독백적인 내러티브는 있을 수 없다. 자기 내러티브 역시 가상의 청중을 염두에 두고 만들어지는 것이다. 또한 내러티브를 통해서 우리는 타자를 만나고, 자아의 영역을 뛰어 넘을 수 있다. 이렇게 내러티브는 자아와 타자가 얽혀 들어가는 매개체라고 볼 수 있다. 자아와 타자의 관계는 대화성에 기초할 때 제대로 설 수 있다. 대화적 관계는 일방의 타방에 대한 지배와 억압이 아니다. 대화는 자아의 협소함을 타자를 통해서 보상받는 호혜성에 기초를 하고 있다. 타자와의 관계에 기초하지 않는 자아는 타자가 서 있는 상황을 볼 수 없으며, 자아를 자폐적으로 가두어 놓는다. 이성 중심의 근대적 인식 체계는 이러한 세계와 타자의 분리에 기초한 자폐적 자아관에 기초를 하고 있다고 볼 수 있다.[57] 여기에서는 인식 주체와 인식 대상, 인식 맥락이 상호 관계를 맺지 못한다. 이러한 자아관이 상정하는 교육적 앎 역시 폐쇄적 흐름을 따라간다고 볼 수 있다. 객관적 대상으로서 지식의 실체가 존재하고, 학습자는 이성적 능력에 의거하여 그러한 대상을 소유함으로써 학습이 이루어진다고 가정한다. 그리고 객관적 지식의 양이 얼마나 축적되었나를 확인하고 타자와 비교하는 것으로써 교육평가가 존재한다.

이러한 과정에는 앎에 대한 성찰과 해석의 과정이 빠지는 것은 물론, 자아가 자신과 맺는 관계, 타자와의 관계가 사물화되고 도구화된다. 인식의 저장고로서 자아는 기능하며 타자는 이러한 역할 수행에 도움이 되는 가에 따라서 그 존재감이 달라진다.

---

55 J. Bruner, 앞의 책, 127-128쪽.
56 도정일, "기억의 도덕과 윤리" 『녹색 평론』 94호. 2007년 5-6월, 90-92쪽.
57 H. Hermans, & H. Kempen, "The dialogical self: Beyond individualism and rationalism" Americacn Psychologist, 47. 1992. p. 23.

대화적 과정으로 자아를 파악하고 교육적 앎을 실천한다는 것은 이 세계가 무수한 다성적(多聲的) 목소리로 구성되었다는 것을 이해하는 것이다. 각자 고유한 내러티브를 구사하며 세계는 이러한 다양한 내러티브의 조화와 협응, 갈등과 모순 속에서 존재한다는 것이다. 여기에서 자기 내러티브의 주권성만을 강조하는 것은 자아의 폭력이다. 이질적인 내러티브를 존중해야 하는 것은 물론, 나의 내러티브는 타자를 통해서 존재 가능한 것임을 알아야 한다. 대화적 자아는 자아의 실체성을 부정하며 타자와의 관계 맺기를 통해서 자아가 구성되며, 끊임없는 수정과 재구성 과정을 통해서 자아가 지속적으로 거듭나는 것을 지향한다. 따라서 대화적 의미에서 교육적 앎이란 자아의 타자성이 확대되는 것이요, 대상으로서 교육적 지식은 자아와의 관계 맺기를 통해서 유의미성을 획득하는 것이다. 그리고 동료나 교사는 공동으로 의미를 해석하고 구성해나가는 동반자의 관계라고 볼 수 있다.

　도덕교육에서 이러한 대화성의 원리는 도덕적 주체의 정체성이 다양하고 이질적인 도덕적 목소리들을 전유하는 가운데 이루어짐을 암시한다. 도덕적 정체성은 주체의 내적인 인지 과정도 아니요, 환경의 영향에 일방적으로 종속되는 과정도 아니다. 도덕적 주체와 환경의 대화적 과정을 통해서 정체성은 형성되는 것이다. 세계에는 다양한 도덕자원들이 존재하고 이것은 사람을 통해서, 사물을 통해서 고유한 도덕적 목소리로 표현된다. 도덕주체는 이질적인 도덕적 목소리들은 자신의 내적 인지 과정을 통해서 자신의 목소리로 만들어낸다. 이것은 수동적인 내면화의 과정이 아니라, 역동적인 '전유(專有:appropriation)'를 통해서 이루어진다. 결국 이러한 과정을 통해서 얻게 되는 자신만의 도덕적 목소리, 고유한 도덕적 관점이 바로 도덕주체의 도덕적 기능이 활성화되는 것이라고 볼 수 있다. 이는 곧 도덕교육이 대화적 관점에서 도덕적 정체성 형성 작업이라고 볼 수 있다. 내러티브에는 무수한 도덕적 담론이 포함되어 있다. 학생들이 내러티브를 통해서 다양한 도덕적 담론을 접하고, 그것의 의미를 해석학적 성찰의 과정을 통해서 파악해서 자신의 것으로 만드는 가운데 도덕적 기능이 발달하며, 이것이 곧 도덕적 정체성의 형성의 일환이라는 것이다.

나. 인문사회과학의 사례: 역사(학)를 중심으로

　역사학 분야는 내러티브와의 관련성이 긴밀하고 역사적으로도 깊은 인연을 맺고 있다. 역사의 통념적인 의미가 과거 발생한 사건의 기록 내지 사건의 연대기이므로 과거 사실의 객관적 관리와 보존이라는 점에서 매우 내러티브와 이질적인 성격을 지니고 있다. 반면에 역사는 과거 사실의 해석과 창안이라는 점에서 보면 내러티브와 긴밀하게 관련이 된다.

이런 점에서 우리에게 익숙한 학자들은 내러티브와의 관련성을 다음과 같이 논의해오고 있다.

내러티브와
역사(학)의
관련성

내러티브는 단순한 연대기가 아니라 의미를 생성하는 과정을 포함하고 있다. 내러티브는 사건에 대한 정보를 단순히 나열하는 연대기가 아니라 그 사건을 이해하는 데 적절하다고 판단되는 정보들을 선정하고 현재의 관심과 동기에 비추어 과거의 경험을 해석하고 재해석하면서 의미를 생성하는 인식 과정을 포함한다. 따라서 내러티브는 일관성이나 관련성이 없어 보이는 과거의 다양한 사건들, 인물들, 행위들, 상황들을 유의미하게 서로 관련짓고, 조직하고, 구조화하면서 질서와 형상을 부여하는 사고양식이다. 즉 내러티브는 과거의 사건들을 특정한 형태로 구조화하고 관련지으면서 서로 이질적으로 보이는 사건들을 나름대로 종합하면서 현실을 이해하려는 사고과정이라는 것이다.

이러한 맥락에서 Mink[58]는 내러티브가 일어난 사건들의 필연성을 보여주는 것이 아니라 그 사건들을 연결짓는 스토리를 구성함으로써 사건들을 일관성 있게 종합하는 하나의 인식 도구로 이해될 필요가 있다고 제안한다. 내러티브가 과거의 실제 사건들로부터 만들어지기 보다는 오히려 과거 사건들이 내러티브로부터 추출된다는 것이다. Ankersmit[59]도 과거는 표상될 수 없으며, 내러티브는 과거에 대한 수많은 개별적이고 기술적인 진술들이 아니라 과거에 대한 그림이라고 말한다.

Mink의
내러티브와 역사

즉, Mink의 상상적인 구성으로서의 역사서술, 이것을 이어받아 은유적 설명에 의한 문학적 인공물로 역사를 보는 White의 플롯화(emplotment) 개념, 이것을 통한 역사 설명과 구성, 복합적 언어구조를 통해 표상적 그림그리기로 역사서술을 보는 Ankersmit, 내러티브를 사건을 상징화하는 수단으로 보는 Ricoeur 등은 역사 내러티브의 사실적 해석을 부정한다. 결국 내러티브가 과거에 의미를 부여하여 새로운 것을

---

58 Mink, L. O., Narrative form as a cognitive instrument. In Canzrt, R. H. & Kozicki, H.(eds.). *The writing of history*. (Chicago: University of Chicago Press, 1978).

59 Ankersmit, F. R., Narrative Logic: A Semantic Analysis of the Historian's Language.(Boston, MA: M. Nijhoff, 1983)

창조한다는 것이다. 이들을 역사상대주의자로 비판하면서 역사의 본질은 문학적 표현이 아니라 사료의 분석과 설명이라고 보는 M. Mandelbaum, 사료를 수집하여 정보를 확인하고 가설을 검증하여 해석을 하는 것이 역사의 본질이라고 보는 R. Chartier, 역사 서술은 스토리를 말하는 것이 아니라 문제를 해결하는 것이며, 역사 내러티브는 설명의 한 형식에 지나지 않는다고 보는 D. Fischer 등의 견해가 대립하고 있다. 이 문제는 역사의 학문적 성격, 역사가의 임무, 역사가 개인의 가치관과 사관에 관련되는 매우 복잡한 문제이지만 이 글에서는 역사에서 내러티브의 가치와 가능성에 주목하자는 것이다. 물론 역사서술은 소설과 다르게 과거 사건들의 기록에 근거하지만 역사 해석은 구성이며, 과거 사건들에 부여된 내러티브는 역사적 발명(invention)이다. 내러티브를 사실과 허구로 이분하는 것은 무의미하며, 내러티브는 사실(경험)을 서술하지만 이와 동시에 허구적 상상력의 작업을 통해 사실의 한계를 넘어서기 때문이다. 장차 역사교육에서는 내러티브의 이러한 성격에 주목할 필요가 있다.

Baldock의
역사와 내러티브의
입장

이와는 다르게 접근하는 학자로는 Baldock을 들 수 있다. 이하의 논의는 Baldock(2006)과 강현석 외 공역(2012: 104-109)의 설명을 참고로 한다.

사람들은 때때로 우리의 문명은 인간 경험이 내러티브 차원을 가지고 있다는 아이디어에 특히 열려있는 것이라고 말하는데, 왜냐하면 문명의 기저에 깔린 기독교 종교는 역사적 사건을 유일하게 결정했던 것으로 단언되는 것에 입각해서 만들어졌기 때문이다. 기독교의 역사 상당부분이 신앙의 역사적인 차원과 씨름하기 위한, 그리고 그것이 세계사(universal history)에 결정적으로 중요한 사건에 기반을 두고 있는지 혹은 인간의 조건에 관한 영원히 참인 진리를 그리는 신화로 받아들여질 수 있는지 결정하기 위한 시도의 말로 기술될 수 있다.

비록 유럽 기독교가 역사를 내러티브로 보는 개념(idea)을 특히 수용했다 하더라도 이러한 개념이 뿌리를 내리기까지는 상당한 시간이 걸렸다. 수세기 동안 역사는 미덕으로 존경을 받고 악덕으로 비난을 받는 사람들의 이야기로 구성되어 있는 것으로 보였다. 역사의 연속성의 이해는 기록자의 가족이나 지역에 대한 자긍심에 국한되었다. 사람들이 좀 더 복잡한 것에 그리고 영웅의 영광보다는 일상생활에 관심을 갖게 되자마자, 역사문헌을 버리고 소설을 지지하는 움직임이 있었다(Ray, 1990). 발명의 자유는 소설가의 내레이션이 공공의 사실뿐만 아니라 주관적인 감정에 초점을 맞출 수 있다는 것과 '사실(facts)' 발명으로 말해지던 것의 주요 취지를 지지할 수 있음을 의미했다. 이후 유럽 역사의 대안적 분석을 위한 길을 열었다.

19세기에는 역사의 전반적인 양식을 기술하고 기저의 결정요인(determinants)을 찾으려는 노력이 있었다. 가장 잘 알려진 것으로는 모든 인간의 역사는 근본적으로 경제적인 요인에 의해 결정되었다는 마르크스의 사상이다. 그 밖에 역사는 인종 집단간의 투쟁으로 보아야 한다는 견해를 포함하여 물리적인 지리가 주요 결정물이라든가 혹은 모든 시민은 본질적으로 탄생, 발전 그리고 쇠퇴라는 같은 과정을 겪었다는 관념이 있다. 그리고 대부분의 역사가들은 역사는 문학의 갈래라기보다는 실재(reality)의 연구에 관한 것이라고 대답하였다. 역사를 도덕 및 가치의 문제로부터 완전히 분리시키기를 원했던 Von Ranke는 역사가의 과업은 '그것이 어떻게 실제적으로 발생하였는가'를 기술하는 것이라고 말하였다. 이것은 매우 이치에 맞게 들리나 '실제로 일어난' 것의 내레이션 요소(material) 선택을 어떻게 할 것인지에 관한 결정을 보류하였다. 실제로 역사적인 것은 어떤 것이든지 현존하는 모순 덩어리를 지고올 것이기 때문에 아마도 이것을 가공의 예와 함께 설명하는 것이 최선이다.

다른 말로 옮기면 역사는 발생한 일 이상이어야만 한다. 역사의 어느 순간에서 너무도 많은 것이 그것의 전체 내레이션이 가능토록 발생했다. 몇 가지 기준(준거)이 자세히 이야기될 사실을 선택하기 위해 사용되어야 한다. 동시에 역사의 집필은 Carr(1962)가 영향력 있는 에세이에서 그 역할을 제시하였듯이 사회과학의 이론을 설명하고 확장하는 에피소드의 선택 그 이상을 수반해야 한다. 역사적 실재에는 우연적인 것이 너무도 많다. 이미 발생한 일은 역사의 재료가 된다. 그것은 피할 수 없다. 그 결과 두 개의 학문에서 사용된 준거(기준)는 정확성의 정도에 있어서 다른 것이다. 물리학자는 입자와 다차원 및 우리가 일상생활에서 직접 접하지 않는 것을 이야기한다. 역사가 또한 직접적으로 볼 수 없는 것—르네상스, 산업혁명, 민주주의 개념, 프랑스 국민(the French nation), 중산층—에 관해 말한다. 그러나 이것은 물리학자의 개념과 같은 느낌의 추상적 개념(abstractions)이 아니다. 과학자들은 세계가 어떻게 작용하는지를 설명하는 모형을 구성하기 위해서 세부사항을 제거하고자 한다. 만일 역사가들이 산업혁명을 이해한 방식의 양상에 문제가 있는 것으로 드러나기 시작하면, 그 용어는 아마도 그대로겠지만 설명(description)은 변경될 것이다. 연구자와 자료의 관계 또한 달라진다. 만약 물리학자가 행성의 움직임에 대해 말한다면 그 설명은 옳거나 옳지 않을 수 있다. 그러나 어떤 경우에서든 그것은 행성이 이동하는 방식에 영향을 미치지 않을 것이다. 역사가나 사회과학자가 인간들이 행동하는 방식에 대해 말할 때, 그것은 과거는 변경하지 않을 것이나, 다른 사람들은 그러한 진술을 읽을 것이고 아마도 그들 자신의 행동을 그에 따라서 수정할 수도 있다. 미래는 비록 과거가 그렇지 않더라도 변할 것이다. 역사가들이 서술한 책은 그 자체가 역사적인 사건이 되며 그 방식이 아무리 소소하더라도 나머지 역사에 영향을 미친다.

이것은 역사를 순전히 주관적으로 만들지 않고 역사상 사건의 순서도 완전히 마구잡이식은 아니다. 지나간 사건은 원인을 가지고 있고 그 원인을 식별하는 것은 종종 가능하다. 역사는 우리로 하여금 현재 우리가 있는 곳에 어떻게 도달했는지 설명하는 것을 도울 수 있다. 그것은 우리가 향하는 곳에 대해 정확한 예측을 제공할 수는 없는데 그러한 예측 자체가 그 결과를 변경할 수도 있기 때문이다. 우리가 사회의 미래를 정확하게 예측할 수 없는 무능력은 실패가 아닌 자유와 책임의 원천이 된다. 역사의 연구는 지금 우리가 있는 곳이 근본적으로 영원한 것이 아님을 볼 수 있는 기회를 제공한다. 그것은 우리 스스로를 내러티브에 위치시키고 미래의 행동에 대한 모종의 기반을 제공하면서 우리가 누구인지에 대한 감각을 준다. 역사가들이 제공하는 설명은(우리가 우리 주변에서 발생하는 일에 관한 대화에서 서로서로 제공하는 설명처럼) 잘못된 것일 수도 있으나 불가피하게 임의적이거나 비이성적인 것은 아니다.

다. 자연과학의 사례

(1) 자연과학과 내러티브

자연과학은 Bruner(1986)의 사고양식 구분에 의하면 논리-과학적 사고의 전형으로 이해된다. 엄격한 분석과 증명, 인과관계에 의한 차가운 설명 등이 채택되기 때문에 내러티브 사고양식과는 일견 대조된다. 그러나 과학도 과학을 통한 세계 만들기 (Goodman)가 본질이므로 내러티브와 본질상 관련을 맺을 수밖에 없다.

이하의 논의는 자연과학과 내러티브 차원을 제시하고 있는 Baldock(2006)과 강현석 외 공역(2012: 101-104)의 설명을 참고로 한다. 이하에서는 주로 지난 수백 년 동안의 자연과학 발전이 내러티브와 분리되는 것이 아니라는 점에 주목할 것이다.

얼핏 보면 자연과학은 내레이션을 배제하는 방식으로 사물을 다루는 것처럼 보인다. 수학자 Lalpace(1749-1827)는 만일 (시간의) 특정 순간에 세계의 좌표에 대한 모든 것이 알려진다면 지금까지 발생했거나 미래에 발생할 모든 것이 추론될 수 있다고 주장하였다. 그는 미래의 세계를 믿는 방식을 기술하기 위해 일종의 은유를 사용한 것이다. 그것은 세계의 역사 혹은 그 일부를 영원의 법칙(eternal law)의 작용에 대한 단순한 관찰로 만든 접근이었다. 그것은 지배력을 갖게 된 사고의 방식이었다. 사회과학이 19세기 말엽에 발달하기 시작하면서 사회과학은 물리학과 비슷한 위치를 차지하길 갈망했다. 사회의 단순한 쏠림 현상은 종종 '철칙(iron laws)'으로 기술되었다.

내레이션은 Newton과 18세기 말 사이에 떠오른 과학의 묘사에서 차지할 수 있는 자리가 없었다. 만일 물리학의 법칙이 항상 적용된다면, 그리고 만일 절대적으로 정확한 예측을 막는 모든 것이 정보의 부족이라면, 시간 속에서 발생하는 것은 영원한 것에 대한 하나의 사례(instances)로 간주된다. 이것은 일체의 자연과학으로부터 내러티브를 제외하는 곤란에 처한다. 실험에 관한 모든 보고서가 내러티브라는 점은 사실이지만 그것은 특이한 유형의 내러티브이다. 과학은 그 자체의 역사를 가지고 있고 그 역사는 과학자가 발견한 것들의 본질을 손대지 않고 내버려두기 위해서 억제될 수 있다. 그러나 내러티브 차원에서 과학의 전체 자유에 관한 문제점을 제기하는 역사의 양상이 있다.

내러티브 유형으로서 과학

16세기에 갈릴레오는 역학(mechanics)을 고전주의 철학자들이 기술한 영원한 자질이 아닌 숫자로 기술하여 물질계에 있어서의 변화를 정밀하게 기술하는 가능성을 열었고, 그로 인해 내러티브를 위한 자리를 창출했다. 수학은 여러 학문 중 가장 객관적이고 '시간과 무관(time-free)'하나 그것은 또한 그 여정의 논리에 갇힌 본질에도 불구하고 예측될 수 없는 지점에 도달할 수 있는 가능성을 허락하는 학문이다. 갈릴레오는 또한 지구는 물질계에서 움직이지 않는 중심이 아님을 타인에게 가장 잘 설득했던 사람이다. 그가 도달한 결론은 지금은 너무도 익숙해서 그가 살았던 당시에 그것이 반직관적이고(counter-intuitive), 용인된 견해(received opinion)에 위배되었던 정도를 인식하기란 어렵다. 그가 살았던 시대의 그러한 것들을 부자연스러운 세계의 관점을 수용하는 것에 밀어 넣음으로써, 갈릴레오는 개인의 관점이 우리들의 관점에 미치는 영향(내러티브의 주요 요소)을 명백히 하는 데에 기여하였다. 지난 20세기에 이것은 우주론자들(cosmologists)내에서 주요 쟁점이 되었다. 우주의 상태와 그것을 이해하는 인류의 역량 사이에 친밀한 연관이 존재하는 것으로 보인다.

과학은 불가피하게 인간 사고의 산물이다. 뉴턴 사고의 주변에는 시간이 있었다.

그는 단순하게 시간이 존재했음을 그리고 그것과 함께 혹은 분리되어 우주 법칙이 작용하는 한도에서 프레임워크의 일부로 공간이 있었음을 당연시했다. 그의 접근은 내러티브를 배제했다. 그가 인정한 하나의 예외는 거룩한(신의) 개입이었는데 이는 신(God)이 물리학의 법칙에 묶이지 않았기 때문이다. 어느 누구도 신이 무엇을 생각하고 있는지 알 수 없기 때문에 이런 예외는 어떠한 참된 내러티브 차원도 허용하지 않았다. 그 후 19세기 과학에서는 우주의 역사에 대한 아이디어를 개척한 두 가지의 발전이 일어났다.

하나는 산업시대의 새로운 기계 작용에 대한 순수하게 실용적인 이유에 관해서 이해를 향상시키려는 시도로부터 나왔다. 열역학 제2법칙은 엔트로피(entropy)로 알려진 과정을 기술했고 우주는 미분화된 덩어리로 끝날 것이라는 예측을 이끌었다. 이것은 우주는 닫힌 계(closed system)라는 후기 뉴턴주의(post Newtonian) 아이디어의 불가피한 결과였다. 두 번째 발전은 자연도태에 의한 진화론이었다. 이것은 이전 원인으로 이후 사건을 설명하는 고전적인 예다. 다윈은 매우 영리해서 그의 위대한 저서 「종의 기원(On the Origin of Species)」은 '매우 정확한 용어로 내러티브'였고 그는 그것을 부끄러워하지 않았다. 그는 젊었을 때 열정적인 이야기꾼(story-teller)이었다(Beer, 1983).

진보적인 미래를 이끌어낼 수 있는 함축성을 지닌 다윈의 진화론적인 과거 이야기는 엔트로피의 우울한 예측과는 모순되는 것 같았지만 엄밀히 보면 그렇지 않다. 그 두 과정은 서로 다른 시간대에서 작용한다. 그러나 19세기 유럽문화의 상당부분이 이러한 두 가지 발견으로 생성된 시각 내에서 긴장이란 용어로 기술될 수 있다.

기원과 운명에 대한 우주의 이야기는 20세기 과학적 논쟁에 있어서 점차적으로 중심적인 역할을 하게 되었다. 아인슈타인과 다른 사람들의 발견은 고전주의 물리학자들이 절대 공간과 우주법칙의 작용 안에서 프레임워크를 제공하는 시간의 존재에 대해 내린 가정을 불투명하게 만들었다. 아인슈타인 자신은 우주 법칙과 절대적 예측성을 찾기 위해서 고전주의 모형의 양상에 충분히 결합된 채로 있었다. 그는 양자역학이 이 그림에 도입한 불확실성에 낙심하였다. 시간의 문제와 '시간의 화살(time's arrow)' 실재는 20세기 말엽 과학자들 사이에서 열띤 논쟁거리가 되었다. Prigogine(1989, 1996)은 시간 방향의 근본적인 실재(reality)와 아직 정해지지 않은 미래의 가능성을 주장한다. Barbour(2000)는 시간은 실제 방향이 없다고 똑같이 강하게 주장하며 우주를 끊임없는 커브(curve)로 묘사한다. Davies(1995)와 같은 대부분의 물리학자들은 비록 그들이 퍼즐이 해결되리라는 희망을 표출하고 있음에도 불구하고 불확실성을 인정한다.

물리학자들 사이에는 시간에 역행하여 이동하는 입자에 관한 추론이 있었다. 만일 사실이라면 이것은 시간여행의 가능성을 제시하는 것이다. 그러나 만일 인간이 시간에 역행하여 여행한다면, 그 사람은 정향방이란 용어로 지각이 가능한 것을 역시 경험할 것이다. 보인 것이 마치 거꾸로 돌아가는 필름과 같다 하더라도 그것은 여전히 그 사람에게 얼마나 이상하던지 간에 앞으로 이동하는 시간의 경험이 될 것이다. 시간 여행에 기초하는 대부분의 공상과학은 물론 시간 여행자가 평소와 같이 시간상 앞으로 계속해서 이동하는 것으로부터 역사의 새로운 지점으로의 단순한 이동을 가정한다. 우리가 변화의 전체적 부재든지 혹은 역으로 가는 시간의 순서에서의 경험이든지를 상상하는 것은 단지 어려운 것이 아니라 불가능하다. 우주가 실제로 어떠할지에 관한 추측은 새로운 발견을 가능케 하나 우리를 이러한 근본적인 경험—우리가 역사 속에서, 시간이 앞으로 이동하는 차원에서 사는 것—으로부터 자유롭게 해주지는 않는다. 우리는 내러티브의 피조물이다. Pivčević(1990)는 변화(내러티브의 근본적 요소)와 개인 자체 사이에는 해결할 수 없는 관계가 있다고 주장한다.

자연과학이 지난 400년에 걸쳐 발전한 모습에 대한 이러한 매우 간략한 개요는 과학이 내러티브와 갈라설 수 없음을 보여주는 데 기여한다. 패러다임과 내러티브 사이에는 단순한 대립이 없다. 인류 역사에 있어서 장기(long-term)패턴의 역할에 관한 질문이 있을 수 있다.

(2) 과학교육의 사례

이와는 다르게 과학 만들기라는 내러티브 본질에 비추어 과학교육의 입장에서 살펴보기로 하자. Bruner(1996)는 본 절의 내용과 관련하여 1960년대 후반에서 70년대 사이에 일어난 교육과정 개혁운동의 핵심 인물이었던 Robert Karplus에게서 영감을 받았다. Karplus가 생각했던 과학은 본질적으로 저기에 존재하는 어떤 것이 아니라, 인식 주체인 알고 있는 사람의 마음 속에 존재하는 도구라는 것이다. 무언가를 알아간다고 하는 것은 부딪치게 되는 많은 것들을 정교하면서도 단순하게 설명하려고 하는 방법에 있어서의 경험이다. 그러한 것을 얻기 위해서 학습자는 그것을 자신의 용어로 바꾸어야 한다. 학습자를 도와주고 북돋아 줄 수 있는 수단은 "교육과정"이다.

교육과정에는 대화 이외에 보여주고, 대화를 나누는 등의 동원할 수 있는 모든 것들이 포함된다. 사고라는 것은 내부적인 대화에 근접하는 개념이다. 대화와 사고 는 불가분의 것이다. 이것은 Bakhtin이 처음 사용한 후, "대화적 상상"이라는 말로 널리 쓰이고 있다. 지금 우리에게 필요한 것은 강한 목표의식과 현 상황에 대한 더 나은 인식을 통한 학교개혁운동이다. 우리는 우리의 교육적인 과정을 실제 말해줄 수 있는 공동체의 노력을 모아야한다.

목하 우리의 관심사인 사고양식으로서의 내러티브, 우리의 지식을 조직하기 위한 구조로서의 내러티브, 교육의 과정 특히 과학교육의 과정에서의 수단으로서의 내러티브(Bruner, 1990; 1996: 119-129)에 대해 논의해보자.

나선형 교육과정과 내러티브

오래 전에, 브루너는 "나선형 교육과정" 개념을 제안한 바 있다. 그 개념을 대략적으로 말해보면 다음과 같다. 하나의 주제를 가르치는 경우에 있어서, 학생들이 알아들을 수 있는 범위 내에서 직관적 설명으로 시작한다. 나중에는 형식적이고 구조화된 설명으로 순환하는 아이디어로서, 이 과정에 필요한 만큼의 재순환이 수없이 반복된다. 그리고 학습자들은 최대의 생성력으로 주제를 마스터할 때까지 순환 학습을 해나간다. 브루너는 이 모형에서 "어떤 주제이든지 그 지적 성격에 충실한 형태로 어떤 발달단계에 있는 어떤 연령의 아동에게도 가르칠 수 있다."는 철학적 신념을 따르고 있다. 그 말은 바꾸어 말하면 "준비도는 태어날 뿐만 아니라 만들어지기도 한다."는 의미이다. 즉, 지식의 영역들은 **발견되는**(*found*) 것이 아니라 **만들어지는**(*made*) 것이다. 그 지식 영역들은 단순하게 복잡하게, 추상적으로 구체적으로 구성될 수 있다. 어린 아동의 마음은 밀물의 조수처럼 고차적인 추상성의 수준으로 이동해 가지는 않는다. Margaret Donaldson이 아주 잘 보여준 것처럼, 발달은 학생이 추론해야 하는 맥락이나 상황의 실제적인 파악에 달려있다. 특정 발달 단계에서 한 영역을 직관적이고 실제적으로 파악함으로써 다음 단계의 보다 심화된 사고로 나아가게 된다. 교사로서 여러분은 자연적으로 일어나는 준비도를 기다려서는 안 된다. 지금 여러분이 아동들을 주시하고 있는 바로 현 단계에서 아동들의 힘과 능력을 더 깊게 함으로써 준비도를 촉진해주거나 "비계나 발판(scaffold)"을 만들어 주어야 한다.

과학교육에서 내러티브의 의미

다음으로 스토리나 내러티브에 대하여 살펴보자. 우리가 우리의 경험과 지식을 가장 자연스럽게, 최초의 방식으로 조직하는 수단은 내러티브 형식이다. 나선형 교육과정에서 시작(도입), 전환(전개), 아이디어의 충분한 파악이라는 이러한 흐름은 그러한 아이디어들을 스토리나 내러티브 형식으로 구체화하는 것에 달려있다. 그렇다면 내러티브라는 것은 무엇인가? 내러티브란 일련의 사건들의 계열이나 순서와 연관되어 있는 개념이다. 그 계열은 의미를 수반한다. 하지만 모든 사건의 계열이 일일이 열거하여 자세히 얘기할 만큼 가치가 있는 것은 아니다. 내러티브는 담화이다. 그리고 담화의 가장 중요한 규칙은 그것이 침묵과 구별되는 분명한 이유를 지니고 있는 것이다. 내러티브는 정전(성)의 위반(정해진 틀을 벗어나는)이라는 것을 자세하게 얘기하는 사건의 계열이나 순서에 의해 정당화되고 보증된다. 뜻밖의 기대치 못한 혹은 청취자가 의심할 만한 이유를 가지고 있는 것에 관해 말한다. 내러티브의 요점은 사안의 의외성을 해결하는 것이고, 얘기를 듣는 사람의 의문을 해소해주는 것이다. 스토리를 말하는 것을 촉진시켰던 불균형을 어떠한 방식으로 시정하거나 해명하는 데에 있다. 따라서 하나의 스토리는 사건의 계열과, 자세하게 얘기된 사건의 함축적인 평가, 이 두 가지 측면을 모두 포함하고 있는 것이다.

하나의 구조로서의 스토리에 관하여 특별히 흥미로운 것은 부분과 전체 사이를 여행하는 양방향 도로라는 점이다. 하나의 스토리 속에서 얘기되는 사건들은 전체로서의 스토리로부터 의미를 부여받는다. 그러나 전체로서의 스토리는 각 부분들로 이루어져 있다. 이 부분/전체의 꼬리를 서로 쫓고 쫓기는 양상은 "해석학적인 경향"을 탄생시키고, 그것은 설명이 아닌 해석의 대상이 되는 스토리를 낳는 것이다. 여러분은 스토리를 설명할 수는 없다. 여러분이 할 수 있는 것은 스토리에 대해 다양한 해석을 하는 것뿐이다. 따라서 과학적인 이론, 논리적 증거들은 증명가능성이나 검증 가능성에 의해 판단되지만, 이에 반해 스토리들은 그럴듯하고 있을 법한 가능성이나 "삶 유사성, 살아있는 생생함" 에 근거하여 판단된다. 스토리가 "진실"인가 거짓인가를 정확하게 정의 내리기가 매우 어려운 이유들 가운데 하나는 스토리가 **삶**의 진실성 없이 **삶에 대하여** 진실일 수 있다는 점 때문이다. 의미 이론과 같은 이해하기 힘든 문제들에 관심을 갖는 사람들에게는, 스토리들은 의미가 통하는 말은 되지만 지시 대상은 없다는 것을 의미한다.

과학은 일관성, 명료성, 검증가능성을 획득하기 위해 논리나 수학을 그 도구로 활용한다. 어떤 과학적인 이론이든 그것의 사용에 있어 Karl Popper가 말했던 것처럼 오류가 드러날 수 있는 가설이 형성될 수 있다. 근래에 제시된 과학에서의 거대 이론들은 우리가 기대했던 것 보다 더 스토리 같았다.

해석학적
순환으로서
스토리 구성

자연의 세계가 인간처럼 "물활론적으로" 인식되는 것이 아니라면, 스토리는 자연의 세계보다는 인간 행위자에 관한 것이다. 인간 행위자를 특징짓는 것은 인간들의 행위는 중력과 같은 물리적인 "힘"에 의해서가 아니라 욕망, 신념, 지식, 열정, 책임감 같은 관념적인 요인들에 의해 창출된다. 의도적 상태에 의해 추진되는 인간 행위자들이 스토리를 구성하는 기대치 않은 상황이나 비 정전적 상황(정해진 틀을 벗어나는 상황)에서 서로에 대하여 반응하는 이유를 정확하게 "설명하는" 것은 본질적으로 어렵다. 이러한 점이 내러티브를 이해할 때 해석이 필요하다는 점을 강화하는 것이다. 스토리는 화자의 산출물이며, 화자는 관점을 가진다. 비록 내러티브 속의 화자는 "사건에 대한 목격자"라고 주장할지라도 화자는 나름대로의 관점을 지닌다.

오늘날 우리는 세상의 참모습을 알고 싶어 하고, 이론을 구성하며 관찰하고 우리의 이론이 어떻게 적용되고 있는가를 점검하는 과정을 살펴보고 싶어 한다. 과학이 진보하면 할수록, 과학은 그것이 구성하는 이론적인 모델 위에 더욱더 의지하게 되고, 세상에 대한 과학의 측정 방법 역시 더욱 더 간접적이게 되어 간다. 과학의 최고 단계에서의 "이론적인 모델" 구성은 과학의 진보를 가져오는 수학 용어들에 의해 제약을 받는다. 따라서 우리는 가능한 명확해야 한다. 명백성을 통해, 논리적 모순을 피할 수 있다. 그러나 수학은 또 다른 기능도 가지고 있다. 잘 구조화된 수학은 주의 깊게 도출되어진 논리적인 체계이고, 과학자들이 끄집어낸 충분히 도출된 형태의 수학적인 힘이다. 결국 물리학에 있어서의 수학이론의 목적은 단순하게 기술하는 것으로 그치는 게 아니라 '생성'인 것이다.

하지만 지난 몇 백 년 동안 모든 과학 역사가들이 지적한 것처럼, 과학자들은 "자연"에 적용시켜 볼 수 있는 이론적인 모델을 얻어내는 데 있어서 그들을 도와줄 모든 종류의 도구, 직관력, 내러티브와 은유를 사용했다. 브루너는 과학의 이해에서 "내러티브 발견학습(narrative heuristics)"을 제안한다. 내러티브 발견학습은 내러티브 형식으로 만들어 가는 사건들의 전환으로 구성되고 그것들을 바라보는 방식에서 기대되며 규범에 맞아야 한다는 점을 강조한다. 따라서 어떤 점이 석연치 않은지, 어떤 것이 잘못 되었는지, 어떤 것이 설명되고 해명되어져야 하는지를 쉽게 구별해 낼 수 있다. 죽은 과학을 살아있는 과학 만들기로 돌려놓는 것이 바로 이 의식의 전환인 것이다. 예로부터 과학자들은 자기 꼬리를 삼킨 뱀, 지구 들어올리기, 따라올 수 있는 흔적 남기는 방법 등과 같은 식의 은유나 신화, 우화 등을 주로 사용하면서 내러티브 서술을 강조해왔다.

과학 만들기(science-making)의 과정은 내러티브이다. 자연에 대한 장황한 가설로
구성되어, 그 가설들을 검증하고, 가설을 수정해서 완전체를 만들어 간다. 검증 가능
한 가설을 만들어 가는 과정에서, 우리는 아이디어와 놀 수 있고 변이형을 만들어 내
며 답을 찾을 수 있는 니트 퍼즐과 같은 것도 만들고 골칫거리를 찾아 내기도 한다.
과학의 역사는 문제를 해결하는 데 있어서 영웅 대 서사시의 형식처럼 드라마틱하게
상세히 얘기될 수 있다. 브루너가 제안하고 싶은 것은 죽어 있는 책이나 활자로 찍히
는 따위의 과학이 아닌 살아있는 생동감이 느껴지는 과학 만들기의 과정 그 자체인
것이다.

내러티브와
과학 만들기

물론, 브루너는 훌륭한 교사들이 이미 살아있는 과학 만들기에 강조점을 두고 있다
는 것을 알고 있다. 그러나 브루너는 기준에 관한 법칙을 지키고 보수에 연연하기보
다 과학 공동체 속의 서로가 서로를 도와 나가는 것이 보다 더 바람직하다는 것을
제안한다. 교실 속에서 이미 다 나와 있는 것을 그냥 가르치기보다. 문제를 풀어 나가
는 과정에서 수없이 많은 구성원간의 상부상조가 일어날 수 있는 "연성 공학"을 바람
직한 방법으로 믿고 있다.

과학 가설 형성과
내러티브

좋은 질문이란 우리를 딜레마에 빠지게 하고, 분명하게 사실이라고 믿었던 "신념"
들을 깨뜨리면서 우리의 의식을 흔들어 놓는다. 사실, 1960년대 교육과정 개혁운동의
과학 프로젝트가 가져온 가장 큰 성과물은 이런 것들이다. 과학적인 도구를 만드는
목표는 자연 상태의 사건들이 사라져 버리기 전에 과학자/학생들이 그것들을 관찰하
고 기술할 수 있게 하기 위함이다. "깡통진자"는 힘과 균형의 난해한 세계를 경험해
보기에 최상의 것이다. 기록하는 진자가 우리에게 시사하는 것은 "훌륭한 그림 한 점
이 천 마디의 칭찬을 들을 만한 가치가 있는 것이라면, 잘 정제된 유추는 천 점의 그
림만큼의 가치가 있다"라는 것이다. 물론, 잘 정제된 유추는 일반적으로 "가설"이라
고 불린다.

가설은 우리가 이미 아는 것, 여러분들이 안다고 그냥 지나칠 수 있는 일반적인 것
들에서 도출된다. "발생적인 어떤 것"은 여러분들이 이미 마주쳤던 특수 사실들을 넘
어서도록 해주는 지식이다. 즉 브루너가 교과의 "구조"라고 불렀던 것이다. 말하자면
구조는 머릿속에 있다. 학습(또는 교수)의 위대한 점들 가운데 하나는 우리들 머릿속
에 우리가 알아야 하는 것 보다 더 많은 지식들을 구조화시킨다는 것이다. 그리고 이

과학의 구조와
내러티브

것은 반성을 요구한다. 즉 여러분이 알고 있는 것이 무엇인가 하는 것을 곰곰이 생각해보게 한다.

　　과학학습에서 "적은 것이 오히려 더 많은 것이다.(less is more)"라는 말이 있다. 여기에는 짜릿한 내러티브가 있다. 그 스토리는 어떻게 여러분이 최소에서 최대를 도출해 낼 수 있는가 하는 것이다. 대단원의 결말이나 사건해결의 고비는 여러분이 이미 가지고 있는 것을 가지고, 생각하는 학습을 하는 것이다. 브루너는 이 자명한 이치가 모든 교육과정, 단시 수업 지도안, 교수-학습의 중심에 위치해야 한다고 생각한다. 따라서 우리가 어떻게 하고 있는가를 점검해 보기 위해 기준을 세우고 검사지를 작성할 때, 관료들은 '최소에서 최대를 도출해야 한다는 중요한 내러티브'를 적용해야 한다.

　　본 절의 논의를 통해서 보면 교과교육 분야, 인문사회과학 분야, 자연과학의 분야들은 내러티브와의 양상이나 관련 방식들이 다소간 차이를 보인다. 교과교육 분야에서는 내러티브가 교육을 수행하는 강력하고 효과적인 수단으로서 의미가 있으며, 인문사회과학 분야에서는 역사학의 관점 변화에 따른 본질의 이해방식에 대해서 다양한 해석방식이 존재하며, 자연과학에서는 역사적 발전에서 내러티브가 분리되지 않는다는 점, 과학교육이 내러티브를 통한 과학의 세계 만들기라는 점에서 바로 본질과 맥을 같이한다는 점에서 이들 현장 분야에서도 내러티브의 적용 양상이나 관련 방식은 분명하게 확인되고 있으며, 인간 경험을 새로이 구성하려는 새로운 내러티브 과학의 구성에서 중요한 역할을 수행하고 있음을 확인하였다. 이 모습은 다음의 VI장에서 보다 구체화 될 것이다.

■ 참고문헌

강현석(2007). 교사의 실천적 지식으로서의 내러티브에 의한 수업비평의 지평과 가치 탐색. 교육과정연구, 25(2), 1-35.
강현석(2011). 교과교육에서 내러티브의 의미와 가치. 역사교육논집, 제 46집, 3-60.
강현석·유제순 외 공역(2011). 인간 과학의 혁명: 마음, 문화, 그리고 교육. 서울: 아카데미프레스
강현석·이영효·최인자·김소희·홍은숙·강웅경 공역(2009). 내러티브, 인문과학을 만나다, 서울: 학지사.
강현석·이자현 역(2005). 브루너 교육의 문화, 서울: 교육과학사.
강현석·이자현 외 공역(2011). 교육이론의 새 지평: 마음과 세계를 융합하기. 파주: 교육과학사.

강현석·장사형·정정희·황윤세·조인숙(2012). 내러티브 유아교육과정의 이론과 실제. 서울: 공동체.

김만희·김범기(2002). 내러티브 사고의 과학교육적 함의, 국과학교육학회지, 22(4), 851-861

김승현·이경숙·심미선·황치성(2003). 사회과학방법론. 서울: 일신사.

김재춘·배지현(2009). 의미생성활동으로서의 스토리텔링의 교육적 함의, 초등교육연구, 22(1), 61-82.

김한종(1999). 역사수업 도구로서 내러티브의 구성형식과 원리, 사회과교육학연구, 3, 81-107.

도홍찬(2012). "내러티브와 인간 교육의 구현". 내러티브, 교육, 그리고 IT의 융합, 한국내러티브교육학회 및 경북대학교 내러티브융복합팀 학술대회 발표자료집, 133-164.

도홍찬(2002), 내러티브(narrative)의 도덕 교육적 함의, BK21 두뇌한국21 인문사회분야 연구 모노그라프, 서울대학교 아시아 태평양교육발전연구단.

박민정(2006). 내러티브란 무엇인가?: 이야기만들기, 의미구성, 커뮤니케이션의 해석학적 순환, 아시아교육연구, 7(4), 27-47.

박민정(2013). 내러티브와 교육학의 만남. 내러티브와 교육연구, 1(1), 25-50.

소경희(2004). 교사양성 교육과정에 있어서 '내러티브 탐구'의 함의, 교육학연구, 42(4), 189-211.

소경희·강현석·조덕주·박민정(2007). 내러티브 탐구: 교육에서의 질적 연구의 경험과 사례, 교육과학사.

안정애(2003). 내러티브를 활용한 국사 교과서 서술모형, 전남사학, 21, 115-148.

양호환(1998). 내러티브의 특성과 역사학습에서의 활용, 교육종합연구원 사회교육연구소. 사회과학교육, 제 2집, 21-35.

염지숙(2003). 교육연구에서 내러티브 탐구의 개념, 절차, 그리고 딜레마, 교육인류학연구, 6(1), 119-140.

영한대사전, 시사영어사, 1991.

우한용(2004). 서사능력의 구조와 기능, 그리고 그 교육에 대한 이론적 탐구, 문학교육학, 13, 129-169.

이규호(1998). 말의 힘, 서울: 좋은날.

이영효(2003). 내러티브 양식의 역사서술체제 개발, 사회과교육, 42(4), 93-121.

이재호(2010). 리쾨르와 현대 도덕교육. 파주: 교육출판사.

이흔정(2003). 내러티브 교육과정 적용에 대한 연구, 고려대학교 박사학위논문.

이흔정(2004). 내러티브의 교육과정적 의미 탐색, 한국교육학연구, 10(1), 151-170.

임병권·이호 역(1996). 이야기하기의 이론: 소설과 영화의 문화기호학, 서울: 한나래.

조덕주(2003). 교육과정 운영 지원을 위한 기초로서의 교사의 개인적 관심과 개인적 지식 탐구. 교육과정연구, 21(4), 51-76.

최인자(2003). 모티프 중심의 서사적 사고력 교육, 국어교육학연구, 18집, 472-498.

추갑식(2012). 교사와 학생의 내러티브를 통한 수업 비평의 탐구. 경북대학교대학원박사학위논문.

한승희(1997). 내러티브 사고양식의 교육적 의미, 교육과정연구, 15(1), 400-423.

한승희(2002). 왜 내러티브인가. 한국교육인류학회 발표 자료집. 79-95.

한혜정(2006). 교육과정연구의 질적 연구에서 자서전 방법이 가지는 의의. 교육과정연구, 24(2), 71-86.

홍은숙(1999). 지식과 교육. 서울: 교육과학사.

홍은숙(2009). 교육의 개념. 서울: 교육과학사.

Ankersmit, F. R., *Narrative Logic: A Semantic Analysis of the Historian's Language*. Boston, MA: M. Nijhoff, 1983.

Baldock, P.(2006). The place of narrative in the Early Years Curriculum: How the tale unfolds. Taylor & Francis Group.

Barthes, R., Introduction to the structural analysis of narratives. In R. Barthes(Ed.), *Music, Image, Text.* (S. Heath, Trans.). London: Fontana/Collins. 1977.

Bruner, J. S. (1983). In Search of Mind. New York : Harper & Row Publishers.

Bruner, J. S., "Life as Narrative", *Social Research*, 54(1), 1987.

Bruner, J. S., "Narrative and Paradigmatic Models of Thought", in Einer(ed.), Learning and Teaching the Ways of Knowing. NSSE., Chicago: Univ. of Chicago Press, 1985.

Bruner, J. S., *Acts of meaning*. Cambridge. MA: Harvard University Press, 1990.

Bruner, J. S., Actual Minds, Possible Worlds. Cambridge, Mass.: Harvard Univ. Press, 1986.

Bruner, J. S., *Making Stories: Law, Literature, Life.* New York: Farrar, Straus and Giroux, 2002.

Bruner, J. S., *On Knowing: Essays for the Left hand.* New York: Atheneum, 1962.

Bruner, J. S., *The culture of education.* Cambridge, Mass.: Harvard Univ. Press, 1996.

Bruner, J. S., *The Process of Education.* Cambridge, Mass. : Harvard Univ. Press, 1960.

Clandinin, D. J. (1985). Personal practical knowledge: a study of teacher's classroom image. Curriculum Inquiry, 15(4), 361-385.

Clandinin, D. J.(1989). Developing Rhythm in Teaching: The Narrative Study of a Beginning Teacher's Personal Practical Knowledge of Classrooms. Curriculum Inquiry, 19(2). 121-141.

Clandinin, D. J.(1992). Narrative and Story in Teacher Education. In Tom Russell and Hugh Munby(Ed.) Teachers and Teaching: From Classroom to Reflection(124-137). London: The Falmer Press.

Clandinin, D. J., Connelly, F. M.(1987). Teachers' personal knowledge: What countss as 'personal' in studies of the personal. Journal of Curriculum Studies. 19(6), 269-282.

Clandinin, D. J., Connelly, F. M.(1991). Personal Knowledge. In A. Lewy(Ed.) The International Encyclopedia of Curriculum(128-131). New York: Pergamon Press.

Clandinin, D. J., Connelly, F. M.(1992). Teachers as Curriculum Maker. In Jackson(Ed.) Handbook of Research on Curriculum (363-401). New York: Macmilan.

Cole, A. L., & Knowles, J. G. (2000). Teacher knowledge and modes of teacher knowing. Researching Teaching(5-13). A pearson education company.

Conle, Carola.(2003). An anatomy of narrative curricular. Educational Researcher. 32(3), 3-15.

Conle, Carola., Why Narrative? Which Narrative? Our Struggle with time and place in teacher education, *Curriculum Inquiry*, 29(1), 7-33, 1999.

Connelly, F. M. (1972) The function of curriculum development. Interchange, 3(2-3), 161-177.

Connelly, F. M., Ben-Peretz, M. (1980). Teachers' roles in the using and doing of research and curriculum development. Journal of Curriculum Studies, 12(2), 95-107.

Connelly, F. M., Clandinin, D. J. (1985). Personal Practical Knowledge and the Modes of Knowing: Relevance for Teaching and Learning. In E. Eisner(Ed.), Learning and teaching the ways of knowing(pp. 174-198). Eighty-forth yearbook of the NSSE, Part 2. Chicago: University of Chicago Press.

Connelly, F. M., Clandinin, D. J. (1988). Teachers as curriculum planners: Narratives of expereiene. Teachers College press.

Connelly, F. M., Clandinin, D. J. (1988). Teachers as curriculum planners: Narratives of expereiene. Teachers College press. 강현석, 박민정, 소경희, 조덕주, 홍은숙 역(2007). 교사와 교육과정: 교사들의 경험에 대한 내러티브. 서울: 양서원

Connelly, F. M., Clandinin, D. J. (1990). Stories of experience and narrative inquiry. Educational Researcher. Jun-July, 2-14.

Dewey, J.(1934). Arts as Experience. New York: G. P. Putnam.

Doyle, W. & Carter, K., Narrative and learning to teach: implication for teacher-education curriculum. *Journal of Curriculum Studies*. 35(2), 129-137, 2003.

Egan, K., *Teaching as story telling*. The University of Chicago Press, 1986.

Goodman, N., *Ways of Worldmaking*. Indianapolis : Hackett Pub., 1978.

Grossman, P. L., Wilson, S. M. & Shulman, L. S., Teachers of substance: Subject matter knowledge for teaching. In M. C. Reynolds(ed.). *Knowledge Base for the beginning teacher*. Perganmon Press, 1989.

Gudmundstrottir, S., The Narrative Nature of Pedagogical Content Knowledge. In H. McEwan & K. Egan(Eds.) *Narrative In Teaching, Learning, and Research*. Teachers College Press, 24-38, 1995.

Hillman, J., A Note on Story. *Parabola*. 4, 43-45, 1979.

Lauritzen, C. & Jaeger, M., *Integrating learning through story: the narrative curriculum*. New York: Delmar Publishers, 1997.

Levstik, L. S. & Pappas, C. C., New Directions For Studying Historical Understanding. *Theory and Research in Social Education*. 24(4), 1992.

MacIntyre, A., *After Virtue: A Study in Moral Theory*. Notre Dame, Ind.: University of Notre Dame Press, 1981.

Mandler, J., *Stories, scripts, and scenes: Aspects of schema theory.* Hillsdale, N.J: Erlbaum, 1984.

McEwan, H. & Egan, K., (Eds.) *Narrative in Teaching, Learning*, and Research. Teachers College Press, 1995.

Mink, L. O., Narrative form as a cognitive instrument. In Canzrt, R. H. & Kozicki, H.(eds.). *The writing of history.* Chicago: University of Chicago Press, 1978.

Novak, M., "Story" and experience. In J. B. Wiggins(Ed.), *Religion as story*(pp. 175-200). Lanham, MD: University Press of America, 1975.

Oakeshott, M., *Rationalism in Politics and Other Essays.* Methuen, 1962.

Olson, Margaret R., Conceptualizing narrative authority: Implications for teacher education. *Teaching & Teacher Education, 11(2).* 119-135, 1995.

Pappas, C. C., Kiefer, B. Z., & Levstik, L. S., *An integrated language perspective in the elementary school: Theory into action(2nd ed.).* White Plains, NY: Longman, 1995.

Polkinghorne, D. E.(1983). Methodology for Human Science: Systems of Inquiry. Albany: SUNY Press.

Polkinghorne, D. E., Narrative Knowing and Human Science. Albany: SUNY Press, 1988.

Rankin, J., What is narrative: Ricoeur, Bakhtin, and Process approach. Concrescence. *The Australasian. Journal of Process Thought.* 3, 1-12, 2002.

Ricoeur, P., What is a Text? In M. J. Valdes(ed.). *A Ricoeur reader: Reflection and imagination.* Toronto: University of Toronto Press, 1990.

Robinson, J. A. and Hawpe, L., "Narrative Thinking as a Heuristic Process", In Theodore R. Sarbin(Eds.) *Narrative Psychology: The Storied Nature of Human Conduct.* New York: Preger, 1986.

Sarbin, T. R.(1986). Narrative Psychology. New York: PRAEGER.

Shweder, R. A., *Thinking Through Cultures : Expeditions in Cultural Psychology.* Cambridge, Mass.: Harvard Univ. Press, 1991, 김의철(外)(譯), 「문화와 사고」, 교육과학사, 1997.

Wells, C. G., *The meaning makers: The Children learning language and using language to learn.* Portsmouth, NH: Heinemann, 1986.

White, H., "The Value of Narrativity in the Representation of Reality." In W.J.T. Mitchell(Ed.), *On Narrative*(pp. 1-23). Chicago: The University of Chicago Press, 1981.

VI. 내러티브학의 토대로서
개별 학문에서의 발전 방안
탐구와 적용

본 장에서는 내러티브가 개별 학문에서 어떻게 발전이 진전될 수 있으며, 그 양상은 어떻게 전개될 수 있는지를 논의해 보고자 한다. 개별 학문과 내러티브가 관련을 맺는 방식이자 지금까지 진행된 내러티브와의 관련성에 주목하여 살펴보고자 한다. 이 작업은 개별 학문의 수준에서 기존의 입장과는 상이한 입장에서 학문의 성격과 과제, 주요 내용, 탐구 전략을 중심으로 전개된다. 이하 개별 학문과 내러티브의 관련성은 주로 Polkinghorne(1988)과 강현석 외 공역(2009), 그리고 Bruner(1986; 1990)의 자료를 정리한 것임을 밝힌다. 그 이유는 개별 학문들의 내러티브와 어떠한 관련성이 있는지를 역사적, 객관적으로 소개하는 것이 필요하기 때문이다.

1. 언어학/문학과 내러티브

가. 언어학

언어학 분야에서는 주로 Bruner의 저작물(1986; 1990; 강현석 외, 2011a; 2011b)에 나타난 내용을 중심으로 특히 두 가지 사고양식, 심리적 실재, 문화도구로서의 일상심리, 의미 구성 행위의 차원에서 언어학과 내러티브의 관련성을 논의해보기로 한다.

언어학에서
내러티브의
여덟 가지 문제

(1) 내러티브와 발화 행위

내러티브의 핵심으로서 발화 행위에 주목하는 Bruner의 논의(1986; 강현석 외, 2011a: 51-58)를 살펴보면 내러티브와 언어(학)의 관련성을 알 수가 있다. 이하 논의는 Jakobson의 언어 형성 행위에 대한 고전적 분석과 Iser의 발화 행위 방식에 대한 분석에서 그 아이디어를 구하고자 한다.

언어 형성 행위에 대한 고전적 분석

Jakobson에 의하면 어떤 용도로 사용되든지 간에, 언어가 다른 수준에서 조직되는 설계 특징을 가지는데, 이들 각각의 수준은 언어를 지배하는 상위의 수준을 위한 구성물을 제공한다. Jakobson이 말의 소리 체계에 대해 실시한 자신의 고전적 분석에서 언급하였듯이, 말소리의 구별되는 특징들은 다음 수준에서 특징들이 구성하는 음소에 의해서 결정된다. 음소는 다음 수준의 규칙, 형태소, 그리고 기타 등등에 따라 결합된다.

형태소, 어휘, 문장, 발화 행위, 담화에 대한 소리 위의 수준에서도 또한 그러하다. 각 수준은 순서의 형태를 가지지만 그 순서는 상위의 수준에 의해서 수정되고 통제된다. 각 수준은 상위의 수준에 의해 지배되기 때문에, 모든 수준을 이해하기 위한 노력은 불가피하게 실패로 이어진다. 언어의 구조는 우리가 발화 행위와 담화의 의도에 따른 중재적인 수준을 통해서 말소리로부터 앞으로 나가도록 허락한다. 우리가 여행하는 그 길에 의해서 우리는 목표를 다양하게 하고, 스토리텔링은 특별한 목표가 된다.

모든 표현을 함에 있어서, 우리는 단어를 선택하고 단어를 결합한다. 선택하고 결합하는 방법은 우리가 말하고자 하는 것에 대한 사용에 달려 있다. Jakobson은 선택하고 결합하는 이런 기본적인 두 가지 언어 형성 행위를 언어의 '수직적'이고 '수평적'인 축이라고 부른다.

첫 번째의 선택의 수직적 측면은 소년, 미성숙된 남자, 청년 등등처럼 서로에 대해 적절한 언어나 표현을 대신함으로써 의미를 보존하거나 수정하는 요건에 의해서 지배된다. 하지만 대체의 규칙은 은유를 위한 동의어를 초월한다. 두 번째 축인 결합의 수평적 축은 단어와 구를 결합시키는 구문론의 발생적 힘에서 탄생한 고유한 것이다. 그것의 가장 초보적인 표현은 단언(predication) 혹은 심지어 더욱 근본적으로 주제가 "주어졌을 때" 혹은 당연할 때 그리고 논평이 주제에 새롭게 부가되었을 때 주제에 대한 논평의 병치(juxtaposition)이다.

대상과 술어의 "명쾌한(transparent)" 정도에 따라 그것들은 쉽게 실증할 수 있는 명제 형태로 쉽게 전환될 수 있다. 실제로 의미의 일상 이론, 실증주의자의 이론은 단언적인 진술이 만들어 내는 실증적인 명제를 의미와 동등한 것으로 나타낸다. 하지만 어떤 의미로는 "이상하거나" 혹은 둘 사이에 어려운 거리가 있는 주어진 것과 새로운 것을 결합하는 진술이나 말이 있다.

확실히 Jakobson이 또한 주장한 것처럼 의미는 항상 해석과 관련된다. 하지만 새로운 용어의 문자 그대로의 번역도 아니고 시적인 해석과 같이 주어진 용어를 뒤따르는 결합도 아닌 또 다른 의미가 있다. 그리고 만약 우리가 주어와 술부가 문자 그대로가 아닌 단언적인 말을 한다면 실패할 가능성은 매우 높다.

아마도 시의 언어는 주어지고 새로운 것 모두에 대한 은유를 대신하고, 그것들이 대신하는 것을 다소 모호하게 남겨둔다. 용어가 결합될 때, 결과로서 주어진-새로운 결합은 평범한 진리 기능적 명제로 전환하기에 더 이상 다루기 쉽지 않다. 그래서 수직적 축과 수평적 축 어디에서든지 시와 스토리의 환기적 언어가 명백한 참고 혹은 확인할 수 있는 단언(predication)의 요구조건들을 따르지는 않는다. 확실히 문학적인 스토리의 장점은 "실제" 세계에서의 사건에 관한 것이지만, 스토리들은 그러한 세상을 새롭고 낯설게 만들고, 명확함으로부터 세상을 구해주며, Barthes의 의미에서 보면, 실제에 반응하여 실질적 텍스트의 구성자인 작가가 되기 위해, 독자를 상기시키는 차이로 가득 채운다. 결국, 그것은 실제 텍스트를 가지고 그가 의도하는 것을 혼자 힘으로 써야하는 독자이다.

발화 행위의 방식에 대한 Wolfgang Iser는 내러티브에 관해서, 그는 "독자는 스토리를 구성함으로써 스토리를 받아들인다."고 했다. 텍스트 그 자체는 "두 가지 측면"의 구조를 가진다: 자의적인 것을 방해하고 상호작용을 안내하는 **언어적**(verbal) 측면, 그리고 유발되거나 "텍스트의 언어에 의해서 사전에 조직화되는" 정서적인(affective) 측면이 있다. 하지만 사전에 조직되는 구조는 꾸며낸 텍스트(fictional texts)가 본래부터 "확인할 수 없다"는 점에서 과소평가된다.

꾸며낸 텍스트(fictional texts)는 그들 자체의 목표(objects)를 구성하고 이미 현존하는 어떤 것을 복사하지 않는다. 이런 이유 때문에 꾸며낸 텍스트는 실제 대상에 대한 완전한 확정성을 가질 수 없고, 그것들은 사람들에게 창작과 그 작품의 의도에 대한 이해 둘 다에 참여하도록 한다는 점에서 독자와 함께 텍스트를 "의사소통"하는 것을 자아내는 불확정성의 요소이다.

발화 행위 방식에 대한 분석

이런 "텍스트의 상대적 불확정성"은 "현실화(actualization)의 스펙트럼을 허락한다." 그래서 "문자텍스트는 실제로 의미 그 자체를 형성하기 보다는 의미의 '실행(performances)'을 시작한다."

그리고 그것은 발화 행위로서 문학적 내러티브의 핵심에 있는 것이다. 즉 가능한 의미의 스펙트럼 사이에서 의미를 찾도록 안내하고 가르치기 위한 의도의 텍스트 혹은 발화이다. 게다가, 스토리텔링은 적절한 표현 상태가 독특한 발화 행위이다. 첫째, 발화 행위는 스토리가 상술되는 독자나 청자에게 어떤 지표(indication)를 줌으로써 시작되고 둘째, 그것은 사실 혹은 허구이고 셋째(선택적으로), 그것은 슬픈 스토리, 도덕적 우화, 벌 받는 스토리, 특정 스캔들, 삶에서의 해프닝과 같은 일부 장르에 적합한 것이다. 그러한 것들을 넘어서서 Iser의 의견 중에 스토리가 실현되는 담화의 형태에서 "의미의 수행(performance of meaning)"을 열려진 상태로 두는 스타일이 있다. 이것은 스토리 담화의 성질로 직접적으로 인도하는 마지막 조건이 된다.

(2) 스토리 담화의 성격

담화는 텍스트의 안내 아래에서 의미의 수행에 참여하는 독자의 상상력을 강화하는 담화의 형태에 의지해야 한다. 담화는 독자가 자신의 실제 텍스트를 "쓰는 것"을 가능하도록 해야 한다. 그리고 이런 과정에서 담화에 대한 중요한 세 가지 특징이 있다.

스토리 담화의
세 가지 특징 첫 번째 특징은 **예상**(*presupposition*)을 유발하고, 명확한 의미보다는 오히려 함축적인 의미를 창조하는 것이다. 명확함을 가지기 위해서는 독자의 해석적 자유의 정도가 중단된다. 각 "스토리"에서 특정 요소의 성질은 그 스토리들이 "해석될" 말로 예상적인 배경을 제공한다. 예상적인 배경이 해석을 일으키는 방법은 주관성의 문제이다.

두 번째 특징은 **주관적 해석**(*subjectification*)이라고 부르는 것이다. 그것은 영원한 실재(reality)를 보는 진지한 시각을 통해서가 아니라 스토리 주인공의 의식의 필터를 통한 실재의 표현이다. 우리는 플라톤 동굴에서의 죄수와 같은 상태로 우리를 남겨두면서 그리고 우리가 결코 직접적으로 알 수 없는 사건의 그림자를 보면서 인물들 자신의 실재만을 본다.

세 번째는 **다양한 시각**(*multiple perspective*)이다. 즉 단일하게 세상을 보는 것이 아니라 어떤 부분을 인지할 수 있는 각각의 프리즘을 통해 동시다발적으로 세상을 바라보는 것이다. Roland Barthes는 의미의 다양한 코드가 없다면 스토리란 단지 수동적으로 읽히는 것에 불과하고, 작자의 것은 아니라고 주장한다.

담화가 의미를 개방해주거나 독자들에 의해 연기가능하게 해주는 확실한 수단들로서 은유(metaphor)가 있는데, 이는 Bruner가 말한 "가정법(subjunctive)"과 관련이 있다. 어떤 행동이나 상태를 사실로서가 아니라 마음 속에 그리는 것으로 그래서 희망, 명령, 권유 또는 우연의 가상적이거나 예상되는 사건들을 표현하는데 주로 사용되는 형식이다." 그래서 가정적인 분위기에 있다는 것은 틀에 잡힌 확신보다는 오히려 인간의 가능성들과의 거래이다. 그래서 "성취"되거나 "이해가 된" 내러티브 발화 행위는 가정적인 세계를 만든다. 내가 가정(*subjunctivize*)이란 단어를 사용할 때는, 이런 의미로 사용하겠다. 그러면 우리는 담화에서 "가정적인 실재(subjunctive reality)"를 서술하는 것과 같은 수단에 대한 기술적인 방법을 무엇이라 해야 되는가? 확실히 그것은 위대한 가설에서 담화의 논점에 관한 실마리이다.

만약 독자·청취자가 내러티브 장면 속에 머물러야 한다면, 그는 그 환경을 가득 채워야 하며, 그런 환경아래에서 그는 말을 주고받는 과정 속에서 등장인물들과 공모하게 된다. 스토리를 집필해놓은 해설서들은 "내러티브 긴장"을 증가시키기 위해 함의의 사용을 강조하고 그것들이 남용될 때 쉽게 그 효과를 잃게 된다. 게다가 그것들은 독자들에게 의미 수행을 강요하는 간접적인 대화를 위한 방법들을 제공한다.

패러다임 사고나 내러티브 사고에 대한 논의로 돌아가면, 확실히 두 가지 모두 전제(presupposition)를 이용한다. 만약 과학자나 분석적 철학자 또는 논리학자가 은밀한 방법에서 유발하는 전제를 발견해야 한다면, 무언가 그들 자신을 스토리하게끔 하기보다는 적극적인 광고를 만드는 것에 관한 조소의 대상이 될 것이다. 그의 전제는 그렇게 쉽게 해결되지 않을 것이다. 그러한 유발시키는 계기를 사용하지 **않는** 소설의 작가는 정말로 실패하게 될 것이다. 그의 스토리는 "단조로울" 것이다.

Todorov의
6가지 변형

소설 속 주인공의 인식 속에 스토리의 세계를 표현하는 것의 주관적인 해석은 무엇인가? 스토리 속에서 주관적인 전망이나 다양한 관점들을 불러내주는 언어에 관한 것은 브루너는 실재(reality)가 언어에 의해 가정으로 표현된다는 점이라고 보고 있다. 이와 관련하여 Todorov는 6가지 간단한 변형을 통해 기정사실인 것으로부터 심리적으로 진행 중인 것으로 동사의 행동을 변화시킨다. 그 여섯 가지 변형, 즉 *Mode*(양식: 양식은 글자 뜻대로 동사를 위한 형태상의 보조로 행동을 주관적으로 해석하는 것),

Intention(의도: 행동이 직접적으로 그것의 의도에 포함되어진다), *Result*(결과: 변형), *Manner*(방식: 행동을 주관적으로 해석하고 행동의 의도를 수정하는 태도를 창조하는 것), *Aspect*(양상: 시간 표시의 형태), *Status*(상태: 가능성을 열어두는 변형)이다. Todorov는 또한 6개의 복잡한 변형을 제안한다. 사실상 그것은 원형이거나 주 동사구를 변형하는 동사구를 추가함으로써 문장을 변형시킨다. 이것을 Todorov의 말로 바꾸어 보면, 간단하거나 복잡한 그러한 변형은 "순수한 정보로 되는 이런 의미 없이 담론이 의미를 획득하도록 허용한다." 나는 가정하기를 "순수한 정보"의 의미는 그에게 전제를 최소화하는 설명의 형태를 의미한다고 가정한다. 그리고 그것은 주어진 정보를 넘어 너무 멀리 가는 것으로부터 독자들을 보호한다. 반면 그런 변형의 사용은 연결망을 두껍게 할 것이다. 그리그 그 망은 행동(action)과 인식(consciousness)의 묘사 내에 내러티브를 함께 유지한다.

독자와 텍스트의 구성

다음으로 독자가 이상한 텍스트를 어떻게 만드는지에 관한 문제이다. 아직까지 우리 자신의 삶 속의 친숙한 스토리 속에 이상한 스토리를 동화시켜 나가는 것보다 더한 것들이 있으며 심지어 그러한 과정에서 자신의 드라마를 변화시키는 것보다도 더한 것들이 있다. 이것은 단지 이상한 스토리와 친숙한 드라마가 관련되는 것이 아니라 스토리를 넘어선 해석의 수준에서의 무언가이다. 이것은 스토리 "속에" 있지 않더라도 그 스토리가 "포함하거"나 예시하는 무한한 의미의 형태이다. 이것은 요점, 곤경, 아마도 러시아 형식주의자들이 우화(*fabula*)라 부르는 것이다. 그래서 독자가 의미를 이해하는 것은 다소 더 넓은 실재(reality)이다. 즉, 스토리, 형태, 의미를 구성하기 위해 노력하면서 하는 그들 사이를 왔다 갔다 한다.

독자들이 글을 읽을 때, 독자들이 그들 자신의 가상의 텍스트를 구성하기 시작하는 것처럼, 이것은 마치 독자들이 지도 없이 여행에 착수하는 것이다. 그리고 독자들은 힌트를 줄 수 있는 지도들을 소유하고 있으며 게다가 그들은 지도를 만드는 것과 여행하는 것에 대해 많이 알고 있다. 가상의(virtual) 텍스트는 자신의 스토리가 되고, 보통의 독자의 감각과는 대조되는 매우 낯선 것이 될 것이다. 존재론적인 단계로 허구적인 전망은 마침내 그것의 "실재(reality)"로 제공되어야 한다. 그리고 독자는 중대한 해석의 질문을 하게 된다. "모두 무엇에 관한 것일까?" 그러나 "그것"이 무엇인가는 물론 실제적(actual) 텍스트—문학적인 힘이 얼마나 대단한 것인가—가 아니고 독자가 그것의 관리 아래서 구성한 텍스트이다. 그리고 그것이 바로 실제 텍스트가 독자가 그 자신의 세계를 창조하도록 만들어 주는 가정을 필요로 하는 이유이다. 독자에게 가장 좋은 선물은 독자가 작가가 되게끔 도와주는 것이라는 점이다.

만약 스토리텔링보다는 오히려 스토리 이해하기(story comprehending)에 더 많은 우연성과 가정법을 가진다면, 그것은 내러티브 양식이 근본적 세계의 확신에 대한 결론이 아니라 경험을 이해하기 쉽게 구성하게끔 할 수 있는 다양한 관점에 대한 결론으로 이끌기 때문이다. 독자에게 주는 **훌륭한** 작가의 선물은 그를 더 **좋은** 작가로 만드는 것이라는 점을 강조하고 있다.

이러한 문제를 보다 본질적으로 접근하는 Bruner(1986; 강현석 외, 2011a: 147-161)는 이것은 심리적 실재와 관련지어 설명한다. 즉, 우리 마음속에 존재하는 실재이다.

(3) 문법에 대한 심리적 실재: 심리적 실재에 관한 언어모형

문법의 심리적 실재라는 말은 심리적 실재에 관한 언어 모형에 그 핵심이 있다. Bruner(1986)의 해석에 의하면 심리학 영역에서 언어학적 기술의 타당성을 수립하는 것이다. 보다 구체적으로 "언어 심리학"의 유용성에 관한 문제로서, 언어를 "설명"하기 위해 심리학의 도움을 받는 것이다. 과거에는 이 일이 불가능하다고 생각했다. 즉 언어를 "설명"하는 것은 언어적 구별이나 추측에 관한 관심이 아니며, 언어학은 화자와 청자, 독자와 저자가 어떻게 언어를 다루는지에 관해서는 관심이 없다는 것이다. 그러나 Carol Feldman에 의하면, 심리학은 언어학적 지식을 터득하지 않고도 언어에 관한 설명을 제공할 수 있다는 것이다.

언어학적 구조에 대한 "심리학적 실재"에 대한 논의는 언어심리학의 발전에 도움을 받을 수 있으며, 우리가 하나의 현상으로 언어의 본질에서 고려하길 원하는 것에 대한 **범위** 안에 있을 것이다. 그 노력은 통사론이나 음운론 또는 의미론의 규칙에 대한 "심리학적" 실재를 입증하는 데 절대 제한을 받지 않을 것이다. 그것(심리적 실재가)이 언어의 본질 속에 있는 동안, 그것은 "기능의 이중성"의 원리 또는, 더 간단히, 하향식(top-down)의 규칙에 의해 결정된다. 더 구체화하기 위해, 언어를 구성하는 사운드 시스템 특유의 특색은 다음의 단위와, 형태소를 구성하는 데 사용된 제한된 음운의 집합에 의해 결정된다. 그리고 형태학은 형태소가 어휘소나 단어를 형성하도록 하는 데 사용함으로써 결정된다. 단어는, 차례대로, 단어가 문장에서 수행하는 기능에 의해 형식적으로 기술할 수 있다. 문장은, 차례대로, 문장이 포함된 담화에서부터 문장의 의미를 얻는다. 담화는 화자의 전달하려는 의도에 의해 결정된다. 물론 화자의 전달 의도는 그 문화의 거래 요구에 의해 결정된다. 그리고 그 방법에 의하면, 더 나아가 한정사의 형태가 있는데 이는 이와 똑같은 이원적인 방법으로 작용한다. 담화가 해석될 수 있는 방법을 결정하는 데 **장르**의 중요성에 주목할 필요가 있다. 이 하향식 (top-down) 상호의존은 우리가 플롯의 기능으로 Vladimir Propp의 "캐릭터" 분석을 생각하면서 이미 보아온 것처럼, 민간설화와 같은 그런 대규모 언어학적 산출물에 적용가능하다.

(4) 언어의 3가지 측면

여기에서는 언어학적 구별에 관한 "심리학적 실재"를 고려하는 것이다. 이를 위해서 언어의 3가지 전통적 측면을 논의해보자(Bruner, 1986; 강현석 외, 2011a: 150-152).

통사론 　우선, 통사론(syntactic)은 적형성(well-formedness)의 기준에 의지하거나, 언어를 지배하기 위해 가정된 문법적 규칙에 관한 준거에 의지한다. 그것은 과학자들이 사용하는 문법이 심리학적으로 실재하는지 어떤지 적형성을 사정하려는 목적에 관한 것으로 중요한 것은 아니다. 적형성을 규정하는 문법은 사람들이 하고자 시도하는 것에 따라 추상적인 것이 될 수도 있고 필요에 따라서는 "실물과 다른" 것이 될 수도 있다. "훌륭한 문법"(즉, 훌륭한 생성적 문법)은 언어에 관한 모든 가능한 허용할 수 있는 문장을 생성하고자 하는 것이고 허용할 수 없는 문장은 생성하지 않는 것이다.

의미론 　두 번째 측면은 의미론으로서, 언어의 현상이 의미 있다는 것을 사정하는 데 기준을 제공한다. 여기에서 그 과제는 난해해진다. 왜냐하면 그것은 의미와 지시에 관한 이론을 요구하기 때문이다. 그리고 이 영역에서는 적형성이 판단되는 그 정확한 기술에 일치되는 것은 없다. 그러나 우리는 그 표현의 의미에 딱 맞는 명확한 것은 없다고 말할 수 있다. 우리가 할 수 있다는 것은 그 발언의 의미를 정하기 위한 다양한 절차들을 구체화하는 것이다. 하지만 그리고 나서 우리는 논쟁중인 관점들 사이를 파악하게 될 것이다. 마지막으로 어려운 문제가 남아있는데, 우리가 단어, 문장, 언어행위, 담화, Wittgenstein의 언어게임에 의미를 부과해야 하는 단위의 크기는 얼마인가?

화용론 　세 번째 측면은 화용론과 관련되는 것이다. 화용론은 언어가 통사론적으로 어떻게 구조화되었는지 그리고 그것이 의미론적으로 뭘 의미하는지 와는 대조적으로 사람들이 그들의 언어를 어떻게 사용했는지를 다루도록 되어 있다.

통사론의 자율(성)에 관한 첫 번째 이슈를 살펴보면, 우리가 아는 것처럼, 사람들은 언어의 통사론적 규칙들은 초기 의미론의 요구에서부터 유래한다고 주장한다. 또 다른 관점은 문법은 행동과 그것의 논쟁에 관한 우리의 추상적 지식으로부터가 아니라, 담화에서부터 나온다. 화자간의 담화에서 얻고 나누게 되는 것이 토픽이고, 새로운 것으로 추가되어지는 무언가가 주석이다. Ulric Neisser처럼, 몇몇 사람들은 지금까지 논쟁을 해왔다. 새로 주어진 것, 부호화된 것-부호화되지 않은 것의 구별은 언어에서는 보편적인 것인데 이는 지각, 주어진 배경, 새로운 것을 구성하는 전경에서 전경-배경 (figure-ground) 현상이 비롯되었을지도 모른다. 다시, 통사론(의미와 담화라는 그런 많은 도구)은 그것의 기원이나 그것의 기능 중 하나라는 실용주의로부터 자발적으로 생겨났다는 그 의미를 끝까지 거부하기 때문에 지적 탐구라는 목적을 전혀 돕지 않는다.

마찬가지로 통사론은 의미론과 화용론에 의존한다. 그래서 의미론 그 자체 역시 어떤 발언으로 표현할 것인지 그 사용법이 의존적이다. 사실, 당신은 문장이 아니라면, 사전에서 단어를 "찾을 수" 있고 그것이 의미하는 것을 이해할 수 있다. 그러나 H. P. Grice가 오래전에 지적했던 것처럼, 두 가지 종류의 의미가 있다-시간을 초월한 의미와 상황 의미, 즉 원래 그 화법의 의미와 그 화법이 사용되고 있는 상황에서 의도된 의미. 사전과 분해는 당신에게 후자가 아닌 전자를 줄 것이다. 원래 화법의 의미는 무엇인가? 철학자와 언어학자는 구체화된 전달의도로 동기화된 하나의 언어행위로서가 아닌 하나의 제안으로써 발언을 다루려는 경향이 있다. 그러나 그 결과는 단지 또 다른 종류의 상황 의미는 아닌가? 말하기는 발언의 차이, 침묵의 유지를 미리 예상한다. 그 둘의 차이는 일상의 말에서 전제의 전개에 중요한 것이다. 사람들이 발음(utter)하지 않는 것이 가정되거나 주어진다. 사람들이 발음하는 것은 새로운 것이다. 이러한 관점에서, 발화(spoken speech)는 문제에 관한 뚜렷한 주의를 세우고 유지하기 위한 도구로 사용된다. 간단한 선언형 언어행위에서, 사람들은 대화자의 마음에 있는 지식이나 경험의 요소를 당연한 것으로 여길 때는 명백한 언어(말)로 나타내지는 않는다. 부정의 사용은 그럴 듯한 부정을 장점으로 삼는 맥락을 전제로 한다. 심지어 이 가장 단순한 수준에서조차, 발언은 몇몇 실세계나 가능한 세계의 지식에 관한 표현으로 몇몇 고정되고 단일한 의미도(mapping)에 의해서가 아닌 담화와 대화의 요구에 의해 지배 받는다.

(5) 발화 행위의 이슈

발화행위의 이슈와 함의는 지시(reference)에 대한 3가지 구조의 통합, 즉 통사론, 의미론, 화용론의 통합을 분명하게 제시한다(Bruner, 1986; 강현석 외, 2011a: 156). 발화행위는 한 메시지에서 그 의도를 구체화하는 관례화된 수단이다. John Searle은 우리가 가리키고, 요구하고, 약속하고, 경고하는 등과 같은 일상적인 발화행위를 수행할 때, 충족되어야만 하는 적어도 세 가지 조건이 있다고 처음 제안했다. 즉, 예비적 조건, 필수적 조건, 성실의 조건이다. Bruner는 여기에 네 번째로 친화적인 조건을 추가했다.

예비적 조건은 청자의 관심과 주의를 곧바로 문제가 되는 이슈로 돌리도록 조절할 것을 요구한다. 필수조건들은 행동의 논리로 정의된다. 성실의 조건은 발화행위의 의도가 진심이라는 것을 구체화 한다.

만약 발화 행위가 언어(또는 언어 사용)에 관한 그런 보편적 특징이라면, 통사론, 의미론, 그리고 심지어 어휘 목록의 발달은 말(언어)에서 지적하고 있는 의도의 요구를 반영할 것이라고 추측하는 것은 합리적인 것으로 여겨진다. 분명히, 준언어학이나 억양, 운율, 등등을 돕기 위한 표현적인 장치들이 많이 있다.

언어의 심리학적 실재와 언어가 만드는 산물들에 대해서 Bruner가 보여주려고 노력해 온 것은, 심리적 실재나 통사론적, 의미론적 그리고 실용주의적 구별에 관한 관련성을 성립하려는 것은 의도대로 잘 되지 않는다는 것이고, 각각은 그들 자신에 대한 것이고 다른 것들로부터 분리되어 있다는 것이다. 원칙적으로 사실상 통사론적이나 어휘에 관한 것이고 이러한 장치 없이 언어의 특성은 이해될 수 없다.

따라서 그 다음으로는 언어의 특성으로 직접 파고드는 것이다. 그 언어의 심리학적 기초는 그것이 인식되는 심리학적 과정들을 통해서 연구하고 발견될 수 있어야 한다. 그때 우리는 어떻게 저 과정들이 언어를 가능한 방식으로 조직화시키는지 물어볼 수 있다. "실재하는(real)" 언어가 사용된 것처럼. 즉 다시 말하자면, 문장을 "실재(real)" 하게 만드는 것은 정신적 과정에 관한 상술(명세서)이다. 정신적 과정은 설명서를 산출하거나 설명서의 이해는 가능케 하는 것이다. 이 과제를 실행하는 데 연합이나 모방과 같은 막연하고 일반적인 심리적 과정을 불러일으키는 것으로는 충분하지 않다. 그 과정들은 문장의 언어적 구조가 적절하게 다뤄진다는 것을 보여줘야만 한다.

보다 분명한 것은, 만약, 그렇게 하면서, 사람들이 그 문장이 어떻게 발화행위에 도움이 될 수 있는지에 관한 발견의 가능성을 차단한다면, 또는 의미론이나 실용주의 수준에서 그것의 관점-설정(setting) 기능의 시각을 읽어버린다면 (그것은) 문장 문법에 기초를 이루는 심리학적 과정에 대한 설명을 제공하는 데 크게 소용이 없다.

어떤 언어적 기술에 관한 심리적 실재는 심리적으로 저 기술에 의해 구체화된 특별한 속성들(properties)에 대해 설명하는 우리의 능력이 아니라, 오히려 그것의 언어학적 복합성 모두에서 어떻게 언어가 그것의 무수한 기능들을 충족시키면서 사용되는지 설명하는 우리의 능력에 포함되어 있다.

(6) 언어를 사용하는 한 방법으로서 내러티브

내러티브는 단지 줄거리의 구조나 극적인 것이 아니다. 단지 "역사성"이나 통시성이 아니다. 그것은 또한 언어를 사용하는 한 방법이다(Bruner, 1990; 강현석 외, 2011b: 91). "가정법"의 논의에서 우리가 이미 지적해왔듯이, 매일의 이야기를 차례대로 나열하는 것조차 내러티브는 그것의 효과성, 즉 "문학성(literariness)"에 달려있다. 확실히 내러티브는 은유, 환유, 제유, 함축, 그리고 기타 등등의 비유의 힘에 달려있다. 그런 것들이 없다면, 내러티브는 예외적인 것과 일상적인 것을 관련지을 수 있는 충분한 영역을 탐구하기 위해서, "가능성의 지평을 확장"하기 위한 힘을 잃어버리게 된다. 실제로, Ricoeur는 "실재(reality)의 은유"로서 **모방**(*mimesis*)을 이야기한 것을 회상할 필요가 있다.

더욱이, 내러티브는 구체적인 것이 되어야 한다. 일단 내러티브가 구체성을 획득한다면, 내러티브는 구체성을 수사적 비유(tropes)로 전환한다. 내러티브의 행위 주체자, 행위, 장면, 목적, 그리고 도구(그리고 문제거리)는 상징(emblem)으로 전환된다.

모든 그러한 "상징들(emblems)"이 공유하는 결정적인 특성은 상징들을 논리적인 제안으로부터 차이 나게 하는 것이다. 추론(inference)과 귀납(induction) 둘 다를 받아들이지 않고, 상징들은 그것들이 **의미하는** 바를 확립하기 위해 논리적인 절차에 저항한다. 우리가 말하는 것처럼, 그것들은 **해석되어야** 한다.

우리가 제시하는 해석(interpretation)은 우리가 이미 언급했듯이, 역사적이거나 문학적이거나 혹은 사법적인 것이든 간에 항상 규범적인 것이다. 당신은 도덕적인 입장과 수사학적인 태도를 가지는 것 없이 이러한 이해에 대한 논의를 할 수 없을 것이다. 우리는 "진실과 유사한", 혹은 더 정확하게 "실물 그대로의 것", 있을 법한 것으로 스토리를 해석한다.

우리가 생각하는 종류의 해석적인 의미는 맥락에 대해 은유적이고, 암시적이며, 매우 민감하다. 그러나 그것들은 문화와 그것의 내러티브화된 일상심리학의 일면이다. 이러한 점에서 유력한 영미 전통에서 철학자들이 "의미"에 의해 의미를 가져왔던 것과는 다소 근본적으로 차이가 있다. 이것은 "문화적 의미"가 총체적으로 인상주의적이거나 문학적인 범주이어야 한다는 것을 반드시 함의하는 것은 아니다.

금세기 초에, 영미 철학은 전통적으로 "심리주의"라고 불렀던 것으로 거슬러 올라간다. 그것의 한 면인 사고의 **과정**과 다른 면인 "순수한 사고" 사이에 어떠한 혼란도 없었음이 틀림없다. 전자는 그것의 철학적인 의미에서 의미의 범위에 대해서 전체적으로 무관하다: 그것은 주관적이고, 개인적이며, 맥락적으로 민감하고, 그리고 개성적인 반면에, 순수한 사고는 공적으로 공유되어진 명제(proposition)에 의해 체화되고 엄격하게 조사받을 여지가 있다. 그 누구도 어떻게 개인적인 마음이 특정한 의미의 차이를 가져오는지에 관해 진정한 문제가 있다는 것을 의심하지는 않았지만 중요한 철학적 문제의 중심에 있다는 것을 알지 못했다. 오히려 철학적인 문제는 **쓰여진** 제안이나 문장의 의미를 결정하기 위한 것이었다. 이것은 그들의 지시(reference)와 의미 (sense)를 수립함으로써 수행되었다. 지시는 문장의 진실성을 위한 조건을 결정함으로써, 의미는 그것과 관련된 다른 문장을 만들어냄으로써 수립된다. 진실성은 객관적이다: 우리가 문장을 그렇게 간주하든 안하든 진실 혹은 거짓이다. 일반적으로 의미 (sense)는 특별하거나 개인적인 의미에 있어 독립적인 것이었다―발전될 수 없기 때문에 충분히 결코 발전되지 않았던 문제. 이러한 체제 하에, 의미는 철학적인 도구, 논리적인 분석의 형식적인 도구가 된다.

한편, 화자의 의도에 대한 발화내[1] 영향력을 행사하는 상황적 발화(situated speech) 에 주목해보면, 상황적 발화(situated speech)에서 의미는 문화적이고 관습적이었다. 그리고 그것의 분석은 단지 직관적인 것이기 보다는 경험적으로 기초하여 원리가 되었다. 이러한 정신에서 Bruner(1990)는 문화심리학, 인지적인 혁명을 새롭게 하는 중

---

1 발화내의(illocutionary): 오스틴의 언어행동이론(speech act theory)에서 '문장을 말하는 과정에서 수행하는 행동'. 즉 화자가 말하는 것으로 알 수 있는 언어행동에 대해 말함.

심적인 변화과정으로서 '의미의 생성'의 부활을 제안하였다. 따라서 Bruner는 이러한 원리에 따른 "의미"의 개념이 문화를 제정하는 관습의 조직망으로 언어학적인 관습과 다시 관련된다고 생각하였다.

　의미에 관한 하나의 마지막 단어, 그것은 특히 전체를 형성하는 어떤 내러티브의 파악에 달려 있게 된다. Bruner는 문화적인 현상을 이해하는 것에 있어서, 사람들이 사건으로써 텍스트 문장으로써 세상을 다루지 않는다는 분명한 사실을 쫓아서 내러티브의 개념을 도입하였다. 그는 우리가 구조와 더 큰 맥락의 일관성을 구체화할 수 있는 정도까지, 구체적인 의미를 창안하고 전달하는 정도에서 원칙적인 방식으로 의미와 의미 만들기를 해석할 수 있을 것이라고 생각하였다. 이제는 심리학에 대한 의미의 이론적 중요성을 간과하는 과거의 형식주의자적인 논리학자의 견해를 우리는 넘어서야 한다.

(7) 상호작용 도구로서 언어: 의미의 생물학과 의미의 준비성

　Bruner는 어린이들이 "의미로 들어가는" 방법, 그들 주변의 세계에 대해 특히 내러티브적 의미인 의미를 만드는 것을 학습하는 방법에 대해 중요한 논의를 전개하고 있다(Bruner, 1990: 101-115). 우리가 말하는 신생아는 "의미"를 이해할 수 없다. 하지만 조금 더 나이 많은 어린 아이들은(언어를 사용하기 시작하는 것으로부터 날짜를 말한다.) "의미"를 이해할 수 있다. 그래서 Bruner는 이 문제를 다루는 데 적절한 용어로 "의미의 생물학"을 제안한다. 의미 그 자체는 공유된 상징체계의 사전 존재여부에 달려있는 문화적으로 중재된 현상이기 때문에 처음에 그 표현은 자가당착인 것처럼 보인다. 그러면 의미의 "생물학"이 어떻게 있을 수 있을까? C. S. Peirce 이래로 우리는 의미가 기호와 지시 대상에 의존할 뿐만 아니라 기호-지시 대상을 매개시키는 수단이 되는 세상에 대한 표상인 **해석항**(*interpretant*)[2]에도 의존한다고 생각한다. Peirce가 구분한 아이콘, 인덱스, 상징을 구분했던 것을 회상해보라[3]. 아이콘은 그림

（우측 여백）피어스의 언어이론

2　2장에서 논의된 퍼스의 해석항을 참조 할 것
3　생각을 전달하는 수단으로서 손짓, 눈짓, 몸짓, 봉화, 언어 등을 모두 아울러 기호라고 할 수 있다. C. S. Pierce(1931~1935)는 기호의 유형을 지표(index)성과 도상(icon)성, 상징(symbol)성으로 구분하여 다음과 같이 설명했다.
　① **지표성 기호**: 자연적인 기호를 이용하여 지시 대상을 가리키거나 연상시킴(예: 연기, 콧물, 먹구름 등). 먹구름은 비가 오기 전에 나타나는 자연 현상으로, 비를 가리키는 기호가 된다. 따라

에 있듯이 그 그림의 지시 대상과 유사한 관계에서 나오고, 인덱스는 연기와 불 사이의 관계에서처럼 부수적으로 일어나는 것이고, 상징은 기호의 **체계**(*system*)에 의해 지배되는데 그러한 기호 체계는 기호와 그 기호의 지시 대상의 관계가 임의적이고 그것이 무엇을 "상징하는지를" 정의하는 기호의 체계 내에서 그 위치에 의해 지배된다. 이런 의미에서 상징은 기호의 체계에 의해 규칙이 지배되거나 질서 정연해지는 "언어"의 존재에 달려있다.

그래서 **상징적** 의미는 다소 비평적인 방식에서 그러한 언어를 내면화하고 이런 관계를 의미함에 있어서 해석으로서 기호의 **체계**를 사용하는 인간의 능력에 달려있다. 이런 시각에서 인간이 의미의 생물학을 아는 유일한 방법은 일종의 언어 습득 이후 체계, 언어 발달 전의 조직이 언어에서 의미를 거래하려고 준비하는 일종의 선구적 체계에 대한 참조에 의해서이다. 그러한 문제를 그렇게 인식하는 것은 선천성(innateness)을 불러일으킬 것이고, 우리가 언어에 대한 타고난 재능을 가지고 있다는 것을 주장하는 것이다.

촘스키 주장의
세 가지 특징

선천성(innateness)에 대한 문제는 Noam Chomsky의 선천적인 "언어 습득 장치"에서 찾을 수 있다. 선천적인 구문론적 준비성에 대한 Chomsky의 주장에 대해 많은 견해들이 존재한다. 그런데 우리는 중요한 세 가지 주장에 주목할 필요가 있다.

첫 번째는 어린이의 언어 습득은 Chomsky(그리고 많은 다른 이들)가 추측한 것 보다 어린이를 돌보는 사람과의 상호 작용과 그 보모로부터의 더 많은 보조를 필요로 한다는 것이다. 언어는 방관자의 역할에서 아니라 사용을 통해서 습득된다. 언어의 흐름에 "노출"되는 것은 무언가를 하는 가운데 그것을 사용하는 것만큼 그리 중요하지는 않은 듯하다. 언어를 배우는 것은 John Austin이 남긴 유명한 말을 빌리자면 "언어로 무엇을 하는지를 아는 방법"을 배우는 것이라고 한다. 어린이는 단지 무엇을 말하는지를 배우는 것이 아니라 어떤 상황 아래에서 어떻게, 어디서, 누구에게 말하는

서 지표성 기호의 청각적 영상(signifiant)과 심리적 개념(signifie)은 먹구름과 비처럼 '관련성'에 기초함.

② **도상성 기호**: 인위적인 기호를 이용하여 지시대상을 가리키거나 연상시킴(예: 화장실의 남녀 표시, 제품 사용 설명서의 안내 그림 등). 도상성 기호의 청각적 영상과 심리적 개념은 동그라미와 보름달처럼 '유사성'에 기초함.

③ **상징적 기호**: 인위적인 기호를 이용하여 지시대상을 가리킴. 이 기호는 도상성 기호와 달리 사회적인 약속을 전제로 하기 때문에 연상보다는 기억을 환기 시킴(예: 지도 위의 각종 표시나 문자 언어 등), 상징성 기호의 청각적 영상과 심리적 개념은 '자의성'에 기초함.

것을 배우게 된다. 확실히 언어학자들의 합법적인 책임은 어린이들이 여러 주에 걸쳐 말하는 것을 특징짓는 구문 규칙을 단지 조사하는 것이 아니라 언어 습득이 의존하는 상황에 대한 설명을 제공하는 것이다.

두 번째 결론은 매우 중요하고 그것은 간단하게 진술될 수 있다. 어떤 대화적 기능 혹은 의도는 어린이가 언어적으로 표현하기 위해 형식적 언어를 마스터하기 전에 적소에 있다. 적어도 이런 것들은 지시하기, 라벨 붙이기, 요구하기, 잘못 인도하기와 같은 것들을 포함한다. 자연주의적 시각에서 보면 어린이들이 이런 기능을 더 잘 성취하기 위해서 언어를 습득하도록 부분적으로 동기화되는 것처럼 보일지도 모른다. 실제로 언어에 중요한 일반화된 의사소통적 기능이 있는데, 그것들 또한 언어가 시작되기 전에 제자리에 있는 것처럼 보이고 일단 그것이 추정되는 낱말 대상, 주목 받기, 상호 교환에 주목하고 가장 주목을 끄는 것을 언급하는 것과 같은 것이 시작되면 어린이의 말에 나중에 포함된다.

세 번째 결론은 언어의 습득은 맥락에 매우 민감한 것이고, 그리고 어린이들이 그 말해진 이야기가 무엇이고 그 이야기가 시작된 상황의 중요성을 어떤 **언어 습득 이전**(*prelinguistic*)의 방법에서 이미 이해하였을 때 더 잘 발달한다는 것을 의미한다. 맥락에 대한 인식을 가지고 어린이들은 어휘 목록(lexicon)뿐만 아니라 언어 문법의 적절한 면을 더 잘 이해할 수 있을 것 같아 보인다.

특히 Bruner는 지난 20년간의 연구를 돌이켜 보면 인간의 언어 습득 준비성을 다루는 데 있어서 Chomsky와 매우 다른 접근을 제안하고 있다. 그는 언어에서 구문론적 형태의 중요성을 과소평가하려는 의도 없이 '맥락의 이해'라고 불렀던 것과 **기능**(*function*)에 거의 한정시켜 논의를 집중하고 있다. 그리고 우리가 "언어에 어떻게 입문"하는지에 관한 문제를 일련의 선택적인 언어 습득 이전의 "의미에 대한 준비성"에 달려 있어야 한다는 것으로 파악하고 있다. 즉 다시 말해서 인간이 선천적으로 조화되고 자신들이 활동적으로 추구하는 의미에 대해 어떤 종류(class)가 있다는 것이다. 언어에 우선해서 이런 것들은 언어라는 문화적 도구상자에 그 실천이 달려있으며, 세상에 대한 언어적 표상으로서 원시적인 형태로 존재한다. Bruner가 강조하는 맥락의 존성이란 문화적으로 적절한 의미 준비성과 같은 종류로부터 오는 것이다. 누군가가 "방관자"로서 언어를 더 많이 습득할 수 있는 것은 오로지 형식적 의미에서 일부 언어가 획득되어 온 그 다음에 일어나는 것이다. 이러한 최초의 숙달(mastery)은 의사소통의 도구로서 언어에 참여할 때 만이다.

그러면 의미의 선택적 부류(class)를 위한 전(pre)언어적 준비성은 무엇인가? Brner 는 그것을 정신적 표상의 행동이라는 특성으로 나타내었다. 하지만 무엇에 대한 표상 인가? 그는 그것이 인간이 상호작용하고 있는 어떤 기본적인 사회적 맥락과 다른 사 람에 대한 표현, 행동에 의해 동기화되는 순응성이 있는 순수한 표상이라고 믿고 있 다. 한 마디로 우리가, 마음의 "이론"이 없다면, 특별한 방식으로 사회적 세계를 구성 하고 우리가 구성한 것에 비추어서 행위하는 성향(predispositions)의 체계를 처음부터 갖추고 있다. 이 말은 우리가 일상심리학의 초보적 형태를 이미 가지고 세상에 온다 는 말이다. 즉, 사회적 "의미 준비성"이 중요하다는 점이다.

(8) 담화형태로서의 내러티브의 특징

인간 의사소통에서 가장 많이 도처에 존재하고 강력한 것 중의 하나가 **내러티브**라 는 것이다. 내러티브 구조는 심지어 그것이 언어적 표현을 성취하기 전에 사회적 상 호작용의 실천(praxis)에서 고유한 것이다. Bruner는 그것이 어린아이에 의해 습득되 는 문법적 형식에서의 우선순위의 순서를 결정하는 내러티브를 구성하기 위한 적극 적 성격을 지닌다고 본다(Bruner, 1990; 강현석 외, 2011b: 111-112).

앞에서 언급했듯이 내러티브가 효과적으로 수행되려면 네 가지 중요한 문법적 구 성물을 필요로 한다. 첫째, 내러티브는 인간 행동 혹은 "능동적 주체성(agentivity)"을 강조하기 위한 수단을 필요로 한다. 행동은 주체자(agent)에 의해 제어되는 목적을 향 하도록 인도된다. 둘째, 내러티브는 사건과 상태가 표준적인 방법으로 "선형화"되는 즉, 계열적인 순서가 세워지고 유지되는 것을 필요로 한다. 셋째, 내러티브는 인간 상 호작용에서 규준적인 것과 규준적인 것을 깨트리는 것에 대한 민감성을 필요로 한다. 끝으로 내러티브는 말하는 사람의 관점에 가까워지는 어떤 것을 필요로 한다. 즉, 내 러티브론(narratology)의 전문용어로 그것은 "소리 없는" 것이 될 수 없다.

내러티브 특징의 네 가지 요소

만약 내러티브로의 돌진이 담화적 수준에서 작용한다면 문법적 형식의 습득 순서 는 이런 네 가지 필요 요소를 반영해야 한다.

첫 번째 필요한 요소는 타인과의 상호작용이다. 이 문제는 어린이에게 최초로 가장 민감한 의미 영역의 종류에 접근하도록 허락한다. 일단 어린이가 어떤 언어의 사용을 위해 필요한 지식의 기본적인 아이디어를 이해하게 되면 그들은 이름을 지을 수 있고, 반복을 메모할 수 있고, 존재의 결과 즉, 인간의 행동과 인간의 성과 특히 인간의 상호 작용에 중심을 두는 중요한 언어적 관심을 기록할 수 있다. 주체자(agent)와 행동(action), 행동과 사물(object), 주체성과 사물, 행동과 위치(location), 소유자와 소유는 말의 첫 번째 단계에서 나타나는 의미론적 관계의 중요한 부분을 구성한다. 이런 형식은 행동을 주목하게 할 뿐만 아니라 다른 사람과의 상호 작용에 대해 의견을 말하고, 의견을 주고 소유에서 교환을 가져오고 부탁하는 것이다.

두 번째 필요 요소는 비범한 것을 표시하고 평범한 것은 표시하지 않는, 즉 보통과 다른 것에 대한 정보를 가지고 집중을 하는 초기 준비성이다. 정말로 어린 아이들은 어린이가 그것을 셀 수 있게 되는 연구를 수행하는 우리들에게도 평범하지 않은 것에 의해서 쉽게 사로잡힌다. 그들은 평범하지 않은 것에 직면해서 활발해질 뿐만 아니라 손짓으로 가리키고, 목소리를 내고, 마침내는 평범하지 않은 것에 대해 말을 한다. Roman Jacobson이 우리에게 수년 전에 말했듯이 말을 하는 바로 그 행동은 평범한 것으로부터 평범하지 않은 것을 표시하는 행위이다. 세 번째 필요 요소는 문장을 표준화되게 유지하는 것과 "선형화"시키는 것인데, 이것은 모든 알려진 문법의 구조에서 구성된다.

내러티브의 네 번째 특성에 대해서 Bruner는 목소리나 "관점"은 울기와 다른 감정적 표현에 의해 영향을 받고, 또한 초기 말하기에서 문법적이거나 사전적 의미에 의해서기보다는 스트레스 수준과 유사한 운율학적 특징에 의해 영향을 받는다는 것이 아닌가 하고 생각한다.

이러한 네 가지 문법적/사전적/운율적 특징은 어린이에게 내러티브 도구의 풍부함과 초기 장비를 제공한다. Bruner는 언어 습득 프로그램에서 경험을 내러티브적으로 조직하고자 하는 것은 인간 추진력이라는 점을 매우 강조하고 있다. 그래서 아동들은 언어적 형태로 될 수 있는 가장 근본적인 Piaget식의 논리적 명제를 다룰 수 있는 오래 전부터 스토리를 만들고 스토리를 이해하며, 그 스토리들로 인하여 위안을 삼고 경각심을 느낀다. 정말로 어린이들은 진행되는 이야기에 둘러 싸여 있을 때 논리적 가정을 가장 잘 이해하게 된다는 사실을 A. R. Luria와 Magaret Donaldson의 선구적인 연구로부터 우리는 알 수 있다.

요컨대, 내러티브 구성에 대한 "초기 언어" 준비성과 담화가 문법적 습득의 순서에서 우선한다는 점이며, 어린이가 처음에 놓인 문화의 내러티브 형식은 어린이의 내러티브적 담화에 영향력을 발휘한다. 따라서 중요한 것은 우리가 내러티브 조직에 대해 "선천적"이고 근본적인 성향을 가지고 있다는 것이다. 그 내러티브 구성은 우리가 빨리 그리고 쉽게 그것을 이해하고 사용하도록 하며, 문화는 우리가 참여하게 되는 말하기와 해석하기의 전통과 문화 도구 상자를 통해서 내러티브의 새로운 힘을 갖추도록 한다.

지금까지 언어학에서의 내러티브 문제를 여덟 가지 측면에서 논의하였다. 이상의 논의에서 보면, (1), (2)는 Bruner의 두 가지 사고양식의 구분에서 내러티브 사고양식에서 기원하는 문제이며, (3), (4), (5)는 심리적 실재의 구성과 관련되는 문제이다. 그리고 (6)은 문화도구로서의 일상심리와 관련되는 문제이며, (7), (8)은 아이들의 의미를 구성하는 행위 속으로 들어가는 문제와 관련된 것이다. 이처럼 언어 혹은 언어학의 문제는 브루너가 강조하는 내러티브 사고양식과 심리적 실재의 구성, 일상심리의 한 복판에서 작동하는 중요한 학문 분야이지만, 이후 새롭게 창안하게 될 새로운 인문사회과학에서는 언어학이라는 분과학문으로서의 지위를 고수할 것이 아니라 인간 경험에서 내러티브의 언어의 형식으로 통합되어야 할 필요가 있다.

나. 문학

문학과 내러티브에 대한 문제는 상식적으로 보면 다소간 직접적인 관계에 놓여 있다. 왜냐하면 전통적으로 내러티브는 소설로 대표되는 서사 문학의 중요한 장르를 형성하고 있기 때문이다. 그러나 최근에 문학이 지니는 심리학의 문제들에 주목한 연구들이 제시되면서 문학이 심리학적으로 접근 가능한 문제들을 내놓기 시작하고 있다. 이와 관련하여 브루너의 논의(Bruner, 1986: 3-11; 강현석 외, 2011: 19-32)를 살펴볼 필요가 있다.

(1) 문학의 심리학적 문제들

전통적으로 보면 문학은 시, 소설을 창작하고 독자들의 반응을 살피고 새로운 세계를 만들어 내는 장르이다. 텍스트를 해석하고 의미를 소통하는 일이 중요해진다. 그런데 이러한 문학에 심리학적 조망으로 들여다보면 해석과 의미 구성, 세계의 창출과 소통은 어떤 의미를 지니게 되는가?

문학 장르를 통하여 작가가 만들어낸 상징적인 세계를 우리는 어떻게 이해할 수 있을까? 그것이 가능하다면 그 의미는 무엇인가? Bruner(1986)는 만일 작가가 지어낸 글들에다가 가장 강력한 문학, 언어학, 심리학적 분석도구를 적용한다면, 어떻게 그런 글들이 태어났는지 알 수 있을 뿐만이 아니라, 왜 그 것이 위대한 것인지 까지 알 수 있을 것으로 보았다.

하지만, 문학 분석(literary analysis)에는 두 번째 단계가 있는데, 이것이 흔히 간과되곤 한다. 문헌의 특성을 그 구조에 따라 규명하고 나면 그 역사적 맥락, 언어학적 형태, 장르, 의미의 다중성, 기타 등에 대하여서도 어떤 방식으로 어떻게 글이 독자들을 감동시키는지, 그리고 그러한 영향을 불러일으키는지에 대하여 알아야 한다. 위대한 소설은 우리의 일상적이고 세속적인 마음에 그러한 생동감을 어떻게 불러일으키는가? 문학의 "심리학"은 체계적으로 설명할 수 있을 것인가?

그러한 주제에 접근하는 일반적인 방법은, "실제 세계"에서 작동하는 심리학적 과정이나 기전을 활용하는 것이다. 소설 속의 주인공들은 우리의 "동일시"(identification) 능력 때문에, 혹은 독자가 여러 주인공들의 앙상블이 무의식적으로 우리 가운데에 존재하는 것으로 생각하기 때문에 설득력을 가진다고 설명된다. 또는 언어학적 측면에서는, 예를 들면 은유(metaphor)와 제유(synecdoche)를 통한 흥미로운 상상력 게임과 같이, 문학은 우리의 "말의 수사(trope)" 능력 때문에 영향을 미칠 수 있다고 설명된다. 그러나 그런 설명을 통하여 얻을 수 있는 것은 극히 적다. 그러한 설명으로는 왜 어떤 소설은 독자를 감동시키는 데에 성공하는 반면 다른 소설은 실패하는지를 알 수가 없다. 그리고 무엇보다도, 글을 읽고, 소설 속으로 들어가는 과정을 고려하지 못하고 있다. 이 부분을 직접적으로 탐색하려는 심리학적으로 세련된 노력들이 중요하다.

문학의 심리학 문제

문학의 심리학이 갖는 여러 한계를 넘어서는, 문학뿐만 아니라 심리학도 발전시킬 수 있는 것인지를 살펴볼 필요가 있다. 우선 소설 혹은 다른 어떤 문헌의 대안적(혹은 다중) 독서법을 살펴보면, 그것은 고전 언어학이나 성서 해석학에 기원을 두고 있다. 문학자와 일반 언어학자들은 항상 어떠한 문헌이나 소설도 한 가지 차원으로만 해석할 수는 없다고 주장하여 왔다. 예를 들어 Roman Jakobson에 의하면, 모든 의미는 번역이라 할 수 있으며, 발화(發話, utterance)행위는 지시적(referential)이기도 하고 표현적(expressive), 능동적, 시적(poetic), 교류적(phati), 메타 언어적(metalinguistic)이기도 하다. Roland Barthes에 의하면, 소설이 해석을 거치면서 적어도 다섯 가지의 다른 "기호(codes)"를 통하여 상호작용 속에 의미를 생산한다는 것을 보였다. 우리가 알수 있는 것은 독자가 문헌을 여러 가지 방식으로, 그것도 동시에 읽을 수 있다는 것이다. 실제로, 우리가 어떤 "문학"에서 의미를 추출하려면 다중적으로 읽고 해석해야 한다는 관점이 널리 퍼져있다. 그러나 Bruner에 의하면, 사실상 독자가 어떻게 그렇게 하는지에 대하여서 알려져 있는 바는 많지 않다는 점이다. 즉, 심리학적 과정으로서 "문헌-속의-독자"에 대하여 알려진 것은 희귀하다.

텍스트 해석   Bruner는 문학의 심리학적 문제를 중요시하게 취급하고 있다. "텍스트 해석"(text interpretation)의 이론적 분석은 오직 실제 독자에 대한 가설뿐이다. 모든 독자가 다중 의미를 부여하는가? 이러한 다중 의미는 어떤 특성을 갖는가? 이러한 "의미부여" 과정을 포착하기 위하여 가장 적절한 범주체계는 무엇이며, 또한 그것은 얼마나 특이한가(idiosyncratic)? 해석이 장르에 영향을 받는가? 장르는 심리학적으로 무엇을 의미하는가? 어떻게 다중 의미가 유발되는가? 문헌 속에 있는 무엇이 다중 의미를 생산하는가? 다중 의미에 대한 독자들의 감수성은 어떤 특성을 갖는가? 이러한 질문들이 문학의 **심리학자들**이 답해야 할 것들이다.

우선 장르의 문제를 고려하여 보자. 이것 또한 문학사에서 고전적인 주제이며, 문학자들을 크게 사로잡고 있는 것이기도 하다. 아리스토텔레스는 *Poetics*에서 이 주제를 다루었는데, 등장인물과 구성에 따라 희극과 비극을 나눈 방식은 현대 문학 이론에도 남아 있다. 그리고 Freud를 따르든 그렇지 않든 간에, Aristotle의 작품은 통찰력 있는 심리학적, 문학적 고찰이며, 이에 대하여서는 이 장의 후반부에 다시 논할 것이다. 심리학적 함의가 있는 여러 문학 접근이 있다. 문학 이론에서 서사(敍事, epic)와 서정(抒情, lyric)을 형식적으로 구분하는데, 서사는 과거 시제, 3인칭 시점이며 서정은 현재 시제, 1인칭 시점이다. 이러한 구분은 오직 문장의 특성에 따라 구분한 것이지만, 단순히 언어학적 관점을 넘어서는 흥미로운 점이 있다. 즉, 장르의 심리학적 문제가 중요해질 수 있다는 점이다.

이러한 장르의 문제에 대해 독자들이 방금 읽은 소설을 "되풀이해서 말하는" 것이나 혹은 그들의 삶에 "일어나는" 이야기를 동시적으로 "말하는" 방식을 들어보면 장르의 심리학에 대한 감을 얻을 수 있다. 그런데 독자들은 같은 소설을 읽고 다른 이야기들을 하는 것이다. 장르는 사건의 구조를 조직하고 또한 그 사건을 이야기하는 방식을 조직하는데, 그 방식은 독자가 자기 자신의 이야기를 하는 방식이나 혹은 읽고 듣는 이야기의 "위치를 잡는" 과정과도 동일한 것이다. 실제 문장 속에 있는 무엇인가가 독자로 하여금 장르를 해석하도록 "자극을 발동시키고"(triggering), 이것이 독자가 소설을 읽고 자신의 내부에 창작해낸 것—Wolfgang Iser가 "가상 텍스트(virtual text)"라고 부르는 것—을 지배한다.

그러면 무엇이 "사건의 계기"(trigger)이며, 독자의 마음을 지배하는 장르의 주관적 형태는 무엇인가? 주관적 장르는 오직 만들어 낸 것일 뿐이고, 사건 유발의 계기가 되는 것은 다만 그 장르가 무엇이며 거기에 대해 어떤 자세를 취해야 할지를 알려주는 문학적 혹은 기호학적 표지판에 불과한 것인가? 하지만 장르 개념을 순전한 창작으로만 보기에는 비극, 희극, 서사극, 사기극 등에 각기 존재하는 특성이 너무 보편적이다. 그러나 그 스토리는, Paul Ricoeur의 말에 따르면, "세계를 재기술하기 위한 모델"이다. 하지만 스토리 그 자체가 모델인 것은 아니다. 그것은 말하자면, 우리가 우리의 마음속에 가져오는 모델의 예시이다.

독자는 문학적, 도덕적, 비유적, 신화적 등 여러 가지 다양한 방식으로 끝없이 소설을 다시 읽을 수 있다. 소설을 다른 방식으로 읽는 하나의 관점은 독자의 마음속에서 다른 관점들과 싸우거나, 결합하거나, 서로를 조롱할 수 있다. 독자의 마음에 "장르 혼란"을 유발할 수 있는 무엇인가가 구성 속에, 이야기 속에 존재한다. 스토리는 아무데도 가지 않을 수도 있고, 어디든지 갈 수도 있다. 독자는 하나의 장르 안에 소설을 위치시키고 (이것은 독서에 강한 영향을 준다.) 읽어가면서 스스로 변화한다. 실제 텍스트(actual text)는 변화하지 않지만 Iser가 말한바 가상 텍스트(virtual text)는 독서 과정 중 순간순간 변화한다.

그렇다면 만일 우리가 **심리학적 장르**—지금 무슨 종류의 이야기나 글을 읽고 혹은 "재창조"하고 있는가에 대한 독자의 개념—의 속성과 역할을 묻는다면, 우리는 실제 텍스트의 형태에 관련된 것을 묻는 것만이 아니라, 또한 독자의 마음속에 풀려나오는 해석 과정에 대하여서도 질문을 하는 셈이 된다.

(2) 학문적 관심사의 새로운 부활

심리학에서 인지이론이 혁명을 일으키게 되면서, 지식과 경험이 어떻게 무수한 형태로 조직화되는지에 대한 의문을 연구하는 것이 가능해졌다. 언어는 경험을 조직화하고, "현실"을 구성하는 강력한 도구였으므로, 매우 다양한 형태를 갖고 있는 언어의 산물들을 보다 정밀하게 조사하게 되었다. 1970년대 중반, 사회과학은 전통적인 실증주의적(positivist) 관점에서 해석학적(interpretive) 관점으로 이행하였다. 의미(meaning)가 핵심 주제가 되었다. 그것은 세상이 어떻게 해석되는지, 어떤 기호로 인하여 의미가 조절되는지, 어떤 견지에서 문화 자체를 참가자가 스스로의 지침에 의거하여 "읽어내는" "텍스트"로 취급될 수 있는지에 대한 것이었다.

그리고 1970년대 중반, Chomsky식의 열정이 사그라지면서, 언어학은 언어의 활용이라고 하는 전통적인 주제를 위하여 보다 강력한 도구가 되어 돌아왔다. 연구들이 폭발적으로 진행되었는데, 일부는 Jakobson과 프라하학파의 정신을 이어받아 "시학"이라고 하는 위대한 주제를 탐색하였다. 곧이어 프랑스 구조주의—Claude Lévi-Strauss가 신화 분석을 진행하면서—가 문학 이론을 지배하게 되었지만, 그 또한 후기 Barthes, Derrida, Greimas, 그리고 해체주의 비평(deconstructionist critics)에 의해 물러나게 되었다

내러티브 구성의 심리학

이러한 발전은 심리학에 새로운 지평을 열었다. 이것은 아마도 학계의 심리학자들은 스스로를 다른 사람들의 비판에 개의치 않고 소신대로 말하는 용기 있는 사람이라고 생각하기를 좋아하기 때문일 것이다. 정신분석학자들은 George Klein을 따라서, 분석의 대상이 고고학적으로 삶을 재구성하지 못하고, 환자에게 보다 모순이 없고 생산적인 내러티브를 구성할 수 있도록 돕지도 못하는 것은 아닌지 묻게 되었다. 그렇든 그렇지 않든, 내러티브를 구성하는 것은 무엇이며, 또한 좋은 내러티브란 무엇인가? 그리고 학계의 심리학자들은 스토리 혹은 그 비슷한 어떤 순서 있는 것을 만드는 최소한의 구조가 무엇인지 형식적으로 기술한 것, 즉 "스토리 문법"을 연구하게 되었다.

내러티브 접근의 두 가지 방식

이와 관련하여 Bruner(1985; 1986)의 자서전적 소개를 보면, 내러티브에 접근하는 두 가지 스타일을 발견하였다. 하나는 심리학자들이 주도하는 사회학 연구의 새로운 학파였고, 다른 하나는 극작가, 시인, 소설가, 비평가, 편집자 등이 참여하는 뉴욕 인문학 연구소였다. 두 학파의 세미나 모두 심리학적 질문에 관심을 가지고 있었고, 또한 문학적 질문에도 관심을 가지고 있었다. 둘 모두 독자와 저자에 대하여 관심을 가지고 있었다. 또한 둘 모두 텍스트에 대한 관심을 가지고 있었다. 하지만, 심리학자

그룹은 "하향식(top-down)" 방식으로, 다른 그룹은 "상향식(bottom-up)" 방식으로 연구를 했다. 이 구분은 일반적으로 문학의 심리학과 담론에 대한 연구에 있어서 발생하는 갈등과 관련이 있다.

하향식 연구 집단들은 스토리, 마음, 저자, 독자에 대한 이론의 진지로부터 출동하였다. 이론은 정신분석, 구조언어학, 기억 이론, 역사 철학 등 어디엔가 뿌리를 내려야 한다. 가설로 무장한 하향식 동맹군들은 텍스트를 휩쓸면서 적절한 "설명"으로 기대되는 증거를 수색하였다(반증은 별로 찾지 않았다). 숙련되고 냉정한 손에서 그 방식은 아주 강력한 것이었다. 그것은 언어학자, 사회과학자, 그리고 일반적인 과학자의 방식이었지만, 그들이 파고드는 맥락에 대해서는 무관심한 결과를 낳을 위험을 가지고 있는 것이었다. 이러한 사고방식을 Bruner는 패러다임적(paradigmatic) 사고라고 불렀다.

상향식 연구 집단들은 전혀 다른 형태로 움직였다. 그들의 접근은 소설, 시, 심지어는 한 줄의 문구와 같은, 특정한 작품에 초점을 맞추는 것이었다. 그들은 그것을 자신의 현실의 일부로 받아들이고는 이를 탐색하여 재구성하거나 해체하였다. 그들은 텍스트의 의미를 읽어내기 위하여 노력함으로써 그 저자의 작품을 해명하려고 했다. 그들은 과제를 수행하면서 정신분석 이론이나, Jakobson주의의 시학이나, 심지어 언어 철학 등의 지도를 부정하지 않았다. 그러나 그 과제는 이론을 증명하거나 기각하기 위한 것이 아니라, 특정한 문학 작품의 세계를 탐구하기 위한 것이었다. Bruner가 보기에 이 두 집단들은 서로를 이해하지 못하였으며, 서로 충분히 대화하지 못하였다.

(3) 심리적 소설로의 발전

Bruner(1986; 강현석 외, 2011a: 79-87)가 보기에 내러티브 기술(art)의 역사에서 가장 큰 업적은 플롯에서라기보다는 오히려 인물에게 행동(action)의 원동력을 주는 민속설화(folktale)에서 심리학적 소설에 이르는 도약이었다. 소설을 강력한 스토리로 만드는 것은 사건이 아니라 인물이다. 인물이 없다면, 스토리의 보잘 것 없는 사건은 의미가 없을 것이다.

심리적 스토리의 중심에 있는 것은 "인물" 혹은 "인물의 배역"에 대한 개념이다. 스토리를 인물과 환경인 인물에 대한 이야기로 전환시켰다. 인물의 성격(character)은

심리적 스토리의 문제

엄청나게 이해하기 어려운 문학적 아이디어이다. 인물의 성격은 문학을 넘어선다는 이유 때문에 이해하기 어려운 사항이다. 왜냐하면 "실제 삶(real life)"에서 조차도 인물의 성격은 항상 사람의 행동이 환경에 공헌되어야 하는지 혹은 환경의 "지속적인 특성"에 공헌되어야 하는지 미결의 문제이기 때문이다.

내러티브와 등장인물

인물의 성격, 환경, 행위(action)에 대한 불가분성은 내러티브 사고의 본질에서 깊게 뿌리박고 있다. 우리는 그것들 각각을 독립하여 생각하는 데 어려움을 가진다. 허구의 **등장인물**(*dramatis personae*)을 구성함에 있어서나 우리가 사람을 해석할 수 있는 대안적인 방법은 종종 서로서로 상충하고 그 갈등은 우리를 혼란스럽게 한다. 실제로 다른 사람을 해석하는 행위는 거의 불가피하게 문제를 일으키는 것이다. 모든 것을 위해 다른 것보다 하나의 해석을 선택하는 것은 다른 사람과 관련을 맺는 방식에 대한 가상의(virtually) 결과를 항상 가진다. 허구 혹은 삶에서 사람을 해석하는 바로 그 행위를 만드는 것은 불가피하게 극적인 것이다. 인물의 성격에 대한 내러티브를 만드는 것은 설화 혹은 신화보다 훨씬 더 가정적인(subjunctive) 것이다.

인간성의 해석 방법

우리가 문학에서 "인간성"을 해석하는 다른 방법을 어떻게 특성화하는가? 우리는 독자가 가상의 텍스트를 만드는 데 있어 인물의 성격, 플롯, 행위 모두를 적합하게 하는 방법을 탐구할 수 있다. Bruner는 Amelie Rorty의 중요한 분석을 제안한다. 그것은 인물의 성격(characters), 인물(figures), 사람(persons), 자아(selves), 개인(individuals)을 구분하는 것이다. 그녀의 지적에 의하면, **인물의 성격**(*Characters*)은 윤곽이 그려지고 그것의 특성은 스케치되며, 그것들은 엄격하게 동일한 것으로 추정되지 않는다. 그것들은 Kafka가 아닌 Dickens의 소설에서 나타난다. **인물**(*Figures*)은 훈계성의 이야기, 모범적인 소설과 성인 열전에서 나타난다. 그것들은 가장된 내러티브 삶의 유형을 제시한다. **자아**(*Selves*)는 그들 속성의 소유자이다. **개인**(*Individuals*)은 통합의 중심인데, 그들의 권리는 양도할 수 없다. Rorty에게 이런 다양한 해석의 사용은 인간의 중요성으로 가득차 있다. 즉, 우리가 이런 다양한 시각에 의해서 스스로 계몽되었다고 여기는 것처럼 우리는 다른 존재인 것이다. 행동(action)에 대한 우리의 힘은 다르고, 서로간의 관계, 우리의 속성과 타당함, 우리의 특징적인 성공이나 패배, 사회의 적절한 구조와 자유에 대한 우리의 개념은 인물의 성격, 인간, 자아, 개인 같은 우리 스스로에 대한 우리의 개념을 다양하게 할 것이다.

(4) Polkinghorne의 관점

이와는 달리 접근한 Polkinghorne(1988: 153-156)은 이 고찰은 내러티브가 인간의 행동을 이해하고 설명하는 특별한 형태의 담화, 또한 인문학에서 인간의 경험과 행동을 연구할 때의 적절한 담화를 제공한다는 것을 보여주었다. 여기에서는 표현수단으로서의 내러티브에 초점을 맞출 것이다. 문학 이론가들은 주로 구전되고 기록된 소설의 내러티브를 고찰했다. 이하에서는 구조적 구성요소들에 대해 살펴볼 것이다. 구조적 구성요소는 내러티브 형태로 표현된 메시지를 통해 의미를 전달하는 과정에서 생겨나는 내러티브의 의미와 작가와 독자의 기능이다. 비록 문학 이론가들은 문학 표현으로서 내러티브에 접근하지만, 그들의 내러티브 형태와 의미에 대한 통찰력은 인간의 경험을 이해하고 연구하는 과정에서 나온 인문학에 의해 적용될 수 있다.

문학 이론가들의 내러티브에 대한 관심은 지난 20년 동안 상당히 증가해왔고, 최근의 내러티브 연구에서 가장 깊게 관여하고 있는 분야로 옮겨갔다. 이 연구는 네 가지 측면으로 이동하고 있다. (1) 개개의 소설을 가치있는 문학의 대표 작품으로 수용 (2) Northrup Frye로부터 시작된 흐름인 보편적 주제에 관한 연구, (3) 프랑스 구조주의자들의 보편적 심층구조에 대한 연구, (4) 의사소통 모델의 관점에서부터 나온 내러티브 형태의 연구가 그 네 가지다.

내러티브에 대한 문학이론가들의 4가지 관심분야

꽤 최근까지 문학 이론가들은 내러티브의 다양한 측면에 초점을 맞추고 연구하고 있다. 곧, 줄거리, 심층구조, 작가 정신, 독자 등 그것이다. 내러티브에 대한 초기 연구는 국가적 전통에 따라서 네 가지로 구분될 수 있다. (1) 러시아 형식주의 (2) 미국적 전통 (3) 프랑스 구조주의 (4) 독일식 글쓰기가 그것이다. 하지만 1960년대부터, 이론가들은 자신의 국가적 문학 전통보다는 내러티브의 국제적 논의에 더 관여하기 시작한다. 동시에 그들은 다른 학문에서도 그 통찰력을 빌려오기 시작한다. 언어학, 인류학 그리고 인지 과학 등이 그 예로, 내러티브를 학제간(interdisciplinary)으로 확장한 범위로 만들었다. 문학 이론은 개별적 문학 작품의 해석에 대한 배타적 초점을 피했고, 내러티브적 표현에 의해 소통되는 이해와 진실의 유형에 대한 일반적 관심을 보여주기 시작했다.

이하에서는 문학 이론가들이 수행한 내러티브 연구의 폭을 알려주는 것이다. 특히 인문학에서의 방법론적 논점들에 초점을 맞춘다. 여기에서는 문학 이론에 근거한 내러티브의 역사적 발전을 따라가는 것이다. 2차 세계 대전 이후의 비평으로 시작해 수용이론에 대한 최근의 고찰로 끝맺는다.

(가) 구조주의 이전 시대의(prestructural) 미국 비평

① 새로운 비평과 소설

내러티브는 세계 2차 대전 이후, 미국의 '신비평(new criticism)'의 문맥에서 관심을 받기 시작했다. '신비평'은 개별 텍스트, 곧 글자 그대로 한 페이지에 있는 단어들에 초점을 맞추는 것이다. 문학 작품은 인물, 역사, 심리분석, 또는 사회학 등 외부 맥락을 전혀 참조하지 않는 자율적인 실체로 접근되었다. 곧 '신비평'에서 텍스트는 과거 연구에 의해 개발, 축적된 어떤 정보도 요구되지 않은 채 독자에게 직접 접근될 수 있었다. 비평가의 과제는 텍스트의 다양한 부분들이 어떻게 주제의 통합에 기여하는지 보여주는 것이다. 이는 문학 작품으로서의 작품 특징을 정당화하는 것으로 활용되었다.[4]

이러한 방식으로 연구된 자율적 텍스트들은 시와 희곡이다. 산문 내러티브, 즉 소설은 주된 문학 장르로 인식되지 않았기 때문에 별로 중요하지 않은 위치를 차지하고 있었다. 하지만 Mark Schorer, Joseph Frank와 같은 몇몇 사람들은 소설이 시나 희곡과 견줄만한 예술 작품으로서 평가 받아야 하며, 문학 커리큘럼에 추가되어야 한다고 믿었다. 그들은 소설에서 사용된 테크닉들이 문학 작품이라고 평가 받는 다른 장르들보다 더 섬세하고 복잡하다는 것을 보여주기 위해 노력했다. 그들은 이미지와 메타포, 상징으로 구성된 소설들을 언급했다. 그리고 소설의 테크닉이 어떻게 구체적인지 증명했다. 예를 들어, 소설 속 화자를 통해 드러나는 작가의 위치, 줄거리와 화자의 관계, 그리고 등장인물들의 심리가 묘사되는 방법 등이 있다. 이 요소들은 어떻게 줄거리가 전달하는 메시지에 영향을 미칠 수 있는지 설명했다. 이 시기의 초점은 화자 자체에 있는 것이 아니라 내러티브의 형식에 있었으며, 그 과제는 이 형식을 사용한 작품을 예술로서 인정받는 것이었다.

② 보편적 줄거리의 탐색: Northup Frye

소설 연구와 내러티브 연구에서 주된 변화는 1950년대 미국에서 발생했다. 그 변화

---

4 See Jonathan Culler, The Pursuit of Signs: Semiotics, Literature, Deconstructure (Ithaca, N.Y.: Cornell University Press, 1981), 3-8.

는 관심을 당대의 개별적 소설들로부터 전반적 산문 내러티브의 전통으로 바꾼 Northup Frye의 1957년 책인『The Anatomy of Criticism』에서 찾아볼 수 있다. Frye 는 다른 역사적 시기에 쓰인 이야기의 내용들에 나타난 다양한 주제를 고찰하면서, 내러티브가 작가들의 창의적인 표현이 아니라는 결론에 도달하였다. 그는 문학은 작가들이 명확한 인식이 없더라도 창작 과정에서 사용하는, 다양한 양식, 장르, 상징, 그리고 양상 등의 다양한 요소들을 포함하고 있다고 주장한다. 그는 스토리의 생산과 이해를 가능케 하는 개념적 지도를 구성하는 범주들은, 인간 경험의 끊임없는 창조 과정에서 작동하며, 인간 경험에서 나온 문학적 표현에 반영된다고 말했다.

③ 내러티브와 시간적 형식(narrative and temporal form)

미국의 문학 비평은 보편적인 플롯과 정신분석학적 주제에서 내러티브 패턴과 인간의 시간 사이의 연관성에 대한 고찰로 이동했다. 내러티브는 사건들을 순차적으로 연결해 전체적인 시간적 구성으로서 이해되도록 시간의 의미를 창조한다. 인간의 시간적 경험은 시작과 끝이 있고, 그 속에서 이어지는 순간순간의 에피소드들의 연속적 흐름으로 구성되어 있다. J. Hollis Miller는 시간의 에피소드를 구성하는 요소는 인과관계, 통합, 기원 그리고 결말이라고 주장했다.

(나) 구조주의와 내러티브

미국 문학 비평은 프랑스의 구조주의가 소개되면서 변화를 맞게 된다. 문학 비평에서 구조주의는 문학에 언어 모델을 적용시켰다. 그것은 내러티브 연구를 급격하게 변화시켰고, 새로운 문학과학인 '내러티브학(narratology)'이 생겨나도록 했다. 언어학에서 연구 방법을 빌려옴으로써, 문학 연구는 더 엄격해졌고 조직적으로 변했다. 이런 방법들은 선행된 원인보다 서로간의 관련성으로 문학 요소들을 설명할 수 있는 방법을 제공했다. 따라서 문학 비평은 자연 과학의 원인과 결과 체계를 받아들이지 않고도 더 엄격하고 조직적으로 변했다. 앞으로는 내러티브 연구에서 구조주의의 방법론적 전략들에 집중할 것이다.

내러티브의 표면 아래 놓인 구조적 순서를 밝혀내기 위해 사용된 방법에는 세 가지 주요 특징이 있었다. 첫째, 초기의 문학 연구(예: 보편적인 플롯에 관한 Frye의 연구)는 귀납적인 방법을 사용했다. 귀납적 방법을 통해, 연구자는 자료들(이 경우에는 다양한 종류의 내러티브의 표본)을 수집하여, 그 자료들을 비교·대조함으로써 자료 속에서 규칙성을 확인했다. 반면, 구조주의는 논리적 순서가 가정되어있고, 그 가정된 순서가 자료들에 부합하는지를 확인하는 가설적-연역법을 사용했다. 둘째, 그 방법론은 내러티브 구조가 여타의 다른 언어 형태와 비슷하다고 상정했다. 그 영향으로, 내러티브를 생성하는 구조에 대한 자명한 묘사는 다른 여타 언어적 표현들(예: 음운, 단어, 문장)의 구조에 대한 묘사와 가능한 한 밀접하게 닮아있다는 것이다. 언어 이론에서는, 메시지가 의사소통되는 규약(code)은 메시지의 내용과는 분리될 수 있다고 여겨진다. 그 규약에는 표현의 의미를 결정하는, 체계적으로 조직된, 기능적 단위가 있다. 셋째, 기호학적 방법론에서의 일반적인 개념은 개별적 개체단위의 분석이 아니라 전체로서의 (단위의 서열에 따라 순서화된) 체계를 분석함으로써 체계 작용의 특징을 발견해야 한다는 것이다. 이러한 세 번째 특징은 Ricoeur가 내러티브 작용의 형상화(configurating)라고 칭한 것에 부합한다. 비록 기호론적 구조가 Ricoeur가 가졌던 내러티브의 시간적 특질을 무시하면서, 시간 초월적이고 이성적으로 조직화된 규칙을 강조하고 있다.

① Levi-Strauss와 초기 프랑스 구조주의

현대 프랑스 구조주의자들의 내러티브에 관한 분석은 구조주의 인류학자 Claude Levi-Strauss의 선구적인 업적과 함께 시작된다. Sausse와 Trubetzkoy와 같은 이전 언어학자들의 연구에 기초하여, Levi-Strauss는 각기 명백히 다른 신화(myth)들을 보았으며, 이 신화들이 적은 수의 기본적인 구조들을 표현한 것이라고 여겼다.

② Propp와 내러티브의 구조적 분석

20세기 전반 러시아에서 연구 활동을 펼친 Propp는 다양한 러시아 민간 이야기들 속에서 한 가지 플롯(plot)을 발견하는데 큰 관심을 쏟았다.[5] Propp의 연구에 있어서 민담들의 기본적인 이야기 구조를 서술하는 것보다는 그의 조사 방법이 더 큰 중요성을 가지고 있다. 그는 다른 민담들의 특정한 이야기에 초점을 맞추기 보다는 전체 이야기 내면 깊숙이 자리 잡은 하나의 구조를 찾고자 했다.

---

5 Propp의 작업(The Morphology of the Folktale, 1928)은 1958년에 영어로 번역되었다. 그는 러시아 요정 이야기에서 Campbell과 Raglan의 플롯과 유사한 보편적 플롯을 추출하였다.

내러티브는 사건의 배열을 기록하는 일반 형식으로 항시 규정되었다. 그리고 이 사건들은 이들 내러티브적 재현과는 별도로 이전에 존재하는 어떤 것으로 규정되어 왔다. 이 사건들은 작가의 상상력 외부의 현실로 존재할 필요는 없는 것이나, 내러티브에서는 마치, 특정의 말하기와 무관하게 독자적으로 존재하는 것인 양 나타나며, 또한 현실적 사건의 특성을 가지고 있는 것처럼 상상된다. Mieke Bal은 스토리의 특성을 다음과 같이 기술한다.

> 스토리는 연대기적 질서, 공간적 배치, 그리고 행위자와의 관련 속에서 스토리 세트를 구성한다. 이 사건들은 서로의 시간적 연관을 지니고 있다. 각 사건들은 다른 사건들의 앞쪽에 있거나 뒤쪽에 있거나 동시에 있다.[6]

내러티브는, 사건들은 어떤 질서에서 발생하며, 사건들의 묘사는, 비록 허구적이라도 이전 사건의 존재를 전제한다는 입장을 취하고 있다. 담론 그 자체는 이 사건들의 재현이기 때문에, 독자와 비평가는 표현하고, 가치화하며, 해석하는 방식으로 사건들을 다룰 수 있다.

이야기와 담론으로서의 내러티브적 과정의 이분화는, 스토리 사건들이 일어나는 다양한 시간들 사이에서의 구별이 가능하도록 한다. 스토리 시간은 사건들이 장면적으로 배치되고 시간 단위들이 동일한 객관적 시간으로 이해되어 왔다.

(다) 문자 내러티브와 시점

시점에 대한 강조는, 내러티브론의 초점이 플롯의 심층 구조로부터, 소설 인물의 사고를 재현할 때 문제를 해결하기 위해 작가가 사용하는 장치들로 이동하였음을 보여준다. 이 변화는 Jakobson의 커뮤니케이션 모델의 강조와 연관되어 있다. 여기서는, 송신자, 메시지, 수신자가 단일한 언행적 사건에서 함께 연결되어 있다. 이는 언어적 모델을 강조하고, 형식적 구조 찾기를 강조하는 구조론적 입장과 배치되는 것이다.

시점 이론가들은 메시지 전달자로서의 작가의 구성주의적 이론에 초점을 둔다. 작가는 문법이 이야기를 구성하는 수단보다 더 많은 것을 의미한다. 그는 스토리 구성

---

6 Mieke Bal, Narratogie: essai sur la signification narrative dans quatre romans moderns, quoted in Culler, Pursuit of Signs, 171.

에서의 창조적인 힘이며, 이야기에서 사용되는 장치들의 기원이다. 중요한 것은, 작가의 시점은 스토리 내 인물들의 특징적인 관계와 관련된다.

(라) 수용이론

최근 비평가들은 쓰여진 텍스트와의 상호작용으로 의미를 생산하는, 독자의 역할로서 참여하고 있다. 독자는 적합한 모티프를 서로 맞추고, 인물을 평가하며, 인과적 연관 관계를 찾는다.[7] 수용 이론은 소통 모델에서 '시점'을 활용해 왔다. 그러나 그 초점은 내러티브적 메시지를 배출하는 송신자에서 텍스트를 이해하고 해석하는 수신자로 이동했다. 수용 이론의 관심은 바로 이 해석적 과정이다. 그러나 이저가 볼 때, '해석'은 Dilthey가 작가의 의미에 대한 감정 이입적 재경험이라 묘사했던 과정과는 달랐다.[8] 이저는 '지시적 모델(referential model)' 곧, 독자들이 진실을 위해 텍스트의 결에서 숨겨진 진실을 찾아내는 방식을 비판하였다. 그는 해석의 결과보다는 과정에 더 많은 주의를 기울였다. 의미는 텍스트를 꼼꼼히 분석하거나, 텍스트 단서를 조합하여 발생하는 것은 아니다. 그것은 독자와 텍스트 사이에서 발생하는 상호작용 과정을 통하여 달성될 수 있다. 그리고 해석은 텍스트에 결정된 의미를 발견하는 것이 아니다. 오히려 의미가 창조되는 작업의 경험이라고 볼 수 있다.

지난 15년간 생산된 읽기 이론들은, 내러티브의 이해에 의미있는 기여를 했다. 독자와 작가는 텍스트와 함께 재정립 되었다. 수용 이론은 텍스트 읽기는 매우 복잡한 과정이며, 독자들이 매번 독서 행위에서 지니는 관심과 경험들에 따라 달라질 수 있다는 점을 주장해 왔다. 독자가 내러티브에 접근할 때는, 전통에서의 이야기와 자기 삶에 대한 내러티브적 이해를 끌어 들인다. 내러티브와 함께 경험은 자기 자신에 대한 이해를 넓힌다. 문학 연구는 일련의 내러티브 연구를 통해 움직여왔다. 이들은 전제된 스토리 라인이나 인간의 문제와 필요에 대한 역사적 응답에 관심을 가지고 있다. 보다 과학적인 접근을 추구하면서, 문학 연구는 가능한 모든 내러티브의 생성을 위한 내러티브 문법을 제시하고자 구조론적 언어학의 방법을 빌렸다. 최근 문학 이론은, 소통론적 모델을 선택하여, 연구의 궤적을 넓히고 있다. 여기에서는 텍스트의 구조에

---

7 See Robert C. Holub, Reception Theory: A Critical Introduction (London: Methuen, 1984)
8 Wolfgang Iser, The Act of Reading: A Theory of Aesthetic Response, 1976, (Baltimore: The Johns Hopkins University Press, 1978),

만 배타적 관심을 두지 않는다. 작가와 독자는, 창조된 내러티브 텍스트가 서로 다른 개인들에게 이해될 때 일어나는 소통적 사건 전체의 일부로 기능할 뿐이다.

지금까지 문학에서의 내러티브 문제를 네 가지 측면에서 논의하였다. 이상의 논의에서 보면, 크게 (1), (2), (3)은 Bruner의 두 가지 사고양식의 구분에 따른 서로 다른 세계 이해 방식에서 기원하는 문제이며, (4)는 문학의 역사적 발전에 따른 내러티브의 문제를 개관한 것이다. 특히 (1), (2)는 문학에 대하여 심리학적으로 접근해봄으로써 재해석될 수 있는 부분을 논의하였으며, (3)은 Bruner의 내러티브 사고양식과 관련지어 논의한 부분이다. (4)의 Polkinghorne의 입장은 문학이론의 역사적 발전에 따라서 내러티브에 대한 접근이 변화되어 온 양상을 밝힌 것이다. 이와 같이 문학의 문제는 브루너가 강조하는 내러티브 사고양식과 심리적 실재의 구성, 문학의 심리학적 문제들 속에서 재해석이 가능하며, 특히 문학이론의 측면에서는 역사적인 내러티브의 발전 양상에서 주요 경향을 조망해 볼 수 있다. 문학이 내러티브와 긴밀한 역사가 오랜 학문 분야이지만, 이후 새롭게 창안하게 될 새로운 인문사회과학에서는 문학, 혹은 서사학(narratology)이라는 분과학문으로서의 지위를 고수할 것이 아니라 인간 경험의 내러티브적 속성에서 출발하는 새로운 인간과학에 문학 고유의 기능이 내러티브 인식론에 기반하여 통합되어야 할 필요가 있다.

2. 역사학/사회과학과 내러티브

가. 역사학

내러티브학의 토대로서 역사학과의 관련성은 비교적 다양하게 논의되어 왔다. 내러티브의 협소한 의미를 스토리(story)라고 국한하였을 경우에 역사(history= hi+story: 즉, 스토리를 쓰는 것을 의미함)는 스토리와 매우 밀접한 관련성이 있기 때문에 오래 전부터 다양한 논의가 진행되어 왔다. 이하에서는 그 중에서 내러티브와 가장 밀접하게 관련지으면서도 개별 학문만의 입장만을 고집하지 않는 학자들의 관점을 살펴보기로 한다.

(1) Polkinghorne의 입장(1988)

(가) 개요적 논의

역사연구의 전통은 매우 오래되었다. 역사 연구의 방법과 절차는 18세기 계몽주의 시대보다 훨씬 이전부터 발전해 왔다. 반면 상대적으로 역사가 짧은 다른 인문 과학들은 불과 100여 년 전 자연과학과 그 특정한 인식론이 융성하던 시기에 시작되었다. 역사학은 주로 인간의 과거 행위와 반복되지 않는 개별 사건들을 탐구해 왔다. 또한 내러티브적 묘사와 해석을 주로 사용하여 과거 자료를 조직하고 설명해 왔다. 그리고 최근에 역사학은 과학적 방법을 채택하고 역사 변동을 설명하는 법칙을 찾아야 한다는 주장, 즉 역사학이 과학이 되어야 한다는 주장이 제기되었지만, 이하에서는 연구의 목적상 내러티브와의 관련성에 주목하고자 한다. 이 과정에서 Paul Ricoeur의 주장, 즉 역사연구는 내러티브 형식에 의해 구축된 시간적 차원에 근거할 필요가 있다는 제안을 검토할 것이다.

이러한 입장을 강조하는 Polkinghorne(1988: 37-38; 강현석 외, 2009: 91-92)에 의하면 그는 역사학이 과학이 아니라 인간과학으로 기능하며 인간과학을 개편하는데 유용한 모델을 제공한다고 생각한다. 이러한 생각은 이전에 Kenneth Gergen이 사회 심리학과 관련하여 제안한 바 있다.[9] Gergen은 "역사가의 특정한 연구 전략과 감수성은 사회 심리학의 이해를 증진시킬 수 있다"고 주장했다. Gergen은, 역사가 시간을 가로지르는 인과적 순서에 매우 민감하며 동시에 문화변동에 따른 개인의 성향 변화에도 민감하다는 것을 강조한다. 그는 또한 역사가들이 사회 심리학자들의 보다 엄격한 연구 방법과 심리적 변인들에 대한 감수성으로부터 도움을 받을 수 있다고 보았다.

Polkinghorne(1988: 102)에 의하면 다른 인문과학은 자연과학이 활발하게 기능하고 있던 19세기 후반에 시작되었지만, 역사학은 형식과학의 등장 이전에 오랜 전통을 지니고 있었다. 따라서 역사학은 다른 인문 과학의 대응과는 다른 관점에서 과학을 대면할 수 있었다. 과학의 방법론과 설명모델에 따를 것을 요구받는 속에서, 역사학은 자체 학문의 전통을 고찰하여 인간 행위를 연구하는 데 필요하다고 생각되는 특징들을 추출했다. 역사가들은 역사 연구에 유용해 보이는 요소들을 과학에서 받아들이기

---

9 Kenneth J. Gergen, "Social Psychology as History." Journal of Personality and Social Psychology 26 (1973): 309.

도 했지만, 대부분 역사학의 자율적 지위를 옹호하고 인간 영역을 탐구하기 위한 특정한 절차의 사용을 방어했다. 과학의 요구는 계속되었다. 일부 역사가들은 역사학이 주관성의 위험을 안고 있는 '이해'라는 개념과 역사가의 판단에 의존하는 것을 그만두고 완전히 새로운 과학 패러다임을 수용할 것을 요청했다. 또 다른 역사가들은 역사학이 자체의 고유한 방법과 절차를 가진 자율적 학문이라고 계속 방어했다.

1968년 이전까지도 과학적 연구를 수행하면서 동시에 연역-법칙적 모델 외의 다른 설명 양식을 사용하는 것이 가능한가 하는 문제가 역사학의 주된 관심사였다. Polkinghorne(1988)에 의하면 최근 인문과학들이 자연과학과 더 유사한 학문으로 자신을 정의하기 위해 벌이는 경쟁을 보면, 과학적 설명과 내러티브적 설명의 차이를 역사학의 관점에서 분석하는 것이 매우 필요하다.

이하에서는 내러티브를 과학의 연역적-법칙적 설명의 부분적이고 스케치적인 버전으로 보는 견해(Hempel의 후기 견해)에서부터, 내러티브가 비유적 표현 등의 기교를 통해 과거를 이해하게 하므로 과학적 설명과는 완전히 다르다는 주장까지 소개한다. 그리고 본 연구의 입장은 내러티브적 설명을 수용하기까지의 과정을 강조함으로써 한쪽에 치우쳐 있었던 것이 사실이다. 하지만 내러티브의 타당성을 인정하는 역사철학자들의 시도에 비판적인 역사가들도 존재한다는 것을 언급할 것이다.

(나) 단일한 설명 개념의 해체와 내러티브적 설명

역사학이 단일한 설명 개념(Hempel, Gardiner, Fraenkel 등)에 의해 접근하는 시도가 과거에 존재했지만, 이러한 경향은 변화를 맞이한다. 즉, 역사적 설명을 연역적-법칙적 설명양식의 일종에 포함시키고자 하는 단일한 과학적 방법이라는 개념을 유지하려는 분석적 시도가 강한 시기에는 내러티브에 대해서는 언급이 거의 없었다. 그러나 역사에 대한 분석적 관심의 두 번째 단계에서는 내러티브가 논의의 주된 대상이 되었다. 여기에는 두 가지 요인들이 작용하였다. 첫째, 연역적-법칙적 설명모델 자체가 해체될 정도로 역사에서의 설명의 외연이 계속 확대된 점, 둘째로는 언어학자들이 내러티브에 대해 관심을 갖게 된 점이다. 언어학자들은 내러티브의 인식론적 가치 때문이라기보다는 내러티브 문장을 쓸 때 작용하는 사고의 종류를 탐색할 목적 때문에 관심을 갖게 되었다.

① 내러티브적 설명: Danto에 의해 촉발

역사학에서 역사의 인과적 해석보다 내러티브적 설명을 처음으로 옹호한 것은, 1965년에 『역사의 분석철학』을 쓴 Arthur Danto에 의해 분석철학의 체계에서 등장했다.[10] Danto는 역사 서술 담론에 나오는 문장 조합을 분석하기 보다는 역사 기술에 사용된 문장들(내러티브적 문장을 포함하여)의 종류를 분석할 목적으로 책을 썼다.[11] 그는, "이야기하기는 우리가 세계를 재현하는 기본 방식 중의 하나를 예시한다. 시작과 끝, 전환점과 절정을 묘사하는 언어는 재현 양식과 밀접히 연관되기 때문에 우리 자신의 삶에 대한 우리의 이미지도 매우 내러티브적임이 분명하다."고 했다.[12] Danto는 우리가 과거 시제 동사를 사용해서 내러티브 문장으로 말할 때 일어나는 우리의 사고방식을 이해하고자 했다. 그래서 현재 상태를 묘사하는 현재 시제 동사들만을 다루는 경험주의와 자신의 관심을 구분했다.

Danto의 입장과 인식론적 함의

Danto는 인간 행위에서 비롯된 과거의 변화는 다양하게 묘사될 수 있으며, 내러티브 문장은 그렇게 사용될 수 있는 서술 방식의 하나라고 주장했다. 내러티브 문장의 특징은, 별개의 시간에 일어난 적어도 두 개의 사건들을 언급하고, 후속 사건의 관점에 비추어 언급된 앞선 사건들을 묘사한다는 것이다. 그의 분석에 사용된 내러티브 문장은 선행 사건들을 중요한 후속 사건들에 연계지음으로서 선행 사건들에 의미를 부여한다.

내러티브 문장에 대한 Danto의 분석은 세 가지의 인식론적 함의를 지닌다. 첫째, 내러티브 문장에서 원인이라는 용어는 후속 사건이 선행 사건을 원인으로 변환시킨다는 점에서 역설적이다. 둘째, 행위를 설명하는 것은 행위자의 의도라고 보는 Dray의 합리적 설명에 반대하여, Danto는 역사에서 인과적 진술은 행위자가 인식하지 못했을 행동에 의미를 부여한다는 점을 지적한다. 다양한 개인행동을 총괄적 행동으로 조직하고 심지어 행위자 행동의 의도하지 않았던 결과의 중요성을 보여줄 수 있는 사람은 행위자가 아니라 역사가라는 것이다. 셋째, 내러티브 문장은 과거에만 관심을 보이며, 연역적-법칙적 설명양식에서 요구되는 설명과 예견 사이의 균형이 역사적 진

---

10 Arthur C. Danto, Analytic Philosophy of History (Cambridge: Cambridge University Press, 1965).
11 도입 장에서, 단어와 문장을 분석하는 것과 문장 조합인 담론을 분석하는 것을 구분했다. 개별 단어가 문장 속에서 조합되면서 새로운 종류의 의미가 만들어지는 것처럼, 개별 문장이 담론 속에서 조합될 때 또 다른 종류의 의미가 탄생한다.
12 Danto, Narration and Knowledge (New York: Columbia University Press, 1985), Xiii.

술에서는 붕괴된다.

Danto는 연결 구조가 문장들을 하나의 이야기로 엮는 내러티브 담론(narrative discourse) 보다는 개별적인 내러티브 문장에 초점을 맞춘다. 그의 역사는 연대기, 즉 특정한 인과 관계에 대한 일련의 내러티브 문장들이지만 통일된 주제가 부족한 연대기와 유사하다. 그의 역사는, 문장들이 하나의 이야기로 연결되는 플롯화 작업을 빠뜨렸다.

W. B. Gallie(1964)의 『철학과 역사이해』라는 책에서 내러티브 담론 전체에 대한 구조적 묘사에 더 근접했다. 그는 내러티브를 역사가 허구적 문학과 공유하는 형식으로 보았다. Gallie에 의하면, 역사 연구결과는 내러티브로 보고되며, 대중에게 제시되는 역사탐구의 최종 산물은 역사적 과거가 구축되고 인식되는 방법이 아니라 내러티브라는 것이다. 역사에서 내러티브의 역할에 대한 앞선 논의들이 증거와 객관적 진리를 강조하는 역사와 허구의 차이를 강조하는데 매우 유의했던 반면, 갈리는 사람들이 "허구적 이야기를 읽는 것"과 같은 방식으로 역사 텍스트를 이해한다고 주장하면서 역사 내러티브와 허구적 내러티브 사이의 연속관계를 강조했다.

> "모든 이야기는 일련의 행동들과 여러 사람들의 실제의 혹은 상상의 경험을 묘사한다. 이 사람들은 보통 어떤 특정한 상황에 놓여 있고 그 상황을 바꾸거나 혹은 외부로부터 그 상황에 영향을 미치는 변화에 대응하는 모습으로 그려진다. 이러한 변화 그리고 변화에 대한 등장인물들의 반응이 누적되면서, 원래 상황 및 등장인물들의 감추어져 왔던 면들이 드러난다. 그리고 곤경이 발생하고 주요 등장인물들 중 한 명이나 혹은 여러 명이 긴급한 사고와 행동을 하게 된다. 곤경은 보통 지속되고 다양한 양태로 발전하여 주인공들에게 중요한 의미를 드러낸다. 주요 등장인물들이 그 곤경에 성공적으로 대응하는가의 여부, 곤경에 대한 그들의 반응, 그들의 반응이 관련된 다른 사람들에게 미치는 영향 등은 이야기를 점차 결론으로 이끈다."[13]

이야기와 논쟁은 전혀 다른 과정을 거친다. 논쟁에는 결론이 있어야 하며, 논쟁을 잘 이해하려면 반드시 그 연역적 결론을 예측하는 능력을 갖추어야 한다. 이야기를 따라가려면 처음부터 끝까지 이야기에 집중해야 한다. 왜냐하면 이야기의 결말은 연역되거나 예측될 수 없기 때문이다. 이야기는 듣는 사람의 주의를 끝까지 휘어잡는

---

[13] W. B. Gallie, Philosophy and the Historical Understanding (New York: Schocken Books, 1968), 22.

뜻밖의 일, 우연, 조우들로 구성된다. 이야기의 결론은 독자가 받아들일 만하거나 적절해야 하지만 독자가 예측할 수 있어야 하는 것은 아니다. 즉 이야기는 "그 요소들을 이해할 수 있게 하는 논리적 연속성"의 고리를 느끼게 한다. 이야기의 결말에서 거슬러 돌아보면, 독자는 결말에 이르게 한 사건들로부터 결말이 도출됐음을 알게 된다. 더구나 이야기를 따라가는 데 필요한 사고력은 논쟁 과정의 합법성을 이해하는 데 필요한 사고력과는 다르다.

독자는 이야기의 내적 일관성 즉 다양한 우연적 사건들과 그에 대한 인간의 반응을 엮는 일관성에 반응한다. 이야기를 읽으면서 독자는, "이야기가 진행됨에 따라 점차 인식되고 계속해서 평가되고 재평가되어야 하는" 수용 기준에 관심을 갖는다. 독자는 이야기가 논리적 개념들이 아니라 실존적 요소들로 구성될 것을 기대한다. 이야기를 따라가는 것은 시간적 과정이며, 살았던 시간을 인식하는 것이다. 그 시간을 경험하는 중에 예측할 수 없는 재난이 이야기의 파편화와 단절을 초래할 수도 있지만, 그 요소들은 나중에 새롭게 변형되어 다시 통합된 후 등장한다.

② Mink의 논의

역사 지식과 역사탐구의 본질에 대한 논쟁은 1965년과 1974년에 Louis Mink가 쓴 두 편의 논문에 의해 더 발전했다.[14] 첫 번째 논문에서 Mink는 포괄법칙 모델에서 제시한 규칙과 역사서술을 실제로 이해하는 것 사이의 불일치를 고찰했다. 그는, 이러한 불일치는 논리적 증거를 제시할 때 사용되는 것과는 다른 유형의 이해로 역사이해를 정의해야 설명될 수 있다고 주장했다. 그는 이러한 종류의 이해를 "종합적 판단"이라고 명명했다.

Mink는 역사이해의 특징을 밝히려고 했던 과거의 시도들을 살펴보고 그것들이 부적절했음을 발견했다. 그는 '총괄적 판단(synoptic judgment)'이라는 개념이 이전의 '이해'라는 개념이 지적한 점을 포착했다고 믿었다. 그는 총괄적 판단이 왜 "거의 인지되지 못하고 그렇게 오해되었는가" 묻고, 그것은 바로 역사가들이 역사를 연속된 사건들로 진술해야 했기 때문이라고 답했다. 그러한 서술은 역사가들의 결론이 마치

---

14 Louis O. Mink, "The Autonomy of Historical Understanding," 1965, in Philosophical Analysis and History, ed. William H. Dray, 1966, 160-192, and "History and Fiction as Modes of Comprehension," in New Directions in Literaㅛ History, ed. Ralph Cohen, 1974, 107-124.

증거로부터 추론된 것 같은 인상을 주는데, 실제로 결론은 증거들이 배열된 방식을 알려줄 뿐이다. 역사가들은 자신의 연구를 꼬리를 물고 이어지는 일련의 진술들로 제시함으로써, 자신들이 내리는 판단의 반성적 행위에 주목하지 못하게 하는 경향이 있다.

Mink는 총괄적 판단을 하고 사물을 전체로서 보는 관행은 역사가들에게만 고유한 것은 아니라고 지적한다. 그것은 인간이 세계를 이해하고 배치하는 평상적인 사고과정이다. 그는 역사적 지식은 그것이 자율적 주체를 다루거나 고유한 방법을 사용하기 때문이 아니라 특정한 종류의 판단을 사용하기 때문에 독특하다고 주장했다. 역사지식은 분석적 방법으로 대체될 수 없는 전체적인 판단, 총괄적 판단을 통해 사물들을 함께 봄으로써 복잡한 사건을 이해하는 것이다. 밍크는 역사적 사고를 총괄적 판단으로 정의한 자신의 견해가, 해석적 종합의 선호도를 나눌 일반적인 근거가 있는지 그리고 역사적 객관성과 역사적 진리를 위한 범주가 있는지에 관한 인식론적 문제에 대해서는 답을 주지 못한다는 것을 받아들인다. 그러나 그는 인식론적 질문을 타당한 관점에서 제기하기 전에 역사적 탐구를 구성하고 있는 판단의 종류가 무엇인지 먼저 확인해야 한다고 믿었다.

Mink의 1974년 연구에서 이해의 세 가지 구조를 이론적, "범주적", 그리고 형태적 이해로 구별했다. 그는 세 가지 양식의 이해가, "시간, 공간, 혹은 논리적으로 떨어져 있기 때문에 함께 경험될 수 없고 심지어 경험될 수 없는 사실들을 단일한 정신 행위로 함께 이해"할 수 있도록 해준다고 주장한다. 그리고 그러한 능력이 이해의 충분조건은 아닐지라도 필요조건이라고 한다. 이론적 이해는 논리적 혹은 수학적 추론을 하는데 개입된다. 그 과정에서 우리는 복잡한 일련의 추론을 함께 포착하고 그것을 하나의 전체적 증거로서 이해한다. 범주적 이해는 여러 사물들을 같은 범주의 사례들로 보는 것이며, 한 사물이 어떤 종류의 사물인가를 결정하는데 사용된다. 그것은 선험적 개념체계를 사용하여 무질서하게 보이는 경험들을 조직한다. 형태적 이해는 사물을 하나의 구체적인 관계 복합체 속의 요소로서 이해하는 것이다.

Mink는 이해의 형태적 양식을 설명하면서 다음과 같이 말한다.

> "그러므로 내가 태운 편지는 산화하기 쉬운 물질로뿐만 아니라 오랜 친구와의 연결고리로 이해된다. 그 편지는 오해를 풀어주거나 의문을 제기하거나, 혹은 결정적인 순간에 내 계획을 바꾸었을 수 있다. 편지로서, 그것은 일종의 이야기, 즉 이야기를 참조하지 않고는 이해할 수 없는 사건들에 대한 내러티브에 속한다. 그러나 이것을 설명하기 위해, 나는

편지이론이나 우정이론을 세우지 않고 대신 그 이야기가 어떻게 조각그림 맞추기의 일부처럼 사건들의 특정한 형상화에 속하는가를 보여줄 것이다. 우리가 시에서 이미지의 복합체를 함께 보고, 한 상원의원의 투표를 설명해 주는 동기, 곤경, 약속, 원칙들의 조합을 보고, 한 친구의 개성을 이해하는데 필요한 언어 패턴, 제스처, 행동들을 함께 볼 수 있는 것은 이 형태적 양식을 통해서이다."[15]

밍크가 역사와 과학 사이의 논쟁에 기여한 점은, 내러티브 역사에서 사용되는 이해의 종류에 논의의 초점을 맞춘 것이다. 내러티브 이해와 과학적 이해 사이의 차이는 정보가 의미 있는 전체로 조직되는 다양한 양식에서 발견된다고 보았던 것이다.

③ White의 논의

역사 서술의
내러티브 구조

역사와 과학의 갈등에 대해서 이해를 설명과 대조하면서 우리가 경험을 조직하고 이해하는 이해의 유형을 확인하고 역사이해를 형태적 이해와 동일시하는 것으로 나아가는 과정에서 Hayden White를 언급할 필요가 있다. 그는 처음으로 문학적 플롯화의 절차를 역사 서술의 내러티브 구조에 적용했다. 화이트(1973)의 『메타 역사』는 역사와 소설이 동일한 이해양식에 속한다는 밍크의 주장을 따르고 있다. 화이트는 역사와 소설은 모두 내러티브 구조를 사용하기 때문에 역사쓰기는 소설쓰기와 연관된다고 했다. 역사를 쓰는 것은 역사가의 작업에 대한 주석이 아니며, 의사소통의 레토릭 관행에 의해서만 영향을 받는다. 왜냐하면 쓰는 것은 그 자체가 역사적 이해 방식이기 때문이다. 따라서 화이트는 역사에 대한 논의의 초점을 역사의 객관성과 과학적 지위에 대한 한정된 관심으로부터 역사가 표현되는 문학적 형태로 전환시켰다. 그럼으로써 그는 역사 내러티브를 그 문학적 대응물과 연관시켜 고찰하고 문예비평에서 가져온 몇 개의 범주를 역사에 전이시킬 수 있었다. 역사와 문학의 경계를 넘나들면서, 화이트는 역사가들 뿐 아니라 문예 비평가들의 주류적 관심에 대항하고 있었다. 그들은 모두 "실제"의 표상을 다루는 작업과 상상의 구성물을 다루는 작업을 명료하게 구분하고자 했다. 화이트는 다음과 같이 말했다.

"역사가는 역사 자료를 다루기 위해 그것을 표상하고 설명할 개념 조직을 제시하는데, 그 전에 먼저 역사영역을 형상화 즉 정신적 인지 대상으로 구축해야 한다. 이 시적 행위는 역사를 특정 영역으로서 해석대상이 되도록 하는 언어 행위와 다르지 않다."

---

15 Mink, "History and Fiction," 117.

화이트는 역사가가 사용하는 사건들을 조직적 위계에 맞추었다. 첫 번째 단계는 연대기로서, 연대적 순서에 따라 사건들을 단순히 나열하는 것이다. 두 번째는 줄거리 단계로, 연대기의 부분 요소들을 연결하여 묘사할 테마와 모티프로 연대기를 조직하는 것이다. 세 번째는 플롯화이다. 이 단계에서 줄거리는 로망스, 비극, 희극, 풍자와 같은 전통적인 플롯 양식에 따라 배열된다. 역사가는 기본적인 플롯 유형중의 하나를 선택하여 자신의 내러티브를 하나의 포괄적인 혹은 전형적인 이야기 형식으로 만듦으로써 이야기 전체에 플롯을 부여하게 된다.

역사가들은 플롯화를 할 뿐만 아니라 이야기의 주제 혹은 궁극적 결론에 관해 논쟁을 하는데, 그들의 논증 방식은 내러티브 영역에 속한다. 그러나 역사가들이 사용하는 논증방식은 역사의 본질에 대한 자신들의 전제를 표현한다. 화이트는 역사 서술양식 이론을 개발하기 위해 플롯화, 논증, 그리고 이데올로기의 조합을 사용했다. 이 세 가지의 문학적 작동 중에서 선택적인 기호가 있겠지만, 화이트에 의하면, 위대한 역사가들은 불협 화음을 내는 다양한 작동을 융합하려 노력함으로써 자신의 스타일을 개발했다.

화이트는 또한 의식 자체가 경험의 영역을 분석과 설명에 적절한 형태로 미리 형상화한다고 주장했다. 그는, 언어가 투명한 것이며 있는 그대로의 사물을 반영할 수 있다는 계몽주의의 믿음에 반대했다. 하지만 그는 절대적 상대주의에도 반대했다. 즉 다양한 언어게임들이 각개의 실제를 만들어내는 회의적 방법을 지지하지 않았다. 그는 네 가지 기본적인 "언어 게임(language games)" 혹은 실제를 구축하는 수단이 있다고 했으며, 이들을 Piaget가 묘사한 인지발달의 네 단계에 연관시켰다. 과거에 대한 역사가의 서술을 포함하여 모든 담론은 네 가지 비유 중의 하나에 의해 결정되며 혹은 네 가지 비유의 특정한 혼합에 의해 결정된다는 것이다. 언어작용을 표상하는, 그리고 그 특정한 비유적 표현 작용으로 이해를 구성하는 네 가지의 주요 비유를 화이트는 은유, 환유, 제유, 아이러니라고 보았다. 각 비유는 독특하고 배타적인 방식으로 분석되도록 데이터를 표상한다. 은유는 애초에 달라 보였던 대상들의 유사성을 드러냄으로써 묘사와 동일화에 의해 실제를 구성한다. 환유는 부분과 부분의 관계를 보여주는 유사성과 단순화를 통해 실제를 구성한다. 제유는 부분과 전체의 관계를 나타내는 통합에 의해, 그리고 아이러니는 대상을 전혀 다른 방식으로 나타낼 수 있다는 것을 스스로 인식함으로써 즉 부정을 통해 실제를 구성한다.

네 가지 비유

④ 비판적 입장

하지만 많은 역사가들은 내러티브의 타당성을 인정하는 역사철학자들의 시도에 비판적이다. 예를 들어, Leon Goldstein은 다음과 같이 말했다.

> "내러티브 이론을 드러내놓고 지지하는 것은……역사의 인지적 기능 즉 인간의 과거를 가설에 근거하여 재구성함으로서 역사적 증거를 설명하는 것의 의의를 노골적으로 무시하는 것이다. 내 생각에 내러티브적 입장과 인지적 입장 간의 대결 양상은 어느 지각 있는 사람이 보더라도 내러티브 입장의 패배로 귀결될 것이다. 나는 인지 방식으로서의 역사라는 주장에 맞서 내러티브 이론을 주장하는 사람이 있다는 것을 믿을 수 없다."[16]

그러나 내러티브의 역할과 그것의 역사연구와의 관련성은 최근 역사철학의 논의에서 중요한 이슈가 되었다. 역사와 언어분석의 연대가 증가하면서, 내러티브를 인지적 설명 양식으로 분석하는 것이 더욱 복잡해졌다. 언어가 인간의 경험을 형성하고 과거 인간행동에 대한 역사 서술에 미치는 영향은 명백해졌다. "왜 그 일이 일어났는가?"라는 질문의 답을 다양한 양식으로 할 수 있다는 새로운 관점이 등장함으로써 설명 개념이 확장되었고, 그것은 인간이 자신이 경험한 사건을 유의미한 전체로 조직하는데 사용하는 다양한 개념적 장치들을 포함하게 되었다. 이러한 장치들 중의 하나는 형식 논리의 과정을 내포하며, 또 다른 하나는 내러티브 비유의 과정을 내포한다. 즉 과학적 설명과 내러티브적 이해 사이에는 인식론적 괴리가 존재한다.

(다) 내러티브 담론으로서의 역사

후기 분석 철학자들은 연역적-법칙적 원인에 더해서 역사적 원인을 수용했다 할지라도, 역사적 내러티브 담론이 실제 과거 원인에 대한 논리적 표상의 일종이므로 여전히 설명적이라고 이해했다. 그러나 Mink에 의해 그러한 이해는 바뀌었다. 내러티브는 패러다임 담론과는 다르게 구축된 특정한 종류의 담론으로 여겨지게 되었다. 이 철학자들은 역사서술을 더 이상 형식적 논리 체계에 의해 평가되는 예증적 담론으로 이해할 것이 아니라 오히려 대안적인 결합 양식에 의해 평가되는 내러티브 담론의 일종으로 이해해야 한다는 급진적 전환을 제안했다. 그들은, 내러티브가 부분들을 하

---

16 Leon J. Goldstein, Historical Knowing (Austin: University of Texas Press, 1976), 182.

나의 전체 개념으로 수합하는 비유적 규약에 따라 짜인다고 주장했다. 그들은 내러티브가 실제 과거를 표상한다고 이해했지만, 과거 사건들을 플롯으로 조직하는 것은 담론 자체의 작동이며 사건들을 통일된 전체로 결합시키는 것은 내러티브 담론의 관행이라고 믿었다.

White는 역사 내러티브를 실제의 직접적 표상이 아니라 기껏해야 실제에 대한 이야기의 구축으로 이해해야 하지 않는가라는 의문을 제기했다. 프랑스 역사가들이 지적한 것처럼, 과거가 실제로 어떠했는가를 알 길은 없다. 화이트는, 역사 내러티브가 사료와 과거의 흔적에 연관된다는 점에서 허구적 문학과 다르지만, 그것은 저자의 이데올로기적 관점이 내포된 과거에 대한 문학적 재구성에 지나지 않는다고 믿었다.

White의
내러티브의 기능

이러한 입장은 영미 분석 철학자들의 입장과 달랐다. 그들은 내러티브의 기능은 주로 표현적인 것이며 내러티브에 적절한 기준은 내러티브의 일관성이나 해설이라고 주장했다. 즉, 역사서술은 패러다임 담론이 아니라 내러티브로 이해될 필요가 있다는 주장이며, 주요 논점은 담론 유형을 복수로 본 Jakobson의 이론에서 나온 것이다. 내러티브 담론은 역사서술뿐 아니라 신화, 허구적 문학, 시와 같은 산물도 포함한다. 패러다임 담론과 내러티브 형식의 담론은 모두 그 문장에 사실적 지식을 담고 있지만, 그 담론이 문장에 부과하는 결합 형태로 부가적 유형의 정보도 역시 수반한다. **패러다임 양식의 담론**은 과학적 텍스트에 유일하게 적절한 양식으로 생각되었다. 그것은 외적 지시물에 대한 정보를 전달하는 투명한 매체로 인식되었을 뿐만 아니라, 패러다임 담론이 문장들을 서로 연결하는 데 사용한 논리 패턴은 현실에 존재하는 실제 논리 패턴을 단순히 반영한 것이라고 이해되었다. **내러티브 담론**은 그 조직양식에서 비롯된 부가적 의사소통에 대한 인식을 담고 있다. 예를 들어, 시는 그것이 전달하는 아이디어로 연결되며, 단어들은 유사, 반대, 병행의 유형에 따라 의식적으로 연결된다. 사실적 산문 문학에서 문장들은 환유적 조합으로 연결된다. 즉 내러티브 담론에서 텍스트는 비유적 의미가 추가된 밀도를 보여주며, 그것은 플롯 혹은 스토리 형태로 드러난다.

역사 내러티브의
성격

내러티브는 단지 하나의 결합 형태만을 사용하지는 않기 때문에, 역사 내러티브는 "전과 후"의 시간 논리를 따르는 등 몇 개의 논리 규약을 담고 있다. 역사 내러티브는 패러다임 담론(사건이 왜 그렇게 일어났는가에 관한 설명적 논의와 연역적-법칙적 인과 분석)으로 구성된 부분도 내포한다. 패러다임 담론의 관행을 따른 부분은 보통 직접 언급의 방식으로 기술되며 독자들은 담론 양식의 전환을 쉽게 이해할 수 있다. 그러나 이 부분은 내러티브 정렬의 일부분이 아니라 더 적절하게는 내러티브 정렬에 대한 설명으로 여겨진다. 내러티브는 논리적 주장이나 과학적 논증의 다양한 규약을 이용하지만, 이 규약들은 그 자체로 내러티브 조직의 독특한 의미를 만들어낼 수 없다. 이러한 종류의 의미는 플롯화에 의해 만들어지는 일관성을 요구한다.

역사 내러티브의 구성

역사 내러티브는 다른 담론들처럼 두 가지 종류의 지시대상으로 구성된다. (1) 1차 지시대상은 스토리를 만드는 사건들이며, (2) 2차 지시대상은 플롯이다. 형식적인 과학 담론의 독자들이 두 번째 의미가 삼단논법이나 연대기처럼 특정한 종류의 규약에 의해 만들어진다는 것을 인식할 수 있는 것처럼, 내러티브 담론의 독자들도 사건에 의미를 부여하기 위해 사용된 스토리 유형의 종류에 의해 의미가 창조된다는 것을 인식한다. 1차 사건들을 비유하는 데 유용한 스토리 타입은 특정한 문화 안의 플롯 저장고에서 추출된다. 역사 내러티브의 독자가 특정한 진술에서 이야기 되는 이야기의 유형(서사시, 로망스, 비극, 희극, 혹은 소극)을 인지할 때, 2차 지시대상이 이해된다.

역사 내러티브는 "연대기"라고 불리는 패러다임 담론 유형의 확장이다. 연대기는 그 논리적 체계로 시간 질서를 사용하는 담론이며, 지시대상이 사건이나 행위인 문장들의 리스트로 표현된다. 연대기 담론에 의해 생산된 의미는 객관적인 시간의 시간적 질서와 연결된다. 연대기 리스트에 있는 동일한 사실 세트가 내러티브로 플롯화될 때, 그 산출된 의미는 다른 시간질서 즉 역사적 혹은 기억의 시간질서와 연결된다.

의미를 변형시켜 2차 지시대상을 보여주기 위해서는, 연대기에 언급된 사건, 행위자, 기관 등이 이야기의 요소로 코드화되어야 한다. 2차 지시대상인 스토리 유형은, 실제 사건에 관한 1차 언급이 다양한 방식으로 플롯화될 수 있고 다양한 종류의 이야기로 말해질 수 있는 구성적 과정을 내포한다. 2차 지시대상의 정렬에 담긴 의미는 하나의 구성이며, 1차 사건들을 결합시키는 데 사용된 특정한 종류의 플롯에서 파생된 것이라는 점을 주목해야 한다. 내러티브에서 사용된 2차 지시대상의 논리적 일관성은 패러다임 담론에서 사용된 형식적 논리와 다르다. 내러티브는 사건들을 의미 있는 전체로 일치시키기 위해 플롯의 논리를 사용한다. 내러티브 역사가 다루는 현실의 종류는 과학적 패러다임 담론의 형식적 논리가 만들어내는 질서와는 다르다. 역사 내러티브의 현실은 1차 실제 사건들에서 플롯을 생산해내는 내러티브의 역량에 달려 있다. 이것이 바로 일관성의 실제이다.

요약하면, 역사 내러티브는 패러다임 담론과 다르다. 역사 내러티브는 이야기 혹은 "시적 논리"에 의해 정렬된 사건들의 일관성을 그 2차 의미로 만들어낸다는 점에서 그렇다. 내러티브 코드는 포이에시스(생성) 영역에서 추출되며, 패러다임 코드는 노에시스(인식, 사고)의 영역에서 추출된다.[17] 내러티브 담론으로서의 역사서술은 사건들을 통일된 플롯으로 유형화하는 체계로서 형식논리를 사용하지 않는다. 그러나 시의 소리와 운율의 형태를 사용하지도 않는다. 역사서술의 관심은 이야기의 플롯에 기여하는 사건들의 유형에 있다.

(2) Bruner의 역사학과 내러티브

Bruner(1988: 88-90)가 강조하고 싶은 것은 근본적인 실재(reality)를 설명하는 데에 있어서 내러티브 설명이 체계적이고 논리-과학적 방법보다 융통성이 높다는 점이다. 역사는 소위 **연대기**(*annales*)그 이상이라는 점이다. 그것은 사건의 설명은 허구(혹은 실화)의 형태 혹은 소설화된 역사로서 다루어진다.

특정 분야의 종사자들은 실행할 수 있는 이론이 이용 가능할 때조차도 그러한 스토리에 의해서 그들의 결정을 안내 받는다. 일단 실행되면, 이러한 내러티브들은 사건들을 "만들어" 내고, 역사를 "만들어" 낸다. 내러티브들은 참가자들의 실재에 공헌한다. 심지어 "일반적이고 경제적인 세력"이 경제 세계를 형성시킨다는 근거조차도 무시하는 경제학자들(혹은 경제 역사가들)에게는 눈가리개가 될 것이다. 역사는 역사에 참여하는 사람의 마음에서 작용한다는 것과 완전히 독립적이라고 누가 말할 수 있을까? 내러티브는 경제학자의 최후의 방책일지도 모른다. 하지만 그것들은 아마도 그들이 연구하는 행동의 삶의 재료일지도 모른다.

그래서 우리는 핵심적인 *annales*[18]를 미화하고, 그것들을 *chroniques*[19]로 전환하며 마지막으로는 내러티브 **역사**(*histoires*)[20]로 전환한다(그것에 대해 언급한 Hayden

---

17 "포이에시스(poiesis)"는 '만들다'와 '시를 짓다'의 두 개의 의미를 지닌다. "노에시스(noesis)"는 '사고'를 말한다. 나는 이 용어들을 두 가지 대비되는 유형의 담론을 나타내기 위해 화이트가 개발한 방식대로 사용하고 있다. Hayden White, Tropics of Discourse: Essays in Cultural Criticism (Baltimore: The Johns Hopkins University Press, 1978), 7.

18 annales: 일어난 사건들 중 중요한 것만 선별한 것, 선별된 주요 사건

19 chroniques: 연대기, 사건들을 시간 순서대로 나열한 것

20 histoires: 확장된 역사로 연대기에 일관성과 연속성, 정합성을 제시한 것

White의 방법을 빌리자면). 따라서 우리는 역사 속에서 참여자가 실제로(actually) 살아있는 심리적이고 문화적인 실재(reality)를 구성한다. 그리고 나서 결국 내러티브와 패러다임은 나란히 생존하게 된다. 그것은 예술에서와 같이 삶에서 훌륭한 스토리를 말하고 이해하는 것과 관련된 것에 대해 우리가 더욱더 이해하려고 노력하는 이유이고, 스토리가 삶의 실재를 만들어내는 방법이다.

(3) 내러티브와 역사 내러티브

내러티브와 역사 내러티브와 관련하여 내러티브를 재현양식, 소통방식, 인간과 세계에 대한 해석의 틀이라는 세 개의 차원에서 내러티브를 정의하고 있다(최호근, 2013: 95-128).

이야기로서 내러티브

내러티브는 먼저 야기(story)를 뜻한다. 그러나 모든 이야기가 내러티브는 아니다. 내러티브에는 적어도 단순한 일화나 일상적 대화를 넘어서는 그 무엇이 담겨야 한다. 가장 중요한 요소는 행위 주체(agency)이다. 행위 주체로서 특정인이 자기가 처한 상황에 대한 해석에 근거하여 의도를 가지고 행동한 결과 발생한 사건들을 일정한 의미체계 속에서 구성한 이야기를 가리켜 내러티브라고 부른다. 내러티브의 부활을 요구하는 사람들은 구조주의적 사고를 강하게 비판하면서, 자기 삶을 규율하는 거대한 구조들에 도전하면서 변화를 도모하는 능동적 존재로 인간을 파악한다. 그러므로 내러티브는 세상을 살아온 이야기일 뿐만 아니라, 세상을 만들어온 이야기인 것이다. 내러티브에 관심을 갖는다는 것은 결국 인간이 만들어온 과거와 그 결과인 현재에 대해 책임의식을, 앞으로 만들어갈 미래에 대해서는 희망을 갖는다는 것을 함의한다.

스토리텔링으로서 내러티브

다음으로 내러티브는 말하기(narration), 곧 이야기하기(storytelling)를 뜻한다. 이야기는 이러한 행위의 결과이다. 모든 이야기에서 이야기의 내용 이상으로 중요한 것이 누가 그 이야기를 하는가이다. 동일한 소재라고 하더라도 화자(narrator)의 시각과 의도에 따라 이야기 속에서 상반된 의미를 부여받을 수 있기 때문이다. 그러므로 화자가 이야기를 전개해가는 구성의 전략을 이해하는 것이 매우 중요하다. 이 전략은 플롯(plot)을 통해 구체화된다. 중요한 것은 이야기 전개의 틀인 플롯을 사실 전달을 위한 효과적 서술전략으로 봐야할지, 아니면 사실성 여부와 무관하게 이루어지는 담론의 수행전략으로 간주할지를 놓고 팽팽한 견해차가 존재한다는 점이다. 대다수의 직업적 역사가들이 전자의 입장인 데 반해, 급진적 입장에서 내러티브의 필요성을 역설하는 사람들은 후자의 입장에 선다. 후자의 입장을 지지하는 사람들은 직업적 역사가들이 과학적 역사연구의 출발점이자 최후의 근거라고 믿는 사료도 결국은 사실의 저장소가 아니라 기록된 의견에 불과하다고 믿는다. 그들의 생각 근저에는 사료 역시 해석의 옳고 그름을 판별할 수 있는 근거를 자기 안에 갖고 있지 못한 텍스트(text)에 불과할 뿐이라는 사고가 깔려있다.

이처럼 내러티브를 의미구성의 틀로 강조하는 사람들 가운데 일부는 Jerome S. Bruner처럼 내러티브를 다시 근본적 사유양식으로 원리화하기도 한다. 브루너에 따르면, 이야기하기는 곧 이야기 만들기이며, 이야기 만들기는 궁극적으로 의미 창조와 의미 부여를 통해 세상을 바라보고 수용하는 사고과정이자 사유양식이라는 것이다. 문제는 인간의 정신 활동을 패러다임적 사고양식(paradigmatic mode of thought)과 내러티브적 사고양식(narrative mode of thought)으로 양분하면서 시작된다.

의미구성 틀로서 내러티브

그의 주장은 다음과 같이 요약된다. 물리적 세계를 대상으로 삼는 패러다임적 사고의 본질은 현상계의 인과적 관계에 주목하면서 논증(argumentation)의 방식으로 현상을 재현하고자 하는 데 있다. 이에 반해 생동하는 인간의 세계와 관련된 내러티브적 사고는 그 세계의 주인공인 행위주체들의 의도 파악에 주력한다. 따라서 현상에 접근하는 방식은 해석학적 방법(hermeneutical method)이요, 그 결과의 재현은 記述的(descriptive) 방법에 의거해서 이루어진다는 것이다. 설명적 논증의 목적이 인과관계 규명에 있다면, 해석적 記述의 목적은 인과법칙으로 환원될 수 없는 의도와 결과 간의 연관관계를 섬세하게 재현하는 것이다. 논증의 타당성은 관찰과 실험을 통해 확인될 수 있지만, 記述에서는 타당성 여부를 확인할 수 없다. 그 이유는 단순하다. 왜냐하면 인간은 자유의지를 지닌 존재이기에, 의도와 행위 그리고 그 결과는 독특할 수밖에 없고, 원리적으로 무궁무진하기 때문이다.

패러다임적 사고와 내러티브 사고의 구분

이런 식의 이분법적 주장은 결코 새롭지 않다. 이미 19세기 초중반에 근대 역사학의 아버지로 불리는 Leopold von Ranke와 그의 후예들이 유사한 견해를 표명했고, 20세기 전환기에 여러 분과에서 진행된 방법논쟁과 가치논쟁에서도 상응하는 주장이 좀 더 원리적 측면에서 재연되었다. 법칙정립적 방법(nomothetische methode)에 대비되는 개성기술적 방법(idiographische methode)을 인문사회과학의 근본적 방법으로 역설한 신칸트학파의 거두 Wilhelm Windelband도 그 중 하나이다. 이러한 주장 자체에 대해서는 오늘날에도 많은 역사전문가들이 공감할 것이다. 문제는 이러한 주장을 전개하는 맥락과 원리화의 정도에 있다.

자연과학과 인문과학의 차이 과학성의 핵심을 연구결과의 보편타당성을 입증하는 데서 찾는 자연과학과 달리, 인문과학에서는 입장의 차이가 심하다. 여기에는 다음의 입장들이 존재하고 있다. 연구결과의 보편타당성에 대한 요구수준을 완화하는 방식으로 자연과학 모델을 수용하는 입장, 경험적 자료에 입각한 현상 연구들을 통해 대략적인 경향을 파악할 수 있다는 입장, 경험 자료와 연구결과의 조회 내지 대조(reference)가 어렵기 때문에 이론의 적극적 활용을 통해 해석의 적합성(adequacy)을 높여가야 한다는 입장, 경험적 자료와 연구결과의 대조가 원리적으로 불가능하기 때문에 의미체계 구성의 응집성과 설득력이 중요할 뿐이라는 입장이 그것이다. 이 마지막 입장에서 발견되는 문제점은 우선, 지난 한 세기 반 동안 전개된 방법논쟁들의 성과가 도외시되고 있다는 것이다. 그 성과란 자연세계와 인간세계의 이원론적 구분은 무리이며, 인간의 생활세계에서도 다양한 양태의 구조적 작용이 발견되므로 인문사회과학에서도 통계처리와 모델수립, 유형화와 일반화를 통한 규범적 접근방식이 어느 정도 필요하다는 합의이다. 이러한 접근방식을 배제하고서는 인간의 내면에 대한 설명도 어려워진다. 규범적 사유양식, 규범적 접근, 규범적 재현 없는 내러티브란 존재하기 어렵고, 존재한다 하더라도 빈곤을 벗어나기 어려울 것이다.

역사 교과서의 문제점 내러티브에 대한 협소한 이해와 지나치게 포괄적인 적용이 역사학이나 역사교육에 초래하는 결과는 결코 작지 않다. 교과서 문제에 한정한다면, 현행 역사교과서의 문제점은 흔히 두 가지로 요약된다. 첫째가 지나치게 설명지향적인 규범적 접근이라면, 둘째는 연관관계의 소명이 부족한 사실의 나열이다. 내러티브 방식의 수업진행과 내러티브적 교과서 서술이 이러한 문제점을 해결하는 돌파구가 될 것은 분명하다. 그러나 '어떤 내러티브인가?'에 대한 논의와 합의가 선행되어야 한다. 중요한 점은 두 가지이다. 첫째, 규범적 접근을 배제하는 협착한 내러티브 방식으로는 서술의 체계성과 산적 수업을 기대하기 어렵다. 둘째, 역사 내러티브의 특성에 대한 이해 없이는 교과의 특정성을 살린 내러티브 記述이 난망하다. 이러한 인식에서 이 장에서는 내러티브 일반과 구분되는 역사 내러티브의 특성을 먼저 검토하고, 다음 장에서 역사 내러티브와 규범적 접근 간의 관계를 살펴보도록 하겠다.

역사 내러티브가 내러티브이기 위해서는 정합성(coherence)을 갖추어야 한다. 역사 내러티브의 정합성은 그러나 문학 내러티브에서처럼 서술적 완결성과 진술들의 응집성만으로 충족되지 않으며, 사실관계와도 조응할 때 비로소 인정될 수 있다. 이것이 내러티브 일반에 대해 역사 내러티브가 갖고 있는 특성을 탐색하는 작업의 출발점이다.

그렇다면 역사 내러티브의 정합성을 높이기 위해 필요한 본질적 조건은 어떤 것일까? 이 물음에 답하는 것이야말로 문학을 비롯한 내러티브 일반과 역사 내러티브 의 차이를 드러내는 작업이 될 것이다. 폴란드의 역사이론가 Topolski에 따르면, 핵심적 차이는 무엇보다 시간감각(sense of time)에서 찾을 수 있다. 회고와 전망의 시간(retrospective-and-prospective time) 감각이 결여된 상태에서는 정합성을 갖춘 엄밀한 의미의 역사 내러티브가 생겨날 수 없다. 회고와 전망의 시간감각에 기초한 역사 내러티브란 무엇일까? 그것은 필수적 내용지식을 바탕으로 삼아 우리가 관심을 둔 사건의 전후관계를 살피는 가운데 전체적 연관관계를 구성하는 것이다. 예컨대, 1939년 9월 1일 독일군이 폴란드를 전격 침공한 사건을 이차대전의 발발로 일컫기 위해서는, 그보다 20년 앞서 끝난 일차대전에 관한 지식이 필요할 뿐 아니라,

역사 내러티브의
정합성 조건

1945년 5월 8일 나치 독일이 연합국에 항복했던 사건에 대해서도 알고 있어야 한다. 시점과 종점에 대한 명확한 이해는 유의미한 내러티브 구성을 위해 필요한 시간선(time line)을 더욱 분명하게 해주는 동시에, 내러티브의 기본 요소들 중 하나인 완결성까지 높여줌으로써 구성의 통합성을 현저하게 제고해준다. 이와 더불어 역사 내러티브 구성에서 중요한 또 다른 핵심 요소는 사건의 내용들을 개념적으로 조직화(conceptual organization)하는 방식이다. 개념화란 내러티브 구성에 필요한 사실들의 선별, 선별된 사실들의 위계서열화, 개별 진술과 문장들을 전체적 틀 속에 위치지우고 그 전체를 다시 개별 진술과 문장들을 통해 구체화하는 과정을 의미한다. 이 과정이 자의적 성격을 띠지 않기 위해서는 준수해야 할 규칙과 원리가 있다.

정합성 높은 역사 내러티브란 이 규칙과 원리에 따라 수평적 구조(horizontal structure)와 수직적 구조(vertical structure)를 함께 갖춘 이야기를 말한다. 수평적 구조란 문장들 간의 연계를 뜻한다. 문장들 간의 연계성을 높여 전체를 통해 부분들을, 또 부분들을 통해 전체를 명확하게 표현해야 한다는 점에서는 역사 내러티브와 문학 내러티브 사이에 아무런 차이가 없다. 그러나 사료가 부족하거나 결핍되었을 경우 이 점을 분명하게 밝히는 것으로 끝나야 한다는 점에서 역사 내러티브는 문학 내러티브와 다르다. 그러한 명시적 표현을 통해서만 지나치게 가설적이거나 인위적인 이야기 구성을

정합성 높은
역사 내러티브

피할 수 있다. 건실한 수평적 구조의 수립을 위해서는 정확한 자료 활용, 논리적 명료성과 더불어 유려한 문장이라는 미학적 요구까지 충족되어야 한다.

정합성을 갖춘 역사 내러티브가 되기 위해서는 이와 더불어 건실한 수직적 구조도 갖춰야 한다. 내러티브의 수직적 구조란 무엇을 말하는 것일까? 역사 내러티브는 표층과 심층의 단면구조를 갖고 있다. 표층은 다시 정교하게 구성된 부분과 그렇지 않은 부분으로 나뉜다. 정교하게 구성된 표층이란 역사가가 직접적인 연구를 통해 매우 상세하고 조밀하게 서술한 부분을 뜻하며, 정교하지 않은 표층이란 역사가가 다른 역사가의 언술을 참조하거나 독자들이 사전 정보를 갖고서 이해할 수 있을 것으로 기대하고 구체적으로 진술하지 않는 부분을 지칭한다. 표층에 국한할 경우, 역사 내러티브는 문학 내러티브와 본질적으로 다르지 않다.

역사 내러티브의
심층부

역사 내러티브의 특성을 보여주는 심층부는 다시 역사적 지식의 층위와 이론의 층위로 구분된다. 엄밀한 의미의 역사 내러티브가 되기 위해 반드시 갖춰야 할 역사적 지식층은 단순히 정보들이 축적된 곳이 아니라, 회고와 전망의 시간선에 따라 선별된 정보들이 정돈된 곳으로서, 독자로 하여금 회고와 전망의 시감감각을 키워갈 수 있게 해준다. 이와 맞물려 있는 이론적 층위는 사실들의 선별과 의미의 계층서열화를 규율하는 곳으로서, 이미 단순한 정보에서 역사지식으로 고양된 내용들을 내러티브 전체 속에 배치함으로써 의미있는 역사지식으로 다시 상승시키는 역할을 한다. 역사 내러티브의 질을 결정하는 것이 바로 이 층위이다. 이 층위가 표층의 구성방식에 지대한 영향을 주는 것은 물론이다. 과거에는 역사가의 이데올로기적 정치적 신념체계가 여기에서 중요했던 데 반해, 현대 역사학에서는 이론체계가 그 역할을 대신하고 있다. 이론적 개념화는 경험적으로 검증되지 않는 가치판단의 왜곡적인 영향을 중립화시킬 뿐만 아니라, 고립 분산된 사실들을 특정한 전체, 예컨대 프랑스 대혁명, 반동혁명, 2차 대전과 같은 역사적 개념에 연계시킴으로써 역사 내러티브의 정합성을 더 높여준다.

최호근(2013)의 논의는 역사 내러티브에 관한 Topolski의 주장을 두 가지로 요약한다. 첫째, 역사 내러티브는 담론적(discoursive) 성격을 띠기는 하지만, 역사 진행과정에 대한 경험적 고찰과 지식에 바탕을 두고 있다는 점에서 포스트모더니즘에서 말하는 담론(discourse)이 아니다. 따라서 내러티브 방식으로 쓰인 역사 텍스트를 문학 텍스트와 동류로 묶을 필요가 없다. 둘째, 이론과 개념화 과정 없이는 정합성을 갖춘 역사 내러티브도 불가능하다. 이것은 이론과 개념의 활용 자체를 거부하면서, 오로지

사실에 의거한 역사서술을 주장하는 전통적 입장에 대한 비판이다. 역사서술에서 신
분제, 산업사회, 도시화와 같은 중간수준의 이론적 개념과 2차 대전, 내전, 기독교 같
은 역사적 개념을 제거해버리면, 개별 인물과 단일 사건들을 중심으로 서술된 잔여
역사들만 남게 될 것이기 때문이다.

이상의 논의에서 보면, 역사학은 과거 사실의 연대기로서의 의미보다는 비교적 내
러티브 담론으로서의 입장 전환이 중요한 의미를 지니며, 인간과학으로서의 유의미성
이 내러티브 담론에 더 내재되어 있다고 판단된다. 이상의 입장을 확진시켜보면 역사
학은 내러티브 과학에서 매우 중요한 역할을 할 수 있는 위치에 있게 되며, 인간 삶의
역사를 내러티브 담론 형식으로 구성 할 경우에 인간과학에서 차지하는 역사학의 가
치는 매우 높다고 해석할 수 있다.

나. 사회과학(심리학)

Polkinghorne(1988: 207-208)에 의하면 역사 및 문학 분야와는 달리 인문과학은 형
식주의 과학의 발전 이후에 시작이 되었으며, 형식주의 과학의 원리에 맞추어 그 모
형이 만들어졌다. 인문과학 중 하나인 심리학에 의한 내러티브에 대한 관심이 여기에
서의 관심사이다. 인류학, 사회학, 또는 다른 인문과학에 대한 논의도 가능하지만, 인
지구조로서의 내러티브에 대해 새롭게 이루어진 관심 때문에 심리학을 알아보고자
한다.

이하에서는 인간 심리의 연구에서 선구자로서의 Bruner(1986; 1996; 2002)의 이론
적 기여를 살펴보고, Sarbin(1986)의 내러티브 심리학, Polkinghorne(1988)의 인간 심
리로서의 내러티브 능력의 문제를 논의해보기로 한다.

(1) Bruner의 기여

인문분야는 내러티브 설명의 본질에 관하여 역사상 1960년대의 논쟁 이전에 내러
티브 연구에서 단지 주변적인 관심을 가졌었다. 1970년대에는 학문적인 비판이 구조
와 의사소통 이론에 그 관심을 가지고 전면에 나오게 되었다. 1980년대에는 심리학은
다른 인문과학과 함께 내러티브에 그 관심을 돌리기 시작하였다. 심리학 연구들이 경
험의 구성에 있어서 인식적 기여에 대한 일반적인 관심의 맥락에서 일어나고 있다.

내러티브는 인간들이 그에 의하여 만들어내는 일차적인 기구다. 이처럼 인간 존재개
인적인 생활 및 조직적인 "생활" 양자의 이해에 있어, 내러티브는 중심적인 역할을
가지고 있다. 인문과학(행동 및 사회과학)은 그 정량적인 연구 전통에 의해서 내러티
브가 작동하는 언어적 합리성을 직접적으로 다루는데 아직은 편안하지 않다. 그러나
인문과학이 인간 경험과 행동에 대한 완전한 평가와 이해를 획득하기 위하여, 내러티
브 접근법들을 필요로 할 것이다(1988: 254).

　심리학은 한 세기 이상 별개의 분야로서 내러티브에 대한 관심의 여러 단계를 거쳐
왔다. 그러나 심리학 발전의 초기에 몇 몇 학자들은 지각과 기억에 영향을 미치는 요
인들뿐만 아니라 개인의 삶의 연구에 관심을 기울여왔다. 1950년 이후 심리학은 형식
주의 과학의 실증론적 정의의 한계 내에서만 거의 배타적으로 작동하기 시작하였다.
이것은 행동과 공적으로 접근 가능한 데이터에 주목하기 시작했으며, 내러티브에 대
한 거의 모든 관심은 소멸되었다는 것을 의미하였다. 그러나 1970년대까지 이러한 접
근법의 단점들이 드러나기 시작하였으며, 심리학은 인지 과정과 인간 경험의 연구에
길을 열어 주었다. 심리학이 다시 내러티브를 연구하기 시작한 이유는 부분적으로는
인간의 경험에 대한 이러한 새롭게 이루어진 관심 때문이다.

여기에서는 생애 이야기(life story)와 내러티브가 한 역할을 포함하여 개인 심리학
에서 심리학의 초기 관심에 대하여 알아본다. 그리고 내러티브를 인지구조로 취급하
는 연구들 방향으로 전환될 것이다.

1960년대 중반 이후 생활 연구에 있어 새롭게 이루어진 관심이 있어왔다. William
Runyan은 "생활사 및 정신분석적 자서전"이라는 그의 책에서 이 기간 동안 이루어진
방대한 양의 작업을 검토하고 학문적 작업이 정상적인 성인 개인성 발전, 생활사 및
정신병리학 그리고 수명 발전과 같은 분야에서 수행되었다고 확인하고 있다. 그는 이
러한 분야에서의 노력들은 "생애경로들이 여러 번에 걸쳐 그 사회적인 그리고 역사적
인 세계와 함께 개인들의 상호작용에 의해서 어떻게 형성되는가를 연구하기 위한 공
통적인 관심을 나눠가진다는 것을" 확인하고 있다. Runyan의 책은 이러한 관심의 결
과를 조사하고 있으며 그 자체가 이 분야의 작업에 대한 공헌이다.

인문분야 내에서 생활경로에 대한 관심은 성인 발전 및 역사심리학 연구에 대한
특별한 집중에 의해서 생애발달에 대한 연구에서 나타났다. 역사심리학 연구는 두 가
지 형태를 취해왔다. 즉 개인들에 대한 연구 정신분석적 자서전 그리고 집단들의 정

신분석적 자서전 연구 등이다. 이들 형태 둘 다에서, 사람에 대한 정신분석적 관점은 일종의 정설이 되었다. 정신분석적 자서전과 정신분석 간의 결합은 연구자들에게 개인과 집단 이력에서 이벤트들을 해석하기 위한 형식주의 과학 이외의 전망을 제공해 주었다. Bruner가 심리학적 이해에 대한 내러티브의 중요성을 인식하면서 1986년의 저서 '실제적인 정신들, 가능한 세계들'이라는 책에서 브루너는 언어와 내러티브의 기능에 초점을 맞추고, 내러티브는 두 가지 기본적인 지식의 형태 중 하나이며, 다른 하나는 형식주의 과학의 모범이 되는 지식이라고 주장하고 있다.

(2) 연구 주제로서 자기 내러티브: 내러티브 심리학

내러티브에 대해 심리학의 최근 주목을 받고 있는 흥미 있는 분야 중 하나는 개인적 정체성을 확립하는데 있어 내러티브의 역할이다. 사빈의 최근 수집품 중 두 가지 논설인 "내러티브 심리학 (1986년)"은 자기 정체성의 형성에 있어 자기 이야기의 채용 및 그 위상에 대하여 거론하고 있다. 먼저 Scheibe는 정체성과 내러티브에 관하여 다음과 같이 쓰고 있다.

> 인간의 정체성은 그 구성이 발전하고 있는 것으로 간주되고 있다. 그 정체성은 삶의 과정에서 연속적인 사회적 상호작용으로부터 나오고 있다. 자기 내러티브는 특정 언어를 사용하여 특정한 역사적인 용어로 말해야 하는 발전된 이야기들이다. 이는 특별히 비축된 실무적인 역사적 관습 및 특정한 형태의 지배적인 신조와 가치관을 참조로 한다. 가장 기본적인 내러티브 형태는 보편적인 것이나, 이들 형태들이 모양을 갖추고 내용으로 채워지는 방식은 시간과 장소에 대한 특정한 역사적인 관습에 의존하게 된다.[21]

Scheibe의 논문은 만족스러운 생활 내러티브를 구성하고 유지하기 위하여 사람들은 모험을 한다는 것이다. 어떤 사람의 생활 내러티브는 여러 시간에 걸쳐 일련의 진행성이고도 회귀적인 기간을 포함할 필요가 있다. 심리학적 자서전의 면에서 모험이 없이 단 하나의 평면에서 산 인생은 내러티브로서 불충분하며, 잘된 것이 아니다. 그것은 생활 내러티브 소재를 제공하는 변형물이다. 이러한 위험한 활동들은 자기 내러

---

21 Theodore R. Sarbin에 의하여 편집된, '이야기 심리학: 인간 행위에 대한 다층적 특성 (뉴욕: Praeger, 1986)', 131에서 Karl E, Scheibe의 "자기 이야기 및 모험"

티브의 진전에 있어 자기에 대한 생성 및 시험을 위한 근거를 제공한다. 내러티브 구성은 모험의 반복에 대하여 사회적으로 도출되고 표현된 생성물이다. 일부 사람들에게는 그들의 생활에 대하여 구성하였던 내러티브들이 생물학적인 삶이 끝나기 전에 종료된다고 Scheibe는 지적하고 있다.

과거 미래의
내러티브

모든 사람이 과거를 가지고 있음에도 불구하고, 어떤 사람은 그것을 잊어버리거나 억제할 수 있으며, 또는 어떤 사람은 미래의 사업에 몰두하여 그나 그녀의 뿌리들이 허약하게 자라도록 할 수 있다. 이것은 사실 그대로의 연대기도 아니고 이야기도 아닌 것에 의해서 정체성의 상실이라는 결과를 가져온다. 과거로부터 회상이 된 정체성은 자기 인격을 제공하는 자기의 심층 차원이다. 촘촘하게 엮어진 회상적인 내러티브에 부과되어 변하지 않는 자기를 유지하고자 시도하는 미래 내러티브의 창조는 불행한 미래로 이어진다. 동시에 과거를 미래처럼 불확정적인 것으로 처리하는 것은 느슨하고 파편적인 미래 내러티브를 낳기 때문에 우화나 환상 비슷하게 된다. 과거와 미래 내러티브 사이에는 약간의 연속성이 있을 필요가 있다. 그러나 과거 내러티브가 이미 있었던 것의 회상이기 때문에 문제가 발생할 수도 있으며, 미래 내러티브는 과거의 연속일 필요가 있음에도 불구하고 개방적이고도 적응적인 특성을 요구한다.

이들 연구들은 심리학자들에게 사람들이 내러티브에 관하여 그들 자신을 생각나게 한다는 것을 상기시킨다. 그들의 개인적인 내러티브들은 항상 생활이 어떻게 진행되는가에 관한 약간 개정된 일반적이고도 문화적인 이야기 재료이다. 내러티브가 형성됨에 따라 이들 내러티브들은 함께 모여 자신의 생활에 있어 사건들을 통일성 있고 기본적인 주제에 맞추어 배치한다. 사람의 미래는 아직 미완성이지만 내러티브의 연속으로 투사가 된다.

(3) 내러티브 능력(Polkinghorne, 1988)

1960년대의 주류 심리학에 의한 내러티브 능력에 관한 연구는 심리학의 인식적 전환이 있고 난 후에 이루어졌다. 그 시기 이전에 Watson 버전의 심리학의 계속적인 영향 하에 있었던 학문적 심리학은 내부나 정신적인 과정에 대한 조사를 필요로 하지 않는 행동에 그 연구와 이론에 집중해왔다. 자극-반응(SR) 모델인 이 연구전략은 실험대상으로 동물들과 새들을 이용하여 실험을 수행할 수 있었다. 이 프로그램 이론은 인식처리에 있어 현저한 종간의 교차 변화를 포함하지 않았기 때문에, 동물에 관한 연구로부터 발생하였던 학습모델들이 인간 행동으로 일반화될 수 있다고 믿어졌다. 이 프로그램은 음식 펠릿의 투여를 위한 시기와 스케줄에 관련하여 여러 가지 속도에서 새가 유색 원을 부리로 쪼는 횟수와 같이, 외적이고도 공개적으로 관찰된 데이터에 그 조사를 한정하였다(Polkinghorne, 1988: 107-108).

인지학으로의 전환에 의해서 관심의 중심은 내부의 정신적인 처리과정, 특히 인간 인식기능 발휘로 변경되었다. 인지학과 행동주의 간의 대결은 언어습득 이론에 대하여 일어났다. 행동주의의 주요 학자인 스키너는 언어습득이 행동연구에 의하여 발견된 학습의 일반적인 법칙을 따라간다고 믿었다. Chomsky는 이 설명에 대해 반대하고 어떤 언어의 핵심은 그 형태가 복잡하고 특수하기 때문에 다른 종류의 지식과는 달리 어떤 어린이도 그 마음에 프로그래밍이 된 문법형태를 이미 가지고 있지 않다면 언어를 배울 수 없다고 제시하였다.

인지심리학은 지식의 획득, 구성 및 사용에 관한 것이었다. 그 연구 프로그램들은 행동은 복합적인 내부적인 또는 정신적인 과정의 결과이며, 겉으로는 동일한 자극에 대하여 다양한 인간의 응답에 대하여 설명하고자 하는 경우 이들 과정들이 포함되어야 한다는 생각에 근거를 두고 있었다. 인지심리학은 유기체 내의 내부 인식 과정들은 인간을 이해하는 데 긴요하다는 것을 이해하였기 때문에, 자극-유기체-반응 (S-O-R) 모델로 불러졌다. 이것이 다루는 과제들은 다음과 같다. 시각적 및 언어 형태의 인식, 기억으로부터 정보의 부호화 및 회상, 주목, 언어 구조 및 처리와 같은 모니터링 과정; 범주의 구조; 그리고 문제 해결과 결정 내리기에 있어 추리의 사용과 같은 것이다.

인지모델에 있어, 자극들은 에너지 파나 화학 분자들처럼 그들의 원래 형태에 대한 인간의 지식에 영향을 미치지 않는다. 대신에 자극들이 받아들여져서 내부 형태와 비교되며 각종 정신 활동에 의하여 의미 있고도 유용한 형태로 구성된다. 사람들이 경험하며 결정을 내리기 위하여 사용하는 정보는 이러한 인지처리의 결과다. Gergen은 경험의 이해로부터 뒤따르는 인지론상의 영향을 환경에 의해서 발생된 자극에 대해 부합되며 작동이 되는 정신적인 과정들에 의한 구성으로 설명하고 있다.

우리가 세계에 대한 경험으로 간주하는 것은 그 자체로 세계가 그에 의하여 이해되는 조건들을 나타내지는 않는다. 우리가 세계에 대한 지식으로 간주하는 것은 유도나

인지학으로의
전환

인지심리학

인지모델

또는 일반적인 가정의 구축 및 시험의 생성물은 아니다. 지식에 관한 실증론자 경험론자 개념에 대해 증가하는 비판은 과학적 이론이 어떤 직접적이거나 상황에 들어맞지 않는 방식으로 실제를 반영하거나 지도화하는 데 사용되는 전통적인 관점을 심하게 손상시켰다.

경험은 한 사람이 자극을 받아들이고 그것들을 입력 사건과 유사한 것으로 판단되는 그의 또는 그녀의 기존 구조적 사건 표상과 부합시킬 때 구성이 된다. 인지심리학의 프로그램에서 중심적인 위치를 차지해왔던 연구 분야 중 한 가지는 언어의 획득과 이해이다. 그 기본 모델은 촘스키에 의하여 개발되었다. 이 모델에서 사람들은 그들이 말해지고 쓰인 언어의 의미를 그에 의하여 이해하는 무한한 수의 잘 형성된 문장들을 생성시키는 데 사용되는 문법에 대한 내부적인 이해를 보유한다.

맨들러의 내러티브 연구

이 과정에서 독특한 연구로서 Mandler의 내러티브 연구이다. 그는 내러티브 순서는 그 내러티브가 발생한 특성, 위치 및 시간을 화자가 소개하는 설정에 의해서 시작되는 것이라고 제시하고 있다. 이러한 구조는 사람들이 텍스트를 구상할 때 인지적인 구성장치로서 이미 적용가능하다. 그러므로 그들은 구조에 부합하는 텍스트를 기대하며, 그들이 듣는 요소들을 통일성 있는 내러티브로 집합시킨다는 것을 가정한다.

내러티브 도식과 중요성

여러 연구들은 경험을 내러티브로 꾸미기 위한 내러티브의 중요성을 보여준다. 인간 행동들을 일시적인 사슬로 함께 연결된 사건들의 의미 있는 순서들로 보는 과정은 인지적 기술, 판단, 및 이전 경험들의 적용을 필요로 한다. 내러티브 만들기 과정이 성공적일 때, 그것은 어떤 것이 어떻게 왜 일어났는가에 대한 통일성 있고도 그럴싸한 설명을 제공한다. 그 내러티브 도식은 우리들 사회생활의 거의 모든 사건들, 즉 과거, 현재 또는 미래의 어떤 사람이나 사건에도 적용될 수 있다. 이러한 다양한 사건들에서 원인과 결과에 관한 추리는 단 한 가지 종류의 구조적 설계와 한 가지 방식의 생각만을 필요로 한다.

언어와 내러티브

일반적인 사람은 내러티브 구조를 다양한 입력에 부과할 것이며, 이것은 폭넓게 다양한 문화에서 유효한 것으로 나타난다. 대부분의 사람들은 그들이 40세가 되기 전에 내러티브 구조의 기본을 적용할 수 있다. 언어들의 구문과는 달리 이야기 문법은 언어를 말하는 거의 어떤 사람이든지 쉽게 이해한다. 문화적으로 다른 사람들은 유사한 이해를 나타내는 인간 행동에 관한 일시적인 가정에 의해서 서로의 내러티브를 경험한다. 개인과 문화적 발달의 이러한 초기 단계에서 그것이 나타남과 함께 내러티브를 말하고 이해하는 널리 퍼진 능력은 이러한 구조가 어떻게 획득된 것인가에 관한 문제를 집중, 조명하였다. 이처럼 내러티브의 일반적인 구조 및 기능에 대한 연구에 추가하여, 인지심리학자들은 어린이들에 의한 내러티브 기술의 습득 및 발달에 관심을 가져왔다.

언어와 내러티브가 어떻게 획득되는가에 대한 우리들의 제안은 Levi-Strauss와 Chomsky에 의하여 개발되었으며, 그들은 이들 구조들이 인간 두뇌 구조의 일부분인 내재적인 심층구성 형태로부터 개발된 것이라는 입장을 유지하였다. 내러티브 구조들이 기본적인 인간의 능력에 의존하고 있음에도 불구하고 경험으로부터의 추상작용으로부터 습득된다는 것이다.

내러티브 능력을 개발하는 데 있어, 어린이들은 다양한 주제들을 둘러싸고 구성되며 다수의 특징을 포함하는, 일시적으로 시간적으로 구조화된 줄거리를 만들어내고 이해하는 것을 배운다. 캠퍼는 세 가지 차원에서 내러티브 능력의 개발을 분석하였다. 즉 내러티브의 내용, 줄거리 구조에 있어 형태의 사용, 그리고 일시적인 구조의 사용 등이다. 궁극적으로 내러티브 능력들은 행동을 개시하는 정신적 상태뿐만 아니라 생각, 감정, 및 인식들을 개시하는 신체적 상태를 포함할 수 있다. 내러티브를 하기 위하여, 어린이는 듣는 사람이 사고의 사슬을 쫓아갈 수 있는 방식으로 사건들을 설명할 수 있어야 한다. 이것은 등장인물의 동기, 일부 행동들을 가능하게 하고 다른 것들은 불가능하게 하는 상황들, 그리고 등장인물의 행동 결과를 설명하는 것을 포함한다. 10살까지 어린이들은 일시적으로 잘 형성된 이야기들을 말할 수 있는 능력을 습득하였다.

이상의 논의에 비추어 보면, 심리학은 내러티브학과 오래 동안 긴밀한 관련성을 맺어오고 있다. 특히 내러티브 심리학이나 이야기 심리학이 인간 삶을 설명하는 시대가 도래한 것으로 보면 심리학의 주류라고 볼 수 있다. 물론 심리학이 과학주의 기여로 상당한 발전을 보였지만, 현재의 패러다임은 양자가 상호 조력하는 시대임이 분명하다. 역사적으로 보면 일상심리의 중요성이나 문화심리학의 발전에 기대어 보면 내러티브학과의 관련성은 어느 학문보다 긴밀하다. 그러나 심리학 역시 내러티브학에 응용적, 재구조화 수준, 통합적, 메타적 수준 중, 어느 수준에서 기여할 것인가는 인간 삶과 의미 연구의 가치를 얼마나 수용하는가에 달려있다.

내러티브 능력의 개발

3. 교육학/상담학과 내러티브

가. 인간 교육학

(1) 인간 탐구와 내러티브

인간에 대한 탐구는 끝없이 이어져 왔으나, 그 대상인 인간은 그 어떤 하나의 관점이나 이론으로 규정될 수 없는 존재이기에 그 어떤 완결된 이론이나 이해도 없다. 인간에 대한 여러 관점에서 나오는 다양한 지식과 이해가 존재하며, 그것을 바탕으로 하는 상이한 이론들과 실천이 있을 뿐이다(장사형, 2012).

"인간이란 무엇인가?"라는 질문에는 인간의 본질을 어떻게 탐구해야 할 것인지가 내포되어 있다. 인간은 이미 알고 있는 자신에 대해 계속 질문함으로써 스스로를 밝혀나가야 한다는 것이다. 그러나 문제는 인간이 자신의 본질에 대해 탐구하는 일이 그리 간단치 않다는 점이다. 인간의 본질이 우리가 경험적으로 접해서 파악할 수 있는 내용과는 다르기 때문에 그러하다. 설령 우리가 인간 현존재를 그 전체성 안에서 살펴보는 일에 성공한다 할지라도, 인간에 대한 질문은 최종적인 답을 얻지 못한다. 인간의 본질이란 항상 새로운 깊이와 비밀을 보여줌으로써 언제나 다시 새로운 질문을 유발시키고 있다(정영근, 2000: 28).

이와 같이, 인간이 스스로를 알기 위해 끊임없이 질문을 던져오는 가운데 시대와 문화적 상황에 따라 상이한 대답들이 제시되어 왔으며, 오늘날 인간을 연구대상으로 하는 학술분야는 그 수를 헤아릴 수 없을 정도로 많다. 생물학, 생리학, 심리학, 사회학, 문화인류학, 종교학 등은 각기 다른 이름으로 인간의 본질에 대해 논하고 있다.[22]

그러나 이러한 개별과학은 그 학문적 특성에서 기인되는 관심영역과 연구방법의 제한성으로 인하여, 인간의 전체적인 모습을 드러내 보여줄 수 없고 단지 그 어떤 특정한 부분만을 제시할 뿐이다. 더구나 이러한 개별과학들이 연구대상을 객관적 방법

---

[22] 서양 지성사에서 학문의 체계와 틀을 정립한 최초의 인물로는 아리스토텔레스(Aristoteles, B.C. 384-322)가 거명된다. 아리스토텔레스는 각 학문 영역이 갖는 대상과 탐구방법을 명확히 구분함으로써 학문의 고유성을 강조하는 입장을 취했으며, 그의 노력으로 인해 생물학, 화학, 천문학, 윤리학, 논리학, 미학, 정치학 등 다양한 개별 학문들은 처음으로 독립적인 체계와 틀을 갖출 수 있었다. 그러나 그럼에도 불구하고 그는 외적인 학문 구분 이면에 각각의 개별학문에 포함된 원리적 측면에 대한 공통적이며 보편적인 이해의 가능성을 인정하고 있었다.

으로만 다루는 경험과학인 한 이들은 인간을 인간으로 되게 하는 본원적 내용을 파악할 수조차 없다. 경험과학적 방법으로 대상을 파악하려는 개별과학은 객관화할 수 있는 대상영역에는 적합할 수 있으나, 인간을 연구대상으로 할 때에는 그 방법론적 한계에 직면하게 된다.[23] 따라서 인간의 본래적 차원, 즉 인간을 인간으로 표현하며, 인간의 자기이해를 규정하고, 인간 현존재의 의미 전체를 추론하는 그러한 차원은 보편적 객관성 확보를 목표로 하는 경험과학의 영역 밖에 있다고 할 수 있다.

이러한 점에서 인간 삶의 총체적 이해를 위한 내러티브 탐구의 등장은 매우 의미가 있다. 인간은 물질적 영역과 생물체적 영역, 그리고 의미의 영역이 융합된 일종의 통합적인 존재이다. 비록 이러한 영역들이 인간 존재에서 결합되기 때문에 특별한 경향을 따르더라도 각 영역들은 각자 자신의 고유한 속성을 간직한다. 비록 의미의 영역이 물질적 영역과 유기체적 영역 간의 상호작용으로 결합되긴 하지만, 그것은 단지 특별한 종합, 즉 인간존재 내에서만 존재한다.

(2) 내러티브를 통한 인간 이해 방식

인간에 대한 탐구에서 의식(consciousness)에 대한 연구는 심리학의 주요 과업이었다.[24] 1870년대 과학으로 출발한 심리학적 연구는 단일의 과학적인 방법이 학문에 의해서 이용될 수 있다는 이상에 기초하여 왔다. 즉 모든 신뢰할 만한 지식은 정확하게 동일한 인식론상의 원리로 생성된다는 것이다. 특히 1920년대에서 1960년대까지의 행동주의 심리학으로 대표되는 주류 심리학은 의식을 연구하는 것을 포기하고, 대중들이 직접 지각할 수 있는 것들에 의식의 데이터를 제한하였다

그러나 지난 30여 년간에 걸쳐, 세계에 존재하는 대상이나 사물로서의 인간에 대한 연구에서 마음이나 의식에 대한 연구로 초점의 변화가 있었으며, 이러한 변화는 인간의 정신 능력, 즉 지각하고 기억하고 유추하는 등의 수많은 것들을 인지라고 불리는 복잡한 체제로 조직화시켰다. 인지과학에서 가장 많이 연구되어 온 주제는 지각과 인

---

23 Polkinghorne도 모든 학문이 인간 존재의 문제를 대상으로 하면서도 인간의 문제를 심층적이면서 종합적으로 다루기보다는 개별적으로 접근하면서 문제의 본질을 포착하는 데 실패해 왔다고 주장한다(강현석 외 (역), 1009: 3)

24 고대 그리스 시대에도 심리학적 인간이해를 중시하였다. Aristotle의 『영혼에 관하여』는 인간을 주로 심리학적 측면에서 파악하고자 했던 그리스인들의 관점을 잘 보여주고 있다.

식, 재생과 기억, 언어의 생산과 수용에서 인지적 활동의 역할이었다. 요컨대 인지과학은 세계의 대산들을 연구하기 위해 동일한 탐구도구를 가지고 의식의 행위에 대한 연구에 접근하여 왔다(Polkinghorne, 1998; 강현석 외 (역), 2009: 34-35).

　　의미 연구에 대한 연구는 모든 탐구에서 가장 기본적인 것임에도 불구하고, 의미 연구에 내재한 난점들로 인하여 적용가능성이 제한된 방법을 사용하는 것은 인간의 존재에 대한 범위를 탐구하는 데 있어서 인문과학의 성공을 제한하고 있다. 이와 관련하여 Bruner(1990)는 비평가들의 주장을 빌어, 인간의 마음에 대한 연구에서 '객관주의'로 표현되는 인지과학적 설명이 마음의 개념을 탈인간화시켜 버리는 것을 감수하면서까지 일종의 공학적 성공을 쟁취하였으며, 그로 인해 인지과학은 다른 인간과학과 인문학으로부터 심리학의 많은 부분을 소원하게 만들어버렸다고 비판한다. 그리고 지난 수년 동안 인류학, 언어학, 철학, 문학 이론, 그리고 심리학에서 번성해 오고 있는 '의미 만들기'에 관련된 인지문제에 대해 더욱 해석적인 접근을 시도하고 있는 일련의 움직임을 '인지 혁명'(cognitive revolution)으로 언급하면서, 이 인지혁명을 심리학의 핵심개념으로서의 의미, 즉 자극과 반응이 아닌, 명백히 관찰할 수 있는 행동도 아닌, 그리고 생물학적 욕구와 그것들의 변형도 아닌, 그 의미를 확립하기 위해 총력을 다 하는 전면적인 노력으로 상정한다(Clandinin, 2007; 강현석 외 (역), 2011: 24-25). 인지혁명의 목적은 인간이 세계와 접촉한 데서 만들어낸 의미를 발견하고 형식적으로 기술하는 것이었다. 그러고 나서 그 어떤 '의미 만들기' 과정이 연관되는지에 대한 가설을 제안하는 것이었다.

　　이러한 인식론적 변화의 중심에 내러티브가 있다. 내러티브가 인간생활에 가지는 중요한 의미는 자연스러운 이야기 욕구를 통하여 인간의 삶과 행위를 이해할 수 있다는 것이다. 또한 인간의 경험이 이야기 형식을 통해서 비로소 의미를 부여받게 된다는 점이다. 내러티브로서 이야기는 단순한 사건들 그 이상이며, 인간의 삶에서 특정 경험들은 이야기 상황으로 구성됨으로써 나름대로의 정당성과 의미를 부여받는다.

　　내러티브의 기초가 되는 것은 인간들이 갖는 의도성이다. 우리 각자는 자신의 의도에 따라 삶에서 경험하는 사건들을 이해한다. 교육적인 상황에 있어서 내러티브는 학습자들에게 의미를 만들어 주는 수단으로써, 삶에서 경험하는 사건이나 체험을 이해하고, 전달하는 효과적인 도구로 사용될 수 있는 것이다. MacIntyre(1984)는 "인간은 근본적으로 이야기를 말하는 동물"이라고 지적하면서, 내러티브는 시인과 극작가와 소설가들의 전유물이 아니라고 한다. 왜냐하면 우리는 내러티브에 의해 우리 자신의 삶을 이해하고, 삶을 내러티브로 살기 때문이다. 이는 곧 인간은 이야기를 통해서 자아를 구성하고 이야기적 삶의 관계망 속에서 살아간다는 것을 의미한다. Taylor(1989) 또한 인간 존재를 '자기 해석적 (self-interpreting) 동물'로 보고 있는 바, 인간으로서의 정체성은 그들의 언어적 공동체의 기반에서 도출된다는 것이다. 인지과학자인 Shank와 Abelson(1995)도 인간의 지식 체계는 이야기 구조로 구성되었다고 한다. 모든 지식이 전부 이야기 구조로 되어 있는 것은 아니지만, 대부분의 사회적 지식이 이야기 구조를 지니고 있다는 주장은 폭넓게 받아들여지고 있다(Baumeister & Newman, 1994; Graesser & Ottati, 1995, 이현정, 2003: 19-20에서 재인용).

삶의 근원으로서 내러티브

이러한 주장들과 관련하여, 우리가 지적해 볼 수 있는 것은 우리가 삶에서 어떤 사건들을 순서에 따라 이야기한다고 하였을 때, 그것은 우리의 경험을 있는 그대로 기술하는 것이 아니라는 점이다. 내러티브화 작업은 필연적으로 최초의 즉각적인 경험을 변형하게 마련인 것이다. Ricoeur가 주장한 것처럼 '이야기를 내러티브화 한다는 것은 이미 이야기된 사건에 대해 반성하는 것'(Tappan, 1990: 246)이다. 이야기를 말하는 것은 최초의 즉각적인 경험을 역사적으로 그대로 기술하는 것이 아니라, 특정한 방식으로 경험을 구조 짓는 것이며, 삶의 내용과 계속성에 형식을 부여하는 방식에서 경험을 구조 짓는 것이다. 그리하여 Bruner는 우리의 삶을 열거한다는 것은 해석학적인 작업이라고 말한다. "삶은 그것이 어떠했는가가 아니라, 그것이 어떻게 해석되고, 재해석되고, 말해지고, 되풀이 되는가이다."(1987: 36). 우리의 삶에 대해 말한다는 것은 일어났던 것에 대한 단순한 기록으로서가 아니라, 우리의 경험을 계속적으로 해석하고 재해석함으로써 우리의 삶을 만들게 된다는 것이다(이현정, 2003: 20-21에서 재인용).

논리 실증주의적 전통에 서 있는 과학자들은 진리 또는 진실이라고 볼 수 있는 항상성에 미리 주어진 대상이 있다는 관점을 갖고, 대상과 대상의 관계 또는 대상의 불변하는 속성을 밝히려고 노력한다. 이들이 보기에, 관찰자와 대상은 독립적이며, 관찰자가 대상에 영향을 주지 않음으로써 대상들의 관계에 대한 보편적인 법칙이 발견될 수 있다. 그러나 사람들의 인식 체계는 상황마다 다르고, 개인 혹은 집단마다 다를 수 있다. 객관주의에 대립하는 주관주의는 문화와 개인의 경험에 따라 구성되는 내적 정보처리 구조에 의해서 자극에 대한 해석이 변한다는 관점을 지칭한다.

인간은 세계에 대한 경험을 통해 앎을 얻고, 삶의 방향을 설정한다. 그런데 일상 현실의 경험에 대해 특별한 주의를 기울이지 않게 되면 그것은 그대로 잊혀 흘러가 버리고 만다. 인간은 그러한 무의미함을 극복하기 위해 삶과 존재의 의미를 찾는다. 인간은 끊임없이 반성적 사고를 통해 경험에 의미를 부여하는 행위를 지속한다. 이러한 의미에서 인간은 끊임없이 내러티브를 수행하는 존재인 것이다.

요컨대, 내러티브는 하나 혹은 일련의 사건에 질서를 부여한 담론 형식으로서 인간이 세계를 이해하고 구성하는 매개로 작용한다. 세계를 이해함에 있어, 인간은 세계를 자신과 분리할 수 있는 객관적 대상이 아니라 자신이 속해 있는 어떤 것으로 받아들이기 때문에 세계는 인간의 경험과 동시에 존재하게 된다. 그러므로 내러티브는 경험을 이해 가능한 형식으로 변형함으로써, 자신의 삶과 세계를 구성하고, 타자와 의미를 공유하도록 해 준다. 인간은 내러티브 사고를 통해서 자신의 삶과 자아를 구성해 나가며, 다른 사람의 삶과 행위를 이해할 수 있다.

(3) 내러티브와 Dewey의 경험

내러티브 탐구의 철학적 근원은 Dewey 철학으로 거슬러 올라간다. 내러티브 탐구자는 연구자 개인뿐만 아니라 일반적으로 더 광범위한 사회과학 분야에 유용한 통찰력의 근원으로서 개인의 체험을 가장 중요하게 생각한다. 경험은 유의미한 것이고, 인간의 행동은 이러한 의미로부터 생겨나고 이 의미를 통해 형성되면서 특징을 갖는다. 그래서 인간행동에 관한 연구는 인간의 경험을 형성하는 의미체계에 대한 탐구를 포함하지 않으면 안 된다.[25]

인간의 경험을 분석하는 데 있어서 이러한 접근은 실용주의의 관계적 존재론에 기반을 두고 있다. 그것은 검토되고 따라야 할 근본적 실재로서 체험의 직접성, 특히 그것의 내러티브적인 질을 택한다. 이러한 관점에 의하면, 경험에 대한 거시사회적

---

[25] Clandinin은 '경험'이라는 단어에 대한 여러 가지 철학적 접근이 있을 수 있음을 인정한다. 즉 특수한 지식과 보편적 지식이 분리되어 다루어지는 Aristotle의 이원론적 형이상학으로부터, 경험에 대한 초기 경험주의적 원자론적 개념, 이데올로기에 의해 왜곡된 막시스트의 경험 개념, 행동주의자의 자극과 반응 개념, 그리고 경험은 종잡을 수 없는 실제의 산물이라고 주장하는 후기 구조주의 주장에 이르기까지 다양한 접근이 있다는 것이다. 그러나 그는 내러티브의 토대가 되는 경험에 대한 관점이 Dewey의 실용주의 철학에 있음을 분명하게 밝히고 있다(강현석 외 (역), 2011: 제1부 서문).

영향의 재현을 포함하여 경험의 모든 재현들은 궁극적으로 1인칭의 체험으로부터 생기며, 그러한 경험에 영향을 미치는 근거를 찾을 필요가 있다.

후기 실증주의자들은 사회과학 탐구에 대한 다양한 사회적 문화적 영향을 부정하기보다 공동체들이 우리 모두가 공유하는 실재의 동일함을 허용하는 방식으로 세상에 대한 우리의 경험에 영향을 미치는 많은 중재들을 비판적으로 다루도록 도울 수 있는 방법론적 절차들을 확인하려고 노력한다. 이렇게 인식론적으로 보수적인 입장의 장점은 그것이 사회과학 탐구를 위한 지식기반에 대해 매우 안정적인 합의를 제공한다는 것이다. 그러나 결점으로는 인간의 문제에 영향을 미치는 인간 경험의 광대한 영역들이 자주 그 탐구의 범위 바깥에 놓인다는 것이 이러한 안정성의 대가라는 사실이다.

이에 반해 내러티브 탐구는 경험에 대한 존재론으로 시작한다. 실재에 대한 관계적이고 시간적이고(temporal) 연속적인 개념으로부터 내러티브 탐구는 어떻게 그 실재가 알려질 수 있는가에 대한 개념에 도달한다. 이러한 존재론은 비판적 실재론자의 그것과는 기본적으로 다르다. 비판적 실재론자는 그 실재라는 용어를 우리의 직접적인 경험 그 이상의 어떤 것, 즉 모든 사람의 경험을 유사하게 구조화하는 무엇인가를 위해 사용한다. Dewey를 따르면서, 내러티브 탐구자는 우리가 소유하는 최초이자 가장 기본적인 실재로서 직접적인 인간 경험의 영역을 택한다. 그리고 Dewey에 더하여 내러티브 탐구자는 경험에 대한 실용주의적 존재론의 관계적, 시간적, 연속적인 특징들이 내러티브 형식으로 나타날 수 있는 방식, 즉 인간 경험에 대한 회고적인 표현들로뿐만 아니라, 그 경험에 대한 생생한 직접성으로 나타날 수 있는 방식에 초점을 둔다.

내러티브는 인간의 일상적 경험과 개인적인 행위들에 대해 의미를 부여하는 하나의 도식이며, 이렇게 부여된 내러티브적 의미는 삶에 대한 우리 인간의 의도를 이해하는 데에 형식을 부여하고, 일상의 행위와 사건들을 일화적 단위로 통합하는 기능을 한다. 그것은 한 사람의 삶에서 과거 사건들을 이해하고 미래의 행위들을 계획하기 위한 틀을 제공하며, 인간존재를 유의미한 것으로 만든다. 따라서 인간학을 통한 인간존재에 대한 연구는 내러티브적 의미와 그 탐구에 초점을 둘 필요가 있다.

(4) 교육학으로서 Pedagogy

교수학으로서의 교육학 문제는 최근에 교육학내에서 교수-학습 방법으로서, 교육과정 구성 원리로서, 탐구양식으로서 활발한 논의가 진행되고 있는 내러티브의 개념에 대해서 살펴보았다. 박민정(2012)은 내러티브의 활용과 관련된 논의의 다양성에 비해 내러티브의 본질에 대한 이해는 부족하다는 문제의식을 가지고 내러티브의 개념에 대해서 탐색했다. 내러티브의 개념을 단순히 이야기를 만드는 과정이나 그 과정의 결과물인 이야기를 언급하는 제한적 의미를 넘어서, 내러티브 작품을 생산하고, 이해하고, 해석하는 일, 그리고 내러티브 작품을 매개로 이루어지는 다양한 의식들 사이의 커뮤니케이션의 차원을 포괄적으로 검토할 때 내러티브 개념에 대한 이해의 폭을 넓힐 수 있을 것이다.

기존 교육의 문제

지금까지 우리의 교육문화는 패러다임적 사고 중심으로 편향되어 있어 과학적 탐구방법에 의한 지식획득만 강조했다. 그러나 포스트모더니즘이나 구성주의의 출현은 지금까지 교육을 이끌어왔던 보편성, 확정성, 안정성, 선형성, 합리성의 논리들을 비판하고 불안정성, 비선형성, 혼돈, 지속적인 변화, 대화와 참여를 통한 의미구성 등을 강조한다. 그러한 새로운 담론들의 논리에 비추어 보면, 교육은 뚜렷한 목적과 도달점이 미리 정해져 있는 '경주코스'를 의미하는 것이 아니라 미리 정해져 있지 않은 무한한 가능성을 탐색해가는 여정 그 자체라 할 수 있다. 상호 비판적 이해를 통한 해석학적 순환이 교육의 과정이며 교육공간은 교사와 학생이 함께 부단히 재구성해가는 열린 공간이다. 교육에 대한 이러한 관점의 변화와 관련하여 내러티브 관점이 교육에 주는 시사점을 살펴보면 다음과 같다(박민정, 2012).

내러티브 관점이 교육에 주는 시사점

첫째, 내러티브 관점은 '무엇을 알아간다는 것'의 의미가 무엇인가를 다시 생각해 보도록 한다. 지금까지 우리는 '사고한다는 것'과 '무엇을 알아가는 것'을 단지 논리-과학적인 정신과정의 형태에 한정시켜 생각함으로써 타인과의 관계적, 정서적, 상상적인 차원을 통해 지식을 획득하고 구성하는 과정을 무시했다. 그러나 내러티브 관점에서 볼 때, 우리가 세상을 이해하고 세상에 대한 지식을 쌓아가는 것은 단지 논리-귀납적 추론, 형식적이고 일관성 있는 인식 체계를 통해서만이 아니라 정서적 감정이입, 상상 등과의 결합을 통해서다. 예컨대, 우리는 내러티브를 구성할 때 자신의 관심과

삶의 의미 반성

동기에 따라 사건들을 선택하고 그들을 의미 있는 방식으로 배열하며 그 사건이 발생했던 당시에 했던 생각이나 느꼈던 감정들을 상상한다. 타인의 내러티브를 들을 때도 당시의 상황을 머릿속에 그리며 상대방이 느꼈을 감정과 정서 상태를 상상하고 대리경험을 하면서 타인의 경험세계를 단순히 머리로만 이해하는 것이 아니라 마음을 통

해 심층적으로 이해하게 된다. 내러티브는 감각적, 지각적, 상상적 지식의 구성을 가능케 한다.

자서전적
교육과정

둘째, 내러티브는 자서전적 교육과정에 함의하는 바가 크다. 학교교육이 단편적인 지식이나 기능 습득에 치중하면서 자아분열과 자아상실의 병폐를 가져왔다는 비판이 제기되고 있다. 그러한 비판을 감안할 때, 교육은 '무엇을 알아야 하는가' 못지않게 '어떻게 살아야 하는가'의 문제를 다루어야 한다고 할 수 있다. 이 때 중요한 것은 삶에 대한 관심인데 여기서 의미하는 삶에 대한 관심은 단편적이고 일회적인 삶의 사건이 아니라 삶 전체의 이야기, 즉 우리가 어떻게 살아왔는지에 대한 이야기를 의미한다. 우리는 자신의 삶을 회고하면서 단순히 과거에 어떤 일이 있었는가의 사실을 확인하는데 그치는 것이 아니라, 내러티브 속의 캐릭터인 자신의 모습을 타자의 관점에서 반성적으로 성찰하면서 성숙된 자아의 모습을 다듬어간다. 이 점에서 내러티브의 구성은 '존재(being)'에 대한 단순한 기술을 의미하는 것이 아니라 '존재의 가능성(becoming)'을 적극적으로 드러내고, 표현하고, 만들어가는 과정이라고 볼 수 있다. 교육은 학생들이 자신의 경험세계를 이해하고 해석할 수 있는 능력을 키워주는 데 있음에도 불구하고 오늘날 학교교육은 학생들이 자신의 경험세계를 공유하고 그 의미를 함께 탐색할 수 있는 여건을 조성하지 못하고 있다. 하나의 획일적 기준과 추상적 지식이 강조되는 교육환경 속에서 학생들은 학교에서 배우는 지식과 학교 밖의 개인적 삶의 균열을 경험하며 앎과 삶의 분리를 느낀다. 학교교육에서 내러티브를 활용함으로써 학생들이 서로의 삶의 이야기를 공유하고 그 의미를 함께 탐색하면서 학습내용과 자신의 경험세계를 관련짓고 '자기세계'를 구성하는 주체가 되도록 교육과정을 구성할 수 있을 것이다.

공생적 관계

셋째, 내러티브 개념은 나와 타인은 이분법적 대립 관계가 아니라 대화를 통해 서로의 의식을 형성하는 공생적 관계에 있다는 점을 강조한다. 내러티브를 매개로 이야기를 구성하는 사람과 듣는 사람 모두는 자신의 이야기뿐만 아니라 타자의 이야기의 구성과 그 의미를 탐색하는 과정에 함께 참여한다. 이 과정에서 두 사람의 서로 다른 관점들이 갈등하면서 두 사람 모두 각자의 인식론적 한계를 넘어서 세상을 이해하게 된다. 즉 나와 타인은 서로의 삶의 구성에 함께 참여하는 공동 저자로서 서로의 존재가 공유된다. 내러티브 관점에서 볼 때, 존재한다는 것은 커뮤니케이션을 하는 것이고 내러티브의 구성을 통해서 우리의 의식은 타인의 의식과 관계를 맺으면서 발전, 확장된다. 내러티브 개념은 지식생성의 구성적, 관계적 차원을 강조하고 있다. 우리는 다른 사람들과의 대화를 통하여 우리가 경험한 것 또는 이미 알고 있는 것을 재구성할 뿐만 아니라 새로운 지식을 창출한다. 따라서 내러티브 관점에서 볼 때, 학생들이 자신이 알고 있는 것 또는 경험한 것을 자유롭게 공유할 수 있도록 서로 신뢰하고, 존중하고, 애정을 갖고 서로의 이야기를 들어주는 교육환경의 구성이 중요하다.

내러티브와
교수학의 변화

요컨대, 내러티브는 전통적인 과학적 사고방식으로는 명쾌하게 설명될 수도 온전히 이해될 수도 없는 인간세상의 딜레마, 모순, 복잡성을 다루는 사고양상으로, 삶의 의미를 찾아가는 일련의 언어적, 상징적, 정신적 활동을 총칭하는 개념으로 볼 수 있다. 인간세상은 수학공식처럼 논리적 구조로 말끔하게 설명되지 않는다. 인간세상을 이해하기 위해서는 현상의 복잡성, 특수성, 상호관련성 속에서 드러나는 의미의 파악이 중요하다. 내러티브는 인간의 삶에 내재된 의미에 관심을 둠으로써 인간세상의 다원성과 복잡성을 이해할 수 있는 해석적 안경을 제공한다. 그런 점에서 내러티브는 우리의 체험의 깊이를 드러내고 그 체험의 의미를 다시 조직하는 힘을 갖고 있다고 말할 수 있다. 교육의 과정이 자기성찰 및 타인과의 소통과정에서 이루어지는 자기성장이라고 볼 때, 내러티브를 구성하고 공유하는 과정 자체가 교육이라고 할 수 있을 것이다.

이상의 논의에 비추어 보면 교육학은 내러티브학의 동의어로 볼 수 있을 만큼 내러티브학과 매우 긴밀한 관련이 있다. 교육학이 학교교육의 범위에서 보면 특정 교과를 가르치는 틀 안에서는 내러티브가 교과를 가르치는 하나의 수단에 불과한 것처럼 많은 논의가 이루어지고 있지만, 본질적으로 교육학은 인간학이며, 그런 점에서 내러티브학과 교육학은 동격이다. 이상의 논의에서 Dewey와 Bruner는 그것을 보여주고 있다. 혹자는 교육학이 철학보다 역사가 길며 인간 사랑학의 차원에서 접근하면서 내러티브가 그 핵심이라고 보고 있다. 학교태의 틀에서 보는 교육학이 아니라 인간학의 입장에서 내러티브학과의 관계 설정을 할 필요가 있다.

나. 상담학

내러티브가 상담학에 적용된 경우는 최근에 급속한 발전을 보이고 있다. 내러티브 상담 혹은 내러티브 치료로서 등장하고 있다. 특히 기독교 상담학에서 이야기 심리학에 기반한 상담학의 발전(정석환 등)도 괄목할 만하다. 그러나 내러티브 상담을 비교적 체계적으로 소개한 송재홍(2003: 43-54)의 논의에서 내러티브 상담의 언급을 발견할 수 있다. 이하는 송재홍의 논의에 기대어 내러티브 상담의 기본 가정을 살펴보기로 한다.

내러티브 접근방식은 상담자가 마음속으로 일련의 특별한 아이디어를 간직하고 상담에 임할 필요가 있음을 강조한다. 이러한 아이디어는 Edward Bruner와 같은 민족지학자들, 심리학자인 Jerome Bruner, 사유 체계에 대한 프랑스 역사학자인 Mchael Foucault, 그리고 생물학자이자 시스템 이론가인 Gregory Bateson 등 다른 분야의 학자들이 전개한 주제로부터 유의하게 도출되었으며, 오늘날에는 주로 Michael White, David Epston 내러티브 치료라고 부르는 것으로 통합되고 있다. 이러한 아이디어를 옹호하는 상담자는 사람이란 자기들의 공동체이며 각자가 관점을 달리하는 다수의 목소리를 포함하고 있다고 제안함으로써 하나의 "진정한 자기"를 내세우는 관점을 타파하고 있다(Parry, 1997). 그들은 또한 지식이란 사회적으로 구성된다고 하는 가정과 우리 자신과 타인을 이해하는 타당한 방식들이 다양하게 존재한다고 하는 가정을 공유하고 있다(Doan, 1997). 사람들은 자기 자신을 말하거나 타인들에게 그들 자신을 말하도록 허용하는 스토리에 입각해서 삶을 영위하며, 대부분의 청담자는 체험의 기회와 선택의 여지를 거의 남기지 않는 단일의 설명방식에 기꺼이 협력하려고 하지 않는다. 그들은 오히려 하나의 스토리에 따라서 살아가고 있으며, 이 스토리는 대개 개인과 그 가족 및 문화 사이에서 이루어지는 상호작용의 결과로 구성된다. 따라서 내러티브 접근방식에서는 상담자가 청담자의 병리학이나 결함에 대해서 수집한 객관적인 정보보다는 청담자가 자신의 문제와 자원에 대해서 겪게 되는 경험 그 자체에 특권적 지위를 부여한다. Winslade & Monk는 내러티브 접근방식을 채택하는 상담자가 상담 활동을 시작할 때 지향하는 기본 가정을 다음과 같이 제시하고 있다.

(1) 인간은 스토리에 따라서 자신의 삶을 엮어 간다

이 진술은 평범한 것으로 보인다. 우리는 일체의 문화권에 속하는 사람들이 스토리에 반응한다는 사실을 잘 알고 있으며, 그래서 많은 상담 접근방식은 청담자에게 자신의 스토리를 이야기하도록 독려한다. Edward Brunner(1986)는 다양한 토착민과 서구 문화를 연구한 민족지학자로서, 사람들이 반드시 현실 경험에 관한 스토리를 이야기하는 것만은 아니라고 주장하였다. 그는 그것을 다른 방식으로 표현하여 우리에 관해서 우리 자신이나 타인들이 이야기하는 스토리들이 실제로 우리의 현실을 조형한다고 말했다. 어떤 중요한 길목에서, 스토리는 삶을 안내하는 참조점이 된다. 달리 표현하면, 스토리는 꼭 우리가 바라보는 것을 묘사하는 것만은 아니다. 그것은 또한 우리가 바라보는 것이 무엇인가를 구성한다. 그래서 학교에서 학교 공동체의 성공적인 구성원이라고 불리는 것에 관해서 전개된 스토리(마찬가지로, 실패의 스토리)가 목 아동들의 삶을 묘사하고 있는 것만도 아니다. 그것은 자기 자신과 학업에 대한 아동들의 경험을 적극적으로 조형한다.

(2) 우리의 삶을 이끄는 스토리는 진공상태에서 연출되는 것이 아니다

이것은 우선 개인주의 심리학에 반하는 주장이다. 그것은 우리의 경험을 가장 강력하게 구성하거나 조형하는 스토리가 단지 한사람에 의해서 창안되는 경우는 거의 없다는 사실을 시사한다. 그것은 사회적 맥락 속에서 이루어지는 대화, 곧 흔히 많은 사람에 의해서 행해지는 무수한 대화의 산물이다. 우리의 주관적 경험은 우리의 전유물인 것처럼 느껴질 수도 있다. 하지만 그 대부분은 우리가 헤엄치고 있는 문화적 늪(soup)에서 떠도는 스토리들 속에서 연출된다. 그러므로 청담자를 이해하기 위해서는 그 자신이 만들어 낸 것은 아니지만 그를 메이크업하도록 작용하는 스토리를 경청하는 것이 그 스토리에 대한 그의 경험을 경청하는 것만큼 중요하다.

(3) 스토리 내부에는 사회·문화적인 담론이 깊숙이 가로놓여 있다

담론(discourse)은 대화 속에서 주고받는 것을 뜻하는 단어이다. 그러나 이 단어는 또한 최근 수년 동안 좀더 특수한 다른 용법을 전개해왔다. 우리는 일반적인 의미의 담론만을 이야기하는 것이 아니고 하나의 특수한 담론(가령 여성다움 또는 학업에 대한 담론)이나 여러 가지 "담론"(Foucault, 1979)에 관해서 이야기를 시도해 왔다. 이러한 용법은 곧 특수한 사회적 맥락 속에서 진행되고 있는 수많은 대화의 수면 아래 놓인 채 당연한 것으로 간주되고 있는 가정들의 군집을 말한다. 이런 가정들은 정상적인 것 혹은 인습적인 것에 관한 일련의 진술로서 표명될 수도 있을 것이다.

예를 들면 청소년이 속한 가족들의 담론은 "10대가 일정한 반항기를 거치면서 부모로부터 자기 자신을 분리시키려고 추구하는 것은 정상적이다"와 같은 가정을 특색으로 삼는다. 이와 같은 가정의 영향력은 전문적인 가족 치료 문헌이나 청년 봉사의 규정에 관한 정치적 수사학, 학교에서 학부모-교사 면담 그리고 청소년들 사이의 동료 대화를 통해서 추적할 수 있다. 이와 같은 담론은 사람들의 삶에 유형의 물질적인 영향을 미친다. 그것은 그들의 선택, 가치, 감정 그리고 행위를 조형한다. 그것은 허구적인 가정이 아니다. 왜냐하면 매일 매일 많은 가족들에게서 이루어지는 수많은 선택이 그것의 "실재성"을 입증하고 있기 때문이다. 이 때문에, 때때로 이것을 청소년의 심리 속에 영구 회로처럼 틀어박힌 어떤 것으로 바라볼 뿐 그 대신 하나의 문화적 가정(cultural assumption)으로 바라보기가 어렵다. 참으로 이것을 가능하게 하는 유일한 길은 다른 문화적 시각에서 비롯된다. 이처럼 다른 시각을 쟁취하는 한 가지 방법은 역사적으로 "청소년기"가 존재하지 않았던 시점까지 거슬러 가서 회고해 보는 것이다 그 시기에는 사람들이 아동기에서 성인기로 곧장 진입하였으며 그렇게 할 때 자기 부모의 궤도를 벗어나지는 않았다.

학교 상담자는 학생들과 함께 자기 인생의 발달에 관해서 이야기를 나눌 때 빈번하게 청소년기에 관한 지배적 담론이 분명하게 나타날 것이라는 식으로 말할 것이다. 따라서 우리는 교사와 상담자 그리고 아동들의 삶이 학교 공동체 안에서 유포되는 담론들에 의해서 조형된다고 말할 수도 있을 것이다. 그것들은 우리가 우리 자신과 우리 주변의 타인들에 대해서 기대하고 있는 그 무엇인가를 조형한다. 그것들은 생활 속의 사건들에 대한 우리의 행위와 반응을 조형한다. 그것들은 개개인이 간직하고 있는 "신념 체계'와는 동일하지 않다. 담론은 우리가 엿듣고 되뇌는 담화 속에 살아 있는 사회적 현상이다.

(4) 현대 사회를 특징짓는 것은 감시(surveillance)와 실사(scrutiny)에 의해서 지탱되고 있는 사회 규범이다

Foucault(1973)는 이러한 효과를 "응시(the gaze)"라고 불렀다. 이것은 우리 자신이 비교하고 평가하는 실사를 받도록 해서 우리 자신의 경험을 통해서가 아니라 이 실사의 눈을 통해서 우리 자신을 바라보는 것을 학습하라고 하는 요구이다. 예를 들면,

우리가 타인들에게 어떻게 보이게 될지 혹은 떠올려 질지 걱정할 때는 언제나 응시가 작동하고 있음을 알아차릴 수 있다. 아동들이 학교의 전 과정을 마치게 될 때, 그들은 종종 자신들이 타인들에게 어떻게 보이게 될 것인지에 대해서 강한 의식을 발달시킨다. 이것은 이와 같은 실사의 산물이다. 사실상 학교는 흔히 한 인간의 가치를 측정해서 그로 하여금 자신이 어떤 종류의 사람인가를 알아보도록 하려는 매우 세련된 체계들을 갖추고 있다. 예를 들면 검사, 시험, 생활기록부, 증명서 그리고 서류 정리 및 기록 체계들이 그것이다. 이와 같은 체계들의 효과에 관한 걱정은 단순히 "자기 자신이 되라(be ourselves)"거나 "좀 더 합리적으로 생각하라"는 식의 격려를 통해서 간단히 처리될 수 있는 개인적인 결점인 것만은 아니다. 응시는 판단이라는 숨겨진 척도를 포함하고 있어서 우리는 이와 같은 걱정들을 즐길 때에도 그 판단에 비추어서 우리 자신을 측정한다. 응시, 그리고 이것에 대한 우리의 반응은 우리의 삶에서 상당히 많은 문제들에 연루되고 있다.

예를 들면 만일 우리의 신체 모습이 아름다운 신체에 관한 지배적인 문화적 아이디어와 부합하지 않는다면, 우리는 우리 자신을 매력적이지 않은 것으로 관(view)하도록 배울 수 있다. 젊은 여성들이 거식증(anorexia)이나 폭식증(bulimia)과 같은 극단적인 섭식 문제에 특히 취약하다는 것은 놀랄 만한 일이 아니다. 일부 젊은 남성들은 자신의 신체를 매력에 관한 지배 문화의 기대에 맞도록 가꾸려고 시도하면서 스테로이드 남용의 위험에 빠질 수 있다. 특히 고등학교에서는 수많은 어린 학생들이 자신의 신체에 관해서 부적절한 감정을 발생케 하는 응시의 작용에 영향을 받고 있으며, 이는 그들이 학교에서 스포츠나 체육 수업에 참여하고 사회적 관계를 맺는 과정에 영향을 미친다. 일부는 지나친 식이요법으로 말미암아 자신이 학습에 집중하는 능력을 약화시킬 것이다.

물론 응시나 문화적 평가의 효과는 신체를 못살게 구는 일에서 멈추지 않는다. 자기 실사(self-scrutiny)는 우리 삶의 모든 영역에 손을 뻗치고 있으며 그래서 내러티브 상담자에게는 관심의 초점이 되고 있다. 상담자는 담화의 위력을 염두에 두고서 우리가 자신에 관한 사실들을 믿도록 설득해야 한다. 응시는 또한 평가의 체계들을 통해서 학교에서 작용하는데, 이들 체계는 젊은 사람들을 그들의 지적 수행이나 사회적 용인성에 따라서 유목화하고 범주화하는 역할을 한다. 이러한 평가 과정에서, 젊은 학생들은 자신이 누구이며 또 무엇을 할 수 있는가에 관한 신념을 구성한다. 일부 상담 이론에서는 자기에 대한 이러한 발견이 내면으로부터 출현한다고 가정하고 있다. 그러나 내러티브 시각에서 보면 우리의 내면에 놓여 있는 것은 외부로부터 구성된다.

(5) 부분적으로는 우리 자신이 동조하는 모순되거나 대안적인 담론이 항상 존재한다

지배적인 담론이 우리의 자기평가(self-evaluation)에 막대한 영향을 미친다는 사실에도 불구하고 거기에는 때때로 우리 자신이 동조하는 모순되거나 대안적인 담론이 존재한다. 많은 사람들은 지배적인 문화 명세서에 의해 살아가거나 그것에 집착하지 않으며 오히려 대안적인 문화 패턴에 의해 살아가기로 선택하는 일에서 긍지를 발현하고 있다 예를 들면, 게이나 레즈비언의 성적 지향성을 지닌 사람들이 이성애를 강하게 옹호하는 견해가 우세한 공동체에서 자신들의 섹슈얼리티를 어느 정도나 공개적이고 자랑스럽게 선언하고 있는지를 보라. 하지만 이러한 자세는 초기에는 커다란 희생을 치르게 마련이다. 지배적인 문화 스토리의 권위에 도전하는 자들에게는 흔히 고통스런 결과가 뒤따른다. 게이나 레즈비언의 생활양식을 영위하고 있는 부모를 둔 아이들에게는 이와 같이 고통스런 결과들이 쉽게 들이닥칠 수 있다. 학교에서 그들은 '정상적'이고 양부모가 있으며 이성애의 가족 환경을 상정하여 작성된 서식이나 편지를 받아 들고 집으로 올 때마다 자신들이 다르다는 사실을 상기하곤 한다.

(6) 지배적인 문화 스토리는 자신의 삶에 변화를 창조하려는 사람들에게 엄격한 제한을 가한다

사람들은 종종 담론이 생각하고 행동하는 방법에 관한 자신들의 지식과 의지에 어떻게 제약을 가하는지를 알아차리지 못한다. 그래서 대안적이거나 좀 더 바람직한 삶의 방식들이 숨겨진 채로 남아 있을 수 있다. 예를 들면 어떤 소년은 전통적인 남성 담론에 의해서 강하게 영향을 받아서 거칠게 행동하고 냉정하고 타인들에게 자신의 의지를 밀어붙이며 어떻게 해서든지 경쟁적이 될 수도 있을 것이다. 심지어는 남성적이 되는 방법에 관한 이런 아이디어들이 자신을 선생님이나 다른 학생들과 갈등상태로 몰아넣게 될 때조차도, 그녀는 자신이 어떻게든 달라질 수 있으리라는 의문을 결코 갖지 않을 수도 있다.

(7) 지배적인 담론을 해체하는 일이야말로 삶을 위해 새로운 가능성을 제기한다

상담은 담론을 분해하거나 풀어헤쳐서 한 인간의 삶에 대한 그것의 영향력을 밝혀 낼 수 있는 기회를 제공할 수 있다. 이것은 내러티브 상담에서 "해체(deconstruction)" (White, 1992)라고 알려져 있는 과정이다. 상담자는 다음과 같은 질문을 던질 수도 있을 것이다. 즉,

- 이런 상황은 당신에게 특별한 방식으로 반응하도록 유인하는가?
- 당신이 ＿＿＿ 에 관해서 왜 그런 식으로 행동하고 있는지를 설명해 주는 어떤 아이디어를 갖고 있는가?
- 당신은 그것을 어떻게 학습했는가?
- 당신은 그러한 행위를 취하도록 유인하는 아이디어를 어디서 얻었는가?
- 이런 접근방식은 항상 당신에게 최상으로 작동해 왔는가?
- 당신의 인생에서 그런 식으로 일을 행하는 것을 지지하는 사람은 누구인가?

이런 종류의 질문은 청담자가 자신의 삶에서 도출한 스토리의 문화적 내용을 점검하고 그것의 효과를 평가하도록 유인한다. 흔히 이제껏 삶이 진행되어 온 방식에 관해서는 어떤 필연성도 존재하지 않는다고 하는 인식이 뒤따른다. 이와 같은 인식의 한 편에는 삶이 어떻게 달라질 수 있을 것인지에 대한 가능성이 분명하게 드러난다는 것이다. 청담자가 이런 가능성을 고려하게 될 때, 상담자는 청담자가 현 상태로 계속되기를 바랄 것인지 아니면 스스로 다른 어떤 것을 원하는지를 확인 할 수 있다.

(8) 스토리 속에는 들어 있지 않지만 실제로는 살았던 경험이 항상 존재한다

문제에 얽힌 수많은 스토리는 점차로 추진력을 더해간다. 왜냐하면 사람들은 시간이 지나면서 서서히 문제의 증가와 더불어 늘어만 가는 불편에 적응하기 때문이다. 사람들은 문제에 너무 갇혀 있기 때문에, 그들은 종종 자신들이 처해 있는 상황적 여건을 제대로 지각하지 못한다. 어떤 문제 추세가 조심스럽게 스토리로 엮어질 때 대부분의 사람은 자신의 상황여건에 대해서 훨씬 더 완전한 인식을 획득한다. 그러면 그들은 좀 더 나은 위치에서 문제 스토리가 자신들에게 미치는 효과의 변화를 알아차릴 수 있게 된다. 더욱이 심지어 소소한 것일지라도, 이와 같은 변화를 알아차리게

되면, 그들은 전에는 할 수 없었던 새로운 방식으로 훨씬 더 기꺼이 자신들의 상황여건을 공략하려는 의지를 고집하게 되는 경향이 있다. 그 결과 내러티브 상담자는 내담자와 함께 작업하여 역사적인 맥락에서 문제의 위치를 정하려고 시도한다. 그는 문제가 얼마나 오래 동안 주변을 맴돌았으며 또 시간이 지나면서 그것에 어떤 일이 일어났는지에 관해서 질문을 던진다. 이와 같은 역사화 과정은 사태의 새로운 진전을 알아차리기 위한 단계를 정착시킨다.

Edward Brunner(1986)는 우리의 삶을 안내하는 스토리 속에는 들어 있지 않지만 살았던 경험들이 향상 존재한다는 사실을 우리에게 가르쳤다. 단절된 경험 순간들은 항상 문제투성인 스토리의 속박에서 벗어나 있다. 상담자가 이러한 신념을 고수하는 것은 내러티브 접근방식에서 매우 중요하다. 그러면 상담자는 내담자에게서 이처럼 문제 스토리와 대조를 이루는 사건들을 이끌어 낼 수 있다. 그것들은 대안적이고 좀 더 호의적인 스토리를 전개하기 위한 초석이 된다. 예를 들면 한 젊은 남자의 남성적인 스토리 중에는 그에게 완전하게 부합하지 않는 측면이 존재할 것이다. 그가 경험했던 것들 중에는 정서가 풍부하고 따뜻한 애정이 넘치며 비경쟁적인 면들이 있을 것이다. 초기에는 그것들을 발견하기가 어려울 수도 있으며, 그래서 상담자와 내담자는 양쪽 모두 그런 경험을 발견하기 위한 탐색에 착수해야 할 것이다. 하지만 그것들이 발견되면, 상담자는 문제 스토리의 줄거리와 출현하는 새로운 스토리의 대항줄거리 간의 구분을 도출할 수 있게 된다.

이와는 다르게 Polkinghorne(1988: 250-253)은 조직 상담에서 내러티브의 적용 가능성을 논의하고 있다.

의미의 영역에서 그리고 조직된 설정의 상징적 양상에 있어 조직 컨설턴트들은 최근에 관심의 증가를 보여 왔다.[26] 이야기 구조는 사람들의 생활에서 그것들이 작동하는 방식에 유사한 식으로 집단 사건들에 유의성과 단일성을 주도록 작동이 되고 있다. 문화로서의 조직에 대한 아이디어 개발자로서 불린다. Smircich는 문화를 의미들의 망(network)으로 설명하였다. 사회적 조직의 출현은 사회적 상호작용을 통하여 개발된 언어와 기타 상징적 구성으로 표현된, 공유된 해석적 기구의 출현에 의존하고 있다. 이러한 기구들은 나날의 활동들이 일상화되는 것을 허용하는 또는 당연한

---

26 Linda Smircich, "문화 및 조직 분석의 개념", *Administrative Science Quarterly*, 28 (1983): 339-358

것으로 생각되는 것을 허용하는 공유된 의미 체계에 대한 기초를 제공한다. 조직적 변화나 변형에 대한 생각은 의미의 관련 영역에서 변화의 개념, 즉 집단에게 알려주는 의미를 운반하고 만드는 특수 이야기들을 통하여 표현되는 문화에 연결되어 있다. 내러티브들, 소위 조직적 신화, 내러티브, 무용담 및 전설들은 구성체들이 조직의 목적 및 그 개별 구성체들의 역할을 해석하고 의미를 부여하도록 돕는 기능을 한다. 집단 내러티브는 규범 및 가치관에 관한 정보를 제공하며, 그것은 긴장의 연합 감소, 권력놀이의 은폐, 이론과 실제 사이의 그리고 집단과 개별 필요성 사이의 모순에 대한 중재, 그리고 과거와 현재 간의 가교의 구축 등에 있어 수많은 기능들을 완수한다.

다양한 조직에서 일곱 가지 형태의 내러티브가 발생하는 것으로 확인되어 왔다. 즉 (1) 고위 관리자가 하급 종업원이 지켜야 하는 규칙을 깨트리는 규칙파괴에 관한 내러티브, (2) 보스가 하급 종업원들과의 관계에서 보이는 인간애와 존경의 양에 관한 내러티브, (3) 회사 내에서 승진에 의하여 보상을 받고 있는 공적이 있는 종업원의 가능성에 관한 내러티브, (4) 해고의 가능성에 직면할 때나 종업원을 해고할 때 조직은 어떻게 반응을 해야 하는가에 관한 내러티브, (5) 종업원들이 자주 이동해야 할 때 조직이 그 종업원들에 대하여 얼마나 많은 도움을 제공해야 하는가에 관한 질문을 다루는 내러티브, (6) 보스가 실수에 대해 어떻게 반응하는가에 관한 내러티브들, (7) 조직이 장애사항을 어떻게 다루는가에 관한 내러티브들 등이다. 각 내러티브는 긍정적인 버전과 부정적인 버전을 가지고 있으며, 이것은 조직의 필요성과 개별 종업원들 간의 마찰로부터 발생하는 긴장을 변함없이 표현한다. 이들 긴장들은 조직에서의 평등 대 불평등 (계층적 권력의 사용), 보안 대 비보안, 그리고 통제 대 통제의 결핍이라는 문제들에 관련된다.

이들 내러티브나 에피소드들이 보다 포괄적인 내러티브에 함께 연결될 때, 조직의 기본 주제나 정체성이 확립된다. 이러한 기본적인 내러티브는 에피소드와 사건들을 조직을 위한 주요 해석적 기구로 구성한다. 조직문화에 관련된, Administrative Quarterly Review의 최근 호에서, 다수의 조직 컨설턴트들은 조직의 보다 심층수준에서 작동되는 해석적 기구들을 규명하기 위하여 그들이 개발하였던 방법들을 설명하였다. 문제해결과 계획수립에 대한 보조수단으로서, Mitroff와 Kilman은 관리자들에게 이상적인 조직에 관한 내러티브를 하도록 하였다. 그 다음 그들은 칼 융 입장에 기반하여 개인성 양식에 따라 관리자들을 네 가지 유형으로 분류하였다. 유사한 개인성 점수를 가진 관리자들이 소개되어 그들의 전망으로부터 "문제"를 개념화하도록 요청받았다. 이후에 네 그룹들은 만나서 그들의 관점들을 설명하고, 통합된 해법을 위하여 작업하였다. 이 과정은 관리자들에게 "조직의 방해와 문제를 알아차리고 해석하는 다른 방식들"에 대해 보다 더 민감해지도록 도와주었다.

내러티브들은 그 가치관과 목적에 대한 공통적인 이해를 제공함으로써 조직의 작업을 촉진시킬 수 있다. 그 시간적인 질 때문에, 내러티브는 애매함과 변화의 시기에 조직의 연속성과 일관성을 보유한다. 그러나 그것은 또한 시간에 걸쳐 부적합이 될 수 있다. 새로운 그리고 투쟁을 하고 있는 조직에 적합한 내러티브들은 이후 발달단계 동안 통일성을 주는 데 있어 그렇게 효과적이지 않다. 그것들이 제공하는 연속성 때문에, 조직의 내러티브들은 변하기 어렵다. 조직컨설턴트는 단순하게 내러티브가 조직 그 자체의 실제 운용에 어떻게 더 이상 적합하지 않은가를 지적함으로써 내러티브의 변화를 가져올 수는 없다. 그러나 컨설턴트는 보다 통합적이며 그리고 오래된 조직보다 더 잘 조직의 긴장에 대하여 거론하는 새로운 내러티브의 출현에 있어 도움이 될 수 있다.

이상의 내용은 조직을 이해하고 조직과 같이 일을 하는데 있어 최근 개발된 내용에 대한 개요를 제공해주고 있다. 그것을 통하여 조직들이 그들의 "존재"를 배치하는 의미 기구를 거론하는 연구 전략들이 탐색되고 있다. 내러티브는 사람의 의미 영역에 대해서와 마찬가지로, 조직의 의미영역에 대한 통일성이 있는 기본적인 형태다. 조직 컨설턴트들은 그들이 같이 작업하는 그룹들에 대한 내러티브들의 힘과 중요성에 그들의 관심을 돌리고 있다. 내러티브 구조와 배치 과정에 대한 이해는 이 일에서 도움이 될 수 있다.

이상의 논의에서 보면 상담학 역시 많은 흐름이 있지만, 최근에 등장하는 대안적 상담학, 이야기 상담학 등의 입장에서 보면 내러티브가 상담적 속성을 그대로 내재하고 있다는 점에서 앞장의 교육학만큼 그 관련성이 내재적이다. 서양의 기술적 상담, 과학적 진단이나 치료 중심의 상담과 다르게 이질적으로 접근하기 보다는 인간 심리의 본질에 부합되는 상담학과 내러티브의 관계를 설정할 필요가 있다. 왜냐하면 인간의 마음의 상처는 이야기 욕구가 상실될 경우 악화되며, 최근에는 디스내러티비아 (dysnarrativia: 이야기 구성을 못하는 증상)라는 증상에 대한 논의도 등장하고 있다.

이러한 점은 내러티브가 상담에 영향을 주는 일방적 방식이 아니라 상호 융합되는 방향으로 큰 틀에서 그 위상을 설정할 필요가 있음을 시사하는 대목이다.

4. 의학/치료학과 내러티브

가. 내러티브 의학

의학 분야에서도 내러티브가 도입되어 적용되고 있다. 내러티브 의학 내지 서사 의학으로 불리고 있다. 실증적 증거 기반의 과학적 의학(evidence-based medicine)에 대한 하나의 대안적 흐름으로 볼 수 있다. 대체 의학으로도 자리매김 되고 있다. 최근의 한국에서도 질병 체험 공유 사이트가 증가하고 있고, 강창우(2013)의 질병체험 이야기 연구팀들이 활동이 활발하다. 이하는 Charon(2006), 황임경·김호연(2013), 우상수 외(2011), 김진경(2011)의 연구에 기초하여 그 흐름을 제시해보기로 한다.

(1) 내러티브(서사) 의학의 흐름

서구에서 행해진 서사 의학에 관한 연구는 크게 두 가지 흐름에서 설명할 수 있다. 첫째는 질병과 질병 체험 서사(illness narrative)와의 관계를 다루는 연구 흐름이다. 대부분의 서사 의학 관련 연구가 여기에 해당하고, 특히 '문학과 의학(literature and medicine)'이 대표적이다. '문학과 의학'은 1970년대 초반 생의학에 기초한 현대의학의 폐해에 대한 보완적인 성격으로 미국에서 생겨난 다학제적 학문 분야로서, 의과대학에 문학 전공자가 교수로 임용되면서 의학에 서사가 도입되는 계기가 마련되었다고 보는 것이 일반적이다.

'문학과 의학'에서는 특별히 질병을 다룬 문학 작품을 통하여 질병 체험이 어떻게 서사적으로 재현되고 구성되는지, 그러한 서사가 질병 체험을 하는 환자에게 어떤 영향을 미치는지와 같은 질병과 서사의 관계를 집중적으로 다루었다. 이 분야의 대표적인 미국 내 연구자들로는 Rita Charon, Anne H. Hawkins 등을 들 수 있다. 이들은 문학적인 연구 방법론을 적용하여 질병에 대한 문학 작품이나 환자의 이야기를 분석하고 이를 바탕으로 의학교육과 의료에 서사적 방법을 도입하고자 노력하였다. Howkins는 투병기(pathography)라는 장르를 도입하여 많은 문학작품과 자서전 등을 질병과 관련된 주제로 분류하는 작업을 하였고, 이를 의학교육과 연구에 활용할 수 있도록 데이터베이스화 하였다(Hawkins, 1999). Charon의 경우 좋은 의료행위를 위해서는 의료인들이 이야기에 대한 감수성을 바탕으로 내러티브 역량(narrative competence)을 갖추어야 한다고 강조하였고 이를 개발할 수 있는 방법에 천착하였다. 그 결과 의료행위와 의학교육에 이야기의 도입을 주장하는 '서사중심의학(Narrative Based Medicine)'이라는 새로운 분야를 제안하였다(Charon, 2006). 영국에도 Trisha Greenhalgh과 Brian Hurwitz를 중심으로 서사 의학을 연구하는 그룹이 있다. 이들은 증거중심 의학(Evidence Based Medicine)에 학문적 뿌리를 두고 의료인문학을 연구하였고, 『서사중심의학(*Narrative Based Medicine*)』과 『보건 의료 분야의 서사적 연구(*Narrative Research in Health and Illness*)』를 각각 출간한 바 있다. 이 밖에도 의료윤리에 대한 서사적 접근(narrative approaches to medical ethics), 즉 서사 의료윤리에 대한 흐름이 존재하나 본 논문의 범위를 벗어나 있어 논의에서 제외하였다.

유럽의 연구자들은 미국의 연구자들과는 달리 의료인문학이라는 큰 틀에서 서사를 이용하고자 하는 경향을 보이며, 따라서 서사를 의학의 중심으로 보는 더 넓은 접근법을 시도하고 있다. 또한 일부 영국 학자들은 환자들의 질병경험을 데이터베이스화하는 작업을 하였다. DIPEx(Database of Individual Patient Experience)라고 불리는 이 작업은 증거중심의학의 코크란 라이브러리에서 힌트를 얻어 환자의 질병 경험을 데이터베이스화하였는데, 그 목적은 질병에 걸린 환자들과 그들을 돌보는 의료인들에게 다양한 질병 경험에 대한 자료를 제공하는 것에 있다. 이들은 2001년부터 인터넷 웹사이트(http://www.dipex.org)에 모든 자료를 공개하고 있으며, 현재는 한국을 포함하여 10개국에서 공동으로 연구가 진행되고 있다(Hurwitz · Greenhalgh · Skultans, 2004: 115-31).

의료인류학과 의료사회학 영역에서도 질병체험서사를 이용한 연구들이 활발하다. 특히 의료인류학 분야의 Arthur Kleinmann과 Byron J. Good, 의료사회학 분야의 Arthur Frank 등의 연구가 대표적이다. 클라인만과 굿은 주로 환자의 질병체험서사를 인류학적인 방법론으로 사용하여 만성 질병의 문화적인 의미를 밝혀내는데 주력하였으며, 클라인만의 『질병 체험 서사(*illness narrative*)』는 서사를 의학에 끌어들인 가장 중요한 연구 가운데 하나이다(Kleinmann, 1988). 프랭크는 본인이 겪었던 질병의 경험을 통해 현대 의학이 환자들의 이야기를 얼마나 억압하는지 밝혀내었고, 이를 극복하기 위해서는 현대 의학에서 소외된 환자들의 목소리를 되살려야 한다고 주장하였다(Frank, 1995).

둘째는 서사를 의학과 의료의 본질적 특성으로 보는 철학적 연구나, 병원에서 실제로 이루어지는 의료 행위와 환자-의사 관계 등을 서사적 관점에서 분석하고 이를 임상에 활용하고자 하는 연구들이 있다. 이 분야의 대표적인 학자로는 Kathryn M. Hunter를 들 수 있는데, 그녀는 의학과 의료행위에서 일상적으로 행해지는 이야기 방식을 서사라는 틀 안에서 새롭게 해석해내어 의학과 의료가 결국 서사적 행위에 기반하여 이루어진다는 점을 밝혀내었다(Hunter, 1991). 철학과 윤리학 분야의 Howard Brody는 『질병의 이야기들(Stories of Sickness)』을 통해 의학과 서사의 관계를 철학적으로 검토하여 이야기 행위를 의학의 본질적 특성 중 하나로 자리매김하려 했다(Brody, 2003).

의철학 분야의 대표적 학술지인 『의학과 철학 잡지(*Journal of Medicine and Philosophy, 1996*)』에서도 의학과 서사를 다룬 논문들을 담은 특별판을 출간하면서 서사와 의학에 대한 철학적 관심을 반영한 바 있다. 국내의 경우는 의학과 서사에 대한 연구가 체계적으로 이루어지지는 않았으나 최근에 의료커뮤니케이션의 관점에서 이야기 활용에 대한 연구나, 말기암 환자나 의과대학생의 해부학 교육 경험, 여성여사의 수련 경험에 대한 질적 연구의 일환으로 서사 분석을 이용한 연구 등이 시도되었다(임인석·박일환·박용익, 2010; 권복규·배현아, 2011; 최귀연·김정민·서제훈·손현준, 2009; 안재희, 2012). 또한 질병체험과 서사의 관계나 의료윤리와 서사에 대한 연구와 더불어 서구에서 행해진 서사 의학에 관한 연구를 포괄적으로 정리하여 국내에 소개하는 연구를 통해 국내에서도 서사 의학에 관한 연구의 발판이 마련되었으며(황임경, 2010; 황임경, 2011a; 김진경, 2011; 황임경, 2011b), DIPEx KOREA연구를 통해 국내 환자들의 질병체험서사가 데이터베이스화 되고 있으나(우상수·정수정·진정근·황은미, 2011: 53-61), 아직 학문적 완결성이나 임상적 적용 측면 모두에서 부족한 실정이다.

구술 자료는 과거의 사건에 대한 사실적 진실보다는 서사적 진실을 보여준다. 또한 서사적 진실은 사실적 진실만큼 중요하다. 왜냐하면 서사적 진실이 사실적 진실로 변환되어 문헌 속에 존재해왔기 때문이다. 따라서 구술 자료에 의한 과거의 재구성이란 언제나 미완성이며 부분적일 수밖에 없다. 마찬가지로 문헌 자료를 통한 과거의 재구성도 미완성이며 부분적이라는 것을 부인할 수 없다(윤택림·함한희, 2006: 56-7).

즉, 구술은 상호 소통적 스토리텔링과 의도적인 다시 쓰기의 결합에 의해 구성된다. 더욱 중요한 것은 이런 과정이 편집되고 왜곡된 기억을 재해석하고 수정하는 주체에 의해 이루어진다는 점이다. 따라서 구술에 임하는 당사자는 환자나 내담자로 표상되는 객체적 존재와는 다른 지점에 서있게 된다. 이는 치료하는 자와 치료받는 자라는 일종의 권력관계를 벗어나 자기치유를 도모할 수 있는 계기가 된다는 점에서 의미가 있다(김호연, 2012: 34-6).

(2) 의학의 내러티브적 특성

의학은 환자와 의사의 임상적 만남을 바탕으로 한다. 환자는 질병을 앓는 생물학적 존재이기도 하지만 질병이라는 삶의 사건을 겪어 내는 실존적 존재이기도 하다. 따라서 질병은 환자에게 특정한 의미를 불러일으키게 되고, 의사는 이런 의미를 해석해내야 한다. 의학이 단순히 과학이 아니라 개별 사례에 대한 해석학이어야만 하는 이유가 여기에 있다. 이런 환자와 의사의 만남을 매개하는 것은 환자의 몸이 느끼는 주관적 증상(symptom)과 그것이 외부로 드러나는 징후(sign), 증상과 불편함에 대한 환자의 이야기, 환자의 몸에 대한 각종 검사 기록 등이다. 특히 여기서 중요한 역할을 하는 것이 환자와 의사의 이야기이다. 환자의 이야기 속에는 질병에 대한 환자의 생각과 그것에 영향을 미치는 사회문화적 배경이 담겨 있고, 의사의 이야기 또한 질병과 환자에 대한 의사의 생각과 가치관, 의료와 관련된 사회문화적 배경 속에 있기 때문이다. 임상의학은 환자와 의사의 서사 교환 행위이며, 이런 서사의 해석 행위에 다름이 아닌 것이다.

인간은 이야기를 통해 물리적 시간의 흐름을 주관적 시간 경험으로 이해하고 사건에 의미를 부여하게 된다. 또한 이야기의 플롯을 통해 행위의 의도를 파악하게 된다. 따라서 이야기는 개인의 특수한 삶의 맥락과 밀접한 관계를 맺으며, 개인의 정체성 형성에도 관여하게 된다. 그리고 이야기의 주체가 된다는 것은 이야기될 만한 가치가 있는 삶을 살아가며 자신의 삶에 대해 책임 있는 태도를 가져야 된다는 의미에서 궁극적으로 윤리적 차원으로 확장된다. 이와 같은 이야기 또는 서사의 특성과 기능은 서사 의학에도 그대로 적용되는데, 특히 시간성, 개별성, 인과성 및 우연성, 상호주관성, 윤리성)의 측면에서 논의될 수 있다(Charon, 2006: 39-41).

물리적 실체로서의 질병은 시간의 흐름에 철저하게 의존한다. 고대 히포크라테스 의학이래로 서양의학은 질병의 자연사(natural history)라는 개념을 통해 물리적 질병의 시간성에 대해 깊이 인식해 왔으며, 의학적 서사물은 이런 질병의 시간적 변화에 대한 기록이 주를 이룬다. 물리적 시간만큼이나 경험적 시간 개념 역시 의학에서 중요한 의미를 갖는다. 현상학자인 Drew Leder는 환자와 의사의 만남을 해석학적 모델로 설명하면서, 환자와 의사를 매개해주는 4가지 텍스트, 즉 경험적(experiential) 텍스트, 서사(narrative) 텍스트, 신체적(physical) 텍스트, 도구적(instrumental) 텍스트를 제안하였다.

질병에 걸린 환자는 평상시와는 전혀 다른 시간 경험을 하게 된다. 중환자실에서 누워있는 환자의 2시간과 영화관에 앉아 있는 사람의 2시간은 질적으로 전혀 다른 시간이다. 이런 변형된 시간 경험을 이해하고 정리하기 위해서는 서사가 필요하다. Paul Ricoeur에 따르면 "시간은 서사적 방식으로 진술되는 한에 있어서 인간의 시간이 되며, 반면에 이야기는 시간 경험의 특징들을 그리는 한에 있어서 의미"를 갖게 되는 것이다(Ricoeur, 1999: 25). 의료인들이 환자들의 변형된 시간 경험과 그에 대한 서사를 잘 이해할 수 있다면, 환자들을 좀 더 깊게 이해하고 불필요한 오해를 줄일 수 있을 것이다.

의학은 객관화되고 통계적으로 표준화된 진단 기준과 치료법을 통해 질병에 대처한다. 하지만 질병을 앓는 환자는 이런 객관성의 영역으로 전부 포섭할 수 없는 개별성과 특이성을 포함하고 있다. 그것은 질병이 삶의 맥락과 떼려야 뗄 수 없는 관련을 맺고 있기 때문이다. 그리고 이런 맥락은 오직 서사를 통해서만 드러나게 된다. 서사는 개별 사건을 다룬다. 의학에서의 개별 사건은 곧 사례(case)이다. 개별 사례는 다른 사례와는 구분되는 고유한 맥락과 경과, 인과 관계를 갖게 된다. 같은 질병을 앓고 있는 환자라 하더라도 사례는 전혀 다르게 구성된다. 사례에는 생의학적 질병만이 포함되는 것이 아니라, 질병과 환자의 상호 작용에 의해 벌어지는 각종 개인적, 사회적 사건들이 포함되기 때문이다.

서사는 사건이 왜 일어났는지, 그 사건의 의미는 무엇인지를 알려주는 역할을 한다.

환자와 의사의 매개 텍스트

의학과 환자

484 | 인문·사회과학의 새로운 연구방법론

특히 사건의 인과 관계를 설명하는 데 중요한 역할을 하는 것이 플롯(plot)이다. 개별 사건들은 우연성의 영역에서 발생하지만, 이런 우연성을 가로질러 각 사건들을 의미 있게 연결하여 서사적 인과성을 밝혀 주는 것이 플롯이다. 질병은 개인에게 벌어진 우연적인 사건이다. 질병을 일으키는 각종 요소들도 모두 개별적인 사건일 뿐이다. 의사는 이런 요소들을 인과의 사슬로 엮어서 의학적으로 적합한 진단명을 부여해야 하는데, 이것 역시 일종의 플롯을 찾는 과정이라 할 수 있다. 문학적 서사 텍스트와 마찬가지로 병원의 입원 차트와 같은 의학적 서사물 역시 사건의 원인, 목적, 선행사건, 결과 등을 탐구하여 플롯을 구성한다는 측면에서 공통점을 갖고 있다(Charon, 2006: 48).

서사와 서사텍스트

서사는 어떤 사건을 누군가에 말하거나 쓰는 행위이다. 따라서 서사 텍스트는 언제나 말하거나 쓰는 이와 듣거나 읽는 이를 필요로 한다. 이런 두 주체의 만남을 통해 서사의 상호주관성이 형성된다. 서사학에 따르면 서사 텍스트의 의미는 작가가 독자에게 일방적으로 강요하거나 독자가 무조건 수용함으로써 생겨나는 것이 아니라, 상호 작용을 통해 생성되는 것이다. 작가는 잠재적 독자들에게 자신을 내어 보임으로써 의미를 만들어가는 존재이며, 독자또한 텍스트를 읽어 나가면서 주체로서의 자신을 재구성해 나가는 상호주관성의 영역에 놓여 있다. Charon은 환자-의사 관계가 작가-독자의 관계와 유사하다고 주장한다(Charon, 2006: 53). 그 근거는 환자-의사 관계나 작가-독자 관계 모두 언어라는 매개물을 통하여 서로의 이야기를 듣는 관계이기 때문이다.

환자와 의사의 만남

환자-의사 관계는 언어, 신체 증상 등으로 구성된 텍스트를 독해하는 행위이며 따라서 홀로는 존재할 수 없는 상호주관성의 영역을 구축하고 있다. 결국 의사는 환자라는 작가의 가장 진실한 독자가 되어야 한다는 것이다. 환자와 의사 사이의 상호주관적 관계는 자연스럽게 윤리성을 내포하게 된다. 텍스트를 읽거나 타인의 이야기를 듣는 것은 상대방의 내밀한 영역으로 들어감을 의미하는데, 이런 사적인 만남은 청자나 독자로 하여금 화자나 작가에 대한 윤리적 의무를 불러일으킨다. 환자는 의사와의 만남의 바로 그 순간에 자신의 모든 것을 맡기게 된다. 따라서 의사는 환자의 이야기를 귀 기울여 들어야 할 윤리적인 책임이 있다. 또한 서사는 그 자체로 윤리적 삶에 대한 구체적 사례를 제공해 준다. 훌륭한 문학 작품은 실제 삶에서 어떻게 도덕적인 삶과 태도를 유지해 나갈 것인지에 대한 구체적인 예가 될 수 있고 이는 추상적인 도덕 원칙이나 원리로는 얻을 수 없는 것들이다. 환자가 들려주는 이야기와 의사들이 임상 경험을 통해 들려주는 이야기 속에는 의료 영역은 물론 삶 전체에서 문제가 되는 도덕적 딜레마가 언제나 포함되어 있다. 이런 이야기를 통해 환자나 의료인 모두는 도덕적 갈등 상황에 대해 숙고해 볼 수 있고, 이를 바탕으로 도덕적 이해와 상상력을 키울 수 있으며, 갈등 상황에 슬기롭게 대처할 수 있는 지혜를 얻을 수 있다.

나. 문학치료학

내러티브는 오늘날 스토리텔링이란 개념으로 쓰이면서 문화산업을 주도하는 영역으로 각광을 받기도 하지만 실제적으로 그것의 치유기능은 그만큼 빛을 받지 못하는 것 같다. 이렇게 된 이유는 하나의 유행이라고 할 수도 있지만 현대사회의 과학의 발달과 무관하다고 할 수 없다. 이성과 질서를 강조한 현대사회는 과거의 소통방식인 개인적 이야기를 점점 사라지게 하고 있다. 오히려 오늘날은 전근대사회의 마법적 내러티브와 스토리텔링 대신 개인적인 이야기가 추상화된 형식이나 숫자로 평가되곤 한다. 이는 문학치료 영역에서도 마찬가지다. 현대적 치료는 과학의 친구이지 내러티브의 친구는 아닌 것 같다.[27] 그런 과학적인 방법, 측량하고 계량하는 방식은 치료까지도 현대의 경향과 닮아 있지 결코 개인적 이야기를 따르는 것은 아니기 때문이다 (변학수, 2012).

다른 한편, 문학치료는 그간 많이 알려진 대로 서사물을 이용하여 심신의 상처를 치유하거나 삶의 위기를 극복하는 예술치료로 이해할 수 있다. 그런데 이렇게 인성의 발달이나 삶의 질을 개선하는 데 필요한 문학치료는 주어진 이야기를 치료사와 참여자가 같이 읽거나 참여자 스스로의 내러티브를 쓰고 읽음으로써 수행된다. 결국 주체의 해석학으로 귀결되는 문학치료는 삶에 대한 내러티브 없이는 불가능하다고까지 말할 수 있다. 치료에 있어서 내러티브는 "자신에 의해서, 자신에 대해서, 그리고 자신을 위해서 말해진"[28] 것이다. 여기서 수행되는 내러티브는 의미에 대한 감정을 동

---

27 연극치료의 거장 랜디 또한 현재의 예술(드라마)치료가 심리학적 통계에 너무 의존한 채, 창조적 예술로서의 고유한 특성을 잃어버릴 수 있다는 점을 지적하고 있다. Robert Landy, 연극치료, 이효원 옮김, 울력, 2002, 351쪽 이하를 참조하라.
28 Petzold, Hilarion, Orth. Ilse(Hrsg.), Poesie und Therapie. Über die Heilkraft der Sprache, Junfermann-Verlag, Paderborn 1985, S. 80.

반하고, 세계에 대한, 자신에 대한 그리고 사람과의 관계에 대한 이해를 내포하고 있다. 결국 문학치료는 내러티브의 기능과 매우 밀접한 관련성을 가지고 있다.

어렸을 때 우리는 동화와 신화를 배우고, 커가면서 단편적 이야기, 소설, 역사, 그리고 전기 등을 읽는다. 유대교나 기독교적 전통은 토라나 탈무드, 성경을 통해서 그들의 역사를 전한다. 그리고 과학적인 발견은 때로 실험자의 시도와 성공(실패)에 대한 이야기로 제시된다. 또한 우리 주변의 여러 문화 형식들(소설, 연극, 신화, 회화 등)도 이러한 이야기의 형식을 가지고 있다. 잠을 잘 때도 우리는 자주 내러티브의 형태로 꿈을 꾸며, 또한 이야기 형태로 그 꿈들을 기억해 낸다. 내러티브는 이처럼 우리들의 삶 자체만큼이나 자연스럽다. 그런데 근대 이후의 인간은 직접적인 이야기는 어떤 기호로 대체되고 직접적인 상황은 없어진 내러티브를 더 많이 접하고 있다.

어쨌든 내러티브는 내담자가 자기 이야기를 하고, 치료사의 입장에서는 내담자의 정보를 얻을 수 있다는 점에서 가장 좋은 문학치료의 수단이라 할 수 있다. 이야기를 들으면서 치료사는 그 이야기에 빠지지 않고 이야기 너머에 있는 이야기, 즉 이야기하는 참여자의 정서를 말해주는 실마리를 찾는 데 주력한다. 이야기가 그 자체 이상의 파불라(fabula)와 담론(discourse)의 요소를 지니고 있기 때문이다. 이런 측면에서 이야기는 참여자의 고통을 일으키는 특별한 행동패턴이나 감정까지를 포함하고 있다. 누구나 이야기는 항상 지배적 이야기(dominant story)로 남아 있기 때문이다.[29] 이런 지배적인 이야기 구조는 외상이나 기억, 삶의 패턴을 간직하고 있기 때문에 스스로를 관찰하는 데도 진단을 하는 데도, 나아가 그 이야기를 바꾸면서 - 또는 지배적이지 않은 이야기를 지배적인 이야기로 만들면서 - 참여자가 스스로의 삶을 다르게 만들어 가는 데도 도움이 된다.

문학치료는 문학이란(여기서는 내러티브란) 수단을 통해 정신-신체적 문제를 해결하고 삶의 위기를 극복하는 예술치료의 방법이다. 문학치료는 그뿐만 아니라 내러티브를 공유함으로써 삶의 질을 개선하는 데 도움이 된다. 개인적 내러티브에서 만들어진 텍스트는 "자신의, 자신에 대한, 자신을 위한 계시"를 제공하기 때문이다. 체험중심의 <삶의 파노라마 쓰기> 프로그램은 그림도구를 준비하고 인생 파노라마를 (그림으로 그리며) 이야기할 수 있다. 그리고 동화쓰기 프로그램은 이야기를 읽어주고 동

---

29 앨리스 모건, 이야기 치료란 무엇인가? (원제 What is narrative therapy?), 고미영 옮김 청목출판사 2003, 18쪽 이하.

화를 지어내는 것이다. 그런데 이때 문제는 우리가 앞에서 살펴본 내러티브의 기능이 있는 그대로 문학치료에 응용될 수는 없다는 점이다. 왜냐하면 대부분의 기능들은 이성의 영역에서 담론적 경향을 띠고 있기 때문에 내담자가 그것을 수용하는 데는 한계가 있기 때문이다. Lacan은 이를 "무지에 대한 의지 ne rien vouloir savoir"[30]라고 표현했는데, 내담자에게 이야기에서 제시된 감정이나 문제, 또는 왜곡된 정체성은 그에게 이미 쾌감(jouissance)으로 자리하였기 때문이다. 더군다나 내담자는 방어기제로 인하여 이야기에서 특정한 것들(죄의식이나 수치심을 불러일으키는 것들)은 아예 왜곡하거나 망각한 것으로 치부한다. 그것도 아니면 이야기 자체가 작화(confabulation)처럼 거짓으로 만들어진 것일 수도 있다.

치료에서는 참여자가 용기를 갖고 이야기에 거짓을 보태지 않고 이야기할 수 있는 환경을 만드는 것이 중요하다. 내러티브의 기능 중 플롯을 만드는 것은 내담자가 의식하지 않고 자유연상이나 공감을 할 수 있는 영역이다. 그냥 "이야기에서 이유가 빠져 있는 것 같은데요, 그것을 넣으면 이야기가 훌륭해지겠는데요."라고 할 수 있는 영역이므로 자연스럽게 치료에 응용될 수 있는 기능이다. 다시 말해 참여자가 주관적이긴 하지만 자연스런 분위기에서 자기 삶의 상처를 이야기할 수 있게 하는 기술이다. 그리고 "주관화"와 "다의성"의 기능은 문학치료에서 피드백을 할 때 내담자가 생산한 내러티브를 '있는 그대로' 보게 하고 판단하지 않게 하는 데 적용할 수 있다. 감정표현과 카타르시스의 기능 또한 마찬가지로 문학치료와 호환가능하다. 다만 부정적 감정이라 하여 금지시키거나 막는 것이 아니라 받아들여지는 여유 있는 분위기가 필요할 것이다. 치료사는 이야기에 너무 집중하지 말고 참여자의 정서나 행동구조가 잘 드러날 수 있도록 분위기를 만들어야 한다.

그러나 개인적, 사회적 정체성과 관련된 부분은 이성이나 교훈을 적용시킬 수 없는 부분이다. 이야기를 하면서 그 틈바구니에서 내담자가 무엇을 이야기하느냐를 주시하여 그 사람의 정체성을 확립해나간 하더라도 우리는 지배적인 이데올로기(과학적 사고방식, 긍정적 사고방식)나 검열 또는 규범에 따라 내담자를 강요해서는 안 되며, 내담자가 마치 어린아이가 되어 부모 앞에서 그 즐거움을 마음대로 표현할 수 있는 것과 같은 분위기를 만들어야 한다. 그리고 이야기를 하면서(나누면서) 치료사는 참여자의 성격구조에 대한 기본 자료를 찾아낼 수 있을지언정 그것을 발설해서는 안 된다.

---

30 브루스 핑크, 라캉과 정신의학, 맹정현 옮김, 민음사, 2002, 25쪽 참조.

그러면 내담자가 불안을 느끼거나 쾌감을 제어당하는 기분이 들기 때문에 방어기제에 직면하기 때문이다. 이야기는 세계의 이해에 대한 자료와 이성적 견해만 있는 것이 아니라 참여자가 대화하는 방식이 존재론적으로 기록되어 있다는 사실을 망각하면 안 된다. 내러티브의 기능 중 즐거움을 선사하고 자신의 삶을 알고, 자기 삶의 신화를 써 가길 원하는 유희적 기능이야말로 치료에 응용될 수 있는 최고의 기능일 것이다.

5. 연구방법으로서 '내러티브 탐구(narrative inquiry)'

Connelly와 Clandinin의 내러티브 탐구는 1990년 미국의 교육 연구 분야의 대표적인 학회지인 『Educational Researcher』를 통해 처음으로 내러티브 탐구(narrative inquiry)라는 용어를 사용하면서 질적 교육연구 방법의 하나로서 개념화 되었다. 삶이 곧 교육이라는 듀이(1938)의 교육에 대한 이해 속에서 삶의 경험에 관심을 가지고, Connelly & Clandinin(1990)은 '살아지는(lived) 인간 삶의 본성에 대한 이론적인 생각을 살아지는 교육적 경험으로 이용'(p.3)하려는 그들의 실천적 노력을 통해 내러티브 탐구를 질적 연구의 방법론으로서 고유한 영역을 구축해 왔다(김병극, 2012).

형식주의자들(formalists) 전통 속의 내러티브 탐구자들이 사회 현상을 보는 해석적인 렌즈를 기반으로 연구 참여자의 경험의 이야기를 탐구하는 반면, 클랜디닌과 코넬리의 전통 속에서 수행하는 내러티브 탐구자들은 참여자들의 경험 그 자체를 기반으로 그들이 살며 말하는 경험의 이야기를 탐구하고자 한다. 이것은 클랜디닌과 코넬리의 전통 속의 내러티브 탐구가 듀이의 경험의 이론을 바탕으로 경험을 이야기적으로 재개념화함에 따라 미리 짜여진 구조와 이론에 따라 경험을 범주화하기 보다는 경험 그 자체의 원리에 충실하면서 귀납적으로 경험적 지식을 도출하고자 하기 때문이다 (Clandinin & Connelly, 2000). 이처럼 클랜디닌과 코넬리 전통 속의 학자들은 해석적인 렌즈를 출발점으로 하기 보다는 살아지는 경험을 탐구의 출발점으로 하고 있다는 점에서 다른 전통 속의 내러티브 탐구자와 차별화 될 수 있을 것이다. 그들의 내러티브 탐구의 존재론적, 방법론적, 인식론적인 입장 또한 이와 같은 맥락에서 경험에 대한 가정을 출발점으로 이해될 수 있다. 이것은 경험에 대한 가정 속에서 내러티브 탐구 방법의 존재론적, 인식론적인 입장에 대한 이해가 확장될 수 있기 때문이다

(Clandinin & Murphy, 2009). 내러티브 탐구의 경험에 대한 가정은 내러티브 탐구의 정의에 잘 나타나고 있다. Connelly와 Clandinin (2006)는 다음과 같이 내러티브 탐구를 정의하고 있다.

　　사람들은 자신과 다른 사람들이 누구인가에 대한 이야기로 자신의 삶을 형성해 가며 이러한 이야기 속에서 자신의 과거를 해석한다. 이야기는 사람들이 세상으로 들어가기 위해 통하는 하나의 관문이며 이러한 관문에 의해 세상에 대한 그들의 경험이 해석되고 개인적으로 경험의 의미가 만들어진다. 내러티브 탐구는 경험을 이야기로 탐구하는 것이며 무엇보다도 경험에 대한 사고 방식이며...연구방법으로서 내러티브 탐구방법을 사용한다는 것은 연구자가 탐구하고자 하는 경험을 현상으로 이해하는 입장을 채용하는 것을 의미한다 (p. 375).

그들의 주장에 의하면 우리가 일상적인 삶을 살아가면서 겪게 되는 경험은 이야기를 말하는 것을 통해 자신이 혹은 타인이 누구인가를 해석하고 의미를 부여하게 된다. 그러므로 연구자가 내러티브 탐구를 연구방법으로 채용한다는 의미는 경험을 그러한 이야기적인 현상(storied phenomenon) 또는 실체(reality)로 이해하고자 하는 가정을 받아들인다는 것을 의미한다. 따라서 내러티브 탐구를 채용하는 연구자는 경험을 이야기적 현상으로 이해하므로 그 경험을 이야기적으로 탐구(Clandinin & Murphy, 2009)하기 위해 내러티브 탐구(narrative inquiry)방법을 채용함을 의미한다.

교육학자들은 삶에 관심을 두고 있다. John Dewey의 메타포를 빌리자면 삶은 곧 교육이다. 교육학자들은 교수·학습, 그리고 이것이 어떻게 일어나는지에 관심을 두고 있다; 그리고 그들은 다양한 삶, 가치, 태도, 신념, 사회 제도, 관례, 그리고 구조 등으로부터 야기되는 것과 이들 모두가 교수·학습과 관련되는 방법에 관심을 두고 있다. 우선 교육 연구자들은 교육학자들이며, 또한 우리는 사람들에 관심을 두고 있다. 사람들에 대하여 관심을 두고 있는 교육 연구자들은 그러한 의미에 있어서는 사회 과학에서 연구를 수행하고 있는 어느 누구와도 다를 바가 없다. 이들은 사람들을 대상으로 하는 학문들이다. 사람들의 삶과 이러한 삶이 어떻게 구성되고 경험되는가 하는 문제가 주된 관심사이다. 우리 사회 과학자들은 대규모의 이야기꾼들이며, 평범한 사람들의 행동과 사건(goings-on)에 대하여 관찰하고 참여하고 생각하고 이야기하고 글 쓰는 데 관심이 있다(소경희 외, 2007).

하지만 만일 연구자로서 우리들의 관심이 살아있는 생생한 경험, 즉 삶과 삶이 경험되는 방식에 있다고 한다면, 우리의 연구 대화가 어떻게 학생 반응을 측정하는 것에 초점을 두게 될 것인가? 교육 경험이 어떻게 이런 식으로 측정될 수 있는 것으로 여겨지게 되는가? 모든 사물, 사람, 그리고 사건 등을 이해할 때, 경험에 관한 연구를 측정의 이슈를 고려하는 문제로 환원시켜버리는 것은 현재도 진행 중인 줄거리이며, 특히 그러한 줄거리는 교육연구나 아마도 사회과학 연구의 강력한 흐름의 일부로 볼 수 있다.

Lagemann(1996)은 그녀의 에세이인 "Contested Terrain: A History of Educational Research in the United States, 1890-1990."에서 비슷한 점을 지적하고 있다. 이 에세이는 집필 중인 그녀의 저서 『John Dewey's Defeat: Studying Education in the Research University 1890-1990』를 토대로 하였다. 이 책 제목 자체는 경험(Dewey의 교육에 관한 견해에 매우 일치하는)에 관한 아이디어가 어떻게 교육 연구에 관한 연구 활동에서 방향을 잃어버리게 되었는지에 대하여 말해주고 있다.

Lagemann에 따르면, 1900년대 초의 교육 연구는 "경험적 데이터로부터 일반화를 도출하는 것을 가치롭게 여기고, 논리나 사색에 기반을 둔 지식을 경멸하는" 풍토가 되었다(1996, p. 5). 이러한 풍토에서 기대할 수 있었던 초기의 교육 연구물들은 상당히 포괄적이고 인구 통계 조사와 같은 탐구가 되는 경향이 있었다. Lagemann에 따르면, 이러한 초기 연구 활동들을 가능하게 한 것은 검사와 통계 도구였다. "연구자들은 이것들을 활용하여 학생들의 성취도와 수업비용을 측정하고, 이 문제에 대한 통계적인 비교 분석을 통하여 어떠한 수업이 가장 효과적이고, 가장 적은 비용이 드는지, 그리고 가장 효율적인지를 결정하였다"(1996, p. 6).

교육 연구에서 최근 부상하고 있는 흐름은 "숫자에 대한 경외심"을 가진 다른 사회과학 연구의 맥락에서 만들어진 것이었다. 사회과학 연구에서 중요하게 된 것은 숫자와 측정이다. 검사와 통계 도구들이 그러한 연구를 가능하게 만들었으며, 이것들은 정부 기관과 정책 결정자들에게 관심을 끌었고 연구자들에게도 연구에 참여하는 하나의 수단, 즉 연구 방법으로서 호소하였다. 경험, 즉 삶은 교육연구자들이 선다형 검사 결과를 평가함으로써 여러 다른 나라 학생들의 성취를 비교 연구하기 훨씬 오래 전부터 그러한 방식으로 연구되기 시작했던 것이다. 이것이 바로 당시 교육 연구의 흐름, 즉 1900년대 초에 확립된 많은 사회과학 연구의 흐름이었다.

Dewey가 했던 것처럼 만일 우리가 연구를 경험에 관한 연구로 생각한다면, 사회과학 연구를 위한 흐름은 어떤 것이 될 수 있을까? 사회과학은 인간 그리고 인간간의 관계 및 인간의 환경과의 관계에 관심이 있다. 그 자체로 사회과학은 경험에 관한 연구에 근거를 두고 있다. 그러므로 경험은 모든 사회과학 탐구의 출발점이며 핵심 용어이다.

Dewey에게 있어서 교육, 경험, 그리고 삶은 복잡하게 뒤얽혀 있다. 교육을 연구한다는 것이 무엇을 의미하는가를 물었을 때, 가장 일반적인 의미에서 그 대답은 경험을 연구하는 것이다. Dewey에 따르면, 교육에 관한 연구는 삶에 관한 연구이다. 예를 들면 그것은 어떤 사물이나 본질에 대한 직관이나 통찰, 전례나 풍습, 관례, 메타포, 그리고 일상의 행동들에 관한 연구이다. 우리는 삶에 관한 사고로부터 교육에 대하여 배우며, 교육에 관한 사고로부터 삶에 대하여 배운다. 경험에 대한 이러한 관심과 교육을 경험으로서 생각하는 것은 교육자들이 학교에서 하고 있는 일의 일부이다.

연구자내지 교육자로서 우리의 이야기는 사회과학 연구 전체에 걸쳐 영향을 미친다. 이것이 바로 연구자들이 교육받는 방법이요, 연구자들이 자신의 연구를 수행하는 방법이며, 교사들이 그들의 삶에서의 연구의 역할에 관하여 생각하도록 배우는 방법이다. Lagemann(1989)은 다음과 같이 썼다. "나는 종종 학생들에게 Thorndike가 이기고 Dewey가 졌다는 점을 깨닫지 못한다면, 20세기 미국 교육사를 이해할 수 없다고 주장했다"(1989, p. 85). Thorndike는 행동의 관찰에 토대를 둔 교육과학의 아이디어를 대중화시킨 교육 심리학자였다. Cuban(1992)에 따르면, 그는 북미 교육연구 사상에서 주도적인 인물이었다. Doyle(1992)은 Thorndike가 사회학, 경영학, 그리고 전문화 분야에서 제기된 Rice와 Taylor의 사회적 효율성 운동(social efficiency movement)에 심리학적 기반을 제공했다고 언급했다. 우리는 Dewey와 Thorndike 간의 경쟁을 사회과학 연구를 하는 방법에 관한 두 이야기 간의 경쟁으로 본다. Thorndike가 만든 이야기는 타당한 이야기로서 널리 인정되고 당연시되었기 때문에 우리는 그것을 사회과학 탐구의 "거대 담론(grand narrative)"이라고 부른다.

우리는 교육연구를 진행해 나감에 따라 이와 같이 경험을 외면하는 상황에 처하게 되었다(비록 우리가 그 당시에는 이것을 깨닫지 못했었지만 말이다). 우리는 우리가 관심을 갖는 것을 양화시키고 있다는 점을 깨달았다. 물론 우리가 경험을 양화시켰기 때문에 그 경험의 풍부함과 표현은 제거되었다. 하지만 이유가 무엇이든 간에, 즉 형식적인 교육 때문이든, 양육 때문이든, 우리 각자가 삶을 살아가는 방식 때문이든, 혹은 또 다른 이유 때문이든 간에 경험에 대한 우리의 관심은 여전했다. 우리의 교육연구와 매우 유사하게 보이는 분야인 심리학, 사회학, 행정학, 철학 등의 연구에는 우리의 삶과 연구에서 경험을 이해하려는 지속적인 관심을 뒷받침해줄 만한 것이 거의 없었다.

결국, 내러티브가 경험을 이해하는 방법이 되었다. 우리의 내러티브에 대한 흥분과 관심은 우리의 관심에 그 기원을 두고 있다. 우리의 관점으로서 내러티브를 채택하면서, 우리는 경험이 무엇이고, 그것이 어떻게 연구되어 연구자들의 텍스트에 표현될 것인지를 생각해보는 데 기초가 되는 타당한 판단 기준, 삶, 그리고 근거 등을 가질 것이다. 이러한 관점에서 보면, 경험은 사람이 살아가는 이야기다. 사람들은 이야기를 살아간다. 그리고 사람들은 이러한 이야기를 말하면서 그 이야기를 다시 재확인하고 수정하며, 새로운 이야기를 만들어 낸다. 경험되고 말해진 이야기는 젊은이들이나 신진 연구자들과 같은 사람들을 포함하여 자신 및 다른 사람들을 교육시킨다(Clandinin and Connelly, 1994).

후기 실증주의자들 또는 실증주의자들이 인간 경험 밖에 존재하는 실체를 지식의 본질로 전제하고 그 실체의 본질이 무엇인지를 규명하고자 한다. 즉, 인식론적인 물음을 출발로 존재론적인 입장에 도달한다. 그러나 내러티브 탐구자는 존재론적인 물음을 출발로 인식론적인 입장에 도달한다. 이것은 내러티브 탐구자가 '듀이의 존재론적인 입장을 따르면서...인간의 삶의 기류 속에 녹아있는 인간의 경험에 관한 지식에 집중한다'(Clandinin & Rosiek, 2007, p. 44)고 주장하기 때문이다. 내러티브 탐구의 존재론적 입장과 관련하여 Clandinin & Rosiek(2007)은 '경험은 모든 탐구들-내러티브나 다른 탐구들-을 수행하게 되는 근본적이고도 존재론적인 범주'(p.38)임을 주장하면서, 듀이의 경험의 이론(theory of experience)을 경험의 존재론(ontology of experience)으로 이해하면서 내러티브 탐구의 존재론적인 입장을 뒷받침하고 있다. 듀이(Dewey, 1938)의 경험의 이론에 따르면 '모든 경험은 앞서 지나간 것으로부터 무엇을 얻으며 다음에 올 것의 질을 어떤 식으로든 변형'(p. 35)하며 '개인, 사물들, 그리고 다른 사람들 사이에 진행되는 것으로 개인과 그 개인의 환경을 구성하는 것 사이의 교변작용(transaction)'(p.43)이 일어남에 따라 경험은 수직적인 연속성과 수평적인 상호작용성을 지니며 이러한 두 가지 속성은 서로 분리될 수 없는 동시에 경험의 가치를 판단하는 원리로 이해된다.

이러한 경험의 이론(또는 경험의 존재론)을 바탕으로 클랜디닌과 코넬리는 경험을 이야기적 현상으로 가정함으로써 내러티브 탐구의 존재론적인 입장을 설명하고 있다. 그러므로 내러티브 탐구자들은 듀이의 경험의 존재론을 전제로, 다시 말하면 교변적 속성을 지닌 경험의 본질을 전제로 지식의 본질에 도달한다. 듀이의 경험의 존재론과 인식론과의 관련성에 대해 Clandinin과 Rosiek(2007)은 다음과 같이 주장하고 있다.

> 탐구를 통해 도달하고자 하는 통상적인 이상은 단지 연구자와 독립된 실체를 충실히 재현해 내는 것이 아니다. 탐구를 통해 도달하고자 하는 이상은 인간과 자신의 환경들-자신의 삶, 자신이 속한 공동체, 나아가 세계-과의 새로운 관계성을 만들어 내는 것이다. 즉 '인간과 자신의 환경들을 다루는 새로운 방법을 만드는 것' (Dewey, 1981, p.175)....이러한 지식에 대한 시각 속에서 우리가 구현하는 것은 경험으로부터 유래하고 있으며 우리가 구현한 것의 타당성을 찾기 위해 반드시 유래한 경험으로 다시 귀결되어야 한다.(p.39)

클랜디닌과 로지엑의 주장에서 알 수 있듯이, 그들의 지식의 본질에 대한 시각은 환경과 계속적으로 상호작용적인 속성을 지닌 개인의 경험이 구성하는 새로운 관계성을 통해 구현될 수 있는 경험적 지식으로 이해된다. 그러므로 내러티브 탐구자는 교변적인 속성을 지닌 개인의 경험으로 이해되는 관계적 존재론적(relational ontological) 입장을 바탕으로 참여자가 자신의 경험을 구성하고 재구성할 수 있도록 방법론적으로 도와줌에 따라 계속적으로 구성하게 되는 경험을 지식의 본질로 이해할 수 있다. 따라서 내러티브 탐구에서 참여자는 연구자와 계속적인 상호작용을 통해 발전되어가는 관계성 속에서 살며, 다시 이야기(retelling)할 때, 참여자의 경험은 자신의 관계성, 시간성, 장소에 의존하여 구성되고 재구성되는 이야기적 구성체(narrative composition)로 이해될 수 있다. 이러한 이야기적 구성체는 참여자와 연구자의 관계적 존재론을 바탕으로 방법론적인 입장을 통해 지식으로 구현됨에 따라 그러한 지식은 참여자와 연구자에게 경험화된(experiential), 스토리화된 (storied), 맥락화된 (contextual), 체화된 (embodied), 윤리적인 (moral), 감정이 내포된 (emotional), 또한 상황적 (conditioned) 속성의 공유된 지식으로 이해될 수 있다.

클랜디닌은 내러티브 탐구자들이 내러티브 탐구를 하나의 탐구 자체로 보기 보다는 삶을 살아가는 한 방식으로 이해하기를 원하고 있다. 이것은 내러티브 탐구에서 연구자와 참여자가 비단 연구를 통해 맺어진 탐구자와 연구대상자에만 국한된 관계성보다는 연구를 통해 각자가 상대방의 삶을 자신의 전체적인 삶의 일부에 재 위치시킴으로써 서로에게 의미를 부여하며 살아가는 방식으로 이해하기 때문이다(Clandinin & Murphy, 2009). 이점에서 그들의 내러티브 탐구의 전통에 따라 연구를 수행하고자 하는 연구자들이 내러티브 탐구의 존재론적, 인식론적, 방법론적 입장을 연구를 통해 충실히 구현하기 위해서는 방법론 자체에 얽매이기 보다는 그들의 존재론적 시각에서 '교사와 학생의 삶이 공유되는 삶의 기술체'(Clandinin & Connelly, 1992, p. 392)로 이해되는 삶의 과정으로서 교육과정을 보는 시각에 관심을 갖고 타자와의 관계성 속에서 자신이 누구인가를 알아가는 방식을 이해하려는 노력에 중점을 두어야 하는 이유이기도 하다.

■ 참고문헌

강현석 · 이영효 · 최인자 · 김소희 · 홍은숙 · 강웅경 공역(2009). 내러티브, 인문과학을 만나다, 서울: 학지사.

김병극(2012). "내러티브 탐구에서 내러티브 기술체 구성의 실제와 그 의미". 내러티브와 교육학의 만남, 한국내러티브교육학회 및 경북대학교 내러티브융복합팀 학술대회 발표자료집, 97-115.

김호연(2012). 역사리텔링과 상흔의 치유: 구술사 활용을 중심으로. 인문학연구, 31-54.

김호연 · 엄찬호(2010). 구술사를 활용한 인문치료의 모색. 인문과학연구, 24. 361-383.

박민정(2013). 내러티브와 교육학의 만남. 내러티브와 교육연구, 1(1), 25-50.

변학수(2012). "내러티브의 기능과 문학치료". 내러티브, 문학, 그리고 정신건강의 융합, 한국내러티브교육학회 및 경북대학교 내러티브융복합팀 학술대회 발표자료집, 5-17.

성승모(2012). "내러티브 치료와 정신의학". 내러티브, 문학, 그리고 정신건강의 융합, 한국내러티브교육학회 및 경북대학교 내러티브융복합팀 학술대회 발표자료집, 23-46.

소경희 · 강현석 · 조덕주 · 박민정(2007). 내러티브 탐구: 교육에서의 질적 연구의 경험과 사례, 서울: 교육과학사.

송재홍(2003). 학교상담의 새로운 시좌. 서울: 학지사.

유성자(2012). "이야기치료적용 집단상담 연구". 내러티브, 문학, 그리고 정신건강의 융합, 한국내러티브교육학회 및 경북대학교 내러티브융복합팀 학술대회 발표자료집, 47-73.

이흔정(2003). 내러티브 교육과정의 적용에 관한 연구. 고려대학교대학원 박사학위논문.

장사형(2012). "내러티브와 인간학의 방향". 내러티브, 교육, 그리고 IT의 융합, 한국내러티브교육학회 및 경북대학교 내러티브융복합팀 학술대회 발표자료집, 3-20.

전경란(2012). "이야기 기술의 발달과 디지털스토리텔링". 내러티브, 교육, 그리고 IT의 융합, 한국내러티브교육학회 및 경북대학교 내러티브융복합팀 학술대회 발표자료집, 217-250.

정영근(2000). 인간이해와 교육학. 서울: 문음사.

최민수 역(2010). 이야기 치료, 궁금증의 문을 열다. 서울: 시그마프레스.

최호근(2013). 내러티브와 역사교육, 역사교육, 125집, 95-128.

황임경 · 김호연(2013). 구술사와 서사 의학의 만남, 그 시론적 탐색. 의사학, 제22권 제2호(통권 제44호) 357-388, 2013년 8월.

Baldock, P.(2006). The place of narrative in the Early Years Curriculum: How the tale unfolds. Taylor & Francis Group.

Bruner, J. S., "Life as Narrative", Social Research, 54(1), 11-32, 1987.

Bruner, J. S., Acts of meaning. Cambridge. MA: Harvard University Press, 1990.

Bruner, J. S., Actual Minds, Possible Worlds. Cambridge, Mass.: Harvard Univ. Press, 1986.

Bruner, J. S., Making Stories: Law, Literature, Life. New York: Farrar, Straus and Giroux, 2002.

Bruner, J. S., The culture of education. Cambridge, Mass.: Harvard Univ. Press, 1996.

Charon, R., Narrative Medicine: Honoring the stories of illness. Oxford University Press, 2006.

Polkinghorne, D. E., Narrative Knowing and Human Science. Albany: SUNY Press, 1988.

VII. 내러티브 인식론 기반의 새로운 인문사회과학의 아젠더 설정

내러티브 과학(narrative science)의 창안

이장에서는 내러티브 인식론에 기반하여 새로운 인문사회과학의 아젠더를 설정해보려고 한다. 그것은 내러티브 과학을 새롭게 창안하는 작업이다. 이를 위하여 내러티브학의 새로운 가능성을 크게 세 가지 측면에서 살펴보고, 그에 따른 새로운 정보 시대에서의 인문과학의 문제를 재조명해본다. 그리고 미래사회에서 차지하는 내러티브의 문제를 조망해보고, 마지막으로 새로운 장르로서 내러티브학의 창안을 시론적으로 시도해본다.

1. 인간과학(Human Science)으로서 내러티브학의 새로운 가능성

가. 내러티브의 도래와 지식의 변화

(1) 내러티브 전회(narrative turn)

최근 몇 년 동안 다양한 학문 분야에서 내러티브에 대한 논의가 활발히 이루어지고 있다. 문학이론, 역사학, 인류학, 드라마, 미술, 영화, 신학, 철학, 심리학, 언어학, 교육학을 위시하여 심지어는 진화론적 생물학에서조차 내러티브론(narratology)이라는 용어가 쓰이고 있다(Connelly & Clandinin, 1990: 2). 내러티브 연구는 이제 문학연구가들이나 민속학자들만의 영역이 아니라 인문·사회과학과 자연과학의 모든 분야에서 공유되는 지적 통찰이 되었다(Mitchell, 1981). Barth는 내러티브는 어디서나, 어느 사회에서나, 항상 있어 왔으며 "인간은 이야기하는 동물"이라고 말한다(Barth, 1966: 14, Polkinghorne, 1988에서 재인용). MacIntyre(1985)는 내러티브는 시인이나 극작가, 소설가의 전유물이 아니라 모든 인간이 삶을 이해하는 기본 원리이며, 인간은 이야기를 통하여 자아를 구성한다고 주장한다. Coles(1989)에 따르면, 우리는 각양각색의 이야기를 통해서 서로 다른 사람들이 처해 있는 상황, 문화, 생각뿐만 아니라 좋은 행위와 그렇지 못한 행위, 옳은 행동과 옳지 않은 행동, 그 사이에 존재하는 윤리적 딜레마 등에 대해서 배운다. 우리는 이야기를 통하여 자신과 타자를 관련짓고, 인간과 자연을 관조하고, 세상과 역사를 이해하며, 삶에 의미를 부여한다(박민정, 2012).

이와 같이 내러티브가 경험을 조직화하고 이해하는 가장 근본적인 수단이라는 사실에도 불구하고 우리는 내러티브를 '지어낸 이야기' 또는 '허황된 이야기'로 간주할 뿐만 아니라 내러티브는 단지 현실을 재현 또는 모방한다고 봄으로써 그것이 존재의 가능성을 창조하고, 표현하고, 드러내는 주요 수단이라는 점을 간과해왔다. 보편성과 객관성을 추구하는 근대 인식론 속에서 거대 담론(meta-narrative)만이 강조되면서 일상적인 삶의 이야기의 중요성은 과소평가되어 왔고 교육은 패러다임적 사고만을 강조하는 방향으로 이루어져 온 것이다.

그러나 최근 들어 포스트모던 담론이 영향력 있는 담론으로 떠오르면서 교육현장을 이해하고 해석하는 시각들도 많이 변화되었다. 과거의 교육에 대한 논의의 핵심을 이루던 보편성, 획일성, 안정성, 합리성의 논리들이 비판받으면서 인간의 다양한 앎의 방식과 다차원적인 삶의 측면들을 이해하고 표현하는 다양한 표상형식들에 대한 관심이 확대되고 있다. 이러한 교육에 대한 논의의 흐름 속에서 내러티브에 대한 인식론적, 교육적 관심이 부각되기 시작했다. 내러티브는 인간이 경험을 조직화하고 이해하며 지식을 구성하는 주요 사고양식이라는 점이 강조되면서 내러티브와 관련된 연구가 활발히 진행되기 시작했다.

우리나라에서도 내러티브에 대한 관심이 증가하면서 내러티브와 관련된 연구들이 여러 측면에서 이루어지고 있다. 이들을 크게 나누면 교수-학습 방법으로 내러티브의 활용을 다룬 연구논문, 교사교육에서 교사로서의 전문성을 발달시키는 수단으로 내러티브를 보는 논문, 내러티브 탐구방법을 소개하는 연구논문, 내러티브 탐구양식을 활용한 경험연구 등이 있다.

(가) 내러티브를 통한 인간 이해 방식

인간에 대한 탐구에서 의식(consciousness)에 대한 연구는 심리학의 주요 과업이었다. 1870년대 과학으로 출발한 심리학적 연구는 단일의 과학적인 방법이 학문에 의해서 이용될 수 있다는 이상에 기초하여 왔다. 즉 모든 신뢰할만한 지식은 정확하게 동일한 인식론상의 원리로 생성된다는 것이다. 특히 1920년대에서 1960년대까지의 행동주의 심리학으로 대표되는 주류 심리학은 의식을 연구하는 것을 포기하고, 대중들이 직접 지각할 수 있는 것들에 의식의 데이터를 제한하였다(장사형, 2012).

그러나 지난 30여 년간에 걸쳐, 세계에 존재하는 대상이나 사물로서의 인간에 대한 연구에서 마음이나 의식에 대한 연구로 초점의 변화가 있었으며, 이러한 변화는 인간의 정신 능력, 즉 지각하고 기억하고 유추하는 등의 수많은 것들을 인지라고 불리는 복잡한 체제로 조직화시켰다. 인지과학에서 가장 많이 연구되어 온 주제는 지각과 인식, 재생과 기억, 언어의 생산과 수용에서 인지적 활동의 역할이었다. 요컨대 인지과학은 세계의 대산들을 연구하기 위해 동일한 탐구도구를 가지고 의식의 행위에 대한 연구에 접근하여 왔다(Polkinghorne, 1998; 강현석 외 (역), 2009: 34-35).

의미 연구에 대한 연구는 모든 탐구에서 가장 기본적인 것임에도 불구하고, 의미 연구에 내재한 난점들로 인하여 적용가능성이 제한된 방법을 사용하는 것은 인간의 존재에 대한 범위를 탐구하는 데 있어서 인문과학의 성공을 제한하고 있다. 이와 관련하여 Bruner(1990)는 비평가들의 주장을 빌어, 인간의 마음에 대한 연구에서 '객관주의'로 표현되는 인지과학적 설명이 마음의 개념을 탈인간화시켜 버리는 것을 감수하면서까지 일종의 공학적 성공을 쟁취하였으며, 그로 인해 인지과학은 다른 인간과학과 인문학으로부터 심리학의 많은 부분을 소원하게 만들어버렸다고 비판한다. 그리고 지난 수년 동안 인류학, 언어학, 철학, 문학 이론, 그리고 심리학에서 번성해 오고 있는 '의미 만들기'에 관련된 인지문제에 대해 더욱 해석적인 접근을 시도하고 있는 일련의 움직임을 '인지 혁명'(cognitive revolution)으로 언급하면서, 이 인지혁명을 심리학의 핵심개념으로서의 의미, 즉 자극과 반응이 아닌, 명백히 관찰할 수 있는 행동도 아닌, 그리고 생물학적 욕구와 그것들의 변형도 아닌, 그 의미를 확립하기 위해 총력을 다하는 전면적인 노력으로 상정한다(Clandinin, 2007, 강현석 외 (역), 2011: 24-25). 인지혁명의 목적은 인간이 세계와 접촉한 데서 만들어낸 의미를 발견하고 형식적으로 기술하는 것이었다. 그리고 나서 그 어떤 '의미 만들기' 과정이 연관되는

지에 대한 가설을 제안하는 것이었다.

이러한 인식론적 변화의 중심에 내러티브가 있다. 내러티브가 인간생활에 가지는 중요한 의미는 자연스러운 이야기 욕구를 통하여 인간의 삶과 행위를 이해할 수 있다는 것이다. 또한 인간의 경험이 이야기 형식을 통해서 비로소 의미를 부여받게 된다는 점이다. 내러티브로서 이야기는 단순한 사건들 그 이상이며, 인간의 삶에서 특정 경험들은 이야기 상황으로 구성됨으로써 나름대로의 정당성과 의미를 부여받는다.

우리의 존재와 행위에 대한 이해는 우리가 우리의 행위와 표현들을 안내하는 데 출발점이 되는 경험을 한 영역이나 삶을 산 영역을 만들어낸 구조에 대한 지식을 필요로 한다. 따라서 의미 영역에 대한 연구는 특히 인간 경험을 설명하는 데 관련된 학문에 핵심적으로 중요하다. 인간 경험, 나아가 인간존재의 본질을 설명하는 하나의 방법으로서 의미 영역에 대한 연구는 결국 인간의 의식, 혹은 사고과정에 그 초점을 맞춘다. 인간의 사고양식은 의미 내지 지식을 조직하는 구조이다.

Bruner는 실재를 구성하고 경험을 배열하는 상이한 방법을 제공하는 두 가지 양식의 인지적 작용, 즉 두 가지 사고양식이 있음을 말하고, 이를 각각 "좋은 이론, 엄격한 분석, 논리적인 증거, 건전한 논증, 추론적인 가정을 이끌어 내는 경험적인 발견"을 가능케 하는 '패러다임적 사고'(paradigmatic thought)와 "좋은 이야기, 마음을 사로잡는 드라마, 반드시 진리인 것은 아니지만 믿을 수 있는 역사적인 설명"을 가능하게 하는 '내러티브적 사고'(narrative thought)로 구분하였다(Bruner, 1986: 13).[1]

패러다임적 사고는 이론적, 형식 논리적, 추상적, 그리고 일반적인 진술로 구성된 과학적 사고라고 할 수 있으며, 사고의 진위에 대한 검증이 가능하고, 구체적인 상황적 맥락에 의해서 논리가 좌우되지 않는다. 이 사고의 용어는 일관성과 비모순성의 원칙에 지배를 받는다. 아이들을 이 사고에 바탕을 둔 생각과 행동을 하도록 교육을 받는다. 반면에, 내러티브 사고는 사람들 간의 관계 맥락, 교류 상태, 행위의 의도 등

---

1 내러티브 심리학 영역에서 Bruner는 "앎의 내러티브적 양식"으로 불리는 내러티브 접근의 권위자로 불린다. 그는 자서전, 이야기, 그리고 삶의 내러티브에서의 심리학적 연구에 대한 중요한 틀을 제공해 주었다. Bruner는 앎의 내러티브 양식은 인간 사고에서 중심적인 형식으로서 기능을 한다고 주장했다. 더 나아가 이들 양식은 자아와 정체성 구성에서 핵심적인 역할을 한다. 이러한 아이디어들은 특히 경험주의, 실험연구, 통계가 심리학과 거의 동일시되던 전통을 고려해 볼 때, 심리학 분야에 특히 미국에서 인식론적 도전을 가져왔다. Bruner는 우리에게 내러티브, 특히 면접을 통해 인간 삶을 탐구하도록 허락함으로써 그러한 연구들이 심리학이라는 학문 영역의 일부분이 되도록 해 주었다(Clandinin, 2007, 강현석 외 (역), 2011: 140).

을 묘사하고 있기에 구체적이고 상황 특수적인 사고이다. 그리고 이것은 사람과 그들의 행위, 행위 의도, 목적, 주관적 경험에 초점을 맞추고 있으므로, 맥락적 상황에 따라 다르게 나타난다.[2]

이 두 가지 사고양식은 상호 보완적이지만, 서로 환원될 수는 없다. 하나의 양식을 다른 것으로 환원하거나 하나만 사용하고 다른 쪽을 무시하면, 우리 주위에서 벌어지는 사건들을 이해하거나 설명할 때 풍성하고 다양한 사고를 포착하는 데에는 실패할 것이다.

그런데 근대 인식론의 영향으로 현대 교육은 전반적으로 패러다임적 사고만 중시하고, 인간의 삶의 심층적인 모습을 이해하려는 목적을 가진 내러티브적 사고는 도외시해 왔다. 내러티브는 의식적으로나 무의식적으로 자신이 알고 있는 것을 말할 수 있도록 해 준다. 그리고 현실을 새롭게 바라보고 구성할 수 있도록 해 준다. 그러한 과정을 통하여 현실을 더 깊고 의미 있게 이해할 수 있다. 내러티브는 혼란 상태의 사건들을 선택하고, 조직해서 다양한 요소들을 의미 있는 경험으로 묶을 수 있는 틀을 제공한다. 이러한 의미에서 내러티브는 현실의 의미를 이해하는 방식이며, 지속적으로 삶을 채우는 사건들의 의미를 이해하는 방식이다.

사실, 심리학에서 내러티브 연구는 그다지 새로운 것이 아니다. James(1901/1994)는 "살아 있는 활동 속에서의 인간 마음의 다양성"을 이해하고자 하는 노력으로 내러티브 연구의 정신을 심리학에서의 신생 영역으로 인지했었다. 1930년대에서 1960년대에 이르기까지 개인의 삶의 심리학을 탐구하는 주요 촉매제가 된 것은 Murray(1938)의 인간학적 심리학(personology)[3]인데, 그의 학생이었던 White(1952)와 Allport(1937), 그리고 그의 동료들은 개별 사례 방법과 개인별 기록을 자신들의 연구에 활용하고 있었다. 이후 내러티브 심리학을 개념화하는 문헌은 지난 수세기 동안 확산되어 왔다

---

2 한승희는 이 내러티브 사고를 다음과 같이 좀 더 해석학적으로 설명한다. 패러다임 사고와 내러티브 사고는 각기 다른 목적을 염두에 두고서 서로 다른 '세계 만들기'를 수행한다. 전자가 인간의 의도와 무관한 불변의 세계를 만든다면, 후자는 독자의 관점에 따라 변화하는 예측 불가능한 세계를 다룬다. 전자가 사물과 사건들의 불변성에 연결된 '존재'의 세계를 만든다면, 후자는 삶의 요구들을 반영하는 '인간적' 세계를 이해하려 한다. 진위 검증을 요구하는 전자와는 달리 후자는 옳다고 느끼거나 상상할 수 있는 어떤 관점과 부합되는 설명을 요구한다. 그리고 전자가 우리의 바깥 세계를 지향한다면 후자는 세계에 대한 관점과 입장을 추구한다. 바로 이 둘은 실재를 구성하는 두 가지 상이한 모델이다(1997: 404).

3 인간학적 심리학은 주제통각검사 등과 같은 도구로 개인의 내러티브를 탐구하도록 고안된 방법을 사용하여 성격적 특성들이 어떻게 사회적 가치와 개인적 역사에 의해 영향을 받는지를 이해하려는 시도였다.

(Clandinin, 2007; 강현석 외 (역), 2011: 139-140).

내러티브의 기초가 되는 것은 인간들이 갖는 의도성이다. 우리 각자는 자신의 의도에 따라 삶에서 경험하는 사건들을 이해한다. 교육적인 상황에 있어서 내러티브는 학습자들에게 의미를 만들어 주는 수단으로써, 삶에서 경험하는 사건이나 체험을 이해하고, 전달하는 효과적인 도구로 사용될 수 있는 것이다. MacIntyre(1984)는 "인간은 근본적으로 이야기를 말하는 동물"이라고 지적하면서, 내러티브는 시인과 극작가와 소설가들의 전유물이 아니라고 한다. 왜냐하면 우리는 내러티브에 의해 우리 자신의 삶을 이해하고, 삶을 내러티브로 살기 때문이다. 이는 곧 인간은 이야기를 통해서 자아를 구성하고 이야기적 삶의 관계망 속에서 살아간다는 것을 의미한다. Taylor(1989) 또한 인간 존재를 '자기 해석적 (self-interpreting) 동물'로 보고 있는 바, 인간으로서의 정체성은 그들의 언어적 공동체의 기반에서 도출된다는 것이다. 인지과학자인 Shank와 Abelson(1995)도 인간의 지식 체계는 이야기 구조로 구성되었다고 한다. 모든 지식이 전부 이야기 구조로 되어 있는 것은 아니지만, 대부분의 사회적 지식이 이야기 구조를 지니고 있다는 주장은 폭넓게 받아들여지고 있다(Baumeister & Newman, 1994; Graesser & Ottati, 1995, 이현정, 2003: 19-20에서 재인용).

이러한 주장들과 관련하여, 우리가 지적해 볼 수 있는 것은 우리가 삶에서 어떤 사건들을 순서에 따라 이야기한다고 하였을 때, 그것은 우리의 경험을 있는 그대로 기술하는 것이 아니라는 점이다. 내러티브화 작업은 필연적으로 최초의 즉각적인 경험을 변형하게 마련인 것이다. Ricoeur가 주장한 것처럼 '이야기를 내러티브화 한다는 것은 이미 이야기된 사건에 대해 반성하는 것'(Tappan, 1990: 246)이다. 이야기를 말한다는 것은 최초의 즉각적인 경험을 역사적으로 그대로 기술하는 것이 아니라, 특정한 방식으로 경험을 구조 짓는 것이며, 삶의 내용과 계속성에 형식을 부여하는 방식에서 경험을 구조 짓는 것이다. 그리하여 Bruner는 우리의 삶을 열거한다는 것은 해석학적인 작업이라고 말한다. "삶은 그것이 어떠했는가가 아니라, 그것이 어떻게 해석되고, 재해석되고, 말해지고, 되풀이 되는가이다."(1987: 36). 우리의 삶에 대해 말한다는 것은 일어났던 것에 대한 단순한 기록으로서가 아니라, 우리의 경험을 계속적으로 해석하고 재해석함으로써 우리의 삶을 만들게 된다는 것이다(이흔정, 2003: 20-21에서 재인용).

논리 실증주의적 전통에 서 있는 과학자들은 진리 또는 진실이라고 볼 수 있는 항상성에 미리 주어진 대상이 있다는 관점을 갖고, 대상과 대상의 관계 또는 대상의 불변하는 속성을 밝히려고 노력한다. 이들이 보기에, 관찰자와 대상은 독립적이며, 관찰자가 대상에 영향을 주지 않음으로써 대상들의 관계에 대한 보편적인 법칙이 발견될수 있다. 그러나 사람들의 인식 체계는 상황마다 다르고, 개인 혹은 집단마다 다를수 있다. 객관주의에 대립하는 주관주의는 문화와 개인의 경험에 따라 구성되는 내적정보처리 구조에 의해서 자극에 대한 해석이 변한다는 관점을 지칭한다.

인간은 세계에 대한 경험을 통해 앎을 얻고, 삶의 방향을 설정한다. 그런데 일상현실의 경험에 대해 특별한 주의를 기울이지 않게 되면 그것은 그대로 잊혀져 흘러가버리고 만다. 인간은 그러한 무의미함을 극복하기 위해 삶과 존재의 의미를 찾는다.인간은 끊임없이 반성적 사고를 통해 경험에 의미를 부여하는 행위를 지속한다. 이러한 의미에서 인간은 끊임없이 내러티브를 수행하는 존재인 것이다.

요컨대, 내러티브는 하나 혹은 일련의 사건에 질서를 부여한 담론 형식으로서 인간이 세계를 이해하고 구성하는 매개로 작용한다. 세계를 이해함에 있어, 인간은 세계를자신과 분리할 수 있는 객관적 대상이 아니라 자신이 속해 있는 어떤 것으로 받아들이기 때문에 세계는 인간의 경험과 동시에 존재하게 된다. 그러므로 내러티브는 경험을 이해 가능한 형식으로 변형함으로써, 자신의 삶과 세계를 구성하고, 타자와 의미를공유하도록 해 준다. 인간은 내러티브 사고를 통해서 자신의 삶과 자아를 구성해 나가며, 다른 사람의 삶과 행위를 이해할 수 있다.

(나) 근원적 은유로서 내러티브

Hopkins(1994: 187-196)는 인간 행동과 경험, 학문 탐구를 이해하는 데에 내러티브를 근본적 은유(narrative as root metaphor)로 규정하고 있다. 이와 관련하여 Donald Polkinghorne(1988)은 다음과 같이 적고 있다:

> 내러티브는 사건을 한데 모아 줄거리를 만드는데 이야기의 주제와 관련되는 사건은 중요성과 의미(signification)를 부여받는다. 줄거리는 여러 사건을 하나의 통일체로 형성하고, 그 사건들은 단순히 연속적이거나 독립된 우연적 사건에서 전체적인 주제(theme)에 공헌하는 의미 있는 사건으로 변형된다. 개별 단어의 의미와 기능이 그 단어가 들어있는 문장이 이해될 때 명확해지는 것과 같이 개별 사건의 의의는 그것이 속해 있는 줄거리를 이해할 때 분명해진다. (p.143)

의미를 유발하는 줄거리 구성(emplotment)의 힘과 다른 구조적 요소들과 연관된 상호간의 특질 때문에, 내러티브는 체계적이고 근본적으로 재구성적이며 표현력이 풍부하고 연계적이다. 따라서 내러티브는 재구성적 탐구에 있는 모든 비판적 과정이며 또한 재구성적 사이클에 기술되어있는 것과 정확히 같은 방식으로 판단과 선택을 수반한다. 더 나아가 내러티브 "줄거리구성"은 "주제화하기(thematizing)," 즉 사이클의 초기 단계에서 "계기가 되는(triggering)" 사건과 구분이 되지 않는다. 재구성적 탐구와 마찬가지로 내러티브는 다시 시작되는 끝을 만들어 낸다. (인생은 단편적인 사건의 연속으로 보이나 사실 그것은 지속적인 흐름 안에 있다.) 그것은 사람들이 의미-형성의 기초 단계에서 하는 일이지만 조정(mediation)의 대상에 되는데, 이는 학생들이 학교라는 배경에서 좀 더 풍부하고 복잡한 결과와 관련될 때 도움을 받을 수 있음을 의미한다.

(다) 내러티브를 보는 관점

Polkinghorne(1988)에 의하면, 내러티브는 교육의 과정(process of education)뿐만 아니라 교과 내용(subject matter)의 전체 스펙트럼과 관련될 수 있다. 내러티브가 사회 과학, 문학, 비평, 심리학 및 정신분석, 언어학, 철학, 역사 그리고 심지어 자연과학에서 어떻게 작용하는지에 관한 연구는 최근 들어 급증하였고 이는 해석학적, 기호학적, 현상학적, 구성주의적 − 그리고 이에 따라 비심리학적 − 관점과 자주 연관된다. W. J. T. Mitchell(1980)이 편집한 모음집에는 다음과 같은 다양한 인사들의 글이 수록되어 있다: Hayden White(역사); Roy Schafer(정신분석); Jacques Derrida, Paul Ricouer, 및 Nelson Goodman(철학); Frank Kermode, Barbara Hernnstein-Smith, 및 Seymour Chatman(비평과 수사학); Victor Turner(인류학); 그리고 소설가 Ursula K. Le Guin. 자서전적 접근(autobiographical approach)을 수업 과정 연구에 활용하는 것에 대한 시사적인 학술 연구도 있다(Clandinin & Connelly, 1988; Connelly & Clandinin, 1987; Graham, 1989 참조).

내러티브 심리학에 대한 Theodore Sarbin의 연구(Sarbin 1986; Sarbin & Scheibe, 1983)는 "내러티브 원리(narratory principle)—인간은 내러티브 구조에 따라 생각하고 인지하고 상상하며 도덕적인 선택을 한다"—를 밝히고 있다(1986: 8). Sarbin은 내러티브를 잠재적인 새로운 근원적 은유, 즉 "인간 행동에 대한 조직 원리(organizing principle)"로 취급하는데, 이는 인간이 지나간 삶의 경험에 의미를 구축하고 부여하는 수단이 된다.

우리는 과거를 설명하고 미래를 규정하기 위해—우리 삶을 이해하기 위해—이야기를 사용한다. Sarbin과 Mancuso(Sarbin, 1983: 235)는 연구 보고서의 폭넓은 표본추출을 통해 다음을 입증한다:

> 보편적으로 인지되고 있는 사실: 자극 투입은 패턴으로 조직되고 그 패턴의 형식은 이미 습득한 지식의 영향을 받는다. 패턴은... 내러티브 줄거리의 구성을 통해 표현되는 것 같다. 조직화 원리인 줄거리 구성(emplotment)은 의미 부여(the assignment of meaning)를 무의미한 자극 투입에 보낸다.(p.235)

Sarbin(1986)은 내러티브를 기본적인 간주관적(intersubjective) 인간의 과정(human process)으로 본다. 이 뿌리 은유는 사회심리학—기계적 뿌리 은유로는 인간의 사회적 행동을 설명하기가 불충분하여 약화되고 있는 분야—에서 효과적으로 사용되고 있다. 그는 다음과 같이 논하고 있다:

> 행동을 통제하기 위한 뿌리 은유의 힘은 심리학 이론가들이 기술적인 범주를 선택할 때 가장 잘 드러난다. 물리력의 전달(the transmittal of force)이 뿌리은유인 메커니즘 세계관은 자연에서 발견될 물리력(forces)을 찾아 내어 통제할 것을 요구하였다. 심리학의 표준 어휘목록—더 이상 이미지를 자극할 힘이 없는 죽은 은유 표현—은 그러한 물리력을 대신하는 용어—충동, 본능, 리비도, 인지, 강화, 정신적 상태 등—으로 이루어져 있다. 그것은 마치 인간애의 드라마를 비인격적인 물리력의 연극으로 축소시키는 도덕적 책무가 있는 것 같다. (p.10)

Sarbin의 작업과 Mitchell의 수집물 외에도 내러티브에 관한 최근의 세 논문은 내러티브 원리가 교육에서 수반할 수 있는 것을 명확히 하는 것에 대해 특별한 관심을 받을 만하다.

가장 빨리 발표된 논문은 Polkinghorne의 저서 *Narrative Knowing and the Human Science* (1988)로 내러티브관점을 사회과학에 통합시키는 것에 대한 포괄적인 논쟁을 다루며 나머지 두 논문과 마찬가지로 내러티브를 자아의 성장과 연관 짓는다.

우리는 내러티브 구성(narrative configuration)을 활용하여 현재의 정체성과 자아 개념을 성취하고 그것을 전개되고 밝혀지는 하나의 이야기 표현으로 이해함으로써 우리의 존재를 온전한 것으로 만든다. 우리는 자신의 이야기 속 한복판에 있으며 그 이야기가 어떻게 끝날지 확신할 수 없다. 또한 새로운 사건이 삶에 첨가됨에 따라 지속적으로 줄거리를 수정해야 한다. 그 때 자아는 정적인 것 혹은 물질이 아닌 개인적 사건을 현재까지 발생한 것뿐만 아니라 앞으로 벌어질 일에 대한 예측을 포함하는 역사적 통일체(historical unity)로 구성하는 것이 된다. (p.150)

Jerome Bruner가 쓴 *Acts of Meaning*(1990: 99-138)의 마지막 장, "자서전과 자아(Autobiography and the Self)"에서는 "화자와 타자(speaker and an Other)" 사이의 내러티브 관계에서 발달해 나온 "교류 자아(transactional self)"를 소개한다(p.101). 여기서 Bruner는 독점적인 표준화된 연구 방법론에 얽매인, 즉 "그 자체의 테스트 패러다임에 예속된" 반철학적 실험-경험 심리학(experimental-empirical psychology)을 대체하고 수정하는 새로운 "문화심리학(cultural psychology)"의 철학적 기반을 찾고 있다(p. 102). Bruner는 테스트 패러다임이 시간과 공간 속에서의 주체를 동결시키기 때문에 인간을 단지 "정보 처리자(information processors)"로 여기며 경험한 삶인 유동적 패러다임을 부정하고 필수적 인간의 과정인 "의미-형성(meaning-making)"을 부인한다고 시사한다.

Mitchell의 수집물에 있는 몇 가지 논의와 크게는 Polkinghorne의 저서를 기반으로 Bruner는 자아의 이해에 이르는 길은 "자서전(autobiography)" 혹은 내러티브와 같은 구성주의적 과정을 통하는 것이 당연하다는 결론을 내린다. 또한 그는 연구 대상으로부터 유용한 내러티브 자료를 끌어내기 위해 동료들과 고안한 연구 프로토콜을 기술한다(pp.123-136).

마지막으로 Anthony Paul Kerby의 좀 더 최신 저서인 *Narrative and the Self*(1991)는 "언어와 개인 사이의 관계"에 관한 철학적 담론이다. 그가 말하는 "유도 가설(guiding hypothesis)"에서 "자아(self)는 이미 정해진 내용이며 주로 내러티브 구조나 이야기 속에서 묘사 및 구현된다"(p.1). Kerby에 따르면 "우리가 말하는 이야기는 우리가 되어가는, 그리고 ... 시각의 방식, 우리에게 좋은 일과 나쁜 일, 또한 가능한 일과 그렇지 않은 일—우리가 될 수도 있는 사람을 구성하는 것—의 일부분이다"(p.54).

Kerby에게 내러티브는 발달적 자극의 한 종류이다. 이야기는 "거기"에서 단지 들려주기를 기다리지 않고 재구성적 탐구에서처럼 말하는 상황에 따라 형성된다. 이야기는 우발적(contingent)이고 창발적(emergent)이어서 (교사와 같은) 타인의 조정에 영향을 받는 것 같다. 그는 "내러티브 표현이 단지 정보의 소통이 아닌 구성적이고 종합적인 활동이다"라고 쓴다(p.92).

(라) 경험 구성체로서의 자아(Self as Experiential Construction)

이러한 작가들은 이야기(stories)가 "자아(self)"—Richard Zaner(1981)가 현상학적 해석에서 명백히 밝힌바와 같이 위압적으로 복잡한 주제—를 구성하는데 경험을 활용한다고 시사한다. "실제로 우리는 무엇을 생각해야하고 어떤 방식으로 우리의 사고가 진행되어야 하며 언제 '자아'에 관해 사고할 것을 요청받는가?"라고 Zaner는 묻는다. 그는 개념적으로 방대하고 계몽적인 자신의 저서에서 그 주제를 맡아 다음과 같이 제시하고 있다:

> 중요한 것은 인간이 자아의 표현이며 자아들 내에서의 교차점이라는 것이다. 따라서 "인간 전체" 그리고 "인간세계"에 초점을 맞추는 어떠한 학문—사회 및 행동 과학, 역사, 신학뿐만 아니라 생명의학, 의료업무, 그리고 법적 및 교육적 관심사—도 이해와 정당성을 위해 "자아" 현상의 해명에 의존한다.

Bruner(1990) 역시 자아의 개념이 인간의 본질 중 관찰할 만한 것에 대한 철학적 언쟁에 뒤엉키게 되면서 "특이할 정도로 왜곡된 역사를 지니고 있다"고 언급한다. 그 주제에 관한 논쟁(99-108)에서 그는 자아에 대한 관심이 심리학의 철학 거부와 인간 행동에 대한 과학적 연구 채택에 있어서 희생물이 되었다고 말한다. 자아는 최근까지 학습이론의 미궁 속에서 상실되었다. 연구 대상이 대개 쥐와 원숭이일 때 "자아"개념에 대한 관심이 거의 있을 수 없다!

여기서 자아는 성장과정의 결과로서 또한 주체적인 개인과 개인이 내러티브로서의 경험을 통해 지식을 접하고 비축하는 세계 사이에 있는 구성적인 변증법적 관계의 결과로 다뤄진다. 개개인이 자기-방어나 조작과 같은(불가사의-통달 자극에서처럼) 여러 이유로 자신의 이야기를 감추기로 정한다 할지라도, 내러티브는 그들 경험의 틈에서 이미 서술된 상태에 있으며 그들이 개별적으로 되거나 혹은 되고자 추구하는 자아 속에서 표현된다.

Kerby(1991)는 자아가 "내러티브 줄거리 구성의 산물"(p.83) 혹은 주제화로 여겨질 수 있다고 제안한다. 인간은 그들의 이야기를 과거를 설명하고 미래를 계획하는 핵심 주제(core themes)에 입각하여 경험적이고 반성적으로 구성한다. 그러나 이보다 더한 것이 있다. 이야기 말하기(the telling of stories)는 이야기를 표현할 자아와 이야기를 들어줄 자아들의 참여(presence)를 함축한다. 내러티브는 이야기뿐만 아니라 행동에서도 표출된다. Polkinghorne(1988)은 다음과 같이 제시하고 있다:

> 하나의 개인을 타인과 구별하도록 하는 것은 발견(discovery)뿐만 아니라 구성(construction)이다. 왜냐하면 그 사람의 이야기는 끝이 없는 미완의 것이기 때문이다. 내러티브로서의 자아실현은 그가 어떤 사람일지 상상하고 이것이 그가 되고 싶어하는 모습인지를 판단하기 위해서 그에 대한 것을 한데 모으는 역할을 한다. 삶은 단지 이야기 글이 아니다. 삶은 경험되는 것이고 이야기는 들려주는 것이다. 삶의 이야기는 경험한 삶에 대한 재기술(redescription)이며 자아의 양상(aspects)을 통합하는 수단이다. (p.154)

내러티브는 인간이 행동, 반성, 그리고 표현력 있는 언어를 통해 그의 삶에 의미를 부여하기 위해 자극하는 통합적인 기능을 표출한다. 그것은 Justus Buchler 판단의 원형 예시(prototypical instance)이다. 지금 여기서 예견된 목적(ends-in-view)으로 향하는 방식은 반성적인 내러티브의 길(path)이 된다.

그리하여 매개(agency)로서의 내러티브는 통제수단을 무력한 삶에 더할 수 있다. Alex Haley는 그가 쓴 Roots—아프리카계 미국인 가족에 관한 아프리카 태생에서부터 현재까지의 역사를 재구성한 책—에 관해 공중파의 인터뷰에서 내러티브 과정, 즉 노예로 출발해서 근대 미국에서의 삶에 이르기까지 자신의 가족이 전설적으로 통과한 의례적인 경험 이야기가 경제적 그리고 사회적으로 애매한 상황에서 어떻게 그 가족에게 힘을 실어주고 "뿌리내리게 했는지"를 이야기하였다.

내러티브와 재구성적 탐구는 각각의 필수과정에서 두드러진 경험의 양극성(polarity)을 중재하기 때문에 동등하고, Ernest Keen(1983)은 Sarbin의 책에서 다음과 같이 제시하고 있다:

> 내러티브의 구조는 경험을 기반으로 하는데 이는 연대표(timeline)에서 뻗어 나와 순서뿐만 아니라 우리의 경험을 한데 모으는 복잡하지만 질서가 있는 관계에서 동기, 이유, 기대 그리고 기억을 전달한다. 그렇게 질서정연한 관계, 즉 경험 그 자체의 구조는 틀림없

이 내러티브이다. 경험은 이야기처럼 한데 모인다. 경험은 내러티브 구조를 지니며 내러티브는 경험 구조를 지닌다. (p.176)

내러티브는 명백하게 **경험적인** 현상이다. 그것은 문명화만큼 오래된 것이다. 경험을 내러티브로 변형하는 데 있어서 복잡한 전환(conversion)의 과정이 있다. Kerby(1991)는 "내러티브 자체는 늘 경험 그 자체와 일치하기 위해 애쓰거나 경험 그 자체가 되기에 충분하다"(p.38)고 기록한다. 이러한 전환의 과정은 더 큰 힘, 조직화된 충동(organizing impulse), 감각-(혹은 의미-)형성의 인간적 성향 혹은 타고난 경향에 대한 **기본적인**(*fundamental*) 인간의 충동이다. Bruner(1985)는 그것을 가리켜 세계를 만들고 해석하는 "단순화할 수 없는(irreducible)" 수단이라 하였다(p.97).

내러티브는 획득되고 동화된 지식의 보도(reporting)가 아니며 의미의 부여를 통한 지식의 창조이다. 인간은 그들의 이야기를 하기 시작하면서 과거에 이미 발생한 사건과 미래에 일어나길 바라는 사건에 의미를 부여하며 현재를 근거로 미래를 형상화한다. 그들은 생각하고 느끼며 창조하고 질서를 도입한다. 그러한 수단을 통해 그들은 세계의 요구(imperatives)에 응하여 발달하고 성장한다.

(2) 지식의 변화

지식은 경험의 구성과 재구성에 의한 것이다. 경험은 지속적이고 상호작용적이다. 개인으로서 우리는 각자 독특하고 독립된 존재이며, 우리 자신의 독특한 전기와 내러티브를 가진 지속적인 경험 속에 놓여 있으며 동시에 세계의 일부분으로서 경험을 공유하기 위한 상호작용적 관계 속에 놓여 있다. 이런 점에서 교사의 경험은 개인이 속한 사회문화적 맥락 속에서 이야기됨으로써 개인 경험 간의 의미있는 관련이나 공유할 수 있는 함축적인 의미를 발견하게 된다.

V장에서도 언급한 바와 같이 내러티브 인식론은 직접적으로는 Bruner의 인간사고 양식의 구분에서 단서를 찾을 수 있으며, 그 간접적인 배경에는 심리학의 인지혁명으로부터 촉발된 인간 마음과 사고(앎)의 양식을 보는 관점의 전환에서 엿볼 수 있다. 이것은 Robinson과 Hawpe[4]의 내러티브 사고(narrative thinking)와 Polkinghorne[5]의

---

4 Robinson, J. A. and Hawpe, L., "Narrative Thinking as a Heuristic Process", In Theodore R. Sarbin(Eds.) *Narrative Psychology: The Storied Nature of Human Conduct.* (New York: Preger, 1986).

내러티브적 앎, 그리고 Noddings의 대화의 가치에 주목하면서 발전을 보인다. 이러한 내러티브 인식론은 기본적으로 마음에 대한 Bruner의 아이디어에 기반을 두고 있으며, 그 중심 특징은 문화주의(culturalism)에 있다. 문화주의는 인지혁명 이후 마음의 작용에 관해 서로 극명하게 구분되는 두 가지 관점, 즉 인간의 마음은 컴퓨터처럼 기능한다고 보는 '컴퓨터 연산적 관점'과 마음이 문화 속에서 형성된다고 보는 '문화심리학(cultural psychology)' 관점으로 구분한 것 중에서 후자의 관점과 관련된다. 전자가 인간 마음의 본질을 컴퓨터 장치에 비유하여 '정보처리' 프로그램의 작동으로 설명하는 데 비해, 후자는 문화가 마음을 구성한다는 전제 위에 마음의 본질을 '의미 구성'에 있다고 본다. 이제 정보처리이론으로 인해 왜곡된 인간 마음의 본질을 **정보** '처리'에서 **의미**의 '구성'으로 복귀하려는 것이다.

이러한 인식론은 일정한 지식관을 전제한다(V장 참조). 기존의 지식에서 논의되는 패러다임적 관점은 실증주의 인식론에 토대를 두며, 소위 기술적 합리성의 정신을 계승한다. 그 기본적 성격은 합리주의적 관점을 노정한다. 따라서 패러다임적 관점에서 지식 구성은 가설로부터 시작하며, 원리, 명제, 이론들이 우리의 세계를 설명하는 데 사용된다. 이 과정에서 지식은 경험으로부터 추상화되며, 개인 경험의 맥락적인 상황으로부터 분리된 탈맥락적이고 객관적인 성격을 지니게 되어 결국 개별 인식자로부터 분리되는 것이다. 따라서 지식을 얻기 위해서는 개인의 경험이나 의견이 처해 있는 맥락적 상황을 초월해야 하며, 탈맥락화된 절대적이고 확실한 진리의 추구가 강조되는 것이다. 이러한 패러다임적 지식관에 따르면 교육을 위한 지식은 이미 객관적으로 정해져 있으며 이론의 형태로 구성된다. 그리고 이러한 이론은 교육하고자 하는 사람에게 전달 가능한 것으로 간주된다. 즉 패러다임적 지식관에서는 교육을 위한 지식기반으로서 교육자 개인의 주관적 인식이 고려될 여지가 없다.

그러나 내러티브 관점에서 지식은 사람들이 다른 사람과 자신들의 아이디어와 이야기를 공유하는 상황에서 개인적, 사회적으로 구성되고 재구성된다. 즉 지식은 개인 내에 구체화된 것으로서, 개인은 개인적 사회적으로 구성된 상징적 형식들을 통해서 경험을 해석한다. 따라서 패러다임적 관점에서의 지식은 개별 인식자의 경험과 맥락을 중시하는 내러티브 관점에 의해 보완될 필요가 있다.

내러티브 의미를 기초로 하는 지식의 관점은 인식자 주체의 경험과 반성을 중시한

---

5 Polkinghorne의 앞의 책.

다는 점에서 기술적 합리성을 극복할 수 있는 대안의 중요한 근거가 된다. 인식에 대한 이러한 견해는 인식의 과정에 개방성과 융통성을 허용하며, 지식을 탐구 바깥에 있는 혹은 탐구 이면의 종착지로서가 아니라 탐구 그 자체로, 즉 탐구내의 목표로서 다루는 관점이라고 할 수 있다.[6] 결국 내러티브 관점에서 지식은 개인이 자신의 경험을 다른 사람과 이야기하는 가운데 형성되며 이는 지속적으로 재구성될 수 있다. 지식이 개별 인식자에 의해 구성되는 것이다. 이러한 지식은 인식 주체인 개인과 무관하게 존재하는 탈맥락적인 것이 아니라, 개인이 처한 상황이나 개인의 주관적인 인식에 이해 영향을 받는 맥락적 주관적인 것이라고 할 수 있다. 따라서 지식은 개인 내에 구체화된 것으로서 개인은 개인적 사회적으로 구성된 상징적 형식을 통해서 경험을 해석한다.

이러한 지식관에서 인식자는 인식 대상으로부터 분리되지 않는다. 오히려 개인은 경험을 나타내기 위해 지식을 지속적으로 구성하고 재구성하는 인식 존재로 간주된다. 그러므로 이러한 내러티브 지식관에 따르면 행위 주체자의 지식은 객관적으로 존재하는 것이 아니라 의도와 목적이 구현되는 행위 속에서 형성된다. 예를 들어, 교육과정 개발을 위한 지식기반은 실제로 개발해보는 경험에 가담하고 있는 개인들이 자신들의 경험을 다른 사람과 공유하기 위해 구성하는 이야기 속에 있는 것이다.

이러한 맥락에서 내러티브는 학문 탐구에서 중요한 가치를 지닐 수 있다. 우선 지식을 보는 관점에서 새로운 변화를 의미한다. 앞에서도 지적하였듯이 이 관점에서 지식은 개인적 사회적으로 재구성된다. 우리의 이야기는 특정 경험들로부터 말해지며 이 점에서 그것은 개인적 실천적 지식의 표현이라고 할 수 있다(소경희, 2004: 195). 따라서 지식은 개인 내에 구체화된 것으로서, 개인은 개인적 사회적으로 구성된 상징적 형식들을 통해서 경험을 해석한다. 결국 구조가 내러티브이고, 내러티브가 곧 구조이다. 결국 인식 주체 밖에 존재하는 객관적 실제에서 지식의 본질을 강구하는 것으로서 이러한 지식관은 많은 한계가 있다. 새로운 지식의 범주에는 지식의 발견적 속성뿐만 아니라 생성적 속성도 고려할 필요가 있다. 최근에 강조되는 지식관은 이러한 생성적 지식을 기초로 할 때 보다 타당하게 이루어질 수 있다.

내러티브
지식관과
학문 탐구

---

6 Olson, Margaret R., "Conceptualizing narrative authority: Implications for teacher education", *Teaching & Teacher Education, 11(2), 1995, p.*119-135.

나. 학문탐구론의 변화

우선 학문 탐구론의 변화를 논의하기 위해서는 기존의 정설로 간주되고 있는 주류 사회과학 연구방법에 대한 특징을 먼저 살펴보기로 하자. 이하는 주로 차배근·차경욱(2013: 27-68)의 논의를 차용하여 제시하기로 한다.

(1) 실증주의 사회과학의 특징

(가) 주류 실증주의 사회과학: 현실 세계에 대한 인간의 인식과 변인

미국의 과학철학자 Thomas Kuhn에 의하면 "인간은 본질적으로 개념 창출의 동물로서, 과학자나 비과학자를 막론하고 인간 모두는 낱낱의 사실이나 단편적 경험을 통해 현실 세계를 보고 아는 것이 아니라, 뭉뚱그려진 일련의 경험을 토대로 현실세계를 여러 측면으로 분류하고 개념화해서 인식하고 있다."고 한다. 따라서 인간의 창조물이라고 할 수 있는 상징세계, 예컨대 학문도 현실 세계에 대한 개념화(conceptualization)를 통하여 이루어진 것이며, 또한 이러한 개념화를 통해 인간은 현실세계를 알고 있다는 것이다. 그러면 개념화란 무엇인가?

개념화란 간단히 말해 인간들이 어떤 현상이나 사물 등을 관찰할 때, 그것을 이해하기 위해 그에 관련된 여러 가지 상호배제적 속성들 중에서 공통적 속성들을 묶어서 여러 가지 유형으로 분류하고 그에 어떤 명칭을 붙이는 것을 말하는데, 이 때 그 명칭을 언어 등의 상징기호(象徵記號, symbol)를 사용해서 붙여 놓은 것을 개념(concept)이라고 한다. 따라서 개념이란 어떤 현상이나 사물 자체가 아니라, 이들의 여러 가지 속성들을 인간들이 관찰하여 그 중 공통적 속성들을 집약해서 그에 어떤 명칭을 붙여 표상화(表象化) 해 놓은 것이다. 예컨대 여러 물건들을 손으로 들어보면(관찰) 아주 무거운 것, 조금 무거운 것, 가벼운 것 등 여러 속성들을 지니고 있는데, 이런 것을 묶어서 그에 '중량(weight)'이라는 이름을 붙여 놓은 것이 곧 '중량'이라는 개념이다. 또한, 가령 학생들을 관찰해보면, 수학 문제를 풀거나 문장의 뜻을 이해하거나 또는 논리적으로 사고(思考)하는 능력 등이 서로 다른데, 이러한 지적 능력들을 집약해서 '지능(intelligence)'이라는 명칭으로 표상화 해 놓은 것이 곧 '지능'이라는 개념이다.

인간은 바로 이와 같은 여러 가지 개념들을 만들어 이를 통해 현실세계를 인식한다. 그러면서 현실세계를 좀 더 구체적이고 정확하게 인식하기 위하여 각종 개념에다 특정한 값들을 부여해서, 예를 들어 A라는 물체의 중량은 90kg이라든지, 한국 대학생들의 평균 지능지수(IQ)는 135라든지 하고 기술하는데, 이처럼 여러 가지 개념들 중에서 그 값을 부여할 수 있는 개념, 즉 구성개념(構成檢念, constructive concept 또는 construct)을 변인이라고 한다. 따라서 개념이라도 그에 수량적 값을 부여하거나 조작(操作)할 수 없는 개념, 즉 현상개념(現象槪念, phenomenal concept)은 변인이 될 수 없다. 변인, 즉 변수란 고등학교 때 배웠듯이 그 속성들에 따라 여러 가지 다른 값을 갖는 것을 말하기 때문이다.

(나) 과학적 연구방법의 중요성과 본질

앞에서 학문에는 주요 연구목적과 연구대상 등이 있기 마련이다. 그러나 연구목적과 연구대상이 있더라도 이를 연구할 수 있는 방법이 없다면 연구를 할 수 없다. 서두에서 말했듯이 어떤 학문분야가 하나의 독립된 학문으로 성립하려면, 첫째로는 그 학문분야 고유의 지적(知的) 연구영역이 있어야 하고, 둘째로는 그 연구 영역을 과학적으로 연구할 수 있는 과학적 방법(scientific method)을 갖추어야 하기 때문이다. 그리하여 해당 학문 고유의 연구 대상을 연구해서 그에 관한 보편타당한 이론체계를 정립할 수 있어야 그 학문분야는 비로소 하나의 독립 학문으로 성립된다. 따라서 과학적 연구방법은 모든 학문 분야에서 매우 중요한 위치를 차지하고 있다. 그러면 이제부터는 연구방법에 관하여 살펴보되, 먼저 과학적 연구 방법의 뜻과 본질부터 간단히 살펴보고 넘어가기로 하겠다.

(다) 과학적 연구방법의 의미

미국의 철학자 Charles Sanders Peirce에 의하면, 우리가 어떤 사물을 이해하거나 또는 어떤 문제에 대한 결론을 내리는 방법에는 크게 네 가지가 있다고 한다(Buchler, 1955, 제2장). 첫째는 아집적 방법(我執的 方法, method of tenacity)으로, 이는 자기가 믿고 있는 바(비록 그것이 틀린 것이라고 할지라도)에 의하여 자기 나름대로 결론을 내리는 방법이고, 둘째는 권위주의적 방법(method of authority)으로, 이는 권위가 있다고 생각되는 사람들의 말이나 글을 근거로 주어진 문제에 대한 결론을 내리는 방법이며, 셋째는 직관(直觀, intuition)에 의하여 결론을 도출하는 선험적 방법(先驗的 方法, a priori method)이라는 것이다.

그리고 넷째는 과학적 방법(scientific method)인데, 이는 주어진 현상을 개인적 편견, 가치관, 태도, 감정 등을 떠나서 객관적으로 검토하고 재검토해서 그에 대한 결론을 추출하는 방법으로, 이것만이 어떤 현상이나 사물에 대한 진정한 이해 또는 문제해결의 방법이라고 퍼스는 주장하였다. 그렇다면 이들 네 가지 방법 중, 우리는 과연 어떤 방법을 통하여 주어진 현상이나 문제에 대한 결론을 내려왔는가?

이는 우리가 대학에 입학 할 때 논술문을 쓰거나 또는 대학에 들어와 연구보고서(리포트)를 쓸 때 어떤 방법으로 주어진 주제에 관하여 결론을 내렸는지를 반성해보면 알 수 있다. 물론 과학적 방법을 사용하여 결론을 내린 경우도 적지 않았을 것이다. 그러나 가만히 반성해보면, 과학적 방법보다는 아집적 또는 선험적 방법에 의해 주어진 주제나 연구문제에 대한 결론을 내리기도 했으며, 특히 권위적 방법, 즉 권위 있는 인물들의 말이나 근거로 결론을 내린 경우가 가장 많았다고 볼 수 있다. 때문에 아일랜드에서 출생하여 영국 케임브리지 대학교의 역사학 교수를 역임한 Burry(1958: 12)는 과학을 권위에 대한 이성(理性)의 끊임없는 투쟁이라면서, 과학과 권위의 차이를 다음과 같이 설명했다.

"그것을 어떻게 아는가?"라고 사람들에게 물으면 "아주 권위 있는 사람에게서 들었다."거나, "책에서 읽었다."거나, "그것은 상식이다"라거나, 또는 학교에서 배웠다고 대답한다. 이러한 대답들은 모두 남의 지식을 믿고 거기서 지식을 얻어왔다는 것을 말하는 것으로, 대개의 사람들이 가진 지식은 대부분이 이런 종류의 것이며, 그 진위(眞僞)를 확인하지 않고 받아들인 것들이다. 지도 위에 표시된 한 지점에 '뭄바이(Mumbai)'라는 도시가 있다는 것을 대개의 사람들은 권위에 의해 받아들인다는 사실이다. 나폴레옹(Napoleon)이나 시저(Caesar)의 존재도 이와 마찬가지이다.

그러나 이처럼 남의 권위에 의해서 여러 사실을 인정하고 받아들이기만 한다면 우리의 지식은 국한되어 버릴 것이 명백하다. 그리고 때로는 그 지식이 잘못된 것일 수도 있다. 따라서 남의 지식을 받아들일 때는 한 가지 조건이 필요하다. 즉 입증 내지 확인할 수 있는 사실만 받아들이거나, 또는 자기가 권위에 의하여 배운 사실의 진위를 확인해 본 후 받아들여야 한다. 수고를 아끼지 않는다면 뭄바이라는 도시의 존재를 직접 확인해 볼 수는 없더라도, 그것을 입증해 주는 많은 증거를 찾을 수 있다.

마찬가지로 나폴레옹의 존재를 직접 확인할 수는 없으나 의심이 날 때에는 조금만 연구하면 그의 존재 사실의 증거를 많이 발견할 수 있는데 바로 이처럼 다른 사람의 권위에 의해 배운 사실의 진위를 검증 내지 확인해서 받아들이는 것이 곧 과학적 연구방법이라는 것이다. 그렇다면 이러한 과학적 방법의 특성 내지 요건들은 무엇인가?

(라) 과학적 연구방법의 주요 요건

Kerlinger(1973: 11)는 "과학적 방법이란 어떤 현상에 관한 변인들 간의 가정(假定)된 관계에 대한 가설적 명제(hypothetical propositions)들을 체계적으로 통제된 관찰(controlled observation)을 통하여 실증적(empirical)이고 비판적(critical)으로 고구(考究) 또는 검증하는 방법"이라면서, 이러한 과학적 방법의 주요 요건 내지 특성으로 ① 개념적 및 이론적 틀(scheme)의 사용, ② 주어진 가설에 대한 체계적 및 실증적 검증, ③ 통제된 관찰, ④ 변인들 간의 관계에 대한 의식적 및 체계적 추구, ⑤ 관찰한 현상에 대한 객관적 및 가치중립적 설명을 들고 있다. 그러면서 이러한 특성들을 갖춘 과학적 방법과 그렇지 않은 비과학적 또는 상식적 방법을 대비하여 설명하면서 상식은 과학의 나쁜 스승이라는 화이트헤드의 말을 인용하여 과학적 방법을 상식적 방법의 반대 개념으로 보고 있다.

한편, Anderson(1966: 3, 11-12)은 "과학이란 현상을 기술하고 설명하기 위한 특정한 규칙들의 집합(a particular set of rules)"이라고 정의하면서, 과학적 방법을 특징짓는 규칙 내지 원리로서 다음 여섯 가지, 즉 ① 조작적 정의의 원리, ② 일반성(generality)의 원리, ③ 통제적 관찰의 원리(controlled observation)의 원리, ④ 반복적 관찰(repeated observation)의 원리, ⑤ 일관성(consistency)의 원리를 들고 있다. 즉 과학적 방법이란 어떤 현상을 기술 설명할 때 ① 조작적 정의를 사용해야 하며, ② 특수한 조건에 국한하지 않고 일반성에 입각해야 하고, ③ 가외 변인들이 통제된 상황에서 관찰이 이루어져야 하며, ④ 연구자 자신이나 다른 사람이 반복해서 관찰할 수 있어야 하고, ⑤ 주어진 현상에 대한 기술이나 설명이 실제와 부합되어야 하며, 그 설명들 사이에 상반이나 모순이 있어서는 안 된다는 것이다.

또한 Morgan and King(1996: 13-14)은 심리학의 과학적 특성을 설명하면서 과학적 방법의 요건으로 실증성, 체계성, 측정성 및 정의성(定義性)을 들고 있다. 즉, ① 과학적 방법은 단순한 의견이나 신념 또는 논쟁이 아니라 실험이나 관찰 등의 실증적 연구방법이며, ② 과학적 방법은 체계적 연구방법으로, 곧 관찰에서 원리로, 다시 원리에서 관찰로 귀납적 방법과 연역적 방법을 모두 사용하는 방법이고, ③ 과학적 방법은 객관적 측정을 통하여 현상을 연구하는 방법이며, ④ 과학적 방법은 여러 가지 변인이나 이들 간의 관계를 명확하게 조작적 정의 방법을 규정해서 사용하는 방법이라는 것이다. 그러나 이와는 조금 달리 Smith(1970: 6-7)는 과학적 방법의 요강으로서 반복연구의 가능성(replicability), 수량화의 가능성(quantifiability), 예측의 가능성(predictability) 및 설명의 간결성(parsimony)을 들고 있다.

한편, Westley는 과학적 방법은 ① 일반성을 띠어야 하고, ② 통제된 관찰을 토대로 하며, ③ 예측지향적이어야 하고, ④ 인과관계를 추구하는 것이며, ⑤ 자연적(naturalistic)이고 결정적(deterministic)이어야 하며, ⑥ 간결한 설명(parsimonious explanation)을 추구하는 것이어야 한다고 주장하였다. 이명현(1978)은 과학적 방법은 확증가능해야 하며, 일반성을 띠어야 하고, 표현이 명료해야 하며, 논리적 일관성과 체계성 및 내용상의 포괄성을 갖추어야 한다고 하였다.

(마) 과학적 연구방법의 본질

위에서 살펴보았듯이 여러 학자들이 과학적 연구방법의 요건 또는 특성으로 여러 가지를 들고 있는데 바로 이러한 것들을 모두 갖추고 있을 때 그것은 과학적 방법이라고 말할 수 있다. 그러나 Auer(1959: 25)가 지적했듯이 "어떤 연구 방법이 과학적 방법이냐 아니냐 하는 것은 그 외적 요건들만을 가지고 기계론적으로 설명될 수 없으며, 결국은 연구자 자신의 태도나 사고방식에 귀착해서 결정될 수 있다"고 하겠다. 과학적 방법은 어떤 고정된 공식(a fixed formula)이 아니라, 연구자의 과학적 태도, 연구문제에 접근해 들어가는 객관적 방법, 비판적 사고(思考)의 습관이라고 볼수 있기 때문이다.

그러므로 아무리 계량적 측정도구와 측정방법을 사용하고 그 결과를 컴퓨터를 사용해서 통계분석을 할지라도, 연구자 자신의 태도가 과학적이 아니라면 그의 연구 방법은 결코 과학적이 될 수 없다. 예컨대, 컴퓨터를 사용하더라도 쓰레기를 입력(garbage input)하면 쓰레기가 출력(garbage out)되듯이, 연구자가 컴퓨터에 엉터리 연구 자료를 입력하면 엉터리 결과가 출력된다. 따라서 연구자가 정확하고 객관적인 자료를 입력해야만 정확하고 객관적인 분석 결과를 얻을 수 있게 되므로, 과학적 연구방법은 컴퓨터라는 과학적 도구보다는 연구자 자신의 태도에 의해 결정된다고 할 수 있다.

이처럼 과학적 연구방법이란, Auer가 지적했듯이 과학적 마음가짐과 객관적 및 비판적 사고방식이므로, 학문을 하려면 우선 인격부터 도야해야 한다. 연구자가 아무리 연구방법을 잘 안다고 하더라도 인격이 삐뚤어져서 어떤 편견 등을 갖게 되면 객관적이고 과학적인 연구를 할 수 없기 때문이다. 그렇다고 해서 앞서 살펴본 과학적 방법의 요건들이 과학적 방법을 규정짓지 못한다는 말은 아닌데, 과학적 방법의 요건들은 곧 연구자 자신들의 과학적 마음에서 연유되기 때문이다. 때문에 Kerlinger(1973: 11-15)는 과학적 방법의 여러 요건들을 제시한 뒤 과학적 방법이란 곧 과학적 사고방식이라고 결론 내리면서, 일찍이 John Dewey가 제시한 반성적 사고방식(reflective thinking)을 가장 훌륭한 과학적 연구방법의 하나로 제시했다.

듀이의 반사적 사고방법이란 어떤 문제의 해결 또는 연구를 위한 체계적 사고과정의 하나로, 그 과정은 다음과 같이 크게 네 단계로 나누어 볼 수 있다.

첫째 단계는 연구문제에 대한 정확한 규정으로, 이는 우선 연구문제를 발견해서 정확하게 분석하여 연구가 가능하도록 규정하는 것을 말한다. 둘째 단계는 연구 문제에 대한 여러 가지 가설들의 모색 단계로, 첫째 단계에서 규정한 연구문제에 관한 그간의 여러 가지 연구 결과들이나 경험 등을 바탕으로 주어진 연구문제에 대한 여러 가설들을 설정하는 것을 말한다. 셋째 단계는 연역적 사고의 단계로, 앞서 설정한 여러 가설들을 하나하나 검토해서 그중 가장 타당한 가설을 선정하는 것을 말하며, 넷째 단계는 귀납적 검증단계로, 앞서 선정한 가설을 과학적 내지 실증적 방법으로 검증해서 확인해 보는 것을 말한다(Dewey, 1933: 106-118)

Kerlinger는 바로 이와 같은 네 단계의 반사적 사고방식에 의한 연구가 곧 과학적 방법이라고 말하고 있다. 그렇지만 그는 이러한 사고방식의 맹종적 노예가 되어서는 안 된다고 경고하면서, 이러한 사고방식의 절차를 염두에 두되, 누구에게나 개방할 수 있고 확증할 수 있는 절차에 따라 연구문제를 해결하는 방법이 최선의 과학적 방법이라고 말하였다.

(2) Polkinghorne의 내러티브 연구

인문 과학의 관점에서 조사연구를 논의하는 경우에 어려움들 중의 하나는 인식론과 관계된 다수의 개념들이 형식 과학의 논리실증주의적 개정에 의해 기술적(technical) 의미들을 부여받았다는 점이다(Polkinghorne, 1988: 161-177; 강현석 외, 2009: 324-358). 예컨대 "원인", "타당성", "정당화", "설명" 같은 개념들은 지식을 확실성 검증을 통과할 수 있는 어떤 것으로 제한하려는 노력의 일부로서 새롭게 정의되었다. 의미 영역과 그것의 언어적 구조의 양태를 이해할 목적으로 하는 조사연구를 위해서 조사기준이 효율적이려면, 지식의 산출에 관계된 개념의 기본적 정의가 교정되어야 한다. 보다 포괄적인 인문 과학의 임무 중의 하나는 교정된 개념들이 보다 개방적인 조사연구 모델 속에서 어떻게 응용되는지를 지적하는 것이다. 이제 인문 과학은 수학적이고 논리적인 확실성만을 추구할 수 없다. 그 대신에 인문 과학은 마찬가지로 신뢰할 만하고 그럴싸한 결과를 산출할 목적을 가져야 한다.

내러티브에 관련된 인문 과학의 조사는 조사연구의 목적이 (1) 개인과 그룹에 의해서 이미 지속된 내러티브를 기술하거나 (2) 어떤 것이 왜 일어났는지를 내러티브를 통해서 설명하는 것인지에 따라 구분될 수 있다. 첫 번째 종류의 내러티브는 **기술적** 記述的이다. 즉 그것의 목적은 이미, 시간적 사건들을 의미 있게 정돈하고 만들기 위한 수단으로서 개인과 집단에 의해 사용된 내러티브적 설명들을 적절하게 묘사하는 것이다. 이러한 종류의 내러티브 조사연구의 평가를 위한 기준은 작동하고 있는 내러티브적 도식과의 관계에서 연구자의 서술의 정확성이다. 두 번째 종류의 조사는 설명적이다. 즉 그것의 목적은 인간 행위를 수반하는 어떤 상황이나 사건이 왜 일어났는지 그 "이유"를 분명하게 하는 내러티브적 설명을 구성하는 것이다. 구성된 내러티브적 설명은, 사건들이 조사 중에 있는 해프닝의 "원인이 된" 방식을 투명하게 만들기 위해, 사건들을 결합하고 정돈한다. 이러한 두 종류의 조사에서 조사연구의 issue가 상이하기 때문에 그것들은 분리해서 다뤄질 것이다.

(가) 기술적 내러티브 조사연구

기술적 내러티브 조사연구의 목적은, 개인 또는 집단이 그들의 삶이나 조직에서 사건의 시퀀스를 의미 있게 만들려고 사용하는 해석적 내러티브적 설명을 정확하게 기술하는 것이다. 이 조사연구는 인지하면서 또는 인지하지 못한 채 지속된 내러티브를 기술하는 기록을 생산하는데, 이러한 내러티브는 사람들 또는 공동체가 과거의 사건들의 의의를 확립하고 가능한 미래의 행위의 결과들을 예상하는 데에 사용하는 해석적 도식들을 조합한다. 조사연구가 새로운 내러티브를 구성하는 것은 아니다. 즉 그것은 이미 존재하고 있는 내러티브들을 보고하는 것뿐이다.

매우 빈번하게 연구자는 그나 그녀가 가동하는 내러티브적 도식을 그나 그녀가 명백하게 표현할 수 있는 표본 상황에 함께 있지 않다. 때때로 몇몇 논쟁적인 내러티브가 동시에 작동하고, 이것들은 참여자들 사이에 하나의 사건의 의미에 대해 혼란을 야기하고 미래의 행위에 대한 결정을 불확실하게 만든다. 내러티브적 도식들은 빈번하게 다층적이며 또한 사회적으로 용인될 만한 표면 도식을 포함한다. 이러한 표면 도식은 압박된 상황에서 영향력을 행사하는 도식들과 함께 긴장되지 않은 상황에서 작동하는 것이다. 예를 들자면, 어떤 개인은 비이기적이고 사람들을 용서하는, 일시적으로는 패배할지라도 결국에는 승리하는 예수 스토리를 토대로 한 내러티브적 플롯을 믿을 것이다. 이것은 그나 그녀가 타인의 행위를 해석하는 데에 사용하는 스토리이며, 정상적인 맥락에서 그나 그녀 자신의 행위의 이해를 특징짓는 기능을 한다. 그렇지만 누군가 자기 자신의 이익을 추구한다면, 자기의 이익이 타인을 해치는 행위를 요구한다면, 그나 그녀는 응보가 따르는 내러티브적 도식을 감출 것이다. 이러한 두 번째 내러티브는 압박되거나 위협적인 상황에서 첫 번째 내러티브에 우선한다. 그렇기 때문에 기술적 내러티브 조사연구는 개별적인 내러티브를 해석적 표현으로 유발하거나 끌어내는 개인이나 집단을 위해 또 그런 상황에 따라 작동하는 내러티브적 도식의 수집에 주의를 기울인다.

어떤 상황에서 연구자는 표출되지 않은 내러티브적 도식의 결과인 개인적 표현이나 행위에서 시작한다. 예를 들면, 한 연구자는 딸이 자동차 사고에서 사망한 후에 수 년 간 계속해서 비탄하는 개인의 경험을 알리는 해석적 내러티브의 기술에 착수할 수 있었다. 개인의 침울함에 표현된 저변의 내러티브적 도식의 한 가지는 아마 신이 그 부모의 혼전 난교에 대한 징벌로서 딸의 죽음을 이용했다는 것이다. 그러면, 개인의 스토리 속에서 과거의 "나쁜" 행위가, 그 사람이 그 시간에 자동차 속에 없었음에도, 딸의 죽음의 원인이다. 결과적으로 죄책감은 지속된다. 계속되는 침울함은 그 개인이 딸의 죽음에 대해 설명하기 위해 사용하고 있는 내러티브 도식에서 비롯된 죄책감의 표현임을 보여줌으로써 조사연구는 그 침울함에 대해 설명할 수 있다.

기술적 내러티브 조사연구는 또한 조직 분석가들에 의해 사용되기도 하는데, 이들은 조직의 구성원들을 하나의 집단으로 묶는 조직의 가치나 격언의 저변에 깔린 스토리들을 기술하려고 한다. 예를 들자면, 메모, 편지, 수칙에서 조직에 관한 언급을 고찰하는 것은, 인터뷰와 병행해서, 내러티브적 도식 속에서 전달되는 것과 같은 조직의 스토리에 대한 다양한 이해를 밝힐 수 있다. 조직의 구성원들은 단일한 스토리를 견지하고, 조직의 일관된 내러티브의 일부로서 그들이 수행하는 역할들을 인지하고 있는가? 연구자에게 하나의 이슈는 조직의 역사에서의 에피소드들의 해석들이 조직의 "공식적인" 서사를 지지하는 것인가 또는 반대하는 것인가이다. 아마도 조직의 스토리는 미천한 출발로부터 성공하기 위해 분투하지만 항상 고용자들을 보호하고 공정하게 대우하는 "가족"이라는 관념을 강조할 것이다. 이 스토리를 지지하고 거기에 신뢰를 부여하기 위해서 사용되는 과거의 에피소드는 아마도 경기침체기에 비록 회사소유주에게 커다란 재정적 손실을 끼쳤다할지라도 어떤 고용자도 해고하길 거부한 것이다. 그렇지만 회사가 노동자들을 단체 협상의 단위로 조직하려고 했던 사람들을 해고했다는 좀 더 최신의 에피소드를 다수의 고용자들은 생각해 낼 것이다. 그들은 조직의 플롯을 새롭게 구성하기 데에 이 회상을 사용했고, 이제 그들은 조직의 플롯을 노동자들을 착취하고 있는 무자비한 괴물의 스토리라고 믿는다. 두 개의 서로 다른 플롯 라인이 일련의 동일한 사건들의 서로 다른 두 해석들을 생산함으로써 경영진과 노동자 사이의 오해와 갈등을 야기하고 있다.

① 인터뷰
종종 개인이나 집단에서 실시 중인 내러티브는 연구자가 즉각적으로 알 수 있는 것이 아니다. 아마도 기술은 스토리의 단편들로부터 또는 특수한 사건들의 해석들 속에서 스토리의 작용으로부터 재구성되어야 할 것이다. 연구자가 작업하는 전제는 사람들이 그들의 시간적 경험을 의미 있는 전체로 체계화하고, 그들 삶의 사건들을 표명하는 주제 속으로 통일하는 유형으로서 내러티브적 형식을 사용하려고 노력한다는 것이다. 연구자에게 내러티브에 대한 증거의 기본적 출처는 인터뷰이다. "왜 그것이 일어났습니까?"와 같은 질문들은 내러티브적 설명을 이끌어 낸다. 종종 내러티브는 형식에 있어서 연대적 질서를 벗어난 플래시백과 스토리의 부분을 갖는 현대 소설과 유사하다. 연구자는 한 개인이 특별한 에피소드를 설명하는 데 사용하는 특유한 스토리로부터 이 개인의 전체적 존재에 자아 정체성을 제공하고 통일성을 부여하는 좀 더 보편적인 인생 스토리로 움직일 필요가 있다.

인터뷰에서 응답자에 의해 산출된 구어적 스토리는 역사나 허구적 내러티브의 문어적 텍스트와는 역동적으로 다른데, 문어적 텍스트는 내러티브의 선행 연구에서 관심의 초점이었다. 담론 이론의 통찰은 인터뷰 맥락에서 내러티브를 산출하는데 수반된 역동성을 이해하도록 우리를 도울 수 있다. 담론 이론에서 스토리는 스토리의 화자, 스토리의 코드, 스토리의 청자, 즉 전체 상황의 결과이다. 응답자는 스토리의 화자이고, 면접자는 청자이다. 이 맥락에서, 말해지도록 선택된 스토리는 화자의 개별적인 이미지를 재현하는 기능을 할 수 있다. 또한 청자가 착수한 인터뷰의 종류는 말해진 이야기의 종류에 영향을 줄 수 있다. 내러티브들은 말해질 때와 그것들이 사건에 부여하는 의미에 있어서 맥락에 민감하며, 형식과 내용은 인터뷰 상황의 목적과 조건에 감응하기 쉽다.

특수한 담론 상황으로서 이해된 인터뷰 상황의 역동성 때문에, 인터뷰를 통한 내러티브적 진술의 수집에는 응답자의 답변뿐만 아니라 인터뷰 상황의 특성들도 포함하는 분석이 뒤따를 필요가 있다. 내러티브적 설명에서 종사하는 기능에 따라, 인터뷰의 필사본이 분류될 수 있으며 또한 개별적 진술들이 확인될 수 있다. 인터뷰 자료들을 그것의 내러티브적 내용을 위해 분석하는 몇몇 모델들이 최근에 제안되었다. William Labov에 의해 제안된 것은 인터뷰의 개별적 내용으로부터 핵심 스토리를 추출하는 작용을 하는데, 핵심 스토리는 유사한 구조이기는 하지만 다른 맥락에서 말해진 여타의 스토리와 비교될 수 있다. 라보브의 분석 절차는 내러티브적 설명들을 담고 있는 인터뷰의 부분들과 그렇지 않은 부분들을 구분한다. 그는 내러티브를 "사건들이 실제 세계에서 발생한 것과 같은 엄격한 시간적 질서를 유지하고 있는 경험의 개괄"이라고 규정한다. 분석의 대상은 응답자의 전체적 반응으로부터 플롯(스토리의 주제나 핵심)을 추출하는 것이다. 인터뷰 자료는 핵심 내러티브와 더불어 플래시백, 행위에 대한 논평, 인물과 배경의 기술과 같은 요소들을 담고 있다. 이러한 요소들은 스토리 내에서 청자가 방향을 잡는 데에, 화자와 청자를 현재로 되돌리는 데에, 등등에 도움이 된다.

흔히 기술적 내러티브 조사는 좀 더 안정적인 문어적 형식보다는 유동적인 구어적 형식으로 보유된 스토리들을 조사한다. 개인적 내러티브는 확실히 이 경우에 해당하는데, 이것은 보통 인터뷰 방법을 사용해서 이끌어내져야 한다. 또한 조직의 스토리는 예컨대 임무에 관한 진술과 같이, 문어적 형식으로 나타날 수 있다고 해도, 일차적으로 조직 구성원에 의한 개별적 해석과 재구성을 통해 작동한다. 따라서 조사는 작동하는 문화적 내러티브와 가치를 인류학적으로 기술하는 데에 토대가 되는 원칙들에 의존한다.[7] 이 조사에서 연구자는 단편화된 정보들과 다양한 출처들의 배후로 침투해야 한다. 이 정보와 출처는 공동체의 사건들의 실천과 해석에 관한 정보를 제공하는 기본적 스토리(또는 스토리들)의 위치를 가리키는 것들이다.

집단을 위해 작동하는 내러티브를 기술하려고 하는 연구자는 단일한 집단 스토리에 대한 완전한 동의로부터 어떤 스토리에 대해서도 전혀 동의가 없는 것까지 연속됨에 직면한다. 연구자는 먼저 조직의 사건들에 통일성과 전체성을 부여하는 단일하고 지배적인 스토리가 있는지를 식별하려고 한다. 아무 것도 확인될 수 없다면, 그 집단은 단일한 방향성이 없으며 또한 조직 내러티브의 공동의 줄기에서 끌어낸 다양한 스토리를 사용함으로써 작동해야 한다. 이 상황에서 그 조직은 상이한 수많은 스토리로부터 해석적 도식을 차용하면서, 파편화 되거나 갈등하는 방식으로 작동한다. 내러티브 도식에 헌신이 없는 대신에, 조직의 다른 구성원들에 의해서 예컨대 "시장에서 조직을 크게 만들자"와 "공공의 이익에 봉사하자"와 같은 다른 주제들을 가진 스토리들에의 강력한 헌신이 있다면, 오해가 발생하며, 또한 아마도 동일한 사건들과 갈등, 위기, 분열의 시기의 의미에 대한 동의는 결여될 것이다.

② 플롯의 유형

스토리의 완전한 기술은 그러한 개별적 이야기의 특유한 요소들과 적어도 본질에 있어서 다른 스토리 속에서 발견될 수 있는 요소들을 모두 포함해야 한다. 연구자의 많은 내러티브의 경험은 그나 그녀가 고찰 중에 있는 스토리 내에서 또한 그 스토리와 다른 스토리 사이에서 비교와 대조를 포함한 기술을 산출할 수 있게 해준다. 이야기(tale)의 화자에게 이용 가능한 스토리의 문화적 축적과의 관계에서 비교는 그 스토리의 특별한 형태상의 양상들을 지적하는 수단으로서 사용될 수 있다. 어떤 범주적인 내러티브 도식을 기술하기 전에 그것의 사용에 대한 경고가 주어져야 한다.

자연과학과 생물학은 공식적 설명을 위한 토대로서 범주화와 유형화를 사용했다. 그렇지만 인간의 의미 영역에서 범주화는 동일한 설명력을 산출하지 않는다. 문장과 같은 내러티브는 그것이 언어적 생성의 규칙들에 일치한다고 할지라도 새롭고 맥락에 의존적인 의미를 생성한다. 어떤 문장이 "서술적"이라거나 어떤 스토리가 "비극

---

7 Clifford Geertz(1973), The Interpretation of Cultures, 3-30

적"이라는 것을 안다는 사실이 그 문장이나 스토리의 특유하고 본질적인 의미를 제공하지는 않는다. 스토리의 생성은 과거의 플롯을 사용하길 요구하지만, 플롯이 어떤 요소들을 제거하거나 다른 요소들을 첨가함으로써 확대되고 변화되면서, 산출된 스토리는 그 표본과 점차로 달라진다. 따라서 스토리는 표준적 유형의 단순한 예와는 다른 어떤 것으로 나타난다.

의미의 질서를 조사하는 연구자가 단순하게 자연 영역에 관련된 연구자들이 사용하는 범주화와 유형학의 원칙들을 사용할 수 없다. 하나의 내러티브를 어떤 범주의 항으로서 확인하는 것은, 물리적 대상의 범주적 확인이 그런 것과 똑같이, 그 내러티브의 다른 내러티브에의 영향과 그것과의 관계를 확인하지는 않는다. 언어적 질서 속에서 요소들은 일차적으로 그들의 유사점과 차이점에 따라 연관되는 것이지, 어떤 범주로부터의 포섭과 배제에 따라서 그런 것이 아니다. 플롯의 유형학은 다양한 스토리가 공유하고 있는 유사한 사건들에 관한 진술로서 간주되어야 한다. 플롯의 유형학이 스토리의 종류를 기술하는 것으로 간주되어서는 안 된다. 의미의 영역에서는 모든 것이 유형적이지는 않으며, 이해가 정확하게 그 자체를 재생산하지 않는다. 내러티브의 유형학은 매우 약한 정도로 작용하며, 추상과 개념의 목록으로서 간주될 때 단지 유용하다.

사람들이나 조직에 의해 유지된 스토리를 기술하는 데 목적을 둔 연구자는 인터뷰와 문어적 기록에 폭넓게 다양한 내러티브 플롯의 경험과 사건들을 이해 가능한 스토리로 구성하는 다양한 유형의 플롯의 이해를 제시한다. 플롯을 기술하는 범주의 단일한 유형학이나 체계는 없다. 플롯의 배열이 분류되는 방식은 연구자의 개별적인 관점이나 분과학문의 관심에 달려 있는 것처럼 보인다. 실제의 플롯은 세 개의 기초적 내러티브 형식이 다양한 방식으로 조합됨으로써 구성된다. 예를 들자면, 비극적인 플롯은 주인공이 목표를 향해 나가고 높은 자리를 성취하는 진보적 내러티브로써 시작하지만, 그 다음에 급속한 몰락이 있는 퇴보적 에피소드가 거기에 온다. 기초적인 형식의 이러한 조합은 희극과 대조되는데, 희극은 비극적 플롯과 반대이다. 희극적 플롯에서는 인생의 사건들이 문제가 있으며 또 등장인물을 행복에서 멀리 보내는 퇴보적 서사로써 시작하지만, 그 다음에 행복이 되살아나는 진보적 순간이 전개된다.

Northrup Frye는 네 개의 기본적 내러티브 구조가 인간의 경험에 형식을 부여한다고 제시한다. (1) 낭만적인 것, 여기서 삶의 양상은 어떤 욕망된 목적을 향한 탐색여행이거나 순례여행으로서 구성된다. (2) 희극적인 것, 여기서 목표를 향한 진보가 진화 또는 혁명을 통해서 발생한다. (3) 비극적인 것, 여기서 누군가가 성취된 목표에서 추락하거나 몰락한다. (4) 풍자적인 것, 여기서 사건이 그 인물을 당황하게 한다.

인생 스토리를 진단적으로 기술하기 위해 플롯 유형들이 사용되는 것은 가능하다. 몇몇 정신과 진료의 범주들은, 예컨대 인격 장애에 관계하는 범주들은 내러티브적 유형으로서 이해될 수 있다. 하나의 내러티브를 어떤 유형으로 지정하는 것으로써 그것을 기술하는 것은 내러티브를 연구하는 연구조사자에게 제한적으로 유용하다. 플롯이 어떤 유형으로 설정되고 명칭이 부여되면, 결정적인 것을 망각하는 경향 즉 정의에 집착하는 경향이 생긴다.

③ 결과

연구 보고 자체는 단순하게 개인이나 조직의 스토리의 재현인 것은 아니다. 그것은 학문적 재현의 규칙을 따르는 논쟁적 에세이이다. 대안적 내러티브나 해석이 인지되고, 인터뷰 텍스트로부터의 증거가 연구자가 도달한 결론을 논증하기 위해 사용된다. 스토리의 주제나 핵심은 통상적으로 텍스트를 통해 직접적으로 재현되지 않는데, 그것은 연구자 쪽의 추론과 해석을 요구하기 때문이다. 형식적 과학의 연구처럼, 기술적 내러티브 연구는 데이터의 발견, 선택, 해석을 포함하며, 내러티브에서 데이터는 인터뷰의 텍스트이다. (그리고 그것의 이해를 위해 필요한 공통적 문화적 전제들이다.) 인터뷰 자료의 필사는, 다른 연구자들이 이 연구자의 데이터로부터 해석으로의 움직임을 따라갈 수 있도록, 그들에게 이용 가능한 것이 되어야 한다.

기술적 조사연구의 목적은 이야기의 화자가 의도한 내러티브적 도식을 나타내는 것이다. 스토리를 토대로 기도된 행위에 관한 정보는 그 스토리가 그 개인에게 그의/그녀의 경험을 질서 짓고 구성하도록 허용한다는 연구자의 주장을 옹호한다. 제시된 스토리보다 그 사람의 행위를 설명하는 데에 덜 효과적인 여타의 가능한 내러티브적 플롯을 고려하지 않는 것은 연구자의 설명의 정확함을 옹호한다. 연구 보고의 논제는, 사람들이나 집단들이 경험한 사건들 사이의 시간적 연계를 이해하기 위해서 또한 그들 자신과 타인의 동기, 이유, 기대, 기억을 설명하기 위해서 그들이나 그 집단들이 사용하는 작용하는 스토리를, 제공된 기술이 정확하게 재현한다는 것이다. 또한 이 보고는 그러한 스토리들이 고찰되는 사건들을 하나의 일관되고 통일된 경험으로 질서 지우는 데에 어떻게 작용했는지(혹은 작용에 실패했는지)를 인지한다.

(나) 설명적 내러티브 연구

내러티브적 설명을 하려는 목적을 가진 연구 프로그램의 결과는 인간 행위를 수반하는 뭔가가 왜 일어났는가라는 질문에 대한 답변과 같은 것이다. 뭔가가 왜 일어났는지에 관해 내러티브적 설명을 하려고 시도하는 것은 새로운 형식의 연구는 아니다. 즉 그것은 한 프로젝트가 왜 성공인가 또는 실패인가를 설명하려고 시도한 많은 연구들 속에서 이미 사용되었다. 조사적인 보고들은 빈번하게 조사되는 결과를 초래한 사건과 행위를 함께 연결하는 내러티브적 설명의 형식을 취한다. 통상적인 대화에서 우리는 내러티브를 말함으로써 우리 자신이나 타인의 행동에 대한 설명을 자주 제공한다. "왜 우리는 고전 문학작품에 흥미를 갖는가?"와 같은 질문에 대한 응답에서 우리는 흥미를 설명하는 일련의 임계적인 사건들을 제공하는 스토리를 말하는 경향이 있다. 이러한 유형의 연구에서 연구자는 왜 결과가 발생했는가에 대한 설명을 제공할 의무를 갖는다.

법칙이나 상관관계에 의한 설명과 반대되면서, 내러티브 연구를 인문과학에서 일상적으로 착수된 연구와 차별되게 만드는 것이 바로 내러티브적 설명이다. 예를 들자면, 왜 챌린저가 폭발했는가에 대한 설명은 착륙 시에 고장이었던 원형 고리의 물리적 속성의 관점에서, 착륙이 실패할 개연성의 관점에서, 또는 장비가 고장일 개연성의 관점에서 제시될 수 있다. 온도와 탄성에 관계하는 법칙의 인식이 내러티브적 설명에 포함되는 것이 중요할지라도, 이 법칙들은 이러한 개별적 사례와 이러한 맥락에서 우주 왕복선이 폭발한 이유를 알고자 하는 욕구를 그 자체로는 만족시키지 못한다. 이 질문에 대한 만족스러운 답변은 내러티브적 설명을 요구한다. 내러티브적 설명은 회고적이다. 내러티브적 설명은 착륙에 연계된 무수한 사건과 결정들을 분류하고, 파멸적인 결말에 비추어 의미 있는 사건과 결정들을 선택한다. 내러티브적 설명은 다양한 에피소드와 행위를 사건의 연쇄를 거쳐 결말에 이르는 하나의 스토리 속으로 끌어들인다. 이 스토리는 특수한 결정, 사건의 의의, 최종적 결과에서의 이들 에피소드와 행위의 역할을 강조한다. 연구자의 최종 보고는, 측정 도구 상의 수치 사이의 상관관계를 제시하는 연구 보고와 같이 보다는, 왜 하나의 국가가 패전한 것인가 또는 왜 어떤 선거는 특정한 방식으로 결과가 나온 것인가에 관한 역사적 설명 같이 해석된다.

결과는 이 결과와 관련된 모든 증거에 의존하는데, 그것은 개인의 정보 해석, 맥락 속에서 작용하는 개인적 또 사회적 세력, 야망과 압박의 개인 스토리, 적절하고 시의적인 정보가 의사 결정권자에 도달하는 것을 보장하는 과정의 결여 등등을 포괄한다. 내러티브적 연구 보고는 스토리의 종말에 이르는 역사나 내러티브를 재현하고, 그것으로부터 최종적인 사건을 "야기한" 의미 있는 요인들을 끌어낸다. 보고는 초기 조건들이 반복될 때마다 적용될 것으로 추측되는, 일반화 할 수 있는 법칙을 개진하지 않는다. 즉 보고는 다른 행위라면 다른 결말을 낳을 수 있었던 결정적인 점들의 위치를 지정한다. 보고는 예언적이라기보다는 회고적이다. 다시 말해서 보고는 회고적으로, 결말을 이치에 맞고 믿을만 하게 만드는 설명으로 사건들을 모은 것이다. 그것은 연대기에 따라 기록하고 시간대에 따라 목록으로 만든 것 이상의 것이다. 즉 그것은 전체 스토리 속에서 사건들의 부분들이 명백하게 되는 방식으로 사건들을 배열한다.

우리는 우리들의 삶 속에서, 왜 우리와 타인들이 특정한 방식으로 행동하는지 이해하기 위해서 내러티브적 설명을 구성하는 기술을 사용한다. 이 기술은 문장의 의미나 타인의 표정을 이해하는 우리 능력의 일부이다. 내러티브 연구 보고는 성찰성과 의식성에서 내러티브적 설명의 이러한 일상적 용법과는 구별된다. 즉 내러티브 연구 보고는 정보를 열심히 구하며 또한 원형적인 내러티브적 설명에 관한 확장된 연구자의 경험을 요구한다. 그러한 경험은 결말을 설명하는 데에 기여하는 사건들의 복합체를 아마도 이해할 것이다.

① 설명

내러티브적 설명이 보편 법칙에서 연역적으로 추론되지 않기 때문에, 예견을 위한 근거를 제공할 수 없다는 이유로 도전을 받았지만, 내러티브가 몇몇 조건을 충족시킨다면, 그것은 설명적일 수 있다. Atkinson은 내러티브적 설명이 설명적으로 되기 위해 요구되는 일종의 일관성의 세 가지 특성을 지적한다. 즉 그것은 인간적인 면에서 이해될 수 있는 것이어야 하고, 적절하게 통일된 주제를 가져야 하며, 인과적으로 관계되어야 한다. 또한 내러티브적 설명은 질문 상대적인데, 다시 말해서 내러티브는 질문할 만한 가치가 있는 질문에 대한 의미 있고 완벽한 답변을 제공하는 경우에 설명적이다.

내러티브에 의한 설명은 "어떤 것이 다른 어떤 것 때문"이란 구조를 갖는다. 그것은 합리적 설명을 포함하는데, 여기에서는 개인이 뭔가를 한 것에 대해 지적하는 이유가 - 다시 말해서, 그나 그녀의 의도가 - 행위(performance)에 대한 자극으로 인정된다. 하나의 사건은 인간의 행위이지, 단순하게 물리적인 발생이 아니라는 것을 인지하기 위한, 사람들이 지닌 능력에서 이러한 유형의 설명이 도출된다. 다시 말하면, 이러한 설명은 사람들이 자연적 사건의 과정에 개입함으로써, 일련의 사건들을 움직이게 함으로써, 어떤 것을 발생하도록 할 수 있다는 것을 인지한다. 그것은 또한 목적론적 추론의 관념을 포함하는데, 여기에서 뭔가는 미리 생각된 목적을 성취하기 위해서 행해진다. Ricoeur는 목적론적 추론을 사용하는 설명을 "의도적 이해"라고 부르고, 실제적 추론(의도된 행위의 실제적 귀결의 지식)을 사용하는 설명을 "단일 인과적 전가轉嫁"라고 부른다.

설명적 내러티브 연구에서 주안점은 조사 중인 발생했던 결과에 대해 충분하게 또는 인과적으로 사건들을 공급하는 내러티브적 설명을 제공하는 것이다. "원인"이라는 용어는 형식 과학을 통해 기술적 의미를 획득한 개념들과는 다른 어떤 것이며, 지금은 개별적 사건들에 대한 일반 법칙의 효과에 한정되고 있다. 예를 들면, 중력은 바위가 떨어지는 "원인이 된다." 원인은 "불변의 선례"로서 정의된다. 그렇지만 일반적인 용법에서 "원인"은 효과, 결과, 귀결을 낳는 것은 무엇이든지 의미하며, 그것은 사건, 사람들의 행위, 여타 조건들을 포괄할 수 있다. 내러티브적 원인은 결코 반복되지 않을 특정한 순서의 선례들과 관계될 수 있기 때문에, 그것의 의미는 형식 과학에서 원인의 의미와는 다르다.

② 데이터 수집

내러티브 연구자의 데이터, 인터뷰, 기록, 여타 출처들은 과거 사건의 자취이다. 이것들은 조사 중인 현상으로 점차 유도하는 사건들을 밝히도록 돕는다. 물론, 수집된 데이터의 종류는 설명되어야 하는 결말의 종류에 달려있다. 내러티브적 설명은 과거 사실을 기초로 한다. 게다가 이 사실들은 하나의 통일된 스토리로 구성되는데, 이 스토리 속에서 사건들 사이의 고리들이 밝혀지고, 그 의의가 제공된다. 과거의 "사실"은 직접적인, 현재의 관찰을 허용하지 않기 때문에, 이 사실은 자취, 예컨대 기록, 메모, 개인적 기억을 토대로 정립되어야 한다.

앞에서 지적한 것처럼 내러티브적 설명의 양상으로서 기억 속에 유지된 사건들은 빈번히 이후의 해프닝과 플롯 라인에 의해서 새롭게 고쳐진다. 게다가 과거 사실의 재구성은 빈번하게 몇몇 개인적 설명과 부분적으로 필사된 필요한 기록들로써 실제로 무슨 일이 일어났는지 추리하는 탐정 작업과 유사하다고 볼 수 있다. 어떤 경우에 연구자는 한 개인의 스토리가 틀린 것이며, 그 사건을 확증하기 위해 의존될 수 없는 것이라고 의심하는 근거를 갖질 수도 있다.

법정은 믿을만한 스토리에 도달하기 위한 절차들을 확립하고 있다. 검사와 피고는 배심원들에게 대립되는 스토리를 제시한다. 다양한 증인들이 하나의 스토리 또는 다른 하나의 스토리를 옹호하는 증거를 대기 위해 소환된다. 증거의 규칙들과 논증의 기준들은 어떤 스토리가 정확한 진술인지 결정하는데 조력하도록 설계되어 있다. 예를 들자면, 소문에 기초한 증거나 개인적 결론들은 용인되지 않는다. Thomas Seebohm은 법률의 문제와 해석학 사이의 관계를 설명했다.[8] 시봄은 법률가와 역사학자가 행위자의 의도를 포함하는, 무엇이 발생했는가라는 "사실"을 규정하는 데에 비슷한 방법을 사용한다고 이해한다. 그렇지만 법정은 "실제로 일어난" 것을 규정하기 위한 수단을 갖고 있으며, 그것들은 종종 인문과학 연구자가 이용할 수 있는 것이 아니다. 법정은 목격자들, 출두한 인물들의 증언, 종종 광범위한 정황 증거, 청원등과 직접 소통한다. 법정은 현재이거나 거의 현재의 에피소드를 조사한다. 시봄의 관점에서 해석의 문제는 "합리적 의혹을 넘어서" 사건의 사실들을 재판하는 것이 아니다. 오히려 해석적 문제는 사실과 관련된 스토리의 플롯이나 종류(이차적 질서 준거)와 "입법자의 입법 취지"가 특정한 내러티브에 어떻게 적용되는지를 재판하는 것이다.

과거 "사실들"을 수집하고 그것들을 바른 연대기적 순서로 배치하는 것은 내러티브적 설명에 필요조건이지 충분조건은 아니다. 연구자는 사건에 관계된 방대한 과거 사실들 중에서 선택해야 하고, 이러한 선택은 구성 중인 내러티브를 기초로 이루어진다. 내러티브는 아마도 정보 베이스 속의 결함을 보여주며, 연구자가 보이지 않는 정보를 찾도록 이끌어 준다. 내러티브적 설명은 수집된 과거 사실들을 전체적 설명으로 끌어들이는데, 여기서 사실의 유의미성은 설명되어야 하는 결과와의 관계 속에서 명확해진다. 하지만 내러티브적 설명에서 사실의 의미는 사건의 순서와의 관계 속에서 기술되며, 그 사실은 차후의 사건들에 비춰 유의미하게 된다.

③ 타당도, 유의미도, 신뢰도의 문제

"원인" 개념에서 발생했던 것처럼, "타당도 내지 유효성"의 일반적 개념이 형식 과

---

8 Thomas M. Seebohm(1986), "Facts, Words, and What Jurisprudence Can Teach Hermeneutics." Research in Phenomenology, 16, 25-40.

학에서 재규정된다. 이러한 통상적인 의미는 좀 더 한정된 두 의미와는 구별된다. 첫 번째는 형식 논리의 맥락에서 오는데, 여기서 "유효한"은 논리의 규칙을 따르고 가정 으로부터 바르게 도출해낸 결론들을 기술한다. 두 번째는 측정이론에서 사용되는데, 여기서 "유효성"은 측정 도구와 측정하려고 하는 개념 사이의 관계를 언급한다. 하지 만 내러티브 연구에서 유효한 결과란, 그것이 아마도 형식 논리와 측정 데이터를 기 초로 하는 결론들을 포함한다 할지라도, 유효성을 잘 근거된 결론으로서 좀 더 일반 적으로 이해하는 것에 기초한다.

내러티브 연구의 결론들은 매우 빈번하게 "비형식적" 추론을 사용함으로써 방어된 다. 연구자는 결론을 옹호하는 증거들을 제시하고, 결과들이 이에 의해서 도출된 그 추론을 제시하면서, 왜 대안적 결론들이 가능할 것 같지 않은지를 보여준다. 여기에서 의 논증은 확실성(certainty)를 제시하는 것이 아니라 개연성(likelihood)을 제시하는 것이다. 이러한 맥락에서, 하나의 논증은 그것이 강력하며 도전이나 공격에 저항할 능력을 갖고 있다면, 유효한 것이다. 내러티브 연구는 확실성의 결론을 제시하지 않는 데, 이러한 확실성이란 수학과 형식 논리의 폐쇄된 체계를 갖는 형식 과학의 이상이 다. 인간 존재의 언어적 현실의 중요성을 잊지 않음으로써, 내러티브 연구는 형식 체 계와 그것의 특정한 유형의 엄밀함에 의해 제한되지 않는 영역에서 작동한다.

내러티브 연구의 결과는 실제로 일어났던 것과 정확하게 일치한다고 주장할 수 없 다. 다시 말해서, "진리"가 실제와 정확한 상응이거나 일치를 뜻한다고 하면, 이 결과 는 "참"이 아니다. 의미 영역을 조사하는 연구는 도리어 핍진성(verisimilitude)이나, 진리 또는 사실과 같은 결과를 목적으로 한다. Karl Popper는 핍진성이 모든 지식의 한계이며, 우리는 기껏해야 진술의 진리성이 아닌 허위성만을 드러낼 수 있다고 제의 했다.[9] 내러티브 연구의 결론은 종결되지 않은 채로 남는다. 새로운 정보나 논증은 아마도 그 결론이 실수였다거나 다른 결론이 더 그럴 듯하다고 학자들을 확신하게 할 것이다. 게다가 서사 연구는 정말 같음의 검사로서 논리적이거나 수학적인 유효성 검사보다는 학자적 동의라는 이상을 사용한다.[10]

"유의미성"의 개념도 또한 형식 과학에서, 변수들 사이에서 발견된 상관관계가 필

---

9 Karl Popper(1959), The Logic of Scientific Discovery. 53.
10 Thomas A. McCarthy(1976), "A Theory of Communicative Competence," in Critical Sociology, Paul Connerton. 478-496.

시 무작위 표본추출의 우연에 기인하는 정도의 기술적인, 통계적인 정의를 가리키도록 재규정된다. 일반적인 용법에서 "유의미성"이란 용어는 의미 있음 또는 중요함이란 관념을 나타낸다. 그러나 동일한 단어가 광의와 협의의 개념 양쪽을 표시하는 데에 사용되기 때문에, 좀 더 제한된 기술적인 의미는 보편적 용법의 진의를 그것에게로 거둬들인다. 이렇게 해서 사람들은 빈번하게, 조사결과가 대개 모집단으로부터 표본 요소들을 우연적으로 뽑는 데서 비롯된다는 제한된 개념을 숙고하지도 않고, 통계적 유의미성을 조사결과가 중요하다는 것을 의미한다고 해석한다. 내러티브 연구에서 "유의미성"은 좀 더 일반적인 의미를 유지한다. 조사결과는 그것이 중요하면 유의미한 것이다. 챌린저 사고는 그릇된 의사결정 전략에 의해 초래되었다는 것을 발견한 것이 유의미하다고 할 것이다.

"신뢰성"의 통상적인 의미는 신뢰할 수 있음이라는 특성을 언급한다. 누군가를 신뢰한다는 것은 그녀나 그가 요구받는 것을 할 것이라는 또는 그나 그녀가 말한 것은 신용할 수 있다는 완벽한 신뢰와 신용을 갖는다는 것이다. 계량적 연구의 맥락에서 사용되면서, "신뢰성"은 측정 도구의 일관성과 안정성을 언급한다. 신뢰할만한 도구는 변수 자체가 일정하면 지속적으로 동일한 수치를 낸다. 두 번째 측정에서 수치가 달라진다면, 그 차이는 단순히 "허술한" 도구의 인공물 때문이 아니라, 변수 내의 실제적 변화 때문이라는 것을 신뢰할 수 있다.

내러티브 연구에서 신뢰성이란 통상적으로 데이터의 신뢰할 수 있음과 데이터 분석의 엄격성에 관한 유효성을 언급한다. 현장 기록과 인터뷰 필사의 신뢰 가치성이 주목된다. Mishler는 테이프 녹음에서 필사된 텍스트가 되면서 야기되는 문제들을 회고했다.[11] 그는 연구자들에게 지속적으로 원래의 녹음으로 돌아가고, 명백한 필사 규칙들과 이야기의 중단이나 상담, 또는 목소리 톤에 관한 코드를 포함하는 매우 구체적으로 정해진 표기시스템을 고안할 것을 권고한다. 미쉴러는 현재의 인터뷰 이론이 자극과 반응 모델에 기초하고 있음을 주목한다. 면접자의 질문들은 표준적인 탐색 자극으로 간주되고, 또한 응답에 있어 어떠한 변이도 인터뷰 모집단 속의 요인들로 추정될 수 있도록, 질문들이 하나의 상수로 남아 있을 것이 기대된다. 미쉴러는 인터뷰를 하는 것이 측정 가능한 응답을 유발하는 불변의 자극이 아닌 하나의 담론으로 이해되는 것이 필요하다고 주장한다.[12] 내러티브 연구에서 데이터 생성은 인터뷰가 주

---

11 Elliot G. Mishler(1986), Research Interviewing: Context and Narrative. 47-50쪽.

어지는 맥락과 순서에 의해 영향 받는다. 연구자는 데이터를 수집하는 동안에 자신의 변화를 경험하며, 인터뷰를 받은 사람들은 인터뷰를 한 사람들에게 영향을 준다. 지금 껏 면접자는 스토리를 발생시키고 정보를 수집한다. 연구의 참여자들로부터의 정보의 자유로운 흐름을 확립하고 또한 얼마나 그것이 달성되었는지를 충분히 기술하는 것 이 연구자의 책임성이다. 내러티브 연구는 형식적인 신뢰성 시험을 하지 않으며, 그 대신에 데이터의 신뢰 가치성의 승인을 불러일으키는 절차의 세부묘사에 의존한다.

④ 데이터 분석

데이터 수집은 스토리의 수집으로 귀착된다. 분석의 목표는 데이터 속의 공통 주제 나 플롯을 밝히는 것이다. 분석은 스토리의 모든 표본들에 거쳐 기초가 되는 전형들 (patterns)을 알아채기 위한 해석적 기법을 사용해서 수행된다.

이 유형의 언어적 분석의 결과를 검사하는 것은, 확인된 보편적 전형이 원래의 데 이터 속에 주어진 특정한 스토리를 산출한 것인지를 묻는 것이다. 나가서, 적절한 분 석은 특이한 결과를 산출하지 않는다. 즉, 이러한 결과가 도출된 데이터를 받은 다른 연구자가 그 결과가 잇달아 일어날 것을 동의할 수 있다. 내러티브 데이터의 분석은 대수학적 테두리를 따르는 것이 아니고, 원래의 데이터와 유형의 분명해진 기술 사이 에서 진행된다. 해석학적 순환을 염두에 두어야 한다. Amedeo Giorgi는 언어적 데이 터의 분석을 위한 좀 더 형식적인, 6단계 절차를 개발했다.[13] 언어적 분석은 문예 비 평의 연구 방식과 같은 풍부한 전통을 갖고 있으며, 문예 비평은 내러티브 분석의 사 용을 위한 축적된 원칙들과 지침들을 행동 과학과 사회 과학에 제공한다.

(3) Clandinin과 Connelly의 내러티브 탐구(Narrative Inquiry)

Clandinin과 Connelly(2000)의 내러티브 탐구는 기본적으로 Dewey의 영향을 많이 받은 연구방법이다. Dewey는 경험이 이성과 현실성의 유기체, 신과 인간, 관념과 실 제의 모든 이원론 하에 발견된 것이라는 지신의 반영을 굳게 믿고 있었다. 이러한 지 식의 진실과 선함을 추구하는 가장 훌륭한 지침으로서 경험을 신뢰하였다. 인간의 경

---

12 같은 곳. 35-51쪽.
13 Amedeo Giorgi(1975), "An Application of Phenomenological Psychology: Vol. 2. Amedeo Giorgi, Constance T. Fischer, Edward Murray (편집), 82-103.

험은 개인적인 것이며, 동시에 사회적인 것으로 이들은 항상 현존하게 된다. 또한 인간은 개별적 존재이기는 하나 오직 개인적인 것으로 이해될 수 없으며 개인의 경험과 사회와의 관계로서 이해되어야 한다고 말한다. 그렇기 때문에 인간은 항상 사회적인 상황들과 관련을 맺으며 살아가게 된다.

인간이 존재하면서 이야기도 존재했기 때문에 내러티브는 인간의 역사와 함께 한다고 볼 수 있다. Barthes(1966)는 내러티브가 어느 장소, 어느 사회에서나 항상 있어 왔기 때문에 내러티브 없이 인간은 결코 존재할 수 없다고 말한다. 즉, "인간은 개인적으로 사회적으로 이야기되는 삶을 살아가는 이야기하는 유기체"(Clonnelly & Clendinin, 1990)라는 것이다. 인간이 내러티브적인 존재라는 사실은 다음 두 가지를 의미한다. 첫째, 인간은 자신이 스스로 이야기의 주체가 되어 자신의 이야기를 만들어가는 존재이며, 둘째, 다른 사람의 이야기를 누군가에게 서술하는 존재라는 것이다. 즉 이야기하기는 인간의 본성 중의 하나로 볼 수 있다.

앞서 내러티브의 인식에서도 살펴보았듯이 Bruner(1990; 1996)는 인간이 하는 의사소통에서 가장 보편적이고 강력한 담화의 형태가 내러티브라고 주장한다. 학생들이 내러티브를 통해 어떻게 자신이 살아가고 있는 세상에 의미를 부여하는 방법을 배우는가에 대해 논의하면서, 어린 학생들도 천성적으로 그리고 환경에 의해 기운차게 내러티브 인생의 첫발을 내디딜 준비가 되어 있다고 주장했다. 또한 대부분의 교육연구자들에게 친숙한 논리·과학적 사고와 대비하여 내러티브 사고의 특성을 이야기하고 있다. 그의 주장에 의하면 내러티브 양식은 인간의 상황과 경험에 최대의 관심이 있으며, 경험에 의미를 부여하는 가장 좋은 방법이다. 그러므로 인간과 인간의 세계를 이해하는 데 관심을 두는 연구에 가장 적합한 방법이 내러티브 양식이라고 결론짓는다.

이러한 인식에 토대를 둔 내러티브 탐구는 한 인간이 세계와 자신의 관계적 삶을 탐구하며, 자기 존재의 의미를 형성하는 한 가지 방법인 동시에 삶의 과정 그 자체이다(박세원, 2007: 45). 또한 내러티브 탐구는 체험되고 말해진 이야기이다. 즉, 사람들은 이야기로 살아간다. 내러티브 탐구는 단순히 이야기를 열거하는 것 이상의 의미를 가진다. Connelly & Clandinin(2000: 64)은 이러한 의미를 삶을 이야기하고, 이야기를 말하면서 그 이야기를 다시 재확인하고 수정하며 새로운 이야기를 만들어 낸다고 하였다.

따라서 모든 이야기는 우리의 삶에 대한 구성력을 가지며 우리 삶의 형태를 만들어 간다. 다른 연구 방법론들과는 달리 내러티브 탐구는 경험에 대한 의미 창조를 중요시 여긴다. 내러티브 탐구는 경험을 이해하기 위한 하나의 방법이며, 이는 한 장소 또는 일련의 장소에서 환경과의 상호작용 하에 계속적으로 일어나는 연구자와 참여 자 간의 대화이며 계속적으로 재구성되어 가는 과정으로 볼 수 있다.

내러티브 탐구 과정 속에 있는 사람들은 그들이 몸담고 살아가는 복잡한 세계 내에 서 경험을 이야기의 형태로 조직하고 상호 소통하면서 그들의 과거와 현재를 이해하 고 미래를 전망한다. 이렇게 나의 이야기를 다른 사람에게 말하고 다시 다른 사람의 이야기를 듣고 이를 바탕으로 다시 나의 이야기를 수정하는 일련의 이야기의 소통과 정은 곧 우리의 삶의 과정이기에 더욱 의미 있다. 따라서 내러티브는 우리의 경험을 조직하는 가장 근원적인 방식이라고 볼 수 있다.

또한 내러티브 탐구는 현재 사회과학 분야의 질적 연구에서 활용되는 방법의 하나 로, 연구방법에 대한 정의와 연구 방식에 대한 논의가 상당히 다양하게 이루어지고 있다는 특징을 지닌다. 여기에 사용되는 주요 현장텍스트의 주요 수집 방법은 면담이 다. 그러나 내러티브 탐구에서 면담을 할 경우, 모든 면담 내용들 즉, 내러티브가 이 러한 시간적 연속성을 뚜렷하게 보여주는 것은 아니다. 면담에 참여하는 사람들이 말 하는 내용은 대개 시간적 순서를 따르기보다는 정돈되지 않은 낱낱의 이야기들일 가 능성이 높다. 따라서 연구자는 자신의 해석을 통해 여러 가지 이야기들을 일련의 연 속성을 지니도록 배열해야 한다.

한편, 내러티브 탐구에 대한 의미와 구체적인 탐구방식은 학문마다 다양하다. Chase (2005)는 내러티브 탐구가 문학, 역사, 인류학, 사회학, 사회언어학, 교육학 등의 다양 한 영역에서 고유의 접근법을 적용해 왔다고 지적한다. Creswell(2007)은 학문분야가 아닌, 다음의 두 가지 접근 방식에 따라 내러티브 탐구를 유형화하고자 하였다.

<표 VII-1> 내러티브 탐구의 유형화 방식

내러티브 탐구의 유형 분석			
연구자의 분석 전략	내러티브의 분석 (analysis of narrative)		내러티브 분석 (narrative analysis)
내러티브 양식의 다양성	자전체적 연구 (biographical study)		구술연구 (oral history)
	자서전적 연구 (autobiography)	생애사 연구 (life history)	

첫 번째 접근 방식은 연구자에 의해 활용되는 분석 전략에 따라 내러티브 탐구를 유형화하는 것이다. 이 방식에 의하면, 내러티브 탐구를 '내러티브의 분석'(analysis of narrative)과 '내러티브 분석'(narrative analysis)으로 구분할 수 있다. 내러티브의 분석은 내러티브 안에 포함되어 있는 중요한 주제들에 대한 논리적인 서술을 만들어내기 위해 연구자 자신이 지닌 패러다임에 따라 내러티브를 분석하는 것을 의미한다. 이 과정에서는 연구자의 주관적 관점보다는 내러티브의 구조와 단위에 집중하여 분석이 이루어지므로, 이 방식은 비교적 객관적이며, 양적 연구에 가까운 접근법으로 볼 수 있다. '내러티브 분석'은 연구자가 일어난 사건에 대한 내러티브를 수집하고, 이들을 하나의 줄거리를 지닌 이야기로 재구성하는 것을 의미한다. 이 방식은 이미 수집된 내러티브를 연구자의 해석을 통해 또 다른 내러티브로 재탄생시키는 과정이다.

두 번째 접근 방식은 내러티브 탐구를 통해 발견되는 양식들의 다양성을 강조하는 접근 방식이다. 이는 크게 자전체적 연구(biographical study)와 구술연구(oral history)로 구분된다. 자전체적 연구는 연구자가 연구 대상의 경험을 기록하고 작성한다. 만약 개인이 연구주제에 해당하는 다양한 경험과 에피소드 등을 기록할 경우, 이는 자서전적 연구(autobiography)가 된다. 또한 연구 대상자의 삶 전체를 기록할 경우, 이는 생애사 연구(life history)로 볼 수 있다. 구술 연구는 사건에 대한 개인들의 반성과 성찰들을 모은 것으로 구성되어 있으며, 대화나 면담 등의 형태로 수집된다.

Creswell(2007)은 내러티브 탐구가 단순히 개인의 삶의 경험들을 총괄하는 것이 아니라, 특정한 연구의 초점을 지니고 있다는 점에 주목한다. 이러한 연구의 초점은 주로 이론적 배경을 통해 설정된 연구자의 관점에 의해 형성될 수 있다.

결국 내러티브 탐구는 집단의 특성을 비교하거나, 사회 또는 역사적 현상에 대해 이해하거나, 인간 자체에 대한 탐구 등을 위해 활용될 수 있다. 따라서 내러티브 탐구를 한 가지 의미나 방식으로만 이해하기는 어려우며 연구자가 연구주제와 목적에 따라 적절한 접근법을 통해 내러티브 탐구를 수행하거나, 또는 이를 이용해야 한다는 점을 짐작할 수 있다.

내러티브는 내러티브를 서사성을 지닌 의미로 볼 수 있으며 특히, 우리의 체험된 대상을 이야기의 형태로 풀어나가는 것을 내러티브라고 볼 수 있다. 이런 점에서 보면 내러티브 탐구는 그 절차를 다음과 같이 표현할 수 있다.

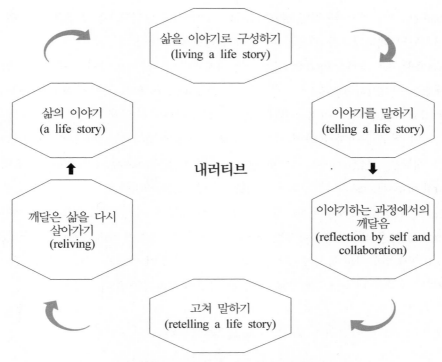

[그림 VII-1] 내러티브 탐구의 개념적 요소

한편 Clandinin & Connelly(1992)는 위의 [그림 VII-1]과 같이 이야기는 구체적인 상황에 대한 일화이고, 내러티브는 긴 시간에 걸쳐 있는 삶에 대한 사건들을 뜻하는 것으로 구별하여 정의하였다. 그러므로 이들은 단일한 현상을 언급하기 위해 '이야기'를 사용하고, 탐구(inquiry)의 방법을 언급하기 위해 '내러티브'를 사용한다고 하였다. 삶의 경험들을 이야기하고(story telling), 다시 이야기 하는(story retelling)과정을 통하여 경험의 의미는 끊임없이 재구성된다는 점을 강조하면서 내러티브를 구성하는 것은 일련의 경험적 사건들을 단순히 나열하는 것이 아니라 그것들을 특정한 방식으로 구조화하면서 해석하는 활동을 의미한다고 하였다.

내러티브 탐구의 '3차원적 공간(three-dimensional narrative inquiry spaces)'이란, Connelly & Clandinin(2000: 113)이 내러티브 탐구라는 연구 방법의 틀을 제시하기 위해 은유적 용어를 발전시킨 것이다. 내러티브 탐구에서 3차원적 공간이란 과거·현재·미래라는 시간의 연속성(continuity), 그리고 장소의 개념으로서의 맥락·상황

(situation), 개인적·사회적인 상호작용(interactoion)을 말한다. 즉, 연구의 전 과정 내내 3차원적 내러티브가 지속될 수 있도록 강조하고 있다.

Connelly & Clandinin(2000)은 이러한 3차원적 공간은 네 가지의 방향성과 함께 존재함을 이야기하고 있는데 그것은 내적 지향(inward), 외적 지향(outward), 과거 지향(backward), 그리고 미래 지향(forward)으로 여행할 수 있게 하는 것을 의미하며, 연구자와 연구 참여자가 함께 존재하는 장소 안에서 생각하게 한다. 여기서 말하는 내적 지향은 감정(feelings), 희망(hopes), 심미적 반응(aesthetic reactions), 도덕성(moral dispositions)과 같은 내적 상태를 향하는 것을 의미하고, 외적 지향은 실존적 상황, 즉 환경에 초점을 둔다. 과거 지향, 미래 지향은 과거, 현재, 미래라는 시간성(temporality)을 의미한다. 경험을 경험하는 것은 즉, 경험에 대해 연구를 하는 일은 이 네 가지 방향에서 동시에 그것을 경험하는 것이며 각 방향을 향해 질문을 던지는 것이다. 이러한 내용을 그림으로 나타내면 [그림 VII-2]와 같다.

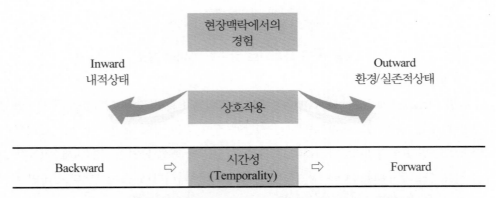

[그림 II-2] 내러티브의 3차원적 탐구공간과 네 가지 방향성

이와 같이 내러티브 탐구는 3차원적 내러티브 탐구 공간을 검정하도록 강조하면서, inward, outward, backward, forward로 여행할 수 있게 하는 방향성을 이끌고 장소 안에서 위치하게 한다.

(4) Riessman의 내러티브 방법(narrative method)

Riessman(2008)이 말하는 내러티브 방법은 탐구를 통해서 내러티브를 구성하는 것이다. 이 방법에는 주제 분석, 구조적 분석, 대화/수행 분석, 시각적 분석 등이 포함되는 데 이 방법(기법)들의 핵심은 인간 경험의 내러티브를 분석하는 것이다. 내러티브를 사태의 연결을 통하여 의미를 구성하는 것이라면 발화된 자료, 쓰여진 자료, 시각적 자료들을 통해서 그 내러티브에 초점을 둔다. 스토리 형태를 지니는 텍스트의 해석이 중요해진다.

내러티브 분석이란 이해주의에 속하는 연구방법으로서 사회경제구조주의에 속하는 기존의 질적 연구방법과는 다른 철학적 관점에서 출발한다. 사회경제구조주의는 인간세계가 사회적으로 형성되고 누구나 공감하는 타당한 지식체계로 구성된다는 가정 아래 우리를 둘러싸고 있는 사회와 공감하는 사실들로부터 추출한 하나의 공통된 지식구조를 가지고 연구 자료를 체계적으로 해석한다. 이해주의는 사회경제구조주의와 마찬가지로 연구 자료를 종합된 사회적 공감대의 결과물로 간주하지만, 사회경제구조주의와 달리 다양한 문화와 그에 따른 다양한 해석을 인정함으로써 하나의 공통된 지식구조가 아니라 다양한 지식구조에 의한 다양한 해석을 시도한다 (Hirschman & Holbrook, 1992). 김기옥이 채택한 연구방법은 이해주의에 속하는 내러티브 분석을 시도하기 위해 11명의 화자를 대상으로 가장 최근에 구입한 소비경험을 묻는 최초의 질문을 제외하고는 화자에게 완전한 자유를 주며 소비생활이야기에 관한 인터뷰를 실시하였다. 화자의 집에서 대부분 진행된 인터뷰는 1시간 35분부터 2시간 20분 정도 걸렸고, 인터뷰의 전 과정을 녹음한 테이프를 토씨 하나 빠뜨림 없이 필사본으로 옮겨 구술 자료를 마련한 후, Labov(Riessman, 1993, 재인용)의 구조분석을 이용한 Bell(Riessman, 1993, 재인용)의 '연결된 이야기와 그 의미(linked stories and meaning)' 의 내러티브 분석모델에 적합한 11가지의 narrative plots을 4명의 화자의 구술 자료로부터 추출하였다(김기옥, 1999).

이와 같이 내러티브 분석을 통해 개개인이 과거에 실제로 겪은 경험이 그에 대한 사회·문화적 맥락에서의 의미 부여와 해석으로 되살아난다는 것을 보여주었다. 이것은 실증주의의 연구결과물이 연구 자료에 담겨있는 내용을 통계분석으로 일반화시키고 추상화시켜 무미건조한 결과를 담고 있는 것과는 달리 구체적이고 현실적이며 체험적인 결과물을 제공한다.

(5) Bruner의 인간 탐구

Bruner는 인간 본성과 인간 상태에 대한 연구에 있어 첫째, 정신 물리학에 대한 것을 논하고 있다. "현대판" 심리학은 물리학적 방법에 맞는 모델을 선택하였다. "고전적인" 정신 물리 심리학에는 "일상심리학"에 대한 부분이 없었다. 인간 본성에 대한 문화 이론은 문화가 어떻게 정의하고, 어린이들을 교육하며, 사람들 간의 상호 관계와 중요한 모든 문제들을 이끌어 가는지를 드러내준다. 사회생활의 일상적 행동들은 모든 사람이 심리학자가 되고, 다른 사람이 왜 그런 행동을 하는지에 대한 이론을 가지도록 만든다. 민족 심리라고 부르든지 일상심리라고 부르든지 간에, 다른 사람의 마음과 기능이나 작용 방식에 대한 믿음이 없다면 우리는 혼동하게 된다.

두 번째 인류 종족의 진화에 나타나는 변칙에 대해 논하고 있다. 그것은 세상에 대한 인간의 반응에서 보이는 중재 작용으로써 문화의 발전과 관련 있다. 문화는 인간과 동물 세계 사이의 단절을 만들어 낸다. 인간 상태에 대한 진화 생물학으로부터 사실을 추정해내는 데 곤란을 겪는 것도 단절 때문이다. 인간의 생물학적 근원에 대한 참조 없이는 인간을 완전히 이해할 수 없듯이, 문화에 대한 참고 없이도 인간을 이해할 수 없다.

이러한 두 가지의 인간 본성과 인간 상태에 대한 연구로부터 인간의 진화에서 보이는 "문화적 전환(cultural turn)"을 특징짓고 있다. 거기에는 세 가지 조망이 놓여 있다. 첫째, 개인주의적적 조망 둘째, 집단주의적이고 교섭적이며 교류적 전환, 셋째, 행동이 어떻게 어디에 놓여 있는지를 알지 못하고서는 그 행동을 완전히 이해할 수 없다는 점이다. 문화는 모방이나 지시성을 초월하여 상징 관계를 파악하기 위한 인간의 상징적 능력에 근거한다. 문화는 공동 상징들을 공유하는 조직망이다. 결국 마음이 문화를 만드는 동시에 문화 역시 마음을 창조한다. 문화는 마음이 어떻게 작용하고 기능하는가, 해결할 수 있는 문제가 무엇인가에 대해 제약을 가한다. 아주 원초적인 심리 작용까지도 개인별 신경 체계의 교란보다는 문화에 바탕을 둔 의미의 해석에 더욱 구속된다. 마음과 문화의 관계, 인간 활동의 공간적·상황적 본질이 의미하는 것에 대해 우리는 분명히 알아 둘 필요가 있다. 정신적이고 외현적인 문화적 배경에서 인간의 정신 작용이나 기능 방식은 "보철 기구" 같은 문화적 도구에 의해 형성된다. 우리는 뛰어날 정도로 도구를 사용하고 도구를 만드는 종이며, 문화적으로 고안된 방식에 의지한다. 그러나 문화가 고유하고 독창적이기 때문에 심리적 보편성의 존재를 무시하는 것은 잘못된 것이다. 정신 작용은 다른 작용들이 덧붙여지는 것이 아니다. 오히려, 복잡한 과정들은 그 자체적으로 통합성을 가지며 진화적, 문화적, 상황적 상호 작용을 반영하는 것으로 이해되어야 한다.

추갑식(2012)에 의하면, 브루너의 인간 탐구에서 인식론에 주목할 것을 제안한다. 내러티브 인식이란 내러티브를 통하여 의미를 구성하는 인간의 마음 작용 방식을 의미한다. 인간의 마음은 경험에 대한 내러티브를 통하여 의미를 구성하고 해석해가는 과정이자 결과이다. 따라서 내러티브 인식에서는 인간 마음의 의미 형성 작용이 중요하며 내러티브 사고의 역할이 관건이 된다. 앞에서 언급한대로 Bruner(1996)는 인간의 인식 양식을 패러다임적 사고(paradigmatic mode of thought)와 내러티브 사고(narrative mode of thought)의 두 가지 형태로 구분했다. 전자는 이론적이고, 형식 논리적이며, 추상적이고, 일반적인 진술로 구성된 과학적 사고의 의미로 사용되며, 후자는 사람들 간의 관계 맥락, 교류 상태, 행위의 의도 등을 묘사하고 있어 구체적이고 상황 특수적인 사고를 말한다. 그에 의하면 패러다임적 사고는 "좋은 이론, 엄격한 분석, 논리적인 증거, 건전한 논증, 추론적인 가정을 이끌어 내는 경험적인 발견"을 가능케 하며, 내러티브 사고는 "좋은 이야기, 마음을 사로잡는 드라마, 반드시 진리인 것은 아니지만, 믿을 수 있는 역사적인 설명"을 가능케 한다.

이 두 가지 인식 양식은 상호보완적이지만, 서로 환원될 수 없다. 하나의 양식을 다른 것으로 환원하거나, 하나만 사용하고 다른 쪽을 무시하면, 우리 주위에서 벌어지는 사건들을 이해하거나 설명할 때 풍성하고 다양한 사고를 포착하는 데에는 실패할 것이다. 우리는 이러한 패착을 너무 오랫동안 지속시켜 오고 있다. Bruner는 이에 대해서 다음과 같이 말하고 있다.

> 학교가 처한 복잡한 상황, 변화하는 사회적, 경제적 환경에 학교가 그대로 노출되고 있다는 점을 감안한다면, 놀라운 일은 학교교육에 대한 제도적 문화인류학에 관심을 쏟는 체계적인 연구가 상당히 부족하다는 사실이다. 가족, 경제, 종교제도, 심지어 노동시장과 교육과의 관계가 모호하게 이해되고 있을 뿐이다. 그러나 이 주제와 관련하여 시사적이고 제안적인 연구가 초기 단계에 있다. 경제에서 교육의 역할에 대한 현재의 논쟁에 관해서 뛰어난 한 사람의 기고가의 역할이 중요하다는 것을 발견하는 일은 고무적인 일이라고 생각한다(Bruner, 1996; 강현석 외, 2005: 82).

그러나 현대 교육은 인간의 삶의 심층적인 모습을 이해하려는 내러티브 인식에 관심을 갖지 않았다. 교육이 개인적이고 사회적인 이야기들을 구축하고 재구축하는, 즉 교사와 학습자가 자신의 이야기를 하고 상대방의 이야기를 들어주는 행위처럼 인간 삶의 총체적 세계(문화)를 이해하기 위한 하나의 수단으로서 내러티브 인식은 교육과는 떼려야 뗄 수 없는 필수불가결한 관계에 놓여 있는 것이다. 이렇듯 교육적인 상황에 있어서 내러티브 인식은 학생들에게 의미를 구성하는 수단으로써 뿐만 아니라 자아를 형성할 수 있는 기반이 될 수 있는 것이다.

Bruner(1996)는 경험에 대한 의미구성의 가장 좋은 방법이 내러티브이고 인간과 인간 세계를 이해하기 위한 연구에 가장 적합한 방법이 내러티브 양식이라고 한다.

> 내러티브 실재에 대한 논의는 인간 사회내의 의미의 협상에 관한 반영이 아니라 "스토리"에 대하여 분개하며 거절한 것에 관한 사례인 것이다. 내러티브가 있을 법한 모든 사례에 대해서 진리를 생산할 수는 없다. 진리를 발견한다는 것은 논리만의 특권이다. 우리는 방법과 합리적인 사고에 대한 방법들을 가르치는 데 노력을 기울인다. 증명 관련되는 것, 모순을 구성하는 것, 단순한 발언에 지나지 않는 것을 검증 가능한 명제로 어떻게 전화시키는지 등등. 왜냐 하면 이것들은 "실재"를 창안하기 위한 방법들이기 때문이다. 하지만 우리는 내러티브의 규칙과 장치에 따라 사례인 세계에서 우리 삶의 대부분을 살고 있다. 교육은 내러티브 실재의 세계와 메타인지적 민감성이나 감수성을 창안하기 위하여 수행하는 것보다 훨씬 풍부한 기회들을 제공해야 한다(Bruner, 1996; 강현석 외, 2005: 330).

결국 Bruner는 의미구성의 한 형태로서 내러티브는 우리로 하여금 우리의 삶에 의미를 부여할 수 있도록 해주며, 일상적인 삶에 대한 의미를 이해할 수 있다는 것으로 해석 된다.

다. 내러티브와 인간학

우리 대다수의 "실재"는 개략적으로 두 영역으로 구성된다: 자연과 인간의 사건, 전자는 논리학과 과학의 전형적인 방식으로 더 구조화되고, 후자는 스토리나 내러티브의 방식으로 더 구조화 된다. 후자는 인간 의도와 그들의 변화에 관한 극적인 사건에 집중되어 있다; 전자의 주변에 인과관계에 대한 똑같이 강제적이고 똑같이 자연적인 아이디어. 그의 세계에 관한 개인의 이해를 구성하는 주관적인 실재는 개략적으로 현실적인 것과 인간적인 것으로 나눠진다(Bruner, 1986: 162).

　Polkinghorne(1988: 94-95)에 따르면, Dilthey는 1883년에 글을 쓰면서, 자연과학과 인문과학을 구분하는 토대로서 과학적 설명과 역사적 이해를 구분한 Droysen의 관점을 인용했다. 그는 자연과학은 사물이나 사람의 형태로 외부에서 의식으로 들어온 '사실들'을 연구대상으로 삼는다고 했다. 반면에 인문 과학의 연구 대상은 '실제'로서 그리고 '살아있는 관계'로 내부에서 의식으로 들어온다고 했다. 따라서 연관 관계는 추론을 통해 추출되지만, 물리적 세계의 연관성은 의식적 경험의 일부로서 직접 이해 된다는 것이다. 딜타이는 해석학에서 발전해 온 '이해'의 개념을 다듬어서 역사 연구 방법을 명료히 하려 했다. 그는 해석학은 단순히 철학 연구에서 사용하는 주변적인 방법이 아니며 모든 인간 표현을 이해하는 일반적인 방법임을 강조했다. 그는 자연 세계에 관한 지식을 발전시키는 과학의 중요성을 인정했지만, 인문과학 연구에는 해 석학의 독특한 방법이 필요하다고 주장했다. 해석학이 독특한 방법이기는 하지만 자 연과학 방법과 많은 점을 공유한다고 강조했다.

　과학적 지식 발전에 필요한 주관적 조건들을 기술했던 칸트처럼, 딜타이는 인간 존 재의 자기 표출적인 속성에 관한 지식을 생산하는 특정한 주관적 조건을 설명하고자 했다. 그는 인간 행위를 이해하기 위한 감정이입(empathy) 이론을 개발했다. 즉 역사 가는 행위자의 의도, 생각, 사고를 다시 살고, 다시 생각하고, 재현한다는 것이다. 딜 타이의 계획은, 자연과학의 주체-객체 관계에 적절한 종류의 지식을 주체가 주체를 알 때 일어나는 종류의 지식과 구분하는 것이었다. 주체-주체 지식을 처음으로 구성 하면서 그는 심리학이 인간의식을 묘사하는데 유용할 것이라고 생각했다.

　우리의 논의에서 내러티브와 인간학의 접점에서 중요한 역할을 하는 것은 문화심 리학이라고 볼 수 있다. 이하에서는 Shweder의 논의를 차용하여 문화심리학의 주요 연구방법상의 특징을 제시하기로 한다(김의철·박영신, 1998: 1-14).

(1) 문화심리학의 주요 특징: 인간학의 시사점

　인류는 하늘의 별들, 대지, 살아 있는 유기체 등과 같은 우리의 주변 세계에 끊임없 는 관심을 갖고 살아 왔다. 이러한 과정에서 사람들은 이 세상이 아무렇게나 형성된 것이 아니며, 혼란스러운 것도 아니라는 사실을 깨닫게 되었다. 이는 사람들이 반복과 변화의 일관된 유형을 관찰할 수 있었기 때문이다. 사람들은 이러한 관찰된 규칙성을 통해 일관된 유형의 이면에 존재하는 힘에 관하여 의문을 갖게 되었다. 이와 같이 주변 세계를 이해하려는 인간의 욕구는 우리의 환경을 이해하고, 설명하고, 예언하려는 탐구의 중심을 차지하고 있다.

종교와
종교적 설명의
독단
종교는 물리적, 인간적, 그리고 정신적 세계를 설명하기 위해 시도되었다. 종교에서는, 관찰할 수 없는 정신을, 관찰할 수 있는 규칙성의 창조자로서 받아들인다. 종교는 우리의 주변에서 일어나는 신비한 현상에 대한 확실한 해답을 제공한다. 그러나 이러한 대부분의 종교적 신념들은 편협하고 독단적이며, 자기중심적인 것으로 여겨진다.

종교적 설명에 대한 완고한 집착은 계몽주의 시대에 접어들면서 의문이 제기되었다. 뉴턴의 물리학, 다윈의 진화론, 상대성 원리와 같은 과학적인 발견과 설명들은 자연계에 대한 정밀하고, 일관되며, 경험적으로 검증 가능하고, 보편적인 설명을 제공하였다. 사람들은 자연계를 이해하기 위해서, 더 이상 독단적이고 편협한 종교적인 설명에 의지할 필요가 없어졌다. 과학은 객관적이고 검증이 가능한 방법으로 지구의 어느 곳에서도 적용될 수 있는 보편적 법칙에 따라 현상을 설명함으로써, 강력한 힘을 발휘하게 되었다. 따라서 과학은 물리적, 생물학적, 생태적 세계를 가장 정확하고 포괄적으로 설명한다.

최근에 사람들은 그들이 종교를 믿는 것과 마찬가지로 과학을 신봉한다. 즉, 그들은 과학의 결과가 절대적이고 진실을 밝힌다고 믿는다. 이러한 믿음은 점차 인간과 사회적 세계로 확장되어 왔다. 물리학과 생물학이 자연계를 설명하는 것처럼, 사회과학도 인간 세계의 본질과 역동을 설명할 수 있을 것인가?

사회과학에서는 개인적, 사회적, 문화적, 감정적, 그리고 역사적인 범주들을 초월하는 인간 행동의 보편적 법칙들을 발견하고자 하였다(Sampson, 1978). 발견된 기본적인 경험적 법칙들은 복잡한 인간의 행동을 이해하기 위한 것으로 간주되었다. 예를 들면, 심리학자들은 복잡한 인간의 행동을 지배하는 법칙을 발견하고 싶어 했다.

사회과학의 양상
서양에서 만들어지고 실천된 사회과학은 가치에 얽매이지 않고, 보편적이며, 진실에 대한 객관적인 탐색으로 간주되었다. 실제적인 의미에서 사회과학은, 이성적이며 자유분방하고 개인주의적이며 추상적인 이상을 옹호하는 유럽과 미국의 문화적 가치와 깊이 연관되어 있다.

심리학적 연구에서 개인주의와 자유주의 사상에 기반을 둔 가정들이, 동아시아에 그대로 적용되기는 어렵다. 따라서 심리학자들은 이미 존재하는 심리학적 지식의 외적인 타당성에 문제를 제기하기 시작했다. 즉, 미국과 유럽의 가정, 논쟁, 문제들에 초점을 맞추어 온 사회과학이, 다른 문화에서 보편화될 수 없다는 시각이다. 예를 들면 동아시아 문화에서는 사회적 상호관계를 통한 집단적 노력을 필요로 하는 집단주의적 목표를 장려한다.

문화심리학의 위치

문화심리학자들은 자연과학의 방법과 접근이 사회과학에 적합하지 않으며, 수정될 필요가 있다고 주장한다. 자연과학은 나무나 별의 생각, 감정과 동기들을 문제시하지 않는다. 식물학, 생물학, 천문학에서 이러한 정보는 과학적 분석의 일부분이 아니다. 그러나 인간을 다루는 과학(human sciences)에서는 이러한 정보를 아는 것이 필수적이다: "인간의 행동은 목적, 동기, 행동 의지, 결정, 의심, 주저함, 희망, 두려움과 욕망으로 판단된다; 이것은 인간을 다른 자연계와 구분하는 방법 중의 하나이다(Berlin, 1976: 22). 인간은 이러한 독특한 특질이 있기 때문에, 인간을 다루는 과학과 자연과학은 구별된다.

만일 인간을 다루는 과학에 자연과학의 방법과 접근을 적용하는 것이 적절하지 않다면, 우리는 어떻게 인간에 대한 과학적 이해를 발전시킬 것인가? 비록 물리적 세계에 대한 우리의 직관과 경험적 지식이 제한되어 있다하더라도, 사람들은 그들 자신과 사회에 대해 매우 복잡하고 철학적인 이해를 하는 것이 가능하다. "평범한 보통 사람들도 자신과 타인에 대해 매우 잘 이해한다"는 사실을 Heider(1958: 2)도 지적한 바 있다. 만일 사회를 제대로 이해 할 수 없다면, 우리는 효과적으로 기능할 수 없을 것이다.

일상언어의 표현

사람들은 세계에 대한 자신의 이해를 일상 언어의 개념으로 표현한다. 비록 개념의 복잡성을 기술하거나 설명할 수 없을지라도, 대부분의 사람들은 주어진 문화에서 효과적으로 기능할 수 있다. 그들의 기능을 명료하게 표현하지 못하는 것은 그들이 무지하기 때문이 아니라, 서로 다른 종류의 지식을 갖고 있기 때문이다. Wittgenstein은 "단어의 사용을 통해서 그 단어의 의미를 정확히 파악할 수 있다"고 하였다(Budd, 1989: 21). 예를 들어, 한국어를 유창하게 말하는 사람도 그가 말하는 것을 문법적으로 분석할 수는 없다. 반면에, 한국인이 영문법을 잘 안다고 해서 미국인과 유창하게 대화할 수 있는 것은 아니다. 자전거 타는 법을 아는 사람도, 자전거의 기계적 부분에 대해서는 완전히 무지할 수 있다. 이와 대조적으로 고장난 자전거를 고치는 법을 아는 자전거 정비사가 자전거를 타지 못할지도 모른다. 경험적이고 실제적인 지식 (experiential, biographical, and episodic knowledge)과 이론적이고 분석적인 지식 (analytical)은 다른 형태의 지식이다.

문화의 중요성과
관심사 대두

사회과학자들은 자신이 속한 문화의 영향을 피할 수 없다. 과학적인 근거가 있다고 생각되어 그들이 선택한 논쟁(issues), 개념들, 논리와 방법들은 은연중에 문화적 가설에 의해 영향을 받는다. 사회과학자들도 다른 서양 사람들처럼 핵심적인 가치들, 신념과 관점을 공유하고(즉, 묵시적 지식, tacit knowledge), 그것들을 문화적인 것이 아니라 자연적인 것으로 생각한다. 예컨대 집단주의나 개인주의는 이러한 핵심적 가치들 중의 하나이다.

동아시아에서 산업화, 도시화, 자본주의화와 같은 서구 문명의 영향을 받아들였지만, 동아시아인들은 인간관계를 강조하는 근본적언 문화 가치체계를 크게 변형시키지는 않았다. 비록 이러한 문화의 외적 특정들이 많이 변화되기는 했지만, 인간관계를 강조하는 그 문화의 핵심 요소는 여전히 강하게 남아 있다. 예를 들어 Mislunk(1988)는 일본의 경제 성장은 인간관계의 유지에도 불구하고 성취된 것이 아니라, 인간관계의 유지 때문에 성취되었다고 말하였다. 동아시아에서 자본주의 그 자체는 인간관계를 중시하는 근원적인 동아시아의 문화 가치에 맞게 수정되었다 (Kim, 1994; Yu & Yang, 1994).

이러한 사실들을 고려해 볼 때, 문화에 대한 심도 있는 이해는 인간을 다루는 과학의 완성을 위한 전제조건이라고 해도 과언이 아니다. 최근 들어 문화에 대한 관심이 점차 증가하면서, 사회과학 분야에서 그동안 다루어 온 주제들에 대해 문화를 통해 이해하려는 요구가 있어왔다. 그럼에도 불구하고 문화에 대한 사회과학적인 이해를 도울 수 있는 연구물은 부족한 실정이다.

새로운 인간과학의
필요성

따라서 우리는 문화와 인간의 심리를 과학적으로 탐색하는 새로운 분야에 기초하여 새로운 인간과학을 구성해야 한다. 일반적으로 사람들은 철학과 과학을 객관적인 학문으로 인식하기 때문에, 문화와 관련된 개념으로 연결하는 데 익숙하지 않다. 그러나 철학과 과학은 인간이 창조한 학문이기 때문에, 문화와 상호 밀접히 연결되어 있다.

내러티브 인간학
구성에서의 유의점

이상의 문화심리학에 대한 특징을 고려하였을 때에 장차 내러티브 인간학 구성에 유의해야 할 점들을 제시해보면 다음과 같다.

첫째, 문화심리학을 이해하는 데 전제가 되는 사고에 대해서 숙지할 필요가 있다.

문화심리학의 기본 전제는 인간 의식의 과정이 전 세계의 여러 문화권에서 동일하지 않다는 것이다. Shweder(1991)는 문화심리학적 접근방법에 기초하여, 다른 세계에 사는 인간이 갖는 개념의 다양성에 대한 수용이 결코 상호 모순적이거나 비합리적이지 않다는 점을 지적한다. 플라톤, 데카르트, 구조주의에서 추구하는 개인 정신의 추상적 형식 및 보편적 법칙과, 이에 대비되는 낭만주의 견해, 즉 존재가 순수형태의 부정이 아니라 존재는 의식과 순수 영혼이 물질세계로 유입된 것이라는 입장이 있다. Shweder는 낭만주의가 인간의 공통점을 무시하는 것이 아니라 차이를 존중하고, 이성을 무시하는 것이 아니라 상상을 인정하는 입장을 지적하면서 낭만주의에 대한 비판은 낭만주의에 대한 오해에서 출발한다고 본다. 우리의 개념과 다른 사람들의 다른 개념은, 각각 나름대로 합리적이며 정당화될 수 있어야 한다는 것이다. 남편을 따라 죽는 관습이 이해되기 위해서는 시간 의존적이고 공간의존적인 진리의 개념을 인용해야 하며, 결국 지금 여기서 진실한 것이, 시·공을 초월하여 반드시 진실한 것일 필요는 없다는 것이다. 또한 낭만주의는 과학에 상반되는 것이 아니며, 낭만적인 학문 분야로서 문화심리학은 기호과학과 자연과학이 혼합된 형태이다. 문화심리학에서는 사람들이 이 세상에서 다르게 살아갈 때, 그들은 다른 세상에 살고 있다고 가정한다. 그러므로 우리가 다양한 문화를 통해 사고할 때, 실존적인 경이를 경험할 수 있으며, 다양한 세계를 진정으로 수용할 수 있어야 한다.

둘째, 다양한 객관적 세계에 대해 이해되어야 한다. 어떤 단일한 하나의 객관적인 실재가 없다는 사실은, 객관적인 실재가 전혀 없다는 것을 의미하는 것이 아니라, 다양한 객관적인 세계가 존재한다는 것을 의미한다. 이러한 상대주의의 시각에서 볼 때, 어떠한 사람이나 문화도 우습거나 혐오스럽지 않으며, 다양성이나 차이점을 받아들일 수 있다. 보편주의, 발달주의, 상대주의를 비교해 볼 때, 상대주의의 장점은 보편주의를 부정하는 것이 아니라 보편적인 것으로서의 가치를 지니면서 동시에 의미있는 다양함이 있다는 것을 우리가 인식하도록 해 준다. 후기 니체 철학적 접근을 통한 인류학에서는, 오직 보이는 것만을 믿는 실증주의의 한계를 극복한 후기 실증주의 과학철학에 기초한다. 후기 실증주의자들도 실증주의자들과 마찬가지로 무엇이 실재인지에 대해 관심을 가지며 과학을 훌륭한 것으로 인정하나, 동시에 주체 의존적이고 다양한 세계의 중요성도 인정한다. 문화란 인간이 세계에 부여한 의미나 표상으로 구성된다. 여기에서 의미의 부여에 강조를 둔다. 인류학의 연구대상자가 부여하는 의미는 환

다양한 객관적
세계에 대한 이해

상이 아니고 자연과 세계에 대한 생각이며, 경험을 비춰주는 실재의 개념이다. 후기 니체철학의 기본 사상은 다양한 객관적 세계에 대한 상대주의적 사고라고 할 수 있다. 후기 니체 철학의 목표는 인류학의 목표와 마찬가지로, 모든 전통을 배우고 받아들이는 동시에 어떠한 전통에 대해서도 노예화되지 않고 여러 전통을 편견 없이 보는 것이다. 포스트모던시대의 기본 입장은 기존의 진리와 교리에 대해 의문하는 자세를 가지는 것이며, 이러한 입장에서는 다양한 현실을 여러 시각에서 접근하고 이해해야 한다는 것을 제시한다.

문화심리학에 대한
기본 이해

셋째, 문화심리학의 기본 개념과 관련 학문들과의 차이점, 나아가서 문화심리학의 기원과 정의에 대해 살펴볼 필요가 있다. 문화심리학은 특별한 의도적인 세계에서의 인간의 기능에 관해 연구하는 학문이다. 문화심리학의 원리, 즉 의도적인 세계의 원리에서 보면, 하나의 의도적인 세계에서 참된 것이 모든 의도적인 세계에서 반드시 보편적으로 참된 것은 아니다. 따라서 플라톤 철학적인 인간 정신의 보편성을 부정하고, 다양성을 추구한다. 한편 일반심리학은 인간 정신에 보편적인 중앙처리기제의 존재를 가정하고, 이러한 중앙처리기제를 서술하는 것을 목적으로 한다. 중앙처리기제를 추상적 보편적 속성으로 간주하기 때문에 일반심리학은 플라톤 철학에 기초하고 있다. 비교문화심리학은 민족간 수행의 차이에 관심을 가지며, 인간 정신의 보편성을 가정하는 일반심리학의 하위학문이다. 심리인류학은 인류학의 한 영역으로서, 인간 정신으로부터 주어진 보편적이고 선천적인 중앙처리기제를 가정하고 그것이 영향을 미치는 사회문화적인 환경에 관심을 갖는다.

정신의 보편성에 대한 전제가 없는 심리인류학을 문화심리학이라고 한다면, 민족심리학은 정신이 전혀 없는 문화심리학이다. 민족심리학은 마음, 자기, 정서에 대한 민족 고유의 표상, 민족의 다양성을 연구하나, 심리적인 기능과 특정 문화에 살고 있는 사람들의 주관적인 삶에 대한 관심을 덜 가진다. 문화심리학은 일반심학, 비교문화심학, 심리류학, 민족심리학의 장점을 통합하면서, 이들의 결점에서 벗어나려고 한다. 추상적이며 변하지 않는 인간 본성에 대한 연구를 하는 개인의 특성을 배제한 심리학과, 구체적인 사회문화적 제도, 관습, 신념에 관한 역사적 민족학적 변화를 다루고 인간과 정신에 전혀 관심을 갖지 않는 인류학의 학문적 편협성은, 문화심리학의 관심사가 되는 현상들과 의도적인 세계에 대해 무관심하게 하였다. 문화심리학은 정신적 삶의 원리가 보편적이거나 추상적이라고 가정하지 않고, 오히려 의도성을 가정한다. 의도성이란 정신의 삶이 의도적인 인간의 삶이라는 것을 의미하며, 문화심리학에서는 의도적인 존재로서의 인간이 변화한다고 가정한다. 문화심리학에서는 문화와 정신이 서로를 구성한다고 보므로, 심리학에서의 순수 심리적인 것, 불변적, 보편적, 추상적, 형식주의를 배제한다. 따라서 문화심리학에서는 새로운 해석의 틀이 필요하며, 이를 통해 새로운 방식으로 (실재를 구성하는) 정신과 문화(적으로 구성된 실재)에 대한 탐구가 가능하다고 본다. 문화는 의도적인 세계를, 정신은 의도적인 인간을 의미하며, 이 둘은 상호의존적이다. 또한 의도적인 활동과 관습은 의도적 인간과 세계의 산물이며, 동시에 그것들을 구성한다. 문화심리학의 목표는 문화와 정신의 사회적 상호작용에서 계속적으로 일어나는 여러 사실들을 검토하는 것이다. 의도적 개인과 의도적인 세계 사이에는 상호역동적인 관계가 있으며, 이러한 관계는 자기변형적이고 변증법적이다. 또한 문화심리학은 해석적 학문이며, 의도적인 세계와 삶에 대한 해석에서 실제로 우리가 하는 것은 다른 사람을 통해 이해하기이다.

넷째, 인간의 개념 형성과 문화의 영향에 대해 살펴보아야 한다. 인류학자들이 사용하는 보편주의, 진화주의, 상대주의라는 세 가지 해석모형에 의해, 다른 민족들의 다양한 사고를 이해할 필요가 있다. 보편주의자들은 사고의 다양성이 외관상으로는 다르지만 실제로는 같다는 사고체계의 동질성을 선택한다. 다양한 인간 사고에서 보편성을 발견할 수 있는 방법은, 일반적 유사성을 강조하고 구체적인 차이를 간과하는 고차적 일반화 법칙과, 자료들의 하위구조만을 조사하는 자료축소의 법칙에 의해서이다. 보편주의의 장점은 유사성의 중요성을 인식하는 것이며, 단점은 고차적 일반화가 매우 공허한 상위수준을 다룬다는 점이다. 반면에 진화론자들은 각 민족들의 사고체계는 다를 뿐만 아니라 위계를 갖고 있다고 봄으로써, 다양성이 가정되고 순위가 매겨진다. 즉, 다양성의 존재를 허용함으로써, 고차적 동질성을 탐색하지 않고 다양하고 상이한 단계를 서열화하려고 한다. 또한 상대주의자들은 비록 다른 사고체계도 이해될 수 있으며, 나름대로의 내적 일관성이 있다는 것을 가정한다. 상대주의자들은 두 가지 규칙, 즉 맥락주의 규칙과 임의성의 원리에 의해 현상을 설명한다. 서양인과 다른 동양인의 지각양식이나 사회적 사고의 방식은 구체적, 비추상적, 비일반적, 사건적, 미분화적, 상황적이다. 이러한 구체적이고 상황에 근거한 사고는 인지적 기술, 지적 동기, 적절한 정보, 언어적 도구와 같은 네 가지 형태의 결핍에 의한 것으로 진화론자들은 설명한다. 반면에 보편주의자들은 구체적 사고와 추상적 사고가 모든 문화권에서 똑같이 나타난다고 본다.

여기에서는 인간에 대한 개념이 문화에 따라 달라질 수 있다고 긍정한다. 각 사회(예: 자기중심주의, 사회중심주의)에서 사람들은 독특한 세계관을 갖고 있으며, 이러한 세계관은 사고하는 방식(예: 구체적, 추상적) 등의 인지적 기능에 결정적인 영향을 미친다.

인간 개념화
과정에서의
사회의 영향

다섯째, 인간의 개념화 과정에서 사회의 영향에 대해 살펴볼 필요가 있다. 즉, 인간의 개념형성에서 비교문화적 다양성을 사회구성적 접근으로 분석한다. 사람들은 그들이 행하는 방식으로 인간을 개념화하고 세계를 범주화하는 데, 그 이유에 대해 사회구성이론에서는 사람들이 사회적 관행, 제도, 상징적 활동에 참여하기 때문이며, 상징적 행동은 그러한 범주화를 미리 전제로 하거나 범주화를 뚜렷하게 한다고 본다. 그러나 하나의 문화에서 합리적이라고 보는 것이, 다른 문화에서 합리적이라고 보는 것과 항상 동일하지 않다. 사회인지에 대한 연구 결과, 사람들이 타인을 어떻게 표상하는지 어떻게 행동적 사건들을 설명하는지에 대해서도, 문화가 영향을 준다고 본다. 각 문화에서 강조하는 인간에 대한 개념의 획득을 반영하는 것으로서, 인간의 개념화 과정에서 사회적 의사소통의 과정이 중요함을 의미한다. 즉, 인도인들은 사회적 역할 기대와 대인관계에 초점을 맞추는 경향이 있는 반면에 미국인은 행위자의 성격에 초점을 맞춘다. 따라서 개인이 타인의 행동을 지각하고 설명하는 방식은, 도덕적 사회적 질서에서 받아들여진 인간의 개념화에 의해 결정적으로 영향 받는다고 할 수 있다.

(2) 내러티브 인간학의 주요 주제로서 인간 경험 연구: Dewey

내러티브 탐구의 철학적 근원은 Dewey 철학으로 거슬러 올라간다. 내러티브 탐구자는 연구자 개인에게 뿐만 아니라 일반적으로 더 광범위한 사회과학 분야에 유용한 통찰력의 근원으로서 개인의 체험을 가장 중요하게 생각한다. 경험은 유의미한 것이고, 인간의 행동은 이러한 의미로부터 생겨나고 이 의미를 통해 형성되면서 특징을 갖는다. 그래서 인간행동에 관한 연구는 인간의 경험을 형성하는 의미체계에 대한 탐구를 포함하지 않으면 안 된다.[14]

---

[14] Clandinin은 '경험'이라는 단어에 대한 여러 가지 철학적 접근이 있을 수 있음을 인정한다. 즉 특수한 지식과 보편적 지식이 분리되어 다루어지는 Aristotle의 이원론적 형이상학으로부터, 경험에 대한 초기 경험주의적 원자론적 개념, 이데올로기에 의해 왜곡된 막시스트의 경험 개념,

인간의 경험을 분석하는 데 있어서 이러한 접근은 실용주의의 관계적 존재론에 기반을 두고 있다. 그것은 검토되고 따라야 할 근본적 실재로서 체험의 직접성, 특히 그것의 내러티브적인 질을 택한다. 이러한 관점에 의하면, 경험에 대한 거시사회적 영향의 재현을 포함하여 경험의 모든 재현들은 궁극적으로 1인칭의 체험으로부터 생기며, 그러한 경험에 영향을 미치는 근거를 찾을 필요가 있다.

Dewey는 우리에게 제공된 그 어떤 철학의 가치에 대해서, 것이 평범한 일상의 경험과 특수한 상황들에 적용될 때 그것들을 우리에게 더 중요하고, 더 명료한 것으로 만들고, 우리가 그것들을 다루는 방식을 더 생산적으로 만드는 결론으로 끝나는가, 아니면 평범한 경험의 사항들을 이전보다 더 불명료하게 하고, 심지어 그것들이 이전에 가지고 있었을 것 같은 중요성을 '실재'에서 박탈하면서 종결하는가를 물어보는 것이 최고의 테스트가 될 것이라고 주장한다.

가장 일반적인 수준에서 실증주의 철학자들은 인식론적 공약으로 시작하고 존재론적 공약을 그 다음으로 다룬다. 다시 말해, 실증주의 철학자들은 지식에 대한 이론으로 시작하고, 거기서부터 과감히 실재의 본질에 대한 주장을 한다. 실증주의는 경험의 실재들에 대한 실험적 관찰에 기반을 둘 수 없는 실재에 대한 그 어떠한 주장들도 거부하였다.

후기 실증주의자들은 사회과학 탐구에 대한 다양한 사회적 문화적 영향을 부정하기보다 공동체들이 우리 모두가 공유하는 실재의 동일함을 허용하는 방식으로 세상에 대한 우리의 경험에 영향을 미치는 많은 중재들을 비판적으로 다루도록 도울 수 있는 방법론적 절차들을 확인하려고 노력한다. 이렇게 인식론적으로 보수적인 입장의 장점은 그것이 사회과학 탐구를 위한 지식기반에 대해 매우 안정적인 합의를 제공한다는 것이다. 그러나 결점으로는 인간의 문제에 영향을 미치는 인간 경험의 광대한 영역들이 자주 그 탐구의 범위 바깥에 놓인다는 것이 이러한 안정성의 댓가라는 사실이다.

이에 반해 내러티브 탐구는 경험에 대한 존재론으로 시작한다. 실재에 대한 관계적이고 시간적이고(temporal) 연속적인 개념으로부터 내러티브 탐구는 어떻게 그 실재

행동주의자의 자극과 반응 개념, 그리고 경험은 종잡을 수 없는 실제의 산물이라고 주장하는 후기 구조주의 주장에 이르기까지 다양한 접근이 있다는 것이다. 그러나 그는 내러티브의 토대가 되는 경험에 대한 관점이 Dewey의 실용주의 철학에 있음을 분명하게 밝히고 있다(강현석 외 (역), 2011: 제1부 서문).

가 알려질 수 있는가에 대한 개념에 도달한다. 이러한 존재론은 비판적 실재론자의 그것과는 기본적으로 다르다. 비판적 실재론자는 그 실재라는 용어를 우리의 직접적인 경험 그 이상의 어떤 것, 즉 모든 사람의 경험을 유사하게 구조화하는 무엇인가를 위해 사용한다. Dewey를 따르면서, 내러티브 탐구자는 우리가 소유하는 최초이자 가장 기본적인 실재로서 직접적인 인간 경험의 영역을 택한다. 그리고 Dewey에 더하여 내러티브 탐구자는 경험에 대한 실용주의적 존재론의 관계적, 시간적, 연속적인 특징들이 내러티브 형식으로 나타날 수 있는 방식, 즉 인간 경험에 대한 회고적인 표현들로뿐만 아니라, 그 경험에 대한 생생한 직접성으로 나타날 수 있는 방식에 초점을 둔다.

듀의의
경험 개념의 특성

Dewey의 경험 개념에는 두 가지 뚜렷한 특징이 있다. 그 한 가지는 경험이 내러티브이든, 그렇지 않든간에 모든 탐구가 시작되는 기본적인 존재론적 범주라는 것이다. Dewey의 경험 개념은 세상에 대한 우리의 개념이 기반을 두고 있는 선인지적(precognitive), 선문화적(precultural) 근거를 언급하지 않는 대신에, 그것은 인간의 사고와 우리의 개인적, 사회적, 물질적 환경과의 계속적인 상호작용의 특징을 지닌 변화하는 흐름이다.

다시 말해, Dewey의 존재론은 초월적(transcendental)이지 않다. 그것은 교호적(transactional)이다. 이러한 관점의 인식론적 함축은 아주 혁명적이다. 그것은 탐구를 위한 규제적 이상이 인식자(knower)와 관계없이 오로지 실재에만 충실한 표현을 생성해내는 것이 아니라는 것을 뜻한다. 탐구를 위한 규제적 이상은 인간과 인간의 생활, 지역사회, 세계 등과 같은 그를 둘러싼 환경 간에 새로운 관계를 만들어 내는 것이다. 그러한 관계는 "인간과 환경을 다루는 새로운 방법을 가능하게 만들고, 결국 선행했던 것들보다 더 실재적이지는 않지만, 더 중요한 그리고 덜 압도적이고 덜 억압적인 새로운 종류의 경험 있는 대상들을 만들어 낸다."(Dewey, 1981b: 175). 지식에 대한 이러한 실용주의적 관점에서, 우리의 재현은 경험으로부터 생기고, 그 재현의 타당성을 위하여 다시 경험으로 되돌아와야만 한다.

경험의
존재론적 특징

생성의 시간성

여기서 경험으로 하여금 내러티브 탐구의 뼈대를 구성하게 해 주는 경험의 몇 가지 존재론적 특징이 있다. 그 첫째는 생성의 시간성(temporality)이다. 경험은 우리가 한 문장, 한 단락으로 또는 그 어떤 텍스트에서 알 수 있고 표현할 수 있는 것 이상이다. 그러므로 얼마나 충실하게 묘사하려고 노력하느냐와 관계없이 모든 표현은 우리 경험에 대한 선택적인 강조를 수반한다. "진실한 경험적 방법은 언제, 어디서, 왜 그런 선택의 행동이 일어났는지 진술할 것이다. 그리고 다른 사람들이 그것을 반복할 수 있도록 하고, 그것의 가치를 테스트할 수 있도록 할 것이다..... 즉시적 지식(immediate knowledge) 또는 시념에 대한 자기충족적(자성적) 확신감이라 불리는 모든 표제 하에, 논리적이든 심미적이든 또는 인식론적이든 목적을 위해 선택된, 그래서 단순하지 않고 자명하지 않으며 본질적으로 찬미할 수 없는 어떤 것이 있다."(Dewey, 1958: 271). 이것을 달리 말하면, 진정한 경험적 방법은 과거의 경험에 의해 형성된 목적들을 반영한, 시간에 따라 이행된, 일련의 선택으로서의 탐구를 의미하며, 개인 또는 지역사회의 살아있는 체험(lived experience) 전체로부터 이러한 선택의 결과들을 추적한다.

둘째, 경험에 대한 실용주의적 존재론은 계속성(continuity)을 강조한다. 이러한 계속성이 단순히 지각적인 것이 아니라 존재론적이라는 사실에 주목하는 일이 중요하다. 경험은 단순히 시간상으로만 연결되어 있는 것으로 보이지 않는다. 경험은 연속적이다. 이러한 연속성은 그것이 내러티브이든 아니든 간에 우리가 탐구에 대해 생각하는 방법에 중요한 의미를 갖는다. 그것은 탐구가 결국은 변하지 않는 초월적 실재를 확인하는 것이 목적인, 겉으로 보이는 것의 "장막에 가려진 세상"을 조사하는 일이 아니라는 아이디어에 힘을 실어준다. 대신 탐구는 미래 경험의 한 부분이 되는 새로운 관계들을 생성해 내는 경험의 흐름 안에서 일어나는 행위이다. 연속성은 또한 탐구의 경계에 의문을 제기한다. 만약 경험이 연속적이라면, 우리가 탐구를 위해 설정하는 최초의 변수들은 연구의 진행 과정에서 문제시될 수 있고 또 그렇게 되어야만 하는 관계의 형태 그 자체이다.

<!-- 경험의 계속성 -->

경험에 대한 실용주의적 존재론의 세 번째 특징은 탐구와 이해에 대한 사회적 차원의 강조라는 내러티브 탐구의 틀을 형성하는 데 특히 적합하다. 내러티브 탐구는 사람들이 살아가고 말하는 이야기를 탐구한다. 이러한 이야기들은 개인의 내적 삶에 대한 사회적 영향들, 그들의 환경에 대한 사회적 영향들, 그리고 그들의 독특한 개인적 역사에 대한 사회적 영향들의 집합적 결과이다.

<!-- 경험의 사회적 차원 -->

요컨대, 내러티브 탐구는 인간의 삶을 연구하는 접근이며, 중요한 지식과 이해의 근원으로서의 삶의 경험을 존중하는 하나의 방법이다.

내러티브 탐구는 경험을 이해하기 위한 하나의 방법이며, 한 장소 또는 일련의 장소에서 환경과의 상호작용 하에 계속적으로 일어나는 연구자와 참여자간의 협력이다. 연구자는 이러한 관계망의 한 가운데로 들어가서 똑같은 영감(spirit)으로 탐구를 진행시켜 나간다. 그리고 여전히 사람들의 개인적이고 사회적인 삶을 구성하는 경험의 이야기들을 살아내고 이야기하고 다시 살아내고(reliving), 다시 이야기하는(retelling) 가운데서 탐구를 마무리짓는다(Clandinin & Connelly, 2000: 20).

평범한 체험을 존중하는 것으로 시작함으로써 내러티브 탐구는 개인의 경험에 힘을 실어주는 데에 뿐만 아니라, 개인의 경험들이 구성되고 형성되며, 표현되고 실행되는 가운데에 사회적, 문화적, 제도적 내러티브들을 탐색하는 일에 초점을 둔다. 내러티브 탐구자들은 삶에서 일어나는 개인의 경험을 연구한다. 그리고 그 연구를 통해 그들 자신과 다른 사람들을 위해 그러한 경험을 넓히고 변형시키는 방법들을 찾는다.

이렇게 본다면, 우리는 경험에 대한 실용주의적 존재론이 내러티브 탐구를 위해 아주 적절한 이론적 틀일뿐만 아니라, 내러티브 탐구가, 탐구에 대한 Dewey학파의 이론의 원리들 전부는 아닐지라도 많은 부분을 실행하는 연구 접근방법이라는 사실을 알 수 있다. 경험을 일관성 있게 Dewey학파의 관점에서 이해하고, 내러티브 탐구를 이러한 관점에서 이해된 경험에 대한 연구로 봄으로써, 우리는 내러티브 탐구와 다른 형태의 연구방법론들과의 경계들과 가능한 경계지역들을 구분 지을 수 있다.

지금까지 살펴본 것처럼, 인간학으로서의 내러티브 탐구의 가장 명확한 특징은 삶의 경험에 대한 연구라는 것이며, 이는 철저하게 Dewey 학파의 관점을 따른 것이다. 경험 연구에 대한 이러한 공유된 공약이 내러티브 인간학 탐구의 중심이다.

2. 정보 시대와 인문사회과학

인간 마음을 설명하는 입장에서 보면 과거 실증주의적 패러다임에서는 인지과학의 경험과학적 주류 속에서 인간 마음을 '정보를 처리하는 메커니즘'으로 보고자 하였다. 컴퓨터 장치가 정보를 처리하는 메커니즘이 인간 마음에 비유될 수 있다는 것이었다. 인지혁명으로 급속하게 발전해나가는 인지과학이 정보처리라는 시스템으로 인간 마음을 이해하고자 하였고 그것은 그야말로 혁명에 가까운 듯이 보였으나 오히려 인간 마음의 본질에서 혁명적으로 멀어지는 문제를 야기하였다. 그러나 인간 마음에 대한 새로운 본질의 탐구가 요청되는 이유이다. 이 지점에서 의미 구성을 인간 마음의 본질로 보아야 한다는 주장이 설득력을 얻고 있다. 인간 마음의 본질은 이제 '정보 (information)'에서 '의미(meaning)'로, '처리(processing)'에서 '구성(construction)'으로 변화되어야 한다.

가. 정보처리와 의미 구성: 컴퓨터주의와 문화주의

Bruner(1996: 31-41)에 의하면, 인간 마음의 탐구에 대한 최근의 변화는 인지혁명 이후 지난 10년 간 인간 마음의 본질을 어떻게 이해하고 개념화할 것인가 하는 문제에 대하여 그 입장을 상이하게 전개해 오고 있는 근본적 변화를 표현하고 있다. 현 시점에서 보면 이 변화들은 인간의 마음이 어떻게 작용하는가에 관한 2가지 확연히 구분되는 개념화 방식에서 유래한다. 그 중 첫 번째 방식이 인간의 마음을 컴퓨터 장치로서 간주할 수 있다는 가정이었다. 이 가정이 새로운 아이디어는 아니지만 최근에 발달된 컴퓨터 과학에서 강력하게 재인식되고 있다. 다른 한 방식은 인간의 마음은 인간 문화의 사용을 통해 구성되고, 인간 문화의 사용에서 실현된다는 제안이었다. 이 두 가지 견해는 인간 마음 자체의 본질과 마음이 어떻게 개발되는가에 대해 매우 상이한 개념화를 갖게 하였다. 각각의 관점은 그 지지자들로 하여금 마음이 어떻게 기능하고, 마음이 "교육"을 통해 어떻게 개선될 수 있는가에 관한 뚜렷하게 상이한 전략을 따르도록 하였다.

그 첫 번째로서, 인간의 마음을 컴퓨터에 비유하는 관점은 정보처리와 관계가 있다. 정보처리 이론이라는 것은 세계에 관해 정형의 부호화되고 분명한 정보가 컴퓨터 장치에 의해 어떻게 등록, 분류, 저장, 정리, 인출, 처리되는가 하는 이론이다. 이 관점에서는 세계의 상태를 지도화해주는 어떤 사전(事前)에 존재하는 규칙화된 코드와 관련하여 이미 정해지고 설정된 어떤 주어진 것으로서 정보를 취급한다. 소위 이러한 "잘 정형화된" 관점은 우리가 장차 보게 되겠지만 장점뿐만 아니라 단점도 갖고 있다. 앎의 과정은 이러한 관점, 즉 컴퓨터 관점이 허용하는 그러한 것보다 종종 복잡하고 훨씬 더 애매한 것으로 가득 차있기 때문이다.

인간 마음의 관점

컴퓨터 비유로서 마음

비록 교육자를 가르쳐야 할 경우 구체적인 교훈이 무엇인지에 대해서 여전히 분명하지 않지만, 컴퓨터 과학은 교육의 행위에 관하여 흥미 있는 일반적 주장을 한다. 거기에는 널리 퍼져 있으면서도 합리적인 신념이 있다. 그 신념이란 컴퓨터를 효과적으로 프로그램화하는 방법적 지식을 통하여 어떻게 하면 인간을 보다 효과적으로 가르칠 수 있는가에 관하여 어떤 것을 **발견할 수 있어야 한다는** 것이다. 예를 들어, 특히 의문이 나는 지식도 잘 정의가 된다면 컴퓨터는 학습자들이 지식의 체계를 습득하는 데 큰 도움을 제공한다는 사실에 거의 의문을 달지 않는다. 잘 프로그램화된 컴퓨터는 결국에는 "인간이 생산하기에는 부적합한 것"으로 볼 수 있는 과제들을 처리하는 데 특별히 유용하다는 것이다. 왜냐하면 컴퓨터가 보다 신속하고 질서 정연하며, 기억하는 데 덜 불규칙적이고 싫증이 나지 않기 때문이다. 물론 우리가 사용하는 컴퓨터보다 우리가 잘하거나 혹은 못하는 것이 무엇인가를 물어보는 것이 우리 자신의 마음과 우리가 처해 있는 인간 상황을 풀어헤치는 일이다.

정보처리로서의
마음관의 난점심층적으로 보면 이론적으로 구상될 수 있는 가장 "반응적인" 컴퓨터라 할지라도 교사가 해야 할 일을 그러한 컴퓨터에 "양도할 수" 있는가 하는 문제는 매우 불확실하다. 이는 적절하게 프로그램화된 컴퓨터가 수업의 과정을 어수선하게 하는 일상적인 기계적인 절차들을 떠맡음으로써 교사의 부담을 경감시킬 수 없다고 얘기하는 것이 아니다. 그러나 그러한 문제는 목하 우리가 관심을 가지는 쟁점 사안이 아니다. 결국, 구텐베르그의 금속활자의 발명으로 인해 책을 광범하게 사용할 수 있게 된 이후에 책은 그러한 기능, 즉 인간의 마음을 어떤 방식으로 작용하게 하는 기능을 수행하게 되었다.

오히려 쟁점이 되는 것은 마음 그 자체에 관한 컴퓨터의 관점이 과연 적합한가 하는 문제이다. 즉 컴퓨터 관점이 우리가 마음을 "교육시키려고" 노력을 하는 시도를 안내하기 위하여 우리의 마음이 어떻게 작용하는가에 관한 적절하고 충분한 관점을 제공할 수 있는가의 여부에 관한 문제이다. 그것은 미묘하고 난해한 문제이다. 왜냐하면 어떤 측면에서 보면 "마음이 어떻게 작용하는가 하는 방식" 그 자체는 전적으로 마음이 사용하는 그 도구에 달려있기 때문이다. 예를 들어, 손이 작용하는 방식은 손이 드라이버나 가위, 혹은 레이저 총 그 어느 것으로 무장했는지를 고려하지 않으면 충분히 진가를 이해할 수 없는 이치와 같다. 그리고 이와 동일한 증거로, 체계적인 역사가의 마음은 여러 가지 조합으로 엮어져 있고, 그런 점에서 신화와 같은 구조를 갖고 있는 고전적인 "이야기의 화자의" 마음과 다르게 작용한다. 그래서, 어떤 의미에서 단순한 컴퓨터 장치의 존재(그리고 컴퓨터 작동 방식에 관한 연산이론)는 책이 그러했던 것처럼 "마음"의 작용 방식에 관한 우리의 마음을 바꿀 수가 있다.

이러한 생각은 마음의 본질에 대한 두 번째의 접근, 즉 **문화주의**(*culturalism*)라고 문화주의의 대두 부른다. 이 관점은 마음은 문화 없이는 존재할 수 없다는 보다 진전된 사실로부터 그 영감을 취하고 있다. 왜냐하면 인간 마음의 진화는 삶의 방식의 발달과 연계되어 있는데, 거기에서 "실재"는 문화공동체의 구성원들이 공유한 상징주의에 표현되며, 이러한 문화공동체 내에서의 기술적-사회적 삶의 방식은 그러한 상징주의에 의해 조직되고 구성되기 때문이다. 그리고 인간의 마음은 실재가 그렇게 표현되는 곳에서의 삶의 방식의 발달과 연계되어 있다. 이 상징적 양식은 공동체에 의해 공유될 뿐만 아니라 보존되고, 정교화되며 후세에게 전달된다. 이러한 전달과정을 통하여 문화의 정체성과 삶의 방식을 지속적으로 유지한다.

이런 점에서 문화는 개인을 초월한 초유기체적 성질을 가지고 있다. 그러나 문화는 개인의 마음 또한 형성한다. 문화의 개별적 표현은 **의미 만들기**에 내재되어 있으며, 의미 만들기는 특별한 경우에 상이한 환경에서 사물에 의미를 부여하는 것을 뜻한다. 의미 만들기는 "그것들이 무엇에 관한 것인가" 하는 문제를 알기 위하여 적절한 문화적 맥락에서 세상과 마주치는 것들을 위치시키는 것과 관련된다. 비록 의미가 "마음 속에" 있지만 의미의 기원과 중요성은 의미가 새로 만들어지는 문화 속에 있다. 의미의 교섭 가능성, 그리고 궁극적으로 의미의 소통가능성을 보증해주는 것이 바로 의미의 문화적 상황성(cultural situatedness of meaning)인 것이다. "사적인 의미"가 존재하는가의 여부가 중요한 것이 아니고, 의미가 문화적 교환에 대한 기초를 제공한다는 점이 중요한 것이다. 이 관점에서는 앎과 의사소통은 그 성격상 매우 상호의존적이며, 결국 양자는 불가분의 관계에 있다. 왜냐하면 개인들이 의미를 탐구하는 데 있어서 개인 스스로 조작할 수 있는 것이 아무리 많더라도 문화의 상징체계의 도움이 없이는, 그 어느 누구도 의미를 탐구할 수 없기 때문이다. 우리의 세계를 소통이 가능한 방식으로 조직하고 이해하기 위한 도구를 제공하는 것이 바로 문화이다. 인간 진화의 뚜렷한 특징은 인간이 문화의 도구를 활용할 수 있는 방식으로 마음이 진화한다는 점이다.

그래서 문화는 비록 사람이 만든 것이지만, 사람의 마음이 작용하는 가능한 방식을 특징적으로 구성하고 형성해준다. 이 관점에서 보면 학습과 사고는 항상 문화적 상황과 조건 속에 놓여 있으며, 늘 문화적 도구와 자원들을 활용하는 방식에 따라 달라진다. 마음의 본질과 사용방식에 있어 나타나는 개인들 간의 차이조차 상이한 문화가 제공하는 다양한 기회로부터 기인한다. 이러한 다양한 기회들은 비록 정신이 작용하는 기능 방식에서 차이를 가져다주는 유일한 원천은 아니지만, 그 기회에 따라 마음의 사용방식은 얼마든지 달라진다고 볼 수가 있다.

마음을 이해하고 개념화하는 서로 다른 두 가지 관점, 즉 컴퓨터주의 관점과 같이 문화주의 관점은 마음의 모형을 새로이 공식화하기 위하여 심리학, 인류학, 언어학, 그리고 일반적으로 인간 과학들로부터 얻어진 통찰들을 종합한다. 그러나 이 두 가지 관점은 근본적으로 서로 다른 목적을 위해서 그렇게 한다. 컴퓨터주의는 앞에서 언급한 것처럼, 잘 짜이고 정형화된 정보가 조직되고 사용되는 모든 방식에 관심을 가지며, 정보처리가 진행되는 겉모습에는 별로 신경을 쓰지 않는다. 넓은 의미로 보면, 이 관점은 학문 간의 경계나 구분에 대한 인식도 없고, 심지어 인간이 하는 기능과 동물이 하는 기능 간에 구별을 두지도 않는다. 이와는 반대로, 문화주의 관점은 인간이 문화공동체에서 의미를 어떻게 창조하고 변형하는가 하는 데에 전적으로 관심을 집중하고 있다.

그런데 컴퓨터주의자들이 직면하는 난점은 컴퓨터의 조작에서 가능한 "규칙들"이나 연산의 종류에 내재해 있다. 우리가 알고 있는 것처럼, 그러한 규칙이나 연산들은 사전에 미리 명세화되어야 하고, 애매함이 없이 분명하고, 정확해야 한다. 또한 그것들은 컴퓨터의 연산과정에서 서로 조화롭게 일관적이어야 한다. 즉, 연산과정이 직전 단계의 결과로부터 피드백을 통하여 변경될 수 있으며, 그러한 변경은 사전에 일관되게 배열된 체계성을 반드시 준수하면서 일어나야 한다. 컴퓨터 작용이나 연산의 규칙은 우연적으로 적용될 수도 있지만, 그렇다고 하여 사전에 예측 불가능한 우연성을 처리할 수는 없다. 그래서 어느 인공지능의 프로그램에서 이러한 일은 성공적으로 일어날 수는 없는 것이다. 아무리 훌륭한 인공 지능 프로그램이라 하더라도 햄릿이 의도하는 일은 일어날 수가 없다. 인공지능 프로그램이 예측 불가능한 우연성을 모두 처리할 수는 없기 때문이다.

마음에 관한 하나의 모형을 고안하기 위해서 하나의 매개체로서 컴퓨터주의가 지니는 가장 심각한 한계는 정확하게 이러한 범주들이 지니는 명료성과 사전에 확정되어버리는 고정성에 있다. 그러나 이러한 한계를 일단 인식한다면 문화주의와 컴퓨터주의 간에 야기되고 있는 소위 죽음의 경쟁은 사라질 수도 있을 것이다. 컴퓨터주의 자들이 주장하는 정보처리와는 달리 문화주의자들이 강조하는 의미 형성의 활동은 원칙상 해석적이며, 애매성으로 가득 차 있으며, 특정의 사건에 민감하며, 사후(事後)에 구성된다. 그 과정에서 "체계적으로 구조화되지 못한 절차들"은 그 성격상 충분하게 명세화가 가능한 규칙들이기보다는 오히려 "공리"에 가깝다고 볼 수 있다. 그러나 그렇다고 해서 그런 절차들이 원칙이 없는 것은 아니다. 그것들은 오히려 컴퓨터 실행이나 연산 연습의 명료한 결과를 산출하지 못하는 실패에 대한 훈계 정도의 것으로 볼 수 있는 지적 추구의 일종인 해석학(hermeneutics)과 같은 것이다. 그것의 전형적인 경우는 텍스트 해석에서 찾아 볼 수 있다. 부분과 전체에 대한 의미의 해석학적 순환의 경우가 그러하다. 텍스트의 해석에서 한 부분의 의미는 전체가 지니는 의미에 대한 종합에 달려 있으며, 다시 그 전체의 의미는 전체를 구성하는 부분들의 의미에 대한 우리의 판단에 기초를 두고 있다. 그러나 앞으로 우리가 많은 경우를 살펴보게 되겠지만, 인간의 전반적인 문화적 계획은 이러한 의미의 해석학적 순환에 달려있다. 그런데 이러한 "해석학적 순환방식"은 분명하고 명료함을 추구하는 사람들로부터 악명이 높다고 비난받을 만한 그러한 것은 분명히 아니다. 결국 그것은 의미를 형성하는 활동과 과정의 중심에 놓여있다.

해석학적 의미의 형성과 구조화된 정보처리 방식은 질적으로 서로 다른 불가 통약적(不可 通約的, incommensurable) 성격을 지니고 있다. 이 양자의 상이성은 아주 단순한 경우의 조차에도 분명히 드러난다. 물론 컴퓨터 시스템의 모든 입력은 애매성의 여지가 남아있지 않도록 분명하게 명세화하는 방식으로 부호화되어야 한다.

해석학의 필요성

문화주의에서의 의미 만들기와 컴퓨터주의의 정보처리간의 불가 통약성(incommensurability)이 과연 극복될 수 있는가 하는 문제를 해결할 수 있는 어떠한 알려진 결정 절차는 존재하지 않는다. 그러나 그럼에도 불구하고 이 양자 사이에는 무시하기 어려운 유사성이 존재한다. 일단 의미들이 확립되었다는 것은 컴퓨터 규칙에 의해 처리될 수 있는 잘 구조화된 정형의 카테고리 속으로 그 의미들이 형식화되는 것을 의미한다. 분명히 그렇게 함으로써 우리는 맥락의 의존성과 메타포가 지니는 섬세함을 상실하게 된다. 최종적 산출물에 대한 "의미의 탐구"는, 통계적 조작에 의해 발견된 상이한 "변인들" 간의 연합이 "의미를 만들기" 위하여 해석학적으로 해석될 필요가 있는 경우에 요인분석과 같은 통계적 절차에서 늘 습관적으로 일어나고 있다. 탐구자가 코드화된 일련의 투입요인들 간의 연합을 발견하기 위하여 컴퓨터 연산의 병렬처리 방식을 사용하는 경우에도 동일한 문제에 직면하게 된다. 그러한 병렬처리의 최종적 산출이 유사하게도 의미롭게 되기 위해서는 해석을 필요로 한다. 컴퓨터주의자들이 설명하려고 하는 것과 문화주의자들이 해석하려고 하는 것 사이에는 분명히 어떤 상보적 관련성이 있다.

이 문제는 타인의 마음을 이해하고 설명하기와 관련된 것이다. 왜냐하면 이제 "우리의 마음이 어떻게 작용하는가" 혹은 "어떻게 하면 마음이 보다 잘 작용되게 할 것인가" 하는 문제를 알아보는 일은 본질적으로 중요한 문제로 등장하게 된다.

나. 디지털 스토리텔링

조순옥(2013)에 의하면, 이야기가 중요한 세상이 됐다. 필부 이야기가 광고에 등장하고 이야기를 통해 구매 욕구를 자극하거나 감동을 주기도 한다. 여기서 이야기는 우리가 익히 알고 있는 이야기와 비슷하면서도 다름을 알 수 있다. 이에 대한 차이는 매체에서 찾을 수 있다.

인쇄 매체는 시각적으로 검정 글씨만 보일 뿐 감각은 소거되어 있다. 문자 속에 함의된 기호를 읽고 상상을 한다. 상상은 사람들마다 다르게 나타나며 반응한다. 영상 매체의 경우는 다양한 색과 선, 면을 시각적으로 나타내 상상을 압도한다. 청각적인 측면이나 다른 감각적인 측면에서도 충족을 시킬 수 있는 기술이 개발되고 있으며 더욱 실제에 가까운 형상을 실현시키고 있는 상태이다.

영상 매체는 인쇄 매체와 차별성을 강조하기 위해 스토리텔링이라는 새로운 단어를 만들어냈다. 서사, 이야기, 스토리, 담론이란 말들이 있지만 '이야기하기'란 현재진행형의 개념을 쓰게 이유는 정보통신 발달로 새로운 매체가 등장했기 때문이다. 기존 서사학은 텍스트와 이야기 구조에 집중되기 때문에 디지털 매체에는 잘 맞지 않는다.

스토리텔링의 의미

스토리텔링(storytelling)은 'story', 'tell', 'ing'의 세 요소로 구성된 단어다. 즉 이야기와 말하다. 그리고 현재진행형의 의미를 담고 있는 것이다. 스토리텔링에서의 'tell'은 단순히 말한다는 의미 외에 시각은 물론 심지어 촉각이나 후각 같은 다른 감각들까지 포함한다. 특히 구연자와 청취자가 같은 맥락 속에 포함됨으로써 구연되는 현재 상황이 강조된다. 여기에 'ing'는 상황의 공유, 그에 따른 상호작용성의 의미를 내포한다. 스토리텔링이란 이 야기성·현장성·상호작용성이 강화된 오늘날의 이야기라고 할 수 있다. 스토리텔링, 즉 '이야기하기'는 현재의 상황에 대한 중요성과 청중의 상호작용이라는 행위적 측면이 강조된 단어가 된다. 결과적으로 디지털 시대의 특성과 맞물려 서사학은 변모하고 있으며, 특히 스토리텔링의 전면적 등장을 낳고 있다(최혜실, 2012)

또 다른 견해로 스토리텔링은 사건에 대한 진술이 지배적인 담화 양식이다. 사건 진술의 내용을 스토리라 하고 사건 진술의 형식을 담화라 할 때 스토리텔링은 스토리, 담화, 이야기가 담화로 변하는 과정의 세 가지 의미를 모두 포괄하는 개념이다. 이런 포괄적인 개념이 대두된 것은 현대 이야기 예술에서 행위와 결과물, 즉 이야기하기의 행위(conduct)와 이야기 자체(contents)를 동시에 지칭하는 경우가 많아졌기 때문이다. 또 내용적으로 스토리텔링은 사건에 대한 순수한 지식이 아니라 화자와 주인공 같은 인물의 형상을 통해 사건을 겪은 사람의 경험을 전달한다는 점에서 단순한 정보와 변별된다(이인화, 2012)

요즘 스토리텔링인 소셜네트워크서비스(SNS)의 성장과 디지털미디어 환경 변화, 스마트폰 보급 및 확산으로 개인휴대용미디어가 최고 전성기를 맞고 있다. 자신만이 가진 개인미디어를 통해 다양한 콘텐츠를 활용해 상호작용의 시대를 열어가고 있다.

개인 미디어는 단순한 자기 계발을 넘어 지식정보화 시대에 빠른 정보 습득과 전달, 마케팅에 중요한 수단이 됐다. 이런 변화 속에서 창의적인 아이디어와 콘텐츠 생산을 위한 '스토리'의 중요성이 강조되는 것은 당연한 현상이다. 이와 같은 인식 확산은 '스토리텔링' 전문 교육으로 이어지고 있으며 이에 대한 관심도 높아지고 있어 반가운 일이 아닐 수 없다.

전경란(2012)에 의하면 새로운 커뮤니케이션 기술의 등장은 새로운 미디어와 콘텐츠 양식을 가능하게 하며 그에 따라 스토리텔링 방식에도 변화를 가져온다. 예를 들어 인터넷의 등장은 기존의 게임 장르를 온라인 상에서 구현했을 뿐만 아니라 다사용자 온라인 롤플레잉 게임(MMORPG)과 같이 인터넷의 네트워크성을 활용한 게임 형식을 탄생시켰다. 단순히 기존 게임 형식을 그대로 빌어오는 것이 아니라 인터넷이 지닌 새로운 가능성을 활용함으로써 온라인 게임만의 고유한 이야기 경험을 제공한 것이다.

디지털 기술의 발전이 단지 디지털 정보로 변환된 콘텐츠를 제공하는데 그치는 것이 아니라 디지털 기술에 기반 한 새로운 표현양식의 창출을 가능하게 함을 뜻한다. Murray(1997)에 따르면 이는 새로운 기술이 기존의 콘텐츠에 단순히 덧붙여지는 (additive) 것이 아니라 새로운 미디어의 기술적 특성을 반영하는 또 다른 표현양식을 구성해내는(expressive) 것이다. 따라서 디지털 미디어가 기존의 표현 방식에 단순히 첨부되는 수준을 넘어 새로운 표현 미디어로 자리 잡기 위해서는 기존 미디어의 표현 양식에도 의존해야 하지만 동시에 여기에 다시 디지털 미디어만이 지닌 고유한 특징 이 활용되어야만 하는 것이다.

이를 위해 트랜스미디어 콘텐츠, 소셜게임 및 모바일 게임 등 멀티미디어성, 상호 작용성, 네트워크성, 이동성과 같은 디지털 미디어의 기술적 특징 혹은 이야기 기술이 구현되는 새로운 콘텐츠 양식을 중심으로 관련 이슈들을 살펴보자.

디지털 미디어의 공간성 먼저 디지털 미디어의 공간적 특징이 이미 상호작용성을 반영한 속성이라는 것은 디지털 미디어가 이용자에게 참여할 수 있는 공간을 제공하고 있다는 점에 기인한다. 특히 이야기 경험과 관련해서는, 상호작용이 가능한 이야기에서 상호작용성과 전체 이야기를 유기적인 총체로 구성하려는 저자와의 긴장을 해소하기 위해 고안한 장치 의 하나가 허구적 공간을 연결하여 내러티브를 구성하는 것이기 때문이다. 또한 디지 털 미디어의 백과사전적 특징은 작가로 하여금 다원적인 시각에서 이야기를 전개해 나갈 수 있는 여건을 마련해주고 좀더 정밀한 내용을 구성할 수 있게 하지만, 동시에 이는 이용자의 측면에서도 디지털 스토리의 방대한 내용 중 이용자가 원하는 부분들 을 선택하여 자신만의 이야기를 구축할 수 있다는 점에서 중요한 의미가 있는 것이다. 이용자의 취사선택의 가능성, 즉 상호작용의 잠재력을 반영한 것이라 할 수 있다.

이상의 내용과 같이 디지털 기술에 의해 구현되고 있는 스토리텔링을 이해하기 위 해 멀티미디어성, 상호작용성, 네트워크성, 이동성 등 디지털 기술이 지닌 기본적인 표현적 속성을 정리하면 다음과 같다.

멀티미디어성 먼저 멀티미디어성, 혹은 복합성은 문자, 영상, 음성 등 여러 종류의 정보가 하나의 미디어 시스템 내에서 수렴되고 유통이 이루어지는 것으로 미디어 융합 등으로 정의 되기도 한다. 멀티미디어성은 문자, 음성, 화상 등 모든 정보를 동등하게 처리하는 디 지털 정보의 특징에 기인하며, 디지털 미디어에서 다양한 미디어의 표현 양식을 동시 에 구현해내는 것을 가능하게 하는 요인이기도 하다.

결국 디지털 콘텐츠는 그동안 미디어물을 제작해온 전통방식과 이를 구현하는 디지털의 원리가 혼합된 산물이라 할 수 있다. 스토리텔링이라는 전통적인 콘텐츠 표현 방법 역시 디지털 기술의 영향으로 영향을 받으며, 이러한 현상은 디지털 스토리텔링 혹은 인터랙티브 스토리텔링과 같은 사례를 통해 이미 목격되고 있다. 실제로 디지털 게임이 지니고 있는 독특한 기술적 속성을 반영한 공간적 이야기 구성 및 수많은 하부 플롯의 생성이라는 새로운 스토리텔링 양식이 논의되고 있으며(전경란, 2003), IPTV의 경우 그것이 지닌 새로운 기술적 속성은 네트워크성과 상호작용성을 구현하는 디지털 미디어 콘텐츠 포맷이라는 새로운 콘텐츠 형식으로 이어지며, 그것을 창작하기 위한 방법론을 필요로 하고 있다(홍순철·조혜경·이현주, 2008).

상호작용성은 디지털 미디어와 이용자 간에, 디지털 미디어로 연결되어 있는 이용자 간에 혹은 미디어 간에 여러 가지 형태와 차원의 상호교류가 가능함을 뜻한다. 즉 상호작용성은 기존의 미디어처럼 일방적으로 정보를 전달하는 것이 아니라, 수용자로 하여금 자신이 원하는 정보를 선별적으로 접할 수 있게 하고, 이용자와 미디어 시스템간에 그리고 이용자들간에 즉각적이고 상호적인 피드백을 가능하게 하는 것이다.

무엇보다도 상호작용성은 이야기의 구축과 전달, 수용의 변화를 가능하게 하고 나아가 이야기의 범위를 확장함은 물론 새로운 유형의 표현물을 창출해 내는 것이다. 이야기가 인쇄 미디어에서 표현될 경우 문학이 되고, 영상 미디어에서 표현될 경우 영화가 되며, 디지털 미디어에서 표현될 경우 디지털 스토리가 되는 것처럼 문자 내러티브에서 영화 내러티브로 가면서 이야기는 매체에 의해 다른 방식을 취한다. 이야기는 다시 상이한 매체적 특징을 지닌 디지털 미디어와 조우하면서 또 다른 형식을 보이게 된다. 결국 상호작용성의 발달은 새로운 이야기하기 방식 혹은 새로운 이야기 구조를 유발하는 것이다.

네트워크성 혹은 상호연결성은 디지털 미디어가 유무선망을 통해 연결될 수 있음을 의미하는 것으로, 디지털 기술을 이용한 뉴미디어는 전자적 네트워크를 통해 이용자들간의 상호연결을 증가시킨다. 이러한 네트워크성은 이용자들간의 상호적 관계를 보장해줌으로써 디지털 미디어의 상호작용적 특징을 확장해준다.

네트워크 커뮤니케이션이 확장되면서, 단순히 쌍방향적인 상호교류 가능성과는 다른 또 다른 차원의 네트워크성을 구현하게 된다. 이로써 미디어가 매개하는 환경에서 미디어 이용자간의 네트워크성은 쌍방향성 혹은 상호교류성(two-way)은 물론 상호연결성(connectedness) 등의 의미를 포함하게 된다. 이 두 개념은 서로 밀접하게 연결되

상호작용성

네트워크성

어 있는 것으로, 특히 디지털 기술을 이용한 뉴미디어에서의 쌍방향성은 전자적 네트워크를 통한 이용자들간의 상호연결성에 절대적으로 의존하기 때문이다.

이동성

모바일 미디어는 이동성이라는 기존의 다른 미디어와 분명하게 차별화되는 중요한 특징을 지니고 있으며, 뿐만 아니라 이동성은 그것을 구현하기 위해 요구되는 다양한 속성을 수반하게 된다.

휴대성과 관련하여 대표적으로 이동전화는 늘 몸에 지니고 다닐 수 있으며, 또 항상 전원이 들어와 있는 상태이기 때문에 즉각적인 이용가능성이 높은 매체이다. 따라서 마찬가지로 휴대가 가능한 다른 핸드헬드 게임기에 비해 이동전화는 보다 손쉽게 게임을 이용하게 할 뿐만 아니라 경우에 따라서는 한 손으로도 게임이 가능한 파지성(handiness)의 이점도 상대적으로 지니고 있다. 게임만을 위해 고안된 핸드헬드 게임기가 본격적인 게임 경험을 가능하게 한다면, 이에 비해 이동전화에 기반한 모바일 게임은 단순하지만 이용의 용이성, 간편성 등을 지니는 것이다. 더욱이 늘 소통할 수 있는 대기 상태라는 점은 위치기반서비스나 근접 이용자 인식, 범지구 위치 결정 시스템(GPS) 등의 기술의 적용을 가능하게 함으로써 기존의 디지털 게임과는 다른 새로운 게임 상황을 열어주는 것이다.

디지털스토리텔링의 사례

그 다음으로 디지털스토리텔링의 사례로서 트랜스미디어 스토리텔링, 소셜게임 스토리텔링, 모바일게임 스토리텔링: 몸, 시공간의 융합 등을 간략하게 살펴보자.

트랜스미디어 스토리텔링

첫째, **트랜스미디어 스토리텔링**에는 컨버전스와 트랜스미디어 콘텐츠가 있다. 디지털화에 기반한 미디어 컨버전스의 진행은 미디어를 넘나드는 스토리텔링 양식을 구현하고 있다. 초창기 개념적으로만 사용되던 컨버전스는 유사한 종류의 서비스를 서로 다른 네트워크가 전송하거나 유사한 종류의 서비스를 서로 다른 단말기가 받는 현상(OECD, 2004)에서 정보와 콘텐츠가 디지털화, 개인화되어 다양한 고정 및 이동 플랫폼과 디바이스를 통해 필요할 때마다 언제, 어디서든 접근할 수 있는 상황(Intellect, 2008)으로 가시화되어 왔다. 디지털 컨버전스는 기술적 차원에서의 미디어 융합, 그에 따른 서비스의 융합으로 확장되며, 산업적, 문화적, 사회적 변화를 가져오고 있다. 트랜스미디어 콘텐츠 개념은 그것이 다양한 미디어에서 구동될 수 있음을 기본 전제로 하며, 나아가 그러한 이동과 전환 과정에서 콘텐츠의 실제 내용이 변화할 수 있다는 가능성을 적극적으로 반영한 것이다. 다시 말해 콘텐츠가 단순히 다양한 미디어로 확장되어 이용자들에게 미디어의 유형이나 형식에 구애받지 않는 트랜스미디어 체험을 제공하는 데 그치는 것이 아니라, 앞서 논의한 모듈성, 가변성, 증축성 등을 기반으로 이루어지는 콘텐츠 자체의 변화와 그로 인한 형식과 내용의 다원화를 함축하는 것이다.

트랜스미디어 스토리텔링은 서사 우주를 구축하는 것이다. 트랜스미디어 콘텐츠는 단일한 미디어에서 다루는 것보다는 여러 미디어가 또 다른 관점에서 혹은 새로운 맥락과 정보를 제공함으로써 시너지 효과를 낼 수 있는 콘텐츠라 할 수 있다. 이러한 트랜스미디어 콘텐츠가 새로운 콘텐츠 양식으로서 의미를 갖기 위해서는 단편적인 콘텐츠 이용을 통해서는 얻지 못했던 새로운 경험을 이용자에게 제공해야 한다. 하나의 스토리를 다양한 미디어를 통해 구현한다는 점에서 트랜스미디어 스토리텔링은 원소스 멀티유즈와 유사해 보인다. 그러나 원소스 멀티유즈 전략이 이미 존재하는 콘텐츠에서 다양한 미디어로 순차적으로 파생되는 성격이 강하다면, 트랜스미디어 스토리텔링은 동시다발적으로 하나의 스토리를 다양한 미디어를 통해 구현하는 것이다. 젠킨스는 이러한 트랜스미디어 스토리텔링을 가장 잘 구현한 사례로 <매트릭스>를 들고 있다. 영화 <매트릭스>와 게임 <매트릭스>는 같은 주인공과 같은 스토리를 공유하지만 서로 보완할 수 있는 내용을 지니고 있기 때문에 이용자들은 영화와 게임을 함께 소비했을 때 전체 <매트릭스>의 내용을 보다 깊이 이해할 수 있게 된다.

둘째, 소셜게임 스토리텔링이다. 소셜 게임은 전통적인 비디오게임이나 온라인게임과는 달리 풍부한 그래픽이나 사운드 요소가 없으며, 가능한 많은 이용자를 대상으로 한 난이도가 낮은 캐주얼 게임이 대부분이다. 소셜 게임은 다양한 장르와 스타일에 기반하고 있기 때문에 게임의 내용으로 소셜 게임을 정의하는 것은 적절하지 않다. 그보다는 오히려 SNS와의 관련성 즉 소셜 게임이 어떻게 배포되고 이용되는가하는 기술적인 측면에 의해 결정된다.

소셜게임 스토리텔링

소셜 게임에 대한 유행이 페이스북의 <팜빌>에서 비롯되었듯이 현재 소셜 게임은 SNS와 분리하여 생각할 수 없다. 예를 들어 이 발제문에서 살펴보고자 하는 <시티빌(Cityville)>도 페이스북에서 구동되는 것으로, 이용자들은 가상 도시의 시장이 되어 농사, 건설, 사업 운영 등을 수행하며 도시를 건설, 확장, 발전시키게 된다. 이러한 소셜게임은 게임의 스토리텔링에 준하면서도 SNS라는 조건이 반영된 고유한 특징을 지니고 있다.

게임에서 설정된 목표는 이용자에게 게임 플레이의 동기를 부여하는 요소이다. 이러한 목표를 추구하도록 그러나 그 목표가 쉽게 성취되지 않도록 일종의 방해 요소를 적절히 설정하는 것이 게임 스토리텔링의 기본 구조이다.

모바일게임
스토리텔링

셋째, **모바일게임 스토리텔링에서** 모바일 게임은 기존의 게임 장르를 흡수하여 자신만의 방식으로 변형하는 재매개 현상이 뚜렷하게 나타나는 영역이다. 특히 게임은 음성, 영상, 문자 정보를 통합적으로 처리할 수 있는 디지털 미디어의 속성에 기반하여 기존 표현양식을 채택하는 데 더 공격적인 양상을 보인다. 그 과정에서 기존 게임의 형식을 완전히 지우지 못하기 때문에 불가피하게 이미 존재하는 다른 게임의 바탕 위에서 존재하게 된다. 그러나 모바일 게임에서 진행되는 표현양식의 변화는 기존 게임의 형식을 그대로 수용함으로써 단순히 전달 방식만의 변화를 의미하는 수준에 그치지 않는다.

형식적으로 모바일 게임은 기본적으로 캐릭터, 맵, 아이템이라는 기존의 게임 스토리텔링의 장치들을 기본적인 틀로 이용한다. 게임에서 이 요소들은 통합체적으로 서로 엮여있거나 관련되어 제시되는 것이 아니다. 일정한 순서나 위계없이 텍스트에 배열 혹은 잠재되어 있으며, 이것을 이야기로 만드는 것은 이용자의 몫이다. 이용자는 위의 요소들을 조합, 재조합하면서 전체 이야기를 경험하게 된다. 이러한 계열체적 구조와 상호작용성으로 인해 이용자마다 각기 다른 내용의 이야기가 만들어지고 게임 텍스트는 이용자의 선택과 조작에 따라 끊임없이 변형가능성을 갖는다. 그 과정에서 캐릭터, 아이템을 비롯한 다양한 이야기 요소들은 이용자의 지속적인 선택과 결정을 요구하는 중요한 상호작용적 이야기 장치로 기능하는 것이다.

모바일 게임의 경우 이용자가 실제 살아가는 현실 공간, 우연히 마주칠 수 있는 다른 게임 이용자들의 존재, 그리고 이용자의 이동 등 일상적인 삶의 맥락이 게임 내용에 반영될 수밖에 없다. 앞서 논의한 바와 같이 모바일 게임은 현실 삶 속의 실제 이용자의 존재와 그 이용자들의 물리적인 움직임 등이 게임 속에서 그대로 반영되고, 인간의 행위 나아가 존재 자체가 허구적 상황에 포섭된다. 그런 점에서 모바일 게임은 개인의 일상적인 맥락에 따라 달라지는 다양한 이야기를 파생할 수 있는 가능성을 갖는다.

스토리텔링과의
관련성

게임과 같은 상호작용 매체에서 스토리텔링은 저자에 의해 주어지는 일방적인 것이 아니라 스스로 캐릭터를 선택하고 사건을 만들어감으로써 이루어지는 주관적이고, 체험적인 성격이 강하다. 그러한 게임 스토리텔링의 특징은 모바일 게임 속에서 주관적, 체험적 서사형태로 더 강조되어 나타난다. 이용자 개인의 삶과 다른 이용자와의 현실적인 관계가 그대로 모바일 게임에 반영되기 때문이다. 그런 점에서 모바일 게임의 경험은 보다 더 주관적인 현실감이 강조될 수밖에 없다.

모바일 게임에서는 이용자마다 주어진 조건 안에서 각각 다른 서사 체험을 하고, 개별 이용자에 따라 무수히 많은 이야기의 생성이 가능해지는 것이다. 여기에서 이야기는 이미 게임 개발자가 설정해놓은 이야기의 범위를 넘어선다. 즉 이 이야기에는 개발자가 계획해놓은 이야기 구조나 틀이 존재하지 않으며, 누구에게도 통제되지 않고 이용자만이 알고 있는 무수히 많은 주관적인 이야기가 생성되는 것이다. 결국 모바일 게임에서는 이용자 개개인의 활동과 그 역사가 특정한 이야기를 이룰 뿐이다. 따라서 서사경험이 이용자 개인의 개입과 구체적인 활동을 요구하는 것으로 변화하며, 이것은 이용자가 자유롭게 텍스트와 상호작용하는 차원을 넘어 인간의 몸이 전폭적으로 이야기 속에 존재함으로써 실생활과 차이 없이 인간의 활동 자체가 가상현실 이야기를 이루는 가능성을 보여주는 것이다.

인간의 다른 체험과 마찬가지로 디지털 콘텐츠에 대한 체험 역시 특정한 지각과정에 따라 구성되며, 같은 유형의 체험을 반복해 가면서 특정 장르에 대한 기대감을 형성하고, 나아가 그것이 사회문화적 의미를 갖게 된다고 한다. 디지털 스토리텔링은 그런 점에서 디지털 시대가 열어준 새로운 문화형식을 또 다시 변주하면서, 인류에게 또 다른 문화적 경험을 제공하고 있는 것으로 평가할 수 있다.

다. 의미 구성의 인문사회학: 정보시대에서 의미 구성

본 연구에서 주목하는 인문사회학은 앞에서 언급한 정보처리의 메커니즘보다는 의미 구성의 맥락에서 접근될 필요가 있다. 다시 말하면 구성주의의 입장에서 인문사회학을 해석해 볼 필요가 있다.

Bruner(1996)에 의하면, 우리가 살고 있는 "세계"에 부여한 그 "실재"는 구성된 것이다. Nelson Goodman의 말을 빌리면 "실재는 만들어지는 것이지, 발견되는 것이 아니다." 실재의 구성은 전통에 의해 형성된 의미구성의 산물인 동시에, 사고방식에 대한 문화의 도구장치에 의해 형성된 의미 구성의 산물이기도 하다. 이러한 의미에서 인문사회학은 우선 학습에서 젊은이들을 의미 만들기와 실재 구성의 도구를 사용하도록 도와주고, 다음으로 학생들 자신을 발견하는 세계에 더 잘 적응하도록 도와주고,

구성주의 세계관

그리고 마지막으로 필요한 만큼 세계를 변화시키는 과정에서 도와주도록 지원해주는 활동으로서 인식되어야 한다. 이러한 의미에서, 인문사회학의 탐구 활동은 자신들의 삶을 설계하고, 개척하고, 건축해 나가는 활동에 비유할 수 있으며, 그런 점에서 사람들을 보다 훌륭한 설계자와 건축가가 되도록 도움을 주는 것과 유사하게 이해될 수 있다.

내러티브
가치의 인식

이제 새로운 인문사회학은 내러티브 사고에 근거할 필요가 있다. 이 양식은 아동들이(사실은 일반적으로 사람들이) 자신들을 위한 입장이나 위치, 즉 개인적인 세계를 심리적으로 마음속에 그릴 수 있는 세계에 대한 해석(version), 즉 세계관을 창조할 수 있도록 도와주는 사고와 감정의 양식을 말한다. 특히 브루너는 이야기 만들기, 즉 내러티브가 그러한 세계관을 창조하는 데 필요한 것이라고 주장한다. 즉, 사고의 방식으로, 그리고 의미 만들기의 수단으로서 내러티브 문제에 주목할 필요가 있다는 것이다.

인간이 세계에 대한 그들의 지식을 조직하고 다루는 데에 있어서, 실제로 심지어 그들의 즉각적인 경험을 구조화하는 데까지도 두 가지의 폭넓은 방식이 있다. 즉, 하나는 물리적인 "사물(physical thing)"을 다루기 위하여 보다 전문화된 것이고, 다른 하나는 사람들과 그들의 문제와 상태를 다루기 위하여 보다 전문화된 것이다. 이것들은 전통적으로 **논리-과학적인** 사고와 **내러티브** 사고로 알려져 왔다. 이 양자 사고방식의 보편성은 그 사고방식들이 인간 게놈에 뿌리를 두거나, 또는 언어의 본성에서 주어진다고 제안한다. 그 사고방식들은 서로 상이한 문화에서 표현의 방식을 다양하게 해 왔고, 또한 그 사고방식들을 다르게 계발해 나간다. 상이한 문화들이 그 사고방식들에게 서로 상이하게 특권을 부여하지만, 그 어떠한 문화도 그 양자의 사고방식이 없이는 존재하지 않는다.

이야기 구조화로서
내러티브

우리는 우리가 가장 소중하게 간직해 온 신념들과 우리의 문화적 기원에 대한 설명을 이야기 형식으로 구조화(frame)한다. 그리고 우리 자신이 누구인가를 파악하고 이해하는 것은 단지 이런 이야기들의 "내용"이 아니라, 그 이야기들의 내러티브 전략(narrative artifice: 내러티브를 전개해 나가는 고안이나 솜씨, 책략과 같은 것)과 내러티브를 구사하는 방식이나 형식이다. 어제나 그저께 있었던 멀지 않은 우리의 경험은 같은 이야기된 방식으로 조직된다. 훨씬 깜짝 놀랄 일은, 우리는 (다른 사람들뿐만 아니라 우리들 자신에게) 우리의 삶을 내러티브의 형식으로 나타낸다. 이제 심리 분석가들이, 개인적 특질(개성)이 내러티브와 관련되어 있다는 점, 즉 "신경증"이라는 것이 자기 자신에 관하여 불충분하거나 미완성된, 또는 부적절한 이야기를 반영하는 것이라는 점을 깨닫게 되었다는 것은 놀라운 일이 아니다.

하나의 문화를 이해하기 위해서 이야기가 지니는 중요성은 개인의 삶을 형성하는 삶의 형성과 내러티브
데 있어서만큼 매우 크다고 볼 수 있다. 인간 삶의 문제들은 논증적이고 논리적으로
정합적인 명제의 형식보다는 이야기 형식을 매개로 하는 데에서 더 잘 포함된다. 그
러므로 이야기 구성과 이야기를 이해하는 기술은 우리가 마주칠 가능한 세계에서 우
리의 삶과 우리 자신을 위한 하나의 '입장이나 위치(place)'를 구성하는데 중요하다는
것은 자명한 것처럼 보인다.

이야기 기술이 가르쳐질 필요가 있는 것이 아니라 '선천적으로' 유래한다는 것은
항상 암암리에 가정되어 왔지만, 좀 더 면밀하게 검토해보면 이것이 전혀 사실이 아
니라는 것을 알 수 있다. 예를 들어 우리는 지금, 내러티브 기술이 어떤 일정한 단계
를 거치면서 개발되고, 어떤 종류의 뇌 손상에서 심하게 피해를 입게 되며, 스트레스
하에서 약하게 되고 그리고 다른 전통을 가진 이웃과의 생활이나 상이한 전통과 인접
하여 살아가는 과정 속에서 상상의 나래를 펴기도 하지만 하나의 사회적 공동체 생활
에서 가공의 이야기보다는 글자 그대로만을 따지는 건조한 상황으로 끝나버린다는
점을 알고 있다 소송 제기를 위한 마지막 논쟁이나 모의 법정을 준비하는 법대 학생
이나 젊은 변호사를 관찰해 보면, 어떻게 하나의 이야기를 믿을 만하고 생각할 가치
가 있게 만드는지를 간단히 배워온 몇 사람은 다른 사람들보다 그 요령이 분명히 존
재하고 있다는 것이 확연해진다.

새로운 인문사회과학은 사람들에게 내러티브 민감성을 창조하는 방법에 대해 알려 내러티브 민감성의 창조
주어야 한다. 두 가지 일반적인 상식적 사항들이 가능하다. 첫 번째는 아이가 그의
문화에 대한 전통적 이야기, 민담, 역사, 신화 등에 대하여 '알고' '느껴야' 하는 것이
다. 그것들은 정체성을 형성하고 살찌운다. 두 번째 상식은 사실을 통해 상상력을 촉
구한다. 집, 동료, 직업, 친구들에 대한 긴급한 것을 찾는 것을 포함하는 모든 것을
위하여 세계에서 하나의 지위를 찾는 것은 궁극적으로 상상의 한 행위이다. 그래서
문화적으로 바꾸어 보면, 소설에서와 같은 가능한 세계로 그들을 데려갈 '유사-픽션'
과 픽션에 대한 상상적 도전이 있다. 그리고 그것들 모두가 어떻게 온 것인가를 곰곰
이 생각하는 어떤 학생을 위해서, 이야기 구문을 사용해서, 과거의 '죽은 확실성'에
살아있고 생생한 인간의 문제나 상태를 이야기 형식으로 복구시키는 것의 중요성을
생각해볼 필요가 있다. 분명히, 만약 이야기가 의미 만들기를 대신하여 마음을 구성하

는 한 요소로 만들어진다면, 그것을 읽고, 만들고, 분석하고, 그것의 기술을 이해하고, 그것의 용도를 감지하고, 논의하는 우리의 여러 부분에 대해 이야기가 작용해야 한다. 이것들은 과거 세대에서보다 오늘날 이해하기 훨씬 더 좋은 일들이다.

이 모든 것들은 논리-과학적 사고의 중요성을 축소하려는 의도는 아니었다. 논리-과학적 사고의 가치는 우리의 고도의 기술 문화에서 함축적이기 때문에 학교 교육과정에서 그것을 포함하는 것은 당연한 것으로 간주된다. 그것을 가르치는 데 여전히 개선이 필요하지만, 1950년대와 1960년대의 교육과정 개혁 운동 이래로 논리 과학적 사고는 현저하게 발달해왔다. 그러나 현재 학교에서 많은 젊은이들에게 '과학'은, 과학과 수학 교사들, 그리고 그 교사들 연합체의 최상의 노력에도 불구하고 '비인간적'이고 '부주의하고', '불쾌한' 것처럼 보이게 되었다는 것은 이제 더 이상 비밀은 아니다. 과학도 인간 삶의 개선의 역사로 이해된다면, 인간과 문화적 결과에 대한 이해로서 과학에 대한 이미지는 그것 자체가 개선될 지도 모른다. 우리는 문화의 이야기로부터 과학을 분리시키는 데 실수를 범할지도 모른다.

교육 체계는 하나의 문화 안에서 자라나는 사람들이 그 문화 내에서 하나의 정체성을 찾도록 도와줘야 한다. 그것 없이는 그들은 의미를 추구하는 시도에서 실수를 하게 된다. 사람이 문화 속에서 하나의 정체성을 형성하고, 하나의 지위를 찾을 수 있는 것은 이야기 양식에서 뿐이다. 학교는 내러티브 양식을 개발해야 하고, 북돋워야 하며, 당연하게 생각하는 것을 그만 두어야 한다. 현재 문학에서뿐만 아니라 역사와 사회과에서도 이 분야에서의 흥미 있는 도약을 따라잡는 많은 프로젝트들이 있다.

정보 시대의
의미구성과
내러티브

정보 시대의 의미구성은 기존의 컴퓨터주의를 넘어서야 한다. 인간마음을 컴퓨터에 비유한 정보처리이론은 세계에 관한 분명한 정보가 컴퓨터 장치에 의해 어떻게 등록, 분류, 저장, 정리, 인출, 처리되는가에 관한 것이다. 학문 간의 경계에 대한 인식도 없고, 인간과 동물이 하는 기능 간에도 구별을 두지 않는다. 컴퓨터주의의 목표는 모든 작용체제를 형식적으로 정련되게 재기술하는 데에 있다. 이 작업은 미리 예측할 수 있는 체계적 성과를 산출하는 방식으로 진행된다. 그러한 시스템의 하나가 인간마음이다. 실제 마음은 동일한 인공지능일반화 (AI: 코드화된 정보의 흐름을 처리하는 명세적인 규칙에 의해 통제되는 시스템)에 의해 기술된다. 컴퓨터의 연산과정은 사전에 미리 명세화되고 분명하고 정확하고 일관적이어야 한다. 이런 범주들이 지니는 명료성과 고정성이 컴퓨터주의의 한계이다.

한편, 새로운 인문사회과학이 기대어야 할 문화주의는 적극적으로 이해되어야 한다. 인간마음은 인간문화의 사용을 통해 구성되고, 인간 문화의 사용에서 실현된다. 마음은 문화 없이는 존재할 수 없다는 진화적 사실로 출발한다. 인간마음의 진화는 삶의 방식의 발달과 연계된다. 의미의 교섭가능성(소통가능성)을 보증해주는 것이 바로 의미의 문화적 조건과 상황이다. 학습과 사고는 늘 문화적 조건과 상황 속에서 진행되며 문화적 도구와 자원들을 활용하는 방식에 따라 달라진다. 마음의 본질과 사용방식에 있어 나타나는 개인들 간의 차이조차 상이한 문화가 제공하는 다양한 기회에 기인한다. 인간이 문화공동체 속에서 의미를 어떻게 창조하고 변형하는가 하는 데에 전적으로 관심을 집중한다. 여기서 우리는 학교교실 실제의 "일상교수학"을 형성하고, 소크라테스식의 대화를 선호한다. 문화주의자들의 의미형성의 활동은 해석적이고, 애매하며, 특정사건에 민감하고 사후에 구성된다. 인간의 전반적 문화계획은 이러한 의미의 해석학적 순환에 달려있다.

의미구성에서 강조하는 해석학적 의미형성과 컴퓨터주의에서 강조하는 구조화된 정보처리방식은 질적으로 서로 불가통약적인 성격 즉, 불가통약성(incommensurality)을 지닌다. 컴퓨터 장치에서 구름의 대안적 의미를 제공하는 "순람목록"은 어느 의미가 특정 맥락에서 가장 적절한 것인지를 결정하기 위하여 구름이라는 단어가 나타내는 모든 맥락을 부호화하고 해석하는 방식을 필요로 한다. 컴퓨터는 모든 가능한 맥락에 대한 순람리스트(contexicon)인 맥락에 따른 어휘목록, 상황사전을 갖추어야한다. 단어는 한정되어 있지만 그 특정 단어가 나타날 수 있는 맥락은 무수히 많다. 문화주의의 의미 만들기와 컴퓨터주의의 정보처리 간의 불가통약성은 과연 극복될 수 있는가? 알려진 절차는 없다. 컴퓨터주의자들이 설명하려고 하는 것과 문화주의자들이 해석하려고 하는 것 사이에는 어떤 상보적인 관련성이 있다.

3. 미래 사회와 내러티브

가. 인간사회의 미래와 내러티브 역량

내러티브와 관련하여 인간사회의 미래를 예상하는 일은 다소간 어려운 일이지만,

문화주의의 입장과 브루너가 강조하는 인간 마음의 측면에서 보면 몇 가지 내용을 논의하는 것은 가능해진다. 특히 기존 주류의 실증주의 심리학이 아닌 내러티브 인식론과 연관되는 입장에서 인간 마음이나 정신에 대한 연구가 어떠한 방향으로 전개되어야 하는지에 대하여 논의해보고자 한다.

(1) 인간 탐구

두 가지
연구 접근 방법

이하에서는 브루너(1996)가 제안하는 미래의 인간 탐구의 방향에 대하여 알아보자. 즉, 심리학이 인간의 정신생활을 어떻게 연구해야 하는지에 대한 문제이다. 브루너는 문화화된 인간 마음에 대해 논평을 하면서 영장류에서부터 인간의 상징 작용의 변화에 접근하는 두 가지 방법을 언급하고 있다. 첫째, 임의적인 상징 기호를 통한 상징적인 관계를 파악하는 개인의 인간능력을 강조한다. 둘째, 더욱 교류적이고 상호 주관적이며, 인간이 어떤 문화에서 어떻게 같은 종의 생각과 의도, 정신 상태를 읽을 수 있는지에 강조점을 둔다. 그것은 상호적 기대가 얽혀 가는 조직망(공동사회를 살아가는 문화화된 인간의 특징)이 커져감으로써 더욱 더 촉진된다.

심리학은 생물학적, 진화적, 개인 심리적, 문화적 통찰력들의 상호작용 및 인간 정신 작용의 본질을 파악하는 방법을 보여 준다. 장차 미래의 심리학은 인간의 "상호주관성"에 대하여 많은 주목을 할 필요가 있다. 이 문제는 사람들이 다른 사람의 뇌리에 든 생각을 어떻게 알게 되고, 그것에 따라 어떻게 적응하는 가에 대한 것이다. 브루너는 상호주관성을 문화심리학의 중심적인 주제로 보았다. 그러나 상호주관성은 영장류의 진화, 신경 기능의 작용, 정신의 작용 능력에 대한 참조 없이는 이해될 수 없다.

정신물리학

브루너는 인간 본성과 인간 상태에 대한 연구에 있어 첫 째, 정신 물리학에 대한 것을 논하고 있다. "현대판" 심리학은 물리학적 방법에 맞는 모델을 선택하였다. "고전적인" 정신 물리 심리학에는 "일상심리학"에 대한 부분이 없었다. 인간 본성에 대한 문화 이론은 문화가 어떻게 정의하고, 어린이들을 교육하며, 사람들 간의 상호 관계와 중요한 모든 문제들을 이끌어 가는지를 드러내준다. 사회생활의 일상적 행동들은 모든 사람이 심리학자가 되고, 다른 사람이 왜 그런 행동을 하는지에 대한 이론을 가지도록 만든다. 민족 심리학이라고 부르든지 일상심리학이라고 부르든지 간에, 다른 사람의 마음과 기능이나 작용 방식에 대한 믿음이 없다면 우리는 우왕좌왕 할 지도 모른다.

두 번째 인류 종족의 진화에 나타나는 변칙에 대해 논하고 있다. 그것은 세상에 대한 인간의 반응에서 보이는 중재 작용으로써 문화의 발전과 관련 있다. 문화는 인간과 동물 세계 사이의 **단절**을 만들어 낸다. 인간 상태에 대한 진화 생물학으로부터 사실을 추정해내는 데 곤란을 겪는 것도 단절 때문이다. 인간의 생물학적 근원에 대한 참조 없이는 인간을 완전히 이해할 수 없듯이, 문화에 대한 참고 없이도 인간을 이해할 수 없다.

진화의 변칙

위에서 언급된 두 가지의 인간 본성과 인간 상태에 대한 연구로부터 인간의 진화에서 보이는 "문화적 전환(cultural turn)"을 특징짓고 있다. 거기에는 세 가지 조망이 놓여 있다. **첫째**, 「개인주의적 조망」이다. 문화는 모방이나 지시성을 초월하여 상징 관계를 파악하기 위한 인간의 상징적 능력에 근거한다. 문화는 공동 상징들을 공유하는 조직망이다. 우리는 자연뿐만 아니라 그런 조직망 속에서 살고 있다. 우리는 이런 공유 속에서 우리의 공동 사회를 만들어 간다. 인간의 문화적 진화에 대한 이런 개인주의적 조망은, 인간의 "의미 만들기"와 그것의 거래와 교섭이 문화적 전환의 핵심이 된다고 보고 있다. 사물이나 행위, 사건과 신호, 표시들에 의미를 부여함에 따라 우리는 환경에 적응해 간다. 의미는 우리의 인지와 사고 작용을 고취시킨다. 의미 만들기가 없었다면 언어도, 신화도, 예술도, 문화도 있을 수 없다.

인간 본성에 대한 세 가지 조망

인간 진화에서 문화적인 것에 대한 **두 번째** 조망은 「집단주의적이고 교섭적이며 교류적 전환」을 강조한다. 우리는 서로의 마음을 함께 할 뿐만 아니라 과거의 지식을 보존하는 초유기체적인 방법을 지니고 있다. 민담, 신화, 역사적 기록물, 문헌, 헌법, 그리고 현재의 하드디스크 형태에 이르기까지 계속해서 지식을 제도화한다. 그것을 저장하면서 그 형태를 공동생활의 요구 사항에 맞추고 사전, 법전, 약전, 성경 등에 요구되는 형태로 짜 넣는다. 그래서 결국 마음이 문화를 만드는 동시에 문화 역시 마음을 창조한다. 문화는 마음이 어떻게 작용하고 기능하는가, 해결할 수 있는 문제가 무엇인가에 대해 제약을 가한다. 아주 원초적인 심리 작용까지도 개인별 신경 체계의 교란보다는 문화에 바탕을 둔 의미의 해석에 더욱 구속된다.

인간 진화에서 문화적인 것에 대한 **세 번째** 조망은 「행동이 어떻게 어디에 놓여져 있는지를 알지 못하고서는 그 행동을 완전히 이해할 수 없다.」는 것이다. Clifford

Geertz의 말을 옮기자면 지식과 행위는 항상 국소적이며, 특정한 조직망 내에 놓여져 있다. 그것이 일어나는 상황으로부터 벗어나서는 생각이나 행위를 이해할 수 없다. 생물학과 문화는 모두 국소적으로 작동한다. 지금 여기, 당면하고 있는 "상황의 정의"에서, 목하 직면하고 있는 담론의 배경에서, 신경 체계의 내재적인 상태에서, 국소적이고, 특정 상황에 처해있는 상태에서 최종의 공통된 길을 찾아낸다. 마음과 문화의 관계, 인간 활동의 공간적 · 상황적 본질이 의미하는 것에 대해 우리는 분명히 알아둘 필요가 있다. 정신적이고 외현적인 문화적 배경에서 인간의 정신 작용이나 기능 방식은 "보철 기구" 같은 문화적 도구에 의해 형성된다. 우리는 뛰어날 정도로 도구를 사용하고 도구를 만드는 종이며, 문화적으로 고안된 방식에 의지한다. 그러나 문화가 고유하고 독창적이기 때문에 심리적 보편성의 존재를 무시하는 것은 잘못된 것이다. 정신 작용은 다른 작용들이 덧붙여지는 것이 아니다. 오히려, 복잡한 과정들은 그 자체적으로 통합성을 가지며 진화적, 문화적, 상황적 상호 작용을 반영하는 것으로 이해되어야 한다.

모든 문화가 자격을 갖추기 위해 학교 및 다른 훈육적 수단을 통하고 있다. 그리고 생물학적 이차적 성향을 고양시키는 문제에 대해 강조하고 있다. 그것은 문화적 합일이며, 문화내의 지배 계층의 견해를 반영하는 결정들이다. 어떤 수단을 통해서든지 일단 효력을 지니게 되면 이런 결정들이 문화적 정책이 된다. 그런 정책의 뒷면에 놓여진 목표는 시간이 지나면서 잃어버린다. 그것의 수행 자체가 목표가 되어 버린다. 습관이 동인이 되어버린다. 그리고 습관적인 패턴이 다양한 수단과 전통적 방식을 통해 제도화된다. 이것은 학습에 있어 "상황성"의 중요성을 언급하는 것이다.

(2) 인지력과 독창성으로서의 내러티브

유아부터 인간의 내러티브 능력에 대해서 심층적인 연구를 해오는 Baldock(2006)은 내러티브는 인간의 인지력과 독창성으로 중요한 가치를 지니고 있다고 보고 있다. 내러티브 능력의 기술은 넓은 범위의 인지 능력이 관련된 것이다. 이것은 유일한 가능성은 아니다. 이 용어를 만든 Fox(1993)는 유치원 어린이들이 이야기 구성에 꽤 구체적인 관례를 습득하고 사용하는 능력에 관심이 있었다. 이것은 그 자체로 중요한 문제이며 이 연구는 내러티브 허구의 관례에 정면으로 대처하는 어린이들의 능력이 어디까지 과소평가될 수 있는지를 설명한다. 이 연구는 3살 정도의 어린이들이 혼잣말로 혹은 장난감에게 이야기를 들려줄 때 사용하는 독특한 말투(unusual phraseology)와 그들이 들었던 이야기로부터 얻은 말투를 관찰했더라도 내러티브 능력과 관련한 최초의 탐구라고 볼 수 있다. Fox는 그녀의 연구를 위해 소수의 어린이들을 대부분 부모에게서 훈육될 때 사용된 이야기 공유(story-sharing)와 이야기꾼(story-teller) 역할을 맡을 준비성(readiness)을 기반으로 선택하였다. 게다가 그 집단에서 가장 나이가 많은 두 명의 어린이들은 내러티브 능력이 세 명의 나이가 어린 어린이들보다 훨씬 더 발달한 것처럼 보였다. 사실 기록이 시작되었을 때 4년 9개월이 된 어린이 하나는 이야기 연대순의 양상을 넘어서는 정말 비범한 표현 능력을 가지고 있었다. 어린이들 내에서 수행능력의 차이 때문에 내러티브 능력과 관련하여 어린이들을 과소평가하지 말라는 의미가 들어 있다.

언어의 숙달과 언어의 탐구를 구별하는 것은 또한 중요하다. 내러티브(혹은 가장 단순한 것 이외의 담화 형태)를 구성하고자 애쓰는 어린이는 언어 잠재력의 탐구에 참여하는 것이다. 어린이들이 처음으로 유창하게 될 때 그들은 두드러진 구성과 이미지를 떠올리게 되는데 그것은 집중된 노력의 산물이기 때문이다. 우리는 나이가 듦에 따라 표현의 형식에 익숙해진다. 우리의 말은 케케묵은 은유로 흐트러져 있다. 담화는 주로 관습의 문제다; 단지 때때로 우리는 표현에 관해 좀 더 신중해진다. 어린이들은 이것을 늘 해야 한다. 논리적이고 일관된 연대 상의 진술을 구성하는 능력과 독창적인 방식으로 경험을 표현하는 능력은 인지발달의 산물이다. 우리는 유아들이 세계를 이해하고 그것에 대한 이해를 표현하기 위한 노력의 사례에 대해 높이 평가할 필요가 있다.

이 과정에서 우리는 Engel(1995b)의 연구를 통하여 우리가 명확하고 완벽하며 논리적으로 일관적인 이야기를 구성하는 능력에 가치를 두어야 한다는 점을 알 필요가 있다. 이런 가치가 적용되는 것은 비단 학교 체계에서만은 아니다. Tannen(1980)은 이미 본 영화에 대한 이야기를 다시 해달라는 요청을 받을 때 그리스 아테네 사람들은 말하는 방식(narration style)의 능력에 가치를 부여했던 것을, 반면 미국인들은 정확한 회상에 집중했던 것을 발견하였다. 그러나 그것은 너무 쉬워서 단순한 선택 면에서는 착각을 일으킬 수 없다. 내러티브 능력과 관련된 인지적 기술이 다른 인지 기술과 비교하여 평가 절하되는 경향이 있기 때문에 여기에서는 내러티브 능력과 연관된 인지적 기술에 초점을 둔다.

언어 숙달과 언어 탐구

내러티브 능력

(3) 내러티브 능력을 촉진시키기

유치원 어린이들은 일정 수준의 내러티브 능력을 개발할 것이다. 문제는 이것이 그들을 돌보는 성인에 의해 촉진되느냐 아니면 방해를 받느냐이다. 교육과정의 이런 양상을 위한 계획에서 중요한 요소들이 많이 있다(Baldock, 2006).

내러티브 능력
개발의 중요성

우선 근본적으로 그들의 발달에 대한 이런 양상에 감수성이 있어야 한다. 각각의 어린이가 도달한 능력의 수준은 식별되어야 하며 어린이 배후에 있는 것도 지원을 해서라도 인식되어야 한다. 이런 인식은 개별 어린이의 면밀한 관찰과 평가에 기초해야 한다. 발달의 단계(phase)를 이야기하는 어린이 발달에 관한 진술의 문제점은 이것이 정확하고 미리 결정된 것으로 보인다는 것이다. 이것은 Piaget의 원작(original work)에서 심각하게 잘못된 것이며 많은 교육가들이 적용한 것에서는 더욱 그렇다. 어린이들이 각기 다른 연령에서 걷기를 시작하고 심지어 학습한 뒤에도 때로는 기거나 끄는 것으로 되돌아가는 것처럼 어린이들이 내러티브 능력을 습득하는 것도 서로 다른 속도로 일어나며 항상 현재의 정상(peak)에서 수행하는 것은 아니다. 그 과정의 평균 비율에 관해 또는 그 속도에 영향을 미치는 형제자매의 영향과 같은 요인에 대해 일반화하는 것은 가능하다. 중요한 것은 어린이가 어디에 있는지 보고 평균보다 지나치게 앞서있거나 뒤처지는 어린이들의 요구를 인식하는 것이다.

그런 식별은 어린이들이 활용할 수 있는 내러티브 자료에 반영되어야 한다. 그것은 적절해야 한다. 무엇보다도 그것은 그곳에 있어야 한다. 패러다임에 더 높은 가치가 주어지면 자원으로서의 스토리를 불충분하게 사용하는 결과를 낳는다.

사용 가능한 내러티브 자료는 감성적으로도 적절해야 한다. 그것은 어떤 어린이에게서도 일어날 수 있고 어려울 것 같은 자료에서 달아나지 않는 두려움을 식별해야 한다. 그것은 자기 스스로 마음의 이론 개발을 시작하는 어린이의 확장되는 공감대를 육성해야 한다. 동시에 그것은 어린이가 있는 그대로의 모습이 아닌 존재하는 것을 상상하는 능력의 한계를 인식해야 한다. 수립된 이야기의 반전은 어린이의 내러티브 능력이 확실한 기반을 얻을 때까지는 유용하지 않다.

어린이의 내러티브 능력의 인식은 또한 안정적인 것의 개념을 개발하고, 정확히는 내러티브가 수반하는 변화를 다룰 수 있도록 하기 위한 요구의 식별 또한 내포해야 한다. 수립된 교재는 어떤 것이든지 이에 맞고(따르고), 스토리를 다른 유형의 활동을 위한 도약대로서 사용하는 것 보다는 주어진 이야기는 어떤 것이든지 이해할 수 있는 실제 기회를 어린이들에게 주는 표준 포맷(standard format)을 사용하는 것은 중요하다.

어린이가 내러티브를 처리하는 능력은 의식적이고 현명한 노력으로 육성되어야 한다. 부모와 유아교육 실천가 모두는 왜 적절한 것인지 알지도 못한 채 알맞은 일(the right things)을 상당히 많이 한다. 실천가는 기껏해야 직장에서 좀 더 경험 있는 동료를 관찰하고 과거에 그들에게 효과가 있었던 것을 기억하는 것으로부터 나온 일종의 기능 숙달(craft mastery)을 그들이 어린이를 위해 계획한 활동에 반영할 수도 있다. 이것은 없는 것 보다는 낫지만 이론적으로 정보를 부여받은 실천이 이런 것이나 다른 모든 면에 있어서 낫다.

어린이의 내러티브 능력이 발달하는 방식의 인식은 조직된 이야기 기간에서만이 아니라 미취학(pre-school)환경의 모든 양상에 반영되어야 한다. 그것은 자신의 경험을 설명하려는 시도를 지닌 어린이와의 교환(exchange)에 영향을 미쳐야 한다. 그것은 실천가들이 그 환경에서 발생하고 있거나 어디에서건 발생했을 수도 있는 것을 논의하는 방식에 영향을 미쳐야 한다.

나. 내러티브 학습

(1) Rossiter & Clark의 내러티브 의미, 내러티브적 앎

Bruner와 Polkinghorne의 내러티브 이론을 학습과 연계시키는 데 주도적인 연구를 해오고 있는 Rossiter & Clark(2007: 13-14)에 의하면 내러티브는 우리의 삶을 유의미하게 만들어주는 기본 구조라는 것이다. 우리 인간 존재의 사실들, 즉 행위, 사건, 에피소드 등은 우리 삶의 1차적 자료를 형성한다. 그러나 인간의 삶은 단순하게 발생하는 사건들 그 이상의 의미를 지니고 있다. 그 사건들이 무엇을 의미하는지에 대해서 이해하는 과정이 없다면, 그 사실들은 단순히 자료더미에 불과하다. 의미(meaning)는 가치와 신념과 관련이 있다. 즉 어떤 사건이 일어나기를 바라는가, 우리가 희망하는 것이 우리 삶의 다음 사건에 무슨 영향을 미칠 것인가 등등. 그리고 의미는 맥락(context)과 관련되어 있다. 특정 사건이나 발생한 일이 다른 사건과 관련지어 보거나 전체적인 큰 틀에서 보면 그 의미나 중요성은 무엇인가 등등. 의미는 해석(interpretation)과 관련되어 있다. 이와 같이 가치화, 맥락성, 해석가능성은 내러티브의 특질을 이루고 있다. 따라서 내러티브적으로 의미를 구성한다는 것은 우리 인간 존재의 1차적 자료들을 이야기와 같은 형태로 이해한다는 것을 의미한다. 발달심리학자인 Irwin(1996)은 사람들은 자신들의 행위와 사건의 계열들을 플롯화함(emplotting, 줄거리 만들기)으로써, 즉 자신들의 삶을 이야기 형태로 구성하면서 자신들의 삶을 의미있게 만든다고 하였다.

이러한 기본적인 개념은 인간과학에서 여러 학자들과 실천가들(Polkinghorne, 1988; Sarbin, 1986; Kenyon and Randall, 1997)에 의해 긍정되고 표현되고 있다. 이들에 의하면 내러티브 충동(narrative impulse)은 학습된 행동의 결과라기보다는 인간 본연의 욕구라는 점이다. 특히 브루너의 아동 발달 연구에 의하면 의미 구성을 위한 준비도와 상호소통 하고자 하는 의도는 언어습득에 선행한다는 점이다. 이러한 점으로 인해 우리 인간 전체의 삶을 통하여 우리의 자연적인 경향은 우리가 보는 것과 경험하는 것에 관하여 스토리를 만들어낸다는 점이다. 우리의 경험을 내러티브에 비추어 만들어내는 우리의 능력은 의미를 만들어내는 중요한 도구가 된다는 것이다.

내러티브 의미   내러티브 의미에 핵심이 되는 것은 인간 삶에서 메타포로서 스토리의 아이디어이다. Sarbin(1986)은 내러티브를 인간 행동의 탐구와 이해를 위한 적절하고도 근원적인 메타포라고 보았다. 이것은 과거 인간과학에서 강한 영향력을 미쳤던 기계적 메타포나 유기체적 메타포와는 상이한 것이다.

내러티브 앎   이상의 내러티브 의미는 내러티브적 앎을 함축한다. 앎의 내러티브적 방식은 단지 사실이 아니라 그 사실에 담겨있는 의미나 의미 만들기에 주목한다. 이 방식은 지식에 대하여 연계적이고(connected) 관계적이고(relational) 구성주의자(constructivist) 입장을 견지한다. 이 입장은 지식에 대한 실증주의자 접근과 대조적이며, 브루너(1986)의 내러티브 사고방식과 연관이 있다. 브루너가 제시하는 앎의 두 가지 방식은 과학적 방식과 내러티브 방식이다. 이 두 가지 양식은 서로 상이한 인지적 작용방식(cognitive functions)이자, 의미를 구성하는 방식이며, 실재(reality)를 이해하는 접근 방식을 의미한다. 이 방식들은 지식에 대하여 서로 매우 상이한 입장에 놓여 있으며, 하나의 방식은 다른 방식에서 도출(유래)되는 것이 아니다. 이 방식들은 의도나 목적, 사용법, 지식의 타당도를 판단하는 기준이 상이하다. 과학적 방식은 잘 구조화된 논증의 형태를 지니며 진리에 의존하는데 반해 내러티브 방식은 좋은 스토리의 형태를 지니며 생생한 인간 삶과 유사한 것에 의존한다.

브루너에 의하면 가능한 세계로 표현되는 여러 실재들이 존재한다는 것이다. 그 다양한 실재들은 문화에 의해 매개되는 인간의 정신적 구성의 작용, 즉 내러티브 의미 만들기(narrative meaning making)이다. Polkinghorne(1988; 1996) 역시 실재(reality)의 세 가지 수준 혹은 영역, 즉 물질 영역, 유기적 영역, 의미 영역을 제시하였다. 이 영역들은 점증하는 복잡성의 진화적 과정을 통하여 계열적으로(물질-유기적-의미 영역으로) 발달한다. 이 과정에서 두 번의 큰 전환을 맞이하는데 하나는 물질(matter)에서 생물체(life)로, 다른 하나는 삶에서 의식(consciousness)으로의 전환을 맞이한다. 일반적으로 생물체에서 반성적인 의식과 언어로의 인간 존재의 창발적 출현은 의미의 질서라고 부를 수 있는 실재의 독특한 수준을 일으키는 근본적 변화이다.

내러티브적 앎은 크게 세 가지 측면에서 논리-과학적 방식과 지식의 입장에서 차이를 보인다.

내러티브적
앎의 특성

첫째, 과학적 방식 혹은 패러다임적 방식은 범주에 의하여 특정 사례나 사건들을 분류하고 분석한다. 개념이나 범주들은 상하위로 구분가능하며 그 수나 특성에서 공통적인 특성에 의해 규정된다. 그러나 내러티브 방식은 반드시 범주에 의하지 않고 사건의 계열에 초점을 둔다.

둘째, 실증주의적 특징을 지니는 과학적 방식은 측정 가능하고 관찰 가능한 지식에 초점을 둔다. 그러나 내러티브 방식에서는 지식은 관찰된 것과 인식된 것은 인식 주체의 경향이나 참조체제와 분리될 수 없다. 내러티브는 관찰 가능한 사실들을 객관적으로 다루기보다는 인간 경험에 내재해 있는 동기, 바람, 의도들에 주목한다.

셋째, 패러다임적 양식의 절차와 방법은 관찰 가능하고 측정 가능한 데이터에 강조를 두면서 이에 부합하는 통계적 분석에 근거하고 있다. 그러나 내러티브 데이터와 내러티브 앎에 적절한 방법은 반드시 해석적이고 언어에 기반을 두고 있다. 내러티브 데이터는 살아 있는 경험을 해석한 것이다. 내러티브 데이터의 중요성을 결정하는 기준은 진실이냐 거짓이냐가 아니라, 즉 실제 일어났는지의 여부가 아니라 사건의 가치와 중요성에 대한 행위 주체자가 현재 평가하는 것을 반영하는지의 여부이다.

요컨대, 내러티브 인식론은 인식 주체와 인식 대상 간의 관련성과 관련이 있는 다양한 인식론적 가정들을 포함한다. 앎과 지식에 대한 본 연구의 입장은 기능적으로도 개념적으로도 매우 중요하다. 인식 주체와 대상 간의 관계는 세계와 삶 자체와의 관련성이 된다. 이제 인식론은 윤리의 문제가 된다. 내러티브 인식론은 우리가 어느 것을 알고자 추구하는가 하는 문제와의 관련성 속에 우리를 관련시킨다. 우리가 추구하는 그 지식과의 관계 속에서 우리는 그 지식을 드러내기도 하고 만들어내기도 한다.

(2) Moon: 학습 이론으로서의 내러티브

학습 이론으로서의 내러티브를 활용한 접근법은 특별한 패러다임이며 이는 내러티브에 대한 확실한 이론적 믿음을 동반한다. 사회문화적 틀 속에서 학습 이론의 실행이라는 접근법과 그에 대한 학습법은 효과적인 이론적 모형을 표현한다. 교사는 보다 향상된 학습자의 다양한 학습 결과물의 생성이 가능하도록 계속적인 도움을 제공한다. 이 과정에서 가장 효과적인 지원 방법이 내러티브 모형이 될 수 있다. 또한 계속적인 학습이론의 제공 후 반성적 단계를 통해 보다 실제적인 모형이 될 수 있도록 지원하는 것이 중요하다.

(가) 내러티브의 실제

일반적으로 교사들은 언어를 통해 수업을 실시하며 교수, 학습 원리를 통해 교육과정을 운영한다. 또한 내러티브에 대한 패러다임과 관련 있는 내용을 조사하기 위해 교사는 글의 이해를 고려하여 내러티브의 활용 방법을 연구한다. 많은 교사들이 앎으로서의 내러티브를 따르면서 내러티브의 적합함에 대한 혼동과 그 자체로 학습 도구로서의 의무 또는 패러다임에 대한 원천적인 개념의 어려움을 느낀다. 이로 인해 내러티브 패러다임은 불명확하게 존재하고 있다(Mcdrury, 2013: 43). 내러티브의 피상적인 의미의 전달과 단순성이 보편화되면서 학습현장에서의 내러티브의 의미, 정의에 대해 혼동이 생기고 있으며 내러티브 그 자체로서 단순히 흥미, 호기심, 동기유발의 한 요소로 인식이 되는 경우가 많으며 보다 심오한 내용적 접근과정은 그 의미 이해의 어려움으로 인해 복잡하고 어렵게 다가온다.

학습자는 정보의 수용보다 지식의 역동적인 구성을 하며 학습자는 다양한 경험, 아이디어, 학습으로의 접근을 조합하게 한다. 학습자는 전이된 지식을 지적활동을 통해 그들 스스로의 의미 구성을 통해 지식을 형성한다. 대화를 촉진하는 학습 과정은 효과적인 내러티브 방식의 핵심이다. 또한 그것은 의미 형성 및 반영 과정을 포함한다.

내러티브를 기본적 수업 도구로 사용하는 경우, 학습이 발생하는 방법에 대한 고민 또한 중요하다. 학습과 내러티브의 상호관련성을 살펴보면 <표 VII-3>과 같다(Mcdrury, 2013; Moon, 1999; 이윤호, 2013).

<표 VII-3> 학습과 내러티브의 상호관련성

학습 지도 (map of learning) (Moon, 1999)	내러티브를 활용한 학습 (learning through narrative)
주목하기 (noticing)	이야기 찾기 (story finding)
이해하기 (making sense)	이야기 하기 (story telling)
의미 만들기 (making meaning)	이야기 확장하기 (story expanding)
유의미하게 학습하기 (working with meaning)	이야기 진행하기 (story processing)
변형적으로 학습하기 (transformative learning)	이야기 재구조화 하기 (story reconstructing)

(나) 학습지도(map of learning)

① 주목하기(noticing)

주목하기는 우리 주위를 둘러싸고 있는 것이 무엇인지 이해하는 학습의 첫 단계이다. 이 단계는 다양한 요소들에 의해 영향을 받는데, 그 네 가지 요소는 학생들이 이미 알고 있는 것, 그들이 배우고자 하는 것의 목적으로 떠올리고 있는 것, 어떤 감각적인 반응을 환기할 수 있는 것, 자료가 학생들에게 제시되는 방법 등이 있다. 무엇인가를 알아차리는 것은 학습이 일어날 것이라는 것을 의미하는 것이 아니라 학생들이 표면적인 수준에서 학습하는 것을 의미한다.

② 이해하기(making sense)

학습 측면에 대한 접근을 특징으로 하며 이 단계에서는 학생들은 학습 자료 자체에 관여하며 그 이전의 지식이나 경험과는 관련이 없다. 주요 초점은 학습의 재료를 선택하는 것과 아이디어를 함께 조직하는 것에 있다.

③ 의미 만들기(making meaning)

이 단계에서 학생들은 자신의 인지 구조에 새로운 내용을 흡수하고, 동시에 인지

구조는 이미 알고 있는 것을 바탕으로 그들의 새로운 학습을 이해하기 위해 이 자료를 활용한다. 그 결과로 의미 있는 학습과 이해가 발행하고 이 경우에 학생들은 정서적 정당성의 의미를 경험할 수 있다.

④ 유의미하게 학습하기(working with meaning)
이 단계에서의 초점은 학습 조절의 과정 안에서 수정되어 질 수 있는 원래의 학습 자료로부터 지속적인 학습의결과로 생성된 아이디어로의 이동이 시작되며 문제 해결 전략을 구현하고 판단을 하게 된다. 학생들은 개인적인 지식의 활용 상황에서 자신의 의식을 검토하며 학습과정에 참여할 수 있다. 학생들은 전문적인 문맥을 통해 다양한 학습 상황에 영향을 받으며 인식을 높이고 학습 과정을 검토하여 적극적으로 참여할 가능성을 가진다.

⑤ 변형학습(transformative learning)
이 단계에서는 학습인지구조의 보다 정교하고 종합적인 내용을 포함하고 있다. 학생들은 자신의 프레임을 평가하고 자신과 다른 사람의 지식에 대한 이해를 전달하는 능력을 보인다. 학습 과정 자체의 이러한 인식은 학생들이 자신에 대한 이해 및 다른 사람의 지식을 이해할 수 있는 상황을 제시한다.

(다) 스토리텔링을 통한 반성적 학습(reflective learning through story telling)
우리는 학습 도구로 내러티브를 사용할 때, 학생의 과거 경험의 이야기는 어떻게 처리되는 지와 무엇을 배우는지와 그 방법에 대한 영향을 고려한다. 내러티브는 모든 이야기가 화자와 청자의 관점에서 제시되고 있는 것을 이해하는 것이 기본이 되어야 한다. 화자들은 분명히 감정 개입의 수준을 결정한다. 일부 학생들에게 어필하는 이야기는 의사 표현 과정에 있어 문화적인 관련성을 가진다.

① 이야기 찾기(story finding)
일반적인 반응단계로서 감정적인 내용을 포함한다. 흥분된 상황, 혼란, 호기심 등에 대한 인식의 이유를 발견할 수 있다.

② 이야기하기(story telling)

이야기 자체의 목적을 추구하며 화자와 청자가 조직된다. 표면적인 의미를 지니며 화자와 청자의 관계의 정립을 통해 이야기에 대한 감각 만들기에 관심을 둔다.

③ 이야기 확장하기(story expanding)

이 단계는 공유되는 사건의 의미를 만드는 것이 특징이다. 화자와 청자는 반성적 과정을 통해 기존의 지식과 경험을 활성화 하고 인지 구조의 변화를 일으킨다. 특정한 사건과 관련된 느낌의 강도는 다를 수 있지만 이 단계에서 학습의 가능성에 대해 영향을 줄 수 있게 되며 해결방식과 행동양식에 대한 의미를 공유하며 학습이 시작되는 단계에서부터 보다 심층적인 접근이 가능하게 된다.

④ 이야기 진행하기(story processing)

화자와 청자는 개인적인 지식에 영향을 미치는 작업을 통해 실천의 맥락에서 자신의 의식을 강화하며 이야기의 과정 속으로 참여한다. 그들은 이야기를 통제하고, 확인, 통합 및 설명을 시도한다. 이 단계는 다른 이야기와의 결합을 시도하며 비판적 의미와 문맥의 특수성에 대한 중요성을 이해하게 된다.

⑤ 이야기 재구조화하기(story reconstruction)

화자와 청자가 비판적으로 이야기를 분석하게 되며, 자신의 관점에 대해 새로운 구성을 시작한다. 이야기의 다양한 변화를 통해 스토리의 이동과 연결, 일관성에 영향을 주며, 이야기 목표의 명확화를 추구한다. 이 단계에서는 이전에는 미처 알지 못했던 삶의 측면을 알게 되지만, 형식적인 재구조화는 이야기가 계속적으로 반복되며 학습의 기회를 놓칠 수 있기 때문에 주의하여야 한다.

이상의 내용들을 살펴보면 음악과 수업을 하는 데 있어 내러티브는 첫째, 교사의 이야기가 아닌 수업을 하면서 가장 먼저 사용되는 수업 방식이기도 하고, 교사와 교사, 교사와 학생간의 상호작용이 일어나게 하는 촉매역할을 하기도 한다는 것을 알 수 있다. 둘째, 교사의 내러티브는 음악수업을 하는 데 있어 학습목표에 가장 잘 근접하게 이끌어주는 효과적인 도구가 될 수 있다는 것이다. 교사는 학습목표를 알고 학생들이 이에 잘 다가가게 하기 위해서 내러티브를 사용하여 지식을 구조화하고 구조화된 지식을 학생들이 이해하기 쉽게 나타내는 것이다. 음악과 수업에서는 제재곡에 따른 학습목표가 너무도 분명히 나타나기 때문에 교사의 내러티브적 사고는 학생들에게 다양한 방식으로 나타날 수 있다. 이러한 내러티브적 사고의 양상들이 학생들에게는 의미를 형성하고, 활용하며, 때로는 변형되어 반성적 학습으로 나타나 이야기를 확장하여 지식을 재구조화하는 결과로 나타나는 것이다.

(3) 그룹을 통한 내러티브 학습

Hopkins(1994: 208)에 의하면, 내러티브 학교교육은 어떤 면에서는 Freire의 "학습주기"와 유사한 그룹주변에서 구성된 학습 공동체에서 일어날 것이다. 그 그룹은 (9-10명의 구성원으로 형성되며 "학급당"교사 1인이고 학생수가 30명이면 3개의 그룹이 구성됨) 혼성집단(학력별 학급편성 배제), 무학년, 자율성을 특징으로 하며 스스로 책무 준거를 수립할 것이다. 그것은 학교의 전체 연령대를 아우를 것이다—즉 매년 학생들이 졸업하고 새로운 학생들이 가입하므로 그룹은 변화한다. 따라서 그룹은 마치 우리 삶 속에서 그런 것처럼 지속성과 변화 모두의 문제점을 다룬다.

교사는 그룹 작업을 촉진하거나 이끌거나 지시한다. 각각의 교사는 2-3개의 그룹을 담당하는데 어떤 경우에는 특정 문제를 수행하기 위해 소그룹을 모아 전체그룹을 만들기도 한다. 교사는 모근 그룹에서 활용가능하기 때문에 각 그룹은 시간이 경과함에 따라 자립심과 자기-유도 그리고 자기주도성을 개발한다. 교사의 최우선적 강조는 각 그룹의 과정과 개발에 놓이고 개별 내러티브의 최종 생성과 공유를 향해 그리고 각 포트폴리오의 구성, 유지 및 지속적인 성장과 확대로 방향설정이 된다.

내러티브 프로그램의 중심 도구는 그룹이다: 구두 내러티브는 그룹에 의해 말해지고; 서면 내러티브는 그룹에 의해 읽혀지며; 대리내러티브(비디오, 드라마, 시, 그래픽 혹은 플라스틱 공예품, 사진, 오디오 레코딩 등)는 그룹에 의해 제시된다. 그 그룹은 (필요시 교사의 도움을 받으며) 내러티브적 정의(narratory definition)에서 듣고, 감사(audit)하고, 지원하고, 비평하며 보조한다.

사실 그룹의 가장 강력한 기능 중 하나는 내러티브의 개념을 공동체 활동으로 풍요롭게 하고 연장하는 것이다. 각 그룹의 구성원은 서로서로의 과거의 삶, 현재의 삶, 그리고 예견되는 미래의 삶을 이야기한다. 이는 반성적이고 구성적인 과정, 즉 자아형성에 있어서 간주관적인 운동이다. 그러나 구성원들이 연관성과 공통성을 추구하므로 내러티브는 또한 그룹의 것이기도 하다.

학교에서 인종, 민족, 성, 사회계층, 사전 준비 그리고 나이의 견지에서 인구학적 구성이 허용하듯 그룹은 구성에 있어서 이질적이다. 이것은 "다양성"에 대한 낭만적인 약속에서 도래한 것이 아니라 이러한 배치에서 모두들 위해 잠재적으로 더 배울 것이 있기 때문이다. 이것은 민주주의와 공동체를 위한 공감과 사회 평화를 위한 교육이다. 내러티브에 반하는 도관 모형(conduit model)은 사람들 사이의 무지의 벽...우리가 서로서로 이야기를 모를 때 우리는 잘못된 신념으로 그 사람을 대체한다. 우리가 그러한 신념만을 가동시키면 우리는 그의 진실을 전혀 알지 못한 채 대개 의도하지 않았음에도 그 사람을 상처 입힌다. 사실 우리의 학교와 사회는 그러한 상처로 가득 차 있다. 그 상처는 우리를 갈라놓고 정치에 손상을 주고 이타적이고 공감적인 자극을 질식시켜버린다.

다양성은 실제적이며, 그것은 정치 및 사회적 환경에 존재한다. 내러티브 학교교육은 공동체를 구축하기 위해 다양성을 활용하고자 시도한다. 학생들은 서로에 관해 배우고 "직면하게 된" 서로에 맞서면서 서로서로의 관점을 향해 발전한다. 그룹은 메커니즘 구조의 무미건조한 수직성을 대체할 수평적 입지를 표명한다.

아마도 변형에 일관성을 부여하고 이에 영향을 주는 그룹의 힘은 도관모형학교가 왜 학습촉진에 있어서 그것들을 단지 사소하고 일시적인 방식으로 사용하는 경향이 있는지를 설명한다. 즉 그것들은 성인통제를 위협하는 잠재력을 갖고 있다. 이 모든 것에는 불가피한 갈등 혹은 갈등의 두려움으로부터 발산된 마비가 있다. 갈등은 재구성적 탐구에 있어서 학습 상황에 기여하는 것과 똑같은 스트레스와 긴장 속에서 나온다. 사회적 환경에는 그리고 사람 사이의 관계에는 진정한 갈등이 있다. 그것은 무시되거나 거행되거나 직접 처리될 수 있다. 내러티브 자극은 이러한 대안책의 후반을 명확하게 가리킨다. 그룹과정의 간주관적인 힘은 인간의 차이와 다양성에 대한 창의적인 혼합물에 존재한다.

각 그룹은 스스로를 창조하고 그 자신의 유기체적 자질을 개발하며 한계를 정하고 목표를 수집하고 다소 외적인 영향력에 스스로를 개방한다. 그것이 그룹이다. 그것은 단순한 집합주의자가 아니며 그들을 그룹으로 만든다. 그것들은 복잡한 독립체(entity)이며 늘 구성원들이 그들에게 가지고 들어오는 외부 경험의 영향을 받는 대로 변한다. 더 큰 사회적 이해에 이르는 길은 이러한 미시복잡성(microcomplexity)에 직면하고 이것을 다루는 법을 배움으로써 가능하다. 상호의존적인 소그룹 형성에의 참여는 이렇게 의무적인 각 학생 이야기의 중요한 일부에서 벗어날 수 있도록 하거나 최소한 다르게 사용토록 하는 발달 경험이 될 수 있다.

구성(composition)에 있어서 차이점 때문에 몇몇 소그룹은 의심할 여지없이 타 그룹보다 그 구성원들의 삶 속으로 좀 더 깊게 더 많이 찾고 더 많이 발견하면서 파고들 것이다. 그러나 다른 간주관적인 배경의 삶에 있는 것으로서, 이것은 개인요소들이 그룹발달과정에서 나올 때 그 요소들의 상호작용에서 기인할 것이다.

어떤 그룹은 구성원들의 사회발달수준 때문에 다른 그룹보다 좀 더 안전하게 발달한다. 어떤 그룹은 더 큰 지지와 안락을 제공하나 학습 잠재력은 다른 문제 그룹만큼 클 수 있다. 왜냐하면 그러한 그룹은 해결할 문제와 좀 더 인간적인 프로젝트가 많기 때문이다. 미숙함은 성장 잠재력과 같다는 John Dewey의 주장을 기억하라. 교사는 그룹 삶의 상태로 인해 흥분된 과정을 중재하기 위해, 그리고 발달된 능력의 현실적인 한계에서 각 그룹이 작용하도록 밀어붙이기 위해 일한다.

다. 내러티브 기반 미래 구성: 창의, 상상력

(1) 내러티브와 교육적 상상력

상상(imagination)이란 어떤 사물의 사정이나 남의 마음을 미루어 생각하거나 현상에 관하여 마음속에서 그려보거나 떠오르게 하는 것이라고 정의하기도 한다. 이 상상이 다양한 대상, 사물의 형편 등을 과거 현재 미래의 시간성과 공간성을 초월하여 설정할 수 있으며 자유롭고 주관적이며 개인적인 사고 능력의 폭을 넓히는 활동이라고 볼 수 있다. 상상력은 마음의 종합적 능력으로서 구조화의 작용이며, 패턴을 가진 통일적인 표상을 획득한다. 상상력은 인간의 경험, 지각, 촉각, 창조, 이해 등의 모든 측면에서 핵심적인 중추 역할을 하는 역동적인 능력이라고 할 수 있다.

Johnson(1987)에 따르면 상상력이 없으면 세상에서 아무것도 의미를 지닐 수 없으며, 우리는 자신들의 경험의 의미를 구성할 수 없을 것이다. 또한 현실에서 마주하는 지식에 대해서 근거를 부여할 수 없다. 그는 상상력이란 심적 표상을 우리가 이해할 수 있는 의미 있는 통일체로 조직하는 능력이라고 본다. 이와 유사하게 Frye(1982)도 상상력이란 인간의 경험을 토대로 하여 있음직한 모델을 구성하는 힘이라고 본다. 이런 점에서 상상력은 교육적으로 중요한 가치를 지닌다.

언어적 존재로서 인간의 본질을 규정하는 조건 가운데 하나가 상상력이다. 흔히 자주 사용되는 문학적 상상력이란, 문학의 질서 속에서 세계를 재구성하는 능력이다. 이는 기본적으로 인식의 능력과 비판의 능력을 포괄하는 세계 창조의 능력이다. 문학적 상상력은 문학이 가지고 있는 통로와 공간에 의존하여 세계를 인식하고 조응하고 창조하는, 세계 구성의 능력이다. 이런 점에 비추어 교육적 상상력은 교육의 질서 속에서 세계를 재구성하는 능력이다. 즉 교육의 맥락(문화)에서 교육적 세계와 질서를 새롭게 해석하고 이해하여 새로운 세계를 독특하게 창안하고 재구성하는 능력이다.

'교육적 상상력(educational imagination)'이란 용어는 Eisner(1979)가 자신의 미학적 관점을 교육현상을 기술하고 연구하는데 적용한 것이다. Eisner는 현상학적 입장에 서서 사회적 실재(social reality)를 주관적이며 구성적이고 다원적인 것으로 보았으며, 개인이 의미를 구성하는 방법도 다양하다고 보았다. 그래서 보편적인 법칙만을 찾으려는 경험-분석적인 연구를 지양하고 질적인 연구를 도입하여 풍부하고 다양한 교육실제에 적용될 수 있는 다양하고 새로운 가정과 방법을 모색하고자 했다. 그래서 그는 교사들이 학생들에게 의미 있고 다양한 학습기회를 제공할 수 있도록 교육목표와 내용을 변화시킬 수 있는 능력을 '교육적 상상력'으로 명명하고, 이를 '예술성(artistry)'의 은유적 표현으로 보았다.

우선 앞의 논의에 따르면, 내러티브 사고는 내러티브적 상상력을 높여줄 수 있다. Bruner(1996: 137)는 실재에 대한 내러티브 구성에서는 해석학적 구성을 상정하는 것으로 보았다. 내러티브의 주체는 자아와 세계에 대한 인식, 태도 등에 근거하여 자기 발생적 발견을 구성해나간다.

내러티브 사고는 본질적으로 뮈토스(mythos)적 사고이다. 합리적이고 논리적인 과학의 로고스(logos)가 아니라 인간이 상상할 수 있는 모든 세계를 다루는 뮈토스적 사고의 세계이다. 이것은 세계를 만드는 사고방식이며, 세계 해석을 위해 다른 세계를 구성해야 하는 사고이다. 그렇기 때문에 주체가 사태를 있는 그대로 파악하는 것이 아니라, 그 사태를 이해하고 해석하여 재구성하는 방식으로 파악하는 것이다. 이러한 주체의 세계 만들기는 세계에 대한 비판과 논리적 파악을 동시에 기능하게 해준다. 학습자들은 텍스트를 주어진 그대로 읽는 것이 아니라 재구성하여 해석하면서 읽는 것이다. 이러한 이해와 재해석의 과정을 통하여 새로운 의미를 만들어 내는 것이다. 이러한 능력을 기르기 위해서는 Bruner(1994: 41)는 신화와 역사, 민담 등을 통해 정체성을 길러주는 방법과 소설 읽기를 통한 방법을 제안하고 있다.

이러한 맥락에서 Eisner 역시 다양한 표상형식의 개발을 강조하고 있다. 학교교육이 경험을 통하여 다양한 의미를 획득하는 능력을 개발하는 데 관심을 두는 한, 내용들을 여러 가지 표상형식으로 부호화하고 해석하는 능력에 관심을 가져야 한다는 것이다. 학교교육에서 학생들이 자신의 경험에서 의미를 추출하는 능력이 중시된다면 학교 교육과정을 결정할 때 표상형식(forms of representation)을 강조하는 것이 중요하다. 논리-과학적인 패러다임적 사고를 통한 인지능력의 개발뿐만 아니라 내러티브 사고를 통한 의미의 재창조와 상상력의 개발 또한 중요시되어야 한다.

Bruner(1996)에 따르면 내러티브는 문화에서 지식의 보고이다. 논리적 분석이 어느 아이디어 또는 개념의 진위를 증명하는 것이라면, 내러티브는 우리가 이해하는 것과 이해하지 못하는 관심을 끄는 것들에 관한 이야기이다. 가능한 사실들과 비규범적인 요소들까지 포함하며 사실과 상상 사이에 위치하는 내러티브는, 개인의 성장과 이해 영역을 확대시키는 주요한 수단인 것이다(Bruner, 1990).

Bruner는 다양한 시각, 추측, 주관화(subjectifications) 등의 요소들이 내러티브를 통해 인간주의적 앎의 양식을 형성하며, 여기서 인간주의적 앎이란 단지 경험적으로 발견되고 타당하게 증명된 논리학적 타당성에 근거한 앎이 아닌 개인적으로 만들어지고 역사적으로 생성되는 은유의 발견법에 근거한 앎이다.

내러티브 사고를 통한 교육은 한 사건에 대해 다양한 의미 부여로써 상상력을 높여줄 수 있다. 한 사건에 대해 다양한 의미를 부여함으로써 상상력을 높여주는 역할을 해야 한다. 상상력은 일종의 구조화 작용이라고 볼 수 있다. 교과 교육에서 학생들이 자신의 경험에서 의미를 추출하는 능력이 중시된다면, 교육과정을 결정할 때 어떤 표상 형식을 강조할 것인가 하는 문제는 매우 중요한 문제가 된다. 따라서 논리·과학적인 패러다임적 사고를 통한 인지능력의 확장과 동시에 내러티브 사고를 통한 의미의 재창조와 상상력의 향상도 교사는 중요하게 인식하고 있어야 한다.

Lyotard의 이야기적 지식(narrative knowledge)이나 스토리로서의 흥미유발을 활용한 상상력의 교육을 강화할 필요가 있다. 예컨대 사고력을 키워주는 수학 동화, 역사가 샘솟는 이야기 옹달샘, 아이들의 눈높이에 맞춰 이야기 형식으로 구성하는 역사와 지리 이야기, 물리학을 재미있는 소설로 공부하기 등은 우리 주위에서 접할 수 있는 사례들이다. 이제 스토리를 통한 학습통합 차원에서 새로운 뮈토스적 세계를 창안하는 상상력으로 안내해줘야 한다.

(2) 교육적 상상력을 가르치는 일

교육적 상상력을 내러티브적으로 가르치는 일은 내러티브 원리에 비추어 이루어져야 한다. 가르치는 일은 기본적으로 의미를 만드는 것에 관한 것이다(Gudmundsdottir, 1991: 216-217). 교사 혹은 교육자는 그들이 가르치는 내용 속에서 자신들을 위해서 의미 만들기를 해야 하며, 자신들의 사적인 의미를 학생들이 이해할 것이라고 느끼는 형식으로 전환해주어야 한다. 이것을 하기 위하여 교사들은 교수내용지식(PCK)을 필요로 한다. 교수는 하나의 스토리를 쓰는 것과 같다. 교수를 이해한다는 것은 하나의 스토리를 해석하는 데에 도달하는 것과 같은 것이다(Polkinghorne, 1988: 142). 인식 도구로서 내러티브는 경험의 흐름을 이해할 수 있게 한다. 내러티브는 무수히 많은 내적 관계를 맺고 있는 일련의 사실들을 하나의 이야기로 인식하게 된다(강현석, 2005: 96). 이러한 입장에 비추어 보면 교육적 상상력을 가르치는 경우 다음에 유의할 필요가 있다(강현석·이자현, 2005: 76-77).

첫째, 가르치는 일은 대화(dialogue)이다. 교수는 많이 아는 교사가 잘 모르는 학생에게 '전달'해주는 일방적 활동이 아니다. 이제 교수는 전달 메커니즘에서 탈피할 필요가 있다. 특정 내용을 어느 일방으로 전달하는 과정에는 타인의 마음에 대한 고려가 소극적일 수밖에 없다. 가르치는 활동은 쌍방 간의 대화의 과정으로 나아갈 필요가 있다. 대화는 관심과 배려(caring)에서 출발한다. 관심과 배려는 다양하게 구현될 수 있다. 학습자의 수준에 대한 고려, 인지구조에 부합하는 학습과제의 구성, 역동적 학습 환경의 마련 등으로 나타난다.

둘째, 가르치는 일은 의미를 교섭하여(negotiation) 구성하는 일이다. 교수활동은 소위 객관적인 지식을 전달하고 습득시키는 관리적 차원에서 일방적으로 진행되는 사업(enterprise)이 아니다. 그것은 교육적 상황에서 당사자 간의 협상과 교섭을 통한 의미 거래의 과정이다. 그 과정에서 의미를 형성하고 서로간의 반성적 숙의를 통하여 지식을 구성해 나가는 것이다. 학습은 학습자 자신의 발견을 통해 새롭게 의미를 구성하

교육적 상상력
함양의 유의점

고 지식을 구조화해 나가는 과정으로서, 새로운 발견과 의미 구성에 필요한 것들을 사회적 상호작용을 통하여 학습해나가는 것이라고 볼 수 있다(Bruner, 1996: 151-153).

셋째, 내러티브적으로 가르쳐야 한다. 학습은 가장 자연스럽게 이야기를 통하여 이루어진다. 학습의 과정, 즉 지식 획득-변용-평가라는 에피소드는 학습자의 이야기를 통해 가장 잘 조직될 수 있다. 학습 조직의 한 수단으로서 내러티브는 학습의 목적인 동시에 수단이 된다. 이제 발견학습은 더 이상 객관적인 구조를 수동적으로 혼자 찾아내는 활동이 아니다. 그것은 내러티브적 발견에 의해 가능하며, 학습의 해석적 과정을 고려할 필요가 있다. 따라서 탐구학습 역시 사회적 장면에서 구성원들의 교섭과 공유에 의해 재창조되어 가는 과정이 강조될 필요가 있다.

넷째, 가르치는 일은 해석적으로 순환(hermeneutic circle)한다. 기존의 실증주의적 도식에서는 학습은 주로 직선적이고 논리적인 계열을 따라 이루어지는 것으로 본다. 그러나 학습은 직선적 계열을 띠기도 하지만 근본적으로는 순환적 성질을 띠면서 질적인 변화를 통해 내면화되는 과정을 밟는다. 외부에서 지식을 주입하거나 타인이 전달해주는 것만으로는 학습의 총체적 모습을 온전히 설명할 수는 없다. 학습의 과정은 해석적 체계로 설명되어야 하며, 그 기제는 순환적이다.

내러티브와 관련하여 브루너는 교육적 상상력을 교육시키는 일에서 고려해야 할 다섯 가지의 원리를 제시하고 있다(Bigge, 1999: 143-144; 강현석, 2005: 98).

> 첫째, 학교 교육과정을 통하여 학생들 자신의 추측의 가치와 수정 가능성을 발견하도록 촉진하고, 문제해결에서 가설을 수립하고 해결을 시도하는 활동의 효과를 자각하도록 권장할 필요가 있다.
> 둘째, 현재의 조건과 미래의 결과를 관련시키는 마음의 사용을 통해 문제해결의 가능성에 대한 학생의 신뢰를 개발하는 데 강조점을 두어야 한다.
> 셋째, 다양한 교과내용과 관련하여 학생 자신의 추진력을 배양하고, 스스로 조작해 나갈 수 있는 능력을 개발해야 한다.
> 넷째, 마음을 경제적으로 사용할 수 있는 능력을 개발할 필요가 있다.
> 다섯째, 학생의 지적인 정직성을 개발하는 것이다.

(3) 새로운 창의적 인간으로서 내러티브 영재

강현석과 최윤경(2007)의 연구에서는 내러티브 영재들의 능력을 FGI 결과를 토대로 크게 여덟 가지로 제안하고 있다. FGI 연구의 과정은 다음과 같다. 첫째, 표적집단으로 7명을 설정하였다. 여기에는 내러티브 연구자 4명, 영재교육전문가 3명을 설정하였다. 둘째, 대상자들을 한 장소에 모이게 하고 반구조화된 질문 형식으로 여덟 가지 개념의 적합성과 우선순위를 검토하도록 요청하고 연구자가 면담을 진행(moderator)하였다. 셋째, 참가자들끼리 생각을 공유하고 토의과정을 통하여 다른 사람의 생각과 견해에 반응함으로써 서로서로 영향을 주고받도록 설계하였다.[15] 이 과정에서 제시된 능력들은 측정학적 접근에 의한 구인(constructs)이기보다는 개념적 논의에서 기인하는 능력들로서, 조작적인 정의가 아닌 '가설적으로 구성된' 개념이다. 이하에 제시된 개념들은 표적집단에게 최초로 제시한 개념들에 대한 검토과정을 거쳐서 확정된 용어들로 표현되었다. 이 개념은 크게 네 가지 근거에서 구성되었다. 그 근거들은 첫째, 영재의 일반적인 기초 능력 차원(가-나) 둘째, 내러티브의 속성과 가장 밀접한 특징적인 능력 (다-라) 셋째, 서사 능력과 관련된 것(마-바)이며 넷째, 메타 능력들(사-아)이다.

① 창의력과 상상력

패러다임 사고는 자연 현상이나 사실에 대한 인과적 설명 및 경험적 증명을 요구하지만 내러티브 사고는 진리보다는 '있음직함' 또는 '그럴듯함'을 만들어낸다. 이제 우리는 인간 세계나 자연 현상을 논리나 이성, 설명을 통해서 이해하려는 경향인 패러다임적 사고뿐만 아니라 세상을 바라보고 해석하는 또 다른 안목인 상상, 창의, 감성에 주목해야 할 필요가 있다.

인간은 논리적, 실증적, 이성적 사고뿐만 아니라 직관적, 감성적, 상상적, 창의적 사고와의 보완을 통해 세상의 풍부한 경험으로부터 다양한 의미를 구성하게 된다. 내러티브에는 구성력으로 지칭되는 상상력의 대부분이 포함되며(우한용, 2008: 13), 그것은 문학적이고 미학적인 사고력을 매개로 함으로써 상상력을 기를 수 있게 하는 중요한 도구이다. 또 내러티브는 삶의 다양한 현상을 내러티브로 인식, 구성케 함으로써 메타 인지적 감수성, 창의성을 길러줄 수 있다(임경순, 2008: 83).

---

15 5점 척도 형식으로 묻는 적합성 정도에서는 '언어적 능력'을 모든 참여자들이 매우 적합한 것으로(5.0) 판단하고 있으며, 그 다음으로 의미구성 및 해석력(4.57), 창의력 및 상상력과 자아구성 능력(4.14) 순임. 가장 낮은 것은 상황이해력과 문화적 민감성(4.0)임. 우선순위에서는 '언어적 능력'이 우선순위가 가장 높으며, 그 다음으로 세계만들기 능력, 자아구성능력, 의미구성 및 해석력 순임. 가장 낮은 것은 직관력으로 조사됨. 이상은 FGI 결과의 정량적 표현임.

Catharina와 정현철(2008: 332)은 현재 우리나라 영재교육이 학생 중심, 과정 중심, 탐구 중심, 문제해결 중심, 창의성 계발과 같은 접근을 적용하기보다는 교사 중심이고 지식 중심이며 또한 개방적이기보다는 경직성이 강하다고 지적한다. 한승희(2005)는 패러다임적 사고와 내러티브 사고는 공통적으로 가설적 추론의 특징을 보이는데 추론의 과정에서는 반드시 정서가 수반되며 인간이 행복감을 느낄 때 창의성과 문제해결력이 더 높아진다고 한다. 내러티브는 인간의 감정과 정서가 수반된 사고로서, 긍정적인 감정과 정서는 인간이 어떤 문제를 해결할 때 필요해지는 고차원적 사고력이 온전히 작동하도록 한다.

영재들에게는 허구의 세계를 만들어 내는 능력, 현실의 세계를 초월하여 현실에서는 차마 볼 수 없는 독특한 세계를 만들어 내는 능력이 중요하다(강현석, 2007: 118). 내러티브는 인간의 사고 경향을 바라봄에 있어서 편향된 문제점을 각성시킬 뿐만 아니라 영재교육에 있어서 정확성, 객관성, 논리성뿐만 아니라 창의성, 상상력의 보완이 필요함을 보여준다. 따라서 내러티브 영재는 논리적 검증 및 객관적 설명 능력뿐만 아니라 상황을 새롭게 이해하고 해석할 수 있는 상상력과 새로운 세계를 독특하게 창안해 낼 수 있는 창의력을 갖춘 존재이다. 여기에는 일반적인 창의력과 상상력뿐만 아니라 사건과 관련된 것을 포함한다.

② 직관력

직관의 사전적 정의는 직접적 이해와 인지, 즉 분석이나 증명의 형식적인 방법으로 매개되지 않은 이해와 인지이다(Bruner, 1960; 이홍우, 1973: 126-145). 직관적으로 이해한다는 것은 교과내용을 명백히 형식을 갖춘 언어로 표현하여 이해하는 것이 아니다. 직관적 사고(intuitive thinking)는 그럴듯하기는 하나 아직은 확정되지 않은 원리나 지식을 발견하는 방법을 지칭하며, 분석적 사고의 단계를 거치지 않고 원리나 지식을 생각해내는 사고과정을 의미한다.

일반적으로 수학에서는 직관이 두 가지 다른 의미로 쓰인다. 첫째, 한 문제를 오랫동안 씨름을 한 뒤 갑자기 해결점에 도달하며, 그렇기는 해도 아직 형식적인 말로 그것을 증명할 수 없는 경우이다. 둘째, 어떤 해답이 과연 옳은지 또는 몇 가지 해법 중에서 어느 것이 가장 효과적인지를 재빨리 잘 추측해낼 수 있다는 뜻이다. 날카로운 추측(shrewd guess), 의미심장한 가설(fertile hypothesis), 잠정적인 결론으로의 과감한 도약(courageous leap to a tentative conclusion)이 필요하며 주어진 정보를 뛰어넘는 구조의 발견이 중요하다. 특히 발견법의 규칙, 즉 비유, 대칭, 제한적 조건 조사, 해답을 미리 머리 속에 그려보는 것을 자주 사용하는 특성을 보인다.

직관적 사고는 면밀하고 명백히 계획된 단계를 따라 전개되는 것이 아니라 전체 문제 사태의 포괄적인 지각을 기초로 하여 전개된다. 어떤 과정을 거쳐서 그렇게 했는지 모르게 문제를 해결하는 것이다. 자기가 어떻게 그 대답을 얻었는지 잘 설명할 수 없고 심지어 문제 사태의 어느 측면을 보았는지 모르는 경우도 있다. 그러나 직관적 사고는 그 분야의 지식, 지식의 구조를 기초로 가능하다. 지식의 구조야말로 사고의 도약(사고에서 거쳐야 할 단계들을 뛰어 넘고 지름길로 질러가는 것)을 가능하게 한다. 이때 얻은 결론은 나중에 분석적 사고에 의해 다시 점검되어야 한다. 요컨대, 직관적 사고는 지식체계의 잠정적인 질서를 발견해내며 그렇게 발견한 질서는 자명한 것으로 보일지 모르나 그것은 우리에게 특정 사건과 관련된 세계 실재를 검증해 나가는 기초 역할을 한다.

직관적 사고를 잘하는 사람은 분석적 사고를 하는 사람의 힘으로 불가능한 일 즉, 문제를 발명하고 발견하는(invent or discover) 일을 할 수 있다. 발명되고 발견된 문제에 알맞은 형식(proper formalism)을 부여하는 것은 분석적 사고를 하는 사람들이다. 그런데 학교학습은 형식을 갖춘 내용을 다룬다는 사실 때문에 직관의 중요성이 과소평가되는 결과를 초래하고 있다.

③ 의미 구성 및 해석력

진리가 발견되는 것이 아니라 구성된다는 입장을 취하는 내러티브 인식론은 진리와 언어의 관계가 기호들의 상호작용으로 실재가 우리의 마음에 구성됨을 전제한다. 언어는 대표적인 상징적 기호로서 의미 구성과 상징적 기호의 관계를 이해하기 위해서는 언어에 초점을 두어야 하며 의미를 만드는 가장 중요한 형태의 하나가 바로 내러티브이다. 그러나 내러티브는 하나의 언어임과 동시에 보다 거시적 측면에서는 인간 일상의 경험과 개인적이고 사적인 행위에 의미를 부여하는 수단이 되는 도식(scheme)으로서의 역할을 한다. 따라서 내러티브 능력은 말이나 글과 같은 내러티브 생산하는 것일 뿐만 아니라 일상 삶 속에서의 사건을 의미화 하는 능력이다.

내러티브 사고는 실재 구성, 의미 만들기, 자아 형성과 관련되는 것으로 의미형성과 교섭에서는 내러티브적 해석이 중요하다. 즉 의미는 대화를 통해 만들어지고 이야기 양식은 해석을 필요로 한다(강현석, 2007: 107). 인간은 자신의 경험을 '내러티브'로 이야기함으로써 경험이나 사실에 대한 의미를 구성함과 동시에 내러티브적인 해석을 하게 된다. 이야기하기로서의 내러티브는 해석을 필요로 하며 거기에서 이야기 만들기가 가능해진다.

그러나 우리 교육에서는 다양한 해석의 가능성을 열어두기 보다는 한정되고 명확한 인과 관계적 설명을 강조해 왔다. 인과적 설명에서는 일정한 하나의 답을 도출함으로써 정답 이외의 것은 배척되고 틀린 것으로 간주되지만, 해석은 개인의 관점, 신념에 따라 다양하게 생산되며 하나의 정답이 요구되지 않는다. 내러티브 사고에는 자연 현상이나 물리적 세계에 대한 인과적인 설명을 추구하기보다는 다양한 해석의 가능성이 열려져 있다. 따라서 내러티브 영재는 올바른 해석을 통해 그들의 이해의 지평을 넓혀가고 다양한 해석이 존재할 수 있음을 인정한다.

언어 영재를 위한 교육에서는 텍스트에 나타난 단어와 단어의 연결로 문장의 의미를 연결시켜 깊은 이해의 수준에 도달시키는 텍스트 내의 의미 구성 능력이 강조된다. 한편 내러티브 영재는 텍스트 속의 의미 구성 및 이해 능력을 가지고 있을 뿐만 아니라 인간 삶 속에서 자신의 경험을 대화나 글을 통해서 이야기함으로써 총체적 삶의 경험에 대해 내러티브적 해석을 할 수 있으며 이를 통해 의미를 창출해 낼 수 있는 존재라 할 수 있다.

④ 상황적·맥락적 이해력

인간은 자신이나 타인의 경험 혹은 세계를 해석함에 있어서 다양한 관점과 상황 아래에 놓이게 된다. 내러티브는 과거, 현재, 미래와 관련되어 있으며 특정한 상황에 연관된다. 인간은 다양한 사람, 장소, 공간의 관계 속에서 내러티브를 구성하게 되므로 내러티브를 통해 개인의 경험은 보다 넓은 맥락에서 이해될 수 있다.

내러티브는 학습에 있어서 유용할 뿐만 아니라 학습의 과정 및 지식의 구성 과정에 있어서도 시사점을 준다. 인간은 사회적 존재로서 인간의 경험과 행위는 사회적 실재들과의 관계 속에서 이해되어야 한다. 인간의 자아도 사회적 세계와 무관한 내부적 본질에서 성장하는 것이 아니라 모든 사람들이 관련되는 의미, 사회적 관련 속에서의 경험에서 나오기 때문에(Bruner, 1990: 42) 내러티브는 문화와의 상호 교섭 속에 존재하는 절충적인 성격을 갖는다(Bruner, 1996: 133-147).

따라서 내러티브 관점에서 지식은 개인의 마음속에서 일어나는 내적 과정이라기보다 사회 속에서 다른 사람들과의 교섭에 의해 구성되며, 사회적 네트워크에 분산되어 존재하는 사회적 과정으로 개념화된다(한승희, 2005: 59). 즉, 지식은 사회적 관련 속에서의 인간의 상호작용 및 문화적 교섭 과정을 통해 구성되기 때문에 상황적·맥락적 성격을 지니게 된다.

내러티브를 통해 학생들은 타인이 마음을 이해하고 설명할 수 있는 간주관적 능력을 가지게 되며 학생 상호간에 의미를 주고받을 수 있다. 또래 집단에서 영재들이 적응하지 못하여 영재들이 자신의 재능, 소질을 제대로 발휘하지 못하는 경우가 있는데 영재들의 부적응 문제는 영재 교육에서 중요한 관심사이다. 이런 영재들의 부적응 문제의 가장 중요한 원인은 타인과 의미를 주고받을 수 없는 의미 교섭력의 부재 때문이다.

학생들은 자신의 내러티브를 말하고 타인의 내러티브를 들으면서 그 속에 담겨있는 일련의 사건이나 환경 등의 맥락과 관련지어 내러티브를 이해함으로써 건전한 자아를 형성하게 되고 맥락적 이해를 발달시킨다. 따라서 내러티브 영재는 내러티브를 통해 자신의 생각을 이야기하고 또 다른 사람의 이야기를 듣는 사회적 상호작용 과정을 통해 상황과 맥락에 적합한 지식을 구성하여 이해하는 능력을 가진다.

⑤ 의사소통 능력을 포함한 언어적 능력

언어 능력은 거의 모든 형태의 의사소통에 필요한 능력이다. 최근 인문사회학적 영재에 대한 관심이 부각되면서 인문·사회 분야의 영재 교육 프로그램이 개발(전명남 외, 2008)되었는데 독서 프로그램과 논술 프로그램이 그것이다. 독서 프로그램은 글을 읽고 이해하는 능력을 기르는 것을 목적으로 두고 있으며, 영재들을 위한 글쓰기(논술) 교육 프로그램은 문법, 철자, 문장, 문단 구성 능력의 증진뿐만 아니라 기술적·설득적·창의적 글쓰기를 통해 다른 사람들과 의사소통할 수 있는 능력을 높이는데 목적이 있다.

우한용(2008: 10)은 언어 능력은 문학적 감수력, 문학 창작 능력, 문학 연구로 나타나는 학문적 수행 능력, 철학적 능력 등을 두루 포함하는 것으로 볼 수 있으므로 언어·문학 영재를 언어의 층위에서 논하였다. 즉, 언어 문학 영재가 갖추어야 할 능력으로 어휘의 풍부성과 정확성, 통사적 문법성, 비유의 적절성과 참신성, 서사적 구성력, 언어적 판단력을 제시하였다.

언어·문학 영재의 연장선상에서 논의된 내러티브 영재는 글을 읽고, 쓰고 이해하는 능력과 관련된 것으로 생각되었다. 언어의 역할은 내러티브 관점에서 새롭게 조명될 수 있다. 내러티브는 인지심리학자들에 의해 문화심리학의 한 부분으로 중요하게 인식되고 있다. 문화심리학적 관점에서 인간의 마음은 문화적 도구를 사용함으로써 형성되는데 그 중 언어는 대표적인 상징체계로서 한 문화에서 사람들 간에 '구성된 실재'들의 교환을 가능하게 한다(한승희, 2006: 143). 따라서 내러티브는 한 문화를 결집시키는데 중요한 역할을 한다. 아이들은 이러한 문화적 상징 도구를 사용함으로써 세계를 이해하게 되며 자신의 세계관을 형성하게 된다. 언어는 의사소통 도구로서의 기능뿐만 아니라 내러티브 관점을 통해서 인간의 마음과 세계관을 형성토록 하는 언어의 기능을 인식해야 한다. 이런 점에서 영재교육에서 언어 영재의 능력을 바라보는 관점도 내러티브 관점에 의해서 재조명될 수 있다. 내러티브 영재를 구성하고 있는 하나의 요소로서 언어적 능력은 문화의 상징도구인 언어를 바르게 사용하여 문화적 정체성을 찾고, 타인과 바르게 의미를 거래하여 올바른 세계관을 형성할 수 있는 능력이다.

⑥ 문화적 민감성

마음의 구성 도구는 문화이다. 문화 속에서 우리 자신의 의미를 발견하고 실재에 대한 우리 자신의 시각을 만들어간다. 인간의 역사를 반영하는 문화 도구를 통해 마음이 형성된다. 마음은 문화를 표상하는 능력이다. 인간의 성장은 세계 그 자체와 문화를 표상하는 개인적 능력이다. 인간은 내러티브를 통해서 자신의 삶을 구성하고, 다른 사람의 삶과 행위를 이해할 수 있다. 내러티브는 단순한 사건과 경험 이상으로 그 안에는 인간의 문화에서 가치 있고 의미 있는 것들이 담기게 된다. 이런 점에서 내러티브는 인간의 과거와 대화할 수 있는 소통의 끈이며, 미래를 투사하고 계획하는 현재의 장이다. 인간의 마음은 문화 속에서 만들어진다. 문화는 내러티브의 보고이다. 문화를 제대로 이해하고 문화 속에서 우리의 인지 능력을 확장시킬 수 있는 수단을 확보하는 능력은 매우 중요하다. 문화적으로 민감한 능력에는 타인의 마음을 이해하고 문화적 양상들을 제대로 향유할 수 있는 능력들이 포함된다.

내러티브는 문화와 언어처럼 언제 어디서나 인간의 동반자로 걸어왔다. 우리는 이러한 내러티브를 통하여 문화와 인간의 가치에 대하여 직관을 얻는다. 문화에 참여한다는 것은 누적되고, 공유된 의미의 범주를 알고 이용하는 것이다. 따라서 각각의 문화는 공유하는 의미를 전달, 보존하는 내러티브 줄기를 가지고 있다. 그러나 이런 공유된 의미는 정적이지 않고, 항상 지속적으로 변화한다. 이에 대해 Bruner(1986)는 우리 개개인은 오로지 문화의 정통적 형식을 변용하여 표현하는 것이라고 지적했다. 내러티브의 혜택을 받지 못하면 문화에 참여하지 못하게 되고 따라서 말뿐만 아니라 행동 면에서도 즉흥적이고 불안해하는 말더듬이 상태로 방치될 가능성이 높다.

⑦ 세계만들기 능력

플라톤은 감각에 의존하는 지식은 믿을 수 없는 것으로 간주했고, 정서는 인간으로 하여금 정신을 혼란시켜 진리를 알지 못하게 하는 것이라고 믿었다(이흔정, 2004). 그 이후로 진리의 말은 로고스(logos)라고 하고, 이와 대립되는 허황된 이야기는 뮈토스(mythos)라고 하였다. 무엇을 증명하거나 남을 설득하기 위한 말이 로고스라면, 세상을 묘사하고 감정을 표현하는 말이 뮈토스이다. 뮈토스의 세계는 인간이 상상할 수 있는 모든 세계이다. 그 세계는 이미지가 가득한 세계이다. 전자가 시간과 공간을 넘어 보편적인, 인간이 배제된 논리적 사고라면, 후자는 이와는 다르다. 주체가 누구이고, 어떤 환경에서 살았고, 어느 시대에 살았는가 하는 점이 중요하다. 이것은 새로운 세계를 만드는 사고방식이고, 세계 해석을 위해 다른 세계를 구성해야 하는 사고이다. 사태를 객관적으로 파악하는 것이 아니라 주체가 사태를 이해하고 해석하여 재구성하는 방식으로 파악하며, 상징과 이미지를 통해서 가능하다.

논리적·객관적 사고의 절대 영역이라고 생각되었던 과학 및 과학교육에서도 내러티브에 주목하고 있다. 직접적인 관찰보다는 대부분 이론적 추론에 절대적으로 의존하는 과학에서도 경험을 조직하여 과학적 실재를 구성하는 과학 만들기 활동 즉, 내러티브 사고의 중요성이 제기되고 있다(김만희·김범기, 2002).

⑧ 자아 구성 능력

인간은 내러티브를 통해서 자신의 삶과 자아를 구성해 나간다. 내러티브 관점에서 보면 아이들의 자아가 형성되는 과정에서 훌륭한 내러티브 사고는 중요한 역할을 수행한다. 아이들의 자아는 개인의 전 생애를 통해 보여주게 되는 잠재적 가능성을 중시하고, 동시에 발달도 미리 정해진 순서가 아니라 확률적 발생에 따라 이루어진다. 자아가 자신을 둘러싼 사회 문화 속에 분산되어 있다는 것을 의미한다. 즉 자아가 사회적인 네트워크로 분산되어 있으며(distributed self), 자신의 삶의 의미가 이야기로 구성되는 내러티브로서 자아를 의미한다. 내러티브로서 자아는 실체로서가 아니라 자신의 삶에 관한 이야기 구성자의 역할을 한다. 내러티브적 시각에서 볼 때 아이들의 자아는 아이들과 부모가 함께 만들어가는 한편의 드라마처럼 어떤 사건들이 일어나는가에 따라 하나의 의미로 구성된다. 이 일에는 무엇보다 내러티브를 창안해내는 작가처럼 예술적 감각이 요구된다. 물론 아이들의 마음을 형성하기위한 유일한 시나리오는 없다. 하나의 의미를 담아내는 이야기들이 무수히 존재하기 때문이다(한승희, 2002).

자아 형성에 내러티브가 중요한 역할을 한다면 자아존중감에 대해서도 새로운 시각이 필요하다. 영재들의 자아존중감은 주로 특정 성취물에 대한 결과적 성과에 의해 촉진되는 경우가 많다. 그러나 자아존중감은 영재들이 자신의 성취나 삶의 과정에서 스스로 이야기 구성능력에 의존할 가능성이 높다. 자신에 대한 평가나 긍정적인 인식은 자신과 둘러싼 동료들과의 사회적 관계에 대한 내러티브적 이해에 영향을 받는다는 점이다. 왜냐하면 자아는 하나의 실체도 아니며, 또한 구성된 개념(construct)도 아니기 때문이다. 자아에 대한 실체론적 시각에서 벗어날 필요가 있다. 자아의 기능은 자신의 삶의 이야기를 하는 것이다. 내러티브로서 자아는 자신의 삶을 이야기로 구성하는 자로서의 역할이다. 따라서 자아의 기능은 흔히 작가에 비유되기도 한다.

부적응 문제를 내러티브 관점에서 보면 영재들이 생활하고 살아가는 데 있어서 자신의 이야기를 상실했기 때문이다. 즉 자신의 삶을 이야기로 구성해 내지 못하기 때문이다. 이 경우 자아를 실체론적 관점에서 접근할 경우 부적응 문제의 치료는 실효를 거두기 힘들다. 왜냐하면 자아는 내러티브적으로 구성되기 때문이다. 사회적 세계에서 이루어지는 인간의 행위는 개인의 심리적 특성만으로는 이해될 수 없으며, 타인과의 교섭 속에서 이해되어야 하며, 타인들 사이에 분산되어 있는 그들이 만든 사회적 실재들과의 관계를 통해서 이해되어야 한다. 우리 사회가 어떤 줄거리의 이야기를 제공하느냐에 따라 아이들의 마음은 다르게 형성된다. 아이들 혹은 영재의 마음에 어떤 결핍이 있다면 이는 그들의 마음 자체에 문제가 있기 전에 우리 사회가 잘못 수용한 내러티브에 문제가 있는 것이다.

이상의 여덟 가지 능력들은 내러티브의 의미에서 유래하는 개념적 수준의 것들을 검토과정을 통하여 확정한 것으로서, 이 능력들 간의 층위는 가설적으로 다음과 같이 제시해 볼 수 있다. [그림 VII-3]에 제시된 것은 내러티브 영재들이 지니고 있는 능력들을 가설적 수준에서 층위적으로 표현한 것이다. 즉 내러티브 영재들은 우선 기초능력(I)에서 탁월한 면을 보이며 여기에는 (가) 창의력과 상상력, (나) 직관력이 포함된다. 그 다음으로 내러티브 영재들에게만 나타나는 특징적인 능력인 내러티브 사고력(II)으로서, 여기에는 (다) 의미구성 능력과 해석력, (라) 상황적 · 맥락적 이해력이 여기에 포함된다. 다음으로는 서사 능력과 관련된 것으로 언어/문학적 재능(III)으로 여기에는 (마) 언어적 능력과 (바) 문화적 민감성이 해당된다. 마지막으로 메타 능력(IV)으로 여기에는 (사) 세계만들기 능력과 (아) 자아구성 능력이 해당된다.

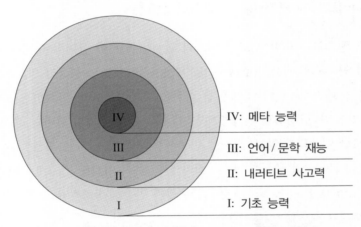

IV: 메타 능력

III: 언어 / 문학 재능

II: 내러티브 사고력

I: 기초 능력

[그림 VII-3] 내러티브 영재의 능력에 대한 가설적

이들 네 가지 층위의 능력들은 IV 수준으로 갈수록 내러티브 영재의 능력 본질에 가까워지며, I 수준으로 갈수록 능력의 일반적 성격이 강하고 그 적용 범위 또한 넓다고 볼 수 있다. 이들 네 가지 능력들은 층위라는 용어가 암시하듯이 요소적이고 가법적인 것이 아니라 승법적 성격을 지니고 있다는 점에서 환원주의적 심리 측정이론에서 전제하는 수준과 상이하다. 즉 내러티브 영재는 일차적으로 기초능력에서 탁월한 면을 보이고 내러티브 사고력을 활용하여 언어와 문학적 재능을 표현하며, 세계와 자아를 구성할 수 있는 탁월한 메타 능력을 '전체적으로 구성할 수 있는 능력'을 지니고 있는 영재이다.

4. 새로운 장르로서 내러티브학의 창안

본 연구에서 말하는 내러티브학은 기존의 서사학, 내러톨로지를 의미하는 것과는 다소간 차원을 달리한다. 여기에서의 내러티브학은 인간 경험을 탐구하는 모든 학문들을 내러티브 인식론에 의해 재개념화한 통합 학문을 의미한다. 그래서 내러티브학은 narratology가 아니라 내러티브 과학(narrative science)를 의미한다.

가. 내러티브학의 근거로서 내러티브 인식론

내러티브 전회로 출발한 새로운 변화의 단서는 이른바 근대적 이성에 바탕을 둔 실증주의적 인식론에 대한 반성적 대안으로 논의되고 있는 생성적 인식론에서 찾아볼 수 있다. 근대적 패러다임에서 인간 정신은 객관적 실체를 반영하는 표상적 존재로 이해되었다. 반면, 생성적 인식론에서 '마음'은 주어진 외부 진리를 받아들이는 표상적 존재로만 이해되지 않고, 스스로 변용과 창조를 해 나가는 생성적 존재로 이해된다. 따라서 교육에서 중요한 것은 '진리의 인식'이 아니라 스스로 지식을 생성해 나가는 '생생한 경험'이며, 교육과정은 학습자가 인간의 창조적인 조직능력과 재조직 능력을 발휘하는 데 주안점을 둔다.

이러한 인식론적 변화의 중심에 교육과정의 측면에서는 내러티브 인식론(narrative ways of knowing)이 자리하고 있다. 내러티브 인식론은 직접적으로는 Bruner의 인간 사고 양식의 구분에서 단서를 찾을 수 있으며, 그 간접적인 배경에는 심리학의 인지혁명으로부터 촉발된 인간 마음과 사고(앎)의 양식을 보는 관점의 전환에서 엿볼 수 있다. 이것은 Robinson과 Hawpe(1986)의 내러티브 사고(narrative thinking)와 Polkinghorne(1988)의 내러티브적 앎(narrative knowing), 그리고 Noddings(1991)의 대화의 가치에 주목하면서 발전을 보인다. 이러한 내러티브 인식론은 기본적으로 마음에 대한 Bruner의 아이디어에 기반을 두고 있으며, 그 중심 특징은 문화주의(culturalism)에 있다. 문화주의는 인지혁명 이후 마음의 작용에 관해 서로 극명하게 구분되는 두 가지 관점, 즉 인간의 마음은 컴퓨터처럼 기능한다는 소위 '컴퓨터 관점'과 문화를 마음의 핵심으로 상정하는 문화심리학(cultural psychology)이라고 구분한 것 중에서 후자의 관심을 의미한다. 전자가 인간의 마음의 본질을 컴퓨터 장치에 비유하여 정보처리 프로그램의 작동으로 설명하는데 비해, 후자는 문화가 마음을 구성한다는 전제 위에 마음의 본질을 의미(meaning)의 구성(constructing)에 있다고 본다. 이제 정보처리이론으로 인해 왜곡된 인간 마음의 본질을 정보처리에서 의미의 구성으로 복귀하려는 것이다.

(1) 실재의 내러티브 구성

인간은 실재를 해석하기 위하여 내러티브 방식을 활용함으로써 세계의 의미를 파악한다. Bruner는 앞서 제시한 열 가지의 내러티브 특성에 기초하여 실재가 내러티브적으로 구성되는 문제를 다음과 같이 아홉 가지로 제시하고 있다(1996: 133-147; 강현석·이자현, 2005: 337-363).

① 내러티브의 시간은 시계로 잰 물리적 시간이 아니라 인간적으로 적절한 시간이며, 의미가 부여되는 시간의 구조를 지닌다.
② 내러티브는 불변의 보편적인 원리가 아닌 개별적 특수성을 다룬다.
③ 내러티브에 포함되는 행위에는 이유가 있으며, 내러티브는 행위에 잠재된 의도적 상태의 이유를 찾으려 하며, 그 이유는 사물의 규범의 틀 속에서 판단되고 평가된다.
④ 내러티브를 이해하는 방식은 유일하지 않고, 해석학적 순환을 상정한다.
⑤ 내러티브는 정통적 규범으로부터의 일탈을 함축한다.
⑥ 내러티브는 철학이나 시적 용어처럼 지시의 모호성을 보인다.
⑦ 내러티브의 추진력과 그 가치는 갈등을 불러일으키는 문제(상황)에 있다.
⑧ 문화의 상호 교섭과 경쟁 속에 존재하는 내러티브는 본질적으로 절충가능성을 갖는다.
⑨ 내러티브는 계속적으로 확장하여 역사를 구성한다.

이상에서 제시한 내러티브 구성의 특성에 비추어 보면 내러티브는 자연 세계보다는 주로 인간 행위자의 문제를 다루고 있다. 즉 인간 행위자의 의도, 신념, 목적, 가치 등과 관련된 삶의 문제를 다룬다. 그리고 내러티브를 이해하는 방식은 유일하지 않으며, 여러 관점의 해석이 가능하다. 그러나 내러티브의 구성 부분을 전체에 비추어 보고, 동시에 구성 부분을 통하여 전체를 읽음으로써 이야기에 의미를 부여하게 된다. 내러티브에서 진실이란 원칙적으로 확실치 않다. 내러티브는 논증 가능한 잘못된 생각을 포함하고 있을 때조차도 사실일 수 있고, 사실처럼 보일 수도 있다. 내러티브적 진실의 속성은 내러티브를 구성하는 요소들을 검증하여 얻게 되는 참 여부와는 관계없이 불변으로 남는다. 이런 것이 내러티브 사고가 겉으로 드러난 모습이다(강현석 외, 2005: 223).

(2) 해석적이고 구성주의적 인식론

인간은 세계를 해석하는 데 다양한 관점과 담론의 상황성에 영향을 받는다. 이 과정에서 인간은 능동적이고 적극적으로 지식을 구성한다. 이러한 관점은 과거 증명의 인식론을 극복하는 경험의 인식론에 대한 제창이다. 이 인식론에서는 해석적이고 구성적인 행위를 중요시 한다.

해석학적 사고는 Bruner가 언어의 해석학적 기능을 강조하고(1986: 125) 인간 조건에 대한 존재론적 사고보다는 세계구성을 이해하는 방법을 강조하는 것에서 그 특징을 알 수 있다(1986: 46). Bruner 자신도 자신의 입장을 해석주의자 조망(interpretivist perspective)으로 보고 해석적 관점의 특징을 다양한 관점, 담론 의존적, 담론의 상황성 등 세 가지로 제시하고 있다(Bruner, 1990: 112-114). 그리고 경험의 인식론은 앎의 주체를 객체화하고 경험적이고 실증적 증명을 강조하는 증명의 인식론에 대한 극복이다. 다양한 시각, 개인적인 주관적 해석을 추구하지 않는 증명의 인식론이 상호작용적이며 대화적인 지식론으로 대체되어야 한다는 것이다.

이러한 인식론에서는 지식의 발견보다는 창조를, 증명이 아닌 교섭적 과정을 강조한다. 여기에서 지식의 능동적 측면을 알 수가 있다. 지식은 객관적으로 주어져 있는 것을 발견하는 것이기보다는 능동적 구성 과정을 통하여 새롭게 창안해내는 것이다. 교섭의 과정은 문화 속에 존재하는 인간 마음의 본질이며, 문화 도구를 통하여 의미를 만들고 거기에 기초하여 자아에 대한 이야기를 구성하는 것이다. 이와 관련하여 Bruner(1990: 42)는 자아는 사회적 세계와 비교적 무관한 '내부의' 본질에서 성장하는 것이 아니라 모든 사람들이 불가피하게 관련되는 의미, 이미지, 그리고 사회적 유대 속에서의 경험에서 나온다고 보았다.

(3) 인간 발달과 마음의 구성: 의미 형성

Bruner는 인간 마음에 대하여 기존의 객관적인 실증주의적 방식을 비판한다. 그 근거로 문화심리학을 제안한다. 인간 발달과 마음의 구성에 대한 새로운 조망으로서 문화심리학은 인간 발달의 새로운 이해 방식을 요청한다. 이와 관련하여 Bruner(1990a: 344-355)는 문화심리학에 대해서 다음과 같이 진술하고 있다:

> "각 문화는 사람들이 어떻게 존재하는가, 그들은 어떻게, 그리고 왜 행위하는가, 그리고 문제를 어떻게 처리하고 해결하는가에 관하여 내러티브 형식으로 '일상심리학'을 만들어 낸다. 이 내러티브들은 전형적으로 사물의 규범적이고 표준적 상태를 묘사하고 …… 전형적으로 한 문화의 제도적 조직과 구조는 그 일상심리학을 승인하고 심지어 실행토록 하는데 효율적으로 기능한다. 아동들은 어려서부터 그가 속한 문화의 일상심리학내에서 행위하기 위한 내러티브 형식을 숙달한다. …"

이와 같이 그는 문화심리학을 구체적으로 정의하고 있지 않으며 여러 경로를 통해 인간 마음의 구성과 문화와의 관계만을 설명하고 있다. 흔히 문화심리학은 정신적 삶의 원리가 본래 고정되어 있고, 보편적이고, 추상적이고, 내적이라고 가정하지 않으며 순수 심리학적 법칙이 없으며 의도성을 가정한다. 정신은 의도적 인간을 지칭하며 문화는 의도적 세계를 지칭한다. 즉, 문화적으로 구성된 실재(의도적인 세계)와 실재를 구성하는 정신(의도적 인간)이 계속적으로 상호작용하고 서로의 정체성에 침투하며 서로의 존재를 조건화한다. 결국 문화와 정신이 서로를 구성한다는 의미이다 (Shweder, 1991: 98-106).

한편 Polkinghorne(19881)에 따르면, 경험은 의의가 있으며, 인간 행동은 이런 의미 있음으로부터 나오고 그 의미나 중요성에 의해 풍부해진다. 그래서 인간 행동의 연구는 인간 경험을 형성하는 의미 체계에 대한 탐구를 포함할 필요가 있다. 여기에 내러티브 탐구의 중요성이 놓여 있다. 내러티브는 인간 경험을 의미 있게 만드는 일차적인 형식이다. 내러티브 의미(narrative meaning)는 인간 경험을 시간적으로 의미 있는 에피소드로 조직하는 인지 과정이다. 그것이 인지과정, 즉 정신적 작용(mental operation)이기 때문에 내러티브 의미는 직접적인 관찰로 볼 수 있는 대상(object)이 아니다. 그러나 인간 내러티브를 창안하는 과정에서 나타나는 각 개인의 이야기 (story)와 역사는 직접적인 관찰로 가능하다. 이러한 내러티브의 예에는 우리가 우리 자신의 행위와 타인의 행위를 설명하기 위하여 사용하는 개인적이고 사회적인 이야기, 신화, 동화, 소설, 그리고 (우리가 우리 자신의 행위와 타인의 행위를 설명하기 위하여 사용하는) 일상의 이야기들이 포함된다(Polkinghorne, 1988)

인간 존재는 상이하게 조직된 실재의 세 가지 영역, 즉 물질적 영역, 유기적 영역, 정신적 영역들이 층화된 체계로 이루어져 있다. 따라서 인간 존재는 다양한 종류의 실재(reality)를 체계적으로 종합한 것으로서 물질, 삶, 의미가 융합되는 종합적인 존재이다. 이 경우 내러티브는 이런 실재들 중의 하나인 의미의 영역의 한 측면으로서 간주된다. 내러티브는 의미의 영역의 작용들 중의 하나이기 때문에 내러티브를 이해하기 위해서는 의미의 영역을 구체적으로 검토할 필요가 있다.

첫째, 의미의 영역은 사물이나 실체가 아니라 활동이다. 활동은 활동이 산출해내는 구조와는 다르다. 활동은 실체가 아니라 퍼포먼스이다. 퍼포먼스가 산출하는 인공물이 실체이다. 활동의 일차적 차원은 시간과 계열이다.

둘째, 의미 영역의 활동의 산물은 요소들의 명칭이고 요소들 간의 관련성과 관계이다. 관련성을 확립하거나 자각하기 위하여 의미의 영역이 작용하는 것은 의식의 내용이다. 의식의 내용의 산물은 유기체 영역의 일이다.

요컨대 내러티브 의미는 정신적 영역에 의해 산출된 의미의 한 형태이다. 그것은 주로 인간에 영향을 미치는 인간 행위와 사태를 연결시키는 작용을 한다. 내러티브는 행위와 사태가 특정한 성과를 만들고 그리고 나서 이 부분들이 전체 에피소드로 틀지워진다는 점을 주의함으로써 그 의미를 만들어 낸다.

내러티브 의미는 정신적 영역의 과정들 중의 하나이며, 의식의 요소들을 의미 있는 에피소드로 구성하고 조직해주는 기능을 한다. 의미의 영역에서는 해석학이 내러티브를 이해하기 위한 가장 적합한 도구를 제공해준다(Polkinghorne, 1988: 6).

내러티브는 인간이 일상의 일시적인 경험과 개인적이고 사적인 행위에 의미를 부여하는 수단이 되는 도식(scheme)이다. 내러티브 의미는 삶에 대한 의도를 이해하는 데 일정한 형식을 제공해주고, 매일의 일상적인 행위와 사건들을 에피소드적인 단위로 통합시켜주는 기능을 한다. 따라서 그것은 우리 삶의 과거 사건을 이해하고 미래 행위를 계획하기 위한 틀(framework)을 제공한다. 그리고 내러티브는 인간 존재가 의미 있게 되는데 수단이 되는 주요 도식이다. 이런 점에서 인간 과학을 통하여 인간을 연구하는 데에는 일반적으로는 의미의 영역에, 특히 내러티브 의미에 초점을 둘 필요가 있다(Polkinghorne, 1988: 116).

이상에서 논의한 인식론의 문제에서 알 수 있는 것은 우선 첫 번째 문제로 전통적으로 대상의 논리로 파악해 온 인간의 마음은 이제 새롭게 파악되어야 한다는 점이다(Bruner, 1987). 지금까지 존재론적 시각에서 마음의 실체를 파악하려는 오류에서 벗어나 이제는 마음이 어떻게 의미를 만드는지, 즉 마음에 의해 실재가 어떻게 만들어지는지의 문제에 관심을 가질 필요가 있다. 이제는 마음의 실체가 무엇인지보다는 마음은 어떻게 활동하는지의 문제가 관심이 초점이 되었다. 다음으로 인간 마음과 문화의 관계를 새롭게 보는 Bruner의 문화심리학과 Polkinghorne의 내러티브적 앎의 문제이다. 즉 마음과 문화의 관계는 내러티브 사고로 볼 수 있다는 점이다.

요컨대 내러티브 인식론은 실재의 구성, 의미 만들기, 자아 형성에 모두 관련되어 있으며, 특히 의미 형성과 협상에서는 내러티브적 해석이 중요하다. 이러한 관련성은 의미는 대화를 통해서 만들어지고 이야기 양식은 해석을 필요로 한다는 내러티브의 가정에 그 근거를 두고 있다. 따라서 내러티브 인식론은 지식 그 자체의 문제만이 아니라 실재, 의미, 자아를 구성하는 주체의 마음을 문화적 상황 속에서 어떻게 구성하며 인간 발달의 문제를 사회 역사적 텍스트에서 어떻게 형성하고 해석하는가 하는 문제와 관련이 있다. 이런 점에서 그가 제시하는 새로운 인식론은 지식의 문제뿐만 아니라 문화적 상황성 속에서 구성되는 실재, 의미, 자아와 총체적으로 연관되어 있다. 내러티브를 사용함으로써 자아가 만들어진다는 것은 인식론적 시각에서 본 마음으로서 우리의 존재가 하나의 전개되는 이야기(의미)로 통합되는 것을 말한다.

내러티브를 흔히 '지어낸 이야기'라고 하는데, 곧 사실과 다른 허구의 세계를 의미한다. 내러티브는 이제까지 존재하지 않았던 새로운 세계를 만들어 낸다. 현실의 삶을 소재로 그것을 내러티브 사고의 상상력과 주관을 통해서 재구성하는 것이다. 그리고 그 현실의 세계에 대해 의미를 부여하는 것이다. 현실의 세계와 유사하면서 현실의 세계에서는 찾아 볼 수 없는 어떤 독특한 세계, 그것이 곧 허구의 세계이며 내러티브이다. 이제 내러티브는 단순한 이야기를 넘어서 삶의 근원적이고 포괄적인 이해자로 등장하였다(한승희, 2002: 94-95).

이상의 논의를 기초로 내러티브 인식론의 특징을 표로 제시해보면 다음과 같다.

구분	기존의 인식론	내러티브 인식론
기본 관점	· 논리·과학적 사고에 근거함 · 관찰 가능하고 측정 가능한 지식에 초점 · 통계적 분석에 초점 · 컴퓨터 연산주의에 기초	· 내러티브 사고양식에 근거함 · 인식주체와 대상이 분리 안됨 · 삶의 경험의 해석에 초점 · 문화주의에 기초
근거 학문	인지심리, 실증과학, 행동과학	문화심리학, 해석학, 문화인류학,
주요 학자	Keringer, Anderson, Morgan & King, 행동주의자	Polkinhgorne, Bruner, Sarbin, Hopkins, Dewey
지식의 성격	분석적, 과학적, 정보처리적 성격, 탈맥락적	구성적, 해석적, 총체적, 관계적, 의미 구성적, 맥락적, 간주관성
탐구과정	실증과학적, 경험과학적, 탈맥락적	문화맥락적, 해석적, 총체적, 언어적 의미 구성 과정
존재론과의 관련	존재론에서 인식론으로	인식론에서 존재론으로
탐구론과의 관련	· 중립적 탐구 중시 · 탐구 주체와 대상의 분리	· 삶의 경험 총체적 접근 · 인식 주체의 참조체제와 통합

나. 내러티브학의 구조

이하에서 소개되는 내러티브학의 구조는 크게 세 가지 차원에서 제시된다. 일차적으로 그 의미가 가장 분명하게 표현되는 도식적 구조, 내러티브학의 핵심 개념 중심의 본체적 구조, 진위 검증 방법 등 연구방법에 해당하는 맥락적 구조를 의미한다.

(1) 도식적 구조

우선 내러티브학의 도식적 구조에서는 기존 인문사회과학의 개별 학문들이 내러티브와의 관련 맺는 방식에 의해 다양한 수준으로 제시될 수 있다.

① 상관형 통합 구조

먼저 상관형 통합 구조이다. 관련된 학문들이 종적 체계는 분명하여도 학문들 간의 횡적 연관을 잘 살려서 조직된 방식을 말한다. 즉, 두 개 이상의 학문들이 각각 학문 구분선(discipline line)을 유지하면서 상호관련이 지워지는(corelation) 내용들이 부분적으로 함께 하나로 조직되어 있는 것으로 조직 형태를 그림으로 표시하면 다음과 같다. 예를 들면 문학과 심리학이 내러티브의 본질에 비추어 상호 관련되는 방식으로 내러티브학이 조직될 수 있는 경우이다.

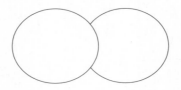

② 광역형 통합 구조

관련 학문 분야를 하나의 큰 학습영역으로 통합하는 것으로 동일 학문 영역에 속하는 각 학문 간의 구획화를 깨트리고 그 영역 내의 지식들을 포괄적으로 조직한 것으로서(broad field) 주제법을 통해 조직된다. 개별 학문의 체계에 따르지 않고 내러티브 관련 지식의 주요 주제나 제목을 중심으로 조직하는 것으로 역사학, 지리학, 심리학, 사회학 등을 내러티브 주제로 통합하여 사회과학으로 통합하는 것이다. 조직 형태를 그림으로 표시하면 다음과 같다.

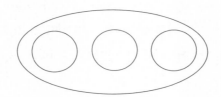

③ 중핵형 통합 구조

일련의 연대 또는 문화기를 주축으로 삼고 각 시대에 해당되는 지식을 학문별로 조직한 것으로서 문화개관법을 통해 조직된다. 주로 사회과학 분야나 문학에서 많이 활용되는데, 예를 들면 종교개혁, 식민지시대 그리고 산업혁명과 같이 일련의 시대별로 교육과정을 조직하는 것이다. 이런 교육과정은 일정 시대 정신을 중심으로 중핵과정(core course)이 조직되고 이것을 둘러싼 주변과정(fringe course)이 조직된다. 내러티브학의 경우는 내러티브 인식론이 중핵으로 작용하여 관련 주변 학문들이 조직될 수 있다. 이것을 그림으로 나타내 보면 다음과 같다.

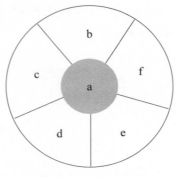

a : 중핵코스   b~f : 주변과정

④ 다학문적 접근

학문을 통합하는 방식에 따라 여러 가지 유형이 가능하다. 개별 학문만을 중심으로 조직하는 것 이외에도 다학문적 형태, 간학문적 형태, 교차학문적, 초학문적 형태 등이 있다. 개별학문 설계는 제각기 독특한 구조를 가지는 학문의 구조에 의해 서로 구분되는 학문으로서 내용을 조직한다. 이 방식에서는 학문 간의 관련성이나 관계를 습득하기가 어렵다. 다학문적(multi disciplinary)형태는 유사하거나 인접한 학문들을 모아 하나의 교과를 구성하는 것이다. 예를 들어 사회학·역사학·인류학·심리학의 학문들을 통합하여 내러티브 과학이라는 학문을 구성하는 것이다. 이 경우 내러티브 주제들을 중심으로 여러 학문들을 관련지어 통합하는 방식이다. 이것을 그림으로 제시하면 다음과 같다.

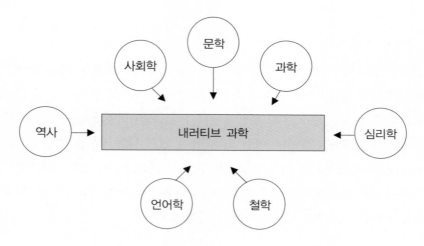

이상의 접근 방식도 다양하게 이루어지는데, 우선 학문 내 접근에서는 한 학문 영역 내의 하위 학문 분야를 통합하는 것을 채택한다. 예를 들어, 언어학이라는 학문 안에 읽기와 쓰기, 그리고 말하기가 통합되는 방식이다. 학문 내 접근에서 사회과학 프로그램에서는 역사학, 지리학, 경제학, 정치학 분야가 통합되는 방식이 있다. 융합 방식에서는 지식과 기능, 태도 등을 융합하여 학문을 개발하는 것이다. 기본적인 기능들이 서로 융합될 수 있다. 분석적 사고 기능을 각 학문 내용에 어떻게 융합시킬 것인가를 고민한다. 주제중심 단원 방식에서는 어떤 주제를 보다 집중적으로 통합하고자 하는 경우에 해당된다.

⑤ 간학문적 접근

간학문적 구조(interdisciplinary structure)는 학문의 개별적 성질은 약화되면서 몇 개의 학문에 공통되는 주요 개념, 원리, 법칙, 탐구방법 등을 중심으로 새로운 학문을 조직하는 것이다. 내러티브학 관련 핵심적인 주제, 개념, 내러티브학의 학문적 기능을 중심으로 여러 학문을 간학문적으로 접근하는 것이다. 이것을 그림으로 나타내 보면 다음과 같다.

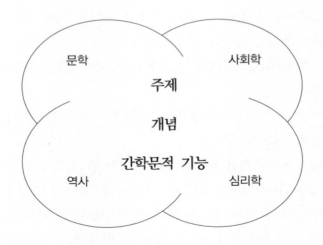

⑥ 초학문적 접근

이외에 교차학문적 접근은 학문의 횡적 연계방식으로 어떤 동일한 원천적 학문을 주축으로 하여 여러 개의 다른 분야의 학문이 연결 총합되는 경우이다. 목하 초학문적 접근은 독립된 여러 학문들의 경계를 초월하여 특정 주제나 개념, 기능들을 포괄적으로 통합하는 방법이다. 내러티브와 직·간접적으로 관련되는 여러 분과 학문들의 경계를 초월하여 통합하는 방식이다. 이것을 그림으로 나타내 보면 다음과 같다.

이상의 접근 방식들을 보면 학문들의 통합의 정도가 다학문적→ 간학문적→ 초학문적 접근으로 갈수록 그 정도가 강하다고 볼 수 있다. 이러한 점을 감안한다면 본 연구에서 이상적으로 지향하는 방식은 초학문적 구조라고 볼 수 있다. 하지만, 학문의 현 발달 정도를 감안한다면 다학문적 접근에서 출발하여 점차 초학문적 구조로 발전해야 한다고 본다.

따라서 본 연구에서는 다학문적 접근과 간학문적 접근을 절충한 방식으로 내러티브학의 구조를 제시해보기로 한다.

이상에서 가설적으로 논의된 내러티브학의 다양한 구조들을 종합적으로 고려해 볼 때 그 어느 것도 내러티브학의 본질을 살리기에는 미진함이 남아 있다. 따라서 본 연구의 초점을 환기시켜서 내러티브 인식론에 기반한 내러티브학의 도식적 구조를 종합하여 제시해보면 다음과 같이 가설적으로 제시할 수 있다고 판단된다.

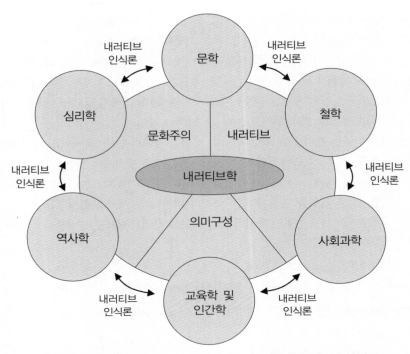

[그림 VII- 4] 내러티브 인식론에 기반한 내러티브학의 도식적 구조

이상의 도식적 구조는 매우 단순하게 제시된 것이지만 그 의미나 특징을 크게 네 가지 측면에서 논의할 수 있다.

첫째, 가장 중요한 특징으로 본 연구의 초점인 내러티브학은 내러티브 인식론을 기반으로 하고 있다는 점이다. 내러티브 인식론은 내러티브적 앎을 근간한다. 내러티브 인식론은 주로 IV장에서 논의한 것처럼 문화심리학에 초점을 두는 문화주의, 인간 경험의 새로운 이해방식으로서 내러티브, 인간 마음에 대한 새로운 패러다임으로서 의미구성에 초점을 두고 있다.

둘째, '내러티브학'이라는 명칭에서 드러나는 의미이다. 내러티브학은 내러티브 과학을 뜻하는 것으로서 인문사회과학에 대한 새로운 융복합 학문으로서의 의미를 포함한다. 따라서 기존의 서사를 의미하는 협소한 차원의 내러티브를 다루는 서사학(narratology)과는 차원이 다른 성격을 지닌다. 본 그림의 중핵에 위치하는 내러티브학은 주위의 기존 인문사회과학들이 내러티브 인식론에 기반하여 통합되는 양상을 가리키는 것이다. 이 경우 그 통합의 양상은 학문 적용의 맥락에 따라 앞에서 제시한 다학문적, 간학문적, 초학문적 방식이 해당 될 수 있다.

셋째, 관련 학문들이 내러티브를 중심으로 통합되는 방식들이다. 이상의 그림에서 제시되는 개별 학문들, 즉 문학, 역사학, 철학, 사회학, 심리학, 교육학 등은 통상적인 의미로 인문사회과학의 대표적인 학문들이다. 이들 개별 학문들은 새로운 내러티브 인식론에 의해 재해석 내지 재구성되며 내러티브 인식론을 매개로 해서 다른 학문들과 통합적으로 구성될 수 있다. 이 말은 내러티브 인식론에 의하지 않고서는 다른 개별 학문들과의 통합은 별로 의미를 지닐 수 없다는 것이다.

넷째, 관련 학문들 간의 관계 방식이다. 이 특징은 기존의 인문사회과학의 개별 학문들이 특정 목적이나 의도에 의해 임의적으로 관련 맺는 방식에서 벗어나 내러티브학이라는 큰 우산 속에서 제대로 된 통합을 맺게 된다는 의미이다. 즉 기존의 개별 학문들이 병렬적으로 관련을 맺기 보다는 내러티브학이라는 새로운 통합 학문의 틀 속에서 새로운 의미를 부여받는 동시에 개별 학문들 간에도 새로운 방식으로 상호소통하게 된다는 것이다.

이하에서는 학문구조론의 입장을 제시하는 Schwab(1962)의 관점에 기반하여 본체적 구조(substantive structure)와 맥락적 구조(syntactical structure)를 제시해 보기로 한다.

(2) 본체적 구조: 개념과 원리 및 그 체계

Schwab(1962)에 의하면, 개념이 학문의 구조를 형성하고 있는 요소임을 주장하고 있다. 학문의 구조는 그 학문을 탐구하도록 만들어진 교과를 규정하고 그 교과의 탐구를 통제하는 데에 필요한 개념체들로 구성되어 있다. 본체적 구조는 학문의 핵심적인 개념과 개념들 간의 관련성, 원리들로 이루어진다. 그리고 이것들은 탐구를 지도하고 안내한다. 따라서 본체적 구조들은 단기적 탐구의 기초가 되며, 장기적 탐구의 초점이 되는 것이다. 일반적으로 탐구란 개념적 구조 가운데 그 기원을 가지고 있다. 이 개념적 구조는 우리가 탐구에서 어떤 물음을 제기할 것인지를 결정지어주는 것이다. 우리가 어떤 아이디어를 원하는지, 이런 관점에서 어떤 실험을 해나가기를 원하는지와 같은 물음들을 결정지어주는 것이다(이경섭, 1984: 52).

이런 점에서 본다면 본체적 구조는 학문에 내재해 있는 개념들로써 이루어지며, 일단 이루어진 본체적 구조는 안정을 이루고 있으며, 단기적인 탐구로써 그 구조에 내재하고 있는 각 부분의 구조 및 역할, 각 부분에 있는 행동들의 관찰과 관련되어 있다.

Phenix는 본체적 구조를 학문의 요소인 개념으로 보았으며, 개념의 종합적인 구조를 핵심으로 보았다. 이를 대표적인 아이디어라고 부르면서 이들의 특징을 다음과 같이 설명하고 있다.

첫째, 대표적인 아이디어들은 학문의 주된 특징의 이해를 제공하는 개념들이다.

둘째, 대표적인 아이디어들은 학문의 조직 원리들이다.

셋째, 대표적인 아이디어들은 위계적인 질서를 형성하여 각 학문의 구조를 이룬다는 것이다. 그 위계는 위로부터 제시해보면 그 학문의 모든 부분들을 특징지우는 몇 개의 개념들→ 주된 것으로 제시되는 추론된 아이디어들→ 그 학문의 큰 하위부분에 대한 조직 원리로써 주어지는 개념들→ 특수 문제나 영역의 전개에 유용한 특수 아이디어들→ 학문의 개개 연구결과들로서 일반 개념들의 응용을 반영한 것이고 특수화된 조건 이내에서만 유효한 것 등이다.

넷째, 개념들과 원리들의 관련성이 강조된다는 것이다.

이러한 입장에서 보면 내러티브학의 본체적 구조는 무엇인가? 다른 말로 표현하면, 내러티브학의 대표적인 아이디어는 무엇인가, 내러티브학의 핵심적 개념과 원리는 무엇이고 그것들은 어떠한 관련을 맺고 있는가?

내러티브학이 인간 경험의 본질에 주목하고 내러티브 인식론에 근거를 두는 인간 학이므로 이러한 견지에서 본체적 구조를 설정해야 할 필요가 있다. 따라서 이러한 관점에서 내러티브학의 본체적 구조를 '핵심 개념' 중심으로 시론적으로 제시해보면 다음과 같이 제시할 수 있다.

· 인간
· 인간다운 성질
· 세계관
· 역사
· 경험
· 일상심리
· 사회와 환경
· 문화
· 도구 사용
· 사회조직
· 육아

· 언어와 사고
· 내러티브
· 내러티브 사고 등

이러한 핵심 개념 중심의 조직은 새로운 인문사회과학으로서의 내러티브학의 본질을 가장 설명해줄 수 있는 것이라고 볼 수 있다. 이러한 개념들은 일찍이 Bruner(1966)가 제시한 인간을 주제로 한 교수요목인 MACOS(Man: A Course of Study)와 긴밀하게 관련이 있다. 이 프로그램에서는 이러한 개념들이 나선형 방식으로 조직되어 제시되었다. 이를 참고로 볼 때 내러티브학에서도 이러한 방식을 활용할 수 있는 가능성이 충분히 있다고 판단된다.

(3) 맥락적 구조: 연구방법 및 탐구론

Schwab(1962)에 의하면, 맥락적 구조는 그 학문 내에 있는 참된 것, 확증된 것, 입증된 것과 확증되지 못한 것, 입증되지 못한 것들을 분명하게 구별지어주는 조작들과 관련된 것이다. 학문에서 요구되는 여러 종류의 증거물들을 구체적으로 기술하는 것, 증거 자료들을 획득할 수 있는 방법, 결과 해석의 문제, 진위 검증 방법들과 관련이 있다. 따라서 맥락적 구조는 발견과 입증의 방식에 의해서 학문의 무엇이 밝혀지는가, 학문은 어떤 기준으로 그 학문의 자료의 질을 측정하는가, 그 학문은 자료의 규준을 얼마나 엄격히 적용할 수 있는가, 원자료에서 출발하여 결론에 이르기까지 어느 길을 택하여야 하는지 하는 문제들과 관련되어 있다(이경섭, 1984: 53).

이상의 설명에 의하면 맥락적 구조는 개념들이 만들어지고 진리가 검증되는 방식, 진리가 탐구되는 방법들로써 흔히 연구방법론에 의해 강조되는 것들이다. 그렇다면 내러티브학의 진위 검증 방법은 무엇인가? 내러티브학의 연구방법론은 어떻게 새롭게 설정될 수 있는가? 내러티브학의 지식은 어떻게 형성되고 축적, 발전되는가?

이러한 맥락적 구조에 의하면 내러티브학의 연구방법은 일차적으로 내러티브 인식론에 근거를 두어야 한다. 그렇다면 내러티브 인식론이 가정하는 연구방법, 탐구론, 탐구 절차, 진위 검증 방식, 진리 탐색 방법 등에 대하여 나름의 방식을 제안해야 한다. 이러한 문제는 IV장 3절과 VII장 1절에서 가설적으로 다루고자 하였다.

다. 특징과 위상

위에서 제시한 내러티브학은 몇 가지의 특징을 지니고 있다. 그것을 간략하게 제시해보면 다음과 같다.

(1) 내러티브 인식론에 근거하고 있다

본 내러티브학은 서사학의 의미를 넘어서서 인간 경험의 본질과 인간 행동의 내러티브적 속성에 주목하여 인문사회과학을 통합적으로 이해하는 데에 초점을 두고 있다. 내러티브학의 이러한 특성으로 인해 그 학문적 기반도 내러티브 인식론에 두고 있다. 내러티브 인식론은 인식론의 분야에서 매우 독특한 위치에 있으며 지식을 내러티브적 앎에 기초하여 인식의 문제를 접근하고 있다. 내러티브 인식론은 지식에 대한 새로운 접근을 지향하며, 인간 경험의 본질에 천착하고자 한다.

(2) 기존 분과 학문들을 내러티브를 통해 통합하고 있다

내러티브학은 그 학문적 성격상 통합 내지 융복합을 추구하고 있기 때문에 인간의 문제를 인문사회적으로 접근하는 모든 학문들에 일차적으로 관심을 두고 있다. 하지만 그러한 기존의 인문사회과학의 분과 학문들을 그대로 수용하기보다는 내러티브 측면에서 특히 내러티브적 인식론의 측면에서 통합을 시도하고자 한다.

(3) 기존 학문들과 내러티브의 관련성을 수용하고 있다

내러티브학은 기존의 학문들을 일차적으로 수용은 하지만, 초점이 내러티브와의 관련성에 주목하기 때문에 기존과는 매우 차별적인 입장에 있게 된다. 즉, 단순히 기존 분과 학문들을 내러티브와 관련짓는 수준을 넘어서서 융합적인 차원에서 기존 학문들에 접근하고자 한다.

(4) 인간 경험의 내러티브적 속성에 주목하고 있다

기존의 학문들 역시, 특히 인문사회과학리라면 당연히 인간 경험에 주목하기 마련이다. 그러나 내러티브학은 인간 경험의 여러 성격이나 속성 중에서 내러티브적 속성에 주목하고자 한다. 내러티브적 속성이란 의미적 차원에 인간 경험을 이해하는 것으로서 경험의 구조에 보다 많은 관심을 둔다.

(5) 인간 과학의 새로운 패러다임을 제시하고 있다

기존의 인간과학은 주로 경험주의적 패러다임에서 과학적으로 접근하려는 경향이 강하였다. 그것도 실증과학적 입장에서 인간과학을 성립, 발전, 해명하려고 하였다. 그러나 인간 경험은 자연의 물상적 세계와는 다르게 설명의 세계가 아니라 해석과 이해의 세계이므로 새로운 패러다임을 추구해야 한다. 본 내러티브학은 새로운 실재론, 인식론에 터하여 인간 경험을 이해와 해석의 차원에서 새롭게 접근하고자 한다.

라. 한계와 과제

(1) 한계

(가) 현재의 서사학에 대한 개요적 설명: 서사학이라는 오해의 한계

내러티브학 혹은 내러티브론이라고도 번역되는 내러톨로지(narratology)에 대한 용어는 현재 한국 학계에서는 서사학이라고 명명되고 있다. 따라서 현재 서사학에 대한 사전적 설명을 먼저 살펴보기로 한다. 사전적 정의를 보다 직접적으로 알아보기 위하여 관련 전공 사전을 살펴보자. 우선 문학비평영어사전과 내러티브의 한 장르인 영화 관련 영화사전에 제시되고 있는 의미를 살펴본다.

만저 문학비평 용어사전에 제시된 것이다.

> 서사학을 의미하는 narratology는 narrative+ology로 서사양식을 대상으로 한 학문이라는 뜻을 지닌다. 이따금 이야기학이라는 용어가 사용되고는 있으나 서사학이라는 용어가 보편화되었다. 서사학은 소설연구로 축소해서 부를 수도 있다. 소설연구의 출발점을 아리스토텔레스의『시학』에서 잡을 수 있는 것처럼 서사학은 동서를 막론하고 오래전부터 있어 온 것이라고 할 수 있다. 그러나 내러톨로지란 말은 1970년대 이후로 일반화되었다. Jeremy Hawthorn은『현대문학이론 용어사전』에서 내러톨로지에 대해 다음과 같이 설명하였다. 서사론이라는 용어는 츠베탕 토도로프에 의해 주도되었다. 오네가 란다는 이

용어가 구조주의 작가들에 의해 보편화된 것은 1970년대라고 주장한다. 내러톨로지는 구조적인 분석이나 보다 특별히는 구조주의자에 한정되는 것으로 정의된다. 제럴드 프랑스는 서사학이 내러티브의 기능을 연구하는 구조주의자에 감응된 이론(structuralist-inspired theory)를 가리킬 수 있다고 하였다. 그리고 서사능력이라든가 서사양식과 다른 양식의 공통점과 차이점 등으로 규정하려고 노력한다. 미에케 발은 서사학은 그것이 서사일 때만 내러티브 텍스트를 연구하는 것이라고 주장한다. 그리고 서사학은 특정 이야기를 구성하는 사건들이 어떻게 서술되는가의 문제에만 관심을 갖기도 한다. 이상과 같은 호돈의 설명을 통해서 서사학의 개요를 짐작할 수 있다. 호돈은 종래의 소설연구자와 서사학자를 구분하려고 애썼다. 즉 종래의 소설연구자가 작품 속의 이야기의 내용과 기법을 허구적인 표현으로 파악하여 분석하고 해석하는데 치중한 것이라면 서사학자들은 인간의 사람과 사회에서의 이야기로 확대하여 그를 구조로서 체계로서 연구할 한다는 것이다.

　　Joseph Childers와 Gary Hentzi가 공편한 『현대문학 · 문화비평 용어사전』에서는 서사학은 역사연구자, 철학자, 자연과학자에게 영향을 주고 있다고 지적하였다. 호돈에게서 암시된 바 있지만 서사학은 츠베탕 토도로프가 명명하고 쉴로스 리몬 케넌, 제라르 주네트, 미에케 발, 제랄드 프랑스 등과 같은 이론가들에 의해서 틀이 갖추어진 것으로 요약할 수도 있다(조남현, 2004; 문학비평용어사전, 2006.1.30, 국학자료원).

다음으로는 영화 사전에 제시된 내러톨로지의 의미이다.

　　내러티브 작동의 원리, 역사, 그 속에 담긴 의미 따위를 연구하는 학문. 흔히 서사학(敍事學)이라고도 말한다. 내러톨로지는 동서고금의 다양한 예술 텍스트에 담긴 이야기 구조의 '보편적 질서'를 규명하려는 학문이다. 영화의 내러티브 구조와 내러티브 분석은 영화에 관한 구조주의적 논의의 일부로서 이론적 탐색이 그 영역이 됐다. 민담에서의 행위와 내러티브 기능에 관한 Vladimir Propp의 연구와 신화의 구조에 관한 Claude Levi－Strauss의 연구는 영화 이론가들에게 모델이 되는 하나의 틀을 제공했다.

　　1950년대 이후 내러티브에 대한 연구가 대두하면서 내러티브론이 영화 연구에 끼친 영향은 커졌다. 특히 1960-1970년대를 휩쓴 구조주의는 다양한 내러티브에 내재하는 공통된 구조를 찾으려 했다. 프롭과 Roman Jakobson 같은 동구권의 언어학자들에 의해 영향을 받은 구조주의 서사학은 인간의 마음에 흐르는 보편적 문법을 체계적으로 밝히려는 의지의 산물이었다. 구조주의는 내러티브가 인간 의식의 구조, 이를 더욱 확장하면 세계의 구조를 드러낼 수 있는 작은 그릇임을 주장했다. 인간의 문법은 인간이 품고 있는 사상이나 생각이 아닌 인간의 마음이 작동하는 방식을 일컫는다.

　　인간은 특별한 방식으로 이야기를 구성하며, 그렇게 구성된 이야기는 그 심층 구조에 있어서 일정한 패턴을 반복한다. 이들에게 있어서 이 사실은 개별적 내러티브의 특수성을 넘어 내러티브 일반의 보편성을 확립하는 기본 요건이 된다. 내러톨로지의 측면에서 모든 텍스트는 일정한 구조 위에 조직된다. 일반적으로 안정된 평형 혹은 균형 상태가 내러티브의 출발점이며 이는 모든 것이 만족스럽고 정상적인 상태이다. 이러한 텍스트(혹은 세계)의 균형 상태에 최초의 균열이 생기면서 이야기는 전진한다. 이 균열이 점점 더 커지게 되면 텍스트는 이 균열에 맞서는 액션, 사건을 통해 그것을 봉합하려는 경향을 보인다. 최종적으로 관객들은 이러한 균열 상태가 완전히 봉합되어 이전과 다른 형태의 안정 상태로 돌아가는 것을 기대한다. 기본적으로 모든 문학, 영화 작품은 이 같은 내러티브 전개의 원리에 의해 작동한다. 영화에서 서사학은 1970년대 번성한 구조주의와 기호학의 결합으로부터 기본 개념을 추출했다. 이는 영화 내러티브 전개 과정의 기본 구조를 규명하고 영화만의 독특한 서사 담론을 정의하려는 것이었다(영화사전, 2004.9.30, propaganda, 네이버 지식백과).

이상에서 제시된 협의의 서사학에 대한 설명은 현재 우리가 상식적으로 접하는 서사학에 대한 관념을 잘 제시해주고 있다. 주위에서도 내러티브라고 하면 서사라고 바라보는 인식이 가장 대중적이고 사사 장르로서는 소설을 먼저 연상시키고 나아가서는 다양한 매체에 의해 구현되는 장르들을 언급하기도 한다. 이런 점에서 내러티브로 연계된 학문은 지금까지 주로 문학이나 언어학에서의 서사학, 영화나 드라마에서의 서사물로 이해되는 것이 매우 당연한 것으로 여겨졌다.

이러한 학계의 관행이나 일상적 어법으로 인해 내러티브학을 서사학의 수준으로 오해할 가능성이 매우 높다. 그렇다고 하여 현재의 서사학의 수준과 위상을 문제시하는 것이 아니라 목하 본 연구에서 주목하는 내러티브학은 언어학과 문학의 한 갈래로서 논의되는 서사의 문제가 아니라 인간 삶의 총체성에 주목하는 인간학적 차원의 내러티브학이다. 이러한 이유로 현재 작업 중인 내러티브학은 여하튼 기존 서사학의 변형 내지 아류라는 취급을 받을 위험성 내지 한계가 존재하고 있다. 이런 연유로 내러티브학에 대한 본질적인 혁신과 재구조화 작업이 필요한 것이다.

따라서 본 연구에서는 내러티브에 대한 학문이 기존의 서사학만이 아니라 본질적으로 인간 경험을 내러티브적으로 이해하는 인간학의 총체를 의미하기 때문에 현재의 상식적인 관념을 넘어서는 것이 중요하다고 본다.

(나) 내러티브 인식론에 대한 비판적 문제: 간접적 한계

다음으로는 내러티브학의 기반이자 근거로서 자리매김되고 있는 내러티브 인식론에 대한 한계 문제이다. 내러티브학의 한계가 내러티브 인식론에 대한 비판적 입장에서 유래하는 것으로 설명될 수 있다. 즉, 내러티브 인식론에 대한 타당성이 의심을 받을 경우 문제가 된다는 점이다.

물론 내러티브 인식론 역시 II, III장에서 지적한 것처럼 실증주의 인식론 내지 패러다임적 사고방식에 대한 대안적 관점에서 출발한 것이므로 이들 입장에서 보면 내러티브학에 대한 한계는 다양하게 지적될 수 있다. 내러티브학이 후기 포스트모던의 결과물이며, 상대주의나 극단적 문화상대주의를 지향하므로 인간 보편의 삶을 설명하고 해석하는 데에 한계가 있다는 지적이 있을 수 있다. 이러한 한계는 일찍이 Bruner(1996)에 의해 간파된 적이 있는 바, 내러티브학이 상대주의를 지향한다든지 실증주의에 반하는 질적 접근이라든지 하는 비판은 일정 부분 단견적 지적이다.

내러티브학은 실증적이든 해석적이든, 양적이든 질적이든, 논리적이든 직관적이든, 분석적이든 종합적이든지 간에 인간 삶의 본질을 설명, 이해하고, 해석하는 데에 도움이 되는 것이라면 내러티브 사고의 입장에서 해석하고 조명하는 데에 적극적인 입장을 견지한다.

(다) 개별 학문의 종합이라는 한계

위에서 제시한 내러티브학의 도식적 구조를 보면 새로운 인문사회과학은 기존의 인문학과 사회과학의 대표적인 분과 학문들을 종합해 놓은 것으로 비쳐질 수 있다. 표면적으로 보면 타당한 지적이라고 볼 수 있으나 그 개별 학문들의 통합되는 양상에 내러티브학의 본질이 놓여 있다. 왜냐하면 내러티브학은 본질상 다층적 의미를 지니고 있기 때문이다. 1차적으로는 기존의 개별 분과 학문들을 내러티브에 비추어 응용하는 차원이다. 2차적으로는 기존의 분과 학문들을 내러티브 인식론에 의하여 재구조화하는 차원이 존재하며, 3차적으로는 개별 학문들을 내러티브에 의하여 완전히 통합하는 새로운 의미의 학문을 창안하는 차원이다. 4차적으로는 내러티브학이 내러티브 인식론이라는 입장에서 기존 모든 학문들을 메타적으로 해석하는 입장을 말한다.

이와 같이 본 연구에서 탐구하는 내러티브학은 다층적 의미, 즉 응용적, 재구조화, 통합적, 메타적 차원의 의미를 지니고 있기 때문에 이중에서 어느 한 차원, 특히 응용적 차원에서 종합하는 것이라고 오해를 해서는 안된다.

그리고 내러티브학의 발전 흐름상 응용적 차원→ 재구조화 차원→ 통합적 차원→ 메타적 차원의 의미로 발전해 갈 필요가 있다. 이러한 양상들이 어느 삶의 영역에서 구현되느냐에 따라서 그 모습은 다르게 나타날 수 있다.

(2) 과제

본 연구에서 주목하는 새로운 내러티브학은 기존의 서사학과는 질적으로 다른 차원에서 접근하고자 한다. 그런데 현재 연구의 진행상 내러티브학의 장차 과제를 심도 있게 제시하는 데에 있어서는 그 시기상 이른 감이 있지만, 이하에서 대략적인 과제를 소략하여 제시하고자 한다.

첫째, 인간 경험에 대한 총체적인 접근에서 차지하는 내러티브학의 위상을 분명히 할 필요가 있다는 점이다.

둘째, 내러티브학의 기반으로서 문화심리학 혹은 문화주의에 대한 보다 창의적인 접근이 요구된다.

셋째, 간학문적이고 초학문적 통합의 위상을 지니는 내러티브학의 창출이다.

넷째, 기존 인문학, 사회과학, 행동과학, 경험과학, 나아가서는 포괄적인 인간학 등과의 차별성이 보다 분명하고 타당하게 부각되어야 한다.

다섯째, 인간 문제를 이해하고 해결하는 데에 있어서 이론적, 실천적인 이점이나 유용한 점이 독자들에게 효과적으로 어필 할 수 있어야 한다.

여섯째, 인문사회과학의 주류적 접근인 경험과학적 접근과의 통합점을 모색할 필요가 있다.

일곱째, 융복합 학문이라는 입장에서 재개념화가 필요하다. 최근에 융·복합이라는 용어에 대한 엄밀한 정의가 필요하다. 융·복합, 특히 융합은 대학원 수준에서의 학문적 결과 지식을 응용하고 활용하는 장면에서 이루어지는 지식 활용 방식을 의미한다.

위의 마지막 과제는 최근의 학문 융·복합의 흐름과 관련하여 중요한 의미를 지닌다. 학문의 융복합과 관련하여 김광웅(2009: 31은 21세기의 지식 체계를 다음과 같이 제시하고 있다.

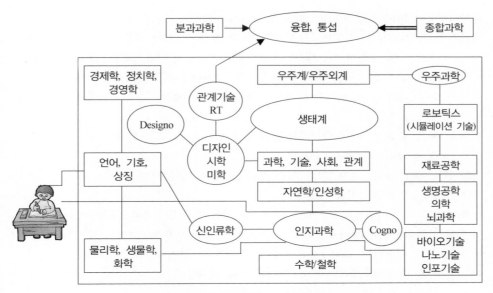

[그림 VII-5] 21세기 지식 체계

　이상의 그림과 관련지어 보면 새로운 인문 사회과학으로서 내러티브학은 어떤 위상을 지니는가? 지금까지의 논의에 기초해 보면 내러티브학은 융합, 통섭의 위상에 부합한다. 왜냐하면 기존의 분과학문들과 종합학문들의 차원을 내러티브 인식론에 기반하여 통합하는 위치에 있기 때문이다. 따라서 이와 관련하여 내러티브학은 장차 보다 밀접하게 융합을 이룰 수 있는 성장 엔진을 발굴해내야 할 것이다.

■ 참고문헌

강현석 · 이영효 · 최인자 · 김소희 · 홍은숙 · 강웅경 공역(2009). 내러티브, 인문과학을 만나다, 서울: 학지사.

강현석 · 최윤경(2007). 내러티브 영재의 개념과 교과교육의 시사. 교육과학연구, 40(2), 99-129.

김광웅(2009). "21세기 학문 체계: 미래의 지적 산책을 어디에서 어떻게 할 것인가?" 김광웅 엮음(2009). 우리는 미래에 무엇을 공부할 것인가: 창조사회의 학문과 대학. 15-35. 서울: 생각의 나무.

김기옥(1999). 소비생활 이야기에 반영된 소비자의 사회 · 문화적 경험 분석 : Narrative 분석의 실험적 적용. 대한가정학회지, 135, 61-83.

문학비평용어사전(2006). 서사학. 2006. 1.30 국학자료원.

박민정(2012). "내러티브와 교육학의 만남". 내러티브, 교육, 그리고 IT의 융합, 한국내러티브 교육학회 및 경북대학교 내러티브융복합팀 학술대회 발표자료집, 25-45.

서영식(2012). 융복합 교육을 위한 철학적 고찰. 철학논총 제 67집, 제1권. 145-163.

양호환(1998). 내러티브의 특성과 역사학습에의 활용. **사회과학교육** 2. 서울대학교 사회교육 연구소.

염지숙(2003). 교육연구에서 내러티브 탐구의 개념, 절차, 그리고 딜레마. 교육인류학연구, 6(1), 한국교육인류학회, 119-140.

영화사전(2004). 내러톨로지. 2004. 9.30 propaganda. 네이버지식백과.

이규호(1998). 말의 힘. 서울: 좋은날.

이윤호(2013). 스토리텔링을 활용한 교과서 진술 방안 연구. 경북대학교대학원 박사학위논문.

이인화(2012). 디지털스토리텔링의 가치와 미래. 경북대 인문대콜로키움 발표자료.

이현정(2003). 내러티브 교육과정의 적용에 관한 연구. 고려대학교 박사학위논문.

이흔정(2004). Bruner의 내러티브 사고양식과 교육. 교육문제연구, 제 20집, 고려대학교 교육 문제연구소, 73-91.

임경순(2008). 내러티브 영재 개념과 판별 시론. 한중인문학연구, 40권, 93-114.

임병권 외 역 (1997). **이야기하기의 이론: 소설과 영화의 문화기호학.** 서울: 한나래.

임병권 · 이호 역(1996). 이야기하기의 이론: 소설과 영화의 문화기호학. 서울: 한나래.

장사형(2012). "내러티브와 인간학의 방향". 내러티브, 교육, 그리고 IT의 융합, 한국내러티브 교육학회 및 경북대학교 내러티브융복합팀 학술대회 발표자료집, 3-20.

전현정 · 강현석(2011). 내러티브 중심의 교육과정 재구성 방향 탐색. 교육철학학 제44집. 287-325.

정영근(2000). 인간이해와 교육학. 문음사.

조남현(2004). 소설 신론. 서울대출판부. 네이버지식백과.

조순옥(2013). 이야기가 중요한 세상이 됐다. 독서신문.

조지형(1998). '언어로의 전환'과 새로운 지성사. 안병직 외 **오늘날의 역사학.** 한겨레신문사.

차배근 · 차경욱(2013). 사회과학연구방법: 실증연구의 원리와 실제. 서울: 서울대학교출판부.

최예정 · 김성룡(2005). 스토리텔링과 내러티브. 서울: 글누림.

최인자(2004). 모티프 중심의 서사적 사고력 교육. 국어교육학연구, 18집, 한국국어교육학회, 472-498.

최인철 역(2004). 생각의 지도. 서울: 김영사.

최혜실(2011). 스토리텔링, 그 매혹의 과학: 이야기의 본질과 활용. 서울: 한울아카데미.

최혜실(2012). 인지과학과 스토리텔링, 그리고 IT. 내러티브, 교육, 그리고 IT의 융합, 한국내 러티브교육학회 및 경북대학교 내러티브융복합팀 학술대회 발표자료집, 177-201.

추갑식(2012). 교사와 학생의 내러티브를 통한 수업비평의 탐구. 경북대학교대학원 박사학위 논문.

한명숙(2003). 이야기 구조의 구성 모형에 관한 연구. 국어교육학연구, 16집, 한국국어교육학회, 559-587.

한승희(1997). 내러티브 사고양식의 교육적 의미. **교육과정연구**, 15(1), 400-423.

한승희(1997). 내러티브 사고양식의 교육적 의미. *교육과정연구*. 15(1), 한국교육과정학회, 400-423.

한승희(1997). 내러티브 사고양식의 교육적 의미. 교육과정연구. 15(1). 400-423.

한승희(2002). *왜 내러티브인가*. 한국교육인류학회 발표 자료집. 79-95.

한승희(2006). 내러티브 사고의 장르적 특징에 관한 고찰. **교육과정연구**, 24(2), 135-158.

한혜원(2010). 디지털 시대의 신인류 호모나랜스. 서울: 살림.

홍순철·조혜경·이현주(2008).『디지털 미디어 콘텐츠 포맷 파일럿 개발 연구- IPTV 프로그램 포맷』. 서울: 한국예술종합학교 DCF R&D 사업팀.

Ankersmit, F. R.(1981). Narrative logic: A semantic analysis of the historian's language. Boston, MA: M. Nijoff.

Bakhtin, M. M. (1981). The dialogic imagination: Four essays (ed. by Michael Holquist and trans. by Caryl Emerson and Michael Holquist). Austin: University of Texas Press.

Bakhtin, M. M. (1984). Problems of Dostoevsky's poetics(ed. and trans. by Caryl Emerson). Manchester: Manchester Univ. Press.

Baldock, P. (2006). The place of narrative in the Early Years Curriculum: How the tale unfolds. Taylor & Francis Group.

Barthes, R. (1987) Introduction to the structural analysis of narratives. In Image, music, text: Essays (trans. by Vern W McGee). Austin: University of Texas Press.

Bruner, J. (1985). Narrative and paradigmatic modes of thought. E. Eisner(Ed.). Learning and Teaching the Ways of Knowing. Chicago: University of Chicago Press, 97-115(84th yearbook of the National Society for the Study of Education).

Bruner, J. (1986). Actual minds, possible worlds. Cambridge, MA: Harvard University Press. 강현석·이자현·유제순·김무정·최윤경·최영수 역(2011). 교육 이론의 새로운 지평: 마음과 세계를 융합하기. 파주: 교육과학사.

Bruner, J. (1990). Acts of meaning. Cambridge, Mass: Harvard University Press. 강현석 역(2011). 인간 과학의 혁명: 마음, 문화, 그리고 교육. 서울: 아카데미프레스.

Bruner, J. (1996). The culture of education. Cambridge. Mass: Harvard University Press. 강현석·이자현 역(2005). 교육의 문화. 서울: 교육과학사.

Bruner, J. S. (1983). In Search of Mind. New York : Harper & Row Publishers.

Bruner, J. S. (1985). "Narrative and Paradigmatic Models of Thought", in Einer(ed.), Learning and Teaching the Ways of Knowing: NSSE., Chicago: Univ. of Chicago Press.

Bruner, J. S. (1987). "Life as Narrative", Social Research, 54(1), 11-32.

Bruner, J. S. (1991). The Narrative of Construction of Reality. Critical Inquiry, 18(1), 21.

Bruner, J. S. (2002). Making Stories: Law, Literature, Life. New York: Farrar, Straus and Giroux.

Bruner, J. S.(1990a). Culture and Human Development: A New Look. Human Development, 33, 344-355.

Carr, D.(1991). Time, narrative, and history. Indianapolis: Indiana University Press.

Charon, R.(2006). Narrative medicine, honoring the stories of illness. Oxford, UK: Oxford University Press.

Chase, S. E. (2005). Narrative inquiry: Multiple lenses, approaches, voices. In N. K. Denzin & Y. S. Lincoln(Eds.), The SAGE handbook of qualitative research 3rd Edition. CA: SAGE.

Clandinin, D. J. & Connelly, F. M.(1990). Stories of experience and narrative inquiry. Educational Researcher, 19(5), 2-14.

Clandinin, D. J. (Ed.).(2007). Handook of narrative inquiry: Mapping a methodology. 강현석 외 역(2011). 내러티브 탐구를 위한 연구방법론, 교육과학사.

Clandinin, D. J., & Connelly, F. M.(2000). Narrative inquiry. Experience and story in qualitative research. San Francisco: Jossey-Bass: 2).

Clandinin, D. J., Connelly, F. M. (1991). Narrative and Story In Practice and Research. In Donald A. Schon(Ed.) The Reflective Turn Case Studies In and On Educational Practice(258-281). New York: Teachers College Press.

Coles, R.(1989). The call of stories: Teaching and the moral imagination. boston: Houghton Mifflin.

Conle, Carola. (1993). Learning Culture and embracing contraries: Narrative inquiry through stories of acculturation. University of Toronto.

Conle, Carola. (2003). An Anatomy of Narrative Curricular. Educational Researcher. 32(3), 3-15.

Connelly, F. M. & Clandinin, D. J(1988). Teachers as curriculum planners. Ontario: The Ontario Institute for Studies in Education.

Connelly, F. M. & Clandinin, D. J. (1988). Teachers as curriculum planners: Narratives of expereiene. Teachers College press. 강현석 · 박민정 · 소경희 · 조덕주 · 홍은숙 역 (2007). 교사와 교육과정: 교사들의 경험에 대한 내러티브. 서울: 양서원.

Connelly, F. M. & Clandinin, D. J. (1991). Narrative and story in practice and research. In D. Schon (Ed.), The reflective turn(258-281). New York: Teacher Colleage Press.

Connelly, F. M. & Clandinin, D. J. (1992). Teacher as curriculum maker. In P. Jackson(Ed.) Handbook of Research on Curriculum(363-401). New York: Macmillan Publishing Company.

Connelly, F. M. & Clandinin, D. J. (1994). Personal experience methods. In N. Denzin &

Y. Lincoln(Eds. O. Handbook of Qualitative Methods. San Francisco: Sage: 413-427.

Connelly, F. M. & Clandinin, D. J. (1995). Teachers' professional knowledge landscapes. New York: Teachers College Press.

Connelly, F. M., Clandinin, D. J. (1985). Personal Practical Knowledge and the Modes of Knowing: Relevance for Teaching and Learning. In E. Eisner(Ed.), Learning and teaching the ways of knowing(pp. 174-198). Eighty-forth yearbook of the NSSE, Part 2. Chicago: University of Chicago Press.

Connelly, M., & Clandinin, J. D. (1990). Stories of Experience and Narrative Inquiry. Educational Researcher. Jun-July, 2-14.

Creswell, J. W. (2007). Qualitative inquiry and research design: Choosing among five approaches. 조흥식 외 역(2010). 질적 연구방법론 : 다섯 가지 접근. 서울: 학지사.

Dewey, J.(1938). Experience and Education. New York: Carpricorn Books.

Dewey, J.(1976). The middle works, 1899-1924: Vol. 10. Journal articles, essays, and miscellany published in the 1916-1917 period (J. A. Boydstone, Ed.). Carbonedale: Southern Illinois University Press.

Dewey, J.(1981a). The later works, 1925-1953: Vol. 1. Experience and nature (J. A. Boydstone, Ed.). Carbonedale: Southern Illinois University Press.

Dewey, J.(1981c). The later works, 1925-1953: Vol. 10. Arts as experience (J. A. Boydstone, Ed.). Carbonedale: Southern Illinois University Press.

Donaldson, M. (1978). Children's minds. London: Fontana.

Doyle, W. & Carter, K. (2003). Narrative and learning to teach: implication for teacher-education curriculum. Journal of Curriculum Studies. 35(2), 129-137.

Eagleton, T. (1988). Literary theory: An introduction. Oxford: Basil Blackwell.

Egan, K. (1986). Teaching as story telling. The University of Chicago Press.

Eisner, E. (1979). The educational imagination: On the design and evaluation of school programs. New York: Macmillian.

Eisner, E.(1994). Cognition and curriculum revised. New York: Teachers College Press.

Frey, N. (1957). Anatomy of Criticism. 임철규 역(1982). 비평의 해부. 서울: 한길사.

Gardner, H.(1993). Frames of mind: The theory of multiple intelligence. New York: Basic Books.

Goleman, D.(1995). Emotional intelligence. New York: Bantam Books.

Gudmundsdottir, S.(1991). Story-maker, story-teller: narrative structure in curriculum. Journal of Curriculum Studies, 23(2), 207-218.

Gudmundstrottir, S. (1995). The Narrative Nature of Pedagogical Content Knowledge. In H. McEwan & K. Egan(Eds.) Narrative In Teaching, Learning, and Research. Teachers College Press, 24-38.

Harste, J. C. & Leland, C. H.(1994). Multiple ways of knowing: Curriculum in a new key. Heinemann.

Hillman, J. (1979). A Note on Story. Parabola. 4, 43-45.

Hopkins, R. L. (1994). Narrative Schooling: Experiencial Learning and the Transformation of American Education. Columbia: Teachers College Press. 강현석 · 홍은숙 · 장사형 · 허희옥 · 조인숙 공역(2013). 내러티브, 학교교육을 다시 디자인하다. 서울: 창지사.

James, W. (1909). The meaning of truth. New York: Longmans, Green.

Johnson, M. (1987). The body in the mind: The bodily basis of meaning, imagination, and reason. Chicago: University of Chicago Press.

King, T. (2003). The truth about stories. Toronto, Canada: House of Anansi Press.

Lauritzen, C., & Jaeger, M. (1997). Integrating Learning Through Story: The Narrative Curriculum. Delmar Publishers.

Lemon, M. C. (1995). The Discipline of history and the history of thought. London & New York: Routledge.

MacIntyre, A. (1985). After virtue: A study in moral theory. London: Duckworth.

Mandler, J. (1984). Stories, scripts, and scenes: Aspects of schema theory. Hillsdale, N.J: Erlbaum.

Manovich, L. (2002). The Language of New Media. Cambridge, MA: The MIT Press.

Maxwell, J. (2004). Causal explanation, qualitative research, and scientific inquiry in education. Educational Researcher, 33(2), 3-11.

Mcdrury, J. (2013). Learning through storytelling. New Zealand: Dunedin.

McEwan, H. & Egan, K. (1995). Narrative In Teaching, Learning, and Research. Teachers College Press.

Mink, L. O. (1978). Narrative form as a cognitive instrument. In Canzry, R. H. & Kozicki, H. (eds.). The writing of history. Madison: University of Wisconsin Press.

Mishler, E. (1995). Models of narrative analysis: A typology. Journal of narrative and life History, 5(2), 87-123.

Mitchell, W. J. T. (1981). On narrative. Chicago: University of Chicago Press.

Moon. J.(1999). Reflection in learning and professional development. London: Kogan Page Limited.

Murray, J. (1997), Hamlet on the Holodeck: The Future of Narrative in Cyberspace, New York: The Free Press.

Novak, M. (1975). "Story" and experience. In J. B. Wiggins(Ed.), Religion as story(pp. 175-200). Lanham, MD: University Press of America.

Olson, Margaret R. (1995). Conceptualizing narrative authority: Implications for teacher education. Teaching & Teacher Education, 11(2). 119-135.

Polkinghorne, D. E. (1988). Narrative knowing and the human science. New York: State University of New York Press. 강현석 외 역(2009). 내러티브, 인문과학을 만나다. 학지사.

Rankin, J. (2002). What is Narrative: Ricoeur, Bakhtin, and Process Approaches. Concrescence: The Australasian Journal of Process Thought, 3, 1-12.

Ricoeur, P. (1991). What is a Text? In M. J. Valdes(ed.). A Ricoeur reader: Reflection and imagination. Toronto: University of Toronto Press.

Riessman, C. K. (1993). Narrative Analysis. Newbury Park. CA: Sage.

Riessman, C. K. (2008). Narrative Methods for the Human Science. Sage Publications.

Robinson, J. A. and Hawpe, L. (1986). "Narrative Thinking as a Heuristic Process", In Theodore R. Sarbin(Eds.) Narrative Psychology: The Storied Nature of Human Conduct. New York: Preger.

Rossiter, M., & Clark, M. C. (2007). Narrative and the Practice of Adult Education. Florida: Krieger Publishing Co.

Salovey, P. & Mayer, J. D. (1990). Emotional intelligence. In Imagination, Cognition and Personality, 9(3), 185-211.

Sarbin, T. R. (1986). Narrative Psychology. New York: Praeger.

Shweder, R. A., Thinking Through Cultures : Expeditions in Cultural Psychology. Cambridge, Mass.: Harvard Univ. Press, 1991, 김의철(外)(譯), 「문화와 사고」, 교육과학사, 1997.

Wells, C. G. (1986). The meaning makers: The Children learning language and using language to learn. Portsmouth, NH: Heinemann.

White, H. (1981). "The Value of Narrativity in the Representation of Reality." In W.J.T. Mitchell(Ed.), On Narrative(pp. 1-23). Chicago: The University of Chicago Press.

White, H. (1987). The content of the form: Narrative discourse and historical representation. Baltimore & London: Johns Hopkins Univ. Press.

VIII. 결론 및 제언

1. 결론

인간의 지적 노력을 통하여 이룩해 놓은 문화적 양식(cultural forms)중의 하나인 학문(discipline or science)이라는 것은 과연 현재 어떠한 모습이며 장차 그 미래의 방향은 어떻게 변화될 것인가? 현재 우리가 구분하여 사용하고 있는 학문들의 정의, 문법, 어법, 활용 방식, 정당화 방법, 연구방법, 탐구론 등은 어떤 근거 하에서 의미를 지니는가? 우리는 어느 수준에서, 무슨 근거로 현재 학문의 지형도를 수용할 수 있는가? 학문을 구분하고 통합하는 것, 최근의 용법으로 부르면 융·복합시키는 것은 과연 지성적 시도들인가? 인간을 먼저 생각하고 인간 삶의 문제를 해명하고 진전시키는 수단으로 학문을 생각하는 것이 아니라 학문을 먼저 염두에 두고 인간의 문제를 치환시키는 것은 아닌가? 통념적으로 인문학, 사회과학, 예술, 자연과학들은 그 자체로 온당한가? 이들 간의 관계는 어떻게 설정되어야 하는가? 실증주의적인 주류 연구방법의 흐름은 인간 삶의 다양성에 비추어 어떠한 위상과 의미를 지녀야 하는가? 대안으로 제시되는 수많은 연구방법들은 상대주의적 시각으로 포용해야 하는가? 극단적 상대주의가 아니라면 연구방법상의 양과 질적 접근을 어느 지점에서 화쟁(和爭)하게 만들 수 있는가? 이러한 거친 생각들이 본 연구의 출발에서 제기되었던 것들이다.

지식의 영역과 관련한 학문 세계의 논의(Tykociner, 1966). 학문의 미래 방향 논의(Bruner, 1996; 2002; Polkinghorne, 1988; 1996), 학문에 대한 이론적이고 장기적인 접근을 시도하고 있는 장상호(1997), 창조사회의 논리로서 통합적 학문의 가능태를 연구해오고 있는 장회익(2009), 21세기 학문 체계에 대한 논의를 진전시키고 있는 김광웅(2009; 2011), 학문 융합의 개요적 논의(홍성욱, 2011)를 빌지 않더라도 우리는 충분히 학문적 사고를 하면서도 여전히 학문의 기원, 성격, 생존방식에 대해 고민이 많다. 본 연구의 출발에서 강하게 문제의식으로 작용한 것이, 거칠게 표현하면 통념적인 인문사회과학의 연구방법론에 대한 변화 모색이었다. 왜냐하면 표면적으로는 대학의 전공이나 학문 구분(정확하게 말하면 종합대학의 단과대학의 구분에 따라)에 따라 문제해결 방식이나 사유체계에서 그 경계가 높으면서 닫혀있고, 인간 경험의 본질에 대한 심층적인 고민이 없어 보였다. 물론 형식적으로 보면 자연과학이라 하더라도 자연의 세계를 대상으로 하더라도 인간 삶의 문제와 유기적으로 관련될 수밖에 없기 때문에 인간의 삶과 경험의 본질에 주목하게 되었다. 이 과정에서 연구의 계기를 마련해 준 것이 내러티브의 세계였다.

지금까지는 내러티브에 대한 논의방식이 개별 학문의 위치에서 자족적으로 진행되고 있는 추세로 파악된다. 이러한 경향성과 최근의 사정을 감안해 보면 내러티브의 총체적인 본질에 대한 심층적 논의가 본격적으로 이루어지지 못하였으며, 더욱이 인간과학의 핵심적 부분들을 제대로 다루지 못하고 있는 실정이다. 여러 다양한 분야에서 논의되는 것처럼 내러티브는 협소하게 개별 학문에서 서사의 양식으로 포착할 수 없는 매우 중요하고 본질적인 측면이 존재한다. 그것은 바로 내러티브 인식론이다. 내러티브적 앎은 개별 학문에서 분과적(分科的)으로 충분히 논의할 수 없는 성질의 것이다. 일찍이 Ricoeur(1981; 1976), Polkinghorne(1988), Hopkins(1994), MacIntyre(1984), Bruner(1988; 1990; 1996) 등은 내러티브적 앎을 인문사회과학(human science)의 중요한 구성 기제로 제안한 바가 있다. 여기에서 인문사회과학의 새로운 패러다임을 읽어낼 수 있다.

서론에서 밝혔듯이 연구의 모티브는 네 가지에서 출발하였다. 첫째는 근대의 과학적 이성에 바탕을 둔 지식관, 고전적 인식론에 대한 반성에서 나온 것이다. 근대의 지식과 연계된 자연과학의 설명 모델은 인간의 삶의 세계에 일차적으로 주목하지 않는다는 점에 착안하였다. 둘째, 새롭게 대두되고 있는 인간 마음(mind)에 대한 연구 결과이다. 인지과학과 그 대안에 대한 종합적 성찰에 기인한다. 이 과정에서 인간은 내러티브적 존재(Homo narraticus)라는 점을 적극 수용한다. 이런 점에서 내러티브는 인간 경험의 새로운 창안자이므로 인간 경험을 탐구하는 학문의 연구방법론은 이제 내러티브에 주목해야 한다는 점이다. 셋째, Jerome Bruner(1886; 1990; 1996; 2002)와

Donald Polkinghorne(1988)의 내러티브적 앎에 주목하였다. 브루너는 인간은 내러티브를 통하여 삶을 구성한다고 보았으며, Polkinghorne은 인간은 내러티브 도식(narrative scheme)에 의해서 의미를 형성하는 존재로 보았다. 따라서 새로운 학문연구 방법론은 이제 인간 경험의 내러티브 도식에 의해 의미를 창안하고 삶을 영위하는 존재에 초점을 두어야 한다는 점이다. 넷째, 새로운 학문 연구방법론 정립의 전략으로 학제적 접근을 채택한다는 점이다. 예를 들어 문화구성주의, 문화심리학, 서사학, 이야기 해석학, 현상학, 경험주의 등에 대한 심층적 이해가 자리한다.

이러한 모티브에서 출발한 본 연구는 인문사회과학의 새로운 연구방법론을 시론적으로 모색하는 데에 초점을 두고 있다. 더 나아가서 내러티브 인식론에 근거하여 내러티브학을 시론적으로 정립해보고자 하였다. 이러한 문제에 초점을 둔 본 연구의 출발과 문제의식 형성 과정에서 작용한 또 하나의 배경은 이하의 논의에서와 같이 최근의 학문적 변화에서 찾아 볼 수 있다.

최근 들어 학문 간의 통합이나 융·복합을 해야 한다는 말들이 많다. 학문 발전의 추세나, 경제적 부가가치의 창출, 지식 경영의 관점에서, 혹은 소외받는 학문의 몸부림 차원에서 등등 여러 이유에서 학문의 만남들이 활발한 것처럼 보인다. 인류 지성사에서 학문의 성립과 발전에 대한 담론이 지금처럼 급격한 변화를 보인 적도 없을 것이다. 서로 통합이 불가능한 것처럼 보인 학문들도 무슨 이유에서인지 융·복합을 주장하면 다 만사형통인 형국처럼 보인다. '혼자는 외로워서 둘이랍니다' 라는 시정의 말처럼 독립된 학문들 간에 서로 화합하고 통합하는 것이 나쁘지는 않을 것이다. 그러나 합치는 데에는 나름의 이유와 방법이 타당해야 할 것이다.

어째든 최근에 학문간 융·복합 연구가 활발하게 진행 중이다. 엄격하게 말하면 연구 형태나 학문간 통합에서 융·복합이라는 말은 사용하지 않는 용어이며, 신조어라고 볼 수 있다. 학문간 통합을 전문적으로 다루는 분야에서는 이러한 형태를 다른 용어로 부른다. 학제적 연구 혹은 간학문적 연구(interdisciplinary research), 다학문적(multidisciplinary) 연구, 교차학문적(cross-disciplinary) 연구, 초학문적(trans-disciplinary) 연구 등이 바로 그것이다. 현재 사용 중인 융·복합 연구는 다학문적 연구, 즉 여러 학문의 병렬적 통합의 수준에 와 있으며, 장차 간학문적, 교차, 초학문적 수준으로 나아가야 한다. 따라서 최근 융·복합 연구 변화에 나타난 경향은 학문 간의 통합을 보다 긴밀하게 해야 한다는 의지의 발로이며, 단순한 물리적 통합보다는 화학적 통합을 통하여 시너지 효과를 최대화하고자 하는 의지로 읽힌다.

학문을 인문, 사회, 자연과학으로 나눠 사고하는 방식은 12세기 이후 서구에 대학이 등장해 지식 체계를 세분화하면서부터 생겼다. 작은 단위로 쪼개진 학문은 한층 정밀한 연구가 가능해졌지만, 학문간 소통에 문제를 만들었다. 인문학자는 자연과학 분야 전문용어를 알아들을 수 없고 자연과학자는 인문학적 지혜가 부족하다. 무섭게 발전하는 기술 속도에 맞춰 이 발전이 가져올 사회적 변화에 조언을 할 지식인은 거의 없다. 사회가 다시 학문 융합, 통섭에 관심을 두는 이유다.

현행 인간의 문제를 다루는 연구나 학문들의 행태는 논리실증주의나 기술적 합리성(technical rationality)에 경도되어 있다. 특히 사회과학 연구의 방법론적인 가정의 적절성에 대한 질문이 자주 제기된다. 사회과학 연구가 이러한 방법으로 중요한 이론적 기여를 하고는 있지만, 자연과학으로부터 채택된 우리의 전통적인 연구 모델이 인간의 연구에 적용될 때에는 한계가 있음을 알아야 한다. 이제는 인간 문제가 자연과학 모델을 보다 정교하고 창의적으로 적용한다고 해결될 성질의 것이 아니라는 점이 여러 학문 분야에서 드러나고 있다. 오히려 인간 존재의 유일한 특성에 대해 좀 더 특별히 민감하고 적절하게 고안된 새로운 접근방법을 개발함으로써 인간 문제의 해결이 증진된다고 본다.

인문사회과학연구나 자연과학연구가 인간의 각종 문제 해결에 유용한 답을 제공하기 위해서는 실천가들이 실천 현장에서 어떤 종류의 지식을 사용하는지 조사할 필요가 있다. 그 문제의 관건은 실천가들이 '내러티브적 지식으로 일을 한다' 는 것이다. 그들이 관심 있어 하는 부분은 사람들의 '이야기'이다. 그들은 사례사(개인 기록)를 가지고 업무를 진행하며 의뢰인들이 왜 그런 방식으로 행동하는지에 대해 이해하기 위해서 내러티브 설명방식을 사용한다.

연구의 형태가 어떠하든 연구는 보편적으로 인간 경험(human experience)을 대상으로 한다. 인간 경험을 직접적으로 하지 않는, 물리적 자연의 세계를 대상으로 하는 경험과학(empirical science)이나 응용과학도 결국은 인간 경험의 구성과 해석과 관련되게 마련이다. 그렇다면 연구가 제대로 이루어지려면 인간 경험의 본질과 구조에 주목할 필요가 있다. 유명한 인지심리학자이면서 철학자인 J. S. Bruner(1986; 1990; 1996)는 인간 경험의 본질은 내러티브(narrative)에 있다고 가정한다.

최근 융·복합 연구의 경향은 소위 부가가치가 창출되는 것, 지식경제의 논리에 기반을 두는 것, 산업적 가치의 증대와 경제적 시너지 효과의 산출에 경도되어 있다는 점이다. 융·복합 연구의 출발부터 갖고 있는 내생적 한계이기도 하지만 이제는 다른 방향도 주목해야 한다. 본 연구에서는 이 지점에서 연구의 필요성을 강하게 인식한다. 즉 인간 경험의 심층적 이해를 토대로 하여 여기에서 마무르지 않고 새로운 지식을 창출하고자 하는 것이다. 그것은 내러티브 공학(narrative technology)에 의한 수행 지식(performance-based practical knowledge)의 창안이다. 이 중심에 내러티브가 자리한다.

인간의 사회생활에 있어 내러티브는 가장 근본적인 생활 수단이다. 내러티브가 인간 생활에서 가지는 중요한 의미는 자연스러운 이야기 욕구를 통하여 우리의 삶과 행위를 이해할 수 있다는 것이다. 우리의 경험은 이야기의 형식을 필요로 한다. 경험이 이야기의 형식을 갖출 때라야 비로소 망각되지 않고 의미 있는 내용으로 구성되는 것이다. 즉 인간의 경험이 이야기 형식을 통해서 비로소 의미를 부여받게 된다는 점이다. 내러티브로서 이야기는 단순한 사건들 그 이상이며, 인간의 삶에서 특정 경험들은 이야기 상황으로 구성됨으로써 나름의 정당성과 의미를 부여받게 되는 것이다. 요컨대 인간의 삶은 이야기적 삶이며, 우리는 이야기를 통해서 인간의 경험을 이해할 수 있게 된다. 이야기를 통하여 우리는 인간의 삶과 행위를 이해할 수 있다.

이와 같이 내러티브는 인간이 경험을 가장 자연스럽고 손쉽게 이해하는 방식으로서 경험을 이야기하는 것이다. 즉 사람이 살아온, 살아가고 있는, 살아갈 이야기로서 경험을 이해하는 방식이다. 이런 점에서 Sarbin(1986)에 의하면 이야기는 세계와의 의사소통 코드이며, 인간의 행동을 이해하기 위한 근본적인 은유이다.

본 연구에서는 표면적으로는 인문사회과학의 융합을 추구한다. 교육학, 문학, 언어학, 역사학, 심리학, 상담학, 의학, 간호학 등의 결합이다. 그러나 내러티브를 기반으로 하여 인간의 문제를 해결하는 통합연구이다. 과거 통합연구는 여러 학문들이 병렬적으로 결합하여 최소한의 기여를 조합하는 방식이었다면 본 연구는 인간 경험의 내러티브 속성에 비추어 보다 긴밀하게 관련 학문들을 융합하고자 하였다.

이러한 취지를 보다 구체적인 연구의 필요성으로 제시해보면 다음과 같다. **첫째**, 인문사회과학의 위기 극복과 발전을 위한 이론적 거점을 확보한다. **둘째**, 기존의 거대담론에 의한 인문사회과학 체계의 인식론적 전환을 시도해본다. **셋째**, 인문사회과학의 통합적 발전을 위해서 내러티브의 학문적 체계화를 시도해 본다. **넷째**, '내러티브

학제적 연구'를 통해서 본격적인 인간과학의 새로운 장르를 시론적으로 개척해 본다. **다섯째,** '인간 삶의 내러티브 연구'를 통한 인문사회과학의 새로운 의제를 설정한다. **여섯째,** 『내러티브학』의 학문적 토대를 예비적으로 구축해 본다.

요컨대, 앞에서도 지적하였듯이 본 연구는 인문사회과학의 새로운 연구방법론을 시론적으로 모색하는 데에 초점을 두고 있다. 더 너아가서 내러티브 인식론에 근거하여 내러티브학을 시론적으로 정립해보고자 하였다. 이 문제를 해결하기 위하여 본 연구에서는 내러티브 인식론에 초점을 두고 기존의 인문사회과학들을 재조명해보고 그 통합 가능성을 살펴보고자 하였다.

책의 서두에서 제시한 목차 내용을 보면 비교적 최초 연구계획서의 수준을 충실하게 반영하여 본격적으로 연구를 진행한 결과라는 점을 알 수 있다. 즉, 최초 계획서에서 밝힌 내용들을 충실하게 진행하였다는 것을 의미한다. 그리고 이상의 연구내용들을 탐구해 나가는 방법에서 대체로 연구계획서에 제시하였던 방법들을 채택하였으며, 특징적인 것은 2차, 3차 년도에 중점을 두었던 내러티브 융·복합 연구이다. 융·복합 연구는 본 연구와 병행하여 진행된 연구로서 여기에서는 문학 치료, 간호학, 정신과, IT, 디지털스토리텔링 분야가 추가되었으며, 이 결과는 주로 본 연구의 VI, VII장에서 활용되었음을 밝힌다.

이하에서는 각 장별로 진행된 핵심적인 결과들을 주요 토픽별로 간략하게 제시하기로 한다.

첫째, II장에서는 본 연구과 관련된 선행연구들을 크게 네 가지 측면, 즉 내러티브의 의미, 지향점, 국내외 연구 동향, 관련 학문 분야별 내러티브 연구 동향 중심으로 살펴보았다. ① 인문사회과학과 인간과학 이론의 국제적 동향에서는 역사학, 문학, 심리학, 교육학과 내러티브의 관련성을 주요 이론이나 학자별로 살펴보았다. 다음으로 ② 근대 이성 중심의 의미구성 방식에 대한 비판에서는 실증주의적 지식관의 문제를 논의하고, 내러티브적 앎의 방식 등장하고 있음을 논의하였다. 이어서 ③ 의미 구성 방식에 대한 새로운 변화를 내러티브 인식론을 중심으로 그 가치와 중요성을 논의하였다. 내러티브 인식론은 기존의 주류 전통적인 인식론에 비하여 인간 삶의 주제를 보다 심층적으로 탐구할 수 있는 학문 분야에 적합한 것으로 논의하였다.

둘째, III장에서는 인문 사회과학의 역사를 살펴보고, 기존 설명방식에 문제를 비판하였다. 우선 ① 인문사회과학의 성립과 발전에서는 이 주제와 관련하여 인문사회과학이 보여준 총체적 방식을 설명하였으며, 그 다음으로는 인문학에서는 문학, 역사, 철학을, 사회과학에서는 사회학, 심리학, 교육학의 성립과 발전 과정을 살펴보았다. 그리고 기존 인문사회과학의 연구방법론을 총체적으로 살펴 본 뒤에 개별 학문 수준에서 별도로 살펴보았다. 그 결과 개별 학문 수준에서는 학문의 과학성, 체계성, 엄밀성을 확보하기 위한 노력들은 자체적으로 진행되어 왔으나 학문의 과학성, 체계성, 엄밀성의 의미를 협소하게 접근하고 있으며, 큰 틀이나 범위 안에서 통합적 노력은 소극적이라는 것을 알 수 있었다. 이어서 ② 인문사회과학 위기의 이유를 크게 학문 성격의 문제, 현장 실천과의 관계 설정, 학문 연구 방법 및 탐구 활동에 인식, 학문 분과주의, 학문 연구방법론의 쟁점 등으로 논의하였다. 특히 학문 분과주의 문제가 심각하였으며, 학문 성격의 문제에서는 인간 경험의 내러티브와 의미 구성의 문제가 소홀하게 취급되고 있음을 밝혔다. 다음으로는 ③ 인문사회과학의 설명방식을 비판하는 부분에서는 장상호의 교육인식론에 의한 비판, Bruner의 문화주의에 의한 비판 작업을 시도하였다. 특히 중립적 학문 방법론을 문화주의에 입각하여 비판하였으며, 분과적인 학문 방법론을 비판하였다. 마지막으로 ④ 내러티브 인식론의 입장과 출발점 부분은 본 연구의 논거로서 중요한 의미를 지닌다. 여기에서는 내러티브 인식론의 기저로서 세 가지 입장, 즉 브루너의 내러티브 인식론, Polkinghorne의 내러티브적 앎, Clandinin과 Connelly의 내러티브 탐구를 중심으로 그 특징을 논의하였다. 내러티브 인식론의 출발점에서는 주류 심리학의 중립적 객관주의 오류, 정보처리이론의 극복, 일상심리학의 가치 차원에서 논의하였다.

셋째, Ⅳ장에서는 내러티브 인식론에 의한 인간과학을 재구성하려고 시도하였다. 우선 ① 인간과학의 토대로서 문화심리학을 심층적으로 다루었다. 이 부분에서는 문화심리학이 가정하는 인간관, 지식관, 학문연구방법론, 이야기 심리학을 다루었다. 특히 문화심리학의 세부 갈래를 나누고 연구방법에서도 네 가지 접근법을 살펴보았다. 학문연구방법론은 사회적 구성주의 문제와 관련이 있는 것으로 논의하였다. 다음으로는 전통적인 문화심리학의 주제에서 벗어나 브루너 식의 문화심리학에서 중요한 주제인 ② 내러티브 사고양식과 이야기 심리학을 살펴보았다. 여기에서는 인간과학의 중요한 두 가지 논거인 내러티브 사고양식과 이야기 심리학의 차원에서 인간과학의 주제를 재조명하였다. 이 논의를 보다 진척시켜서 ③ 인간과학의 체계로서 문화주의를 브루너의 이론에서 살펴보고 특히 문화주의에 입각하여 인간과학 구조론의 문제를 논의하였다. 그리고 구체적으로 문화심리학을 중심으로 인간과학의 연구방법론을 살펴보았으며, 그 한 사례로서 교육문화학을 논의하였다. 마지막으로 ④ 인문사회과학을 인간발달의 문화적 표현으로 접근하고자 하였다. 특히 본 연구에서 제안하는 새로운 인문사회과학이 기존의 학문들과 어떤 점에서 차별성을 보이는지를 살펴보았다. 특히 이 과정에서 일상심리학의 중요성과 언어와 내러티브의 중요성, 인간과학의 해석주의 입장을 강조하였다. 이것은 인간심리의 해석적 경향, 과학과 인문학의 차이와 관계 속에서 새롭게 조명되었다.

넷째, V장에서는 새로운 인문사회과학의 가능성과 체계를 살펴보았다. ① 새로운 인문사회과학의 이론적 가능성에서는 가능성의 근거, 그 주요 개념과 원리를 제시하였다. 기본적 근거 내지 구도에서는 인간 존재의 영역이 지니는 특성, 인간 경험에 대한 기본 가정, 내러티브 관점의 기본 가정, 인간 존재와 내러티브의 관련성에 주목하여 논의하였다. 그리고 내용 지식관에서는 연구방법론의 측면에서 지식의 문제를 살펴보았으며, 내러티브학의 문제에서는 미래의 인간 탐구의 방향과 장차 인간과학의 주요 주제가 될 간주관성의 문제에 비추어 새로운 인문사회과학의 문제를 논의하였다. 다음으로 ② 인간과학과 내러티브적 앎의 이론적 해석 작업에서는 우선 내러티브적 앎의 성격과 그 이론적 위치를 논의하였으며, 여기에서 더 나아가서 내러티브적 앎에 비추어 인간과학을 재해석하였다. 특히 내러티브적 앎의 문제를 이해의 수단으로서 기능하는 내러티브와 실재가 내러티브적으로 구성된다는 점, 앎이 행함과 통합된다는 점에서 그 독특성을 논의하였다. 마지막으로 ③ 새로운 내러티브학이 적용되는 사례들을 교육 분야에서는 교과교육의 차원에서 특히 수업비평, 도덕교육, 인문사회과학 분야에서는 역사학의 차원에서, 자연과학 분야에서는 광의의 자연과학과 과학교육의 차원에서 살펴보았다.

다섯째, VI장에서는 내러티브학의 토대로서 개별 학문에서의 발전 방안을 살펴보았다. 여기에서는 V장의 적용 사례 부분을 심층적으로 발전시킨 부문이다. 먼저 ① 언어학, 문학 수준에서 내러티브의 관련성을 살펴보았다. 언어학에서는 브루너의 내러티브(발화) 이론에 초점을 두어 스토리 담화로서의 성격에 주목하여 논의하였다. 문학에서는 Polkinghorne의 입장과 브루너가 제안하는 문학의 심리적 문제에 초점을 두었다. 특히 내러티브가 인간의 행동을 이해하고 설명하는 특별한 형태의 담화, 또한 인문학에서 인간의 경험과 행동을 연구할 때의 적절한 담화를 제공한다는 것을 보여주었다. ② 역사학에서는 Polkinghorne이 Ricoeur의 주장, 즉 역사연구는 내러티브 형식에 의해 구축된 시간적 차원에 근거할 필요가 있다는 제안을 검토하면서 역사가 내러티브 담론이 되어야 함을 논의하고 있다. 사회과학에서는 특히 심리학의 차원에서 내러티브 심리학을 브루너의 입장을 옹호하면서 적극적으로 논의하고 있다. ③ 교육학에서는 내러티브적 존재로서의 인간 경험을 탐구하는 교육학에 주목하여 브루너의 내러티브와 Dewey의 경험이론에 초점을 두었다. 상담학에서는 보다 직접적으로 새로운 분야로서의 '내러티브 상담'과 Polkinghorne이 제안하는 조직 상담에서의 내러티브 가능성을 논의하고 그 기본 가정을 설명하였다. 이 대안적 분야는 기존의 상담학과는 독특한 차별성을 보인다는 점이 지적되었다. 마지막으로 ④ 의학과 간호학 분야에서는 내러티브 의학 내지 서사 의학을 설명하고 있다. 이것은 기존의 실증적 증거 기반의 과학적 의학에 대한 하나의 대안적 흐름으로서 가치를 지님을 밝혔다.

여섯째, Ⅶ장에서는 내러티브 인식론 중심적 신 인문사회과학을 제안하고 새로운 의제를 설정하였다. 내러티브학(narrative science)이라고 명명되는 새로운 통합 학문 분야는 새로운 인간 과학으로서 충분한 가치를 지닌다. 이 점을 논증하기 위하여 우선 ① 인간과학(Human Science)의 새로운 가능성을 논의하였다. 이를 위하여 크게 세 가지 문제를 탐구하였다. 내러티브의 도래로 인한 지식(관)의 변화를 논의하였고, 이에 연계한 학문 탐구론의 변화를 설명하였다. 이 논의의 연장선 상에서 최종적으로 내러티브와 인간학의 연계적 위상을 제시하였다. 특히 학문 탐구론의 변화에서는 우선 주류 실증주의 사회과학의 특징과 문제점을 제시한 후에 그 대안으로 설명적 내러티브 연구로 대표되는 포킹혼의 내러티브 연구, 클렌디닌과 코넬리의 Narrative Inquiry, Riessman의 narrative method, 브루너의 인간 탐구 문제를 논의하였다. 내러티브와 인간학에서는 문화심리학의 관점에서 새로운 인간 경험의 탐구 가능성을 제시하였다. 이러한 입장에서 보면 최근의 사회 특징으로 대변되는 ② 정보 시대에서의 인문사회과학의 성격과 주요 주제를 알아보는 것이 중요하다. 이 문제에서는 과학적 인지과학으로 대변되는 접근에서 인간 마음을 정보처리로 모형화하는 문제를 제시한 후에 그 대안으로 의미 구성에 주목하는 새로운 인간 이해방식의 중요성을 제시하였다. 그리고 내러티브와 정보시대의 디지털 방식이 접목되는 디지털 스토리텔링 토픽을 다루었다. 최종적으로 정보 시대의 의미 구성의 문제를 재조명하면서 인문사회과학의 주력 사항을 제안하였다. 다음으로는 ③ 학문 변화에 대비하여 미래 사회와 내러티브의 문제를 논의하였다. 여기에서는 브루너의 입장에서 바라보는 인간사회의 미래와 내러티브 역량의 문제에 주목하였다. 그리고 미래의 성인평생 학습 차원에서 내러티브 학습의 문제를 논의하고 새로운 인간 능력으로서 상상력과 창의성, 영재의 문제를 내러티브와 관련지어 논의하였다. 마지막으로 종국적인 논의의 결정체로서 ④ 새로운 장르로서 내러티브학을 시론적으로 창안해 보았다. 여기에는 새로운 내러티브학의 근거로서 내러티브 인식론을 논의하였으며, 내러티브학의 구조, 그 특징과 위상, 한계와 과제를 논의하였다. 내러티브 인식론에서는 실재의 내러티브적 구성의 문제, 해석적이고 구성주의적 인식론, 의미 구성을 추구하는 인간 발달과 마음의 문제를 중심으로 인식론의 문제를 재조명하였다. 내러티브학의 구조는 다양하게 표현되는 도식적 구조와, Schwab 학문구조론에 입각한 내러티브학의 본체적 구조와 맥락적 구조를 제시하였다. 특히 내러티브 인식론에 기반하는 3중의 도식적 구조를 제안하였다. 그리고 이에 부합하는 내러티브학의 특징과 위상을 주로 내러티브 인식론과 인간과학의 새로운 패러다임에 주목하여 논의하였다. 그 한계로는 협의의 서사학(narratology) 수준에 갇힐 가능성을, 과제로는 개별 학문의 단순한 병렬적 통합이 아닌 정합적인 융·복합 학문으로서의 새로운 인간 과학인 내러티브학의 정립이 시급하다는 점을 제안하고 있다.

언어학과 문학은 문화 속에서의 상호작용을 통한 의미구성의 장르로 탈바꿈되어야 한다. 통사론, 의미론, 화용론은 이제 내러티브 담론과 악수해야 하며, 문학은 심리적 실재의 구성, 스토리 구조의 공감성에 주목해야 한다.

철학은 과거 그리스 철학에서 규정하듯이 합리적 사유의 전유물로서 내러티브와 대립되는 것이 아니라 이제 내러티브의 핵심 장르로서 재구성되어야 한다. 내러티브가 철학과 대립되는 인간의 사유영역이라는 것은 그리스 철학에서 규정한 것이지만, 맥킨타이어의 윤리와 내러티브 통일성, 들뢰즈의 내러티브와 철학의 맞물림, 김재권의 심리철학에서 내러티브의 한 형태로서 심리는 시사하는 바가 크다.

또 역사학은 어떤가. 사실을 그대로 제시하는 것, 과거 사실의 연대기가 아니라 이제 역사는 해석의 대상, 과거와 현재의 대화를 넘어서서 내러티브 담론으로 전환이 이루어지고 있다. 랑케에서 딜타이나 크로체, 카를 넘어서 단토, 밍크, 화이트에 이르면 역사는 곧 내러티브가 된다.

주류 심리학은 인간 마음을 컴퓨터 연산 장치로 보고자 한다. 그것도 정보처리 메커니즘으로서 이해한다. 이 방식에는 인간이 모여 사는 문화가 설 땅이 별로 없다. 마음을 주목하는 심리학은 이제 정보처리의 마음이 아니라 문화 속에서 의미를 구성하는 마음에 초점을 두어야 한다. 이야기 심리학, 내러티브 중심의 문화심리학에 따스한 눈길을 보내야 한다.

인간 삶의 실제인 사회는 이야기적 자아들이 삶의 정체성을 형성해가는 문화적 터전이며 사회학은 여기에 주목해야 한다. 사회의 구조와 기능, 갈등 기제를 밝히는 일은 문화적 삶의 미시 이야기를 해석하는 일과 연관이 있다. 구조와 요소의 오랜 논쟁은 문화적 내러티브의 일종이다.

교육학 역시 내러티브적으로 구성되는 지식, 관계적 자아들이 모이는 문화 공간에 기초하여 미래를 설계해야 한다. 내러티브를 통해 자아를 형성하고 의미를 구성하는 창조적 민감성을 지니는 인간으로 키우는 일은 교육학이 핵심이 되어야 한다. 내러티브 능력을 기르는 일 역시 문화적 기획의 역량에 달려 있다.

이제 기존의 인문사회과학은 인간 경험의 고유 속성이자 본질인 내러티브에 주목해야 할 때이다. 왜냐하면 무릇 학문은 인간 존재에 대한 미래의 탐구 방향으로부터 자유로울 수 없기 때문이며, 인간 탐구의 가치는 내러티브에 오롯이 담겨있다. 장차 우리는 내러티브 존재론, 내러티브 의미론, 내러티브 인식론에 토대하여 새로운 학문 탐구방법론을 창출해야 하는 시대적 소명을 안게 되었다.

2. 제언

최근 들어 인간과 사회의 문제를 탐구하는 학문 분야에서 내러티브에 대한 관심이 증가하고 있다. 문학뿐만 아니라 언어학, 교육학(교과교육을 포함해서), 문화인류학, 사회학, 간호학, 법학, 의학, 사회복지학 등 다양한 분야에서 내러티브의 가치에 주목하고 있다. 이 내러티브에 대한 관심의 증가는 일시적인 현상으로 보이지 않는다. 왜냐하면 내러티브에 내장되어 있는 의미가 인간의 문제를 해명하는 데 기존 방식과는 매우 다른 관점에 있으며, 그 관점이 지니는 타당성이 널리 인정받고 있기 때문이다. 학문 탐구를 매개로 하는 인간의 지성적 활동에서 이러한 내러티브 전회(narrative turn)는 인간을 총체적으로 이해하고자 하는 당연한 지적 변화라고 생각한다.

인간과 사회 문제를 궁구하는 모든 학문이 인간 경험을 대상으로 하지만, 특히 교육학은 타 학문에 비하여 인간 경험과의 관련성 정도가 보다 직접적이다. 왜냐하면 교육학에서는 인간 경험을 일차적인 대상으로 기술하고, 설명하고, 이해하고, 해석하는 활동 이외에도 경험을 보다 가치 있는 방향으로 성장시키기 위해 의도적인 교육적 작용을 취하기 때문이다. 즉 인간 경험은 교육학의 탐구 대상이면서 궁극적인 방향을 제시하는 중요한 거점의 역할을 한다. 이런 점에서 교육학에서의 내러티브와의 관련성은 타 학문에 비해 매우 긴밀하다고 볼 수 있다. 일찍이 Dewey(1938)는 이 점을 간파하고 교육학의 연구에 경험을 핵심 주제로 삼아 오늘날 교육학 분야에서의 내러티브 탐구에 많은 영향을 끼치고 있으며, 특히 캐나다에서 교육을 현상학적으로 접근하는 많은 이론가들에게 중요한 이론적 기반을 제공해주고 있다.

요컨대 교육은 사람과 환경의 관계 속에서 이루어진다. 따라서 교육에 대한 연구는 사람이 환경과의 관계 속에서 하는 경험을 주제로 삼게 된다. 이런 맥락에서 오래 전부터 Dewey(1938), Polkinghorne(1988), Clandinin과 Connelly(2000)는 경험을 교육 연구의 출발점이자 근거점이라고 보았다. 경험과 관련하여 본 연구에서 주목하는 내러티브는 인간이 경험을 가장 자연스럽고 손쉽게 이해하는 방식으로서 경험을 이야기하는 것이다. 즉 사람이 살아온, 살아가고 있는, 살아갈 이야기로서 경험을 이해하는 방식이다. 이야기는 태고적부터 사용해 온 방법이며 전적으로 인간적인 방법이다. 지구상의 창조물들 중에서 유독 인간만이 이야기하는 동물이다. 과거로부터 현재가 나오며, 거기에 터해 미래로 향하는 것이다. 그 과정에서 인간은 실재를 내러티브 형식으로 지각한다(Novak, 1975: 175). 이런 점에서 이야기는 세계와의 의사소통 코드이며, 인간의 행동을 이해하기 위한 근본적인 은유이다(Sarbin, 1986).

인간의 사회생활에 있어 이야기는 가장 근본적인 생활 수단이다. 내러티브가 인간 생활에 가지는 중요한 의미는 자연스러운 이야기 욕구를 통하여 우리는 인간의 삶과 행위를 이해할 수 있다는 것이다. 또한 인간의 경험이 이야기 형식을 통해서 비로소 의미를 부여받게 된다는 점이다. 내러티브로서 이야기는 단순한 사건들 그 이상이며, 인간의 삶에서 특정 경험들은 이야기 상황으로 구성됨으로써 나름의 정당성과 의미를 부여받게 되는 것이다. 요컨대 인간의 삶은 이야기적 삶이며, 우리는 이야기를 통해서 인간의 경험을 이해할 수 있게 된다. 이야기를 통하여 우리가 인간의 삶과 행위를 이해할 수 있다는 주장은 MacIntyre의 글에서도 발견할 수 있다.

내러티브 혹은 '내러티브 탐구'의 시작은 Aristotle의 '시학'과 Augustine의 '참회록'으로 거슬러 올라가며, 특히 문학 분야에서 오랜 역사를 가지고 있다(Connelly & Clandinin, 1990). 내러티브가 인간의 경험에 기초를 두고 있을 뿐만 아니라, 인간 경험의 기본적인 구조를 이루고 있다는 특징으로 인해 내러티브는 교육학을 포함한 다른 학문 영역에서도 중요한 위치를 차지해 왔으며, 다양한 방법으로 여러 분야에 적용되어 왔다.

인간이 사물이나 현상을 이해하는 데에는 다양한 앎의 방식이 존재한다. 최근에 들어 인간 과학(human science)에서 내러티브적 앎(narrative knowing)에 대한 중요성이 강조되고 있다(Polkinghorne, 1988). 이것은 자연 현상을 설명하는 패러다임적 사고방식이 인간의 문제를 이해하는 영역에까지 침투하면서 발생하는 여러 문제점에 대한 경종을 울리는 의미를 지니기도 한다. 더욱이 최근의 내러티브의 중요성에 대한 재인식은 많은 학문 탐구 분야의 논의에서 다양하게 나타나고 있다. 문학, 언어학, 사회과학, 철학, 과학사, 역사 등의 전문가들은 진실된 이야기, 즉 다른 학문에서 확립된 규준적인 방법에 따른 이야기를 말하기 위해 부수적으로 수반되어야 하는 내러티브를 보여준다. 이제 교육학의 분야에서도 내러티브에 대한 국내의 논의는 교과교육과 교사교육, 교육과정 분야, 질적 연구방법에서 매우 역동적으로 진행되고 있다(한승희, 1997; 강현석, 1998; 한승희, 2002; 소경희, 2004; 강현석, 2005; 박민정, 2006). 특히 특정 교과를 가르쳐야 하는 교사의 교수활동을 이해하고 보다 타당한 교사양성 교육과정과 수업 활동의 구성에서 내러티브의 중요성이 새롭게 인식되고 있다(Egan, 1986; Gudmundsdottir, 1995; Conle, 1999; 2003; 이흔정, 2004).

모든 문화에서 사람들이 세상에 대한 의미를 구성하는 중요하면서도 인지적인 도구가 없다면, 인간의 경험을 이해하고 교육활동을 제대로 수행하는 방식을 확보하는 데에 많은 어려움이 존재할 수 있다. 왜냐하면 우리의 삶과 경험을 이해하지 않고서는 학습자의 경험과 삶을 의미 있게 지도하고 안내하는 노력이 어려워지기 때문이다. 이런 점에서 여러 학문 영역 내에서의 내러티브 연구와 이해는 매우 중요하다. 그것은 문화 참여를 통해서 교육을 이해하고 교과교육을 제대로 수행할 수 있다는 점을 보여준다. 더욱이 한 문화의 구성원으로서 참여하기 위해서도 내러티브 의미에 대한 이해는 필수적이다.

다음은 본 연구에서 중요한 근거를 제공하는 문화심리학의 연구 방향이나 방법에 대한 제언이다. 문화의 연구에서 문화 간의 비교는 목표는 아니라 하더라도 자연적인 관심사이다. 비교문화심리학에서 문화비교는 문화현상의 단편적 비교에 머물러 있고, 비교의 준거를 제공하는 문화권의 자문화중심적 경향을 보이는 것은 당연한 귀결일 수 있다. 이에 반해서 문화심리학적 문화비교는 각 문화 내 에서 현상을 이해하고, 이런 이해를 바탕으로 문화를 서로 비교하는 관점을 취해야 한다(최수향, 1997). 이러한 비교는 마치 사과와 오렌지의 비교에 견줄 수 있을 것이다. 전자를 비교문화적 (cross-cultural)이라 한다면, 후자를 문화심리학적 비교(comparative cultural studies) 라고 할 수 있다. 문화심리학적 비교를 통해서 각 문화권에 공통적인 현상과 차이점 이 부각되면서 문화 및 문화 간의 이해는 깊어질 것이다. 문화심리학적 비교를 통해 서만이 비로소 문화공평한 문화비교가 가능하며 문화현상의 보편성과 특수성에 대한 이해가 가능하다고 본다. 전통적 과학 이론에 기초한 심리학의 한계와 문제점을 제기 하는 것보다는 새롭게 인문사회과학 전반에 걸쳐 제기되고 있는 문화심리학 연구를 위한 새로운 틀의 모색과 더불어 인문학자, 사회과학자들이 보이고 있거나 전개할 수 있는 다양한 접근 방법에 대한 탐구가 중요하다. 앞으로, 이러한 다양한 접근들을 통 한 인문사회과학 연구가 수행되어 문화심리학이 전통심리학과 대등한 위치에서 상생 적으로 연구주제를 발굴하면서, 인간의 마음에 대한 온전한 학문, 더 나아가서 내러티 브 과학을 구축해 나갈 수 있기를 기대해 본다.

3. 후속 연구의 과제: 내러티브와 학문의 융복합적 연구

후기 실증주의는 인간의 경험에서 일반화할 수 있는 패턴을 찾는 일을 최우선적인 목적으로 삼는다. 17세기 과학혁명 이후 등장한 근대 산업사회는 끊임없는 지식의 축 적과 소유를 최고의 가치로 간주하였다. 즉 학문의 발생 및 분화와 더불어 시작된 학 문 공동체 단위의 개별 연구를 핵심 특징으로 하며, 보편적, 불변적, 통일적, 절대적 대상에 대한 확실한 지식 추구를 목표로 삼았던 것이다. 우리는 오랫동안 보편성에 대해서 이야기하도록 우리를 부추겨온 학문적 세계에 빠져있었다. "서구사회의 본질 적 구조인 이분법에 대한 끌림이 있으며, 우리는 이 이분법을 사랑한다. 우리는 복잡 함을 의심하고, 모순을 불신하며, 불가사의를 두려워한다"(King, 2003: 25). Dewey의 관점에서 볼 때, 그러한 연구에서는 경험에 의미를 부여하는 경험의 관계적, 시간적, 그리고 계속적인 특성으로부터 내러티브가 분리되며, 따라서 이야기는 그 이야기를 살고 있는 사람의 개인적 역사로부터 분리되고, 숫자상의 자료를 다루는 것처럼 고정된 자료로 간주된다.

이에 반해 내러티브 탐구 관점은 인간의 경험에 대한 지식이 특정한 인간 삶의 흐름의 시발점이 되어야 하고, 그곳으로 다시 되돌아와야 한다는 것이며, 이는 새로운 아이디어와 풍부한 간학문적 대화의 원천이 될 수 있다.

21세기 지식정보기반사회는 새로운 문화적 지형에 알맞은 유용한 정보의 유입과 소멸을 중시하는 동시에, 학문 단위의 세분화가 아닌 지식의 대통합(consilience)을 강조하는 추세이다. 따라서 현대인에게 학문이란 더 이상 전통적인 차원의 '과목지식(subject knowledge)' 습득만을 의미하지는 않는다. 우리는 이제 구체적인 정보의 습득과 축적을 넘어서, 배우는 방법 자체를 배우고 스스로 새로운 지식을 창조하는 능력을 담보하는 '과정지식(process knowledge)'을 추구해야 하는 것이다. 또한 현대사회의 고등교육은 창의력에 기초한 실용기술 개발능력 및 응용 능력을 향상시키는 방향으로 진행되고 있는데, 이것의 현실화를 위해 방법론적으로는 다양한 학문을 연결하는 학제간(interdisciplinary) 교육이 강조될 뿐만 아니라, 범학문적(trans-disciplinary) 교육과 학문간(cross-disciplinary) 소통능력이 현대 교육계의 핵심가치로 떠오르고 있다.

내러티브 도식 혹은 구성(scheme)의 산물들은 우리의 삶 어디에나 있다. 그것들은 우리의 사회·문화적 환경을 이루고 있다. 내러티브의 편재성을 Roland Barthes(1988)는 다음과 같이 말한다.

> 세상의 내러티브는 무수히 많다. 우선 '내러티브'란 용어는 계속해서 서로 다른 주제들로 분화되는 수많은 종류의 장르들을 다 포함한다. 그 어떤 재료도 내러티브의 구성요소로 적합하다. 즉 분절적 언어와 구어 혹은 문어, 스틸 사진이나 영화, 제스쳐, 그리고 모든 장르와 요소들을 통합시킬 수 있으며, ...이와 같은 거의 무한대의 형식들로, 내러티브는 모든 시간, 모든 장소, 그리고 모든 사회에서 나타난다. 내러티브의 역사는 인류의 역사와 함께 시작된다(강현석 외, 2011: 755에서 재인용).

이러한 내러티브의 편재성은 인간탐구에 직·간접적으로 관련된 연구들에서 내러티브 탐구의 가능성을 말해 준다. 특히 역사와 문학, 그리고 심리학은 특히 내러티브 연구에 가장 관련성이 높은 학문이라 할 수 있다.

Ricoeur는 역사학이 과학이 되어야 한다는 주장에 맞서, 역사 연구는 내러티브 형식에 따라 구축된 시간적 차원에 근거할 필요가 있다는 주장을 바탕으로, 내러티브를 단순히 특별한 역사 설명 양식으로 여기는 대신에 경험을 통일된 과정으로 형상화하기 위해 인간존재의 일부로서 기능해 온 삶의 형식(life form)으로 정의했다. 내러티브가 인간 영역을 연구하는 인간학에 포함되어야 하는 이유이다. 문학에서 내러티브는 하나의 적절한 담론 형태로서가 아닌 표현 수단이 된다. 여기에서는 내러티브의 의미를 생산하는 구조적 요소와 내러티브 형식으로 재현된 메시지를 전달할 때의 독자와 작가의 기능에 초점이 맞추어진다. 비록 문학이론가들이 내러티브를 문학적 표현의 일종으로 접근한다 하더라도, 그들의 내러티브의 형태와 의미에 대한 통찰력은 인간의 경험을 이해하고 연구하는 인간학에 적용가능하다. 심리학 연구는 경험의 구성에 대한 인지적 기여의 일반적인 관심의 맥락에서 일어나고 있다. 내러티브는 인간이 자신들의 경험이나 삶을 구체화하는 데 핵심적인 수단이 되는 기본적인 도식이다. 따라서 개인적인 삶과 조직의 삶이라는 인간 존재의 이해에서 내러티브는 중심적인 역할을 수행한다.

보편타당한 지식을 얻기 위해 인과성과 규칙을 강조하며, 엄밀하고 체계적이며 객관적인 절차를 갖는 '과학에 기초한 연구'(scientifically based research)가 유일한 황금 기준으로 수용되어져 온 교육연구의 역사에서, 지난 30여 년간 '해석학적 전환(interpretive turn)[1]이라 불리는 비판적 현상의 한 측면으로, 주목할 만한 내러티브 탐구의 화려한 부흥이 새로운 분야와 학문들 속으로 질주해 들어가고 있다. 교육과 법률, 의학을 비롯하여 생물학, 역사, 문학비평, 사회학, 인류학, 정신의학, 치료학, 경영학, 아동 연구, 외상 후 스트레스 연구, 페미니스트 연구, 성(gender)에 관한 연구, 비판적 인종 이론 등과 같이 한층 더 전문화된 연구 분야에서도 다양한 범주의 내러티브 탐구들이 이루어지고 있다. 이 같은 분야들에서는 "규칙성을 발견하고 평가하기 위한 양적 연구 방법들보다는, 인과적 매커니즘이 의존하는 사회적 대상과 관계들의 질적

---

[1] Rabinow와 Sullivan(1979/1987)은 해석학적 전환을 단지 하나의 새로운 방법론 혹은 일련의 연구방법들이 아니라 사회적 세계에 대한 탐구와 그 결과에 대한 이해의 가치가 연구방법론에 의해 결정된다는 생각을 나타내는 것으로 본다. 그에 따르면, 탐구는 필연적으로 구체적 장면에서의 인간 세계를 이해하는 데 관련이 되어지며, 그것은 언제나 역사적이고 도덕적이며 정치적이다. 해석은 단순히 과학의 한 차원이 아니라, 그것은 모든 인간 노력과 마찬가지로 과학 그 자체가 하나의 사회적 실재와 도덕적이고 실천적인 세계를 규정하는 인간 행위의 특정한 조직인 의미의 맥락에 기원을 두고 잇다는 것을 의미한다(강현석 외 (역). 2011: 766에서 재인용).

본질을 확립하려는 연구방법들에 더 큰 비중이 두어지고 있다"(Maxwell, 2004: 4).

이러한 학문과 전문 분야들은 내러티브를 매개로 하여 실질적인 상호 소통의 계기를 형성할 수 있다. 각각의 전문 분야에서 내러티브에 초점을 맞춤으로써 예컨대, 법률가와 의사, 그리고 교사로서 효율적인 실천에 필요한 서로 다른 종류의 지식에 대한 전문가적 인식이 가능하게 할 수 있다.

최근 강조되고 있는 융복합 교육은 여타의 학문 활동에 대한 메타 수준의 반성을 한 가지 임무로 삼고, 생산된 지식내용이 삶의 전체적인 맥락 속에서 어떤 의미를 가질 수 있는지를 비판적으로 검토하려는 것이다. 인간의 삶이 전문분야 별로 나누어져 서로 아무 연관도 없는 것처럼 간주되거나, 개별 영역의 전문적 지식인들이 모두 자신의 영역 속에서 각각의 영역에 적합한 지식과 탐구방법에만 머물고자 한다면, 학문이 우리의 삶에 기여하는 방식도 단편적일 수밖에 없을 것이며, 나아가 우리가 그토록 추구하는 인간 이해는 요원하게 될 것이다.

내러티브를 서사학(narratology)과 같은 하나의 독립된 학문분과로 규정하기보다는 문제중심 탐구영역(problem-centered area of inquiry)으로 규정하고자 하는 Mishler(1995)는 내러티브가 항상 여러 접근방식들의 중복성과 다양성을 내포한다고 주장하며, 연구자들 간에 서로 배울 수 있다고 믿는다. 그리고 그는 내러티브 분석이 우리가 어떻게 '세상을 이야기'하는지, 즉 다양한 맥락에서 서로 다른 목적을 가지고 이야기하고, 또 다시 이야기하는 것을 통해 사건과 경험의 의미를 만드는 지에 대한 광범위한 인식을 드러낸다고 주장한다. "이제 우리는 [과학의 영역 안에서] 확고한 발판을 가지고 있으며, 그 연구가 깊이와 유의미성을 획득함으로써 앞으로도 지속될 것이라는 자신감을 가질 수 있다"(Mishler, 1995: 121).

내러티브는 인간의 일상적 경험과 개인적인 행위들에 대해 의미를 부여하는 하나의 도식이며, 이렇게 부여된 내러티브적 의미는 삶에 대한 우리 인간의 의도를 이해하는 데에 형식을 부여하고, 일상의 행위와 사건들을 일화적 단위로 통합하는 기능을 한다. 그것은 한 사람의 삶에서 과거 사건들을 이해하고 미래의 행위들을 계획하기 위한 틀을 제공하며, 인간존재를 유의미한 것으로 만든다. 따라서 인간학을 통한 인간존재에 대한 연구는 내러티브적 의미와 그 탐구에 초점을 둘 필요가 있다.

인간은 언어를 사용한다는 의미에서 여타의 동물들과 구별이 된다. 즉, 인간을 다른 동물과 구별할 수 있는 중요한 특징 중의 하나는 인간이 고도의 상징체계로서의 언어를 가졌다는 것이다. 다른 동물들도 나름대로의 의사소통 수단을 가지고 있지만 인간의 생활에 활용되는 언어만큼의 전달력은 가지고 있다고 보기 어렵다. 인간이 사용하는 언어의 양식에는 여러 가지가 있을 수 있으나, 인간이 사회·역사적 삶에서 경험하는 사건이나 체험을 이해하고 전달하는 효과적인 도구가 되는 것은 바로 이야기(narrative)를 통해서이다. 언어(language)가 말의 사회 제도적 규약의 측면을 강조한다면, 이야기(narrative)는 말의 행위의 측면에 중심이 있다. 즉, 언어가 사회적인 객관 구조와 일정한 종류의 기호 조직, 질서 잡힌 음운 기호의 체계를 의미한다면, 이야기는 이러한 언어 표현의 과정으로서 객관적으로 주어져 있는 음운 기호와 체계나 그 관계 구조의 조직을 특수한 상황 아래서 구체적으로 이용하는 것과 관련이 있다. 특히 이야기는 언어의 원 현상으로서 인간의 전체적인 삶의 일상성과 중요한 관계가 있다고 할 수 있다(이규호, 1998: 27-49).

인간은 공동체 속에서 내러티브를 통해 자신의 정체성을 형성한다. 인간은 탄생하여 죽을 때까지 진행되는 하나의 이야기를 살아가는 과정 속에 놓여 있다. 개개인은 다른 어떤 사람이 아닌 자기 자신이며, 자기 나름의 고유한 의미를 갖고 있는 한 역사의 주체이다. 그래서 어떤 사람이 이야기의 주체로서 존재한다는 것은 이 이야기될 수 있는 삶을 구성하는 행위들과 경험들에 책임을 진다는 것이다. 인간이 자기 나름의 고유한 의미를 지닌 이야기의 주인공이라는 것은 타인의 삶과 이야기의 조연이라는 것을 포함한다. 나의 삶의 이야기는 내 자신의 이야기임과 동시에 타인의 이야기의 한 부분이며, 내가 속한 공동체의 이야기와도 서로 서로 얽혀있다. MacIntyre에 의하면 인간은 한 가지 이상의 배역 혹은 역할을 가지고 기존의 인간 사회에 참여한다.

사람들은 자신의 경험을 다른 사람에게 말할 때 이야기의 형식을 취하게 된다. 이야기 형식에는 화자, 등장인물, 시간, 장소, 일어난 사건, 청자 등의 요소들이 줄거리(plot)를 갖추며 짜임새 있는 모습을 띤다. 우리의 경험은 이야기의 형식을 필요로 한다. 경험이 이야기의 형식을 갖출 때라야 비로소 망각되지 않고 의미 있는 내용으로 구성되는 것이다.

이제 내러티브는 단순한 이야기를 넘어서 삶의 근원적이고 포괄적인 이해자로 등장하였다. 내러티브는 이런 점에서 참된 의미의 인간학이라고 부를 수 있다. 인간을 대상으로 하는 여러 학문들이 모두 인간 삶의 부분만을 탐구한다면, 내러티브는 인간을 총체적으로 파악하고 종합적으로 표현하려는 목적을 갖는다. 이런 점에서 내러티브는 마음의 새로운 논리로 제시되는 충분한 근거를 갖는다.

이제 인간은 '이야기하는 인간(homo-narroticus)'으로 이해될 수 있으며, 그런 점에서 교육학 혹은 인문사회과학은 내러티브학(narratology)의 중심축을 담당할 필요가 있다. 지금까지는 주로 문학이나 역사학, 심리학에서 많이 논의되고 있지만 앞으로는 교육학, 특히 교육과정과 교수 영역에서 내러티브와의 관계에 대한 구체적 논의가 전개되기를 제안해 본다. 그리고 교육과정 현장의 이야기로서 '내러티브 탐구'의 활성화를 기대해 본다.

소위 내러티브 과학(narrative science)이라는 새로운 학문 분야를 개척하고 인간 문제의 응용영역을 창안하는 연구이다. 더욱이 최근 들어 과학기술의 발달로 인해 인간의 소통 문제가 변질 왜곡되고, 정신과 영혼의 치유가 중요한 숙제로 등장하고 있다. 내러티브는 이러한 문제를 해결해주는 데 중요한 기여를 해줄 것으로 예상한다. 실제 부분적으로 많은 성과를 산출하고 있기도 하다. 본 연구는 여기에서 더 나아가 이론적으로는 새로운 분야를 확립하고, 실제적으로는 실천 장면에서 산출된 지식을 재해석 해보기도 한다.

기존 학문 융합 연구에서 산출되는 지식들은 조각난 정보들을 짜깁기 하는 방식(patch work)이었다. 이러한 방식 하에서는 산출된 지식이 응용되는 데에도 제한적이며, 심각한 문제는 지식의 생명 주기(life cycle)가 짧다는 것이다. 왜냐하면 학문들 간의 공통적인 주제나 개념, 핵심적인 아이디어나 원리에 토대하고 있지 않기 때문이다. 따라서 이제 연구는 학문들을 긴밀하게 통합해주는 공통적인 주제나 원리들에 의해 수행되어야 한다.

본 연구를 통하여 몇 가지 후속 과제를 제시해보면 다음과 같다.

첫째, 인간 경험에 대한 총체적인 접근에서 차지하는 내러티브학의 위상을 분명히 할 필요가 있다는 점이다.
둘째, 내러티브학의 기반으로서 문화심리학 혹은 문화주의에 대한 보다 창의적인 접근이 요구된다.
셋째, 간학문적이고 초학문적 통합의 위상을 지니는 내러티브학의 창출이다.
넷째, 기존 인문학, 사회과학, 행동과학, 경험과학, 나아가서는 포괄적인 인간학 등과의 차별성이 보다 분명하고 타당하게 부각되어야 한다.
다섯째, 인간 문제를 이해하고 해결하는 데에 있어서 이론적, 실천적인 이점이나 유용한 점이 독자들에게 효과적으로 어필 할 수 있어야 한다.

여섯째, 인문사회과학의 주류적 접근인 경험과학적 접근과의 통합점을 모색할 필요가 있다. 일곱째, 융복합 학문이라는 입장에서 재개념화가 필요하다. 최근에 융복합이라는 용어에 대한 엄밀한 정의가 필요하다. 융복합, 특히 융합은 대학원 수준에서의 학문적 결과 지식을 응용하고 활용하는 장면에서 이루어지는 지식 활용 방식을 의미한다.

■ 참고문헌

강현석(1998). 지식구조론 이후의 Bruner의 교육과정 이론 탐구. 교육과정연구, 16(2), 한국교육과정학회, 105-128.

강현석(2005). 합리주의적 교육과정체제에서 배제된 내러티브 교육과정의 가능성과 교과목 개발의 방향 탐색. 교육과정연구, 23(2), 한국교육과정학회, 83-115.

김광웅(2009). "21세기 학문 체계: 미래의 지적 산책을 어디에서 어떻게 할 것인가?" 김광웅 엮음(2009). 우리는 미래에 무엇을 공부할 것인가: 창조사회의 학문과 대학. 15-35. 서울: 생각의 나무.

김광웅(2011). 융합학문 어디로 가고 있나? 서울: 서울대학교출판부.

박민정(2006). 내러티브란 무엇인가?: 이야기만들기, 의미구성, 커뮤니케이션의 해석학적 순환, 아시아교육연구, 7(4), 27-47.

서영식(2012). 융복합 교육을 위한 철학적 고찰. 철학논총 제 67집, 제1권. 145-163.

소경희(2004). 교사양성 교육과정에 있어서 '내러티브 탐구'의 함의. 교육학연구, 42(4). 한국교육학회, 189-211.

이규호(1998). 『말의 힘』, 서울: 좋은날.

이흔정(2004). Bruner의 내러티브 사고양식과 교육. 교육문제연구, 제 20집, 고려대학교 교육문제연구소, 73-91.

장상호(1997). 학문과 교육(상). 서울: 서울대학교출판부.

장회익(2009). "통합적 학문은 어떻게 가능한가". 김광웅 엮음(2009). 우리는 미래에 무엇을 공부할 것인가: 창조사회의 학문과 대학. 67-102. 서울: 생각의 나무.

최상진·한규석(2000). 문화심리학적 연구방법론. 한국심리학회지: 사회 및 성격. 14(20, 123-144.

한승희(1997). 내러티브 사고양식의 교육적 의미. 교육과정연구. 15(1). 400-423.

한승희(2002). 왜 내러티브인가. 한국교육인류학회 발표 자료집. 79-95.

홍성욱(2009). "지식의 융합, 과거로부터 배운다". 김광웅 엮음(2009). 우리는 미래에 무엇을 공부할 것인가: 창조사회의 학문과 대학. 37-66. 서울: 생각의 나무.

Barthes, R. (1987) Introduction to the structural analysis of narratives. In Image, music, text: Essays (trans. by Vern W McGee). Austin: University of Texas Press.

Bruner, J. S. (1996). The culture of education. Cambridge. Mass: Harvard University Press. 강현석·이자현 역(2005). 교육의 문화. 서울: 교육과학사.

Bruner, J. S., Acts of meaning. Cambridge. MA: Harvard University Press, 1990.

Bruner, J. S., Actual Minds, Possible Worlds. Cambridge, Mass.: Harvard Univ. Press, 1986.

Bruner, J. S., Making Stories: Law, Literature, Life. New York: Farrar, Straus and Giroux, 2002.

Clandinin, D. J., & Connelly, F. M. (2000). Narrative inquiry. Experience and story in qualitative research. San Francisco: Jossey-Bass: 2).

Conle, Carola., Why Narrative? Which Narrative? Our Struggle with time and place in teacher education, *Curriculum Inquiry*, 29(1), 7-33, 1999.

Connelly, M., & Clandinin, J. D. (1990). Stories of Experience and Narrative Inquiry. Educational Researcher. Jun-July, 2-14.

Egan, K. (1986). Teaching as story telling. The University of Chicago Press.

Gudmundstrottir, S. (1995). The Narrative Nature of Pedagogical Content Knowledge. In H. McEwan & K. Egan(Eds.) Narrative In Teaching, Learning, and Research. Teachers College Press, 24-38.

Hopkins, R. L. (1994). Narrative Schooling: Experiencial Learning and the Transformation of American Education. Columbia: Teachers College Press. 강현석·홍은숙·장사형·허희옥·조인숙 공역(2013). 내러티브, 학교교육을 다시 디자인하다. 서울: 창지사.

King, T. (2003). The truth about stories. Toronto, Canada: House of Anansi Press.

MacIntyre, A. (1981). After Virtue: A Study in Moral Theory. Notre Dame, Ind.: University of Notre Dame Press.

Maxwell, J. (2004). Causal explanation, qualitative research, and scientific inquiry in education. Educational Researcher, 33(2), 3-11.

Mishler, E. (1995). Models of narrative analysis: A typology. Journal of narrative and life History, 5(2), 87-123.

Polkinghorne, D. E. (1988). Narrative knowing and the human science. New York: State University of New York Press. 강현석 외 역(2009). 내러티브, 인문과학을 만나다. 학지사.

Ricoeur, P. (1981). Hermeneutics and the Human Sciences: Essays on language, action and interpretation, edited, translated and introduced by J. B. Tomson, Cambridge University Press. 윤철호 역, 해석학과 인문사회과학: 언어, 행동 그리고 해석에 관한 소고. 서울; 서광사.

Sarbin, T. R. (1986). Narrative Psychology. New York: Praeger.

Shweder, R. A. (1991). Thinking Through Cultures : Expeditions in Cultural Psychology. Cambridge, Mass. : Harvard Univ. Press. 김의철(外)(譯), 「문화와 사고」, 서울 : 교육과학사, 1997.

Tykociner, J. T. (1966). Outline of Zetetics. Philadelphia Dorrance.

인명

인문·사회과학의 새로운 연구방법론: 내러티브학 탐구

1판1쇄 발행 2016년 4월 30일

지은이 강 현 석
꾸민이 전 혜 미
펴낸이 김 진 수
펴낸곳 **한국문화사**
등 록 1991년 11월 9일 제2-1276호
주 소 서울특별시 성동구 광나루로 130 서울숲IT캐슬 1310호
전 화 02-464-7708
전 송 02-499-0846
이메일 hkm7708@hanmail.net
홈페이지 www.hankookmunhwasa.co.kr

ISBN 978-89-6817-357-8   93300

이 도서의 국립중앙도서관 출판예정도서목록(CIP)은 서지정보유통지원시스템
홈페이지(http://seoji.nl.go.kr)와 국가자료공동목록시스템(http://www.nl.go.kr/kolisnet)에서
이용하실 수 있습니다.(CIP제어번호: CIP2016009912)

이 저서는 2011년도 정부(교육부) 재원으로 한국연구재단의 지원을 받아 연구되었음(NRF-2011-812-B00067).